の額又は費用の額を除き、その者の各年分のこれらの所得の金額の計算上、必要経費に算入しないこととする。（所得税法第四五条改正〔令和五・一・一施行〕）

4　一定の内国法人が支払を受ける配当等で次に掲げるものについては、所得税を課さないこととし、その配当等に係る所得税の源泉徴収を行わないこととする。（所得税法第一七七条・第二一二条改正〔令和五・一〇・一施行〕）

(1)　完全子法人株式等に該当する株式等（当該内国法人が自己の名義をもって有するものに限る。下記(2)において同じ。）に係る配当等

(2)　当該内国法人が保有する他の内国法人の株式等の発行済株式等の総数等に占める割合が三分の一超である場合における当該他の内国法人の株式等に係る配当等

5　給与等の支払を受ける居住者は、給与所得者の保険料控除申告書に記載すべき事項を電磁的方法により提供する場合には、社会保険料の金額又は小規模企業共済等掛金の額の支払をした旨を証する書類の提出又は提示に代えて、当該書類に記載されるべき事項を電磁的方法により提供することができることとする。この場合において、当該給与等の支払を受ける居住者は、当該書類を提出し、又は提示したものとみなす。（所得税法第一九八条改正〔令和四・一〇・一施行〕）

◉法人税法の一部改正（改正法第二条）

1　益金の額及び損金の額に算入されない通算税効果額から、利子税の額に相当する金額として各通算法人間で授受される金額を除外することとする。（法人税法第二六条・第三八条改正〔第三八条改正は令和四・一二・三一施行〕）

2　次の制度について、固定資産の取得等の後に国庫補助金等の交付を受けた場合等の取扱いを法令上明確化することとする。（法人税法第四二条・第四五条～第四七条改正）

(1)　国庫補助金等で取得した固定資産等の圧縮額の損金算入制度

(2)　工事負担金で取得した固定資産等の圧縮額の損金算入制度

(3)　非出資組合が賦課金で取得した固定資産等の圧縮額の損金算入制度

(4)　保険金等で取得した固定資産等の圧縮額の損金算入制度

3　法人が、隠蔽仮装行為に基づき確定申告書（その申告に係る法人税についての調査があったことにより当該法人税について決定があるべきことを予知して提出された期限後申告書を除く。3において同じ。）を提出しており、又は確定申告書を提出していなかった場合には、これらの確定申告書に係る事業年度の原価の額（資産の取得に直接に要した一定の額を除く。）、費用の額及び損失の額は、一定の場合に該当する当該原価の額、費用の額又は損失の額を除き、その法人の各事業年度の所得の金額の計算上、損金の額に算入しないこととする。（法人税法第五五条改正〔令和五・一・一施行〕）

4　通算制度における外国税額控除制度について、次の見直しを行うこととする。（法人税法第六九条改正）

(1)　適用事業年度の当初申告税額控除額を税額控除額とみなす措置を適用しないことによってその適用事業年度に係る修正申告書の提出又は更正がされた後におけるその措置の適用については、原則として、その修正申告書又はその更正に係る更正通知書に添付された書類に税額控除額として記載された金額を当初申告税額控除額とみなす。

(2)　対象事業年度（(4)の説明が行われた日の属するものに限る。(2)において同じ。）の期限内申告書に添付された書類にその対象事業年度の税額控除不足額相当額又は税額控除超過額相当額として記載された金額及びその計算の根拠が(4)の説明の内容と異なる場合には、その対象事業年度の当初申告税額控除不足額相当額又は当初申告税額控除超過額相当額を税額控除不足額相当額又は税額控除超過額相当額とみなす措置を適用しない。

(3)　対象事業年度の当初申告税額控除不足額相当額又は当初申告税額控除超過額相当額を税額控除不足額相当額又は税額控除超過額相当額とみなす措置を適用しないことによってその対象事業年度に係る修正申告書の提出又は更正がされた後におけるその措置の適用については、その修正申告書又はその更正に係る更正通知書に添付された書類に税額控除不足額相当額又は税額控除超過額相当額として記載された金額を当初申告税額控除不足額相当額又は当初申告税額控除超過額相当額とみなす。

(4)　法人税に関する調査を行った結果、通算法人の各事業年度（確定申告書の提出期限が到来していないものに限る。）において税額控除不足額相当額又は税額控除超過額相当額に係る調整措置を適用すべきと認める場合に

（ISBN：00157-2）

法令追補

＊本書掲載の法令は、所得税法等の一部を改正する法律（令和四・三・三一法四）により改正された。以下では、改正法律案要綱に基づき改正の概略を示した。

以下の文中、「改正法」は「所得税法等の一部を改正する法律」を示す。この改正は、別段の定め（〔 〕内に注記を加えた）があるものを除き、令和四年四月一日から施行される。

◉国税通則法の一部改正（改正法第九条）

1　修正申告書及び更正請求書の記載事項から、その申告前又はその請求に係る更正前の課税標準等、納付すべき税額の計算上控除する金額及び還付金の額の計算の基礎となる税額を除外することとする。（国税通則法第一九条・第二三条改正〔令和四・一二・三一施行〕）

2　税関長が賦課決定を行う場合において、その賦課決定が直ちに徴収する一定の消費税に係るものであるとき等は、賦課決定通知書等の送達に代え、当該職員に口頭でその賦課決定の通知をさせることができることとする。（国税通則法第三三条改正）

3　税関長が国税の徴収の所轄庁となる場合の納付受託者に対する納付の委託について、一定の要件を満たす者として財務大臣（現行：国税庁長官）が指定するものを納付受託者とすることとする。（国税通則法第四五条改正）

4　過少申告加算税制度及び無申告加算税制度について、納税者が、一定の帳簿（その電磁的記録を含む。）に記載すべき事項等に関しその修正申告等又は期限後申告等があった時前に、当該職員から当該帳簿の提示又は提出を求められ、かつ、次に掲げる場合のいずれかに該当するとき（当該納税者の責めに帰すべき事由がない場合を除く。）の過少申告加算税の額又は無申告加算税の額は、通常課される過少申告加算税の額又は無申告加算税の額に当該修正申告等又は期限後申告等に係る納付すべき税額（当該帳簿に記載すべき事項等に係るもの以外の事実に基づく税額を控除した税額に限る。）の一〇〇分の一〇（次の(2)に掲げる場合に該当する場合には、一〇〇分の五）に相当する金額を加算した金額とすることとする。（国税通則法第六五条・第六六条改正〔令和六・一・一施行〕）

(1)　当該職員に当該帳簿の提示若しくは提出をしなかった場合又は当該職員にその提示若しくは提出がされた当該帳簿に記載すべき事項等のうち、納税申告書の作成の基礎となる重要なものとして一定の事項（下記(2)において「特定事項」という。）の記載等が著しく不十分である場合として一定の場合

(2)　当該職員にその提示又は提出がされた当該帳簿に記載すべき事項等のうち、特定事項の記載等が不十分である場合として一定の場合（上記(1)に掲げる場合を除く。）

◉所得税法の一部改正（改正法第一条）

1　納税地の特例制度等について、次の見直しを行うこととする。（所得税法第一六条・第二〇条改正〔令和五・一・一施行〕）

(1)　納税地の変更に関する届出書について、その提出を不要とする。

(2)　納税地の異動があった場合に提出することとされている届出書について、その提出を不要とする。

2　国庫補助金等の総収入金額不算入制度について、固定資産の取得等の後に国庫補助金等の交付を受けた場合の取扱いを法令上明確化することとする。（所得税法第四二条改正）

3　その年において不動産所得、事業所得若しくは山林所得を生ずべき業務を行う者又はその年において雑所得を生ずべき業務を行う者でその年の前々年分の当該雑所得を生ずべき業務に係る収入金額が三〇〇万円を超えるものが、隠蔽仮装行為に基づき確定申告書（その申告に係る所得税についての調査があったことにより当該所得税について決定があるべきことを予知して提出された期限後申告書を除く。3において同じ。）を提出しており、又は確定申告書を提出していなかった場合には、これらの確定申告書に係る年分のこれらの所得の総収入金額に係る売上原価その他当該総収入金額を得るため直接に要した費用の額（資産の取得に直接に要した一定の額を除く。以下「売上原価の額」という。）及びその年の販売費、一般管理費その他これらの所得を生ずべき業務について生じた費用の額は、一定の場合に該当する当該売上原価

は、国税庁等の当該職員は、その通算法人に対し、その調査結果の内容（その措置を適用すべきと認めた金額及びその理由を含む。）を説明する。

5　電子情報処理組織を使用する方法により確定申告書等に記載すべきものとされている事項を提供しなければならない法人の添付書類記載事項の提供方法から、磁気テープを提出する方法を除外することとする。（法人税法第七五条の四改正）

6　欠損金の繰戻しによる還付制度について、通算法人の繰戻しの対象となる欠損金額の計算上通算対象外欠損金額から控除する金額を通算対象外欠損金額のうち災害損失欠損金額の繰戻しにより還付を受ける金額の計算の基礎とするものとする等の見直しを行うこととする。（法人税法第八〇条改正）

●相続税法の一部改正（改正法第五条）

1　相続税に係る死亡届の情報の通知について、次のとおり見直しを行うこととする。（相続税法第五八条改正〔令和六・三・一又は戸籍法の一部を改正する法律（令和一法一七）附則第一条第五号施行日（令和六・五・三〇までに）のいずれか遅い日施行〕）

(1)　法務大臣は、死亡等に関する届書に係る届書等情報等の提供を受けたときは、当該届書等情報等及び当該死亡等をした者の戸籍等の副本に記録されている情報で一定のものを、当該提供を受けた日の属する月の翌月末日までに国税庁長官に通知しなければならない。

(2)　市町村長は、当該市町村長その他戸籍又は住民基本台帳に関する事務をつかさどる者が当該市町村が備える住民基本台帳に記録されている者に係る死亡等に関する届書の受理等をしたときは、当該死亡等をした者が有していた土地又は家屋に係る固定資産課税台帳の登録事項等で一定のものを、当該届書の受理等をした日の属する月の翌月末日までに当該市町村の事務所の所在地の所轄税務署長に通知しなければならない。

2　調書の提出方法について、磁気テープを提出する方法を除外することとする。（相続税法第五九条改正）

●租税特別措置法の一部改正（改正法第一一条）（抜粋）

1　個人所得課税

(1)　上場株式等に係る配当所得等の課税の特例について、次の措置を講ずることとする。（租税特別措置法第八条の四改正〔令和五・一〇・一施行〕）

①　内国法人から支払を受ける上場株式等の配当等で、その配当等の支払に係る基準日においてその支払を受ける居住者等とその者を判定の基礎となる株主として選定した場合に同族会社に該当する法人が保有する株式等を合算してその発行済株式等の総数等に占める割合（下記②において「株式等保有割合」という。）が一〇〇分の三以上となるときにおけるその居住者等が支払を受けるものを、総合課税の対象とする。

②　上場株式等の配当等の支払をする内国法人は、その配当等の支払に係る基準日においてその株式等保有割合が一〇〇分の一以上となるその支払を受ける居住者等の氏名、個人番号その他の事項を記載した報告書を、その支払の確定した日から一月以内に、当該内国法人の本店又は主たる事務所の所在地の所轄税務署長に提出しなければならないこととする。

2　法人課税

(20)　次に掲げる租税特別措置の適用期限を二年延長することとする。

⑤　交際費等の損金不算入（租税特別措置法第六一条の四改正）

(22)　交際費等の損金不算入制度の適用期限の延長に伴い通算法人の定額控除限度額を八〇〇万円を各通算法人が支出する交際費等の額の比で配分した金額とする等の措置を講ずることとするほか、適用期限が延長されたその他の租税特別措置について連結納税制度の見直しに伴う所要の措置を講ずることとする。（租税特別措置法第六一条の四改正）

3　国際課税

(3)　対象純支払利子等に係る課税の特例について、外国法人の法人税の課税対象とされる次に掲げる国内源泉所得に係る所得の金額についても適用することとする。（租税特別措置法第六六条の五の二・第六六条の五の三改正）

①　恒久的施設を有する外国法人に係る恒久的施設帰属所得以外の国内源泉所得

②　恒久的施設を有しない外国法人に係る国内源泉所得

判例追補

●租税法総論

◇【II　租税法の原則】

利子受領者確認書の提出期限と租特法の非課税規定の適用要件との関係

1　〈X銀行は、特定民間国外債に該当する本件社債について、非居住者等に対し本件各利払日に利子を支払ったが、その際、本件各利子に係る非課税適用申告書を提出せず、また租特法施行令所定の提出期限までに利子受領者確認書を提出しなかった。そのため、処分行政庁は、本件各利子につき源泉徴収に係る所得税等が未納付であるとして本件各納税告知処分等を行った。Xは、利子受領者確認書の提出期限は、本件各利子についての非課税規定である租特法六条四項及び七項〔現一〇項。以下同〕の適用要件ではなく、本件処分等は違法であると主張して、取消等を求めて提訴した〉憲法の採用する租税法律主義の趣旨からすれば、課税要件等の定めを一般的又は包括的に委任することは許されず、課税要件等に係る基本的事項については法律において定めることを要し、政令に委任することが許されるのは技術的細目的事項に限られる。租特法六条一三項〔現一五項。以下同〕は、利子受領者確認書の提出に関する事項その他同条七項の適用に関し必要な事項につき、政令で定める旨規定しているところ、この「利子受領者確認書の提出に関する事項」という文言に加え、租特法六条七項自体がその適用要件として利子受領者確認書の提出に期限を設けることを当然に予定しているといえることからすると、租特法六条一三項は、同条七項の適用要件として、利子受領者確認書の提出という基本的事項が法律で定められていることを前提に、その提出の時期等の手続の細目について、政令に委任する趣旨の規定である。また、特定民間国外債は、国際的投資を行う機関投資家等が参加するユーロ市場で多く流通していることを踏まえ、利子受領者確認書の提出に関する事項については、市場慣行等の実務的専門的観点から実効性のある制度を柔軟に設けることが合理的であることから、特定民間国外債の利子受領者確認書の提出期限については、技術的細目的事項として、改廃が比較的容易な政令に委任することとしたものと解することができる。以上からすれば、租特法施行令三条の二の二第二七項所定の提出期限は、租特法六条一三項の具体的個別的委任に基づく技術的細目的事項として政令で定められたものであって、租特法施行令三条の二の二第二七項は、非課税規定である租特法六条七項の適用要件である。（東京地判令2・12・1判例集未登載【平31行ウ一八九】重判令3租税一……請求棄却）

◇【III　租税法の解釈・適用】

差押えに係る地方税とする滞納処分につき配当された金銭が減額賦課決定された結果、配当時に存在しなかったこととなる年度分の住民税に充当されていた場合の金銭の扱い

2　〈Xの平成二一年度分から同二三年度分までの市民税及び道民税並びに延滞金等につき、Yが減額賦課決定をしたところ、Xが過納金の額の計算に誤りがあるとして、Yに対し、不足分の過納金の還付及び還付加算金の支払等を求める事案。原審はXの請求をいずれも棄却した〉複数の地方税を差押えに係る地方税とする滞納処分において、当該差押えに係る地方税に配当された金銭は、当該複数の地方税のいずれかに滞納分が存在する限り、法律上の原因を欠いて徴収されたものとなるのではなく、当該滞納分に充当されるべきである。そして、滞納処分制度が設けられている趣旨に照らせば、当初の充当が効力を有しないこととなった配当金について他に充当されるべき差押えに係る地方税が存在する場合には、債務の弁済に係る画一的かつ最も公平、妥当な充当方法である民法四八九条〔平成二九法四四による改正前〕の規定に従った充当（法定充当）がされるべきである。

以上により、複数年度分の個人住民税を差押えに係る地方税とする滞納処分において、当該差押えに係る地方税に配当された金銭であって、その後に減額賦課決定がされた結果配当時に存在しなかったこととなる年度分の個人住民税に充当されていたものは、その配当時において当該差押えに係る地方税のうち他の年度分の個人住民税が存在する場合には、当該個人住民税に法定充当がされる。（最判令3・6・22民集七五・七・三二二四、判タ一四九〇・七一、重判令3租税五……法定充当を認めなかった原判決を破棄、差戻し）

◇【IV　租税法律関係の特質（納税者と課税権者）】

相続税法五五条による申告後にされた増額更正処分のうち上記申告に係る税額を超える部分を

取り消す旨の判決が確定した場合の、国税通則法所定の除斥期間経過後の相続税法三二条等による更正に対する前記判決の拘束力

3　相続税法三二条一号及び三五条三項一号は、同法五五条に基づく申告の後に遺産分割が行われて各相続人の取得財産が変動したという相続税特有の後発的事由が生じた場合において、更正の請求及び更正について規定する国税通則法二三条一項及び二四条の特則として、同法所定の期間制限にかかわらず、遺産分割後の一定の期間内に限り、更正の請求及び更正ができるとしている。その趣旨は、相続税法五五条に基づく申告等により法定相続分等に従って計算され一旦確定していた相続税額について、実際に行われた遺産分割の結果に従って再調整するための特別の手続を設け、もって相続人間の税負担の公平を図ることにある。

以上によれば、相続税法三二条一号の規定による更正の請求においては、上記後発的事由以外の事由を主張することはできないから、上記のとおり一旦確定していた相続税額の算定基礎となった個々の財産の価額に係る評価の誤りを当該請求の理由とすることはできず、課税庁も、国税通則法所定の更正の除斥期間が経過した後は、当該請求に対する処分において上記の評価の誤りを是正できない。また、課税庁は、相続税法三五条三項一号の規定による更正においても、同様に、上記の評価の誤りを是正できず、上記の一旦確定していた相続税額の算定基礎となった価額を用いることになる。

処分を取り消す判決が確定した場合には、その拘束力（行訴法三三条一項）により、処分をした行政庁等は、必要な事実認定及び法律判断に従って行動すべき義務を負うこととなるが、上記拘束力によっても、行政庁が法令上の根拠を欠く行動を義務付けられるものではないから、その義務の内容は、当該行政庁がそれを行う法令上の権限があるものに限られる。そして、相続税法五五条に基づく申告の後にされた増額更正処分の取消訴訟において、個々の財産につき上記申告とは異なる価額を認定した上で、その結果算出される税額が上記申告に係る税額を下回るとの理由により当該処分のうち上記申告に係る税額を超える部分を取り消す旨の判決が確定した場合には、当該判決により増額更正処分の一部取消しがされた後の税額が上記申告における個々の財産の価額を基礎として算定されたものである以上、課税庁は、国税通則法所定の更正の除斥期間が経過した後において相続税法三二条一号及び三五条三項一号の規定による更正等をする法令上の権限を有していない。

そうすると、上記の場合においては、当該判決の個々の財産の価額や評価方法に関する判断部分について拘束力が生ずるか否かを論ずるまでもなく、課税庁は、国税通則法所定の更正の除斥期間が経過した後に相続税法三二条一号及び三五条三項一号の規定による更正等をするに際し、当該判決の拘束力によって当該判決に示された個々の財産の価額や評価方法を用いて税額等を計算すべき義務を負うことはない。（最判令3・6・24民集七五・七・三二一四、判タ一四九二・六八、重判令3租税六……原判決を破棄、自判）

●租税特別措置法

第六六条の五

1　**過少資本税制が適用される「国外支配株主等」に該当するとされた事例**

（内国法人Xは、Aから本件借入れを行い、これに対する支払利子の額を所得の金額の計算上損金の額に算入して、法人税の確定申告をした。処分行政庁は、本件借入れの後にAがシンガポールに住所地を移転して非居住者となったこと、Xの事業活動に必要とされる資金の相当部分をAからの借入れによって調達していること、AがXの事業の方針につき実質的に決定できる関係にあることから、Aが「国外支配株主等」に該当し、過少資本税制に係る法令の規定が適用されるため、本件支払利子の一部を損金算入できないとして本件各事業年度に係る法人税の本件各更正処分等を行った。Xが、処分行政庁に対し、Aは「国外支配株主等」には該当しないなどとして、本件各処分の違法を主張し、その取消しを求めた事案。原審はXの請求を棄却）租特法施行令三九条の一三第一一項〔現一二項。以下同〕三号ロは、本条一項の特例が適用される要件に係る「国外支配株主等」の定義（本条四項〔現五項。以下同〕一号）に係るものであるところ、本条一項は、「国外支配株主等（略）に負債の利子等を支払う場合において」と規定しているから、国外支配株主等に該当するか否かは、利子等の支払時を基準として決定される。したがって、本条四項一号の「非居住者」であるか否か、政令で定める特殊の関係があるか否かも、利子等の支払時を基準として決定される。そうすると、同号の「政令で定める特殊の関係」を具体化する租特法施行令三九条の一三第一一項三号ロに規定する「当該非居住者等」も利子等の支払時における非居住者等を意味する。そして、同号ロは、同号イ及びハとともに、「当該非居住者等が当該内国法人の事業の方針の全部又は一部につき実質的に決定できる関係」（事業方針決定関係）の発生に通常寄与するものの例示として規定されているところ、仮に、当該非居住者が居住者であった時期に借入れがされたとしても、その貸主、借主の関係は、借入金が完済されるまで存続するものであり、その関係が存続していれば、同号イ及びハの関係があるのと同様に、事業方針決定関係の発生に通常寄与する。

Aは、Xの自己株式取得によりXとの資本関係を有しなくなった後も、事業資金の調達や関係者らとの人的なつながりを通じて、Xに対する影響力を依然として有していたものであるところ、Xが得る利益についての税負担の軽減を図るための一連の措置はいずれもAの主導により行われたものであって、そのほかXに係る重要事項の決定についてもAが重要な影響力を行使していたものと認められるから、本件借入れがXの事業資金の調達において極めて大きな比重を占めること等をも併せ考慮すると、AはXの事業の方針の全部又は一部につき実質的に決定できる関係（事業方針決定関係）を有していたものと優に認められる。

以上によれば、内国法人であるXと非居住者であるAとの間には、租特法施行令三九条の一三第一一項三号ロに掲げる事実が認められ、同事実その他これに類する事実が存在することにより同号にいう事業方針決定関係があったと認められるから、Aは本条四項一号に規定するXの「国外支配株主等」に該当する。（東京高判令3・7・7判時二五〇二・一二、重判令3租税四……上告・上告受理申立て）

租税法
判例六法

Tax Law: Principal Statutes, Regulations, and Cases

第5版

中里 実・増井良啓・渕 圭吾――編

有　斐　閣
YUHIKAKU

はしがき

「租税法判例六法（第五版）」を世に送ります。

税制改正の影響を毎年受ける租税法律について、最新の条文を参照する必要が高いことは、いうまでもありません。そこにもってきて、特に、ここ二〇年ほどの租税訴訟には、重要な質的変化が起こっています。すなわち、大企業が課税問題について正面から争い訴訟を提起するという事案が増加し、しかも、重要な論点について専門性の高い議論を展開する裁判例が増えてきました。このような判例の動きをつかむことは、租税法の実務に携わる場合に必須であるのみならず、租税法の学習にとってもきわめて重要です。

有斐閣では、二〇〇七年に「判例六法プロフェッショナル」を創刊し、それ以前からの「小六法」に引き続いて、重要な租税法律をハンディーな形で提供してきました。しかも、「平成二三年版判例六法プロフェッショナル」以降は、租税法総論・所得税・法人税について、判例要旨を付加しています。これらは単純な法令集ではなく、法令の内容や構造を体系的に理解するための工夫が施されており、条文と判例の一体的理解に役立つものとして、圧倒的な支持を得てきています。

本書は、このような六法の編集で培われてきた経験を活かし、収録判例の範囲を大幅に拡大したうえで、租税法に特化した判例付きの法令集としたものです。国税通則法、国税徴収法、所得税法、法人税法、相続税法、消費税法を中心とし、実務上学習上参照頻度の高い法令を中心に収録しました。二〇一九年の第四版をアップデートし、今回、第五版とするものです。令和三年度税制改正までを織り込んで、最新の情報を付加しました。

はしがき

本書の特長は、以下の点にあります。

・条文に添付する形で判例を付加したこと。総論的に重要な判例については、租税法総論として独立の項目とし、系統的に配列しました。

・参照条文を付したこと。「六法全書」の編集における長年の経験が活きています。

・条文の括弧内の文字を細くしたこと。文章を読みやすくして、条文の意味をつかむことを容易にしています。

・最新の税制改正のあった条文に傍線を付して明示したこと。

・所得税法施行令や法人税法施行令など、政令レベルの規定のうち学習上特に重要なものを収録したこと。

本書の編集に当たっては、執筆者である浅妻章如教授、吉村政穂教授、藤谷武史教授、神山弘行教授の全面的な協力を得ることができました。有斐閣の赤羽一博氏と藤井崇玄氏は、時間的制約の厳しい中で、プロフェッショナルとしての仕事をしてくださいました。記してお礼申し上げます。

二〇二一年六月

中里　実
増井良啓
渕　圭吾

目次

編　者

中里　実　なかざと　みのる
東京大学名誉教授

増井良啓　ますい　よしひろ
東京大学大学院法学政治学研究科教授

渕　圭吾　ふち　けいご
神戸大学大学院法学研究科教授

編集協力者

浅妻章如　あさつま　あきゆき
立教大学法学部教授

吉村政穂　よしむら　まさお
一橋大学大学院法学研究科教授

藤谷武史　ふじたに　たけし
東京大学社会科学研究所教授

神山弘行　こうやま　ひろゆき
東京大学大学院法学政治学研究科教授

凡例

一 基準日

1 法令の内容は、令和三年六月一日現在。

2 判例の収録範囲は、主として令和三年二月一日までに公刊された判例集・法律雑誌に登載されたもの。

二 収録した法令及び判例

1 **収録法令** 以下九件及び租税法総論（◉は判例及び参照条文付き、●は判例付きの法令）

◉国税通則法
◉国税徴収法
◉所得税法（抄）
○所得税法施行令（抜粋）
◉法人税法（抄）
○法人税法施行令（抜粋）
●相続税法（抄）
●消費税法（抄）
●租税特別措置法（抜粋）

2 **判例** 約七九〇件（延べ件数）

三 法令について

1 **原典** 条文の台本は官報及び法令全書である。平仮名・片仮名の別、句読点・濁点の有無は原典に従ったが、漢字は新字体に改めた。

2 **公布** 法令の題名の下に、公布の年月日、及び法令番号を示している。たとえば（昭和三七・四・二法六六）は、昭和三七年四月二日法律第六六号として公布されたことを示す。

3 **施行** 法令の題名の次に、施行の年月日を掲げた。具体的な施行日の定めは、通常は附則の冒頭において示されている。

4 **改正** 最終改正のみを示した。

5 **法令ごとの目次** 抜粋法令を除き、本文の編・章・節・款・目名とそこに含まれる条数の範囲を抽出したものを「目次」として、本文の前に掲げた。また、法令に明文のない事項についての判例を◆（◆）【補充項目の見出し】を立てて掲げたときは、それも目次に組み込んで示している。

6 **改正の織込み** 公布された改正法令は、改正を本文中に織り込むことを原則とした。ただし、令和五年四月一日において未施行の改正法令は、改正を織り込まず、改正後の規定の内容を改正前条文の次の★以下に注記した（消費税法については、同法冒頭の注記参照）。また、改正を織り込んだ条文のうち、令和四年四月一日において未施行のものは、軽微な改正を除き、改正前の規定の内容を新条文の次の＊以下に注記した。

また、令和三年度税制改正による改正のあった条文には、条名に傍線（追加条の場合には二重線）を付した。

7 **条文中の加工** 条文内に括弧書きがある条文については、括弧内の文字を細くした。そのほか編集上付加した注記は、〔 〕に小さな文字で示した。

8 **条数表示** 二桁以上の数字では、百、十等を省いて示した（例・・第三百二十二条→第三二二条）。

9 **項番号** 二つ以上の項を持つ条文については、各項の冒頭に①、②などの記号を付して項数を示した。

10 **附則の取扱い** 最新改正に関わる改正附則以外は、原則として省略した。なお、改正法令の「附則」の次にある括弧書きは、改正法令の公布年月日・法令番号を示す。

11 **条文の省略** 抄録と抜粋とがあり、抄録法令は、法令名に（抄）

と記載し、省略部分を明示した。抜粋法令は、法令名に（抜粋）と記載し、省略条の記載を省略した。

12　**柱**　各頁欄外に法令名・条数を記載し、さらに判例付き法令については、原則として編数及び章名をも表示した。編名は省略している。

13　**印刷の爪掛け**　租税法総論、判例付き法令と判例年月日・事項索引には、印刷の爪掛けを付けた。

14　**法令名略語**　参照条文及び索引での引用を簡明にするために作成した法令名略語の一覧を巻末に示した。

四　判例について

1　判例の選択・配置

(1)　最高裁判所の判例を中心としつつ、広く下級裁判所の裁判例にも目配りして重要なものを選んだ。租税法総論、所得税法、法人税法の判例は、判例六法プロフェッショナル登載のものを基本として、さらに税務実務上必要と思われる判例を付加した。

(2)　判例は、原則として関連する法文の後に配置したが、特定の法文から切り離して整理する方が適切な場合は、◇（◆）【補充項目の見出し】を設けてまとめた。

2　判例の整理・要約・相互関連

(1)　判例の整理に際しては、実務上の便宜と学習上の効率性を併せ考え、体系的な分類を徹底した。

(2)　判例の要約は、判例集に記載されている要旨への安易な依存を避けて、判例の全文から正確な判旨を抽出することに努めた。必要な場合には、やや詳細な摘示をも行った。

(3)　要約文中の法令名は、原則として判例の文言にあるものをそのまま掲げたが、一部、一般に用いられる略称を掲げたものもある（例：租特法）。

(4)　判例の相互関連を示すため、記号を用いてクロス・リファレンスを施した。また巻末に判例年月日索引を置いて、全ての判例の掲載条数・番号を示した。

3　**判例の出典**　主要なものは、最高裁判所判例集など公的刊行のものを優先して一誌のみ掲げた（出典の範囲は、巻末の「略称解」を参照）。なお、未登載のものについては、事件番号を明記した（事件番号が複数ある場合には、最初のもののみとした）。

4　判例の用字・用語・文体・読み仮名

(1)　現代仮名遣い、平仮名、口語体を用い、用字・用語は現在の法令・公用文の用字・用語法に従った。

(2)　難読文字には、［　］を用いて読み仮名を付した。

5　**判例評釈案内**　判例の末尾に判例百選の判例番号等を示した。

(1)　調査の範囲　判例評釈案内は、別冊ジュリスト「判例百選シリーズ」を中心に、租税法に関するものに限って調査した（調査した判例評釈雑誌の範囲は、巻末に掲げた「略称解」の「判例評釈」参照）。

(2)　掲載の仕方　判例評釈案内は、その判例につき、掲げた判例の要約の論点を含む評釈一つだけを選択して掲載した。

6　判例の表示方法

(1)　判例部分を破線で囲んだ。

(2)　見出しの記号　分類のための見出しは、必要に応じ大見出し＝一・二・三など漢数字、中見出し＝1・2・3などアラビア数字、小見出し＝イ・ロ・ハ……の三段階とした。全てゴチックで組み、検索しやすくした。

(3)　判例番号　判例は、条文又は◇（◆）【補充項目の見出し】ごとに①・②・③……の一連番号を付して掲げた。

(4)　判例の要約に使用した記号（要約文中の記号）

イ　〈　〉　事案の説明　どのような事案・背景の事件かを示す場

合、あるいは既出判例の事案を受けての判示であることを示す場合に、その旨を〈　〉内に簡潔に示した。

ロ　〔　〕　条文改正前の判例である旨の表示　判例を掲げた条文の全部又は一部が改正された場合で、改正前の判例であることの注記が必要なものは、たとえば〔昭和六二法一〇一による改正前の事件〕と、その旨を注記した。

ハ　〔　〕　法令改正の注記　要約文中の法令名・条数で、その後の改正・条数移動等による変動があるものは、必要に応じて〔　〕内に小さな文字で現行の法令名・条数等を注記した。

(5)　出典部分の記号

イ　（　）　裁判所・裁判形式・年月日・出典・評釈案内の表示　要約に続けて（　）に判例の出典等を記載した。たとえば（最大判昭60・3・27民集三九・二・二四七、租税百選〔七版〕一）は、最高裁判所、大法廷判決、昭和六〇年三月二七日言渡し、最高裁判所民事判例集三九巻二号二四七頁登載、租税判例百選〔第七版〕一事件を表す。また、【平26あ九四八】は、平成二六年（あ）第九四八号事件を表す。

ハ　〈　〉　事件の通称　いわゆる通称が付されている判例には〈　〉で、たとえば〈大嶋訴訟・サラリーマン税金訴訟〉、〈ガーンジー島事件〉などと表示した。

ニ　……　判例やその要約に対する注記　掲載した判例の正確な理解を助けるために注記が必要なときは、出典欄の後に……に続けて記述した。

(6)　判例の相互関係の記号

イ　判例の末尾の↓

a　判例の末尾の（　）の下に↓で参照すべき判例を示した。同一条文内では単に↓③などと判例番号のみを掲げ、他の条文のときは条数（又は◘（◆）【補充項目の見出し】）を、他の法令のときは法令名、条数を付けて判例番号を掲げた。挙げた判例は、同一のもののことも、そうでないこともある。

b　複数の判例を参照すべき場合は、次のように表示した。

↓一二三条②③――一二三条の判例②、③を参照せよ。

ロ　判例分類見出しの後の↓　ある事項についての判例が論点や争点を共通にしながら他の条文の判例として分類・整理されて掲げられている場合には、判例分類見出しの下に「↓二条①」などと表示し、他の条文の判例として掲げられていることを示した。

ハ　◇マークの後の↓　いくつかの判例が共通して他の判例を参照すべきことを示す。

五　参照条文について

1　**参照条文の表記**　各条（場合により、章・節全体）の後ろの▽以下に当該条との関連を示す参照条文を掲げた。

2　**参照法令の範囲**　参照法令は、本書収録の法令を中心としつつ、必要に応じてその他の法令にも及ぶ。

3　**略語・略記**　スペースを節約しながら内容を豊富にするため、次の約束に従う。

(1)　原条文との関係　†印は、それ以下の参照条文は原条文の全体にかかる。❶や❷はその印以下は原条文の第一項又は第二項にかかり、[一]や[二]はその印以下は原条文の第一号又は第二号にかかる。

(2)　参照条文欄の構造　参照条文欄は、上見出し・参照法令名条数・下見出しの三者から成る。ただし、その一つ又は二つがない場合がある。

(a)　上見出し　【　↓の中の辞句。原条文の規定をときほぐし、若干の概念をとりだして上見出しとする。検索見出しといってもよい。

(b) 参照条文の条・項・号　右の上見出しについて参照しなければならない法令名を略語で示し（その法令自体の場合は省略）、条数の次の①②はその項数、[一][二]は号数を示す。

(c) 下見出し　（　）の中の辞句。ある上見出しで一括される参照法令のグループの個々について更に細かくその規定内容を注釈。断りがなければ直上の条文内容を注釈し、「•のあるときは、その「•印以下の数条文に共通してかかる。

(3) 条数の区切り方　同じ法令の条数は「・」で、異なる法令の間は「、」で区切る。

(4) その他の記号　ETC は「……など」の意味。二三▽とは「第二十三条の参照条文を参照せよ」の意味。

(5) 所得税法及び法人税法については、所得税法施行令、法人税法施行令及び租税特別措置法を参照の対象とし、参照法令名を〔　〕内に表記したうえで参照すべき条を示し参照条文が本書に収録されている場合（範囲で引用される参照条文の一部のみの収録の場合を含む）は、ゴシックの書体で示した。

六　索引について

1　**総合事項索引**　本書の全収録法令にわたる事項索引を法令名略語・条数で示した。

2　**判例索引**　収録判例の全てを判例の通称としての「事件名」と併せて年月日順に掲げた。掲載箇所を法令名略語・条数・判例番号で示す。

●租税法総論

目次

◇【Ⅰ　租税法の対象】

① 租税は、国家が、その課税権に基づき、特別の給付に対する反対給付としてでなく、その経費に充てるための資金を調達する目的をもって、一定の要件に該当する全ての者に課する金銭給付である。（最大判昭60・3・27民集三九・二・二四七〈大嶋訴訟・サラリーマン税金訴訟〉租税百選［七版］一）→◇【Ⅱ】①

② 国又は地方公共団体が、課税権に基づき、その経費に充てるための資金を調達する目的をもって、特別の給付に対する反対給付としてでなく、一定の要件に該当する全ての者に対して課する金銭給付は、その形式のいかんにかかわらず、憲法八四条に規定する租税に当たる。（最大判平18・3・1民集六〇・二・五八七〈旭川市国民健康保険条例違憲訴訟〉租税百選［七版］二……国民健康保険料には租税法律主義は直接適用されずその趣旨が及ぶのみとされた）

③ イギリス王室属領ガーンジーにおける、納税者が選択し税務当局が承認した税率が適用されるという制度に基づき、内国法人のガーンジーに設立された子会社がガーンジーに納付した所得税が、法人税法六九条一項、法人税法施行令一四一条一項にいう外国法人税に該当するとされた事例（最判平21・12・3民集六三・一〇・二二八三〈ガーンジー島事件〉重判平23租税一）→法税六九条②

◇【Ⅱ　租税法の原則】

一　租税法の定立

① 租税は、今日では、国家の財政需要を充足するという本来の機能に加え、所得の再分配、資源の適正配分、景気の調整等の諸機能をも有しており、国民の租税負担を定めるについて、財政・経済・社会政策等の国政全般からの総合的な政策判断を必要とするばかりでなく、課税要件等を定めるについて、極めて専門技術的な判断を必要とすることも明らかである。したがって、租税法の定立については、国家財政、社会経済、国民所得、国民生活等の実態についての正確な資料を基礎とする立法府の政策的、技術的な判断に委ねるほかはなく、裁判所は、基本的にはその裁量的判断を尊重せざるを得ない。（最大判昭60・3・27民集三九・二・二四七〈大嶋訴訟・サラリーマン税金訴訟〉租税百選［七版］一……給与所得控除制度が憲法一四条一項に反しないとした）→◇【Ⅰ】①

② 酒税法九条、一〇条の規定につき、本件当時においてなお酒類販売業免許制度を存置すべきであるとした立法府の判断が著しく不合理であるとまではいえず、その免許基準も立法目的からして合理的なものであるといえるから、憲法二二条一項に違反するとはいえないとした事例（最判平4・12・15民集四六・九・二八二九、租税百選［五版］八七）

③ 源泉徴収義務者の徴税義務は憲法の条項に由来し、公共の福祉によって要請されるものであるから、この制度は憲法二九条一項に反するものではなく、また、この制度のために、徴税義務者において、所論のような徴税事務に伴う負担を負うとしても、右負担は同条三項にいう公共のために私有財産を用いる場合には該当せず、同条項の補償を要するものでもなく、憲法一四条・一八条にも違反しないとされた事例（最大判昭37・2・28刑集一六・二・二一二、租税百選［二版］七八）

二　租税法律主義

1 課税要件法定主義

④ 旧物品税法について、基本的な重要事項は同法中に規定されているとして、租税法律主義に反するとの主張を退けた事例（最判昭39・6・18刑集一八・五・二〇九）

⑤ 租税法律主義の原則から、法律が命令に委任する場合には、法律自体から委任の目的、内容、程度などが明らかにされていることが必要であり、損金益金への算入不算入といった課税要件について、法律で概括的、白地的に命令に委任することは許されない。（大阪高判昭43・6・28行裁一九・六・一一三〇、租税百選〔三版〕三……理論上も損金であり、従来損金として扱われてきた役員賞与について、命令の規定のみを根拠として損金算入を否認することはできないとした事例）

⑥ 「政令の定めるところによる」との抽象的な委任文言があることを根拠として、解釈によりある事項を課税要件として追加し、政令以下の法令においてその細目を規定することは、租税法律主義の下での租税関係法規の解釈としては許されない。（東京高判平7・11・28行裁四六・一〇＝一一・一〇四六、租税百選〔七版〕四……手続的事項を課税要件として追加した租特法施行令及び同法施行規則の規定が無効であると判断した）

⑦ 憲法九二条に照らせば、地方自治の本旨に基づいて行われるべき地方公共団体による地方税の賦課徴収については、住民の代表たる議会の制定した条例に基づかずに租税を賦課徴収することはできないという租税（地方税）条例主義が要請されるというべきであって、この意味で、憲法八四条にいう「法律」には地方税についての条例を含むものと解すべきである。（仙台高秋田支判昭57・7・23行裁三三・七・一六一六〈秋田市国民健康保険税条例訴訟〉租税百選〔五版〕五）

⑧ 委任命令の法適合性の判断枠組みが適用された事例（大阪地判平28・8・26判タ一四三四・一九二）

→税通七一条①

⑨ ふるさと納税制度の適用を受けられる地方団体を指定する際の基準を定めた総務省告示のうち、平成三一年の地方税法改正前に地方団体が行った寄附金の募集態様を理由に指定の対象外とされる場合があることを定めた部分が、地方税法三七条の二第二項の委任の範囲を逸脱した違法なものとして無効であるとされた事例（最判令2・6・30民集七四・四・八〇〇）

2 課税要件明確主義

⑩ 地方税については租税法律主義の代わりに地方税条例主義が妥当すると解すべきところ、立法技術上の困難などを理由に、安易に不確定、不明確な概念を用いることが許されず、また、許容されるべき不確定概念は、その立法趣旨などに照らした合理的な解釈によって、その具体的意義を明確にできるものであることを要する。（仙台高秋田支判昭57・7・23前出⑦）

⑪ 法人税法一三二条の規定の趣旨、目的に照らせば、右規定は、原審が判示するような客観的、合理的基準に従って同族会社の行為計算を否認すべき権限を税務署長に与えているものと解することができる。（最判昭53・4・21訟月二四・八・一六九四）

3 合法性の原則

⑫ 納税義務の成立、内容は、専ら法律がこれを定めるものであって、課税庁側と納税者側との間の合意又は納税者側の一方的行為によって、これを動かすことはできない。（最判昭49・9・2民集二八・六・一〇三三、租税百選〔三版〕五七）

4 遡及立法

⑬ 租税法律主義の見地からみれば、特定の物品を過去にさかのぼって課税の対象とすることは、法律の改正が既に予定されていて、納税者側にもそのことが予測され、法的安定性を著しく害しないような場合に限って許される。（福岡高那覇支判昭48・10・31訟月一九・一三・二二〇〈アジ・サンマ事件〉）

⑭ 平成一六年法律第一四号附則二七条一項が、長期譲渡所得に係る損益通算を認めないこととした同法による改正後の租税特別措置法三一条の規定をその施行日より前に個人が行う土地等又は建物等の譲渡について適用するものとしていることは、憲法八四条の趣旨に反するものとはいえない。（最判平23・9・22民集六五・六・二七五六、租税百選〔七版〕三……同旨、最判平23・9・30判時二一三二・三四②、租税百選〔五版〕三）

三 租税公平主義

1 立法段階→◆【Ⅰ】①

⑮ 給与所得控除の制度は憲法一四条一項に違反しない。（最判平元・2・7訟月三五・六・一〇二九〈総評サラリーマン訴訟〉租税百選〔五版〕九）

⑯ 資産合算制度〔昭和六三年廃止〕は憲法一四条一項に違反しない。（東京高判昭53・1・31行裁二九・一・七一、租税百選〔五版〕一〇）

2 執行段階

⑰ 同一の物品につき税関によって異なる税率が適用されていたという事例において、軽課している税関が多数を占める場合には、法定の税率での課・徴税処分が違法となると判断した事例（大阪高判昭44・9・30高民二二・五・六八二〈スコッチライト事件〉租税百選〔七版〕九）

⑱ 合理性を持った通達や運用基準が定められ、一般にはそれに従った取扱いが行われている状況において、特定の納税者についてのみ、特段の事情がないのに基本通達や運用基準によらずに個人事業税の賦課決定処分を行うことは平等原則違反により違法となる。（名古屋高判平27・9・11【平27ネ一七六】……具体的事情の下で県税事務所長の職務上の義務違反を認定し県の国家賠償責任を認定）

⑲ 財産評価通達と租税公平主義（東京高判平4・3・11判時一四一六・七三）→相税二二条⑥

四 複数の課税管轄権の競合

⑳ 法人税法の「施行地」（東京高判昭59・3・14行裁三五・三・二三一〈オデコ大陸棚事件〉租税百選〔七

版〕七〇）→法税二条①

㉑　横浜市の勝馬投票券発売税の新設に関する同市からの協議の申出に対する総務大臣の不同意が、自治法及び地方税法で定める協議を尽くさずになされた点に瑕疵があるものと認定し、総務大臣に対して不同意の取消しと再協議を勧告した例（国地方係争処理委員会勧告平13・7・24判時一七六五・二六〈横浜市馬券税事件〉租税百選〔五版〕七）

㉒　憲法九二条・九四条は地方公共団体に財政運営についての自主財政権と財源確保の手段としての課税権を保障しており、地方公共団体の課税権を全く否定し又はこれに準ずる内容の法律は違憲無効たるを免れないが、憲法は特定の地方公共団体に具体的税目についての課税権を認めたものではなく、その具体化は法律の規定に待たざるを得ないと解されるので、電気ガス税についての非課税措置がなければ賦課徴収し得たはずの税収の喪失を市が被った損害として国に対して賠償を求めることはできない。（福岡地判昭55・6・5判時九六六・三〈大牟田市電気税訴訟〉租税百選〔七版〕八）

㉓　資金量五兆円以上の銀行業を行う法人の法人事業税について外形標準課税を導入する東京都の条例が地方税法七二条の一九〔現七二条の二四の四〕には違反しないが、地方税法七二条の二二第九項〔現七二条の二四の七第八項〕の均衡要件に違反する違法なものであり、地方税法上与えられた条例制定権を超えて制定されたものであるとして無効とされた例（東京高判平15・1・30判時一八一四・四四〈東京都銀行税訴訟〉租税百選〔四版〕コラム①）

㉔　資本金が一定額以上の法人の事業活動に対し臨時特例企業税を課することを定める神奈川県の臨時特例企業税条例は、地方税法の定める欠損金の繰越控除の適用を実質的に一部遮断することを趣旨、目的とし、かかる効果を生ずるものであり、各事業年度間の所得の金額と欠損金額の平準化を図り法人の税負担をできるだけ均等化して公平な課税を行うという地方税法の繰越欠損金規定の趣旨、目的に反し、その効果を阻害する内容のものであるから、法人事業税に関する同法の強行規定に違反し、違法、無効であるというべきである。（最判平25・3・21民集六七・三・四三八、租税百選〔七版〕七）

㉕　外国大使館は慣習国際法上、源泉徴収義務を免除される。（東京高判平16・11・30判時一八七六・一三〈米国大使館事件〉）

◇【Ⅲ　租税法の解釈・適用】

一　租税法の法源

1　通達

①　課税がたまたま通達を機縁として行われたものであっても、通達の内容が法の正しい解釈に合致するものである以上、本件課税処分は法の根拠に基づく処分である。（最判昭33・3・28民集一二・四・六二四〈パチンコ球遊器事件〉租税百選〔七版〕六）

②　国税庁長官の基本通達は、下級行政機関の権限の行使についての指揮であって、国民に対し効力を有する法令ではない。（最判昭38・12・24訟月一〇・二・三八一、租税百選〔三版〕五三）

③　通達は、それが国民の権利義務に重大なかかわりをもつものであっても、法規としての性質を有するものではないから、行政機関が通達の趣旨に反する処分をしたからといって、そのことにより、当該処分の効力が左右されるわけではない。（東京地判昭45・7・29訟月一六・一一・一三六一……最判昭43・12・24民集二二・一三・三一四七を引用）

④　任意組合の組合員に属する組合損益の計算方法について、通達（所基通三六・三七共―二〇）に定めていない要件を、通達の改正をしないまま解釈により付加することは、租税法律主義の趣旨に抵触する。（東京高判平23・8・4税資二六一順号一一七二八）

⑤　納税者が財産評価基本通達によらない評価を主張するには、評価通達により難い「特別な事情」が必要である。（東京地判平30・9・27税資二六八順号一三一九六）

⑥　財産評価通達によらずに財産評価を行うことを正当化する「特別の事情」を通達等が具体的に示していないことは、租税法律主義に違反しない。（東京高判令2・6・24金商一六〇〇・三六）

2　告示

⑦　地方税法三八八条に基づく固定資産評価基準に従って決定され、土地課税台帳等に登録された価格であっても、賦課期日における当該土地の客観的な交換価値を上回る場合、地方税法三四九条が基準年度における賦課期日における適正な時価を課税標準とする旨を定めると解されることから、当該価格の決定は違法となる。（最判平15・6・26民集五七・六・七二三、租税百選〔七版〕九七）

⑧　固定資産課税台帳の登録価格が、固定資産評価基準によって決定される価格を上回る場合には、同期日における当該土地の客観的な交換価値としての適正な時価を上回るか否かにかかわらず、その登録された価格の決定は違法となる。また、評価基準によって決定される価格を上回るものではないが、その評価方法が適正な時価を算定する方法として一般的な合理性を有するものではなく、又はその評価方法によっては適正な時価を適切に算定することのできない特別の事情が存する場合であって、同期日における当該土地の客観的な交換価値としての適正な時価を上回る場合にも、登録された価格の決定は違法となる。（最判平25・7・12民集六七・六・一二五五、租税百選〔七版〕九八）

3　条約その他

⑨　移転価格税制に関する対応的調整についての国内法の定めがない場合に条約を根拠にこれを行うことができるとされた事例（東京高判平8・3・28判時一五七四・五七、租税百選〔四版〕七一）

⑩　日星租税条約は、経済協力開発機構（ＯＥＣＤ）

のモデル租税条約に倣ったものであるから、同条約に関してOECDの租税委員会が作成したコメンタリーは、条約法に関するウィーン条約三二条にいう「解釈の補足的な手段」として、日星租税条約の解釈に際しても参照されるべき資料ということができる。（最判平21・10・29民集六三・八・一八八一〈グラクソ事件〉租税百選〔七版〕七四）→租特六六条の六[1]

[11] 租税条約の適用開始時期に関わる事実（約定日と異なり新条約発効後に現実の支払が行われたこと）についての主張・立証責任は納税者が負う。（東京高判平23・5・18税資二六一順号一一六八九）

[12] 日星租税協定又は日蘭租税条約に基づく情報交換要請行為は、被要請国の権限ある当局を名宛人としてその職務権限の行使を依頼するものであり、それ自体は抗告訴訟の対象となる行政処分に当たらない。情報交換をされない地位にあることの確認は、実質的当事者訴訟たる予防的確認の訴えと解されるところ、確認の利益を認めることはできないとされた事例（東京地判平29・2・17税資二六七順号一二九八〇、租税百選〔七版〕七八……控訴審・東京高判平29・10・26税資二六七順号一三〇八三で維持）→◆【Ⅳ】[26]

4 私法及び会計原則

[13] 法人税法二二条四項と自主的経理の尊重（最判平5・11・25民集四七・九・五二七八〈大竹貿易株式会社〉租税百選〔七版〕六五）→法税二二条[1]

[14] 脱税工作金と公正処理基準（最決平6・9・16刑集四八・六・三五七〈株式会社エス・ヴイ・シー事件〉租税百選〔七版〕五五）→法税二二条[31]

[15] 金融商品会計実務指針一〇五項を実質的に類推適用し、納税者の会計処理が公正妥当な会計基準に合致するとした事例（東京高判平26・8・29税資二六四順号一二五二三、重判平27租税一）→法税二二条[34]

二 租税法の解釈

1 解釈方法

[16] 道路運送車両法所定の保安基準に適合せず道路を走行することのできない競走用自動車が物品税法上の普通乗用自動車に当たるとした事例（最判平9・11・11判時一六二四・七一〈レーシングカー事件〉租税百選〔四版〕一四）

[17] ホステスの業務に関する報酬の額が一定の期間ごとに計算されて支払われている場合において、所得税法施行令三二二条にいう「当該支払金額の計算期間の日数」は、ホステスの実際の稼働日数ではなく、当該期間に含まれる全ての日数を指すと判断された例（最判平22・3・2民集六四・二・四二〇〈ホステス報酬計算期間事件〉租税百選〔七版〕一三）→所税二〇五条[1]

[18] 都市計画法五五条一項所定の事業予定地内の土地の所有者が具体的に建築物を建築する意思を欠き、都道府県知事等による当該土地の買取りが外形的に同法五六条一項の規定による買取りの形式を採ってされたにすぎない場合には、当該所有者は当該買取りの対価につき租特法三三条一項三号の三〔現三号の四〕の「都市計画法第五十六条第一項の規定に基づいて買い取られ、対価を取得する場合」に該当せず、租特法三三条の四第一項一号所定の長期譲渡所得の特別控除額の特例の適用を受けることができない。（最判平22・4・13民集六四・三・七九一、重判平22行政四）

[19] 関連法令が一義的な意義を与えない場合に、社会通念に照らして、海洋掘削作業用の「リグ」が所得税法一六一条三号〔現一項七号〕にいう「船舶」に該当する、と解釈した事例（東京高判平26・4・24訟月六一・一・一九五）

[20] 地方税法一六二条〔平成二八法一三による改正前〕および税条例による自動車税減免の制度趣旨は「天災その他特別の事情」につき、客観的事由によって担税力を減少させる事情を指すと解釈し、脅迫された結果であるとはいえ、当該他人に対し当該自動車を貸与することを承諾していた原告はこの要件を満たさないとして請求を斥けた事例（最判平22・7・6判時二〇九一・四四、租税百選〔七版〕五）

[21] 租税法律主義の原則に照らすと租税法規はみだりに規定の文言を離れて解釈すべきものではないとして、地方税法三四三条二項後段の規定を類推適用することにより、自治会又は町会が固定資産税の納税義務者にあたるとした原審を違法とした事例（最判平27・7・17判時二二七九・一六、重判平27租税七）

[22] 緩和通達については、租税法律主義の観点から、法の趣旨及び文言を踏まえ、法の解釈として合理的と認められる範囲においてこれを解釈する必要がある。（東京高判平29・11・9訟月六五・六・九三四）

[23] 共同住宅等の敷地の取得に係る不動産取得税の減額に関する地方税法施行令附則六条の一七第二項にいう「居住の用に供するために独立的に区画された部分が一〇〇以上ある共同住宅等」の該当性は一棟の共同住宅等ごとに判断すべきであるとして、減額規定の趣旨を重視して複数棟の共同住宅等で合計一〇〇以上の独立区画部分がある場合にも適用されるとした原審を違法とした事例（最判平28・12・19民集七〇・八・二一七七、重判平29租税七）

2 借用概念の解釈

[24] 所得税法中には、利益配当の概念として、とくに、商法の前提とする、取引社会における利益配当の観念と異なる観念を採用しているものと認めるべき規定はないので、所得税法もまた、利益配当の概念として、商法の前提とする利益配当の観念と同一観念を採用しているものと解するのが相当である。（最判昭35・10・7民集一四・一二・二四二〇〈鈴や金融事件〉租税百選〔五版〕三六）→所税二四条[1]

[25] 法律が、匿名組合に準ずる契約としている以上、その契約は、商法上の匿名組合契約に類似するものがあることを必要とするものと解すべく、

出資者が隠れた事業者として事業に参加しその利益の配当を受ける意思を有することを必要とする。（最判昭36・10・27民集一五・九・二三五七、租税百選〔五版〕一六……昭和二八法一七三による改正前の旧所得税法一条二項三号「匿名組合契約及びこれに準ずる契約で命令で定めるもの」の意義に関する事例）

㉖　旧地方税法及び県の条例には「不動産」の定義は示されていないが、民法八六条は動産、不動産の区別を定めた基本的な規定であって、動産、不動産の観念は、特段の事由の認められない限りおおむね右民法の法条に定められるところに従うものと解するを相当とし、右地方税法及び条例にいう不動産も、特段の事由の認めるべきものがないから、右と同様に解すべきである。（最判昭37・3・29民集一六・三・六四三、租税百選〔初版〕五七……石油タンクは旧地方税法八八条にいう「不動産」に該当しないとされた事例）

㉗　特別土地保有税は、流通税ないし財産税である（取得税ではない）から、地方税法五八五条一項にいう土地の取得とは、所有権の移転の形式により土地を取得する全ての場合を含み、取得の原因となった法律行為が取消し、解除等により覆されたかどうかにかかわりなく、その経過的事実に則してとらえた土地所有権取得の事実をいう。（最判平14・12・17判時一八一二・七六）

㉘　相続税法における「住所」の意義（最判平23・2・18判時二一一一・三〔武富士贈与事件〕租税百選〔七版〕一四）→相税一条の四①

㉙　外国法を準拠法とする信託に係る「信託行為」「受益者」の解釈（名古屋高判平25・4・3訟月六〇・三・六一八）→相税九条の二

㉚　租税法令中の概念を行政法令からの借用概念であると解釈した例（東京地判平31・1・18訟月六五・七・一〇九九〔KDDI減価償却事件〕）

◇外国法人の解釈（→法税二条②～⑤）

三　租税法における事実認定

1　私法上の法律関係と租税法

㉛　不動産取得税は流通税であるから、地方税法七三条の二第一項にいう「不動産の取得」とは、不動産の取得者が実質的に完全な内容の所有権を取得するか否かには関係なく、所有権移転の形式による不動産の取得の全ての場合を含むものと解するのが相当であり、譲渡担保についても、それが所有権移転の形式による以上、不動産の取得に当たる。（最判昭48・11・16民集二七・一〇・一三三三、租税百選〔六版〕九二）→㉕

㉜　信託契約の終了を原因とする信託不動産取得に係る不動産取得税の課税除外規定は、委託者が信託期間中に譲渡の対象としなかった受益権の準共有持分に対応する不動産の共有持分の取得についてのみ適用される。（大阪高判平23・3・31【平23行コ三】）

㉝　租税法上、課税関係における合併無効判決の効力に関する規定はないが、私法上の効力と別異に解すべき理由はないから、課税関係においても、合併無効判決の効力は遡及しない。（大阪高判平14・12・26判タ一一三四・二一六、租税百選〔五版〕一七）

㉞　財産分与契約に基づいて二億円超の譲渡所得課税が行われることとなった場合に、自己に対する譲渡所得課税がないことを当然の前提としていることを黙示的に表示してされた財産分与契約の意思表示は、法律行為の要素の錯誤により無効となり得るとされた事例（最判平元・9・14家月四一・一一・七五、租税百選〔五版〕一八……錯誤を否定した原判決を破棄差戻し……平成二九法四四による改正前の事案）

㉟　錯誤無効の主張時期（最判平30・9・25民集七二・四・三一七、租税百選〔七版〕一一六……平成二九法四四による改正前の事案）→税通三六条③、所税二八条⑧・一八三条⑦

㊱　節税目的で行われた養子縁組であっても法的効力は否定されない。（最判平29・1・31民集七一・一・四八、租税百選〔七版〕一六）→相税一五条①

㊲　土地建物を贈与する旨の公正証書は真実贈与の意思で作成されたものではなく所有権移転登記の時期に贈与が履行されたと認定された事例（名古屋高判平10・12・25訟月四六・六・三〇四一、租税百選〔七版〕八一）→相税一条の二②

㊳　租税回避行為の有無が争点となる事案においては、準拠法指定された外国法の適用を排除し国内公序である日本の私法によって法的性質を決定した上で課税物件の有無を判断し得る（本件事案においては否定）。（東京高判平22・5・27判時二一一五・三五〔ファイナイト再保険事件〕）

2　事実認定・社会通念の意義

㊴　クロスで行われた二つの土地売買契約とその代金の相殺とを行ったとして申告した納税者に対し、課税庁がこれを一つの土地交換契約であるとして行った課税処分が取り消された事例（東京高判平11・6・21高民五二・二六〔岩瀬事件〕租税百選〔七版〕一八）

㊵　法人税法上の貸倒損失の認定が社会通念に従って総合的に判断された事例（最判平16・12・24民集五八・九・二六三七〔興銀貸倒事件〕租税百選〔七版〕五八）→法税二二条㉖

㊶　米国債にかかるレポ取引の「レポ差額」が所得税法一六一条六号（平成一四法一五による改正前のもの）の「国内において業務を行なう者に対する貸付金（これに準ずるものを含む。）」の「利子」に該当しないとされた事例（東京高判平20・3・12金判一二九〇・三二〔住友信託銀行レポ取引事件〕……租特法四二条の二制定前の事案）

㊷　仕入れた重油及び灯油を石油精製工場に持ち込み、同工場を設置する会社に委託してこれらを軽油にし、販売先に譲渡する取引を行っていた業者について、右業者が当該軽油の所有権を原始取得していなかった疑いがあることのみを理由として、右業者は地方税法七〇〇条の四第一項五号〔現一四四条の三に相当〕にいう「軽油の製造」を

行ったとはいえないから右業者を同号に基づく軽油引取税の納税義務者であると解する余地はないとした原審の判断に違法があるとされた事例（最判平22・2・16民集六四・二・三四九、租税百選［六版］九〇）

43　ファイナンスリース契約と類似の諸条項が付された裸用船契約が、実質上ファイナンスリース契約とは認められないとされた事例（東京地判平24・7・18税資二六二順号一二〇〇二）

44　システム開発委託契約によって開発されたソフトウェアに係る著作権が納税者の連結子法人に帰属すると認定された結果、納税者から当該子法人に支払われた本件ソフトウェアの譲渡代金が寄付金にあたるとの課税庁の主張が排斥された事案（知財高判平22・5・25税資二六〇順号一一四四三）

四　私法の形成可能性の濫用（いわゆる租税回避）

45　納税者が組合員として購入したと主張する映画は、組合の事業において収益を生む源泉であるとみることはできず、組合の事業の用に供しているものということはできないから、法人税法三一条一項にいう減価償却資産に当たらない。（最判平18・1・24民集六〇・一・二五二〈パラツィーナ事件〉租税百選［七版］二〇）→法税三一条②

46　法人税法六九条の定める外国税額控除制度は、国際的二重課税の排斥等の政策目的に基づく制度であるとした上で、外国税額控除の余裕枠を利用する取引に基づいて生じた所得に対する外国法人税を外国税額控除の対象とすることは、同制度を濫用するものであり許されないと判断した事例（最判平17・12・19民集五九・一〇・二九六四〈外国税額控除余裕枠大和銀行事件〉租税百選［七版］一九）→法税六九条①

47　組合を通じて航空機リース事業に出資した納税者が同事業から生じた損失を不動産所得に係る損失として他の所得と損益通算して申告したのに対し、課税庁が同事業からは利益配当契約による雑所得が生じるとして行った課税処分が取り消された事例（名古屋高判平17・10・27税資二五五順号一〇一八〇……現在は租特法四一条の四の二により損益通算できない）

参　個別的否認規定の例（→法税一三二条・一三二条の二・一三二条の三、所税一五七条、相税六四条、租特四一条の四の二など）

五　租税法の適用

1　合法性原則と和解

48　納税義務者と税務署長の契約による年賦延納が、租税徴収権の性質に照らして許容されないとされた事例（福岡地判昭25・4・18行裁一・四・五八一、租税百選［初版］一八）

49　納税義務の強行法規性（最判昭49・9・2民集二八・六・一〇三三、租税百選［三版］五七）→◇【Ⅱ】12

2　信義則

50　租税法規に適合する課税処分について、法の一般原理である信義則の法理の適用により、右課税処分を違法なものとして取り消すことができる場合があるとしても、法律による行政の原理なかんずく租税法律主義の原則が貫かれるべき租税法律関係においては、右法理の適用については慎重でなければならず、租税法規の適用における納税者間の平等、公平という要請を犠牲にしてもなお当該課税処分に係る課税を免れしめて納税者の信頼を保護しなければ正義に反するといえるような特別の事情が存する場合に、初めて右法理の適用の是非を考えるべきものである。（最判昭62・10・30判時一二六二・九一〈酒類販売業者青色申告事件〉租税百選［七版］一七）→所税一四三条①

51　信義則の適用が肯定された事例（東京地判昭40・5・26行裁一六・六・一〇三三〈文化学院事件第一審判決〉……その後、控訴審（東京高判昭41・6・6行裁一七・六・六〇七）で取り消された）

52　課税庁が原告による誤った申告方式を一七年間にわたって是認していた事実関係の下で、信義則の成立を否定した事例（東京地判令元・11・1【平30行ウ三七一】）

◇【Ⅳ　租税法律関係の特質（納税者と課税権者）】

一　租税債務関係の性質

1　過誤納金の還付請求権（最判昭49・3・8民集二八・二・一八六、租税百選［五版］九六）→所税三六条①

2　所得税確定申告書の記載内容についての錯誤の主張は、その錯誤が客観的に明白かつ重大であって、所得税法の定めた過誤是正以外の方法による是正を許さないとすれば納税義務者の利益を著しく害すると認められる特段の事情がある場合でなければ、許されない。（最判昭39・10・22民集一八・八・一七六二、租税百選［七版］一〇四）

3　賦課課税方式をとる固定資産税及び都市計画税については、納税通知書を納税者に送付することによりその租税債権が具体的に成立するものと解すべきであるため、共有土地についての固定資産税等は、納税通知書の送付によりその名宛人として送付を受けた者に対してのみ具体的な租税債権が成立し、その余の連帯納付義務者は、抽象的租税債務を負担するにとどまり、いまだ具体的租税債務は成立していない。（大阪高判昭58・3・30行裁三四・三・五六六、租税百選［五版］二五）

4　第二次納税義務と主たる納税義務との関係（最判平18・1・19民集六〇・一・六五、租税百選［七版］二五）→税通七七条①、税徴三九条⑥

二　租税債権に対する民法の規定の適用

5　徴税機関が、未納国税額につき納付を催告し、その後六箇月内に差押え等の手段をとったときは、民法一五三条［現一五〇条］の準用により、国税徴収権の消滅時効は中断［平成二九法四四による民法改正後の時効の完成猶予］される。（最判昭43・6・27民集二二・六・一三七九、租税百選［七版］一〇

→税通七二条①

⑥ 被相続人に対して既に納付又は納入の告知がされた地方団体の徴収金につきその納付等を求める旨の相続人に対する通知は単なる催告としての効力を有するにとどまり、地方税法［平成二九法四五による改正前］一八条の二第一項一号に基づく消滅時効の中断［平成二九法四四による民法改正後の時効の完成猶予］の効力を有しない。（最判令2・6・26民集七四・四・七五九）→税通七二条②

⑦ 租税債権が詐害行為の被保全債権となり得る要件（横浜地小田原支判平7・9・26訟月四二・一一・二五六六、租税百選［七版］一一）→税通四二条①

⑧ 滞納処分と民法九四条二項の類推適用（最判昭62・1・20訟月三三・九・二二三四、租税百選［七版］一二）→税徴四七条④

⑨ 滞納処分と民法一七七条（最判昭35・3・31民集一四・四・六六三）→税徴四七条②

⑩ 滞納処分と民法九四条二項の類推適用（最判平9・12・18訟月四五・三・六九三）→税徴八二条②

⑪ 甲が乙に対する金銭債務の担保として、甲の丙に対する既に生じ、又は将来生ずべき債権を一括して乙に譲渡することとし、乙が丙に対して担保権実行として取立ての通知をするまでは甲に譲渡債権の取立てを許諾し、甲が取り立てた金銭について乙への引渡しを要しないとの内容のいわゆる集合債権を対象とした譲渡担保契約において、同契約に係る債権の譲渡を第三者に対抗するには、指名債権譲渡の対抗要件の方法によることができる。（最判平13・11・22民集五五・六・一〇五六……滞納処分としての債権差押えが問題となった事案）

⑫ 財産分与に対し租税債権による詐害行為取消請求が認容された事例（札幌高判平24・1・19訟月五九・四・一〇九一）

⑬ 訴外会社に地方税法上の租税債権を有する県が、訴外会社が被告に対して行った贈与が詐害行為にあたるとしてその取消しを求めて提訴した事件において、本件贈与の当時、国税更正処分等に基づく租税債権の発生について、訴外会社が認識していなかったと認められるとして詐害行為性を否定し、請求を認容した原判決を取り消した事案（名古屋高判平28・4・27【平27ネ二八四】）

⑭ 租税債権は、権利の性質上、私人に対する譲渡が許されない債権であると解するのが相当である（大判明37・12・8民録一〇・一五六四）から、他人が国に対して負う租税債務を第三者弁済した者が当該租税債権について代位することはできない。（東京地判平27・11・26金判一四八二・五七）

三 租税争訟と立証責任

⑮ 課税要件事実の存否および課税標準については、原則として租税行政庁が立証責任を負う。（最判昭38・3・3訟月九・五・六六八）

⑯ 必要経費該当性につき争いのある支出については、納税者において当該支出の具体的内容を明らかにし、その必要経費該当性について相応の立証をする必要があるというべきであり、納税者がこれを行わない場合には、当該支出が必要経費に該当しないことが推認される。（大阪高判平30・5・18税資二六八順号一三一五四）

⑰ 更正の請求に対する通知処分の取消訴訟においては、更正の請求に係る事実関係は納税者が主張、立証すべきである。（東京地判令2・1・30【平30行ウ三七三】）

四 租税債務関係の争い方

1 不当利得返還請求

⑱ 登録免許税を過大に納付した者は特別の手続を経ることなく直ちに還付金請求訴訟を提起できる。（最判平17・4・14民集五九・三・四九一、租税百選［七版］一一二）→税通五六条②

⑲ 真実は不動産の所有者でない者が、登記簿上その所有者として登記されているために、右不動産に対する固定資産税を課せられ、これを納付した場合には、右所有名義人は、真の所有者に対し、不当利得として、右納付税額に相当する金員の返還を請求することができる。（最判昭47・1・25民集二六・一・一、租税百選［七版］九五）

2 取消訴訟の排他的管轄が及ばない場面

⑳ 帰属を誤った課税処分の効力（最判昭48・4・26民集二七・三・六二九、租税百選［七版］一〇八）→所税一二条⑥

㉑ 徴収納付義務に係る納税の告知は課税処分ではない。（最判昭45・12・24民集二四・一三・二二四三、租税百選［七版］一一四）→所税二二二条①

㉒ 関税法一三八条［現一四六条に相当］による通告処分は、行政事件訴訟の対象となる行政処分に当たらない。（最判昭47・4・20民集二六・三・五〇七、租税百選［五版］一二五）

3 国家賠償請求

㉓ 違法な固定資産税の賦課決定によって損害を被った納税者は、地方税法四三二条一項本文に基づく審査の申出及び同法四三四条一項に基づく取消訴訟等の手続を経るまでもなく、国家賠償請求を行い得る。（最判平22・6・3民集六四・四・一〇一〇、租税百選［七版］一二一）

㉔ 賦課納税方式をとる固定資産税にあっては、所有者による住宅用地の申告の有無にかかわらず、課税庁は、固定資産税等の賦課処分の主体として通常要求される程度の注意を払って、住宅用地の特例の適用要件の有無を調査した上で賦課処分をすべき職務上の注意義務を負うとして、国賠請求を一部認容した事例（東京地判平28・4・28判タ一四三三・一七七、重判平29租税六）

㉕ 税務署長が収入金額を確定申告の額より増額しながら必要経費の額を確定申告の額のままとして所得税の更正をしたため、所得金額を過大に認定する結果となったとしても、確定申告の必要経費の額を上回る金額を具体的に把握し得る客観的資料等がなく、また、納税義務者において税務署長の行う調査に協力せず、資料等によって確定申告の必要経費が過少であることを明らかにしないために、右の結果が生じたなどの事実関係の下においては、右更正につき国家賠償法一条一項にいう

違法があったということはできない。（最判平5・3・11民集四七・四・二八六三、行政百選Ⅱ〔六版〕二二七）

26 日星租税協定又は日蘭租税条約に基づく情報交換要請について、国家賠償法上の違法があるとはいえないとされた事例（東京地判平29・2・17税資二六七順号一二九八〇、租税百選〔七版〕七八）→◆【Ⅲ】12

27 固定資産税等の税額が過大に決定されたことによる損害賠償請求権の除斥期間の起算点である「不法行為の時」とは、納税者に具体的な納税義務を生じさせる賦課決定の効力が及ぶ時点、すなわち各年度の固定資産税等の賦課決定がされ所有者に納税通知書が交付された時点である。（最判令2・3・24民集七四・三・二九二、重判令2租税四）

4 その他

28 所得税の法定申告期限より八年以上が経過した後になされた減額更正の申立てが国税通則法七一条一項一号に該当しないとして退けられたことに対して提起された減額更正処分を義務付けることを求める訴えが不適法とされた例（広島高判平20・6・20訟月五五・七・二六四二）

29 審査申出人は、固定資産評価審査委員会による審査の際に主張しなかった事由であっても、審査決定の取消訴訟において、その違法性を基礎付ける事由としてこれを主張することが許される。（最判令元・7・16民集七三・三・二一一、租税百選〔七版〕九九）

◆【V 税理士の責任】

1 税理士が依頼者に賠償すべき損害が消費税法上の簡易課税制度選択不適用届出書の提出を怠ったという税理士の税制選択上の過誤により生じたものである場合には、依頼者に有利な課税方式が適用されないことにより形式的にみて過少申告があったとしても、税理士職業賠償責任保険約款の特約条項は適用されず、保険会社は免責されない。（最判平15・7・18民集五七・七・八三八）

2 税理士が受任した相続税の修正申告手続の事務処理にあたり、延納許可申請手続をすることについて依頼人に助言、指導をすべき義務を怠った点を債務不履行と認定し損害賠償義務を認めた事例（東京高判平7・6・19判時一五四〇・四八）

3 税理士が、還付を受けられなかった税額に相当する額を損害賠償として依頼人に支払っている場合、本税に相当する額の支払についての免責を定める税理士職業賠償責任保険の免責条項の二号及び三号の適用はないとした事例（東京高判平21・1・29判時二〇四九・七三）

4 税理士の履行補助者たる事務所職員が、依頼人による土地譲渡が買換え特例の適用を受けられるものと軽信して申告を代行し、修正申告を余儀なくされた結果依頼人が負うこととなった過少申告加算税と延滞税について、委任契約上の善管注意義務違反を認定し、税理士の損害賠償義務を肯定した事例（大阪高判平8・11・29【平7ネ一五三五】）

5 税理士が相続税の申告に際し、農地等についての相続税の納税猶予の特例適用に必要な書類の添付を失念したことによる損害には、税理士損害賠償責任保険の免責条項は適用されないとされた事例（大阪高判平17・1・20判時一九〇五・一三九）

6 相続税の申告と物納手続の依頼を受けた税理士が、相続財産の評価を誤って過少申告を行い、かつ依頼に反して延納手続を行ったことが債務不履行に当たるとされた事例（東京地判平7・11・27判時一五七五・七一）

7 通達に反する内容の顧問税理士の助言に基づいてなされた確定申告の結果、過少申告加算税相当の損害を生じた場合に、税理士の損害賠償義務を認めた事例（大阪高判平10・3・13判時一六五四・五四）

8 原告会社が法人税の特例制度を利用することができたにもかかわらず、監査法人及び税理士がその点を指摘しなかったために余分な納税を行う結果となったという事実関係の下で、監査法人の債務不履行責任は否定する一方で、税理士には専門的な立場から必要な範囲で依頼者の依頼が適切であるかを調査確認する義務を負うとして、損害賠償義務を認めた事例（大阪地判平20・7・29判時二〇五一・一〇三）

9 税理士が、弁護士法二三条の二に基づく照会に応じて、納税義務者の確定申告書等の写しを提供したことが、税理士法三八条に基づく守秘義務に違反し不法行為に当たるとして、依頼人に対する損害賠償責任を負うとされた事例（大阪高判平26・8・28判時二二四三・三五）

10 税理士法人が依頼人に対して、赤字法人に対する多額の貸付金の処理方法の一つとしてDESについて説明した際に、DESを選んだ場合には債務消滅益が生じることを説明しなかったことについて、依頼人に対する損害賠償責任を認めた事例（東京地判平28・5・30判タ一四三九・二三三）

◉国税通則法（昭和三七・四・二 法 六 六）

施行 昭和三七・四・一（附則参照）
最終改正 令和三法一一

目次

第一章 総則

第一節 通則

（目的）

第一条 この法律は、国税についての基本的な事項及び共通的な事項を定め、税法の体系的な構成を整備し、かつ、国税に関する法律関係を明確にするとともに、税務行政の公正な運営を図り、もつて国民の納税義務の適正かつ円滑な履行に資することを目的とする。

▽+【国税→二㈠】【国民の納税義務→憲三〇・八四（租税法律主義）】【納税義務→一五①】【他の通則的法律→税徴、地税（地方税）】

（定義）

第二条 この法律において、次の各号に掲げる用語の意義は、当該各号に定めるところによる。

一 国税 国が課する税のうち関税、とん税、特別とん税、森林環境税及び特別法人事業税以外のものをいう。

二 源泉徴収等による国税 源泉徴収に係る所得税及び国際観光旅客税法（平成三十年法律第十六号）第二条第一項第七号（定義）に規定する特別徴収に係る国際観光旅客税（これらの税に係る附帯税を除く。）をいう。

三 消費税等 消費税、酒税、たばこ税、揮発油税、地方揮発油税、石油ガス税及び石油石炭税をいう。

四 附帯税 国税のうち延滞税、利子税、過少申告加算税、無申告加算税、不納付加算税及び重加算税をいう。

五 納税者 国税に関する法律の規定により国税（源泉徴収等による国税を除く。）を納める義務がある者（国税徴収法（昭和三十四年法律第百四十七号）に規定する第二次納税義務者及び国税の保証人を除く。）及び源泉徴収等による国税を徴収して国に納付しなければならない者をいう。

六 納税申告書 申告納税方式による国税に関し国税に関する法律の規定により次に掲げるいずれかの事項その他当該事項に関し必要な事項を記載した申告書をいい、国税に関する法律の規定による国税の還付金（以下「還付金」という。）の還付を受けるための申告書でこれらのいずれかの事項を記載したものを含むものとする。

イ 課税標準（国税に関する法律に課税標準額又は課税標準数量の定めがある国税については、課税標準額又は課税標準数量。以下同じ。）

ロ 課税標準から控除する金額

ハ 次に掲げる金額（以下「純損失等の金額」という。）

(1) 所得税法（昭和四十年法律第三十三号）に

規定する純損失の金額又は雑損失の金額でその年以前において生じたもののうち、同法の規定により翌年以後の年分の所得の金額の計算上順次繰り越して控除し、又は前年分の所得に係る還付金の額の計算の基礎とすることができるもの

(2)　法人税法（昭和四十年法律第三十四号）に規定する欠損金額でその事業年度以前において生じたもの（同法第五十七条第二項（欠損金の繰越し）の規定により欠損金額とみなされたものを含む。）のうち、同法の規定により翌事業年度以後の事業年度分の所得の金額の計算上順次繰り越して控除し、又は前事業年度以前の事業年度分の所得に係る還付金の額の計算の基礎とすることができるもの

(3)　相続税法（昭和二十五年法律第七十三号）第二十一条の十二（相続時精算課税に係る贈与税の特別控除）の規定により同条の規定の適用を受けて控除した金額がある場合における当該金額の合計額を二千五百万円から控除した残額

ニ　納付すべき税額

ホ　還付金の額に相当する税額

ヘ　ニの税額の計算上控除する金額又は還付金の額の計算の基礎となる税額

七　法定申告期限　国税に関する法律の規定により納税申告書を提出すべき期限をいう。

八　法定納期限　国税に関する法律の規定により国税を納付すべき期限（次に掲げる国税については、それぞれ次に定める期限又は日）をいう。この場合において、第三十八条第二項（繰上請求）に規定する繰上げに係る期限及び所得税法若しくは相続税法の規定による延納（以下「延納」という。）、第四十七条第一項（納税の猶予の通知等）に規定する納税の猶予又は徴収若しくは滞納処分に関する猶予に係る期限は、当該国税を納付すべき期限に含まれないものとする。

イ　第三十五条第二項（申告納税方式による国税等の納付）の規定により納付すべき国税　その国税の額をその国税に係る期限内申告書に記載された納付すべき税額とみなして国税に関する法律の規定を適用した場合におけるその国税を納付すべき期限

ロ　国税に関する法律の規定により国税を納付すべき期限とされている日後に納税の告知がされた国税（ハ又はニに掲げる国税に該当するものを除く。）　当該期限

ハ　国税に関する法律の規定により一定の事実が生じた場合に直ちに徴収するものとされている賦課課税方式による国税　当該事実が生じた日

ニ　附帯税　その納付又は徴収の基因となる国税を納付すべき期限（当該国税がイからハまでに掲げる国税に該当する場合には、それぞれ当該国税に係るイからハまでに掲げる期限（地価税に係る過少申告加算税、無申告加算税及び第三十五条第三項に規定する重加算税については、先に到来する期限）又は日）

九　課税期間　国税に関する法律の規定により国税の課税標準の計算の基礎となる期間（課税資産の譲渡等（消費税法（昭和六十三年法律第百八号）第二条第一項第九号（定義）に規定する課税資産の譲渡等をいい、同項第八号の二に規定する特定資産の譲渡等に該当するものを除く。第十五条第二項第七号（納税義務の成立及びその納付すべき税額の確定）において同じ。）及び特定課税仕入れ（同法第五条第一項（納税義務者）に規定する特定課税仕入れをいう。同号において同じ。）に課される消費税（以下「課税資産の譲渡等に係る消費税」という。）については、同法第十九条（課税期間）に規定する課税期間）をいう。

十　強制換価手続　滞納処分（その例による処分を含む。）、強制執行、担保権の実行としての競売、企業担保権の実行手続及び破産手続をいう。

▽[一]関税【同旨→税徴二[一]　[二]【源泉徴収等による国税→所税一八一—一二三、租特三七の一一の四・四一の一二③④・四一の二〇・四一の二二　[三]消税、酒税【同旨→税徴二[三]　[四]【附帯税→六〇—六九【延滞税→六〇—六三【利子税→六四【過少申告加算税→六五【無申告加算税→六六【不納付加算税→六七【重加算税→六八【同旨→税徴二[四]　[五]【第二次納税義務者→税徴二[七]・三二—三九・四一、地税一一—一一の九（同旨の規定）【保証人→税徴二[八]、五〇[六]・五一—五四【源泉徴収による国税→二[三]【同旨→税徴二[六]　[六]【申告納税方式→一六①[一]②[一]【還付金の還付を受けるための申告書〈還付請求申告書〉→所税一二二・一二五②・一二七②・一六六、法税七四①[三][五]、消税四六・五二—五五、酒税三〇の二①[七]③・三〇の三①[五]【課税標準→所税二二、法税二一—六五・八三、相税一一の二・二一の二、消税二八、酒税二二、印税七、登税九—一六【課税標準額・課税標準数量→消税四三①[一]・四五①[一]・四七①[一]、酒税三〇の二①[三]・三〇の三①[一]【課税標準から控除する金額の例→所税七二—八六、相税一五・二一の五・二一の六【純損失の金額→所税二①[二十五]【純損失の繰越控除→所税七〇【純損失の繰戻しによる還付→所税一四〇—一四二・一六六【雑損失の金額→所税二①[二十六]【雑損失の繰越控除→所税七一【欠損金額→法税二[十九]【欠損金の繰越し→法税五七—五九【欠損金の繰戻しによる還付→法税八〇・一四四の一三【還付金の額の例→所税一三三②[六]—[八]・一四〇①・一四一①、法税七四①[三][五]・八〇①【税額控除→所税九二・九五・九五の二、法税六八—七〇の二、租特一〇—一〇の六・四一—四一の三の二・四二の四—四二の一三、相税一九の二—二〇の二・二一の八、消税三〇—四一、酒税三〇　[七]【法定申告期限→所税一二〇①・一二五①・一二七①・一六六、法税七四①・八八・八八の二、相税二七①②・二八①②、消税四二①・四五、酒税三〇の二①②、印税一一④・一二⑤【一〇②（特例）・一一（延長）　[八]【法定納期限→所税一〇四①・一一五・一二八—一三〇・一八一①・一八三①・一九九・二〇四①・二〇七・二一〇・二一二・二一六、法税七六・七七・九〇・九一、相税三三、消税四八—五〇、酒税三〇の四・三〇の五、印税一一⑤・一二⑥、登税二七【延納→所税一三一—一三七、相税三八—四〇・四四・四七・四八の三【一一、消税五一、酒税三〇

の六（納期限の延長）【徴収の猶予→二三⑤⑥・一〇五②④⑥、所税一一八・一三三⑤ETC【滞納処分に関する猶予→税徴一五一（換価の猶予）【期限内申告書→一七②【納税の告知→三六【賦課課税方式→一六①〔三〕②〔三〕【八に該当する国税→消税八③⑤、酒税二八の三⑥・五四⑤・五六③・五八③、ETC〔九〕【課税期間→所税二二、法税一三—一五、相税二一の二（贈与税）〔十〕【滞納処分→四〇、税徴

（人格のない社団等に対するこの法律の適用）

第三条　法人でない社団又は財団で代表者又は管理人の定めがあるもの（以下「人格のない社団等」という。）は、法人とみなして、この法律の規定を適用する。

▽税徴三、所税四、法税三、地税一二・二四⑥・七二の二④・二九四⑧（同旨の規定）、税徴四一（人格のない社団等に係る第二次納税義務）、相税六六（人格のない社団等を個人とみなす場合）

（他の国税に関する法律との関係）

第四条　この法律に規定する事項で他の国税に関する法律に別段の定めがあるものは、その定めるところによる。

▽【国税→二〔一〕【別段の定めの例→所税一五二・一五三（更正の請求〈二三条〉の特例）

第二節　国税の納付義務の承継等

▽【国税→二〔一〕—以下本法を通じ同じ

（相続による国税の納付義務の承継）

第五条①　相続（包括遺贈を含む。以下同じ。）があつた場合には、相続人（包括受遺者を含む。以下同じ。）又は民法（明治二十九年法律第八十九号）第九百五十一条（相続財産法人の成立）の法人は、その被相続人（包括遺贈者を含む。以下同じ。）に課されるべき、又はその被相続人が納付し、若しくは徴収されるべき国税（その滞納処分費を含む。次章、第三章第一節（国税の納付）、第六章（附帯税）、第七章第一節（国税の更正、決定等の期間制限）、第七章の二（国税の調査）及び第十一章（犯則事件の調査及び処分）を除き、以下同じ。）を納める義務を承継する。この場合において、相続人が限定承認をしたときは、その相続人は、相続によつて得た財産の限度においてのみその国税を納付する責めに任ずる。

② 前項前段の場合において、相続人が二人以上あるときは、各相続人が同項前段の規定により承継する国税の額は、同項の国税の額を民法第九百条から第九百二条まで（法定相続分・代襲相続人の相続分・遺言による相続分の指定）の規定によるその相続分により按《あん》分して計算した額とする。

③ 前項の場合において、相続人のうちに相続によつて得た財産の価額が同項の規定により計算した国税の額を超える者があるときは、その相続人は、その超える価額を限度として、他の相続人が前二項の規定により承継する国税を納付する責めに任ずる。

▽❶【滞納処分費→税徴一三六—一三八　地税九（同旨の規定）

（法人の合併による国税の納付義務の承継）

第六条　法人が合併した場合には、合併後存続する法人又は合併により設立した法人は、合併により消滅した法人（以下「被合併法人」という。）に課されるべき、又は被合併法人が納付し、若しくは徴収されるべき国税を納める義務を承継する。

▽地税九の三（同旨の規定）

（人格のない社団等に係る国税の納付義務の承継）

第七条　法人が人格のない社団等の財産に属する権利義務を包括して承継した場合には、その法人は、その人格のない社団等に課されるべき、又はその人格のない社団等が納付し、若しくは徴収されるべき国税（その承継が権利義務の一部についてされたときは、その国税の額にその承継の時における人格のない社団等の財産のうちにその法人が承継した財産の占める割合を乗じて計算した額の国税）を納める義務を承継する。

▽【人格のない社団等→三【地税一二の二（同旨の規定）

（信託に係る国税の納付義務の承継）

第七条の二①　信託法（平成十八年法律第百八号）第五十六条第一項各号（受託者の任務の終了事由）に掲げる事由により受託者の任務が終了した場合において、新たな受託者（以下この項及び第六項において「新受託者」という。）が就任したときは、当該新受託者は当該受託者に課されるべき、又は当該受託者が納付し、若しくは徴収されるべき国税（その納める義務が信託財産責任負担債務（同法第二条第九項（定義）に規定する信託財産責任負担債務をいう。第三十八条第一項（繰上請求）及び第五十七条第一項（充当）において同じ。）となるものに限る。以下この条において同じ。）を納める義務を承継する。

② 受託者が二人以上ある信託において、その一人の任務が信託法第五十六条第一項各号に掲げる事由により終了した場合には、前項の規定にかかわらず、他の受託者のうち、当該任務が終了した受託者（以下この項及び第五項において「任務終了受託者」という。）から信託事務の引継ぎを受けた受託者は、当該任務終了受託者に課されるべき、又は当該任務終了受託者が納付し、若しくは徴収されるべき国税を納める義務を承継する。

③ 信託法第五十六条第一項第一号に掲げる事由により受託者の任務が終了した場合には、同法第七十四条第一項（受託者の死亡により任務が終了した場合の信託財産の帰属等）に規定する法人は、当該受託者に課されるべき、又は当該受託者が納付し、若しくは徴収されるべき国税を納める義務を承継する。

④ 受託者である法人が分割をした場合における分割により受託者としての権利義務を承継した法人は、当該分割をした受託者である法人に課されるべき、又は当該分割をした受託者である法人が納付し、若しくは徴収されるべき国税を納める義務を承継す

る。

⑤ 第一項又は第二項の規定により国税を納める義務が承継された場合にも、第一項の受託者又は任務終了受託者は、自己の固有財産をもつて、その承継された国税を納める義務を履行する責任を負う。ただし、当該国税を納める義務について、信託法第二十一条第二項（信託財産責任負担債務の範囲）の規定により、信託財産に属する財産のみをもつてその履行の責任を負うときは、この限りでない。

⑥ 新受託者は、第一項の規定により国税を納める義務を承継した場合には、信託財産に属する財産のみをもつて、その承継された国税を納める義務を履行する責任を負う。

（国税の連帯納付義務についての民法の準用）

第八条 国税に関する法律の規定により国税を連帯して納付する義務については、民法第四百三十六条、第四百三十七条及び第四百四十一条から第四百四十五条まで（連帯債務の効力等）の規定を準用する。

▽+【国税の連帯納付義務→九、税徴三三、相税三四、登税三、印税三②】【地税一〇（同旨の規定）

（共有物等に係る国税の連帯納付義務）

第九条 共有物、共同事業又は当該事業に属する財産に係る国税は、その納税者が連帯して納付する義務を負う。

▽+地税一〇の二（同旨の規定）

（法人の合併等の無効判決に係る連帯納付義務）

第九条の二 合併又は分割（以下この条において「合併等」という。）を無効とする判決が確定した場合には、当該合併等をした法人は、合併後存続する法人若しくは合併により設立した法人又は分割により事業を承継した法人の当該合併等の日以後に納税義務（第十五条第一項（納税義務の成立及びその納付すべき税額の確定）に規定する納税義務をいう。次条において同じ。）の成立した国税（その附帯税を含む。）について、連帯して納付する義務を負う。

（法人の分割に係る連帯納付の責任）

第九条の三 法人が分割（法人税法第二条第十二号の十（定義）に規定する分社型分割を除く。以下この条において同じ。）をした場合には、当該分割をした法人の次に掲げる国税（その附帯税を含み、その納める義務が第七条の二第四項（信託に係る国税の納付義務の承継）の規定により受託者としての権利義務を承継した法人に承継されたもの及びその納める義務が信託財産限定責任負担債務（信託法第百五十四条（信託の併合後の信託の信託財産責任負担債務の範囲等）に規定する信託財産限定責任負担債務をいう。第五十七条第一項（充当）において同じ。）となるものを除く。）について、連帯納付の責めに任ずる。ただし、当該分割をした法人から承継した財産（当該分割をした法人から承継した信託財産に属する財産を除く。）の価額を限度とする。

一 分割の日前に納税義務の成立した国税（消費税等のうち保税地域（関税法（昭和二十九年法律第六十一号）第二十九条（保税地域の種類）に規定する保税地域をいう。以下同じ。）からの引取りに係る消費税等及び課税資産の譲渡等に係る消費税以外のもの（次号において「移出に係る酒税等」という。）並びに航空機燃料税を除く。）

二 分割の日の属する月の前月末日までに納税義務の成立した移出に係る酒税等及び航空機燃料税

▽+地税一〇の四（同旨の規定）

第三節 期間及び期限

（期間の計算及び期限の特例）

第一〇条① 国税に関する法律において日、月又は年をもつて定める期間の計算は、次に定めるところによる。

一 期間の初日は、算入しない。ただし、その期間が午前零時から始まるとき、又は国税に関する法律に別段の定めがあるときは、この限りでない。

二 期間を定めるのに月又は年をもつてしたときは、暦に従う。

三 前号の場合において、月又は年の始めから期間を起算しないときは、その期間は、最後の月又は年においてその起算日に応当する日の前日に満了する。ただし、最後の月にその応当する日がないときは、その月の末日に満了する。

② 国税に関する法律に定める申告、申請、請求、届出その他書類の提出、通知、納付又は徴収に関する期限（時をもつて定める期限その他の政令で定める期限を除く。）が日曜日、国民の祝日に関する法律（昭和二十三年法律第百七十八号）に規定する休日その他一般の休日又は政令で定める日に当たるときは、これらの日の翌日をもつてその期限とみなす。

▽❶地税二〇の五（同旨の規定）【一】【別段の定めの例→一四③】❷【政令で定める期限→税通令二①】【政令で定める日→税通令二②】+関税二の二（本条の準用）、地税二〇の五（同旨の規定）

（災害等による期限の延長）

第一一条 国税庁長官、国税不服審判所長、国税局長、税務署長又は税関長は、災害その他やむを得ない理由により、国税に関する法律に基づく申告、申請、請求、届出その他書類の提出、納付又は徴収に関する期限までにこれらの行為をすることができないと認めるときは、政令で定めるところにより、その理由のやんだ日から二月以内に限り、当該期限を延長することができる。

▽+六三②（延滞税の免除）・四六⑦（納税の猶予の期間の延長）、⌞法税七五・七五の二（確定申告書の提出期限の延長の特例）、地税二〇の五の二（同旨の規定）、関税二の三（類似の規定）【政令の定め→税通令三】

第四節 送達

（書類の送達）

第一二条① 国税に関する法律の規定に基づいて税務署長その他の行政機関の長又はその職員が発する書類は、郵便若しくは民間事業者による信書の送達に関する法律（平成十四年法律第九十九号）第二条第六項（定義）に規定する一般信書便事業者若しくは同条第九項に規定する特定信書便事業者による同条第二項に規定する信書便（以下「信書便」という。）による送達又は交付送達により、その送達を受けるべき者の住所又は居所（事務所及び事業所を含む。以下同じ。）に送達する。ただし、その送達を受けるべき者に納税管理人があるときは、その住所又は居所に送達する。

② 通常の取扱いによる郵便又は信書便によつて前項に規定する書類を発送した場合には、その郵便物又は民間事業者による信書の送達に関する法律第二条第三項（定義）に規定する信書便物（以下「信書便物」という。）は、通常到達すべきであつた時に送達があつたものと推定する。

③ 税務署長その他の行政機関の長は、前項に規定する場合には、その書類の名称、その送達を受けるべき者（第一項ただし書の場合にあつては、納税管理人。以下この節において同じ。）の氏名（法人については、名称。第十四条第二項（公示送達）において同じ。）、あて先及び発送の年月日を確認するに足りる記録を作成して置かなければならない。

④ 交付送達は、当該行政機関の職員が、第一項の規定により送達すべき場所において、その送達を受けるべき者に書類を交付して行なう。ただし、その者に異議がないときは、その他の場所において交付することができる。

⑤ 次の各号の一に掲げる場合には、交付送達は、前項の規定による交付に代え、当該各号に掲げる行為により行なうことができる。

一 送達すべき場所において書類の送達を受けるべき者に出会わない場合 その使用人その他の従業者又は同居の者で書類の受領について相当のわきまえのあるものに書類を交付すること。

二 書類の送達を受けるべき者その他前号に規定する者が送達すべき場所にいない場合又はこれらの者が正当な理由がなく書類の受領を拒んだ場合 送達すべき場所に書類を差し置くこと。

▽❶❸【納税管理人】→一一七 ❶❹❺【交付送達等】→地税二〇（同旨の規定）

（相続人に対する書類の送達の特例）

第一三条① 相続があつた場合において、相続人が二人以上あるときは、これらの相続人は、国税に関する法律の規定に基づいて税務署長その他の行政機関の長（国税審判官を含む。）が発する書類（滞納処分（その例による処分を含む。）に関するものを除く。）で被相続人の国税に関するものを受領する代表者をその相続人のうちから指定することができる。この場合において、その指定に係る相続人は、その旨を当該税務署長その他の行政機関の長（国税審判官の発する書類については、国税不服審判所長）に届け出なければならない。

② 前項前段の場合において、相続人のうちにその氏名が明らかでないものがあり、かつ、相当の期間内に同項後段の届出がないときは、同項後段の税務署長その他の行政機関の長は、相続人の一人を指定し、その者を同項に規定する代表者とすることができる。この場合において、その指定をした税務署長その他の行政機関の長は、その旨をその指定に係る相続人に通知しなければならない。

③ 前二項に定めるもののほか、第一項に規定する代表者の指定に関し必要な事項は、政令で定める。

④ 被相続人の国税につき、その者の死亡後その死亡を知らないでその者の名義でした国税に関する法律に基づく処分で書類の送達を要するものは、その相続人の一人にその書類が送達された場合には、当該国税につきすべての相続人に対してされたものとみなす。

▽❶【滞納処分】→四〇、税徴四七—一四七 ❸【政令の定め】→税通令四 ❹【書類の送達】→一二

（公示送達）

第一四条① 第十二条（書類の送達）の規定により送達すべき書類について、その送達を受けるべき者の住所及び居所が明らかでない場合又は外国においてすべき送達につき困難な事情があると認められる場合には、税務署長その他の行政機関の長は、その送達に代えて公示送達をすることができる。

② 公示送達は、送達すべき書類の名称、その送達を受けるべき者の氏名及び税務署長その他の行政機関の長がその書類をいつでも送達を受けるべき者に交付する旨を当該行政機関の掲示場に掲示して行なう。

③ 前項の場合において、掲示を始めた日から起算して七日を経過したときは、書類の送達があつたものとみなす。

▽＊地税二〇の二（同旨の規定）

第二章 国税の納付義務の確定

第一節 通則

（納税義務の成立及びその納付すべき税額の確定）

第一五条① 国税を納付する義務（源泉徴収等による国税については、これを徴収して国に納付する義務。以下「納税義務」という。）が成立する場合には、その成立と同時に特別の手続を要しないで納付すべき税額が確定する国税を除き、国税に関する法律の定める手続により、その国税についての納付すべき税額が確定されるものとする。

② 納税義務は、次の各号に掲げる国税（第一号から第十三号までにおいて、附帯税を除く。）については、当該各号に定める時（当該国税のうち政令で定めるものについては、政令で定める時）に成立する。

一 所得税（次号に掲げるものを除く。） 暦年の終了の時

二 源泉徴収による所得税 利子、配当、給与、報酬、料金その他源泉徴収をすべきものとされている所得の支払の時

三 法人税及び地方法人税 事業年度の終了の時

四 相続税 相続又は遺贈（贈与者の死亡により効力を生ずる贈与を含む。）による財産の取得の時

五 贈与税 贈与（贈与者の死亡により効力を生ずる贈与を除く。）による財産の取得の時

六　地価税　課税時期（地価税法（平成三年法律第六十九号）第二条第四号（定義）に規定する課税時期をいう。）

七　消費税等　課税資産の譲渡等若しくは特定課税仕入れをした時又は課税物件の製造場（石油ガス税については石油ガスの充塡場とし、石油石炭税については原油、ガス状炭化水素又は石炭の採取場とする。）からの移出若しくは保税地域からの引取りの時

八　航空機燃料税　航空機燃料の航空機への積込みの時

九　電源開発促進税　販売電気の料金の支払を受ける権利の確定の時

十　自動車重量税　自動車検査証の交付若しくは返付の時又は届出軽自動車についての車両番号の指定の時

十一　国際観光旅客税　本邦からの出国の時

十二　印紙税　課税文書の作成の時

十三　登録免許税　登記、登録、特許、免許、許可、認可、認定、指定又は技能証明の時

十四　過少申告加算税、無申告加算税又は第六十八条第一項、第二項若しくは第四項（同条第一項又は第二項の重加算税に係る部分に限る。）（重加算税）の重加算税　法定申告期限の経過の時

十五　不納付加算税又は第六十八条第三項若しくは第四項（同条第三項の重加算税に係る部分に限る。）の重加算税　法定納期限の経過の時

③　納税義務の成立と同時に特別の手続を要しないで納付すべき税額が確定する国税は、次に掲げる国税とする。

一　所得税法第二編第五章第一節（予定納税）（同法第百六十六条（申告、納付及び還付）において準用する場合を含む。）の規定により納付すべき所得税（以下「予定納税に係る所得税」という。）

二　源泉徴収等による国税

三　自動車重量税

四　国際観光旅客税法第十八条第一項（国際観光旅客等による納付）の規定により納付すべき国際観光旅客税

五　印紙税（印紙税法（昭和四十二年法律第二十三号）第十一条（書式表示による申告及び納付の特例）及び第十二条（預貯金通帳等に係る申告及び納付等の特例）の規定の適用を受ける印紙税及び過怠税を除く。）

六　登録免許税

七　延滞税及び利子税

国税通則法施行令（昭和三七・四・二政一三五）

（納税義務の成立時期の特例）

第五条　法第十五条第二項（納税義務の成立時期）に規定する政令で定める国税は、次の各号に掲げる国税（第一号から第十号までにおいて、附帯税を除く。）とし、同項に規定する政令で定める時は、それぞれ当該各号に定める時とする。

一　所得税法第二編第五章第一節（予定納税）（同法第百六十六条（非居住者に対する準用）において準用する場合を含む。）の規定により納付すべき所得税（以下「予定納税に係る所得税」という。）　その年六月三十日（予定納税に係る所得税で同法第二条第一項第三十五号（定義）に規定する特別農業所得者に係るものについては、その年十月三十一日）を経過する時

二　所得税法第百七十二条第一項（給与等につき源泉徴収を受けない場合の申告納税等）（外国居住者等の所得に対する相互主義による所得税等の非課税等に関する法律（昭和三十七年法律第百四十四号）第七条第七項（事業から生ずる所得に対する所得税又は法人税の非課税等）（同法第十一条第六項（国際運輸業に係る所得に対する所得税又は法人税の非課税）、第十五条第十二項（配当等に対する源泉徴収に係る所得税の税率の特例等）又は第十九条第六項（資産の譲渡により生ずる所得に対する所得税又は法人税の非課税）において準用する場合を含む。）又は租税条約等の実施に伴う所得税法、法人税法及び地方税法の特例等に関する法律（昭和四十四年法律第四十六号。以下この号において「租税条約等実施特例法」という。）第三条の二第十三項（配当等又は譲渡収益に対する源泉徴収に係る所得税の税率の特例等）において準用する場合を含む。）の規定に該当する給与若しくは報酬又は外国居住者等の所得に対する相互主義による所得税等の非課税等に関する法律第七条第七項に規定する第三国団体対象事業所得、同法第十一条第六項に規定する第三国団体対象国際運輸業所得、同法第十五条第十二項に規定する第三国団体対象配当等若しくは同法第十九条第六項に規定する第三国団体対象譲渡所得若しくは租税条約等実施特例法第三条の二第十三項に規定する第三国団体配当等に対する所得税　その給与若しくは報酬又は第三国団体対象事業所得、第三国団体対象国際運輸業所得、第三国団体対象配当等若しくは第三国団体対象譲渡所得若しくは第三国団体配当等の支払を受けるべき時

三　年の中途において死亡した者又は年の中途において出国をする者に係るその年分の所得税（前二号に掲げる所得税及び源泉徴収による所得税を除く。）　その死亡又は出国の時

四　所得税法第百八十一条第二項（配当等の支払があつたものとみなす場合）又は第百八十三条第二項（賞与の支払があつたものとみなす場合）（これらの規定を同法第二百十二条第四項（非居住者又は法人に対する準用）において準用する場合を含む。）の規定により、支払の確定した日から一年を経過した日において支払があつたものとみなされたこれらの規定に規定する配当等又は賞与に係る源泉徴収による所得税　当該一年を経過した日を経過する時

五　所得税法第二百十二条第五項の規定により、同項に規定する金銭等の交付をした日（同項に規定する計算期間の末日の翌日から二月を経過する日までに当該交付がされない場合には、同日）においてその支払があつたものとみなされた同項に規定する国内源泉所得に係る源泉徴収による所得税　当該交付をした日を経過する時又は当該二月を経過する日を経過する時

六　次に掲げる申告書の提出又は当該申告書の提出がなかつたことによる法第二十五条（決定）の規定による決定（第九条各号（繰上保全差押えに係る通知）及び第三十九条の二第一項第三号から第五号まで（特定納税管理人との間の特殊の関係）を除き、以下「決定」という。）により納付すべき法人税又は

地方法人税及び当該法人税に係る地方法人税に係る修正申告書の提出又は法第二十九条第一項（更正等の効力）に規定する更正（以下第四十一条（納税証明書の交付の請求等）までにおいて「更正」という。）により納付すべき法人税又は地方法人税　それぞれ次に定める時

イ　法人税法第二条第三十号又は第三十二号（定義）に規定する中間申告書又は退職年金等積立金中間申告書　事業年度（同条第十二号の七に規定する通算子法人が提出すべき同条第三十号に規定する中間申告書にあつては、その事業年度の開始の日の属する当該通算子法人に係る同条第十二号の六の七に規定する通算親法人の事業年度）の開始の日から六月を経過する時

ロ　地方法人税法（平成二十六年法律第十一号）第二条第十四号（定義）に規定する地方法人税中間申告書又は同法第十六条第六項（中間申告）の規定による申告書　課税事業年度（同法第七条（課税事業年度）に規定する課税事業年度をいう。ロ及び第十三条第二項第三号において同じ。）（同法第二条第七号に規定する通算子法人が提出すべき同条第十四号に規定する地方法人税中間申告書にあつては、その課税事業年度の開始の日の属する当該通算子法人に係る同条第六号に規定する通算親法人の課税事業年度）の開始の日から六月を経過する時

七　相続税法第二十一条の十六第一項（相続時精算課税に係る相続税額）の規定により、相続又は遺贈により取得したものとみなされた財産に係る相続税　同法第二十一条の九第五項（相続時精算課税の選択）に規定する特定贈与者の死亡の時

八　消費税法第四十二条第一項、第四項又は第六項（課税資産の譲渡等及び特定課税仕入れについての中間申告）の規定による申告書の提出により納付すべき消費税及び当該消費税に係る修正申告書の提出又は更正により納付すべき消費税　中間申告対象期間（同法第四十三条第一項（仮決算をした場合の中間申告書の記載事項）に規定する中間申告対象期間をいう。）の末日を経過する時

九　国税に関する法律の規定により一定の事実が生じた場合に直ちに徴収するものとされている消費税等　当該事実が生じた時

十　一般送配電事業者（電源開発促進税法（昭和四十九年法律第七十九号）第二条第二号（定義）に規定する一般送配電事業者をいう。）が自ら使用した電気に対する電源開発促進税　同法第七条第二項（課税標準及び税額の申告）の計量の基礎となる期間の経過する時

十一　第二十六条第一項（還付請求申告書等）に規定する還付請求申告書に係る過少申告加算税又は重加算税　当該還付請求申告書の提出の時

▽❶❸［二］【源泉徴収による国税→二〔三〕　❷【附帯税→二〔四〕、六〇―六九【政令の定め→税通令五（特例）［二］【源泉徴収による所得税→二〔三〕▽　［三］【事業年度→法税一三―一五　［七］【消費税等→二〔三〕　［十］【交付・返付→自税二①〔三〕【軽自動車両番号指定→自税二①〔三〕　［十一］【課税文書→印税二―五、別表第一　［十三］【登記・登録等→登税二―七、別表第一　［十四］【過少申告加算税→六五　【無申告加算税→六六　【法定申告期限→二〔七〕　［十五］【不納付加算税→六七　【法定納期限→二〔八〕　❸［五］【過怠税→印税二〇　［七］【延滞税→六〇―六三　【利子税→六四、六四▽

1　租税債権は、法律の規定する課税事実の存在によつて当然に発生するものであつて、国がなす課税処分は、単にその税額を具体的に明確にするものにすぎないと解すべきであるから、課税処分前であつても租税債権に係る詐害行為は成立する。（最判昭42・3・14判時四八一・一〇六、租税百選［初版］六六）

2　納税義務者本人が第三者名義でその納税申告をすることは、それが外観上一見して納税義務者本人の通称ないし別名による申告と判断できるような場合でない限り、納税義務者本人の納税申告として、その納税義務の確定という公法上の効果を有さず、有効な納付もなし得ない。（最判昭46・3・30刑集二五・二・三五九、行政百選Ⅰ［六版］一三四）

第一六条①（国税についての納付すべき税額の確定の方式）　国税についての納付すべき税額の確定の手続については、次の各号に掲げるいずれかの方式によるものとし、これらの方式の内容は、当該各号に掲げるところによる。

一　申告納税方式　納付すべき税額が納税者のする申告により確定することを原則とし、その申告がない場合又はその申告に係る税額の計算が国税に関する法律の規定に従つていなかつた場合その他当該税額が税務署長又は税関長の調査したところと異なる場合に限り、税務署長又は税関長の処分により確定する方式をいう。

二　賦課課税方式　納付すべき税額がもつぱら税務署長又は税関長の処分により確定する方式をいう。

②　国税（前条第三項各号に掲げるものを除く。）についての納付すべき税額の確定が前項各号に掲げる方式のうちいずれの方式によりされるかは、次に定めるところによる。

一　納税義務が成立する場合において、納税者が、国税に関する法律の規定により、納付すべき税額を申告すべきものとされている国税　申告納税方式

二　前号に掲げる国税以外の国税　賦課課税方式

▽＊【納税者→二〔五〕　❷［一］【納税義務の成立→一五①　【納税義務→一五②

第二節　申告納税方式による国税に係る税額等の確定手続

▽＊【納税者→二〔五〕　【納税申告書→二〔六〕　【課税標準等→一九①、二〔六〕　【税額等→一九①、二〔六〕―以下本法を通じ同じ

第一款　納税申告

第一七条①（期限内申告）　申告納税方式による国税の納税者は、国

税に関する法律の定めるところにより、納税申告書を法定申告期限までに税務署長に提出しなければならない。

② 前項の規定により提出する納税申告書は、期限内申告書という。

▽❶【申告納税方式→一六①㈠②㈠】【法定申告期限→二㈦】【個別税法の定め→所税一二〇—一二七、法税七一—七五の三、相税二七—三一、消税四二①・四五、酒税三〇の二—三〇の四、ETC】

（期限後申告）

第一八条① 期限内申告書を提出すべきであつた者（所得税法第百二十三条第一項（確定損失申告）、第百二十五条第三項（年の中途で死亡した場合の確定損失申告）又は第百二十七条第三項（年の中途で出国をする場合の確定損失申告）（これらの規定を同法第百六十六条（非居住者に対する準用）において準用する場合を含む。）の規定による申告書を提出することができる者でその提出期限内に当該申告書を提出しなかつたもの及びこれらの者の相続人その他これらの者の財産に属する権利義務を包括して承継した者（法人が分割をした場合にあつては、第七条の二第四項（信託に係る国税の納付義務の承継）の規定により当該分割をした法人の国税を納める義務を承継した法人に限る。）を含む。）は、その提出期限後においても、第二十五条（決定）の規定による決定があるまでは、納税申告書を税務署長に提出することができる。

② 前項の規定により提出する納税申告書は、期限後申告書という。

③ 期限後申告書には、その申告に係る国税の期限内申告書に記載すべきものとされている事項を記載し、その期限内申告書に添付すべきものとされている書類があるときは当該書類を添付しなければならない。

▽❶【権利・義務の包括的承継者→五—七の二】❸【期限内申告書→一七②】

1 国税通則法二五条の規定による決定がされない場合であっても、当該申告の対象となる国税の時効期間が経過した後は期限後申告をすることはできない。（東京高判平30・8・1訟月六五・四・六九六）

（修正申告）

第一九条① 納税申告書を提出した者（その相続人その他当該提出した者の財産に属する権利義務を包括して承継した者（法人が分割をした場合にあつては、第七条の二第四項（信託に係る国税の納付義務の承継）の規定により当該分割をした法人の国税を納める義務を承継した法人に限る。）を含む。以下第二十三条第一項及び第二項（更正の請求）において同じ。）は、次の各号のいずれかに該当する場合には、その申告について第二十四条（更正）の規定による更正があるまでは、その申告に係る課税標準等（第二条第六号イからハまで（定義）に掲げる事項をいう。以下同じ。）又は税額等（同号ニからヘまでに掲げる事項をいう。以下同じ。）を修正する納税申告書を税務署長に提出することができる。

一 先の納税申告書の提出により納付すべきものとしてこれに記載した税額に不足額があるとき。

二 先の納税申告書に記載した純損失等の金額が過大であるとき。

三 先の納税申告書に記載した還付金の額に相当する税額が過大であるとき。

四 先の納税申告書に当該申告書の提出により納付すべき税額を記載しなかつた場合において、その納付すべき税額があるとき。

② 第二十四条から第二十六条まで（更正・決定）の規定による更正又は決定を受けた者（その相続人その他当該更正又は決定を受けた者の財産に属する権利義務を包括して承継した者（法人が分割をした場合にあつては、第七条の二第四項の規定により当該分割をした法人の国税を納める義務を承継した法人に限る。）を含む。第二十三条第二項において同じ。）は、次の各号のいずれかに該当する場合には、その更正又は決定について第二十六条の規定による更正があるまでは、その更正又は決定に係る課税標準等又は税額等を修正する納税申告書を税務署長に提出することができる。

一 その更正又は決定により納付すべきものとしてその更正又は決定に係る更正通知書又は決定通知書に記載された税額に不足額があるとき。

二 その更正に係る更正通知書に記載された純損失等の金額が過大であるとき。

三 その更正又は決定に係る更正通知書又は決定通知書に記載された還付金の額に相当する税額が過大であるとき。

四 納付すべき税額がない旨の更正を受けた場合において、納付すべき税額があるとき。

③ 前二項の規定により提出する納税申告書は、修正申告書という。

④ 修正申告書には、次に掲げる事項を記載し、その申告に係る国税の期限内申告書に添付すべきものとされている書類があるときは当該書類に記載すべき事項のうちその申告に係るものを記載した書類を添付しなければならない。

一 その申告前の課税標準等及び税額等

二 その申告後の課税標準等及び税額等

三 その申告に係る次に掲げる金額

イ その申告前の納付すべき税額がその申告により増加するときは、その増加する部分の税額

ロ その申告前の還付金の額に相当する税額がその申告により減少するときは、その減少する部分の税額

ハ 所得税法第百四十二条第二項（純損失の繰戻しによる還付）（同法第百六十六条（申告、納付及び還付）において準用する場合を含む。）又は法人税法第八十条第十項（欠損金の繰戻しによる還付）（同法第百四十四条の十三第十三項（欠損金の繰戻しによる還付）において準用

する場合を含む。）若しくは地方法人税法（平成二十六年法律第十一号）第二十三条第一項（欠損金の繰戻しによる法人税の還付があった場合の還付）の規定により還付する金額（以下「純損失の繰戻し等による還付金額」という。）に係る第五十八条第一項（還付加算金）に規定する還付加算金があるときは、その還付加算金のうちロに掲げる税額に対応する部分の金額

四　前三号に掲げるもののほか、当該期限内申告書に記載すべきものとされている事項でその申告に係るものその他参考となるべき事項

▽❶【修正申告の特例】↓所税一五一の二・一五一の三・一五一の六　❶❷【権利・義務の包括的承継者】↓五―七の二　❶[二]❷[二]【純損失等の金額】↓二[六]　❶[三]❷[三]❹[三]【還付金の額】↓二[六]　❷[一]―[三]【更正通知書・決定通知書】↓二八　❹【期限内申告書】↓一七②

1　租特法二六条の概算経費控除方式を選択したもの、実額経費額が概算経費額を上回る場合、修正申告をするに当たっては、確定申告における必要経費の計算の誤りを是正する一環として、概算経費選択の意思表示を撤回し、実額経費を社会保険診療報酬の必要経費として計上することは許される。（最判平2・6・5民集四四・四・六一二、租税百選［七版］一〇五）→二三条3

2　納税者が、更正処分に係る審査請求中に、当該更正処分の内容を基礎に他の増額事由を加えた内容の修正申告をし、これと共に「当該更正処分を是認したものではなく、新たな更正処分や過少申告加算税の賦課決定を避ける目的で提出した」旨を記載した書面を提出したとしても、法は解除条件や申告の効力に限定を付した修正申告を許容しておらず、当該修正申告は無条件のものとして税額を確定させ、訴えの利益を喪失させる。（東京地判平25・7・30訟月六〇・五・一一三八）

3　国税の徴収権が時効によって消滅するまでは、修正申告を行うことができる。（名古屋高金沢支判平19・9・12税資二五七順号一〇七七三）

（修正申告の効力）

第二〇条　修正申告書で既に確定した納付すべき税額を増加させるものの提出は、既に確定した納付すべき税額に係る部分の国税についての納税義務に影響を及ぼさない。

▽＋【修正申告書】↓一九③　【納税義務】↓一五①　【地税二〇の九の二①（同旨の規定）

（納税申告書の提出先等）

第二一条①　納税申告書は、その提出の際におけるその国税の納税地（以下この条において「現在の納税地」という。）を所轄する税務署長に提出しなければならない。

②　所得税、法人税、地方法人税、相続税、贈与税、地価税、課税資産の譲渡等に係る消費税又は電源開発促進税に係る納税申告書については、当該申告書に係る課税期間が開始した時（課税期間のない国税については、その納税義務の成立の時）以後にその納税地に異動があった場合において、納税者が当該異動に係る納税地を所轄する税務署長で現在の納税地を所轄する税務署長以外のものに対し当該申告書を提出したときは、その提出を受けた税務署長は、当該申告書を受理することができる。この場合においては、当該申告書は、現在の納税地を所轄する税務署長に提出されたものとみなす。

③　前項の納税申告書を受理した税務署長は、当該申告書を現在の納税地を所轄する税務署長に送付し、かつ、その旨をその提出をした者に通知しなければならない。

④　保税地域からの引取りに係る消費税等で申告納税方式によるもの（以下「輸入品に係る申告消費税等」という。）についての納税申告書は、第一項の規定にかかわらず、当該消費税等の納税地を所轄する税関長に提出しなければならない。この場合においては、第十七条から第十九条まで（納税申告）の規定の適用については、これらの規定中「税務署長」とあるのは、「税関長」とする。

▽❶【国税の納税地】↓所税一五―二〇、法税一六―二〇、相税六二、消税二〇―二七、酒税五三、印税六、登税八　❷【課税資産の譲渡等に係る消費税】↓二[九]　【課税期間】↓二[九]　【納税義務の成立】↓一五②　❹【保税地域】↓九の三[一]　【消費税等】↓二[三]　【申告納税方式】↓一六①[一]②[一]　【輸入品に係る申告消費税等】↓関税六の二①[一]、消税四七①・五〇①、酒税三〇の三①・三〇の五①　＋三〇（更正・決定の所轄庁）・三三（賦課決定の所轄庁）・四三（徴収の所轄庁）

（郵送等に係る納税申告書等の提出時期）

第二二条　納税申告書（当該申告書に添付すべき書類その他当該申告書の提出に関連して提出するものとされている書類を含む。）その他国税庁長官が定める書類が郵便又は信書便により提出された場合には、その郵便物又は信書便物の通信日付印により表示された日（その表示がないとき、又はその表示が明瞭でないときは、その郵便物又は信書便物について通常要する送付日数を基準とした場合にその日に相当するものと認められる日）にその提出がされたものとみなす。

▽＋地税二〇の五の三（同旨の規定）

1　日本郵便株式会社の提供するサービスである「ゆうメール」は本条にいう「郵便」に該当しない。（国税不服審判所裁決平25・7・26裁決事例集九二・一）

第二款　更正の請求

（更正の請求）

第二三条①　納税申告書を提出した者は、次の各号のいずれかに該当する場合には、当該申告書に係る国税の法定申告期限から五年（第二号に掲げる場合のうち法人税に係る場合については、十年）以内に限り、税務署長に対し、その申告に係る課税標準等又

は税額等（当該課税標準等又は税額等に関し次条又は第二十六条（再更正）の規定による更正（以下この条において「更正」という。）があつた場合には、当該更正後の課税標準等又は税額等）につき更正をすべき旨の請求をすることができる。

一　当該申告書に記載した課税標準等若しくは税額等の計算が国税に関する法律の規定に従つていなかつたこと又は当該計算に誤りがあつたことにより、当該申告書の提出により納付すべき税額（当該税額に関し更正があつた場合には、当該更正後の税額）が過大であるとき。

二　前号に規定する理由により、当該申告書に記載した純損失等の金額（当該金額に関し更正があつた場合には、当該更正後の金額）が過少であるとき、又は当該申告書（当該申告書に関し更正があつた場合には、更正通知書）に純損失等の金額の記載がなかつたとき。

三　第一号に規定する理由により、当該申告書に記載した還付金の額に相当する税額（当該税額に関し更正があつた場合には、当該更正後の税額）が過少であるとき、又は当該申告書（当該申告書に関し更正があつた場合には、更正通知書）に還付金の額に相当する税額の記載がなかつたとき。

②　納税申告書を提出した者又は第二十五条（決定）の規定による決定（以下この項において「決定」という。）を受けた者は、次の各号のいずれかに該当する場合（納税申告書を提出した者については、当該各号に定める期間の満了する日が前項に規定する期間の満了する日後に到来する場合に限る。）には、同項の規定にかかわらず、当該各号に定める期間において、その該当することを理由として同項の規定による更正の請求（以下「更正の請求」という。）をすることができる。

一　その申告、更正又は決定に係る課税標準等又は税額等の計算の基礎となつた事実に関する訴えについての判決（判決と同一の効力を有する和解その他の行為を含む。）により、その事実が当該計算の基礎としたところと異なることが確定したとき　その確定した日の翌日から起算して二月以内

二　その申告、更正又は決定に係る課税標準等又は税額等の計算に当たつてその申告をし、又は決定を受けた者に帰属するものとされていた所得その他課税物件が他の者に帰属するものとする当該他の者に係る国税の更正又は決定があつたとき　当該更正又は決定があつた日の翌日から起算して二月以内

三　その他当該国税の法定申告期限後に生じた前二号に類する政令で定めるやむを得ない理由があるとき　当該理由が生じた日の翌日から起算して二月以内

③　更正の請求をしようとする者は、その請求に係る更正前の課税標準等又は税額等、当該更正後の課税標準等又は税額等、その更正の請求をする理由、当該請求をするに至つた事情の詳細その他参考となるべき事項を記載した更正請求書を税務署長に提出しなければならない。

④　税務署長は、更正の請求があつた場合には、その請求に係る課税標準等又は税額等について調査し、更正をし、又は更正をすべき理由がない旨をその請求をした者に通知する。

⑤　更正の請求があつた場合においても、税務署長は、その請求に係る納付すべき国税（その滞納処分費を含む。以下この項において同じ。）の徴収を猶予しない。ただし、税務署長において相当の理由があると認めるときは、その国税の全部又は一部の徴収を猶予することができる。

⑥　輸入品に係る申告消費税等についての更正の請求は、第一項の規定にかかわらず、税関長に対し、するものとする。この場合においては、前三項の規定の適用については、これらの規定中「税務署長」とあるのは、「税関長」とする。

⑦　前二条の規定は、更正の請求について準用する。

国税通則法施行令（昭和三七・四・二政一三五）

（更正の請求）

第六条①　法第二十三条第二項第三号（更正の請求）に規定する政令で定めるやむを得ない理由は、次に掲げる理由とする。

一　その申告、更正又は決定に係る課税標準等（法第十九条第一項（修正申告）に規定する課税標準等をいう。以下同じ。）又は税額等（同項に規定する税額等をいう。以下同じ。）の計算の基礎となつた事実のうちに含まれていた行為の効力に係る官公署の許可その他の処分が取り消されたこと。

二　その申告、更正又は決定に係る課税標準等又は税額等の計算の基礎となつた事実に係る契約が、解除権の行使によつて解除され、若しくは当該契約の成立後生じたやむを得ない事情によつて解除され、又は取り消されたこと。

三　帳簿書類の押収その他やむを得ない事情により、課税標準等又は税額等の計算の基礎となるべき帳簿書類その他の記録に基づいて国税の課税標準等又は税額等を計算することができなかつた場合において、その後、当該事情が消滅したこと。

四　わが国が締結した所得に対する租税に関する二重課税の回避又は脱税の防止のための条約に規定する権限のある当局間の協議により、その申告、更正又は決定に係る課税標準等又は税額等に関し、その内容と異なる内容の合意が行われたこと。

五　その申告、更正又は決定に係る課税標準等又は税額等の計算の基礎となつた事実に係る国税庁長官が発した通達に示されている法令の解釈その他の国税庁長官の法令の解釈が、更正又は決定に係る審査請求若しくは訴えについての裁決若しくは判決に伴つて変更され、変更後の解釈が国税庁長官により公表されたことにより、当該課税標準等又は税額等が異なることとなる取扱いを受けることとなつたことを知つたこと。

②　更正の請求をしようとする者は、その更正の請求をする理由が課税標準たる所得が過大であることその他その理由の基礎となる事実が一定期間の取引に関するものであるときは、その取引の記録等に基づいてその理由の基礎となる事実を証明する書類を法第二十三条第三項の更正請求書に添付しなければならない。その更正の請求をする理由の基礎となる事実が一定期間の

取引に関するもの以外のものである場合において、その事実を証明する書類があるときも、また同様とする。

▽❶【純損失等の金額→二㈥ 【更正通知書→二八①② 【還付金の額→二㈥▽ ❶❷[三]【法定申告期限→二㈦ ❷[一][二]【申告→一七―二二 [二]【所得等の帰属→所税一二・一三、法税一一・一二、消税一三・一四 [三]税通令六 ❸税通令六② ❺【滞納処分費→税徴一三六―一三八 ❻【輸入品に係る申告消費税等→二一④ 【消費税等→二㈢ ⁺【更正の請求の特例→所税一五二・一五三・一六七、法税八二、相税三二

一　当初申告要件

注　平成二三法一一四により個別税法に規定された当初申告要件の多くが廃止された。

[1]　法人税の確定申告において、法人税法（平成一五法八による改正前）六八条一項に基づき配当等に係る所得税額を控除するに当たり、計算を誤ったために控除を受けるべき金額を過少に記載したとしてされた更正の請求は、本条三項の趣旨に反するということはできず、本条一項一号所定の要件を満たす。（最判平21・7・10民集六三・六・一〇九二、租税百選［七版］一〇六）↓法税六八条[1]

[2]　申告書における外国税額控除の計算誤りについて更正の請求がなされた事案において、法人税法六九条の規定は、確定申告書に控除されるべき金額として記載された具体的な金額のみを指す趣旨ではなく、外国税額控除制度の適用を受けることを選択した範囲を限度として、法令に基づき誤りを是正した上で正当に算出されるべき金額を限度とする趣旨と解するのが相当であるとして、本条一項一号による更正の請求を認容した事例（福岡高判平19・5・9税資二五七順号一〇七〇八）↓法税六九条[3]

[3]　租特法二六条の概算経費控除方法を選択した場合、実際に要した経費の額が概算経費額を超える場合においても更正の請求をすることができない。（最判昭62・11・10判時一二六一・五四）↓一九条[1]

[4]　先物取引の損失の繰越に関する連年提出要件（平成二六法一〇による改正前の租特法四一条の一五）を満たさない更正の請求を棄却した事例（東京高判平30・3・8訟月六四・一二・一七九四）

[5]　消費税の確定申告について、一括比例配分方式の適用が許されないのにこれが許されるものと誤信して錯誤により一括比例配分方式を選択したとの原告の主張に理由がないとして、原告の請求を棄却した例（福岡地判平9・5・27行裁四八・五=六・四五六、租税百選［四版］八三）

[6]　いわゆる過払金返還請求権に係る債権が更生債権として確定した更生会社Aの管財人が、A社の過去の法人税確定申告において益金の額に算入された金額のうち、当該更生債権に対応する制限利率を超える約定利息に係る部分を差し引いて法人税額を計算し更正の請求を行ったが、Aについて過年度所得の更正を行うべき理由があるとはいえず、本条一項一号に該当するものとは認められないとされた事例（東京高判平26・4・23金法二〇〇四・一〇七）↓法税二二条[14]

[7]　税務署長が更正をすべき旨を命ずることを求める行訴法三条六項一号の非申請型の義務付けの訴えは、更正の請求期間が経過した場合であっても、不適法である。（東京地判平24・2・28訟月五八・八・三〇二〇）

二　「やむを得ない理由」

[8]　本条二項三号、国税通則法施行令六条一項三号の「帳簿書類の押収その他やむを得ない事情」とは、法定申告期限内において、帳簿書類等の押収、又はこれに類するような事情、すなわち、少なくとも納税申告書を提出した者の責めに帰すべきでない事情により、その手元に課税標準等や税額等の計算の根拠となるべき帳簿書類等が存在せず、そのため、右時点において、右計算ができない場合を指すとして、具体的事実関係のもとでこうした事情が存在しないと認定した例（大阪地判平3・12・18訟月三八・七・一三一二）

[9]　納税者が、自らの主導の下に通謀虚偽表示により本件遺産分割協議が成立した外形を作出し、相続税の申告をした後で、他の相続人から提起された遺産分割協議無効確認の訴えにより同協議が無効である旨の判決が確定したのを受け、本条二項一号に基づき更正請求をしたことに対して、本条一項所定の期間内に更正の請求をしなかったことにつきやむを得ない理由があるとはいえないとされた例（最判平15・4・25判時一八二二・五一、租税百選［七版］一〇七）

[10]　契約が申告期限後に合意解除された場合には、右合意解除が、法定の解除事由がある場合、事情の変更により契約の効力を維持するのが不当な場合、その他これに類する客観的理由に基づいてされた場合にのみ、これを理由とする更正の請求が認められるものと解するのが相当であるところ、税法解釈についての誤解に基づいて締結した原契約を変更した場合のように納税者の主観的事実のみでは「やむを得ない理由」があったということはできない。（東京高判昭61・7・3訟月三三・四・一〇二三）

[11]　有限会社設立のための現物出資を課税処分の後に合意解除したことが本条二項三号に定める「やむを得ない理由」に当たらないとされた例（大阪高判平8・7・25訟月四四・一二・二二〇一）

[12]　相続税の課税財産に含まれた土地が相続税納税申告後に売買契約の合意解除により民法上の相続財産に帰属しないとされた事実関係の下で、国税通則法施行令六条一項二号の「当該契約の成立後生じたやむを得ない事情」による解除に該当するとされた事例（広島地判平23・9・28税資二六一順号一一七七三）

[13]　更正処分が行われ、更正の請求の期間が経過した後に、国税庁長官が当該処分の基礎となった事実に係る法令解釈を変更した場合であっても、期間後に更正の請求をすることについての「やむを

得ない理由」があるとは認められないとされた事例（東京地判平24・6・29税資二六二順号一一九八四）

⑭　所得税及び贈与税の課税標準等の計算の基礎となった有限会社の出資口の売買契約が課税負担に関する錯誤により無効であることを確認する判決が確定したことを理由とする本条二項一号に基づく更正請求について、本条一項所定の期間内に更正請求をしなかったことにつきやむを得ない理由があったものとは認められないとされた事例（高松高判平23・3・4訟月五八・一・二一六）

⑮　遺産分割に係る代償債務の不履行を理由として、その成立後にされた遺産分割協議の合意解除が、国税通則法施行令六条一項二号にいう「当該契約の成立後生じたやむを得ない事情」による解除に当たるとはいえないとされた事例（大阪高判平27・3・6税資二六五順号一二六二二）

三　更正の請求の性質

⑯　本条二項一号にいう「判決」とは、申告の時点で有効に存在していた事実関係が、後日、判決によって覆された場合のその判決を指すものと解されるところ、相続により土地の所有権を取得し相続税の申告を行い、後に占有者からの取得時効の援用によって当該土地所有権を喪失した者は、時効が援用されるまではなおその物に対する権利を有していたといえるから、占有者との訴訟における判決によって相続開始時における法的事実関係に変動は生じておらず、したがって当該判決は同号にいう「判決」に該当しない。（大阪高判平14・7・25判タ一一〇六・九七、租税百選〔六版〕一〇六）
↓相税三二条①

⑰　本条二項一号にいう「判決……により、その事実が当該計算の基礎としたところと異なることが確定したとき」とは、その申告に係る課税標準等又は税額等の計算の基礎となった事実と異なる事実を前提とする法律関係が判決の主文で確定されたとき又はこれと同視できるような場合をいうものと解するのが相当であり、相続開始後にされた株式譲渡契約に関する虚偽の説明を理由とする不法行為による損害賠償請求等の請求を棄却するという別訴判決の主文はこれに該当しない。（東京高判平26・10・30税資二六四順号一二五六〇）

⑱　相続税の申告時に占有者の取得時効が完成していた事実関係が判決により確定した場合に本条二項一号に基づく更正の請求を認めた例（国税不服審判所裁決平19・11・1裁決事例集七四・一）

⑲　専ら相続税の軽減を図る目的でなされた馴れ合いによる民事訴訟による判決は、その確定判決として有する効力のいかんにかかわらず、その実質において客観的、合理的根拠を欠くものとして本条二項一号にいう「判決」には該当しない。（東京高判平10・7・15訟月四五・四・七七四）

⑳　青色申告承認の取消処分後に法人税法五七条の規定による繰越欠損金の損金算入を否認して更正処分がされ、次いで青色申告承認の取消処分が取り消された場合、被処分者は、本条二項の規定により減額更正の請求をすべきであって、右更正処分の無効確認訴訟において繰越欠損金の損金不算入を無効事由として主張することはできない。（最判昭57・2・23民集三六・二・二一五、租税百選〔四版〕九八）

㉑　本条二項一号所定の事由も、同条一項一号の「課税標準等若しくは税額等の計算が国税に関する法律の規定に従っていなかったこと又は当該計算に誤りがあったことにより、当該申告書の提出により納付すべき税額……が過大であるとき」の一事由であるといえ、このような事由が同条一項所定の更正の請求の期間内において生じた場合は、同条一項に基づいて更正の請求をすることができる。（神戸地判平19・11・20訟月五五・四・一九三三）

㉒　譲渡契約による収入が契約の合意解除後も金員を返還しないことにより消滅しないことから更正の請求をすることができないとされた例（最判平2・5・11訟月三七・六・一〇八〇）

第三款　更正又は決定

（更正）

第二四条　税務署長は、納税申告書の提出があつた場合において、その納税申告書に記載された課税標準等又は税額等の計算が国税に関する法律の規定に従つていなかつたとき、その他当該課税標準等又は税額等がその調査したところと異なるときは、その調査により、当該申告書に係る課税標準等又は税額等を更正する。

▽【課税標準→二㊅【調査の手段→七四の二―七四の一三の四（国税の調査）【更正の特例→所税一五四、法税一二九、相税三五、三六【青色申告に係る更正→所税一五五、法税一三〇【推計による更正・決定→所税一五六、法税一三一【同族会社等の行為・計算の否認→所税一五七、法税一三二、相税六四【組織再編成に係る行為・計算の否認→法税一三二の二【連結法人に係る行為・計算の否認→法税一三二の三【事業所の所得の帰属の推定→所税一五八

①　更正処分の取消しを求める訴訟の係属中に、係争年度の所得金額を確定申告書記載の金額に減額する旨の再更正と更正の具体的根拠を明示して申告にかかる課税標準及び税額を当初更正処分のとおりに更正する旨の再々更正が行われた場合、当該確認の訴えの利益は失われる。（最判昭42・9・19民集二一・七・一八二八〈まからず屋事件〉租税百選〔七版〕一一九）

②　更正の請求に基づく減額更正がされたことにより原告に係る処分の効力が失われたとしても、国税を納付した上で処分の違法性を争う原告には、還付加算金の算定時期の始期についての差異により、なお処分の取消しにより回復すべき利益が存在し、その回復には同処分の取消しを要するから、原告は、本件各処分の取消しを求める法律上の利益を有する者といえる。（東京高判平9・5・

22行裁四八・五＝六・四一〇、租税百選〔四版〕一一九……本案につき請求に理由がないとして控訴棄却）

3 更正処分及び青色申告承認取消処分を行うに当たり国税犯則取締法に基づく調査により収集された資料を利用することは許される。（最判昭63・3・31判時一二七六・三九）→◆【質問検査権】〔第七章の二名の後〕5

4 適法な犯則調査に基づいて収集された資料等に基づく課税処分が行われている場合、当該課税処分は本条が定める「調査」に基づくものと言える。（東京地判平28・2・18税資二六六順号一二八〇二）

5 無申告の場合になされた更正処分の取消しを求める訴えの利益が否定された例（最判昭40・2・5民集一九・一・一〇六、租税百選〔初版〕一〇七）

6 課税標準等の計算に関する特例規定については、その適用条文を誤った更正処分がなされたとしても、その課税標準額算定の根拠事実に異同があるわけではないのであるから、そのこと自体をもって取消原因たる瑕疵ある処分となるものではなく、当該更正処分による課税標準額が正しい特例規定に基づき計算した課税標準額を上回るものでない限り、当該更正処分は違法とならない。（名古屋高判平8・1・31行裁四七・一＝二・七四）

7 更正処分の瑕疵を是正するため、係争年度の所得金額を確定申告書記載の金額に減額する旨の再更正並びに申告に係る課税価格及び税額を更正処分のとおりに更正する旨の再々更正が同日付で行われた場合、更正処分の取消しを求める訴えの利益は失われる。（東京地判平29・3・9税資二六七順号一二九九二……東京高判平29・8・30税資二六七順号一三〇四四で維持）

（決定）
第二五条 税務署長は、納税申告書を提出する義務があると認められる者が当該申告書を提出しなかつた場合には、その調査により、当該申告書に係る課税標準等及び税額等を決定する。ただし、決定により納付すべき税額及び還付金の額に相当する税額が生じないときは、この限りでない。

▽ᅷ【還付金の額→二因▽【調査の手段→二四▽【決定の特例→所税一五四、相税三五・三六【推計による決定→所税一五六、法税一三一【同族会社等の行為・計算の否認→所税一五七、法税一三二、相税六四【組織再編成に係る行為・計算の否認→法税一三二の二【連結法人に係る行為・計算の否認→法税一三二の三

（再更正）
第二六条 税務署長は、前二条又はこの条の規定による更正又は決定をした後、その更正又は決定をした課税標準等又は税額等が過大又は過少であることを知つたときは、その調査により、当該更正又は決定に係る課税標準等又は税額等を更正する。

▽ᅷ【調査の手段→二四▽

1 一次更正を更正前の所得金額に改めた二次更正は、一次更正を職権で取り消したもので不可変更力はない。（最判昭50・9・11訟月二一・一〇・二一三〇）

（国税庁又は国税局の職員の調査に基づく更正又は決定）
第二七条 前三条の場合において、国税庁又は国税局の当該職員の調査があつたときは、税務署長は、当該調査したところに基づき、これらの規定による更正又は決定をすることができる。

▽ᅷ【調査の手段→二四▽

（更正又は決定の手続）
第二八条① 第二十四条から第二十六条まで（更正・決定）の規定による更正又は決定（以下「更正又は決定」という。）は、税務署長が更正通知書又は決定通知書を送達して行なう。

② 更正通知書には、次に掲げる事項を記載しなければならない。この場合において、その更正が前条の調査に基づくものであるときは、その旨を附記しなければならない。

一 その更正前の課税標準等及び税額等
二 その更正後の課税標準等及び税額等
三 その更正に係る次に掲げる金額
イ その更正前の納付すべき税額がその更正により増加するときは、その増加する部分の税額
ロ その更正前の還付金の額に相当する税額がその更正により減少するときは、その減少する部分の税額
ハ 純損失の繰戻し等による還付金額に係る第五十八条第一項（還付加算金）に規定する還付加算金があるときは、その還付加算金のうちロに掲げる税額に対応する部分の金額
ニ その更正前の納付すべき税額がその更正により減少するときは、その減少する部分の税額
ホ その更正前の還付金の額に相当する税額がその更正により増加するときは、その増加する部分の税額

③ 決定通知書には、その決定に係る課税標準等及び税額等を記載しなければならない。この場合において、その決定が前条の調査に基づくものであるときは、その旨を附記しなければならない。

▽❷【還付金の額→二因▽【純損失の繰戻し等による還付→所税一四〇―一四二、一六六、法税八〇、一四四の一三

（更正等の効力）
第二九条① 第二十四条（更正）又は第二十六条（再更正）の規定による更正（以下第七十二条（国税の徴収権の消滅時効）までにおいて「更正」という。）で既に確定した納付すべき税額を増加させるものは、既に確定した納付すべき税額に係る部分の国税についての納税義務に影響を及ぼさない。

② 既に確定した納付すべき税額を減少させる更正は、その更正により減少した税額に係る部分以外の部分の国税についての納税義務に影響を及ぼさない。

③ 更正又は決定を取り消す処分又は判決は、その処分又は判決により減少した税額に係る部分以外の部分の国税についての納税義務に影響を及ぼさない。
▽+【納税義務→一五①】【地税二〇の九の二②—④（同旨の規定）】

（更正又は決定の所轄庁）
第三〇条① 更正又は決定は、これらの処分をする際におけるその国税の納税地（以下この条において「現在の納税地」という。）を所轄する税務署長が行う。
② 所得税、法人税、地方法人税、相続税、贈与税、地価税、課税資産の譲渡等に係る消費税又は電源開発促進税については、これらの国税の課税期間が開始した時（課税期間のない国税については、その納税義務の成立の時）以後にその納税地に異動があつた場合において、その異動に係る納税地で現在の納税地以外のもの（以下この項において「旧納税地」という。）を所轄する税務署長においてその異動の事実が知れず、又はその異動後の納税地が判明せず、かつ、その知れないこと又は判明しないことにつきやむを得ない事情があるときは、前項の規定にかかわらず、その旧納税地を所轄する税務署長は、これらの国税について更正又は決定をすることができる。
③ 前二項に規定する税務署長は、更正又は決定をした後、当該更正又は決定に係る国税につき既に適法に、他の税務署長に対し納税申告書が提出され、又は他の税務署長が決定をしていたため、当該更正又は決定をすべきでなかつたものであることを知つた場合には、遅滞なく、当該更正又は決定を取り消さなければならない。
④ 輸入品に係る申告消費税等についての更正又は決定は、第一項の規定にかかわらず、当該消費税等の納税地を所轄する税関長が行う。この場合においては、第二十四条から第二十六条まで（更正・決定）又は第二十八条（更正又は決定の手続）の規定の適用については、これらの規定中「税務署長」とあるのは、「税関長」とする。
▽+【更正又は決定→二八① ❶【国税の納税地→二一①
▽ ❷【課税資産の譲渡等に係る消費税→二㈨【課税期間→二㈨【納税義務の成立→一五② ❹【輸入品に係る申告消費税等→二一④【消費税等→二㈢ +二一（納税申告書の提出先）・三三（賦課決定の所轄庁）・四三（徴収の所轄庁）

第三節 賦課課税方式による国税に係る税額等の確定手続

▽+【賦課課税方式による国税→一六①㈡②㈡

（課税標準申告）
第三一条① 賦課課税方式による国税の納税者は、国税に関する法律の定めるところにより、その国税の課税標準を記載した申告書をその提出期限までに税務署長に提出しなければならない。
② 第二十一条第一項（納税申告書の提出先）及び第二十二条（郵送等に係る納税申告書等の提出時期）の規定は、前項の申告書（以下「課税標準申告書」という。）について準用する。
▽+【課税標準申告の例→消税四七②、酒税三〇の三②

（賦課決定）
第三二条① 税務署長は、賦課課税方式による国税については、その調査により、課税標準申告書を提出すべき期限（課税標準申告書の提出を要しない国税については、その納税義務の成立の時）後に、次の各号の区分に応じ、当該各号に掲げる事項を決定する。
一 課税標準申告書の提出があつた場合において、当該申告書に記載された課税標準が税務署長の調査したところと同じであるとき。 納付すべき税額
二 課税標準申告書を提出すべきものとされている国税につき当該申告書の提出がないとき、又は当該申告書の提出があつた場合において、当該申告書に記載された課税標準が税務署長の調査したところと異なるとき。 課税標準及び納付すべき税額
三 課税標準申告書の提出を要しないとき。 課税標準（第六十九条（加算税の税目）に規定する加算税及び過怠税については、その計算の基礎となる税額。以下この条において同じ。）及び納付すべき税額
② 税務署長は、前項又はこの項の規定による決定をした後、その決定をした課税標準（前項第一号に掲げる場合にあつては、同号の課税標準申告書に記載された課税標準）又は納付すべき税額が過大又は過少であることを知つたときは、その調査により、当該決定に係る課税標準及び納付すべき税額を変更する決定をする。
③ 第一項の規定による決定は、税務署長がその決定に係る課税標準及び納付すべき税額を記載した賦課決定通知書（第一項第一号に掲げる場合にあつては、納税告知書）を送達して行なう。
④ 第二項の規定による決定は、税務署長が次に掲げる事項を記載した賦課決定通知書を送達して行なう。
一 その決定前の課税標準及び納付すべき税額
二 その決定後の課税標準及び納付すべき税額
三 その決定前の納付すべき税額がその決定により増加し、又は減少するときは、その増加し、又は減少する納付すべき税額
⑤ 第二十七条（国税庁又は国税局の職員の調査に基づく更正又は決定）、第二十八条第三項後段（決定通知書の附記事項）及び第二十九条（更正等の効力）の規定は、第一項又は第二項の規定による決定（以下「賦課決定」という。）について準用する。
▽+【課税標準→二㈥▽ ❶【納税義務の成立→一五②㈢【過怠税→印税二〇 ❶❷【課税標準申告書→三一

（賦課決定の所轄庁）
第三三条① 賦課決定は、その賦課決定の際における

その国税の納税地（以下この条において「現在の納税地」という。）を所轄する税務署長が行う。

② 所得税、法人税、地方法人税、相続税、贈与税、地価税、課税資産の譲渡等に係る消費税、電源開発促進税又は国際観光旅客税法第十六条第一項（国内事業者による特別徴収等）の規定により徴収して納付すべき国際観光旅客税に係る第六十九条（加算税の税目）に規定する加算税については、次の各号のいずれかに該当する場合には、当該各号に定める税務署長は、前項の規定にかかわらず、当該各号に規定する更正若しくは決定若しくは期限後申告書若しくは修正申告書の提出により納付すべき国税又は源泉徴収等による国税に係る当該加算税についての賦課決定をすることができる。

一 第三十条第二項（更正又は決定の所轄庁）の更正又は決定があつたとき　当該更正又は決定をした税務署長

二 更正若しくは第二十五条（決定）の規定による決定で前号に規定するもの以外のもの若しくは期限後申告書若しくは修正申告書の提出（第二十一条第二項（納税申告書の提出先等）の規定に該当する場合にあつては、同条第三項の規定による当該申告書の送付）があつた後に当該国税の納税地に異動があつた場合又は源泉徴収等による国税につき納付すべき税額が確定した時以後に当該国税の納税地に異動があつた場合において、これらの異動に係る納税地で現在の納税地以外のもの（以下この号において「旧納税地」という。）を所轄する税務署長においてその異動の事実が知れず、又はその異動後の納税地が判明せず、かつ、その知れないこと又は判明しないことにつきやむを得ない事情があるとき　旧納税地を所轄する税務署長

③ 保税地域からの引取りに係る消費税等で賦課課税方式によるものその他税関長が徴収すべき消費税等又は国際観光旅客税法第十七条第一項（国外事業者による特別徴収等）の規定により徴収して納付すべき国際観光旅客税に係る不納付加算税若しくは第六十八条第三項若しくは第四項（同条第三項の重加算税に係る部分に限る。）（重加算税）の重加算税についての賦課決定は、第一項の規定にかかわらず、これらの国税の納税地を所轄する税関長が行う。この場合においては、前二条の規定の適用については、これらの規定中「税務署長」とあるのは「税関長」と、前条第一項各号列記以外の部分中「課税標準申告書を提出すべき期限（課税標準申告書の提出を要しない国税については、その納税義務の成立の時）後に、次の」とあるのは「次の」と、同条第一項第二号及び第三号、第二項、第三項並びに第四項第一号及び第二号中「納付すべき税額」とあるのは「税額等」とする。

▽ﾅ【賦課決定→三二　❶【国税の納税地→二一①▽　❷【課税資産の譲渡等に係る消費税→二[九]【更正→二四・二六【決定→二五・二六【期限後申告書→一八②【修正申告書→一九③【源泉徴収による国税→二[二]【消費税等→二[三]【保税地域→九の三[二]　❸【保税地域からの引取りに係る消費税等で賦課課税方式によるもの→関税六の二①[二]、消税四七②・五〇②、酒税三〇の三②・三〇の五②【その他税関長が徴収すべき消費税等→関税六の二①[一]、消税四七①・五〇①、酒税三〇の三①・三〇の五①　ﾅ二一（納税申告書の提出先）・三〇（更正・決定の所轄庁）・四三（徴収の所轄庁）

第三章　国税の納付及び徴収

第一節　国税の納付

（納付の手続）

第三四条① 国税を納付しようとする者は、その税額に相当する金銭に納付書（納税告知書の送達を受けた場合には、納税告知書）を添えて、これを日本銀行（国税の収納を行う代理店を含む。）又はその国税の収納を行う税務署の職員に納付しなければならない。ただし、証券をもつてする歳入納付に関する法律（大正五年法律第十号）の定めるところにより証券で納付すること又は財務省令で定めるところにより財務省令で定める方法により納付すること（自動車重量税法（昭和四十六年法律第八十九号）第十四条（税務署長による徴収）の規定により税務署長が徴収するものとされているものを除く。）又は登録免許税（登録免許税法（昭和四十二年法律第三十五号）第二十九条（税務署長による徴収）の規定により税務署長が徴収するものとされているものを除く。）の納付にあつては、自動車重量税法第十条の二（電子情報処理組織による申請又は届出の場合の納付の特例）又は登録免許税法第二十四条の二（電子情報処理組織による登記等の申請等の場合の納付の特例）に規定する財務省令で定める方法により納付すること）を妨げない。

② 印紙で納付すべきものとされている国税は、前項の規定にかかわらず、国税に関する法律の定めるところにより、その税額に相当する印紙を貼ることにより納付するものとする。印紙で納付することができるものとされている国税を印紙で納付する場合も、また同様とする。

③ 物納の許可があつた国税は、第一項の規定にかかわらず、国税に関する法律の定めるところにより、物納をすることができる。

④ 国税を納付しようとする者でこの法律の施行地外の地域に住所又は居所を有するもの（以下この項において「国外納付者」という。）は、第一項の規定にかかわらず、財務省令で定めるところにより、金融機関の営業所、事務所その他これらに類するもの（この法律の施行地外の地域にあるものに限る。以下この項において「国外営業所等」という。）を通じてその税額に相当する金銭をその国税の収納を行う税務署の職員の預金口座（国税の納付を受けるために開設されたものに限る。）に対して払込みをすることにより納付することができる。この場合において、その国税の納付は、当該国外納付者が当該金融機関の国外営業所等を通じて送金した日においてされたものとみなして、延納、物納及び附帯税に関

する規定を適用する。

▽❶【納付書→税通則一六【納税告知書→三六②、税通則一六　❷【印紙で納付すべき国税→印税八、自税八・九・一二②　❸【印紙で納付できる国税→登税二二・二三②・二六③　❸【物納の許可→相税四一・四二・四八の二【租特四〇の三（物納による譲渡所得の非課税）

1 物納申請された傾斜地である土地が相続税法四二条二項［平成一八法一〇による改正前］にいう「管理又は処分をするのに不適当」な財産に当たるとされた事例（東京地判平13・9・27訟月四八・七・一八四二、租税百選［四版］七三）

（口座振替納付に係る通知等）

第三四条の二① 税務署長は、預金又は貯金の払出しとその払い出した金銭による国税の納付をその預金口座又は貯金口座のある金融機関に委託して行おうとする納税者から、その納付に必要な事項の当該金融機関に対する通知で財務省令で定めるものの依頼があつた場合には、その納付が確実と認められ、かつ、その依頼を受けることが国税の徴収上有利と認められるときに限り、その依頼を受けることができる。

② 期限内申告書の提出により納付すべき税額の確定した国税でその提出期限と同時に納期限の到来するものが、前項の通知に基づき、政令で定める日までに納付された場合には、その納付の日が納期限後である場合においても、その納付は納期限においてされたものとみなして、延納及び延滞税に関する規定を適用する。

▽❷【期限内申告書→一七②【政令で定める日→税通令七【延納→二四▽・六四（利子税）【延滞税→六〇―六三

（納付受託者に対する納付の委託）

第三四条の三① 国税を納付しようとする者は、その税額が財務省令で定める金額以下である場合であつて、次の各号のいずれかに該当するときは、納付受託者（次条第一項に規定する納付受託者をいう。以下この条において同じ。）に納付を委託することができる。

一 第三十四条第一項（納付の手続）に規定する納付書で財務省令で定めるものに基づき納付しようとするとき。

二 電子情報処理組織を使用して行う納付受託者に対する通知で財務省令で定めるものに基づき納付しようとするとき。

② 次の各号に掲げるときは、当該各号に定める日に当該各号に規定する国税の納付があつたものとみなして、延納、物納及び附帯税に関する規定を適用する。

一 国税を納付しようとする者が、前項第一号の納付書を添えて、納付受託者に納付しようとする税額に相当する金銭の交付をしたとき　当該交付をした日

二 国税を納付しようとする者が前項第二号の通知に基づき当該国税を納付しようとする場合において、納付受託者が当該国税を納付しようとする者の委託を受けたとき　当該委託を受けた日

▽❶【財務省令の定め→税通則二　❷【納付受託者→三四の四【延納→二四▽【物納→三四③▽【附帯税→六〇―六九

（納付受託者）

第三四条の四① 国税の納付に関する事務（以下この項及び第三十四条の六第一項（納付受託者の帳簿保存等の義務）において「納付事務」という。）を適正かつ確実に実施することができると認められる者であり、かつ、政令で定める要件に該当する者として国税庁長官が指定するもの（以下第三十四条の六までにおいて「納付受託者」という。）は、国税を納付しようとする者の委託を受けて、納付事務を行うことができる。

② 国税庁長官は、前項の規定による指定をしたときは、納付受託者の名称、住所又は事務所の所在地その他財務省令で定める事項を公示しなければならない。

③ 納付受託者は、その名称、住所又は事務所の所在地を変更しようとするときは、あらかじめ、その旨を国税庁長官に届け出なければならない。

④ 国税庁長官は、前項の規定による届出があつたときは、当該届出に係る事項を公示しなければならない。

▽❶【政令で定める要件→税通令七の二、税通則三【納付受託者指定の手続→税通則四　❷【財務省令で定める事項→税通則五

（納付受託者の納付）

第三四条の五① 納付受託者は、次の各号のいずれかに該当するときは、政令で定める日までに当該各号に規定する委託を受けた国税を納付しなければならない。

一 第三十四条の三第一項（第一号に係る部分に限る。）（納付受託者に対する納付の委託）の規定により国税を納付しようとする者の委託に基づき当該国税の額に相当する金銭の交付を受けたとき。

二 第三十四条の三第一項（第二号に係る部分に限る。）の規定により国税を納付しようとする者の委託を受けたとき。

② 納付受託者は、次の各号のいずれかに該当するときは、遅滞なく、財務省令で定めるところにより、その旨及び第一号の場合にあつては交付、第二号の場合にあつては委託を受けた年月日を国税庁長官に報告しなければならない。

一 第三十四条の三第一項（第一号に係る部分に限る。）の規定により国税を納付しようとする者の委託に基づき当該国税の額に相当する金銭の交付を受けたとき。

二 第三十四条の三第一項（第二号に係る部分に限る。）の規定により国税を納付しようとする者の委託を受けたとき。

③ 納付受託者が第一項の国税を同項に規定する政令

で定める日までに完納しないときは、納付受託者の住所又は事務所の所在地を管轄する税務署長は、国税の保証人に関する徴収の例によりその国税を納付受託者から徴収する。

④ 税務署長は、第一項の規定により納付受託者が納付すべき国税については、当該納付受託者に対して第四十条（滞納処分）の規定による処分をしてもなお徴収すべき残余がある場合でなければ、その残余の額について当該国税に係る納税者から徴収することができない。

▽❶【政令で定める日→税通令七の三】【納付受託の手続→税通則七】 ❷【財務省令の定め→税通則八

（納付受託者の帳簿保存等の義務）

第三四条の六① 納付受託者は、財務省令で定めるところにより、帳簿を備え付け、これに納付事務に関する事項を記載し、及びこれを保存しなければならない。

② 国税庁長官は、前二条及びこの条の規定を施行するため必要があると認めるときは、その必要な限度で、財務省令で定めるところにより、納付受託者に対し、報告をさせることができる。

③ 国税庁長官は、前二条及びこの条の規定を施行するため必要があると認めるときは、その必要な限度で、その職員に、納付受託者の事務所に立ち入り、納付受託者の帳簿書類（その作成又は保存に代えて電磁的記録（電子的方式、磁気的方式その他の人の知覚によつては認識することができない方式で作られる記録であつて、電子計算機による情報処理の用に供されるものをいう。以下同じ。）の作成又は保存がされている場合における当該電磁的記録を含む。以下同じ。）その他必要な物件を検査させ、又は関係者に質問させることができる。

④ 前項の規定により立入検査を行う職員は、その身分を示す証明書を携帯し、かつ、関係者の請求があるときは、これを提示しなければならない。

⑤ 第三項に規定する権限は、犯罪捜査のために認められたものと解してはならない。

⑥ 国税庁長官は、政令で定めるところにより、第三項に規定する権限を国税局長に委任することができる。

▽＋【納付受託者→三四の四】 ❶【財務省令の定め→税通則一六、別紙第一号の三書式】 ❷【財務省令の定め→税通則九】 ❸【質問検査権→七四の二―七四の一三の四（国税の調査）、九七、税徴一四一】【電磁的記録→税徴六二の二】 ❻【政令の定め→税通令七の四

（納付受託者の指定の取消し）

第三四条の七① 国税庁長官は、第三十四条の四第一項（納付受託者）の規定による指定を受けた者が次の各号のいずれかに該当するときは、その指定を取り消すことができる。

一 第三十四条の四第一項に規定する指定の要件に該当しなくなつたとき。

二 第三十四条の五第二項（納付受託者の納付）又は前条第二項の規定による報告をせず、又は虚偽の報告をしたとき。

三 前条第一項の規定に違反して、帳簿を備え付けず、帳簿に記載せず、若しくは帳簿に虚偽の記載をし、又は帳簿を保存しなかつたとき。

四 前条第三項の規定による立入り若しくは検査を拒み、妨げ、若しくは忌避し、又は同項の規定による質問に対して陳述をせず、若しくは虚偽の陳述をしたとき。

② 国税庁長官は、前項の規定により指定を取り消したときは、その旨を公示しなければならない。

▽＋【納付受託者→三四の四

（申告納税方式による国税等の納付）

第三五条① 期限内申告書を提出した者は、国税に関する法律に定めるところにより、当該申告書の提出により納付すべきものとしてこれに記載した税額に相当する国税をその法定納期限（延納に係る国税については、その延納に係る納期限）までに国に納付しなければならない。

② 次の各号に掲げる金額に相当する国税の納税者は、その国税を当該各号に定める日（延納に係る国税その他国税に関する法律に別段の納期限の定めがある国税については、当該法律に定める納期限）までに国に納付しなければならない。

一 期限後申告書の提出により納付すべきものとしてこれに記載した税額又は修正申告書に記載した第十九条第四項第三号（修正申告書の提出により納付すべき税額）に掲げる金額（その修正申告により納付すべき税額が新たにあることとなつた場合には、当該納付すべき税額） その期限後申告書又は修正申告書を提出した日

二 更正通知書に記載された第二十八条第二項第三号イからハまで（更正により納付すべき税額）に掲げる金額（その更正により納付すべき税額が新たにあることとなつた場合には、当該納付すべき税額）又は決定通知書に記載された納付すべき税額 その更正通知書又は決定通知書が発せられた日の翌日から起算して一月を経過する日

③ 過少申告加算税、無申告加算税又は重加算税（第六十八条第一項、第二項又は第四項（同条第一項又は第二項の重加算税に係る部分に限る。）の重加算税に限る。以下この項において同じ。）に係る賦課決定通知書を受けた者は、当該通知書に記載された金額の過少申告加算税、無申告加算税又は重加算税を当該通知書が発せられた日の翌日から起算して一月を経過する日までに納付しなければならない。

▽❶【期限内申告書→一七②】【法定納期限→二四】【納期限の延長→消税五一、酒税三〇の六】 ❶❷【延納→二四▽】 ❷【別段の納期限の定め→一一・四六】【二一】【期限後申告書→一八②】【修正申告書→一九③】【二二】【更正通知書→二八①②】【決定通知書→二八①③】 ❸【過少申告加算税→六五】【無申告加算税→六六】【賦課決定通知書→三二③④

第二節　国税の徴収
第一款　納税の請求

（納税の告知）
第三六条①　税務署長は、国税に関する法律の規定により次に掲げる国税（その滞納処分費を除く。次条において同じ。）を徴収しようとするときは、納税の告知をしなければならない。
一　賦課課税方式による国税（過少申告加算税、無申告加算税及び前条第三項に規定する重加算税を除く。）
二　源泉徴収等による国税でその法定納期限までに納付されなかつたもの
三　自動車重量税でその法定納期限までに納付されなかつたもの
四　登録免許税でその法定納期限までに納付されなかつたもの
②　前項の規定による納税の告知は、税務署長が、政令で定めるところにより、納付すべき税額、納期限及び納付場所を記載した納税告知書を送達して行う。ただし、担保として提供された金銭をもつて消費税等を納付させる場合その他政令で定める場合には、納税告知書の送達に代え、当該職員に口頭で当該告知をさせることができる。

▽❶【滞納処分費→税徴一三六―一三八　【一】【賦課課税方式→一六①[二]②[二]　【過少申告加算税→六五　【無申告加算税→六六　【二】【源泉徴収による国税→二[三]【二】―【四】【法定納期限→二[八]　❷【納期限→税通令八①【消費税等→二[三]　【担保として提供された金銭をもつて消費税等を納付させる場合→五二①　【政令で定める場合→税通令八②③　地税一三（同旨の規定）

[1]　源泉徴収所得税額は法令の定めに従い自動的に確定するので、納税の告知は税額を確定させる課税処分ではなく税額の確定した国税債権につき納期限を指定して納税義務者等に履行を請求する徴収処分と解され、支払者がこれと意見を異にする場合には不服申立てや抗告訴訟をなし得る反面、受給者の源泉納税義務の存否・範囲にはいかなる影響も及ぼし得るものではない。（最判昭45・12・24民集二四・一三・二二四三、租税百選［七版］一一四）→所税二二二条[1]

[2]　源泉徴収による所得税につき自動的に確定していた税額に包含される金額でされた納税の告知が適法とされた事例（最判平16・9・7判時一八七四・五二、租税百選［四版］一〇九）→所税一八三条[5]

[3]　源泉所得税の納付義務を成立させる支払の原因となる行為が無効であることについて、一定の期間内に限り錯誤無効の主張をすることができる旨を定める法令の規定はなく、また、法定納期限の経過により源泉所得税の納付義務が確定するものでもないから、源泉所得税の納税告知処分について、法定納期限が経過したという一事をもって、当該行為の錯誤無効を主張してその適否を争うことが許されないとする理由はない。（最判平30・9・25民集七二・四・三一七、租税百選［七版］一一六……平成二九法四四による改正前の事案）→税総◆

【Ⅲ】 [35]、所税二八条[8]・一八三条[7]

（督促）
第三七条①　納税者がその国税を第三十五条（申告納税方式による国税の納付）又は前条第二項の納期限（予定納税に係る所得税については、所得税法第百四条第一項、第百七条第一項又は第百十五条（予定納税額の納付）（これらの規定を同法第百六十六条（非居住者に対する準用）において準用する場合を含む。）の納期限とし、延滞税及び利子税については、その計算の基礎となる国税のこれらの納期限とする。以下「納期限」という。）までに完納しない場合には、税務署長は、その納税者に対し、督促状によりその納付を督促しなければならない。ただし、次に掲げる国税である場合を除き、その納税者に対し、督促状によりその納付を督促しなければならない。
一　次条第一項若しくは第三項又は国税徴収法第百五十九条（保全差押）の規定の適用を受けた国税
二　国税に関する法律の規定により一定の事実が生じた場合に直ちに徴収するものとされている国税
②　前項の督促状は、国税に関する法律に別段の定めがあるものを除き、その国税の納期限から五十日以内に発するものとする。
③　第一項の督促をする場合において、その督促に係る国税についての延滞税又は利子税があるときは、その延滞税又は利子税につき、あわせて督促しなければならない。

▽❶【二】二[四]▽　❶❸【延滞税→六〇―六三　【利子税→六四

[1]　督促も国税通則法七五条一項にいう「国税に関する法律に基づく処分」に当たる。（最判平5・10・8判時一五一二・二〇）

（繰上請求）
第三八条①　税務署長は、次の各号のいずれかに該当する場合において、納付すべき税額の確定した国税（第三号に該当する場合においては、その納める義務が信託財産責任負担債務であるものを除く。）でその納期限までに完納されないと認められるものがあるときは、その納期限を繰り上げ、その納付を請求することができる。
一　納税者の財産につき強制換価手続が開始されたとき（仮登記担保契約に関する法律（昭和五十三年法律第七十八号）第二条第一項（所有権移転の効力の制限等）（同法第二十条（土地等の所有権以外の権利を目的とする契約への準用）において準用する場合を含む。）の規定による通知がされたときを含む。）。
二　納税者が死亡した場合において、その相続人が限定承認をしたとき。
三　法人である納税者が解散したとき。
四　その納める義務が信託財産責任負担債務である国税に係る信託が終了したとき（信託法第百六十

三条第五号（信託の終了事由）に掲げる事由によつて終了したときを除く。）。

五　納税者が納税管理人を定めないでこの法律の施行地に住所及び居所を有しないこととなるとき。

六　納税者が偽りその他不正の行為により国税を免れ、若しくは免れようとし、若しくは国税の還付を受け、若しくは受けようとしたと認められるとき、又は納税者が国税の滞納処分の執行を免れ、若しくは免れようとしたと認められるとき。

② 前項の規定による請求は、税務署長が、納付すべき税額、その繰上げに係る期限及び納付場所を記載した繰上請求書（源泉徴収等による国税で納税の告知がされていないものについて同項の規定による請求をする場合には、当該請求をする旨を付記した納税告知書）を送達して行う。

③ 第一項各号のいずれかに該当する場合において、次に掲げる国税（納付すべき税額が確定したものを除く。）でその確定後においては当該国税の徴収を確保することができないと認められるものがあるときは、税務署長は、その国税の法定申告期限（課税標準申告書の提出期限を含む。）前に、その確定すると見込まれる国税の金額のうちその徴収を確保するため、あらかじめ、滞納処分を執行することを要すると認める金額を決定することができる。この場合においては、その税務署の当該職員は、その金額を限度として、直ちにその者の財産を差し押さえることができる。

一　納税義務の成立した国税（課税資産の譲渡等に係る消費税を除く。）

二　課税期間が経過した課税資産の譲渡等に係る消費税

三　納税義務の成立した消費税法第四十二条第一項、第四項又は第六項（課税資産の譲渡等及び特定課税仕入れについての中間申告）の規定による申告書に係る消費税

④ 国税徴収法第百五十九条第二項から第十一項まで（保全差押え）の規定は、前項の決定があつた場合について準用する。この場合において、同条第五項中「六月」とあるのは、「十月」と読み替えるものとする。

▽❶【納期限】→三七①　〔一〕【強制換価手続】→二[十]　〔四〕【納税管理人】→一一七　〔五〕【国税の還付】→五六、二[六]　▽【滞納処分】→四〇、税徴　❷【源泉徴収による国税】→二[三]　【納税の告知】→三六　【納税告知書】→三六②　❸【法定申告期限】→二[七]　【課税標準申告書】→三一　【財産の差押え】→税徴四七以下　〔一〕〔二〕【課税資産の譲渡等に係る消費税】→二[九]　〔二〕【課税期間】→二[九]　〔一〕〔三〕【納税義務の成立】→一五②　❹税通令九　†地税一三の二（同旨の規定）

（強制換価の場合の消費税等の徴収の特例）

第三九条① 税務署長は、消費税等（消費税を除く。以下この条において同じ。）の課される物品が強制換価手続により換価された場合において、国税に関する法律の規定によりその物品につき消費税等（その滞納処分費を含む。以下この項、次項及び第四十三条第一項（国税の徴収の所轄庁）において同じ。）の納税義務が成立するときは、その売却代金のうちからその消費税等を徴収することができる。

② 税務署長は、前項の規定により消費税等を徴収するときは、あらかじめその執行機関（国税徴収法第二条（用語の定義）に規定する執行機関をいう。以下同じ。）及び納税者に対し、同項の規定により徴収すべき税額その他必要な事項を通知しなければならない。

③ 前項の通知があつた場合において、第一項の換価がされたときは、その納税者につきその通知に係る税額に相当する消費税等が第二十五条（決定）の規定による決定により確定されたものとみなし、その執行機関に対する通知は、国税徴収法に規定する交付要求（以下「交付要求」という。）とみなす。

▽†【消費税等】→二[三]　【強制換価により成立する消費税等の例】→酒税六の三①[四]　❶【強制換価手続】→二[十]　【滞納処分費】→税徴一三六—一三八　❷税通令一〇　❸【交付要求】→税徴八二—八六　†税徴一一（優先順位）

第二款　滞納処分

（滞納処分）

第四〇条 税務署長は、第三十七条（督促）の規定による督促に係る国税がその督促状を発した日から起算して十日を経過した日までに完納されない場合、第三十八条第一項（繰上請求）の規定による請求に係る国税がその請求に係る期限までに完納されない場合その他国税徴収法に定める場合には、同法その他の法律の規定により滞納処分を行なう。

▽†税徴四七—一四七

1 課税処分の違法性は取り消し得べき瑕疵にすぎないときは滞納処分に承継されない。（広島高判昭26・7・4行裁二・八・一一六七、租税百選〔初版〕八七）

第三節　雑則

（第三者の納付及びその代位）

第四一条① 国税は、これを納付すべき者のために第三者が納付することができる。

② 国税の納付について正当な利益を有する第三者又は国税を納付すべき者の同意を得た第三者が国税を納付すべき者に代わつてこれを納付した場合において、その国税を担保するため抵当権が設定されているときは、これらの者は、その納付により、その抵当権につき国に代位することができる。ただし、その抵当権が根抵当である場合において、その担保すべき元本の確定前に納付があつたときは、この限りでない。

③ 前項の場合において、第三者が同項の国税の一部を納付したときは、その残余の国税は、同項の規定による代位に係る第三者の債権に先だつて徴収する。

▽❷【国税と担保】→五〇　【税通令一一　†地税二〇の六（同旨の規定）

（債権者代位権及び詐害行為取消権）

第四二条 民法第三編第一章第二節第二款（債権者代位権）及び第三款（詐害行為取消権）の規定は、国税の徴収に関して準用する。

▽⁺地税二〇の七（同旨の規定）

[1] 詐害行為当時、既に債権成立の基礎たる事実が発生し、近い将来においてその成立が高度の蓋然性をもって見込まれる場合、その見込みのとおりに債権が成立したときは、右債権は詐害行為の被保全債権となるというべきであるところ、本件の租税債権はこれに当たるとした例（大阪高判平2・9・27判タ七四三・一七一、租税百選［三版］八五……横浜地小田原支判平7・9・26訟月四二・一一・二五六六、租税百選［七版］一一も同旨）

[2] 訴外会社が被告会社に有している貸付債権を現物出資することによって実質的に無価値な株式を取得するデット・エクイティ・スワップが、業績不振であった訴外会社を解散させ、経営の中心を業績の好調であった被告に移行させて財務状況を好転させる目的で行われるもので詐害性を有するとして、訴外会社に対して租税債権を有する国が、被告に対して提起した詐害行為取消請求が認容された事例（東京地判平21・12・15訟月五七・一・二三八）

（国税の徴収の所轄庁）

第四三条① 国税の徴収は、その徴収に係る処分の際におけるその国税の納税地（以下この条において「現在の納税地」という。）を所轄する税務署長が行う。ただし、保税地域からの引取りに係る消費税等その他税関長が課する消費税等又は国際観光旅客税（国際観光旅客税法第十六条第一項（国内事業者による特別徴収等）の規定により徴収して納付すべきものを除き、その滞納処分費を含む。）については、これらの国税の納税地を所轄する税関長が行う。

② 所得税、法人税、地方法人税、相続税、贈与税、地価税、課税資産の譲渡等に係る消費税、電源開発促進税又は国際観光旅客税法第十六条第一項の規定により徴収して納付すべき国際観光旅客税については、次の各号のいずれかに該当する場合には、当該各号に定める税務署長は、前項本文の規定にかかわらず、当該各号に規定する国税について徴収に係る処分をすることができる。

一 第三十条第二項（更正又は決定の所轄庁）の更正若しくは決定（当該更正又は決定により納付すべき税額に係る第六十九条（加算税の税目）に規定する加算税の賦課決定を含む。）又は第三十三条第二項第二号（賦課決定の所轄庁）の賦課決定があつた場合において、これらの処分に係る国税につき、これらの処分をした後においても引き続きこれらの項に規定する事由があるとき　当該処分をした税務署長

二 これらの国税につき納付すべき税額が確定した時以後にその納税地に異動があつた場合において、その異動に係る納税地で現在の納税地以外のもの（以下この号において「旧納税地」という。）を所轄する税務署長においてその異動の事実が知れず、又はその異動後の納税地が判明せず、かつ、その知れないこと又は判明しないことにつきやむを得ない事情があるとき　旧納税地を所轄する税務署長

③ 国税局長は、必要があると認めるときは、その管轄区域内の地域を所轄する税務署長からその徴収する国税について徴収の引継ぎを受けることができる。

④ 税務署長又は税関長は、必要があると認めるときは、その徴収する国税について他の税務署長又は税関長に徴収の引継ぎをすることができる。

⑤ 前二項の規定により徴収の引継ぎがあつたときは、その引継ぎを受けた国税局長、税務署長又は税関長は、遅滞なく、その旨をその国税を納付すべき者に通知するものとする。

▽❶【国税の納税地→二一①▽【保税地域→九の三[二]【消費税等→二[三]【保税地域からの引取りに係る消費税等→消税四②⑥、五②、二八④、四七、五〇、五一、酒税六②、二二、三〇の三、三〇の五 ❷【課税資産の譲渡等に係る消費税→二[九]

（更生手続等が開始した場合の徴収の所轄庁の特例）

第四四条① 株式会社、協同組織金融機関（金融機関等の更生手続の特例等に関する法律（平成八年法律第九十五号）第二条第二項に規定する協同組織金融機関をいう。以下この項において同じ。）又は相互会社（同条第六項に規定する相互会社をいう。以下この項において同じ。）について更生手続又は企業担保権の実行手続の開始があつた場合には、当該会社、協同組織金融機関又は相互会社の国税を徴収することができる国税局長、税務署長又は税関長は、更生手続又は企業担保権の実行手続が係属する地方裁判所の所在地を所轄する国税局長、税務署長又は税関長に対し、その徴収することができる国税の徴収の引継ぎをすることができる。

② 前条第五項の規定は、前項の規定により徴収の引継ぎがあつた場合について準用する。

▽⁺二一（納税申告書の提出先）、三〇（更正・決定の所轄庁）、三三（賦課決定の所轄庁）

（税関長又は国税局長が徴収する場合の読替規定）

第四五条① 第四十三条第一項ただし書（国税の徴収の所轄庁）の規定により税関長が徴収する場合又は同条第四項若しくは前条第一項の規定により税関長が徴収の引継ぎを受けた場合におけるこの章（第三十八条第三項（繰上請求）、第三十九条（強制換価の場合の消費税等の徴収の特例）及びこの節を除く。以下この項において同じ。）の規定の適用については、同章中「税務署長」又は「税務署」とあるのは「税関長」又は「税関」と、第三十六条第一項（納税の告知）中「同じ。」とあるのは「同じ。）又は国際観光旅客税法第十八条第一項（国際観光旅

客等による納付）の規定により納付すべき国際観光旅客税でその法定納期限までに納付されなかつたもの」とする。

② 第四十三条第三項又は前条第一項の規定により国税局長が徴収の引継ぎを受けた場合におけるこの章（第三十四条の二（口座振替納付に係る通知等）、第三十六条、第三十八条第三項、第三十九条及びこの節を除く。）の規定の適用については、「税務署長」又は「税務署」とあるのは、「国税局長」又は「国税局」とする。

第四章　納税の猶予及び担保

第一節　納税の猶予

（納税の猶予の要件等）

第四六条① 税務署長（第四十三条第一項ただし書、第三項若しくは第四項（国税の徴収の所轄庁）又は第四十四条第一項（更生手続等が開始した場合の徴収の所轄庁の特例）の規定により税関長又は国税局長が国税の徴収を行う場合には、その税関長又は国税局長。以下この章において「税務署長等」という。）は、震災、風水害、落雷、火災その他これらに類する災害により納税者がその財産につき相当な損失を受けた場合において、その者がその損失を受けた日以後一年以内に納付すべき国税で次に掲げるものがあるときは、政令で定めるところにより、その災害のやんだ日から二月以内にされたその者の申請に基づき、その納期限（納税の告知がされていない源泉徴収等による国税については、その法定納期限）から一年以内の期間（第三号に掲げる国税については、政令で定める期間）を限り、その国税の全部又は一部の納税を猶予することができる。

一 次に掲げる国税の区分に応じ、それぞれ次に定める日以前に納税義務の成立した国税（消費税及び政令で定めるものを除く。）で、納期限（納税の告知がされていない源泉徴収等による国税については、その法定納期限）がその損失を受けた日以後に到来するもののうち、その申請の日以前に納付すべき税額の確定したもの

イ 源泉徴収等による国税並びに申告納税方式による消費税等（保税地域からの引取りに係るものにあつては、石油石炭税法（昭和五十三年法律第二十五号）第十七条第三項（引取りに係る原油等についての石油石炭税の納付等）の規定により納付すべき石油石炭税に限る。）、航空機燃料税、電源開発促進税及び印紙税　その災害のやんだ日の属する月の末日

ロ イに掲げる国税以外の国税　その災害のやんだ日

二 その災害のやんだ日以前に課税期間が経過した課税資産の譲渡等に係る消費税でその納期限がその損失を受けた日以後に到来するもののうちその申請の日以前に納付すべき税額の確定したもの

三 予定納税に係る所得税その他政令で定める国税でその納期限がその損失を受けた日以後に到来するもの

② 税務署長等は、次の各号のいずれかに該当する事実がある場合（前項の規定の適用を受ける場合を除く。）において、その該当する事実に基づき、納税者がその国税を一時に納付することができないと認められるときは、その納付することができないと認められる金額を限度として、納税者の申請に基づき、一年以内の期間を限り、その納税を猶予することができる。同項の規定による納税の猶予をした場合において、同項の災害を受けたことにより、その猶予期間内に猶予をした金額を納付することができないと認めるときも、同様とする。

一 納税者がその財産につき、震災、風水害、落雷、火災その他の災害を受け、又は盗難にかかつたこと。

二 納税者又はその者と生計を一にする親族が病気にかかり、又は負傷したこと。

三 納税者がその事業を廃止し、又は休止したこと。

四 納税者がその事業につき著しい損失を受けたこと。

五 前各号のいずれかに該当する事実に類する事実があつたこと。

③ 税務署長等は、次の各号に掲げる国税（延納に係る国税を除く。）の納税者につき、当該各号に定める税額に相当する国税を一時に納付することができない理由があると認められる場合には、その納付することができないと認められる金額を限度として、その国税の納期限内にされたその者の申請（税務署長等においてやむを得ない理由があると認める場合には、その国税の納期限後にされた申請を含む。）に基づき、その納期限から一年以内の期間を限り、その納税を猶予することができる。

一 申告納税方式による国税（その附帯税を含む。）　その法定申告期限から一年を経過した日以後に納付すべき税額が確定した場合における当該確定した部分の税額

二 賦課課税方式による国税（その延滞税を含み、第六十九条（加算税の税目）に規定する加算税及び過怠税を除く。）　その課税標準申告書の提出期限（当該申告書の提出を要しない国税については、その納税義務の成立の日）から一年を経過した日以後に納付すべき税額が確定した場合における当該確定した部分の税額

三 源泉徴収等による国税（その附帯税を含む。）　その法定納期限から一年を経過した日以後に納税告知書の送達があつた場合における当該告知書に記載された納付すべき税額

④ 税務署長等は、前二項の規定による納税の猶予をする場合には、その猶予に係る国税の納付については、その猶予をする期間内において、その猶予に係る金額をその者の財産の状況その他の事情からみて合理的かつ妥当なものに分割して納付させることができる。この場合においては、分割納付の各納付期限及び各納付期限ごとの納付金額を定めるものとする。

⑤ 税務署長等は、第二項又は第三項の規定による納

税の猶予をする場合には、その猶予に係る金額に相当する担保を徴さなければならない。ただし、その猶予に係る税額が百万円以下である場合、その猶予の期間が三月以内である場合又は担保を徴することができない特別の事情がある場合は、この限りでない。

⑥　税務署長等は、前項の規定により担保を徴する場合において、その猶予に係る国税につき滞納処分により差し押さえた財産（租税条約等（租税条約等の実施に伴う所得税法、法人税法及び地方税法の特例等に関する法律（昭和四十四年法律第四十六号）第二条第二号（定義）に規定する租税条約等をいう。以下この項、第六十三条第五項（納税の猶予等の場合の延滞税の免除）及び第七十一条第一項第四号（国税の更正、決定等の期間制限の特例）において同じ。）の規定に基づき当該租税条約等の相手国等（同法第二条第三号に規定する相手国等をいう。以下同じ。）に共助対象国税（同法第十一条の二第一項（国税の徴収の共助）に規定する共助対象国税をいう。以下この項及び第六十三条第五項において同じ。）の徴収の共助又は徴収のための財産の保全の共助を要請した場合における当該相手国等が当該共助対象国税について当該相手国等の法令に基づき差押えに相当する処分をした財産及び担保の提供を受けた財産を含む。）があるときは、その担保の額は、その猶予をする金額からその財産の価額を控除した額を限度とする。

⑦　税務署長等は、第二項又は第三項の規定により納税の猶予をした場合において、その猶予をした期間内にその猶予をした金額を納付することができないやむを得ない理由があると認めるときは、納税者の申請に基づき、その期間を延長することができる。ただし、その期間は、既にその者につきこれらの規定により納税の猶予をした期間とあわせて二年を超えることができない。

⑧　第四項の規定は、税務署長等が、前項の規定により第二項又は第三項の規定による納税の猶予をした期間を延長する場合について準用する。

⑨　税務署長等は、第四項（前項において準用する場合を含む。）の規定によりその猶予に係る金額を分割して納付させる場合において、納税者が第四十七条第一項（納税の猶予の通知等）の規定により通知された分割納付の各納付期限ごとの納付金額をその納付期限までに納付することができないことにつき、やむを得ない理由があると認めるとき又は第四十九条第一項（納税の猶予の取消し）の規定により猶予期間を短縮したときは、その分割納付の各納付期限及び各納付期限ごとの納付金額を変更することができる。

▽+【納税の猶予の申請手続等→税通令一五　❶税通令一三①【政令で定める期間→税通令一三②　❶〔二〕【納税の告知→三六【消費税等→二[三]【保税地域→九の三[一]【保税地域からの引取りに係る消費税等→四三①
▽〔二〕【課税期間→二[九]　【課税資産の譲渡等に係る消費税→二[九]　〔三〕【所得税の予定納税→所税一〇四—一一九【政令で定める国税→税通令一四②　❶❸【納期限→三七①　❶〔一〕❸〔一〕【申告納税方式→一六①[一]②[一]　❶〔一〕❸〔二〕【納税義務の成立→一五②　❶〔一〕❸〔三〕【源泉徴収等による国税→二[三]【法定納期限→二[八]　❸【延納→二[四]▽　〔一〕【附帯税→二[四]【法定申告期限→二[七]　〔二〕【賦課課税方式→一六①[二]②[二]【延滞税→六〇—六三　〔三〕【過怠税→印税二〇【課税標準申告書→三一　〔三〕【納税告知書→三六②　❺【担保→五〇　❻【滞納処分による差押え→税徴四七—七八　+【納税の猶予の効果→四八【納税の猶予の取消し→四九【地税一五（同旨の規定）

（納税の猶予の申請手続等）

第四六条の二①　前条第一項の規定による納税の猶予の申請をしようとする者は、同項の災害によりその者がその財産につき相当な損失を受けたことの事実の詳細、当該猶予を受けようとする金額及びその期間その他の政令で定める事項を記載した申請書に、当該事実を証するに足りる書類を添付し、これを税務署長等に提出しなければならない。

②　前条第二項の規定による納税の猶予の申請をしようとする者は、同項各号のいずれかに該当する事実があること及びその該当する事実に基づきその国税を一時に納付することができない事情の詳細、当該猶予を受けようとする金額及びその期間、分割納付の方法により納付を行うかどうか（分割納付の方法により納付を行う場合にあつては、分割納付の各納付期限及び各納付期限ごとの納付金額を含む。）その他の政令で定める事項を記載した申請書に、当該事実を証するに足りる書類、財産目録、担保の提供に関する書類その他の政令で定める書類を添付し、これを税務署長等に提出しなければならない。

③　前条第三項の規定による納税の猶予の申請をしようとする者は、同項各号に定める税額に相当する国税を一時に納付することができない事情の詳細、当該猶予を受けようとする金額及びその期間、分割納付の方法により納付を行うかどうか（分割納付の方法により納付を行う場合にあつては、分割納付の各納付期限及び各納付期限ごとの納付金額を含む。）その他の政令で定める事項を記載した申請書に、財産目録、担保の提供に関する書類その他の政令で定める書類を添付し、これを税務署長等に提出しなければならない。

④　前条第七項の規定による猶予の期間の延長を申請しようとする者は、猶予期間内にその猶予を受けた金額を納付することができないやむを得ない理由、猶予期間の延長を受けようとする期間、分割納付の方法により納付を行うかどうか（分割納付の方法により納付を行う場合にあつては、分割納付の各納付期限及び各納付期限ごとの納付金額を含む。）その他の政令で定める事項を記載した申請書に、財産目録、担保の提供に関する書類その他の政令で定める書類を添付し、これを税務署長等に提出しなければならない。

⑤　第一項、第二項又は前項の規定により添付すべき書類（政令で定める書類を除く。）については、これらの規定にかかわらず、前条第一項若しくは第二

項（第一号、第二号又は第五号（同項第一号又は第二号に該当する事実に類する事実に係る部分に限る。）に係る部分に限る。）の規定による納税の猶予又はその猶予の期間の延長をする場合において、当該申請者が当該添付すべき書類を提出することが困難であると税務署長等が認めるときは、添付することを要しない。

⑥　税務署長等は、第一項から第四項までの規定による申請書の提出があつた場合には、当該申請に係る事項について調査を行い、前条の規定による納税の猶予若しくはその猶予の期間の延長をし、又はその納税の猶予若しくはその猶予の延長を認めないものとする。

⑦　税務署長等は、第一項から第四項までの規定による申請書の提出があつた場合において、これらの申請書についてその記載に不備があるとき又はこれらの申請書に添付すべき書類についてその記載に不備があるとき若しくはその提出がないときは、当該申請者に対して当該申請書の訂正又は当該添付すべき書類の訂正若しくは提出を求めることができる。

⑧　税務署長等は、前項の規定により申請書の訂正又は添付すべき書類の訂正若しくは提出を求める場合においては、その旨及びその理由を記載した書面により、これを当該申請者に通知する。

⑨　第七項の規定により申請書の訂正又は添付すべき書類の訂正若しくは提出を求められた当該申請者は、前項の規定による通知を受けた日の翌日から起算して二十日以内に当該申請書の訂正又は当該添付すべき書類の訂正若しくは提出をしなければならない。この場合において、当該期間内に当該申請書の訂正又は当該添付すべき書類の訂正若しくは提出をしなかつたときは、当該申請者は、当該期間を経過した日において当該申請を取り下げたものとみなす。

⑩　税務署長等は、第一項から第四項までの規定による申請書の提出があつた場合において、当該申請者について前条第一項から第三項まで又は第七項の規定に該当していると認められるときであつても、次の各号のいずれかに該当するときは、同条の規定による納税の猶予又はその猶予の延長を認めないことができる。

一　第四十九条第一項第一号（納税の猶予の取消し）に掲げる場合に該当するとき。

二　当該申請者が、次項の規定による質問に対して答弁せず、又は同項の規定による検査を拒み、妨げ、若しくは忌避したとき。

三　不当な目的で前条の規定による納税の猶予又はその猶予の期間の延長の申請がされたとき、その他その申請が誠実にされたものでないとき。

⑪　税務署長等は、第六項の規定による調査をするため必要があると認めるときは、その必要な限度で、その職員に、当該申請者に質問させ、又はその者の帳簿書類その他の物件を検査させることができる。

⑫　前項の規定により質問又は検査を行う職員は、その身分を示す証明書を携帯し、関係者の請求があつたときは、これを提示しなければならない。

⑬　第十一項に規定する権限は、犯罪捜査のために認められたものと解してはならない。

▽❶—❺【政令の定め】→税通令一五の二

（納税の猶予の通知等）

第四七条①　税務署長等は、第四十六条（納税の猶予の要件等）の規定による納税の猶予（以下「納税の猶予」という。）をし、又はその猶予の期間を延長したとき（同条第九項の規定により分割納付の各納付期限及び各納付期限ごとの納付金額を変更したときを含む。）は、その旨、猶予に係る金額、猶予期間、分割して納付させる場合の当該分割納付の各納付期限及び各納付期限ごとの納付金額（同項の規定による変更をした場合には、その変更後の各納付期限及び各納付期限ごとの納付金額）その他必要な事項を納税者に通知しなければならない。

②　税務署長等は、前条第一項から第四項までの規定による申請書の提出があつた場合において、納税の猶予又はその猶予の延長を認めないときは、その旨を納税者に通知しなければならない。

（納税の猶予の効果）

第四八条①　税務署長等は、納税の猶予をしたときは、その猶予期間内は、その猶予に係る金額に相当する国税につき、新たに督促及び滞納処分（交付要求を除く。）をすることができない。

②　税務署長等は、納税の猶予をした場合において、その猶予に係る国税につき既に滞納処分により差し押さえた財産があるときは、その猶予を受けた者の申請に基づき、その差押えを解除することができる。

③　税務署長等は、納税の猶予をした場合において、その猶予に係る国税につき差し押さえた財産のうちに天然果実を生ずるもの又は有価証券、債権若しくは国税徴収法第七十二条第一項（特許権等の差押手続）に規定する無体財産権等があるときは、第一項の規定にかかわらず、その取得した天然果実又は同法第二十四条第五項第二号（譲渡担保権者の物的納税責任）に規定する第三債務者等から給付を受けた財産で金銭以外のものにつき滞納処分を執行し、その財産に係る同法第百二十九条第一項（配当の原則）に規定する換価代金等をその猶予に係る国税に充てることができる。

④　前項の場合において、同項の第三債務者等から給付を受けた財産のうちに金銭があるときは、第一項の規定にかかわらず、当該金銭をその猶予に係る国税に充てることができる。

▽⁺【納税の猶予→四六　❶【督促→三七　【滞納処分→四〇、税徴四七—一四七　【交付要求→税徴八二—八六　❷【滞納処分による差押えの解除→税徴七九—八一　【差押え→税徴四七—七八　❸【有価証券に対する差押え→税徴五六—五八・六〇　【債権に対する差押え→税徴六二—六七　⁺地税一五の二の三（同旨の規定）

（納税の猶予の取消し）

第四九条①　納税の猶予を受けた者が次の各号のいずれかに該当する場合には、税務署長等は、その猶予を取り消し、又は猶予期間を短縮することができる。
一 第三十八条第一項各号（繰上請求）のいずれかに該当する事実がある場合において、その者がその猶予に係る国税を猶予期間内に完納することができないと認められるとき。
二 第四十七条第一項（納税の猶予の通知等）の規定により通知された分割納付の各納付期限ごとの納付金額をその納付期限までに納付しないとき（税務署長等がやむを得ない理由があると認めるときを除く。）。
三 その猶予に係る国税につき提供された担保について税務署長等が第五十一条第一項（担保の変更等）の規定によつてした命令に応じないとき。
四 新たにその猶予に係る国税以外の国税を滞納したとき（税務署長等がやむを得ない理由があると認めるときを除く。）。
五 偽りその他不正な手段によりその猶予又はその猶予の期間の延長の申請がされ、その申請に基づきその猶予をし、又はその猶予期間の延長をしたことが判明したとき。
六 前各号に掲げる場合を除き、その者の財産の状況その他の事情の変化によりその猶予を継続することが適当でないと認められるとき。
② 税務署長等は、前項の規定により納税の猶予を取り消し、又は猶予期間を短縮する場合には、第三十八条第一項各号のいずれかに該当する事実があるときを除き、あらかじめ、その猶予を受けた者の弁明を聞かなければならない。ただし、その者が正当な理由がなくその弁明をしないときは、この限りでない。
③ 税務署長等は、第一項の規定により納税の猶予を取り消し、又は猶予期間を短縮したときは、その旨を納税者に通知しなければならない。
▽【納税の猶予→四六 ❶[三]【担保→四六⑤・五〇

第二節 担保

（担保の種類）
第五〇条 国税に関する法律の規定により提供される担保の種類は、次に掲げるものとする。
一 国債及び地方債
二 社債（特別の法律により設立された法人が発行する債券を含む。）その他の有価証券で税務署長等（国税に関する法律の規定により国税庁長官又は国税局長が担保を徴するものとされている場合には、国税庁長官又は国税局長。以下この条及び次条において同じ。）が確実と認めるもの
三 土地
四 建物、立木及び登記される船舶並びに登録を受けた飛行機、回転翼航空機及び自動車並びに登記を受けた建設機械で、保険に附したもの
五 鉄道財団、工場財団、鉱業財団、軌道財団、運河財団、漁業財団、港湾運送事業財団、道路交通事業財団及び観光施設財団
六 税務署長等が確実と認める保証人の保証
七 金銭
▽【担保を徴することが要求され又は認められている場合→四六⑤（納税の猶予）、税徴一五二③（換価の猶予）、消税五一、酒税三六（納期限の延長）、所税一三二、相税三八・四四・四七（延納）、税徴一五八、酒税三一（保全担保）、一〇五③⑤（不服申立ての場合）【担保の提供手続→税通令一六 [二]【国税庁長官・国税局長が担保を徴するとされている場合→四六⑤・一〇五③⑤・七五①②、酒税三一 [六]【保証人→税徴二四

（担保の変更等）
第五一条① 税務署長等は、国税につき担保の提供があつた場合において、その担保として提供された財産の価額又は保証人の資力の減少その他の理由によりその国税の納付を担保することができないと認めるときは、その担保を提供した者に対し、増担保の提供、保証人の変更その他の担保を確保するため必要な行為をすべきことを命ずることができる。
② 国税について担保を提供した者は、税務署長等の承認を受けて、その担保を変更することができる。
③ 国税の担保として金銭を提供した者は、政令で定めるところにより、その金銭をもつてその国税の納付に充てることができる。
▽【担保の提供→五〇▽ ❶【保証人→税徴二四 ❷【担保の解除→税通令一七 ❸【政令の定め→税通令一八

（担保の処分）
第五二条① 税務署長等は、担保の提供されている国税がその納期限（第三十八条第二項（繰上請求）に規定する繰上げに係る期限及び納税の猶予又は徴収若しくは滞納処分に関する猶予に係る期限を含む。以下次条及び第六十三条第二項（延滞税の免除）において同じ。）までに完納されないとき、又は担保の提供がされている国税についての延納、納税の猶予若しくは徴収若しくは滞納処分に関する猶予を取り消したときは、その担保として提供された金銭をその国税に充て、若しくはその提供された金銭以外の財産を滞納処分の例により処分してその国税及び当該財産の処分費に充て、又は保証人にその国税を納付させる。
② 税務署長等は、前項の規定により保証人に同項の国税を納付させる場合には、政令で定めるところにより、その者に対し、納付させる金額、納付の期限、納付場所その他必要な事項を記載した納付通知書による告知をしなければならない。この場合においては、その者の住所又は居所の所在地を所轄する税務署長に対し、その旨を通知しなければならない。
③ 保証人がその国税を前項の納付の期限までに完納しない場合には、税務署長等は、第六項において準用する第三十八条第一項の規定により納付させる場合を除き、その者に対し、納付催告書によりその納付を督促しなければならない。この場合においては、その納付催告書は、国税に関する法律に別段の

定めがあるものを除き、その納付の期限から五十日以内に発するものとする。

④ 第一項の場合において、担保として提供された金銭又は担保として提供された財産の処分の代金を同項の国税及び処分費に充ててなお不足があると認めるときは、税務署長等は、当該担保を提供した者の他の財産について滞納処分を執行し、また、保証人がその納付すべき金額を完納せず、かつ、当該担保を提供した者に対して滞納処分を執行してもなお不足があると認めるときは、保証人に対して滞納処分を執行する。

⑤ 前項の規定により保証人に対して滞納処分を執行する場合には、税務署長等は、同項の担保を提供した者の財産を換価に付した後でなければ、その保証人の財産を換価に付することができない。

⑥ 第三十八条第一項及び第二項、前節並びに第五十五条（納付委託）の規定は、保証人に第一項の国税を納付させる場合について準用する。

▽＋【保証人→税徴二[四]【担保の解除→税通令一七 ❶【納期限→三七① 【納税の猶予→四六 【徴収の猶予→二三⑤・一〇五②④⑥、所税一一八・一三三⑤ 【滞納処分に関する猶予→税徴一五一 【延納→二[四]▽ 【滞納処分の例による処分→税徴四七以下 【処分費→税徴一三六―一三八 ❶❹【担保の提供→五〇▽ ❷【納付の期限→税通令一九 ❹❺【滞納処分→四〇、税徴四七以下 ❺【換価→税徴八九以下

（国税庁長官等が徴した担保の処分）

第五三条 国税庁長官又は国税局長は、国税に関する法律の規定により担保を徴した場合（第四十三条第三項又は第四十四条第一項（徴収の引継ぎ）の規定により徴収の引継ぎを受けた国税局長がその引継ぎに係る国税につき担保を徴した場合を除く。）において、その担保の提供されている国税がその納期限までに完納されないときは、政令で定める税務署長にその担保として提供された財産の処分その他前条に規定する処分を行なわせるものとする。

▽＋【国税庁長官・国税局長が担保を徴する場合→酒税三一 【納期限→三七① 【処分→税徴四七以下

（担保の提供等に関する細目）

第五四条 この法律に定めるもののほか、担保の提供の手続その他担保に関し必要な手続については、政令で定める。

（納付委託）

第五五条① 納税者が次に掲げる国税を納付するため、国税の納付に使用することができる証券以外の有価証券を提供して、その証券の取立てとその取り立てた金銭による当該国税の納付を委託しようとする場合には、税務署（第四十三条第一項ただし書、第三項若しくは第四項又は第四十四条第一項（国税の徴収の所轄庁）の規定により税関長又は国税局長が国税の徴収を行う場合には、その税関又は国税局。以下この条において同じ。）の当該職員は、その証券が最近において確実に取り立てることができるものであると認められるときに限り、その委託を受けることができる。この場合において、その証券の取立てにつき費用を要するときは、その委託をしようとする者は、その費用の額に相当する金額をあわせて提供しなければならない。

一 納税の猶予又は滞納処分に関する猶予に係る国税

二 納付の委託をしようとする有価証券の支払期日以後に納期限の到来する国税

三 前二号に掲げる国税のほか、滞納に係る国税で、その納付につき納税者が誠実な意思を有し、かつ、その納付の委託を受けることが国税の徴収上有利と認められるもの

② 税務署の当該職員は、前項の委託を受けたときは、納付受託証書を交付しなければならない。

③ 第一項の委託があつた場合において、必要があるときは、税務署の当該職員は、確実と認める金融機関にその取立て及び納付の再委託をすることができる。

④ 第一項の委託があつた場合において、その委託に係る有価証券の提供により同項第一号に掲げる国税につき国税に関する法律の規定による担保の提供の必要がないと認められるに至つたときは、その認められる限度において当該担保の提供があつたものとすることができる。

▽❶【国税の納付に使用できる証券→三四① 【一】【納税の猶予→四六 【滞納処分に関する猶予→税徴一五一 【二】【納期限→三七① 【三】【滞納に係る国税→四〇 ❹【担保の提供→五〇

第五章 国税の還付及び還付加算金

（還付）

第五六条① 国税局長、税務署長又は税関長は、還付金又は国税に係る過誤納金（以下「還付金等」という。）があるときは、遅滞なく、金銭で還付しなければならない。

② 国税局長は、必要があると認めるときは、その管轄区域内の地域を所轄する税務署長からその還付すべき還付金等について還付の引継ぎを受けることができる。

▽❶【還付金→二[六]▽ 【過誤納金→印税一四、登税三一＋二三・二六・三二②・五八①③―⑤、所税一五二・一五三、法税八二、相税三二 【第二次納税義務者の優先→税通令二二 【地税一七（同旨の規定）

[1] 源泉徴収所得税の誤納金還付請求権には専ら国税通則法七四条が適用され、納税義務がないにもかかわらず源泉徴収所得税を納付した場合には納付後直ちにその返還を請求できる。（大阪高判昭52・3・30行裁二八・三・二八二、租税百選〔三版〕六六）

[2] 過大に登録免許税を納付して登記等を受けた者は、登録免許税法三一条二項所定の請求の手続によらなくても、本条に基づき、過誤納金の還付を請求することができる。（最判平17・4・14民集五九・三・四九一、租税百選〔七版〕一一二）

③　被相続人が所得税更正処分及び過少申告加算税賦課決定処分に基づき所得税、過少申告加算税及び延滞税を納付するとともに右各処分の取消訴訟を提起していたところ、その係属中に被相続人が死亡したため相続人が同訴訟を承継し、右各処分の取消判決が確定するに至ったときは、右所得税等に係る過納金の還付請求権は、被相続人の相続財産を構成し、相続税の課税財産となる。（最判平22・10・15民集六四・七・一七六四、租税百選〔七版〕一〇三）→相税二条①

（充当）

第五七条①　国税局長、税務署長又は税関長は、還付金等がある場合において、その還付を受けるべき者につき納付すべきこととなつている国税（その納める義務が信託財産責任負担債務である国税に係る還付金等である場合にはその納める義務が当該信託財産責任負担債務である国税に限るものとし、その納める義務が信託財産責任負担債務である国税に係る還付金等でない場合にはその納める義務が信託財産限定責任負担債務である国税以外の国税に限る。）があるときは、前条第一項の規定による還付に代えて、還付金等をその国税に充当しなければならない。この場合において、その国税のうちに延滞税又は利子税があるときは、その還付金等は、まず延滞税又は利子税の計算の基礎となる国税に充当しなければならない。

②　前項の規定による充当があつた場合には、政令で定める充当をするのに適することとなつた時に、その充当をした還付金等に相当する額の国税の納付があつたものとみなす。

③　国税局長、税務署長又は税関長は、第一項の規定による充当をしたときは、その旨をその充当に係る国税を納付すべき者に通知しなければならない。

▽❶【信託財産責任負担債務→九の三【延滞税→六〇―六三【利子税→六四　❶❷【還付金等→五六①　❷税通令二三　†地税一七の二（同旨の規定）

（還付加算金）

第五八条①　国税局長、税務署長又は税関長は、還付金等を還付し、又は充当する場合には、次の各号に掲げる還付金等の区分に従い当該各号に定める日の翌日からその還付のための支払決定の日又はその充当の日（同日前に充当をするのに適することとなつた日がある場合には、その適することとなつた日）までの期間（他の国税に関する法律に別段の定めがある場合には、その定める期間）の日数に応じ、その金額に年七・三パーセントの割合を乗じて計算した金額（以下「還付加算金」という。）をその還付し、又は充当すべき金額に加算しなければならない。

一　還付金及び次に掲げる過納金　当該還付金又は過納金に係る国税の納付があつた日（その日が当該国税の法定納期限前である場合には、当該法定納期限）

イ　更正若しくは第二十五条（決定）の規定による決定又は賦課決定（以下「更正決定等」という。）により納付すべき税額が確定した国税（当該国税に係る延滞税及び利子税を含む。）に係る過納金（次号に掲げるものを除く。）

ロ　納税義務の成立と同時に特別の手続を要しないで納付すべき税額が確定する国税で納税の告知があつたもの（当該国税に係る延滞税を含む。）に係る過納金

ハ　イ又はロに掲げる過納金に類する国税に係る過納金として政令で定めるもの

二　更正の請求に基づく更正（当該請求に対する処分に係る不服申立て又は訴えについての決定若しくは裁決又は判決を含む。）により納付すべき税額が減少した国税（当該国税に係る延滞税及び利子税を含む。）に係る過納金　その更正の請求があつた日の翌日から起算して三月を経過する日と当該更正があつた日の翌日から起算して一月を経過する日とのいずれか早い日（その日が当該国税の法定納期限前である場合には、当該法定納期限）

三　前二号に掲げる過納金以外の国税に係る過誤納金　その過誤納となつた日として政令で定める日の翌日から起算して一月を経過する日

②　前項の場合において、次の各号のいずれかに該当するときは、当該各号に定める期間を同項に規定する期間から控除する。

一　還付金等の請求権につき民事執行法（昭和五十四年法律第四号）の規定による差押命令又は差押処分が発せられたとき。　その差押命令又は差押処分の送達を受けた日の翌日から七日を経過した日までの期間

二　還付金等の請求権につき仮差押えがされたとき。　その仮差押えがされている期間

③　二回以上の分割納付に係る国税につき過誤納が生じた場合には、その過誤納金については、その過誤納の金額に達するまで、納付の日の順序に従い最後に納付された金額から順次遡つて求めた金額の過誤納からなるものとみなして、第一項の規定を適用する。

④　適法に納付された国税が、その適法な納付に影響を及ぼすことなくその納付すべき額を変更する法律の規定に基づき過納となつたときは、その過納金については、これを第一項第三号に掲げる過誤納金と、その過納となつた日を同号に掲げる日とそれぞれみなして、同項の規定を適用する。

⑤　申告納税方式による国税の納付があつた場合において、その課税標準の計算の基礎となつた事実のうちに含まれていた無効な行為により生じた経済的成果がその行為の無効であることに基因して失われたこと、当該事実のうちに含まれていた取り消しうべき行為が取り消されたことその他これらに準ずる政令で定める理由に基づきその国税について更正（更正の請求に基づく更正を除く。）が行なわれたときは、その更正により過納となつた金額に相当する国税（その附帯税で当該更正に伴い過納となつたもの

を含む。）については、その更正があつた日の翌日から起算して一月を経過する日を第一項各号に掲げる日とみなして、同項の規定を適用する。

▽❶【還付加算金の割合の特例→租特九五【別段の定めの例→所税一三八③・一三九・一四二③、法税七八②・七九③・八〇⑪、消税五二②—④・五三③—⑥・五四②—④・五五④—⑦、酒税三〇⑨、印税一四③、登税三一⑧【二】【法定納期限→二四【賦課決定→三二①②⑤【延滞税→六〇—六三【利子税→六四【ロに該当する国税→一五③【納税の告知→三六【ハの政令の定め→税通令二四①【二】【不服申立て→七五—一一三の二【決定→八三【裁決→九八【判決→一〇四、民訴二四三以下【三】【政令で定める日→税通令二四②❶❷【還付金等→五六①❶❺【更正→二四・二六、二九①【更正の請求→二三❸—❺【過誤納・過納→五六①❺【申告納税方式→一六①□②□【課税標準→二四▽・二六【政令で定める理由→税通令二四④【附帯税→二四 +地税一七の四（同旨の規定）

（国税の予納額の還付の特例）

第五九条① 納税者は、次に掲げる国税として納付する旨を税務署長に申し出て納付した金額があるときは、その還付を請求することができない。

一 納付すべき税額の確定した国税で、その納期が到来していないもの

二 最近において納付すべき税額の確定することが確実であると認められる国税

② 前項の規定に該当する納付があつた場合において、その納付に係る国税の全部又は一部につき国税に関する法律の改正その他の理由によりその納付の必要がないこととなつたときは、その時に国税に係る過誤納があつたものとみなして、前三条の規定を適用する。

▽❷【過誤納→五六①

第六章　附帯税

第一節　延滞税及び利子税

（延滞税）

第六〇条① 納税者は、次の各号のいずれかに該当するときは、延滞税を納付しなければならない。

一 期限内申告書を提出した場合において、当該申告書の提出により納付すべき国税をその法定納期限までに完納しないとき。

二 期限後申告書若しくは修正申告書を提出し、又は更正若しくは第二十五条（決定）の規定による決定を受けた場合において、第三十五条第二項（申告納税方式による国税等の納付）の規定により納付すべき国税があるとき。

三 納税の告知を受けた場合において、当該告知により納付すべき国税（第五号に規定する国税、不納付加算税、重加算税及び過怠税を除く。）をその法定納期限後に納付するとき。

四 予定納税に係る所得税をその法定納期限までに完納しないとき。

五 源泉徴収等による国税をその法定納期限までに完納しないとき。

② 延滞税の額は、前項各号に規定する国税の法定納期限（純損失の繰戻し等による還付金額が過大であつたことにより納付すべきこととなつた国税、輸入の許可を受けて保税地域から引き取られる物品に対する消費税等（石油石炭税法第十七条第三項（引取りに係る原油等についての石油石炭税の納付等）の規定により納付すべき石油石炭税を除く。）その他政令で定める国税については、政令で定める日。次条第二項第一号において同じ。）の翌日からその国税を完納する日までの期間の日数に応じ、その未納の税額に年十四・六パーセントの割合を乗じて計算した額とする。ただし、納期限（延納又は物納の許可の取消しがあつた場合には、その取消しに係る書面が発せられた日。以下この項並びに第六十三条第一項、第四項及び第五項（納税の猶予等の場合の延滞税の免除）において同じ。）までの期間又は納期限の翌日から二月を経過する日までの期間については、その未納の税額に年七・三パーセントの割合を乗じて計算した額とする。

③ 第一項の納税者は、延滞税をその額の計算の基礎となる国税にあわせて納付しなければならない。

④ 延滞税は、その額の計算の基礎となる税額の属する税目の国税とする。

▽❶【二】【期限内申告書→一七②【三】【期限後申告書→一八②【修正申告書→一九③【更正→二四・二六・二九①【三】【納税の告知→三六【不納付加算税→六七【重加算税→六八【過怠税→印税二〇【四】【予定納税に係る所得税→所税一〇四—一一九【五】【源泉徴収等による国税→二□❶❷【法定納期限→二八❷【延滞税の割合の特例→租特九四【純損失の繰戻し等による還付金額→所税一四〇—一四二・一六六、法税八〇・一四四の一三【輸入の許可→関税六七・七二【保税地域→九の三□【消費税等→二□【政令の定め→税通令二五【納期限→三七①【延納の許可の取消し→所税一三五①、相税四〇②③ +【特例→所税一一九・一三七、相税五一

1　相続税につき法定納期限までに申告・納付を行った納税義務者による更正請求に基づいて減額更正がされ、過納金の還付がなされた後に、上記納付税額を超えない額に増額更正がされた事案において、上記増額更正により新たに納付すべきこととなった税額に係る部分について上記相続税の法定納期限の翌日からその新たに納付すべきこととなった税額の納期限までの期間に係る延滞税が発生しないとされた事例（最判平26・12・12判時二二五四・一八、租税百選［六版］九九）

（延滞税の額の計算の基礎となる期間の特例）

第六一条① 修正申告書（偽りその他不正の行為により国税を免れ、又は国税の還付を受けた納税者が当該国税についての調査があつたことにより当該国税について更正があるべきことを予知して提出した当該申告書（次項において「特定修正申告書」という。）を除く。）の提出又は更正（偽りその他不正の行為により国税を免れ、又は国税の還付を受けた納税者についてされた当該国税に係る更正（同項にお

いて「特定更正」という。）を除く。）があつた場合において、次の各号のいずれかに該当するときは、当該申告書の提出又は更正により納付すべき国税については、前条第二項に規定する期間から当該各号に定める期間を控除して、同項の規定を適用する。

一　その申告又は更正に係る国税について期限内申告書が提出されている場合において、その法定申告期限から一年を経過する日後に当該修正申告書が提出され、又は当該更正に係る更正通知書が発せられたとき　その法定申告期限から一年を経過する日の翌日から当該修正申告書が提出され、又は当該更正に係る更正通知書が発せられた日までの期間

二　その申告又は更正に係る国税について期限後申告書（還付金の還付を受けるための納税申告書で政令で定めるもの（以下「還付請求申告書」という。）を含む。以下この号及び次項において同じ。）が提出されている場合において、その期限後申告書の提出があつた日の翌日から起算して一年を経過する日後に当該修正申告書が提出され、又は当該更正に係る更正通知書が発せられたとき　その期限後申告書の提出があつた日の翌日から起算して一年を経過する日の翌日から当該修正申告書が提出され、又は当該更正に係る更正通知書が発せられた日までの期間

②　修正申告書の提出又は納付すべき税額を増加させる更正（これに類するものとして政令で定める更正を含む。以下この項において「増額更正」という。）があつた場合において、その申告又は増額更正に係る国税について期限内申告書又は期限後申告書が提出されており、かつ、当該期限内申告書又は期限後申告書の提出により納付すべき税額を減少させる更正（これに類するものとして政令で定める更正を含む。以下この項において「減額更正」という。）があつた後に当該修正申告書の提出又は増額更正があつたときは、当該修正申告書の提出又は増額更正により納付すべき国税（当該期限内申告書又は期限後申告書に係る税額（還付金の額に相当する税額を含む。）に達するまでの部分として政令で定める国税に限る。以下この項において同じ。）については、前項の規定にかかわらず、前条第二項に規定する期間から次に掲げる期間（特定修正申告書の提出又は特定更正により納付すべき国税その他の政令で定める国税にあつては、第一号に掲げる期間に限る。）を控除して、同項の規定を適用する。

一　当該期限内申告書又は期限後申告書の提出により納付すべき税額の納付があつた日（その日が当該国税の法定納期限前である場合には、当該法定納期限）の翌日から当該減額更正に係る更正通知書が発せられた日までの期間

二　当該減額更正に係る更正通知書が発せられた日（当該減額更正が更正の請求に基づく更正である場合には、同日の翌日から起算して一年を経過する日）の翌日から当該修正申告書が提出され、又は当該増額更正に係る更正通知書が発せられた日までの期間

③　源泉徴収等による国税で次の各号に掲げる国税のいずれかに該当するものについては、前条第二項に規定する期間から当該各号に定める期間を控除して、同項の規定を適用する。ただし、その国税を法定納期限までに納付しなかつたことについて偽りその他不正の行為がある場合（第二号に掲げる国税については、当該国税についての調査があつたことにより当該国税について第三十六条第一項（納税の告知）の規定による納税の告知があるべきことを予知して納付されたときに限る。）は、この限りでない。

一　法定納期限から一年を経過する日後に納税告知書が発せられた国税　その法定納期限から一年を経過する日の翌日から当該告知書が発せられた日までの期間

二　前号に掲げるものを除き、法定納期限から一年を経過する日後に納付された国税　その法定納期限から一年を経過する日の翌日から当該納付の日までの期間

▽❶【修正申告書→一九③【国税の還付→二㈥▽、五六【更正→二四、二六〔一〕【期限内申告書→一七②【法定申告期限→二㈦〔一〕〔三〕【更正通知書→二八①②〔二〕【期限後申告書→一八②【還付金の還付を受けるための納税申告書→二㈥▽【政令の定め→税通令二六
❸【源泉徴収等による国税→二㈡【法定納期限→二㈧〔一〕【納税告知書→三六②

（一部納付が行なわれた場合の延滞税の額の計算等）

第六二条①　延滞税の額の計算の基礎となる国税の一部が納付されたときは、その納付の日の翌日以後の期間に係る延滞税の額の計算の基礎となる税額は、その納付された税額を控除した金額とする。

②　第六十条第三項（延滞税の納付）の規定により延滞税をあわせて納付すべき場合において、納税者の納付した金額がその延滞税の額の計算の基礎となる国税の額に達するまでは、その納付した金額は、まずその計算の基礎となる国税に充てられたものとする。

▽【延滞税の額→六〇②

（納税の猶予等の場合の延滞税の免除）

第六三条①　第四十六条第一項若しくは第二項第一号、第二号若しくは第五号（同項第一号又は第二号に該当する事実に類する事実に係る部分に限る。）（災害等による納税の猶予）の規定による納税の猶予（以下この項において「災害等による納税の猶予」という。）若しくは国税徴収法第百五十三条第一項（滞納処分の停止）の規定による滞納処分の執行の停止をした場合又は第四十六条第二項第三号、第四号若しくは第五号（同項第三号又は第四号に該当する事実に類する事実に係る部分に限る。）若しくは第三項の規定による納税の猶予（以下この項において「事業の廃止等による納税の猶予」という。）若しくは同法第百五十一条第一項若しくは第百五十一条の二第一項（換価の猶予の要件等）の規定による換価の猶予をした場合には、その猶予又は停止をした国税に係る延滞税のうち、それぞれ、その災害等

による納税の猶予若しくは当該執行の停止をした期間に対応する部分の金額に相当する金額又はその事業の廃止等による納税の猶予若しくは当該換価の猶予をした期間（当該国税の納期限の翌日から二月を経過する日後の期間に限る。）に対応する部分の金額の二分の一に相当する金額は、免除する。ただし、第四十九条第一項（納税の猶予の取消し）（同法第百五十二条第三項又は第四項（換価の猶予に係る分割納付、通知等）において準用する場合を含む。）又は同法第百五十四条第一項（滞納処分の停止の取消し）の規定による取消しの基因となるべき事実が生じた場合には、その生じた日以後の期間に対応する部分の金額については、国税局長、税務署長又は税関長は、その免除をしないことができる。

② 第十一条（期限の延長）の規定により国税の納期限を延長した場合には、その国税に係る延滞税のうちその延長をした期間に対応する部分の金額は、免除する。

③ 納税の猶予又は国税徴収法第百五十一条第一項若しくは第百五十一条の二第一項の規定による換価の猶予をした場合において、納税者が次の各号のいずれかに該当するときは、国税局長、税務署長又は税関長は、その猶予をした国税に係る延滞税（前二項の規定による免除に係る部分を除く。以下この項において同じ。）につき、猶予をした期間（当該国税を当該期間内に納付しなかつたことについてやむを得ない理由があると国税局長、税務署長又は税関長が認める場合には、猶予の期限の翌日から当該やむを得ない理由がやんだ日までの期間を含む。）に対応する部分の金額でその納付が困難と認められるものを限度として、免除することができる。

一 納税者の財産の状況が著しく不良で、納期又は弁済期の到来した地方税若しくは公課又は債務について軽減又は免除をしなければ、その事業の継続又は生活の維持が著しく困難になると認められる場合において、その軽減又は免除がされたとき。

二 納税者の事業又は生活の状況によりその延滞税の納付を困難とするやむを得ない理由があると認められるとき。

④ 第二十三条第五項ただし書（更正の請求と国税の徴収との関係）その他の国税に関する法律の規定により国税の徴収を猶予した場合には、その猶予をした国税に係る延滞税につき、その猶予をした期間のうち当該国税の納期限の翌日から二月を経過する日後の期間（前三項の規定により延滞税の免除がされた場合には、当該免除に係る期間に該当する期間を除く。）に対応する部分の金額の二分の一に相当する金額は、免除する。

⑤ 国税局長、税務署長又は税関長は、滞納に係る国税の全額を徴収するために必要な財産につき差押え（租税条約等の規定に基づき当該租税条約等の相手国等に共助対象国税の徴収の共助又は徴収のための財産の保全の共助を要請した場合における当該相手国等が当該共助対象国税について当該相手国等の法令に基づいて行う差押えに相当する処分を含む。以下この項において同じ。）をし、又は納付すべき税額に相当する担保の提供（租税条約等の規定に基づき当該租税条約等の相手国等に共助対象国税の徴収の共助又は徴収のための財産の保全の共助を要請した場合における当該相手国等が当該共助対象国税について当該相手国等の法令に基づいて受ける担保の提供を含む。以下この項において同じ。）を受けた場合には、その差押え又は担保の提供に係る国税を計算の基礎とする延滞税につき、その差押え又は担保の提供がされている期間のうち、当該国税の納期限の翌日から二月を経過する日後の期間（前各項の規定により延滞税の免除がされた場合には、当該免除に係る期間に該当する期間を除く。）に対応する部分の金額の二分の一に相当する金額を限度として、免除することができる。

⑥ 国税局長、税務署長又は税関長は、次の各号のいずれかに該当する場合には、当該各号に規定する国税に係る延滞税（前各項の規定による免除に係る部分を除く。）につき、当該各号に掲げる期間に対応する部分の金額を限度として、免除することができる。

一 第五十五条第三項（納付委託）（第五十二条第六項（保証人からの徴収）又は国税徴収法第三十二条第三項（第二次納税義務者からの徴収）において準用する場合を含む。）の規定による有価証券の取立て及び国税の納付の再委託を受けた金融機関が当該有価証券の取立てをすべき日後に当該国税の納付をした場合（同日後にその納付があつたことにつき当該有価証券の取立てを委託した者の責めに帰すべき事由がある場合を除く。） 同日の翌日からその納付があつた日までの期間

二 納税貯蓄組合法（昭和二十六年法律第百四十五号）第六条第一項（租税納付の委託）の規定による国税の納付の委託を受けた同法第二条第二項（定義）に規定する指定金融機関（国税の収納をすることができるものを除く。）がその委託を受けた日後に当該国税の納付をした場合（同日後にその納付があつたことにつき納税者の責めに帰すべき事由がある場合を除く。） 同日の翌日からその納付があつた日までの期間

三 震災、風水害、火災その他これらに類する災害により、国税を納付することができない事由が生じた場合 その事由が生じた日からその事由が消滅した日以後七日を経過した日までの期間

四 前三号のいずれかに該当する事実に類する事実が生じた場合で政令で定める場合 政令で定める期間

▽ᵗ【延滞税→六〇 ❷【納期限→三七① ❸【地方税→税徴二[三] 【公課→税徴二[五] ❺【財産の差押え→税徴四七以下 【担保の提供→五〇▽ 【租税条約等→四六⑥ ❻[四]【政令の定め→税通令二六の二

（利子税）

第六四条① 延納若しくは物納又は納税申告書の提出期限の延長に係る国税の納税者は、国税に関する法律の定めるところにより、当該国税にあわせて利子

税を納付しなければならない。

② 利子税の額の計算の基礎となる期間は、第六十条第二項（延滞税）に規定する期間に算入しない。

③ 第六十条第四項、第六十一条第二項（延滞税の額の計算の基礎となる期間の特例）、第六十二条（一部納付が行われた場合の延滞税の額の計算等）並びに前条第二項及び第六項の規定は、利子税について準用する。この場合において、第六十一条第二項中「前項の規定にかかわらず、前条第二項に規定する期間から次に掲げる期間（特定修正申告書の提出又は特定更正により納付すべき国税その他の政令で定める国税にあつては、第一号に掲げる期間に限る。）」とあるのは、「利子税の額の計算の基礎となる期間から当該期限内申告書又は期限後申告書の提出により納付すべき税額の納付があつた日（その日が第六十四条第一項（利子税）の提出期限前である場合には、当該提出期限）の翌日から法定申告期限までの期間」と読み替えるものとする。

▽❶【利子税の割合の特例→租特九三【延納→二四▽【物納→相税四一・四二・四八の二【その提出期限の延長→一一、法税七五・七五の二【法律の定め→所税一三一③・一三六・一六六、相税五二

第二節 加算税

（過少申告加算税）

第六五条① 期限内申告書（還付請求申告書を含む。第三項において同じ。）が提出された場合（期限後申告書が提出された場合において、次条第一項ただし書又は第七項の規定の適用があるときを含む。）において、修正申告書の提出又は更正があつたときは、当該納税者に対し、その修正申告又は更正に基づき第三十五条第二項（期限後申告等による納付）の規定により納付すべき税額に百分の十の割合（修正申告書の提出が、その申告に係る国税についての調査があつたことにより当該国税について更正があるべきことを予知してされたものでないときは、百分の五の割合）を乗じて計算した金額に相当する過少申告加算税を課する。

② 前項の規定に該当する場合（第五項の規定の適用がある場合を除く。）において、前項に規定する納付すべき税額（同項の修正申告又は更正前に当該修正申告又は更正に係る国税について修正申告書の提出又は更正があつたときは、その国税に係る累積増差税額を加算した金額）がその国税に係る期限内申告税額に相当する金額と五十万円とのいずれか多い金額を超えるときは、同項の過少申告加算税の額は、同項の規定にかかわらず、同項の規定により計算した金額に、その超える部分に相当する税額（同項に規定する納付すべき税額が当該超える部分に相当する税額に満たないときは、当該納付すべき税額）に百分の五の割合を乗じて計算した金額を加算した金額とする。

③ 前項において、次の各号に掲げる用語の意義は、当該各号に定めるところによる。

一 累積増差税額 第一項の修正申告又は更正前にされたその国税についての修正申告書の提出又は更正に基づき第三十五条第二項の規定により納付すべき税額の合計額（当該国税について、当該納付すべき税額を減少させる更正又は更正に係る不服申立て若しくは訴えについての決定、裁決若しくは判決による原処分の異動があつたときはこれらにより減少した部分の税額に相当する金額を控除した金額とし、次項の規定の適用があつたときは同項の規定により控除すべきであつた金額を控除した金額とする。）

二 期限内申告税額 期限内申告書（次条第一項ただし書又は第七項の規定の適用がある場合には、期限後申告書を含む。次項第二号において同じ。）の提出に基づき第三十五条第一項又は第二項の規定により納付すべき税額（これらの申告書に係る国税について、次に掲げる金額があるときは当該金額を加算した金額とし、所得税、法人税、地方法人税、相続税又は消費税に係るこれらの申告書に記載された還付金の額に相当する税額があるときは当該税額を控除した金額とする。）

イ 所得税法第九十五条（外国税額控除）若しくは第百六十五条の六（非居住者に係る外国税額の控除）の規定による控除をされるべき金額、第一項の修正申告若しくは更正に係る同法第百二十条第一項第四号（確定所得申告）（同法第百六十六条（申告、納付及び還付）において準用する場合を含む。）に規定する源泉徴収税額に相当する金額、同法第百二十条第二項（同法第百六十六条において準用する場合を含む。）に規定する予納税額又は災害被害者に対する租税の減免、徴収猶予等に関する法律（昭和二十二年法律第百七十五号）第二条（所得税の軽減又は免除）の規定により軽減若しくは免除を受けた所得税の額

ロ 法人税法第二条第三十八号（定義）に規定する中間納付額、同法第六十八条（所得税額の控除）（同法第百四十四条（外国法人に係る所得税額の控除）において準用する場合を含む。）、第六十九条（外国税額の控除）若しくは第百四十四条の二（外国法人に係る外国税額の控除）の規定による控除をされるべき金額又は同法第九十条（退職年金等積立金に係る中間申告による納付）（同法第百四十五条の五（申告及び納付）において準用する場合を含む。）の規定により納付すべき法人税の額（その額につき修正申告書の提出又は更正があつた場合には、その申告又は更正後の法人税の額）

ハ 地方法人税法第二条第十八号（定義）に規定する中間納付額、同法第十二条（外国税額の控除）の規定による控除をされるべき金額又は同法第二十条第二項（中間申告による納付）の規定により納付すべき地方法人税の額（その額につき修正申告書の提出又は更正があつた場合には、その申告又は更正後の地方法人税の額）

ニ 相続税法第二十条の二（在外財産に対する相続税額の控除）、第二十一条の八（在外財産に

対する贈与税額の控除）、第二十一条の十五第三項及び第二十一条の十六第四項（相続時精算課税に係る相続税額）の規定による控除をされるべき金額

ホ　消費税法第二条第一項第二十号（定義）に規定する中間納付額

④　次の各号に掲げる場合には、第一項又は第二項に規定する納付すべき税額から当該各号に定める税額として政令で定めるところにより計算した金額を控除して、これらの項の規定を適用する。

一　第一項又は第二項に規定する納付すべき税額の計算の基礎となつた事実のうちにその修正申告又は更正前の税額（還付金の額に相当する税額を含む。）の計算の基礎とされていなかつたことについて正当な理由があると認められるものがある場合　その正当な理由があると認められる事実に基づく税額

二　第一項の修正申告又は更正前に当該修正申告又は更正に係る国税について期限内申告書の提出により納付すべき税額を減少させる更正その他これに類するものとして政令で定める更正（更正の請求に基づく更正を除く。）があつた場合　当該期限内申告書に係る税額（還付金の額に相当する税額を含む。）に達するまでの税額

⑤　第一項の規定は、修正申告書の提出が、その申告に係る国税についての調査があつたことにより当該国税について更正があるべきことを予知してされたものでない場合において、その申告に係る国税についての調査に係る第七十四条の九第一項第四号及び第五号（納税義務者に対する調査の事前通知等）に掲げる事項その他政令で定める事項の通知（次条第六項において「調査通知」という。）がある前に行われたものであるときは、適用しない。

▽ｷ【更正】→二四・二六・二九①【修正申告書】→一九③
④　❶❸【期限内申告書】→一七②【還付請求申告書】→六一①㈢【期限後申告書】→一八②　❶—❹【修正申告書】→一九　❸❹【還付金の額】→二㈥▽　❹【政令の定め】→

税通令二七

1　一　過少申告加算税の趣旨
過少申告加算税は、過少申告による納税義務違反の事実があれば、原則としてその違反者に対し課されるものであり、これによって、当初から適正に申告し納税した納税者との間の客観的不公平の実質的な是正を図るとともに、過少申告による納税義務違反の発生を防止し、適正な申告納税の実現を図り、もって納税の実を挙げようとする行政上の措置であり、主観的責任の追及という意味での制裁的な要素は重加算税に比して少ない。（最判平18・10・24民集六〇・八・三一二八）

二　「正当な理由」
1　一般論
2　本条四項〔現同項一号〕にいう「正当な理由があると認められる」場合とは、真に納税者の責めに帰することのできない客観的な事情があり、過少申告加算税の趣旨に照らしてもなお納税者に過少申告加算税を賦課することが不当又は酷になる場合をいう。（最判平18・10・24前出1）

2　適用が肯定された事案
3　納税申告手続を委任された税理士が納税者に無断で虚偽の記載をした確定申告書を提出するなどして過少申告をした場合において、納税者が同税理士を信頼して適法な申告を依頼し、納税資金を交付していたこと、確定申告書を受理した税務署職員が収賄の上で同税理士の右不正行為に共謀加担し、それがなければ右不正行為は不可能であったともいえることなどの事情の下では、納税者本人に対する過少申告加算税の賦課に関し、本条四項〔現同項一号〕にいう「正当な理由」があると認められる。（最判平18・4・25民集六〇・四・一七二八、租税百選〔七版〕一〇〇）→5・六八条5

4　納税者がストックオプションの権利行使益を一時所得として申告し、本件権利行使益が給与所得に当たるものとして税額の計算の基礎とされていなかったことについて、真に納税者の責めに帰することのできない客観的事情があり、過少申告加算税の趣旨に照らしてもなお納税者に過少申告加算税を賦課することは不当又は酷になるから、本条四項〔現同項一号〕にいう「正当な理由」があるとされた例（最判平18・10・24前出1）

3　適用が否定された事案
5　納税申告手続を委任された税理士が納税者に無断で虚偽の記載をした確定申告書を提出するなどして過少申告をした場合において、税務署職員等から示された税額よりも相当低い税額で済むとの同税理士の言葉を信じてそれ以上の調査確認をせず、確定申告書の内容を確認しなかったなど、納税者本人に落ち度があり、他方、右確定申告書を受理した税務署職員が同税理士による脱税行為に加担した事実は認められないなど判示の事情の下では、納税者本人に対する過少申告加算税の賦課に関し、本条四項〔現同項一号〕にいう「正当な理由」があると認めることはできない。（最判平18・4・20民集六〇・四・一六一一、租税百選〔七版〕一〇二）→3

6　同族会社の出資者が同会社に対してした無利息貸付けに所得税法一五七条を適用されて所得税の増額更正を受けた場合において、税務当局者の執筆した解説書を信頼して利息相当分を更正前の税額の計算の基礎としなかったことにつき本条四項〔現同項一号〕にいう正当な理由があるとは認められないとされた例（最判平16・7・20判時一八七三・一二三、租税百選〔四版〕九四）

7　会社の経理担当役員兼代表取締役であった者の横領に基づく仮装の経費により過少申告に陥った法人につき「正当な理由」が認められないとされた例（最判昭43・10・17訟月一四・一二・一四三七）
↓法税一二二条6

三　その他
8　実地調査後修正申告の慫慂〔しょうよう〕に応じてした修正申告は更正を予知してしたものに当た

り、加算税免除事由に当たらないとされた事例（最判平11・6・10判時一六八六・五〇）

⑨ 都道府県税について更正等を「予知してなされたもの」とは、申告書または修正申告書の提出が道府県知事による納税義務者に対する当該事業税に関する具体的調査が行われた後になされた場合ばかりではなく、同一人に対する法人税に関する国税官署による具体的調査が行われた後に右調査の事実を認識してなされた場合も含まれる。（東京高判昭56・9・28行裁三二・九・一六八九）

⑩ 本条五項にいう「その申告に係る国税についての調査があったことにより当該国税について更正があるべきことを予知してされたものでないとき」とは、税務職員が申告に係る国税についての調査に着手し、その申告が不適正であることを発見するに足るかあるいはその端緒となる資料を発見し、これによりその後の調査が進行し先の申告が不適正で申告漏れの存することが発覚し更正に至るであろうということが客観的に相当程度の確実性をもって認められる段階（いわゆる「客観的確実時期」）に達した後に、納税者がやがて更正に至るべきことを認識した上で修正申告を決意し修正申告書を提出したものでないことをいうものと解するのが相当である。（東京地判平24・9・25判時二一八一・七七、重判平24租税一）

⑪ 更正処分の取消訴訟を出訴期間内に提起した後に、出訴期間経過後に訴えの追加的変更により過少申告加算税賦課決定処分の取消訴訟を追加した事案において、附帯税としての過少申告加算税の性質等を理由に、賦課決定処分の取消しを求める訴えも出訴期間の遵守において欠けるところがないと解すべき特段の事情が存する（参考・最判昭61・2・24民集四〇・一・六九）と判断した事例（東京地判令2・1・30【平31行ウ八二】）

⑫ 国税通則法六八条一項による重加算税の賦課決定に対する審査請求において、同項所定の加重事由は認められないが、本条所定の過少申告加算税の賦課要件の存在が認められる場合には、国税不服審判所長は、右賦課決定のうち過少申告加算税額に相当する額を超える部分のみを取り消すことができる。（最判昭58・10・27民集三七・八・一一九六、租税百選〔四版〕九三）

⑬ 本条五項にいう「調査」とは、特定の納税義務者の課税標準等又は税額等を認定する目的その他国税に関する法律に基づく処分を行う目的で職員が行う、証拠資料の収集、要件事実の認定、法令の解釈適用等の一連の行為を指すと解するべきであり、さらに、同項の趣旨からして、当該調査が納税者の修正申告の自発性の否定につながる内容のものであること、すなわち当初申告が不適正であることの発見につながる調査があったことが要件と解するべきである。事前通知の有無によって、税務職員による上記一連の行為の性質が直ちに変わるとはいえない。（東京地判令元・9・26【平30行ウ二七五】）

（無申告加算税）

第六六条① 次の各号のいずれかに該当する場合には、当該納税者に対し、当該各号に規定する申告、更正又は決定に基づき第三十五条第二項（期限後申告等による納付）の規定により納付すべき税額に百分の十五の割合（期限後申告書又は第二号の修正申告書の提出が、その申告に係る国税についての調査があつたことにより当該国税について更正又は決定があるべきことを予知してされたものでないときは、百分の十の割合）を乗じて計算した金額に相当する無申告加算税を課する。ただし、期限内申告書の提出がなかつたことについて正当な理由があると認められる場合は、この限りでない。

一 期限後申告書の提出又は第二十五条（決定）の規定による決定があつた場合

二 期限後申告書の提出又は第二十五条の規定による決定があつた後に修正申告書の提出又は更正があつた場合

② 前項の規定に該当する場合（同項ただし書又は第七項の規定の適用がある場合を除く。）において、前項に規定する納付すべき税額（同項第二号の修正申告書の提出又は更正があつたときは、その国税に係る累積納付税額を加算した金額）が五十万円を超えるときは、同項の無申告加算税の額は、同項の規定にかかわらず、同項の規定により計算した金額に、その超える部分に相当する税額（同項に規定する納付すべき税額が当該超える部分に相当する税額に満たないときは、当該納付すべき税額）に百分の五の割合を乗じて計算した金額を加算した金額とする。

③ 前項において、累積納付税額とは、第一項第二号の修正申告書の提出又は更正前にされたその国税についての次に掲げる納付すべき税額の合計額（当該国税について、当該納付すべき税額を減少させる更正又は更正若しくは第二十五条の規定による決定に係る不服申立て若しくは訴えについての決定、裁決若しくは判決による原処分の異動があつたときはこれらにより減少した部分の税額に相当する金額を控除した金額とし、第五項において準用する前条第四項（第一号に係る部分に限る。以下この項及び第五項において同じ。）の規定の適用があつたときは同条第四項の規定により控除すべきであつた金額を控除した金額とする。）をいう。

一 期限後申告書の提出又は第二十五条の規定による決定に基づき第三十五条第二項の規定により納付すべき税額

二 修正申告書の提出又は更正に基づき第三十五条第二項の規定により納付すべき税額

④ 第一項の規定に該当する場合（同項ただし書若しくは第七項の規定の適用がある場合又は期限後申告書若しくは第一項第二号の修正申告書の提出が、その申告に係る国税についての調査があつたことにより当該国税について更正又は決定があるべきことを予知してされたものでない場合を除く。）において、

その期限後申告書若しくは修正申告書の提出又は更正若しくは決定があつた日の前日から起算して五年前の日までの間に、その申告又は更正若しくは決定に係る国税の属する税目について、無申告加算税（期限後申告書又は同号の修正申告書の提出が、その申告に係る国税についての調査があつたことにより当該国税について更正又は決定があるべきことを予知してされたものでない場合において課されたものを除く。）又は重加算税（第六十八条第四項（重加算税）において「無申告加算税等」という。）を課されたことがあるときは、第一項の無申告加算税の額は、同項及び第二項の規定にかかわらず、これらの規定により計算した金額に、第一項に規定する納付すべき税額に百分の十の割合を乗じて計算した金額を加算した金額とする。

⑤　前条第四項の規定は、第一項第二号の場合について準用する。

⑥　期限後申告書又は第一項第二号の修正申告書の提出が、その申告に係る国税についての調査があつたことにより当該国税について更正又は決定があるべきことを予知してされたものでない場合において、その申告に係る国税についての調査通知がある前に行われたものであるときは、その申告に基づき第三十五条第二項の規定により納付すべき税額に係る第一項の無申告加算税の額は、同項及び第二項の規定にかかわらず、当該納付すべき税額に百分の五の割合を乗じて計算した金額とする。

⑦　第一項の規定は、期限後申告書の提出が、その申告に係る国税についての調査があつたことにより当該国税について第二十五条の規定による決定があるべきことを予知してされたものでない場合において、期限内申告書を提出する意思があつたと認められる場合として政令で定める場合に該当してされたものであり、かつ、法定申告期限から一月を経過する日までに行われたものであるときは、適用しない。

▽❶【期限内申告書→一七②　〔二〕【修正申告書→一九③

❶〔二〕〔三〕❸〔二〕❻❼【期限後申告書→一八②　❻【調査の手段→七四の二―七四の一三の四（国税の調査）　❼【政令の定め→税通令二七の二　⁺【更正又は決定→二八①、二四―二六

1　当該課税期間の消費税の全額に相当する金額を法定納期限内に納付書の提出とともに納付したが申告書の提出を失念しており、法定申告期限後になって納税申告書を提出した者に対してされた無申告加算税の賦課決定処分が、適法とされた事例（大阪地判平17・9・16税資二五五順号一〇一三四〈関西電力消費税事件〉……現行法では本条七項により対応がなされている）

（不納付加算税）

第六七条①　源泉徴収等による国税がその法定納期限までに完納されなかつた場合には、税務署長又は税関長は、当該納税者から、納税の告知（第三十六条第一項（納税の告知）の規定による納税の告知（同項第二号に係るものに限る。）をいう。次項において同じ。）に係る税額又はその法定納期限後に当該告知を受けることなく納付された税額に百分の十の割合を乗じて計算した金額に相当する不納付加算税を徴収する。ただし、当該告知又は納付に係る国税を法定納期限までに納付しなかつたことについて正当な理由があると認められる場合は、この限りでない。

②　源泉徴収等による国税が納税の告知を受けることなくその法定納期限後に納付された場合において、その納付が、当該国税についての調査があつたことにより当該国税について当該告知があるべきことを予知してされたものでないときは、その納付された税額に係る前項の不納付加算税の額は、同項の規定にかかわらず、当該納付された税額に百分の五の割合を乗じて計算した金額とする。

③　第一項の規定は、前項の規定に該当する納付がされた場合において、その納付が法定納期限までに納付する意思があつたと認められる場合として政令で定める場合に該当してされたものであり、かつ、当該納付に係る源泉徴収等による国税が法定納期限から一月を経過する日までに納付されたものであるときは、適用しない。

▽⁺【源泉徴収等による国税→二[三]　【法定納期限→二[八]　❷【調査の手段→七四の二―七四の一三の四（国税の調査）

1　①破産管財人が破産債権の配当に係る源泉所得税の徴収納付をしなかったことにつき本条一項ただし書にいう「正当な理由」があるとされた事例、②破産管財人が破産管財人個人に対する報酬の支払に係る源泉所得税の徴収納付をしなかったことにつき本条一項ただし書にいう「正当な理由」がないとされた事例（大阪地判平20・3・14判時二〇三〇・三）

（重加算税）

第六八条①　第六十五条第一項（過少申告加算税）の規定に該当する場合（修正申告書の提出が、その申告に係る国税についての調査があつたことにより当該国税について更正があるべきことを予知してされたものでない場合を除く。）において、納税者がその国税の課税標準等又は税額等の計算の基礎となるべき事実の全部又は一部を隠蔽し、又は仮装し、その隠蔽し、又は仮装したところに基づき納税申告書を提出していたときは、当該納税者に対し、政令で定めるところにより、過少申告加算税の額の計算の基礎となるべき税額（その税額の計算の基礎となるべき事実で隠蔽し、又は仮装されていないものに基づくことが明らかであるものがあるときは、当該隠蔽し、又は仮装されていない事実に基づく税額として政令で定めるところにより計算した金額を控除した税額）に係る過少申告加算税に代え、当該基礎となるべき税額に百分の三十五の割合を乗じて計算した金額に相当する重加算税を課する。

② 第六十六条第一項（無申告加算税）の規定に該当する場合（同項ただし書若しくは同条第七項の規定の適用がある場合又は納税申告書の提出が、その申告に係る国税についての調査があつたことにより当該国税について更正又は決定があるべきことを予知してされたものでない場合を除く。）において、納税者がその国税の課税標準等又は税額等の計算の基礎となるべき事実の全部又は一部を隠蔽し、又は仮装し、その隠蔽し、又は仮装したところに基づき法定申告期限までに納税申告書を提出せず、又は法定申告期限後に納税申告書を提出していたときは、当該納税者に対し、政令で定めるところにより、無申告加算税の額の計算の基礎となるべき税額（その税額の計算の基礎となるべき事実で隠蔽し、又は仮装されていないものに基づくことが明らかであるものがあるときは、当該隠蔽し、又は仮装されていない事実に基づく税額として政令で定めるところにより計算した金額を控除した税額）に係る無申告加算税に代え、当該基礎となるべき税額に百分の四十の割合を乗じて計算した金額に相当する重加算税を課する。

③ 前条第一項の規定に該当する場合（同項ただし書又は同条第二項若しくは第三項の規定の適用がある場合を除く。）において、納税者が事実の全部又は一部を隠蔽し、又は仮装し、その隠蔽し、又は仮装したところに基づきその国税をその法定納期限までに納付しなかつたときは、税務署長又は税関長は、当該納税者から、不納付加算税の額の計算の基礎となるべき税額（その税額の計算の基礎となるべき事実で隠蔽し、又は仮装されていないものに基づくことが明らかであるものがあるときは、当該隠蔽し、又は仮装されていない事実に基づく税額として政令で定めるところにより計算した金額を控除した税額）に係る不納付加算税に代え、当該基礎となるべき税額に百分の三十五の割合を乗じて計算した金額に相当する重加算税を徴収する。

④ 前三項の規定に該当する場合において、これらの規定に規定する税額の計算の基礎となるべき事実で隠蔽し、又は仮装されたものに基づき期限後申告書若しくは修正申告書の提出、更正若しくは第二十五条（決定）の規定による決定又は納税の告知（第三十六条第一項（納税の告知）の規定による納税の告知（同項第二号に係るものに限る。）をいう。以下この項において同じ。）若しくは納税の告知を受けることなくされた納付があつた日の前日から起算して五年前の日までの間に、その申告、更正若しくは決定又は告知若しくは納付に係る国税の属する税目について、無申告加算税等を課され、又は徴収されたことがあるときは、前三項の重加算税の額は、これらの規定にかかわらず、これらの規定により計算した金額に、これらの規定に規定する基礎となるべき税額に百分の十の割合を乗じて計算した金額を加算した金額とする。

▽❶【政令の定め】→税通令二七の三①、二八① ❷【法定申告期限】→二七 【政令の定め】→税通令二七の三②、二八② ❸【法定納期限】→二四 【政令の定め】→税通令二八③

1 法人税法（昭和二五法七二による改正前のもの）四三条の追徴税［現・重加算税に相当］と罰金とを併科することは、憲法三九条に違反しない。（最大判昭33・4・30民集一二・六・九三八、行政百選Ⅰ［七版］一一二）

2 納税者が、正確な所得金額を把握しながら真実の所得金額のごく一部のみを所得金額として記載した白色申告による確定申告書を提出し（いわゆる「つまみ申告」）、最終修正申告で初めて所得金額を飛躍的に増加した申告をするに至ったなどの事実関係の下においては、会計帳簿に不実の記載はないとしても、右各確定申告は、重加算税の賦課要件を定めた本条一項所定の場合に当たる。（最判平6・11・22民集四八・七・一三七九）

3 納税者が、三箇年にわたり、株式等の売買による多額の雑所得を申告すべきことを熟知しながら、確定的な脱税の意思に基づき、顧問税理士の質問に対して右所得のあることを否定し、同税理士に過少な申告を記載した確定申告書を作成させてこれを提出したなどの事実関係の下においては、架空名義の利用や資料の隠匿等の積極的な行為が存在しないとしても、右各確定申告は、本条一項所定の重加算税の賦課要件を満たす。（最判平7・4・28民集四九・四・一一九三）

4 納税者と受任税理士との間に課税要件事実の隠蔽・仮装につき意思の連絡があったと認められる場合、本条一項所定の要件は充足される。（最判平17・1・17民集五九・一・二八、租税百選［六版］一一二）→七〇条1

5 納税申告手続を委任された税理士が納税者に無断で隠蔽、仮装行為をして過少申告をした場合において、納税者が同税理士を信頼して適法な申告を依頼し、納税資金を交付したにもかかわらず、同税理士が右行為をして納税資金を着服したものであり、納税者において同税理士が隠蔽、仮装行為を行うことを容易に予測し得たということはできず、右申告後も同税理士による右行為を認識した事実もなく、容易に認識し得たともいえないという事情の下では、納税者に、税務相談で教示された税額よりも相当低い税額で済むとの同税理士の言葉を安易に信じ、確定申告書の確認をしなかったなどの落ち度があるとしても、同税理士の右行為を納税者本人の行為と同視することはできず、本条一項所定の重加算税賦課の要件を満たすものということはできない。（最判平18・4・25民集六〇・四・一七二八、租税百選［七版］一〇〇）→六五条3・七〇条2

6 納税者である法人の役員が自らの横領目的で隠蔽・仮装行為をした場合であっても、当該役員が、支店業務について社長から包括的に一任されていた等の事実関係の下では、同役員が同支店の業務として行った本件架空取引については、納税者である原告自身の行為と同視して、重加算税を賦課

することができる。(広島高判平26・1・29訟月六一・四・八二一)→七〇条③

⑦ 法人の従業員による横領行為を、法人自身による隠蔽・仮装行為と同視することができるとして、法人に対する重加算税の賦課決定処分が適法とされた事例(金沢地判平23・1・21訟月五七・一二・二四九二)

(加算税の税目)

第六九条　過少申告加算税、無申告加算税、不納付加算税及び重加算税(以下「加算税」という。)は、その額の計算の基礎となる税額の属する税目の国税とする。

▽ナ【過少申告加算税→六五【無申告加算税→六六【不納付加算税→六七【重加算税→六八

第七章　国税の更正、決定、徴収、還付等の期間制限

第一節　国税の更正、決定等の期間制限

(国税の更正、決定等の期間制限)

第七〇条①　次の各号に掲げる更正決定等は、当該各号に定める期限又は日から五年(第二号に規定する課税標準申告書の提出を要する国税で当該申告書の提出があつたものに係る賦課決定(納付すべき税額を減少させるものを除く。)については、三年)を経過した日以後においては、することができない。

一　更正又は決定　その更正又は決定に係る国税の法定申告期限(還付請求申告書に係る更正については当該申告書を提出した日とし、還付請求申告書の提出がない場合にする決定又はその決定後にする更正については政令で定める日とする。)

二　課税標準申告書の提出を要する国税に係る賦課決定　当該申告書の提出期限

三　課税標準申告書の提出を要しない賦課課税方式による国税に係る賦課決定　その納税義務の成立の日

② 法人税に係る純損失等の金額で当該課税期間において生じたものを増加させ、若しくは減少させる更正又は当該金額があるものとする更正は、前項の規定にかかわらず、同項第一号に定める期限から十年を経過する日まで、することができる。

③ 前二項の規定により更正をすることができないこととなる日前六月以内にされた更正の請求に係る更正又は当該更正に伴つて行われることとなる加算税についてする賦課決定は、前二項の規定にかかわらず、当該更正の請求があつた日から六月を経過する日まで、することができる。

④ 第一項の規定により賦課決定をすることができないこととなる日前三月以内にされた納税申告書の提出(源泉徴収等による国税の納付を含む。以下この項において同じ。)に伴つて行われることとなる無申告加算税(第六十六条第六項(無申告加算税)の規定の適用があるものに限る。)又は不納付加算税(第六十七条第二項(不納付加算税)の規定の適用があるものに限る。)についてする賦課決定は、第一項の規定にかかわらず、当該納税申告書の提出があつた日から三月を経過する日まで、することができる。

⑤ 次の各号に掲げる更正決定等は、第一項又は前二項の規定にかかわらず、第一項各号に掲げる更正決定等の区分に応じ、同項各号に定める期限又は日から七年を経過する日まで、することができる。

一　偽りその他不正の行為によりその全部若しくは一部の税額を免れ、又はその全部若しくは一部の税額の還付を受けた国税(当該国税に係る加算税及び過怠税を含む。)についての更正決定等

二　偽りその他不正の行為により当該課税期間において生じた純損失等の金額が過大にあるものとする納税申告書を提出していた場合における当該申告書に記載された当該純損失等の金額(当該金額に関し更正があつた場合には、当該更正後の金額)についての更正(第二項又は第三項の規定の適用を受ける法人税に係る純損失等の金額に係るものを除く。)

三　所得税法第六十条の二第一項から第三項まで(国外転出をする場合の譲渡所得等の特例)又は第六十条の三第一項から第三項まで(贈与等により非居住者に資産が移転した場合の譲渡所得等の特例)の規定の適用がある場合(第百十七条第二項(納税管理人)の規定による納税管理人の届出及び税理士法(昭和二十六年法律第二百三十七号)第三十条(税務代理の権限の明示)(同法第四十八条の十六(税理士の権利及び義務等に関する規定の準用)において準用する場合を含む。)の規定による書面の提出がある場合その他の政令で定める場合を除く。)の所得税(当該所得税に係る加算税を含む。第七十三条第三項(時効の完成猶予及び更新)において「国外転出等特例の適用がある場合の所得税」という。)についての更正決定等

▽ナ【更正決定等→二四―三〇・五八①㈠イ　❶❸【賦課決定→三二　❶【課税標準申告書→三一【還付請求申告書→二㈥　【一】【法定申告期限→二㈦【政令で定める日→税通令二九①　【三】【納税義務成立の日→一五　❷❺【純損失等の金額→二㈥【課税期間→二㈨　❸【更正の請求→二三　❸❺【加算税→六五―六九　❺【税額の還付→二㈥・五六【過怠税→印税二〇【納税申告書→二㈥　【三】【政令で定める場合→税通令二九②―⑥　ナ【同旨の規定→地税一七の五

① 本条五項[令和二法八による改正後の五項]は、国税の納税者から申告の委任を受けた者が偽りその他不正の行為を行い、これにより納税者が税額の全部又は一部を免れた場合にも適用される。(最判平17・1・17民集五九・一・二八、租税百選[六版]一一二)→六八条④

② 偽りその他不正の行為により税額を免れた国税に関し、当該行為により免れた税額に相当する部分について修正申告がされたとしても、当該国税になお更正すべき税額があるときは、本条五項[同前]所定の期間内において更正をすることが

できる。（最判平18・4・25民集六〇・四・一七二八、租税百選〔七版〕一〇〇）→六八条⑤

③「偽りその他不正の行為」をした者が法人税法に両罰規定で掲げられているような納税者と一定の関係にある者であれば、本条五項〔同前〕が適用される。（広島高判平26・1・29訟月六一・四・八一一）→六八条⑥

（国税の更正、決定等の期間制限の特例）

第七一条① 更正決定等で次の各号に掲げるものは、当該各号に定める期間の満了する日が前条の規定により更正決定等をすることができる期間の満了する日後に到来する場合には、同条の規定にかかわらず、当該各号に定める期間においても、することができる。

一　更正決定等に係る不服申立て若しくは訴えについての裁決、決定若しくは判決（以下この号において「裁決等」という。）による原処分の異動又は更正の請求に基づく更正に伴つて課税標準等又は税額等に異動を生ずべき国税（当該裁決等又は更正に係る国税の属する税目に属するものに限る。）で当該裁決等又は更正を受けた者に係るものについての更正決定等　当該裁決等又は更正があつた日から六月間

二　申告納税方式による国税につき、その課税標準の計算の基礎となつた事実のうちに含まれていた無効な行為により生じた経済的成果がその行為の無効であることに基因して失われたこと、当該事実のうちに含まれていた取り消しうべき行為が取り消されたことその他これらに準ずる政令で定める理由に基づいてする更正（納付すべき税額を減少させる更正又は純損失等の金額で当該課税期間において生じたもの若しくは還付金の額を増加させる更正若しくはこれらの金額があるものとする更正に限る。）又は当該更正に伴い当該国税に係る加算税についてする賦課決定　当該理由が生じた日から三年間

三　更正の請求をすることができる期限について第十条第二項（期間の計算及び期限の特例）又は第十一条（災害等による期限の延長）の規定の適用がある場合における当該更正の請求に係る更正又は当該更正に伴つて行われることとなる加算税についてする賦課決定　当該更正の請求があつた日から六月間

四　イに掲げる事由が生じた場合において、ロに掲げる事由に基づいてする更正決定等　ロの租税条約等の相手国等に対しロの要請に係る書面が発せられた日から三年間

イ　国税庁、国税局又は税務署の当該職員が納税者にその国税に係る国外取引（非居住者（所得税法第二条第一項第五号（定義）に規定する非居住者をいう。イにおいて同じ。）若しくは外国法人（法人税法第二条第四号（定義）に規定する外国法人をいう。イにおいて同じ。）との間で行う資産の販売、資産の購入、役務の提供その他の取引又は非居住者若しくは外国法人が提供する場を利用して行われる資産の販売、資産の購入、役務の提供その他の取引をいう。）又は国外財産（相続税法第二十条の二（在外財産に対する相続税額の控除）に規定する財産をいう。）に関する書類（その作成又は保存に代えて電磁的記録の作成又は保存がされている場合における当該電磁的記録を含む。）又はその写しの提示又は提出を求めた場合において、その提示又は提出を求めた日から六十日を超えない範囲内においてその準備に通常要する日数を勘案して当該職員が指定する日までにその提示又は提出がなかつたこと（当該納税者の責めに帰すべき事由がない場合を除く。）。

ロ　国税庁長官（その委任を受けた者を含む。）が租税条約等の規定に基づき当該租税条約等の相手国等にイの国外取引又は国外財産に関する情報の提供の要請をした場合（当該要請が前条の規定により更正決定等をすることができないこととなる日の六月前の日以後にされた場合を除くものとし、当該要請をした日から三月以内にされた場合に限る。）において、その国税に係る課税標準等又は税額等に関し、当該相手国等から提供があつた情報に照らし非違があると認められること。

② 前項第一号に規定する当該裁決等又は更正を受けた者には、当該受けた者が分割等（分割、現物出資、法人税法第二条第十二号の五の二に規定する現物分配又は同法第六十一条の十一第一項（完全支配関係がある法人の間の取引の損益）の規定の適用を受ける同項に規定する譲渡損益調整資産の譲渡をいう。以下この項において同じ。）に係る分割法人等（同法第二条第十二号の二に規定する分割法人、同条第十二号の四に規定する現物出資法人、同条第十二号の五の二に規定する現物分配法人又は同法第六十一条の十一第一項に規定する譲渡損益調整資産を譲渡した法人をいう。以下この項において同じ。）である場合には当該分割等に係る分割承継法人等（同法第二条第十二号の三に規定する分割承継法人、同条第十二号の五に規定する被現物出資法人、同条第十二号の五の三に規定する被現物分配法人又は同法第六十一条の十一第一項に規定する譲受法人をいう。以下この項において同じ。）を含むものとし、当該受けた者が分割等に係る分割承継法人等である場合には当該分割等に係る分割法人等を含むものとし、当該受けた者が同法第二条第十二号の七の二に規定する通算法人（以下この項及び第七十四条の二第四項（当該職員の所得税等に関する調査に係る質問検査権）において「通算法人」という。）である場合には他の通算法人を含むものとする。

国税通則法施行令（昭和三七・四・二政一三五）

（還付加算金）

第二四条①―③（略）

④ 法第五十八条第五項に規定する政令で定める理由は、法第二十三条第二項第一号及び第三号（更正の請

求）（第六条第一項第五号（更正の請求）に掲げる理由を除く。）並びに法以外の国税に関する法律の規定により更正の請求の基因とされている理由（修正申告書の提出又は更正若しくは決定があつたことを理由とするものを除く。）で当該国税の法定申告期限後に生じたものとする。

（国税の更正、決定等の期間制限の特例に係る理由）

第三〇条　法第七十一条第一項第二号（国税の更正、決定等の期間制限の特例）に規定する政令で定める理由は、第二十四条第四項（還付加算金の計算期間の特例に係る理由）に規定する理由とする。

▽❶【更正決定等】→五八①[一]イ【更正】→二四・二六・二九①【一】【不服申立て】→七五—一一三の二、行審【訴え】→一一四—一一六、行訴【裁決】→九八【決定】→八三【判決】→一一四【更正の請求】→二三【一】【二】【申告納税方式】→一六①[一]②[一]【課税標準】→二[六]▽【政令で定める理由】→税通令三〇【課税期間】→二[九]【一】【三】【加算税】→六五—六九【賦課決定】→三二【三】【更正の請求】→二三【四】【租税条約等】→四六⑥　†地税一七の六（同旨の規定）

[1] 国税通則法施行令六条一項五号の理由を本条一項二号の更正の理由から除外する旨規定する国税通則法施行令三〇条及び二四条四項は、本条一項二号の委任の範囲を逸脱しない。（大阪地判平28・8・26判タ一四三四・一九二……確定申告後に財産評価基本通達が改正され、改正後の同通達に基づいて相続財産を評価すると同申告により納付すべき税額が過大となったため、改正前の国税通則法二三条二項三号及び国税通則法施行令六条一項五号に基づく更正の請求が退けられた事例）→税総◆【Ⅱ】[8]

第二節　国税の徴収権の消滅時効

（国税の徴収権の消滅時効）

第七二条①　国税の徴収を目的とする国の権利（以下この節において「国税の徴収権」という。）は、その国税の法定納期限（第七十条第三項（国税の更正、決定等の期間制限）の規定による更正若しくは賦課決定、同条第四項の規定による賦課決定、前条第一項第一号の規定による更正決定等、同項第三号の規定による更正若しくは賦課決定又は同項第四号の規定による更正決定等により納付すべきものについては、第七十条第三項若しくは前条第一項第一号若しくは第三号に規定する更正、第七十条第四項に規定する賦課決定、前条第一項第一号に規定する裁決等又は同項第四号に規定する更正決定等があつた日とし、還付請求申告書に係る還付金の額に相当する税額が過大であることにより納付すべきもの及び国税の滞納処分費については、これらにつき徴収権を行使することができる日とし、過怠税については、その納税義務の成立の日とする。次条第三項において同じ。）から五年間行使しないことによつて、時効により消滅する。

② 国税の徴収権の時効については、その援用を要せず、また、その利益を放棄することができないものとする。

③ 国税の徴収権の時効については、この節に別段の定めがあるものを除き、民法の規定を準用する。

▽❶【法定納期限】→二[四]【還付請求申告書】→二[六]▽【還付金の額】→二[六]▽【滞納処分費】→税徴一三六—一三八【過怠税】→印税二〇【納税義務の成立】→一五②、印税二〇⑦　†地税一八（同旨の規定）、関税一四の二（同種の規定）

[1] 国税徴収権に民法一五三条が準用される場面（最判昭43・6・27民集二二・六・一三七九、租税百選〔七版〕一〇）→税総◆【Ⅳ】[5]

[2] 地方団体の徴収金の徴収手続としての納付又は納入の告知が再度なされた場合、その再通知は時効中断〔平成二九法四四による民法改正後の時効の完成猶予〕効を有しない。（最判令2・6・26民集七四・四・七五九）→税総◆【Ⅳ】[6]

（時効の完成猶予及び更新）

第七三条①　国税の徴収権の時効は、次の各号に掲げる処分に係る部分の国税については、当該各号に定める期間は完成せず、その期間を経過した時から新たにその進行を始める。

一　更正又は決定　その更正又は決定により納付すべき国税の第三十五条第二項第二号（申告納税方式による国税等の納付）の規定による納期限までの期間

二　過少申告加算税、無申告加算税又は重加算税（第六十八条第一項、第二項又は第四項（同条第一項又は第二項の重加算税に係る部分に限る。）の重加算税に限る。）に係る賦課決定　その賦課決定により納付すべきこれらの国税の第三十五条第三項の規定による納期限までの期間

三　納税に関する告知　その告知に指定された納付に関する期限までの期間

四　督促　督促状又は督促のための納付催告書を発した日から起算して十日を経過した日（同日前に国税徴収法第四十七条第二項（差押えの要件）の規定により差押えがされた場合には、そのされた日）までの期間

五　交付要求　その交付要求がされている期間（国税徴収法第八十二条第二項（交付要求の手続）の通知がされていない期間があるときは、その期間を除く。）

② 前項第五号の交付要求に係る強制換価手続が取り消された場合においても、同項の規定による時効の完成猶予及び更新は、その効力を妨げられない。

③ 国税の徴収権で、偽りその他不正の行為によりその全部若しくは一部の税額を免れ、若しくはその全部若しくは一部の税額の還付を受けた国税又は国外転出等特例の適用がある場合の所得税に係るものの時効は、当該国税の法定納期限から二年間は、進行しない。ただし、当該法定納期限の翌日から同日以後二年を経過する日までの期間内に次の各号に掲げる行為又は処分があつた場合においては当該各号に

掲げる行為又は処分の区分に応じ当該行為又は処分に係る部分の国税ごとに当該各号に定める日の翌日から、当該法定納期限までに当該行為又は処分があつた場合においては当該行為又は処分に係る部分の国税ごとに当該法定納期限の翌日から進行する。
一 納税申告書の提出 当該申告書が提出された日
二 更正決定等（加算税に係る賦課決定を除く。） 当該更正決定等に係る更正通知書若しくは決定通知書又は賦課決定通知書が発せられた日
三 納税に関する告知（賦課決定通知書が発せられた国税に係るものを除く。） 当該告知に係る納税告知書が発せられた日（当該告知が当該告知書の送達に代え、口頭でされた場合には、当該告知がされた日）
四 納税の告知を受けることなくされた源泉徴収等による国税の納付 当該納付の日
④ 国税の徴収権の時効は、延納、納税の猶予又は徴収若しくは滞納処分に関する猶予に係る部分の国税（当該部分の国税に併せて納付すべき延滞税及び利子税を含む。）につき、その延納又は猶予がされている期間内は、進行しない。
⑤ 国税（附帯税、過怠税及び国税の滞納処分費を除く。）についての国税の徴収権の時効が完成せず、又は新たにその進行を始めるときは、その完成せず、又は新たにその進行を始める部分の国税に係る延滞税又は利子税についての国税の徴収権の時効は、完成せず、又は新たにその進行を始める。
⑥ 国税（附帯税、過怠税及び国税の滞納処分費を除く。）が納付されたときは、その納付された部分の国税に係る延滞税又は利子税についての国税の徴収権の時効は、その納付の時から新たにその進行を始める。

▽❶〔二〕【更正又は決定→二八①　〔二〕【過少申告加算税→六五【無申告加算税→六六【賦課決定→三二　〔三〕【納税に関する告知→三六・五二②、税徴三二①　〔四〕【督促状→三七【督促のための納付催告書→五二③、税徴三二②　〔五〕【交付要求→税徴八二―八六

❶❸❹【国税の徴収権の時効→七二　❷【強制換価手続→二[十]　❸【税額の還付→二[六]・五六【国外転出等特例→七〇⑤[三]　【法定納期限→二[八]　〔二〕【更正決定等→五八①[一]イ【加算税→六五―六九【賦課決定→三二【更正通知書・決定通知書→二八　〔二〕〔三〕【賦課決定通知書→三二③④　〔三〕【納税に関する告知→三六・五二②、税徴三二①　〔四〕【納税の告知→三六【源泉徴収等による国税→二[三]　❹【延納→二[四]▽【納税の猶予→四六・四六の二【徴収猶予→二三⑤・一〇五②④⑥、所税一一八・一三三⑤ETC【滞納処分に関する猶予→税徴一五一　❹❺【延滞税→六〇―六三【利子税→六四　❺【附帯税→二[四]【過怠税→印税二〇【滞納処分費→税徴一三六―一三八　ᵗ地税一八の二（同旨の規定）

第三節 還付金等の消滅時効

（還付金等の消滅時効）
第七四条① 還付金等に係る国に対する請求権は、その請求をすることができる日から五年間行使しないことによつて、時効により消滅する。
② 第七十二条第二項及び第三項（国税の徴収権の消滅時効の絶対的効力等）の規定は、前項の場合について準用する。

▽❶【還付金等→五六①　ᵗ地税一八の三（同旨の規定）

[1] ①本条一項所定の「その請求をすることができる」とは、民法一六六条一項の「権利を行使することができる」と同様に、その権利の行使について法律上の障害がないこと、及び権利の性質上、その権利行使が現実に期待のできるものであることを意味する。

②私法上無効な支払に係る源泉所得税についての過誤納金還付請求権の消滅時効の起算点は、支払日ではなく、受給者による経済的利得の現実の返還の時である。（名古屋地判平29・9・21税資二六七順号一三〇六四）→三六条[3]、所税一八三条[7]

[2] 所得税還付金請求権の消滅時効（所得税法一二二条、本条一項、五年間）が完成しているところ、民法一五八条一項の類推適用をすべき事情は認められないとした事例（広島地判平28・6・22訟月六三・五・一四四九）

[3] 相続時精算課税における贈与税相当額の還付金請求権について、本条一項所定の「その請求をすることができる日」は、相続開始の日と解すべきである。（東京地判令2・3・10【令元行ウ三八五】）

第七章の二 国税の調査

◆【質問検査権】

注 平成二三法一一四により、各個別税法に規定されていた質問検査権の規定が国税通則法に移された。

[1] 質問検査権に関する旧所得税法の規定は、あらかじめ裁判官の発する令状によることをその一般的要件としないからといって、憲法三五条に違反するものではない。（最大判昭47・11・22刑集二六・九・五五四〈川崎民商事件〉）

[2] 所得税法二三四条一項〔平成二三法一一四による改正前のもの〕の質問検査において、その理由及び必要性を相手方に告知することは、法律上の要件ではない。（最決昭48・7・10刑集二七・七・一二〇五〈荒川民商事件〉租税百選〔七版〕一一二）

[3] 課税処分に対する行政上の不服申立てや課税処分の取消訴訟、さらには課税処分の違法を理由として提起される国家賠償請求訴訟等の追行等に関する必要な調査も、質問検査権を行使できる所得税に関する調査の範囲に含まれる。（東京高判平9・6・18訟月四五・二・三七一、租税百選〔四版〕一〇四）

[4] 質問検査権の行使に当たって、取得収集される証拠資料が後に犯則事件の証拠として利用されることが想定できたとしても、そのことによって直ちに、右質問又は検査の権限が犯則事件の調査あ

るいは捜査のための手段として行使されたことにはならない。（最決平16・1・20刑集五八・一・二六、租税百選［七版］一一六）

⑤ 収税官吏が行った犯則嫌疑者に対する国税犯則取締法に基づく調査により収集された資料をもとにして、その者に対し課税処分および青色申告承認取消処分を行うことは許容される。（最判昭63・3・31判時一二七六・三九）

⑥ 質問検査権は強制調査を認めたものではないとしつつ、税務職員の質問検査権行使にかかる立入行為が国家賠償法一条の違法行為に当たらない旨の主張を斥けた原審判決を維持した例（最判昭63・12・20訟月三五・六・九七九）

⑦ 税務調査の手続が刑罰法規に触れ、公序良俗に反し又は社会通念上相当の限度を超えて濫用にわたる等重大な違法を帯び、何らの調査なしに更正処分をしたに等しいものとの評価を受ける場合に限り、この調査に基づく課税処分に取消原因があるものと解される。（東京高判平3・6・6訟月三八・五・八七八……具体的事実関係の下で課税処分を違法ならしめる程度の税務調査の瑕疵は存しないと認定した）→所税二二条④

（当該職員の所得税等に関する調査に係る質問検査権）

第七四条の二① 国税庁、国税局若しくは税務署（以下「国税庁等」という。）又は税関の当該職員（税関の当該職員にあつては、消費税に関する調査（第百三十一条第一項（質問、検査又は領置等）に規定する犯則事件の調査を除く。以下この章において同じ。）を行う場合に限る。）は、所得税、法人税、地方法人税又は消費税に関する調査について必要があるときは、次の各号に掲げる調査の区分に応じ、当該各号に定める者に質問し、その者の事業に関する帳簿書類その他の物件（税関の当該職員が行う調査にあつては、課税貨物（消費税法第二条第一項第十一号（定義）に規定する課税貨物をいう。第四号イにおいて同じ。）若しくは輸出物品（同法第八条第一項（輸出物品販売場における輸出物品の譲渡に係る免税）に規定する物品をいう。第四号イにおいて同じ。）又はこれらの帳簿書類その他の物件とする。）を検査し、又は当該物件（その写しを含む。次条から第七十四条の六まで（当該職員の質問検査権）において同じ。）の提示若しくは提出を求めることができる。

一 所得税に関する調査　次に掲げる者

イ 所得税法の規定による所得税の納税義務がある者若しくは納税義務があると認められる者又は同法第百二十三条第一項（確定損失申告）、第百二十五条第三項（年の中途で死亡した場合の確定申告）若しくは第百二十七条第三項（年の中途で出国をする場合の確定申告）（これらの規定を同法第百六十六条（申告、納付及び還付）において準用する場合を含む。）の規定による申告書を提出した者

ロ 所得税法第二百二十五条第一項（支払調書及び支払通知書）に規定する調書、同法第二百二十六条第一項から第三項まで（源泉徴収票）に規定する源泉徴収票又は同法第二百二十七条から第二百二十八条の三の二まで（信託の計算書等）に規定する計算書若しくは調書を提出する義務がある者

ハ イに掲げる者に金銭若しくは物品の給付をする義務があつたと認められる者若しくは当該義務があると認められる者又はイに掲げる者から金銭若しくは物品の給付を受ける権利があつたと認められる者若しくは当該権利があると認められる者

二 法人税又は地方法人税に関する調査　次に掲げる者

イ 法人（法人税法第二条第二十九号の二（定義）に規定する法人課税信託の引受けを行う個人を含む。第四項において同じ。）

ロ イに掲げる者に対し、金銭の支払若しくは物品の譲渡をする義務があると認められる者又は金銭の支払若しくは物品の譲渡を受ける権利があると認められる者

三 消費税に関する調査（次号に掲げるものを除く。）　次に掲げる者

イ 消費税法の規定による消費税の納税義務がある者若しくは納税義務があると認められる者又は同法第四十六条第一項（還付を受けるための申告）の規定による申告書を提出した者

ロ イに掲げる者に金銭の支払若しくは資産の譲渡等（消費税法第二条第一項第八号に規定する資産の譲渡等をいう。以下この条において同じ。）をする義務があると認められる者又はイに掲げる者から金銭の支払若しくは資産の譲渡等を受ける権利があると認められる者

★平成二八法一五（令和五・一〇・一施行）による改正後

三 （柱書略）

イ （略）

ロ 消費税法第五十七条の五第一号若しくは第二号（適格請求書類似書類等の交付の禁止）に掲げる書類を他の者に交付したと認められる者又は同条第三号に掲げる電磁的記録を他の者に提供したと認められる者（改正により追加）

ハ （略、改正前のロ）

四 消費税に関する調査（税関の当該職員が行うものに限る。）　次に掲げる者

イ 課税貨物を保税地域から引き取る者又は輸出物品を消費税法第八条第一項に規定する方法により購入したと認められる者

ロ イに掲げる者に金銭の支払若しくは資産の譲渡等をする義務があると認められる者又はイに掲げる者から金銭の支払若しくは資産の譲渡等を受ける権利があると認められる者

② 分割があつた場合の前項第二号の規定の適用については、分割法人（法人税法第二条第十二号の二に

規定する分割法人をいう。次条第三項において同じ。）は前項第二号ロに規定する物品の譲渡をする義務があると認められる者に、分割承継法人（同法第二条第十二号の三に規定する分割承継法人をいう。次条第三項において同じ。）は前項第二号ロに規定する物品の譲渡を受ける権利があると認められる者に、それぞれ含まれるものとする。

③　分割があつた場合の第一項第三号又は第四号の規定の適用については、消費税法第二条第一項第六号に規定する分割法人は第一項第三号ロ又は第四号ロに規定する資産の譲渡等をする義務があると認められる者と、同条第一項第六号の二に規定する分割承継法人は第一項第三号ロ又は第四号ロに規定する資産の譲渡等を受ける権利があると認められる者と、それぞれみなす。

★平成二八法一五（令和五・一〇・一施行）による改正
第三項中「第一項第三号ロ」を「第一項第三号ハ」に改める。（本文未織込み）

④　第一項に規定する国税庁等の当該職員のうち、国税局又は税務署の当該職員は、法人税又は地方法人税に関する調査にあつては法人の納税地の所轄国税局又は所轄税務署の当該職員（通算法人の各事業年度の所得に対する法人税又は当該法人税に係る地方法人税に関する調査に係る他の通算法人に対する同項の規定による質問、検査又は提示若しくは提出の要求にあつては当該通算法人の納税地の所轄国税局又は所轄税務署の当該職員を、納税地の所轄国税局又は所轄税務署以外の国税局又は税務署の所轄区域内に本店、支店、工場、営業所その他これらに準ずるものを有する法人に対する法人税又は地方法人税に関する調査にあつては当該国税局又は税務署の当該職員を、それぞれ含む。）に、消費税に関する調査にあつては消費税法第二条第一項第四号に規定する事業者の納税地の所轄国税局又は所轄税務署の当該職員（納税地の所轄国税局又は所轄税務署以外の国税局又は税務署の所轄区域内に住所、居所、本店、支店、事務所、事業所その他これらに準ずるものを有する第一項第三号イに掲げる者に対する消費税に関する調査にあつては、当該国税局又は税務署の当該職員を含む。）に、それぞれ限るものとする。

⑤　法人税等（法人税、地方法人税又は消費税をいう。以下この項において同じ。）についての調査通知（第六十五条第五項（過少申告加算税）に規定する調査通知をいう。以下この項において同じ。）があつた後にその納税地に異動があつた場合において、その異動前の納税地（以下この項において「旧納税地」という。）を所轄する国税局長又は税務署長が必要があると認めるときは、旧納税地の所轄国税局又は所轄税務署の当該職員は、その異動後の納税地の所轄国税局又は所轄税務署の当該職員に代わり、当該法人税等に関する調査（当該調査通知に係るものに限る。）に係る第一項第二号又は第三号に定める者に対し、同項の規定による質問、検査又は提示若しくは提出の要求をすることができる。この場合において、前項の規定の適用については、同項中「あつては法人の納税地」とあるのは「あつては法人の旧納税地（次項に規定する旧納税地をいう。以下この項において同じ。）」と、「同項」とあるのは「第一項」と、「通算法人の納税地」とあるのは「通算法人の旧納税地」と、「、納税地」とあるのは「、旧納税地」と、「事業者の納税地」とあるのは「事業者の旧納税地」と、「（納税地」とあるのは「（旧納税地」とする。

（当該職員の相続税等に関する調査等に係る質問検査権）

第七四条の三①　国税庁等の当該職員は、相続税若しくは贈与税に関する調査若しくは相続税若しくは贈与税の徴収又は地価税に関する調査について必要があるときは、次の各号に掲げる調査又は徴収の区分に応じ、当該各号に定める者に質問し、第一号イに掲げる者の財産若しくは第二号イからハまでに掲げる者の土地等（地価税法第二条第一号（定義）に規定する土地等をいう。以下この条において同じ。）若しくは当該財産若しくは当該土地等に関する帳簿書類その他の物件を検査し、又は当該物件の提示若しくは提出を求めることができる。

一　相続税若しくは贈与税に関する調査又は相続税若しくは贈与税の徴収　次に掲げる者

イ　相続税法の規定による相続税又は贈与税の納税義務がある者又は納税義務があると認められる者（以下この号及び次項において「納税義務がある者等」という。）

ロ　相続税法第五十九条（調書の提出）に規定する調書を提出した者又はその調書を提出する義務があると認められる者

ハ　納税義務がある者等に対し、債権若しくは債務を有していたと認められる者又は債権若しくは債務を有すると認められる者

ニ　納税義務がある者等が株主若しくは出資者であつたと認められる法人又は株主若しくは出資者であると認められる法人

ホ　納税義務がある者等に対し、財産を譲渡したと認められる者又は財産を譲渡する義務があると認められる者

ヘ　納税義務がある者等から、財産を譲り受けたと認められる者又は財産を譲り受ける権利があると認められる者

ト　納税義務がある者等の財産を保管したと認められる者又はその財産を保管すると認められる者

二　地価税に関する調査　次に掲げる者

イ　地価税法の規定による地価税の納税義務がある者又は納税義務があると認められる者

ロ　イに掲げる者に土地等の譲渡（地価税法第二条第二号に規定する借地権等の設定その他当該土地等の使用又は収益をさせる行為を含む。ロにおいて同じ。）をしたと認められる者若しくはイに掲げる者から土地等の譲渡を受けたと認められる者又はこれらの譲渡の代理若しくは媒介をしたと認められる者

ハ イに掲げる者の有する土地等を管理し、又は管理していたと認められる者

② 国税庁等の当該職員は、納税義務がある者等に係る相続税若しくは贈与税に関する調査又は当該相続税若しくは贈与税の徴収について必要があるときは、公証人の作成した公正証書の原本のうち当該納税義務がある者等に関する部分の閲覧を求め、又はその内容について公証人に質問することができる。

③ 分割があつた場合の第一項第二号の規定の適用については、分割法人は同号ロに規定する土地等の譲渡をしたと認められる者に、分割承継法人は同号ロに規定する土地等の譲渡を受けたと認められる者に、それぞれ含まれるものとする。

④ 第一項に規定する国税庁等の当該職員のうち、国税局又は税務署の当該職員は、地価税に関する調査にあつては、土地等を有する者の納税地の所轄国税局又は所轄税務署の当該職員（納税地の所轄国税局又は所轄税務署以外の国税局又は税務署の所轄区域内に住所、居所、本店、支店、事務所、事業所その他これらに準ずるものを有する同項第二号イに掲げる者に対する地価税に関する調査にあつては、当該国税局又は税務署の当該職員を含む。）に限るものとする。

（当該職員の酒税に関する調査等に係る質問検査権）

第七四条の四① 国税庁等又は税関の当該職員（以下第四項までにおいて「当該職員」という。）は、酒税に関する調査について必要があるときは、酒類製造者等（酒類製造者（酒税法（昭和二十八年法律第六号）第七条第一項（酒類の製造免許）に規定する酒類製造者をいう。以下この条において同じ。）、酒母（同法第三条第二十四号（その他の用語の定義）に規定する酒母をいう。以下この条において同じ。）若しくはもろみ（同法第三条第二十五号に規定するもろみをいう。以下この条において同じ。）の製造者、酒類（同法第二条第一項（酒類の定義及び種類）に規定する酒類をいう。以下この条において同じ。）の販売業者又は特例輸入者（同法第三十条の六第三項（納期限の延長）に規定する特例輸入者をいう。第四号において同じ。）をいう。第三項において同じ。）に対して質問し、これらの者について次に掲げる物件を検査し、又は当該物件の提示若しくは提出を求めることができる。

一 酒類製造者が所持する酒類、酒母、もろみ又は酒類の製造の際生じた副産物
二 酒母の製造者が所持する酒母
三 もろみの製造者が所持する酒母又はもろみ
四 酒類の販売業者又は特例輸入者が所持する酒類
五 酒類、酒母若しくはもろみの製造、貯蔵若しくは販売又は酒類の保税地域からの引取りに関する一切の帳簿書類
六 酒類、酒母又はもろみの製造、貯蔵又は販売上必要な建築物、機械、器具、容器又は原料その他の物件

② 当該職員は、前項第一号から第四号までに掲げる物件又はその原料を検査するため必要があるときは、これらの物件又はその原料について、必要最少限度の分量の見本を採取することができる。

③ 当該職員は、酒類製造者等に原料を譲渡する義務があると認められる者その他自己の事業に関し酒類製造者等と取引があると認められる者に対して質問し、これらの者の業務に関する帳簿書類その他の物件を検査し、又は当該物件の提示若しくは提出を求めることができる。

④ 当該職員は、酒税の徴収上必要があると認めるときは、酒類製造者又は酒税法第十条第二号（製造免許等の要件）に規定する酒類販売業者の組織する団体（当該団体をもつて組織する団体を含む。）に対してその団体員の酒類の製造若しくは販売に関し参考となるべき事項を質問し、当該団体の帳簿書類その他の物件を検査し、又は当該物件の提示若しくは提出を求めることができる。

⑤ 国税庁等の当該職員は、検査のため必要があると認めるときは、酒類製造者若しくは酒母若しくはもろみの製造者の製造場にある酒類、酒母若しくはもろみの移動を禁止し、又は取締り上必要があると認めるときは、酒類製造者の製造場にある次に掲げる物件に封を施すことができる。ただし、第二号の物件について封を施すことができる箇所は、政令で定める。

一 酒類の原料（原料用酒類を含む。）の容器
二 使用中の蒸留機（配管装置を含む。）及び酒類の輸送管（流量計を含む。）
三 酒類の製造又は貯蔵に使用する機械、器具又は容器で使用を休止しているもの

▽❷【見本→酒税三〇の七 ❺【但】【蒸留機及び酒類の輸送管→税通令三〇の二

（当該職員のたばこ税等に関する調査に係る質問検査権）

第七四条の五 国税庁等又は税関の当該職員（税関の当該職員にあつては、印紙税に関する調査を行う場合を除く。）は、たばこ税、揮発油税、地方揮発油税、石油ガス税、石油石炭税、国際観光旅客税又は印紙税に関する調査について必要があるときは、次の各号に掲げる調査の区分に応じ、当該各号に定める行為をすることができる。

一 たばこ税に関する調査 次に掲げる行為
イ たばこ税法（昭和五十九年法律第七十二号）第二十五条（記帳義務）に規定する者に対して質問し、これらの者の業務に関する製造たばこ（同法第三条（課税物件）に規定する製造たばこをいう。以下この号において同じ。）若しくは帳簿書類その他の物件を検査し、又は当該物件の提示若しくは提出を求めること。
ロ 製造たばこを保税地域から引き取る者に対して質問し、又はその引き取る製造たばこを検査すること。
ハ イに規定する者の業務に関する製造たばこ又はロに規定する製造たばこについて必要最少限度の分量の見本を採取すること。

ニ　イ又はロに規定する者に原料を譲渡する義務があると認められる者その他自己の事業に関しイ又はロに規定する者と取引があると認められる者に対して質問し、これらの者の業務に関する帳簿書類その他の物件を検査し、又は当該物件の提示若しくは提出を求めること。

二　揮発油税又は地方揮発油税に関する調査　次に掲げる行為

イ　揮発油税法（昭和三十二年法律第五十五号）第二十四条（記帳義務）に規定する者に対して質問し、これらの者の業務に関する揮発油（同法第二条第一項（定義）に規定する揮発油（同法第六条（揮発油等とみなす場合）の規定により揮発油とみなされる物を含む。）をいう。以下この号において同じ。）若しくは帳簿書類その他の物件を検査し、又は当該物件の提示若しくは提出を求めること。

ロ　揮発油を保税地域から引き取る者に対して質問し、又はその引き取る揮発油を検査すること。

ハ　イに規定する者の業務に関する揮発油又はロに規定する揮発油について必要最少限度の分量の見本を採取すること。

ニ　イ又はロに規定する者に原料を譲渡する義務があると認められる者その他自己の事業に関しイ又はロに規定する者と取引があると認められる者に対して質問し、これらの者の業務に関する帳簿書類その他の物件を検査し、又は当該物件の提示若しくは提出を求めること。

三　石油ガス税に関する調査　次に掲げる行為

イ　石油ガス税法（昭和四十年法律第百五十六号）第二十四条（記帳義務）に規定する者に対して質問し、これらの者の業務に関する石油ガス（同法第二条第一号（定義）に規定する石油ガスをいう。以下この号において同じ。）、石油ガスの容器若しくは帳簿書類その他の物件を検査し、又は当該物件の提示若しくは提出を求めること。

ロ　課税石油ガス（石油ガス税法第三条（課税物件）に規定する課税石油ガスをいう。以下この号において同じ。）を保税地域から引き取る者に対して質問し、又はその引き取る課税石油ガス及び自動車用の石油ガス容器（同法第二条第三号に規定する自動車用の石油ガス容器をいう。）を検査すること。

ハ　イに規定する者の業務に関する石油ガス又はロに規定する課税石油ガスについて必要最少限度の分量の見本を採取すること。

ニ　イ又はロに規定する者に石油ガスを譲渡する義務があると認められる者その他自己の事業に関しイ又はロに規定する者と取引があると認められる者に対して質問し、これらの者の業務に関する帳簿書類その他の物件を検査し、又は当該物件の提示若しくは提出を求めること。

四　石油石炭税に関する調査　次に掲げる行為

イ　石油石炭税法第二十一条（記帳義務）に規定する者に対して質問し、これらの者の業務に関する原油等（同法第四条第二項（納税義務者）に規定する原油等をいう。以下この号において同じ。）若しくは帳簿書類その他の物件を検査し、又は当該物件の提示若しくは提出を求めること。

ロ　原油等を保税地域から引き取る者（石油石炭税法第十五条第一項（引取りに係る原油等についての課税標準及び税額の申告等の特例）の承認を受けている者を除く。）に対して質問し、又はその引き取る原油等を検査すること。

ハ　イに規定する者の業務に関する原油等又はロに規定する原油等について必要最少限度の分量の見本を採取すること。

ニ　イ又はロに規定する者に原油等を譲渡する義務があると認められる者その他自己の事業に関しイ又はロに規定する者と取引があると認められる者に対して質問し、これらの者の業務に関する帳簿書類その他の物件を検査し、又は当該物件の提示若しくは提出を求めること。

五　国際観光旅客税に関する調査　次に掲げる行為

イ　次に掲げる者に対して質問し、その者の業務に関する帳簿書類その他の物件を検査し、又は当該物件の提示若しくは提出を求めること。

(1)　国際観光旅客税法の規定による国際観光旅客税の納税義務がある者又は納税義務があると認められる者

(2)　国際観光旅客税法第十六条第一項（国内事業者による特別徴収等）又は第十七条第一項（国外事業者による特別徴収等）の規定により国際観光旅客税を徴収して納付する義務がある者又はその義務があると認められる者

ロ　イ(2)に掲げる者の委託を受けて運賃の領収を行う者その他自己の事業に関しイに規定する者と取引があると認められる者に対して質問し、これらの者の業務に関する帳簿書類その他の物件を検査し、又は当該物件の提示若しくは提出を求めること。

六　印紙税に関する調査　次に掲げる行為

イ　印紙税法の規定による印紙税の納税義務がある者若しくは納税義務があると認められる者に対して質問し、これらの者の業務に関する帳簿書類その他の物件を検査し、又は当該物件の提示若しくは提出を求めること。

ロ　課税文書（印紙税法第三条第一項（納税義務者）に規定する課税文書をいう。ロにおいて同じ。）の交付を受けた者若しくは課税文書の交付を受けたと認められる者に対して質問し、当該課税文書を検査し、又は当該課税文書（その写しを含む。）の提示若しくは提出を求めること。

ハ　印紙税法第十条第一項（印紙税納付計器の使用による納付の特例）に規定する印紙税納付計器の販売業者若しくは同項に規定する納付印の製造業者若しくは販売業者に対して質問し、これらの者の業務に関する帳簿書類その他の物件を検査し、又は当該物件の提示若しくは提出を求めること。

（当該職員の航空機燃料税等に関する調査に係る質問検査権）

第七四条の六① 国税庁等の当該職員は、航空機燃料税又は電源開発促進税に関する調査について必要があるときは、次の各号に掲げる調査の区分に応じ、当該各号に定める者に質問し、その帳簿書類その他の物件（第一号ロ又は第二号ロに掲げる者に対する調査にあつては、その事業に関する帳簿書類その他の物件に限る。）を検査し、又は当該物件の提示若しくは提出を求めることができる。

一 航空機燃料税に関する調査 次に掲げる者

イ 航空機の所有者等（航空機燃料税法（昭和四十七年法律第七号）第十四条第一項（課税標準及び税額の申告）に規定する航空機の所有者等をいう。次項において同じ。）

ロ イに掲げる者に対し航空機燃料（航空機燃料税法第二条第二号（定義）に規定する航空機燃料をいう。ロ及び次項において同じ。）を譲渡する義務があると認められる者（その者の委託を受けて航空機燃料の貯蔵、運搬又は積込みを行う者を含む。）その他自己の事業に関しイに掲げる者と取引があると認められる者

二 電源開発促進税に関する調査 次に掲げる者

イ 一般送配電事業者等（電源開発促進税法（昭和四十九年法律第七十九号）第二条第二号（定義）に規定する一般送配電事業者等をいう。次項において同じ。）

ロ イに掲げる者に対し電気を供給したと認められる者その他自己の事業に関しイに掲げる者と取引があると認められる者

② 前項に規定する国税庁等の当該職員のうち、国税局又は税務署の当該職員は、航空機燃料税に関する調査にあつては航空機の所有者等の納税地の所轄国税局又は所轄税務署の当該職員（納税地の所轄国税局又は所轄税務署以外の国税局又は税務署の所轄区域内に、住所、居所、事務所、事業所、航空機燃料の保管場所その他これらに準ずるものを有する航空機の所有者等に対する航空機燃料税に関する調査にあつては、当該国税局又は税務署の当該職員を含む。）に、電源開発促進税に関する調査にあつては一般送配電事業者等の納税地の所轄国税局又は所轄税務署の当該職員（納税地の所轄国税局又は所轄税務署以外の国税局又は税務署の所轄区域内に、営業所、事務所その他の事業場又は電気事業法（昭和三十九年法律第百七十号）第二条第一項第十八号（定義）に規定する電気工作物を有する一般送配電事業者等に対する電源開発促進税に関する調査にあつては、当該国税局又は税務署の当該職員を含む。）に、それぞれ限るものとする。

（提出物件の留置き）

第七四条の七 国税庁等又は税関の当該職員は、国税の調査について必要があるときは、当該調査において提出された物件を留め置くことができる。

国税通則法施行令（昭和三七・四・二政一三五）

（提出物件の留置き、返還等）

第三〇条の三① 国税庁、国税局若しくは税務署又は税関の当該職員（以下この条及び次条において「当該職員」という。）は、法第七十四条の七（提出物件の留置き）の規定により物件を留め置く場合には、当該物件の名称又は種類及びその数量、当該物件の提出年月日並びに当該物件を提出した者の氏名及び住所又は居所その他当該物件の留置きに関し必要な事項を記載した書面を作成し、当該物件を提出した者にこれを交付しなければならない。

② 当該職員は、法第七十四条の七の規定により留め置いた物件につき留め置く必要がなくなつたときは、遅滞なく、これを返還しなければならない。

③ 当該職員は、前項に規定する物件を善良な管理者の注意をもつて管理しなければならない。

▽+**【物件の留置き】**→税通令三〇の三

（特定事業者等への報告の求め）

第七四条の七の二① 所轄国税局長は、特定取引の相手方となり、又は特定取引の場を提供する事業者（特別の法律により設立された法人を含む。）又は官公署（以下この条において「特定事業者等」という。）に、特定取引者の範囲を定め、六十日を超えない範囲内においてその準備に通常要する日数を勘案して定める日までに、報告することを求めることができる。

② 前項の規定による処分は、国税に関する調査について必要がある場合において次の各号のいずれかに該当するときに限り、することができる。

一 当該特定取引者が行う特定取引と同種の取引を行う者に対する国税に関する過去の調査において、当該取引に係る所得の金額その他の特定の税目の課税標準が千万円を超える者のうち半数を超える数の者について、当該取引に係る当該税目の課税標準等又は税額等につき更正決定等（第三十六条第一項（第二号に係る部分に限る。）（納税の告知）の規定による納税の告知を含む。）をすべきと認められている場合

二 当該特定取引者がその行う特定取引に係る物品又は役務を用いることにより特定の税目の課税標準等又は税額等について国税に関する法律の規定に違反する事実を生じさせることが推測される場合

三 当該特定取引者が行う特定取引の態様が経済的必要性の観点から通常の場合にはとられない不合理なものであることから、当該特定取引者が当該特定取引に係る特定の税目の課税標準等又は税額等について国税に関する法律の規定に違反する事実を生じさせることが推測される場合

③ この条において、次の各号に掲げる用語の意義は、当該各号に定めるところによる。

一 所轄国税局長 特定事業者等の住所又は居所の所在地を所轄する国税局長をいう。

二 特定取引 電子情報処理組織を使用して行われる事業者等（事業者（特別の法律により設立され

た法人を含む。）又は官公署をいう。以下この号において同じ。）との取引、事業者等が電子情報処理組織を使用して提供する場を利用して行われる取引その他の取引のうち第一項の規定による処分によらなければこれらの取引を行う者を特定することが困難である取引をいう。

三　特定取引者　特定取引を行う者（特定事業者等を除き、前項第一号に掲げる場合に該当する場合にあつては、特定の税目について千万円の課税標準を生じ得る取引金額を超える同号の特定取引を行う者に限る。）をいう。

四　特定事項　次に掲げる事項をいう。

イ　氏名（法人については、名称）

ロ　住所又は居所

ハ　番号（行政手続における特定の個人を識別するための番号の利用等に関する法律（平成二十五年法律第二十七号）第二条第五項（定義）に規定する個人番号（第百二十四条（書類提出者の氏名、住所及び番号の記載）において「個人番号」という。）又は同法第二条第十五項に規定する法人番号をいう。以下同じ。）

④　所轄国税局長は、第一項の規定による処分をしようとする場合には、あらかじめ、国税庁長官の承認を受けなければならない。

⑤　第一項の規定による処分は、所轄国税局長が、特定事業者等に対し、同項に規定する特定取引者の範囲その他同項の規定により報告を求める事項及び同項に規定する期日を書面で通知することにより行う。

⑥　所轄国税局長は、第一項の規定による処分をするに当たつては、特定事業者等の事務負担に配慮しなければならない。

（権限の解釈）

第七十四条の八　第七十四条の二から第七十四条の七まで（当該職員の質問検査権等）又は前条の規定による当該職員又は国税局長の権限は、犯罪捜査のために認められたものと解してはならない。

（納税義務者に対する調査の事前通知等）

第七十四条の九①　税務署長等（国税庁長官、国税局長若しくは税務署長又は税関長をいう。以下第七十四条の十一（調査の終了の際の手続）までにおいて同じ。）は、国税庁等又は税関の当該職員（以下同条までにおいて「当該職員」という。）に納税義務者に対し実地の調査（税関の当該職員が行う調査にあつては、消費税等の課税物件の保税地域からの引取り後に行うもの又は国際観光旅客税について行うものに限る。以下同条までにおいて同じ。）において第七十四条の二から第七十四条の六まで（当該職員の質問検査権）の規定による質問、検査又は提示若しくは提出の要求（以下「質問検査等」という。）を行わせる場合には、あらかじめ、当該納税義務者（当該納税義務者について税務代理人がある場合には、当該税務代理人を含む。）に対し、その旨及び次に掲げる事項を通知するものとする。

一　質問検査等を行う実地の調査（以下この条において単に「調査」という。）を開始する日時

二　調査を行う場所

三　調査の目的

四　調査の対象となる税目

五　調査の対象となる期間

六　調査の対象となる帳簿書類その他の物件

七　その他調査の適正かつ円滑な実施に必要なものとして政令で定める事項

②　税務署長等は、前項の規定による通知を受けた納税義務者から合理的な理由を付して同項第一号又は第二号に掲げる事項について変更するよう求めがあつた場合には、当該事項について協議するよう努めるものとする。

③　この条において、次の各号に掲げる用語の意義は、当該各号に定めるところによる。

一　納税義務者　第七十四条の二第一項第一号イ、第二号イ、第三号イ及び第四号イ並びに第七十四条の三第一項第一号イ及び第二号イに掲げる者、第七十四条の四第一項並びに第七十四条の五第一号イ及びロ、第二号イ及びロ、第三号イ及びロ、第四号イ及びロ、第五号イ並びに第六号イの規定により当該職員による質問検査等の対象となることとなる者並びに第七十四条の六第一項第一号イ及び第二号イに掲げる者

二　税務代理人　税理士法第三十条（税務代理の権限の明示）（同法第四十八条の十六（税理士の権利及び義務等に関する規定の準用）において準用する場合を含む。）の書面を提出している税理士若しくは税理士法人又は同法第五十一条第一項（税理士業務を行う弁護士等）の規定による通知をした弁護士若しくは同条第三項の規定による通知をした弁護士法人若しくは弁護士・外国法事務弁護士共同法人

★令和二法三三（令和四・一一・二八までに施行）**による改正**
第二号中「税理士若しくは」の下の「同法第四十八条の二（設立）に規定する」は削られ、「弁護士法人」の下に「若しくは弁護士・外国法事務弁護士共同法人」が加えられた。（本文織込み済み）

④　第一項の規定は、当該職員が、当該調査により当該調査に係る同項第三号から第六号までに掲げる事項以外の事項について非違が疑われることとなつた場合において、当該事項に関し質問検査等を行うことを妨げるものではない。この場合において、同項の規定は、当該事項に関する質問検査等については、適用しない。

⑤　納税義務者について税務代理人がある場合において、当該納税義務者の同意がある場合として財務省令で定める場合に該当するときは、当該納税義務者への第一項の規定による通知は、当該税務代理人に対してすれば足りる。

⑥　納税義務者について税務代理人が数人ある場合において、当該納税義務者がこれらの税務代理人のうちから代表する税務代理人を定めた場合として財務省令で定める場合に該当するときは、これらの税務

代理人への第一項の規定による通知は、当該代表する税務代理人に対してすれば足りる。

国税通則法施行令（昭和三七・四・二政一三五）
第三〇条の四（調査の事前通知に係る通知事項）① 法第七十四条の九第一項第七号（納税義務者に対する調査の事前通知等）に規定する政令で定める事項は、次に掲げる事項とする。
一 調査の相手方である法第七十四条の九第三項第一号に掲げる納税義務者の氏名及び住所又は居所
二 調査を行う当該職員の氏名及び所属官署（当該職員が複数であるときは、当該職員を代表する者の氏名及び所属官署）
三 法第七十四条の九第一項第一号又は第二号に掲げる事項の変更に関する事項
四 法第七十四条の九第四項の規定の趣旨
② 法第七十四条の九第一項各号に掲げる事項のうち、同項第二号に掲げる事項については調査を開始する日時において質問検査等を行おうとする場所を、同項第三号に掲げる事項については納税申告書の記載内容の確認又は納税申告書の提出がない場合における納税義務の有無の確認その他これらに類する調査の目的を、それぞれ通知するものとし、同項第六号に掲げる事項については、同号に掲げる物件が国税に関する法令の規定により備付け又は保存をしなければならないこととされているものである場合にはその旨を併せて通知するものとする。

▽❶[二][三][六]【通知事項→税通令三〇の四②　[七]【政令で定める事項→税通令三〇の四①　❻【省令で定める場合→税通則一一の三②　＋【内国税に関する手続の準用→関税一〇五の二

[1] 事前通知を欠く質問検査権の行使を適法とした例（最判昭58・7・14訟月三〇・一・一五一）

[2] 事前に通知することが必要となる質問検査等の対象となる者は、納税義務者本人に限られているので、納税義務者の申告内容について、納税義務者本人に質問検査等を行わない場合には、事前通知は不要である。（国税不服審判所裁決平27・8・4裁決事例集一〇〇・一六〇）

第七四条の一〇（事前通知を要しない場合） 前条第一項の規定にかかわらず、税務署長等が調査の相手方である同条第三項第一号に掲げる納税義務者の申告若しくは過去の調査結果の内容又はその営む事業内容に関する情報その他国税庁等若しくは税関が保有する情報に鑑み、違法又は不当な行為を容易にし、正確な課税標準等又は税額等の把握を困難にするおそれその他国税に関する調査の適正な遂行に支障を及ぼすおそれがあると認める場合には、同条第一項の規定による通知を要しない。

▽＋【内国税に関する手続の準用→関税一〇五の二

[1] 本条は、税務署長等が調査の相手方である納税義務者の申告若しくは過去の調査結果の内容又はその営む事業内容に関する情報その他国税庁等が保有する情報に鑑み、調査の適正な遂行に支障を及ぼすおそれがあると認める場合に適用されるものであり、このような情報の性質上、これを当該納税義務者に開示することは想定されていない。（東京地判令元・11・21【平29行ウ一七九】）

第七四条の一一（調査の終了の際の手続）① 税務署長等は、国税に関する実地の調査を行つた結果、更正決定等（第三十六条第一項（第二号に係る部分に限る。）（納税の告知）の規定による納税の告知を含む。以下この条において同じ。）をすべきと認められない場合には、納税義務者（第七十四条の九第三項第一号（納税義務者に対する調査の事前通知等）に掲げる納税義務者をいう。以下この条において同じ。）であつて当該調査において質問検査等の相手方となつた者に対し、その時点において更正決定等をすべきと認められない旨を書面により通知するものとする。
② 国税に関する調査の結果、更正決定等をすべきと認める場合には、当該職員は、当該納税義務者に対し、その調査結果の内容（更正決定等をすべきと認めた額及びその理由を含む。）を説明するものとする。
③ 前項の規定による説明をする場合において、当該職員は、当該納税義務者に対し修正申告又は期限後申告を勧奨することができる。この場合において、当該調査の結果に関し当該納税義務者が納税申告書を提出した場合には不服申立てをすることはできないが更正の請求をすることはできる旨を説明するとともに、その旨を記載した書面を交付しなければならない。
④ 実地の調査により質問検査等を行つた納税義務者について第七十四条の九第三項第二号に規定する税務代理人がある場合において、当該納税義務者の同意がある場合には、当該納税義務者への前三項に規定する通知、説明又は交付（以下この項において「通知等」という。）に代えて、当該税務代理人への通知等を行うことができる。
⑤ 第一項の通知をした後又は第二項の調査（実地の調査に限る。）の結果につき納税義務者から修正申告書若しくは期限後申告書の提出若しくは源泉徴収等による国税の納付があつた後若しくは更正決定等をした後においても、当該職員は、新たに得られた情報に照らし非違があると認めるときは、第七十四条の二から第七十四条の六まで（当該職員の質問検査権）の規定に基づき、当該通知を受け、又は修正申告書若しくは期限後申告書の提出若しくは源泉徴収等による国税の納付をし、若しくは更正決定等を受けた納税義務者に対し、質問検査等を行うことができる。

▽＋【内国税に関する手続の準用→関税一〇五の二

第七四条の一二（当該職員の事業者等への協力要請）① 国税庁等又は税関の当該職員（税関の当該職員にあつては、消費税等又は国際観光旅客税に関する調査を行う場合に限る。）は、国税に関する調査について必要があるときは、事業者（特別の法律により設立された法人を含む。）又は官公署に、当該調査に関し参考となるべき帳簿書類その他の物件の閲覧又は提供その他の協力を求めることができる。

② 国税庁等の当該職員は、酒税法第二章（酒類の製造免許及び酒類の販売業免許等）の規定による免許に関する審査について必要があるときは、官公署に、当該審査に関し参考となるべき帳簿書類その他の物件の閲覧又は提供その他の協力を求めることができる。

（身分証明書の携帯等）

第七四条の一三　国税庁等又は税関の当該職員は、第七十四条の二から第七十四条の六まで（当該職員の質問検査権）の規定による質問、検査、提示若しくは提出の要求、閲覧の要求、採取、移動の禁止若しくは封かんの実施をする場合又は前条の職務を執行する場合には、その身分を示す証明書を携帯し、関係人の請求があつたときは、これを提示しなければならない。

（預貯金者等情報の管理）

第七四条の一三の二　金融機関等（預金保険法（昭和四十六年法律第三十四号）第二条第一項各号（定義）に掲げる者及び農水産業協同組合貯金保険法（昭和四十八年法律第五十三号）第二条第一項（定義）に規定する農水産業協同組合をいう。以下この条において同じ。）は、政令で定めるところにより、預貯金者等情報（預貯金者等（預金保険法第二条第三項に規定する預金者等及び農水産業協同組合貯金保険法第二条第三項に規定する貯金者等をいう。以下この条において同じ。）の氏名（法人については、名称。次条及び第七十四条の十三の四第一項（振替機関の加入者情報の管理等）において同じ。）及び住所又は居所その他預貯金等（預金保険法第二条第二項に規定する預金等及び農水産業協同組合貯金保険法第二条第二項に規定する貯金等をいう。）の内容に関する事項であつて財務省令で定めるものをいう。）を当該金融機関等が保有する預貯金者等の番号により検索することができる状態で管理しなければならない。

▽＊税通令三〇の六

（口座管理機関の加入者情報の管理）

第七四条の一三の三　口座管理機関（社債、株式等の振替に関する法律（平成十三年法律第七十五号）第二条第四項（定義）に規定する口座管理機関（同法第四十四条第一項第十三号（口座管理機関の口座の開設）に掲げる者を除く。）をいう。以下この条及び次条第二項において同じ。）は、政令で定めるところにより、加入者情報（当該口座管理機関の加入者（同法第二条第三項に規定する加入者をいう。以下この条及び次条において同じ。）の氏名及び住所又は居所その他社債等（同法第二条第一項に規定する社債等をいう。次条第一項において同じ。）の内容に関する事項であつて財務省令で定めるものをいう。）を当該口座管理機関が保有する当該加入者の番号により検索することができる状態で管理しなければならない。

▽＊税通令三〇の七、税通則一一の五

（振替機関の加入者情報の管理等）

第七四条の一三の四① 振替機関（社債、株式等の振替に関する法律第二条第二項（定義）に規定する振替機関をいう。以下この条において同じ。）は、政令で定めるところにより、加入者情報（当該振替機関又はその下位機関（同法第二条第九項に規定する下位機関をいう。次項において同じ。）の加入者の氏名及び住所又は居所その他株式等（社債等のうち財務省令で定めるものをいう。同項において同じ。）の内容に関する事項であつて財務省令で定めるものをいう。）を当該振替機関が保有する当該加入者の番号により検索することができる状態で管理しなければならない。

② 振替機関は、国税に関する法律に基づき税務署長に調書を提出すべき者（株式等の発行者又は口座管理機関に限る。）から当該振替機関又はその下位機関の加入者（当該株式等についての権利を有する者又は当該口座管理機関の加入者に限る。以下この項において同じ。）の番号その他財務省令で定める事項（以下この項において「番号等」という。）の提供を求められたときは、政令で定めるところにより、当該調書を提出すべき者に対し、当該振替機関が保有する当該加入者の番号等を提供するものとする。

▽＊税通令三〇の八、税通則一一の六

第七章の三　行政手続法との関係

（行政手続法の適用除外）

第七四条の一四① 行政手続法（平成五年法律第八十八号）第三条第一項（適用除外）に定めるもののほか、国税に関する法律に基づき行われる処分その他公権力の行使に当たる行為（酒税法第二章（酒類の製造免許及び酒類の販売業免許等）の規定に基づくものを除く。）については、行政手続法第二章（申請に対する処分）（第八条（理由の提示）を除く。）及び第三章（不利益処分）（第十四条（不利益処分の理由の提示）を除く。）の規定は、適用しない。

② 行政手続法第三条第一項、第四条第一項及び第三十五条第四項（適用除外）に定めるもののほか、国税に関する法律に基づく納税義務の適正な実現を図るために行われる行政指導（同法第二条第六号（定義）に規定する行政指導をいい、酒税法第二章及び酒税の保全及び酒類業組合等に関する法律（昭和二十八年法律第七号）に定める事項に関するものを除く。）については、行政手続法第三十五条第三項（行政指導に係る書面の交付）及び第三十六条（複数の者を対象とする行政指導）の規定は、適用しない。

③ 国税に関する法律に基づき国の機関以外の者が提出先とされている届出（行政手続法第二条第七号に規定する届出をいう。）については、同法第三十七条（届出）の規定は、適用しない。

▽❶【国税に関する法律に基づく処分の例→七五①　❷

【納税義務→一五①】

注　平成二三法一一四により本条に基づく行政手続法の適用除外の範囲から「理由の提示」が除かれたため、現在では白色申告に対するものも含め全ての処分について理由附記が義務づけられている。

① 所得税青色申告書についてなされた更正処分・審査決定の通知書に更正を相当とする具体的根拠が明示されていない場合は、本条所定の附記理由としては不備であり、更正処分、審査決定は取消しを免れない。（最判昭38・5・31民集一七・四・六一七、行政百選Ⅰ［七版］一一九）

② 青色申告に係る法人税の更正処分の理由附記は、帳簿書類の記載自体を否認して更正をする場合は更正の根拠を帳簿記載以上に信憑〔しんぴょう〕力のある資料を摘示することによって具体的に明示することを要するが、そうでない場合には、理由附記制度の趣旨目的を充足する程度に具体的に明示するものであれば足りる。（最判昭60・4・23民集三九・三・八五〇、租税百選［七版］一〇九）

③ 行政手続法一四条一項の要求する理由の提示として不備がないとされた事例（東京地判平27・2・24税資二六五順号一二六〇六）

④ 「法人税法六四条の二第三項一号の規定に該当しないため、リース取引の所得計算に関する同条一項の規定の適用はない」旨の理由のみを付した法人税更正処分が、当該賃貸借契約において処分庁が中途解約不能要件該当性の判断の基礎とした具体的事実関係を理由として摘示していなくても、不服申立ての便宜、行政庁の恣意抑制において支障はないから、法人税法一三〇条二項の要求する理由附記として欠けるものではない、とした事例（松山地判平27・6・9判タ一四二二・一九九）

⑤ 青色申告書による法人税の申告に対する更正処分の取消訴訟において、一般的に青色申告書による申告に対する更正処分の取消訴訟において更正の理由とは異なるいかなる事実をも主張できると解すべきかどうかはともかく、課税庁に更正の理由とは異なる追加主張の提出を許すことが、具体的な事案の下で被処分者たる原告に格別の不利益を与えるものではないから、本件追加主張の提出は妨げられないとされた例（最判昭56・7・14民集三五・五・九〇一、租税百選［七版］一二〇）

⑥ 青色申告に対する更正処分における理由附記の不備の瑕疵は、同処分に対する審査裁決で処分理由が明らかにされた場合であっても治癒されない。（最判昭47・12・5民集二六・一〇・一七九五、行政百選Ⅰ［七版］八六）

⑦ 白色申告に対する課税処分に係る審査請求における理由の差替えが適法とされた例（最判昭49・4・18訟月二〇・一一・一七五）

⑧ 白色申告に対する課税処分に係る取消訴訟における理由の差替えが適法とされた例（最判昭50・6・12訟月二一・七・一五四七）

⑨ 帳簿書類の記載自体を否認するものではない更正処分に、①事業所得の金額の誤り、②原告が会社から請求された外注費、③所得税法一五七条一項の内容、④会社が同項の同族会社に当たる、⑤事業経営者自身に対する報酬を必要経費とすることができないところ前記外注費を必要経費に算入することは原告の所得税の負担を不当に減少させる、⑥事業所得の金額は前記外注費の金額を加算した金額となる、などの記載があり、理由附記不備の違法はないとした事例（大阪地判平30・4・19税資二六八順号一三一四四……大阪高判平30・11・2税資二六八順号一三二〇六で維持）

第八章　不服審査及び訴訟

第一節　不服審査

第一款　総則

（国税に関する処分についての不服申立て）

第七五条① 国税に関する法律に基づく処分で次の各号に掲げるものに不服がある者は、当該各号に定める不服申立てをすることができる。

一 税務署長、国税局長又は税関長がした処分（次項に規定する処分を除く。）　次に掲げる不服申立てのうちその処分に不服がある者の選択するいずれかの不服申立て

イ その処分をした税務署長、国税局長又は税関長に対する再調査の請求

ロ 国税不服審判所長に対する審査請求

二 国税庁長官がした処分　国税庁長官に対する審査請求

三 国税庁、国税局、税務署及び税関以外の行政機関の長又はその職員がした処分　国税不服審判所長に対する審査請求

② 国税に関する法律に基づき税務署長がした処分で、その処分に係る事項に関する調査が次の各号に掲げる職員によつてされた旨の記載がある書面により通知されたものに不服がある者は、当該各号に定める国税局長又は国税庁長官がその処分をしたものとそれぞれみなして、国税局長がしたものとみなされた処分については当該国税局長に対する再調査の請求又は国税不服審判所長に対する審査請求のうちその処分に不服がある者の選択するいずれかの不服申立てをし、国税庁長官がしたものとみなされた処分については国税庁長官に対する審査請求をすることができる。

一 国税局の当該職員　その処分をした税務署長の管轄区域を所轄する国税局長

二 国税庁の当該職員　国税庁長官

③ 第一項第一号イ又は前項（第一号に係る部分に限る。）の規定による再調査の請求（法定の再調査の請求期間経過後にされたものその他その請求が適法にされていないものを除く。次項において同じ。）についての決定があつた場合において、当該再調査の請求をした者が当該決定を経た後の処分になお不服があるときは、その者は、国税不服審判所長に対

して審査請求をすることができる。
④　第一項第一号イ又は第二項（第一号に係る部分に限る。）の規定による再調査の請求をしている者は、次の各号のいずれかに該当する場合には、当該再調査の請求に係る処分について、決定を経ないで、国税不服審判所長に対して審査請求をすることができる。
一　再調査の請求をした日（第八十一条第三項（再調査の請求書の記載事項等）の規定により不備を補正すべきことを求められた場合にあつては、当該不備を補正した日）の翌日から起算して三月を経過しても当該再調査の請求についての決定がない場合
二　その他再調査の請求についての決定を経ないことにつき正当な理由がある場合
⑤　国税に関する法律に基づく処分で国税庁、国税局、税務署又は税関の職員がしたものに不服がある場合には、それぞれその職員の所属する国税庁、国税局、税務署又は税関の長がその処分をしたものとみなして、第一項の規定を適用する。
▽+【再調査の請求→八一以下、行審【審査請求→八七以下、行審　❶【三】【本号に当たる処分の例→登税二六①（登記機関の認定）　❷【本項に当たる処分→二七・二八②③・三二⑤　❸【再調査の請求期間→七七①③④　❸❹【再調査決定→八三　❺【本項に当たる処分の例→七四の四⑤（当該職員のする酒類の移動禁止・施封）、税徴四七以下（徴収職員の差押え）

（適用除外）
第七六条①　次に掲げる処分については、前条の規定は、適用しない。
一　この節又は行政不服審査法（平成二十六年法律第六十八号）の規定による処分その他前条の規定による不服申立て（第八十条第三項（行政不服審査法との関係）を除き、以下「不服申立て」という。）についてした処分
二　行政不服審査法第七条第一項第七号（適用除外）に掲げる処分
②　この節の規定による処分その他不服申立てについてする処分に係る不作為については、行政不服審査法第三条（不作為についての審査請求）の規定は、適用しない。
▽❶【二】【本号に当たる処分の例→八三（再調査決定）・+九二・九八（審査裁決）

（不服申立期間）
第七七条①　不服申立て（第七十五条第三項及び第四項（再調査の請求後にする審査請求）の規定による審査請求を除く。第三項において同じ。）は、処分があつたことを知つた日（処分に係る通知を受けた場合には、その受けた日）の翌日から起算して三月を経過したときは、することができない。ただし、正当な理由があるときは、この限りでない。
②　第七十五条第三項の規定による審査請求は、第八十四条第十項（決定の手続等）の規定による再調査決定書の謄本の送達があつた日の翌日から起算して一月を経過したときは、することができない。ただし、正当な理由があるときは、この限りでない。
③　不服申立ては、処分があつた日の翌日から起算して一年を経過したときは、することができない。ただし、正当な理由があるときは、この限りでない。
④　第二十二条（郵送等に係る納税申告書等の提出時期）の規定は、不服申立てに係る再調査の請求書又は審査請求書について準用する。
▽❶【不服申立期間の特例→税徴一七一①　❷【再調査決定書→八四⑦⑨—⑪　+行審一八・六一（同旨の規定）

[1]　第二次納税義務者が主たる課税処分に対する不服申立てをする場合、本条一項所定の「処分があつたことを知つた日」とは、第二次納税義務者に対する納付告知（納付通知書の送達）がされた日をいい、不服申立期間の起算日は納付告知がされた日の翌日である。（最判平18・1・19民集六〇・一・六五、租税百選〔七版〕一一五）→税総◆【Ⅳ】[4]、税徴三九条[6]

（標準審理期間）
第七七条の二　国税庁長官、国税不服審判所長、国税局長、税務署長又は税関長は、不服申立てがその事務所に到達してから当該不服申立てについての決定又は裁決をするまでに通常要すべき標準的な期間を定めるよう努めるとともに、これを定めたときは、その事務所における備付けその他の適当な方法により公にしておかなければならない。

（国税不服審判所）
第七八条①　国税不服審判所は、国税に関する法律に基づく処分についての審査請求（第七十五条第一項第二号及び第二項（第二号に係る部分に限る。）（国税に関する処分についての不服申立て）の規定による審査請求を除く。第三款（審査請求）において同じ。）に対する裁決を行う機関とする。
②　国税不服審判所の長は、国税不服審判所長とし、国税庁長官が財務大臣の承認を受けて、任命する。
③　国税不服審判所の事務の一部を取り扱わせるため、所要の地に支部を置く。
④　前項の各支部に勤務する国税審判官のうち一人を首席国税審判官とする。首席国税審判官は、当該支部の事務を総括する。
⑤　国税不服審判所の組織及び運営に関し必要な事項は政令で、支部の名称及び位置は財務省令で定める。
▽❶【審査請求→七五・八七以下　❹【国税審判官→七九　❺【政令→国税不服審判所組織令【財務省令→国税不服審判所組織規則

（国税審判官等）
第七九条①　国税不服審判所に国税審判官及び国税副審判官を置く。
②　国税審判官は、国税不服審判所長に対してされた審査請求に係る事件の調査及び審理を行ない、国税副審判官は、国税審判官の命を受け、その事務を整理する。

税通

③ 国税副審判官のうち国税不服審判所長の指名する者は、国税審判官の職務を行なうことができる。ただし、この法律において担当審判官の職務とされているものについては、この限りでない。

④ 国税審判官の資格は、政令で定める。

▽❷【審査請求→七五・八七―一〇三 ❹【政令の定め→税通令三一

（行政不服審査法との関係）

第八〇条① 国税に関する法律に基づく処分に対する不服申立て（次項に規定する審査請求を除く。）については、この節その他国税に関する法律に別段の定めがあるものを除き、行政不服審査法（第二章及び第三章（不服申立てに係る手続）を除く。）の定めるところによる。

② 第七十五条第一項第二号又は第二項（第二号に係る部分に限る。）（国税に関する処分についての不服申立て）の規定による審査請求については、この節（次款及び第三款（審査請求）を除く。）その他国税に関する法律に別段の定めがあるものを除き、行政不服審査法の定めるところによる。

③ 酒税法第二章（酒類の製造免許及び酒類の販売業免許等）の規定による処分に対する不服申立てについては、行政不服審査法の定めるところによるものとし、この節の規定は、適用しない。

▽❶【別段の定めの例→税徴一七一【地税一九（同旨の規定）

第二款 再調査の請求

（再調査の請求書の記載事項等）

第八一条① 再調査の請求は、次に掲げる事項を記載した書面を提出してしなければならない。

一 再調査の請求に係る処分の内容

二 再調査の請求に係る処分があつたことを知つた年月日（当該処分に係る通知を受けた場合には、その受けた年月日）

三 再調査の請求の趣旨及び理由

四 再調査の請求の年月日

② 前項の書面（以下「再調査の請求書」という。）には、同項に規定する事項のほか、第七十七条第一項又は第三項（不服申立期間）に規定する期間の経過後に再調査の請求をする場合においては、同条第一項ただし書又は第三項ただし書に規定する正当な理由を記載しなければならない。

③ 再調査の請求がされている税務署長その他の行政機関の長（以下「再調査審理庁」という。）は、再調査の請求書が前二項又は第百二十四条（書類提出者の氏名、住所及び番号の記載）の規定に違反する場合には、相当の期間を定め、その期間内に不備を補正すべきことを求めなければならない。この場合において、不備が軽微なものであるときは、再調査審理庁は、職権で補正することができる。

④ 再調査の請求人は、前項の補正を求められた場合には、その再調査の請求に係る税務署その他の行政機関に出頭して補正すべき事項について陳述し、その陳述の内容を当該行政機関の職員が録取した書面を確認することによつても、これをすることができる。

⑤ 第三項の場合において再調査の請求人が同項の期間内に不備を補正しないとき、又は再調査の請求が不適法であつて補正することができないことが明らかなときは、再調査審理庁は、第八十四条第一項から第六項まで（決定の手続等）に定める審理手続を経ないで、第八十三条第一項（決定）の規定に基づき、決定で、当該再調査の請求を却下することができる。

▽❸【再調査審理庁→七五 ＋税通令三一の二（添付書面）、⌞行審一九②・二三・六一（同旨の規定）

（税務署長を経由する再調査の請求）

第八二条① 第七十五条第二項（第一号に係る部分に限る。）（国税局の職員の調査に係る処分についての再調査の請求）の規定による再調査の請求は、当該再調査の請求に係る処分をした税務署長を経由してすることもできる。この場合において、再調査の請求人は、当該税務署長に再調査の請求書を提出してするものとする。

② 前項の場合には、同項の税務署長は、直ちに、再調査の請求書を当該税務署長の管轄区域を所轄する国税局長に送付しなければならない。

③ 第一項の場合における再調査の請求期間の計算については、同項の税務署長に再調査の請求書が提出された時に再調査の請求がされたものとみなす。

（決定）

第八三条① 再調査の請求が法定の期間経過後にされたものである場合その他不適法である場合には、再調査審理庁は、決定で、当該再調査の請求を却下する。

② 再調査の請求が理由がない場合には、再調査審理庁は、決定で、当該再調査の請求を棄却する。

③ 再調査の請求が理由がある場合には、再調査審理庁は、決定で、当該再調査の請求に係る処分の全部若しくは一部を取り消し、又はこれを変更する。ただし、再調査の請求人の不利益に当該処分を変更することはできない。

▽＋【再調査審理庁→八一③・七五 ❶【法定期間→七七 ＋八一③（不適法な再調査の請求の補正）、行審五八（同旨の規定）

（決定の手続等）

第八四条① 再調査審理庁は、再調査の請求人又は参加人（第百九条第三項（参加人）に規定する参加人をいう。以下この款及び次款において同じ。）から申立てがあつた場合には、当該申立てをした者（以下この条において「申立人」という。）に口頭で再調査の請求に係る事件に関する意見を述べる機会を与えなければならない。ただし、当該申立人の所在その他の事情により当該意見を述べる機会を与えることが困難であると認められる場合には、この限りでない。

② 前項本文の規定による意見の陳述（以下この条に

おいて「口頭意見陳述」という。）は、再調査審理庁が期日及び場所を指定し、再調査の請求人及び参加人を招集してさせるものとする。
③ 口頭意見陳述において、申立人は、再調査審理庁の許可を得て、補佐人とともに出頭することができる。
④ 再調査審理庁は、必要があると認める場合には、その行政機関の職員に口頭意見陳述を聴かせることができる。
⑤ 口頭意見陳述において、再調査審理庁又は前項の職員は、申立人のする陳述が事件に関係のない事項にわたる場合その他相当でない場合には、これを制限することができる。
⑥ 再調査の請求人又は参加人は、証拠書類又は証拠物を提出することができる。この場合において、再調査審理庁が、証拠書類又は証拠物を提出すべき相当の期間を定めたときは、その期間内にこれを提出しなければならない。
⑦ 再調査の請求についての決定は、主文及び理由を記載し、再調査審理庁が記名押印した再調査決定書によりしなければならない。
⑧ 再調査の請求についての決定で当該再調査の請求に係る処分の全部又は一部を維持する場合における前項に規定する理由においては、その維持される処分を正当とする理由が明らかにされていなければならない。
⑨ 再調査審理庁は、第七項の再調査決定書（再調査の請求に係る処分の全部を取り消す決定に係るものを除く。）に、再調査の請求に係る処分につき国税不服審判所長に対して審査請求をすることができる旨（却下の決定である場合にあつては、当該却下の決定が違法な場合に限り審査請求をすることができる旨）及び審査請求期間を記載して、これらを教示しなければならない。
⑩ 再調査の請求についての決定は、再調査の請求人（当該再調査の請求が処分の相手方以外の者のしたものである場合における前条第三項の規定による決定にあつては、再調査の請求人及び処分の相手方）に再調査決定書の謄本が送達された時に、その効力を生ずる。
⑪ 再調査審理庁は、再調査決定書の謄本を参加人に送付しなければならない。
⑫ 再調査審理庁は、再調査の請求についての決定をしたときは、速やかに、第六項の規定により提出された証拠書類又は証拠物をその提出人に返還しなければならない。

▽【再調査審理庁→八一③　❶行審三一・六一（同旨の規定）　❷税通令三一の二（映像等の送受信）　❼行審五〇・六一（同旨の規定）　❾【審査請求→八七以下　【審査請求期間→七七

（納税地異動の場合における再調査の請求先等）
第八五条① 所得税、法人税、地方法人税、相続税、贈与税、地価税、課税資産の譲渡等に係る消費税、電源開発促進税又は国際観光旅客税（国際観光旅客税法第十八条第一項（国際観光旅客等による納付）の規定により納付すべきものを除く。次条第一項において同じ。）に係る税務署長、国税局長又は税関長（以下この条及び次条において「税務署長等」という。）の処分（国税の徴収に関する処分及び滞納処分（その例による処分を含む。）を除く。）又は第三十六条第一項（納税の告知）の規定による納税の告知のうち同項第一号（不納付加算税及び第六十八条第三項又は第四項（同条第三項の重加算税に係る部分に限る。）（重加算税）の重加算税に係る部分に限る。）若しくは第二号に係るもの（以下この条及び次条第一項において単に「処分」という。）があつた時以後にその納税地に異動があつた場合において、その処分の際における納税地を所轄する税務署長等と当該処分について第七十五条第一項第一号イ又は第二項（第一号に係る部分に限る。）（国税に関する処分についての不服申立て）の規定による再調査の請求をする際における納税地（以下この条において「現在の納税地」という。）を所轄する税務署長等とが異なることとなるときは、その再調査の請求は、これらの規定にかかわらず、現在の納税地を所轄する税務署長等に対してしなければならない。この場合においては、その処分は、現在の納税地を所轄する税務署長等がしたものとみなす。
② 前項の規定による再調査の請求をする者は、再調査の請求書にその処分に係る税務署、国税局又は税関の名称を付記しなければならない。
③ 第一項の場合において、再調査の請求書がその処分に係る税務署長等に提出されたときは、当該税務署長等は、その再調査の請求書を受理することができる。この場合においては、その再調査の請求書は、現在の納税地を所轄する税務署長等に提出されたものとみなす。
④ 前項の再調査の請求書を受理した税務署長等は、その再調査の請求書を現在の納税地を所轄する税務署長等に送付し、かつ、その旨を再調査の請求人に通知しなければならない。

▽❶【課税資産の譲渡等に係る消費税→二㊈　【国税の徴収に関する処分の例→三六（納税の告知）・三七（督促）・三八（繰上請求）・三九（強制換価の場合の消費税等の徴収）・四六—四九（納税の猶予）、税徴三二（第二次納税義務者に対する告知・督促）　【滞納処分→四〇、税徴四七以下　❶❸【納税地→二一①▽　❷—❹【再調査の請求書→八一①・八二①

（再調査の請求事件の決定機関の特例）
第八六条① 所得税、法人税、地方法人税、相続税、贈与税、地価税、課税資産の譲渡等に係る消費税、電源開発促進税又は国際観光旅客税に係る税務署長等の処分について再調査の請求がされている場合において、その処分に係る国税の納税地に異動があり、その再調査の請求がされている税務署長等と異動後の納税地を所轄する税務署長等とが異なることとなるときは、当該再調査の請求がされている税務署長等は、再調査の請求人の申立てにより、又は職権で、当該再調査の請求に係る事件を異動後の納税地を所轄する税務署長等に移送することができる。
② 前項の規定により再調査の請求に係る事件の移送

があつたときは、その移送を受けた税務署長等に初めから再調査の請求がされたものとみなし、当該税務署長等がその再調査の請求についての決定をする。

③　第一項の規定により再調査の請求に係る事件を移送したときは、その移送をした税務署長等は、その再調査の請求に係る再調査の請求書及び関係書類その他の物件（以下「再調査の請求書等」という。）をその移送を受けた税務署長等に送付し、かつ、その旨を再調査の請求人及び参加人に通知しなければならない。

▽+【税務署長等→八五①　❶【課税資産の譲渡等に係る消費税→二㊈【税務署長等の処分→八五①【納税地→二一①▽　❷【決定→八三　❸【再調査の請求書→八一①・八二①

第三款　審査請求

（審査請求書の記載事項等）

第八七条①　審査請求は、政令で定めるところにより、次に掲げる事項を記載した書面を提出してしなければならない。

一　審査請求に係る処分の内容

二　審査請求に係る処分があつたことを知つた年月日（当該処分に係る通知を受けた場合にはその通知を受けた年月日とし、再調査の請求についての決定を経た後の処分について審査請求をする場合には再調査決定書の謄本の送達を受けた年月日とする。）

三　審査請求の趣旨及び理由

四　審査請求の年月日

②　前項の書面（以下この款において「審査請求書」という。）には、同項に規定する事項のほか、次の各号に掲げる場合においては、当該各号に定める事項を記載しなければならない。

一　第七十五条第四項第一号（国税に関する処分についての不服申立て）の規定により再調査の請求についての決定を経ないで審査請求をする場合　再調査の請求をした年月日

二　第七十五条第四項第二号の規定により再調査の請求についての決定を経ないで審査請求をする場合　同号に規定する正当な理由

三　第七十七条第一項から第三項まで（不服申立期間）に規定する期間の経過後において審査請求をする場合　これらの各項のただし書に規定する正当な理由

③　第一項第三号に規定する趣旨は、処分の取消し又は変更を求める範囲を明らかにするように記載するものとし、同号に規定する理由においては、処分に係る通知書その他の書面により通知されている処分の理由に対する審査請求人の主張が明らかにされていなければならないものとする。

▽+【審査請求書の提出先→税通則一二（原処分庁の管轄区域を管轄する国税不服審判所の支部〈例―東京国税不服審判所〉の首席国税審判官）❶〔二〕【再調査の請求についての決定→八三【再調査決定書の謄本の送達→八四⑩　❷税通令三二（添付書面等）❸【処分に係る通知書その他の書面の例→二八①（更正通知書・決定通知書）・八四③（再調査決定書）【通知されている処分理由→八四④⑤、所税一五五②、法税一三〇②　+行審一九②（同旨の規定）

（処分庁を経由する審査請求）

第八八条①　審査請求は、審査請求に係る処分（当該処分に係る再調査の請求についての決定を含む。）をした行政機関の長を経由してすることもできる。この場合において、審査請求人は、当該行政機関の長に審査請求書を提出してするものとする。

②　前項の場合には、同項の行政機関の長は、直ちに、審査請求書を国税不服審判所長に送付しなければならない。

③　第一項の場合における審査請求期間の計算については、同項の行政機関の長に審査請求書が提出された時に審査請求がされたものとみなす。

▽+【審査請求書→八七①②　❶【再調査の請求についての決定→八三　❸【審査請求期間→七七　+行審二一（同旨の規定）

（合意によるみなす審査請求）

第八九条①　税務署長、国税局長又は税関長に対して再調査の請求がされた場合において、当該税務署長、国税局長又は税関長がその再調査の請求を審査請求として取り扱うことを適当と認めてその旨を再調査の請求人に通知し、かつ、当該再調査の請求人がこれに同意したときは、その同意があつた日に、国税不服審判所長に対し、審査請求がされたものとみなす。

②　前項の通知に係る書面には、再調査の請求に係る処分の理由が当該処分に係る通知書その他の書面により処分の相手方に通知されている場合を除き、その処分の理由を付記しなければならない。

③　第一項の規定に該当するときは、同項の再調査の請求がされている税務署長、国税局長又は税関長は、その再調査の請求書等を国税不服審判所長に送付し、かつ、その旨を再調査の請求人及び参加人に通知しなければならない。この場合においては、その送付された再調査の請求書は、審査請求書とみなす。

▽+【再調査の請求→七五・八一以下　❷【処分理由が通知されている場合→八七③▽　❸【再調査の請求書→八六③・八一　【審査請求書→八七①②

（他の審査請求に伴うみなす審査請求）

第九〇条①　更正決定等（源泉徴収等による国税に係る納税の告知を含む。以下この条、第百四条（併合審理等）及び第百十五条第一項第二号（不服申立ての前置等）において同じ。）について審査請求がされている場合において、当該更正決定等に係る国税の課税標準等又は税額等（その国税に係る附帯税の額を含む。以下この条、第百四条及び第百十五条第一項第二号において同じ。）についてされた他の更正決定等について税務署長、国税局長又は税関長に対し再調査の請求がされたときは、当該再調査の請求がされた税務署長、国税局長又は税関長は、その再調査の請求書等を国税不服審判所長に送付し、かつ、その旨を再調査の請求人に通知しなければならない。

② 更正決定等について税務署長、国税局長又は税関長に対し再調査の請求がされている場合において、当該更正決定等に係る国税の課税標準等又は税額等についてされた他の更正決定等について審査請求がされたときは、当該再調査の請求がされている税務署長、国税局長又は税関長は、その再調査の請求書等を国税不服審判所長に送付し、かつ、その旨を再調査の請求人及び参加人に通知しなければならない。

③ 前二項の規定により再調査の請求書等が国税不服審判所長に送付された場合には、その送付がされた日に、国税不服審判所長に対し、当該再調査の請求に係る処分についての審査請求がされたものとみなす。

④ 前条第二項の規定は第一項又は第二項の通知に係る書面について、同条第三項後段の規定は前項の場合について準用する。

▽❶【源泉徴収等による国税→二㊁【それに係る納税告知→三六①㊁、一五③㊁【附帯税→二㊃、六〇—六九　❶❷【更正決定等→五八①㊀イ　❶—❸【再調査の請求→七五、八一以下【再調査の請求書→八六③、八一

（審査請求書の補正）

第九一条① 国税不服審判所長は、審査請求書が第八十七条（審査請求書の記載事項等）又は第百二十四条（書類提出者の氏名、住所及び番号の記載）の規定に違反する場合には、相当の期間を定め、その期間内に不備を補正すべきことを求めなければならない。この場合において、不備が軽微なものであるときは、国税不服審判所長は、職権で補正することができる。

② 審査請求人は、前項の補正を求められた場合には、国税不服審判所に出頭して補正すべき事項について陳述し、その陳述の内容を国税不服審判所の職員が録取した書面を確認することによつても、これをすることができる。

▽❶【審査請求書→八七①②、税通令三二の二　†税通令三二の三、行審二九（弁明書）

（審理手続を経ないでする却下裁決）

第九二条① 前条第一項の場合において、審査請求人が同項の期間内に不備を補正しないときは、国税不服審判所長は、次条から第九十七条の四まで（担当審判官等の審理手続）に定める審理手続を経ないで、第九十八条第一項（裁決）の規定に基づき、裁決で、当該審査請求を却下することができる。

② 審査請求が不適法であつて補正することができないことが明らかなときも、前項と同様とする。

▽†九一（審査請求書の補正）、行審二四（同旨の規定）

（審理手続の計画的進行）

第九二条の二 審査請求人、参加人及び次条第一項に規定する原処分庁（以下「審理関係人」という。）並びに担当審判官は、簡易迅速かつ公正な審理の実現のため、審理において、相互に協力するとともに、審理手続の計画的な進行を図らなければならない。

（答弁書の提出等）

第九三条① 国税不服審判所長は、審査請求書を受理したときは、その審査請求を第九十二条（審理手続を経ないでする却下裁決）の規定により却下する場合を除き、相当の期間を定めて、審査請求の目的となつた処分に係る行政機関の長（第七十五条第二項（第一号に係る部分に限る。）（国税局の職員の調査に係る処分についての再調査の請求）に規定する処分にあつては、当該国税局長。以下「原処分庁」という。）から、答弁書を提出させるものとする。この場合において、国税不服審判所長は、その受理した審査請求書を原処分庁に送付するものとする。

② 前項の答弁書には、審査請求の趣旨及び理由に対応して、原処分庁の主張を記載しなければならない。

③ 国税不服審判所長は、原処分庁から答弁書が提出されたときは、これを審査請求人及び参加人に送付しなければならない。

（担当審判官等の指定）

第九四条① 国税不服審判所長は、審査請求に係る事件の調査及び審理を行わせるため、担当審判官一名及び参加審判官二名以上を指定する。

② 国税不服審判所長が前項の規定により指定する者は、次に掲げる者以外の者でなければならない。

一　審査請求に係る処分又は当該処分に係る再調査の請求についての決定に関与した者
二　審査請求人
三　審査請求人の配偶者、四親等内の親族又は同居の親族
四　審査請求人の代理人
五　前二号に掲げる者であつた者
六　審査請求人の後見人、後見監督人、保佐人、保佐監督人、補助人又は補助監督人
七　第百九条第一項（参加人）に規定する利害関係人

▽†一一三、税通令三八①（担当審判官等の指定の権限の首席国税審判官への委任）

（反論書等の提出）

第九五条① 審査請求人は、第九十三条第三項（答弁書の送付）の規定により送付された答弁書に記載された事項に対する反論を記載した書面（以下この条及び第九十七条の四第二項第一号ロ（審理手続の終結）において「反論書」という。）を提出することができる。この場合において、担当審判官が、反論書を提出すべき相当の期間を定めたときは、その期間内にこれを提出しなければならない。

② 参加人は、審査請求に係る事件に関する意見を記載した書面（以下この条及び第九十七条の四第二項第一号ハにおいて「参加人意見書」という。）を提出することができる。この場合において、担当審判官が、参加人意見書を提出すべき相当の期間を定めたときは、その期間内にこれを提出しなければならない。

ない。

③　担当審判官は、審査請求人から反論書の提出があつたときはこれを参加人及び原処分庁に、参加人から参加人意見書の提出があつたときはこれを審査請求人及び原処分庁に、それぞれ送付しなければならない。

▽⁺【答弁書→九三【担当審判官→九四①【税通令三三の二、行審三〇（同旨の規定）

第九五条の二（口頭意見陳述）

第九五条の二①　審査請求人又は参加人の申立てがあつた場合には、担当審判官は、当該申立てをした者に口頭で審査請求に係る事件に関する意見を述べる機会を与えなければならない。

②　前項の規定による意見の陳述（次項及び第九十七条の四第二項第二号（審理手続の終結）において「口頭意見陳述」という。）に際し、前項の申立てをした者は、担当審判官の許可を得て、審査請求に係る事件に関し、原処分庁に対して、質問を発することができる。

③　第八十四条第一項ただし書、第二項、第三項及び第五項（決定の手続等）の規定は、第一項の口頭意見陳述について準用する。この場合において、同条第二項中「再調査審理庁」とあるのは「担当審判官」と、「再調査の請求人及び参加人」とあるのは「全ての審理関係人」と、同条第三項中「再調査審理庁」とあるのは「担当審判官」と、同条第五項中「再調査審理庁又は前項の職員」とあるのは「担当審判官」と、それぞれ読み替えるものとする。

④　参加審判官は、担当審判官の命を受け、第二項の許可及び前項において読み替えて準用する第八十四条第五項の行為をすることができる。

▽❸税通令三三の三（映像等の送受信）【審理関係人→九二の二

1　口頭意見陳述の方式については法は何ら規定を設けていないことに鑑みるならば、いかなる方式でそれを実施するかは、右制度の趣旨、目的に反しない範囲で事案の審理に当たる審判官の合理的裁量に委ねられているとみるべきであり、ただ、口頭意見陳述の機会を与えたとしても、申立人にとって意見陳述が不可能に等しい機会を与えた場合のように、審判官が右裁量の範囲を逸脱したと認められるときは、審理手続は違法となり、裁決も取消しを免れないというべきである。（熊本地判平7・10・18訟月四三・四・一二三九、租税百選〔四版〕一一六……平成二六法六九改正前の事案。具体的事実関係の下で裁量の範囲を逸脱したとはいえず、審査請求の審理手続は適法と判断した）

第九六条（証拠書類等の提出）

第九六条①　審査請求人又は参加人は、証拠書類又は証拠物を提出することができる。

②　原処分庁は、当該処分の理由となる事実を証する書類その他の物件を提出することができる。

③　前二項の場合において、担当審判官が、証拠書類若しくは証拠物又は書類その他の物件を提出すべき相当の期間を定めたときは、その期間内にこれを提出しなければならない。

▽❷【原処分庁→九三①　❸【担当審判官→九四①　⁺行審三二（同旨の規定）

第九七条（審理のための質問、検査等）

第九七条①　担当審判官は、審理を行うため必要があるときは、審理関係人の申立てにより、又は職権で、次に掲げる行為をすることができる。

一　審査請求人若しくは原処分庁（第四項において「審査請求人等」という。）又は関係人その他の参考人に質問すること。

二　前号に規定する者の帳簿書類その他の物件につき、その所有者、所持者若しくは保管者に対し、相当の期間を定めて、当該物件の提出を求め、又はこれらの者が提出した物件を留め置くこと。

三　第一号に規定する者の帳簿書類その他の物件を検査すること。

四　鑑定人に鑑定させること。

②　国税審判官、国税副審判官その他の国税不服審判所の職員は、担当審判官の嘱託により、又はその命を受け、前項第一号又は第三号に掲げる行為をすることができる。

③　国税審判官、国税副審判官その他の国税不服審判所の職員は、第一項第一号及び第三号に掲げる行為をする場合には、その身分を示す証明書を携帯し、関係者の請求があつたときは、これを提示しなければならない。

④　国税不服審判所長は、審査請求人等（審査請求人と特殊な関係がある者で政令で定めるものを含む。）が、正当な理由がなく、第一項第一号から第三号までに又は第二項の規定による質問、提出要求又は検査に応じないため審査請求人等の主張の全部又は一部についてその基礎を明らかにすることが著しく困難になつた場合には、その部分に係る審査請求人等の主張を採用しないことができる。

⑤　第一項又は第二項に規定する当該職員の権限は、犯罪捜査のために認められたものと解してはならない。

▽❶〔二〕【原処分庁→九三①　❶❷【担当審判官→九四①　❷❸【国税審判官・国税副審判官→七九　❹【政令の定め→税通令三四　⁺【質問検査権→三四の六③、七四の二—七四の一三の四（国税の調査）、税徴一四一　【行審三四—三六（同旨の規定）

第九七条の二（審理手続の計画的遂行）

第九七条の二①　担当審判官は、審査請求に係る事件について、審理すべき事項が多数であり又は錯綜《そう》しているなど事件が複雑であることその他の事情により、迅速かつ公正な審理を行うため、第九十五条の二から前条第一項まで（口頭意見陳述等）に定める審理手続を計画的に遂行する必要があると認める場合には、期日及び場所を指定して、審理関係人を招集し、あらかじめ、これらの審理手続の申立てに関する意見の聴取を行うことができる。

② 担当審判官は、審理関係人が遠隔の地に居住している場合その他相当と認める場合には、政令で定めるところにより、担当審判官及び審理関係人が音声の送受信により通話をすることができる方法によつて、前項に規定する意見の聴取を行うことができる。

③ 担当審判官は、前二項の規定による意見の聴取を行つたときは、遅滞なく、第九十五条の二から前条第一項までに定める審理手続の期日及び場所並びに第九十七条の四第一項（審理手続の終結）の規定による審理手続の終結の予定時期を決定し、これらを審理関係人に通知するものとする。当該予定時期を変更したときも、同様とする。

▽†【担当審判官→九四①【行審三七（同旨の規定）❷税通令三五

（審理関係人による物件の閲覧等）

第九七条の三① 審理関係人は、次条第一項又は第二項の規定により審理手続が終結するまでの間、担当審判官に対し、第九十六条第一項若しくは第二項（証拠書類等の提出）又は第九十七条第一項第二号（審理のための質問、検査等）の規定により提出された書類その他の物件の閲覧（電磁的記録にあつては、記録された事項を財務省令で定めるところにより表示したものの閲覧）又は当該書類の写し若しくは当該電磁的記録に記録された事項を記載した書面の交付を求めることができる。この場合において、担当審判官は、第三者の利益を害するおそれがあると認めるとき、その他正当な理由があるときでなければ、その閲覧又は交付を拒むことができない。

② 担当審判官は、前項の規定による閲覧をさせ、又は同項の規定による交付をしようとするときは、当該閲覧又は交付に係る書類その他の物件の提出人の意見を聴かなければならない。ただし、担当審判官が、その必要がないと認めるときは、この限りでない。

③ 担当審判官は、第一項の規定による閲覧について、日時及び場所を指定することができる。

④ 第一項の規定による交付を受ける審査請求人又は参加人は、政令で定めるところにより、実費の範囲内において政令で定める額の手数料を納めなければならない。

⑤ 担当審判官は、経済的困難その他特別の理由があると認めるときは、政令で定めるところにより、前項の手数料を減額し、又は免除することができる。

▽❶❷❸❺【担当審判官→九四①　†税通令三五の二、税通則一一の九、行審三八（同旨の規定）

（審理手続の終結）

第九七条の四① 担当審判官は、必要な審理を終えたと認めるときは、審理手続を終結するものとする。

② 前項に定めるもののほか、担当審判官は、次の各号のいずれかに該当するときは、審理手続を終結することができる。

一 次のイからホまでに掲げる規定の相当の期間内に、当該イからホまでに定める物件が提出されない場合において、更に一定の期間を示して、当該物件の提出を求めたにもかかわらず、当該提出期間内に当該物件が提出されなかつたとき。

イ 第九十三条第一項前段（答弁書の提出等）　答弁書

ロ 第九十五条第一項後段（反論書等の提出）　反論書

ハ 第九十五条第二項後段　参加人意見書

ニ 第九十六条第三項（証拠書類等の提出）　証拠書類若しくは証拠物又は書類その他の物件

ホ 第九十七条第一項第二号（審理のための質問、検査等）　帳簿書類その他の物件

二 第九十五条の二第一項（口頭意見陳述）に規定する申立てをした審査請求人又は参加人が、正当な理由がなく、口頭意見陳述に出頭しないとき。

③ 担当審判官が前二項の規定により審理手続を終結したときは、速やかに、審理関係人に対し、審理手続を終結した旨を通知するものとする。

▽†【担当審判官→九四①【行審四一（同旨の規定）

（裁決）

第九八条① 審査請求が法定の期間経過後にされたものである場合その他不適法である場合には、国税不服審判所長は、裁決で、当該審査請求を却下する。

② 審査請求が理由がない場合には、国税不服審判所長は、裁決で、当該審査請求を棄却する。

③ 審査請求が理由がある場合には、国税不服審判所長は、裁決で、当該審査請求に係る処分の全部若しくは一部を取り消し、又はこれを変更する。ただし、審査請求人の不利益に当該処分を変更することはできない。

④ 国税不服審判所長は、裁決をする場合（第九十二条（審理手続を経ないでする却下裁決）の規定により当該審査請求を却下する場合を除く。）には、担当審判官及び参加審判官の議決に基づいてこれをしなければならない。

▽❶【法定期間→七七　❸税徴一七三（特別規定）　❹【担当審判官・参加審判官→九四①【議決→税通令三六（多数決）　†行審四五（同種の規定）

（国税庁長官の法令の解釈と異なる解釈等による裁決）

第九九条① 国税不服審判所長は、国税庁長官が発した通達に示されている法令の解釈と異なる解釈により裁決をするとき、又は他の国税に係る処分を行う際における法令の解釈の重要な先例となると認められる裁決をするときは、あらかじめその意見を国税庁長官に通知しなければならない。

② 国税庁長官は、前項の通知があつた場合において、国税不服審判所長の意見が審査請求人の主張を認容するものであり、かつ、国税庁長官が当該意見を相当と認める場合を除き、国税不服審判所長と共同して当該意見について国税審議会に諮問しなければならない。

③ 国税不服審判所長は、前項の規定により国税庁長官と共同して国税審議会に諮問した場合には、当該

国税審議会の議決に基づいて裁決をしなければならない。

▽❶税通令三八②

第一〇〇条　削除

（裁決の方式等）

第一〇一条①　**裁決は、次に掲げる事項を記載し、国税不服審判所長が記名押印した裁決書によりしなければならない。**

一　主文

二　事案の概要

三　審理関係人の主張の要旨

四　理由

② **第八十四条第八項**（決定の手続等）**の規定は、前項の裁決について準用する。**

③ **裁決は、審査請求人**（当該審査請求が処分の相手方以外の者のしたものである場合における第九十八条第三項（裁決）の規定による裁決にあつては、審査請求人及び処分の相手方）**に裁決書の謄本が送達された時に、その効力を生ずる。**

④ **国税不服審判所長は、裁決書の謄本を参加人及び原処分庁**（第七十五条第二項（第一号に係る部分に限る。）（国税に関する処分についての不服申立て）に規定する処分に係る審査請求にあつては、当該処分に係る税務署長を含む。）**に送付しなければならない。**

（裁決の拘束力）

第一〇二条①　**裁決は、関係行政庁を拘束する。**

② **申請若しくは請求に基づいてした処分が手続の違法若しくは不当を理由として裁決で取り消され、又は申請若しくは請求を却下し若しくは棄却した処分が裁決で取り消された場合には、当該処分に係る行政機関の長は、裁決の趣旨に従い、改めて申請又は請求に対する処分をしなければならない。**

③ **国税に関する法律に基づいて公示された処分が裁決で取り消され、又は変更された場合には、当該処分に係る行政機関の長は、当該処分が取り消され、又は変更された旨を公示しなければならない。**

④ **国税に関する法律に基づいて処分の相手方以外の第百九条第一項**（参加人）**に規定する利害関係人に通知された処分が裁決で取り消され、又は変更された場合には、当該処分に係る行政機関の長は、その通知を受けた者**（審査請求人及び参加人を除く。）**に、当該処分が取り消され、又は変更された旨を通知しなければならない。**

▽†【裁決→九八　❷【本項に当たる申請・請求の例→L所税一四四、法税一二二（青色申告の承認の申請）、二三（更正の請求）　❸【処分の公示の例→税徴九五（公売公告）・税徴一〇六②（公売終了の公告）　❹【利害関係人への通知の例→税徴五五・六二①・六四 ETC †行審五二（同種の規定）

第四款　雑則

（証拠書類等の返還）

第一〇三条　**国税不服審判所長は、裁決をしたときは、速やかに、第九十六条第一項又は第二項**（証拠書類等の提出）**の規定により提出された証拠書類若しくは証拠物又は書類その他の物件及び第九十七条第一項第二号**（審理のための質問、検査等）**の規定による提出要求に応じて提出された帳簿書類その他の物件をその提出人に返還しなければならない。**

（併合審理等）

第一〇四条①　**再調査審理庁又は国税不服審判所長若しくは国税庁長官**（以下「国税不服審判所長等」という。）**は、必要があると認める場合には、数個の不服申立てに係る審理手続を併合し、又は併合された数個の不服申立てに係る審理手続を分離することができる。**

② **更正決定等について不服申立てがされている場合において、当該更正決定等に係る国税の課税標準等又は税額等についてされた他の更正決定等があるときは、国税不服審判所長等は、前項の規定によるもののほか、当該他の更正決定等について併せて審理することができる。ただし、当該他の更正決定等について不服申立ての決定又は裁決がされているときは、この限りでない。**

③ **前項の規定の適用がある場合には、国税不服審判所長等は、当該不服申立てについての決定又は裁決において当該他の更正決定等の全部又は一部を取り消すことができる。**

④ **前二項の規定は、更正の請求に対する処分について不服申立てがされている場合において、当該更正の請求に係る国税の課税標準等又は税額等についてされた他の更正又は決定があるときについて準用する。**

▽†【不服申立て→七五　❶【再調査審理庁→八一③・七五　❷❸【更正決定等→五八①㈠イ・九〇①【決定→八三【裁決→九八　❷❹【課税標準等→一九①【税額等→一九①・九〇①　❹【更正の請求→二三【更正→二四・二六【決定→二五

（不服申立てと国税の徴収との関係）

第一〇五条①　**国税に関する法律に基づく処分に対する不服申立ては、その目的となつた処分の効力、処分の執行又は手続の続行を妨げない。ただし、その国税の徴収のため差し押さえた財産**（国税徴収法第八十九条の二第四項（参加差押えをした税務署長による換価）に規定する特定参加差押不動産を含む。以下この条において同じ。）**の滞納処分**（その例による処分を含む。）**による換価は、その財産の価額が著しく減少するおそれがあるとき、又は不服申立人**（不服申立人が処分の相手方でないときは、不服申立人及び処分の相手方）**から別段の申出があるときを除き、その不服申立てについての決定又は裁決があるまで、することができない。**

② **再調査審理庁又は国税庁長官は、必要があると認める場合には、再調査の請求人又は第七十五条第一項第二号若しくは第二項**（第一号に係る部分に限る。）（国税に関する処分についての不服申立て）**の規定による審査請求をした者**（次項において「再調査の請求人等」という。）**の申立てにより、又は職権で、不服申立ての目的となつた処分に係る国税の**

全部若しくは一部の徴収を猶予し、若しくは滞納処分の続行を停止し、又はこれらを命ずることができる。

③　再調査審理庁又は国税庁長官は、再調査の請求人等が、担保を提供して、不服申立ての目的となつた処分に係る国税につき、滞納処分による差押えをしないこと又は既にされている滞納処分による差押えを解除することを求めた場合において、相当と認めるときは、その差押えをせず、若しくはその差押えを解除し、又はこれらを命ずることができる。

④　国税不服審判所長は、必要があると認める場合には、審査請求人の申立てにより、又は職権で、審査請求の目的となつた処分に係る国税につき、第四十三条（国税の徴収の所轄庁）及び第四十四条（更生手続等が開始した場合の徴収の所轄庁の特例）の規定により徴収の権限を有する国税局長、税務署長又は税関長（以下この条において「徴収の所轄庁」という。）の意見を聴いた上、当該国税の全部若しくは一部の徴収を猶予し、又は滞納処分の続行を停止することを徴収の所轄庁に求めることができる。

⑤　国税不服審判所長は、審査請求人が、徴収の所轄庁に担保を提供して、審査請求の目的となつた処分に係る国税につき、滞納処分による差押えをしないこと又は既にされている滞納処分による差押えを解除することを求めた場合において、相当と認めるときは、徴収の所轄庁に対し、その差押えをしないこと又はその差押えを解除することを求めることができる。

⑥　徴収の所轄庁は、国税不服審判所長から第四項の規定により徴収の猶予若しくは滞納処分の続行の停止を求められ、又は前項の規定により差押えをしないこと若しくはその差押えを解除することを求められたときは、審査請求の目的となつた処分に係る国税の全部若しくは一部の徴収を猶予し、若しくは滞納処分の続行を停止し、又はその差押えをせず、若しくはその差押えを解除しなければならない。

⑦　第四十九条第一項第一号及び第三号、第二項並びに第三項（納税の猶予の取消し）の規定は、第二項、第三項又は前項の規定に基づく処分の取消しについて準用する。この場合において、同項の規定による処分の取消しについて同条第一項の規定を準用するときは、同項中「税務署長等は」とあるのは、「徴収の所轄庁は、国税不服審判所長の同意を得て」と読み替えるものとする。

⑧　第七十五条第一項第二号又は第二項（第二号に係る部分に限る。）の規定による審査請求に係る審理員（行政不服審査法第十一条第二項（総代）に規定する審理員をいう。第百八条第五項（総代）において同じ。）は、必要があると認める場合には、国税庁長官に対し、第二項の規定に基づき徴収を猶予し、若しくは滞納処分の続行を停止すること又は第三項の規定に基づき差押えをせず、若しくはその差押えを解除することを徴収の所轄庁に命ずべき旨の意見書を提出することができる。

▽＊【不服申立て→七五　❶【財産の差押え→税徴四七以下　【滞納処分による換価→税徴八九以下　【決定→八三　【裁決→九八　❷❸【再調査審理庁→八一③、七五　【税通令三七②（不服申立人への通知）　❸❺【担保→五〇　【滞納処分による差押え→税徴四七以下　【税通令三七①（所轄庁への命令）　❹—❻【審査請求→八七以下　＊税徴一七二、地税一九の七（同旨の規定）

（不服申立人の地位の承継）

第一〇六条①　不服申立人が死亡したときは、相続人（民法第九百五十一条（相続財産法人の成立）の規定の適用がある場合には、同条の法人）は、不服申立人の地位を承継する。

②　不服申立人について合併又は分割（不服申立ての目的である処分に係る権利を承継させるものに限る。）があつたときは、合併後存続する法人若しくは合併により設立した法人又は分割により当該権利を承継した法人は、不服申立人の地位を承継する。不服申立人である人格のない社団等の財産に属する権利義務を包括して承継した法人についても、また同様とする。

③　前二項の場合において、不服申立人の地位を承継した者は、書面でその旨を国税不服審判所長等に届け出なければならない。この場合においては、届出書には、死亡若しくは分割による権利の承継又は合併の事実を証する書面を添附しなければならない。

④　不服申立ての目的である処分に係る権利を譲り受けた者は、国税不服審判所長等の許可を得て、不服申立人の地位を承継することができる。

▽❷【法人の合併→六▽　【人格のない社団等→三　❸❹【国税不服審判所長等→一〇四①

（代理人）

第一〇七条①　不服申立人は、弁護士、税理士その他適当と認める者を代理人に選任することができる。

②　前項の代理人は、各自、不服申立人のために、当該不服申立てに関する一切の行為をすることができる。ただし、不服申立ての取下げ及び代理人の選任は、特別の委任を受けた場合に限り、することができる。

③　代理人の権限の行使に関し必要な事項は、政令で定める。

▽＊【代理人の権限の証明等→税通令三七の二　❷【不服申立ての取下げ→一一〇①

（総代）

第一〇八条①　多数人が共同して不服申立てをするときは、三人を超えない総代を互選することができる。

②　共同不服申立人が総代を互選しない場合において、必要があると認めるときは、国税不服審判所長等は、総代の互選を命ずることができる。

③　総代は、各自、他の共同不服申立人のために、不服申立ての取下げを除き、当該不服申立てに関する一切の行為をすることができる。

④　総代が選任されたときは、共同不服申立人は、総代を通じてのみ前項の行為をすることができる。

⑤　共同不服申立人に対する国税不服審判所長等（担当審判官及び第七十五条第一項第二号又は第二項

（第二号に係る部分に限る。）（国税に関する処分についての不服申立て）の規定による審査請求に係る審理員を含む。）の通知その他の行為は、二人以上の総代が選任されている場合においても、一人の総代に対してすれば足りる。

⑥　共同不服申立人は、必要があると認める場合には、総代を解任することができる。

⑦　総代の権限の行使に関し必要な事項は、政令で定める。

▽❷❺【国税不服審判所長等→一〇四①　❸【不服申立ての取下げ→一一〇①　❺【担当審判官→九四①

（参加人）

第一〇九条①　利害関係人（不服申立人以外の者であつて不服申立てに係る処分の根拠となる法令に照らし当該処分につき利害関係を有するものと認められる者をいう。次項において同じ。）は、国税不服審判所長等の許可を得て、当該不服申立てに参加することができる。

②　国税不服審判所長等は、必要があると認める場合には、利害関係人に対し、当該不服申立てに参加することを求めることができる。

③　第百七条（代理人）の規定は、参加人（前二項の規定により当該不服申立てに参加する者をいう。）の不服申立てへの参加について準用する。

▽❶❷【利害関係人の例→税徴五五（質権者等）【国税不服審判所長等→一〇四①【不服申立て→七五

（不服申立ての取下げ）

第一一〇条①　不服申立人は、不服申立てについての決定又は裁決があるまでは、いつでも、書面により当該不服申立てを取り下げることができる。

②　第七十五条第四項（再調査の請求についての決定を経ない審査請求）の規定による審査請求がされたときは、次の各号に掲げる場合の区分に応じ、当該各号に定める不服申立ては、取り下げられたものとみなす。

一　再調査審理庁において当該審査請求がされた日以前に再調査の請求に係る処分の全部を取り消す旨の再調査決定書の謄本を発している場合　当該審査請求

二　再調査審理庁において当該審査請求がされた日以前に再調査の請求に係る処分の一部を取り消す旨の再調査決定書の謄本を発している場合　その部分についての審査請求

三　その他の場合　その決定を経ないで当該審査請求がされた再調査の請求

▽†【不服申立て→七五　❶【決定→八三【裁決→九八　❷【再調査の請求→七五・八一以下　【一】【二】【再調査審理庁→八一③・七五【再調査決定書→八四⑦

（三月後の教示）

第一一一条①　再調査審理庁は、再調査の請求がされた日（第八十一条第三項（再調査の請求書の記載事項等）の規定により不備を補正すべきことを求めた場合にあつては、当該不備が補正された日）の翌日から起算して三月を経過しても当該再調査の請求が係属しているときは、遅滞なく、当該処分について直ちに国税不服審判所長に対して審査請求をすることができる旨を書面でその再調査の請求人に教示しなければならない。

②　第八十九条第二項（処分の理由の付記）の規定は、前項の教示に係る書面について準用する。

▽❶【再調査審理庁→八一③・七五【再調査の請求→七五・八一以下

（誤つた教示をした場合の救済）

第一一二条①　国税に関する法律に基づく処分をした行政機関が、不服申立てをすべき行政機関を教示する際に、誤つて当該行政機関でない行政機関を教示した場合において、その教示された行政機関に対し教示された不服申立てがされたときは、当該行政機関は、速やかに、再調査の請求書又は審査請求書を再調査の請求をすべき行政機関又は国税不服審判所長若しくは国税庁長官に送付し、かつ、その旨を不服申立人に通知しなければならない。

②　国税に関する法律に基づく処分（再調査の請求をすることができる処分に限る。次項において同じ。）をした行政機関が、誤つて再調査の請求をすることができる旨を教示しなかつた場合において、国税不服審判所長に審査請求がされた場合であつて、審査請求人から申立てがあつたときは、国税不服審判所長は、速やかに、審査請求書を再調査の請求をすべき行政機関に送付しなければならない。ただし、第九十三条第三項（答弁書の提出等）の規定により審査請求人に答弁書を送付した後においては、この限りでない。

③　国税に関する法律に基づく処分をした行政機関が、誤つて審査請求をすることができる旨を教示しなかつた場合において、税務署長、国税局長又は税関長に対して再調査の請求がされた場合であつて、再調査の請求人から申立てがあつたときは、当該税務署長、国税局長又は税関長は、速やかに、再調査の請求書等を国税不服審判所長に送付しなければならない。

④　前二項の規定により審査請求書又は再調査の請求書等の送付を受けた行政機関又は国税不服審判所長は、速やかに、その旨を不服申立人及び参加人に通知しなければならない。

⑤　第一項から第三項までの規定により再調査の請求書又は審査請求書が再調査の請求をすべき行政機関又は国税不服審判所長若しくは国税庁長官に送付されたときは、初めから再調査の請求をすべき行政機関に再調査の請求がされ、又は国税不服審判所長若しくは国税庁長官に審査請求がされたものとみなす。

▽†【教示→行審八二【再調査の請求書→八一①・八二①【審査請求書→八七①②

（首席審判官への権限の委任）

第一一三条　この法律に基づく国税不服審判所長の権限は、政令で定めるところにより、その一部を首席国税審判官に委任することができる。

▽【政令の定め→税通令三八【首席国税審判官→七八
④（たとえば東京国税不服審判所長と称される）

（国税庁長官に対する審査請求書の提出等）

第一一三条の二① 第七十五条第一項第二号又は第二項（第二号に係る部分に限る。）（国税に関する処分についての不服申立て）の規定による審査請求をする場合における行政不服審査法第十九条第二項（審査請求書の提出）の規定の適用については、同項第一号中「及び住所又は居所」とあるのは、「、住所又は居所及び国税通則法（昭和三十七年法律第六十六号）第七十四条の七の二第三項第四号ハに規定する番号（当該番号を有しない者にあっては、その氏名又は名称及び住所又は居所）」とする。

② 第七十五条第二項（第二号に係る部分に限る。）の規定による審査請求は、当該審査請求に係る処分をした税務署長を経由してすることもできる。この場合において、審査請求人は、当該税務署長に審査請求書を提出してするものとする。

③ 前項の場合には、同項の税務署長は、直ちに、審査請求書を国税庁長官に送付しなければならない。

④ 第二項の場合における審査請求期間の計算については、同項の税務署長に審査請求書が提出された時に審査請求がされたものとみなす。

⑤ 国税庁長官は、第七十五条第二項（第二号に係る部分に限る。）の規定による審査請求についての裁決をした場合には、裁決書の謄本を、審査請求人のほか、参加人及び当該審査請求に係る処分をした税務署長に送付しなければならない。

第二節　訴訟

（行政事件訴訟法との関係）

第一一四条 国税に関する法律に基づく処分に関する訴訟については、この節及び他の国税に関する法律に別段の定めがあるものを除き、行政事件訴訟法（昭和三十七年法律第百三十九号）その他の一般の行政事件訴訟に関する法律の定めるところによる。

▽【別段の定めの例→税徴一七一②【地税一九の一一（同種の規定）

1 課税処分を受けていまだ当該課税処分にかかる税を納付していない者は、右課税処分の無効確認を求める訴えを提起することができる。（最判昭51・4・27民集三〇・三・三八四、租税百選［三版］一〇三）

2 無効確認の訴えの係属中に税額全部を納付した場合は、原告は原告適格を失い、当該訴えは不適法となる。（最判昭57・3・4訟月二八・六・一二一八）

3 課税処分に続く滞納処分として滞納者の債権が差し押さえられ取立訴訟が提起追行された後に、第三債務者が右取立訴訟での主張と同一の無効事由を主張して提起した当該課税処分の無効確認訴訟が原告適格を欠くとされた事例（大阪高判昭53・7・31行裁二九・七・一三六八、租税百選［三版］八七）

（不服申立ての前置等）

第一一五条① 国税に関する法律に基づく処分（第八十条第三項（行政不服審査法との関係）に規定する処分を除く。以下この節において同じ。）で不服申立てをすることができるものの取消しを求める訴えは、審査請求についての裁決を経た後でなければ、提起することができない。ただし、次の各号のいずれかに該当するときは、この限りでない。

一 国税不服審判所長又は国税庁長官に対して審査請求がされた日の翌日から起算して三月を経過しても裁決がないとき。

二 更正決定等の取消しを求める訴えを提起した者が、その訴訟の係属している間に当該更正決定等に係る国税の課税標準等又は税額等についてされた他の更正決定等の取消しを求めようとするとき。

三 審査請求についての裁決を経ることにより生ずる著しい損害を避けるため緊急の必要があるとき、その他その裁決を経ないことにつき正当な理由があるとき。

② 国税に関する法律に基づく処分についてされた再調査の請求又は審査請求について決定又は裁決をした者は、その決定又は裁決をした時にその処分についての訴訟が係属している場合には、その再調査決定書又は裁決書の謄本をその訴訟が係属している裁判所に送付するものとする。

▽行訴八①　❶【不服申立て→七五【審査請求→七五、八七以下【裁決→九八②【一】【更正決定等→五八①一イ、九〇①　❷【再調査の請求→七五、八一以下【決定→八三【再調査決定書→八四③【裁決書→一〇一①　地税一九の一二（同種の規定）

1 二段階の不服申立制度は、租税行政の特殊性を考慮して、原処分庁に再審理の機会を与え、被処分者に簡易迅速な救済の途を開き、その結果なお原処分に不服がある場合に審査裁決庁の裁決を受けさせる趣旨によるものである。（最判昭49・7・19民集二八・五・七五九）

2 青色申告書提出承認の取消処分と同時に又はこれに引き続いて更正処分がされた場合に、たまたま右二つの処分の基礎とされた事実関係の全部又は一部が共通であって、これに対する納税者の不服の事由も同一であるとみられるようなときでも、更正処分に対し適法に不服申立てを経たからといって、それだけでは当然に、青色申告書提出承認の取消処分に対する取消訴訟の提起につき不服申立ての前置を不要と解することはできず、また、同処分に対する不服申立てを経ないことにつき国税通則法八七条一項四号［現三号］にいう正当な理由があると解することもできない。（最判昭57・12・21民集三六・一二・二四〇九、租税百選［四版］一一七）

3 欠損金の繰戻しによる前年度の法人税の還付請求を理由がないとする通知処分に対し取消しの訴

えを提起するためには、右通知処分と同時に同一の理由によりされた当該欠損金額を減額する更正処分に対し不服申立てを経由している場合であっても、右通知処分に対する不服申立てを経由することが必要である。（最判昭59・6・28民集三八・八・一〇二九）

④ 更正処分に対する異議申立があわせ審理の対象とされた場合で、更正処分に対して裁決がなされていない場合には、不服申立前置の要件は満たされていない。（東京高判平12・1・26判タ一〇五五・一三〇）

（原告が行うべき証拠の申出）

第一一六条① 国税に関する法律に基づく処分（更正決定等及び納税の告知に限る。以下この項において「課税処分」という。）に係る行政事件訴訟法第三条第二項（処分の取消しの訴え）に規定する処分の取消しの訴えにおいては、その訴えを提起した者が必要経費又は損金の額の存在その他これに類する自己に有利な事実につき課税処分の基礎とされた事実と異なる旨を主張しようとするときは、相手方当事者である国が当該課税処分の基礎となつた事実を主張した日以後遅滞なくその異なる事実を具体的に主張し、併せてその事実を証明すべき証拠の申出をしなければならない。ただし、当該訴えを提起した者が、その責めに帰することができない理由によりその主張又は証拠の申出を遅滞なくすることができなかつたことを証明したときは、この限りでない。

② 前項の訴えを提起した者が同項の規定に違反して行つた主張又は証拠の申出は、民事訴訟法（平成八年法律第百九号）第百五十七条第一項（時機に後れた攻撃防御方法の却下）の規定の適用に関しては、同項に規定する時機に後れて提出した攻撃又は防御の方法とみなす。

▽❶**【国税に関する法律に基づく処分**→七五①**】【更正決定等**→五八①[一]イ**】【納税の告知**→三六**】【必要経費**→所税三七**】【損金**→法税二二③**】【その他これに類する自己に有利な事実の例**→所税三八、相税一三、ETC

第九章　雑則

（納税管理人）

第一一七条① 個人である納税者がこの法律の施行地に住所及び居所（事務所及び事業所を除く。）を有せず、若しくは有しないこととなる場合又はこの法律の施行地に本店若しくは主たる事務所を有しない法人である納税者がこの法律の施行地にその事務所及び事業所を有せず、若しくは有しないこととなる場合において、納税申告書の提出その他国税に関する事項を処理する必要があるときは、その者は、当該事項を処理させるため、この法律の施行地に住所又は居所を有する者で当該事項の処理につき便宜を有するもののうちから納税管理人を定めなければならない。

② 納税者は、前項の規定により納税管理人を定めたときは、当該納税管理人に係る国税の納税地を所轄する税務署長（保税地域からの引取りに係る消費税等又は国際観光旅客税（国際観光旅客税法第十六条第一項（国内事業者による特別徴収等）の規定により徴収して納付すべきものを除く。）に関する事項のみを処理させるため、納税管理人を定めたときは、これらの国税の納税地を所轄する税関長）にその旨を届け出なければならない。その納税管理人を解任したときも、同様とする。

③ 第一項の場合において、同項の納税者が前項の規定による納税管理人の届出をしなかつたときは、当該納税者に係る国税の納税地を所轄する国税局長又は税務署長は、当該納税者に対し、第一項に規定する国税に関する事項のうち納税管理人に処理させる必要があると認められるものとして財務省令で定めるもの（次項から第六項までにおいて「特定事項」という。）を明示して、六十日を超えない範囲内においてその準備に通常要する日数を勘案して指定する日（第五項において「指定日」という。）までに、前項の規定による納税管理人の届出をすべきことを書面で求めることができる。

④ 第一項の場合において、同項の納税者が第二項の規定による納税管理人の届出をしなかつたときは、当該納税者に係る国税の納税地を所轄する国税局長又は税務署長は、この法律の施行地に住所又は居所を有する者で特定事項の処理につき便宜を有するもの（次項において「国内便宜者」という。）に対し、当該納税者の納税管理人となることを書面で求めることができる。

⑤ 第三項の国税局長又は税務署長は、同項の納税者（以下この項及び第七項において「特定納税者」という。）が指定日までに第二項の規定による納税管理人の届出をしなかつたときは、前項の規定により納税管理人となることを求めた国内便宜者のうち次の各号に掲げる場合の区分に応じ当該各号に定める者を、特定事項を処理させる納税管理人（次項及び第七項において「特定納税管理人」という。）として指定することができる。

一　当該特定納税者が個人である場合　次に掲げる者

イ　当該特定納税者と生計を一にする配偶者その他の親族で成年に達した者

ロ　当該特定納税者に係る国税の課税標準等又は税額等の計算の基礎となるべき事実について当該特定納税者との間の契約により密接な関係を有する者

ハ　電子情報処理組織を使用して行われる取引その他の取引を当該特定納税者が継続的に又は反復して行う場を提供する事業者

二　当該特定納税者が法人である場合　次に掲げる者

イ　当該特定納税者との間にいずれか一方の法人が他方の法人の発行済株式（投資信託及び投資法人に関する法律（昭和二十六年法律第百九十八号）第二条第十二項（定義）に規定する投資法人にあつては、発行済みの投資口（同条第十四項に規定する投資口をいう。イにおいて同じ。）又は出資（当該他方の法人が有する自己の株式（投資口を含む。イにおいて同じ。）又は出資を除く。）の総数又は総額の百分の五十以上の数又は金額の株式又は出資を直接又は間接に保有する関係その他の政令で定める特殊の関係のある法人

ロ　当該特定納税者の役員（法人税法第二条第十五号（定義）に規定する役員をいう。ロにおいて同じ。）又はその役員と生計を一にする配偶者その他の親族で成年に達した者

ハ　前号ロ又はハに掲げる者

⑥　前項の国税局長又は税務署長は、同項の規定により特定納税管理人を指定した場合において、当該特定納税管理人に特定事項を処理させる必要がなくなつたときは、同項の規定による特定納税管理人の指定を解除するものとする。

⑦　前二項の国税局長又は税務署長は、第五項の規定により特定納税管理人を指定したとき、又は前項の規定により特定納税管理人の指定を解除したときは、特定納税管理人又は特定納税管理人であつた者及び特定納税者に対し、書面によりその旨を通知する。

▽❷【納税地→二一①】▽【納税管理人の届出手続→税通令三九】

（国税の課税標準の端数計算等）

第一一八条①　国税（印紙税及び附帯税を除く。以下この条において同じ。）の課税標準（その税率の適用上課税標準から控除する金額があるときは、これを控除した金額。以下この条において同じ。）を計算する場合において、その額に千円未満の端数があるとき、又はその全額が千円未満であるときは、その端数金額又はその全額を切り捨てる。

②　政令で定める国税の課税標準については、前項の規定にかかわらず、その課税標準に一円未満の端数があるとき、又はその全額が一円未満であるときは、その端数金額又はその全額を切り捨てる。

③　附帯税の額を計算する場合において、その計算の基礎となる税額に一万円未満の端数があるとき、又はその税額の全額が一万円未満であるときは、その端数金額又はその全額を切り捨てる。

▽❶【課税標準から控除する金額→二[六]ロ】❶❷【課税標準→二[六]】❶❸【附帯税→二[四]、六〇—六九】❷税通令四〇①　†登税一五（特例）・登税一六（従量税に関する規定）、地税二〇の四の二①②（同種の規定）

（国税の確定金額の端数計算等）

第一一九条①　国税（自動車重量税、印紙税及び附帯税を除く。以下この条において同じ。）の確定金額に百円未満の端数があるとき、又はその全額が百円未満であるときは、その端数金額又はその全額を切り捨てる。

②　政令で定める国税の確定金額については、前項の規定にかかわらず、その確定金額に一円未満の端数があるとき、又はその全額が一円未満であるときは、その端数金額又はその全額を切り捨てる。

③　国税の確定金額を、二以上の納付の期限を定め、一定の金額に分割して納付することとされている場合において、その納付の期限ごとの分割金額に千円未満（前項に規定する国税に係るものについては、一円未満）の端数があるときは、その端数金額は、すべて最初の納付の期限に係る分割金額に合算するものとする。

④　附帯税の確定金額に百円未満の端数があるとき、又はその全額が千円未満（加算税に係るものについては、五千円未満）であるときは、その端数金額又はその全額を切り捨てる。

▽†【附帯税→二[四]、六〇—六九】❷税通令四〇②　❸【分割納付するとされている場合→所税一三二—一三四、相税三八・三九】†登税一九（特例）、地税二〇の四の二③—⑥（同種の規定）

（還付金等の端数計算等）

第一二〇条①　還付金等の額に一円未満の端数があるときは、その端数金額を切り捨てる。

②　還付金等の額が一円未満であるときは、その額を一円として計算する。

③　還付加算金の確定金額に百円未満の端数があるとき、又はその全額が千円未満であるときは、その端数金額又はその全額を切り捨てる。

④　還付加算金の額を計算する場合において、その計算の基礎となる還付金等の額に一万円未満の端数があるとき、又はその還付金等の額の全額が一万円未満であるときは、その端数金額又はその全額を切り捨てる。

▽❶❷❹【還付金等→五六①】❸❹【還付加算金→五八】†地税二〇の四の二⑦（同種の規定）

（供託）

第一二一条　民法第四百九十四条（供託）並びに第四百九十五条第一項及び第三項（供託の方法）の規定は、国税に関する法律の規定により納税者その他の者に金銭その他の物件を交付し、又は引き渡すべき場合について準用する。

▽†【金銭の交付→五六、税徴一二八以下】【物件の交付・引渡し→税徴八〇④⑤、一一九】【地税二〇の八（同旨の規定）】

（国税に関する相殺）

第一二二条　国税と国に対する債権で金銭の給付を目的とするものとは、法律の別段の規定によらなければ、相殺することができない。還付金等に係る債権と国に対する債務で金銭の給付を目的とするものについても、また同様とする。

▽†【相殺→民五〇五以下】【還付金等→五六①】【地税二〇の九（同旨の規定）】

（納税証明書の交付等）

第一二三条①　国税局長、税務署長又は税関長は、国税に関する事項のうち納付すべき税額その他政令で定めるものについての証明書の交付を請求する者があるときは、その者に関するものに限り、政令で定めるところにより、これを交付しなければならない。

税通

② 前項の証明書の交付を請求する者は、政令で定めるところにより、証明書の枚数を基準として定められる手数料を納付しなければならない。

▽+税通令四一・四二、地税二〇の一〇（同旨の規定）

（書類提出者の氏名、住所及び番号の記載）

第一二四条 国税に関する法律に基づき税務署長その他の行政機関の長又はその職員に申告書、申請書、届出書、調書その他の書類（以下この条において「税務書類」という。）を提出する者は、当該税務書類にその氏名（法人については、名称。以下この条において同じ。）、住所又は居所及び番号（番号を有しない者にあつては、その氏名及び住所又は居所とし、税務書類のうち個人番号の記載を要しない書類（納税申告書及び調書を除く。）として財務省令で定める書類については、当該書類を提出する者の氏名及び住所又は居所とする。）を記載しなければならない。この場合において、その者が法人であるとき、納税管理人若しくは代理人（代理の権限を有することを書面で証明した者に限る。以下この条において同じ。）によつて当該税務書類を提出するとき、又は不服申立人が総代を通じて当該税務書類を提出するときは、その代表者（人格のない社団等の管理人を含む。）、納税管理人若しくは代理人又は総代の氏名及び住所又は居所をあわせて記載しなければならない。

▽+【申告書の例→一七―一九（納税申告書）・三一（課税標準申告書）【申請書の例→所税一四四、法税一二二（青色申告の承認の申請書）【届出書の例→所税二二九（開業等の届出書）・所税二三〇（事務所の開設等の届出書）、法税一四八（内国普通法人等の設立の届出書）【その他の書類の例→八一①・八二②（再調査の請求書）・八七①②（審査請求書）【居所→民二三【人格のない社団等→三【納税管理人→一一七【代理人→一〇七【不服申立人の総代→一〇八

（政令への委任）

第一二五条 この法律に定めるもののほか、この法律の規定による通知に係る事項及び納税の猶予に関する申請の手続その他のこの法律の実施のための手続その他その執行に関し必要な事項は、政令で定める。

▽+【納税の猶予→四六―四九【税通令四三（財務省令への委任）

第十章 罰則

第一二六条① 納税者がすべき国税の課税標準の申告（その修正申告を含む。以下この条において「申告」という。）をしないこと、虚偽の申告をすること又は国税の徴収若しくは納付をしないことを煽《せん》動した者は、三年以下の懲役又は二十万円以下の罰金に処する。

② 納税者がすべき申告をさせないため、虚偽の申告をさせるため、又は国税の徴収若しくは納付をさせないために、暴行又は脅迫を加えた者も、前項と同様とする。

第一二七条 国税に関する調査（不服申立てに係る事件の審理のための調査及び第百三十一条第一項（質問、検査又は領置等）に規定する犯則事件の調査を含む。）若しくは外国居住者等の所得に対する相互主義による所得税等の非課税等に関する法律（昭和三十七年法律第百四十四号）若しくは租税条約等の実施に伴う所得税法、法人税法及び地方税法の特例等に関する法律の規定に基づいて行う情報の提供のための調査に関する事務又は国税の徴収若しくは同法の規定に基づいて行う相手国等の租税の徴収に関する事務に従事している者又は従事していた者が、これらの事務に関して知ることのできた秘密を漏らし、又は盗用したときは、これを二年以下の懲役又は百万円以下の罰金に処する。

第一二八条 次の各号のいずれかに該当する者は、一年以下の懲役又は五十万円以下の罰金に処する。

一 第二十三条第三項（更正の請求）に規定する更正請求書に偽りの記載をして税務署長に提出した者

二 第七十四条の二、第七十四条の三（第二項を除く。）若しくは第七十四条の四から第七十四条の六まで（当該職員の質問検査権）の規定による当該職員の質問に対して答弁せず、若しくは偽りの答弁をし、又はこれらの規定による検査、採取、移動の禁止若しくは封かんの実施を拒み、妨げ、若しくは忌避した者

三 第七十四条の二から第七十四条の六まで又は第七十四条の七の二（特定事業者等への報告の求め）の規定による物件の提示若しくは提出又は報告の要求に対し、正当な理由がなくこれに応じず、又は偽りの記載若しくは記録をした帳簿書類その他の物件（その写しを含む。）を提示し、若しくは提出し、若しくは偽りの報告をした者

第一二九条 第九十七条第一項第一号若しくは第二項（審理のための質問、検査等）の規定による質問に対して答弁せず、若しくは偽りの答弁をし、又は同条第一項第三号若しくは第二項の規定による検査を拒み、妨げ、若しくは忌避し、若しくは当該検査に関し偽りの記載若しくは記録をした帳簿書類を提示した者は、三十万円以下の罰金に処する。ただし、同条第四項に規定する審査請求人等は、この限りでない。

第一三〇条① 法人の代表者（人格のない社団等の管理人を含む。）又は法人若しくは人の代理人、使用人その他の従業者が、その法人又は人の業務又は財産に関して前二条の違反行為をしたときは、その行為者を罰するほか、その法人又は人に対して当該各条の罰金刑を科する。

② 人格のない社団等について前項の規定の適用がある場合には、その代表者又は管理人がその訴訟行為につきその人格のない社団等を代表するほか、法人を被告人又は被疑者とする場合の刑事訴訟に関する法律の規定を準用する。

▽+【人格のない社団等→三【同旨の規定→所税二四三、法税一六三 ❷刑訴二七・二八三・三三九①㈢ ETC

第十一章　犯則事件の調査及び処分

第一節　犯則事件の調査

（質問、検査又は領置等）

第一三一条① 国税庁等の当該職員（以下第百五十二条（調書の作成）まで及び第百五十五条（間接国税以外の国税に関する犯則事件等についての告発）において「当該職員」という。）は、国税に関する犯則事件（第百三十五条（現行犯事件の臨検、捜索又は差押え）及び第百五十三条第二項（調査の管轄及び引継ぎ）を除き、以下この節において「犯則事件」という。）を調査するため必要があるときは、犯則嫌疑者若しくは参考人（以下この項及び次条第一項において「犯則嫌疑者等」という。）に対して出頭を求め、犯則嫌疑者等に対して質問し、犯則嫌疑者等が所持し、若しくは置き去つた物件を検査し、又は犯則嫌疑者等が任意に提出し、若しくは置き去つた物件を領置することができる。

② 当該職員は、犯則事件の調査について、官公署又は公私の団体に照会して必要な事項の報告を求めることができる。

▽†【質問・検査・領置→地税二二の三　❶【領置→関税一一九、刑訴一〇一

（臨検、捜索又は差押え等）

第一三二条① 当該職員は、犯則事件を調査するため必要があるときは、その所属官署の所在地を管轄する地方裁判所又は簡易裁判所の裁判官があらかじめ発する許可状により、臨検、犯則嫌疑者等の身体、物件若しくは住居その他の場所の捜索、証拠物若しくは没収すべき物件と思料するものの差押え又は記録命令付差押え（電磁的記録を保管する者その他電磁的記録を利用する権限を有する者に命じて必要な電磁的記録を記録媒体に記録させ、又は印刷させた上、当該記録媒体を差し押さえることをいう。以下同じ。）をすることができる。ただし、参考人の身体、物件又は住居その他の場所については、差し押さえるべき物件の存在を認めるに足りる状況のある場合に限り、捜索をすることができる。

② 差し押さえるべき物件が電子計算機であるときは、当該電子計算機に電気通信回線で接続している記録媒体であつて、当該電子計算機で作成若しくは変更をした電磁的記録又は当該電子計算機で変更若しくは消去をすることができることとされている電磁的記録を保管するために使用されていると認めるに足りる状況にあるものから、その電磁的記録を当該電子計算機又は他の記録媒体に複写した上、当該電子計算機又は当該他の記録媒体を差し押さえることができる。

③ 前二項の場合において、急速を要するときは、当該職員は、臨検すべき物件若しくは場所、捜索すべき身体、物件若しくは場所、差し押さえるべき物件又は電磁的記録を記録させ、若しくは印刷させるべき者の所在地を管轄する地方裁判所又は簡易裁判所の裁判官があらかじめ発する許可状により、前二項の処分をすることができる。

④ 当該職員は、第一項又は前項の許可状（第百四十七条（鑑定等の嘱託）を除き、以下「許可状」という。）を請求する場合においては、犯則事件が存在すると認められる資料を提供しなければならない。

⑤ 前項の規定による請求があつた場合においては、地方裁判所又は簡易裁判所の裁判官は、犯則嫌疑者の氏名（法人については、名称）、罪名並びに臨検すべき物件若しくは場所、捜索すべき身体、物件若しくは場所、差し押さえるべき物件又は記録させ、若しくは印刷させるべき電磁的記録及びこれを記録させ、若しくは印刷させるべき者並びに請求者の官職氏名、有効期間、その期間経過後は執行に着手することができずこれを返還しなければならない旨、交付の年月日及び裁判所名を記載し、自己の記名押印した許可状を当該職員に交付しなければならない。

⑥ 第二項の場合においては、許可状に、前項に規定する事項のほか、差し押さえるべき電子計算機に電気通信回線で接続している記録媒体であつて、その電磁的記録を複写すべきものの範囲を記載しなければならない。

⑦ 当該職員は、許可状を他の当該職員に交付して、臨検、捜索、差押え又は記録命令付差押えをさせることができる。

▽†【差押え物件等の封印等→税通令四四　【臨検・捜索・差押え→地税二二の四、関税一二一　❶【令状による差押え→刑訴九九　❹【許可状請求書の記載事項→税通令四五

（通信事務を取り扱う者に対する差押え）

第一三三条① 当該職員は、犯則事件を調査するため必要があるときは、許可状の交付を受けて、犯則嫌疑者から発し、又は犯則嫌疑者に対して発した郵便物、信書便物又は電信についての書類で法令の規定に基づき通信事務を取り扱う者が保管し、又は所持するものを差し押さえることができる。

② 当該職員は、前項の規定に該当しない郵便物、信書便物又は電信についての書類で法令の規定に基づき通信事務を取り扱う者が保管し、又は所持するものについては、犯則事件に関係があると認めるに足りる状況があるものに限り、許可状の交付を受けて、これを差し押さえることができる。

③ 当該職員は、前二項の規定による処分をした場合においては、その旨を発信人又は受信人に通知しなければならない。ただし、通知によつて犯則事件の調査が妨げられるおそれがある場合は、この限りでない。

▽†【通信事務を取り扱う者に対する差押え→地税二二の五、関税一二二、刑訴一〇〇

（通信履歴の電磁的記録の保全要請）

第一三四条① 当該職員は、差押え又は記録命令付差押えをするため必要があるときは、電気通信を行うための設備を他人の通信の用に供する事業を営む者又は自己の業務のために不特定若しくは多数の者の通信を媒介することのできる電気通信を行うための

設備を設置している者に対し、その業務上記録している電気通信の送信元、送信先、通信日時その他の通信履歴の電磁的記録のうち必要なものを特定し、三十日を超えない期間を定めて、これを消去しないよう、書面で求めることができる。この場合において、当該電磁的記録について差押え又は記録命令付差押えをする必要がないと認めるに至つたときは、当該求めを取り消さなければならない。

② 前項の規定により消去しないよう求める期間については、特に必要があるときは、三十日を超えない範囲内で延長することができる。ただし、消去しないよう求める期間は、通じて六十日を超えることができない。

③ 第一項の規定による求めを行う場合において、必要があるときは、みだりに当該求めに関する事項を漏らさないよう求めることができる。

▽【通信履歴の電磁的記録の保全要請→地税二二の六 ❶【記録命令付差押え→刑訴九九の二、一一〇の二

（現行犯事件の臨検、捜索又は差押え）

第一三五条① 当該職員は、間接国税（消費税法第四十七条第二項（引取りに係る課税貨物についての課税標準額及び税額の申告等）に規定する課税貨物に課される消費税その他の政令で定める国税をいう。以下同じ。）に関する犯則事件について、現に犯則を行い、又は現に犯則を行い終わつた者がある場合において、その証拠となると認められるものを集取するため必要であつて、かつ、急速を要し、許可状の交付を受けることができないときは、その犯則の現場において第百三十二条第一項（臨検、捜索又は差押え等）の臨検、捜索又は差押えをすることができる。

② 当該職員は、間接国税に関する犯則事件について、現に犯則に供した物件若しくは犯則により得た物件を所持し、又は顕著な犯則の跡があつて犯則を行つてから間がないと明らかに認められる者がある場合において、その証拠となると認められるものを集取するため必要であつて、かつ、急速を要し、許可状の交付を受けることができないときは、その者の所持する物件に対して第百三十二条第一項の臨検、捜索又は差押えをすることができる。

▽【現行犯事件の臨検・捜索・差押え→地税二二の七、関税一二四 ❶【政令で定める国税→税通令四六

（電磁的記録に係る記録媒体の差押えに代わる処分）

第一三六条 差し押さえるべき物件が電磁的記録に係る記録媒体であるときは、当該職員は、その差押えに代えて次に掲げる処分をすることができる。

一 差し押さえるべき記録媒体に記録された電磁的記録を他の記録媒体に複写し、印刷し、又は移転した上、当該他の記録媒体を差し押さえること。

二 差押えを受ける者に差し押さえるべき記録媒体に記録された電磁的記録を他の記録媒体に複写させ、印刷させ、又は移転させた上、当該他の記録媒体を差し押さえること。

▽【電磁的記録に係る記録媒体の差押え→地税二二の八、刑訴一一〇の二・九九の二

（臨検、捜索又は差押え等に際しての必要な処分）

第一三七条① 当該職員は、臨検、捜索、差押え又は記録命令付差押えをするため必要があるときは、錠をはずし、封を開き、その他必要な処分をすることができる。

② 前項の処分は、領置物件、差押物件又は記録命令付差押物件についても、することができる。

▽【臨検・捜索・差押えに際しての必要な処分→地税二二の九、関税一二六

（処分を受ける者に対する協力要請）

第一三八条 臨検すべき物件又は差し押さえるべき物件が電磁的記録に係る記録媒体であるときは、当該職員は、臨検又は捜索若しくは差押えを受ける者に対し、電子計算機の操作その他の必要な協力を求めることができる。

▽【処分を受ける者に対する協力要請→地税二二の一〇、関税一二七、刑訴一一一の二

（許可状の提示）

第一三九条 臨検、捜索、差押え又は記録命令付差押えの許可状は、これらの処分を受ける者に提示しなければならない。

▽【許可状の提示→地税二二の一一、関税一二八 【令状→刑訴一一〇

（身分の証明）

第一四〇条 当該職員は、この節の規定により質問、検査、領置、臨検、捜索、差押え又は記録命令付差押えをするときは、その身分を示す証明書を携帯し、関係人の請求があつたときは、これを提示しなければならない。

▽【身分の証明→地税二二の一二、関税一二九

（警察官の援助）

第一四一条 当該職員は、臨検、捜索、差押え又は記録命令付差押えをするに際し必要があるときは、警察官の援助を求めることができる。

▽【警察官等の援助→地税二二の一三、関税一三〇

（所有者等の立会い）

第一四二条① 当該職員は、人の住居又は人の看守する邸宅若しくは建造物その他の場所で臨検、捜索、差押え又は記録命令付差押えをするときは、その所有者若しくは管理者（これらの者の代表者、代理人その他これらの者に代わるべき者を含む。）又はこれらの者の使用人若しくは同居の親族で成年に達した者を立ち会わせなければならない。

② 前項の場合において、同項に規定する者を立ち会わせることができないときは、その隣人で成年に達した者又はその地の警察官若しくは地方公共団体の職員を立ち会わせなければならない。

③ 第百三十五条（現行犯事件の臨検、捜索又は差押え）の規定により臨検、捜索又は差押えをする場合において、急速を要するときは、前二項の規定によることを要しない。

④　女子の身体について捜索をするときは、成年の女子を立ち会わせなければならない。ただし、急速を要する場合は、この限りでない。
▽【所有者等の立会い↓地税二二の一四、関税一三一　【立会い↓刑訴一一三、一一四

（領置目録等の作成等）
第一四三条　当該職員は、領置、差押え又は記録命令付差押えをしたときは、その目録を作成し、領置物件、差押物件若しくは記録命令付差押物件の所有者、所持者若しくは保管者（第百三十六条（電磁的記録に係る記録媒体の差押えに代わる処分）の規定による処分を受けた者を含む。）又はこれらの者に代わるべき者にその謄本を交付しなければならない。
▽【領置目録等の作成等↓地税二二の一五、関税一三二　【領置目録等の記載事項↓税通令四七

（領置物件等の処置）
第一四四条①　運搬又は保管に不便な領置物件、差押物件又は記録命令付差押物件は、その所有者又は所持者その他当該職員が適当と認める者に、その承諾を得て、保管証を徴して保管させることができる。
②　国税庁長官、国税局長又は税務署長は、領置物件又は差押物件が腐敗し、若しくは変質したとき、又は腐敗若しくは変質のおそれがあるときは、政令で定めるところにより、公告した後これを公売に付し、その代金を供託することができる。
▽【領置物件等の処置↓税通令四八、地税二二の一六、関税一三三

（領置物件等の還付等）
第一四五条①　当該職員は、領置物件、差押物件又は記録命令付差押物件について留置の必要がなくなつたときは、その返還を受けるべき者にこれを還付しなければならない。
②　国税庁長官、国税局長又は税務署長は、前項の領置物件、差押物件又は記録命令付差押物件について、その返還を受けるべき者の住所若しくは居所がわからないため、又はその他の事由によりこれを還付することができない場合においては、その旨を公告しなければならない。
③　前項の公告に係る領置物件、差押物件又は記録命令付差押物件について公告の日から六月を経過しても還付の請求がないときは、これらの物件は、国庫に帰属する。
▽【領置物件等の還付等↓地税二二の一七、関税一三四　【還付↓刑訴一二三、一二四　❷【還付の公告↓税通令四九

（移転した上差し押さえた記録媒体の交付等）
第一四六条①　当該職員は、第百三十六条（電磁的記録に係る記録媒体の差押えに代わる処分）の規定により電磁的記録を移転し、又は移転させた上差し押さえた記録媒体について留置の必要がなくなつた場合において、差押えを受けた者と当該記録媒体の所有者、所持者又は保管者とが異なるときは、当該差押えを受けた者に対し、当該記録媒体を交付し、又は当該電磁的記録の複写を許さなければならない。
②　前条第二項の規定は、前項の規定による交付又は複写について準用する。
③　前項において準用する前条第二項の規定による公告の日から六月を経過しても前項の交付又は複写の請求がないときは、その交付をし、又は複写をさせることを要しない。
▽【移転した上差し押さえた記録媒体の交付等↓地税二二の一八

（鑑定等の嘱託）
第一四七条①　当該職員は、犯則事件を調査するため必要があるときは、学識経験を有する者に領置物件、差押物件若しくは記録命令付差押物件についての鑑定を嘱託し、又は通訳若しくは翻訳を嘱託することができる。
②　前項の規定による鑑定の嘱託を受けた者（第四項及び第五項において「鑑定人」という。）は、前項の当該職員の所属官署の所在地を管轄する地方裁判所又は簡易裁判所の裁判官の許可を受けて、当該鑑定に係る物件を破壊することができる。
③　前項の許可の請求は、当該職員からこれをしなければならない。
④　前項の請求があつた場合において、裁判官は、当該請求を相当と認めるときは、犯則嫌疑者の氏名（法人については、名称）、罪名、破壊すべき物件及び鑑定人の氏名並びに請求者の官職氏名、有効期間、その期間経過後は執行に着手することができずこれを返還しなければならない旨、交付の年月日及び裁判所名を記載し、自己の記名押印した許可状を当該職員に交付しなければならない。
⑤　鑑定人は、第二項の処分を受ける者に前項の許可状を示さなければならない。
▽【鑑定等の嘱託↓地税二二の一九、関税一三六　❹【許可状請求書の記載事項↓税通令五〇

（臨検、捜索又は差押え等の夜間執行の制限）
第一四八条①　臨検、捜索、差押え又は記録命令付差押えは、許可状に夜間でも執行することができる旨の記載がなければ、日没から日出までの間には、してはならない。ただし、第百三十五条（現行犯事件の臨検、捜索又は差押え）の規定により処分をする場合及び消費税法第二条第一項第十一号（定義）に規定する課税貨物に課される消費税その他の政令で定める国税について旅館、飲食店その他夜間でも公衆が出入りすることができる場所でその公開した時間内にこれらの処分をする場合は、この限りでない。
②　日没前に開始した臨検、捜索、差押え又は記録命令付差押えは、必要があると認めるときは、日没後まで継続することができる。
▽【臨検・捜索・差押え等の夜間執行の制限↓地税二二の二〇、関税一三七　❶【政令で定める国税↓税通令五一

（処分中の出入りの禁止）
第一四九条　当該職員は、この節の規定により質問、

検査、領置、臨検、捜索、差押え又は記録命令付差押えをする間は、何人に対しても、許可を受けないでその場所に出入りすることを禁止することができる。
▽ャ【処分中の出入りの禁止→地税二二の二一、関税一三八

（執行を中止する場合の処分）
第一五〇条　臨検、捜索、差押え又は記録命令付差押えの許可状の執行を中止する場合において、必要があるときは、執行が終わるまでその場所を閉鎖し、又は看守者を置くことができる。
▽ャ【執行を中止する場合の処分→地税二二の二二

（捜索証明書の交付）
第一五一条　捜索をした場合において、証拠物又は没収すべき物件がないときは、捜索を受けた者の請求により、その旨の証明書を交付しなければならない。
▽ャ【捜索証明書の交付→地税二二の二三

（調書の作成）
第一五二条①　当該職員は、この節の規定により質問をしたときは、その調書を作成し、質問を受けた者に閲覧させ、又は読み聞かせて、誤りがないかどうかを問い、質問を受けた者が増減変更の申立てをしたときは、その陳述を調書に記載し、質問を受けた者とともにこれに署名押印しなければならない。ただし、質問を受けた者が署名押印せず、又は署名押印することができないときは、その旨を付記すれば足りる。
②　当該職員は、この節の規定により検査又は領置をしたときは、その調書を作成し、これに署名押印しなければならない。
③　当該職員は、この節の規定により臨検、捜索、差押え又は記録命令付差押えをしたときは、その調書を作成し、立会人に示し、立会人とともにこれに署名押印しなければならない。ただし、立会人が署名押印せず、又は署名押印することができないときは、その旨を付記すれば足りる。
▽ャ【調書の記載事項→税通令五二、地税二二の二四

（調査の管轄及び引継ぎ）
第一五三条①　犯則事件の調査は、国税庁の当該職員又は事件発見地を所轄する国税局若しくは税務署の当該職員が行う。
②　国税庁の当該職員が集取した第百五十六条第一項（間接国税に関する犯則事件についての報告等）に規定する間接国税に関する犯則事件の証拠で、重要な犯則事件に関するものは所轄国税局の当該職員に、その他のものは所轄税務署の当該職員に、それぞれ引き継がなければならない。
③　国税局の当該職員が集取した犯則事件の証拠は、所轄税務署の当該職員に引き継がなければならない。ただし、重要な犯則事件の証拠については、この限りでない。
④　税務署の当該職員が集取した重要な犯則事件の証拠は、所轄国税局の当該職員に引き継がなければならない。
⑤　同一の犯則事件が二以上の場所において発見されたときは、各発見地において集取された証拠は、最初の発見地を所轄する税務署の当該職員に引き継がなければならない。ただし、その証拠が重要な犯則事件の証拠であるときは、最初の発見地を所轄する国税局の当該職員に引き継がなければならない。

（管轄区域外における職務の執行等）
第一五四条①　国税局又は税務署の当該職員は、犯則事件を調査するため必要があるときは、その所属する国税局又は税務署の管轄区域外においてその職務を執行することができる。
②　税務署長は、その管轄区域外において犯則事件の調査を必要とするときは、これをその地の税務署長に嘱託することができる。
③　国税局長は、その管轄区域外において犯則事件の調査を必要とするときは、これをその地の国税局長又は税務署長に嘱託することができる。
▽ャ【管轄区域外における職務の執行等→地税二二の二五

第二節　犯則事件の処分

（間接国税以外の国税に関する犯則事件等についての告発）
第一五五条　当該職員は、次に掲げる犯則事件の調査により犯則があると思料するときは、検察官に告発しなければならない。
一　間接国税以外の国税に関する犯則事件
二　申告納税方式による間接国税に関する犯則事件（酒税法第五十五条第一項又は第三項（罰則）の罪その他の政令で定める罪に係る事件に限る。）
▽ャ【間接国税以外の国税に関する犯則事件等についての告発→地税二二の二六（地方税）【二】【政令で定める罪→税通令五三

（間接国税に関する犯則事件についての報告等）
第一五六条①　国税局又は税務署の当該職員は、間接国税に関する犯則事件（前条第二号に掲げる犯則事件を除く。以下同じ。）の調査を終えたときは、その調査の結果を所轄国税局長又は所轄税務署長に報告しなければならない。ただし、次の各号のいずれかに該当する場合においては、直ちに検察官に告発しなければならない。
一　犯則嫌疑者の居所が明らかでないとき。
二　犯則嫌疑者が逃走するおそれがあるとき。
三　証拠となると認められるものを隠滅するおそれがあるとき。
②　国税庁の当該職員は、間接国税に関する犯則事件の調査を終えたときは、その調査の結果を所轄国税局長又は所轄税務署長に通報しなければならない。ただし、前項各号のいずれかに該当する場合においては、直ちに検察官に告発しなければならない。
▽ャ【間接国税に関する犯則事件についての報告等→地税二二の二七（地方税

（間接国税に関する犯則事件についての通告処分

等）

第一五七条①　国税局長又は税務署長は、間接国税に関する犯則事件の調査により犯則の心証を得たときは、その理由を明示し、罰金に相当する金額、没収に該当する物件、追徴金に相当する金額並びに書類の送達並びに差押物件又は記録命令付差押物件の運搬及び保管に要した費用を指定の場所に納付すべき旨を書面により通告しなければならない。この場合において、没収に該当する物件については、納付の申出のみをすべき旨を通告することができる。

②　前項の場合において、次の各号のいずれかに該当すると認めるときは、同項の規定にかかわらず、国税局長又は税務署長は、直ちに検察官に告発しなければならない。

一　情状が懲役の刑に処すべきものであるとき。

二　犯則者が通告の旨を履行する資力がないとき。

③　第一項の規定による通告に計算違い、誤記その他これらに類する明白な誤りがあるときは、国税局長又は税務署長は、犯則者が当該通告の旨を履行し、又は前項若しくは次条の規定により告発するまでの間、職権で、当該通告を更正することができる。

④　第一項の規定により通告があつたときは、公訴の時効は、その進行を停止し、犯則者が当該通告を受けた日の翌日から起算して二十日を経過した時からその進行を始める。

⑤　犯則者は、第一項の通告の旨（第三項の規定による更正があつた場合には、当該更正後の通告の旨。次項及び次条第一項において同じ。）を履行した場合においては、同一事件について公訴を提起されない。

⑥　犯則者は、第一項後段の通告の旨を履行した場合において、没収に該当する物件を所持するときは、公売その他の必要な処分がされるまで、これを保管する義務を負う。ただし、その保管に要する費用は、請求することができない。

▽+**【間接国税に関する犯則事件についての通告処分等**→地税二二の二八（地方税）**【通告の方法等**→税通令五四

（間接国税に関する犯則事件についての通告処分の不履行）

第一五八条①　犯則者が前条第一項の通告（同条第三項の規定による更正があつた場合には、当該更正。以下この条において「通告等」という。）を受けた場合において、当該通告等を受けた日の翌日から起算して二十日以内に当該通告等の旨を履行しないときは、国税局長又は税務署長は、検察官に告発しなければならない。ただし、当該期間を経過しても告発前に履行した場合は、この限りでない。

②　犯則者の居所が明らかでないため、若しくは犯則者が通告等に係る書類の受領を拒んだため、又はその他の事由により通告等をすることができないときも、前項と同様とする。

▽+**【間接国税に関する犯則事件についての通告処分の不履行**→地税二二の二九（地方税）

（検察官への引継ぎ）

第一五九条①　間接国税に関する犯則事件は、第百五十六条第一項ただし書（間接国税に関する犯則事件についての報告等）の規定による国税局若しくは税務署の当該職員の告発、同条第二項ただし書の規定による国税庁の当該職員の告発又は第百五十七条第二項（間接国税に関する犯則事件についての通告処分等）若しくは前条の規定による国税局長若しくは税務署長の告発を待つて論ずる。

②　第百五十五条（間接国税以外の国税に関する犯則事件等についての告発）の規定による告発又は前項の告発は、書面をもつて行い、第百五十二条各項（調書の作成）に規定する調書を添付し、領置物件、差押物件又は記録命令付差押物件があるときは、これを領置目録、差押目録又は記録命令付差押目録とともに検察官に引き継がなければならない。

③　前項の領置物件、差押物件又は記録命令付差押物件が第百四十四条第一項（領置物件等の処置）の規定による保管に係るものである場合においては、同項の保管証をもつて引き継ぐとともに、その旨を同項の規定により当該物件を保管させた者に通知しなければならない。

④　前二項の規定により領置物件、差押物件又は記録命令付差押物件が引き継がれたときは、当該物件は、刑事訴訟法（昭和二十三年法律第百三十一号）の規定により検察官によつて押収されたものとみなす。

⑤　第一項の告発は、取り消すことができない。

▽+**【検察官への引継ぎ**→地税二二の三〇

（犯則の心証を得ない場合の通知等）

第一六〇条　国税局長又は税務署長は、間接国税に関する犯則事件を調査し、犯則の心証を得ない場合においては、その旨を犯則嫌疑者に通知しなければならない。この場合において、物件の領置、差押え又は記録命令付差押えがあるときは、その解除を命じなければならない。

▽+**【犯則の心証を得ない場合の通知等**→地税二二の三一**【犯則の心証を得ない場合の供託書の交付**→税通令五五

附　則（抄）

（施行期日）

第一条　この法律は、昭和三十七年四月一日から施行する。ただし、第八章（不服審査及び訴訟）の規定は、昭和三十七年十月一日から施行する。

附　則（平成二八・三・三一法一五）（抄）

（施行期日）

第一条　この法律は、平成二十八年四月一日から施行する。ただし、次の各号に掲げる規定は、当該各号に定める日から施行する。

九　次に掲げる規定　令和五年十月一日

ロ　第六条中国税通則法第七十四条の二の改正規定

附　則（令和二・三・三一法八）（抄）

（施行期日）

第一条　この法律は、令和二年四月一日から施行する。ただし、次の各号に掲げる規定は、当該各号に定める日から施行する。

五　次に掲げる規定　令和四年四月一日

へ　第十三条の規定（同条中国税通則法第四十六条第六項の改正規定、同法第七十条の改正規定、同法第七十一条第一項の改正規定、同条第二項の改正規定（「（定義）」を削る部分に限る。）、同法第七十二条第一項の改正規定及び同法第七十四条の十一第一項の改正規定を除く。）

附　則（令和二・五・二九法三三）（抄）

（施行期日）

第一条　この法律は、公布の日から起算して二年六月を超えない範囲内において政令で定める日から施行する。（後略）

附　則（令和二・六・一二法四九）（抄）

（施行期日）

第一条　この法律は、令和四年四月一日から施行する。（後略）

附　則（令和三・三・三一法一一）（抄）

（施行期日）

第一条　この法律は、令和三年四月一日から施行する。ただし、次の各号に掲げる規定は、当該各号に定める日から施行する。

三　第五条中国税通則法第七十四条の二に一項を加える改正規定及び附則第十三条の規定　令和三年七月一日

五　次に掲げる規定　令和四年一月一日

ハ　第五条中国税通則法第六十五条第三項第二号の改正規定及び同法第百十七条に五項を加える改正規定

六　第五条中国税通則法第三十四条の改正規定　令和四年一月四日

（国税通則法の一部改正に伴う経過措置）

第一三条　第五条の規定による改正後の国税通則法（以下この条において「新国税通則法」という。）第七十四条の二第五項の規定は、令和三年七月一日以後に法人税等（法人税、地方法人税又は消費税をいう。以下この条において同じ。）に関する調査に係る新国税通則法第七十四条の二第一項第二号又は第三号に定める者に対して行う同項の規定による質問、検査又は提示若しくは提出の要求（同日前から引き続き行われている法人税等に関する調査（同日前に第五条の規定による改正前の国税通則法第七十四条の二第一項第二号イ又は第三号イに掲げる者に対して同項の規定による質問、検査又は提示若しくは提出の要求を行っていたものに限る。）に係るものを除く。）について適用する。

（罰則に関する経過措置）

第一三一条　この法律（附則第一条各号に掲げる規定にあっては、当該規定。以下この条において同じ。）の施行前にした行為（中略）に対する罰則の適用については、なお従前の例による。

（政令への委任）

第一三二条　この附則に規定するもののほか、この法律の施行に関し必要な経過措置は、政令で定める。

◉国税徴収法（昭和三四・四・二〇 法一四七）

施行　昭和三五・一・一（昭和三四政三二八）
最終改正　令和三法四二

目次

第一章　総則

（目的）

第一条　この法律は、国税の滞納処分その他の徴収に関する手続の執行について必要な事項を定め、私法秩序との調整を図りつつ、国民の納税義務の適正な実現を通じて国税収入を確保することを目的とする。

▽【国税→二㈠】【滞納処分→税通四〇、四七以下】【私法秩序との調整→一五―二六】【国民の納税義務→憲三〇・八四（租税法律主義）】【納税義務→税通一五①】

（定義）

第二条　この法律において、次の各号に掲げる用語の意義は、当該各号に定めるところによる。

一　国税　国が課する税のうち関税、とん税、特別とん税及び特別法人事業税以外のものをいう。

二　地方税　地方税法（昭和二十五年法律第二百二十六号）第一条第一項第十四号（用語）に規定する地方団体の徴収金（都及び特別区のこれに相当する徴収金を含む。）及び特別法人事業税及び特別法人事業譲与税に関する法律（平成三十一年法律第四号）第二条第九号（定義）に規定する特別法人事業税に係る徴収金をいう。

三　消費税等　消費税、酒税、たばこ税、揮発油税、地方揮発油税、石油ガス税及び石油石炭税をいう。

四　附帯税　国税のうち延滞税、利子税、過少申告加算税、無申告加算税、不納付加算税及び重加算税をいう。

五　公課　滞納処分の例により徴収することができる債権のうち国税（その滞納処分費を含む。以下同じ。）及び地方税以外のものをいう。

六　納税者　国税に関する法律の規定により国税（国税通則法（昭和三十七年法律第六十六号）第二条第二号（定義）に規定する源泉徴収等による国税を除く。）を納める義務がある者及び当該源泉徴収等による国税を徴収して国に納付しなければならない者をいう。

七　第二次納税義務者　第三十三条から第三十九条まで（合名会社等の社員等の第二次納税義務）又は第四十一条（人格のない社団等に係る第二次納税義務）の規定により納税者の国税を納付する義務を負う者をいう。

八　保証人　国税に関する法律の規定により納税者の国税の納付について保証をした者をいう。

九　滞納者　納税者でその納付すべき国税をその納付の期限（国税通則法第四十七条第一項（納税の猶予の通知等）に規定する納税の猶予又は徴収若しくは滞納処分に関する猶予に係る期限を除く。）までに納付しないものをいう。

十　法定納期限　国税に関する法律の規定により国税を納付すべき期限（次に掲げる国税については、それぞれ次に定める期限又は日）をいう。この場合において、国税通則法第三十八条第二項（繰上請求）に規定する繰上げに係る期限及び所得税法（昭和四十年法律第三十三号）若しくは相続税法（昭和二十五年法律第七十三号）の規定による延納（第百五十一条の二第一項（換価の猶予の要件等）において「延納」という。）、国税通則法第四十七条第一項に規定する納税の猶予又は徴収若しくは滞納処分に関する猶予に係る期限は、当該国税を納付すべき期限に含まれないものとする。

イ　国税通則法第三十五条第二項（申告納税方式による国税等の納付）の規定により納付すべき国税　その国税の額をその国税に係る同法第十七条第二項（期限内申告）に規定する期限内申告書に記載された納付すべき税額とみなして国税に関する法律の規定を適用した場合におけるその国税を納付すべき期限

ロ　国税に関する法律の規定により国税を納付すべき期限とされている日後に納税の告知がされた国税（ハ又はニに掲げる国税に該当するものを除く。）　当該期限

ハ　国税に関する法律の規定により一定の事実が生じた場合に直ちに徴収するものとされている賦課課税方式による国税　当該事実が生じた日

ニ　附帯税又は滞納処分費　その納付又は徴収の基因となる国税を納付すべき期限（当該国税がイからハまでに掲げる国税に該当する場合には、それぞれ当該国税に係るイからハまでに掲げる期限（地価税に係る過少申告加算税、無申告加算税及び国税通則法第三十五条第三項に規定する重加算税については、先に到来する期限）又は日）

十一　徴収職員　税務署長その他国税の徴収に関する事務に従事する職員をいう。

十二　強制換価手続　滞納処分（その例による処分を含む。以下同じ。）、強制執行、担保権の実行としての競売、企業担保権の実行手続及び破産手続をいう。

十三　執行機関　滞納処分を執行する行政機関その他の者（以下「行政機関等」という。）、裁判所（民事執行法（昭和五十四年法律第四号）第百六十七条の二第二項（少額訴訟債権執行の開始等）に規定する少額訴訟債権執行にあつては、裁判所書記官）、執行官及び破産管財人をいう。

★平成三一法三（令和六・一・一施行）**による改正**
第一号中「及び」を「、森林環境税及び」に改め、第二号中「含む。）」の下に「、森林環境税及び森林環境譲与税に関する法律（平成三十一年法律第三号）第二条第五号（定義）に規定する森林環境税に係る徴収金」を加える。（本文未織込み）

▽〔一〕関税　**〔二〕【地方団体→地税一①［一］**　〔三〕消税、酒税　**〔四〕【附帯税→税通六〇―六九　【延滞税→税通六〇―六三　【利子税→税通六四　【過少申告加算税→税通六五　【無申告加算税→税通六六　【不納付加算税→税通六七　【重加算税→税通六八　【同旨→税通二［四］　〔五〕〔十〕【滞納処分費→**一三六　**〔八〕【保証人→**税通五〇［六］　**〔九〕〔十〕【徴収の猶予→**税通二三⑤⑥、一〇五②④⑥、所税一一八、一三三⑤　〔六〕税通二［五］（同旨）**【滞納処分に関する猶予→**一五一　**〔十〕【法定納期限→**所税一〇四①、一一五、一二八―一三〇、一八一①、一八三①、一九九、二〇四①、二〇七、二一〇、二一二、二二六、法税七六、七七、九〇、九一、相税三三、消税四八―五〇、酒税三〇の四、三〇の五、印税一一⑤、一二⑥、登税二七　**【延納→**所税一三一―一三七、相税三八―四〇、四四、四七、四八の三　**【納税の告知→**税通三六　**【賦課課税方式→**税通一六①［二］②［二］　**【八に該当する国税→**消税八③⑤、酒税二八の三⑥、五四⑤、五六③、五八③、ETC　**〔十二〕【滞納処分→**税通四〇、四七以下　**〔十三〕【滞納処分の執行機関→**税通四〇、四七、一八二―一八五

（人格のない社団等に対するこの法律の適用）
第三条　法人でない社団又は財団で代表者又は管理人の定めがあるもの（以下「人格のない社団等」という。）は、法人とみなして、この法律の規定を適用する。

▽［十］税通三、所税四、法税三、地税一二、二四⑥、七二の二④、二九四⑧（同旨の規定）、相税六六（人格のない社団等を個人とみなす場合）

第四条から第七条まで　削除

第二章　国税と他の債権との調整

第一節　一般的優先の原則

▽［十］**【国税→**二［一］　**【地方税→**二［三］　**【納税者→**二［六］　**【同旨の規定→**地税一章七節

（国税優先の原則）
第八条　国税は、納税者の総財産について、この章に別段の定がある場合を除き、すべての公課その他の債権に先だつて徴収する。

▽［十］**【公課→**二［五］

1　租税債権に一般的優先権を与えることは憲法二九条に違反しない。（最大判昭35・12・21民集一四・一二・三一四〇、租税百選〔初版〕八四）

2　〈Xが抵当権を有する不動産の競売手続においてYから交付要求がなされ、国税徴収法二六条につき配当表が作成されたことに対して、Xが民法三九四条二項ただし書に基づく供託請求権を主張した配当異議請求控訴事件において〉国税徴収法が、国税優先の原則を定め、租税債権と他の債権との調整規定を置いている以上、租税債権と私債権との間の利益調整は、専ら同法により、私債権者間の調整規定である民法三九四条の規定が適用される余地はない。（東京高判平13・3・28訟月四八・八・一八八〇）

（強制換価手続の費用の優先）
第九条　納税者の財産につき強制換価手続が行われた場合において、国税の交付要求をしたときは、その

国税は、その手続により配当すべき金銭（以下この章において「換価代金」という。）につき、その手続に係る費用に次いで徴収する。

▽ヤ【強制換価手続→二[十二]　【交付要求→八二—八六

（直接の滞納処分費の優先）

第一〇条　納税者の財産を国税の滞納処分により換価したときは、その滞納処分に係る滞納処分費は、次条、第十四条から第十七条まで（担保を徴した国税の優先等）、第十九条から第二十一条まで（先取特権等の優先）及び第二十三条（法定納期限等以前にされた仮登記により担保される債権の優先等）の規定にかかわらず、その換価代金につき、他の国税、地方税その他の債権に先立つて徴収する。

▽ヤ【財産の換価→八九—一二七　【滞納処分費→一三六　【法定納期限等→一五①　【換価代金→九

（強制換価の場合の消費税等の優先）

第一一条　国税通則法第三十九条（強制換価の場合の消費税等の徴収の特例）又は輸入品に対する内国消費税の徴収等に関する法律（昭和三十年法律第三十七号）第八条第一項第三号若しくは第七号（公売又は売却等の場合における内国消費税の徴収）の規定により徴収する消費税等（その滞納処分費を含む。）は、次条から第十七条まで（差押先着手による国税の優先等）及び第十九条から第二十一条まで（先取特権等の優先）の規定にかかわらず、その徴収の基因となつた移出又は公売若しくは売却に係る物品の換価代金につき、他の国税、地方税その他の債権に先だつて徴収する。

▽ヤ【消費税等→二[三]　【滞納処分費→一三六　【公売→九四以下　【売却→一〇九　【換価代金→九

第二節　国税及び地方税の調整

（差押先着手による国税の優先）

第一二条①　納税者の財産につき国税の滞納処分による差押をした場合において、他の国税又は地方税の交付要求があつたときは、その差押に係る国税は、その換価代金につき、その交付要求に係る他の国税又は地方税に先だつて徴収する。

② 納税者の財産につき国税又は地方税の滞納処分による差押があつた場合において、国税の交付要求をしたときは、その交付要求に係る国税は、その換価代金につき、その差押に係る国税又は地方税（第九条（強制換価手続の費用の優先）の規定の適用を受ける費用を除く。）に次いで徴収する。

▽ヤ【滞納処分による差押え→四七—七八　【交付要求→八二—八六　【換価代金→九

（交付要求先着手による国税の優先）

第一三条　納税者の財産につき強制換価手続（破産手続を除く。）が行われた場合において、国税及び地方税の交付要求があつたときは、その換価代金につき、先にされた交付要求に係る国税又は地方税は、後にされた交付要求に係る国税又は地方税に先だつて徴収し、後にされた交付要求に係る国税は、先にされた交付要求に係る国税又は地方税に次いで徴収する。

▽ヤ【強制換価手続→二[十二]　【交付要求→八二—八六　【換価代金→九

（担保を徴した国税の優先）

第一四条　国税につき徴した担保財産があるときは、前二条の規定にかかわらず、その国税は、その換価代金につき他の国税及び地方税に先だつて徴収する。

▽ヤ【国税につき徴する担保財産→税通五〇

第三節　国税と被担保債権との調整

（法定納期限等以前に設定された質権の優先）

第一五条①　納税者がその財産上に質権を設定している場合において、その質権が国税の法定納期限（次の各号に掲げる国税については、当該各号に定める日とし、当該国税に係る附帯税及び滞納処分費については、その徴収の基因となつた国税に係る当該各号に定める日とする。以下「法定納期限等」という。）以前に設定されているものであるときは、その国税は、その換価代金につき、その質権により担保される債権に次いで徴収する。

一　法定納期限後にその納付すべき額が確定した国税（過怠税を含む。）　その更正通知書若しくは決定通知書又は納税告知書を発した日（申告納税方式による国税で申告により確定したものについては、その申告があつた日）

二　法定納期限前に国税通則法第三十八条第一項（繰上請求）の規定による請求（以下「繰上請求」という。）がされた国税　当該請求に係る期限

三　第二期分の所得税（所得税法第百四条第一項（予定納税額の納付）（同法第百六十六条（申告、納付及び還付）において準用する場合を含む。以下この号において同じ。）の規定により同項に規定する第二期において納付すべき所得税をいい、同法第百十五条（出国をする場合の予定納税額の納期限の特例）（同法第百六十六条において準用する場合を含む。）の規定により納付すべき所得税で同法第百四条第一項に規定する第一期において納付すべき所得税の納期限後に納付すべきものを含む。）　当該第一期において納付すべき所得税の納期限

四　相続税法第三十五条第二項（更正及び決定の特則）の規定による更正又は決定により納付すべき税額が確定した相続税又は贈与税　その更正通知書又は決定通知書を発した日

四の二　地価税（国税通則法第二条第七号（定義）に規定する法定申告期限（以下この号において「法定申告期限」という。）までに納付するもの及び第一号に掲げるものを除く。）　その更正通知書又は決定通知書を発した日（申告により確定したものについては、その申告があつた日（その日が当該地価税の法定申告期限前である場合には、当該法定申告期限））

五　再評価税で確定した税額を二以上の納期において納付するもののうち最初の納期後の納期において納付する再評価税　その再評価税の最初の納期

限

五の二　国税通則法第十五条第三項第二号から第四号まで及び第六号（納税義務の成立及びその納付すべき税額の確定）に掲げる国税（法定納期限以前に納付されたものを除く。）　その納税告知書を発した日（納税の告知を受けることなく法定納期限後に納付された国税については、その納付があつた日）

六　第二十四条第二項（譲渡担保権者の物的納税責任）又は第百五十九条第三項（保全差押え）（国税通則法第三十八条第四項において準用する場合を含む。）の規定により告知し、又は通知した金額の国税　これらの規定による告知書又は通知書を発した日

七　相続人（包括受遺者を含む。以下同じ。）の固有の財産から徴収する被相続人（包括遺贈者を含む。以下同じ。）の国税及び相続財産から徴収する相続人の固有の国税（相続（包括遺贈を含む。以下同じ。）があつた日前にその納付すべき税額が確定したもの（国税通則法第十五条第三項第二号から第四号まで及び第六号に掲げる国税については、その日前に納税告知書を発したもの。以下この項において同じ。）に限る。）　その相続があつた日

八　合併により消滅した法人（以下「被合併法人」という。）に属していた財産から徴収する合併後存続する法人又は当該合併に係る他の被合併法人の固有の国税及び合併後存続する法人の固有の財産から徴収する被合併法人の国税（合併のあつた日前にその納付すべき税額が確定したものに限る。）　その合併のあつた日

九　分割を無効とする判決の確定により当該分割をした法人（以下この号において「分割法人」という。）に属することとなつた財産から徴収する分割法人の固有の国税及び分割法人の固有の財産から徴収する分割法人の国税通則法第九条の二（法人の合併等の無効判決に係る連帯納付義務）に規定する連帯して納付する義務に係る国税（当該判決が確定した日前にその納付すべき税額が確定したものに限る。）　当該判決が確定した日

十　分割により事業を承継した法人（以下この号において「分割承継法人」という。）の当該分割をした法人から承継した財産（以下この号において「承継財産」という。）から徴収する分割承継法人の固有の国税、分割承継法人の国税通則法第九条の三（法人の分割に係る連帯納付の責任）に規定する連帯納付の責任（以下この号において「連帯納付責任」という。）に係る国税及び分割承継法人の承継財産から徴収する分割承継法人の連帯納付責任に係る当該分割に係る他の分割をした法人の国税（分割のあつた日前にその納付すべき税額が確定したものに限る。）　その分割のあつた日

十一　第二次納税義務者又は保証人として納付すべき国税　第三十二条第一項（第二次納税義務の通則）又は国税通則法第五十二条第二項（担保の処分）の納付通知書を発した日

② 前項の規定は、登記（登録及び電子記録債権法（平成十九年法律第百二号）第二条第一項（定義）に規定する電子記録を含む。以下同じ。）をすることができる質権以外の質権については、その質権者が、強制換価手続において、その執行機関に対し、その設定の事実を証明した場合に限り適用する。この場合において、有価証券を目的とする質権以外の質権については、その証明は、次に掲げる書類によつてしなければならない。

一　公正証書

二　登記所又は公証人役場において日付のある印章が押されている私署証書

三　郵便法（昭和二十二年法律第百六十五号）第四十八条第一項（内容証明）の規定により内容証明を受けた証書

四　民法施行法（明治三十一年法律第十一号）第七条第一項（公証人法の規定の準用）において準用する公証人法（明治四十一年法律第五十三号）第六十二条ノ七第四項（書面の交付による情報の提供）の規定により交付を受けた書面

③ 前項各号の規定により証明された質権は、第一項の規定の適用については、民法施行法第五条（確定日付がある証書）の規定により確定日付があるものとされた日に設定されたものとみなす。

④ 第一項の質権を有する者は、第二項の証明をしなかつたため国税におくれる金額の範囲内においては、第一項の規定により国税に優先する後順位の質権者に対して優先権を行うことができない。

▽❶【法定納期限→二田【附帯税→二四、税通六〇―六九【滞納処分費→一三六【換価代金→九【一】【過怠税→印税二〇【申告納税方式→税通一六【申告→税通一七―二二【二】【四】【更正通知書→税通二八①②【決定通知書→税通二八①③【二】【五の二】【七】【納税告知書→税通三六②【十一】【第二次納税義務者→三二以下　❷【強制換価手続→二十二【執行機関→二十三【証明手続→税徴令四

（法定納期限等以前に設定された抵当権の優先）

第一六条　納税者が国税の法定納期限等以前にその財産上に抵当権を設定しているときは、その国税は、その換価代金につき、その抵当権により担保される債権に次いで徴収する。

▽＊【法定納期限等→一五①【換価代金→九

[1] 国税納期限の一年前までに設定された抵当権につき国税債権に優越する地位を保障していた旧国税徴収法三条は設定者の納税義務を前提とする趣旨によるものと解されるから、抵当権設定者から不動産の譲渡を受けた者に滞納国税があることをもって直ちに抵当権者は転得者に係る国税債権に対して劣後する地位に置かれるものではない。
（最大判昭32・1・16民集一一・一・一、租税百選［五版］一一三）……旧国税徴収法時代の事案であるが、大審院判例を覆し、租税債権優先の原理に制限を加え私債権保護の思想を打ち出した点で、現行国税徴収法の

先駆としての意味を持つ）

（譲受前に設定された質権又は抵当権の優先）
第一七条① 納税者が質権又は抵当権の設定されている財産を譲り受けたときは、国税は、その換価代金につき、その質権又は抵当権により担保される債権に次いで徴収する。

② 前項の規定は、登記をすることができる質権以外の質権については、その質権者が、強制換価手続において、その執行機関に対し、同項の譲受前にその質権が設定されている事実を証明した場合に限り適用する。この場合においては、第十五条第二項後段及び第三項（優先質権の証明）の規定を準用する。

▽❶【換価代金→九 ❷【強制換価手続→二[十二]【執行機関→二[十三]【証明手続→税徴令四

（質権及び抵当権の優先額の限度等）
第一八条① 前三条の規定に基き国税に先だつ質権又は抵当権により担保される債権の元本の金額は、その質権者又は抵当権者がその国税に係る差押又は交付要求の通知を受けた時における債権額を限度とする。ただし、その国税に優先する他の債権を有する者の権利を害することとなるときは、この限りでない。

② 質権又は抵当権により担保される債権額又は極度額を増加する登記がされた場合には、その登記がされた時において、その増加した債権額又は極度額につき新たに質権又は抵当権が設定されたものとみなして、前三条の規定を適用する。

▽❶【差押えの通知→五五【交付要求の通知→八二③・八六④

（不動産保存の先取特権等の優先）
第一九条① 次に掲げる先取特権が納税者の財産上にあるときは、国税は、その換価代金につき、その先取特権により担保される債権に次いで徴収する。

一 不動産保存の先取特権
二 不動産工事の先取特権
三 立木の先取特権に関する法律（明治四十三年法律第五十六号）第一項（立木の先取特権）の先取特権
四 商法（明治三十二年法律第四十八号）第八百二条（積荷等についての先取特権）、船舶の所有者等の責任の制限に関する法律（昭和五十年法律第九十四号）第九十五条第一項（船舶先取特権）又は船舶油濁等損害賠償保障法（昭和五十年法律第九十五号）第五十五条第一項（船舶先取特権）の先取特権
五 国税に優先する債権のため又は国税のために動産を保存した者の先取特権

② 前項第三号から第五号まで（同項第三号に掲げる先取特権で登記をしたものを除く。）の規定は、その先取特権者が、強制換価手続において、その執行機関に対しその先取特権がある事実を証明した場合に限り適用する。

▽❶［二］税徴令五 ❷【強制換価手続→二[十二]【執行機関→二[十三]【証明手続→税徴令四①

（法定納期限等以前にある不動産賃貸の先取特権等の優先）
第二〇条① 次に掲げる先取特権が納税者の財産上に国税の法定納期限等以前からあるとき、又は納税者がその先取特権のある財産を譲り受けたときは、その国税は、その換価代金につき、その先取特権により担保される債権に次いで徴収する。

一 不動産賃貸の先取特権その他質権と同一の順位又はこれらに優先する順位の動産に関する特別の先取特権（前条第一項第三号から第五号までに掲げる先取特権を除く。）
二 不動産売買の先取特権
三 借地借家法（平成三年法律第九十号）第十二条（借地権設定者の先取特権）又は接収不動産に関する借地借家臨時処理法（昭和三十一年法律第百三十八号）第七条（賃貸人等の先取特権）に規定する先取特権
四 登記をした一般の先取特権

② 前条第二項の規定は、前項第一号に掲げる先取特権について準用する。

▽❶【法定納期限等→一五①【換価代金→九 ❷【証明手続→税徴令四①

（留置権の優先）
第二一条① 留置権が納税者の財産上にある場合において、その財産を滞納処分により換価したときは、その国税は、その換価代金につき、その留置権により担保されていた債権に次いで徴収する。この場合において、その債権は、質権、抵当権、先取特権又は第二十三条第一項（法定納期限等以前にされた仮登記により担保される債権の優先）に規定する担保のための仮登記により担保される債権に先立つて配当するものとする。

② 前項の規定は、その留置権者が、滞納処分の手続において、その行政機関等に対し、その留置権がある事実を証明した場合に限り適用する。

▽❶【換価代金→九【法定納期限等→一五① ❷【行政機関等→二[十三]【証明手続→税徴令四①

（担保権付財産が譲渡された場合の国税の徴収）
第二二条① 納税者が他に国税に充てるべき十分な財産がない場合において、その者がその国税の法定納期限等後に登記した質権又は抵当権を設定した財産を譲渡したときは、納税者の財産につき滞納処分を執行してもなおその国税に不足すると認められるときに限り、その国税は、その質権者又は抵当権者から、これらの者がその譲渡に係る財産の強制換価手続において、その質権又は抵当権によつて担保される債権につき配当を受けるべき金額のうちから徴収することができる。

② 前項の規定により徴収することができる金額は、第一号に掲げる金額から第二号に掲げる金額を控除した額をこえることができない。

一 前項の譲渡に係る財産の換価代金から同項に規

定する債権が配当を受けるべき金額

二　前号の財産を納税者の財産とみなし、その財産の換価代金につき前項の国税の交付要求があつたものとした場合に同項の債権が配当を受けるべき金額

③　税務署長は、第一項の規定により国税を徴収するため、同項の質権者又は抵当権者に代位してその質権又は抵当権を実行することができる。

④　税務署長は、第一項の規定により国税を徴収しようとするときは、その旨を質権者又は抵当権者に通知しなければならない。

⑤　税務署長は、第一項の譲渡に係る財産につき強制換価手続が行われた場合には、同項の規定により徴収することができる金額の国税につき、執行機関に対し、交付要求をすることができる。

▽❶【法定納期限等→一五①　❶❺【強制換価手続→二十二　❷【換価代金→九　❷❺【交付要求→八二—八六　❹❺税徴令六　❺【執行機関→二十三

第四節　国税と仮登記又は譲渡担保に係る債権との調整

（法定納期限等以前にされた仮登記により担保される債権の優先等）

第二三条①　国税の法定納期限等以前に納税者の財産につき、その者を登記義務者（登録義務者を含む。）として、仮登記担保契約に関する法律（昭和五十三年法律第七十八号）第一条（趣旨）に規定する仮登記担保契約に基づく仮登記又は仮登録（以下「担保のための仮登記」という。）がされているときは、その国税は、その換価代金につき、その担保のための仮登記により担保される債権に次いで徴収する。

②　担保のための仮登記がされている納税者の財産上に、第十九条第一項各号（不動産保存の先取特権等の優先）に掲げる先取特権があるとき、国税の法定納期限等以前から第二十条第一項各号（法定納期限等以前にある不動産賃貸の先取特権等の優先）に掲げる先取特権があるとき、又は国税の法定納期限等以前に質権若しくは抵当権が設定され、若しくは担保のための仮登記がされているときは、その国税は、仮登記担保契約に関する法律第三条第一項（清算金）（同法第二十条（土地等の所有権以外の権利を目的とする契約への準用）において準用する場合を含む。）に規定する清算金に係る換価代金につき、同法第四条第一項（物上代位）（同法第二十条において準用する場合を含む。）の規定により権利が行使されたこれらの先取特権、質権及び抵当権並びに同法第四条第二項（同法第二十条において準用する場合を含む。）において準用する同法第四条第一項の規定により権利が行使された同条第二項に規定する後順位の担保仮登記により担保される債権に次いで徴収する。

③　第十七条第一項（譲受前に設定された質権又は抵当権の優先）の規定は、納税者が担保のための仮登記がされている財産を譲り受けたときについて、前条（第三項を除く。）の規定は、納税者が他に国税に充てるべき十分な財産がない場合において、その者がその国税の法定納期限等後に担保のための仮登記をした財産を譲渡したときについて、それぞれ準用する。

④　仮登記担保契約に関する法律第一条に規定する仮登記担保契約で、消滅すべき金銭債務がその契約の時に特定されていないものに基づく仮登記及び仮登録は、国税の滞納処分においては、その効力を有しない。

▽ᅟ【仮登記→不登一〇五—一一〇　【法定納期限等→一五①　❶❷【換価代金→九　❸税徴令六③　ᅟ九〇③
（本条による差押えと換価の制限）

（譲渡担保権者の物的納税責任）

第二四条①　納税者が国税を滞納した場合において、その者が譲渡した財産でその譲渡により担保の目的となつているもの（以下「譲渡担保財産」という。）があるときは、その者の財産につき滞納処分を執行してもなお徴収すべき国税に不足すると認められるときに限り、譲渡担保財産から納税者の国税を徴収することができる。

②　税務署長は、前項の規定により徴収しようとするときは、譲渡担保財産の権利者（以下「譲渡担保権者」という。）に対し、徴収しようとする金額その他必要な事項を記載した書面により告知しなければならない。この場合においては、その者の住所又は居所（事務所及び事業所を含む。以下同じ。）の所在地を所轄する税務署長及び納税者に対しその旨を通知しなければならない。

③　前項の告知書を発した日から十日を経過した日までにその徴収しようとする金額が完納されていないときは、徴収職員は、譲渡担保権者を第二次納税義務者とみなして、その譲渡担保財産につき滞納処分を執行することができる。この場合においては、第三十二条第三項から第五項まで（第二次納税義務の通則）及び第九十条第三項（換価の制限）の規定を準用する。

④　譲渡担保財産を第一項の納税者の財産としてした差押えは、同項の要件に該当する場合に限り、前項の規定による差押えとして滞納処分を続行することができる。この場合において、税務署長は、遅滞なく、第二項の告知及び通知をしなければならない。

⑤　税務署長は、前項の規定により滞納処分を続行する場合において、譲渡担保財産が次の各号に掲げる財産であるときは、当該各号に定める者に対し、納税者の財産としてした差押えを第三項の規定による差押えとして滞納処分を続行する旨を通知しなければならない。

一　第三者が占有する動産（第七十条（船舶又は航空機の差押え）又は第七十一条（自動車、建設機械又は小型船舶の差押え）の規定の適用を受ける財産を除く。以下同じ。）又は有価証券　動産又は有価証券を占有する第三者

二　第六十二条（差押えの手続及び効力発生時期）又は第七十三条（電話加入権等の差押えの手続及

び効力発生時期）の規定の適用を受ける財産（これらの財産の権利の移転につき登記を要するものを除く。） 第三債務者又はこれに準ずる者（以下「第三債務者等」という。）

⑥ 税務署長は、第四項の規定により滞納処分を続行する場合において、第五十五条第一号又は第三号（質権者等に対する差押えの通知）に掲げる者のうち知れている者があるときは、これらの者に対し、納税者の財産としてした差押えを第三項の規定による差押えとして滞納処分を続行する旨を通知しなければならない。

⑦ 第二項の規定による告知又は第四項の規定の適用を受ける差押えをした後、納税者の財産の譲渡により担保される債権が債務不履行その他弁済以外の理由により消滅した場合（譲渡担保財産につき買戻し、再売買の予約その他これらに類する契約を締結している場合において、期限の経過その他その契約の履行以外の理由によりその契約が効力を失つたときを含む。）においても、なお譲渡担保財産として存続するものとみなして、第三項の規定を適用する。

⑧ 第一項の規定は、国税の法定納期限等以前に、担保の目的でされた譲渡に係る権利の移転の登記がある場合又は譲渡担保権者が国税の法定納期限等以前に譲渡担保財産となつている事実を、その財産の売却決定の前日までに、証明した場合には、適用しない。この場合においては、第十五条第二項後段及び第三項（優先質権の証明）の規定を準用する。

⑨ 第一項の規定の適用を受ける譲渡担保権者は、第十章（罰則）の規定の適用については、納税者とみなす。

▽❶税徴令九（担保権者の租税との競合の調整） ❷税徴令八①② ❽【法定納期限等】→一五①

1 国税の法定納期限等以前に、将来発生すべき債権を目的として、債権譲渡の効果の発生を留保する特段の付款のない譲渡担保契約が締結され、その債権譲渡につき第三者に対する対抗要件が具備されていた場合には、譲渡担保の目的とされた債権が国税の法定納期限等の到来後に発生したとしても、当該債権は、本条六項［現八項］「国税の法定納期限等以前に譲渡担保財産となっている」ものに該当する。（最判平19・2・15民集六一・一・二四三、租税百選［五版］一一五）

2 譲渡担保権者と納税者との間でされた本条二項による告知書の発出の時点で譲渡担保権を実行することを内容とする合意は、本条五項［現七項］の趣旨に反して無効である。（最判平15・12・19民集五七・一一・二二九二〈一括支払システム事件〉租税百選［四版］一一二）

（譲渡担保財産の換価の特例等）

第二五条① 買戻しの特約のある売買の登記、再売買の予約の請求権の保全のための仮登記（仮登録を含む。以下同じ。）その他これに類する登記（以下この条において「買戻権の登記等」という。）がされている譲渡担保財産でその買戻権の登記等の権利者が滞納者であるときは、その差し押さえた買戻権の登記等に係る権利及び前条第三項の規定により差し押さえたその買戻権の登記等のある譲渡担保財産を一括して換価することができる。

② 前条及び前項に規定するもののほか、譲渡担保財産からする納税者の国税の徴収に関し必要な事項は、政令で定める。

▽❶【換価】→八九以下

第五節 国税及び地方税等と私債権との競合の調整

（国税及び地方税等と私債権との競合の調整）

第二六条 強制換価手続において国税が他の国税、地方税又は公課（以下この条において「地方税等」という。）及びその他の債権（以下この条において「私債権」という。）と競合する場合において、この章又は地方税法その他の法律の規定により、国税が地方税等に先だち、私債権がその地方税等におくれ、かつ、当該国税に先だつとき、又は国税が地方税等におくれ、私債権がその地方税等に先だち、かつ、当該国税におくれるときは、換価代金の配当については、次に定めるところによる。

一 第九条（強制換価手続の費用の優先）若しくは第十条（直接の滞納処分費の優先）に規定する費用若しくは滞納処分費、第十一条（強制換価の場合の消費税等の優先）に規定する国税（地方税法の規定によりこれに相当する優先権を有する地方税を含む。）、第二十一条（留置権の優先）の規定の適用を受ける債権、第五十九条第三項若しくは第四項（前払賃料の優先）（第七十一条第四項（自動車等についての準用規定）において準用する場合を含む。）の規定の適用を受ける債権又は第十九条（不動産保存の先取特権等の優先）の規定の適用を受ける債権があるときは、これらの順序に従い、それぞれこれらに充てる。

二 国税及び地方税等並びに私債権（前号の規定の適用を受けるものを除く。）につき、法定納期限等（地方税又は公課のこれに相当する納期限等を含む。）又は設定、登記、譲渡若しくは成立の時期の古いものからそれぞれ順次にこの章又は地方税法その他の法律の規定を適用して国税及び地方税等並びに私債権に充てるべき金額の総額をそれぞれ定める。

三 前号の規定により定めた国税及び地方税等に充てるべき金額の総額を第八条（国税優先の原則）若しくは第十二条から第十四条まで（差押先着手による国税の優先等）の規定又は地方税法その他の法律のこれらに相当する規定により、順次国税及び地方税等に充てる。

四 第二号の規定により定めた私債権に充てるべき金額の総額を民法（明治二十九年法律第八十九号）その他の法律の規定により順次私債権に充てる。

▽⁺【強制換価手続→二十二】【公課→二五】【換価代金の配当→九、一二八以下　〔二〕【法定納期限等→一五①

◆【租税法と倒産法】

[1] 破産法人に対する予納法人税の債権のうち各事業年度の所得に係る部分は、旧破産法四七条二号但書にいう「破産財団ニ関シテ生シタル」請求権に当たらない。（最判昭62・4・21民集四一・三・三二九、租税百選〔五版〕一一六……現破産法一四八条一項三号参照）

第三章　第二次納税義務

▽⁺【同旨の規定↓地税一章四節

第二七条から第三一条まで　削除

（第二次納税義務の通則）

第三二条①　税務署長は、納税者の国税を第二次納税義務者から徴収しようとするときは、その者に対し、政令で定めるところにより、徴収しようとする金額、納付の期限その他必要な事項を記載した納付通知書により告知しなければならない。この場合においては、その者の住所又は居所の所在地を所轄する税務署長に対しその旨を通知しなければならない。

② 第二次納税義務者がその国税を前項の納付の期限までに完納しないときは、税務署長は、次項において準用する国税通則法第三十八条第一項及び第二項（繰上請求）の規定による請求をする場合を除き、納付催告書によりその納付を督促しなければならない。この場合においては、その納付催告書は、国税に関する法律に別段の定めがあるものを除き、その納付の期限から五十日以内に発するものとする。

③ 国税通則法第三十八条第一項及び第二項、同法第四章第一節（納税の猶予）並びに同法第五十五条（納付委託）の規定は、第一項の場合について準用する。

④ 第二次納税義務者の財産の換価は、その財産の価額が著しく減少するおそれがあるときを除き、第一項の納税者の財産を換価に付した後でなければ、行うことができない。

⑤ この章の規定は、第二次納税義務者から第一項の納税者に対してする求償権の行使を妨げない。

▽❶【政令の定め→税徴令一一①②④　❷税徴令一一③
❹【財産の換価→八九以下

[1] 第二次納税義務の制度は、納税者に滞納処分を執行しても、徴収すべき額に不足するときに、形式的には財産が第三者に帰属しているとはいえ、実質的にはこれを否認して納税者にその財産が帰属していると認めても公平を失しないような場合に、その形式的に財産が帰属している第三者に対し補充的、第二次的に納税者の納税義務を負担させることにより租税徴収の確保を図ろうとする制度であり、第二次納税義務者の納税義務は主たる納税義務者のそれとは法律上別個のものであるが、主たる納税義務に対し付従性と補充性を有するものと解するのが相当である。（大阪高判昭48・11・8行裁二四・一一＝一二・一二二七）

[2] 法人の租税債務たる主債務につき滞納処分の執行が事実上不能となったため、消滅時効が完成した場合、同法人の代表取締役が負う法人税債務の保証債務について時効中断〔平成二九法四四による民法改正後の時効の完成猶予〕の措置がとられていても、その保証債務もともに消滅する。（東京地判昭39・3・26下民一五・三・六三九、租税百選〔二版〕六七）

[3] 第二次納税義務は既に確定している主たる納税義務者の納税義務を補完するものにすぎずこれと別個独立に発生するものではなく、また右義務は主たる納税義務が発生し存続する限り必要に応じいつでも課せられる可能性を有するものであり、右納付告知はただその義務の発生を知らしめる徴収のための処分に他ならないから、第二次納税義務の納付告知には、国税の更正、決定等の期間制限に関する国税通則法七〇条は類推適用されない。（最判平6・12・6民集四八・八・一四五一）

[4] 第二次納税義務の納付告知を受けた者は、本来の納税義務者の納税義務を確定した課税処分等が不存在又は無効でないかぎり、右納付告知の取消訴訟において、本来の納税義務者の納税義務の存否又は数額を争うことはできない。（最判昭50・8・27民集二九・七・一二二六、租税百選〔四版〕二三）

（合名会社等の社員の第二次納税義務）

第三三条　合名会社若しくは合資会社又は税理士法人、弁護士法人、外国法事務弁護士法人、弁護士・外国法事務弁護士共同法人、監査法人、弁理士法人、司法書士法人、行政書士法人、社会保険労務士法人若しくは土地家屋調査士法人が国税を滞納した場合において、その財産につき滞納処分を執行してもなおその徴収すべき額に不足すると認められるときは、その社員（合資会社及び監査法人にあっては、無限責任社員）は、その滞納に係る国税の第二次納税義務を負う。この場合において、その社員は、連帯してその責めに任ずる。

★令和二法三三（令和四・一一・二八までに施行）による改正
第三三条中「、監査法人」は「、弁護士・外国法事務弁護士共同法人、監査法人」に改められた。（本文織込み済み）

（清算人等の第二次納税義務）

第三四条①　法人が解散した場合において、その法人に課されるべき、又はその法人が納付すべき国税を納付しないで残余財産の分配又は引渡しをしたときは、その法人に対し滞納処分を執行してもなおその徴収すべき額に不足すると認められる場合に限り、清算人及び残余財産の分配又は引渡しを受けた者（前条の規定の適用を受ける者を除く。以下この項において同じ。）は、その滞納に係る国税につき第二次納税義務を負う。ただし、清算人は分配又は引渡しをした財産の価額の限度において、残余財産の分配又は引渡しを受けた者はその受けた財産の価額の限度において、それぞれその責めに任ずる。

②　信託法（平成十八年法律第百八号）第百七十五条（清算の開始原因）に規定する信託が終了した場合において、その信託に係る清算受託者（同法第百七十七条（清算受託者の職務）に規定する清算受託者をいう。以下この項において同じ。）に課されるべき、又はその清算受託者が納付すべき国税（その納める義務が信託財産責任負担債務（同法第二条第九項（定義）に規定する信託財産責任負担債務をいう。）となるものに限る。以下この項において同じ。）を納付しないで信託財産に属する財産を残余財産受益者等（同法第百八十二条第二項（残余財産の帰属）に規定する残余財産受益者等をいう。以下この項において同じ。）に給付をしたときは、その清算受託者に対し滞納処分を執行してもなおその徴収すべき額に不足すると認められる場合に限り、清算受託者（信託財産に属する財産のみをもつて当該国税を納める義務を履行する責任を負う清算受託者に限る。以下この項において「特定清算受託者」という。）及び残余財産受益者等は、その滞納に係る国税につき第二次納税義務を負う。ただし、特定清算受託者は給付をした財産の価額の限度において、残余財産受益者等は給付を受けた財産の価額の限度において、それぞれその責めに任ずる。

（同族会社の第二次納税義務）

第三五条①　滞納者がその者を判定の基礎となる株主又は社員として選定した場合に法人税法（昭和四十年法律第三十四号）第二条第十号（同族会社の定義）に規定する会社に該当する会社（以下「同族会社」という。）の株式又は出資を有する場合において、その株式又は出資につき次に掲げる理由があり、かつ、その者の財産（当該株式又は出資を除く。）につき滞納処分を執行してもなお徴収すべき国税に不足すると認められるときは、その有する当該株式又は出資（当該滞納に係る国税の法定納期限（国税に関する法律の規定による国税の還付金の額に相当する税額を減少させる修正申告又は更正により納付すべき国税並びに当該国税に係る附帯税及び滞納処分費については、その還付の基因となつた申告、更正又は決定があつた日とし、過怠税については、その納税義務の成立の日とする。以下この章において同じ。）の一年以上前に取得したものを除く。）の価額の限度において、当該会社は、その滞納に係る国税の第二次納税義務を負う。

一　その株式又は出資を再度換価に付してもなお買受人がないこと。

二　その株式若しくは出資の譲渡につき法律若しくは定款に制限があり、又は株券の発行がないため、これらを譲渡することにつき支障があること。

②　前項の同族会社の株式又は出資の価額は、第三十二条第一項（第二次納税義務者への告知）の納付通知書を発する時における当該会社の資産の総額から負債の総額を控除した額をその株式又は出資の数で除した額を基礎として計算した額による。

③　第一項の同族会社であるかどうかの判定は、第三十二条第一項の納付通知書を発する時の現況による。

▽❶【滞納者→二[九]【法定納期限→二[十]【還付金→税通二[四]▽．五六【修正申告→税通一九①[三]【更正→税通二四．二六【附帯税→二[四]、税通六〇―六九【滞納処分費→一三六【決定→税通三二【過怠税→印税二〇、税通一五②[十二]（過怠税の納税義務の成立時期）

（実質課税額等の第二次納税義務）

第三六条　滞納者の次の各号に掲げる国税につき滞納処分を執行してもなおその徴収すべき額に不足すると認められるときは、第一号に定める者にあつては同号に規定する収益が生じた財産（その財産の異動により取得した財産及びこれらの財産に基因して取得した財産（以下この条及び次条において「取得財産」という。）を含む。）、第二号に定める者にあつては同号に規定する貸付けに係る財産（取得財産を含む。）、第三号に定める者にあつてはその受けた利益の額を限度として、その滞納に係る国税の第二次納税義務を負う。

一　所得税法第十二条（実質所得者課税の原則）若しくは第百五十八条（事業所の所得の帰属の推定）又は法人税法第十一条（実質所得者課税の原則）の規定により課された国税　その国税の賦課の基因となつた収益が法律上帰属するとみられる者

二　消費税法（昭和六十三年法律第百八号）第十三条（資産の譲渡等又は特定仕入れを行つた者の実質判定）の規定により課された国税（同法第二条第一項第八号（定義）に規定する貸付けに係る部分に限る。）　その国税の賦課の基因となつた当該貸付けを法律上行つたとみられる者

三　所得税法第百五十七条（同族会社等の行為又は計算の否認等）若しくは第百六十八条の二（非居住者の恒久的施設帰属所得に係る行為又は計算の否認）、法人税法第百三十二条（同族会社等の行為又は計算の否認）、第百三十二条の二（組織再編成に係る行為又は計算の否認）、第百三十二条の三（通算法人に係る行為又は計算の否認）若しくは第百四十七条の二（外国法人の恒久的施設帰属所得に係る行為又は計算の否認）、相続税法第六十四条（同族会社等の行為又は計算の否認等）又は地価税法（平成三年法律第六十九号）第三十二条（同族会社等の行為又は計算の否認等）の規定により課された国税　これらの規定により否認された納税者の行為（否認された計算の基礎となつた行為を含む。）につき利益を受けたものとされる者

▽ｷ【滞納者→二[九]【税徴令一二①②

（共同的な事業者の第二次納税義務）

第三七条　次の各号に掲げる者が納税者の事業の遂行に欠くことができない重要な財産を有し、かつ、当

該財産に関して生ずる所得が納税者の所得となつている場合において、その納税者がその供されている事業に係る国税を滞納し、その国税につき滞納処分を執行してもなおその徴収すべき額に不足すると認められるときは、当該各号に掲げる者は、当該財産（取得財産を含む。）を限度として、その滞納に係る国税の第二次納税義務を負う。

一　納税者が個人である場合　その者と生計を一にする配偶者その他の親族でその納税者の経営する事業から所得を受けているもの

二　納税者がその事実のあつた時の現況において同族会社である場合　その判定の基礎となつた株主又は社員

▽†【取得財産→三六　【二】【同族会社→法税二[十]　†税徴令一二③

（事業を譲り受けた特殊関係者の第二次納税義務）

第三八条　納税者が生計を一にする親族その他納税者と特殊な関係のある個人又は被支配会社（当該納税者を判定の基礎となる株主又は社員として選定した場合に法人税法第六十七条第二項（特定同族会社の特別税率）に規定する会社に該当する会社をいい、これに類する法人を含む。）で政令で定めるものに事業を譲渡し、かつ、その譲受人が同一又は類似の事業を営んでいる場合において、その納税者が当該事業に係る国税を滞納し、その国税につき滞納処分を執行してもなおその徴収すべき額に不足すると認められるときは、その譲受人は、譲受財産の価額の限度において、その滞納に係る国税の第二次納税義務を負う。ただし、その譲渡が滞納に係る国税の法定納期限より一年以上前にされている場合は、この限りでない。

▽†【親族→税徴令一三（特殊関係者の範囲）【同族会社→法税二[十]　【取得財産→三六　【法定納期限→二[十]　【税徴令一二③

（無償又は著しい低額の譲受人等の第二次納税義務）

第三九条　滞納者の国税につき滞納処分の執行（租税条約等（租税条約等の実施に伴う所得税法、法人税法及び地方税法の特例等に関する法律（昭和四十四年法律第四十六号）第二条第二号（定義）に規定する租税条約等をいう。）の規定に基づく当該租税条約等の相手国等（同条第三号に規定する相手国等をいう。）に対する共助対象国税（同法第十一条の二第一項（国税の徴収の共助）に規定する共助対象国税をいう。）の徴収の共助（第百五十三条第一項第一号（滞納処分の停止の要件等）並びに第百八十七条第一項及び第二項（罰則）において「租税条約等の相手国等に対する共助対象国税の徴収の共助」という。）の要請をした場合には、当該要請による徴収を含む。）をしてもなおその徴収すべき額に不足すると認められる場合において、その不足すると認められることが、当該国税の法定納期限の一年前の日以後に、滞納者がその財産につき行つた政令で定める無償又は著しく低い額の対価による譲渡（担保の目的でする譲渡を除く。）、債務の免除その他第三者に利益を与える処分に基因すると認められるときは、これらの処分により権利を取得し、又は義務を免れた者は、これらの処分により受けた利益が現に存する限度（これらの者がその処分の時にその滞納者の親族その他滞納者と特殊な関係のある個人又は同族会社（これに類する法人を含む。）で政令で定めるもの（第五十八条第一項（第三者が占有する動産等の差押手続）及び第百四十二条第二項第二号（捜索の権限及び方法）において「親族その他の特殊関係者」という。）であるときは、これらの処分により受けた利益の限度）において、その滞納に係る国税の第二次納税義務を負う。

国税徴収法施行令（昭和三四・一〇・三一政三二九）

（無償又は著しい低額の譲渡の範囲等）

第一四条①　法第三十九条（無償又は著しい低額の譲受人等の第二次納税義務）に規定する政令で定める処分は、国及び法人税法第二条第五号（定義）に規定する法人以外の者に対する処分で無償又は著しく低い額の対価によるものとする。

②　法第三十九条に規定する滞納者の親族その他滞納者と特殊な関係のある個人又は同族会社で政令で定めるものは、次に掲げる者とする。

一　滞納者の配偶者、直系血族及び兄弟姉妹

二　前号に掲げる者以外の滞納者の親族で、滞納者と生計を一にし、又は滞納者から受ける金銭その他の財産により生計を維持しているもの

三　前二号に掲げる者以外の滞納者の使用人その他の個人で、滞納者から受ける特別の金銭その他の財産により生計を維持しているもの

四　滞納者に特別の金銭その他の財産を提供してその生計を維持させている個人（第一号及び第二号に掲げる者を除く。）

五　滞納者が法人税法第二条第十号に規定する会社に該当する会社（以下この項において「同族会社」という。）である場合には、その判定の基礎となつた株主又は社員である個人及びその者と前各号のいずれかに該当する関係がある個人

六　滞納者を判定の基礎として同族会社に該当する会社

七　滞納者が同族会社である場合において、その判定の基礎となつた株主又は社員（これらの者と第一号から第四号までに該当する関係がある個人及びこれらの者を判定の基礎として同族会社に該当する他の会社を含む。）の全部又は一部を判定の基礎として同族会社に該当する他の会社

▽†【滞納者→二[九]　【法定納期限→二[十]　【政令で定める処分→税徴令一四①　【親族その他の特殊関係者→税徴令一四②

[1]　本条にいう「受けた利益の限度」の算定上、受益財産の価額から控除すべき出損は、受益時にその存否及び数額が法律上客観的に確定している必要があるところ、受益財産の取得により課される道府県民税及び市町村民税は、その年中に生じた他の所得及び損失等との関連において課税標準及び税額が異動するものであり受益時に確定するものではないから、たとえその後に右税額が確定しこれを納付したとしても、その納付税額は、前記

「受けた利益の限度」の額の算定に当たり、これを受益財産の価額から控除できない。（最判昭51・10・8判時八三五・六〇、租税百選〔三版〕一六）

[2] ① 国税の滞納者を含む共同相続人の間で成立した遺産分割協議は、滞納者である相続人にその相続分に満たない財産を取得させ、他の相続人にその相続分を超える財産を取得させるものであるときは、本条にいう第三者に利益を与える処分に当たり得る。

② 滞納者に詐害の意思のあることは、本条所定の第二次納税義務の成立要件ではない。（最判平21・12・10民集六三・一〇・二五一六、租税百選〔七版〕一七）

[3] 本条に定める「徴収すべき額に不足する」かどうかを判定する基準時は、第二次納税義務者に対する徴収告知の時である。（東京高判昭53・4・25判時八九三・二一）

[4] 本条にいう「譲渡」の日とは、不動産の無償譲渡等の場合、当該無償譲渡等を原因とする所有権移転登記がされた日を意味する。（大阪高判平29・11・17【平29行コ一四二】）

[5] 本条と同旨の地方税法一一条の八にいう「滞納者の地方団体の徴収金につき滞納処分をしてもなおその徴収すべき額に不足すると認められる場合」とは、第二次納税義務に係る納付告知時の現況において、本来の納税義務者の財産で滞納処分により徴収することのできるものの価額が、同人に対する地方団体の徴収金の総額に満たないと客観的に認められる場合をいう。（最判平27・11・6民集六九・七・一七九六、租税百選〔七版〕二六）

[6] ① 本条所定の第二次納税義務者は、本来の納税義務者に対する課税処分につき国税通則法七五条に基づく不服申立てをすることができる。

② 本条所定の第二次納税義務者が本来の納税義務者に対する課税処分につき国税通則法七五条に基づく不服申立てをする場合における同法七七条一項所定の不服申立期間の起算日は、当該第二次納税義務者に対する納付告知がされた日の翌日である。（最判平18・1・19民集六〇・一・六五、租税百選〔七版〕二五）→税総◇【Ⅳ】[4]、税通七七条[1]

[7] 破産法二一七条一項の規定による破産手続廃止の決定を受けた株式会社について会社法の規定に基づく清算が結了していると認められない以上、その法人格はなお存続しており、同社の納税義務は消滅していないため、その附従性により同社の滞納国税に係る本条の規定による第二次納税義務が消滅したということはできない。（東京高判平27・2・5【平26行コ三四〇】）

[8] 滞納者がした区分所有建物の譲渡が、一括譲渡による市場性減価を考慮して算定された時価に照らして本条に定める「著しく低い額の対価による譲渡」ではないとして、第二次納税義務を否定した事案（福岡地判平27・6・16【平24行ウ六〇】）

[9] ① 協議上の離婚に伴う財産分与を原因として行われた資産の譲渡のうち、民法七六八条三項の規定の趣旨に照らして不相当に過大な財産分与と評価される部分は、本条にいう「著しく低い額の対価による譲渡」に該当する。（東京地判平29・6・27【平25行ウ六八八】）

② 本条〔平二八法一五による改正前〕に規定する「特殊関係者」に該当するか否かの判定は、無償譲渡等の対象とされた財産の移転の原因行為の成立時において、類型的に滞納者との人的関係の一体性又は特に強い親近性を有する関係にあるかによって判断すべきである。（東京高判平30・2・8訟月六五・一・一、重判令元租税一）

第四〇条 削除

（人格のない社団等に係る第二次納税義務）

第四一条① 人格のない社団等が国税を滞納した場合において、これに属する財産（第三者が名義人となっているため、その者に法律上帰属するとみられる財産を除く。）につき滞納処分を執行してもなおその徴収すべき額に不足すると認められるときは、その第三者は、その法律上帰属するとみられる財産を限度として、その滞納に係る国税の第二次納税義務を負う。

② 滞納者である人格のない社団等の財産の払戻又は分配をした場合（第三十四条（清算人等の第二次納税義務）の規定の適用がある場合を除く。）において、当該社団等（前項に規定する第三者を含む。）につき滞納処分を執行してもなお徴収すべき額に不足すると認められるときは、当該払戻又は分配を受けた者は、その受けた財産の価額を限度として、その滞納に係る国税の第二次納税義務を負う。ただし、その払戻又は分配が滞納に係る国税の法定納期限より一年以上前にされている場合は、この限りでない。

▽+【人格のない社団等→三 ❷】【滞納者→二[九]】【法定納期限→二[十]】

第四章 削除

第四二条から第四六条まで 削除

第五章 滞納処分

第一節 財産の差押

第一款 通則

▽+【徴収職員→二[十一]—以下本法を通じ同じ

（差押の要件）

第四七条① 次の各号の一に該当するときは、徴収職員は、滞納者の国税につきその財産を差し押えなければならない。

一 滞納者が督促を受け、その督促に係る国税をその督促状を発した日から起算して十日を経過した日までに完納しないとき。

二 納税者が国税通則法第三十七条第一項各号（督促）に掲げる国税をその納期限（繰上請求がされた国税については、当該請求に係る期限）までに完納しないとき。

② 国税の納期限後前項第一号に規定する十日を経過した日までに、督促を受けた滞納者につき国税通則法第三十八条第一項各号（繰上請求）の一に該当する事実が生じたときは、徴収職員は、直ちにその財産を差し押えることができる。

③ 第二次納税義務者又は保証人について第一項の規定を適用する場合には、同項中「督促状」とあるのは、「納付催告書」とする。

▽❶[一]【督促・督促状→税通三七　❶❷【滞納者→二[九]　❶[二]❷【納期限→税通三五・三六②　❸【第二次納税義務者→三二以下【保証人→二[四]、税通五〇[六]　+【差押えの制限→「税通四八①・四六①—④⑦・一〇五②—⑥、所税一一八、相税四〇①、会更一六九①（納税の猶予、徴収猶予の場合）、一五三①・一五九④、税通三八④、一五二②、税通一〇五③⑤⑥、会更五〇②③、企業担保二八【差押えの効力→六二②（処分禁止）、税通七二③（時効の完成猶予）

[1] 滞納処分において、債務の免脱を目的として設立された法人につき法人格否認の法理の適用を認めた事例（神戸地判平8・2・21訟月四三・四・一二五七、租税百選［四版］一三）

[2] 登記簿上不動産の所有名義人となっている国税滞納者に対する滞納処分として右不動産を公売処分に付した国が、登記の欠缺を主張するにつき正当の利益を有する第三者に当たらないとされる場合には、公売処分は、目的不動産の所有権を競落人に取得させる効果を生じないとする意味において、無効と解すべきである。（最判昭35・3・31民集一四・四・六六三、租税百選［四版］一一）

[3] 国税滞納処分による差押えについては、民法一七七条の適用がある。（最判昭31・4・24民集一〇・四・四一七）

[4] 不実の登記に係る名義人に対する滞納処分として右登記に係る不動産について差押えをした行政庁及び当該公売に係る買受人は民法九四条二項の類推適用により保護を受け得る第三者に当たる。（最判昭62・1・20訟月三三・九・二二三四、租税百選［七版］一二）

[5] 滞納者と他の者との共有に係る不動産につき滞納者の持分が本条一項に基づいて差し押さえられた場合における他の共有者は、その差押処分の取消訴訟の原告適格を有する。（最判平25・7・12判時二二〇三・二二、重判平25租税六）

[6] 破産宣告後は、破産財団に属する財産に対し、財団債権である国税債権をもって新たに国税徴収法による差押えをすることはできない。（最判昭45・7・16民集二四・七・八七九、租税百選［三版］一二二）

[7] 差押財産の選択や差押えの実施時期、差押債権の取立て及び差押財産の公売による換価を行う時期についての判断は徴収職員等の合理的な裁量に委ねられているとして、電話加入権を約一三年間差し押さえる等した後に別の財産に対する差押え・換価により租税債権が満足を受けた事案につき、徴収職員等の裁量の逸脱や濫用はないとした事例（東京地判平30・9・6金法二一一九・八六）

（超過差押及び無益な差押の禁止）

第四八条① 国税を徴収するために必要な財産以外の財産は、差し押えることができない。

② 差し押えることができる財産の価額がその差押に係る滞納処分費及び徴収すべき国税に先だつ他の国税、地方税その他の債権の金額の合計額をこえる見込がないときは、その財産は、差し押えることができない。

▽❷【滞納処分費→一三六【国税に先だつ他の債権→一一・一四・一五—一二三・二六　+民執一二八・一二九（同旨の規定）

[1] 複数の不動産を差し押さえ、その価額の合計が滞納税額の約一〇倍に達していた事案につき、納税者に納税意思があるとは認め難い状況であったとしても、なお処分行政庁に裁量権の逸脱・濫用があるとした事例（奈良地判平31・2・21判時二四二四・六二）

（差押財産の選択に当つての第三者の権利の尊重）

第四九条 徴収職員は、滞納者（譲渡担保権者を含む。第七十五条、第七十六条及び第七十八条（差押禁止財産）を除き、以下同じ。）の財産を差し押えるに当つては、滞納処分の執行に支障がない限り、その財産につき第三者が有する権利を害さないように努めなければならない。

（第三者の権利の目的となつている財産の差押換）

第五〇条① 質権、抵当権、先取特権（第十九条第一項各号（不動産保存の先取特権等）又は第二十条第一項各号（不動産賃貸の先取特権等）に掲げる先取特権に限る。この項を除き、以下同じ。）、留置権、賃借権その他第三者の権利（これらの先取特権以外の先取特権を除く。以下同じ。）の目的となつている財産が差し押えられた場合には、その第三者は、税務署長に対し、滞納者が他に換価の容易な財産で他の第三者の権利の目的となつていないものを有し、かつ、その財産によりその滞納者の国税の全額を徴収することができることを理由として、その財産の公売公告の日（随意契約による売却をする場合には、その売却の日）までに、その差押換を請求することができる。

② 税務署長は、前項の請求があつた場合において、その請求を相当と認めるときは、その差押換をしなければならないものとし、その請求を相当と認めないときは、その旨をその第三者に通知しなければならない。

③ 前項の通知があつた場合において、その通知を受けた第三者が、その通知を受けた日から起算して七日を経過した日までに、第一項の規定により差し押えるべきことを請求した財産の換価をすべきことを申し立てたときは、その財産が換価の著しく困難な

ものであり、又は他の第三者の権利の目的となつているものであるときを除き、これを差し押え、かつ、換価に付した後でなければ、同項に規定する第三者の権利の目的となつている財産を換価することができない。

④ 税務署長は、前項の場合において、同項の申立があつた日から二月以内にその申立に係る財産を差し押え、かつ、換価に付さないときは、第一項に規定する第三者の権利の目的となつている財産の差押を解除しなければならない。ただし、国税に関する法律の規定で換価をすることができないこととするものの適用があるときは、この限りでない。

⑤ 第二項又は前項の差押は、国税に関する法律の規定で新たに滞納処分の執行をすることができないこととするものにかかわらず、することができる。

▽❶【滞納者→二㈨・四九【公売公告→九五【随意契約→一〇九【税徴令一九① ❸税徴令一九② ❹【法律の規定で換価できないとされている場合→税通二三⑤⑥・四八①・五二⑤・一〇五①―⑥・二四③・三二④・九〇①―③・一五一①、滞納処分と強制執行等との手続の調整に関する法律一〇、行訴二五②、所税一一七 ❺【新たに滞納処分ができないとされている場合→四七▽

（相続があつた場合の差押）

第五一条① 徴収職員は、被相続人の国税につきその相続人の財産を差し押える場合には、滞納処分の執行に支障がない限り、まず相続財産を差し押えるように努めなければならない。

② 被相続人の国税につき相続人の固有財産が差し押えられた場合には、その相続人は、税務署長に対し、他に換価が容易な相続財産で第三者の権利の目的となつていないものを有しており、かつ、その財産により当該国税の全額を徴収することができることを理由として、その差押換を請求することができる。

③ 税務署長は、前項の請求があつた場合において、その請求を相当と認めるときは、その差押換をしなければならないものとし、その請求を相当と認めないときは、その旨を当該相続人に通知しなければならない。この場合においては、前条第五項の規定を準用する。

▽†【相続人→一五①㈦ 【被相続人→一五①㈦ ❷税徴令二〇 †税通五

（果実に対する差押の効力）

第五二条① 差押の効力は、差し押えた財産（以下「差押財産」という。）から生ずる天然果実に及ぶ。ただし、滞納者又は第三者が差押財産の使用又は収益をすることができる場合には、その財産から生ずる天然果実（その財産の換価による権利の移転の時までに収取されない天然果実を除く。）については、この限りでない。

② 差押の効力は、差押財産から生ずる法定果実に及ばない。ただし、債権を差し押えた場合における差押後の利息については、この限りでない。

▽❶【滞納者→二㈨・四九【使用・収益できる場合→五九②④・六一・六九 ❷【債権の差押え→六二―六七

（担保のための仮登記がある財産に対する差押えの効力）

第五二条の二 仮登記担保契約に関する法律第十五条（強制競売等の場合の担保仮登記）（同法第二十条（土地等の所有権以外の権利を目的とする契約への準用）において準用する場合を含む。）の規定は、担保のための仮登記がある財産が差し押さえられた場合について準用する。この場合において、同法第十五条中「その決定」とあるのは「その差押え」と、「申立てに基づく」とあるのは「ものである」と読み替えるものとする。

▽†【担保のための仮登記→二二①

1 担保仮登記がされている不動産について、参加差押えが清算金の支払債務の弁済前（清算金がないときは、清算期間の経過前）にされた場合においては、先行してされていた国税の滞納処分による差押えが解除されていないときであっても、本条が類推適用され、担保仮登記の権利者は、その仮登記に基づく本登記の請求をすることができない。（最判平3・4・19民集四五・四・四五六、租税百選〔三版〕八七）

（保険に付されている財産に対する差押えの効力）

第五三条① 差押財産が損害保険に付され、又は中小企業等協同組合法（昭和二十四年法律第百八十一号）第九条の七の二第一項（火災共済事業）の規定による共済その他法律の規定による共済でこれに類するものの目的となつているときは、その差押えの効力は、保険金又は共済金の支払を受ける権利に及ぶ。ただし、財産を差し押さえた旨を保険者又は共済事業者に通知しなければ、その差押えをもつてこれらの者に対抗することができない。

② 徴収職員が差押に係る前項の保険金又は共済金の支払を受けた場合において、その財産がその保険又は共済に係る事故が生じた時に先取特権、質権又は抵当権の目的となつていたときは、その先取特権者、質権者又は抵当権者は、民法第三百四条第一項ただし書（先取特権の物上代位）その他これらの権利の行使のためその保険金又は共済金の支払を受ける権利をその支払前に差し押えることを必要とする規定の適用については、その支払前にその差押をしたものとみなす。

▽❶【差押財産→五二①

（差押調書）

第五四条 徴収職員は、滞納者の財産を差し押さえたときは、差押調書を作成し、その財産が次に掲げる財産であるときは、その謄本を滞納者に交付しなければならない。

一 動産又は有価証券

二 債権（電話加入権、賃借権、第七十三条の二（振替社債等の差押え）の規定の適用を受ける財産その他取り立てることができない債権を除く。以下この章において同じ。）

三　第七十三条（電話加入権等の差押え）又は第七十三条の二（振替社債等の差押え）の規定の適用を受ける財産

▽†【滞納者→二㈨・四九【差押調書→税徴令二一

（質権者等に対する差押えの通知）

第五五条　次の各号に掲げる財産を差し押さえたときは、税務署長は、当該各号に掲げる者のうち知れている者に対し、その旨その他必要な事項を通知しなければならない。

一　質権、抵当権、先取特権、留置権、賃借権その他の第三者の権利（担保のための仮登記に係る権利を除く。）の目的となつている財産　これらの権利を有する者

二　仮登記がある財産　仮登記の権利者

三　仮差押え又は仮処分がされている財産　仮差押え又は仮処分をした保全執行裁判所又は執行官

▽【二】【担保のための仮登記→二三①　†税徴令二二

第二款　動産又は有価証券の差押

▽†【滞納者→二㈨・四九

（差押の手続及び効力発生時期等）

第五六条①　動産又は有価証券の差押は、徴収職員がその財産を占有して行う。

② 前項の差押の効力は、徴収職員がその財産を占有した時に生ずる。

③ 徴収職員が金銭を差し押えたときは、その限度において、滞納者から差押に係る国税を徴収したものとみなす。

▽†税徴令二三・二六の二

（有価証券に係る債権の取立）

第五七条①　有価証券を差し押えたときは、徴収職員は、その有価証券に係る金銭債権の取立をすることができる。

② 徴収職員が前項の規定により金銭を取り立てたときは、その限度において、滞納者から差押に係る国税を徴収したものとみなす。

（第三者が占有する動産等の差押手続）

第五八条①　滞納者の動産又は有価証券でその親族その他の特殊関係者以外の第三者が占有しているものは、その第三者が引渡を拒むときは、差し押えることができない。

② 前項の動産又は有価証券がある場合において、同項の第三者がその引渡を拒むときは、滞納者が他に換価が容易であり、かつ、その滞納に係る国税の全額を徴収することができる財産を有しないと認められるときに限り、税務署長は、同項の第三者に対し、期限を指定して、当該動産又は有価証券を徴収職員に引き渡すべきことを書面により命ずることができる。この場合において、その命令をした税務署長は、その旨を滞納者に通知しなければならない。

③ 前項の命令に係る動産若しくは有価証券が徴収職員に引き渡されたとき、又は同項の命令を受けた第三者が指定された期限までに徴収職員にその引渡をしないときは、徴収職員は、第一項の規定にかかわらず、その動産又は有価証券を差し押えることができる。

▽❶【親族その他の特殊関係者→三八、税徴令一三（その範囲）❷税徴令二四・二五

（引渡命令を受けた第三者等の権利の保護）

第五九条①　前条第二項の規定により動産の引渡を命ぜられた第三者が、滞納者との契約による賃借権、使用貸借権その他動産の使用又は収益をする権利に基きその命令に係る動産を占有している場合において、その引渡をすることにより占有の目的を達することができなくなるときは、その第三者は、その占有の基礎となつている契約を解除することができる。この場合において、その第三者は、当該契約の解除により滞納者に対して取得する損害賠償請求権については、その動産の売却代金の残余のうちから配当を受けることができる。

② 徴収職員は、前条第二項の規定により動産の引渡を命ぜられた第三者の請求がある場合には、その第三者が前項前段の規定により契約を解除したときを除き、その動産の占有の基礎となつている契約の期間内（その期限がその動産を差し押えた日から三月を経過した日より遅いときは、その日まで）は、その第三者にその使用又は収益をさせなければならない。

③ 前条第二項の規定により動産の引渡を命ぜられた第三者が賃貸借契約に基きこれを占有している場合において、第一項前段の規定によりその契約を解除し、かつ、前条第二項の命令があつた時前にその後の期間分の借賃を支払つているときは、その第三者は、税務署長に対し、その動産の売却代金のうちから、その借賃に相当する金額で同条第三項の規定による差押の日後の期間に係るもの（その金額が三月分に相当する金額をこえるときは、当該金額）の配当を請求することができる。この場合において、その請求があつた金額は、第八条（国税優先の原則）の規定にかかわらず、その滞納処分に係る滞納処分費に次ぎ、かつ、その動産上の留置権により担保されていた債権に次ぐものとして、配当することができる。

④ 前三項の規定は、前条第一項に規定する動産の引渡を拒まなかつた同項に規定する第三者について準用する。

▽❶【配当手続→一二九①㈣　❸【配当手続→一二九①㈣【滞納処分費→一三六【留置権→二一▽　†税徴令二五

（差し押えた動産等の保管）

第六〇条①　徴収職員は、必要があると認めるときは、差し押えた動産又は有価証券を滞納者又はその財産を占有する第三者に保管させることができる。ただし、その第三者に保管させる場合には、その運搬が困難であるときを除き、その者の同意を受けなければならない。

② 前項の規定により滞納者又は第三者に保管させた

ときは、第五十六条第二項（動産等の差押の効力発生時期）の規定にかかわらず、封印、公示書その他差押を明白にする方法により差し押えた旨を表示した時に、差押の効力が生ずる。

▽❷税徴令二六

（差し押えた動産の使用収益）

第六一条① 徴収職員は、前条第一項の規定により滞納者に差し押えた動産を保管させる場合において、国税の徴収上支障がないと認めるときは、その使用又は収益を許可することができる。

② 前項の規定は、差し押えた動産につき使用又は収益をする権利を有する第三者にその動産を保管させる場合について準用する。

第三款　債権の差押

▽【債権→五四[三]―以下本章を通じ同じ

（差押えの手続及び効力発生時期）

第六二条① 債権（電子記録債権法第二条第一項（定義）に規定する電子記録債権（次条において「電子記録債権」という。）を除く。以下この条において同じ。）の差押えは、第三債務者に対する債権差押通知書の送達により行う。

② 徴収職員は、債権を差し押えるときは、債務者に対しその履行を、滞納者に対し債権の取立その他の処分を禁じなければならない。

③ 第一項の差押の効力は、債権差押通知書が第三債務者に送達された時に生ずる。

④ 税務署長は、債権でその移転につき登録を要するものを差し押えたときは、差押の登録を関係機関に嘱託しなければならない。

▽❶❸【債権差押通知書→税徴令二七　❷【取立てその他の処分―給付の訴え、譲渡、免除等

1　差押等禁止債権に係る金員が金融機関の口座に振り込まれることによって発生する預金債権は、原則として差押等禁止債権としての属性を承継するものではないが、処分行政庁において、児童手当が銀行口座に振り込まれる日であることを認識し、同手当が口座に振り込まれた九分後に、同手当により大部分が形成されている預金債権を差し押さえる差押処分は、実質的には本件児童手当を受ける権利自体を差し押さえたものと変わりがないから、児童手当法一五条の趣旨に反する違法な処分であるとされた事例（広島高松江支判平25・11・27金判一四三二・八）→七五条（国税徴収法上の差押禁止財産）

2　譲渡禁止特約の付された債権を本条の規定に基づき差し押さえた国は、当該特約に反してされた債権譲渡の無効を主張する適格を有する。（大阪地堺支判平25・8・6訟月六〇・三・六八八）

3　信託契約の受託者が所有する複数の不動産の固定資産税に係る滞納処分としてされた、上記不動産のうちの信託財産である土地とその上にある固有財産である家屋に係る賃料債権の差押えは、滞納に係る上記固定資産税等のうち上記土地以外の不動産の固定資産税相当額部分に基づき、上記賃料債権のうち上記土地の賃料相当額を差し押さえる点において旧信託法［平成一八年法一〇九による改正前のもの］一六条一項との関係で問題があるものの、その問題となる部分は上記の限度にとどまり、差押えを全体として違法とするような特段の事情もうかがわれないなど判示の事情の下においては、適法である。（最判平28・3・29判時二三一〇・三九、重判平28租税六）

（電子記録債権の差押えの手続及び効力発生時期）

第六二条の二① 電子記録債権の差押えは、第三債務者及び当該電子記録債権の電子記録をしている電子債権記録機関（電子記録債権法第二条第二項（定義）に規定する電子債権記録機関をいう。以下この条において同じ。）に対する債権差押通知書の送達により行う。

② 徴収職員は、電子記録債権を差し押さえるときは、第三債務者に対しその履行を、電子債権記録機関に対し電子記録債権に係る電子記録を、滞納者に対し電子記録債権の取立てその他の処分又は電子記録の請求を禁じなければならない。

③ 第一項の差押えの効力は、債権差押通知書が電子債権記録機関に送達された時に生ずる。ただし、第三債務者に対する同項の差押えの効力は、債権差押通知書が第三債務者に送達された時に生ずる。

▽【電磁的記録→税通三四の六③

（差し押える債権の範囲）

第六三条 徴収職員は、債権を差し押えるときは、その全額を差し押えなければならない。ただし、その全額を差し押える必要がないと認めるときは、その一部を差し押えることができる。

（抵当権等により担保される債権の差押）

第六四条 抵当権又は登記することができる質権若しくは先取特権によつて担保される債権を差し押えたときは、税務署長は、その債権の差押の登記を関係機関に嘱託することができる。この場合において、その嘱託をした税務署長は、その抵当権若しくは質権が設定されている財産又は先取特権がある財産の権利者（第三債務者を除く。）に差し押えた旨を通知しなければならない。

▽民執一五〇（同旨の規定）

（債権証書の取上げ）

第六五条 徴収職員は、債権の差押のため必要があるときは、その債権に関する証書を取り上げることができる。この場合においては、第五十六条第一項（動産等の差押手続）及び第五十八条（第三者が占有する動産等の差押手続）の規定を準用する。

▽民執一四八（同旨の規定）、税徴令二四⑥・二八

（継続的な収入に対する差押の効力）

第六六条 給料若しくは年金又はこれらに類する継続収入の債権の差押の効力は、徴収すべき国税の額を

税徴

限度として、差押後に収入すべき金額に及ぶ。

▽ナ民執一五一（同旨の規定）

（差し押えた債権の取立）

第六七条① 徴収職員は、差し押えた債権の取立をすることができる。

② 徴収職員は、前項の規定により取り立てたものが金銭以外のものであるときは、これを差し押えなければならない。

③ 徴収職員が第一項の規定により金銭を取り立てたときは、その限度において、滞納者から差押に係る国税を徴収したものとみなす。

④ 国税通則法第五十五条第一項から第三項まで（納付委託）の規定は、第一項の取立をする場合において、第三債務者が徴収職員に対し、その債権の弁済の委託をしようとするときに準用する。ただし、その証券の取り立てるべき期限が差し押えた債権の弁済期後となるときは、第三債務者は、滞納者の承認を受けなければならない。

▽❹税徴令二九

1 本条に基づく取立てを行う場合、差押債権者たる国等は滞納処分の方法でその取立てを行うことはできず、滞納者に代位して、私債権者の立場においてその弁済を求めることができるにすぎない。（最判昭27・5・6民集六・五・五一八）

2 旧国税徴収法二三条ノ一による国の代位とは、国税滞納処分の債権差押えにより国が被差押債権の取立権を取得し債権者の権利を行使し得るに至る法律関係をいう。（最判昭37・8・10民集一六・八・一七二六、租税百選〔初版〕九三）

3 国税債権の執行手続としての取立訴訟においては、第三債務者は国税債権の存否を争うことはできない。（広島地判昭52・1・28訟月二三・二・二二〇）

第四款　不動産等の差押

（不動産の差押の手続及び効力発生時期）

第六八条① 不動産（地上権その他不動産を目的とする物権（所有権を除く。）、工場財団、鉱業権その他不動産とみなされ、又は不動産に関する規定の準用がある財産並びに鉄道財団、軌道財団及び運河財団を含む。以下同じ。）の差押は、滞納者に対する差押書の送達により行う。

② 前項の差押の効力は、その差押書が滞納者に送達された時に生ずる。

③ 税務署長は、不動産を差し押えたときは、差押の登記を関係機関に嘱託しなければならない。

④ 前項の差押の登記が差押書の送達前にされた場合には、第二項の規定にかかわらず、その差押の登記がされた時に差押の効力が生ずる。

⑤ 鉱業権の差押の効力は、第二項及び前項の規定にかかわらず、差押の登録がされた時に生ずる。

▽❶【差押書→税徴令三〇①

（差押不動産の使用収益）

第六九条① 滞納者は、差し押えられた不動産につき、通常の用法に従い、使用又は収益をすることができる。ただし、税務署長は、不動産の価値が著しく減耗する行為がされると認められるときに限り、その使用又は収益を制限することができる。

② 前項の規定は、差し押えられた不動産につき使用又は収益をする権利を有する第三者について準用する。

（船舶又は航空機の差押え）

第七〇条① 登記される船舶（以下「船舶」という。）又は航空法（昭和二十七年法律第二百三十一号）の規定により登録を受けた飛行機若しくは回転翼航空機（以下「航空機」という。）の差押えについては、第六十八条第一項から第四項まで（不動産の差押えの手続及び効力発生時期）の規定を準用する。

② 税務署長は、滞納処分のため必要があるときは、船舶又は航空機を一時停泊させることができる。ただし、航行中の船舶又は航空機については、この限りでない。

③ 徴収職員は、滞納処分のため必要があるときは、船舶又は航空機の監守及び保存のため必要な処分をすることができる。

④ 前項の処分が差押書の送達前にされた場合には、第一項において準用する第六十八条第二項の規定にかかわらず、その処分をした時に差押えの効力が生ずる。

⑤ 税務署長は、停泊中の船舶若しくは航空機を差し押さえた場合又は第二項の規定により船舶若しくは航空機を停泊させた場合において、営業上の必要その他相当の理由があるときは、滞納者並びにこれらにつき交付要求をした者及び抵当権その他の権利を有する者の申立てにより、航行を許可することができる。

▽❶税徴令三〇①　❺【交付要求↓八二―八六　【税徴令三二

（自動車、建設機械又は小型船舶の差押え）

第七一条① 道路運送車両法（昭和二十六年法律第百八十五号）の規定により登録を受けた自動車（以下「自動車」という。）、建設機械抵当法（昭和二十九年法律第九十七号）の規定により登記を受けた建設機械（以下「建設機械」という。）又は小型船舶の登録等に関する法律（平成十三年法律第百二号）の規定により登録を受けた小型船舶（以下「小型船舶」という。）の差押えについては、第六十八条第一項から第四項まで（不動産の差押えの手続及び効力発生時期）の規定を準用する。

② 前条第三項及び第四項の規定は、自動車、建設機械又は小型船舶の差押えについて準用する。

③ 税務署長は、自動車、建設機械又は小型船舶を差し押さえた場合には、滞納者に対し、これらの引渡しを命じ、徴収職員にこれらの占有をさせることができる。

④ 第五十六条第一項（動産等の差押手続）、第五十八条（第三者が占有する動産等の差押手続）及び第

五十九条（引渡命令を受けた第三者等の権利の保護）の規定は、前項の規定により徴収職員に自動車、建設機械又は小型船舶を占有させる場合について準用する。

⑤　徴収職員は、第三項の規定により占有する自動車、建設機械又は小型船舶を滞納者又はこれらを占有する第三者に保管させることができる。この場合においては、封印その他の公示方法によりその自動車、建設機械又は小型船舶が徴収職員の占有に係る旨を明らかにしなければならないものとし、また、次項の規定により自動車の運行、建設機械の使用又は小型船舶の航行を許可する場合を除き、これらの運行、使用又は航行をさせないための適当な措置を講じなければならない。

⑥　徴収職員は、第三項又は前項の規定により占有し、又は保管させた自動車、建設機械又は小型船舶につき営業上の必要その他相当の理由があるときは、滞納者並びにこれらにつき交付要求をした者及び抵当権その他の権利を有する者の申立てにより、その運行、使用又は航行を許可することができる。

▽❶❸❻税徴令三二　❻【交付要求→八二―八六

第五款　無体財産権等の差押

（特許権等の差押えの手続及び効力発生時期）

第七十二条①　前三款の規定の適用を受けない財産（以下「無体財産権等」という。）のうち特許権、著作権その他第三債務者等がない財産の差押えは、滞納者に対する差押書の送達により行う。

②　前項の差押えの効力は、その差押書が滞納者に送達された時に生ずる。

③　税務署長は、無体財産権等でその権利の移転につき登記を要するものを差し押さえたときは、差押えの登記を関係機関に嘱託しなければならない。

④　前項の差押えの登記が差押書の送達前にされた場合には、第二項の規定にかかわらず、その差押えの登記がされた時に差押えの効力が生ずる。

⑤　特許権、実用新案権その他の権利でその処分の制限につき登記をしなければ効力が生じないものとされているものの差押えの効力は、第二項及び前項の規定にかかわらず、差押えの登記がされた時に生ずる。

▽❶【差押書→税徴令三〇①

（電話加入権等の差押えの手続及び効力発生時期）

第七十三条①　無体財産権等のうち電話加入権、合名会社の社員の持分その他第三債務者等がある財産（社債、株式等の振替に関する法律（平成十三年法律第七十五号）第二条第一項（定義）に規定する社債等のうちその権利の帰属が振替口座簿の記載又は記録により定まるものとされるもの（次条において「振替社債等」という。）を除く。）の差押えは、第三債務者等に対する差押通知書の送達により行う。

②　前項の差押の効力は、その差押通知書が第三債務者等に送達された時に生ずる。

③　前条第三項及び第四項の規定は、第一項に規定する財産でその権利の移転につき登記を要するもの（次項に規定するものを除く。）の差押について準用する。この場合において、同条第四項中「差押書」とあるのは、「差押通知書」と読み替えるものとする。

④　前条第五項の規定は、特許権についての専用実施権その他の権利でその処分の制限につき登記をしなければ効力が生じないものとされているものの差押えについて準用する。

⑤　第六十五条（債権証書の取上げ）及び第六十七条（差し押えた債権の取立）の規定は、第一項に規定する財産について準用する。

▽❶【無体財産権等→七二①　❶❷【第三債務者等→七二①　【差押通知書→税徴令三〇②　❺税徴令二四⑥・二八

（振替社債等の差押えの手続及び効力発生時期）

第七十三条の二①　振替社債等の差押えは、振替社債等の発行者（以下この項及び次項において「発行者」という。）及び滞納者がその口座の開設を受けている社債、株式等の振替に関する法律第二条第五項（定義）に規定する振替機関等（滞納者が次の各号に掲げる請求をし、当該各号に定める買取口座に当該請求に係る振替社債等についての記載又は記録がされている場合であつて、当該請求に係る振替社債等を差し押さえるときは、発行者が当該買取口座の開設を受けている当該振替機関等。以下この条において「振替機関等」という。）に対する差押通知書の送達により行う。

一　社債、株式等の振替に関する法律第百五十五条第一項（株式買取請求に関する会社法の特例）（社債、株式等の振替に関する法律第二百二十八条第一項（投資口に関する株式に係る規定の準用）及び第二百三十九条第一項（優先出資に関する株式に係る規定の準用）において読み替えて準用する場合を含む。以下この号において同じ。）に規定する株式買取請求、投資口買取請求又は優先出資買取請求　同法第百五十五条第一項に規定する買取口座

二　社債、株式等の振替に関する法律第百八十三条第一項（新株予約権買取請求に関する会社法の特例）（社債、株式等の振替に関する法律第二百四十七条の三第一項（新投資口予約権に関する新株予約権に係る規定の準用）において読み替えて準用する場合を含む。以下この号において同じ。）に規定する新株予約権買取請求又は新投資口予約権買取請求　同法第百八十三条第一項に規定する買取口座

三　社債、株式等の振替に関する法律第二百十五条第一項（新株予約権付社債買取請求に関する会社法の特例）に規定する新株予約権付社債買取請求　同項に規定する買取口座

四　社債、株式等の振替に関する法律第二百五十九条第一項（金融機関の合併における株式買取請求に関する合併転換法の特例等）に規定する株式買取請求　同項に規定する買取口座

五　社債、株式等の振替に関する法律第二百六十条第一項（金融機関の合併における新株予約権買取請求に関する合併転換法の特例等）に規定する新株予約権買取請求　同項に規定する買取口座
六　社債、株式等の振替に関する法律第二百六十六条第一項（保険会社の合併における株式買取請求に関する保険業法の特例等）に規定する株式買取請求　同項に規定する買取口座
七　社債、株式等の振替に関する法律第二百六十七条第一項（保険会社の合併における新株予約権買取請求に関する保険業法の特例等）に規定する新株予約権買取請求　同項に規定する買取口座
八　社債、株式等の振替に関する法律第二百七十三条第一項（金融商品取引所の合併における株式買取請求に関する金融商品取引法の特例等）に規定する株式買取請求　同項に規定する買取口座
九　社債、株式等の振替に関する法律第二百七十四条第一項（金融商品取引所の合併における新株予約権買取請求に関する金融商品取引法の特例等）に規定する新株予約権買取請求　同項に規定する買取口座

②　徴収職員は、振替社債等を差し押さえるときは、発行者に対しその履行を、振替機関等に対し振替社債等の振替又は抹消を、滞納者に対し振替社債等の取立てその他の処分又は振替若しくは抹消の申請を禁じなければならない。

③　第一項の差押えの効力は、その差押通知書が振替機関等に送達された時に生ずる。

④　第六十七条（差し押さえた債権の取立て）の規定は、振替社債等について準用する。

▽❶【振替社債等→七三①　❶❸【差押通知書→税徴令三〇③

（差し押さえた持分の払戻しの請求）

第七十四条①　税務署長は、中小企業等協同組合法に基づく企業組合、信用金庫その他の法人で組合員、会員その他の持分を有する構成員が任意に（脱退につき予告その他一定の手続を要する場合には、これをした後任意に）脱退することができるもの（合名会社、合資会社及び合同会社を除く。以下この条において「組合等」という。）の組合員、会員その他の構成員である滞納者の持分を差し押さえた場合において、当該持分につき次に掲げる理由があり、かつ、その持分以外の財産につき滞納処分を執行してもなお徴収すべき国税に不足すると認められるときは、その組合等に対し、その持分の一部の払戻し（組合等による譲受けが認められている持分については、譲受け）を請求することができる。
一　その持分を再度換価に付してもなお買受人がないこと。
二　その持分の譲渡につき法律又は定款に制限があるため、譲渡することができないこと。

②　前項に規定する請求は、三十日（組合等からの脱退につき、法律又は定款の定めにより、これと異なる一定期間前に組合等に予告することを必要とするものにあつては、その期間）前に組合等にその予告をした後でなければ、行うことができない。

▽❶税徴令三三①　【一】【再度の換価→一〇七　【買受人→一一一・一一三　❷【税徴令三三②

第六款　差押禁止財産

（一般の差押禁止財産）

第七十五条①　次に掲げる財産は、差し押えることができない。
一　滞納者及びその者と生計を一にする配偶者（届出をしていないが、事実上婚姻関係にある者を含む。）その他の親族（以下「生計を一にする親族」という。）の生活に欠くことができない衣服、寝具、家具、台所用具、畳及び建具
二　滞納者及びその者と生計を一にする親族の生活に必要な三月間の食料及び燃料
三　主として自己の労力により農業を営む者の農業に欠くことができない器具、肥料、労役の用に供する家畜及びその飼料並びに次の収穫まで農業を続行するために欠くことができない種子その他これに類する農産物
四　主として自己の労力により漁業を営む者の水産物の採捕又は養殖に欠くことができない漁網その他の漁具、えさ及び稚魚その他これに類する水産物
五　技術者、職人、労務者その他の主として自己の知的又は肉体的な労働により職業又は営業に従事する者（前二号に規定する者を除く。）のその業務に欠くことができない器具その他の物（商品を除く。）
六　実印その他の印で職業又は生活に欠くことができないもの
七　仏像、位牌《はい》その他礼拝又は祭祀《し》に直接供するため欠くことができない物
八　滞納者に必要な系譜、日記及びこれに類する書類
九　滞納者又はその親族が受けた勲章その他名誉の章票
十　滞納者又はその者と生計を一にする親族の学習に必要な書籍及び器具
十一　発明又は著作に係るもので、まだ公表していないもの
十二　滞納者又はその者と生計を一にする親族に必要な義手、義足その他の身体の補足に供する物
十三　建物その他の工作物について、災害の防止又は保安のため法令の規定により設備しなければならない消防用の機械又は器具、避難器具その他の備品

②　前項第一号（畳及び建具に係る部分に限る。）及び第十三号の規定は、これらの規定に規定する財産をその建物その他の工作物とともに差し押えるときは、適用しない。

（給与の差押禁止）

第七十六条①　給料、賃金、俸給、歳費、退職年金及びこれらの性質を有する給与に係る債権（以下「給料

等」という。）については、次に掲げる金額の合計額に達するまでの部分の金額は、差し押えることができない。この場合において、滞納者が同一の期間につき二以上の給料等の支払を受けるときは、その合計額につき、第四号又は第五号に掲げる金額に係る限度を計算するものとする。
一　所得税法第百八十三条（給与所得に係る源泉徴収義務）、第百九十条（年末調整）、第百九十二条（年末調整に係る不足額の徴収）又は第二百十二条（非居住者等の所得に係る源泉徴収義務）の規定によりその給料等につき徴収される所得税に相当する金額
二　地方税法第三百二十一条の三（個人の市町村民税の特別徴収）その他の規定によりその給料等につき特別徴収の方法によつて徴収される道府県民税及び市町村民税に相当する金額

★平成三一法三（令和六・一・一施行）**による改正**
第二号中「その他の」の下に「法令の」を、「及び市町村民税」の下に「並びに森林環境税」を加える。

（本文未織込み）

三　健康保険法（大正十一年法律第七十号）第百六十七条第一項（報酬からの保険料の控除）その他の法令の規定によりその給料等から控除される社会保険料（所得税法第七十四条第二項（社会保険料控除）に規定する社会保険料をいう。）に相当する金額
四　滞納者（その者と生計を一にする親族を含む。）に対し、これらの者が所得を有しないものとして、生活保護法（昭和二十五年法律第百四十四号）第十二条（生活扶助）に規定する生活扶助の給付を行うこととした場合におけるその扶助の基準となる金額で給料等の支給の基礎となつた期間に応ずるものを勘案して政令で定める金額
五　その給料等の金額から前各号に掲げる金額の合計額を控除した金額の百分の二十に相当する金額（その金額が前号に掲げる金額の二倍に相当する金額をこえるときは、当該金額）
②　給料等に基き支払を受けた金銭は、前項第四号及び第五号に掲げる金額の合計額に、その給料等の支給の基礎となつた期間の日数のうちに差押の日から次の支払日までの日数の占める割合を乗じて計算した金額を限度として、差し押えることができない。
③　賞与及びその性質を有する給与に係る債権については、その支払を受けるべき時における給料等とみなして、第一項の規定を適用する。この場合においては、同項第四号又は第五号に掲げる金額に係る限度の計算については、その支給の基礎となつた期間が一月であるものとみなす。
④　退職手当及びその性質を有する給与に係る債権（以下「退職手当等」という。）については、次に掲げる金額の合計額に達するまでの部分の金額は、差し押えることができない。
一　所得税法第百九十九条（退職所得に係る源泉徴収義務）又は第二百十二条の規定によりその退職手当等につき徴収される所得税に相当する金額
二　第一項第二号及び第三号中「給料等」とあるのを「退職手当等」として、これらの規定を適用して算定した金額
三　第一項第四号に掲げる金額で同号に規定する期間を一月として算定したものの三倍に相当する金額
四　退職手当等の支給の基礎となつた期間が五年をこえる場合には、そのこえる年数一年につき前号に掲げる金額の百分の二十に相当する金額
⑤　第一項、第二項及び前項の規定は、滞納者の承諾があるときは適用しない。
▽❶[四]【政令の定め→税徴令三四

1　通勤手当が本条一項柱書にいう「これらの性質を有する給与」に当たるとされた事例（旭川地判平27・7・21判時二二八二・五六）
2　年金等に基づき支払われる金銭が金融機関の口座に振り込まれることによって発生する預貯金債権は、直ちに差押禁止債権としての属性を承継するものではない（参考・最判平10・2・10金判一〇五六・六）が、①滞納処分庁が、実質的に本条による差押禁止財産自体を差し押さえることを意図して差押処分を行ったといえるか否か、②差し押さえられた金額が滞納者の生活を困窮させるおそれがあるか否かなどを総合的に考慮して、差押処分が本条の趣旨を没却するものであると認められる場合には、当該差押処分は権限を濫用したものとして違法となる。〔固定資産税の事案。地方税法三七三条三項が国税徴収法の滞納処分の規定を準用〕（東京高判平30・12・19判自四四八・一七、重判令元租税二）
3　給料等が受給者の預金口座に振り込まれて預金債権になった場合であっても、本条一項及び二項が給与生活者等の最低生活を維持するために必要な費用等に相当する一定の金額について差押えを禁止した趣旨に鑑みると、具体的事情の下で、当該預金債権に対する差押処分が、実質的に差押えを禁止された給料等の債権を差し押さえたものと同視することができる場合には、上記差押禁止の趣旨に反するものとして違法となる。（大阪高判令元・9・26判タ一四七〇・三一……事実関係の下で「実質的に給料等の債権を差し押さえたものと同視することができる場合に当たる」として違法性を認定しつつ、処分庁の過失を否定し、国家賠償請求を棄却した）

（社会保険制度に基づく給付の差押禁止）
第七七条①　社会保険制度に基づき支給される退職年金、老齢年金、普通恩給、休業手当金及びこれらの性質を有する給付（確定給付企業年金法（平成十三年法律第五十号）第三十八条第一項（老齢給付金の支給方法）の規定に基づいて支給される年金、確定拠出年金法（平成十三年法律第八十八号）第三十五条第一項（老齢給付金の支給方法）（同法第七十三条（企業型年金に係る規定の準用）において準用す

る場合を含む。）の規定に基づいて支給される年金その他政令で定める退職年金を含む。）に係る債権は給料等と、退職一時金、一時恩給及びこれらの性質を有する給付（確定給付企業年金法第三十八条第二項の規定に基づいて支給される一時金及び同法第四十二条（脱退一時金の支給方法）の規定に基づいて支給される脱退一時金、確定拠出年金法第三十五条第二項（同法第七十三条において準用する場合を含む。）の規定に基づいて支給される一時金その他政令で定める退職一時金を含む。）に係る債権は退職手当等とそれぞれみなして、前条の規定を適用する。

② 前項に規定する社会保険制度とは、次に掲げる法律に基づく保険、共済又は恩給に関する制度その他政令で定めるこれらに類する制度をいう。

一 厚生年金保険法（昭和二十九年法律第百十五号）

二 船員保険法（昭和十四年法律第七十三号）

三 国民年金法（昭和三十四年法律第百四十一号）

四 恩給法（大正十二年法律第四十八号）（他の法律において準用する場合を含む。）

五 国家公務員共済組合法（昭和三十三年法律第百二十八号）

六 地方公務員等共済組合法（昭和三十七年法律第百五十二号）

七 私立学校教職員共済法（昭和二十八年法律第二百四十五号）

▽❶【政令で定める退職年金→税徴令三五①【政令で定める退職一時金→税徴令三五②【適用除外債権→税徴令三五④ ❷【政令で定める制度→税徴令三五③

（条件付差押禁止財産）

第七八条 次に掲げる財産（第七十五条第一項第三号から第五号まで（農業等に欠くことができない財産）に掲げる財産を除く。）は、滞納者がその国税の全額を徴収することができる財産で、換価が困難でなく、かつ、第三者の権利の目的となつていないものを提供したときは、その選択により、差押をしないものとする。

一 農業に必要な機械、器具、家畜類、飼料、種子その他の農産物、肥料、農地及び採草放牧地

二 漁業に必要な漁網その他の漁具、えさ、稚魚その他の水産物及び漁船

三 職業又は事業（前二号に規定する事業を除く。）の継続に必要な機械、器具その他の備品及び原材料その他たな卸をすべき資産

第七款 差押の解除

（差押えの解除の要件）

第七九条① 徴収職員は、次の各号のいずれかに該当するときは、差押えを解除しなければならない。

一 納付、充当、更正の取消その他の理由により差押えに係る国税の全額が消滅したとき。

二 差押財産の価額がその差押えに係る滞納処分費及び差押えに係る国税に先立つ他の国税、地方税その他の債権の合計額を超える見込みがなくなつたとき。

② 徴収職員は、次の各号のいずれかに該当するときは、差押財産の全部又は一部について、その差押えを解除することができる。

一 差押えに係る国税の一部の納付、充当、更正の一部の取消、差押財産の値上りその他の理由により、その価額が差押えに係る国税及びこれに先立つ他の国税、地方税その他の債権の合計額を著しく超過すると認められるに至つたとき。

二 滞納者が他に差し押さえることができる適当な財産を提供した場合において、その財産を差し押さえたとき。

三 差押財産について、三回公売に付しても入札又は競り売りに係る買受けの申込み（以下「入札等」という。）がなかつた場合において、その差押財産の形状、用途、法令による利用の規制その他の事情を考慮して、更に公売に付しても買受人がないと認められ、かつ、随意契約による売却の見込みがないと認められるとき。

▽❶[二]【滞納処分費→一三六 ❶[一]❷[一]【納付→税通三四【充当→税通五七・五八【更正→税通二四・二六 ❶[二]❷【差押財産→五二① ＋一五二②（換価の猶予の場合の差押えの解除）・一五三③（滞納処分の停止の場合の差押えの解除）・一五九⑤⑥（保全差押えの解除）

（差押えの解除の手続）

第八〇条① 差押の解除は、その旨を滞納者に通知することによつて行う。ただし、債権及び第三債務者等のある無体財産権等の差押の解除は、その旨を第三債務者等に通知することによつて行う。

② 徴収職員は、次の各号に掲げる財産の差押を解除したときは、当該各号に掲げる手続をしなければならない。ただし、第一号に規定する除去は、滞納者又はその財産を占有する第三者に行わせることができる。

一 動産又は有価証券 その引渡及び封印、公示書その他差押を明白にするために用いた物の除去

二 債権又は第三債務者等がある無体財産権等 滞納者への通知

③ 税務署長は、不動産その他差押の登記をした財産の差押を解除したときは、その登記のまつ消を関係機関に嘱託しなければならない。

④ 第二項第一号の動産又は有価証券の引渡は、滞納者に対し、次の各号に掲げる場合の区分に応じ、当該各号に掲げる場所において行わなければならない。ただし、差押の時に滞納者以外の第三者が占有していたものについては、滞納者に対し引渡をすべき旨の第三者の申出がない限り、その第三者に引き渡さなければならない。

一 前条第一項各号又は同条第二項第一号の規定に該当する場合のうち、更正の取消その他国の責に帰すべき理由による場合 差押の時に存在した場所

二 その他の場合 差押を解除した時に存在する場所

⑤　第二項第一号及び前項の規定は、債権又は自動車、建設機械若しくは小型船舶の差押えを解除した場合において、第六十五条（債権証書の取上げ）（第七十三条第五項（権利証書の取上げ）の規定により準用する場合を含む。）の規定により取り上げた証書又は第七十一条第三項（差し押さえた自動車等の占有）の規定により徴収職員が占有した自動車、建設機械若しくは小型船舶があるときについて準用する。

▽❶❷〔二〕【無体財産権等→七二①・七三①　❷〔一〕六〇②　❸【差押えの登記をした財産→六八③・七〇①・七一①・七二③・七三③　❹〔一〕【更正→税通二四・二六　❺【自動車→七一①　【建設機械→七一①　【小型船舶→七一①

（質権者等への差押解除の通知）

第八一条　税務署長は、差押を解除した場合において、第五十五条各号（質権者等に対する差押の通知）に掲げる者のうち知れている者及び交付要求をしている者があるときは、これらの者にその旨その他必要な事項を通知しなければならない。

▽⁺【差押解除→七九・八〇　【交付要求→八二―八六

第二節　交付要求

（交付要求の手続）

第八二条①　滞納者の財産につき強制換価手続が行われた場合には、税務署長は、執行機関（破産法（平成十六年法律第七十五号）第百十四条第一号（租税等の請求権の届出）に掲げる請求権に係る国税の交付要求を行う場合には、その交付要求に係る破産事件を取り扱う裁判所。第八十四条第二項（交付要求の解除）において同じ。）に対し、滞納に係る国税につき、交付要求書により交付要求をしなければならない。

②　税務署長は、交付要求をしたときは、その旨を滞納者に通知しなければならない。

③　第五十五条（質権者等に対する差押の通知）の規定は、交付要求をした場合について準用する。

▽❶【強制換価手続→二十二　【執行機関→二十三　⁺税徴令三六

1　交付要求は抗告訴訟の対象となる行政処分に当たらない。（最判昭59・3・29訟月三〇・八・一四九五）

2　破産者所有の不動産に対する競売手続において交付要求がされたときは、交付要求に係る請求権に基づき破産宣告前に国税徴収法又は国税徴収の例による差押え又は参加差押えがされている場合を除き、交付要求に係る配当金は、破産管財人に交付すべきである。（最判平9・11・28民集五一・一〇・四一七二、租税百選［四版］一一四）

（交付要求の制限）

第八三条　税務署長は、滞納者が他に換価の容易な財産で第三者の権利の目的となつていないものを有しており、かつ、その財産によりその国税の全額を徴収することができると認められるときは、交付要求をしないものとする。

▽⁺【換価→八九以下

（交付要求の解除）

第八四条①　税務署長は、納付、充当、更正の取消その他の理由により交付要求に係る国税が消滅したときは、その交付要求を解除しなければならない。

②　交付要求の解除は、その旨をその交付要求に係る執行機関に通知することによつて行う。

③　第五十五条（質権者等に対する差押の通知）及び第八十二条第二項（交付要求の通知）の規定は、交付要求を解除した場合について準用する。

▽❶【納付→税通三四　【充当→税通五七・五八　【更正→税通二四・二六　❷【執行機関→二十三

（交付要求の解除の請求）

第八五条①　強制換価手続により配当を受けることができる債権者は、交付要求があつたときは、税務署長に対し、次の各号のいずれにも該当することを理由として、その交付要求を解除すべきことを請求することができる。

一　その交付要求により自己の債権の全部又は一部の弁済を受けることができないこと。

二　滞納者が他に換価の容易な財産で第三者の権利の目的となつていないものを有しており、かつ、その財産によりその交付要求に係る国税の全額を徴収することができること。

②　税務署長は、前項の請求があつた場合において、その請求を相当と認めるときは、交付要求を解除しなければならないものとし、その請求を相当と認めないときは、その旨をその請求をした者に通知しなければならない。

▽❶【強制換価手続→二十二　【税徴令三七　〔二〕【換価→八九以下

（参加差押えの手続）

第八六条①　税務署長は、第四十七条（差押えの要件）の規定により差押えをすることができる場合において、滞納者の財産で次に掲げるものにつき既に滞納処分による差押えがされているときは、当該財産についての交付要求は、第八十二条第一項（交付要求の手続）の交付要求書に代えて参加差押書を滞納処分をした行政機関等に交付してすることができる。

一　動産及び有価証券

二　不動産、船舶、航空機、自動車、建設機械及び小型船舶

三　電話加入権

②　税務署長は、前項の交付要求（以下「参加差押え」という。）をしたときは、参加差押通知書により滞納者に通知しなければならない。この場合において、参加差押えをした財産が電話加入権であるときは、あわせて第三債務者にその旨を通知しなければならない。

③　税務署長は、第一項第二号に掲げる財産につき参加差押えをしたときは、参加差押えの登記を関係機

税徴

関に嘱託しなければならない。
④ 第五十五条（質権者等に対する差押えの通知）の規定は、参加差押えをした場合について準用する。
▽❶【滞納処分による差押え↓四七以下 【行政機関等↓二［十三］ 〔二〕【船舶・航空機↓七〇① 【自動車・建設機械・小型船舶↓七一① †税徴令三八

（参加差押えの効力）
第八十七条① 参加差押えをした場合において、その参加差押えに係る財産につきされていた滞納処分による差押えが解除されたときは、その参加差押え（前条第二項第二号に掲げる財産について二以上の参加差押えがあるときは、そのうち最も先に登記されたものとし、その他の財産について二以上の参加差押えがあるときは、そのうち最も先にされたものとする。）は、次の各号に掲げる財産の区分に応じ、当該各号に定める時に遡つて差押えの効力を生ずる。
一 動産及び有価証券 参加差押書が滞納処分による差押えをした行政機関等に交付された時
二 不動産（次号に掲げる財産を除く。）、船舶、航空機、自動車、建設機械及び小型船舶 参加差押通知書が滞納者に送達された時（参加差押えの登記がその送達前にされた場合には、その登記がされた時）
三 鉱業権 参加差押えの登録がされた時
四 電話加入権 参加差押通知書が第三債務者に送達された時
② 税務署長は、差し押さえた動産又は有価証券につき参加差押書の交付を受けた場合において、その動産又は有価証券の差押えを解除すべきときは、その動産又は有価証券を前項の規定により差押えの効力を生ずべき参加差押えをした行政機関等に引き渡さなければならない。差し押さえた自動車、建設機械又は小型船舶で第七十一条第三項（自動車、建設機械又は小型船舶の差押え）の規定により徴収職員が占有しているものについても、同様とする。
③ 参加差押えをした税務署長は、その参加差押えに係る滞納処分による差押財産が相当期間内に換価に付されないときは、速やかにその換価をすべきことをその滞納処分をした行政機関等に催告することができる。
▽†【参加差押え↓八六② ❶【参加差押えの登記↓八六③ 〔二〕【船舶・航空機↓七〇① 〔二〕〔四〕【参加差押通知書↓八六② ❶〔一〕❷【参加差押書↓八六① ❶〔二〕❷【自動車・建設機械・小型船舶↓七一① ❶〔二〕❷❸【行政機関等↓二［十三］ ❷税徴令三九―四一 ❸【差押財産↓五二①

（参加差押えの制限、解除等）
第八十八条① 第八十三条から第八十五条まで（交付要求の制限、解除等）の規定は、参加差押えについて準用する。
② 税務署長は、参加差押えの登記をした財産の参加差押えを解除したときは、その登記の抹消を関係機関に嘱託しなければならない。
③ 税務署長は、電話加入権の参加差押えを解除したときは、その旨を第三債務者に通知しなければならない。
④ 前二条及び前三項に定めるもののほか、参加差押えに関する手続について必要な事項は、政令で定める。
▽❷【参加差押えの登記↓八六③ ❹【政令の定め↓税徴令三七・四二

第三節 財産の換価

▽†【差押財産↓五二①・八九①―以下本節を通じ同じ

第一款 通則

（換価する財産の範囲等）
第八十九条① 差押財産（金銭、債権及び第五十七条（有価証券に係る債権の取立て）の規定により債権の取立てをする有価証券を除く。）又は次条第四項に規定する特定参加差押不動産（以下この節において「差押財産等」という。）は、この節の定めるところにより換価しなければならない。
② 差し押さえた債権のうち、その全部又は一部の弁済期限が取立てをしようとする時から六月以内に到来しないもの及び取立てをすることが著しく困難であると認められるものは、この節の定めるところにより換価することができる。
③ 税務署長は、相互の利用上差押財産等を他の差押財産等（滞納者を異にするものを含む。）と一括して同一の買受人に買い受けさせることが相当であると認めるときは、これらの差押財産等を一括して公売に付し、又は随意契約により売却することができる。
▽†七三⑤

（参加差押えをした税務署長による換価）
第八十九条の二① 参加差押えをした税務署長は、その参加差押えに係る不動産（以下「参加差押不動産」という。）が第八十七条第三項（参加差押えの効力）の規定による催告をしてもなお換価に付されないときは、同項の滞納処分をした行政機関等の同意を得て、参加差押不動産につき換価の執行をする旨の決定（以下「換価執行決定」という。）をすることができる。ただし、参加差押不動産につき強制執行若しくは担保権の実行としての競売が開始されているとき、又は国税に関する法律の規定で換価をすることができないこととするものの適用があるときは、この限りでない。
② 前項の滞納処分をした行政機関等は、同項の参加差押えをした税務署長による換価の執行に係る同意の求めがあつた場合において、その換価の執行を相当と認めるときは、これに同意するものとする。ただし、同項の滞納処分による差押えに係る不動産につき既に他の参加差押えをした行政機関等による換価の執行に係る同意をしているときは、この限りでない。
③ 換価執行決定は、第一項の参加差押えをした税務署長による換価の執行に係る同意をした行政機関等

（以下「換価同意行政機関等」という。）に告知することによつてその効力を生ずる。

④　換価執行決定をした税務署長（次条において「換価執行税務署長」という。）は、速やかに、その旨を滞納者及び参加差押不動産（換価執行決定をしたものに限る。以下「特定参加差押不動産」という。）につき交付要求をした者に通知しなければならない。

▽【参加差押え】→八六—八八、税徴令三八—四二

（換価執行決定の取消し）

第八九条の三①　換価執行税務署長は、次の各号のいずれかに該当するときは、換価執行決定を取り消さなければならない。

一　換価執行決定に係る参加差押え（以下「特定参加差押え」という。）を解除したとき。

二　換価同意行政機関等の滞納処分による差押え（政令で定めるものを除く。次条において「特定差押え」という。）が解除されたとき。

三　特定参加差押不動産の価額が特定参加差押えに係る滞納処分費及び特定参加差押えに係る国税に先立つ他の国税、地方税その他の債権の合計額を超える見込みがなくなつたとき。

四　前三号に準ずるものとして政令で定めるとき。

②　換価執行税務署長は、次の各号のいずれかに該当するときは、換価執行決定を取り消すことができる。

一　特定参加差押えに係る国税の一部の納付、充当、更正の一部の取消し、特定参加差押不動産の価額の増加その他の理由により、その価額が特定参加差押えに係る国税及びこれに先立つ他の国税、地方税その他の債権の合計額を著しく超過すると認められるに至つたとき。

二　滞納者が他に差し押さえることができる適当な財産を提供した場合において、その財産を差し押さえたとき。

三　特定参加差押不動産について、三回公売に付しても入札等がなかつた場合において、その特定参加差押不動産の形状、用途、法令による利用の規制その他の事情を考慮して、更に公売に付しても買受人がないと認められ、かつ、随意契約による売却の見込みがないと認められるとき。

四　前三号に準ずるものとして政令で定めるとき。

③　前二項の規定により換価執行決定を取り消した税務署長は、速やかに、その旨を滞納者、換価同意行政機関等及び特定参加差押不動産につき交付要求をした者（第一項（第二号に係る部分に限る。）の規定による換価執行決定の取消しにあつては、滞納者及び特定参加差押不動産につき交付要求をした者）に通知しなければならない。

④　特定参加差押不動産については、換価同意行政機関等が行う公売その他滞納処分による売却のための手続は、第一項又は第二項の規定により換価執行決定が取り消された後でなければ、することができない。

▽【換価決定執行の取消し】→八九の四　❶❷【政令の定め】→税徴令四二の三②③

（換価執行決定の取消しをした税務署長による換価の続行）

第八九条の四　特定差押えが解除された場合において、前条第一項（第二号に係る部分に限る。）の規定による換価執行決定の取消しに係る参加差押えにつき第八十七条第一項（参加差押えの効力）の規定により差押えの効力が生ずるとき（次に掲げる場合を除く。）は、当該換価執行決定の取消しをした税務署長は、当該換価執行決定に基づき行つた換価手続を当該差押えによる換価手続とみなして、当該差押えに係る不動産（以下この条において「差押不動産」という。）につき換価を続行することができる。

一　差押不動産につき強制執行又は担保権の実行としての競売が開始されている場合

二　当該税務署長が行つた当該換価執行決定の取消しに係る参加差押えよりも先にされた交付要求がある場合

三　特定差押えが解除される前に特定参加差押不動産を換価したとすれば消滅する権利で、差押不動産の換価に伴い消滅しないものがある場合

▽【換価決定執行の取消し】→八九の三

（換価の制限）

第九〇条①　果実は成熟した後、蚕は繭となつた後でなければ、換価をすることができない。

②　前項の規定は、生産工程中における仕掛品（栽培品その他これらに類するものを含む。）で、完成品となり、又は一定の生産過程に達するのでなければ、その価額が著しく低くて通常の取引に適しないものについて準用する。

③　第二次納税義務者が第三十二条第一項（第二次納税義務の通則）の告知、同条第二項の督促又はこれらに係る国税に関する滞納処分につき訴えを提起したときは、その訴訟の係属する間は、当該国税につき滞納処分による財産の換価をすることができない。保証人が国税通則法第五十二条第二項（担保の処分）の告知、同条第三項の督促若しくはこれらに係る国税に関する滞納処分につき訴えを提起したとき、又は第五十五条第二号（仮登記の権利者に対する差押えの通知）の通知（担保のための仮登記に係るものに限る。）に係る差押えにつき訴えの提起があつたときにおいても、また同様とする。

▽【換価の制限】→五〇④【担保のための仮登記】→二三①

（自動車等の換価前の占有）

第九一条　自動車、建設機械又は小型船舶の換価は、徴収職員が第七十一条第三項（差し押さえた自動車等の占有）の規定によりこれらを占有した後に行うものとする。ただし、換価に支障がないと認められるときは、この限りでない。

▽【自動車・建設機械・小型船舶】→七一①

（買受人の制限）

第九二条　滞納者は、換価の目的となつた自己の財産

（第二十四条第三項（譲渡担保財産に対する執行）の規定の適用を受ける譲渡担保財産を除く。）を、直接であると間接であるとを問わず、買い受けることができない。国税庁、国税局、税務署又は税関に所属する職員で国税に関する事務に従事する職員は、換価の目的となつた財産について、また同様とする。

（修理等の処分）

第九三条　税務署長は、差押財産等を換価する場合において、必要があると認めるときは、滞納者の同意を得て、その財産につき修理その他その価額を増加する処分をすることができる。

第二款　公売

▽ᵗ九四（公売）・九五①（公売財産）・九七（市町村）・一〇〇①（入札者等）・一〇四の二①（不動産等）・一〇六②（利害関係人）・ᵗ一一一・一一三（買受人）—以下本法を通じ同じ

（公売）

第九四条①　税務署長は、差押財産等を換価するときは、これを公売に付さなければならない。

②　公売は、入札又は競り売りの方法により行わなければならない。

> 1　差押財産が不可分の場合は、それが滞納額を超えていても、公売処分は違法ではない。（高松高判昭30・3・30行裁六・三・五八二、租税百選［初版］九二）

（公売公告）

第九五条①　税務署長は、差押財産等を公売に付するときは、公売の日の少なくとも十日前までに、次に掲げる事項を公告しなければならない。ただし、公売に付する財産（以下「公売財産」という。）が不相応の保存費を要し、又はその価額を著しく減少するおそれがあると認めるときは、この期間を短縮することができる。

一　公売財産の名称、数量、性質及び所在

二　公売の方法

三　公売の日時及び場所

四　売却決定の日時及び場所

五　公売保証金を提供させるときは、その金額

六　買受代金の納付の期限

七　公売財産の買受人について一定の資格その他の要件を必要とするときは、その旨

八　公売財産上に質権、抵当権、先取特権、留置権その他その財産の売却代金から配当を受けることができる権利を有する者は、売却決定の日の前日までにその内容を申し出るべき旨

九　前各号に掲げる事項のほか、公売に関し重要と認められる事項

②　前項の公告は、税務署の掲示場その他税務署内の公衆の見やすい場所に掲示して行う。ただし、他の適当な場所に掲示する方法、官報又は時事に関する事項を掲載する日刊新聞紙に掲げる方法その他の方法を併せて用いることを妨げない。

▽❶［五］【公売保証金→一〇〇①】［八］【その他の権利→一二九①】

（公売の通知）

第九六条①　税務署長は、前条の公告をしたときは、同条第一項各号（第八号を除く。）に掲げる事項及び公売に係る国税の額を滞納者及び次に掲げる者のうち知れている者に通知しなければならない。

一　公売財産につき交付要求をした者

二　公売財産上に質権、抵当権、先取特権、留置権、地上権、賃借権その他の権利を有する者

三　換価同意行政機関等

②　税務署長は、前項の通知をするときは、公売財産の売却代金から配当を受けることができる者のうち知れている者に対し、その配当を受けることができる国税、地方税その他の債権につき第百三十条第一項（債権額の確認方法）に規定する債権現在額申立書をその財産の売却決定をする日の前日までに提出すべき旨の催告をあわせてしなければならない。

▽❶［二］【交付要求→八二―八六】❷【売却代金から配当を受けられる者→一二九①】【売却決定→一一一・一一三】

（公売の場所）

第九七条　公売は、公売財産の所在する市町村（特別区を含む。）において行うものとする。ただし、税務署長が必要と認めるときは、他の場所で行うことができる。

（見積価額の決定）

第九八条①　税務署長は、近傍類似又は同種の財産の取引価格、公売財産から生ずべき収益、公売財産の原価その他の公売財産の価格形成上の事情を適切に勘案して、公売財産の見積価額を決定しなければならない。この場合において、税務署長は、差押財産等を公売するための見積価額の決定であることを考慮しなければならない。

②　税務署長は、前項の規定により見積価額を決定する場合において、必要と認めるときは、鑑定人にその評価を委託し、その評価額を参考とすることができる。

（見積価額の公告等）

第九九条①　税務署長は、公売財産のうち次の各号に掲げる財産を公売に付するときは、当該各号に掲げる日までに見積価額を公告しなければならない。

一　不動産、船舶及び航空機　公売の日から三日前の日

二　せり売の方法又は第百五条第一項（複数落札入札制）に規定する方法により公売する財産（前号に掲げる財産を除く。）　公売の日の前日（当該財産につき第九十五条第一項ただし書（公売公告）に該当する事実があると認めるときは、公売の日）

三　その他の財産で税務署長が公告を必要と認めるもの　公売の日の前日

② 税務署長は、見積価額を公告しない財産を公売するときは、その見積価額を記載した書面を封筒に入れ、封をして、公売をする場所に置かなければならない。
③ 第九十五条第二項の規定は、第一項の公告について準用する。ただし、税務署長は、公売財産が動産であるときに限り、その財産に見積価額を記載した用紙をはりつけて、この公告に代えることができる。
④ 税務署長は、第一項の場合において、公売財産上に賃借権（不動産又は船舶に係るものに限る。）又は地上権があるときは、あわせてその存続期限、借賃又は地代その他これらの権利の内容を公告しなければならない。
▽❶〔二〕【船舶・航空機→七〇①】 ❶—❸【見積価額→九八】 ❹【船舶→七〇①】

（暴力団員等に該当しないこと等の陳述）
第九十九条の二 公売財産（不動産に限る。以下この条、第百六条の二（調査の嘱託）及び第百八条第五項（公売実施の適正化のための措置）において「公売不動産」という。）の入札等をしようとする者（その者が法人である場合には、その代表者）は、税務署長に対し、次のいずれにも該当しない旨を財務省令で定めるところにより陳述しなければ、入札等をすることができない。
一 公売不動産の入札等をしようとする者（その者が法人である場合には、その役員）が暴力団員（暴力団員による不当な行為の防止等に関する法律（平成三年法律第七十七号）第二条第六号（定義）に規定する暴力団員をいう。以下この号において同じ。）又は暴力団員でなくなつた日から五年を経過しない者（次号、第百六条の二及び第百八条第五項において「暴力団員等」という。）であること。
二 自己の計算において当該公売不動産の入札等をさせようとする者（その者が法人である場合には、その役員）が暴力団員等であること。

（公売保証金）
第一〇〇条① 公売財産の入札等をしようとする者（以下「入札者等」という。）は、税務署長が公売財産の見積価額の百分の十以上の額により定める公売保証金を次の各号に掲げるいずれかの方法により提供しなければならない。ただし、税務署長は、公売財産の見積価額が政令で定める金額以下である場合又は買受代金を売却決定の日に納付させるときは、公売保証金の提供を要しないものとすることができる。
一 現金（国税の納付に使用することができる小切手のうち銀行の振出しに係るもの及びその支払保証のあるものを含む。次号、第四項及び第百十五条第三項（買受代金の納付の期限等）において同じ。）で納付する方法
二 入札者等と保証銀行等（銀行その他税務署長が相当と認める者をいう。以下この号及び第四項において同じ。）との間において、当該入札者等に係る公売保証金に相当する現金を税務署長の催告により当該保証銀行等が納付する旨の契約（財務省令で定める要件を満たすものに限る。）が締結されたことを証する書面を税務署長に提出する方法
② 入札者等は、前項ただし書の規定の適用を受ける場合を除き、公売保証金を提供した後でなければ、入札等をすることができない。
③ 公売財産の買受人は、第一項第一号に掲げる方法により提供した公売保証金がある場合には、当該公売保証金を買受代金に充てることができる。ただし、第百十五条第四項の規定により売却決定が取り消されたときは、当該公売保証金をその公売に係る国税に充て、なお残余があるときは、これを滞納者に交付しなければならない。
④ 税務署長は、第一項第二号に掲げる方法により公売保証金を提供した入札者等に対して第百十五条第四項の規定による処分をした場合には、当該入札者等に係る保証銀行等に当該公売保証金に相当する現金を納付させるものとする。この場合において、当該保証銀行等が納付した現金は、当該処分を受けた者が第一項第一号に掲げる方法により提供した公売保証金とみなして、前項ただし書の規定を適用する。
⑤ 前項の規定は、税務署長が、第百八条第二項（公売実施の適正化のための措置）の規定による処分をした場合について準用する。この場合において、前項中「第百十五条第四項」とあるのは「第百八条第二項（公売実施の適正化のための措置）」と、「前項ただし書」とあるのは「同条第三項」と読み替えるものとする。
⑥ 税務署長は、次の各号に掲げる場合には、遅滞なく、当該各号に規定する公売保証金をその提供した者に返還しなければならない。
一 第百四条から第百五条まで（最高価申込者等の決定）の規定により最高価申込者及び次順位買受申込者（以下「最高価申込者等」という。）を定めた場合において、他の入札者等の提供した公売保証金があるとき。
二 入札等の価額の全部が見積価額に達しないことその他の理由により最高価申込者を定めることができなかつた場合において、入札者等の提供した公売保証金があるとき。
三 第百十四条の規定により最高価申込者等又は買受人がその入札等又は買受けを取り消した場合において、その者の提供した公売保証金があるとき。
四 第百十五条第三項の規定により最高価申込者が買受代金を納付した場合において、最高価申込者が提供した公売保証金で第三項本文の規定により買受代金に充てたもの以外のもの又は次順位買受申込者が提供した公売保証金があるとき。
五 第百十七条（国税等の完納による売却決定の取消し）の規定により売却決定が取り消された場合において、買受人の提供した公売保証金があると

き。

▽❶【入札等→七九②㊂】【見積価額→九八】【政令で定める金額→税徴令四二の五】❶❷【売却決定→一一一・一一三】❻【最高価申込者→一〇四・一〇五】【次順位買受申込者→一〇四の二

（入札及び開札）

第一〇一条① 入札をしようとする者は、その住所又は居所、氏名（法人にあつては、名称。以下同じ。）、公売財産の名称、入札価額その他必要な事項を記載した入札書に封をして、これを徴収職員に差し出さなければならない。この場合において、情報通信技術を活用した行政の推進等に関する法律（平成十四年法律第百五十一号）第六条第一項（電子情報処理組織による申請等）の規定により同項に規定する電子情報処理組織を使用して入札がされる場合には、入札書に封をすることに相当する措置であつて財務省令で定めるものをもつて当該封をすることに代えるものとする。

② 入札者は、その提出した入札書の引換、変更又は取消をすることができない。

③ 開札をするときは、徴収職員は、入札者を開札に立ち会わせなければならない。ただし、入札者が立ち会わないときは、税務署所属の他の職員を開札に立ち会わせなければならない。

（再度入札）

第一〇二条 税務署長は、入札の方法により差押財産等を公売する場合において、入札者がないとき、又は入札価額が見積価額に達しないときは、直ちに再度入札をすることができる。この場合においては、見積価額を変更することができない。

▽ャ【見積価額→九八

（競り売り）

第一〇三条① 競り売りの方法により差押財産等を公売するときは、徴収職員は、その財産を指定して、買受けの申込みを催告しなければならない。

② 徴収職員は、競り売り人を選び、差押財産等の競り売りを取り扱わせることができる。

③ 前条の規定は、差押財産等の競り売りについて準用する。

（最高価申込者の決定）

第一〇四条① 徴収職員は、見積価額以上の入札者等のうち最高の価額による入札者等を最高価申込者として定めなければならない。

② 前項の場合において、最高の価額の入札者等が二人以上あるときは、更に入札等をさせて定め、なおその入札等の価額が同じときは、くじで定める。

▽❶【見積価額→九八

（次順位買受申込者の決定）

第一〇四条の二① 徴収職員は、入札の方法により不動産、船舶、航空機、自動車、建設機械、小型船舶、債権又は電話加入権以外の無体財産権等（以下「不動産等」という。）の公売をした場合において、最高価申込者の入札価額（以下この条において「最高入札価額」という。）に次ぐ高い価額（見積価額以上で、かつ、最高入札価額から公売保証金の額を控除した金額以上であるものに限る。第三項において同じ。）による入札者（前条第二項の規定によりくじで最高価申込者を定めた場合には、当該最高価申込者以外の最高の価額の入札者とする。第三項において同じ。）から次順位による買受けの申込みがあるときは、その者を次順位買受申込者として定めなければならない。

② 前項の次順位による買受けの申込みは、最高価申込者の決定後直ちにしなければならない。

③ 第一項の場合において、最高入札価額に次ぐ高い価額による入札者が二人以上あるときは、くじで定める。

▽ャ【最高価申込者→一〇四

（複数落札入札制による最高価申込者の決定）

第一〇五条① 税務署長は、種類及び価額が同じ財産を一時に多量に入札の方法により公売する場合において、必要があると認めるときは、その財産の数量の範囲内において入札をしようとする者の希望する数量及び単価を入札させ、見積価額以上の単価の入札者のうち、入札価額の高い入札者から順次その財産の数量に達するまでの入札者を最高価申込者とする方法（以下「複数落札入札制」という。）によることができる。この場合において、最高価申込者となるべき最後の順位の入札者が二人以上あるときは、入札数量の多いものを先順位の入札者とし、入札数量が同じときは、くじで先順位の入札者を定める。

② 複数落札入札制による場合において、最高価申込者のうち最後の順位の入札者の入札数量が他の最高価申込者の入札数量とあわせて公売財産の数量をこえるときは、そのこえる入札数量については、入札がなかつたものとする。

③ 税務署長は、複数落札入札制による最高価申込者に対して売却決定をした場合において、買受人のうちに買受代金をその納付の期限までに納付しない者があるときは、開札に引き続き売却決定を行い、かつ、直ちに代金を納付させるときに限り、その者に売却決定をした数量の範囲内において、まず、前項の規定により入札がなかつたものとされた入札数量（買受代金を納付しない買受人の同項の規定により入札がなかつたものとされた入札数量を除く。）につき入札があつたものとし、次に、第一項後段の規定により最高価申込者とならなかつた者を最高価申込者とすることができる。この場合においては、同項後段及び前項の規定を準用する。

▽❶【見積価額→九八】❸【売却決定→一一一・一一三

（入札又は競り売りの終了の告知等）

第一〇六条① 徴収職員は、最高価申込者等を定めたときは、直ちにその氏名及び価額（複数落札入札制による場合には、数量及び単価。次項において同じ。）を告げた後、入札又は競り売りの終了を告知しなければならない。

② 前項の場合において、公売した財産が不動産等で

あるときは、税務署長は、最高価申込者等の氏名、その価額並びに売却決定をする日時及び場所を滞納者及び第九十六条第一項各号（公売の通知）に掲げる者（以下「利害関係人」という。）のうち知れている者に通知するとともに、これらの事項を公告しなければならない。

③　第九十五条第二項（公売公告の方法）の規定は、前項の公告について準用する。

▽❶【複数落札入札制→一〇五①】【最高価申込者等の決定→一〇四・一〇五　❶❷【最高価申込者等→一〇〇⑥㈡　❷【船舶・航空機→七〇①】【自動車・建設機械・小型船舶→七一①】【無体財産権等→七二①】【売却決定→一一一・一一三

（調査の嘱託）

第一〇六条の二①　税務署長は、公売不動産の最高価申込者等（その者が法人である場合には、その役員。以下この項において同じ。）が暴力団員等に該当するか否かについて、必要な調査をその税務署の所在地を管轄する都道府県警察に嘱託しなければならない。ただし、公売不動産の最高価申込者等が暴力団員等に該当しないと認めるべき事情があるものとして財務省令で定める場合は、この限りでない。

②　税務署長は、自己の計算において最高価申込者等に公売不動産の入札等をさせた者があると認める場合には、当該公売不動産の入札等をさせた者（その者が法人である場合には、その役員。以下この項において同じ。）が暴力団員等に該当するか否かについて、必要な調査をその税務署の所在地を管轄する都道府県警察に嘱託しなければならない。ただし、公売不動産の入札等をさせた者が暴力団員等に該当しないと認めるべき事情があるものとして財務省令で定める場合は、この限りでない。

（再公売）

第一〇七条①　税務署長は、公売に付しても入札者等がないとき、入札等の価額が見積価額に達しないとき、又は次順位買受申込者が定められていない場合において次条第二項若しくは第五項若しくは第百十五条第四項（買受代金の納付の期限等）の規定により売却決定を取り消したときは、更に公売に付するものとする。

②　税務署長は、前項の規定により公売に付する場合において、必要があると認めるときは、公売財産の見積価額の変更、第九十五条第一項本文（公売公告）の期間の短縮その他公売の条件の変更をすることができる。

③　第九十六条（公売の通知）の規定は、第一項の規定による公売が直前の公売期日から十日以内に行われるときは、適用しない。

④　第一項の規定により公売に付する場合における第九十九条第一項第一号（見積価額の公告等）の規定の適用については、同号中「公売の日から三日前の日」とあるのは、「公売の日の前日」とする。

▽❶【次順位買受申込者→一〇四の二　❶❷【見積価額→九八

（公売実施の適正化のための措置）

第一〇八条①　税務署長は、次に掲げる者に該当すると認められる事実がある者については、その事実があつた後二年間、公売の場所に入ることを制限し、若しくはその場所から退場させ、又は入札等をさせないことができる。その事実があつた後二年を経過しない者を使用人その他の従業者として使用する者及びこれらの者を入札等の代理人とする者についても、また同様とする。

一　入札等をしようとする者の公売への参加若しくは入札等、最高価申込者等の決定又は買受人の買受代金の納付を妨げた者

二　公売に際して不当に価額を引き下げる目的をもつて連合した者

三　偽りの名義で買受申込みをした者

四　正当な理由がなく、買受代金の納付の期限までにその代金を納付しない買受人

五　故意に公売財産を損傷し、その価額を減少させた者

六　前各号に掲げる者のほか、公売又は随意契約による売却の実施を妨げる行為をした者

②　前項の規定に該当する者の入札等又はその者を最高価申込者等とする決定については、税務署長は、その入札等がなかつたものとし、又はその決定を取り消すことができるものとする。

③　前項の場合において、同項の処分を受けた者の納付した公売保証金があるときは、その公売保証金は、国庫に帰属する。この場合において、第百条第六項（公売保証金）の規定は、適用しない。

④　税務署長は、第一項の規定の適用に関し必要があると認めるときは、入札者等の身分に関する証明を求めることができる。

⑤　税務署長は、公売不動産の最高価申込者等又は自己の計算において最高価申込者等に公売不動産の入札等をさせた者が次のいずれかに該当すると認める場合には、これらの最高価申込者等を最高価申込者等とする決定を取り消すことができるものとする。

一　暴力団員等（公売不動産の入札等がされた時に暴力団員等であつた者を含む。）

二　法人でその役員のうちに暴力団員等に該当する者があるもの（公売不動産の入札等がされた時にその役員のうちに暴力団員等に該当する者があつたものを含む。）

▽❶㈠【買受代金の納付→一一五③　㈣【買受代金の納付の期限→一一五①②　㈥【随意契約→一〇九　❶㈠❷【最高価申込者等→一〇〇⑥㈡　【最高価申込者等の決定→一〇四―一〇五　❸【公売保証金→一〇〇①②

第三款　随意契約による売却

（随意契約による売却）

第一〇九条①　税務署長は、次の各号のいずれかに該当するときは、差押財産等を、公売に代えて、随意契約により売却することができる。

一　法令の規定により、公売財産を買い受けることができる者が一人であるとき、その財産の最高価

額が定められている場合において、その価額により売却するとき、その他公売に付することが公益上適当でないと認められるとき。
二　取引所の相場がある財産をその日の相場で売却するとき。
三　公売に付しても入札等がないとき、入札等の価額が見積価額に達しないとき、又は第百十五条第四項（買受代金の納付の期限等）の規定により売却決定を取り消したとき。
②　第九十八条（見積価額の決定）の規定は、前項第一号又は第三号の規定により売却する場合について準用する。この場合において、同号の規定により売却するときは、その見積価額は、その直前の公売における見積価額を下つてはならない。
③　税務署長は、第一項第三号の規定により売却する差押財産等が動産であるときは、あらかじめ公告した価額により売却することができる。
④　第九十六条（公売の通知）、第九十九条の二（暴力団員等に該当しないこと等の陳述）、第百六条の二（調査の嘱託）及び第百七条第三項（再公売）の規定は差押財産等を随意契約により売却する場合について、第百六条第二項及び第三項（入札又は競り売りの終了の告知等）の規定は随意契約により買受人となるべき者を決定した場合について、それぞれ準用する。この場合において、第九十六条第一項中「前条の公告をしたときは」とあるのは「随意契約により売却をする日の七日前までに」と、「通知し」とあるのは「通知書を発し」と、第九十九条の二中「」の入札等をしようとする者」とあるのは「」を随意契約により買い受けようとする者」と、「入札等をすることができない」とあるのは「買い受けることができない」と、同条第一号中「の入札等をしようとする者」とあるのは「を随意契約により買い受けようとする者」と、同条第二号中「の入札等をさせようとする者」とあるのは「を随意契約により買い受けさせようとする者」と、第百六条の二第二項中「の入札等をさせた者」とあるのは「を随意契約により買い受けさせようとした者」と読み替えるものとする。

（国による買入れ）
第一一〇条　国は、前条第一項第三号の規定に該当する場合において、必要があるときは、同条第二項の規定による見積価額でその財産を買い入れることができる。

第四款　売却決定

▽一一一（公売期日等）・一一三（売却決定期日）・一一四（換価財産）―以下本法を通じ同じ

（動産等の売却決定）
第一一一条　税務署長は、動産、有価証券又は電話加入権を換価に付するときは、公売をする日（随意契約により売却する場合には、その売却する日。以下「公売期日等」という。）において、最高価申込者（随意契約により売却する場合における買受人となるべき者を含む。以下同じ。）に対して売却決定を行う。
▽【随意契約による売却→一〇九　【最高価申込者→一〇四・一〇五

（動産等の売却決定の取消）
第一一二条①　換価をした動産又は有価証券に係る売却決定の取消は、これをもつて買受代金を納付した善意の買受人に対抗することができない。
②　前項の規定により買受人に対抗することができないことにより損害が生じた者がある場合には、その生じたことについてその者に故意又は過失があるときを除き、国は、その通常生ずべき損失の額を賠償する責に任ずる。この場合において、他に損害の原因について責に任ずべき者があるときは、その者に対する求償権の行使を妨げない。
▽❶【売却決定→一一一　【買受代金の納付→一一五

（不動産等の売却決定）
第一一三条①　税務署長は、不動産等を換価に付するときは、公売期日等から起算して七日を経過した日（不動産を換価に付するときは、第百六条の二（調査の嘱託）（第百九条第四項（随意契約による売却）において準用する場合を含む。）の規定による調査に通常要する日数を勘案して財務省令で定める日。以下「売却決定期日」という。）において最高価申込者に対して売却決定を行う。
②　次順位買受申込者を定めている場合において、次の各号に掲げる場合のいずれかに該当するときは、税務署長は、当該各号に定める日において次順位買受申込者に対して売却決定を行う。
一　税務署長が第百八条第二項又は第五項（公売実施の適正化のための措置）の規定により最高価申込者に係る決定の取消しをした場合　当該最高価申込者に係る売却決定期日
二　最高価申込者が次条の規定により入札の取消しをした場合　当該入札に係る売却決定期日
三　最高価申込者である買受人が次条の規定により買受けの取消しをした場合　当該取消しをした日
四　税務署長が第百十五条第四項（買受代金の納付の期限等）の規定により最高価申込者である買受人に係る売却決定の取消しをした場合　当該取消しをした日
▽【最高価申込者→一〇四・一〇五・一一一　❷【次順位買受申込者→一〇四の二

（買受申込み等の取消し）
第一一四条　換価に付した財産（以下「換価財産」という。）について最高価申込者等の決定又は売却決定をした場合において、国税通則法第百五条第一項ただし書（不服申立てがあつた場合の処分の制限）その他の法律の規定に基づき滞納処分の続行の停止があつたときは、その停止している間は、その最高価申込者等又は買受人は、その入札等又は買受けを取り消すことができる。
▽【最高価申込者等→一〇〇⑥㈡　【最高価申込者等の決定→一〇四―一〇五　【売却決定→一一一・一一三　【その他の法律の規定の例→九〇③

第五款　代金納付及び権利移転

（買受代金の納付の期限等）

第一一五条① 換価財産の買受代金の納付の期限は、売却決定の日（買受人が次順位買受申込者である場合にあっては、同日から起算して七日を経過した日）とする。

② 税務署長は、必要があると認めるときは、前項の期限を延長することができる。ただし、その期間は、三十日を超えることができない。

③ 買受人は、買受代金を第一項の期限までに現金で納付しなければならない。

④ 税務署長は、買受人が買受代金を第一項の期限までに納付しないときは、その売却決定を取り消すことができる。

▽❶【次順位買受申込者→一〇四の二　❶❹【売却決定〈の日〉→一一一・一一三　❸【現金→一〇〇①　【税徴令四二の六

（買受代金の納付の効果）

第一一六条① 買受人は、買受代金を納付した時に換価財産を取得する。

② 徴収職員が買受代金を受領したときは、その限度において、滞納者から換価に係る国税を徴収したものとみなす。

▽❶【買受代金の納付→一一五

（国税等の完納による売却決定の取消し）

第一一七条 税務署長は、換価財産に係る国税（特定参加差押不動産を換価する場合にあつては、特定参加差押えに係る国税又は換価同意行政機関等の滞納処分による差押えに係る国税、地方税若しくは公課）の完納の事実が買受人の買受代金の納付前に証明されたときは、その売却決定を取り消さなければならない。

▽+【買受代金の納付→一一五　【売却決定→一一一・一一三　【税徴令四三

（売却決定通知書の交付）

第一一八条 税務署長は、換価財産（有価証券を除く。）の買受人がその買受代金を納付したときは、売却決定通知書を買受人に交付しなければならない。ただし、動産については、その交付をしないことができる。

▽+【買受代金の納付→一一五　【売却決定通知書→税徴令四四

（動産等の引渡し）

第一一九条① 税務署長は、換価した動産、有価証券又は自動車、建設機械若しくは小型船舶（徴収職員が占有したものに限る。）の買受人が買受代金を納付したときは、その財産を買受人に引き渡さなければならない。

② 税務署長は、前項の場合において、その財産を滞納者又は第三者に保管させているときは、売却決定通知書を買受人に交付する方法によりその財産の引渡をすることができる。この場合において、その引渡をした税務署長は、その旨を滞納者又は第三者に通知しなければならない。

▽❶【自動車・建設機械・小型船舶→七一①　【買受代金の納付→一一五　❷【売却決定通知書→一一八　【税徴令四五

（有価証券の裏書等）

第一二〇条① 税務署長は、換価した有価証券を買受人に引き渡す場合において、その証券に係る権利の移転につき滞納者に裏書、名義変更又は流通回復の手続をさせる必要があるときは、期限を指定して、これらの手続をさせなければならない。

② 税務署長は、前項の場合において、滞納者がその期限までに同項の手続をしないときは、滞納者に代つてその手続をすることができる。

（権利移転の登記の嘱託）

第一二一条 税務署長は、換価財産で権利の移転につき登記を要するものについては、不動産登記法（平成十六年法律第百二十三号）その他の法令に別段の定めがある場合を除き、その買受代金を納付した買受人の請求により、その権利の移転の登記を関係機関に嘱託しなければならない。

▽+税徴令四六

（債権等の権利移転の手続）

第一二二条① 税務署長は、換価した債権又は第七十三条第一項（電話加入権等の差押手続）若しくは第七十三条の二第一項（振替社債等の差押手続）に規定する財産の買受人がその買受代金を納付したときは、売却決定通知書を第三債務者等に交付しなければならない。

② 前項の場合において、第六十五条（債権証書の取上げ）（第七十三条第五項（権利証書の取上げ）において準用する場合を含む。）の規定により取り上げた証書があるときは、これを買受人に引き渡さなければならない。

▽❶【買受代金の納付→一一五　【売却決定通知書→一一八　【第三債務者等→七二①

（権利移転に伴う費用の負担）

第一二三条 第百二十条第二項（有価証券の裏書等の代位）の規定による手続に関する費用及び第百二十一条（権利移転の登記の嘱託）の規定による嘱託に係る登記の登録免許税その他の費用は、買受人の負担とする。

▽+【登録免許税→登税二・三・五[十二]

（担保権の消滅又は引受け）

第一二四条① 換価財産上の質権、抵当権、先取特権、留置権、担保のための仮登記に係る権利及び担保のための仮登記に基づく本登記（本登録を含む。）でその財産の差押え後にされたものに係る権利は、その買受人が買受代金を納付した時に消滅する。第二十四条（譲渡担保権者の物的納税責任）の規定により譲渡担保財産に対し滞納処分を執行した場合において、滞納者がした再売買の予約の仮登記があるときは、その仮登記により保全される請求権についても、同様とする。

② 税務署長は、不動産、船舶、航空機、自動車又は

建設機械を換価する場合において、次の各号のいずれにも該当するときは、その財産上の質権、抵当権又は先取特権（登記がされているものに限る。以下この条において同じ。）に関する負担を買受人に引き受けさせることができる。この場合において、その引受けがあつた質権、抵当権又は先取特権については、前項の規定は、適用しない。

一　差押えに係る国税（特定参加差押不動産を換価する場合にあつては、換価同意行政機関等の滞納処分による差押えに係る地方税又は公課を含む。）がその質権、抵当権又は先取特権により担保される債権に次いで徴収するものであるとき。

二　その質権、抵当権又は先取特権により担保される債権の弁済期限がその財産の売却決定期日から六月以内に到来しないとき。

三　その質権、抵当権又は先取特権を有する者から申出があつたとき。

▽❶【担保のための仮登記→二三①【財産の差押え→四七以下【買受代金の納付→一一五　❷【船舶・航空機→七〇①【自動車・建設機械・小型船舶→七一①　〔二〕【売却決定期日→一一三　〔三〕税徴令四七

（換価に伴い消滅する権利の登記のまつ消の嘱託）

第一二五条　税務署長は、第百二十一条（権利移転の登記の嘱託）の規定により権利の移転の登記を嘱託する場合において、換価に伴い消滅する権利に係る登記があるときは、あわせてそのまつ消を関係機関に嘱託しなければならない。

▽ヤ【換価に伴い消滅する権利→一二四①【抹消の登記と登録免許税の非課税→登税五〔十二〕【税徴令四六

（担保責任等）

第一二六条　民法第五百六十八条（競売における担保責任等）の規定は、差押財産等の換価の場合について準用する。

（法定地上権等の設定）

第一二七条①　土地及びその上にある建物又は立木（以下この条において「建物等」という。）が滞納者の所有に属する場合において、その土地又は建物等の差押があり、その換価によりこれらの所有者を異にするに至つたときは、その建物等につき、地上権が設定されたものとみなす。

②　前項の規定は、地上権及びその目的となる土地の上にある建物等が滞納者に属する場合について準用する。この場合において、同項中「地上権が設定された」とあるのは、「地上権の存続期間内において土地の賃貸借をした」と読み替えるものとする。

③　前二項の場合において、その権利の存続期間及び地代は、当事者の請求により裁判所が定める。

第四節　換価代金等の配当

（配当すべき金銭）

第一二八条①　税務署長は、次に掲げる金銭をこの節の定めるところにより配当しなければならない。

一　差押財産又は特定参加差押不動産（次条第一項第三号及び第百三十六条（滞納処分費の範囲）において「差押財産等」という。）の売却代金

二　有価証券、債権又は無体財産権等の差押えにより第三債務者等から給付を受けた金銭

三　差し押さえた金銭

四　交付要求により交付を受けた金銭

②　第八十九条第三項（換価する財産の範囲等）の規定により差押財産等（同条第一項に規定する差押財産等をいう。以下この項において同じ。）が一括して公売に付され、又は随意契約により売却された場合において、各差押財産等ごとに前項第一号に掲げる売却代金の額を定める必要があるときは、その額は、売却代金の総額を各差押財産等の見積価額に応じて按《あん》分して得た額とする。各差押財産等ごとの滞納処分費の負担についても、同様とする。

▽❶〔一〕【差押財産→五二①　〔二〕【無体財産権等→七二①【第三債務者等→七二①　〔四〕【交付要求→八二―八六

（配当の原則）

第一二九条①　前条第一項第一号又は第二号に掲げる金銭（以下「換価代金等」という。）は、次に掲げる国税その他の債権に配当する。

一　差押えに係る国税（特定参加差押不動産の売却代金を配当する場合にあつては、特定参加差押えに係る国税）

二　交付要求を受けた国税、地方税及び公課（特定参加差押不動産の売却代金を配当する場合にあつては、差押えに係る国税、地方税及び公課を含む。）

三　差押財産等に係る質権、抵当権、先取特権、留置権又は担保のための仮登記により担保される債権

四　第五十九条第一項後段、第三項又は第四項（引渡命令を受けた第三者等の権利の保護）（これらの規定を第七十一条第四項（自動車、建設機械又は小型船舶の差押え）において準用する場合を含む。）の規定の適用を受ける損害賠償請求権又は借賃に係る債権

②　前条第一項第三号又は第四号に掲げる金銭は、それぞれ差押え又は交付要求に係る国税に充てる。

③　前二項の規定により配当した金銭に残余があるときは、その残余の金銭は、滞納者に交付する。

④　換価財産上に担保のための仮登記がある場合における当該仮登記により担保される債権に対する配当については、仮登記担保契約に関する法律第十三条（優先弁済請求権）（同法第二十条（土地等の所有権以外の権利を目的とする契約への準用）において準用する場合を含む。）の規定を準用する。

⑤　換価代金等が第一項各号に掲げる国税その他の債権の総額に不足するときは、税務署長は、第二章（国税と他の債権との調整）、第五十九条第一項後段、第三項及び第四項（これらの規定を第七十一条第四項において準用する場合を含む。）、前項並びに民法その他の法律の規定により配当すべき順位及び金額を定めて配当しなければならない。

⑥　第一項又は第二項の規定により国税に配当された

金銭を国税（附帯税を除く。以下この項において同じ。）及びその延滞税又は利子税に充てるべきときは、その金銭は、まずその国税に充てなければならない。

▽❶〔二〕❷【交付要求→八二―八六　❶〔三〕❹【担保のための仮登記→二三①　❻【附帯税→二四、税通六〇―六九　【延滞税→税通六〇―六三　【利子税→税通六四、所税一三一③、一三六、法税七五⑦、相税五二、五三

1　換価代金等が（差押えないし交付要求した）地方税の総額に不足する場合については、民法四八九条三号〔現四八八条四項三号に相当〕の法定充当の適用はないというべきであり、本件競売事件において控訴人の受けた配当金について、法定納期限等が先に到来した地方税の順序で充当しなければならないということはできないが、本件競売事件においては、差押先着手主義が適用される場面ではないから、法定納期限等が根抵当権設定登記に優先することにより控訴人の受けた配当金は、地方税法一四条の一〇の趣旨に照らして、当該法定納期限等が根抵当権設定登記に優先する市徴収金に充当すべきであると解するのが相当であるとされた事例（大阪高判平21・10・30判時二〇九七・五三）

（債権額の確認方法）
第一三〇条①　前条第一項第二号に掲げる国税、地方税又は公課を徴収する者及び同項第三号又は第四号に掲げる債権を有する者は、売却決定の日の前日までに債権現在額申立書を税務署長に提出しなければならない。

②　税務署長は、前項の債権現在額申立書を調査して前条第一項各号に掲げる国税その他の債権を確認するものとする。この場合において、次に掲げる債権を有する者が債権現在額申立書を提出しないときは、税務署長の調査によりその額を確認するものとする。

一　登記がされた質権、抵当権若しくは先取特権により担保される債権又は担保のための仮登記により担保される債権

二　登記することができない質権若しくは先取特権又は留置権により担保される債権で知れているもの

三　前条第一項第四号に掲げる債権で知れているもの

③　前条第一項第三号に掲げる債権のうち前項第一号及び第二号に掲げる債権以外の債権を有する者が売却決定の時までに債権現在額申立書を提出しないときは、その者は、配当を受けることができない。

▽❶税徴令四八　❶❸【売却決定→一一一・一一三　❷【担保のための仮登記→二三①

（配当計算書）
第一三一条　税務署長は、第百二十九条（配当の原則）の規定により配当しようとするときは、政令で定めるところにより、配当を受ける債権、前条第二項の規定により税務署長が確認した金額その他必要な事項を記載した配当計算書を作成し、換価財産の買受代金の納付の日から三日以内に、次に掲げる者に対する交付のため、その謄本を発送しなければならない。

一　債権現在額申立書を提出した者

二　前条第二項後段の規定により金額を確認した債権を有する者

三　滞納者

▽†【政令の定め→税徴令四九　【買受代金の納付→一一五　〔一〕【債権現在額申立書→一三〇

（換価代金等の交付期日）
第一三二条①　税務署長は、前条の規定により配当計算書の謄本を交付するときは、その謄本に換価代金等の交付期日を附記して告知しなければならない。

②　前項の換価代金等の交付期日は、配当計算書の謄本を交付のため発送した日から起算して七日を経過した日としなければならない。ただし、第百二十九条第一項第三号又は第四号（配当を受ける債権）に掲げる債権を有する者で前条第一号又は第二号に掲げる者に該当するものがない場合には、その期間は、短縮することができる。

▽†【換価代金等→一二九①

（換価代金等の交付）
第一三三条①　税務署長は、換価代金等の交付期日に配当計算書に従つて換価代金等を交付するものとする。

②　換価代金等の交付期日までに配当計算書に関する異議の申出があつた場合における前項の換価代金等の交付は、次に定めるところによる。

一　その異議が配当計算書に記載された国税、地方税又は公課の配当金額に対するものであるときは、その行政機関等からの通知に従い、配当計算書を更正し、又は直ちに交付するものとする。

二　その異議が配当計算書に記載された国税、地方税又は公課の配当金額を変更させないものである場合において、その異議に関係を有する者及び滞納者がその異議を正当と認めたとき、又はその他の方法で合意したときは、配当計算書を更正して交付するものとする。

三　その異議が配当計算書に記載された国税、地方税又は公課の配当金額を変更させるその他の債権の配当金額に関するものである場合において、その異議に関係を有する者及び滞納者がその異議を正当と認めたとき、又はその他の方法で合意したときは、配当計算書を更正して交付するものとし、その合意がなかつたときは、その異議を参酌して配当計算書を更正して交付し、又は異議につき相当の理由がないと認めるときは、直ちに国税、地方税又は公課の金額を交付するものとする。

③　前項の規定により換価代金等を交付することができない場合、換価代金等を配当すべき債権が停止条件付である場合又は換価代金等を配当すべき債権が

仮登記（民事保全法（平成元年法律第九十一号）第五十三条第二項（不動産の登記請求権を保全するための処分禁止の仮処分の執行）（同法第五十四条（不動産に関する権利以外の権利についての登記又は登録請求権を保全するための処分禁止の仮処分の執行）において準用する場合を含む。）の規定による仮処分による仮登記を含む。）がされた質権、抵当権若しくは先取特権により担保される債権である場合における換価代金等の交付については、政令で定めるところによる。

▽⁺【換価代金等→一二九①　❶❷【配当計算書→一三一　❷一七一①四（正式の異議申立て）　❸【政令の定め→税徴令五〇

（換価代金等の供託）

第一三四条① 換価代金等を配当すべき債権の弁済期が到来していないときは、その債権者に交付すべき金額は、供託しなければならない。

② 税務署長は、前項の規定により供託したときは、その旨を同項の債権者に通知しなければならない。

（売却決定の取消に伴う措置）

第一三五条① 税務署長は、売却決定を取り消したときは、次に掲げる手続をしなければならない。ただし、第百十二条第一項（動産等の売却決定の取消）の規定により、その取消をもつて買受人に対抗することができないときは、この限りでない。

一　徴収職員が受領した換価代金等の買受人への返還

二　第百二十一条（権利移転の登記の嘱託）その他の法令の規定により嘱託した換価に係る権利の移転の登記のまつ消の嘱託

三　第百二十五条（換価に伴い消滅する権利の登記のまつ消の嘱託）その他の法令の規定による嘱託で換価に係るものによりまつ消された質権、抵当権その他の権利の登記の回復の登記の嘱託

② 前項第三号の規定により嘱託した回復の登記に係る質権者、抵当権者又は先取特権者に対し換価代金等から配当した金額がある場合において、これらの者がその金額を返還しないときは、税務署長は、その金額を限度として、これらの者に代位することができる。この場合において、配当した金額がその質権、抵当権又は先取特権により担保される債権の一部であるときは、税務署長は、その代位した債権者の承諾を要しないで、その代位に係る権利を行使し、かつ、その債権者に優先して弁済を受けることができる。

▽❶【売却決定→一一一・一一三【売却決定の取消し→一一五④・一一七、行審五九①（再調査の請求）・行審四六①（審査請求）　❶〔二〕❷【換価代金等→一二九①

1　甲所有の不動産につき、一旦国税滞納処分による公売に基づき落札者乙のため所有権取得の登記がなされた後、右公売の取消処分があった結果甲に所有権が復帰した場合であっても、その登記がないときは、甲は、前記落札者乙から公売取消後その不動産を譲り受けた丙に対し、右所有権の復帰を対抗することを得ない。（最判昭32・6・7民集一一・六・九九九、租税百選〔三版〕九一）→四七条3

第五節　滞納処分費

（滞納処分費の範囲）

第一三六条 滞納処分費は、国税の滞納処分による財産の差押え、交付要求、差押財産等の保管、運搬、換価及び第九十三条（修理等の処分）の規定による処分、差し押さえた有価証券、債権及び無体財産権等の取立て並びに配当に関する費用（通知書その他の書類の送達に要する費用を除く。）とする。

▽⁺【財産の差押え→四七以下【交付要求→八二―八六【換価→八九以下【無体財産権等→七二①【有価証券の取立て→五七【債権の取立て→六七【無体財産権等の取立て→七三⑤【配当→一二八以下【書類の送達の例→一三一（配当計算書）

（滞納処分費の配当等の順位）

第一三七条 滞納処分費については、その徴収の基因となつた国税に先だつて配当し、又は充当する。

（滞納処分費の納入の告知）

第一三八条 国税が完納された場合において、滞納処分費につき滞納者の財産を差し押えようとするときは、税務署長は、政令で定めるところにより、滞納者に対し、納入の告知をしなければならない。

▽⁺【政令の定め→税徴令五一

第六節　雑則

第一款　滞納処分の効力

（相続等があつた場合の滞納処分の効力）

第一三九条① 滞納者の財産について滞納処分を執行した後、滞納者が死亡し、又は滞納者である法人が合併により消滅したときは、その財産につき滞納処分を続行することができる。

② 滞納者の死亡後その国税につき滞納者の名義の財産に対してした差押えは、当該国税につきその財産を有する相続人に対してされたものとみなす。ただし、徴収職員がその死亡を知つていたときは、この限りでない。

③ 信託の受託者の任務が終了した場合において、新たな受託者が就任するに至るまでの間に信託財産に属する財産について滞納処分を執行した後、新たな受託者が就任したときは、その財産につき滞納処分を続行することができる。

④ 信託の受託者である法人の信託財産に属する財産について滞納処分を執行した後、当該受託者である法人としての権利義務を承継する分割が行われたときは、その財産につき滞納処分を続行することができる。

（仮差押等がされた財産に対する滞納処分の効力）

第一四〇条 滞納処分は、仮差押又は仮処分によりその執行を妨げられない。

第二款　財産の調査

（質問及び検査）

第一四一条　徴収職員は、滞納処分のため滞納者の財産を調査する必要があるときは、その必要と認められる範囲内において、次に掲げる者に質問し、又はその者の財産に関する帳簿書類（その作成又は保存に代えて電磁的記録（電子的方式、磁気的方式その他の人の知覚によつては認識することができない方式で作られる記録であつて、電子計算機による情報処理の用に供されるものをいう。）の作成又は保存がされている場合における当該電磁的記録を含む。第百四十六条の二及び第百八十八条第二号において同じ。）を検査することができる。

一　滞納者
二　滞納者の財産を占有する第三者及びこれを占有していると認めるに足りる相当の理由がある第三者
三　滞納者に対し債権若しくは債務があり、又は滞納者から財産を取得したと認めるに足りる相当の理由がある者
四　滞納者が株主又は出資者である法人

▽ᵗ【質問検査権→税通三四の六③、七四の二―七四の一三の四（国税の調査）、税通九七

（捜索の権限及び方法）

第一四二条①　徴収職員は、滞納処分のため必要があるときは、滞納者の物又は住居その他の場所につき捜索することができる。

②　徴収職員は、滞納処分のため必要がある場合には、次の各号の一に該当するときに限り、第三者の物又は住居その他の場所につき捜索することができる。

一　滞納者の財産を所持する第三者がその引渡をしないとき。
二　滞納者の親族その他の特殊関係者が滞納者の財産を所持すると認めるに足りる相当の理由がある場合において、その引渡をしないとき。

③　徴収職員は、前二項の捜索に際し必要があるときは、滞納者若しくは第三者に戸若しくは金庫その他の容器の類を開かせ、又は自らこれらを開くため必要な処分をすることができる。

▽❷【二】【親族その他の特殊関係者→三八、税徴令一三（その範囲）

（捜索の時間制限）

第一四三条①　捜索は、日没後から日出前まではすることができない。ただし、日没前に着手した捜索は、日没後まで継続することができる。

②　旅館、飲食店その他夜間でも公衆が出入することができる場所については、滞納処分の執行のためやむを得ない必要があると認めるに足りる相当の理由があるときは、前項本文の規定にかかわらず、日没後でも、公開した時間内は、捜索することができる。

（捜索の立会人）

第一四四条　徴収職員は、捜索をするときは、その捜索を受ける滞納者若しくは第三者又はその同居の親族若しくは使用人その他の従業者で相当のわきまえのあるものを立ち会わせなければならない。この場合において、これらの者が不在であるとき、又は立会いに応じないときは、成年に達した者二人以上又は地方公共団体の職員若しくは警察官を立ち会わせなければならない。

（出入禁止）

第一四五条　徴収職員は、捜索、差押又は差押財産の搬出をする場合において、これらの処分の執行のため支障があると認められるときは、これらの処分をする間は、次に掲げる者を除き、その場所に出入することを禁止することができる。

一　滞納者
二　差押に係る財産を保管する第三者及び第百四十二条第二項（第三者に対する捜索）の規定により捜索を受けた第三者
三　前二号に掲げる者の同居の親族
四　滞納者の国税に関する申告、申請その他の事項につき滞納者を代理する権限を有する者

▽【四】【申告→税通一七―二二、三一、三二▽【申請の例→税通四六①―③（納税の猶予の申請）【本号該当者―税理士・公認会計士・弁護士・納税管理人・親権者・後見人・破産管財人等

（捜索調書の作成）

第一四六条①　徴収職員は、捜索したときは、捜索調書を作成しなければならない。

②　徴収職員は、捜索調書を作成した場合には、その謄本を捜索を受けた滞納者又は第三者及びこれらの者以外の立会人があるときはその立会人に交付しなければならない。

③　前二項の規定は、第五十四条（差押調書）の規定により差押調書を作成する場合には、適用しない。この場合においては、差押調書の謄本を前項の第三者及び立会人に交付しなければならない。

▽❶税徴令五二　❷❸【立会人→一四四

（官公署等への協力要請）

第一四六条の二　徴収職員は、滞納処分に関する調査について必要があるときは、官公署又は政府関係機関に、当該調査に関し参考となるべき帳簿書類その他の物件の閲覧又は提供その他の協力を求めることができる。

（身分証明書の呈示等）

第一四七条①　徴収職員は、この款の規定により質問、検査又は捜索をするときは、その身分を示す証明書を携帯し、関係者の請求があつたときは、これを呈示しなければならない。

②　この款の規定による質問、検査又は捜索の権限は、犯罪捜査のために認められたものと解してはならない。

▽ᵗ【質問・検査→一四一　【捜索→一四二　❷税通七四の二―七四の一三の四（国税の調査）

第六章　滞納処分に関する猶予及び停止等

第一節　換価の猶予

第一四八条から第一五〇条まで　削除

（換価の猶予の要件等）

第一五一条① 税務署長は、滞納者が次の各号のいずれかに該当すると認められる場合において、その者が納税について誠実な意思を有すると認められるときは、その納付すべき国税（国税通則法第四十六条第一項から第三項まで（納税の猶予の要件等）又は次条第一項の規定の適用を受けているものを除く。）につき滞納処分による財産の換価を猶予することができる。ただし、その猶予の期間は、一年を超えることができない。

一　その財産の換価を直ちにすることによりその事業の継続又はその生活の維持を困難にするおそれがあるとき。

二　その財産の換価を猶予することが、直ちにその換価をすることに比して、滞納に係る国税及び最近において納付すべきこととなる国税の徴収上有利であるとき。

② 税務署長は、前項の規定による換価の猶予又は第百五十二条第三項（換価の猶予に係る分割納付、通知等）において読み替えて準用する国税通則法第四十六条第七項の規定による換価の猶予の期間の延長をする場合において、必要があると認めるときは、滞納者に対し、財産目録、担保の提供に関する書類その他の政令で定める書類又は第百五十二条第一項の規定により分割して納付させるために必要となる書類の提出を求めることができる。

▽❶【財産の換価→八九以下　†税通六三①③（延滞税の免除）、税通七三④（時効の完成猶予）、税徴令五三（換価の猶予の申請手続）

第一五一条の二① 税務署長は、前条の規定によるほか、滞納者がその国税を一時に納付することによりその事業の継続又はその生活の維持を困難にするおそれがあると認められる場合において、その者が納税について誠実な意思を有すると認められるときは、その国税の納期限（延納又は物納の許可の取消しがあつた場合には、その取消しに係る書面が発せられた日）から六月以内にされたその者の申請に基づき、一年以内の期間を限り、その納付すべき国税（国税通則法第四十六条第一項から第三項まで（納税の猶予の要件等）の規定の適用を受けているものを除く。）につき滞納処分による財産の換価を猶予することができる。

② 前項の規定は、当該申請に係る国税以外の国税（次の各号に掲げる国税を除く。）の滞納がある場合には、適用しない。

一　国税通則法第四十六条第一項から第三項までの規定による納税の猶予（次号において「納税の猶予」という。）又は前項の規定による換価の猶予の申請中の国税

二　国税通則法第四十六条第一項から第三項まで又は前条第一項若しくは前項の規定の適用を受けている国税（同法第四十九条第一項第四号（納税の猶予の取消し）（次条第三項又は第四項において準用する場合を含む。）に該当し、納税の猶予又は前条第一項若しくは前項の規定による換価の猶予が取り消されることとなる場合の当該国税を除く。）

③ 第一項の規定による換価の猶予の申請をしようとする者は、同項の国税を一時に納付することによりその事業の継続又はその生活の維持が困難となる事情の詳細、その納付を困難とする金額、当該猶予を受けようとする期間、その猶予に係る金額を分割して納付する場合の各納付期限及び各納付期限ごとの納付金額その他の政令で定める事項を記載した申請書に、財産目録、担保の提供に関する書類その他の政令で定める書類を添付し、これを税務署長に提出しなければならない。

▽†【換価の猶予の申請手続→税徴令五三

（換価の猶予に係る分割納付、通知等）

第一五二条① 税務署長は、第百五十一条第一項（換価の猶予の要件等）若しくは前条第一項の規定による換価の猶予又は第三項において読み替えて準用する国税通則法第四十六条第七項（納税の猶予の要件等）若しくは第四項において準用する同条第七項の規定による換価の猶予の期間の延長をする場合には、その猶予に係る金額（その納付を困難とする金額として政令で定める額を限度とする。）をその猶予をする期間内の各月（税務署長がやむを得ない事情があると認めるときは、その期間内の税務署長が指定する月。以下この項において同じ。）に分割して納付させるものとする。この場合においては、滞納者の財産の状況その他の事情からみて、その猶予をする期間内の各月に納付させる金額が、それぞれの月において合理的かつ妥当なものとなるようにしなければならない。

② 税務署長は、第百五十一条第一項又は前条第一項の規定による換価の猶予をする場合において、必要があると認めるときは、差押えにより滞納者の事業の継続又は生活の維持を困難にするおそれがある財産の差押えを猶予し、又は解除することができる。

③ 国税通則法第四十六条第五項から第七項まで及び第九項、第四十七条第一項（納税の猶予の通知等）、第四十八条第三項及び第四項（果実等による徴収）並びに第四十九条第一項（第五号に係る部分を除く。）（納税の猶予の取消し）の規定は、第百五十一条第一項の規定による換価の猶予について準用する。この場合において、同法第四十六条第七項中「納税者の申請に基づき、その期間」とあるのは「その期間」と、同条第九項中「第四項（前項において準用する場合を含む。）」とあるのは「国税徴収法第百五十二条第一項（換価の猶予に係る分割納付、通知等）」と、それぞれ読み替えるものとする。

④ 国税通則法第四十六条第五項から第七項まで及び第九項、第四十六条の二第四項及び第六項から第十

項まで（納税の猶予の申請手続等）、第四十七条、第四十八条第三項及び第四項並びに第四十九条第一項及び第三項の規定は、前条第一項の規定による換価の猶予について準用する。この場合において、同法第四十六条第九項中「第四項（前項において準用する場合を含む。）」とあるのは「国税徴収法第百五十二条第一項（換価の猶予に係る分割納付、通知等）」と、同法第四十六条の二第四項中「分割納付の方法により納付を行うかどうか（分割納付の方法により納付を行う場合にあつては、分割納付の各納付期限及び各納付期限ごとの納付金額を含む。）」とあるのは「その猶予に係る金額を分割して納付する場合の各納付期限及び各納付期限ごとの納付金額」と、同条第六項中「第一項から第四項まで」とあるのは「国税徴収法第百五十一条の二第三項（換価の猶予の要件等）又は同法第百五十二条第四項（換価の猶予に係る分割納付、通知等）において読み替えて準用する第四項」と、同条第七項中「第一項から第四項まで」とあるのは「国税徴収法第百五十一条の二第三項又は同法第百五十二条第四項において読み替えて準用する第四項」と、同条第十項中「第一項から第四項まで」とあるのは「国税徴収法第百五十一条の二第三項又は同法第百五十二条第四項において読み替えて準用する第四項」と、「前条第一項から第三項まで又は第七項」とあるのは「同法第百五十一条の二第一項又は同法第百五十二条第四項において準用する前条第七項」と、同項第二号中「次項」とあるのは「国税徴収法第百四十一条（質問及び検査）」と、「同項」とあるのは「同条」と、同法第四十七条第二項中「前条第一項から第四項まで」とあるのは「国税徴収法第百五十一条の二第三項（換価の猶予の要件等）又は同法第百五十二条第四項（換価の猶予に係る分割納付、通知等）において読み替えて準用する前条第四項」と、それぞれ読み替えるものとする。

第二節　滞納処分の停止

（滞納処分の停止の要件等）

第一五三条① 税務署長は、滞納者につき次の各号のいずれかに該当する事実があると認めるときは、滞納処分の執行を停止することができる。

一　滞納処分の執行及び租税条約等の相手国等に対する共助対象国税の徴収の共助の要請による徴収（以下この項において「滞納処分の執行等」という。）をすることができる財産がないとき。

二　滞納処分の執行等をすることによつてその生活を著しく窮迫させるおそれがあるとき。

三　その所在及び滞納処分の執行等をすることができる財産がともに不明であるとき。

② 税務署長は、前項の規定により滞納処分の執行を停止したときは、その旨を滞納者に通知しなければならない。

③ 税務署長は、第一項第二号の規定により滞納処分の執行を停止した場合において、その停止に係る国税について差し押さえた財産があるときは、その差押えを解除しなければならない。

④ 第一項の規定により滞納処分の執行を停止した国税を納付する義務は、その執行の停止が三年間継続したときは、消滅する。

⑤ 第一項第一号の規定により滞納処分の執行を停止した場合において、その国税が限定承認に係るものであるとき、その他その国税を徴収することができないことが明らかであるときは、税務署長は、前項の規定にかかわらず、その国税を納付する義務を直ちに消滅させることができる。

（滞納処分の停止の取消）

第一五四条① 税務署長は、前条第一項各号の規定により滞納処分の執行を停止した後三年以内に、その停止に係る滞納者につき同項各号に該当する事実がないと認めるときは、その執行の停止を取り消さなければならない。

② 税務署長は、前項の規定により滞納処分の執行の停止を取り消したときは、その旨を滞納者に通知しなければならない。

第一五五条から第一五七条まで　削除

第三節　保全担保及び保全差押

（保全担保）

第一五八条① 納税者が消費税等（消費税を除く。）を滞納した場合において、その後その者に課すべきその国税の徴収を確保することができないと認められるときは、税務署長は、その国税の担保として、金額及び期限を指定して、その者に国税通則法第五十条各号（担保の種類）に掲げるものの提供を命ずることができる。

② 前項の規定により指定する金額は、その提供を命ずる月の前月分の当該国税の額の三倍に相当する金額（その金額が前年におけるその提供を命ずる月に対応する月分及びその後二月分の当該国税の金額に満たないときは、その額）を限度とする。

③ 税務署長は、第一項の規定により当該国税（酒税を除く。）の担保の提供を命じた場合において、納税者がその指定された期限までにその命ぜられた担保を提供しないときは、当該国税に関し、その者の財産で抵当権の目的となるものにつき、同項の規定により指定した金額を限度として抵当権を設定することを書面で納税者に通知することができる。

④ 前項の通知があつたときは、その通知を受けた納税者は、同項の抵当権を設定したものとみなす。この場合において、税務署長は、抵当権の設定の登記を関係機関に嘱託しなければならない。

⑤ 前項後段の場合（次項に規定する場合を除く。）においては、その嘱託に係る書面には、第三項の書面が同項の納税者に到達したことを証する書面を添付しなければならない。

⑥ 第四項後段の場合において、不動産登記法第十六条第二項（嘱託による登記）（他の法令において準用する場合を含む。）において準用する同法第十八条（登記の申請方法）の規定による嘱託をするときは、その嘱託情報と併せて第三項の書面が同項の納税者に到達したことを証する情報を提供しなければならない。

ならない。この場合においては、同法第百十六条第一項（官庁の嘱託による登記）の規定にかかわらず、登記義務者の承諾を得ることを要しない。

⑦　税務署長は、第一項の規定による担保の提供又は第四項の規定による抵当権の設定（以下「担保の提供等」という。）があつた場合において、第一項の命令に係る国税の滞納がない期間が継続して三月に達したときは、その担保を解除しなければならない。

⑧　税務署長は、担保の提供等があつた納税者の資力その他の事情の変化により担保の提供等の必要がなくなつたと認めるときは、前項の規定にかかわらず、直ちにその解除をすることができる。

▽❶【消費税等→二〔三〕【税徴令五五　❸酒税一二〔五〕　❼❽【担保の解除→税通令一七　＋税通五一②（担保の変更）・税通五二（担保の処分）

（保全差押え）

第一五九条①　納税義務があると認められる者が不正に国税を免れ、又は国税の還付を受けたことの嫌疑に基づき、国税通則法第十一章（犯則事件の調査及び処分）の規定による差押え、記録命令付差押え若しくは領置又は刑事訴訟法（昭和二十三年法律第百三十一号）の規定による押収、領置若しくは逮捕を受けた場合において、その処分に係る国税の納付すべき額の確定（申告、更正又は決定による確定をいい、国税通則法第二条第二号（定義）に規定する源泉徴収等による国税についての納税の告知を含む。以下この条において同じ。）後においては当該国税の徴収を確保することができないと認められるときは、税務署長は、当該国税の納付すべき額の確定前に、その確定をすると見込まれる国税の金額のうちその徴収を確保するためあらかじめ滞納処分を執行することを要すると認める金額（以下この条において「保全差押金額」という。）を決定することができる。この場合においては、徴収職員は、その金額を限度として、その者の財産を直ちに差し押さえることができる。

②　税務署長は、前項の規定による決定をしようとするときは、あらかじめ、その所属する国税局長の承認を受けなければならない。

③　税務署長は、第一項の規定により保全差押金額を決定するときは、当該保全差押金額を同項に規定する納税義務があると認められる者に書面で通知しなければならない。

④　前項の通知をした場合において、その納税義務があると認められる者がその通知に係る保全差押金額に相当する担保として国税通則法第五十条各号（担保の種類）に掲げるものを提供してその差押えをしないことを求めたときは、徴収職員は、その差押えをすることができない。

⑤　徴収職員は、第一号又は第二号に該当するときは第一項の規定による差押えを、第三号に該当するときは同号に規定する担保をそれぞれ解除しなければならない。

一　第一項の規定による差押えを受けた者が前項に規定する担保を提供して、その差押えの解除を請求したとき。

二　第三項の通知をした日から六月を経過した日までに、その差押えに係る国税につき納付すべき額の確定がないとき。

三　第三項の通知をした日から六月を経過した日までに、保全差押金額について提供されている担保に係る国税につき納付すべき額の確定がないとき。

⑥　徴収職員は、第一項の規定による差押えを受けた者又は第四項若しくは前項第一号の担保を提供した者につき、その資力その他の事情の変化により、その差押え又は担保の徴取の必要がなくなつたと認められることとなつたときは、その差押え又は担保を解除することができる。

⑦　第一項の規定による差押え又は第四項若しくは第五項第一号の担保の提供があつた場合において、その差押え又は担保の提供に係る国税につき納付すべき額の確定があつたときは、その差押え又は担保の提供は、その国税を徴収するためにされたものとみなす。

⑧　第一項の規定により差し押さえた財産は、その差押えに係る国税につき納付すべき額の確定があつた後でなければ、換価することができない。

⑨　第一項の場合において、差し押さえるべき財産に不足があると認められるときは、税務署長は、差押えに代えて交付要求をすることができる。この場合においては、その交付要求であることを明らかにしなければならない。

⑩　税務署長は、第一項の規定により差し押さえた金銭（有価証券、債権又は無体財産権等の差押えにより第三債務者等から給付を受けた金銭を含む。）がある場合において、その差押えに係る国税につき納付すべき額の確定がされていないときは、これを供託しなければならない。

⑪　第一項に規定する国税の納付すべき額として確定をした金額が保全差押金額に満たない場合において、その差押えを受けた者がその差押えにより損害を受けたときは、国は、その損害を賠償する責めに任ずる。この場合において、その額は、その差押えにより通常生ずべき損失の額とする。

▽❶【国税の還付→税通五六・二〔四〕▽・五六▽【領置→刑訴一〇一・二二一、税通一三一【押収→刑訴九九・一〇〇・一〇三―一〇五・二二〇、税通一三二・一三三【逮捕→刑訴一九九・二一〇・二一三【申告→税通一七―二二【更正→税通二四・二六【決定→税通二五・三二【納税の告知→税通三六①〔二〕　❶❸❹【納税義務→税通一五①　❸税徴令五六　❺❻【担保の解除→税通令一七【税通五一②（担保の変更）　❼税通五一③・五二　❾【交付要求→八二―八六　❿【無体財産権等→七二①【第三債務者等→七二①　＋一五①〔六〕（私債権との優劣の基準時期）

第一六〇条　削除

第七章　削除

第一六一条から第一六五条まで 削除

第八章 不服審査及び訴訟の特例

第一六六条から第一七〇条まで 削除

（滞納処分に関する不服申立て等の期限の特例）

第一七一条① 滞納処分について次の各号に掲げる処分に関し欠陥があること（第一号に掲げる処分については、これに関する通知が到達しないことを含む。）を理由としてする不服申立て（国税通則法第七十五条第三項又は第四項（国税に関する処分についての不服申立て）の規定による審査請求を除く。）は、これらの規定にかかわらず、当該各号に定める期限までにしなければ、することができない。

一 督促 差押えに係る通知を受けた日（その通知がないときは、その差押えがあつたことを知つた日）から三月を経過した日

二 不動産等についての差押え その公売期日等

三 不動産等についての第九十五条（公売公告）の公告（第百九条第四項（随意契約による売却）において準用する第九十六条（公売の通知）の通知を含む。）から売却決定までの処分 換価財産の買受代金の納付の期限

四 換価代金等の配当 換価代金等の交付期日

② 前項の規定は、国税通則法第百十五条第一項第三号（訴えの提起の特例）の規定による訴えの提起について準用する。この場合において、前項中「国税通則法第十一条（災害等による期限の延長）又は第七十七条（不服申立期間）の規定により不服申立てをすることができる期間を経過したもの及び同法第七十五条第三項又は第四項（国税に関する処分についての不服申立て）の規定による審査請求」とあるのは、「行政事件訴訟法（昭和三十七年法律第百三十九号）第十四条第一項又は第二項（出訴期間）の規定により訴えを提起することができる期間を経過したもの」と読み替えるものとする。

③ 第一項第三号及び第四号に掲げる処分につき、同項に規定する不服申立てをする場合において、その再調査の請求書（国税通則法第八十一条第二項（再調査の請求書の記載事項等）に規定する再調査の請求書をいう。）又は審査請求書（同法第八十七条第二項（審査請求書の記載事項等）に規定する審査請求書をいう。）については、同法第七十七条第四項の規定は、適用しない。

▽❶［二］【督促→税通三七 【差押えに係る通知→五四・五五・六二①・六八①・七〇①・七一①・七二①・七三① 【税通一〇②（二月を経過した日） ［三］【売却決定→一一三 【買受代金の納付期限→一一五① ［四］【換価代金等の配当→一二九①・一三一 【換価代金等の交付期日→一三二 ＋一三三②（異議申出）

（差押動産等の搬出の制限）

第一七二条 第五十八条第二項（滞納者の動産等を占有する第三者に対する引渡命令）に規定する引渡命令を受けた第三者が、その命令に係る財産が滞納者の所有に属していないことを理由として、その命令につき不服申立てをしたときは、その不服申立ての係属する間は、当該財産の搬出をすることができない。

（不動産の売却決定等の取消の制限）

第一七三条① 第百七十一条第一項第三号（公売等に関する不服申立ての期限の特例）に掲げる処分に欠陥があることを理由として滞納処分に関する不服申立てがあつた場合において、その処分は違法ではあるが、次に掲げる場合に該当するときは、税務署長、国税局長若しくは税関長又は国税不服審判所長は、その不服申立てを棄却することができる。

一 その不服申立てに係る処分に続いて行われるべき処分（以下この号において「後行処分」という。）が既に行われている場合において、その不服申立てに係る処分の違法が軽微なものであり、その後行処分に影響を及ぼさせることが適当でないと認められるとき。

二 換価した財産が公共の用に供されている場合その他その不服申立てに係る処分を取り消すことにより公の利益に著しい障害を生ずる場合で、その不服申立てをした者の受ける損害の程度、その損害の賠償の程度及び方法その他一切の事情を考慮してもなおその処分を取り消すことが公共の福祉に適合しないと認められるとき。

② 前項の規定による不服申立てについての棄却の決定又は裁決には、処分が違法であること及び不服申立てを棄却する理由を明示しなければならない。

③ 第一項の規定は、国に対する損害賠償の請求を妨げない。

▽❶【国税不服審判所長→税通七八②・九八 ❶❷【不服申立て→ᴸ税通七五・八一以下（再調査の請求）・ᴸ税通七五・八七以下（審査請求） ❶［二］ᴸ行審四五③、行訴三一（同旨の規定）

第九章 雑則

第一七四条から第一八一条まで 削除

（税務署長又は国税局長による滞納処分の執行）

第一八二条① 税務署長又は国税局長は、この法律の定めるところにより、その税務署又は国税局所属の徴収職員に滞納処分を執行させることができる。

② 税務署長又は国税局長は、差し押さえるべき財産又は差押財産がその管轄区域外にあるとき（国税局長については、その管轄区域内の地域を所轄する税務署長の管轄区域内にあるときを含む。）は、当該財産の所在地を所轄する税務署長又は国税局長は、その財産の所在地を所轄する税務署長又は国税局長に滞納処分の引継ぎをすることができる。

③ 税務署長は、差押財産又は参加差押不動産を換価に付するため必要があると認めるときは、他の税務署長又は国税局長に滞納処分の引継ぎをすることができる。

④ 前二項の規定により滞納処分の引継ぎがあつたときは、引継ぎを受けた税務署長又は国税局長は、遅滞なく、その旨を納税者に通知するものとする。

（税関長による滞納処分の執行）

第一八三条① 税関長は、この法律の定めるところにより、その税関所属の徴収職員に滞納処分を執行させることができる。

② 税関長は、差し押さえるべき財産又は差押財産がその管轄区域外にあるときは、その財産の所在地を所轄する税関長に滞納処分の引継ぎをすることができる。

③ 税関長は、差し押さえるべき財産又は差押財産が滞納処分を著しく困難とする地域にあるときは、これらの財産の所在地を所轄する税務署長又は国税局長に滞納処分の引継ぎをすることができる。

④ 税関長は、差押財産又は参加差押不動産を換価に付するため必要があると認めるときは、他の税関長に滞納処分の引継ぎをすることができる。

⑤ 前条第四項の規定は、前三項の規定により滞納処分の引継ぎがあつた場合について準用する。

（国税局長が徴収する場合の読替規定）

第一八四条 国税通則法第四十三条第三項若しくは第四十四条第一項（徴収の引継ぎ）の規定により国税局長が徴収の引継ぎを受けた場合又は第百八十二条第二項若しくは第三項（滞納処分の引継ぎ）若しくは前条第三項の規定により国税局長が滞納処分の引継ぎを受けた場合におけるこの法律（第百五十九条第二項（保全差押の承認）、第百七十三条（不動産の売却決定の取消しの制限）及び前二条を除く。次条において同じ。）の規定の適用については、「税務署長」又は「税務署」とあるのは、「国税局長」又は「国税局」とする。

（税関長が徴収する場合の読替規定）

第一八五条 国税通則法第四十三条第一項ただし書（税関長による徴収）の規定により税関長が徴収する場合、同条第四項若しくは同法第四十四条第一項（徴収の引継ぎ）の規定により税関長が徴収の引継ぎを受けた場合又は第百八十三条第二項若しくは第四項（滞納処分の引継ぎ）の規定により税関長が滞納処分の引継ぎを受けた場合におけるこの法律の規定の適用については、「税務署長」又は「税務署」とあるのは、「税関長」又は「税関」とする。

（政令への委任）

第一八六条 この法律に定めるもののほか、差押調書、交付要求書その他この法律の規定により作成する書類に記載すべき事項、この法律の規定により利害関係人その他の者に通知すべき事項及びこの法律の実施のための手続その他その執行に関し必要な事項は、政令で定める。

▽＊【差押調書→五四　【交付要求書→八二①

第十章　罰則

第一八七条① 納税者が滞納処分の執行又は租税条約等の相手国等に対する共助対象国税の徴収の共助の要請による徴収を免れる目的でその財産を隠蔽し、損壊し、国の不利益に処分し、又はその財産に係る負担を偽つて増加する行為をしたときは、その者は、三年以下の懲役若しくは二百五十万円以下の罰金に処し、又はこれを併科する。

② 納税者の財産を占有する第三者が納税者に滞納処分の執行又は租税条約等の相手国等に対する共助対象国税の徴収の共助の要請による徴収を免れさせる目的で前項の行為をしたときも、また同項と同様とする。

③ 情を知つて前二項の行為につき納税者又はその財産を占有する第三者の相手方となつた者は、二年以下の懲役若しくは百五十万円以下の罰金に処し、又はこれを併科する。

④ 第一項及び第二項（これらの規定中滞納処分の執行に係る部分を除く。）の罪は、日本国外においてこれらの罪を犯した者にも適用する。

⑤ 第三項（滞納処分の執行に係る部分を除く。）の罪は、刑法（明治四十年法律第四十五号）第二条（すべての者の国外犯）の例に従う。

▽❶❸【懲役→刑九・一二【罰金→刑九・一五　＊刑八（刑法総則の適用）、刑訴二三九②（税務署長等の告発）・ｒ刑訴二五〇②因・二五三（公訴時効）

第一八八条 次の各号のいずれかに該当する者は、一年以下の懲役又は五十万円以下の罰金に処する。

一　第百四十一条（質問及び検査）の規定による徴収職員の質問に対して答弁をせず、又は偽りの陳述をした者

二　第百四十一条の規定による検査を拒み、妨げ、若しくは忌避し、又は当該検査に関し偽りの記載若しくは記録をした帳簿書類を提示した者

▽＊【罰金→刑九・一五【刑八（刑法総則の適用）、刑訴二三九②（税務署長等の告発）・ｒ刑訴二五〇②因・二五三（公訴時効）

第一八九条 第九十九条の二（暴力団員等に該当しないこと等の陳述）（第百九条第四項（随意契約による売却）において準用する場合を含む。）の規定により陳述すべき事項について虚偽の陳述をした者は、六月以下の懲役又は五十万円以下の罰金に処する。

第一九〇条① 法人の代表者（人格のない社団等の管理人を含む。）又は法人若しくは人の代理人、使用人、その他の従業者が、その法人又は人の業務又は財産に関して第百八十七条又は第百八十八条（罰則）の違反行為をしたときは、その行為者を罰するほか、その法人又は人に対し各本条の罰金刑を科する。

② 人格のない社団等について前項の規定の適用がある場合においては、その代表者又は管理人がその訴訟行為につき当該人格のない社団等を代表するほか、法人を被告人又は被疑者とする場合の刑事訴訟に関する法律の規定を準用する。

附　則（抜粋）

（施行期日）

第一条 この法律は、公布の日から起算して九月をこえない範囲内で政令で定める日（昭和三五・一・一—昭和三四政三二八）から施行する。ただし、附則第三条（施行日前の申告期限等の特例）、附則第九条

第一項（施行日前の延滞加算税額の特例）、附則第十四条（施行日前に期限が到来する徴収猶予の期限の延長の特例）並びに附則第十五条第一項及び第二項（施行日前の公売等の猶予及び利子税額等の免除の特例）の規定は、公布の日から施行する。

附　則（平成三一・三・二九法三）（抜粋）

（施行期日）

第一条　（前略）附則（中略）第九条から第十六条まで（附則第一二条は国税徴収法の一部改正）（中略）の規定は、令和六年一月一日から施行する。

附　則（令和二・三・三一法八）（抜粋）

（施行期日）

第一条　この法律は、令和二年四月一日から施行する。ただし、次の各号に掲げる規定は、当該各号に定める日から施行する。

五　次に掲げる規定　令和四年四月一日

ト　第十四条中国税徴収法第三十六条第三号の改正規定

附　則（令和二・五・二九法三三）（抜粋）

（施行期日）

第一条　この法律は、公布の日から起算して二年六月を超えない範囲内において政令で定める日から施行する。（後略）

附　則（令和三・三・三一法一一）（抜粋）

（施行期日）

第一条　この法律は、令和三年四月一日から施行する。ただし、次の各号に掲げる規定は、当該各号に定める日から施行する。

五　次に掲げる規定　令和四年一月一日

ニ　第六条（国税徴収法の一部改正）の規定及び附則第十四条の規定

（国税徴収法の一部改正に伴う経過措置）

第一四条　第六条の規定による改正後の国税徴収法第三十九条の規定は、令和四年一月一日以後に滞納となった国税（同日前に行われた第六条の規定による改正前の国税徴収法第三十九条に規定する無償又は著しく低い額の対価による譲渡、債務の免除その他第三者に利益を与える処分に係るもの（以下この条において「特定国税」という。）を除く。）について適用し、同日前に滞納となっている国税（特定国税を含む。）については、なお従前の例による。

（罰則に関する経過措置）

第一三一条　この法律（附則第一条各号に掲げる規定にあっては、当該規定。以下この条において同じ。）の施行前にした行為並びにこの附則の規定によりなお従前の例によることとされる場合（中略）におけるこの法律の施行後にした行為に対する罰則の適用については、なお従前の例による。

（政令への委任）

第一三二条　この附則に規定するもののほか、この法律の施行に関し必要な経過措置は、政令で定める。

◉所得税法（抄）（昭和四〇・三・三一法三三）

施行　昭和四〇・四・一（附則）
最終改正　令和三法三七

注　判例要約中、「旧法」とは、昭和四〇・三・三一法三三による全部改正前の所得税法（昭和二二・三・三一法二七）を指す。

目次

第一編　総則（抄）

第一章　通則

（趣旨）

第一条　この法律は、所得税について、納税義務者、課税所得の範囲、税額の計算の方法、申告、納付及び還付の手続、源泉徴収に関する事項並びにその納税義務の適正な履行を確保するため必要な事項を定めるものとする。

▽〔租特〕→一

（定義）

第二条①　この法律において、次の各号に掲げる用語の意義は、当該各号に定めるところによる。

一　国内　この法律の施行地をいう。

二　国外　この法律の施行地外の地域をいう。

三　居住者　国内に住所を有し、又は現在まで引き続いて一年以上居所を有する個人をいう。

四　非永住者　居住者のうち、日本の国籍を有しておらず、かつ、過去十年以内において国内に住所又は居所を有していた期間の合計が五年以下である個人をいう。

五　非居住者　居住者以外の個人をいう。

六　内国法人　国内に本店又は主たる事務所を有する法人をいう。

七　外国法人　内国法人以外の法人をいう。

八　人格のない社団等　法人でない社団又は財団で代表者又は管理人の定めがあるものをいう。

八の二　株主等　株主又は合名会社、合資会社若しくは合同会社の社員その他法人の出資者をいう。

八の三　法人課税信託　法人税法（昭和四十年法律第三十四号）第二条第二十九号の二（定義）に規定する法人課税信託をいう。

八の四　恒久的施設　次に掲げるものをいう。ただし、我が国が締結した所得に対する租税に関する二重課税の回避又は脱税の防止のための条約において次に掲げるものと異なる定めがある場合には、その条約の適用を受ける非居住者又は外国法人については、その条約において恒久的施設と定められたもの（国内にあるものに限る。）とする。

イ　非居住者又は外国法人の国内にある支店、工場その他事業を行う一定の場所で政令で定めるもの

ロ　非居住者又は外国法人の国内にある建設若しくは据付けの工事又はこれらの指揮監督の役務の提供を行う場所その他これに準ずるものとして政令で定めるもの

ハ　非居住者又は外国法人が国内に置く自己のために契約を締結する権限のある者その他これに準ずる者で政令で定めるもの

九　公社債　公債及び社債（会社以外の法人が特別の法律により発行する債券を含む。）をいう。

十　預貯金　預金及び貯金（これらに準ずるものとして政令で定めるものを含む。）をいう。

十一　合同運用信託　信託会社（金融機関の信託業務の兼営等に関する法律（昭和十八年法律第四十三号）により同法第一条第一項（兼営の認可）に規定する信託業務を営む同項に規定する金融機関を含む。）が引き受けた金銭信託で、共同しない多数の委託者の信託財産を合同して運用するもの（投資信託及び投資法人に関する法律（昭和二十六年法律第百九十八号）第二条第二項（定義）に規定する委託者非指図型投資信託及びこれに類する外国投資信託（同条第二十四項に規定する外国投資信託をいう。第十二号の二及び第十三号において同じ。）並びに委託者が実質的に多数でないものとして政令で定める信託を除く。）をいう。

十二　貸付信託　貸付信託法（昭和二十七年法律第百九十五号）第二条第一項（定義）に規定する貸付信託をいう。

十二の二　投資信託　投資信託及び投資法人に関する法律第二条第三項に規定する投資信託及び外国投資信託をいう。

十三　証券投資信託　投資信託及び投資法人に関す

る法律第二条第四項に規定する証券投資信託及びこれに類する外国投資信託をいう。

十四　オープン型の証券投資信託　証券投資信託のうち、元本の追加信託をすることができるものをいう。

十五　公社債投資信託　証券投資信託のうち、その信託財産を公社債に対する投資として運用することを目的とするもので、株式（投資信託及び投資法人に関する法律第二条第十四項に規定する投資口を含む。第二十四条（配当所得）、第二十五条（配当等とみなす金額）、第五十七条の四第三項（株式交換等に係る譲渡所得等の特例）、第百七十六条第一項及び第二項（信託財産に係る利子等の課税の特例）、第二百二十四条の三第二項第一号（株式等の譲渡の対価の受領者の告知）並びに第二百二十五条第一項第二号（支払調書及び支払通知書）において同じ。）又は出資に対する投資として運用しないものをいう。

十五の二　公社債等運用投資信託　証券投資信託以外の投資信託のうち、信託財産として受け入れた金銭を公社債等（公社債、手形その他の政令で定める資産をいう。）に対して運用するものとして政令で定めるものをいう。

十五の三　公募公社債等運用投資信託　その設定に係る受益権の募集が公募（金融商品取引法（昭和二十三年法律第二十五号）第二条第三項（定義）に規定する取得勧誘のうち同項第一号に掲げる場合に該当するものとして政令で定めるものをいう。）により行われた公社債等運用投資信託（法人税法第二条第二十九号ロ(2)に掲げる投資信託に該当するものに限る。）をいう。

十五の四　特定目的信託　資産の流動化に関する法律（平成十年法律第百五号）第二条第十三項（定義）に規定する特定目的信託をいう。

十五の五　特定受益証券発行信託　法人税法第二条第二十九号ハに規定する特定受益証券発行信託をいう。

十六　棚卸資産　事業所得を生ずべき事業に係る商品、製品、半製品、仕掛品、原材料その他の資産（有価証券、第四十八条の二第一項（暗号資産の譲渡原価等の計算及びその評価の方法）に規定する暗号資産及び山林を除く。）で棚卸しをすべきものとして政令で定めるものをいう。

十七　有価証券　金融商品取引法第二条第一項に規定する有価証券その他これに準ずるもので政令で定めるものをいう。

十八　固定資産　土地（土地の上に存する権利を含む。）、減価償却資産、電話加入権その他の資産（山林を除く。）で政令で定めるものをいう。

十九　減価償却資産　不動産所得若しくは雑所得の基因となり、又は不動産所得、事業所得、山林所得若しくは雑所得を生ずべき業務の用に供される建物、構築物、機械及び装置、船舶、車両及び運搬具、工具、器具及び備品、鉱業権その他の資産で償却をすべきものとして政令で定めるものをいう。

二十　繰延資産　不動産所得、事業所得、山林所得又は雑所得を生ずべき業務に関し個人が支出する費用のうち支出の効果がその支出の日以後一年以上に及ぶもので政令で定めるものをいう。

二十一　各種所得　第二編第二章第二節第一款（所得の種類及び各種所得の金額）に規定する利子所得、配当所得、不動産所得、事業所得、給与所得、退職所得、山林所得、譲渡所得、一時所得及び雑所得をいう。

二十二　各種所得の金額　第二編第二章第二節第一款に規定する利子所得の金額、配当所得の金額、不動産所得の金額、事業所得の金額、給与所得の金額、退職所得の金額、山林所得の金額、譲渡所得の金額、一時所得の金額及び雑所得の金額をいう。

二十三　変動所得　漁獲から生ずる所得、著作権の使用料に係る所得その他の所得で年々の変動の著しいもののうち政令で定めるものをいう。

二十四　臨時所得　役務の提供を約することにより一時に取得する契約金に係る所得その他の所得で臨時に発生するもののうち政令で定めるものをいう。

二十五　純損失の金額　第六十九条第一項（損益通算）に規定する損失の金額のうち同条の規定を適用してもなお控除しきれない部分の金額をいう。

二十六　雑損失の金額　第七十二条第一項（雑損控除）に規定する損失の金額の合計額が同項各号に掲げる場合の区分に応じ当該各号に掲げる金額を超える場合におけるその超える部分の金額をいう。

二十七　災害　震災、風水害、火災その他政令で定める災害をいう。

二十八　障害者　精神上の障害により事理を弁識する能力を欠く常況にある者、失明者その他の精神又は身体に障害がある者で政令で定めるものをいう。

二十九　特別障害者　障害者のうち、精神又は身体に重度の障害がある者で政令で定めるものをいう。

三十　寡婦　次に掲げる者でひとり親に該当しないものをいう。

イ　夫と離婚した後婚姻をしていない者のうち、次に掲げる要件を満たすもの

(1)　扶養親族を有すること。

(2)　第七十条（純損失の繰越控除）及び第七十一条（雑損失の繰越控除）の規定を適用しないで計算した場合における第二十二条（課税標準）に規定する総所得金額、退職所得金額及び山林所得金額の合計額（以下この条において「合計所得金額」という。）が五百万円以下であること。

(3)　その者と事実上婚姻関係と同様の事情にあると認められる者として財務省令で定めるものがいないこと。

ロ　夫と死別した後婚姻をしていない者又は夫の

生死の明らかでない者で政令で定めるもののうち、イ⑵及び⑶に掲げる要件を満たすもの

三十一 ひとり親 現に婚姻をしていない者又は配偶者の生死の明らかでない者で政令で定めるもののうち、次に掲げる要件を満たすものをいう。

イ その者と生計を一にする子で政令で定めるものを有すること。

ロ 合計所得金額が五百万円以下であること。

ハ その者と事実上婚姻関係と同様の事情にあると認められる者として財務省令で定めるものがいないこと。

三十二 勤労学生 次に掲げる者で、自己の勤労に基づいて得た事業所得、給与所得、退職所得又は雑所得（以下この号において「給与所得等」という。）を有するもののうち、合計所得金額が七十五万円以下であり、かつ、合計所得金額のうち給与所得等以外の所得に係る部分の金額が十万円以下であるものをいう。

イ 学校教育法（昭和二十二年法律第二十六号）第一条（学校の範囲）に規定する学校の学生、生徒又は児童

ロ 国、地方公共団体又は私立学校法（昭和二十四年法律第二百七十号）第三条（定義）に規定する学校法人、同法第六十四条第四項（私立専修学校及び私立各種学校）の規定により設立された法人若しくはこれらに準ずるものとして政令で定める者の設置した学校教育法第百二十四条（専修学校）に規定する専修学校又は同法第百三十四条第一項（各種学校）に規定する各種学校の生徒で政令で定める課程を履修するもの

ハ 職業訓練法人の行う職業能力開発促進法（昭和四十四年法律第六十四号）第二十四条第三項（職業訓練の認定）に規定する認定職業訓練を受ける者で政令で定める課程を履修するもの

三十三 同一生計配偶者 居住者の配偶者でその居住者と生計を一にするもの（第五十七条第一項（事業に専従する親族がある場合の必要経費の特例等）に規定する青色事業専従者に該当するもので同項に規定する給与の支払を受けるもの及び同条第三項に規定する事業専従者に該当するもの（第三十三号の四において「青色事業専従者等」という。）を除く。）のうち、合計所得金額が四十八万円以下である者をいう。

三十三の二 控除対象配偶者 同一生計配偶者のうち、合計所得金額が千万円以下である居住者の配偶者をいう。

三十三の三 老人控除対象配偶者 控除対象配偶者のうち、年齢七十歳以上の者をいう。

三十三の四 源泉控除対象配偶者 居住者（合計所得金額が九百万円以下であるものに限る。）の配偶者でその居住者と生計を一にするもの（青色事業専従者等を除く。）のうち、合計所得金額が九十五万円以下である者をいう。

三十四 扶養親族 居住者の親族（その居住者の配偶者を除く。）並びに児童福祉法（昭和二十二年法律第百六十四号）第二十七条第一項第三号（都道府県の採るべき措置）の規定により同法第六条の四（定義）に規定する里親に委託された児童及び老人福祉法（昭和三十八年法律第百三十三号）第十一条第一項第三号（市町村の採るべき措置）の規定により同号に規定する養護受託者に委託された老人でその居住者と生計を一にするもの（第五十七条第一項に規定する青色事業専従者に該当するもので同項に規定する給与の支払を受けるもの及び同条第三項に規定する事業専従者に該当するものを除く。）のうち、合計所得金額が四十八万円以下である者をいう。

三十四の二 控除対象扶養親族 扶養親族のうち、次に掲げる者の区分に応じそれぞれ次に定める者をいう。

イ 居住者 年齢十六歳以上の者

ロ 非居住者 年齢十六歳以上三十歳未満の者及び年齢七十歳以上の者並びに年齢三十歳以上七十歳未満の者であつて次に掲げる者のいずれかに該当するもの

⑴ 留学により国内に住所及び居所を有しなくなつた者

⑵ 障害者

⑶ その居住者からその年において生活費又は教育費に充てるための支払を三十八万円以上受けている者

★令和二法八（令和五・一・一施行）による改正前

三十四の二 控除対象扶養親族 扶養親族のうち、年齢十六歳以上の者をいう。

イ・ロ （改正により追加）

三十四の三 特定扶養親族 控除対象扶養親族のうち、年齢十九歳以上二十三歳未満の者をいう。

三十四の四 老人扶養親族 控除対象扶養親族のうち、年齢七十歳以上の者をいう。

三十五 特別農業所得者 その年において農業所得（米、麦、たばこ、果実、野菜若しくは花の生産若しくは栽培又は養蚕に係る事業その他これに類するものとして政令で定める事業から生ずる所得をいう。以下この号において同じ。）の金額が総所得金額の十分の七に相当する金額を超え、かつ、その年九月一日以後に生ずる農業所得の金額がその年中の農業所得の金額の十分の七を超える者をいう。

三十六 予定納税額 第百四条第一項（予定納税額の納付）又は第百七条第一項（特別農業所得者の予定納税額の納付）（これらの規定を第百六十六条（申告、納付及び還付）において準用する場合を含む。）の規定により納付すべき所得税の額をいう。

三十七 確定申告書 第二編第五章第二節第一款及び第二款（確定申告）（第百六十六条において準用する場合を含む。）の規定による申告書（当該申告書に係る期限後申告書を含む。）をいう。

三十八 期限後申告書 国税通則法（昭和三十七年法律第六十六号）第十八条第二項（期限後申告

に規定する期限後申告書をいう。

三十九　修正申告書　国税通則法第十九条第三項（修正申告）に規定する修正申告書をいう。

四十　青色申告書　第百四十三条（青色申告）（第百六十六条において準用する場合を含む。）の規定により青色の申告書によつて提出する確定申告書及び確定申告書に係る修正申告書をいう。

四十の二　更正請求書　国税通則法第二十三条第三項（更正の請求）に規定する更正請求書をいう。

四十一　確定申告期限　第百二十条第一項（確定所得申告）（第百六十六条において準用する場合を含む。）の規定による申告書の提出期限をいい、年の中途において死亡し、又は出国をした場合には、第百二十五条第一項（年の中途で死亡した場合の確定申告）又は第百二十七条第一項（年の中途で出国をする場合の確定申告）（これらの規定を第百六十六条において準用する場合を含む。）の規定による申告書の提出期限をいう。

四十二　出国　居住者については、国税通則法第百十七条第二項（納税管理人）の規定による納税管理人の届出をしないで国内に住所及び居所を有しないこととなることをいい、非居住者については、同項の規定による納税管理人の届出をしないで国内に居所を有しないこととなること（国内に居所を有しない非居住者で恒久的施設を有するものについては、恒久的施設を有しないこととなることとし、国内に居所を有しない非居住者で恒久的施設を有しないものについては、国内において行う第百六十一条第一項第六号（国内源泉所得）に規定する事業を廃止することとする。）をいう。

四十三　更正　国税通則法第二十四条（更正）又は第二十六条（再更正）の規定による更正をいう。

四十四　決定　第十九条（納税地指定の処分の取消しがあつた場合の申告等の効力）、第四十四条の二（免責許可の決定等により債務免除を受けた場合の経済的利益の総収入金額不算入）、第五十二条（貸倒引当金）、第五十七条の四（株式交換等に係る譲渡所得等の特例）、第百五十一条の四（相続により取得した有価証券等の取得費の額に変更があつた場合等の修正申告の特例）、第百五十九条（更正等による源泉徴収税額等の還付）、第百六十条（更正等による予納税額の還付）及び第二百二十八条の二（新株予約権の行使に関する調書）の場合を除き、国税通則法第二十五条（決定）の規定による決定をいう。

四十五　源泉徴収　第四編第一章から第六章まで（源泉徴収）の規定により所得税を徴収し及び納付することをいう。

四十六　附帯税　国税通則法第二条第四号（定義）に規定する附帯税をいう。

四十七　充当　第百九十条（年末調整）及び第百九十一条（過納額の還付）の場合を除き、国税通則法第五十七条第一項（充当）の規定による充当をいう。

四十八　還付加算金　国税通則法第五十八条第一項（還付加算金）に規定する還付加算金をいう。

②　この法律において、「相続人」には、包括受遺者を含むものとし、「被相続人」には、包括遺贈者を含むものとする。

▽〔所税令〕→一―一二　〔租特〕→二、二の二

一　一項一号「国内」→法税二条①

二　一項三号「居住者」

1　該当例

① 本条一項三号にいう住所は民法二二条〔現二二条〕にいう住所と同一の意義を有するものであり、それは各人の生活の本拠であると解した上で、輸出貿易業を営む株式会社の代表取締役が生活の本拠たる住所を日本国内に有する居住者であったとした事例（大阪高判昭61・9・25訟月三三・五・一二九七）

② 遠洋まぐろ漁船の乗組員（東京地判平21・1・27税資二五九順号一一一二六）

2　非該当例

③ 住所とは各人の生活の本拠を指し、生活の本拠とはその者の生活に最も関係の深い一般的生活、全生活の中心を指すものであると解した上で、一定の場所がその者の住所であるか否かは、住居、職業、生計を一にする配偶者その他の親族の居所、資産の所在等の客観的事実に基づき総合的に判定するのが相当であるとして、納税者個人が株式譲渡当時国内に住所を有しておらず、かつ、引き続いて一年以上居所を有しているともいえないとした事例（東京高判平20・2・28判タ一二七八・一六三〈ユニマット事件〉）

④ 外国人漁船員（東京地判平22・2・12税資二六〇順号一一三七八）→一六一条⑦

⑤ 相続税法一条の四①を参照した上で、「客観的に生活の本拠たる実体を具備しているか否かは、滞在日数、住居、職業、生計を一にする配偶者その他の親族の居所、資産の所在等を総合的に考慮して判断するのが相当である」とし、年間の四割程度シンガポール等の外国に滞在していた納税者が「居住者」に当たらないとして課税処分を取り消した事例（東京地判令元・5・30金判一五七四・一六、東京高判令元・11・27金判一五八七・一四で維持）

三　一項四号「非永住者」

⑥ 日本国籍を有する個人を非永住者である居住者と認定した事例〔平成一八年度税制改正前の事案〕（東京地判平25・5・30判時二二〇八・六）

四　一項五号「非居住者」

⑦ 日本国内にある不動産を譲渡した者が非居住者に当たるとした事例（東京地判平28・5・19税資二六六順号一二八五六、租税百選〔七版〕七三……控訴審・東京高判平28・12・1税資二六六順号一二九四二で維持）→二一二条②

五　一項七号「外国法人」→法税二条②～⑤

六　一項八号「人格のない社団等」→法税二条⑥

七　一項八号の四「恒久的施設」

8 米国から輸入した自動車用品をインターネットを通じて専ら日本国内の顧客に販売する事業の用に供していたアパート及び倉庫が日米租税条約五条の規定する恒久的施設に該当するとされた事例（東京地判平27・5・28訟月六三・四・一二五二……控訴審・東京高判平28・1・28訟月六三・四・一二一一、上告審・最決平29・4・14【平二八行ヒ一八三】上告不受理で維持）

（居住者及び非居住者の区分）

第三条① 国家公務員又は地方公務員（これらのうち日本の国籍を有しない者その他政令で定める者を除く。）は、国内に住所を有しない期間についても国内に住所を有するものとみなして、この法律（第十条（障害者等の少額預金の利子所得等の非課税）、第十五条（納税地）及び第十六条（納税地の特例）を除く。）の規定を適用する。

② 前項に定めるもののほか、居住者及び非居住者の区分に関し、個人が国内に住所を有するかどうかの判定について必要な事項は、政令で定める。

▽〔所税令〕→一三―一五

（人格のない社団等に対するこの法律の適用）

第四条 人格のない社団等は、法人とみなして、この法律（別表第一を除く。）の規定を適用する。

第二章　納税義務

（納税義務者）

第五条① 居住者は、この法律により、所得税を納める義務がある。

② 非居住者は、次に掲げる場合には、この法律により、所得税を納める義務がある。

一 第百六十一条第一項（国内源泉所得）に規定する国内源泉所得（次号において「国内源泉所得」という。）を有するとき（同号に掲げる場合を除く。）。

二 その引受けを行う法人課税信託の信託財産に帰せられる内国法人課税所得（第百七十四条各号（内国法人に係る所得税の課税標準）に掲げる利子等、配当等、給付補塡金、利息、利益、差益、利益の分配又は賞金をいう。以下この条において同じ。）の支払を国内において受けるとき又は当該信託財産に帰せられる外国法人課税所得（国内源泉所得のうち第百六十一条第一項第四号から第十一号まで又は第十三号から第十六号までに掲げるものをいう。以下この条において同じ。）の支払を受けるとき。

③ 内国法人は、国内において内国法人課税所得の支払を受けるとき又はその引受けを行う法人課税信託の信託財産に帰せられる外国法人課税所得の支払を受けるときは、この法律により、所得税を納める義務がある。

④ 外国法人は、外国法人課税所得の支払を受けるとき又はその引受けを行う法人課税信託の信託財産に帰せられる内国法人課税所得の支払を国内において受けるときは、この法律により、所得税を納める義務がある。

（源泉徴収義務者）

第六条 第二十八条第一項（給与所得）に規定する給与等の支払をする者その他第四編第一章から第六章まで（源泉徴収）に規定する支払をする者は、この法律により、その支払に係る金額につき源泉徴収をする義務がある。

第二章の二　法人課税信託の受託者等に関する通則

（法人課税信託の受託者に関するこの法律の適用）

第六条の二① 法人課税信託の受託者は、各法人課税信託の信託資産等（信託財産に属する資産及び負債並びに当該信託財産に帰せられる収益及び費用をいう。以下この章において同じ。）及び固有資産等（法人課税信託の信託資産等以外の資産及び負債並びに収益及び費用をいう。次項において同じ。）ごとに、それぞれ別の者とみなして、この法律（前章（納税義務）及び第五章（納税地）並びに第六編（罰則）を除く。次条において同じ。）の規定を適用する。

② 前項の場合において、各法人課税信託の信託資産等及び固有資産等は、同項の規定によりみなされた各別の者にそれぞれ帰属するものとする。

▽〔租特〕→二の二

（受託法人等に関するこの法律の適用）

第六条の三 受託法人（法人課税信託の受託者である法人（その受託者が個人である場合にあつては、当該受託者である個人）について、前条の規定により、当該法人課税信託に係る信託資産等が帰属する者としてこの法律の規定を適用する場合における当該受託者である法人をいう。以下この条において同じ。）又は法人課税信託の委託者若しくは受益者についてこの法律の規定を適用する場合には、次に定めるところによる。

一 法人課税信託の信託された営業所、事務所その他これらに準ずるもの（次号において「営業所」という。）が国内にある場合には、当該法人課税信託に係る受託法人は、内国法人とする。

二 法人課税信託の信託された営業所が国内にない場合には、当該法人課税信託に係る受託法人は、外国法人とする。

三 受託法人（会社でないものに限る。）は、会社とみなす。

四 法人課税信託の受益権（公募公社債等運用投資信託以外の公社債等運用投資信託の受益権及び社債的受益権（資産の流動化に関する法律第二百三十条第一項第二号（特定目的信託契約）に規定する社債的受益権をいう。第二十四条第一項（配当所得）、第百七十六条第一項及び第二項（信託財産に係る利子等の課税の特例）、第二百二十四条の三（株式等の譲渡の対価の受領者等の告知）並びに第二百二十五条第一項（支払調書）において同じ。）を除く。）は株式又は出資とみなし、法人課税信託の受益者は株主等に含まれるものとする。この場合において、その法人課税信託の受託者である法人の株式又は出資は当該法人課税信託に係る受託法人の株式又は出資でないものとみなし、当該受託者である法人の株主等は当該受託法人の株主等でないものとする。

五　法人課税信託について信託の終了があつた場合又は法人課税信託（法人税法第二条第二十九号の二ロ（定義）に掲げる信託に限る。）に第十三条第一項（信託財産に属する資産及び負債並びに信託財産に帰せられる収益及び費用の帰属）に規定する受益者（同条第二項の規定により同条第一項に規定する受益者とみなされる者を含む。次号及び第七号において「受益者等」という。）が存することとなつた場合（同法第二条第二十九号の二イ又はハに掲げる信託に該当する場合を除く。）には、これらの法人課税信託に係る受託法人の解散があつたものとする。

六　法人課税信託（法人税法第二条第二十九号の二ロに掲げる信託を除く。以下この号において同じ。）の委託者がその有する資産の信託をした場合又は第十三条第一項の規定により受益者等がその信託財産に属する資産及び負債を有するものとみなされる信託が法人課税信託に該当することとなつた場合には、これらの法人課税信託に係る受託法人に対する出資があつたものとみなす。

七　法人課税信託（法人税法第二条第二十九号の二ロに掲げる信託に限る。以下この号において同じ。）の委託者がその有する資産の信託をした場合又は第十三条第一項の規定により受益者等がその信託財産に属する資産及び負債を有するものとみなされる信託が法人課税信託に該当することとなつた場合には、これらの法人課税信託に係る受託法人に対する贈与により当該資産の移転があつたものとみなす。

八　法人課税信託の収益の分配は資本剰余金の減少に伴わない剰余金の配当と、法人課税信託の元本の払戻しは資本剰余金の減少に伴う剰余金の配当とみなす。

九　前各号に定めるもののほか、受託法人又は法人課税信託の委託者若しくは受益者についてのこの法律の規定の適用に関し必要な事項は、政令で定める。

▽〔所税令〕→一六　〔租特〕→二の二

第三章　課税所得の範囲（抄）

（課税所得の範囲）

第七条①　所得税は、次の各号に掲げる者の区分に応じ当該各号に定める所得について課する。

一　非永住者以外の居住者　全ての所得

二　非永住者　第九十五条第一項（外国税額控除）に規定する国外源泉所得（国外にある有価証券の譲渡により生ずる所得として政令で定めるものを含む。以下この号において「国外源泉所得」という。）以外の所得及び国外源泉所得で国内において支払われ、又は国外から送金されたもの

三　非居住者　第百六十四条第一項各号（非居住者に対する課税の方法）に掲げる非居住者の区分に応じそれぞれ同項各号及び同条第二項各号に定める国内源泉所得

四　内国法人　国内において支払われる第百七十四条各号（内国法人に係る所得税の課税標準）に掲げる利子等、配当等、給付補塡金、利息、利益、差益、利益の分配及び賞金

五　外国法人　第百六十一条第一項（国内源泉所得）に規定する国内源泉所得のうち同項第四号から第十一号まで及び第十三号から第十六号までに掲げるもの

②　前項第二号に掲げる所得の範囲に関し必要な事項は、政令で定める。

▽〔所税令〕→一七

1　純資産の増加は、法令上それを明らかに非課税とする趣旨が規定されていない限りは課税の対象とされる。（神戸地判昭59・3・21訟月三〇・八・一四八五〈中高年齢者雇用開発給付金事件〉）→三六条⑨

（納税義務者の区分が異動した場合の課税所得の範囲）

第八条　その年において、個人が非永住者以外の居住者、非永住者又は第百六十四条第一項各号（非居住者に対する課税の方法）に掲げる非居住者の区分のうち二以上のものに該当した場合には、その者がその年において非永住者以外の居住者、非永住者又は当該各号に掲げる非居住者であつた期間に応じ、それぞれの期間内に生じた前条第一項第一号から第三号までに掲げる所得に対し、所得税を課する。

（非課税所得）

第九条①　次に掲げる所得については、所得税を課さない。

一　当座預金の利子（政令で定めるものを除く。）

二　学校教育法第一条（学校の範囲）に規定する小学校、中学校、義務教育学校、高等学校若しくは中等教育学校又は同法第七十六条（特別支援学校の部別）に規定する特別支援学校の小学部、中学部若しくは高等部の児童又は生徒が、その学校の長の指導を受けて預入し又は信託した預貯金（前号に規定するものを除く。）又は合同運用信託で政令で定めるものの利子又は収益の分配

三　恩給、年金その他これらに準ずる給付で次に掲げるもの

イ　恩給法（大正十二年法律第四十八号）に規定する増加恩給（これに併給される普通恩給を含む。）及び傷病賜金その他公務上又は業務上の事由による負傷又は疾病に基因して受けるこれらに準ずる給付で政令で定めるもの

ロ　遺族の受ける恩給及び年金（死亡した者の勤務に基づいて支給されるものに限る。）

ハ　条例の規定により地方公共団体が精神又は身

体に障害のある者に関して実施する共済制度で政令で定めるものに基づいて受ける給付

四　給与所得を有する者が勤務する場所を離れてその職務を遂行するため旅行をし、若しくは転任に伴う転居のための旅行をした場合又は就職若しくは退職をした者若しくは死亡による退職をした者の遺族がこれらに伴う転居のための旅行をした場合に、その旅行に必要な支出に充てるため支給される金品で、その旅行について通常必要であると認められるもの

五　給与所得を有する者で通勤するもの（以下この号において「通勤者」という。）がその通勤に必要な交通機関の利用又は交通用具の使用のために支出する費用に充てるものとして通常の給与に加算して受ける通勤手当（これに類するものを含む。）のうち、一般の通勤者につき通常必要であると認められる部分として政令で定めるもの

六　給与所得を有する者がその使用者から受ける金銭以外の物（経済的な利益を含む。）でその職務の性質上欠くことのできないものとして政令で定めるもの

七　国外で勤務する居住者の受ける給与のうち、その勤務により国内で勤務した場合に受けるべき通常の給与に加算して受ける在勤手当（これに類する特別の手当を含む。）で政令で定めるもの

八　外国政府、外国の地方公共団体又は政令で定める国際機関に勤務する者で政令で定める要件を備えるものがその勤務により受ける俸給、給料、賃金、歳費、賞与及びこれらの性質を有する給与（外国政府又は外国の地方公共団体に勤務する者が受けるこれらの給与については、その外国がその国において勤務する日本国の国家公務員又は地方公務員で当該政令で定める要件に準ずる要件を備えるものが受けるこれらの給与について所得税に相当する税を課さない場合に限る。）

九　自己又はその配偶者その他の親族が生活の用に供する家具、じゆう器、衣服その他の資産で政令で定めるものの譲渡による所得

十　資力を喪失して債務を弁済することが著しく困難である場合における国税通則法第二条第十号（定義）に規定する強制換価手続による資産の譲渡による所得その他これに類するものとして政令で定める所得（第三十三条第二項第一号（譲渡所得）の規定に該当するものを除く。）

十一　オープン型の証券投資信託の収益の分配のうち、信託財産の元本の払戻しに相当する部分として政令で定めるもの

十二　皇室経済法（昭和二十二年法律第四号）第四条第一項（内廷費）及び第六条第一項（皇族費）の規定により受ける給付

十三　次に掲げる年金又は金品

イ　文化功労者年金法（昭和二十六年法律第百二十五号）第三条第一項（年金）の規定による年金

ロ　日本学士院から恩賜賞又は日本学士院賞として交付される金品

ハ　日本芸術院から恩賜賞又は日本芸術院賞として交付される金品

ニ　学術若しくは芸術に関する顕著な貢献を表彰するものとして又は顕著な価値がある学術に関する研究を奨励するものとして国、地方公共団体又は財務大臣の指定する団体若しくは基金から交付される金品（給与その他対価の性質を有するものを除く。）で財務大臣の指定するもの

ホ　ノーベル基金からノーベル賞として交付される金品

ヘ　外国、国際機関、国際団体又は財務大臣の指定する外国の団体若しくは基金から交付される金品でイからホまでに掲げる年金又は金品に類するもの（給与その他対価の性質を有するものを除く。）のうち財務大臣の指定するもの

十四　オリンピック競技大会又はパラリンピック競技大会において特に優秀な成績を収めた者を表彰するものとして財団法人日本オリンピック委員会（平成元年八月七日に財団法人日本オリンピック委員会という名称で設立された法人をいう。）、財団法人日本障害者スポーツ協会（昭和四十年五月二十四日に財団法人日本身体障害者スポーツ協会という名称で設立された法人をいう。）その他これらの法人に加盟している団体であつて政令で定めるものから交付される金品で財務大臣が指定するもの

十五　学資に充てるため給付される金品（給与その他対価の性質を有するもの（給与所得を有する者がその使用者から受けるものにあつては、通常の給与に加算して受けるものであつて、次に掲げる場合に該当するもの以外のものを除く。）を除く。）及び扶養義務者相互間において扶養義務を履行するため給付される金品

イ　法人である使用者から当該法人の役員（法人税法第二条第十五号（定義）に規定する役員をいう。ロにおいて同じ。）の学資に充てるため給付する場合

ロ　法人である使用者から当該法人の使用人（当該法人の役員を含む。）の配偶者その他の当該使用人と政令で定める特別の関係がある者の学資に充てるため給付する場合

ハ　個人である使用者から当該個人の営む事業に従事する当該個人の配偶者その他の親族（当該個人と生計を一にする者を除く。）の学資に充てるため給付する場合

ニ　個人である使用者から当該個人の使用人（当該個人の営む事業に従事する当該個人の配偶者その他の親族を含む。）の配偶者その他の当該使用人と政令で定める特別の関係がある者（当該個人と生計を一にする当該個人の配偶者その他の親族に該当する者を除く。）の学資に充てるため給付する場合

十六　国又は地方公共団体が保育その他の子育てに対する助成を行う事業その他これに類する事業で財務省令で定めるものにより、その業務を利用する

る者の居宅その他財務省令で定める場所において保育その他の日常生活を営むのに必要な便宜の供与を行う業務又は児童福祉法第五十九条の二第一項（認可外保育施設の届出）に規定する施設その他の財務省令で定める施設の利用に要する費用に充てるため支給される金品（前号に規定する学資に充てるため給付される金品を除く。）

十七　相続、遺贈又は個人からの贈与により取得するもの（相続税法（昭和二十五年法律第七十三号）の規定により相続、遺贈又は個人からの贈与により取得したものとみなされるものを含む。）

十八　保険業法（平成七年法律第百五号）第二条第四項（定義）に規定する損害保険会社又は同条第九項に規定する外国損害保険会社等の締結した保険契約に基づき支払を受ける保険金及び損害賠償金（これらに類するものを含む。）で、心身に加えられた損害又は突発的な事故により資産に加えられた損害に基因して取得するものその他の政令で定めるもの

十九　公職選挙法（昭和二十五年法律第百号）の適用を受ける選挙に係る公職の候補者が選挙運動に関し法人からの贈与により取得した金銭、物品その他の財産上の利益で、同法第百八十九条（選挙運動に関する収入及び支出の報告書の提出）の規定による報告がされたもの

②　次に掲げる金額は、この法律の規定の適用については、ないものとみなす。

一　前項第九号に規定する資産の譲渡による収入金額がその資産の第三十三条第三項に規定する取得費及びその譲渡に要した費用の額の合計額（以下この項において「取得費等の金額」という。）に満たない場合におけるその不足額

二　前項第十号に規定する資産の譲渡による収入金額がその資産の取得費等の金額又は第三十二条第三項（山林所得）に規定する必要経費に満たない場合におけるその不足額

▽〔所税令〕→一八—三〇　〔租特〕→四—七・九の八・九の九・二五・二九の二・三七の一四・三七の一四の二・三七の一五・四一の七・四一の八・四一の一三

一　一項五号

①　通勤定期券又はその購入代金の支給をもって給与でないと解すべき根拠はない。もし右の支給がなかったならば、勤労者は当然に自らその費用を負担しなければならず、かかる支給のない勤労者とその支給のある勤労者との間に税負担の相違があるのは、むしろ当然である。（最判昭37・8・10民集一六・八・一七四九〈通勤定期券課税事件〉租税百選〔三版〕二九……本条一項五号により創設的に非課税所得となる）

二　一項一〇号

②　「資力を喪失して債務を弁済することが著しく困難である場合」に当たらないとした事例（東京高判平23・2・23訟月五八・一・一九三）

三　一項一七号

③　被相続人が保険料を負担した保険契約によりその死後十年間相続人が受ける年金につき、死亡時の現在価値に引き直した年金受給権（相続税法二四条……六割評価）が相続税の課税対象となり、年金の各支給額のうち現在価値に相当する部分は、相続税の課税対象となる経済的価値と同一のものとして本条一項一五号［現一七号］により所得税の課税対象とならない。（最判平22・7・6民集六四・五・一二七七〈年金払い生命保険金二重課税事件〉租税百選〔七版〕三四……現在価値と年金総額との差額たる四割の運用益は所得算入）→二〇七条①

④　相続により取得した資産の譲渡に係る譲渡所得のうち被相続人の保有期間中の増加益に相当する部分は本条一項一六号［現一七号］に該当しない。（東京高判平25・11・21税資二六三順号一二三三九……同旨、東京高判平26・3・27税資二六四順号一二四四三）

⑤　清算手続結了前の株式を相続した場合に当該株式について相続税を課すことと、清算後に生じる留保利益の分配を原因として所得税法二五条一項三号所定のみなし配当課税をすることが、本条一項一六号［現一七号］の規定によって禁止される二重課税に当たらないとされた事例（大阪地判平27・4・14訟月六二・三・四八五……控訴審・大阪高判平28・1・12税資二六六順号一二七七九で維持）

四　一項一八号

⑥　還付加算金は還付金に付する一種の利子であって非課税の損害賠償金に当たらないとした事例（神戸地判昭52・3・29訟月二三・三・六一七……最判昭53・7・17訟月二四・一一・二四〇一で維持）

⑦　〈訴外A社のマンション建設に関しXが受けた三一〇万円は〉Xの受ける損害を補償する目的と、マンション建設についてXの承諾を得ることの対価とする目的の双方の趣旨である。Xの損害額三〇万円及び一時所得特別控除額四〇万円（当時）を引いた残りの二四〇万円が一時所得金額となる。（大阪地判昭54・5・31行裁三〇・五・一〇七七〈マンション建設承諾料事件〉）→三四条④

⑧　保険契約者が取得した死亡保険金は本条一項一七号［現一八号］に当たらない。（最判平2・7・17判時一三五七・四六……一時所得になる）→三四条⑥

⑨　商品先物取引により損失を被り訴訟上の和解に基づき支払を受けた和解金を非課税とした事例（福岡高判平22・10・12税資二六〇順号一一五三〇……同旨、名古屋高判平22・6・24税資二六〇順号一一四六〇（その原審・名古屋地判平21・9・30判時二一〇〇・二八につき租税百選〔七版〕三五））→三七条⑯

⑩　旧証取法二一条の二に基づく損害賠償金を非課税所得とした事例（神戸地判平25・12・13判時二二二四・三一〈ライブドア損害賠償金課税事件〉重判平26租税二）

第一〇条（略）

（公共法人等及び公益信託等に係る非課税）

第一一条① 別表第一に掲げる内国法人が支払を受ける第百七十四条各号（内国法人に係る所得税の課税標準）に掲げる利子等、配当等、給付補塡金、利息、利益、差益及び利益の分配（貸付信託の受益権の収益の分配にあつては、当該内国法人が当該受益権を引き続き所有していた期間に対応する部分の額として政令で定めるところにより計算した金額に相当する部分に限る。）については、所得税を課さない。

② 公益信託ニ関スル法律（大正十一年法律第六十二号）第一条（公益信託）に規定する公益信託又は社債、株式等の振替に関する法律第二条第十一項（定義）に規定する加入者保護信託の信託財産につき生ずる所得（貸付信託の受益権の収益の分配に係るものにあつては、当該受益権が当該公益信託又は当該加入者保護信託の信託財産に引き続き属していた期間に対応する部分の額として政令で定めるところにより計算した金額に相当する部分に限る。）については、所得税を課さない。

③ 前二項の規定のうち公社債又は貸付信託、投資信託若しくは特定目的信託の受益権で政令で定めるもの（以下この項において「公社債等」という。）の利子、収益の分配又は第二十四条第一項（配当所得）に規定する剰余金の配当（以下この項において「利子等」という。）に係る部分は、これらの規定に規定する内国法人又は公益信託若しくは加入者保護信託の受託者が、公社債等につき社債、株式等の振替に関する法律に規定する振替口座簿への記載又は記録その他の政令で定める方法により管理されており、かつ、政令で定めるところにより、当該公社債等の利子等につきこれらの規定の適用を受けようとする旨その他財務省令で定める事項を記載した申告書を、当該公社債等の利子等の支払をする者（次項において「支払者」という。）を経由して税務署長に提出した場合に限り、適用する。

④ 前項に規定する内国法人又は公益信託若しくは加入者保護信託の受託者は、同項の規定による申告書の提出に代えて、同項の支払者に対し、当該申告書に記載すべき事項を前条第八項に規定する電磁的方法により提供することができる。この場合において、当該内国法人又は公益信託若しくは加入者保護信託の受託者は、当該申告書を当該支払者に提出したものとみなす。

▽〔所税令〕→五一—五一の五

第四章　所得の帰属に関する通則

（実質所得者課税の原則）

第一二条 資産又は事業から生ずる収益の法律上帰属するとみられる者が単なる名義人であつて、その収益を享受せず、その者以外の者がその収益を享受する場合には、その収益は、これを享受する者に帰属するものとして、この法律の規定を適用する。

一　課税単位

[1] 所得税法が、生計を一にする夫婦の所得の計算について、民法七六二条一項の別産主義に依拠しているとしても、同条項は憲法二四条に違反していないから、所得税法もまた違憲ではない。（最大判昭36・9・6民集一五・八・二〇四七〈二分二乗訴訟〉租税百選〔七版〕三〇）

二　所得の人的帰属

[2] Xが X の妻に証券を贈与したわけではなく、多忙のため配当金を受け取ったり投資信託を切り替えたり等を妻に任せたにすぎない場合、各証券会社との間の有価証券取引については、その個別的、具体的な取引行為自体は妻が担当していても、Xの包括的な委託に基づくものであって、その取引による所得は全てXに帰属する。（熊本地判昭57・12・15訟月二九・六・一二〇二〈株取引包括委託事件〉）

[3] ある収入が所得税法上だれの所得に属するかは、当該収入に係る権利が発生した段階において、その権利が相手方との関係でだれに帰属するかということによって決定され、夫婦財産契約の登記の有無にかかわりなく、夫又は妻の一方が得る所得そのものを原始的に夫及び妻の共有とする夫婦間の合意はその意図した効果を生じない。（東京地判昭63・5・16判時一二八一・八七、租税百選〔六版〕二九）

[4] 親子が相互に協力して一個の事業を営んでいる場合における所得の帰属者は、その収入が何人の勤労によるものであるかではなく、何人の収入に帰したかで判断され、事業収入はその経営主体である者に帰す。従来父親が単独で経営していた事業に新たにその子が加わった場合、原則として父親が経営主体で子は単なる従業員であるにすぎない。（東京高判平3・6・6訟月三八・五・八七八〈歯科医院親子共同経営事件〉租税百選〔七版〕二八）↓税通◆【質問検査権】〔第七章の二名の後〕[7]

[5] 法人名義の不動産取引の収益獲得主体が法人であるという前提で申告がなされたものの、個人事業としての不動産取引を法人が行った取引と仮装したものであると認定し、原審無罪判決を取り消した事例（東京高判平28・2・26判タ一四二七・一三三〈弁護士公認会計士夫婦事件〉……最決平29・9・5【平28あ五二六】で維持）

三　所得の帰属の判定の誤りの効果

[6] 〈執行逃れのため第三者所有の土地建物がX名義経由の上で売却された事案で〉Xに譲渡所得は生じない。課税処分における内容上の過誤が課税要件の根幹に関わり、徴税行政の安定の要請をしんしゃくしても不服申立期間の徒過によって当該処分の不利益を被課税者に甘受させることが著しく不当である場合、当該処分は当然無効となる。（最判昭48・4・26民集二七・三・六二九〈冒用登記事件〉租税百選〔七版〕一〇八）

（信託財産に属する資産及び負債並びに信託財産に帰せられる収益及び費用の帰属）

第一三条① 信託の受益者（受益者としての権利を現に有するものに限る。）は当該信託の信託財産に属する資産及び負債を有するものとみなし、かつ、当該信託財産に帰せられる収益及び費用は当該受益者の収益及び費用とみなして、この法律の規定を適用する。ただし、集団投資信託、退職年金等信託又は法人課税信託の信託財産に属する資産及び負債並びに当該信託財産に帰せられる収益及び費用については、この限りでない。

② 信託の変更をする権限（軽微な変更をする権限として政令で定めるものを除く。）を現に有し、かつ、当該信託の信託財産の給付を受けることとされている者（受益者を除く。）は、前項に規定する受益者とみなして、同項の規定を適用する。

③ 第一項において、次の各号に掲げる用語の意義は、当該各号に定めるところによる。

一　集団投資信託　合同運用信託、投資信託（法人税法第二条第二十九号ロ（定義）に掲げる信託に限る。）及び特定受益証券発行信託をいう。

二　退職年金等信託　法人税法第八十四条第一項（退職年金等積立金の額の計算）に規定する確定給付年金資産管理運用契約、確定給付年金基金資産運用契約、確定拠出年金資産管理契約、勤労者財産形成給付契約若しくは勤労者財産形成基金給付契約、国民年金基金若しくは国民年金基金連合会の締結した国民年金法第百二十八条第三項（基金の業務）若しくは第百三十七条の十五第四項（連合会の業務）に規定する契約又はこれらに類する退職年金に関する契約で政令で定めるものに係る信託をいう。

④ 受益者が二以上ある場合における第一項の規定の適用、第二項に規定する信託財産の給付を受けることとされている者に該当するかどうかの判定その他第一項及び第二項の規定の適用に関し必要な事項は、政令で定める。

▽〔所税令〕→五二

第一四条　削除

第五章　納税地（抄）

（納税地）

第一五条　所得税の納税地は、納税義務者が次の各号に掲げる場合のいずれに該当するかに応じ当該各号に定める場所とする。

一　国内に住所を有する場合　その住所地

二　国内に住所を有せず、居所を有する場合　その居所地

三　前二号に掲げる場合を除き、恒久的施設を有する非居住者である場合　その恒久的施設を通じて行う事業に係る事務所、事業所その他これらに準ずるものの所在地（これらが二以上ある場合には、主たるものの所在地）

四　第一号又は第二号の規定により納税地を定められていた者が国内に住所及び居所を有しないこととなつた場合において、その者がその有しないこととなつた時に前号に規定する事業に係る事務所、事業所その他これらに準ずるものを有せず、かつ、その納税地とされていた場所にその者の親族その他その者と特殊の関係を有する者として政令で定める者が引き続き、又はその者に代わつて居住しているとき。　その納税地とされていた場所

五　前各号に掲げる場合を除き、第百六十一条第一項第七号（国内源泉所得）に掲げる対価（船舶又は航空機の貸付けによるものを除く。）を受ける場合　当該対価に係る資産の所在地（その資産が二以上ある場合には、主たる資産の所在地）

六　前各号に掲げる場合以外の場合　政令で定める場所

▽〔所税令〕→五三・五四

（納税地の特例）

第一六条① 国内に住所のほか居所を有する納税義務者（第十八条第一項（納税地の指定）の規定により納税地の指定を受けている納税義務者を除く。次項において同じ。）は、その住所地に代え、その居所地を納税地とすることができる。

② 国内に住所又は居所を有し、かつ、その住所地又は居所地以外の場所にその営む事業に係る事業場その他これに準ずるもの（以下この条において「事業場等」という。）を有する納税義務者は、前条第一号又は第二号の規定にかかわらず、その住所地又は居所地に代え、その事業場等の所在地（その事業場等が二以上ある場合には、これらのうち主たる事業場等の所在地。以下この条において同じ。）を納税地とすることができる。

③ 第一項の規定の適用を受けようとする者は、その住所地の所轄税務署長に対し、その住所地及び居所地、その居所地を納税地とすることを便宜とする事情その他財務省令で定める事項を記載した書類を提出しなければならない。この場合において、当該書類の提出があつたときは、その提出があつた日後における納税地は、その居所地とする。

④ 第二項の規定の適用を受けようとする者は、その納税地とされている住所地又は居所地の所轄税務署長に対し、その住所地又は居所地及び事業場等の所在地、その事業場等の所在地を納税地とすることを便宜とする事情その他財務省令で定める事項を記載した書類を提出しなければならない。この場合においては、前項後段の規定を準用する。

⑤ 第一項又は第二項の規定により居所地又は事業場等の所在地を納税地としている者は、これらの規定の適用を受ける必要がなくなつた場合において、その旨及び当該納税地その他財務省令で定める事項を記載した書類を提出したときは、その提出があつた日後における納税地は、その住所地（同項の規定により事業場等の所在地を納税地としている者で住所地を有していない者については、居所地）とする。

⑥ 納税義務者が死亡した場合には、その死亡した者

の所得税の納税地は、その相続人の所得税の納税地によらず、その死亡当時におけるその死亡した者の所得税の納税地とする。

（源泉徴収に係る所得税の納税地）

第一七条 第二十八条第一項（給与所得）に規定する給与等の支払をする者その他第四編第一章から第六章まで（源泉徴収）に規定する支払をする者（以下この条において「給与等支払者」という。）のその支払につき源泉徴収をすべき所得税の納税地は、当該給与等支払者の事務所、事業所その他これらに準ずるものでその支払事務を取り扱うもの（以下この条において「事務所等」という。）のその支払の日における所在地（当該支払の日以後に当該給与等支払者が国内において事務所等を移転した場合には、当該事務所等の移転後の所在地その他の政令で定める場所）とする。ただし、公社債の利子、内国法人（第六条の三第一号（受託法人等に関するこの法律の適用）の規定により内国法人とされる同条に規定する受託法人を含む。）が支払う第二十四条第一項（配当所得）に規定する剰余金の配当その他の政令で定めるものについては、その支払をする者の本店又は主たる事務所の所在地その他の政令で定める場所とする。

▽〔所税令〕→五五

（納税地の指定）

第一八条① 第一五条（納税地）又は第十六条（納税地の特例）の規定による納税地が納税義務者の所得の状況からみて所得税の納税地として不適当であると認められる場合には、その納税地の所轄国税局長（政令で定める場合には、国税庁長官。以下この条において同じ。）は、これらの規定にかかわらず、その所得税の納税地を指定することができる。

② 前条の規定による納税地が同条に規定する支払をする者の支払事務の形態その他の状況からみて同条の所得税の納税地として不適当であると認められる場合には、その納税地の所轄国税局長は、同条の規定にかかわらず、その所得税の納税地を指定することができる。

③ 国税局長は、前二項の規定により所得税の納税地を指定したときは、これらの規定に規定する納税義務者又は支払をする者に対し、書面によりその旨を通知する。

▽〔所税令〕→五六

第一九条 （略）

（納税地の異動の届出）

第二〇条 納税義務者は、その所得税の納税地に異動があつた場合（第十六条第三項から第五項まで（納税地の特例）に規定する書類の提出又は第十八条第一項（納税地の指定）の指定によりその納税地に異動があつた場合を除く。）には、政令で定めるところにより、その異動前の納税地の所轄税務署長にその旨を届け出なければならない。

▽〔所税令〕→五七

第二編 居住者の納税義務 （抄）

第一章 通則

（所得税額の計算の順序）

第二一条① 居住者に対して課する所得税の額は、次に定める順序により計算する。

一 次章第二節（各種所得の金額の計算）の規定により、その所得を利子所得、配当所得、不動産所得、事業所得、給与所得、退職所得、山林所得、譲渡所得、一時所得又は雑所得に区分し、これらの所得ごとに所得の金額を計算する。

二 前号の所得の金額を基礎として、次条及び次章第三節（損益通算及び損失の繰越控除）の規定により同条に規定する総所得金額、退職所得金額及び山林所得金額を計算する。

三 次章第四節（所得控除）の規定により前号の総所得金額、退職所得金額又は山林所得金額から基礎控除その他の控除をして第八十九条第二項（税率）に規定する課税総所得金額、課税退職所得金額又は課税山林所得金額を計算する。

四 前号の課税総所得金額、課税退職所得金額又は課税山林所得金額を基礎として、第三章第一節（税率）の規定により所得税の額を計算する。

五 第三章第二節（税額控除）の規定により配当控除、分配時調整外国税相当額控除及び外国税額控除を受ける場合には、前号の所得税の額に相当する金額からその控除をした後の金額をもつて所得税の額とする。

② 前項の場合において、居住者が第四章（税額の計算の特例）の規定に該当するときは、その者に対して課する所得税の額については、同章に定めるところによる。

第二章 課税標準及びその計算並びに所得控除 （抄）

第一節 課税標準

（課税標準）

第二二条① 居住者に対して課する所得税の課税標準は、総所得金額、退職所得金額及び山林所得金額とする。

② 総所得金額は、次節（各種所得の金額の計算）の規定により計算した次に掲げる金額の合計額（第七十条第一項若しくは第二項（純損失の繰越控除）又は第七十一条第一項（雑損失の繰越控除）の規定の適用がある場合には、その適用後の金額）とする。

一 利子所得の金額、配当所得の金額、不動産所得の金額、事業所得の金額、給与所得の金額、譲渡所得の金額（第三十三条第三項第一号（譲渡所得の金額の計算）に掲げる所得に係る部分の金額に限る。）及び雑所得の金額（これらの金額につき第六十九条（損益通算）の規定の適用がある場合には、その適用後の金額）の合計額

二 譲渡所得の金額（第三十三条第三項第二号に掲げる所得に係る部分の金額に限る。）及び一時所得の金額（これらの金額につき第六十九条の規定の適用がある場合には、その適用後の金額）の合

計額の二分の一に相当する金額

③ 退職所得金額又は山林所得金額は、それぞれ次節の規定により計算した退職所得の金額又は山林所得の金額（これらの金額につき第六十九条から第七十一条までの規定の適用がある場合には、その適用後の金額）とする。

▽〔租特〕→三・三の三・八の二・八の三・二八の四・三一・三二・三七の一〇・三七の一一・四一の九・四一の一〇・四一の一二

第二節　各種所得の金額の計算（抄）

第一款　所得の種類及び各種所得の金額

（利子所得）

第二三条① 利子所得とは、公社債及び預貯金の利子（公社債で元本に係る部分と利子に係る部分とに分離されてそれぞれ独立して取引されるもののうち、当該利子に係る部分であつた公社債に係るものを除く。）並びに合同運用信託、公社債投資信託及び公募公社債等運用投資信託の収益の分配（以下この条において「利子等」という。）に係る所得をいう。

② 利子所得の金額は、その年中の利子等の収入金額とする。

▽〔租特〕→三―八・九の四

1 所得税法にいう預金〔現・預貯金〕は、民法六六六条の消費寄託の性質を有する金銭である。（東京高判昭39・12・9行裁一五・一二・二三〇七〈協和興業事件〉租税百選〔五版〕三五）

2 不特定多数者に対する定型的、継続的かつ集団的な金銭（利子）の支払という経済的実質をもつものが所得税法上の預金〔現・預貯金〕の概念に包摂される。（東京高判昭41・4・28判タ一九四・一四七）

3 デット・アサンプション・アグリーメントにつき、支払金額のうち受入金額を超える部分を預貯金の利子とした事例（東京高判平17・12・21訟月五二・一二・四七二）→一七四条1・二一二条1

（配当所得）

第二四条① 配当所得とは、法人（法人税法第二条第六号（定義）に規定する公益法人等及び人格のない社団等を除く。）から受ける剰余金の配当（株式又は出資（公募公社債等運用投資信託以外の公社債等運用投資信託の受益権及び社債的受益権を含む。次条において同じ。）に係るものに限るものとし、資本剰余金の額の減少に伴うもの並びに分割型分割（同法第二条第十二号の九に規定する分割型分割をいい、法人課税信託に係る信託の分割を含む。以下この項及び次条において同じ。）によるもの及び株式分配（同法第二条第十二号の十五の二に規定する株式分配をいう。以下この項及び次条において同じ。）を除く。）、利益の配当（資産の流動化に関する法律第百十五条第一項（中間配当）に規定する金銭の分配を含むものとし、分割型分割によるもの及び株式分配を除く。）、剰余金の分配（出資に係るものに限る。）、投資信託及び投資法人に関する法律第百三十七条（金銭の分配）の金銭の分配（出資総額等の減少に伴う金銭の分配として財務省令で定めるもの（次条第一項第四号において「出資等減少分配」という。）を除く。）、基金利息（保険業法第五十五条第一項（基金利息の支払等の制限）に規定する基金利息をいう。）並びに投資信託（公社債投資信託及び公募公社債等運用投資信託を除く。）及び特定受益証券発行信託の収益の分配（法人税法第二条第十二号の十五に規定する適格現物分配に係るものを除く。以下この条において「配当等」という。）に係る所得をいう。

② 配当所得の金額は、その年中の配当等の収入金額とする。ただし、株式その他配当所得を生ずべき元本を取得するために要した負債の利子（事業所得又は雑所得の基因となつた有価証券を取得するために要した負債の利子を除く。以下この項において同じ。）でその年中に支払うものがある場合は、当該収入金額から、その支払う負債の利子の額のうちその年においてその元本を有していた期間に対応する部分の金額として政令で定めるところにより計算した金額の合計額を控除した金額とする。

▽〔所税令〕→五八・五九・六二　〔租特〕→八の二―九の四・九の八・九の九

1 所得税法の利益配当の概念は、商法の前提とする利益配当の観念（損益計算上利益を株金額の出資に対し株主に支払う金額）と同一観念を採用している。商法上不適法な配当（蛸〔たこ〕配当、株主平等の原則に反する配当等）も所得税法上の利益配当に含まれ得るが、損益計算上利益の有無にかかわらず支払われる株主優待金は利益配当に当たらない。（最判昭35・10・7民集一四・一二・二四二〇〈鈴や金融事件〉租税百選〔五版〕三六……「株主優待金」につき、取引社会における利益配当と同一性質のものであるとは認めがたいとして、旧法九条二項にいう「利益配当」には当たらないとした）→税総◇【Ⅲ】24

2 ニューヨーク州法上のLLCから受けた分配金を配当所得とした事例（東京高判平19・10・10訟月五四・一〇・二五一六、租税百選〔五版〕二三）→法税二条5

3 外国法人からスピンオフによって受けた子会社株式の割当てのうち、利益剰余金を原資とする部分を配当所得とし、資本剰余金を原資とする部分をみなし配当とした事例（東京地判平21・11・12判タ一三二四・一三四……平成二九年度税制改正前の事案）

（配当等とみなす金額）

第二五条① 法人（法人税法第二条第六号（定義）に規定する公益法人等及び人格のない社団等を除く。以下この項において同じ。）の株主等が当該法人の次に掲げる事由により金銭その他の資産の交付を受けた場合において、その金銭の額及び金銭以外の資産の価額（同条第十二号の十五に規定する適格現物分配に係る資産にあつては、当該法人のその交付の直前の当該資産の帳簿価額に相当する金額）の合計額が当該法人の同条第十六号に規定する資本金等の額のうちその交付の基因となつた当該法人の株式又は出資に対応する部分の金額を超えるときは、この法律の規定の適用については、その超える部分の金額に係る金銭その他の資産は、前条第一項に規定する剰余金の配当、利益の配当、剰余金の分配又は金銭の分配とみなす。

一　当該法人の合併（法人課税信託に係る信託の併合を含むものとし、法人税法第二条第十二号の八に規定する適格合併を除く。）

二　当該法人の分割型分割（法人税法第二条第十二号の十二に規定する適格分割型分割を除く。）

三　当該法人の株式分配（法人税法第二条第十二号の十五の三に規定する適格株式分配を除く。）

四　当該法人の資本の払戻し（株式に係る剰余金の配当（資本剰余金の額の減少に伴うものに限る。）のうち分割型分割によるもの及び株式分配以外のもの並びに出資等減少分配をいう。）又は当該法人の解散による残余財産の分配

五　当該法人の自己の株式又は出資の取得（金融商品取引法第二条第十六項（定義）に規定する金融商品取引所の開設する市場における購入による取得その他の政令で定める取得及び第五十七条の四第三項第一号から第三号まで（株式交換等に係る譲渡所得等の特例）に掲げる株式又は出資の同項に規定する場合に該当する場合における取得を除く。）

六　当該法人の出資の消却（取得した出資について行うものを除く。）、当該法人の出資の払戻し、当該法人からの社員その他の出資者の退社若しくは脱退による持分の払戻し又は当該法人の株式若しくは出資を当該法人が取得することなく消滅させること。

七　当該法人の組織変更（当該組織変更に際して当該組織変更をした当該法人の株式又は出資以外の資産を交付したものに限る。）

② 合併法人（法人税法第二条第十二号に規定する合併法人をいう。以下この項において同じ。）又は分割法人（同条第十二号の二に規定する分割法人をいう。以下この項において同じ。）が被合併法人（同条第十一号に規定する被合併法人をいう。）の株主等又は当該分割法人の株主等に対し合併又は分割型分割により株式（出資を含む。以下この項において同じ。）その他の資産の交付をしなかつた場合においても、当該合併又は分割型分割が合併法人又は分割承継法人（同条第十二号の三に規定する分割承継法人をいう。以下この項において同じ。）の株式の交付が省略されたと認められる合併又は分割型分割として政令で定めるものに該当するときは、政令で定めるところによりこれらの株主等が当該合併法人又は分割承継法人の株式の交付を受けたものとみなして、前項の規定を適用する。

③ 第一項に規定する株式又は出資に対応する部分の金額の計算の方法その他前二項の規定の適用に関し必要な事項は、政令で定める。

▽〔所税令〕→六一　〔租特〕→九の七

一　一項柱書「金銭その他の資産の交付を受けた場合」

[1] 債務免除を受けた場合がこれに該当するかにつき、肯定した例①（東京高判平22・6・23税資二六〇順号一一四五五）

[2] 債務免除を受けた場合がこれに該当するかにつき、肯定した例②（大阪高判平24・2・16訟月五八・一一・三八七六）→法税二二条[7]

二　一項六号の適用例

[3] 合資会社の無限責任社員の死亡退社による出資持分払戻金のうち出資の額を超える部分をみなし配当とした事例（神戸地判平4・12・25税資一九三・一一八九……昭和六二法九六による改正前一項二号の適用例）→相税二条[5]

[4] 外国法人から受領した金員を本条一項五号〔現六号〕の有償償却によるものとした事例（東京高判平18・8・31判タ一二四〇・二二二）

[5] 中小企業等協同組合法に基づく事業協同組合の組合員の死亡脱退に係る持分払戻金が本条一項五号〔現六号〕に該当するとした事例（東京高判平20・11・27訟月五六・二・一三〇）→相税二条[6]

（不動産所得）

第二六条① 不動産所得とは、不動産、不動産の上に存する権利、船舶又は航空機（以下この項において「不動産等」という。）の貸付け（地上権又は永小作権の設定その他他人に不動産等を使用させることを含む。）による所得（事業所得又は譲渡所得に該当するものを除く。）をいう。

② 不動産所得の金額は、その年中の不動産所得に係る総収入金額から必要経費を控除した金額とする。

▽〔租特〕→一四、一五、二五の二、四一の四、四一の四の二

[1] 東京都住宅供給公社の借り上げ建物の建設資金に係る住宅金融公庫からの融資金につき、都から交付される利子補給金を不動産所得に係る総収入金額とした事例（東京地判平26・9・30訟月六一・一〇・一九七四……東京高判平27・3・19訟月六一・一〇・一九六六で維持）

一　不動産所得と譲渡所得の区別→三三条[4][5]

二　減価償却費の計上主体→法税二二条[2][4]

（事業所得）

第二七条① 事業所得とは、農業、漁業、製造業、卸売業、小売業、サービス業その他の事業で政令で定めるものから生ずる所得（山林所得又は譲渡所得に該当するものを除く。）をいう。

② 事業所得の金額は、その年中の事業所得に係る総収入金額から必要経費を控除した金額とする。

▽〔所税令〕→六三　〔租特〕→一〇―二八の四

一　事業所得の意義

1　事業所得とは、自己の計算と危険において独立して営まれ、営利性、有償性を有し、かつ反覆継続して遂行する意思と社会的地位とが客観的に認められる業務から生ずる所得をいう。（最判昭56・4・24民集三五・三・六七二〈弁護士顧問料事件〉租税百選［七版］三八……給与所得との区別）→二八条1

2　経済的行為の事業該当性は、当該行為の営利性、有償性の有無、継続性、反覆性の有無のほか、自己の危険と計算による企画遂行性の有無、当該行為に費やした精神的、肉体的労力の程度、人的、物的設備の有無、資金の調達方法、その者の職業、経歴及び社会的地位、生活状況及び当該行為による継続的収益可能性等の諸要素を総合的に検討して社会通念に照らして判断する。（名古屋地判昭60・4・26行裁三六・四・五八九〈会社取締役商品先物取引事件〉……雑所得との区別）→三五条3・六九条1

二　事業所得に当たるとした例

3　製造業者が製造行為を廃止した後その原料の売却処分によって得た所得（最判昭32・10・22民集一一・一〇・一七六一、租税百選［三版］三一……昭和二五法七一による改正前の事件で、譲渡所得でなく「事業等所得」とした）

4　人絹の先物取引（名古屋高金沢支判昭43・2・28行裁一九・一＝二・二九七……一時所得ではなく事業所得とした）

5　商品先物取引（静岡地判昭50・10・28訟月二一・一三・二八〇三……所得に当たらないという主張を排斥した）

6　執行官が職務上得る所得（札幌地判昭50・6・24判時八一五・四二）

7　電力会社委託検針員の委託手数料（福岡地判昭62・7・21訟月三四・一・一八七）→三四条5

8　弁護士が弁護士会無料法律相談業務に従事したことの対価（大阪高判平21・4・22税資二五九順号一一一八五）

9　他者の営む事業から生じた利益の分配を受ける旨の合意がされている場合で、任意組合か匿名組合かの認定を争わず共同事業者性を認めた事例（東京地判平30・1・23税資二六八順号一三一一五）→三五条13

（給与所得）

第二八条①　給与所得とは、俸給、給料、賃金、歳費及び賞与並びにこれらの性質を有する給与（以下この条において「給与等」という。）に係る所得をいう。

②　給与所得の金額は、その年中の給与等の収入金額から給与所得控除額を控除した残額とする。

③　前項に規定する給与所得控除額は、次の各号に掲げる場合の区分に応じ当該各号に定める金額とする。

一　前項に規定する収入金額が百八十万円以下である場合　当該収入金額の百分の四十に相当する金額から十万円を控除した残額（当該残額が五十五万円に満たない場合には、五十五万円）

二　前項に規定する収入金額が百八十万円を超え三百六十万円以下である場合　六十二万円と当該収入金額から百八十万円を控除した金額の百分の三十に相当する金額との合計額

三　前項に規定する収入金額が三百六十万円を超え六百六十万円以下である場合　百十六万円と当該収入金額から三百六十万円を控除した金額の百分の二十に相当する金額との合計額

四　前項に規定する収入金額が六百六十万円を超え八百五十万円以下である場合　百七十六万円と当該収入金額から六百六十万円を控除した金額の百分の十に相当する金額との合計額

五　前項に規定する収入金額が八百五十万円を超える場合　百九十五万円

④　その年中の給与等の収入金額が六百六十万円未満である場合には、当該給与等に係る給与所得の金額は、前二項の規定にかかわらず、当該収入金額を別表第五の給与等の金額として、同表により当該金額に応じて求めた同表の給与所得控除後の給与等の金額に相当する金額とする。

▽〔所税令〕→六四・六五　〔租特〕→二九の二―二九の四、四一の七

一　給与所得の意義

1　給与所得とは雇用契約又はこれに類する原因に基づき使用者の指揮命令に服して提供した労務の対価として使用者から受ける給付をいう。（最判昭56・4・24民集三五・三・六七二〈弁護士顧問料事件〉租税百選［七版］三八……事業所得との区別）→二七条1

2　民法上の組合の組合員が組合の事業に従事したことにつき組合から金員の支払を受けた場合、当該支払が組合の事業から生じた利益の分配に該当するのか、給与所得に係る給与等の支払に該当するのかは、当該支払の原因となった法律関係についての組合及び組合員の意思ないし認識、当該労務の提供や支払の具体的態様等を考察して客観的、実質的に判断する。（最判平13・7・13判時一七六三・一九五〈りんご組合事件〉租税百選［七版］二一……事業所得との区別）

3　XがB社から付与されたストック・オプションに係る権利行使益（権利行使価格と株価との差）は、B社からXへの給付に当たる。Xの勤務先はB社ではなくその子会社たるA社であるが、B社グループの執行役員等の精勤の動機付けとすることを企図して設けられたストック・オプション制度による権利行使益は、Xの職務遂行の対価としての性質を有する。（最判平17・1・25民集五九・一・六四、租税百選［七版］三九……一時所得との区別）

二　給与所得に当たるとした例

④　オーケストラ団員がオーケストラから受け取った収入（東京高判昭47・9・14判タ二八九・三五五〈日フィル事件〉）

⑤　大学の非常勤講師手当（大阪高判昭57・11・18行裁三三・一一・二三一六〈大嶋事件別訴〉）

⑥　被用者の地位保全の仮処分に基づいて支給される仮払賃金（岐阜地判昭58・2・28行裁三四・二・三二七）

⑦　塾講師の報酬（東京高判平25・10・23税資二六三順号一二三二九）

⑧　権利能力のない社団の理事長及び専務理事の地位にあった者が当該社団からの借入金債務の免除を受けることにより得た利益が、本条一項にいう賞与又は賞与の性質を有する給与に当たるとされた事例（最判平27・10・8判タ一四一九・七二、重判平27租税八）→一八三条⑦、税総◆【Ⅲ】㉛、税通三六条③

三　フリンジ・ベネフィット

1　課税対象とした例

⑨　増資払込資金の立替金（東京高判昭27・2・21行裁三・一・一七五）

⑩　通勤定期券（最判昭37・8・10民集一六・八・一七四九〈通勤定期券課税事件〉租税百選〔二版〕二九）→九条①

⑪　通勤用タクシー乗車券（大阪地判昭43・4・26訟月一四・七・八二六）

⑫　従業員の大学授業料（東京地判昭44・12・25行裁二〇・一二・一七五七）

⑬　ハワイ五泊六日旅行のための費用（岡山地判昭54・7・18行裁三〇・七・一三二五）

⑭　税引手取額保証の源泉徴収税相当額（東京高判平6・9・29行裁四五・八＝九・一八一九〈バンク・オブ・ノヴァ・スコシア事件〉）

⑮　マカオ二泊三日旅行のための費用（東京高判平25・5・30税資二六三順号一二二二二）

2　非課税とした例

⑯　レクリエーションのために社会通念上一般的に行われていると認められる行事であり、旅行についての使用者の負担額が非課税となるとした事例（大阪高判昭63・3・31判タ六七五・一四七〈香港二泊三日旅行事件〉）

四　株式報酬

1　適格ストック・オプション

⑰　租特法二九条の二の適格ストック・オプションの要件を満たさないとした事例（東京高判平20・2・27判タ一二八二・九〇）

2　給与所得とした例

⑱　リストリクテッド・ストック（東京地判平17・12・16訟月五三・三・八七一）

⑲　ストック・アワード（大阪高判平20・12・19訟月五六・一・一）

⑳　ストック・ユニット（東京地判平27・10・8税資二六五順号一二七三五〈モルガン・スタンレー〉……控訴審・東京高判平28・5・25税資二六六順号一二八五七で維持。同種の事例、東京地判平28・1・21訟月六二・一〇・一六九三）

五　給与所得控除

㉑　所得税法が給与所得に係る必要経費につき概算控除を設けた目的は、給与所得者と事業所得者等との租税負担の均衡に配意しつつ、給与所得につき必要経費の実額控除を認めた場合の弊害を防止することにあるところ、かかる目的は正当性を有する。（最大判昭60・3・27民集三九・二・二四七〈大嶋訴訟・サラリーマン税金訴訟〉租税百選〔七版〕一）

㉒　憲法一四条一項の規定の適用上、事業所得等に係る必要経費につき実額控除が認められていることとの対比において、給与所得に係る必要経費の控除のあり方が均衡のとれたものであるか否かを判断するには、給与所得控除を専ら給与所得に係る必要経費の控除ととらえて事を論ずるのが相当であり、給与所得者が自ら負担する必要経費の額が一般に給与所得控除の額を明らかに上回ると認めることは困難である。（最大判昭60・3・27前出㉑）→税総◆【Ⅰ】①・【Ⅱ】①

第二九条　削除

（退職所得）

第三〇条①　退職所得とは、退職手当、一時恩給その他の退職により一時に受ける給与及びこれらの性質を有する給与（以下この条において「退職手当等」という。）に係る所得をいう。

②　退職所得の金額は、その年中の退職手当等の収入金額から退職所得控除額を控除した残額の二分の一に相当する金額（当該退職手当等が、短期退職手当等である場合には次の各号に掲げる場合の区分に応じ当該各号に定める金額とし、特定役員退職手当等である場合には当該退職手当等の収入金額から退職所得控除額を控除した残額に相当する金額とする。）とする。

一　当該退職手当等の収入金額から退職所得控除額を控除した残額が三百万円以下である場合　当該残額の二分の一に相当する金額

二　前号に掲げる場合以外の場合　百五十万円と当該退職手当等の収入金額から三百万円に退職所得控除額を加算した金額を控除した残額との合計額

③　前項に規定する退職所得控除額は、次の各号に掲げる場合の区分に応じ当該各号に定める金額とする。

一　政令で定める勤続年数（以下この項及び第七項において「勤続年数」という。）が二十年以下である場合　四十万円に当該勤続年数を乗じて計算した金額

二　勤続年数が二十年を超える場合　八百万円と七十万円に当該勤続年数から二十年を控除した年数を乗じて計算した金額との合計額

④　第二項に規定する短期退職手当等とは、退職手当等のうち、退職手当等の支払をする者から短期勤続年数（前項第一号に規定する勤続年数のうち、次項に規定する役員等以外の者としての政令で定める勤続年数が五年以下であるものをいう。第七項におい

て同じ。）に対応する退職手当等として支払を受けるものであつて、次項に規定する特定役員退職手当等に該当しないものをいう。

⑤　第二項に規定する特定役員退職手当等とは、退職手当等のうち、役員等（次に掲げる者をいう。）としての政令で定める勤続年数（以下この項及び第七項において「役員等勤続年数」という。）が五年以下である者が、退職手当等の支払をする者から当該役員等勤続年数に対応する退職手当等として支払を受けるものをいう。

一　法人税法第二条第十五号（定義）に規定する役員

二　国会議員及び地方公共団体の議会の議員

三　国家公務員及び地方公務員

⑥　次の各号に掲げる場合に該当するときは、第二項に規定する退職所得控除額は、第三項の規定にかかわらず、当該各号に定める金額とする。

一　その年の前年以前に他の退職手当等の支払を受けている場合で政令で定める場合　第三項の規定により計算した金額から、当該他の退職手当等につき政令で定めるところにより同項の規定に準じて計算した金額を控除した金額

二　第三項及び前号の規定により計算した金額が八十万円に満たない場合（次号に該当する場合を除く。）　八十万円

三　障害者になつたことに直接基因して退職したと認められる場合で政令で定める場合　第三項及び第一号の規定により計算した金額（当該金額が八十万円に満たない場合には、八十万円）に百万円を加算した金額

⑦　その年中に一般退職手当等（退職手当等のうち、短期退職手当等（第四項に規定する短期退職手当等をいう。以下この項において同じ。）及び特定役員退職手当等（第五項に規定する特定役員退職手当等をいう。以下この項において同じ。）のいずれにも該当しないものをいう。以下この項において同じ。）、短期退職手当等又は特定役員退職手当等のうち二以上の退職手当等があり、当該一般退職手当等に係る勤続年数、当該短期退職手当等に係る短期勤続年数又は当該特定役員退職手当等に係る役員等勤続年数に重複している期間がある場合の退職所得の金額の計算については、政令で定める。

▽〔所税令〕→六九—七一の二・七七　〔租特〕→二九の四

一　退職所得の意義

①　退職所得というには、①退職すなわち勤務関係の終了という事実によってはじめて給付されること、②従来の継続的な勤務に対する報償ないしその間の労務の対価の一部の後払の性質を有すること、③一時金として支払われること、の要件を備えることが必要である。（最判昭58・9・9民集三七・七・九六二〈五年退職事件〉租税百選〔三版〕二八）

②　（満五五歳定年制存続のままの勤続満十年定年制による退職金支給について）退職すなわち勤務関係の終了の要件を欠く。（最判昭58・12・6判時一一〇六・六一〈十年退職事件〉租税百選〔七版〕四〇）

二　「これらの性質を有する給与」の例

③　取締役就任に伴う使用人時代の退職金（大阪高判昭54・2・28判時九四四・三八）

④　使用人から執行役に就任する際の支給金員（大阪地判平20・2・29判タ一二六七・一九六）

⑤　学校法人の理事が高等学校長を退職し大学長に就任した場合の打切支給退職金（大阪地判平20・2・29判タ一二六八・一六四）

（退職手当等とみなす一時金）

第三一条　次に掲げる一時金は、この法律の規定の適用については、前条第一項に規定する退職手当等とみなす。

一　国民年金法、厚生年金保険法（昭和二十九年法律第百十五号）、国家公務員共済組合法（昭和三十三年法律第百二十八号）、地方公務員等共済組合法（昭和三十七年法律第百五十二号）、私立学校教職員共済法（昭和二十八年法律第二百四十五号）及び独立行政法人農業者年金基金法（平成十四年法律第百二十七号）の規定に基づく一時金その他これらの法律の規定による社会保険又は共済に関する制度に類する制度に基づく一時金（これに類する給付を含む。以下この条において同じ。）で政令で定めるもの

二　石炭鉱業年金基金法（昭和四十二年法律第百三十五号）の規定に基づく一時金で同法第十六条第一項（坑内員に関する給付）又は第十八条第一項（坑外員に関する給付）に規定する坑内員又は坑外員の退職に基因して支払われるものその他同法の規定による社会保険に関する制度に類する制度に基づく一時金で政令で定めるもの

三　確定給付企業年金法（平成十三年法律第五十号）の規定に基づいて支給を受ける一時金で同法第二十五条第一項（加入者）に規定する加入者の退職により支払われるもの（同法第三条第一項（確定給付企業年金の実施）に規定する確定給付企業年金に係る規約に基づいて拠出された掛金のうちに当該加入者の負担した金額がある場合には、その一時金の額からその負担した金額を控除した金額に相当する部分に限る。）その他これに類する一時金として政令で定めるもの

▽〔所税令〕→七二—七六

（山林所得）

第三二条①　山林所得とは、山林の伐採又は譲渡による所得をいう。

②　山林をその取得の日以後五年以内に伐採し又は譲渡することによる所得は、山林所得に含まれないものとする。

③　山林所得の金額は、その年中の山林所得に係る総収入金額から必要経費を控除し、その残額から山林所得の特別控除額を控除した金額とする。

④　前項に規定する山林所得の特別控除額は、五十万円（同項に規定する残額が五十万円に満たない場合

には、当該残額）とする。

▽〔所税令〕→七八―七八の三　〔租特〕→二五の二、三〇、三〇の二

① 山林所得に対する課税は、山林経営により長期間にわたり蓄積され山林の所有者に帰属する山林の増加益を所得として、その山林が所有者の支配を離れて他に移転するのを機会にこれを清算して課税する趣旨のものである。（最判昭50・7・17訟月二一・九・一九六六）→五九条①

② 昭和二六年法の下で山林買受け後二年一一月後の譲渡による所得を山林所得ではなく譲渡所得とした事例（最判昭35・9・30民集一四・一一・二三三〇……現在は三二条二項二号により事業所得か雑所得になる）

（譲渡所得）

第三三条①　譲渡所得とは、資産の譲渡（建物又は構築物の所有を目的とする地上権又は賃借権の設定その他契約により他人に土地を長期間使用させる行為で政令で定めるものを含む。以下この条において同じ。）による所得をいう。

② 次に掲げる所得は、譲渡所得に含まれないものとする。

一　たな卸資産（これに準ずる資産として政令で定めるものを含む。）の譲渡その他営利を目的として継続的に行なわれる資産の譲渡による所得

二　前号に該当するもののほか、山林の伐採又は譲渡による所得

③ 譲渡所得の金額は、次の各号に掲げる所得につき、それぞれその年中の当該所得に係る総収入金額から当該所得の基因となつた資産の取得費及びその資産の譲渡に要した費用の額の合計額を控除し、その残額の合計額（当該各号のうちいずれかの号に掲げる所得に係る総収入金額が当該所得の基因となつた資産の取得費及びその資産の譲渡に要した費用の額の合計額に満たない場合には、その不足額に相当する金額を他の号に掲げる所得に係る残額から控除した金額。以下この条において「譲渡益」という。）から譲渡所得の特別控除額を控除した金額とする。

一　資産の譲渡（前項の規定に該当するものを除く。次号において同じ。）でその資産の取得の日以後五年以内にされたものによる所得（政令で定めるものを除く。）

二　資産の譲渡による所得で前号に掲げる所得以外のもの

④ 前項に規定する譲渡所得の特別控除額は、五十万円（譲渡益が五十万円に満たない場合には、当該譲渡益）とする。

⑤ 第三項の規定により譲渡益から同項に規定する譲渡所得の特別控除額を控除する場合には、まず、当該譲渡益のうち同項第一号に掲げる所得に係る部分の金額から控除するものとする。

▽〔所税令〕→七九―八二　〔租特〕→三一―三一の四、三二、三三―三三の六、三四―三四の三、三五―三五の三、三六、三六の二―三六の五、三七―三七の九、三七の一〇―三七の一五、三九―四〇の三

一　譲渡所得課税の趣旨

① 譲渡所得課税は、資産の値上がりによりその資産の所有者に帰属する増加益を所得として、その資産が他に移転する機会に、清算して課税するものである。対価を伴わない資産の移転においても増加益は時価に照らして把握できるから右増加益に課税するのが旧法五条の二［現五九条に相当］の規定であり、課税所得の存在を擬制したものではなく、応能負担原則を無視するものでもない。（最判昭43・10・31訟月一四・一二・一四四二〈榎本家事件〉租税百選［三版］二九）

② 割賦弁済により初年度の現実入手代金額が過少でも年々に蓄積された増加益が一挙に実現したものとみる制度の建前からして、多額の納税を一時的に必要とすることはやむを得ない。（最判昭47・12・26民集二六・一〇・二〇八三〈割賦弁済土地譲渡事件〉租税百選［七版］四一）

③ 家事審判法一五条の四［家事事件手続法一九四条に相当］の規定に基づく換価のための競売によって未分割遺産が売却されたことに係る譲渡所得は、その後の遺産分割審判において具体的相続分がないとされて当該売却代金を取得しなかった相続人に対しても法定相続分の割合により帰属する。（東京高判平23・9・21訟月五八・六・二五一三、重判平24租税一）

二　所得区分

1　不動産所得との区別

④ 存続期間が長期で譲渡可能な借地権の設定契約により土地所有者が使用収益権を半永久的に手離す場合の、更地価格の極めて高い割合の権利金は、経済的、実質的には所有権の権能の一部の譲渡の対価であり、昭和三四法七九による改正前の旧法［現本条一項にある「地上権又は賃借権の設定…を含む」の文言がない］下でも譲渡所得に当たると類推解釈する。（最判昭45・10・23民集二四・一一・一六一七〈サンヨウメリヤス土地賃借事件〉租税百選［五版］三七……結論は不動産所得）

⑤ 建築基準法八六条二項に定める連担建築物設計制度に係る地役権の設定の対価が譲渡所得に当たらず不動産所得に当たるとした事例（東京高判平21・5・20税資二五九順号一一二〇三、租税百選［七版］三七）

2　二重利得法

⑥ 土地等の譲渡が棚卸資産又はこれに準ずる資産の譲渡に該当する場合であっても、極めて長期間引き続いて販売目的以外の目的で所有していた土地等について、販売することを目的として宅地造成等の加工を加えた場合、右加工に着手する時点までの資産の価値の部分に相当する所得を譲渡所得とし、その他の部分を事業所得又は雑所得とする。（松山地判平3・4・18訟月三七・一二・二二〇五〈川之江市井地山造成地事件〉租税百選［七版］四二）

三　「資産」の意義

1 「資産」に当たるとされた例

7 金銭に評価することのできる家屋賃借権（大阪地判昭44・1・28行裁二〇・一・八〇）

8 現実に有償譲渡の可能性がある事務所賃借権（東京高判昭52・6・27訟月二三・六・一二〇二）

9 農地法所定の知事の許可を受けていない農地耕作権（大阪高判昭57・8・26行裁三三・八・一六九七）

10 平均株価指数オプション（国税不服審判所裁決平5・3・15裁決事例集二〇・一・八〇）→三八条5

2 「資産」に当たらないとされた例

11 破産宣告を受けた会社の株式（東京高判平18・12・27訟月五四・三・七六〇）

12 きわめて多額の債務超過状態に陥っていて預金保険法七四条一項の規定する管理を命ずる処分を受けた株式会社の株式（東京高判平27・10・14訟月六二・七・一二九六、租税百選〔七版〕四三）

四 「譲渡」の意義

1 財産分与

13 財産分与に関し当事者の協議等が行われてその内容が具体的に確定され、これに従い金銭の支払、不動産の譲渡等の分与が完了すれば、右財産分与の義務は消滅するが、この分与義務の消滅は、それ自体一つの経済的利益である。（最判昭50・5・27民集二九・五・六四一〈名古屋医師財産分与事件〉租税百選〔七版〕四五……財産分与としての不動産等の資産移転は譲渡に当たり、移転者に譲渡所得課税が及ぶ）→三八条1

2 譲渡担保

14 譲渡担保の場合、所有権は形式的には他へ移転するが、それは債務の担保を目的とする限度にとどまり、当該資産に関するその余の権能は譲渡人に引き続き保有されるから、契約時において当該資産が所有者の支配を離れ増加益が確定的に具体化したものということはできず、所得税法上資産の譲渡と解することはできない。（東京地判昭49・7・15行裁二五・七・八六一）→三八条6

3 「譲渡」に当たるとした例

15 競売（最判昭40・9・24民集一九・六・一六八八）

16 現物出資（東京高判昭51・11・17訟月二二・一二・二八九二）

17 交換（東京高判昭59・7・18行裁三五・七・九二七）

18 納税猶予の対象農地等の共有持分部分の移転（札幌地判平31・3・27税資二六一順号一三二五九、重判令元租税三）

4 「譲渡」に当たらないとした例

19 金地金スワップ取引における混蔵寄託（名古屋高判平29・12・14税資二六七順号一三〇九九……原審・名古屋地判平29・6・29税資二六七順号一三〇二八は譲渡該当）

五 譲渡費用

1 判断基準

20 譲渡費用該当性は、一般的、抽象的に当該費用が必要かによって判断するのではなく、現実の譲渡を前提として、客観的に見て当該費用が必要であったかによって判断する。土地改良法に基づく決済金は譲渡費用に当たるが、未納入金に係る部分は本件土地の譲渡費用に当たらない。施設等使用負担金として支払った協力金等は、当該土地の譲渡価額の増額をもたらすので、本件土地の譲渡費用に当たる。（最判平18・4・20判時一九三三・七六）

2 譲渡費用に当たらないとした例

21 抵当権抹消のためにした第三者の債務の弁済（最判昭36・10・13民集一五・九・二三三二、租税百選〔初版〕三三）→七二条1

22 譲渡担保目的財産の受戻しに要した特別の経費（東京地判昭39・3・26行裁一五・三・三九七）

23 譲渡資産の所有権に関する紛争処理のための弁護士費用（大阪地判昭60・7・30判タ五六五・一三四）

24 売却地の引渡遅延により支払った遅延損害金（東京地判昭63・4・20行裁三九・三=四・三〇二）

25 時効取得を原因とする土地所有権移転登記手続請求訴訟の弁護士費用（東京地判平4・3・10訟月三九・一・一三九、租税百選〔五版〕五〇）→三四条7・三八条3

六 未経過固定資産税の扱い

26 買主から売主に対して支払われる未経過固定資産税等相当額を、譲渡所得の金額の計算上、総収入金額に算入した事例（東京地判平27・6・30訟月六三・一・二一……東京高判平28・3・10訟月六三・一・七〇で維持）

（一時所得）

第三四条① 一時所得とは、利子所得、配当所得、不動産所得、事業所得、給与所得、退職所得、山林所得及び譲渡所得以外の所得のうち、営利を目的とする継続的行為から生じた所得以外の一時の所得で労務その他の役務又は資産の譲渡の対価としての性質を有しないものをいう。

② 一時所得の金額は、その年中の一時所得に係る総収入金額からその収入を得るために支出した金額（その収入を生じた行為をするため、又はその収入を生じた原因の発生に伴い直接要した金額に限る。）の合計額を控除し、その残額から一時所得の特別控除額を控除した金額とする。

③ 前項に規定する一時所得の特別控除額は、五十万円（同項に規定する残額が五十万円に満たない場合には、当該残額）とする。

▽〔所税令〕→七六 〔租特〕→二九の三

一 「営利を目的とする継続的行為から生じた所得」

1 営利を目的とする継続的行為から生じた所得であるか否かは、行為の期間、回数、頻度その他の態様、利益発生の規模、期間その他の状況等の事情を総合考慮して判断する。（最判平27・3・10刑集六九・二・四三四、租税百選〔六版〕四五）→三五条12

二 「その収入を得るために支出した金額」

2 会社が保険料を支払った養老保険契約に係る満

期保険金を当該会社の代表者らが受け取った場合において、満期保険金に係る当該代表者らの一時所得の金額の計算上、右保険料のうち当該会社における保険料として損金経理がされた部分が本条二項にいう「その収入を得るために支出した金額」に当たらないとされた事例（最判平24・1・13民集六六・一・一、重判平24租税四……同旨、最判平24・1・16判時二一四九・五二②）

三　一時所得に当たるとした例

3　組合の解散に伴う清算金（静岡地判昭51・11・25訟月二二・一二・二八九八）

4　マンション建設の承諾料（大阪地判昭54・5・31行裁三〇・五・一〇七七）→九条7

5　委託検針契約解約に伴う解約慰労金・厚生手当金（福岡地判昭62・7・21訟月三四・一・一八七）→二七条7

6　保険契約者が取得する死亡保険金（最判平2・7・17判時一三五七・四六）→九条8

7　土地の時効取得による利得（東京地判平4・3・10訟月三九・一・一三九、租税百選［五版］五〇……同種の事例、静岡地判平8・7・18行裁四七・七=八・六三二、租税百選［七版］一五）→三三条25・三八条3

8　土地区画整理組合から分配を受ける保留地予定地の処分に係る余剰金（名古屋地判平4・9・16判時一四七〇・六五）→相税三条3

9　適格退職年金制度の終了に伴い一時金として支払われた金員（東京地判平24・12・11判時二一八六・二三……東京高判平25・7・10税資二六三順号一二二五四で維持）

10　父親の死亡に伴い父親が会員であった社団法人の共済制度に基づき受給した死亡共済金（大阪高判平26・6・18税資二六四順号一二四八八）

11　民法上の組合を組成した上で金融機関から金員をノン・リコースの条件で借り入れて購入した航空機を航空会社に賃貸する事業を営んでいた者が航空機を売却して当該事業を終了する際に、航空機の購入原資の一部となった借入金の一部に係る債務の免除を受けたことによって得た利益、及び、業務執行者に対して支払うべき手数料に係る債務の免除を受けたことによって得た利益（東京高判平28・2・17税資二六六順号一二八〇〇、重判平28租税四）→12

四　一時所得に当たらないとした例

12　不動産所得には不動産賃貸に付随する収入も含まれるとし、賃貸用不動産を購入するための借入に係る債務免除益は不動産所得に該当するとした事例（東京地判平30・4・19判時二四〇五・三）→11

13　別件判決でAがXに対してした貸金債権の請求が時効消滅の援用により棄却されたところ、Xが債務消滅益の一時所得を得たかについて、Xの一時所得の基因となり得るのは本来は求償権であり求償権は時効消滅しておらず、また前記貸金債権に係る前記別件判決は法的に別個の本件求償権の消滅を含意していると解せないので、一時所得不発生とした事例（東京地判平30・9・25税資二六八順号一三一九二）

五　みなし相続財産との区別

14　会社の役員が昭和二二年七月に退職し同年一一月に死去したところ、昭和二七年一一月の取締役会で当該役員の相続人に対し退職慰労金の支給が決議され、昭和二八年に相続人が受領の意思表示をして昭和三一年に金員を受領したという事案において、相続人の一時所得となるとした事例（最判昭47・12・26民集二六・一〇・二〇一三……昭和二八法一六五による相続税法改正前の事件）→相税三条2

（雑所得）

第三五条①　雑所得とは、利子所得、配当所得、不動産所得、事業所得、給与所得、退職所得、山林所得、譲渡所得及び一時所得のいずれにも該当しない所得をいう。

②　雑所得の金額は、次の各号に掲げる金額の合計額とする。

一　その年中の公的年金等の収入金額から公的年金等控除額を控除した残額

二　その年中の雑所得（公的年金等に係るものを除く。）に係る総収入金額から必要経費を控除した金額

③　前項に規定する公的年金等とは、次に掲げる年金をいう。

一　第三十一条第一号及び第二号（退職手当等とみなす一時金）に規定する法律の規定に基づく年金その他同条第一号及び第二号に規定する制度に基づく年金（これに類する給与を含む。第三号において同じ。）で政令で定めるもの

二　恩給（一時恩給を除く。）及び過去の勤務に基づき使用者であつた者から支給される年金

三　確定給付企業年金法の規定に基づいて支給を受ける年金（第三十一条第三号に規定する規約に基づいて拠出された掛金のうちにその年金が支給される同法第二十五条第一項（加入者）に規定する加入者（同項に規定する加入者であつた者を含む。）の負担した金額がある場合には、その年金の額からその負担した金額のうちその年金の額に対応するものとして政令で定めるところにより計算した金額を控除した金額に相当する部分に限る。）その他これに類する年金として政令で定めるもの

④　第二項に規定する公的年金等控除額は、次の各号に掲げる場合の区分に応じ当該各号に定める金額とする。

一　その年中の公的年金等の収入金額がないものとして計算した場合における第二条第一項第三十号（定義）に規定する合計所得金額（次号及び第三号において「公的年金等に係る雑所得以外の合計所得金額」という。）が千万円以下である場合　次に掲げる金額の合計額（当該合計額が六十万円に満たない場合には、六十万円）

イ　四十万円
ロ　その年中の公的年金等の収入金額から五十万円を控除した残額の次に掲げる場合の区分に応じそれぞれ次に定める金額
(1)　当該残額が三百六十万円以下である場合　当該残額の百分の二十五に相当する金額
(2)　当該残額が三百六十万円を超え七百二十万円以下である場合　九十万円と当該残額から三百六十万円を控除した金額の百分の十五に相当する金額との合計額
(3)　当該残額が七百二十万円を超え九百五十万円以下である場合　百四十四万円と当該残額から七百二十万円を控除した金額の百分の五に相当する金額との合計額
(4)　当該残額が九百五十万円を超える場合　百五十五万五千円
二　その年中の公的年金等に係る雑所得以外の合計所得金額が千万円を超え二千万円以下である場合　次に掲げる金額の合計額（当該合計額が五十万円に満たない場合には、五十万円）
イ　三十万円
ロ　前号ロに掲げる金額
三　その年中の公的年金等に係る雑所得以外の合計所得金額が二千万円を超える場合　次に掲げる金額の合計額（当該合計額が四十万円に満たない場合には、四十万円）
イ　二十万円
ロ　第一号ロに掲げる金額

▽〔所税令〕→八二の二―八二の四、一八三―一八六〔租特〕→四〇の四―四〇の九、四一の一四、四一の一五、四一の一五の三

雑所得に当たるとした例
① 貸金取引（東京地判昭46・2・25行裁二二・一＝二・一〇四）
② 株式信用取引（最判昭53・10・31訟月二五・三・八八九）
③ 商品先物取引（名古屋地判昭60・4・26行裁三六・四・五八九）→二七条②・六九条①
④ 地方団体の交付する緑地保存奨励金（横浜地判昭61・3・5訟月三二・一〇・二四二四）
⑤ 訪問販売会社の販売事業本部長から受ける手数料等報酬（東京地判平4・3・18行裁四三・三・三九四）
⑥ インパクトローンの為替差益（松山地判平7・2・24訟月四二・一〇・二五三三）
⑦ ストック・オプションの権利行使利益（東京高判平17・4・27訟月五二・一〇・三二〇九）
⑧ ＦＸ取引の売買差損益金とスワップ金利差調整額（東京地判平22・6・24税資二六〇順号一一四五八）
⑨ 組合契約に基づき取得した新株予約権行使による経済的利益（東京高判平23・6・29税資二六一順号一一七〇五）
⑩ 職務発明に係る和解金（大阪高判平24・4・26訟月五九・四・一一四三……国立大学教授に支払われた補償金の例として東京地判平28・5・27税資二六六・一二八五九〔控訴審・東京高判平28・11・17税資二六六・一二九三四で維持〕）
⑪ ＦＸ取引に係るスワップポイント（東京地判平24・9・25訟月六〇・四・八八一……東京高判平25・4・18訟月六〇・四・九一〇で維持）
⑫ 機械的網羅的に馬券を大量購入することを反復継続した事案における馬券払戻金（最判平27・3・10刑集六九・二・四三四、租税百選〔六版〕四五……一時所得ではなく雑所得とし、外れ馬券の購入費用を必要経費とした。その後の判断として、雑所得とした例・最判平29・12・15民集七一・一〇・二二三五、租税百選〔七版〕四八、一時所得とした例・東京高判平29・9・28税資二六七順号一三〇六八、東京高判平28・9・29訟月六三・七・一八六〇、東京高判令2・11・4【令元行コ三〇二】〔その原審・東京地判令元・10・30判タ一四八二・一七四は雑所得とした〕）→三四条①
⑬ 匿名組合契約に基づき匿名組合員が営業者から受ける利益の分配に係る所得は、当該契約において、匿名組合員に営業者の営む事業に係る重要な意思決定に関与するなどの権限が付与されており、匿名組合員が実質的に営業者と共同して事業を営む者としての地位を有するものと認められる場合には、当該事業の内容に従って事業所得又はその他の各種所得に該当し、それ以外の場合には、当該事業の内容にかかわらず、その出資が匿名組合員自身の事業として行われているため事業所得となる場合を除き、雑所得に該当する。（最判平27・6・12民集六九・四・一一二一、租税百選〔七版〕二二……航空機リースにつき不動産所得でなく雑所得とした）→二七条⑨

第二款　所得金額の計算の通則

（収入金額）
第三六条① その年分の各種所得の金額の計算上収入金額とすべき金額又は総収入金額に算入すべき金額は、別段の定めがあるものを除き、その年において収入すべき金額（金銭以外の物又は権利その他経済的な利益をもつて収入する場合には、その金銭以外の物又は権利その他経済的な利益の価額）とする。
② 前項の金銭以外の物又は権利その他経済的な利益の価額は、当該物若しくは権利を取得し、又は当該利益を享受する時における価額とする。
③ 無記名の公社債の利子、無記名の株式（無記名の公募公社債等運用投資信託以外の公社債等運用投資信託の受益証券及び無記名の社債的受益権に係る受益証券を含む。第百六十九条第二号（分離課税に係る所得税の課税標準）、第二百二十四条第一項及び第二項（利子、配当等の受領者の告知）並びに第二百二十五条第一項及び第二項（支払調書及び支払通知書）において「無記名株式等」という。）の剰余金の配当（第二十四条第一項（配当所得）に規定する剰余金の配当をいう。）又は無記名の貸付信託、投資信託若しくは特定受益証券発行信託の受益証券に係る収益の分配については、その年分の利子所得

の金額又は配当所得の金額の計算上収入金額とすべき金額は、第一項の規定にかかわらず、その年において支払を受けた金額とする。

▽〔所税令〕→八三―八四の二、九四、九五 〔租特〕→四〇の四―四〇の九

一 権利確定主義と不当利得返還請求

① いったん適法、有効に成立した課税処分は、後発的な債権貸倒れによりさかのぼって当然に違法、無効となるものではないが、賦課徴収における権利確定主義の反面として是正措置が要請される。旧法には是正措置の規定がなかったが、課税庁又は国は、既徴収税額相当額を法律上の原因を欠く利得として納税者に返還すべきである。（最判昭49・3・8民集二八・二・一八六〈雑所得貸倒分不当利得返還請求事件〉租税百選〔六版〕一〇〇）→一五二条・一五九条

二 違法所得

② 利息制限法の制限超過部分をも含めて、現実に収受された約定の利息・損害金の全部が貸主の所得として課税の対象となる。制限超過の利息・損害金は、たとえ約定の履行期が到来しても、なお未収であるかぎり、旧法一〇条〔現本条〕一項にいう「収入すべき金額」に該当しない。（最判昭46・11・9民集二五・八・一一二〇〈利息制限法違反利息事件〉租税百選〔七版〕三三）

三 管理支配基準

③ 賃料増額請求に係る増額賃料債権については、それが賃借人により争われた場合には、原則として、右債権の存在を認める裁判が確定した時にその権利が確定する。係争中であっても、これに関し既に金員を収受し、所得の実現があったとみることができる状態が生じたときには、その時期の属する年分の収入金額として所得を計算する。（最判昭53・2・24民集三二・一・四三〈仙台家賃増額請求事件〉租税百選〔七版〕六七）

四 収入計上時期に関する例→三三条②

④ 税法の見地においては、課税の原因となった行為が、厳密な法令の解釈適用の見地から、客観的評価において不適法、無効とされるかどうかは問題でなく、税法の見地からは、課税の原因となった行為が関係当事者の間で有効のものとして取り扱われ、これにより、現実に課税の要件事実がみたされていると認められる場合であるかぎり、右行為が有効であることを前提として租税を賦課徴収することは何等妨げられない。（最判昭38・10・29判時三五二・三〇）→五一条④・二一〇条①

⑤ 「収入すべき金額」（本条一項）とは収入すべき権利の確定した金額であると解した上で、収受した保証金のうち特約により返還を要しないとした分は貸与期間の経過にかかわらず返還を要しないこととされている金額であり、賃貸家屋を引き渡しこれを収受したとき自由に使用収益処分できる性質の金員であるとして、収受の時収入すべき権利が確定したと認定した事例（大阪高判昭51・10・29判時八四七・四〇）

⑥ 本条一項は特に規定する場合を除き権利確定主義を採用していると解した上で、前家賃を収益として計上すべき時期は当該前家賃に相当する月が経過した時であって、それまでは前家賃は前受金たる性質を有するとした事例（東京地判昭52・3・24訟月二三・四・七九四）

⑦ 「収入すべき金額」（本条一項）とは収入すべき権利の確定した金額をいうと解した上で、賃貸借契約の約定によれば賃貸人は約定支払日に前受賃料支払請求権を行使でき、収受した前受賃料を返還する必要がほとんどないと認定して、前受賃料は約定支払日に「収入すべき金額」として確定するとした事例（名古屋地判昭55・6・30訟月二六・九・一六三五）

⑧ 賃貸人が賃借人から受け取った償却費相当額の保証金につき、賃借人に貸室を引き渡し保証金の預託を受けた時点において収入すべき権利が確定するとして、預託を受けた時の属する年の不動産所得の計算上収入すべき金額に算入した事例（最判昭56・10・8訟月二八・一・一六三）

⑨ 中高年齢者雇用開発給付金の請求権はその給付の原因となった賃金の支払の年分の総収入金額に計上するとした事例（神戸地判昭59・3・21訟月三〇・八・一四八五）→七条①

⑩ 農地法所定の知事の許可前に譲渡代金の全額を収受し、租特法の規定による事業用資産の買換特例の適用を受けるべく譲渡所得の総収入金額に算入して確定申告をしたという事実関係の下において、許可がされていなくても譲渡所得の実現があったものとして収受した代金に対し課税することができるとした原審の判断を是認した事例（最判昭60・4・18訟月三一・一二・三一四七）

⑪ 売買契約時ではなく、土地の引渡し、所有権移転登記手続、代金支払のいずれかがされた時に土地所有権が移転する旨の黙示の特約がされていたと認定して、売買代金が完済され土地が引き渡された年分の譲渡所得の総収入金額に計上した事例（東京高判平元・1・30訟月三五・六・一一二九）

⑫ 矯正歯科医の受領した矯正料につき、契約の条項を解釈して、遅くとも矯正装置の装着日には収入金額として管理・支配し得ることになったものであり、その時点において収入すべき権利が確定したとした事例（徳島地判平7・4・28行裁四六・四＝五・四六三……高松高判平8・3・26行裁四七・三・三二五で維持）

⑬ 土地収用法七二条の損失補償金を収入すべき権利ないし保持する権利は権利取得裁決において定められた権利取得の時期において確定したとして、権利取得の時期の年分の所得に計上した事例（福岡高那覇支判平8・10・31行裁四七・一〇・一〇六七〈沖縄補償金事件〉……上告審の最判平10・11・10判時一六六一・二九は権利確定基準と管理支配基準のいずれを採用するかを明言しない）→九〇条①

⑭ 所得税法は権利確定主義を採用していると解した上で、弁済期の定めのない貸付金の利息につ

き、現実の支払の有無を問わず期間の経過により直ちに利息債権は発生し収入の原因となる権利が確定するとした事例（東京地判平9・1・27判タ九五八・一四三）

⑮ 分限免職処分を受けた東京都職員（中学校教諭）が処分を争い退職手当の受領を拒否したため都が法務局に供託した事案において、処分が違法でないことが裁判で確定した平成二四年ではなく供託があった平成一六年の所得であるとした事例（東京地判平29・1・13税資二六七順号一二九五四……東京高判平29・7・6税資二六七順号一三〇三二で維持）

（必要経費）

第三七条① その年分の不動産所得の金額、事業所得の金額又は雑所得の金額（事業所得の金額及び雑所得の金額のうち山林の伐採又は譲渡に係るもの並びに雑所得の金額のうち第三十五条第三項（公的年金等の定義）に規定する公的年金等に係るものを除く。）の計算上必要経費に算入すべき金額は、別段の定めがあるものを除き、これらの所得の総収入金額に係る売上原価その他当該総収入金額を得るため直接に要した費用の額及びその年における販売費、一般管理費その他これらの所得を生ずべき業務について生じた費用（償却費以外の費用でその年において債務の確定しないものを除く。）の額とする。

② 山林につきその年分の事業所得の金額、山林所得の金額又は雑所得の金額の計算上必要経費に算入すべき金額は、別段の定めがあるものを除き、その山林の植林費、取得に要した費用、管理費、伐採費その他その山林の育成又は譲渡に要した費用（償却費以外の費用でその年において債務の確定しないものを除く。）の額とする。

▽〔所税令〕→一六七の二・一七九・一八一―一八二の二〔租特〕→二〇―二三・二五の二―二八の二の二・三〇・三〇の二

一 違法支出の必要経費性

① 宅地建物取引業法に違反する報酬契約の私法上の効力いかんは問題であるとしても、現実に同法所定の報酬額以上のものが支払われた場合、所得税法上は右現実に支払われた全額を経費（右報酬の支払を受けた不動産仲介業者については所得）とする。（高松地判昭48・6・28行裁二四・六＝七・五一一〈高松市塩田宅地分譲事件〉）

二 必要経費の認否

② 旧法一〇条二項で仕入品の原価を必要経費とするのは納税者の所得計算上そうしなければならないというのであって、実際の仕入品の原価が不明な場合に税務官署が納税者の不利益にならないような評価をすることは違法ではないとした事例（最判昭30・7・26民集九・九・一一五一〈鉄骨材取得価額事件〉）

③ 事業所得の必要経費に算入すべき修繕費とは事業用固定資産の損耗額を減価償却において予見した額に至るまで回復するのに必要とする経費であり、その損耗は企業の通常の経営過程においてその収益を得るために発生したものに限られると解した上で、事業用建物の屋根のふき替え費用の必要経費算入を否定した事例（大阪高判昭34・4・15行裁一〇・四・七三五）→四五条⑥

④ 個人事業主が自身の経営する同族会社に支払った外注費は、事業所得に係る必要経費性を満たさないとされた事例（大阪地判平30・4・19税資二六八順号一三一四四、大阪高判平30・11・2税資二六八順号一三二〇六で確定）

⑤ 収入金額から控除される経費の範囲は収入金額に対応する経費に限定されると解した上で、当該事案において不動産の賃貸による収入がないことから、収入がない以上その収入を得るために必要な経費も存在しないとして、借入金の支払利子の必要経費控除を否定した事例（佐賀地判昭39・12・17訟月一一・一・一二九）

⑥ 実用新案権に係る減価償却について、取得価額として減価償却していくべきものは必要経費性を有するものに限られるから、自己の労務費を必要経費と認めていない現行法の下において必要経費性を有しない自己の労務費見積額を減価償却すべき取得価額に算入することはできないとした事例（広島地判昭51・3・16行裁二七・三・三一四〈ビニール畳表実用新案事件〉……広島高判昭55・3・27行裁三一・三・七二〇で控訴棄却）

⑦ 不動産競売についての予納金及び登録免許税の納付による支出は、後日競売費用として目的物たる不動産の売却代金から優先的に償還されることが予定されたものであるから、所得税法上の必要経費と認めることはできない。（最決昭59・3・6刑集三八・五・一九二一）

⑧ 不動産賃貸業を営む者の所有する土地であるからといって、当該年において現に貸付けの用に供されていなかったものについてはその固定資産税等が当然にその年における不動産所得を生ずべき業務について生じた費用の額とされるものではなく、そのように認められるためには、当該土地がその形状・種類・性質その他の状況に照らして近い将来において確実に貸付けの用に供されるものと判定できるような客観的な状態にあることを必要とする。（東京地判平3・7・10行裁四二・六＝七・一〇九九）

⑨ 事業所得の金額の計算上必要経費として控除されるためには当該支出が事業所得を生ずべき業務の遂行上必要であることを要すると解した上で、弁護士会等の役員として出席した懇親会費用のうち所属弁護士会又は他の弁護士会の公式行事後に催される懇親会の費用を、二次会費を除き必要経費に当たるとした事例（東京高判平24・9・19判時二一七〇・二〇）

⑩ 弁護士が支出したロータリークラブ年会費につき「直接」関連性がないとして必要経費性を否定した事例（東京高判令元・5・22訟月六五・一一・一

六五七……原審・長野地判平30・9・7訟月六五・一一・一六三四）

⑪ 不動産貸付業を営む個人が貸付業務用の土地建物を購入した年の当該土地建物に係る固定資産税及び都市計画税の税額のうち日割計算による未経過分に相当する金額で当該購入の際に納税者が支払うことに同意した清算金（東京高判平26・4・9訟月六〇・一一・二四四八……建物に係る部分は取得価額に算入され減価償却費のみが必要経費算入、土地に係る部分は必要経費不算入）

⑫ 医院を経営する医師が従業員を被保険者とする養老保険契約を締結し保険料を支出しても現実に退職した従業員の退職金に満期保険金の額が全て充てられている訳ではないなどの事情の下で必要経費算入は認められないとした事例（広島地判平27・7・29税資二六五順号一二七〇五……広島高判平28・4・20税資二六六順号一二八四六で維持）

⑬ 贈与税が不動産賃貸に際し不可避でないので必要経費に算入されないとした事例（大阪高判平29・9・28訟月六四・二・二四四……原審・大阪地判平29・3・15訟月六四・二・二六〇は関連性に着目し、大阪高判平10・1・30税資二三〇・三三七〈賃貸用土地贈与事件〉は家事費性に着目した）

三 インフレと原価

⑭ 旧法一〇条二項の「仕入品の原価」を「仕入れし得べき価格」ではなく「仕入品の現実の取得原価」と解することは、貨幣価値下落の急激な経済情勢の下においては納税者にとって同情すべき不利益な結果を生ずる場合もあるが、法令の解釈としてはやむを得ないところである。（最判昭30・7・26前出②）

四 損失の選択的実現

⑮ 公開市場で株式を売却すると同時に買い付ける取引によって生じた売却損の額は、保有株式の値下がりを顕在化させただけであって、現実に存在したものであり意図的に作り出したものではない。取引によって損失が生ずるとしても取引は経済上不自然、不合理でない。評価損計上のような恣意性のおそれはなく、現実の取引によって売買損益を発生させることは否定できない。（国税不服審判所裁決平2・4・19裁決事例集三九・一〇六〈クロス取引損失計上事件〉）

五 弁護士費用

⑯ 損害賠償金に付随する遅延損害金（雑所得に該当する）の必要経費として弁護士費用の按分控除を認めた事例（福岡高判平22・10・12税資二六〇順号一一五三〇）→⑰・九条⑨

⑰ 過納税の還付金及び還付加算金取得に要した弁護士費用のうち還付加算金（雑所得に該当する）に対応する部分を雑所得に係る必要経費として按分控除することはできず、弁護士費用の全額が還付金（非課税所得に該当する）に対応するものとして控除を認めなかった事例（東京地判平28・11・29税資二六六順号一二九四〇……東京高判平29・12・6訟月六四・九・一三六六で維持）→⑯

（譲渡所得の金額の計算上控除する取得費）

第三八条① 譲渡所得の金額の計算上控除する資産の取得費は、別段の定めがあるものを除き、その資産の取得に要した金額並びに設備費及び改良費の額の合計額とする。

② 譲渡所得の基因となる資産が家屋その他使用又は期間の経過により減価する資産である場合には、前項に規定する資産の取得費は、同項に規定する合計額に相当する金額から、その取得の日から譲渡の日までの期間のうち次の各号に掲げる期間の区分に応じ当該各号に掲げる金額の合計額を控除した金額とする。

一 その資産が不動産所得、事業所得、山林所得又は雑所得を生ずべき業務の用に供されていた期間 第四十九条第一項（減価償却資産の償却費の計算及びその償却の方法）の規定により当該期間内の日の属する各年分の不動産所得の金額、事業所得の金額、山林所得の金額又は雑所得の金額の計算上必要経費に算入されるその資産の償却費の額の累積額

二 前号に掲げる期間以外の期間 第四十九条第一項の規定に準じて政令で定めるところにより計算したその資産の当該期間に係る減価の額

▽〔所税令〕→八五、一七四―一七七 〔租特〕→三一の四、三七の三

一 財産分与と取得価額

① 離婚に伴う財産分与として資産を取得した場合、取得者は、財産分与請求権という経済的利益を消滅させる代償として当該資産を取得したこととなるから、その資産の取得に要した金額は、原則として、右財産分与請求権の価額と同額になる。（東京地判平3・2・28行裁四二・二・三四一〈分与土地一体譲渡事件〉租税百選〔四版〕四四）→三三条⑬

二 借入金利子の取得費算入の可否

② 居住用不動産取得に際しての借入金の利子は、当該不動産の客観的価格に当たらず、付随費用にも当たらず、日常的な生活費ないし家事費にすぎないので、原則として取得費に該当しない。しかし、居住のため当該不動産の使用を開始するまでの期間に対応する利子は、当該不動産を用途に供する上で必要な準備費用に当たり、取得費に含まれる。（最判平4・7・14民集四六・五・四九二〈支払利子付随費用判決〉租税百選〔七版〕四六）

③ 土地を時効取得した場合の一時取得に係る収入金額は、当該土地の所有権取得時期である時効援用時の当該土地の価額である。時効援用時までの値上がり益は右収入金額として課税済みであるから、時効取得した土地を譲渡した場合のその譲渡所得に対する課税における取得費の額は、右一時所得に係る収入金額すなわち時効援用時の当該土地の価額による。（東京地判平4・3・10訟月三九・一・一三九、租税百選〔五版〕五〇）→三三条㉕・三

四条⑦

三　**取得費に当たるとした例**→六〇条④

④　干拓事業によって造成した土地に係る負担金（秋田地判平3・2・1訟月三七・一一・二一二二）

⑤　平均株価指数オプションのオプション料（国税不服審判所裁決平5・3・15裁決事例集二〇・一・八〇）→三三条⑩

四　**取得費に当たらないとした例**

⑥　譲渡担保は資産の譲渡に当たらないから、資産を買い戻しても資産の取得と見る余地はなく、買戻価額を取得費とすることはできない。（東京地判昭49・7・15行裁二五・七・八六一）→三三条⑭

⑦　相続による資産の取得の場合における遺産分割のための弁護士費用（東京高判昭55・10・30行裁三一・一〇・二三〇九）

⑧　代償分割の場合の代償金（最判平6・9・13判時一五二三・九七）→六〇条②

五　**租特法三九条の特例**

⑨　この特例は一定の要件に該当する場合に例外的な措置として相続税を取得費として加算することを認めるものであるところ、これは、相続人が相続税の納税のため相続財産を処分しなければならない場合、その財産の処分に際してその処分をした者に対し被相続人の所有期間に生じたキャピタルゲインを含めて所得税を課税することから当該納税者の負担感が強くなるという問題に対処するため、政策的な見地から、相続財産の処分をした場合に譲渡所得の計算上相続財産に係る相続税額を取得経費に準じて加算することを認めた趣旨のものである。（東京地判平12・11・30訟月四八・一・一四七）

第三款　収入金額の計算

（たな卸資産等の自家消費の場合の総収入金額算入）

第三九条　居住者がたな卸資産（これに準ずる資産として政令で定めるものを含む。）を家事のために消費した場合又は山林を伐採して家事のために消費した場合には、その消費した時におけるこれらの資産の価額に相当する金額は、その者のその消費した日の属する年分の事業所得の金額、山林所得の金額又は雑所得の金額の計算上、総収入金額に算入する。

▽〔所税令〕→八六

（たな卸資産の贈与等の場合の総収入金額算入）

第四〇条①　次の各号に掲げる事由により居住者の有するたな卸資産（事業所得の基因となる山林その他たな卸資産に準ずる資産として政令で定めるものを含む。以下この条において同じ。）の移転があつた場合には、当該各号に掲げる金額に相当する金額は、その者のその事由が生じた日の属する年分の事業所得の金額又は雑所得の金額の計算上、総収入金額に算入する。

一　贈与（相続人に対する贈与で被相続人である贈与者の死亡により効力を生ずるものを除く。）又は遺贈（包括遺贈及び相続人に対する特定遺贈を除く。）　当該贈与又は遺贈の時におけるそのたな卸資産の価額

二　著しく低い価額の対価による譲渡　当該対価の額と当該譲渡の時におけるそのたな卸資産の価額との差額のうち実質的に贈与をしたと認められる金額

②　居住者が前項各号に掲げる贈与若しくは遺贈又は譲渡により取得したたな卸資産を譲渡した場合における事業所得の金額、山林所得の金額、譲渡所得の金額又は雑所得の金額の計算については、次に定めるところによる。

一　前項第一号に掲げる贈与又は遺贈により取得したたな卸資産については、同号に掲げる金額をもつて取得したものとみなす。

二　前項第二号に掲げる譲渡により取得したたな卸資産については、当該譲渡の対価の額と同号に掲げる金額との合計額をもつて取得したものとみなす。

▽〔所税令〕→八七・一〇三

（農産物の収穫の場合の総収入金額算入）

第四一条①　農業を営む居住者が農産物（米、麦その他政令で定めるものに限る。）を収穫した場合には、その収穫した時における当該農産物の価額（以下この条において「収穫価額」という。）に相当する金額は、その者のその収穫の日の属する年分の事業所得の金額の計算上、総収入金額に算入する。

②　前項の農産物は、同項に規定する時にその収穫価額をもつて取得したものとみなす。

▽〔所税令〕→八八・一〇三

（発行法人から与えられた株式を取得する権利の譲渡による収入金額）

第四一条の二　居住者が株式を無償又は有利な価額により取得することができる権利として政令で定める権利を発行法人から与えられた場合において、当該居住者又は当該居住者の相続人その他の政令で定める者が当該権利をその発行法人に譲渡したときは、当該譲渡の対価の額から当該権利の取得価額を控除した金額を、その発行法人が支払をする事業所得に係る収入金額、第二十八条第一項（給与所得）に規定する給与等の収入金額、第三十条第一項（退職所得）に規定する退職手当等の収入金額、一時所得に係る収入金額又は雑所得（第三十五条第三項（雑所得）に規定する公的年金等に係るものを除く。）に係る収入金額とみなして、この法律（第二百二十四条の三（株式等の譲渡の対価の受領者等の告知）、第二百二十五条（支払調書及び支払通知書）及び第二百二十八条（名義人受領の株式等の譲渡の対価の調書）並びにこれらの規定に係る罰則を除く。）の規定を適用する。

▽〔所税令〕→八八の二

（国庫補助金等の総収入金額不算入）

第四二条① 居住者が、各年において固定資産（山林を含む。以下この条及び次条において同じ。）の取得又は改良に充てるための国又は地方公共団体の補助金又は給付金その他政令で定めるこれらに準ずるもの（以下この条及び次条において「国庫補助金等」という。）の交付を受け、その年においてその国庫補助金等をもつてその交付の目的に適合した固定資産の取得又は改良をした場合には、その国庫補助金等の返還を要しないことがその年十二月三十一日（その者が当該取得又は改良をした後その年の中途において死亡し又は出国をした場合には、その死亡又は出国の時）までに確定した場合に限り、その国庫補助金等のうちその固定資産の取得又は改良に充てた部分の金額に相当する金額は、その者の各種所得の金額の計算上、総収入金額に算入しない。

② 居住者が各年において国庫補助金等の交付に代わるべきものとして交付を受ける固定資産を取得した場合には、その固定資産の価額に相当する金額は、その者の各種所得の金額の計算上、総収入金額に算入しない。

③ 前二項の規定は、確定申告書にこれらの規定の適用を受ける旨、これらの規定により総収入金額に算入されない金額その他財務省令で定める事項の記載がある場合に限り、適用する。

④ 税務署長は、確定申告書の提出がなかつた場合又は前項の記載がない確定申告書の提出があつた場合においても、その提出がなかつたこと又はその記載がなかつたことについてやむを得ない事情があると認めるときは、第一項又は第二項の規定を適用することができる。

⑤ 第一項又は第二項の規定の適用を受けた居住者が国庫補助金等により取得し、若しくは改良した固定資産又はその取得した同項に規定する固定資産について行うべき第四十九条第一項（減価償却資産の償却費の計算及びその償却の方法）に規定する償却費の計算及びその者がその固定資産を譲渡した場合における事業所得の金額、山林所得の金額、譲渡所得の金額又は雑所得の金額の計算に関し必要な事項は、政令で定める。

▽〔所税令〕→八九・九〇

（条件付国庫補助金等の総収入金額不算入）

第四三条① 居住者が、各年において固定資産の取得又は改良に充てるための国庫補助金等の交付を受ける場合において、その国庫補助金等の返還を要しないことがその年十二月三十一日（その者がその年の中途において死亡し又は出国をした場合には、その死亡又は出国の時）までに確定していないときは、その国庫補助金等の額に相当する金額は、その者のその年分の各種所得の金額の計算上、総収入金額に算入しない。

② 前項の規定の適用を受けた居住者が交付を受けた同項の国庫補助金等の全部又は一部の返還を要しないことが確定した場合には、その国庫補助金等の額のうちその確定した部分に相当する金額は、その国庫補助金等の交付の目的に適合した固定資産の取得又は改良に充てられた金額のうち政令で定める金額を除き、その者のその確定した日の属する年分の各種所得の金額の計算上、総収入金額に算入する。

③ 第一項の規定の適用を受けた居住者が交付を受けた同項の国庫補助金等の全部又は一部の返還をすべきことが確定した場合には、その国庫補助金等の額のうちその確定した部分に相当する金額は、その者のその確定した日の属する年分の各種所得の金額の計算上、必要経費又は支出した金額に算入しない。

④ 第一項の規定は、確定申告書に同項の規定の適用を受ける旨、同項の規定により総収入金額に算入されない金額その他財務省令で定める事項の記載がある場合に限り、適用する。

⑤ 税務署長は、確定申告書の提出がなかつた場合又は前項の記載がない確定申告書の提出があつた場合においても、その提出がなかつたこと又はその記載がなかつたことについてやむを得ない事情があると認めるときは、第一項の規定を適用することができる。

⑥ 第一項の規定の適用を受けた居住者が国庫補助金等により取得し又は改良した固定資産について行なうべき第四十九条第一項（減価償却資産の償却費の計算及びその償却の方法）に規定する償却費の計算及びその者がその固定資産を譲渡した場合における事業所得の金額、山林所得の金額、譲渡所得の金額又は雑所得の金額の計算に関し必要な事項は、政令で定める。

▽〔所税令〕→九一

（移転等の支出に充てるための交付金の総収入金額不算入）

第四四条 居住者が、国若しくは地方公共団体からその行政目的の遂行のために必要なその者の資産の移転、移築若しくは除却その他これらに類する行為（固定資産の改良その他政令で定める行為を除く。以下この項において「資産の移転等」という。）の費用に充てるため補助金の交付を受け、又は土地収用法（昭和二十六年法律第二百十九号）の規定による収用その他政令で定めるやむを得ない事由の発生に伴いその者の資産の移転等の費用に充てるための金額の交付を受けた場合において、その交付を受けた金額をその交付の目的に従つて資産の移転等の費用に充てたときは、その費用に充てた金額は、その者の各種所得の金額の計算上、総収入金額に算入しない。ただし、その費用に充てた金額のうち各種所得の金額の計算上必要経費に算入され又は譲渡に要した費用とされる部分の金額に相当する金額については、この限りでない。

▽〔所税令〕→九二・九三　〔租特〕→三三

（免責許可の決定等により債務免除を受けた場合の経済的利益の総収入金額不算入）

第四四条の二① 居住者が、破産法（平成十六年法律第七十五号）第二百五十二条第一項（免責許可の決定の要件等）に規定する免責許可の決定又は再生計画認可の決定があつた場合その他資力を喪失して債務を弁済することが著しく困難である場合にその有する債務の免除を受けたときは、当該免除により受ける経済的な利益の価額については、その者の各種所得の金額の計算上、総収入金額に算入しない。

② 前項の場合において、同項の債務の免除により受ける経済的な利益の価額のうち同項の居住者の次の各号に掲げる場合の区分に応じ当該各号に定める金額（第一号から第四号までに定める金額にあつては当該経済的な利益の価額がないものとして計算した金額とし、第五号に定める金額にあつては同項の規定の適用がないものとして総所得金額、退職所得金額及び山林所得金額を計算した場合における金額とする。）の合計額に相当する部分については、同項の規定は、適用しない。

一 不動産所得を生ずべき業務に係る債務の免除を受けた場合　当該免除を受けた日の属する年分の不動産所得の金額の計算上生じた損失の金額

二 事業所得を生ずべき事業に係る債務の免除を受けた場合　当該免除を受けた日の属する年分の事業所得の金額の計算上生じた損失の金額

三 山林所得を生ずべき業務に係る債務の免除を受けた場合　当該免除を受けた日の属する年分の山林所得の金額の計算上生じた損失の金額

四 雑所得を生ずべき業務に係る債務の免除を受けた場合　当該免除を受けた日の属する年分の雑所得の金額の計算上生じた損失の金額

五 第七十条第一項又は第二項（純損失の繰越控除）の規定により、当該債務の免除を受けた日の属する年分の総所得金額、退職所得金額又は山林所得金額の計算上控除する純損失の金額がある場合　当該控除する純損失の金額

③ 第一項の規定は、確定申告書に同項の規定の適用を受ける旨、同項の規定により総収入金額に算入されない金額その他財務省令で定める事項の記載がある場合に限り、適用する。

④ 税務署長は、確定申告書の提出がなかつた場合又は前項の記載がない確定申告書の提出があつた場合においても、その提出がなかつたこと又はその記載がなかつたことについてやむを得ない事情があると認めるときは、第一項の規定を適用することができる。

1 平成二六法一〇による本条の立法化前に事業再生スキームによる債務免除益を非課税とした例（大阪地判平24・2・28訟月五八・一一・三九一三、重判平24租税五）

（減額された外国所得税額の総収入金額不算入等）

第四四条の三　居住者が第九十五条第一項から第三項まで（外国税額控除）の規定の適用を受けた年の翌年以後七年内の各年においてこれらの規定による控除をされるべき金額の計算の基礎となつた同条第一項に規定する外国所得税の額が減額された場合には、その減額された金額のうちその減額されることとなつた日の属する年分における同条の規定による外国税額控除の適用に係る部分に相当する金額として政令で定める金額は、その者の当該年分の不動産所得の金額、事業所得の金額、山林所得の金額、一時所得の金額又は雑所得の金額の計算上、総収入金額に算入しない。この場合において、その減額された金額から当該政令で定める金額を控除した金額は、その者の当該年分の雑所得の金額の計算上、総収入金額に算入する。

▽〔所税令〕→九三の二

第四款　必要経費等の計算

第一目　家事関連費、租税公課等

（家事関連費等の必要経費不算入等）

第四五条①　居住者が支出し又は納付する次に掲げるものの額は、その者の不動産所得の金額、事業所得の金額、山林所得の金額又は雑所得の金額の計算上、必要経費に算入しない。

一 家事上の経費及びこれに関連する経費で政令で定めるもの

二 所得税（不動産所得、事業所得又は山林所得を生ずべき事業を行う居住者が納付する第百三十一条第三項（確定申告税額の延納に係る利子税）、第百三十六条（延払条件付譲渡に係る所得税額の延納に係る利子税）、第百三十七条の二第十二項（国外転出をする場合の譲渡所得等の特例の適用がある場合の納税猶予に係る利子税）又は第百三十七条の三第十四項（贈与等により非居住者に資産が移転した場合の譲渡所得等の特例の適用がある場合の納税猶予に係る利子税）の規定による利子税で、その事業についてのこれらの所得に係る所得税の額に対応するものとして政令で定めるものを除く。）

三 所得税以外の国税に係る延滞税、過少申告加算税、無申告加算税、不納付加算税及び重加算税並びに印紙税法（昭和四十二年法律第二十三号）の規定による過怠税

★平成三一法六（令和六・一・一施行）による改正後

三の二 森林環境税及び森林環境譲与税に関する法律（平成三十一年法律第三号）の規定による森林環境税及び森林環境税に係る延滞金（改正により追加）

四 地方税法（昭和二十五年法律第二百二十六号）の規定による道府県民税及び市町村民税（都民税及び特別区民税を含む。）

五 地方税法の規定による延滞金、過少申告加算金、不申告加算金及び重加算金

六 前号に掲げるものに準ずるものとして政令で定めるもの

七 罰金及び科料（通告処分による罰金又は科料に相当するもの及び外国又はその地方公共団体が課する罰金又は科料に相当するものを含む。）並びに過料

八 損害賠償金（これに類するものを含む。）で政令で定めるもの

九 国民生活安定緊急措置法（昭和四十八年法律第

百二十一号）の規定による課徴金及び延滞金

十　私的独占の禁止及び公正取引の確保に関する法律（昭和二十二年法律第五十四号）の規定による課徴金及び延滞金（外国若しくはその地方公共団体又は国際機関が納付を命ずるこれらに類するものを含む。）

十一　金融商品取引法第六章の二（課徴金）の規定による課徴金及び延滞金

十二　公認会計士法（昭和二十三年法律第百三号）の規定による課徴金及び延滞金

十三　不当景品類及び不当表示防止法（昭和三十七年法律第百三十四号）の規定による課徴金及び延滞金

十四　医薬品、医療機器等の品質、有効性及び安全性の確保等に関する法律（昭和三十五年法律第百四十五号）の規定による課徴金及び延滞金

②　居住者が供与をする刑法（明治四十年法律第四十五号）第百九十八条（贈賄）に規定する賄賂又は不正競争防止法（平成五年法律第四十七号）第十八条第一項（外国公務員等に対する不正の利益の供与等の禁止）に規定する金銭その他の利益に当たるべき金銭の額及び金銭以外の物又は権利その他経済的な利益の価額（その供与に要する費用の額がある場合には、その費用の額を加算した金額）は、その者の不動産所得の金額、事業所得の金額、山林所得の金額又は雑所得の金額の計算上、必要経費に算入しない。

③　第一項第二号から第八号までに掲げるものの額又は前項に規定する金銭の額及び金銭以外の物若しくは権利その他経済的な利益の価額は、第一項又は前項の居住者の一時所得の金額の計算上、支出した金額に算入しない。

▽〔所税令〕→九六—九八

一　家事費の例

1　市民税（札幌高函館支判昭24・11・21高刑裁特五・八三）

2　税の納付に充てるための借入金利子（神戸地判昭35・6・6行裁一一・六・一七四九）

二　家事関連費

3　通信費一万六一四〇円のうち三〇パーセントは事業に関連がない家事のためのものである旨の税務署長の主張は、申告制を採用する現行税制下において実額調査の困難な実情にあることを考えれば右のような推定もあえて不当とするには及ばない。（名古屋地判昭28・8・7行裁四・八・一八一九）

4　納税者が使用している家屋は建坪二七坪ほか二階一二坪四合四勺であり、そのうち直接営業用に供している部分は階下店舗及び茶の間一一坪であると認定して、家賃の五割を営業費と認めた事例（新潟地判昭30・4・25行裁六・四・九四一）

5　電話一台を設置してその基本料金及び度数料として八三八三円を支出したところ、電話は全て取引先との通信のためにのみ使用した事実を認めることができるとして、その必要経費控除を認めた事例（東京地判昭32・10・3行裁八・一〇・一八〇九）

6　居住・営業兼用家屋の電話使用料につき、税務署長がその約一四パーセントを家事用の電話使用料とみなして経費控除を否定したところ、弁論の全趣旨を総合すると、納税者は極めてきちょうめんな性格の人であり営業と家事とはっきり区別して電話を家事用には全然使用していないことが認められるとして、控除を認めた事例（大阪高判昭34・4・15行裁一〇・四・七三五）→三七条3

7　家事関連費としての支払賃料が事業所得の金額の計算上必要経費として認められるためには、当該費用が事業と何らかの関連があるというだけでは足りず、それが事業の遂行上必要なものであり、かつ、その必要な部分の金額が客観的に明らかでなければならないと解した上で、店舗兼住宅の支払家賃につき、自宅兼事業所全体に占める事業専用割合の面積割合によって支払賃料を按分して必要経費となる金額を算出した事例（東京高判平11・8・30税資二四四・四三二）

（所得税額から控除する外国税額の必要経費不算入）

第四六条　居住者が第九十五条第一項（外国税額控除）に規定する控除対象外国所得税の額につき同条又は第百三十八条第一項（源泉徴収税額等の還付）の規定の適用を受ける場合には、当該控除対象外国所得税の額は、その者の不動産所得の金額、事業所得の金額、山林所得の金額若しくは雑所得の金額又は一時所得の金額の計算上、必要経費又は支出した金額に算入しない。

第二目　資産の評価及び償却費

（棚卸資産の売上原価等の計算及びその評価の方法）

第四七条①　居住者の棚卸資産につき第三十七条第一項（必要経費）の規定によりその者の事業所得の金額の計算上必要経費に算入する金額を算定する場合におけるその算定の基礎となるその年十二月三十一日（その者が年の中途において死亡し又は出国をした場合には、その死亡又は出国の時。以下この条から第五十条までにおいて同じ。）において有する棚卸資産（以下この項において「期末棚卸資産」という。）の価額は、棚卸資産の取得価額の平均額をもつてその年十二月三十一日において有する棚卸資産の評価額とする方法その他の政令で定める評価の方法のうちからその者が当該期末棚卸資産について選定した評価の方法により評価した金額（評価の方法を選定しなかつた場合又は選定した評価の方法により評価しなかつた場合には、評価の方法のうち政令で定める方法により評価した金額）とする。

②　前項の選定をすることができる評価の方法の特例、評価の方法の選定の手続、棚卸資産の評価額の計算の基礎となる棚卸資産の取得価額その他棚卸資産の評価に関し必要な事項は、政令で定める。

▽〔所税令〕→九九—一〇四

（有価証券の譲渡原価等の計算及びその評価の方法）

第四八条①　居住者の有価証券につき第三十七条第一項（必要経費）の規定によりその者の事業所得の金額の計算上必要経費に算入する金額を算定する場合におけるその算定の基礎となるその年十二月三十一日において有する有価証券の価額は、その者が有価証券について選定した評価の方法により評価した金額（評価の方法を選定しなかつた場合又は選定した評価の方法により評価しなかつた場合には、評価の方法のうち政令で定める方法により評価した金額）とする。

②　前項の選定をすることができる評価の方法の種類、その選定の手続その他有価証券の評価に関し必要な事項は、政令で定める。

③　居住者が二回以上にわたつて取得した同一銘柄の有価証券につき第三十七条第一項の規定によりその者の雑所得の金額の計算上必要経費に算入する金額又は第三十八条第一項（譲渡所得の金額の計算上控除する取得費）の規定によりその者の譲渡所得の金額の計算上取得費に算入する金額は、政令で定めるところにより、それぞれの取得に要した金額を基礎として第一項の規定に準じて評価した金額とする。

▽〔所税令〕→一〇五―一一九

（暗号資産の譲渡原価等の計算及びその評価の方法）

第四八条の二①　居住者の暗号資産（資金決済に関する法律（平成二十一年法律第五十九号）第二条第五項（定義）に規定する暗号資産をいう。以下この条において同じ。）につき第三十七条第一項（必要経費）の規定によりその者の事業所得の金額又は雑所得の金額の計算上必要経費に算入する金額を算定する場合におけるその算定の基礎となるその年十二月三十一日において有する暗号資産の価額は、その者が暗号資産について選定した評価の方法により評価した金額（評価の方法を選定しなかつた場合又は選定した評価の方法により評価しなかつた場合には、評価の方法のうち政令で定める方法により評価した金額）とする。

②　前項の選定をすることができる評価の方法の種類、その選定の手続その他暗号資産の評価に関し必要な事項は、政令で定める。

▽〔所税令〕→一一九の二―一一九の七

（減価償却資産の償却費の計算及びその償却の方法）

第四九条①　居住者のその年十二月三十一日において有する減価償却資産につきその償却費として第三十七条（必要経費）の規定によりその者の不動産所得の金額、事業所得の金額、山林所得の金額又は雑所得の金額の計算上必要経費に算入する金額は、その取得をした日及びその種類の区分に応じ、償却費が毎年同一となる償却の方法、償却費が毎年一定の割合で逓減する償却の方法その他の政令で定める償却の方法の中からその者が当該資産について選定した償却の方法（償却の方法を選定しなかつた場合には、償却の方法のうち政令で定める方法）に基づき政令で定めるところにより計算した金額とする。

②　前項の選定をすることができる償却の方法の特例、償却の方法の選定の手続、償却費の計算の基礎となる減価償却資産の取得価額、減価償却資産について支出する金額のうち使用可能期間を延長させる部分等に対応する金額を減価償却資産の取得価額とする特例その他減価償却資産の償却に関し必要な事項は、政令で定める。

▽〔所税令〕→一二〇―一三六の二・一三八・一三九
〔租特〕→一〇の三―一〇の五の六・一四・一五・一九・二八の二・二八の二の二

（繰延資産の償却費の計算及びその償却の方法）

第五〇条①　居住者のその年十二月三十一日における繰延資産につきその償却費として第三十七条（必要経費）の規定によりその者の不動産所得の金額、事業所得の金額、山林所得の金額又は雑所得の金額の計算上必要経費に算入する金額は、その繰延資産に係る支出の効果の及ぶ期間を基礎として政令で定めるところにより計算した金額とする。

②　前項に定めるもののほか、繰延資産の償却に関し必要な事項は、政令で定める。

▽〔所税令〕→一三七・一三九の二

第三目　資産損失

（資産損失の必要経費算入）

第五一条①　居住者の営む不動産所得、事業所得又は山林所得を生ずべき事業の用に供される固定資産その他これに準ずる資産で政令で定めるものについて、取りこわし、除却、滅失（当該資産の損壊による価値の減少を含む。）その他の事由により生じた損失の金額（保険金、損害賠償金その他これらに類するものにより補てんされる部分の金額及び資産の譲渡により又はこれに関連して生じたものを除く。）は、その者のその損失の生じた日の属する年分の不動産所得の金額、事業所得の金額又は山林所得の金額の計算上、必要経費に算入する。

②　居住者の営む不動産所得、事業所得又は山林所得を生ずべき事業について、その事業の遂行上生じた売掛金、貸付金、前渡金その他これらに準ずる債権の貸倒れその他政令で定める事由により生じた損失の金額は、その者のその損失の生じた日の属する年分の不動産所得の金額、事業所得の金額又は山林所得の金額の計算上、必要経費に算入する。

③　災害又は盗難若しくは横領により居住者の有する山林について生じた損失の金額（保険金、損害賠償金その他これらに類するものにより補てんされる部分の金額を除く。）は、その者のその損失の生じた日の属する年分の事業所得の金額又は山林所得の金額の計算上、必要経費に算入する。

④　居住者の不動産所得若しくは雑所得を生ずべき業務の用に供され又はこれらの所得の基因となる資産（山林及び第六十二条第一項（生活に通常必要でな

い資産の災害による損失）に規定する資産を除く。）の損失の金額（保険金、損害賠償金その他これらに類するものにより補てんされる部分の金額、資産の譲渡により又はこれに関連して生じたもの及び第一項若しくは第二項又は第七十二条第一項（雑損控除）に規定するものを除く。）は、それぞれ、その者のその損失の生じた日の属する年分の不動産所得の金額又は雑所得の金額（この項の規定を適用しないで計算したこれらの所得の金額とする。）を限度として、当該年分の不動産所得の金額又は雑所得の金額の計算上、必要経費に算入する。

⑤　第一項及び前二項に規定する損失の金額の計算に関し必要な事項は、政令で定める。

▽〔所税令〕→一四〇―一四三

1　昭和三七法四四による所得税法改正前から実務は事業上の貸倒損失を必要経費に算入してきており、本条二項はその趣旨を確認した規定である。（最判昭47・12・22訟月一九・六・一〇〇）

2　本条二項により貸倒損失として必要経費に計上できるのは、債権が法律上消滅した場合、又は、債務者の資産状況・支払能力等からみて貸付金等の全額が回収できないことが明らかになったときなど法律上債権は存在するがその回収が事実上不可能である場合のいずれかである。（名古屋高判平4・10・21行裁四三・一〇・一二六〇）

3　貸付金の交付が不法原因給付に当たるため貸付金元本債権の返還請求をすることができないことにより生じた損失が本条二項の貸倒れにより生じた損失に当たるというためには、債権者において貸付金元本の返還請求をしない旨債務者に通知するなどその意思を明確にし、債務者において法律上債権者からの貸付金元本の返還請求を拒むことができる旨明確に認識していることが必要である。（福岡高判平23・9・8訟月五八・六・二四七一）

4　個人経営する病院で不正な診療報酬請求をしてこれを受領した事案で、所税令一四一条三号所定の事由により損失が生じたというためには、単に当該利得について返還債務が存在したり、その額が当事者間で明確になったりというだけでは足りず、当該利得についての返還義務が現実に履行されるなど当該利得が消滅していることを要する。（東京高判平23・10・6訟月五九・一・一七三）→三六条4

第四目　引当金

（貸倒引当金）

第五二条①　不動産所得、事業所得又は山林所得を生ずべき事業を営む居住者が、その有する売掛金、貸付金、前渡金その他これらに準ずる金銭債権（債券に表示されるべきものを除く。次項において同じ。）で当該事業の遂行上生じたもの（以下この項において「貸金等」という。）のうち、更生計画認可の決定に基づいて弁済を猶予され、又は賦払により弁済されることその他の政令で定める事実が生じていることによりその一部につき貸倒れその他これに類する事由による損失が見込まれるもの（当該貸金等に係る債務者に対する他の貸金等がある場合には、当該他の貸金等を含む。以下この項及び次項において「個別評価貸金等」という。）のその損失の見込額として、各年（事業の全部を譲渡し、又は廃止した日の属する年を除く。次項において同じ。）において貸倒引当金勘定に繰り入れた金額については、当該金額のうち、その年十二月三十一日（その者が年の中途において死亡した場合には、その死亡の時。次項において同じ。）において当該個別評価貸金等の取立て又は弁済の見込みがないと認められる部分の金額を基礎として政令で定めるところにより計算した金額に達するまでの金額は、その者のその年分の不動産所得、事業所得又は山林所得の金額の計算上、必要経費に算入する。ただし、その者が死亡した場合において、その相続人が当該事業を承継しなかつたときは、この限りでない。

②　青色申告書を提出する居住者で事業所得を生ずべき事業を営むものが、その有する売掛金、貸付金その他これらに準ずる金銭債権で当該事業の遂行上生じたもの（個別評価貸金等を除く。以下この項において「一括評価貸金」という。）の貸倒れによる損失の見込額として、各年において貸倒引当金勘定に繰り入れた金額については、当該金額のうち、その年十二月三十一日において有する一括評価貸金の額を基礎として政令で定めるところにより計算した金額に達するまでの金額は、その者のその年分の事業所得の金額の計算上、必要経費に算入する。ただし、その者が死亡した場合において、その相続人が当該事業を承継しなかつたとき、その他政令で定める場合は、この限りでない。

③　前二項の規定によりその繰入れをした年分の不動産所得の金額、事業所得の金額又は山林所得の金額の計算上必要経費に算入された貸倒引当金勘定の金額は、その繰入れをした年の翌年分の不動産所得の金額、事業所得の金額又は山林所得の金額の計算上、総収入金額に算入する。

④　第一項及び第二項の規定は、確定申告書に貸倒引当金勘定に繰り入れた金額の必要経費への算入に関する明細の記載がある場合に限り、適用する。

⑤　税務署長は、前項の記載がない確定申告書の提出があつた場合においても、その記載がなかつたことについてやむを得ない事情があると認めるときは、第一項又は第二項の規定を適用することができる。

⑥　第一項又は第二項に規定する居住者が死亡した場合において、これらの規定によりその者の死亡の日の属する年分の不動産所得の金額、事業所得の金額又は山林所得の金額の計算上必要経費に算入された貸倒引当金勘定の金額があるときにおける当該貸倒引当金勘定の金額の処理に関し必要な事項は、政令で定める。

▽〔所税令〕→一四四―一四七

第五三条　削除

（退職給与引当金）

第五四条①　青色申告書を提出する居住者で事業所得を生ずべき事業を営むもののうち、政令で定める退職給与規程を定めているものが、その事業に係る使用人（その居住者と生計を一にする配偶者その他の親族を除く。以下この条において同じ。）の退職により支給する退職給与に充てるため、各年において退職給与引当金勘定に繰り入れた金額については、当該金額のうち、その年十二月三十一日（その居住者が年の中途において死亡した場合には、その死亡の時）において在職するその事業に係る使用人の全員が自己の都合により退職するものと仮定して計算した場合に退職給与として支給されるべき金額の見積額のうちその年において増加したと認められる部分の金額を基礎として政令で定めるところにより計算した金額に達するまでの金額は、その居住者のその年分の事業所得の金額の計算上、必要経費に算入する。

② 退職給与引当金勘定の金額（前項の規定によりその繰入れをした年分の事業所得の金額の計算上必要経費に算入されたものに限るものとし、既にこの項の規定により取りくずすべきこととなつたものを除く。以下この条において同じ。）を有する居住者は、前項の使用人が退職した場合、青色申告書の提出の承認を取り消された場合その他政令で定める場合には、政令で定めるところにより、その退職給与引当金勘定の金額を取りくずさなければならない。

③ 前項の規定により取りくずすべきこととなつた退職給与引当金勘定の金額又は同項の規定に該当しないで取りくずした退職給与引当金勘定の金額は、それぞれその取りくずすべきこととなつた日又は取りくずした日の属する年分の事業所得の金額の計算上、総収入金額に算入する。

④ 第一項の規定は、確定申告書に退職給与引当金勘定に繰り入れた金額の必要経費への算入に関する明細の記載がある場合に限り、適用する。

⑤ 税務署長は、前項の記載がない確定申告書の提出があつた場合においても、その記載がなかつたことについてやむを得ない事情があると認めるときは、第一項の規定を適用することができる。

⑥ 第二項から前項までに定めるもののほか、退職給与引当金勘定の金額を有する居住者が死亡した場合における当該退職給与引当金勘定の金額の処理その他第一項の規定の適用に関し必要な事項は、政令で定める。

▽〔所税令〕→一五三―一五九

第五五条　削除

第五目　親族が事業から受ける対価

（事業から対価を受ける親族がある場合の必要経費の特例）

第五六条　居住者と生計を一にする配偶者その他の親族がその居住者の営む不動産所得、事業所得又は山林所得を生ずべき事業に従事したことその他の事由により当該事業から対価の支払を受ける場合には、その対価に相当する金額は、その居住者の当該事業に係る不動産所得の金額、事業所得の金額又は山林所得の金額の計算上、必要経費に算入しないものとし、かつ、その親族のその対価に係る各種所得の金額の計算上必要経費に算入されるべき金額は、その居住者の当該事業に係る不動産所得の金額、事業所得の金額又は山林所得の金額の計算上、必要経費に算入する。この場合において、その親族が支払を受けた対価の額及びその親族のその対価に係る各種所得の金額の計算上必要経費に算入されるべき金額は、当該各種所得の金額の計算上ないものとみなす。

1 本条の趣旨及びその文言に照らせば、居住者と生計を一にする配偶者その他の親族が居住者と別に事業を営む場合であっても、そのことを理由に本条の適用を否定することはできない。（最判平16・11・2判時一八八三・四三〈弁護士夫婦事件〉租税百選〔七版〕三二……同旨・最判平17・7・5税資二五五順号一〇〇七〇〈弁護士・税理士夫婦事件〉、東京高判平3・5・22税資一八三・七九九〈特許事務所賃借事件〉）

2 既婚の長男・次男が「生計を一にする」とは認められないとした事例（最判昭51・3・18判時八一二・五〇租税百選〔七版〕三一）

（事業に専従する親族がある場合の必要経費の特例等）

第五七条①　青色申告書を提出することにつき税務署長の承認を受けている居住者と生計を一にする配偶者その他の親族（年齢十五歳未満である者を除く。）で専らその居住者の営む前条に規定する事業に従事するもの（以下この条において「青色事業専従者」という。）が当該事業から次項の書類に記載されている方法に従いその記載されている金額の範囲内において給与の支払を受けた場合には、前条の規定にかかわらず、その給与の金額でその労務に従事した期間、労務の性質及びその提供の程度、その事業の種類及び規模、その事業と同種の事業でその規模が類似するものが支給する給与の状況その他の政令で定める状況に照らしその労務の対価として相当であると認められるものは、その居住者のその給与の支給に係る年分の当該事業に係る不動産所得の金額、事業所得の金額又は山林所得の金額の計算上必要経費に算入し、かつ、当該青色事業専従者の当該年分の給与所得に係る収入金額とする。

② その年分以後の各年分の所得税につき前項の規定の適用を受けようとする居住者は、その年三月十五日まで（その年一月十六日以後新たに同項の事業を開始した場合には、その事業を開始した日から二月以内）に、青色事業専従者の氏名、その職務の内容及び給与の金額並びにその給与の支給期その他財務省令で定める事項を記載した書類を納税地の所轄税務署長に

務署長に提出しなければならない。

③ 居住者（第一項に規定する居住者を除く。）と生計を一にする配偶者その他の親族（年齢十五歳未満である者を除く。）で専らその居住者の営む前条に規定する事業に従事するもの（以下この条において「事業専従者」という。）がある場合には、その居住者のその年分の当該事業に係る不動産所得の金額、事業所得の金額又は山林所得の金額の計算上、各事業専従者につき、次に掲げる金額のうちいずれか低い金額を必要経費とみなす。

一 次に掲げる事業専従者の区分に応じそれぞれ次に定める金額

イ その居住者の配偶者である事業専従者 八十六万円

ロ イに掲げる者以外の事業専従者 五十万円

二 その年分の当該事業に係る不動産所得の金額、事業所得の金額又は山林所得の金額（この項の規定を適用しないで計算した場合の金額とする。）を当該事業に係る事業専従者の数に一を加えた数で除して計算した金額

④ 前項の規定の適用があつた場合には、各事業専従者につき同項の規定により必要経費とみなされた金額は、当該各事業専従者の当該年分の各種所得の金額の計算については、当該各事業専従者の給与所得に係る収入金額とみなす。

⑤ 第三項の規定は、確定申告書に同項の規定の適用を受ける旨及び同項の規定により必要経費とみなされる金額に関する事項の記載がない場合には、適用しない。

⑥ 税務署長は、確定申告書の提出がなかつた場合又は前項の記載がない確定申告書の提出があつた場合においても、その提出がなかつたこと又はその記載がなかつたことについてやむを得ない事情があると認めるときは、第三項の規定を適用することができる。

⑦ 第一項又は第三項の場合において、これらの規定に規定する親族の年齢が十五歳未満であるかどうかの判定は、その年十二月三十一日（これらの規定に規定する居住者がその年の中途において死亡し又は出国をした場合には、その死亡又は出国の時）の現況による。ただし、当該親族がその当時既に死亡している場合は、当該死亡の時の現況による。

⑧ 青色事業専従者又は事業専従者の要件の細目、第二項の書類に記載した事項を変更する場合の手続その他第一項又は第三項の規定の適用に関し必要な事項は、政令で定める。

▽〔所税令〕→一六四―一六七

一 一項

1 類似同業者において税理士業務の補助業務に従事している青色事業専従者の給与と比較して労務の対価の相当性を認定した事例（広島高松江支判平25・10・23訟月六〇・六・一三七九）

2 所税令一六五条二項二号括弧書該当性に関し、他の職業に従事する時間がおよそ短く、当該事業に専ら従事することが妨げられないことが一見して明らかであるかどうか等の諸事情に照らし、青色事業専従者性を否定した事例（東京地判平28・9・30税資二六六順号一二九〇九……東京高判平29・4・13税資二六七順号一三〇一〇で確定）

二 三項

3 本条三項は憲法一四条に違反しない。（福岡高判昭60・8・29行裁三六・七=八・一二五二）

第六目 給与所得者の特定支出

（給与所得者の特定支出の控除の特例）

第五十七条の二① 居住者が、各年において特定支出をした場合において、その年中の特定支出の額の合計額が第二十八条第二項（給与所得）に規定する給与所得控除額の二分の一に相当する金額を超えるときは、その年分の同項に規定する給与所得の金額は、同項及び同条第四項の規定にかかわらず、同条第二項の残額からその超える部分の金額を控除した金額とする。

② 前項に規定する特定支出とは、居住者の次に掲げる支出（その支出につきその者に係る第二十八条第一項に規定する給与等の支払をする者（以下この項において「給与等の支払者」という。）により補塡される部分があり、かつ、その補塡される部分につき所得税が課されない場合における当該補塡される部分及びその支出につき雇用保険法（昭和四十九年法律第百十六号）第十条第五項（失業等給付）に規定する教育訓練給付金、母子及び父子並びに寡婦福祉法（昭和三十九年法律第百二十九号）第三十一条第一号（母子家庭自立支援給付金）に規定する母子家庭自立支援教育訓練給付金又は同法第三十一条の十（父子家庭自立支援給付金）において準用する同号に規定する父子家庭自立支援教育訓練給付金が支給される部分がある場合における当該支給される部分を除く。）をいう。

一 その者の通勤のために必要な交通機関の利用又は交通用具の使用のための支出で、その通勤の経路及び方法がその者の通勤に係る運賃、時間、距離その他の事情に照らして最も経済的かつ合理的であることにつき財務省令で定めるところにより給与等の支払者により証明がされたもののうち、一般の通勤者につき通常必要であると認められる部分として政令で定める支出

二 勤務する場所を離れて職務を遂行するために直接必要な旅行であることにつき財務省令で定めるところにより給与等の支払者により証明がされたものに通常要する支出で政令で定めるもの

三 転任に伴うものであることにつき財務省令で定めるところにより給与等の支払者により証明がされた転居のために通常必要であると認められる支出として政令で定めるもの

四 職務の遂行に直接必要な技術又は知識を習得することを目的として受講する研修（人の資格を取得するためのものを除く。）であることにつき財務省令で定めるところにより給与等の支払者によ

り証明がされたもののための支出

五　人の資格を取得するための支出で、その支出がその者の職務の遂行に直接必要なものとして財務省令で定めるところにより給与等の支払者により証明がされたもの

六　転任に伴い生計を一にする配偶者との別居を常況とすることとなつた場合その他これに類する場合として政令で定める場合に該当することにつき財務省令で定めるところにより給与等の支払者により証明がされた場合におけるその者の勤務する場所又は居所とその配偶者その他の親族が居住する場所との間のその者の旅行に通常要する支出で政令で定めるもの

七　次に掲げる支出（当該支出の額の合計額が六十五万円を超える場合には、六十五万円までの支出に限る。）で、その支出がその者の職務の遂行に直接必要なものとして財務省令で定めるところにより給与等の支払者により証明がされたもの

イ　書籍、定期刊行物その他の図書で職務に関連するものとして政令で定めるもの及び制服、事務服その他の勤務場所において着用することが必要とされる衣服で政令で定めるものを購入するための支出

ロ　交際費、接待費その他の費用で、給与等の支払者の得意先、仕入先その他職務上関係のある者に対する接待、供応、贈答その他これらに類する行為のための支出

③　第一項の規定は、確定申告書、修正申告書又は更正請求書（次項において「申告書等」という。）に第一項の規定の適用を受ける旨及び同項に規定する特定支出の額の合計額の記載があり、かつ、前項各号に掲げるそれぞれの特定支出に関する明細書及びこれらの各号に規定する証明の書類の添付がある場合に限り、適用する。

④　第一項の規定の適用を受ける旨の記載がある申告書等を提出する場合には、同項に規定する特定支出の支出の事実及び支出した金額を証する書類として政令で定める書類を当該申告書等に添付し、又は当該申告書等の提出の際提示しなければならない。

⑤　前三項に定めるもののほか、第二項に規定する特定支出の範囲の細目その他第一項の規定の適用に関し必要な事項は、政令で定める。

▽〔所税令〕→一六七の三―一六七の五

第四款の二　外貨建取引の換算

（外貨建取引の換算）

第五十七条の三①　居住者が、**外貨建取引**（外国通貨で支払が行われる資産の販売及び購入、役務の提供、金銭の貸付け及び借入れその他の取引をいう。以下この条において同じ。）**を行つた場合には、当該外貨建取引の金額の円換算額**（外国通貨で表示された金額を本邦通貨表示の金額に換算した金額をいう。以下次項において同じ。）**は、当該外貨建取引を行つた時における外国為替の売買相場により換算した金額として、その者の各年分の各種所得の金額を計算するものとする。**

②　不動産所得、事業所得、山林所得又は雑所得を生ずべき業務を行う居住者が、先物外国為替契約等（外貨建取引によつて取得し、又は発生する資産若しくは負債の金額の円換算額を確定させる契約として財務省令で定めるものをいう。以下この項において同じ。）により外貨建取引によつて取得し、又は発生する資産若しくは負債の金額の円換算額を確定させた場合において、当該先物外国為替契約等の締結の日においてその旨を財務省令で定めるところによりその者の当該業務に係る帳簿書類その他の財務省令で定める書類に記載したときは、当該資産又は負債については、当該円換算額をもつて、前項の規定により換算した金額として、その者の各年分の不動産所得の金額、事業所得の金額、山林所得の金額又は雑所得の金額を計算するものとする。

③　前項に定めるもののほか、外貨建取引の換算の特例その他前二項の規定の適用に関し必要な事項は、政令で定める。

▽〔所税令〕→一六七の六

第五款　資産の譲渡に関する総収入金額並びに必要経費及び取得費の計算の特例（抄）

（株式交換等に係る譲渡所得等の特例）

第五十七条の四①　居住者が、**各年において、その有する株式**（以下この項において「旧株」という。）**につき、その旧株を発行した法人の行つた株式交換**（当該法人の株主に法人税法第二条第十二号の六の三（定義）に規定する株式交換完全親法人（以下この項において「株式交換完全親法人」という。）又は株式交換完全親法人との間に当該株式交換完全親法人の発行済株式若しくは出資（当該株式交換完全親法人が有する自己の株式又は出資を除く。）の全部を直接若しくは間接に保有する関係として政令で定める関係がある法人のうちいずれか一の法人の株式（出資を含む。以下この項において同じ。）以外の資産（当該株主に対する剰余金の配当として交付された金銭その他の資産及び株式交換に反対する当該株主に対するその買取請求に基づく対価として交付される金銭その他の資産を除く。）が交付されなかつたものに限る。）**により当該株式交換完全親法人に対し当該旧株の譲渡をし、かつ、当該株式の交付を受けた場合又はその旧株を発行した法人の行つた特定無対価株式交換**（当該法人の株主に株式交換完全親法人の株式その他の資産が交付されなかつた株式交換で、当該法人の株主に対する株式交換完全親法人の株式の交付が省略されたと認められる株式交換として政令で定めるものをいう。）**により当該旧株を有しないこととなつた場合には、**第二十七条（事業所得）、第三十三条（譲渡所得）、第三十五条（雑所得）又は第五十九条（贈与等の場合の譲渡所得等の特例）の規定の適用については、**これらの旧株の譲渡又は贈与がなかつたものとみなす。**

②　居住者が、各年において、その有する株式（以下

この項において「旧株」という。）につき、その旧株を発行した法人の行つた株式移転（当該法人の株主に法人税法第二条第十二号の六の六に規定する株式移転完全親法人（以下この項において「株式移転完全親法人」という。）の株式以外の資産（株式移転に反対する当該株主に対するその買取請求に基づく対価として交付される金銭その他の資産を除く。）が交付されなかつたものに限る。）により当該株式移転完全親法人に対し当該旧株の譲渡をし、かつ、当該株式移転完全親法人の株式の交付を受けた場合には、第二十七条、第三十三条又は第三十五条の規定の適用については、当該旧株の譲渡がなかつたものとみなす。

③ 居住者が、各年において、その有する次の各号に掲げる有価証券を当該各号に定める事由により譲渡をし、かつ、当該事由により当該各号に規定する取得をする法人の株式（出資を含む。以下この項において同じ。）又は新株予約権の交付を受けた場合（当該交付を受けた株式又は新株予約権の価額が当該譲渡をした有価証券の価額とおおむね同額となつていないと認められる場合を除く。）には、第二十七条、第三十三条又は第三十五条の規定の適用については、当該有価証券の譲渡がなかつたものとみなす。

一 取得請求権付株式（法人がその発行する全部又は一部の株式の内容として株主等が当該法人に対して当該株式の取得を請求することができる旨の定めを設けている場合の当該株式をいう。） 当該取得請求権付株式に係る請求権の行使によりその取得の対価として当該取得をする法人の株式のみが交付される場合の当該請求権の行使

二 取得条項付株式（法人がその発行する全部又は一部の株式の内容として当該法人が一定の事由（以下この号において「取得事由」という。）が発生したことを条件として当該株式の取得をすることができる旨の定めを設けている場合の当該株式をいう。） 当該取得条項付株式に係る取得事由の発生によりその取得の対価として当該取得をされる株主等に当該取得をする法人の株式のみが交付される場合（その取得の対象となつた種類の株式の全てが取得をされる場合には、その取得の対価として当該取得をされる株主等に当該取得をする法人の株式及び新株予約権のみが交付される場合を含む。）の当該取得事由の発生

三 全部取得条項付種類株式（ある種類の株式について、これを発行した法人が株主総会その他これに類するものの決議（以下この号において「取得決議」という。）によつてその全部の取得をする旨の定めがある場合の当該種類の株式をいう。） 当該全部取得条項付種類株式に係る取得決議によりその取得の対価として当該取得をされる株主等に当該取得をする法人の株式（当該株式と併せて交付される当該取得をする法人の新株予約権を含む。）以外の資産（当該取得の価格の決定の申立てに基づいて交付される金銭その他の資産を除く。）が交付されない場合の当該取得決議

四 新株予約権付社債についての社債 当該新株予約権付社債に付された新株予約権の行使によりその取得の対価として当該取得をする法人の株式が交付される場合の当該新株予約権の行使

五 取得条項付新株予約権（新株予約権について、これを発行した法人が一定の事由（以下この号において「取得事由」という。）が発生したことを条件としてこれを取得することができる旨の定めがある場合の当該新株予約権をいい、当該新株予約権を引き受ける者に特に有利な条件又は金額で交付された当該新株予約権その他の政令で定めるものを除く。） 当該取得条項付新株予約権に係る取得事由の発生によりその取得の対価として当該取得をされる新株予約権者に当該取得をする法人の株式のみが交付される場合の当該取得事由の発生

六 取得条項付新株予約権（新株予約権について、これを発行した法人が一定の事由（以下この号において「取得事由」という。）が発生したことを条件としてこれを取得することができる旨の定めがある場合の当該新株予約権をいう。）が付された新株予約権付社債 当該取得条項付新株予約権に係る取得事由の発生によりその取得の対価として当該取得をされる新株予約権者に当該取得をする法人の株式のみが交付される場合の当該取得事由の発生

④ 前三項の規定の適用がある場合における居住者が取得した有価証券の取得価額の計算その他前三項の規定の適用に関し必要な事項は、政令で定める。

▽〔所税令〕→一六七の七 〔租特〕→三七の一四の三・三七の一四の四

（固定資産の交換の場合の譲渡所得の特例）

第五八条① 居住者が、各年において、一年以上有していた固定資産で次の各号に掲げるものをそれぞれ他の者が一年以上有していた固定資産で当該各号に掲げるもの（交換のために取得したと認められるものを除く。）と交換し、その交換により取得した当該各号に掲げる資産（以下この条において「取得資産」という。）をその交換により譲渡した当該各号に掲げる資産（以下この条において「譲渡資産」という。）の譲渡の直前の用途と同一の用途に供した場合には、第三十三条（譲渡所得）の規定の適用については、当該譲渡資産（取得資産とともに金銭その他の資産を取得した場合には、当該金銭の額及び金銭以外の資産の価額に相当する部分を除く。）の譲渡がなかつたものとみなす。

一 土地（建物又は構築物の所有を目的とする地上権及び賃借権並びに農地法（昭和二十七年法律第二百二十九号）第二条第一項（定義）に規定する農地（同法第四十三条第一項（農作物栽培高度化施設に関する特例）の規定により農作物の栽培を耕作に該当するものとみなして適用する同法第二条第一項に規定する農地を含む。）の上に存する耕作（同法第四十三条第一項の規定により耕作に該当するものとみなされる農作物の栽培を含む。）

に関する権利を含む。）
二　建物（これに附属する設備及び構築物を含む。）
三　機械及び装置
四　船舶
五　鉱業権（租鉱権及び採石権その他土石を採掘し、又は採取する権利を含む。）

② 前項の規定は、同項の交換の時における取得資産の価額と譲渡資産の価額との差額がこれらの価額のうちいずれか多い価額の百分の二十に相当する金額を超える場合には、適用しない。

③ 第一項の規定は、確定申告書に同項の規定の適用を受ける旨、取得資産及び譲渡資産の価額その他財務省令で定める事項の記載がある場合に限り、適用する。

④ 税務署長は、確定申告書の提出がなかつた場合又は前項の記載がない確定申告書の提出があつた場合においても、その提出がなかつたこと又はその記載がなかつたことについてやむを得ない事情があると認めるときは、第一項の規定を適用することができる。

⑤ 第一項の規定の適用を受けた居住者が取得資産について行うべき第四十九条第一項（減価償却資産の償却費の計算及びその償却の方法）に規定する償却費の計算及びその者が取得資産を譲渡した場合における譲渡所得の金額の計算に関し必要な事項は、政令で定める。

▽〔所税令〕→一六八　〔租特〕→三三の二—三三の六・三七の四

（贈与等の場合の譲渡所得等の特例）

第五九条① 次に掲げる事由により居住者の有する山林（事業所得の基因となるものを除く。）又は譲渡所得の基因となる資産の移転があつた場合には、その者の山林所得の金額、譲渡所得の金額又は雑所得の金額の計算については、その事由が生じた時に、その時における価額に相当する金額により、これらの資産の譲渡があつたものとみなす。

一　贈与（法人に対するものに限る。）又は相続（限定承認に係るものに限る。）若しくは遺贈（法人に対するもの及び個人に対する包括遺贈のうち限定承認に係るものに限る。）
二　著しく低い価額の対価として政令で定める額による譲渡（法人に対するものに限る。）

② 居住者が前項に規定する資産を個人に対し同項第二号に規定する対価の額により譲渡した場合において、当該対価の額が当該資産の譲渡に係る山林所得の金額、譲渡所得の金額又は雑所得の金額の計算上控除する必要経費又は取得費及び譲渡に要した費用の額の合計額に満たないときは、その不足額は、その山林所得の金額、譲渡所得の金額又は雑所得の金額の計算上、なかつたものとみなす。

▽〔所税令〕→一六九　〔租特〕→四〇—四〇の三の二

[1] 山林につき旧法下のみなし譲渡の規定を適用した事例（最判昭50・7・17訟月二一・九・一九六六）→三三条[1]

[2] 負担付贈与における負担についても、それが経済的な利益に当たるものである限り、本条二項の「対価」に当たる。（東京高判昭60・12・17行裁三六・一一＝一二・一九六一）

[3] 限定承認による相続に際し、みなし譲渡所得に対する法定納期限は、相続開始を知った日の翌日から起算して四月を経過した日の前日である。（東京高判平15・3・10判時一八六一・三一）

[4] みなし譲渡の対象となる資産（取引相場のない株式）の「譲渡の時における客観的交換価値」を算定するに当たり、相続税法二二条に関する財産評価基本通達による評価方法が一般的な合理性を有する場合、特別の事情ない限り、通達による評価が客観的交換価値を超えるものではないと推認できるとした事例（東京地判平27・12・11税資二六五順号一二七六九……東京高判平28・9・8税資二六六順号一二八九八で維持）→[5]

[5] 取引相場のない株式の譲渡に係る本条一項所定の「その時における価額」につき、譲渡人の会社への支配力の程度に応じた評価方法を用いるべきであり、譲受人の会社への支配力に着目した相続税や贈与税の場面を前提とする財産評価基本通達の定めをそのまま用いることはできない。株式の譲受人が少数株主に該当することを理由として、右通達に基づき配当還元方式により算定した額が株式譲渡の時における価額であるとした原審（東京高判平30・7・19金判一六〇二・二一）の判断には、本条一項の解釈適用を誤った違法があるとして、破棄し差し戻した事例（最判令2・3・24判時二四六七・三、重判令2租税(三)）→[4]

（贈与等により取得した資産の取得費等）

第六〇条① 居住者が次に掲げる事由により取得した前条第一項に規定する資産を譲渡した場合における事業所得の金額、山林所得の金額、譲渡所得の金額又は雑所得の金額の計算については、その者が引き続きこれを所有していたものとみなす。

一　贈与、相続（限定承認に係るものを除く。）又は遺贈（包括遺贈のうち限定承認に係るものを除く。）
二　前条第二項の規定に該当する譲渡

② 前項の場合において、同項第一号に掲げる相続又は遺贈により取得した次の各号に掲げる資産を譲渡したときにおける当該資産の取得費については、同項の規定にかかわらず、当該各号に定めるところによる。

一　配偶者居住権の目的となつている建物　当該建物に配偶者居住権が設定されていないとしたならば当該建物を譲渡した時において前項の規定により当該建物の取得費の額として計算される金額から当該建物を譲渡した時において当該配偶者居住権が消滅したとしたならば次項の規定により配偶者居住権の取得費とされる金額を控除する。
二　配偶者居住権の目的となつている建物の敷地の

用に供される土地（土地の上に存する権利を含む。以下この号及び次項第二号において同じ。）　当該建物に配偶者居住権が設定されていないとしたならば当該土地を譲渡した時において前項の規定により当該土地の取得費の額として計算される金額から当該土地を譲渡した時において当該土地を当該配偶者居住権に基づき使用する権利が消滅したとしたならば次項の規定により当該権利の取得費とされる金額を控除する。

③　第一項の場合において、同項第一号に掲げる相続又は遺贈により取得した次の各号に掲げる権利が消滅したときにおける譲渡所得の金額の計算については、同項の規定にかかわらず、当該各号に定めるところによる。この場合において、第三十八条第二項（譲渡所得の金額の計算上控除する取得費）の規定は、適用しない。

一　配偶者居住権　当該相続又は遺贈により当該配偶者居住権を取得した時において、その時に当該配偶者居住権の目的となつている建物を譲渡したとしたならば当該建物の取得費の額として計算される金額のうちその時における配偶者居住権の価額に相当する金額に対応する部分の金額として政令で定めるところにより計算した金額により当該配偶者居住権を取得したものとし、当該金額から当該配偶者居住権の存続する期間を基礎として政令で定めるところにより計算した金額を控除した金額をもつて当該配偶者居住権の第三十八条第一項に規定する取得費とする。

二　配偶者居住権の目的となつている建物の敷地の用に供される土地を当該配偶者居住権に基づき使用する権利　当該相続又は遺贈により当該権利を取得した時において、その時に当該土地を譲渡したとしたならば当該土地の取得費の額として計算される金額のうちその時における当該権利の価額に相当する金額に対応する部分の金額として政令で定めるところにより計算した金額により当該権利を取得したものとし、当該金額から当該配偶者居住権の存続する期間を基礎として政令で定めるところにより計算した金額を控除した金額をもつて当該権利の第三十八条第一項に規定する取得費とする。

④　居住者が前条第一項第一号に掲げる相続又は遺贈により取得した資産を譲渡した場合における事業所得の金額、山林所得の金額、譲渡所得の金額又は雑所得の金額の計算については、その者が当該資産をその取得の時における価額に相当する金額により取得したものとみなす。

▽〔租特〕→三九

一　負担付贈与

1　Xらに訴外Aの債務の履行を引き受けさせた土地所有権（共有持分）移転契約は負担付贈与契約に当たり、本条一項一号にいう「贈与」には贈与者に経済的な利益を生じさせる負担付贈与を含まないので、Xらが負担付贈与として受けた財産を第三者に売った際に本条は適用されない。（最判昭63・7・19判時一二九〇・五六〈浜名湖競艇場用地事件〉租税百選［七版］四四……短期譲渡所得扱いとなる）

二　代償分割

2　相続財産を代償分割し、代償金を支払って資産を取得した場合であっても、本条一項一号の「相続」によって取得した財産に該当する。（最判平6・9・13判時一五一三・九七）→三八条8

三　減価償却資産の耐用年数

3　本条一項一号所定の事由によって減価償却資産を取得した場合、その減価償却資産から生ずる不動産所得の金額の計算において償却費算定の基礎となる耐用年数を定めるに当たっては、減価償却資産耐用年数省令三条一項に定める中古資産取得の場合の簡便法の適用はないとされた事例（大阪高判平26・10・30税資二六四順号一二五五八）

四　ゴルフ会員権名義書換料

4　本条一項の規定の本旨は増加益に対する課税の繰延べにあるから、受贈者の資産の保有期間に係る増加益に贈与者の資産の保有期間に係る増加益を合わせたものを超えて所得として把握することを予定していない。受贈者が贈与者から資産を取得するための付随費用の額は、受贈者の資産の保有期間に係る増加益の計算において「資産の取得に要した金額」（所得税法三八条一項）に当たる。（最判平17・2・1判時一八九三・一七〈右山事件〉租税百選［七版］四七）

（国外転出をする場合の譲渡所得等の特例）

第六〇条の二①　国外転出（国内に住所及び居所を有しないこととなることをいう。以下この条において同じ。）をする居住者が、その国外転出の時において有価証券又は第百七十四条第九号（内国法人に係る所得税の課税標準）に規定する匿名組合契約の出資の持分（株式を無償又は有利な価額により取得することができる権利を表示する有価証券で第百六十一条第一項（国内源泉所得）に規定する国内源泉所得を生ずべきものその他の政令で定める有価証券を除く。以下この条から第六十条の四まで（外国転出時課税の規定の適用を受けた場合の譲渡所得等の特例）において「有価証券等」という。）を有する場合には、その者の事業所得の金額、譲渡所得の金額又は雑所得の金額の計算については、その国外転出の時に、次の各号に掲げる場合の区分に応じ当該各号に定める金額により、当該有価証券等の譲渡があつたものとみなす。

一　当該国外転出をする日の属する年分の確定申告書の提出の時までに国税通則法第百十七条第二項（納税管理人）の規定による納税管理人の届出をした場合、同項の規定による納税管理人の届出をしないで当該国外転出をした日以後に当該年分の確定申告書を提出する場合又は当該年分の所得税につき決定がされる場合　当該国外転出の時における当該有価証券等の価額に相当する金額

二　前号に掲げる場合以外の場合　当該国外転出の予定日から起算して三月前の日（同日後に取得をした有価証券等にあつては、当該取得時）における当該有価証券等の価額に相当する金額

②　国外転出をする居住者が、その国外転出の時において決済していない金融商品取引法第百五十六条の二十四第一項（免許及び免許の申請）に規定する信用取引又は発行日取引（有価証券が発行される前にその有価証券の売買を行う取引であつて財務省令で定める取引をいう。）（以下この条から第六十条の四までにおいて「未決済信用取引等」という。）に係る契約を締結している場合には、その者の事業所得の金額又は雑所得の金額の計算については、その国外転出の時に、次の各号に掲げる場合の区分に応じ当該各号に定める金額の利益の額又は損失の額が生じたものとみなす。

一　前項第一号に掲げる場合　当該国外転出の時に当該未決済信用取引等を決済したものとみなして財務省令で定めるところにより算出した利益の額又は損失の額に相当する金額

二　前項第二号に掲げる場合　当該国外転出の予定日から起算して三月前の日（同日後に契約の締結をした未決済信用取引等にあつては、当該締結の時）に当該未決済信用取引等を決済したものとみなして財務省令で定めるところにより算出した利益の額又は損失の額に相当する金額

③　国外転出をする居住者が、その国外転出の時において決済していない金融商品取引法第二条第二十項（定義）に規定するデリバティブ取引（以下この条から第六十条の四までにおいて「未決済デリバティブ取引」という。）に係る契約を締結している場合には、その者の事業所得の金額又は雑所得の金額の計算については、その国外転出の時に、次の各号に掲げる場合の区分に応じ当該各号に定める金額の利益の額又は損失の額が生じたものとみなす。

一　第一項第一号に掲げる場合　当該国外転出の時に当該未決済デリバティブ取引を決済したものとみなして財務省令で定めるところにより算出した利益の額又は損失の額に相当する金額

二　第一項第二号に掲げる場合　当該国外転出の予定日から起算して三月前の日（同日後に契約の締結をした未決済デリバティブ取引にあつては、当該締結の時）に当該未決済デリバティブ取引を決済したものとみなして財務省令で定めるところにより算出した利益の額又は損失の額に相当する金額

④　国外転出の日の属する年分の所得税につき前三項（第八項（第九項において準用する場合を含む。第一号において同じ。）又は第十項の規定により適用する場合を含む。）の規定の適用を受けた個人（その相続人を含む。）が、当該国外転出の時に有していた有価証券等又は契約を締結していた未決済信用取引等若しくは未決済デリバティブ取引の譲渡（これに類するものとして政令で定めるものを含む。第八項において同じ。）又は決済をした場合における事業所得の金額、譲渡所得の金額又は雑所得の金額の計算については、次に定めるところによる。ただし、同日の属する年分の所得税につき確定申告書の提出及び決定がされていない場合における当該有価証券等、未決済信用取引等及び未決済デリバティブ取引、同日の属する年分の事業所得の金額、譲渡所得の金額又は雑所得の金額の計算上第一項各号、第二項各号又は前項各号に掲げる場合の区分に応じ第一項各号、第二項各号又は前項各号に定める金額が総収入金額に算入されていない有価証券等、未決済信用取引等及び未決済デリバティブ取引並びに第六項本文（第七項の規定により適用する場合を含む。）の規定の適用があつた有価証券等、未決済信用取引等及び未決済デリバティブ取引については、この限りでない。

一　その有価証券等については、第一項各号に定める金額（第八項の規定により第一項の規定の適用を受けた場合には、当該有価証券等の第八項に規定する譲渡に係る譲渡価額又は限定相続等の時における当該有価証券等の価額に相当する金額）をもつて取得したものとみなす。

二　その未決済信用取引等又は未決済デリバティブ取引の決済があつた場合には、当該決済によつて生じた利益の額若しくは損失の額（以下この号において「決済損益額」という。）から当該未決済信用取引等若しくは未決済デリバティブ取引に係る第二項各号若しくは前項各号に定める利益の額に相当する金額を減算し、又は当該決済損益額に当該未決済信用取引等若しくは未決済デリバティブ取引に係る第二項各号若しくは前項各号に定める損失の額に相当する金額を加算するものとする。

⑤　前各項の規定は、国外転出をする時に有している有価証券等並びに契約を締結している未決済信用取引等及び未決済デリバティブ取引の当該国外転出をする時における次の各号に掲げる場合の区分に応じ当該各号に定める金額が一億円未満である居住者又は当該国外転出をする日前十年以内に国内に住所若しくは居所を有していた期間として政令で定める期間の合計が五年以下である居住者については、適用しない。

一　第一項第一号に掲げる場合　同号に定める金額、第二項第一号に定める金額及び第三項第一号に定める金額の合計額

二　第一項第二号に掲げる場合　同号に定める金額、第二項第二号に定める金額及び第三項第二号に定める金額の合計額

⑥―⑫　（略）

▽［所税令］→一七〇

（贈与等により非居住者に資産が移転した場合の譲渡所得等の特例）

第六〇条の三①　居住者の有する有価証券等が、贈与、相続又は遺贈（以下この条において「贈与等」という。）により非居住者に移転した場合には、その居住者の事業所得の金額、譲渡所得の金額又は雑

所得の金額の計算については、別段の定めがあるものを除き、その贈与等の時に、その時における価額に相当する金額により、当該有価証券等の譲渡があつたものとみなす。
②―⑬　（略）
▽〔所税令〕→一七〇の二

（外国転出時課税の規定の適用を受けた場合の譲渡所得等の特例）
第六〇条の四①　居住者が外国転出時課税の規定の適用を受けた有価証券等の第六十条の二第四項（国外転出をする場合の譲渡所得等の特例）に規定する譲渡をした場合における事業所得の金額、譲渡所得の金額又は雑所得の金額の計算については、その外国転出時課税の規定により課される外国所得税（第九十五条第一項（外国税額控除）に規定する外国所得税をいう。次項及び第三項において同じ。）の額の計算において当該有価証券等の譲渡をしたものとみなして当該譲渡に係る所得の金額の計算上収入金額に算入することとされた金額をもつて、当該有価証券等の取得に要した金額とする。
②―④　（略）
▽〔所税令〕→一七〇の三

（昭和二十七年十二月三十一日以前に取得した資産の取得費等）
第六一条①　（略）
②　譲渡所得の基因となる資産（次項及び第四項に規定する資産を除く。）が昭和二十七年十二月三十一日以前から引き続き所有していた資産である場合には、その資産に係る譲渡所得の金額の計算上控除する取得費は、その資産の昭和二十八年一月一日における価額として政令で定めるところにより計算した金額（当該金額がその資産の取得に要した金額と同日前に支出した設備費及び改良費の額との合計額に満たないことが証明された場合には、当該合計額）とその資産につき同日以後に支出した設備費及び改良費の額との合計額とする。

③④　（略）
▽〔所税令〕→一七一―一七三〔租特〕→三一の四、三九

（生活に通常必要でない資産の災害による損失）
第六二条①　居住者が、災害又は盗難若しくは横領により、生活に通常必要でない資産として政令で定めるものについて受けた損失の金額（保険金、損害賠償金その他これらに類するものにより補てんされる部分の金額を除く。）は、政令で定めるところにより、その者のその損失を受けた日の属する年分又はその翌年分の譲渡所得の金額の計算上控除すべき金額とみなす。
②　前項に規定する損失の金額の計算に関し必要な事項は、政令で定める。
▽〔所税令〕→一七八

第六款　事業を廃止した場合等の所得計算の特例

（事業を廃止した場合の必要経費の特例）
第六三条　居住者が不動産所得、事業所得又は山林所得を生ずべき事業を廃止した後において、当該事業に係る費用又は損失で当該事業を廃止しなかつたとしたならばその者のその年分以後の各年分の不動産所得の金額、事業所得の金額又は山林所得の金額の計算上必要経費に算入されるべき金額が生じた場合には、当該金額は、政令で定めるところにより、その者のその廃止した日の属する年分（同日の属する年においてこれらの所得に係る総収入金額がなかつた場合には、当該総収入金額があつた最近の年分）又はその前年分の不動産所得の金額、事業所得の金額又は山林所得の金額の計算上、必要経費に算入する。
▽〔所税令〕→一七九

1　複数の事業を営む者が一つの事業を廃止した場合、本条にいう「事業の廃止」に当たらない。（東京高判平5・5・28行裁四四・四＝五・四七九）

（資産の譲渡代金が回収不能となつた場合等の所得計算の特例）
第六四条①　その年分の各種所得の金額（事業所得の金額を除く。以下この項において同じ。）の計算の基礎となる収入金額若しくは総収入金額（不動産所得又は山林所得を生ずべき事業から生じたものを除く。以下この項において同じ。）の全部若しくは一部を回収することができないこととなつた場合又は政令で定める事由により当該収入金額若しくは総収入金額の全部若しくは一部を返還すべきこととなつた場合には、政令で定めるところにより、当該各種所得の金額の合計額のうち、その回収することができないこととなつた金額又は返還すべきこととなつた金額に対応する部分の金額は、当該各種所得の金額の計算上、なかつたものとみなす。
②　保証債務を履行するため資産（第三十三条第二項第一号（譲渡所得に含まれない所得）の規定に該当するものを除く。）の譲渡（同条第一項に規定する政令で定める行為を含む。）があつた場合において、その履行に伴う求償権の全部又は一部を行使することができないこととなつたときは、その行使することができないこととなつた金額（不動産所得の金額、事業所得の金額又は山林所得の金額の計算上必要経費に算入される金額を除く。）を前項に規定する回収することができないこととなつた金額とみなして、同項の規定を適用する。
③　前項の規定は、確定申告書、修正申告書又は更正請求書に同項の規定の適用を受ける旨の記載があり、かつ、同項の譲渡をした資産の種類その他財務省令で定める事項を記載した書類の添付がある場合に限り、適用する。
▽〔所税令〕→一八〇

1　債務保証契約の締結時に主債務者に対する求償

権の行使が不可能であることを認識していた場合に本条二項の適用を否定した事例（札幌高判平6・1・27判タ八六一・二二九）

2 本条二項の特例の実体的要件として、①債務保証、②保証債務履行のための資産譲渡、③保証債務の履行、④履行に伴う求償権の全部又は一部の行使不能が必要であり、かつこれで足りる。保証債務の履行を余儀なくされる状況は要件ではない。A社の債務を保証していたXがA社代表取締役であっても、A社の事業廃止は会社自身の判断であり、保証人の判断ではない。（さいたま地判平16・4・14判タ一二〇四・二九九）

第七款　収入及び費用の帰属の時期の特例

（リース譲渡に係る収入及び費用の帰属時期）

第六五条① 居住者が、第六十七条の二第三項（リース取引に係る所得の金額の計算）に規定するリース取引による同条第一項に規定するリース資産の引渡し（以下この条において「リース譲渡」という。）を行つた場合において、そのリース譲渡に係る収入金額及び費用の額につき、そのリース譲渡の日の属する年以後の各年において政令で定める延払基準の方法により経理したとき（当該リース譲渡につき次項の規定の適用を受ける場合を除く。）は、その経理した収入金額及び費用の額は、当該各年分の事業所得の金額の計算上、総収入金額及び必要経費に算入する。ただし、当該リース譲渡に係る収入金額及び費用の額につき、同日の属する年の翌年以後のいずれかの年において当該延払基準の方法により経理しなかつた場合は、その経理しなかつた年の翌年分以後の年分の事業所得の金額の計算については、この限りでない。

② 居住者がリース譲渡を行つた場合には、その対価の額を政令で定めるところにより利息に相当する部分とそれ以外の部分とに区分した場合における当該リース譲渡の日の属する年以後の各年の収入金額及び費用の額として政令で定める金額は、当該各年分の事業所得の金額の計算上、総収入金額及び必要経費に算入する。

③ 前項の規定は、リース譲渡の日の属する年分の確定申告書に同項に規定する収入金額及び費用の額として政令で定める金額の総収入金額及び必要経費への算入に関する明細の記載がある場合に限り、適用する。

④ 税務署長は、確定申告書の提出がなかつた場合又は前項の記載がない確定申告書の提出があつた場合においても、その提出がなかつたこと又はその記載がなかつたことについてやむを得ない事情があると認めるときは、第二項の規定を適用することができる。

⑤ 第一項の規定の適用を受けている居住者が死亡し、又は出国をする場合におけるリース譲渡に係る収入金額及び費用の額の処理の特例その他同項又は第二項の規定の適用に関し必要な事項は、政令で定める。

▽〔所税令〕→一八八―一九一

（工事の請負に係る収入及び費用の帰属時期）

第六六条① 居住者が、長期大規模工事（工事（製造及びソフトウエアの開発を含む。以下この条において同じ。）のうち、その着手の日から当該工事に係る契約において定められている目的物の引渡しの期日までの期間が一年以上であること、政令で定める大規模な工事であることその他政令で定める要件に該当するものをいう。以下この条において同じ。）の請負をしたときは、その着手の日の属する年からその目的物の引渡しの日の属する年の前年までの各年分の事業所得の金額の計算上、その長期大規模工事の請負に係る収入金額及び費用の額のうち、当該各年分の収入金額及び費用の額として政令で定める工事進行基準の方法により計算した金額を、総収入金額及び必要経費に算入する。

② 居住者が、工事（その着手の日の属する年（以下この項において「着工の年」という。）中にその目的物の引渡しが行われないものに限るものとし、長期大規模工事に該当するものを除く。以下この条において同じ。）の請負をした場合において、その工事の請負に係る収入金額及び費用の額につき、着工の年からその工事の目的物の引渡しの日の属する年の前年までの各年において政令で定める工事進行基準の方法により経理したときは、その経理した収入金額及び費用の額は、当該各年分の事業所得の金額の計算上、総収入金額及び必要経費に算入する。ただし、その工事の請負に係る収入金額及び費用の額につき、着工の年の翌年以後のいずれかの年において当該工事進行基準の方法により経理しなかつた場合には、その経理しなかつた年の翌年分以後の年分の事業所得の金額の計算については、この限りでない。

③ 第一項又は前項の規定の適用を受ける居住者が死亡した場合における長期大規模工事又は工事の請負に係る収入金額及び費用の額の処理の特例その他前二項の規定の適用に関し必要な事項は、政令で定める。

▽〔所税令〕→一九二―一九四

（小規模事業者等の収入及び費用の帰属時期）

第六七条① 青色申告書を提出することにつき税務署長の承認を受けている居住者で不動産所得又は事業所得を生ずべき業務を行うもののうち小規模事業者として政令で定める要件に該当するもののその年分の不動産所得の金額又は事業所得の金額（山林の伐採又は譲渡に係るものを除く。）の計算上総収入金額及び必要経費に算入すべき金額は、政令で定めるところにより、その業務につきその年において収入した金額及び支出した費用の額とすることができる。

② 雑所得を生ずべき業務を行う居住者のうち小規模な業務を行う者として政令で定める要件に該当するもののその年分の当該雑所得を生ずべき業務に係る

雑所得の金額（山林の伐採又は譲渡に係るものを除く。）の計算上総収入金額及び必要経費に算入すべき金額は、政令で定めるところにより、その業務につきその年において収入した金額及び支出した費用の額とすることができる。

③　前二項の規定の適用を受けるための手続その他前二項の規定の適用に関し必要な事項は、政令で定める。

▽〔所税令〕→一九五―一九七

第八款　リース取引

（リース取引に係る所得の金額の計算）

第六十七条の二①　居住者がリース取引を行つた場合には、そのリース取引の目的となる資産（以下この項において「リース資産」という。）の賃貸人から賃借人への引渡しの時に当該リース資産の売買があつたものとして、当該賃貸人又は賃借人である居住者の各年分の各種所得の金額を計算する。

②　居住者が譲受人から譲渡人に対する賃貸（リース取引に該当するものに限る。）を条件に資産の売買を行つた場合において、当該資産の種類、当該売買及び賃貸に至るまでの事情その他の状況に照らし、これら一連の取引が実質的に金銭の貸借であると認められるときは、当該資産の売買はなかつたものとし、かつ、当該譲受人から当該譲渡人に対する金銭の貸付けがあつたものとして、当該譲受人又は譲渡人である居住者の各年分の各種所得の金額を計算する。

③　前二項に規定するリース取引とは、資産の賃貸借（所有権が移転しない土地の賃貸借その他の政令で定めるものを除く。）で、次に掲げる要件に該当するものをいう。

一　当該賃貸借に係る契約が、賃貸借期間の中途においてその解除をすることができないものであること又はこれに準ずるものであること。

二　当該賃貸借に係る賃借人が当該賃貸借に係る資産からもたらされる経済的な利益を実質的に享受することができ、かつ、当該資産の使用に伴つて生ずる費用を実質的に負担すべきこととされているものであること。

④　前項第二号の資産の使用に伴つて生ずる費用を実質的に負担すべきこととされているかどうかの判定その他前三項の規定の適用に関し必要な事項は、政令で定める。

▽〔所税令〕→一九七の二

第九款　信託に係る所得の金額の計算

第六十七条の三①　居住者が法人課税信託（法人税法第二条第二十九号の二ロ（定義）に掲げる信託に限る。）の第十三条第一項（信託財産に属する資産及び負債並びに信託財産に帰せられる収益及び費用の帰属）に規定する受益者（同条第二項の規定により同条第一項に規定する受益者とみなされる者を含むものとし、清算中における受益者を除く。）となつたことにより当該法人課税信託が同号ロに掲げる信託に該当しないこととなつた場合（同号イ又はハに掲げる信託に該当する場合を除く。）には、その受託法人（第六条の三（受託法人等に関するこの法律の適用）に規定する受託法人をいう。）からその信託財産に属する資産及び負債をその該当しないこととなつた時の直前の帳簿価額を基礎として政令で定める金額により引継ぎを受けたものとして、当該居住者の各年分の各種所得の金額を計算するものとする。

②　前項の居住者が同項の規定により資産及び負債の引継ぎを受けたものとされた場合におけるその引継ぎにより生じた収益の額は、当該居住者のその引継ぎを受けた日の属する年分の各種所得の金額の計算上、総収入金額に算入しない。

③　信託（第十三条第一項ただし書に規定する集団投資信託、退職年金等信託又は法人課税信託を除く。以下この条において同じ。）の委託者（居住者に限る。以下この項において同じ。）がその有する資産を信託した場合において、当該信託の受益者等となる者（法人に限る。以下この項において同じ。）が適正な対価を負担せずに受益者等となる者であるときは、当該資産を信託した時において、当該信託の委託者から当該信託の受益者等となる者に対して贈与（当該受益者等となる者が対価を負担している場合には、当該対価の額による譲渡）により当該信託に関する権利に係る資産の移転が行われたものとして、当該信託の委託者の各年分の各種所得の金額を計算するものとする。

④　信託に新たに受益者等が存するに至つた場合（前項及び第六項の規定の適用がある場合を除く。）において、当該信託の新たな受益者等となる者（法人に限る。以下この項において同じ。）が適正な対価を負担せずに受益者等となる者であり、かつ、当該信託の受益者等であつた者が居住者であるときは、当該新たに受益者等が存するに至つた時において、当該信託の受益者等であつた者から当該新たな受益者等となる者に対して贈与（当該受益者等となる者が対価を負担している場合には、当該対価の額による譲渡）により当該信託に関する権利に係る資産の移転が行われたものとして、当該信託の受益者等であつた者の各年分の各種所得の金額を計算するものとする。

⑤　信託の一部の受益者等が存しなくなつた場合において、既に当該信託の受益者等である者（法人に限る。以下この項において同じ。）が適正な対価を負担せずに当該信託に関する権利について新たに利益を受ける者となる者であり、かつ、当該信託の一部の受益者等であつた者が居住者であるときは、当該信託の一部の受益者等が存しなくなつた時において、当該信託の一部の受益者等であつた者から当該利益を受ける者となる者に対して贈与（当該利益を受ける者となる者が対価を負担している場合には、当該対価の額による譲渡）により当該信託に関する権利に係る資産の移転が行われたものとして、当該

信託の一部の受益者等であつた者の各年分の各種所得の金額を計算するものとする。

⑥　信託が終了した場合において、当該信託の残余財産の給付を受けるべき、又は帰属すべき者となる者（法人に限る。以下この項において同じ。）が適正な対価を負担せずに当該給付を受けるべき、又は帰属すべき者となる者であり、かつ、当該信託の終了の直前において受益者等であつた者が居住者であるときは、当該給付を受けるべき、又は帰属すべき者となつた時において、当該受益者等であつた者から当該給付を受けるべき、又は帰属すべき者となる者に対して贈与（当該給付を受けるべき、又は帰属すべき者となる者が対価を負担している場合には、当該対価の額による譲渡）により当該信託の残余財産（当該信託の終了の直前においてその者が当該信託の受益者等であつた場合には、当該受益者等として有していた当該信託に関する権利に相当するものを除く。）の移転が行われたものとして、当該受益者等であつた者の各年分の各種所得の金額を計算するものとする。

⑦　第三項から前項までに規定する受益者等とは、第十三条第一項に規定する受益者（同条第二項の規定により同条第一項に規定する受益者とみなされる者を含む。）をいう。

⑧　第一項の規定による引継ぎにより生じた損失の額がある場合の所得の金額の計算、第三項に規定する信託に関する権利が当該信託に関する権利の全部でない場合における同項の規定の適用その他第一項から第六項までの規定の適用に関し必要な事項は、政令で定める。

▽〔所税令〕→一九七の三

第十款　贈与等により取得した資産に係る利子所得等の金額の計算

第六七条の四　居住者が第六十条第一項各号（贈与等により取得した資産の取得費等）に掲げる事由により利子所得、配当所得、一時所得又は雑所得の基因となる資産を取得した場合における当該資産に係る利子所得の金額、配当所得の金額、一時所得の金額又は雑所得の金額の計算については、別段の定めがあるものを除き、その者が引き続き当該資産を所有していたものとみなして、この法律の規定を適用する。

第十一款　各種所得の範囲及びその金額の計算の細目

（各種所得の範囲及びその金額の計算の細目）

第六八条　この節に定めるもののほか、各種所得の範囲及び各種所得の金額の計算に関し必要な事項は、政令で定める。

第三節　損益通算及び損失の繰越控除

（損益通算）

第六九条①　総所得金額、退職所得金額又は山林所得金額を計算する場合において、不動産所得の金額、事業所得の金額、山林所得の金額又は譲渡所得の金額の計算上生じた損失の金額があるときは、政令で定める順序により、これを他の各種所得の金額から控除する。

②　前項の場合において、同項に規定する損失の金額のうちに第六十二条第一項（生活に通常必要でない資産の災害による損失）に規定する資産に係る所得の金額（以下この項において「生活に通常必要でない資産に係る所得の金額」という。）の計算上生じた損失の金額があるときは、当該損失の金額のうち政令で定めるものは政令で定めるところにより他の生活に通常必要でない資産に係る所得の金額から控除するものとし、当該政令で定めるもの以外のもの及び当該控除をしてもなお控除しきれないものは生じなかつたものとみなす。

▽〔所税令〕→一九八—二〇〇　〔租特〕→四一の四—四一の五の二

一　雑所得と損益通算

1　雑所得と他の所得の間には所得の発生する状況に差異があり、雑所得の多くは余剰資産の運用によって得られるものであり、その担税力の差に着目すれば、雑所得に他の所得との損益通算の規定がないことにはそれ相当の合理性を認めることができるから、憲法二九条、二二条に違反しない。（福岡高判昭54・7・17訟月二五・一一・二八八八、租税百選〔七版〕四九……先物取引損失の損益通算制限（租特法四一条の一四））→二七条2・三五条3

二　配当所得と損益通算

2　配当所得につき損益通算を否定した趣旨として、①株式投資に配当を得る目的と株式値上がりを期待する目的があること、②配当のない株式を負債によって取得する者に「大なる担税力がある」ことをあげる。（富山地判昭48・2・9行裁二四・一＝二・六一……株式譲渡益が原則として非課税であった時代の判示）

三　生活に通常必要でない資産に関する損失控除制限

3　自動車を勤務先における業務の用に供することは雇用契約の性質上使用者の負担においてなされるべきことであって、生活に通常必要なものとしての自動車の使用ではないから、譲渡損失が生じたとしても本条二項にいう生活に通常必要でない資産に係る所得の計算上生じた損失の金額に該当する。（大阪高判昭63・9・27高民四一・三・一一七〈サラリーマン・マイカー訴訟〉……上告審（最判平2・3・23判時一三五四・五九、租税百選〔五版〕四九）で維持。原審・神戸地判昭61・9・24判時一二一三・三四は九条二項を理由としていた）

4　所税令一七八条一項二号の生活に通常必要でない不動産［資産］に該当するかは、客観的に当該不動産の本来の使用、収益の目的が何かによって判断すべきであり、節税効果が得られるかどうかを主要な判断要素とすることは本末転倒である。（東京地判平10・2・24判タ一〇〇四・一四二〈岩手リゾートホテル事件〉……同物件・別の納税者につき

同旨、仙台高判平13・4・24税資二五〇順号八八八四。反対、盛岡地判平11・12・10税資二四五・六六二）

（純損失の繰越控除）

第七〇条① 確定申告書を提出する居住者のその年の前年以前三年内の各年（その年分の所得税につき青色申告書を提出している年に限る。）において生じた純損失の金額（この項の規定により前年以前において控除されたもの及び第百四十二条第二項（純損失の繰戻しによる還付）の規定により還付を受けるべき金額の計算の基礎となつたものを除く。）がある場合には、当該純損失の金額に相当する金額は、政令で定めるところにより、当該確定申告書に係る年分の総所得金額、退職所得金額又は山林所得金額の計算上控除する。

② 確定申告書を提出する居住者のその年の前年以前三年内の各年において生じた純損失の金額（前項の規定の適用を受けるもの及び第百四十二条第二項の規定により還付を受けるべき金額の計算の基礎となつたものを除く。）のうち、当該各年において生じた次に掲げる損失の金額に係るもので政令で定めるものがあるときは、当該政令で定める純損失の金額に相当する金額は、政令で定めるところにより、当該申告書に係る年分の総所得金額、退職所得金額又は山林所得金額の計算上控除する。

一 変動所得の金額の計算上生じた損失の金額

二 被災事業用資産の損失の金額

③ 前項第二号に掲げる被災事業用資産の損失の金額とは、棚卸資産又は第五十一条第一項若しくは第三項（資産損失の必要経費算入）に規定する資産の災害による損失の金額（その災害に関連するやむを得ない支出で政令で定めるものの金額を含むものとし、保険金、損害賠償金その他これらに類するものにより補塡される部分の金額を除く。）で前項第一号に掲げる損失の金額に該当しないものをいう。

④ 第一項又は第二項の規定は、これらの規定に規定する居住者が純損失の金額が生じた年分の所得税につき確定申告書を提出し、かつ、それぞれその後において連続して確定申告書を提出している場合に限り、適用する。

⑤ 第一項及び第二項の規定による控除は、純損失の繰越控除という。

▽〔所税令〕→二〇一―二〇三 〔租特〕→三〇、四一の五、四一の五の二

（雑損失の繰越控除）

第七一条① 確定申告書を提出する居住者のその年の前年以前三年内の各年において生じた雑損失の金額（この項又は次条第一項の規定により前年以前において控除されたものを除く。）は、政令で定めるところにより、当該申告書に係る年分の総所得金額、退職所得金額又は山林所得金額の計算上控除する。

② 前項の規定は、同項の居住者が雑損失の金額が生じた年分の所得税につき確定申告書を提出し、かつ、その後において連続して確定申告書を提出している場合に限り、適用する。

③ 第一項の規定による控除は、雑損失の繰越控除という。

▽〔所税令〕→二〇四

第四節 所得控除（抄）

（雑損控除）

第七二条① 居住者又はその者と生計を一にする配偶者その他の親族で政令で定めるものの有する資産（第六十二条第一項（生活に通常必要でない資産の災害による損失）及び第七十条第三項（被災事業用資産の損失の金額）に規定する資産を除く。）について災害又は盗難若しくは横領による損失が生じた場合（その災害又は盗難若しくは横領に関連してその居住者が政令で定めるやむを得ない支出をした場合を含む。）において、その年における当該損失の金額（当該支出をした金額を含むものとし、保険金、損害賠償金その他これらに類するものにより補てんされる部分の金額を除く。以下この項において「損失の金額」という。）の合計額が次の各号に掲げる場合の区分に応じ当該各号に掲げる金額を超えるときは、その超える部分の金額を、その居住者のその年分の総所得金額、退職所得金額又は山林所得金額から控除する。

一 その年における損失の金額に含まれる災害関連支出の金額（損失の金額のうち災害に直接関連して支出をした金額として政令で定める金額をいう。以下この項において同じ。）が五万円以下である場合（その年における災害関連支出の金額がない場合を含む。） その居住者のその年分の総所得金額、退職所得金額及び山林所得金額の合計額の十分の一に相当する金額

二 その年における損失の金額に含まれる災害関連支出の金額が五万円を超える場合 その年における損失の金額の合計額から災害関連支出の金額のうち五万円を超える部分の金額を控除した金額と前号に掲げる金額とのいずれか低い金額

三 その年における損失の金額がすべて災害関連支出の金額である場合 五万円と第一号に掲げる金額とのいずれか低い金額

② 前項に規定する損失の金額の計算に関し必要な事項は、政令で定める。

③ 第一項の規定による控除は、雑損控除という。

▽〔所税令〕→二〇五、二〇六

1 **一 雑損の意義**

旧法一一条の三〔昭和三二法二七による改正後の一一条の四。現本条〕により控除される雑損とは、納税義務者の意思に基づかない、いわば災難による損失を指し、Xの求償権が取立不能であっても、元々抵当権の設定がXの意思に基づくものであり、雑損として控除することはできない。（最判昭36・10・13民集一五・九・二三三二〈「災難」事件〉租税百選〔初版〕三三）

二 適用否定例

② 身元保証契約に基づく支出（長崎地判昭32・12・18行裁八・一二・二二五一）
③ 子が第三者に傷害を負わせたため親として支払った損害賠償金（福岡高判昭57・2・24行裁三三・一=二・一七八）
④ 詐欺・恐喝（名古屋地判昭63・10・31判タ七〇五・一六〇〈豊田商事事件〉）
⑤ 賭博場のチップの盗難（大阪高判平8・11・8行裁四七・一一=一二・一一一七……所得税法六二条の適用対象となる）
⑥ アスベスト除去費用（大阪高判平23・11・17訟月五八・一〇・三六二一）

（医療費控除）

第七三条① 居住者が、各年において、自己又は自己と生計を一にする配偶者その他の親族に係る医療費を支払つた場合において、その年中に支払つた当該医療費の金額（保険金、損害賠償金その他これらに類するものにより補てんされる部分の金額を除く。）の合計額がその居住者のその年分の総所得金額、退職所得金額及び山林所得金額の合計額の百分の五に相当する金額（当該金額が十万円を超える場合には、十万円）を超えるときは、その超える部分の金額（当該金額が二百万円を超える場合には、二百万円）を、その居住者のその年分の総所得金額、退職所得金額又は山林所得金額から控除する。

② 前項に規定する医療費とは、医師又は歯科医師による診療又は治療、治療又は療養に必要な医薬品の購入その他医療又はこれに関連する人的役務の提供の対価のうち通常必要であると認められるものとして政令で定めるものをいう。

③ 第一項の規定による控除は、医療費控除という。

▽〔所税令〕→二〇七

一 憲法との関係
① 医療費控除に関する規定は憲法一四条に違反しない。（最判昭53・10・26訟月二五・二・五二四）

二 医療費控除の対象とされないとされた例
② 眼鏡・コンタクトレンズの購入費用（東京高判平2・6・28行裁四一・六=七・一二四八）
③ 不妊症治療のための胃腸障害のサプリメント購入費用（東京高判平27・11・26訟月六二・九・一六一六）

（社会保険料控除）

第七四条① 居住者が、各年において、自己又は自己と生計を一にする配偶者その他の親族の負担すべき社会保険料を支払つた場合又は給与から控除される場合には、その支払つた金額又はその控除される金額を、その居住者のその年分の総所得金額、退職所得金額又は山林所得金額から控除する。

② 前項に規定する社会保険料とは、次に掲げるものその他これらに準ずるもので政令で定めるもの（第九条第一項第七号（在勤手当の非課税）に掲げる給与に係るものを除く。）をいう。

一 健康保険法（大正十一年法律第七十号）の規定により被保険者として負担する健康保険の保険料
二 国民健康保険法（昭和三十三年法律第百九十二号）の規定による国民健康保険の保険料又は地方税法の規定による国民健康保険税
二の二 高齢者の医療の確保に関する法律（昭和五十七年法律第八十号）の規定による保険料
三 介護保険法（平成九年法律第百二十三号）の規定による介護保険の保険料
四 労働保険の保険料の徴収等に関する法律（昭和四十四年法律第八十四号）の規定により雇用保険の被保険者として負担する労働保険料
五 国民年金法の規定により被保険者として負担する国民年金の保険料及び国民年金基金の加入員として負担する掛金
六 独立行政法人農業者年金基金法の規定により被保険者として負担する農業者年金の保険料
七 厚生年金保険法の規定により被保険者として負担する厚生年金保険の保険料
八 船員保険法の規定により被保険者として負担する船員保険の保険料
九 国家公務員共済組合法の規定による掛金
十 地方公務員等共済組合法の規定による掛金（特別掛金を含む。）
十一 私立学校教職員共済法の規定により加入者として負担する掛金
十二 恩給法第五十九条（恩給納金）（他の法律において準用する場合を含む。）の規定による納金

③ 第一項の規定による控除は、社会保険料控除という。

▽〔所税令〕→二〇八　〔租特〕→四一の七

（小規模企業共済等掛金控除）

第七五条① 居住者が、各年において、小規模企業共済等掛金を支払つた場合には、その支払つた金額を、その者のその年分の総所得金額、退職所得金額又は山林所得金額から控除する。

② 前項に規定する小規模企業共済等掛金とは、次に掲げる掛金をいう。

一 小規模企業共済法（昭和四十年法律第百二号）第二条第二項（定義）に規定する共済契約（政令で定めるものを除く。）に基づく掛金
二 確定拠出年金法（平成十三年法律第八十八号）第三条第三項第七号の二（規約の承認）に規定する企業型年金加入者掛金又は同法第五十五条第二項第四号（規約の承認）に規定する個人型年金加入者掛金
三 第九条第一項第三号ハ（年金等の非課税）に規定する政令で定める共済制度に係る契約に基づく掛金

③ 第一項の規定による控除は、小規模企業共済等掛金控除という。

▽〔所税令〕→二〇八の二

（生命保険料控除）

第七六条① 居住者が、各年において、新生命保険契

約等に係る保険料若しくは掛金（第五項第一号から第三号までに掲げる契約に係るものにあつては生存又は死亡に基因して一定額の保険金、共済金その他の給付金（以下この条において「保険金等」という。）を支払うことを約する部分（第三項において「生存死亡部分」という。）に係るものその他政令で定めるものに限るものとし、次項に規定する介護医療保険料及び第三項に規定する新個人年金保険料を除く。以下この項及び次項において「新生命保険料」という。）又は旧生命保険契約等に係る保険料若しくは掛金（第三項に規定する旧個人年金保険料その他政令で定めるものを除く。以下この項において「旧生命保険料」という。）を支払つた場合には、次の各号に掲げる場合の区分に応じ当該各号に定める金額を、その居住者のその年分の総所得金額、退職所得金額又は山林所得金額から控除する。

一　新生命保険料を支払つた場合（第三号に掲げる場合を除く。）　次に掲げる場合の区分に応じそれぞれ次に定める金額
　イ　その年中に支払つた新生命保険料の金額の合計額（その年において新生命保険契約等に基づく剰余金の分配若しくは割戻金の割戻しを受け、又は新生命保険契約等に基づき分配を受ける剰余金若しくは割戻しを受ける割戻金をもつて新生命保険料の払込みに充てた場合には、当該剰余金又は割戻金の額（新生命保険料に係る部分の金額として政令で定めるところにより計算した金額に限る。）を控除した残額。以下この号及び第三号イにおいて同じ。）が二万円以下である場合　当該合計額
　ロ　その年中に支払つた新生命保険料の金額の合計額が二万円を超え四万円以下である場合　二万円と当該合計額から二万円を控除した金額の二分の一に相当する金額との合計額
　ハ　その年中に支払つた新生命保険料の金額の合計額が四万円を超え八万円以下である場合　三万円と当該合計額から四万円を控除した金額の四分の一に相当する金額との合計額
　ニ　その年中に支払つた新生命保険料の金額の合計額が八万円を超える場合　四万円

二　旧生命保険料を支払つた場合（次号に掲げる場合を除く。）　次に掲げる場合の区分に応じそれぞれ次に定める金額
　イ　その年中に支払つた旧生命保険料の金額の合計額（その年において旧生命保険契約等に基づく剰余金の分配若しくは割戻金の割戻しを受け、又は旧生命保険契約等に基づき分配を受ける剰余金若しくは割戻しを受ける割戻金をもつて旧生命保険料の払込みに充てた場合には、当該剰余金又は割戻金の額（旧生命保険料に係る部分の金額に限る。）を控除した残額。以下この号及び次号ロにおいて同じ。）が二万五千円以下である場合　当該合計額
　ロ　その年中に支払つた旧生命保険料の金額の合計額が二万五千円を超え五万円以下である場合　二万五千円と当該合計額から二万五千円を控除した金額の二分の一に相当する金額との合計額
　ハ　その年中に支払つた旧生命保険料の金額の合計額が五万円を超え十万円以下である場合　三万七千五百円と当該合計額から五万円を控除した金額の四分の一に相当する金額との合計額
　ニ　その年中に支払つた旧生命保険料の金額の合計額が十万円を超える場合　五万円

三　新生命保険料及び旧生命保険料を支払つた場合　その支払つた次に掲げる保険料の区分に応じそれぞれ次に定める金額の合計額（当該合計額が四万円を超える場合には、四万円）
　イ　新生命保険料　その年中に支払つた新生命保険料の金額の合計額の第一号イからニまでに掲げる場合の区分に応じそれぞれ同号イからニまでに定める金額
　ロ　旧生命保険料　その年中に支払つた旧生命保険料の金額の合計額の前号イからニまでに掲げる場合の区分に応じそれぞれ同号イからニまでに定める金額

②③　（略）

④　前三項の規定によりその居住者のその年分の総所得金額、退職所得金額又は山林所得金額から控除する金額の合計額が十二万円を超える場合には、これらの規定により当該居住者のその年分の総所得金額、退職所得金額又は山林所得金額から控除する金額は、これらの規定にかかわらず、十二万円とする。

⑤―⑪　（略）

▽〔所税令〕→二〇八の三―二一二

（地震保険料控除）

第七七条①　居住者が、各年において、自己若しくは自己と生計を一にする配偶者その他の親族の有する家屋で常時その居住の用に供するもの又はこれらの者の有する第九条第一項第九号（非課税所得）に規定する資産を保険又は共済の目的とし、かつ、地震若しくは噴火又はこれらによる津波を直接又は間接の原因とする火災、損壊、埋没又は流失による損害（以下この項において「地震等損害」という。）によりこれらの資産について生じた損失の額をてん補する保険金又は共済金が支払われる損害保険契約等に係る地震等損害部分の保険料又は掛金（政令で定めるものを除く。以下この項において「地震保険料」という。）を支払つた場合には、その年中に支払つた地震保険料の金額の合計額（その年において損害保険契約等に基づく剰余金の分配若しくは割戻金の割戻しを受け、又は損害保険契約等に基づき分配を受ける剰余金若しくは割戻しを受ける割戻金をもつて地震保険料の払込みに充てた場合には当該剰余金又は割戻金の額（地震保険料に係る部分の金額に限る。）を控除した残額とし、その金額が五万円を超える場合には五万円とする。）を、その居住者のその年分の総所得金額、退職所得金額又は山林所得金額から控除する。

②③　（略）

▽〔所税令〕→二一三・二一四

（寄附金控除）

第七八条① 居住者が、各年において、特定寄附金を支出した場合において、第一号に掲げる金額が第二号に掲げる金額を超えるときは、その超える金額を、その者のその年分の総所得金額、退職所得金額又は山林所得金額から控除する。

一 その年中に支出した特定寄附金の額の合計額（当該合計額がその者のその年分の総所得金額、退職所得金額及び山林所得金額の合計額の百分の四十に相当する金額を超える場合には、当該百分の四十に相当する金額）

二 二千円

② 前項に規定する特定寄附金とは、次に掲げる寄附金（学校の入学に関してするものを除く。）をいう。

一 国又は地方公共団体（港湾法（昭和二十五年法律第二百十八号）の規定による港務局を含む。）に対する寄附金（その寄附をした者がその寄附によつて設けられた設備を専属的に利用することその他特別の利益がその寄附をした者に及ぶと認められるものを除く。）

二 公益社団法人、公益財団法人その他公益を目的とする事業を行う法人又は団体に対する寄附金（当該法人の設立のためにされる寄附金その他の当該法人の設立前においてされる寄附金で政令で定めるものを含む。）のうち、次に掲げる要件を満たすと認められるものとして政令で定めるところにより財務大臣が指定したもの

イ 広く一般に募集されること。

ロ 教育又は科学の振興、文化の向上、社会福祉への貢献その他公益の増進に寄与するための支出で緊急を要するものに充てられることが確実であること。

三 別表第一に掲げる法人その他特別の法律により設立された法人のうち、教育又は科学の振興、文化の向上、社会福祉への貢献その他公益の増進に著しく寄与するものとして政令で定めるものに対する当該法人の主たる目的である業務に関連する寄附金（出資に関する業務に充てられることが明らかなもの及び前二号に規定する寄附金に該当するものを除く。）

③ 居住者が、特定公益信託（公益信託ニ関スル法律第一条（公益信託）に規定する公益信託で信託の終了の時における信託財産がその信託財産に係る信託の委託者に帰属しないこと及びその信託事務の実施につき政令で定める要件を満たすものであることについて政令で定めるところにより証明がされたものをいう。）のうち、その目的が教育又は科学の振興、文化の向上、社会福祉への貢献その他公益の増進に著しく寄与するものとして政令で定めるものの信託財産とするために支出した金銭は、前項に規定する特定寄附金とみなして第一項の規定を適用する。

④ 第一項の規定による控除は、寄附金控除という。

▽〔所税令〕→二一五—二一七の二 〔租特〕→四一の一八—四一の一九

1 法人税法上の寄附金控除との関係で所得税法上の寄附金控除は憲法一四条に違反しない。（最判平5・2・18判時一四五一・一〇六）

（障害者控除）

第七九条① 居住者が障害者である場合には、その者のその年分の総所得金額、退職所得金額又は山林所得金額から二十七万円（その者が特別障害者である場合には、四十万円）を控除する。

② 居住者の同一生計配偶者又は扶養親族が障害者である場合には、その居住者のその年分の総所得金額、退職所得金額又は山林所得金額から、その障害者一人につき二十七万円（その者が特別障害者である場合には、四十万円）を控除する。

③ 居住者の同一生計配偶者又は扶養親族が特別障害者で、かつ、その居住者又はその居住者の配偶者若しくはその居住者と生計を一にするその他の親族のいずれかとの同居を常況としている者である場合には、前項の規定にかかわらず、その居住者のその年分の総所得金額、退職所得金額又は山林所得金額から、その特別障害者一人につき七十五万円を控除する。

④ 前三項の規定による控除は、障害者控除という。

（寡婦控除）

第八〇条① 居住者が寡婦である場合には、その者のその年分の総所得金額、退職所得金額又は山林所得金額から二十七万円を控除する。

② 前項の規定による控除は、寡婦控除という。

（ひとり親控除）

第八一条① 居住者がひとり親である場合には、その者のその年分の総所得金額、退職所得金額又は山林所得金額から三十五万円を控除する。

② 前項の規定による控除は、ひとり親控除という。

（勤労学生控除）

第八二条① 居住者が勤労学生である場合には、その者のその年分の総所得金額、退職所得金額又は山林所得金額から二十七万円を控除する。

② 前項の規定による控除は、勤労学生控除という。

（配偶者控除）

第八三条① 居住者が控除対象配偶者を有する場合には、その居住者のその年分の総所得金額、退職所得金額又は山林所得金額から次の各号に掲げる場合の区分に応じ当該各号に定める金額を控除する。

一 その居住者の第二条第一項第三十号（定義）に規定する合計所得金額（以下この項、次条第一項及び第八十六条第一項（基礎控除）において「合計所得金額」という。）が九百万円以下である場合 三十八万円（その控除対象配偶者が老人控除対象配偶者である場合には、四十八万円）

二 その居住者の合計所得金額が九百万円を超え九百五十万円以下である場合 二十六万円（その控除対象配偶者が老人控除対象配偶者である場合には、三十二万円）

三 その居住者の合計所得金額が九百五十万円を超

え千万円以下である場合　十三万円（その控除対象配偶者が老人控除対象配偶者である場合には、十六万円）

② 前項の規定による控除は、配偶者控除という。

1 本条及び八三条の二にいう「配偶者」は、納税義務者と法律上の婚姻関係にある者に限られる。（最判平9・9・9訟月四四・六・一〇〇九〈事実婚「配偶者控除」訴訟〉租税百選［七版］五〇）

（配偶者特別控除）

第八三条の二① 居住者が生計を一にする配偶者（第二条第一項第三十三号（定義）に規定する青色事業専従者等を除くものとし、合計所得金額が百三十三万円以下であるものに限る。）で控除対象配偶者に該当しないもの（合計所得金額が千万円以下である当該居住者の配偶者に限る。）を有する場合には、その居住者のその年分の総所得金額、退職所得金額又は山林所得金額から次の各号に掲げる場合の区分に応じ当該各号に定める金額を控除する。

一 その居住者の合計所得金額が九百万円以下である場合　その居住者の配偶者の次に掲げる区分に応じそれぞれ次に定める金額

イ 合計所得金額が九十五万円以下である配偶者　三十八万円

ロ 合計所得金額が九十五万円を超え百三十万円以下である配偶者　三十八万円からその配偶者の合計所得金額のうち九十三万一円を超える部分の金額（当該超える部分の金額が五万円の整数倍の金額から三万円を控除した金額でないときは、五万円の整数倍の金額から三万円を控除した金額で当該超える部分の金額に満たないもののうち最も多い金額とする。）を控除した金額

ハ 合計所得金額が百三十万円を超える配偶者　三万円

二 その居住者の合計所得金額が九百万円を超え九百五十万円以下である場合　その居住者の配偶者の前号イからハまでに掲げる区分に応じそれぞれ同号イからハまでに定める金額の三分の二に相当する金額（当該金額に一万円未満の端数がある場合には、これを切り上げた金額）

三 その居住者の合計所得金額が九百五十万円を超え千万円以下である場合　その居住者の配偶者の第一号イからハまでに掲げる区分に応じそれぞれ同号イからハまでに定める金額の三分の一に相当する金額（当該金額に一万円未満の端数がある場合には、これを切り上げた金額）

② 前項の規定は、同項に規定する生計を一にする配偶者が、次に掲げる場合に該当するときは、適用しない。

一 当該配偶者が前項に規定する居住者として同項の規定の適用を受けている場合

二 当該配偶者が、給与所得者の扶養控除等申告書又は従たる給与についての扶養控除等申告書に記載された源泉控除対象配偶者がある居住者として第百八十五条第一項第一号若しくは第二号（賞与以外の給与等に係る徴収税額）又は第百八十六条第一項第一号若しくは第二項第一号（賞与に係る徴収税額）の規定の適用を受けている場合（当該配偶者が、その年分の所得税につき、第百九十条（年末調整）の規定の適用を受けた者である場合又は確定申告書の提出をし、若しくは決定を受けた者である場合を除く。）

三 当該配偶者が、公的年金等の受給者の扶養親族等申告書に記載された源泉控除対象配偶者がある居住者として第二百三条の三第一号から第三号まで（徴収税額）の規定の適用を受けている場合（当該配偶者がその年分の所得税につき確定申告書の提出をし、又は決定を受けた者である場合を除く。）

③ 第一項の規定による控除は、配偶者特別控除という。

（扶養控除）

第八四条① 居住者が控除対象扶養親族を有する場合には、その居住者のその年分の総所得金額、退職所得金額又は山林所得金額から、その控除対象扶養親族一人につき三十八万円（その者が特定扶養親族である場合には六十三万円とし、その者が老人扶養親族である場合には四十八万円とする。）を控除する。

② 前項の規定による控除は、扶養控除という。

▽［租特］→四一の一六

1 扶養親族の範囲に関する所得税法の規定は憲法二五条に違反しない。（最判昭60・12・17判時一一八七・五九）

2 事実上婚姻関係と同様の事情にある者との間の未認知の子又はその連れ子は扶養控除の対象となる親族に該当しない。（最判平3・10・17訟月三八・五・九一一）→二条一項三四号

（扶養親族等の判定の時期等）

第八五条① 第七十九条第一項（障害者控除）又は第八十条から第八十二条まで（寡婦控除等）の場合において、居住者が特別障害者若しくはその他の障害者、寡婦、ひとり親又は勤労学生に該当するかどうかの判定は、その年十二月三十一日（その者がその年の中途において死亡し、又は出国をする場合には、その死亡又は出国の時。以下この条において同じ。）の現況による。ただし、その居住者の子がその当時既に死亡している場合におけるその子がその居住者の第二条第一項第三十一号イ（定義）に規定する政令で定める子に該当するかどうかの判定は、当該死亡の時の現況による。

② 第七十九条第二項又は第三項の場合において、居住者の同一生計配偶者又は扶養親族が同項の規定に該当する特別障害者（第百八十七条（障害者控除等の適用を受ける者に係る徴収税額）、第百九十条第二号ハ（年末調整）、第百九十四条第一項第三号（給与所得者の扶養控除等申告書）、第二百三条の三第

一号ト（徴収税額）及び第二百三条の六第一項第五号（公的年金等の受給者の扶養親族等申告書）において「同居特別障害者」という。）若しくはその他の特別障害者又は特別障害者以外の障害者に該当するかどうかの判定は、その年十二月三十一日の現況による。ただし、その同一生計配偶者又は扶養親族がその当時既に死亡している場合は、当該死亡の時の現況による。

③　第七十九条から前条までの場合において、その者が居住者の老人控除対象配偶者若しくはその他の控除対象配偶者若しくはその他の同一生計配偶者若しくは第八十三条の二第一項（配偶者特別控除）に規定する生計を一にする配偶者又は特定扶養親族、老人扶養親族若しくはその他の控除対象扶養親族若しくはその他の扶養親族に該当するかどうかの判定は、その年十二月三十一日の現況による。ただし、その判定に係る者がその当時既に死亡している場合は、当該死亡の時の現況による。

④　一の居住者の配偶者がその居住者の同一生計配偶者に該当し、かつ、他の居住者の扶養親族にも該当する場合には、その配偶者は、政令で定めるところにより、これらのうちいずれか一にのみ該当するものとみなす。

⑤　二以上の居住者の扶養親族に該当する者がある場合には、その者は、政令で定めるところにより、これらの居住者のうちいずれか一の居住者の扶養親族にのみ該当するものとみなす。

⑥　年の中途において居住者の配偶者が死亡し、その年中にその居住者が再婚した場合におけるその死亡し、又は再婚した配偶者に係る同一生計配偶者及び第八十三条の二第一項に規定する生計を一にする配偶者並びに扶養親族の範囲の特例については、政令で定める。

▽〔所税令〕→二一八―二二〇

（基礎控除）

第八六条①　合計所得金額が二千五百万円以下である居住者については、その者のその年分の総所得金額、退職所得金額又は山林所得金額から次の各号に掲げる場合の区分に応じ当該各号に定める金額を控除する。

一　その居住者の合計所得金額が二千四百万円以下である場合　四十八万円

二　その居住者の合計所得金額が二千四百万円を超え二千四百五十万円以下である場合　三十二万円

三　その居住者の合計所得金額が二千四百五十万円を超え二千五百万円以下である場合　十六万円

②　前項の規定による控除は、基礎控除という。

（所得控除の順序）

第八七条①　雑損控除と医療費控除、社会保険料控除、小規模企業共済等掛金控除、生命保険料控除、地震保険料控除、寄附金控除、障害者控除、寡婦控除、ひとり親控除、勤労学生控除、配偶者控除、配偶者特別控除、扶養控除又は基礎控除とを行う場合には、まず雑損控除を行うものとする。

②　前項の控除をすべき金額は、総所得金額、山林所得金額又は退職所得金額から順次控除する。

第八八条　削除

第三章　税額の計算（抄）

第一節　税率

（税率）

第八九条①　居住者に対して課する所得税の額は、その年分の課税総所得金額又は課税退職所得金額をそれぞれ次の表の上欄に掲げる金額に区分してそれぞれの金額に同表の下欄に掲げる税率を乗じて計算した金額を合計した金額と、その年分の課税山林所得金額の五分の一に相当する金額を同表の上欄に掲げる金額に区分してそれぞれの金額に同表の下欄に掲げる税率を乗じて計算した金額を合計した金額に五を乗じて計算した金額との合計額とする。

百九十五万円以下の金額	百分の五
百九十五万円を超え三百三十万円以下の金額	百分の十
三百三十万円を超え六百九十五万円以下の金額	百分の二十
六百九十五万円を超え九百万円以下の金額	百分の二十三
九百万円を超え千八百万円以下の金額	百分の三十三
千八百万円を超え四千万円以下の金額	百分の四十
四千万円を超える金額	百分の四十五

②　課税総所得金額、課税退職所得金額又は課税山林所得金額は、それぞれ、総所得金額、退職所得金額又は山林所得金額から前章第四節（所得控除）の規定による控除をした残額とする。

▽〔租特〕→三・三の三・八の二・八の三・二八の四・三一・三一の二・三二・三七の一〇・三七の一一・四一の九・四一の一〇・四一の一二

（変動所得及び臨時所得の平均課税）

第九〇条①　居住者のその年分の変動所得の金額及び臨時所得の金額の合計額（その年分の変動所得の金額が前年分及び前前年分の変動所得の金額の合計額の二分の一に相当する金額以下である場合には、その年分の臨時所得の金額）がその年分の総所得金額の百分の二十以上である場合には、その者のその年分の課税総所得金額に係る所得税の額は、次に掲げる金額の合計額とする。

一　その年分の課税総所得金額に相当する金額から平均課税対象金額の五分の四に相当する金額を控除した金額（当該課税総所得金額が平均課税対象金額以下である場合には、当該課税総所得金額の五分の一に相当する金額。以下この条において「調整所得金額」という。）をその年分の課税総所得金額とみなして前条第一項の規定を適用して計算した税額

二　その年分の課税総所得金額に相当する金額から

調整所得金額を控除した金額に前号に掲げる金額の調整所得金額に対する割合を乗じて計算した金額

② 前項第二号に規定する割合は、小数点以下二位まで算出し、三位以下を切り捨てたところによるものとする。

③ 第一項に規定する平均課税対象金額とは、変動所得の金額（前年分又は前前年分の変動所得の金額がある場合には、その年分の変動所得の金額が前年分及び前前年分の変動所得の金額の合計額の二分の一に相当する金額を超える場合のその超える部分の金額）と臨時所得の金額との合計額をいう。

④ 第一項の規定は、確定申告書、修正申告書又は更正請求書に同項の規定の適用を受ける旨の記載があり、かつ、同項各号に掲げる金額の合計額の計算に関する明細を記載した書類の添付がある場合に限り、適用する。

1 平均課税の対象となる臨時所得とした例（福岡高那覇支判平8・10・31行裁四七・一〇・一〇六七〈沖縄補償金事件〉）→三六条13

第九一条　削除

第二節　税額控除（抄）

（配当控除）

第九二条① 居住者が剰余金の配当（第二十四条第一項（配当所得）に規定する剰余金の配当をいう。以下この条において同じ。）、利益の配当（同項に規定する利益の配当をいう。以下この条において同じ。）、剰余金の分配（同項に規定する剰余金の分配をいう。以下この条において同じ。）、金銭の分配（同項に規定する金銭の分配をいう。以下この条において同じ。）又は証券投資信託の収益の分配（第九条第一項第十一号（元本の払戻しに係る収益の分配の非課税）に掲げるものを含まない。以下この条において同じ。）に係る配当所得（外国法人から受けるこれらの金額に係るもの（外国法人の国内にある営業所、事務所その他これらに準ずるものに信託された証券投資信託の収益の分配に係るものを除く。以下この条において同じ。）を除く。）を有する場合には、その居住者のその年分の所得税額（前節（税率）の規定による所得税の額をいう。以下この条において同じ。）から、次の各号に掲げる場合の区分に応じ当該各号に定める金額を控除する。

一 その年分の課税総所得金額が千万円以下である場合　次に掲げる配当所得の区分に応じそれぞれ次に定める金額の合計額

イ 剰余金の配当、利益の配当、剰余金の分配及び金銭の分配（以下この項において「剰余金の配当等」という。）に係る配当所得　当該配当所得の金額に百分の十を乗じて計算した金額

ロ 証券投資信託の収益の分配に係る配当所得　当該配当所得の金額に百分の五を乗じて計算した金額

二 その年分の課税総所得金額が千万円を超え、かつ、当該課税総所得金額から証券投資信託の収益の分配に係る配当所得の金額を控除した金額が千万円以下である場合　次に掲げる配当所得の区分に応じそれぞれ次に定める金額の合計額

イ 剰余金の配当等に係る配当所得　当該配当所得の金額に百分の十を乗じて計算した金額

ロ 証券投資信託の収益の分配に係る配当所得　当該配当所得の金額のうち、当該課税総所得金額から千万円を控除した金額に相当する金額については百分の二・五を、その他の金額については百分の五をそれぞれ乗じて計算した金額の合計額

三 前二号に掲げる場合以外の場合　次に掲げる配当所得の区分に応じそれぞれ次に定める金額の合計額

イ 剰余金の配当等に係る配当所得　当該配当所得の金額のうち、当該課税総所得金額から千万円とロに掲げる配当所得の金額との合計額を控除した金額に達するまでの金額については百分の十を、その他の金額については百分の五を、それぞれ乗じて計算した金額の合計額

ロ 証券投資信託の収益の分配に係る配当所得　当該配当所得の金額に百分の二・五を乗じて計算した金額

② 前項の規定による控除をすべき金額は、課税総所得金額に係る所得税額、課税山林所得金額に係る所得税額又は課税退職所得金額に係る所得税額から順次控除する。この場合において、当該控除をすべき金額がその年分の所得税額をこえるときは、当該控除をすべき金額は、当該所得税額に相当する金額とする。

③ 第一項の規定による控除は、配当控除という。

▽〔租特〕→九

（分配時調整外国税相当額控除）

第九三条① 居住者が各年において第百七十六条第三項（信託財産に係る利子等の課税の特例）に規定する集団投資信託の収益の分配の支払を受ける場合には、当該収益の分配に係る分配時調整外国税（同項に規定する外国の法令により課される所得税に相当する税で政令で定めるものをいう。）の額で同項又は第百八十条の二第三項（信託財産に係る利子等の課税の特例）の規定により当該収益の分配に係る所得税の額から控除された金額のうち当該居住者が支払を受ける収益の分配に対応する部分の金額として政令で定める金額に相当する金額（次項において「分配時調整外国税相当額」という。）は、その年分の所得税の額から控除する。

② 前項の規定は、確定申告書、修正申告書又は更正請求書に同項の規定による控除の対象となる分配時調整外国税相当額、控除を受ける金額及び当該金額の計算に関する明細を記載した書類その他財務省令で定める書類の添付がある場合に限り、適用する。この場合において、同項の規定により控除される金

額は、当該明細を記載した書類に当該分配時調整外国税相当額として記載された金額を限度とする。

③ 前条第二項の規定は、第一項の規定により控除する金額について準用する。

④ 前二項に定めるもののほか、第一項の規定の適用に関し必要な事項は、政令で定める。

⑤ 第一項の規定による控除は、分配時調整外国税相当額控除という。

▽〔所税令〕→二二〇の二

第九四条　削除

（外国税額控除）

第九五条① 居住者が各年において外国所得税（外国の法令により課される所得税に相当する税で政令で定めるものをいう。以下この項及び第九項において同じ。）を納付することとなる場合には、第八十九条から第九十三条まで（税率等）の規定により計算したその年分の所得税の額のうち、その年において生じた国外所得金額（国外源泉所得に係る所得のみについて所得税を課するものとした場合に課税標準となるべき金額に相当するものとして政令で定める金額をいう。）に対応するものとして政令で定めるところにより計算した金額（以下この条において「控除限度額」という。）を限度として、その外国所得税の額（居住者の通常行われる取引と認められないものとして政令で定める取引に基因して生じた所得に対して課される外国所得税の額、居住者の所得税に関する法令の規定により所得税が課されないこととなる金額を課税標準として外国所得税に関する法令により課されるものとして政令で定める外国所得税の額その他政令で定める外国所得税の額を除く。以下この条において「控除対象外国所得税の額」という。）をその年分の所得税の額から控除する。

② 居住者が各年において納付することとなる控除対象外国所得税の額がその年の控除限度額と地方税控除限度額として政令で定める金額との合計額を超える場合において、その年の前年以前三年内の各年（以下この条において「前三年以内の各年」という。）の控除限度額のうちその年に繰り越される部分として政令で定める金額（以下この条において「繰越控除限度額」という。）があるときは、政令で定めるところにより、その繰越控除限度額を限度として、その超える部分の金額をその年分の所得税の額から控除する。

③ 居住者が各年において納付することとなる控除対象外国所得税の額がその年の控除限度額に満たない場合において、その前三年以内の各年において納付することとなつた控除対象外国所得税の額のうちその年に繰り越される部分として政令で定める金額（以下この条において「繰越控除対象外国所得税額」という。）があるときは、政令で定めるところにより、当該控除限度額からその年において納付することとなる控除対象外国所得税の額を控除した残額を限度として、その繰越控除対象外国所得税額をその年分の所得税の額から控除する。

④ 第一項に規定する国外源泉所得とは、次に掲げるものをいう。

一 居住者が国外事業所等（国外にある恒久的施設に相当するものその他の政令で定めるものをいう。以下この条において同じ。）を通じて事業を行う場合において、当該国外事業所等が当該居住者から独立して事業を行う事業者であるとしたならば、当該国外事業所等が果たす機能、当該国外事業所等において使用する資産、当該国外事業所等と当該居住者の事業場等（当該居住者の事業に係る事業場その他これに準ずるものとして政令で定めるものであつて当該国外事業所等以外のものをいう。以下この条において同じ。）との間の内部取引その他の状況を勘案して、当該国外事業所等に帰せられるべき所得（当該国外事業所等の譲渡により生ずる所得を含み、第十五号に該当するものを除く。）

二 国外にある資産の運用又は保有により生ずる所得

三 国外にある資産の譲渡により生ずる所得として政令で定めるもの

四 国外において人的役務の提供を主たる内容とする事業で政令で定めるものを行う者が受ける当該人的役務の提供に係る対価

五 国外にある不動産、国外にある不動産の上に存する権利若しくは国外における採石権の貸付け（地上権又は採石権の設定その他他人に不動産、不動産の上に存する権利又は採石権を使用させる一切の行為を含む。）、国外における租鉱権の設定又は非居住者若しくは外国法人に対する船舶若しくは航空機の貸付けによる対価

六 第二十三条第一項（利子所得）に規定する利子等及びこれに相当するもののうち次に掲げるもの

イ 外国の国債若しくは地方債又は外国法人の発行する債券の利子

ロ 国外にある営業所、事務所その他これらに準ずるもの（以下この項において「営業所」という。）に預け入れられた預金又は貯金（第二条第一項第十号（定義）に規定する政令で定めるものに相当するものを含む。）の利子

ハ 国外にある営業所に信託された合同運用信託若しくはこれに相当する信託、公社債投資信託又は公募公社債等運用投資信託若しくはこれに相当する信託の収益の分配

七 第二十四条第一項（配当所得）に規定する配当等及びこれに相当するもののうち次に掲げるもの

イ 外国法人から受ける第二十四条第一項に規定する剰余金の配当、利益の配当若しくは剰余金の分配又は同項に規定する金銭の分配若しくは基金利息に相当するもの

ロ 国外にある営業所に信託された投資信託（公社債投資信託並びに公募公社債等運用投資信託及びこれに相当する信託を除く。）又は特定受益証券発行信託若しくはこれに相当する信託の収益の分配

八　国外において業務を行う者に対する貸付金（これに準ずるものを含む。）で当該業務に係るものの利子（債券の買戻又は売戻条件付売買取引として政令で定めるものから生ずる差益として政令で定めるものを含む。）

九　国外において業務を行う者から受ける次に掲げる使用料又は対価で当該業務に係るもの

イ　工業所有権その他の技術に関する権利、特別の技術による生産方式若しくはこれらに準ずるものの使用料又はその譲渡による対価

ロ　著作権（出版権及び著作隣接権その他これに準ずるものを含む。）の使用料又はその譲渡による対価

ハ　機械、装置その他政令で定める用具の使用料

十　次に掲げる給与、報酬又は年金

イ　俸給、給料、賃金、歳費、賞与又はこれらの性質を有する給与その他人的役務の提供に対する報酬のうち、国外において行う勤務その他の人的役務の提供（内国法人の役員として国外において行う勤務その他の政令で定める人的役務の提供を除く。）に基因するもの

ロ　外国の法令に基づく保険又は共済に関する制度で第三十一条第一号及び第二号（退職手当等とみなす一時金）に規定する法律の規定による社会保険又は共済に関する制度に類するものに基づいて支給される年金（これに類する給付を含む。）

ハ　第三十条第一項（退職所得）に規定する退職手当等のうちその支払を受ける者が非居住者であつた期間に行つた勤務その他の人的役務の提供（内国法人の役員として非居住者であつた期間に行つた勤務その他の政令で定める人的役務の提供を除く。）に基因するもの

十一　国外において行う事業の広告宣伝のための賞金として政令で定めるもの

十二　国外にある営業所又は国外において契約の締結の代理をする者を通じて締結した保険業法第二条第六項（定義）に規定する外国保険業者の締結する保険契約その他の年金に係る契約で政令で定めるものに基づいて受ける年金（年金の支払の開始の日以後に当該年金に係る契約に基づき分配を受ける剰余金又は割戻しを受ける割戻金及び当該契約に基づき年金に代えて支給される一時金を含む。）

十三　次に掲げる給付補塡金、利息、利益又は差益

イ　第百七十四条第三号（内国法人に係る所得税の課税標準）に掲げる給付補塡金のうち国外にある営業所が受け入れた定期積金に係るもの

ロ　第百七十四条第四号に掲げる給付補塡金に相当するもののうち国外にある営業所が受け入れた同号に規定する掛金に相当するものに係るもの

ハ　第百七十四条第五号に掲げる利息に相当するもののうち国外にある営業所を通じて締結された同号に規定する契約に相当するものに係るもの

ニ　第百七十四条第六号に掲げる利益のうち国外にある営業所を通じて締結された同号に規定する契約に係るもの

ホ　第百七十四条第七号に掲げる差益のうち国外にある営業所が受け入れた預金又は貯金に係るもの

ヘ　第百七十四条第八号に掲げる差益に相当するもののうち国外にある営業所又は国外において契約の締結の代理をする者を通じて締結された同号に規定する契約に相当するものに係るもの

十四　国外において事業を行う者に対する出資につき、匿名組合契約（これに準ずる契約として政令で定めるものを含む。）に基づいて受ける利益の分配

十五　国内及び国外にわたつて船舶又は航空機による運送の事業を行うことにより生ずる所得のうち国外において行う業務につき生ずべき所得として政令で定めるもの

十六　第二条第一項第八号の四ただし書に規定する条約（以下この号及び第六項から第八項までにおいて「租税条約」という。）の規定により当該租税条約の我が国以外の締約国又は締約者（第七項及び第八項において「相手国等」という。）において租税を課することができることとされる所得のうち政令で定めるもの

十七　前各号に掲げるもののほかその源泉が国外にある所得として政令で定めるもの

⑤　前項第一号に規定する内部取引とは、居住者の国外事業所等と事業場等との間で行われた資産の移転、役務の提供その他の事実で、独立の事業者の間で同様の事実があつたとしたならば、これらの事業者の間で、資産の販売、資産の購入、役務の提供その他の取引（資金の借入れに係る債務の保証、保険契約に係る保険責任についての再保険の引受けその他これらに類する取引として政令で定めるものを除く。）が行われたと認められるものをいう。

⑥　租税条約において国外源泉所得（第一項に規定する国外源泉所得をいう。以下この項において同じ。）につき前二項の規定と異なる定めがある場合には、その租税条約の適用を受ける居住者については、これらの規定にかかわらず、国外源泉所得は、その異なる定めがある限りにおいて、その租税条約に定めるところによる。

⑦　居住者の第四項第一号に掲げる所得を算定する場合において、当該居住者の国外事業所等が、租税条約（当該居住者の同号に掲げる所得に対して租税を課することができる旨の定めのあるものに限るものとし、同号に規定する内部取引から所得が生ずる旨の定めのあるものを除く。）の相手国等に所在するときは、同号に規定する内部取引には、当該居住者の国外事業所等と事業場等との間の利子（これに準ずるものとして政令で定めるものを含む。）の支払に相当する事実その他政令で定める事実は、含まれないものとする。

⑧　居住者の国外事業所等が、租税条約（居住者の国

外事業所等が事業場等のために棚卸資産を購入する業務及びそれ以外の業務を行う場合に、その棚卸資産を購入する業務から生ずる所得が、その国外事業所等に帰せられるべき所得に含まれないとする定めのあるものに限る。）の相手国等に所在し、かつ、当該居住者の国外事業所等が事業場等のために棚卸資産を購入する業務及びそれ以外の業務を行う場合には、当該国外事業所等のその棚卸資産を購入する業務から生ずる第四項第一号に掲げる所得は、ないものとする。

⑨ 居住者が納付することとなつた外国所得税の額につき第一項から第三項までの規定の適用を受けた年の翌年以後七年内の各年において当該外国所得税の額が減額された場合におけるその減額されることとなつた日の属する年のこれらの規定の適用については、政令で定めるところによる。

⑩ 第一項の規定は、確定申告書、修正申告書又は更正請求書（次項において「申告書等」という。）に第一項の規定による控除を受けるべき金額及びその計算に関する明細を記載した書類、控除対象外国所得税の額を課されたことを証する書類その他財務省令で定める書類（以下この項において「明細書」という。）の添付がある場合に限り、適用する。この場合において、第一項の規定による控除をされるべき金額の計算の基礎となる控除対象外国所得税の額その他の財務省令で定める金額は、税務署長において特別の事情があると認める場合を除くほか、当該明細書に当該金額として記載された金額を限度とする。

⑪ 第二項及び第三項の規定は、繰越控除限度額又は繰越控除対象外国所得税額に係る年のうち最も古い年以後の各年分の申告書等に当該各年の控除限度額及び当該各年において納付することとなつた控除対象外国所得税の額を記載した書類の添付があり、かつ、これらの規定の適用を受けようとする年分の申告書等にこれらの規定による控除を受けるべき金額及び繰越控除限度額又は繰越控除対象外国所得税額の計算の基礎となるべき事項を記載した書類その他財務省令で定める書類の添付がある場合に限り、適用する。この場合において、これらの規定による控除をされるべき金額の計算の基礎となる当該各年の控除限度額及び当該各年において納付することとなつた控除対象外国所得税の額その他の財務省令で定める金額は、税務署長において特別の事情があると認める場合を除くほか、当該各年分の申告書等にこの項前段の規定により添付された書類に当該計算の基礎となる金額として記載された金額を限度とする。

⑫ 第一項から第三項までの規定の適用を受ける居住者は、当該居住者が他の者との間で行つた取引のうち、当該居住者のその年の第一項に規定する国外所得金額の計算上、当該取引から生ずる所得が当該居住者の国外事業所等に帰せられるものについては、財務省令で定めるところにより、当該国外事業所等に帰せられる取引に係る明細を記載した書類その他の財務省令で定める書類を作成しなければならない。

⑬ 第一項から第三項までの規定の適用を受ける居住者は、当該居住者の事業場等と国外事業所等との間の資産の移転、役務の提供その他の事実が第四項第一号に規定する内部取引に該当するときは、財務省令で定めるところにより、当該事実に係る明細を記載した書類その他の財務省令で定める書類を作成しなければならない。

⑭ 第九十二条第二項前段（配当控除）の規定は、第一項から第三項までの規定による控除をすべき金額について準用する。

⑮ 第九項から前項までに定めるもののほか、第一項から第八項までの規定の適用に関し必要な事項は、政令で定める。

⑯ 第一項から第三項までの規定による控除は、外国税額控除という。

▽〔所税令〕→二二一―二二六 〔租特〕→四〇の六・四〇の九、四一の一九の五

第九五条の二 （略）

第四章 税額の計算の特例

第九六条から第一〇一条まで 削除

（年の中途で非居住者が居住者となつた場合の税額の計算）

第一〇二条 その年十二月三十一日（その年の中途において死亡した場合には、その死亡の日）において居住者である者でその年において非居住者であつた期間を有するもの又はその年の中途において出国をする居住者でその年一月一日からその出国の日までの間に非居住者であつた期間を有するものに対して課する所得税の額は、前二章（課税標準及び税額の計算）の規定により計算した所得税の額によらず、居住者であつた期間内に生じた第七条第一項第一号（居住者の課税所得の範囲）に掲げる所得（非永住者であつた期間がある場合には、当該期間については、同項第二号に掲げる所得）並びに非居住者であつた期間内に生じた第百六十四条第一項各号（非居住者に対する課税の方法）に掲げる非居住者の区分に応ずる同項各号及び同条第二項各号に掲げる国内源泉所得に係る所得を基礎として政令で定めるところにより計算した金額による。

▽〔所税令〕→二五八

（確定申告書の提出がない場合の税額の特例）

第一〇三条 第百二十条第一項（確定所得申告）、第百二十五条第一項（年の中途で死亡した場合の確定申告）又は第百二十七条第一項（年の中途で出国をする場合の確定申告）の規定による申告書を提出する義務がない居住者に対して課する所得税の額は、前二章（課税標準及び税額の計算）及び前条の規定により計算した所得税の額によらず、その者のその年分の所得税に係る第百二十条第二項に規定する予納税額及びその年分の所得税につき源泉徴収をされた又はされるべき税額の合計額による。ただし、その者が確定申告書を提出した場合は、この限りでな

い。

第五章　申告、納付及び還付（抄）

第一節　予定納税（抄）

第一款　予定納税

（予定納税額の納付）

第一〇四条①　居住者（第百七条第一項（特別農業所得者の予定納税額の納付）の規定による納付をすべき者を除く。）は、第一号に掲げる金額から第二号に掲げる金額を控除した金額（以下この章において「予定納税基準額」という。）が十五万円以上である場合には、第一期（その年七月一日から同月三十一日までの期間をいう。以下この章において同じ。）及び第二期（その年十一月一日から同月三十日までの期間をいう。以下この章において同じ。）において、それぞれその予定納税基準額の三分の一に相当する金額の所得税を国に納付しなければならない。

一　前年分の課税総所得金額に係る所得税の額（当該課税総所得金額の計算の基礎となつた各種所得の金額のうちに譲渡所得の金額、一時所得の金額、雑所得の金額又は雑所得に該当しない臨時所得の金額がある場合には、政令で定めるところにより、これらの金額がなかつたものとみなして計算した額とし、同年分の所得税について災害被害者に対する租税の減免、徴収猶予等に関する法律（昭和二十二年法律第百七十五号）第二条（所得税の軽減又は免除）の規定の適用があつた場合には、同条の規定の適用がなかつたものとして計算した額とする。）

二　前年分の課税総所得金額の計算の基礎となつた各種所得につき源泉徴収をされた又はされるべきであつた所得税の額（当該各種所得のうちに一時所得、雑所得又は雑所得に該当しない臨時所得がある場合には、これらの所得につき源泉徴収をされた又はされるべきであつた所得税の額を控除した額）

②　国税通則法第十一条（災害等による期限の延長）の規定による納付に関する期限の延長（以下この項において「期限延長」という。）により、前項に規定する居住者が同項の規定により第一期又は第二期において納付すべき予定納税額の納期限がその年十二月三十一日後となる場合は、当該期限延長に係る予定納税額は、ないものとする。

③　第一項の場合において、同項に規定する予定納税基準額の三分の一に相当する金額に百円未満の端数があるときは、その端数を切り捨てる。

▽〔所税令〕→二五九

（予定納税基準額の計算の基準日等）

第一〇五条　前条第一項の規定を適用する場合において、予定納税基準額の計算については、その年五月十五日において確定しているところによるものとし、居住者であるかどうかの判定は、その年六月三十日の現況によるものとする。ただし、予定納税基準額の計算は、その年五月十六日から七月三十一日までの間におけるいずれかの日において確定したところにより計算した金額が本文の規定により計算した金額を下ることとなつた場合は、その日（その日が二以上ある場合には、その計算した金額が最も小さいこととなる日）において確定したところによるものとする。

（予定納税額等の通知）

第一〇六条①　税務署長は、第百四条第一項（予定納税額の納付）の規定による納付をすべき居住者について、その年五月十五日の現況によりその予定納税基準額を計算し、その年六月十五日（同日において当該居住者が第一期において納付すべき予定納税額の納期限が国税通則法第十一条（災害等による期限の延長）の規定により延長され、又は延長される見込みである場合には、その年七月三十一日（同条の規定により当該納期限が延長された場合には、その延長された当該納期限）の一月前の日）までに、その者に対し、その予定納税基準額並びに第一期及び第二期において納付すべき予定納税額を書面により通知する。

②　税務署長は、前項の予定納税基準額が前条ただし書の規定により計算されるべきこととなつた場合には、同項の居住者に対し、書面によりその旨を通知する。

③　前二項の規定による通知は、第百四条第一項の規定による納付をすべき居住者からその者の前年分の所得税につき確定申告書の提出を受け、又は当該所得税につき決定をした税務署長（その後当該所得税の納税地に異動があつた場合には、政令で定める税務署長）が行う。

④　前項に規定する税務署長は、第一項の居住者が第百四条第一項の規定により第一期において納付すべき予定納税額について同条第二項の規定の適用がある場合には、第一項及び第二項の規定にかかわらず、これらの規定による通知を要しない。

▽〔所税令〕→二六〇

第二款　特別農業所得者の予定納税の特例

（第一〇七条から第一一〇条まで）（略）

第三款　予定納税額の減額

（予定納税額の減額の承認の申請）

第一一一条①　第百四条第一項（予定納税額の納付）の規定による納付をすべき居住者は、その年六月三十日の現況による申告納税見積額が予定納税基準額に満たないと見込まれる場合には、その年七月十五日までに、納税地の所轄税務署長に対し、第一期及び第二期において納付すべき予定納税額の減額に係る承認を申請することができる。

②　次の各号に掲げる居住者は、その年十月三十一日の現況による申告納税見積額が当該各号に掲げる金額に満たないと見込まれる場合には、その年十一月十五日までに、納税地の所轄税務署長に対し、第二期において納付すべき予定納税額の減額に係る承認を申請することができる。

一　第百四条第一項の規定による納付をすべき居住

者　予定納税基準額（前項の承認を受けた居住者については、その承認に係る申告納税見積額）

二　第百七条第一項（特別農業所得者の予定納税額の納付）の規定による納付をすべき居住者　予定納税基準額

③　第百六条第一項（予定納税額等の通知）又は第百九条第一項（特別農業所得者に対する予定納税額等の通知）の規定による税務署長の通知に係る書面がそれぞれその年六月十五日まで又は十月十五日までに発せられなかつた場合には、前二項の申請の期限は、その通知に係る書面が発せられた日から起算して一月を経過した日まで延期されるものとする。

④　第一項又は第二項に規定する申告納税見積額とは、その年分の課税総所得金額及び課税山林所得金額の見積額につき第三章（税額の計算）の規定に準じて計算した所得税の額から、当該課税総所得金額の見積額の計算の基礎となつた各種所得につき源泉徴収をされる所得税の額の見積額を控除した金額として政令で定めるところにより計算した金額をいう。

▽〔所税令〕→二六一

（予定納税額の減額の承認の申請手続）

第一一二条①　前条第一項又は第二項の規定による申請をしようとする居住者は、これらの規定に規定する申告納税見積額、その申請の理由その他財務省令で定める事項を記載した申請書を納税地の所轄税務署長に提出しなければならない。

②　前項の申請書には、取引の記録等に基づいて同項の申告納税見積額の計算の基礎となる事実を記載した書類を添附しなければならない。

（予定納税額の減額の承認の申請に対する処分）

第一一三条①　税務署長は、前条第一項の申請書の提出があつた場合には、その調査により、その申請に係る同項に規定する申告納税見積額（以下この条において「申告納税見積額」という。）を認め、若しくは申告納税見積額を定めて、第百十一条第一項若しくは第二項（予定納税額の減額の承認の申請）の承認をし、又はその申請を却下する。

②　税務署長は、前条第一項の申請書の提出があつた場合において、次の各号のいずれか一に該当するときは、前項の承認をしなければならない。

一　その申請に係る申告納税見積額の計算の基準となる日までに生じた事業の全部若しくは一部の廃止、休止若しくは転換、失業、災害、盗難若しくは横領による損害又は第七十三条第二項（医療費の意義）に規定する医療費の支払により、同日の現況による申告納税見積額がその承認により減額されるべき予定納税額の計算の基礎となつた予定納税基準額又は申告納税見積額に満たなくなると認められる場合

二　前号に掲げる場合のほか、その申請に係る申告納税見積額の計算の基礎となる日の現況による申告納税見積額がその承認により減額されるべき予定納税額の計算の基礎となつた予定納税基準額又は申告納税見積額の十分の七に相当する金額以下となると認められる場合

③　第一項の処分をした税務署長は、同項の申請書を提出した居住者に対し、その認めた申告納税見積額及び当該申告納税見積額に基づき計算した予定納税額を通知し、又は理由を附して、その定めた申告納税見積額及び当該申告納税見積額に基づき計算した予定納税額を通知し若しくは却下の旨を通知する。

④　第百十一条第一項又は第二項第二号の規定による申請に基づき第一項の承認があつた場合において、前項の規定により通知された申告納税見積額が第百五条ただし書（予定納税基準額の計算の特例）又は第百八条ただし書（特別農業所得者の予定納税基準額の計算の特例）の規定により計算した予定納税基準額をこえることとなつたときは、その承認は、なかつたものとみなす。

（予定納税額の減額の承認があつた場合の予定納税額の特例）

第一一四条①　第百十一条第一項（予定納税額の減額の承認の申請）の規定による申請をした居住者が同項の承認を受けた場合には、その者がその年分の所得税につき第百四条第一項（予定納税額の納付）の規定により第一期及び第二期において納付すべき予定納税額は、前条第三項の規定によりその承認をした税務署長から通知された申告納税見積額の三分の一に相当する金額とする。

②　第百十一条第二項の規定による申請をした同項第一号に掲げる居住者が同項の承認を受けた場合には、その者がその年分の所得税につき第百四条第一項の規定により第二期において納付すべき予定納税額は、前条第三項の規定によりその承認をした税務署長から通知された申告納税見積額から第百四条第一項の規定により第一期において納付すべき予定納税額を控除した金額の二分の一に相当する金額とする。

③　第百十一条第二項の規定による申請をした同項第二号に掲げる居住者が同項の承認を受けた場合には、その者がその年分の所得税につき第百七条第一項（特別農業所得者の予定納税額の納付）の規定により第二期において納付すべき予定納税額は、前条第三項の規定によりその承認をした税務署長から通知された申告納税見積額の二分の一に相当する金額とする。

④　前三項の場合において、これらの規定による予定納税額に百円未満の端数があるときは、その端数を切り捨てるものとし、これらの規定に規定する申告納税見積額が十五万円に満たないときは、これらの規定による予定納税額は、ないものとする。

第四款　予定納税額の納付及び徴収に関する特例

（出国をする場合の予定納税額の納期限の特例）

第一一五条　第百四条第一項（予定納税額の納付）又は第百七条第一項（特別農業所得者の予定納税額の納付）の規定により予定納税額を納付すべき居住者は、これらの規定に規定する納期限前に出国をする

場合には、これらの規定にかかわらず、その出国後に当該納期限の到来する予定納税額に相当する所得税を、その出国の時までに国に納付しなければならない。

（予定納税額に対する督促の特例）

第一一六条　税務署長は、第百六条第一項（予定納税額等の通知）又は第百九条第一項（特別農業所得者に対する予定納税額等の通知）の規定による通知に係る書面を第百四条第一項（予定納税額の納付）又は第百七条第一項（特別農業所得者の予定納税額の納付）の規定により納付すべき予定納税額（前条の規定により納付すべきこととなつたものを除く。以下この条において同じ。）の納期限の一月前までに発しなかつた場合には、その通知に係る書面を発した日から起算して一月を経過した日後でなければ、これらの規定により納付すべき予定納税額について国税通則法第三十七条（督促）の規定による督促をすることができない。

（予定納税額の滞納処分の特例）

第一一七条　予定納税額（その予定納税額に係る延滞税を含む。）については、滞納処分を行なう場合においても、その年分の所得税に係る確定申告期限（その日においてその年分の所得税につき第百三十八条第一項（源泉徴収税額等の還付）又は第百三十九条第一項若しくは第二項（予納税額の還付）の規定による還付金がある場合には、その還付金につき充当をする日）までは、滞納処分による財産の換価は、することができない。

（予定納税額の徴収猶予）

第一一八条　税務署長は、第百十二条第一項（予定納税額の減額の承認の申請手続）の申請書の提出があつた場合において、相当の理由があると認めるときは、その申請に係る予定納税額の全部又は一部の徴収を猶予することができる。

（予定納税額に係る延滞税の特例）

第一一九条　次の各号に掲げる予定納税額について国税通則法第六十条第二項（延滞税）の規定により延滞税の額の計算をする場合には、当該各号に掲げる期間は、その計算の基礎となる期間に算入しないものとし、同項中、「納期限（延納又は物納の許可の取消しがあつた場合には、その取消しに係る書面が発せられた日。以下この項並びに第六十三条第一項、第四項及び第五項（納税の猶予等の場合の延滞税の免除）において同じ。）までの期間又は納期限」とあるのは、「所得税法第百十九条各号に掲げる期間の末日」とする。

一　税務署長が第百六条第一項（予定納税額等の通知）の規定による通知に係る書面を第百四条第一項（予定納税額の納付）の規定により第一期において納付すべき予定納税額（第百十五条（出国をする場合の予定納税額の納期限の特例）の規定により納付すべきこととなつたものを除く。以下この条において同じ。）の納期限の一月前までに発しなかつた場合における当該予定納税額　当該納期限の翌日から、その通知に係る書面を発した日から起算して一月を経過した日（同日がその年分の所得税に係る確定申告期限後となる場合には、その確定申告期限。以下この条において同じ。）までの期間

二　税務署長が前号の通知に係る書面を第百四条第一項の規定により第二期において納付すべき予定納税額の納期限の一月前までに発しなかつた場合における当該予定納税額　当該納期限の翌日から、その通知に係る書面を発した日から起算して一月を経過した日までの期間

三　税務署長が第百九条第一項（特別農業所得者に対する予定納税額等の通知）の規定による通知に係る書面を第百七条第一項（特別農業所得者の予定納税額の納付）の規定により第二期において納付すべき予定納税額の納期限の一月前までに発しなかつた場合における当該予定納税額　当該納期限の翌日から、その通知に係る書面を発した日から起算して一月を経過した日までの期間

第二節　確定申告並びにこれに伴う納付及び還付（抄）

第一款　確定申告

（確定所得申告）

第一二〇条①　居住者は、その年分の総所得金額、退職所得金額及び山林所得金額の合計額が第二章第四節（所得控除）の規定による雑損控除その他の控除の額の合計額を超える場合において、当該総所得金額、退職所得金額又は山林所得金額からこれらの控除の額を第八十七条第二項（所得控除の順序）の規定に準じて控除した後の金額をそれぞれ課税総所得金額、課税退職所得金額又は課税山林所得金額とみなして第八十九条（税率）の規定を適用して計算した場合の所得税の額の合計額が配当控除の額を超えるとき（第三号に掲げる所得税の額の計算上控除しきれなかつた外国税額控除の額がある場合、第四号に掲げる金額の計算上控除しきれなかつた同号に規定する源泉徴収税額がある場合又は第五号に掲げる金額の計算上控除しきれなかつた予納税額がある場合を除く。）は、第百二十三条第一項（確定損失申告）の規定による申告書を提出する場合を除き、第三期（その年の翌年二月十六日から三月十五日までの期間をいう。以下この節において同じ。）において、税務署長に対し、次に掲げる事項を記載した申告書を提出しなければならない。この場合において、その年において支払を受けるべき第二十八条第一項（給与所得）に規定する給与等で第百九十条（年末調整）の規定の適用を受けたものを有する居住者が、当該申告書を提出するときは、次に掲げる事項のうち財務省令で定めるものについては、財務省令で定める記載によることができる。

一　その年分の総所得金額、退職所得金額及び山林所得金額並びに第二章第四節の規定による雑損控除その他の控除の額並びに課税総所得金額、課税退職所得金額及び課税山林所得金額又は純損失の金額

所税

二　第九十条第一項（変動所得及び臨時所得の平均課税）の規定の適用を受ける場合には、その年分の変動所得の金額及び臨時所得の金額並びに同条第三項に規定する平均課税対象金額
三　第一号に掲げる課税総所得金額、課税退職所得金額及び課税山林所得金額につき第三章（税額の計算）の規定を適用して計算した所得税の額
四　第一号に掲げる総所得金額若しくは退職所得金額又は純損失の金額の計算の基礎となつた各種所得につき源泉徴収をされた又はされるべき所得税の額（当該所得税の額のうちに、第百二十七条第一項から第三項まで（年の中途で出国をする場合の確定申告）の規定による申告書を提出したことにより、又は当該申告書に係る所得税につき更正を受けたことにより還付される金額その他政令で定める金額がある場合には、当該金額を控除した金額。以下この号及び次号において「源泉徴収税額」という。）がある場合には、前号に掲げる所得税の額からその源泉徴収税額を控除した金額
五　その年分の予納税額がある場合には、第三号に掲げる所得税の額（源泉徴収税額がある場合には、前号に掲げる金額）から当該予納税額を控除した金額
六　第一号に掲げる総所得金額の計算の基礎となつた各種所得の金額のうちに譲渡所得の金額、一時所得の金額、雑所得の金額、雑所得に該当しない変動所得の金額又は雑所得に該当しない臨時所得の金額がある場合には、これらの金額及び一時所得、雑所得又は雑所得に該当しない臨時所得について源泉徴収をされた又はされるべき所得税の額
七　その年において特別農業所得者である場合には、その旨
八　第一号から第六号までに掲げる金額の計算の基礎その他財務省令で定める事項
②　前項に規定する予納税額とは、次に掲げる税額の合計額（当該税額のうちに、第百二十七条第一項から第三項までの規定による申告書を提出したことにより、又は当該申告書に係る所得税につき更正を受けたことにより還付される金額がある場合には、当該金額を控除した金額）をいう。
一　予定納税額
二　その年において第百三十条（出国の場合の確定申告による納付）又は国税通則法第三十五条第二項（期限後申告等による納付）の規定により納付した又は納付すべき所得税の額
③　次の各号に掲げる居住者が第一項の規定による申告書を提出する場合には、政令で定めるところにより、当該各号に定める書類を当該申告書に添付し、又は当該申告書の提出の際提示しなければならない。
一　第一項の規定による申告書に雑損控除、社会保険料控除（第七十四条第二項第五号（社会保険料控除）に掲げる社会保険料に係るものに限る。）、小規模企業共済等掛金控除、生命保険料控除、地震保険料控除又は寄附金控除に関する事項の記載をする居住者　これらの控除を受ける金額の計算の基礎となる金額その他の事項を証する書類
二　第一項の規定による申告書に、第八十五条第二項又は第三項（扶養親族等の判定の時期等）の規定による判定をする時の現況において非居住者である親族に係る障害者控除、配偶者控除、配偶者特別控除又は扶養控除に関する事項の記載をする居住者　これらの控除に係る非居住者である親族が当該居住者の親族に該当する旨を証する書類及び当該非居住者である親族が当該居住者と生計を一にすることを明らかにする書類
三　第一項の規定による申告書に、第八十五条第三項の規定による判定をする時の現況において非居住者である親族に係る扶養控除に関する事項の記載をする居住者　扶養控除に係る非居住者である親族が当該居住者の親族に該当する旨を証する書類及び当該非居住者である親族が当該居住者と生計を一にすることを明らかにする書類並びに当該非居住者である親族が年齢三十歳以上七十歳未満の者である場合（当該非居住者である親族が障害者である場合を除く。）には第二条第一項第三十四号の二ロ⑴（定義）に掲げる者に該当する旨を証する書類又は同号ロ⑶に掲げる者に該当することを明らかにする書類
四　第一項の規定による申告書に、第二条第一項第三十二号ロ又はハに掲げる者に係る勤労学生控除に関する事項の記載をする居住者　これらの者に該当する旨を証する書類

★令和二法八（令和五・一・一施行）による改正前
③（柱書略）
一（略）
二　第一項の規定による申告書に、第八十五条第二項又は第三項（扶養親族等の判定の時期等）の規定による判定をする時の現況において非居住者である親族に係る障害者控除、配偶者控除、配偶者特別控除又は扶養控除に関する事項の記載をする居住者　これらの控除に係る非居住者である親族が当該居住者の親族に該当する旨を証する書類及び当該非居住者である親族が当該居住者と生計を一にすることを明らかにする書類
新三（改正により追加）
三　第一項の規定による申告書に、第二条第一項第三十二号ロ又はハ（定義）に掲げる者に係る勤労学生控除に関する事項の記載をする居住者　これらの者に該当する旨を証する書類（改正後の四）

④　第一項の規定による申告書に医療費控除に関する事項の記載をする居住者が当該申告書を提出する場合には、次に掲げる書類を当該申告書に添付しなければならない。
一　当該申告書に記載した医療費控除を受ける金額の計算の基礎となる第七十三条第二項（医療費控除）に規定する医療費（次項において「医療費」という。）の額その他の財務省令で定める事項（以下この項において「控除適用医療費の額等」という。）の記載がある明細書（次号に掲げる書類が当該申告書に添付された場合における当該書類に

記載された控除適用医療費の額等に係るものを除く。）

二　高齢者の医療の確保に関する法律第七条第二項（定義）に規定する保険者若しくは同法第四十八条（広域連合の設立）に規定する後期高齢者医療広域連合又は社会保険診療報酬支払基金若しくは国民健康保険法第四十五条第五項（保険医療機関等の診療報酬）に規定する国民健康保険団体連合会の当該居住者が支払つた医療費の額を通知する書類として財務省令で定める書類で、控除適用医療費の額等の記載があるもの

⑤　税務署長は、前項の申告書の提出があつた場合において、必要があると認めるときは、当該申告書を提出した者（以下この項において「医療費控除適用者」という。）に対し、当該申告書に係る確定申告期限の翌日から起算して五年を経過する日（同日前六月以内に国税通則法第二十三条第一項（更正の請求）の規定による更正の請求があつた場合には、当該更正の請求があつた日から六月を経過する日）までの間、前項第一号に掲げる書類に記載された医療費につきこれを領収した者のその領収を証する書類の提示又は提出を求めることができる。この場合において、この項前段の規定による求めがあつたときは、当該医療費控除適用者は、当該書類を提示し、又は提出しなければならない。

⑥　その年において不動産所得、事業所得若しくは山林所得を生ずべき業務を行う居住者が第一項の規定による申告書を提出する場合（当該申告書が青色申告書である場合を除く。）又はその年において雑所得を生ずべき業務を行う居住者でその年の前々年分の当該業務に係る収入金額が千万円を超えるものが同項の規定による申告書を提出する場合には、財務省令で定めるところにより、これらの所得に係るその年中の総収入金額及び必要経費の内容を記載した書類を当該申告書に添付しなければならない。

⑦　その年において非永住者であつた期間を有する居住者が第一項の規定による申告書を提出する場合には、その者の国籍、国内に住所又は居所を有していた期間その他の財務省令で定める事項を記載した書類を当該申告書に添付しなければならない。

▽〔所税令〕→二六二、二六四

1　本条一項五号〔令和三法一一による改正前。現四号〕にいう「源泉徴収をされた又はされるべき所得税の額」とは、所得税法の源泉徴収の規定に基づき正当に徴収をされた又はされるべき所得税の額を意味するから、給与等の受給者が、支払者により誤って所得税の源泉徴収をされた場合に、当該年分の所得税の額から右誤徴収額を控除して確定申告をすることはできない。（最判平4・2・18民集四六・二・七七〈日光貿易事件〉租税百選〔七版〕一一五）→二〇七条1

（確定所得申告を要しない場合）

第一二一条①　その年において給与所得を有する居住者で、その年中に支払を受けるべき第二十八条第一項（給与所得）に規定する給与等（以下この項において「給与等」という。）の金額が二千万円以下であるものは、次の各号のいずれかに該当する場合には、前条第一項の規定にかかわらず、その年分の課税総所得金額及び課税山林所得金額に係る所得税については、同項の規定による申告書を提出することを要しない。ただし、不動産その他の資産をその給与所得に係る給与等の支払者の事業の用に供することによりその対価の支払を受ける場合その他の政令で定める場合は、この限りでない。

一　一の給与等の支払者から給与等の支払を受け、かつ、当該給与等の全部について第百八十三条（給与所得に係る源泉徴収義務）又は第百九十条（年末調整）の規定による所得税の徴収をされた又はされるべき場合において、その年分の利子所得の金額、配当所得の金額、不動産所得の金額、事業所得の金額、山林所得の金額、譲渡所得の金額、一時所得の金額及び雑所得の金額の合計額（以下この項において「給与所得及び退職所得以外の所得金額」という。）が二十万円以下であるとき。

二　二以上の給与等の支払者から給与等の支払を受け、かつ、当該給与等の全部について第百八十三条又は第百九十条の規定による所得税の徴収をされた又はされるべき場合において、イ又はロに該当するとき。

イ　第百九十五条第一項（従たる給与についての扶養控除等申告書）に規定する従たる給与等の支払者から支払を受けるその年分の給与所得に係る給与等の金額とその年分の給与所得及び退職所得以外の所得金額との合計額が二十万円以下であるとき。

ロ　イに該当する場合を除き、その年分の給与所得に係る給与等の金額が百五十万円と社会保険料控除の額、小規模企業共済等掛金控除の額、生命保険料控除の額、地震保険料控除の額、障害者控除の額、寡婦控除の額、ひとり親控除の額、勤労学生控除の額、配偶者控除の額、配偶者特別控除の額及び扶養控除の額との合計額以下で、かつ、その年分の給与所得及び退職所得以外の所得金額が二十万円以下であるとき。

②　その年において退職所得を有する居住者は、次の各号のいずれかに該当する場合には、前条第一項の規定にかかわらず、その年分の課税退職所得金額に係る所得税については、同項の規定による申告書を提出することを要しない。

一　その年分の退職所得に係る第三十条第一項（退職所得）に規定する退職手当等（以下この項において「退職手当等」という。）の全部について第百九十九条（退職所得に係る源泉徴収義務）及び第二百一条第一項（退職所得に係る源泉徴収税額）の規定による所得税の徴収をされた又はされるべき場合

二　前号に該当する場合を除き、その年分の課税退

職所得金額につき第八十九条（税率）の規定を適用して計算した所得税の額がその年分の退職所得に係る退職手当等につき源泉徴収をされた又はされるべき所得税の額以下である場合

③ その年において第三十五条第三項（雑所得）に規定する公的年金等（以下この条において「公的年金等」という。）に係る雑所得を有する居住者で、その年中の公的年金等の収入金額が四百万円以下であるものが、その公的年金等の全部（第二百三条の七（源泉徴収を要しない公的年金等）の規定の適用を受けるものを除く。）について第二百三条の二（公的年金等に係る源泉徴収義務）の規定による所得税の徴収をされた又はされるべき場合において、その年分の公的年金等に係る雑所得以外の所得金額（利子所得の金額、配当所得の金額、不動産所得の金額、事業所得の金額、給与所得の金額、山林所得の金額、譲渡所得の金額、一時所得の金額及び公的年金等に係る雑所得以外の雑所得の金額の合計額をいう。）が二十万円以下であるときは、前条第一項の規定にかかわらず、その年分の課税総所得金額又は課税山林所得金額に係る所得税については、同項の規定による申告書を提出することを要しない。

▽〔所税令〕→二六二の二

（還付等を受けるための申告）

第一二二条① 居住者は、その年分の所得税につき第一号から第三号までに掲げる金額がある場合には、次条第一項の規定による申告書を提出することができる場合を除き、第百三十八条第一項（源泉徴収税額等の還付）又は第百三十九条第一項若しくは第二項（予納税額の還付）の規定による還付を受けるため、税務署長に対し、第百二十条第一項各号（確定所得申告）に掲げる事項のほか、次に掲げる事項を記載した申告書を提出することができる。

一 第百二十条第一項第三号に掲げる所得税の額の計算上控除しきれなかつた外国税額控除の額がある場合には、その控除しきれなかつた金額

二 第百二十条第一項第四号に掲げる金額の計算上控除しきれなかつた同号に規定する源泉徴収税額がある場合には、その控除しきれなかつた金額

三 第百二十条第一項第五号に掲げる金額の計算上控除しきれなかつた同条第二項に規定する予納税額がある場合には、その控除しきれなかつた金額

四 前三号に掲げる金額の計算の基礎その他財務省令で定める事項

② 居住者は、第百二十条第一項の規定による申告書を提出すべき場合及び前項又は次条第一項の規定による申告書を提出することができる場合に該当しない場合においても、その年の翌年分以後の各年分の所得税について第九十五条第二項又は第三項（外国税額控除）の規定の適用を受けるため必要があるときは、税務署長に対し、第百二十条第一項各号に掲げる事項を記載した申告書を提出することができる。

③ 第百二十条第一項後段の規定は前二項の規定による申告書の記載事項について、同条第三項から第七項までの規定は前二項の規定による申告書の提出について、それぞれ準用する。この場合において、同条第五項中「確定申告期限」とあるのは「確定申告期限（当該申告書が国税通則法第六十一条第一項第二号（延滞税の額の計算の基礎となる期間の特例）に規定する還付請求申告書である場合には、当該申告書の提出があつた日）」と、「国税通則法」とあるのは「同法」と読み替えるものとする。

▽〔所税令〕→二六二

（確定損失申告）

第一二三条① 居住者は、次の各号のいずれかに該当する場合において、その年の翌年以後において第七十条第一項若しくは第二項（純損失の繰越控除）若しくは第七十一条第一項（雑損失の繰越控除）の規定の適用を受け、又は第百四十二条第二項（純損失の繰戻しによる還付の手続等）の規定による還付を受けようとするときは、第三期において、税務署長に対し、次項各号に掲げる事項を記載した申告書を提出することができる。

一 その年において生じた純損失の金額がある場合

二 その年において生じた雑損失の金額がその年分の総所得金額、退職所得金額及び山林所得金額の合計額を超える場合

三 その年の前年以前三年内の各年において生じた純損失の金額及び雑損失の金額（第七十条第一項若しくは第二項又は第七十一条第一項の規定により前年以前において控除されたもの及び第百四十二条第二項の規定により還付を受けるべき金額の計算の基礎となつたものを除く。次項第二号において同じ。）の合計額が、これらの金額を控除しないで計算した場合のその年分の総所得金額、退職所得金額及び山林所得金額の合計額を超える場合

② 前項の規定による申告書の記載事項は、次に掲げる事項とする。

一 その年において生じた純損失の金額及び雑損失の金額

二 その年の前年以前三年内の各年において生じた純損失の金額及び雑損失の金額

三 その年において生じた雑損失の金額がある場合には、その年分の総所得金額、退職所得金額及び山林所得金額の合計額

四 第二号に掲げる純損失の金額又は雑損失の金額がある場合には、これらの金額を控除しないで計算した場合のその年分の総所得金額、退職所得金額及び山林所得金額の合計額

五 第七十条第一項若しくは第二項又は第七十一条第一項の規定により翌年以後において総所得金額、退職所得金額及び山林所得金額の計算上控除することができる純損失の金額及び雑損失の金額

六 その年において第九十五条（外国税額控除）の規定による控除をされるべき金額がある場合には、当該金額

七 第一号に掲げる純損失の金額又は第三号若しく

は第四号に掲げる総所得金額若しくは退職所得金額の計算の基礎となつた各種所得に係る第百二十条第一項第四号（確定所得申告）に規定する源泉徴収税額がある場合には、当該源泉徴収税額

八　その年分の第百二十条第二項に規定する予納税額がある場合には、当該予納税額

九　第一号から第五号までに掲げる金額の計算の基礎その他財務省令で定める事項

③　第百二十条第三項から第七項までの規定は、第一項の規定による申告書の提出について準用する。この場合において、同条第五項中「確定申告期限」とあるのは「確定申告期限（当該申告書が国税通則法第六十一条第一項第二号（延滞税の額の計算の基礎となる期間の特例）に規定する還付請求申告書である場合には、当該申告書の提出があつた日）」と、「国税通則法」とあるのは「同法」と読み替えるものとする。

▽〔所税令〕→二六二

第二款　死亡又は出国の場合の確定申告

（確定申告書を提出すべき者等が死亡した場合の確定申告）

第一二四条①　第百二十条第一項（確定所得申告）の規定による申告書を提出すべき居住者がその年の翌年一月一日から当該申告書の提出期限までの間に当該申告書を提出しないで死亡した場合には、その相続人は、次項の規定による申告書を提出する場合を除き、政令で定めるところにより、その相続の開始があつたことを知つた日の翌日から四月を経過した日の前日（同日前に当該相続人が出国をする場合には、その出国の時。以下この条において同じ。）までに、税務署長に対し、当該申告書を提出しなければならない。

②　前条第一項の規定による申告書を提出することができる居住者がその年の翌年一月一日から当該申告書の提出期限までの間に当該申告書を提出しないで死亡した場合には、その相続人は、政令で定めるところにより、その相続の開始があつたことを知つた日の翌日から四月を経過した日の前日までに、税務署長に対し、当該申告書を提出することができる。

▽〔所税令〕→二六三

（年の中途で死亡した場合の確定申告）

第一二五条①　居住者が年の中途において死亡した場合において、その者のその年分の所得税について第百二十条第一項（確定所得申告）の規定による申告書を提出しなければならない場合に該当するときは、その相続人は、第三項の規定による申告書を提出する場合を除き、政令で定めるところにより、その相続の開始があつたことを知つた日の翌日から四月を経過した日の前日（同日前に当該相続人が出国をする場合には、その出国の時。以下この条において同じ。）までに、税務署長に対し、当該所得税について第百二十条第一項各号に掲げる事項その他の事項を記載した申告書を提出しなければならない。

②　居住者が年の中途において死亡した場合において、その者のその年分の所得税について第百二十二条第一項又は第二項（還付等を受けるための申告）の規定による申告書を提出することができる場合に該当するときは、その相続人は、次項の規定による申告書を提出することができる場合を除き、政令で定めるところにより、税務署長に対し、当該所得税について第百二十条第一項各号及び第百二十二条第一項各号に掲げる事項その他の事項を記載した申告書を提出することができる。

③　居住者が年の中途において死亡した場合において、その者のその年分の所得税について第百二十三条第一項（確定損失申告）の規定による申告書を提出することができる場合に該当するときは、その相続人は、政令で定めるところにより、その相続の開始があつたことを知つた日の翌日から四月を経過した日の前日までに、税務署長に対し、当該所得税について同条第二項各号に掲げる事項その他の事項を記載した申告書を提出することができる。

④　第百二十条第一項後段の規定は第一項又は第二項の規定による申告書の記載事項について、同条第三項から第七項までの規定は前三項の規定による申告書の提出について、それぞれ準用する。この場合において、同条第五項中「確定申告期限」とあるのは「確定申告期限（当該申告書が国税通則法第六十一条第一項第二号（延滞税の額の計算の基礎となる期間の特例）に規定する還付請求申告書である場合には、当該申告書の提出があつた日）」と、「国税通則法」とあるのは「同法」と読み替えるものとする。

⑤　前条第一項又は第二項の規定は、第一項の規定による申告書を提出すべき者又は第三項の規定による申告書を提出することができる者がこれらの申告書の提出期限前にこれらの申告書を提出しないで死亡した場合についてそれぞれ準用する。

▽〔所税令〕→二六二・二六三

（確定申告書を提出すべき者等が出国をする場合の確定申告）

第一二六条①　第百二十条第一項（確定所得申告）の規定による申告書を提出すべき居住者は、その年の翌年一月一日から当該申告書の提出期限までの間に出国をする場合には、第百二十三条第一項（確定損失申告）の規定による申告書を提出する場合を除き、その出国の時までに、税務署長に対し、当該申告書を提出しなければならない。

②　第百二十三条第一項の規定による申告書を提出することができる居住者は、その年の翌年一月一日から二月十五日までの間に出国をする場合には、当該期間内においても、税務署長に対し、当該申告書を提出することができる。

（年の中途で出国をする場合の確定申告）

第一二七条①　居住者は、年の中途において出国をする場合において、その年一月一日からその出国の時までの間における総所得金額、退職所得金額及び山林所得金額について、第百二十条第一項（確定所得

申告）の規定による申告書を提出しなければならない場合に該当するときは、第三項の規定による申告書を提出する場合を除き、その出国の時までに、税務署長に対し、その時の現況により同条第一項各号に掲げる事項を記載した申告書を提出しなければならない。

② 居住者は、年の中途において出国をする場合において、その年一月一日からその出国の時までの間における総所得金額、退職所得金額及び山林所得金額について、第百二十二条第一項（還付を受けるための申告）の規定による申告書を提出することができる場合に該当するときは、次項の規定による申告書を提出することができる場合を除き、税務署長に対し、その時の現況により第百二十条第一項各号及び第百二十二条第一項各号に掲げる事項を記載した申告書を提出することができる。

③ 居住者は、年の中途において出国をする場合において、その年一月一日からその出国の時までの間における純損失の金額若しくは雑損失の金額又はその年の前年以前三年内の各年において生じたこれらの金額について、第百二十三条第一項（確定損失申告）の規定による申告書を提出することができる場合に該当するときは、その出国の時までに、税務署長に対し、その時の現況により同条第二項各号に掲げる事項を記載した申告書を提出することができる。

④ 第百二十条第一項後段の規定は第一項又は第二項の規定による申告書の記載事項について、同条第三項から第七項までの規定は第三項の規定による申告書の提出について、それぞれ準用する。この場合において、同条第五項中「確定申告期限」とあるのは「確定申告期限（当該申告書が国税通則法第六十一条第一項第二号（延滞税の額の計算の基礎となる期間の特例）に規定する還付請求申告書である場合には、当該申告書の提出があつた日）」と、「国税通則法」とあるのは「同法」と読み替えるものとする。

▽〔所税令〕→二六二

第三款　納付

（確定申告による納付）

第一二八条　第百二十条第一項（確定所得申告）の規定による申告書（第百二十四条第一項（確定申告書を提出すべき者が死亡した場合の確定申告）又は第百二十六条第一項（確定申告書を提出すべき者が出国をする場合の確定申告）の規定に該当して提出すべきものを除く。）を提出した居住者は、当該申告書に記載した第百二十条第一項第三号に掲げる金額（同項第四号に規定する源泉徴収税額があり、かつ、同項第五号に規定する予納税額がない場合には、同項第四号に掲げる金額とし、同項第五号に規定する予納税額がある場合には、同号に掲げる金額とする。以下この款において同じ。）があるときは、第三期において、当該金額に相当する所得税を国に納付しなければならない。

（死亡の場合の確定申告による納付）

第一二九条　第百二十四条第一項（確定申告書を提出すべき者が死亡した場合の確定申告）（第百二十五条第五項（年の中途で死亡した場合の確定申告）において準用する場合を含む。）又は第百二十五条第一項の規定に該当してこれらの規定に規定する申告書を提出した者は、これらの申告書に記載した第百二十条第一項第三号（確定所得申告に係る所得税額）に掲げる金額があるときは、これらの申告書の提出期限までに、当該金額に相当する所得税を国税通則法第五条（相続による国税の納付義務の承継）に定めるところにより国に納付しなければならない。

（出国の場合の確定申告による納付）

第一三〇条　第百二十六条第一項（確定申告書を提出すべき者が出国をする場合の確定申告）又は第百二十七条第一項（年の中途で出国をする場合の確定申告）の規定に該当してこれらの規定に規定する申告書を提出した居住者は、これらの申告書に記載した第百二十条第一項第三号（確定所得申告に係る所得税額）に掲げる金額があるときは、これらの申告書の提出期限までに、当該金額に相当する所得税を国に納付しなければならない。

第四款　延納

（確定申告税額の延納）

第一三一条① 第百二十条第一項（確定所得申告）の規定による申告書を提出した居住者が第百二十八条（確定申告による納付）の規定により納付すべき所得税の額（第百三十三条第一項（延払条件付譲渡に係る延納の手続）の申請書を提出する場合には、当該所得税の額からその申請書に記載した同項の延納を求めようとする所得税の額を控除した額）の二分の一に相当する金額以上の所得税を第百二十八条の規定による納付の期限までに国に納付したときは、その者は、その残額についてその納付した年の五月三十一日までの期間、その納付を延期することができる。

② 前項の規定は、同項に規定する申告書を提出した居住者が、同項に規定する納付の期限までに納税地の所轄税務署長に対し、第百二十八条の規定により納付すべき税額、当該税額のうち当該期限までに納付する金額その他財務省令で定める事項を記載した延納届出書を提出した場合に限り、適用する。

③ 第一項の規定の適用を受ける居住者は、同項の規定による延納に係る所得税の額に、その延納の期間の日数に応じ、年七・三パーセントの割合を乗じて計算した金額に相当する利子税をその延納に係る所得税にあわせて納付しなければならない。

▽〔租特〕→九三、九六

（延払条件付譲渡に係る所得税額の延納）

第一三二条① 税務署長は、居住者が山林所得又は譲渡所得の基因となる資産の延払条件付譲渡をした場合において、次に掲げる要件のすべてを満たすときは、第一号に規定する申告書に係る第百二十八条（確定申告による納付）又は第百二十九条（死亡の場合の確定申告による納付）の規定により納付すべき所得税の額（延払条件付譲渡に係る税額が当該所得税の額に満たない場合には、その延払条件付譲渡に係る税額）の全部又は一部につき、その者（その相続人を含む。）の申請により、五年以内の延納を許可することができる。

一　その延払条件付譲渡をした日の属する年分の所得税に係る第百二十条第一項（確定所得申告）の規定による申告書（第百二十六条第一項（確定申告書を提出すべき者が出国をする場合の確定申告）の規定に該当して提出すべきものを除く。）又は第百二十五条第一項（年の中途で死亡した場合の確定申告）の規定による申告書をこれらの申告書の提出期限までに提出したこと。

二　延払条件付譲渡に係る税額が前号に規定する申告書に記載された第百二十条第一項第三号に掲げる所得税の額の二分の一に相当する金額を超えること。

三　延払条件付譲渡に係る税額が三十万円を超えること。

②　税務署長は、前項の規定による延納の許可をする場合には、その延納に係る所得税の額に相当する担保を徴さなければならない。ただし、その延納に係る所得税につき、その額が百万円以下でその延納の期間が三年以下である場合又は当該期間が三月以下である場合は、この限りでない。

③　第一項に規定する延払条件付譲渡とは、次に掲げる要件に適合する条件を定めた契約に基づき当該条件により行われる譲渡をいう。

一　月賦、年賦その他の賦払の方法により三回以上に分割して対価の支払を受けること。

二　その譲渡の目的物の引渡しの期日の翌日から最後の賦払金の支払の期日までの期間が二年以上であること。

三　その他政令で定める要件

④　第一項に規定する延払条件付譲渡に係る税額とは、同項第一号に規定する申告書に記載された第百二十条第一項第三号に掲げる所得税の額のうち、その延払条件付譲渡に係る契約において定められている支払の期日がその年の翌年以後に到来する延払条件付譲渡に係る賦払金の額（その年において既に支払を受けたものを除く。）の合計額に対応する山林所得の金額又は譲渡所得の金額に係る部分の金額として政令で定めるところにより計算した金額をいう。

▽〔所税令〕→二六五、二六六

（延払条件付譲渡に係る所得税額の延納の手続等）

第一三三条①　前条第一項の規定による延納の許可を申請しようとする居住者は、その延納を求めようとする所得税に係る第百二十八条（確定申告による納付）又は第百二十九条（死亡の場合の確定申告による納付）の規定による納付の期限までに、延納を求めようとする所得税の額及び期間（二回以上に分割して納付しようとする場合には、各分納税額ごとに延納を求めようとする期間及びその額）その他財務省令で定める事項を記載した申請書に担保の提供に関する書類を添附し、これを納税地の所轄税務署長に提出しなければならない。

②　税務署長は、前項の申請書の提出があつた場合には、その提出をした居住者及びその申請に係る事項について前条第一項各号に掲げる要件を満たすかどうか、その申請書に記載された延納に係る所得税の額若しくは延納の期間又は各分納税額に係る延納の期間若しくはその額が同項に規定する延払条件付譲渡に係る契約において定められている賦払金の支払の期日及びその賦払金の額に照らし相当であるかどうかその他必要な事項を調査し、その調査したところにより、その申請に係る所得税の額の全部若しくは一部につきその申請に係る条件若しくはこれを変更した条件により延納の許可をし、又はその申請を却下する。

③　税務署長は、前項の延納の許可をする場合において、その申請をした居住者の提供しようとする担保が適当でないと認めるときは、その変更を求めることができる。この場合において、その者がその変更の求めに応じなかつたときは、その申請を却下することができる。

④　税務署長は、第一項の申請に係る延納の許可又は却下の処分をするときは、その申請をした居住者に対し、書面により、その延納の許可に係る所得税の額及び延納の条件又は却下の旨及びその理由を通知する。

⑤　税務署長は、第一項の申請書の提出があつた場合において、相当の理由があると認めるときは、その申請に係る所得税の額の全部又は一部の徴収を猶予することができる。

（延払条件付譲渡に係る所得税額の延納条件の変更）

第一三四条①　第百三十二条第一項（延払条件付譲渡に係る所得税額の延納）の規定による延納の許可を受けた居住者は、同項に規定する延払条件付譲渡に係る契約において定められている賦払金の支払の期日の変更その他の事由が生じたことにより当該許可に係る延納の条件について変更を求めようとする場合には、その変更を求めようとする条件その他財務省令で定める事項を記載した申請書を納税地の所轄税務署長に提出することができる。

②　前条第二項及び第四項の規定は、前項の申請書の提出があつた場合について準用する。

③　税務署長は、第百三十二条第一項に規定する延払条件付譲渡に係る契約において定められている賦払金の支払の期日の変更、その支払の期日前における当該賦払金の支払その他の事由が生じたことにより当該許可に係る延納の条件を変更する必要があると認める場合には、延納の期間の短縮その他延納の条件の変更をすることができる。この場合においては、国税通則法第四十九条第二項及び第三項（納税の猶予の取消し等の場合の弁明の聴取及び通知）の規定を準用する。

（延払条件付譲渡に係る所得税額の延納の取消し）

第一三五条① 税務署長は、第百三十二条第一項（延払条件付譲渡に係る所得税額の延納）の規定による延納の許可を受けた居住者が次に掲げる場合に該当することとなつたときは、その延納の許可を取り消すことができる。

一 その延納に係る所得税の額（その所得税の額に係る次条の規定による利子税及び延滞税に相当する額を含む。）を滞納し、その他延納の条件に違反したとき。

二 その者が提出した第百三十二条第一項第一号に規定する申告書に係る所得税につき修正申告書の提出又は更正があつた場合において、その申告又は更正があつた後における第百二十条第一項第三号（確定所得申告に係る所得税額）に掲げる所得税の額（以下この号において「修正後の年税額」という。）を基礎として第百三十二条第四項に規定する延払条件付譲渡に係る税額の計算に準じて政令で定めるところにより計算した金額が、修正後の年税額の二分の一に相当する金額以下となり、又は三十万円以下となつたとき。

三 その延納に係る担保につき国税通則法第五十一条第一項（担保の変更等）の規定による命令に応じなかつたとき。

四 その延納に係る担保物につき国税通則法第二条第十号（定義）に規定する強制換価手続が開始されたとき。

② 国税通則法第四十九条第二項（納税の猶予の取消し等の場合の弁明の聴取）の規定は、前項第一号又は第三号の規定により同項の延納の許可を取り消す場合について準用する。

③ 税務署長は、第一項の規定により同項の延納の許可を取り消す場合には、当該延納の許可を受けた居住者に対し、書面によりその旨及びその理由を通知する。

▽〔所税令〕→二六六

（延払条件付譲渡に係る所得税額の延納に係る利子税）

第一三六条① 第百三十二条第一項（延払条件付譲渡に係る所得税額の延納）の規定による延納の許可を受けた居住者は、次の各号に掲げる場合の区分に応じ当該各号に掲げる金額に相当する利子税を、当該各号に規定する納付すべき分納税額（第三号の場合にあつては、同号に規定する延納税額）に相当する所得税にあわせて納付しなければならない。

一 その延納の許可に係る所得税の額（以下この条において「延納税額」という。）のうちに分納税額がある場合において、第一回に納付すべき分納税額を納付するとき。 延納税額を基礎とし、その延納税額に係る第百二十八条（確定申告による納付）又は第百二十九条（死亡の場合の確定申告による納付）の規定による納付の期限の翌日から当該分納税額の延納に係る納期限までの日数に応じ、年七・三パーセントの割合を乗じて計算した金額

二 延納税額のうちに分納税額がある場合において、第二回以後に納付すべき分納税額を納付するとき。 延納税額から前回までの分納税額の合計額を控除した所得税の額を基礎とし、前回の分納税額の延納に係る納期限の翌日からその回の分納税額の延納に係る納期限までの日数に応じ、年七・三パーセントの割合を乗じて計算した金額

三 前二号に掲げる場合以外の場合 延納税額を基礎とし、その延納税額に係る第百二十八条又は第百二十九条の規定による納付の期限の翌日から当該延納税額の延納に係る納期限までの日数に応じ、年七・三パーセントの割合を乗じて計算した金額

② 第百三十二条第一項の規定による延納の許可を受けた居住者が前条第一項の規定によりその許可を取り消された場合には、その者については、その取消しがあつた時以後に納付すべきであつた分納税額の合計額又は延納税額をその取消しがあつた時に延納に係る納期限が到来した分納税額又は延納税額とみなして、前項の規定を適用する。

▽〔租特〕→九三、九六

（延納税額に係る延滞税の特例）

第一三七条 第百三十二条第一項（延払条件付譲渡に係る所得税額の延納）の規定による延納の許可があつた場合における所得税に係る延滞税については、その所得税の額のうち前条第一項第一号に規定する延納税額とその他のものとに区分し、当該延納税額のうちに分納税額があるときは更に各分納税額ごとに区分して、それぞれの税額ごとに国税通則法の延滞税に関する規定を適用する。

▽〔租特〕→九四

第五款 納税の猶予（抄）

（国外転出をする場合の譲渡所得等の特例の適用がある場合の納税猶予）

第一三七条の二① 第六十条の二第一項（国外転出をする場合の譲渡所得等の特例）に規定する国外転出（以下この条において「国外転出」という。）をする居住者でその国外転出の時に有している同項に規定する有価証券等又は契約を締結している第六十条の二第二項に規定する未決済信用取引等若しくは同条第三項に規定する未決済デリバティブ取引（以下この項及び第三項において「対象資産」という。）につきこれらの規定の適用を受けたもの（その相続人を含む。）が当該国外転出の日の属する年分の所得税で第百二十八条（確定申告による納付）又は第百二十九条（死亡の場合の確定申告による納付）の規定により納付すべきものの額のうち、当該対象資産（当該年分の所得税に係る確定申告期限まで引き続き有し、又は決済をしていないものに限る。以下この項、第五項及び第六項において「適用資産」という。）に係る納税猶予分の所得税額（第一号に掲げる金額から第二号に掲げる金額を控除した金額をいう。以下この条において同じ。）に相当する所得税については、当該居住者が、当該国外転出の時ま

でに国税通則法第百十七条第二項（納税管理人）の規定による納税管理人の届出をし、かつ、当該年分の所得税に係る確定申告期限までに当該納税猶予分の所得税額に相当する担保を供した場合に限り、第百二十八条又は第百二十九条の規定にかかわらず、同日から満了基準日（当該国外転出の日から五年を経過する日又は帰国等の場合（第六十条の二第六項第一号又は第三号に掲げる場合その他政令で定める場合をいう。次項において同じ。）に該当することとなつた日のいずれか早い日をいう。第五項において同じ。）の翌日以後四月を経過する日まで、その納税を猶予する。

一　当該国外転出の日の属する年分の第百二十条第一項第三号（確定所得申告）に掲げる金額

二　当該適用資産につき第六十条の二第一項から第三項までの規定の適用がないものとした場合における当該国外転出の日の属する年分の第百二十条第一項第三号に掲げる金額

② 前項の規定の適用を受ける個人が、国外転出の日から五年を経過する日（同日前に帰国等の場合に該当することとなつた場合には、その該当することとなつた日の前日）までに、同項の規定による納税の猶予に係る期限の延長を受けたい旨その他財務省令で定める事項を記載した届出書を、納税地の所轄税務署長に提出した場合には、同項中「五年」とあるのは、「十年」とする。

③―⑭　（略）

▽〔所税令〕→二六六の二

（贈与等により非居住者に資産が移転した場合の譲渡所得等の特例の適用がある場合の納税猶予）

第一三七条の三①　贈与（贈与をした者の死亡により効力を生ずる贈与を除く。以下この項において同じ。）により非居住者に移転した第六十条の三第一項（贈与等により非居住者に資産が移転した場合の譲渡所得等の特例）に規定する有価証券等又は同条第二項に規定する未決済信用取引等若しくは同条第三項に規定する未決済デリバティブ取引に係る契約（以下この条において「対象資産」という。）につきこれらの規定の適用を受けた者（その相続人を含む。）が当該贈与の日の属する年分の所得税で第三款（納付）の規定により納付すべきものの額のうち、当該対象資産（当該年分の所得税に係る確定申告期限まで引き続き有し、又は決済をしていないものに限る。以下この項、第六項及び第七項において「適用贈与資産」という。）に係る贈与納税猶予分の所得税額（第一号に掲げる金額から第二号に掲げる金額を控除した金額をいう。以下この項及び第四項において同じ。）に相当する所得税については、当該適用を受けた者が、当該年分の所得税に係る確定申告期限までに当該贈与納税猶予分の所得税額に相当する担保を供した場合に限り、同款の規定にかかわらず、当該贈与の日から贈与満了基準日（当該贈与の日から五年を経過する日又は受贈者帰国等の場合（第六十条の三第六項第一号又は第三号に掲げる場合その他政令で定める場合をいう。第三項第一号において同じ。）に該当することとなつた日のいずれか早い日をいう。第六項において同じ。）の翌日以後四月を経過する日まで、その納税を猶予する。

一　当該贈与の日の属する年分の第百二十条第一項第三号（確定所得申告）に掲げる金額

二　当該適用贈与資産につき第六十条の三第一項から第三項までの規定の適用がないものとした場合における当該贈与の日の属する年分の第百二十条第一項第三号に掲げる金額

②―⑯　（略）

▽〔所税令〕→二六六の三

第六款　還付　（抄）

（源泉徴収税額等の還付）

第一三八条①　確定申告書の提出があつた場合において、当該申告書に第百二十二条第一項第一号若しくは第二号（還付等を受けるための申告）又は第百二十三条第二項第六号若しくは第七号（確定損失申告）に掲げる金額の記載があるときは、税務署長は、当該申告書を提出した者に対し、当該金額に相当する所得税を還付する。

② 前項の場合において、同項の確定申告書に記載された第百二十二条第一項第二号又は第百二十三条第二項第七号に規定する源泉徴収税額のうちにまだ納付されていないものがあるときは、前項の規定による還付金の額のうちその納付されていない部分の金額に相当する金額については、その納付があるまでは、還付しない。

③ 第一項の規定による還付金について還付加算金を計算する場合には、その計算の基礎となる国税通則法第五十八条第一項（還付加算金）の期間は、次の各号に掲げる場合の区分に応じ当該各号に掲げる日（同日後に納付された前項に規定する源泉徴収税額に係る還付金については、その納付の日）の翌日からその還付のための支払決定をする日又はその還付金につき充当をする日（同日前に充当をするのに適することとなつた日がある場合には、その適することとなつた日）までの期間とする。

一　第一項の確定申告書がその確定申告期限までに提出された場合　その確定申告期限

二　第一項の確定申告書がその確定申告期限後に提出された場合　その提出の日

④ 第一項の規定による還付金を同項の確定申告書に係る年分の所得税で未納のものに充当する場合には、その還付金の額のうちその充当する金額については、還付加算金を付さないものとし、その充当される部分の所得税については、延滞税を免除するものとする。

⑤ 前三項に定めるもののほか、第一項の還付の手続、同項の規定による還付金（これに係る還付加算金を含む。）につき充当をする場合の方法その他同項の規定の適用に関し必要な事項は、政令で定める。

▽〔所税令〕→二六七・二六八　〔租特〕→九五

→税通七四条1を見よ。

（予納税額の還付）

第一三九条① 確定申告書の提出があつた場合において、当該申告書に第百二十二条第一項第三号（還付等を受けるための申告）又は第百二十三条第二項第八号（確定損失申告）に掲げる金額の記載があるときは、税務署長は、当該申告書を提出した者に対し、当該金額に相当するこれらの規定に規定する予納税額（以下この条において「予納税額」という。）を還付する。

② 税務署長は、前項の規定による還付金の還付をする場合において、同項の確定申告書に係る年分の予納税額について納付された延滞税があるときは、その額のうち、同項の規定により還付される予納税額に対応するものとして政令で定めるところにより計算した金額を併せて還付する。

③ 第一項の規定により還付金について還付加算金を計算する場合には、その計算の基礎となる国税通則法第五十八条第一項（還付加算金）の期間は、第一項の規定により還付をすべき予納税額の納付の日（その予納税額がその納期限前に納付された場合には、その納期限）の翌日からその還付のための支払決定をする日又はその還付金につき充当をする日（同日前に充当をするのに適することとなつた日がある場合には、その適することとなつた日）までの期間とする。ただし、同項の確定申告書がその確定申告期限後に提出された場合には、その確定申告期限の翌日からその提出された日までの日数は、当該期間に算入しない。

④ 第一項の規定による還付金をその額の計算の基礎とされた予納税額に係る年分の所得税で未納のものに充当する場合には、その還付金の額のうちその充当する金額については、還付加算金を付さないものとし、その充当される部分の所得税については、延滞税を免除するものとする。

⑤ 第二項の規定による還付金については、還付加算金は、付さない。

⑥ 前三項に定めるもののほか、第一項又は第二項の還付の手続、第一項の規定による還付金（これに係る還付加算金を含む。）につき充当をする場合の方法その他同項又は第二項の規定の適用に関し必要な事項は、政令で定める。

▽〔所税令〕→二六七―二七〇

（純損失の繰戻しによる還付の請求）

第一四〇条① 青色申告書を提出する居住者は、その年において生じた純損失の金額がある場合には、当該申告書の提出と同時に、納税地の所轄税務署長に対し、第一号に掲げる金額から第二号に掲げる金額を控除した金額に相当する所得税の還付を請求することができる。

一 その年の前年分の課税総所得金額、課税退職所得金額及び課税山林所得金額につき第三章第一節（税率）の規定を適用して計算した所得税の額

二 その年の前年分の課税総所得金額、課税退職所得金額及び課税山林所得金額から当該純損失の金額の全部又は一部を控除した金額につき第三章第一節の規定に準じて計算した所得税の額

② 前項の場合において、同項に規定する控除した金額に相当する所得税の額がその年の前年分の課税総所得金額、課税退職所得金額及び課税山林所得金額に係る所得税の額（附帯税の額を除く。）をこえるときは、同項の還付の請求をすることができる金額は、当該所得税の額に相当する金額を限度とする。

③ 第一項第二号に掲げる金額を計算する場合において、同号の課税総所得金額、課税退職所得金額又は課税山林所得金額のうちいずれから先に純損失の金額を控除するか、及び前年において第九十条（変動所得及び臨時所得の平均課税）の規定の適用があつた場合において同条第三項に規定する平均課税対象金額と課税総所得金額から当該平均課税対象金額を控除した金額とのうちいずれから先に純損失の金額を控除するかについては、政令で定める。

④ 第一項の規定は、同項の居住者がその年の前年分の所得税につき青色申告書を提出している場合であつて、その年分の青色申告書をその提出期限までに提出した場合（税務署長においてやむを得ない事情があると認める場合には、当該申告書をその提出期限後に提出した場合を含む。）に限り、適用する。

⑤ 居住者につき事業の全部の譲渡又は廃止その他これらに準ずる事実で政令で定めるものが生じた場合において、当該事実が生じた日の属する年の前年において生じた純損失の金額（第七十条第一項（純損失の繰越控除）の規定により同日の属する年において控除されたもの及び第百四十二条第二項（純損失の繰戻しによる還付）の規定により還付を受けるべき金額の計算の基礎となつたものを除く。）があるときは、その者は、同日の属する年の前年分及び前前年分の所得税につき青色申告書を提出している場合に限り、同日の属する年分の所得税に係る確定申告期限までに、納税地の所轄税務署長に対し、当該純損失の金額につき第一項から第三項までの規定に準じて政令で定めるところにより計算した金額に相当する所得税の還付を請求することができる。

▽〔所税令〕→二七一・二七二〔租特〕→四一の五・四一の五の二

1 純損失の繰戻還付

加減法（免税事業上の純損失は前年度の免税所得に繰り戻し、課税事業上の純損失は前年度の課税所得に繰り戻す）と按分法（当該年度の純損失を前年度の免税所得と課税所得とに按分して繰り戻す）とを比べると、免税所得は非課税所得と異なり本来課税の対象となり得ること等から、純損失の金額が前年度の総所得金額のいずれの層にも等しく含まれているとする按分法が合理的である。（最判昭40・4・9民集一九・三・五八二〈日野炭鉱飛躍上告事件〉）租税百選〔初版〕四〇

（相続人等の純損失の繰戻しによる還付の請求）

第一四一条①　第百二十五条第一項、第三項又は第五項（年の中途で死亡した場合の確定申告）の規定に該当してこれらの規定に規定する申告書（青色申告書に限る。）を提出する者は、当該申告書に記載すべきその年において生じた純損失の金額がある場合には、政令で定めるところにより、当該申告書の提出と同時に、当該申告書に係る所得税の納税地の所轄税務署長に対し、第一号に掲げる金額から第二号に掲げる金額を控除した金額に相当する所得税の還付を請求することができる。

一　第百二十五条第一項又は第三項に規定する死亡をした居住者のその年の前年分の課税総所得金額、課税退職所得金額及び課税山林所得金額につき第三章第一節（税率）の規定を適用して計算した所得税の額

二　前号に規定する死亡をした居住者のその年の前年分の課税総所得金額、課税退職所得金額及び課税山林所得金額から当該純損失の金額の全部又は一部を控除した金額につき第三章第一節の規定に準じて計算した所得税の額

②―④　（略）

▽〔所税令〕→二七一―二七三　〔租特〕→四一の五・四一の五の二

（純損失の繰戻しによる還付の手続等）

第一四二条①　前二条の規定による還付の請求をしようとする者は、その還付を受けようとする所得税の額、その計算の基礎その他財務省令で定める事項を記載した還付請求書をこれらの規定に規定する税務署長に提出しなければならない。

②　税務署長は、前項の還付請求書の提出があつた場合には、その請求の基礎となつた純損失の金額その他必要な事項について調査し、その調査したところにより、その請求をした者に対し、その請求に係る金額を限度として所得税を還付し、又は請求の理由がない旨を書面により通知する。

③　前項の規定による還付金について還付加算金を計算する場合には、その計算の基礎となる国税通則法第五十八条第一項（還付加算金）の期間は、前二条の規定による還付の請求がされた日（第百四十条第一項（純損失の繰戻しによる還付の請求）又は前条第一項の規定による還付の請求がされた日がこれらの規定に規定する申告書の提出期限前である場合には、その提出期限）の翌日以後三月を経過した日からその還付のための支払決定をする日又はその還付金につき充当をする日（同日前に充当をするのに適することとなつた日がある場合には、その適することとなつた日）までの期間とする。

▽〔所税令〕→二七三

第三節　青色申告

（青色申告）

第一四三条　不動産所得、事業所得又は山林所得を生ずべき業務を行なう居住者は、納税地の所轄税務署長の承認を受けた場合には、確定申告書及び当該申告書に係る修正申告書を青色の申告書により提出することができる。

信義則

1　納税者が青色申告の承認を受けていた被相続人の営む事業にその生前から従事し、右事業を継承した場合であっても、税務署長の承認を受けていないときは、納税者が青色申告書を提出したからといって、その申告に青色申告としての効力を認める余地はない。（最判昭62・10・30判時一二六二・九一〈酒類販売業者青色申告事件〉租税百選〔六版〕一六）→税総◘【Ⅲ】50

（青色申告の承認の申請）

第一四四条　その年分以後の各年分の所得税につき前条の承認を受けようとする居住者は、その年三月十五日まで（その年一月十六日以後新たに同条に規定する業務を開始した場合には、その業務を開始した日から二月以内）に、当該業務に係る所得の種類その他財務省令で定める事項を記載した申請書を納税地の所轄税務署長に提出しなければならない。

（青色申告の承認申請の却下）

第一四五条　税務署長は、前条の申請書の提出があつた場合において、その申請書を提出した居住者につき次の各号のいずれかに該当する事実があるときは、その申請を却下することができる。

一　その年分以後の各年分の所得税につき第百四十三条（青色申告）の承認を受けようとする年における同条に規定する業務に係る帳簿書類の備付け、記録又は保存が第百四十八条第一項（青色申告者の帳簿書類）に規定する財務省令で定めるところに従つて行なわれていないこと。

二　その備え付ける前号に規定する帳簿書類に取引の全部又は一部を隠ぺいし又は仮装して記載し又は記録していることその他不実の記載又は記録があると認められる相当の理由があること。

三　第百五十条第二項（青色申告の承認の取消し）の規定による通知を受け、又は第百五十一条第一項（青色申告の取りやめ）に規定する届出書の提出をした日以後一年以内にその申請書を提出したこと。

（青色申告の承認等の通知）

第一四六条　税務署長は、第百四十四条（青色申告の承認の申請）の申請書の提出があつた場合において、その申請につき承認又は却下の処分をするときは、その申請をした居住者に対し、書面によりその旨を通知する。

（青色申告の承認があつたものとみなす場合）

第一四七条　第百四十四条（青色申告の承認の申請）の申請書の提出があつた場合において、その年分以後の各年分の所得税につき第百四十三条（青色申告）の承認を受けようとする年の十二月三十一日（その年十一月一日以後新たに同条に規定する業務

を開始した場合には、その年の翌年二月十五日）までにその申請につき承認又は却下の処分がなかつたときは、その日においてその承認があつたものとみなす。

（青色申告者の帳簿書類）

第一四八条① 第百四十三条（青色申告）の承認を受けている居住者は、財務省令で定めるところにより、同条に規定する業務につき帳簿書類を備え付けてこれに不動産所得の金額、事業所得の金額及び山林所得の金額に係る取引を記録し、かつ、当該帳簿書類を保存しなければならない。

② 納税地の所轄税務署長は、必要があると認めるときは、第百四十三条の承認を受けている居住者に対し、その者の同条に規定する業務に係る帳簿書類について必要な指示をすることができる。

▽〔租特〕→二五の二

（青色申告書に添附すべき書類）

第一四九条 青色申告書には、財務省令で定めるところにより、貸借対照表、損益計算書その他不動産所得の金額、事業所得の金額若しくは山林所得の金額又は純損失の金額の計算に関する明細書を添附しなければならない。

（青色申告の承認の取消し）

第一五〇条① 第百四十三条（青色申告）の承認を受けた居住者につき次の各号のいずれかに該当する事実がある場合には、納税地の所轄税務署長は、当該各号に掲げる年までさかのぼつて、その承認を取り消すことができる。この場合において、その取消しがあつたときは、その居住者の当該年分以後の各年分の所得税につき提出したその承認に係る青色申告書は、青色申告書以外の申告書とみなす。

一 その年における第百四十三条に規定する業務に係る帳簿書類の備付け、記録又は保存が第百四十八条第一項（青色申告者の帳簿書類）に規定する財務省令で定めるところに従つて行なわれていないこと。　その年

二 その年における前号に規定する帳簿書類について第百四十八条第二項の規定による税務署長の指示に従わなかつたこと。　その年

三 その年における第一号に規定する帳簿書類に取引の全部又は一部を隠ぺいし又は仮装して記載し又は記録し、その他その記載又は記録をした事項の全体についてその真実性を疑うに足りる相当の理由があること。　その年

② 税務署長は、前項の規定による取消しの処分をする場合には、同項の居住者に対し、書面によりその旨を通知する。この場合において、その書面には、その取消しの処分の基因となつた事実が同項各号のいずれに該当するかを附記しなければならない。

一 青色申告と理由付記→法税一二七条1
二 青色申告の承認取消し→法税一二七条2

（青色申告の取りやめ等）

第一五一条① 第百四十三条（青色申告）の承認を受けている居住者は、その年分以後の各年分の所得税につき青色申告書の提出をやめようとするときは、その年の翌年三月十五日までに、その申告をやめようとする年その他財務省令で定める事項を記載した届出書を納税地の所轄税務署長に提出しなければならない。この場合において、その届出書の提出があつたときは、当該年分以後の各年分の所得税については、その承認は、その効力を失うものとする。

② 第百四十三条の承認を受けている居住者が同条に規定する業務の全部を譲渡し又は廃止した場合には、その譲渡し又は廃止した日の属する年の翌年分以後の各年分の所得税については、その承認は、その効力を失うものとする。

第六章　期限後申告及び修正申告等の特例

（第一五一条の二から第一五一条の六まで）（略）

第七章　更正の請求の特例（抄）

（各種所得の金額に異動を生じた場合の更正の請求の特例）

第一五二条 確定申告書を提出し、又は決定を受けた居住者（その相続人を含む。）は、当該申告書又は決定に係る年分の各種所得の金額につき第六十三条（事業を廃止した場合の必要経費の特例）又は第六十四条（資産の譲渡代金が回収不能となつた場合等の所得計算の特例）に規定する事実その他これに準ずる政令で定める事実が生じたことにより、国税通則法第二十三条第一項各号（更正の請求）の事由が生じたときは、当該事実が生じた日の翌日から二月以内に限り、税務署長に対し、当該申告書又は決定に係る第百二十条第一項第一号若しくは第三号から第五号まで（確定所得申告）、第百二十二条第一項第一号から第三号まで（還付等を受けるための申告）又は第百二十三条第二項第一号、第五号、第七号若しくは第八号（確定損失申告）に掲げる金額（当該金額につき修正申告書の提出又は更正があつた場合には、その申告又は更正後の金額）について、同法第二十三条第一項の規定による更正の請求をすることができる。この場合においては、更正請求書には、同条第三項に規定する事項のほか、当該事実が生じた日を記載しなければならない。

▽〔所税令〕→二七四

更正の請求と不当利得返還請求→三六条1

（前年分の所得税額等の更正等に伴う更正の請求の特例）

第一五三条 確定申告書に記載すべき第百二十条第一項第一号若しくは第三号から第五号まで（確定所得申告）、第百二十二条第一項第一号から第三号まで（還付等を受けるための申告）又は第百二十三条第二項第一号若しくは第五号から第八号まで（確定損失申告）に掲げる金額につき、修正申告書を提出し、又は更正若しくは決定を受けた居住者（その相続人

を含む。）は、その修正申告書の提出又は更正若しくは決定に伴い次の各号に掲げる場合に該当することとなるときは、その修正申告書を提出した日又はその更正若しくは決定の通知を受けた日の翌日から二月以内に限り、税務署長に対し、当該各号に規定する金額につき国税通則法第二十三条第一項（更正の請求）の規定による更正の請求（次条から第百五十三条の六まで（国外転出をした者が帰国をした場合等の更正の請求の特例等）、第百五十九条（更正等による源泉徴収税額等の還付）及び第百六十条（更正等による予納税額の還付）において「更正の請求」という。）をすることができる。この場合においては、更正請求書には、同法第二十三条第三項に規定する事項のほか、その修正申告書を提出した日又はその更正若しくは決定の通知を受けた日を記載しなければならない。

一　その修正申告書又は更正若しくは決定に係る年分の翌年分以後の各年分で決定を受けた年分に係る第百二十条第一項第三号から第五号までに掲げる金額（当該金額につき修正申告書の提出又は更正があつた場合には、その申告又は更正後の金額）が過大となる場合

二　その修正申告書又は更正若しくは決定に係る年分の翌年分以後の各年分で決定を受けた年分に係る第百二十二条第一項第二号若しくは第三号又は第百二十三条第二項第七号若しくは第八号に掲げる金額（当該金額につき修正申告書の提出又は更正があつた場合には、その申告又は更正後の金額）が過少となる場合

第一五三条の二から第一五三条の六まで　（略）

第八章　更正及び決定

（更正又は決定をすべき事項に関する特例）

第一五四条①　所得税に係る更正又は決定については、国税通則法第二十四条から第二十六条まで（更正・決定）に規定する事項のほか、第百二十条第一項第六号又は第七号（確定所得申告）に掲げる事項についても行うことができる。この場合において、当該事項につき更正又は決定をするときは、同法第二十八条第二項及び第三項（更正又は決定の手続）中「税額等」とあるのは、「税額等並びに所得税法第百二十条第一項第六号又は第七号（確定所得申告）に掲げる事項」とする。

②　所得税につき更正又は決定をする場合における国税通則法第二十八条第一項に規定する更正通知書又は決定通知書には、同条第二項又は第三項に規定する事項を記載するほか、その更正又は決定に係る第百二十条第一項第一号に掲げる金額又は第百二十三条第二項第一号（確定損失申告）に掲げる純損失の金額についての第二条第一項第二十一号（定義）に規定する所得別の内訳を付記しなければならない。

（青色申告書に係る更正）

第一五五条①　税務署長は、居住者の提出した青色申告書に係る年分の総所得金額、退職所得金額若しくは山林所得金額又は純損失の金額の更正をする場合には、その居住者の帳簿書類を調査し、その調査によりこれらの金額の計算に誤りがあると認められる場合に限り、これをすることができる。ただし、次に掲げる場合は、その帳簿書類を調査しないでその更正をすることを妨げない。

一　その更正が不動産所得の金額、事業所得の金額及び山林所得の金額以外の各種所得の金額の計算又は第六十九条から第七十一条まで（損益通算及び損失の繰越控除）の規定の適用について誤りがあつたことのみに基因するものである場合

二　当該申告書及びこれに添附された書類に記載された事項によつて、不動産所得の金額、事業所得の金額又は山林所得の金額の計算がこの法律の規定に従つていないことその他その計算に誤りがあることが明らかである場合

②　税務署長は、居住者の提出した青色申告書に係る年分の総所得金額、退職所得金額若しくは山林所得金額又は純損失の金額の更正（前項第一号に規定する事由のみに基因するものを除く。）をする場合には、その更正に係る国税通則法第二十八条第二項（更正通知書の記載事項）に規定する更正通知書にその更正の理由を附記しなければならない。

↓税通七四条の一四①⑩を見よ。

（推計による更正又は決定）

第一五六条　税務署長は、居住者に係る所得税につき更正又は決定をする場合には、その者の財産若しくは債務の増減の状況、収入若しくは支出の状況又は生産量、販売量その他の取扱量、従業員数その他事業の規模によりその者の各年分の各種所得の金額又は損失の金額（その者の提出した青色申告書に係る年分の不動産所得の金額、事業所得の金額及び山林所得の金額並びにこれらの金額の計算上生じた損失の金額を除く。）を推計して、これをすることができる。

一　憲法との関係

①　推計課税は憲法に違反しない。（福岡高判昭32・10・9行裁八・一〇・一八一七）

二　推計課税の趣旨

②　直接資料が入手できないからといって課税を放棄することは課税の公平に反する。（東京高判平6・3・30後出⑩）

三　推計の必要性

③　必要性がないとされた事例（東京高判平7・3・16行裁四六・二=三・二八〇）

四　推計課税の方法に関する裁判例

④　純資産増減法（東京高判平4・5・20行裁四三・五・七八六）

⑤　比率法と実額計算の混合（大阪高判平5・5・26行裁四四・四=五・四四一）

⑥　農業所得標準率（山形地判平11・3・30訟月四七・六・一五五九）

五　推計の合理性に関する裁判例

⑦　経費率の合理的算出（大阪高判昭59・3・30訟月

三〇・八・一四九八）

8 最適資料の利用（大阪地判平2・4・11判時一三六六・二八）

9 特殊事情の考慮（東京高判平8・10・2訟月四三・七・一六九九）

六 実額反証

10 推計課税における実額反証は、自らが主張・立証責任を負う再抗弁であり、収入及び経費の実額を全て主張・立証することを要する。（東京高判平6・3・30行裁四五・三・八五七、租税百選［六版］一一〇）

七 文書提出命令との関係―同業者の氏名・住所の開示

11 文書提出を要する。（名古屋高決昭52・2・3高民三〇・一・一）

12 文書提出を要しない。（大阪高決昭61・9・10判時一二二二・三五）

13 文書の一部を削除した写しの提出命令を否定した事例（広島高松江支決平元・3・6訟月三六・三・三二三）

14 文書提出を要しない。（大阪高決平6・7・19判タ八七九・二六六②）

15 引用文書に当たらない。（大阪地決平19・9・21判タ一二六八・一八三……抗告審・大阪高決平19・11・14税資二五七順号一〇八二四で原審維持）

（同族会社等の行為又は計算の否認等）

第一五七条① 税務署長は、次に掲げる法人の行為又は計算で、これを容認した場合にはその株主等である居住者又はこれと政令で定める特殊の関係のある居住者（その法人の株主等である非居住者と当該特殊の関係のある居住者を含む。第四項において同じ。）の所得税の負担を不当に減少させる結果となると認められるものがあるときは、その居住者の所得税に係る更正又は決定に際し、その行為又は計算にかかわらず、税務署長の認めるところにより、その居住者の各年分の第百二十条第一項第一号若しくは第三号から第五号まで（確定所得申告）、第百二十二条第一項第一号から第三号まで（還付等を受けるための申告）又は第百二十三条第二項第一号、第三号、第五号若しくは第七号（確定損失申告）に掲げる金額を計算することができる。

一 法人税法第二条第十号（定義）に規定する同族会社

二 イからハまでのいずれにも該当する法人

イ 三以上の支店、工場その他の事業所を有すること。

ロ その事業所の二分の一以上に当たる事業所につき、その事業所の所長、主任その他のその事業所に係る事業の主宰者又は当該主宰者の親族その他の当該主宰者と政令で定める特殊の関係のある個人（以下この号において「所長等」という。）が前に当該事業所において個人として事業を営んでいた事実があること。

ハ ロに規定する事実がある事業所の所長等の有するその法人の株式又は出資の数又は金額の合計額がその法人の発行済株式又は出資（その法人が有する自己の株式又は出資を除く。）の総数又は総額の三分の二以上に相当すること。

② 前項の場合において、法人が同項各号に掲げる法人に該当するかどうかの判定は、同項に規定する行為又は計算の事実のあつた時の現況によるものとする。

③ 第一項の規定は、同項各号に掲げる法人の行為又は計算につき、法人税法第百三十二条第一項（同族会社等の行為又は計算の否認）若しくは相続税法第六十四条第一項（同族会社等の行為又は計算の否認等）又は地価税法（平成三年法律第六十九号）第三十二条第一項（同族会社等の行為又は計算の否認等）の規定の適用があつた場合における第一項の居住者の所得税に係る更正又は決定について準用する。

④ 税務署長は、合併（法人課税信託に係る信託の併合を含む。）、分割（法人課税信託に係る信託の分割を含む。）、現物出資若しくは法人税法第二条第十二号の五の二に規定する現物分配又は同条第十二号の十六に規定する株式交換等若しくは株式移転（以下この項において「合併等」という。）をした法人又は合併等により資産及び負債の移転を受けた法人（当該合併等により交付された株式又は出資を発行した法人を含む。以下この項において同じ。）の行為又は計算で、これを容認した場合には当該合併等をした法人若しくは合併等により資産及び負債の移転を受けた法人の株主等である居住者又はこれと第一項に規定する特殊の関係のある居住者の所得税の負担を不当に減少させる結果となると認められるものがあるときは、その居住者の所得税に関する更正又は決定に際し、その行為又は計算にかかわらず、税務署長の認めるところにより、その居住者の各年分の第百二十条第一項第一号若しくは第三号から第五号まで、第百二十二条第一項第一号から第三号まで又は第百二十三条第二項第一号、第三号、第五号若しくは第七号に掲げる金額を計算することができる。

▽〔所税令〕→二七五、二七六

一 不動産管理会社

1 〈X及び妻が出資して設立したA社に、Xが不動産を賃貸し、A社が当該不動産を第三者に転貸する転貸方式につき〉同族会社からの不動産所得は本条一項に規定する同族会社の行為計算に当たり、XがA社から受け取る給与所得を考慮することなくA社の得る転貸料に比しXの得る賃貸料が不当に低額であるとして課税庁がこれを否認した更正処分は、違法ではない。（最判平6・6・21訟月四一・六・一五三九、租税百選［六版］六一）

2 〈司法書士たるXが妻とともに出資して設立したA社に付随業務を委託していた。Xの受任報酬額の六割をA社への委託料とするのは過大であるとして委託料以外の費用も含めて課税庁が否認し、原審は委託料に係る比準業者選定が合理的でないとしたが、委託料以外の費用についての判断を求めて課税庁が上告した事案で）委託料以外の費用につき独立して必要経費該当性を判断すべきである。（最判平16・11・26税資二五四順号九八三六）

③

二 所得の創出

同族会社の主たる株主で代表取締役の地位にある者が会社に無利息融資をした場合に利息相当額を当該株主の所得に加算した例（東京高判平11・5・31訟月五一・八・二一三五（パチンコ平和事件））

（事業所の所得の帰属の推定）

第一五八条 法人に十五以上の支店、工場その他の事業所がある場合において、その事業所の三分の二以上に当たる事業所につき、その事業所の所長、主任その他のその事業所に係る事業の主宰者又は当該主宰者の親族その他の当該主宰者と政令で定める特殊の関係のある個人が前に当該事業所において個人として同一事業を営んでいた事実があるときは、その法人の各事業所における資金の預入及び借入れ、商品の仕入れ及び販売その他の取引のすべてがその法人の名で行なわれている場合を除き、税務署長は、当該各事業所の主宰者が当該各事業所から生ずる収益を享受する者であると推定して、更正又は決定をすることができる。

▽〔所税令〕→二七六

（更正等による源泉徴収税額等の還付）

第一五九条① 居住者の各年分の所得税につき更正（当該所得税についての処分等（更正の請求に対する処分又は国税通則法第二十五条（決定）の規定による決定をいう。）に係る不服申立て又は訴えについての決定若しくは裁決又は判決を含む。以下この条及び次条において「更正等」という。）があつた場合において、その更正等により第百二十二条第一項第一号若しくは第二号（還付等を受けるための申告）又は第百二十三条第二項第六号若しくは第七号（確定損失申告）に掲げる金額が増加したときは、税務署長は、その者に対し、その増加した部分の金額に相当する所得税を還付する。

② 前項の場合において、同項の規定による還付金の額の計算の基礎となつた第百二十二条第一項第二号又は第百二十三条第二項第七号に規定する源泉徴収税額のうちにまだ納付されていないものがあるときは、前項の規定による還付金の額のうちその納付されていない部分の金額に相当する金額については、その納付があるまでは、還付しない。

③ 第一項の規定による還付金について還付加算金を計算する場合には、その計算の基礎となる国税通則法第五十八条第一項（還付加算金）の期間は、第一項の更正等の日の翌日以後一月を経過する日（当該更正等が次の各号に掲げるものである場合には、当該各号に定める日。以下この項において「一月経過日」という。）（当該一月経過日後に納付された前項に規定する源泉徴収税額に係る還付金については、その納付の日）の翌日からその還付のための支払決定をする日又はその還付金につき充当をする日（同日前に充当をするのに適することとなつた日がある場合には、その適することとなつた日）までの期間とする。

一 更正の請求に基づく更正（当該請求に対する処分に係る不服申立て又は訴えについての決定若しくは裁決又は判決を含む。以下この号において同じ。） 当該請求の日の翌日以後三月を経過する日と当該請求に基づく更正の日の翌日以後一月を経過する日とのいずれか早い日

二 国税通則法第二十五条の規定による決定に係る更正（当該決定に係る不服申立て又は訴えについての決定若しくは裁決又は判決を含み、更正の請求に基づく更正及びその年分の総所得金額、退職所得金額及び山林所得金額の計算の基礎となつた事実のうちに含まれていた無効な行為により生じた経済的成果がその行為の無効であることに基因して失われたこと、当該事実のうちに含まれていた取り消しうべき行為が取り消されたことその他これらに準ずる政令で定める理由に基づき行われた更正を除く。） 当該決定の日

④ 第一項の規定による還付金を同項の更正等に係る年分の所得税で未納のものに充当する場合には、その還付金の額のうちその充当する金額については、還付加算金を付さないものとし、その充当される部分の所得税については、延滞税を免除するものとする。

⑤ 前三項に定めるもののほか、第一項の規定による還付金（これに係る還付加算金を含む。）につき充当をする場合の方法その他同項の規定の適用に関し必要な事項は、政令で定める。

▽〔所税令〕→二七七、二七八

（更正等による予納税額の還付）

第一六〇条① 居住者の各年分の所得税につき更正等があつた場合において、その更正等により第百二十二条第一項第三号（還付等を受けるための申告）又は第百二十三条第二項第八号（確定損失申告）に掲げる金額が増加したときは、税務署長は、その者に対し、その増加した部分の金額に相当するこれらの規定に規定する予納税額（次項から第四項までにおいて「予納税額」という。）を還付する。

② 税務署長は、前項の規定による還付金の還付をする場合において、同項に規定する年分の予納税額について納付された延滞税があるときは、その額のうち、同項の規定により還付される予納税額に対応するものとして政令で定めるところにより計算した金額を併せて還付する。

③ 第一項の規定による還付金について還付加算金を計算する場合には、その計算の基礎となる国税通則法第五十八条第一項（還付加算金）の期間は、第一項の規定により還付すべき予納税額の納付の日（その予納税額がその納期限前に納付された場合には、その納期限）の翌日からその還付のための支払決定をする日又はその還付金につき充当をする日（同日

前に充当をするのに適することとなつた日がある場合には、その適することとなつた日。第二号において「充当日」という。）までの期間とする。ただし、その年分の所得税に係る確定申告期限（その確定申告期限後にその予納税額が納付された場合には、その納付の日）の翌日から次に掲げる日のうちいずれか早い日までの日数は、当該期間に算入しない。

一　第一項の更正等の日の翌日以後一月を経過する日（当該更正等が次に掲げるものである場合には、それぞれ次に定める日）

イ　更正の請求に基づく更正（当該請求に対する処分に係る不服申立て又は訴えについての決定若しくは裁決又は判決を含む。イにおいて同じ。）　当該請求の日の翌日以後三月を経過する日と当該請求に基づく更正の日の翌日以後一月を経過する日とのいずれか早い日

ロ　国税通則法第二十五条（決定）の規定による決定に係る更正（当該決定に係る不服申立て又は訴えについての決定若しくは裁決又は判決を含み、更正の請求に基づく更正及びその年分の総所得金額、退職所得金額及び山林所得金額の計算の基礎となつた事実のうちに含まれていた無効な行為により生じた経済的成果がその行為の無効であることに基因して失われたこと、当該事実のうちに含まれていた取り消しうべき行為が取り消されたことその他これらに準ずる政令で定める理由に基づき行われた更正を除く。）　当該決定の日

二　その還付のための支払決定をする日又はその還付金に係る充当日

④　第一項の規定による還付金をその額の計算の基礎とされた予納税額に係る年分の所得税で未納のものに充当する場合には、その還付金の額のうちその充当する金額については、還付加算金を付さないものとし、その充当される部分の所得税については、延滞税を免除するものとする。

⑤　第二項の規定による還付金については、還付加算金は、付さない。

⑥　前三項に定めるもののほか、第一項の規定による還付金（これに係る還付加算金を含む。）につき充当をする場合の方法その他同項又は第二項の規定の適用に関し必要な事項は、政令で定める。

▽［所税令］→二七八

第三編　非居住者及び法人の納税義務（抄）

第一章　国内源泉所得

（国内源泉所得）

第一六一条①　この編において「国内源泉所得」とは、次に掲げるものをいう。

一　非居住者が恒久的施設を通じて事業を行う場合において、当該恒久的施設が当該非居住者から独立して事業を行う事業者であるとしたならば、当該恒久的施設が果たす機能、当該恒久的施設において使用する資産、当該恒久的施設と当該非居住者の事業場等（当該非居住者の事業に係る事業場その他これに準ずるものとして政令で定めるものであつて当該恒久的施設以外のものをいう。次項及び次条第二項において同じ。）との間の内部取引その他の状況を勘案して、当該恒久的施設に帰せられるべき所得（当該恒久的施設の譲渡により生ずる所得を含む。）

二　国内にある資産の運用又は保有により生ずる所得（第八号から第十六号までに該当するものを除く。）

三　国内にある資産の譲渡により生ずる所得として政令で定めるもの

四　民法第六百六十七条第一項（組合契約）に規定する組合契約（これに類するものとして政令で定める契約を含む。以下この号において同じ。）に基づいて恒久的施設を通じて行う事業から生ずる利益で当該組合契約に基づいて配分を受けるもののうち政令で定めるもの

五　国内にある土地若しくは土地の上に存する権利又は建物及びその附属設備若しくは構築物の譲渡による対価（政令で定めるものを除く。）

六　国内において人的役務の提供を主たる内容とする事業で政令で定めるものを行う者が受ける当該人的役務の提供に係る対価

七　国内にある不動産、国内にある不動産の上に存する権利若しくは採石法（昭和二十五年法律第二百九十一号）の規定による採石権の貸付け（地上権又は採石権の設定その他他人に不動産、不動産の上に存する権利又は採石権を使用させる一切の行為を含む。）、鉱業法（昭和二十五年法律第二百八十九号）の規定による租鉱権の設定又は居住者若しくは内国法人に対する船舶若しくは航空機の貸付けによる対価

八　第二十三条第一項（利子所得）に規定する利子等のうち次に掲げるもの

イ　日本国の国債若しくは地方債又は内国法人の発行する債券の利子

ロ　外国法人の発行する債券の利子のうち当該外国法人の恒久的施設を通じて行う事業に係るもの

ハ　国内にある営業所、事務所その他これらに準ずるもの（以下この編において「営業所」という。）に預け入れられた預貯金の利子

ニ　国内にある営業所に信託された合同運用信託、公社債投資信託又は公募公社債等運用投資信託の収益の分配

九　第二十四条第一項（配当所得）に規定する配当等のうち次に掲げるもの

イ　内国法人から受ける第二十四条第一項に規定する剰余金の配当、利益の配当、剰余金の分配、金銭の分配又は基金利息

ロ　国内にある営業所に信託された投資信託（公社債投資信託及び公募公社債等運用投資信託を除く。）又は特定受益証券発行信託の収益の分配

十　国内において業務を行う者に対する貸付金（こ

れに準ずるものを含む。）で当該業務に係るものの利子（政令で定める利子を除き、債券の買戻又は売戻条件付売買取引として政令で定めるものから生ずる差益として政令で定めるものを含む。）

十一　国内において業務を行う者から受ける次に掲げる使用料又は対価で当該業務に係るもの

イ　工業所有権その他の技術に関する権利、特別の技術による生産方式若しくはこれらに準ずるものの使用料又はその譲渡による対価

ロ　著作権（出版権及び著作隣接権その他これに準ずるものを含む。）の使用料又はその譲渡による対価

ハ　機械、装置その他政令で定める用具の使用料

十二　次に掲げる給与、報酬又は年金

イ　俸給、給料、賃金、歳費、賞与又はこれらの性質を有する給与その他人的役務の提供に対する報酬のうち、国内において行う勤務その他の人的役務の提供（内国法人の役員として国外において行う勤務その他の政令で定める人的役務の提供を含む。）に基因するもの

ロ　第三十五条第三項（公的年金等の定義）に規定する公的年金等（政令で定めるものを除く。）

ハ　第三十条第一項（退職所得）に規定する退職手当等のうちその支払を受ける者が居住者であつた期間に行つた勤務その他の人的役務の提供（内国法人の役員として非居住者であつた期間に行つた勤務その他の政令で定める人的役務の提供を含む。）に基因するもの

十三　国内において行う事業の広告宣伝のための賞金として政令で定めるもの

十四　国内にある営業所又は国内において契約の締結の代理をする者を通じて締結した保険業法第二条第三項（定義）に規定する生命保険会社又は同条第四項に規定する損害保険会社の締結する保険契約その他の年金に係る契約で政令で定めるものに基づいて受ける年金（第二百九条第二号（源泉徴収を要しない年金）に掲げる年金に該当するものを除く。）で第十二号ロに該当するもの以外のもの（年金の支払の開始の日以後に当該年金に係る契約に基づき分配を受ける剰余金又は割戻しを受ける割戻金及び当該契約に基づき年金に代えて支給される一時金を含む。）

十五　次に掲げる給付補塡金、利息、利益又は差益

イ　第百七十四条第三号（内国法人に係る所得税の課税標準）に掲げる給付補塡金のうち国内にある営業所が受け入れた定期積金に係るもの

ロ　第百七十四条第四号に掲げる給付補塡金のうち国内にある営業所が受け入れた同号に規定する掛金に係るもの

ハ　第百七十四条第五号に掲げる利息のうち国内にある営業所を通じて締結された同号に規定する契約に係るもの

ニ　第百七十四条第六号に掲げる利益のうち国内にある営業所を通じて締結された同号に規定する契約に係るもの

ホ　第百七十四条第七号に掲げる差益のうち国内にある営業所が受け入れた預貯金に係るもの

ヘ　第百七十四条第八号に掲げる差益のうち国内にある営業所又は国内において契約の締結の代理をする者を通じて締結された同号に規定する契約に係るもの

十六　国内において事業を行う者に対する出資につき、匿名組合契約（これに準ずる契約として政令で定めるものを含む。）に基づいて受ける利益の分配

十七　前各号に掲げるもののほかその源泉が国内にある所得として政令で定めるもの

②　前項第一号に規定する内部取引とは、非居住者の恒久的施設と事業場等との間で行われた資産の移転、役務の提供その他の事実で、独立の事業者の間で同様の事実があつたとしたならば、これらの事業者の間で、資産の販売、資産の購入、役務の提供その他の取引（資金の借入れに係る債務の保証、保険契約に係る保険責任についての再保険の引受けその他これらに類する取引として政令で定めるものを除く。）が行われたと認められるものをいう。

③　恒久的施設を有する非居住者が国内及び国外にわたつて船舶又は航空機による運送の事業を行う場合には、当該事業から生ずる所得のうち国内において行う業務につき生ずべき所得として政令で定めるものをもつて、第一項第一号に掲げる所得とする。

▽〔所税令〕→二七九―二九一　〔租特〕→四一の二二―四二の二

一　一項一〇号「貸付金の利子」

1　米国債にかかるレポ取引の「レポ差額」が本条一項一〇号（平成一四法一五による改正前のもの。現一六号）の「国内において業務を行なう者に対する貸付金（これに準ずるものを含む。）」の「利子」に該当しないとされた事例（東京高判平20・3・12金判一二九〇・三二〔住友信託銀行レポ取引事件〕）……租特法四二条の二制定前の事案

2　造船契約の解除に伴う年八パーセントの割合による金員が「貸付金の利子」に当たらないとした例（大阪高判平21・4・24税資二五九順号一一一八八）

二　一項一一号「使用料」

3　〔日本法人X社が日本で製造し米国子会社たるA社が米国等で販売する装置に関し、米国法人B社の特許権侵害の有無が問題となり、和解（日本特許権はその対象とならなかった）によりX社がB社にロイヤルティ名目の金員を支払った事案で〕当該金員は米国内における装置の販売等に係る米国特許権の使用料に当たり、本条七号イ〔現一項一一号イ〕の国内源泉所得に当たらない。（最判平16・6・24判時一八七二・四六〔シルバー精工事件〕租税百選〔七版〕七一）

4　内国法人が米国法人との間で締結したテレビ放映権の取得に係る契約に基づき、ビデオテープ・フィルムの提供又は国際通信衛星を利用した生放送のための映像の提供により同米国法人等主催の各種スポーツ競技に放映するための放映権料とし

て同米国法人に支払われた金員は、ビデオテープ・フィルムはもとより、生放送のための映像も、それが生放送と同時に録画されている場合にはいわゆる固定性の要件を満たし、著作権法二条三項にいう「映画の著作物」に当たるものであるから、その対価として支払われた金員は、本条七号ロ［現一項一一号ロ］の国内源泉所得に当たるとして、源泉所得税の納税告知を適法とした事例（東京高判平9・9・25行裁四八・九・六六一〈テレプランニング事件〉）

5　国外における販売をも対象とする特許権の実施権の対価として外国特許権者に対して支払った使用料の全額が、具体的事実関係の下で、本条七号イ［現一項一一号イ］の国内源泉所得に該当するとされた事案（東京地判昭60・5・13判タ五七七・七九〈ミッチェル事件〉）

6　ゲームソフト開発委託契約に基づき外国法人に対してソフト開発費・広告用イラスト制作費として支払われた金員が本条七号ロ［現一項一一号ロ］に規定する著作権の譲渡の対価に当たり国内源泉所得に該当するとして請求人たる内国法人に対する源泉徴収所得税の納税告知処分等が行われた事案において、ソフト及びイラストの著作権はその開発・制作に関わった外国法人が原始的に取得した後に請求人に譲渡されたものであると認定し、本件金員は本条七号ロ［同前］及び租税条約一二条に規定する著作権の使用料又は譲渡の対価に該当するとして、処分が適法とされた事案（国税不服審判所裁決平21・12・11裁決事例集七八・二〇八）

三　一項一二号「給与」

7　非居住者である漁船員に対して原告会社が支払った金員につき、原告会社と漁船員の間の雇用関係の成立を認め、本条八号［現一項一二号］にいう「給与」に該当するとした事案（東京地判平22・2・12税資二六〇順号一一三七八）→二条4

8　税制適格ストック・オプションは課税繰延の制度であるから、非居住者が税制適格ストック・オプションを行使して取得した株式を当該非居住者名義の保管口座に移管したことによるみなし譲渡益は、その本来の性質がキャピタル・ゲインではなく給与所得であり、国内源泉所得に当たり、当該非居住者の居住地国と日本との租税協定一五条（従業員給与）、一六条（役員報酬）、二一条（その他所得）により日本の課税権が制限されないとした事例（国税不服審判所裁決平29・8・22裁決事例集一〇八・一）→租特二九条の二

四　一項一六号「匿名組合契約に基づいて受ける利益の分配」

9　オランダ法人が内国法人から受領した金員が匿名組合契約に基づく利益分配金と認定され、旧日蘭租税条約二三条（平成二三年以前）に規定する「その他所得」に該当するとして、日本の課税権が否定された事案［平成一四年度税制改正以前の事案］（東京高判平19・6・28判時一九八五・二三〈ガイダント事件〉租税百選［五版］七二）→法税一三九条1

（租税条約に異なる定めがある場合の国内源泉所得）

第一六二条①　租税条約（第二条第一項第八号の四ただし書（定義）に規定する条約をいう。以下この条において同じ。）において国内源泉所得につき前条の規定と異なる定めがある場合には、その租税条約の適用を受ける者については、同条の規定にかかわらず、国内源泉所得は、その異なる定めがある限りにおいて、その租税条約に定めるところによる。この場合において、その租税条約が同条第一項第六号から第十六号までの規定に代わつて国内源泉所得を定めているときは、この法律中これらの号に規定する事項に関する部分の適用については、その租税条約により国内源泉所得とされたものをもつてこれに対応するこれらの号に掲げる国内源泉所得とみなす。

②　恒久的施設を有する非居住者の前条第一項第一号に掲げる所得を算定する場合において、租税条約（当該非居住者の同号に掲げる所得に対して租税を課することができる旨の定めのあるものに限るものとし、当該非居住者の恒久的施設と事業場等との間の同号に規定する内部取引から所得が生ずる旨の定めのあるものを除く。）の適用があるときは、同号に規定する内部取引には、当該非居住者の恒久的施設と事業場等との間の利子（これに準ずるものとして政令で定めるものを含む。）の支払に相当する事実その他政令で定める事実は、含まれないものとする。

▽〔所税令〕→二九一の二

（国内源泉所得の範囲の細目）

第一六三条　前二条に定めるもののほか、国内源泉所得の範囲に関し必要な事項は、政令で定める。

第二章　非居住者の納税義務（抄）

第一節　通則

（非居住者に対する課税の方法）

第一六四条①　非居住者に対して課する所得税の額は、次の各号に掲げる非居住者の区分に応じ当該各号に定める国内源泉所得について、次節第一款（非居住者に対する所得税の総合課税）の規定を適用して計算したところによる。

一　恒久的施設を有する非居住者　次に掲げる国内源泉所得

イ　第百六十一条第一項第一号及び第四号（国内源泉所得）に掲げる国内源泉所得

ロ　第百六十一条第一項第二号、第三号、第五号から第七号まで及び第十七号に掲げる国内源泉所得（同項第一号に掲げる国内源泉所得に該当するものを除く。）

二　恒久的施設を有しない非居住者　第百六十一条第一項第二号、第三号、第五号から第七号まで及び第十七号に掲げる国内源泉所得

② 次の各号に掲げる非居住者が当該各号に定める国内源泉所得を有する場合には、当該非居住者に対して課する所得税の額は、前項の規定によるもののほか、当該各号に定める国内源泉所得について第三節（非居住者に対する所得税の分離課税）の規定を適用して計算したところによる。

一　恒久的施設を有する非居住者　第百六十一条第一項第八号から第十六号までに掲げる国内源泉所得（同項第一号に掲げる国内源泉所得に該当するものを除く。）

二　恒久的施設を有しない非居住者　第百六十一条第一項第八号から第十六号までに掲げる国内源泉所得

▽〔租特〕→三七の一四の三・三七の一四の四・四一の二二

→二条7を見よ。

第二節　非居住者に対する所得税の総合課税（抄）

第一款　課税標準、税額等の計算（抄）

（総合課税に係る所得税の課税標準、税額等の計算）

第一六五条①　前条第一項各号に掲げる非居住者の当該各号に定める国内源泉所得について課する所得税（以下この節において「総合課税に係る所得税」という。）の課税標準及び所得税の額は、当該各号に定める国内源泉所得について、別段の定めがあるものを除き、前編第一章から第四章まで（居住者に係る所得税の課税標準、税額等の計算）（第四十四条の三（減額された外国所得税額の総収入金額不算入等）、第四十六条（所得税額から控除する外国税額の必要経費不算入）、第六十条の四（外国転出時課税の規定の適用を受けた場合の譲渡所得等の特例）、第七十三条から第七十七条まで（医療費控除等）、第七十九条から第八十五条まで（障害者控除等）、第九十三条（分配時調整外国税相当額控除）、第九十五条（外国税額控除）及び第九十五条の二（国外転出をする場合の譲渡所得等の特例に係る外国税額控除の特例）を除く。）の規定に準じて計算した金額とする。

② 前条第一項第一号に掲げる非居住者の同号イに掲げる国内源泉所得（以下この款において「恒久的施設帰属所得」という。）に係る各種所得の金額につき前項の規定により前編第二章第二節第一款及び第二款（各種所得の金額の計算）の規定に準じて計算する場合には、次に定めるところによる。

一　第三十七条第一項（必要経費）に規定する販売費、一般管理費その他同項に規定する所得を生ずべき業務について生じた費用（次号において「販売費等」という。）及び同条第二項に規定する山林の植林費、取得に要した費用、管理費、伐採費その他その山林の育成又は譲渡に要した費用（同号において「育成費等」という。）のうち、第百六十一条第一項第一号（国内源泉所得）に規定する内部取引に係るものについては、債務の確定しないものを含むものとする。

二　販売費等及び育成費等並びに支出した金額（第三十四条第二項（一時所得）に規定する支出した金額をいう。以下この号において同じ。）には、非居住者の恒久的施設を通じて行う事業及びそれ以外の事業に共通する販売費等及び育成費等並びに支出した金額のうち、当該恒久的施設を通じて行う事業に係るものとして政令で定めるところにより配分した金額を含むものとする。

③ 前項に定めるもののほか、第一項の規定の適用に関し必要な事項は、政令で定める。

▽〔所税令〕→二九二・二九二の五・二九二の六〔租特〕→四〇の三の三

（減額された外国所得税額の総収入金額不算入等）

第一六五条の二　（略。第四四条の三を参照）

▽〔所税令〕→二九二の二

（恒久的施設に帰せられるべき純資産に対応する負債の利子の必要経費不算入）

第一六五条の三①　非居住者の各年の恒久的施設に係る純資産の額として政令で定めるところにより計算した金額が、当該非居住者の純資産の額に相当する額のうち当該恒久的施設に帰せられるべき金額として政令で定めるところにより計算した金額に満たない場合には、当該非居住者のその年の恒久的施設を通じて行う事業に係る負債の利子（これに準ずるものとして政令で定めるものを含む。）の額として政令で定める金額のうち、その満たない金額に対応する部分の金額として政令で定めるところにより計算した金額は、当該非居住者のその年分の恒久的施設帰属所得につき第百六十五条第一項（総合課税に係る所得税の課税標準、税額等の計算）の規定により準じて計算する不動産所得の金額、事業所得の金額、山林所得の金額若しくは雑所得の金額又は一時所得の金額の計算上、必要経費又は支出した金額に算入しない。

② 前項の規定の適用に関し必要な事項は、政令で定める。

▽〔所税令〕→二九二の三

（所得税額から控除する外国税額の必要経費不算入）

第一六五条の四　（略。第四六条を参照）

（配賦経費に関する書類の保存がない場合における配賦経費の必要経費不算入）

第一六五条の五①　非居住者が第百六十五条第二項第二号（総合課税に係る所得税の課税標準、税額等の計算）の規定の適用を受ける場合において、同号に規定する政令で定めるところにより配分した金額（以下この条において「配賦経費」という。）につき、その配分に関する計算の基礎となる書類その他の財務省令で定める書類の保存がないときは、その書類の保存がなかつた配賦経費については、その非居住者の各年分の恒久的施設帰属所得につき第百六十五条第一項の規定により準じて計算する不動産所得の金額、事業所得の金額、山林所得の金額若しくは雑所得の金額又は一時所得の金額の計算上、必要経費又は支出した金額に算入しない。

② 税務署長は、配賦経費の全部又は一部につき前項の書類の保存がない場合においても、その保存がなかつたことについてやむを得ない事情があると認めるときは、当該書類の提出があつた場合に限り、その書類の保存がなかつた配賦経費につき同項の規定を適用しないことができる。

（特定の内部取引に係る恒久的施設帰属所得に係る所得の金額の計算）

第一六五条の五の二① 非居住者の恒久的施設と第百六十一条第一項第一号（国内源泉所得）に規定する事業場等との間で同項第三号、第五号又は第七号に掲げる国内源泉所得（政令で定めるものを除く。）を生ずべき資産の当該恒久的施設による取得又は譲渡に相当する内部取引（同項第一号に規定する内部取引をいう。以下この項において同じ。）があつた場合には、当該内部取引は当該資産の当該内部取引の直前の価額として政令で定める金額により行われたものとして、当該非居住者の各年分の恒久的施設帰属所得につき第百六十五条第一項（総合課税に係る所得税の課税標準、税額等の計算）の規定により前編第一章及び第二章（居住者に係る所得税の課税標準の計算等）の規定に準じて不動産所得の金額、事業所得の金額、山林所得の金額、譲渡所得の金額又は雑所得の金額を計算する。

② 前項の規定の適用がある場合の非居住者の恒久的施設における資産の取得価額その他同項の規定の適用に関し必要な事項は、政令で定める。

▽〔所税令〕→二九二の四

（非居住者に係る分配時調整外国税相当額の控除）

第一六五条の五の三① 恒久的施設を有する非居住者が各年において第百七十六条第三項（信託財産に係る利子等の課税の特例）に規定する集団投資信託の収益の分配の支払を受ける場合（恒久的施設帰属所得に該当するものの支払を受ける場合に限る。）には、当該収益の分配に係る分配時調整外国税（同項に規定する外国の法令により課される所得税に相当する税で政令で定めるものをいう。）の額で同項又は第百八十条の二第三項（信託財産に係る利子等の課税の特例）の規定により当該収益の分配に係る所得税の額から控除された金額のうち当該非居住者が支払を受ける収益の分配に対応する部分の金額として政令で定める金額に相当する金額（次項において「分配時調整外国税相当額」という。）は、控除限度額（恒久的施設帰属所得に係る所得の金額につき第百六十五条第一項（総合課税に係る所得税の課税標準、税額等の計算）の規定により第八十九条から第九十二条まで（税率及び配当控除）の規定に準じて計算したその年分の所得税の額に相当する金額として政令で定める金額をいう。）を限度として、その年分の所得税の額から控除する。

② 第九十三条第二項（分配時調整外国税相当額控除）の規定は、分配時調整外国税相当額につき前項の規定による控除をする場合について準用する。

③ 第一項の規定により控除する金額は、第百六十五条第一項の規定により準じて計算する課税総所得金額に係る所得税の額、課税山林所得金額に係る所得税の額又は課税退職所得金額に係る所得税の額から順次控除する。この場合において、当該控除する金額がその年分の所得税の額を超えるときは、当該控除する金額は、当該所得税の額に相当する金額とする。

④ 前二項に定めるもののほか、第一項の規定の適用に関し必要な事項は、政令で定める。

▽〔所税令〕→二九二の六の二

（非居住者に係る外国税額の控除）

第一六五条の六① 恒久的施設を有する非居住者が各年において外国所得税（第九十五条第一項（外国税額控除）に規定する外国所得税をいう。以下この項及び第六項において同じ。）を納付することとなる場合には、恒久的施設帰属所得に係る所得の金額につき第百六十五条第一項（総合課税に係る所得税の課税標準、税額等の計算）の規定により準じて計算する第八十九条から第九十二条まで（税率及び配当控除）の規定及び前条の規定により計算したその年分の所得税の額のうち、その年において生じた国外所得金額（恒久的施設帰属所得に係る所得の金額のうち国外源泉所得に係るものとして政令で定める金額をいう。）に対応するものとして政令で定めるところにより計算した金額（以下この条において「控除限度額」という。）を限度として、その外国所得税の額（第百六十一条第一項第一号（国内源泉所得）に掲げる国内源泉所得につき課される外国所得税の額に限るものとし、非居住者の通常行われる取引と認められないものとして政令で定める取引に基因して生じた所得に対して課される外国所得税の額その他政令で定める外国所得税の額を除く。以下この条において「控除対象外国所得税の額」という。）をその年分の所得税の額から控除する。

② 恒久的施設を有する非居住者が各年において納付することとなる控除対象外国所得税の額がその年の控除限度額と地方税控除限度額として政令で定める金額との合計額を超える場合において、その年の前年以前三年内の各年（次項において「前三年以内の各年」という。）の控除限度額のうちその年に繰り越される部分として政令で定める金額（以下この項において「繰越控除限度額」という。）があるときは、政令で定めるところにより、その繰越控除限度額を限度として、その超える部分の金額をその年分の所得税の額から控除する。

③ 恒久的施設を有する非居住者が各年において納付することとなる控除対象外国所得税の額がその年の控除限度額に満たない場合において、その前三年以内の各年において納付することとなつた控除対象外国所得税の額のうちその年に繰り越される部分として政令で定める金額（以下この項において「繰越控

除対象外国所得税額」という。）があるときは、政令で定めるところにより、当該控除限度額からその年において納付することとなる控除対象外国所得税の額を控除した残額を限度として、その繰越控除対象外国所得税額をその年分の所得税の額から控除する。

④ 第一項に規定する国外源泉所得とは、第百六十一条第一項第一号に掲げる所得のうち次のいずれかに該当するものをいう。

一 国外にある資産の運用又は保有により生ずる所得

二 国外にある資産の譲渡により生ずる所得として政令で定めるもの

三 国外において人的役務の提供を主たる内容とする事業で政令で定めるものを行う者が受ける当該人的役務の提供に係る対価

四 国外にある不動産、国外にある不動産の上に存する権利若しくは国外における採石権の貸付け（地上権又は採石権の設定その他他人に不動産、不動産の上に存する権利又は採石権を使用させる一切の行為を含む。）、国外における租鉱権の設定又は非居住者若しくは外国法人に対する船舶若しくは航空機の貸付けによる対価

五 第二十三条第一項（利子所得）に規定する利子等及びこれに相当するもののうち次に掲げるもの

イ 外国の国債若しくは地方債又は外国法人の発行する債券の利子

ロ 国外にある営業所に預け入れられた預金又は貯金（第二条第一項第十号（定義）に規定する政令で定めるものに相当するものを含む。）の利子

ハ 国外にある営業所に信託された合同運用信託若しくはこれに相当する信託、公社債投資信託又は公募公社債等運用投資信託若しくはこれに相当する信託の収益の分配

六 第二十四条第一項（配当所得）に規定する配当等及びこれに相当するもののうち次に掲げるもの

イ 外国法人から受ける第二十四条第一項に規定する剰余金の配当、利益の配当若しくは剰余金の分配又は同項に規定する金銭の分配若しくは基金利息に相当するもの

ロ 国外にある営業所に信託された投資信託（公社債投資信託並びに公募公社債等運用投資信託及びこれに相当する信託を除く。）又は特定受益証券発行信託若しくはこれに相当する信託の収益の分配

七 国外において業務を行う者に対する貸付金（これに準ずるものを含む。）で当該業務に係るものの利子（債券の買戻又は売戻条件付売買取引として政令で定めるものから生ずる差益として政令で定めるものを含む。）

八 国外において業務を行う者から受ける次に掲げる使用料又は対価で当該業務に係るもの

イ 工業所有権その他の技術に関する権利、特別の技術による生産方式若しくはこれらに準ずるものの使用料又はその譲渡による対価

ロ 著作権（出版権及び著作隣接権その他これに準ずるものを含む。）の使用料又はその譲渡による対価

ハ 機械、装置その他政令で定める用具の使用料

九 国外において行う事業の広告宣伝のための賞金として政令で定めるもの

十 国外にある営業所又は国外において契約の締結の代理をする者を通じて締結した保険業法第二条第六項（定義）に規定する外国保険業者の締結する保険契約その他の年金に係る契約で政令で定めるものに基づいて受ける年金（年金の支払の開始の日以後に当該年金に係る契約に基づき分配を受ける剰余金又は割戻しを受ける割戻金及び当該契約に基づき年金に代えて支給される一時金を含む。）

十一 次に掲げる給付補塡金、利息、利益又は差益

イ 第百七十四条第三号（内国法人に係る所得税の課税標準）に掲げる給付補塡金のうち国外にある営業所が受け入れた定期積金に係るもの

ロ 第百七十四条第四号に掲げる給付補塡金に相当するもののうち国外にある営業所が受け入れた同号に規定する掛金に相当するものに係るもの

ハ 第百七十四条第五号に掲げる利息に相当するもののうち国外にある営業所を通じて締結された同号に規定する契約に相当するものに係るもの

ニ 第百七十四条第六号に掲げる利益のうち国外にある営業所を通じて締結された同号に規定する契約に係るもの

ホ 第百七十四条第七号に掲げる差益のうち国外にある営業所が受け入れた預金又は貯金に係るもの

ヘ 第百七十四条第八号に掲げる差益に相当するもののうち国外にある営業所又は国外において契約の締結の代理をする者を通じて締結された同号に規定する契約に相当するものに係るもの

十二 国外において事業を行う者に対する出資につき、匿名組合契約（これに準ずる契約として政令で定めるものを含む。）に基づいて受ける利益の分配

十三 前各号に掲げるもののほかその源泉が国外にある所得として政令で定めるもの

⑤ 租税条約（第二条第一項第八号の四ただし書に規定する条約をいう。以下この項において同じ。）において国外源泉所得（第一項に規定する国外源泉所得をいう。以下この項において同じ。）につき前項の規定と異なる定めがある場合には、その租税条約の適用を受ける非居住者については、同項の規定にかかわらず、国外源泉所得は、その異なる定めがある限りにおいて、その租税条約に定めるところによる。

⑥ 非居住者が納付することとなつた外国所得税の額につき第一項から第三項までの規定の適用を受けた年の翌年以後七年内の各年において当該外国所得税

の額が減額された場合におけるその減額されることとなつた日の属する年のこれらの規定の適用については、政令で定めるところによる。

⑦　第九十五条第十項及び第十一項の規定は、非居住者が納付することとなる控除対象外国所得税の額につき、第一項から第三項までの規定による控除をする場合について準用する。この場合において、同条第十項中「第一項の規定は」とあるのは「第百六十五条の六第一項（非居住者に係る外国税額の控除）の規定は」と、「に第一項」とあるのは「に同条第一項」と、「、控除対象外国所得税の額」とあるのは「、同項に規定する控除対象外国所得税の額（以下この項及び次項において「控除対象外国所得税の額」という。）」と、「、第一項」とあるのは「、同条第一項」と、同条第十一項中「第二項及び第三項」とあるのは「第百六十五条の六第二項及び第三項」と、「、繰越控除限度額又は繰越控除対象外国所得税額」とあるのは「、同条第二項に規定する繰越控除限度額（以下この項において「繰越控除限度額」という。）又は同条第三項に規定する繰越控除対象外国所得税額（以下この項において「繰越控除対象外国所得税額」という。）」と、「申告書等に当該各年の控除限度額」とあるのは「申告書等に当該各年の控除限度額（同条第一項に規定する控除限度額をいう。以下この項において同じ。）」と読み替えるものとする。

⑧　第一項から第三項までの規定による控除をすべき金額は、第百六十五条第一項の規定により準じて計算する課税総所得金額に係る所得税の額、課税山林所得金額に係る所得税の額又は課税退職所得金額に係る所得税の額から順次控除する。

⑨　前三項に定めるもののほか、第一項から第五項までの規定の適用に関し必要な事項は、政令で定める。

▽〔所税令〕→二九二の七―二九二の一四

第二款　申告、納付及び還付

（申告、納付及び還付）

第一六六条　前編第五章及び第六章（居住者に係る申告、納付及び還付）の規定は、非居住者の総合課税に係る所得税についての申告、納付及び還付について準用する。この場合において、第百十二条第二項（予定納税額の減額の承認の申請手続）中「取引」とあるのは「取引（恒久的施設を有する非居住者にあつては、第百六十一条第一項第一号（国内源泉所得）に規定する内部取引に該当するものを含む。）」と、「同項」とあるのは「前項」と、第百二十条第一項（確定所得申告）中「外国税額控除」とあるのは「第百六十五条の六第一項から第三項まで（非居住者に係る外国税額の控除）の規定による控除」と、同項第三号中「第三章」（税額の計算）」とあるのは「第三章（第九十三条（分配時調整外国税相当額控除）及び第九十五条（外国税額控除）を除く。）（税額の計算）並びに第百六十五条の五の三（非居住者に係る分配時調整外国税相当額の控除）及び第百六十五条の六」と、同条第六項中「山林所得を生ずべき業務」とあるのは「山林所得を生ずべき業務（第百六十四条第一項各号（非居住者に対する課税の方法）に定める国内源泉所得に係るものに限る。以下この項において「特定業務」という。）」と、「雑所得を生ずべき業務」とあるのは「雑所得を生ずべき特定業務」と、「業務に」とあるのは「特定業務に」と、「ならない」とあるのは「ならないものとし、国内及び国外の双方にわたつて業務を行う非居住者が同項の規定による申告書を提出する場合には、収入及び支出に関する明細書で財務省令で定めるものを当該申告書に添付しなければならないものとする」と、第百二十二条第一項第一号（還付等を受けるための申告）中「外国税額控除」とあるのは「第百六十五条の六第一項から第三項まで（非居住者に係る外国税額の控除）の規定による控除」と、同条第二項中「第九十五条第二項又は第三項（外国税額控除）」とあるのは「第百六十五条の六第二項又は第三項」と、第百二十三条第二項第六号（確定損失申告）中「第九十五条（外国税額控除）」とあるのは「第百六十五条の六（非居住者に係る外国税額の控除）」と、第百四十三条（青色申告）中「業務」とあるのは「業務（第百六十四条第一項各号（非居住者に対する課税の方法）に定める国内源泉所得に係るものに限る。）」と、第百四十四条（青色申告の承認の申請）中「業務を開始した場合」とあるのは「業務（第百六十四条第一項各号（非居住者に対する課税の方法）に定める国内源泉所得に係るものに限る。）を開始した場合」と、第百四十五条第二号（青色申告の承認申請の却下）中「取引」とあるのは「取引（恒久的施設を有する非居住者にあつては、第百六十一条第一項第一号（国内源泉所得）に規定する内部取引に該当するものを含む。第百四十八条第一項及び第百五十条第一項第三号（青色申告の承認の取消し）において同じ。）」と、第百四十七条（青色申告の承認があつたものとみなす場合）中「業務」とあるのは「業務（第百六十四条第一項各号（非居住者に対する課税の方法）に定める国内源泉所得に係るものに限る。）」と読み替えるものとする。

▽〔所税令〕→二九三

（恒久的施設に係る取引に係る文書化）

第一六六条の二①　恒久的施設を有する非居住者は、第百六十一条第一項第一号（国内源泉所得）に掲げる国内源泉所得（以下この条において「恒久的施設帰属所得」という。）を有する場合において、当該非居住者が他の者との間で行つた取引のうち、当該非居住者のその年の恒久的施設帰属所得につき第百六十五条第一項（総合課税に係る所得税の課税標準、税額等の計算）の規定により準じて計算する各種所得の金額の計算上、当該取引から生ずる所得が当該非居住者の恒久的施設に帰せられるものについては、財務省令で定めるところにより、当該恒久的施設に帰せられる取引に係る明細を記載した書類その他の財務省令で定める書類を作成しなければならない。

② 恒久的施設を有する非居住者は、恒久的施設帰属所得を有する場合において、当該非居住者の第百六十一条第一項第一号に規定する事業場等と恒久的施設との間の資産の移転、役務の提供その他の事実が同号に規定する内部取引に該当するときは、財務省令で定めるところにより、当該事実に係る明細を記載した書類その他の財務省令で定める書類を作成しなければならない。

第三款 更正の請求の特例

（更正の請求の特例）

第一六七条 前編第七章（居住者に係る更正の請求の特例）の規定は、非居住者の総合課税に係る所得税についての国税通則法第二十三条第一項（更正の請求）の規定による更正の請求について準用する。

▽〔所税令〕→二九四

第四款 更正及び決定

（更正及び決定）

第一六八条 前編第八章（居住者に係る更正及び決定）の規定は、非居住者の総合課税に係る所得税についての更正又は決定について準用する。

▽〔所税令〕→二九五

（非居住者の恒久的施設帰属所得に係る行為又は計算の否認）

第一六八条の二 税務署長は、第百六十四条第一項第一号イ（非居住者に対する課税の方法）に掲げる国内源泉所得を有する非居住者の行為又は計算で、これを容認した場合には、当該国内源泉所得に係る各種所得の金額の計算上控除する金額の増加、当該国内源泉所得に係る所得に対する所得税の額から控除する金額の増加、第百六十一条第一項第一号（国内源泉所得）に規定する内部取引に係る利益の額の減少又は損失の額の増加その他の事由によりその非居住者の所得税の負担を不当に減少させる結果となると認められるものがあるときは、その行為又は計算にかかわらず、税務署長の認めるところにより、その非居住者の所得税に関する更正又は決定に際し、その非居住者の各年分の第百六十六条（申告、納付及び還付）において準用する第百二十条第一項第一号若しくは第三号から第五号まで（確定所得申告）、第百二十二条第一項第一号から第三号まで（還付等を受けるための申告）又は第百二十三条第二項第一号、第三号、第五号若しくは第七号（確定損失申告）に掲げる金額を計算することができる。

第三節 非居住者に対する所得税の分離課税

（分離課税に係る所得税の課税標準）

第一六九条 第百六十四条第二項各号（非居住者に対する課税の方法）に掲げる非居住者の当該各号に定める国内源泉所得については、他の所得と区分してその所得税を課するものとし、その所得税の課税標準は、その支払を受けるべき当該国内源泉所得の金額（次の各号に掲げる国内源泉所得については、当該各号に定める金額）とする。

一 第百六十一条第一項第八号（国内源泉所得）に掲げる利子等のうち無記名の公社債の利子又は無記名の貸付信託、公社債投資信託若しくは公募公社債等運用投資信託の受益証券に係る収益の分配 その支払を受けた金額

二 第百六十一条第一項第九号に掲げる配当等のうち無記名株式等の剰余金の配当（第二十四条第一項（配当所得）に規定する剰余金の配当をいう。）又は無記名の投資信託（公社債投資信託及び公募公社債等運用投資信託を除く。）若しくは特定受益証券発行信託の受益証券に係る収益の分配 その支払を受けた金額

三 第百六十一条第一項第十二号ロに掲げる年金 その支払を受けるべき年金の額から五万円にその支払を受けるべき年金の額に係る月数を乗じて計算した金額を控除した金額

四 第百六十一条第一項第十三号に掲げる賞金 その支払を受けるべき金額から五十万円を控除した金額

五 第百六十一条第一項第十四号に掲げる年金 同号に規定する契約に基づいて支払を受けるべき金額から当該契約に基づいて払い込まれた保険料又は掛金の額のうちその支払を受けるべき金額に対応するものとして政令で定めるところにより計算した金額を控除した金額

▽〔所税令〕→二九六

（分離課税に係る所得税の税率）

第一七〇条 前条に規定する所得税の額は、同条に規定する国内源泉所得の金額に百分の二十（当該国内源泉所得の金額のうち第百六十一条第一項第八号及び第十五号（国内源泉所得）に掲げる国内源泉所得に係るものについては、百分の十五）の税率を乗じて計算した金額とする。

（退職所得についての選択課税）

第一七一条 第百六十九条（課税標準）に規定する非居住者が第百六十一条第一項第十二号ハ（国内源泉所得）の規定に該当する退職手当等（第三十条第一項（退職所得）に規定する退職手当等をいう。以下この節において同じ。）の支払を受ける場合には、その者は、前条の規定にかかわらず、当該退職手当等について、その支払の基因となつた退職（その年中に支払を受ける当該退職手当等が二以上ある場合には、それぞれの退職手当等の支払の基因となつた退職）を事由としてその年中に支払を受ける退職手当等の総額を居住者として受けたものとみなして、これに第三十条及び第八十九条（税率）の規定を適用するものとした場合の税額に相当する金額により所得税を課されることを選択することができる。

（給与等につき源泉徴収を受けない場合の申告納税等）

第一七二条① 第百六十九条（課税標準）に規定する非居住者が第百六十一条第一項第十二号イ又はハ

（国内源泉所得）に掲げる給与又は報酬の支払を受ける場合において、当該給与又は報酬について次編第五章（非居住者又は法人の所得に係る源泉徴収）の規定の適用を受けないときは、その者は、次条の規定による申告書を提出することができる場合を除き、その年の翌年三月十五日（同日前に国内に居所を有しないこととなる場合には、その有しないこととなる日）までに、税務署長に対し、次に掲げる事項を記載した申告書を提出しなければならない。

一　その年中に支払を受ける第百六十一条第一項第十二号イ又はハに掲げる給与又は報酬の額のうち次編第五章の規定の適用を受けない部分の金額（当該適用を受けない部分の金額のうちに前条に規定する退職手当等の額があり、かつ、当該退職手当等につき同条の選択をする場合には、当該退職手当等の額を除く。）及び当該金額につき第百七十条（税率）の規定を適用して計算した所得税の額

二　前号に規定する給与又は報酬の額のうちに、その年の中途において国内に居所を有しないこととなつたことにより提出するこの項の規定による申告書に記載すべき部分の金額がある場合には、当該金額及び当該金額につき第百七十条の規定を適用して計算した所得税の額

三　第一号に掲げる所得税の額から前号に掲げる所得税の額を控除した金額

四　第一号に掲げる金額の計算の基礎、その者の国内における勤務の種類その他財務省令で定める事項

②　前条に規定する退職手当等につき前項の規定による申告書を提出すべき者が、当該退職手当等について同条の選択をする場合には、その申告書に、同項各号に掲げる事項のほか、次に掲げる事項を記載しなければならない。

一　その年中に支払を受ける退職手当等の総額（前条の規定の適用がある部分の金額に限る。）及び当該総額につき同条の規定を適用して計算した所得税の額

二　その年中に支払を受ける退職手当等につき次編第五章の規定により徴収された又は徴収されるべき所得税の額がある場合には、その所得税の額（当該退職手当等の額のうちに、その年の中途において国内に居所を有しないこととなつたことにより提出する前項の規定による申告書に記載すべき部分の金額がある場合には、当該金額につき第百七十条の規定を適用して計算した所得税の額を含む。）

三　第一号に掲げる所得税の額から前号に掲げる所得税の額を控除した金額

四　第一号に掲げる退職手当等の総額の支払者別の内訳及びその支払者の氏名又は名称及び住所若しくは居所又は本店若しくは主たる事務所の所在地

五　第一号に掲げる所得税の額の計算の基礎

③　第一項の規定による申告書を提出した非居住者は、当該申告書の提出期限までに、同項第三号に掲げる金額（前項の規定の適用を受ける者については、当該金額と同項第三号に掲げる金額との合計額）に相当する所得税を国に納付しなければならない。

（退職所得の選択課税による還付）

第一七三条①　第百六十九条（課税標準）に規定する非居住者がその支払を受ける第百七十一条（退職所得についての選択課税）に規定する退職手当等につき次編第五章（非居住者又は法人の所得に係る源泉徴収）の規定の適用を受ける場合において、当該退職手当等につき同条の選択をするときは、その者は、当該退職手当等に係る所得税の還付を受けるため、その年の翌年一月一日（同日前に同条に規定する退職手当等の総額が確定した場合には、その確定した日）以後に、税務署長に対し、次に掲げる事項を記載した申告書を提出することができる。

一　前条第二項第一号に掲げる退職手当等の総額及び所得税の額

二　前条第二項第二号に掲げる所得税の額

三　前号に掲げる所得税の額から第一号に掲げる所得税の額を控除した金額

四　前条第二項第四号及び第五号に掲げる事項その他財務省令で定める事項

②　前項の規定による申告書の提出があつた場合には、税務署長は、同項第三号に掲げる金額に相当する所得税を還付する。

③　前項の場合において、同項の申告書に記載された第一項第二号に掲げる所得税の額（次編第五章の規定により徴収されるべきものに限る。）のうちにまだ納付されていないものがあるときは、前項の規定による還付金の額のうちその納付されていない部分の金額に相当する金額については、その納付があるまでは、還付しない。

④　第二項の規定による還付金について還付加算金を計算する場合には、その計算の基礎となる国税通則法第五十八条第一項（還付加算金）の期間は、第一項の規定による申告書の提出があつた日（同日後に納付された前項に規定する所得税の額に係る還付金については、その納付の日）の翌日からその還付のための支払決定をする日又はその還付金につき充当をする日（同日前に充当をするのに適することとなつた日がある場合には、その適することとなつた日）までの期間とする。

⑤　前二項に定めるもののほか、第二項の還付の手続その他同項の規定の適用に関し必要な事項は、政令で定める。

▽〔所税令〕→二九七

第三章　法人の納税義務

第一節　内国法人の納税義務

（内国法人に係る所得税の課税標準）

第一七四条　内国法人に対して課する所得税の課税標準は、その内国法人が国内において支払を受けるべき次に掲げるものの額（第十号に掲げる賞金については、その額から政令で定める金額を控除した残

額）とする。

一　第二十三条第一項（利子所得）に規定する利子等

二　第二十四条第一項（配当所得）に規定する配当等

三　定期積金に係る契約に基づく給付補塡金（当該契約に基づく給付金のうちその給付を受ける金銭の額から当該契約に基づき払い込んだ掛金の額の合計額を控除した残額に相当する部分をいう。）

四　銀行法（昭和五十六年法律第五十九号）第二条第四項（定義等）の契約に基づく給付補塡金（当該契約に基づく給付金のうちその給付を受ける金銭の額から当該契約に基づき払い込むべき掛金の額として政令で定めるものの合計額を控除した残額に相当する部分をいう。）

五　抵当証券法（昭和六年法律第十五号）第一条第一項（証券の交付）に規定する抵当証券に基づき締結された当該抵当証券に記載された債権の元本及び利息の支払等に関する事項を含む契約として政令で定める契約により支払われる利息

六　金その他の貴金属その他これに類する物品で政令で定めるものの買入れ及び売戻しに関する契約で、当該契約に定められた期日において当該契約に定められた金額により当該物品を売り戻す旨の定めがあるものに基づく利益（当該物品の当該売戻しをした場合の当該金額から当該物品の買入れに要した金額を控除した残額をいう。）

七　外国通貨で表示された預貯金でその元本及び利子をあらかじめ約定した率により本邦通貨又は当該外国通貨以外の外国通貨に換算して支払うこととされているものの差益（当該換算による差益として政令で定めるものをいう。）

八　保険業法第二条第二項（定義）に規定する保険会社、同条第七項に規定する外国保険会社等若しくは同条第十八項に規定する少額短期保険業者の締結した保険契約若しくは旧簡易生命保険契約（郵政民営化法等の施行に伴う関係法律の整備等に関する法律第二条（法律の廃止）の規定による廃止前の簡易生命保険法第三条（政府保証）に規定する簡易生命保険契約をいう。）又はこれらに類する共済に係る契約で保険料又は掛金を一時に支払うこと（これに準ずる支払方法として政令で定めるものを含む。）その他政令で定める事項をその内容とするもののうち、保険期間又は共済期間（以下この号において「保険期間等」という。）が五年以下のもの及び保険期間等が五年を超えるものでその保険期間等の初日から五年以内に解約されたものに基づく差益（これらの契約に基づく満期保険金、満期返戻金若しくは満期共済金又は解約返戻金の金額からこれらの契約に基づき支払つた保険料又は掛金の額の合計額を控除した金額として政令で定めるところにより計算した金額をいう。）

九　匿名組合契約（これに準ずる契約として政令で定めるものを含む。第百七十六条第二項（信託財産に係る利子等の課税の特例）において同じ。）に基づく利益の分配

十　馬主が受ける競馬の賞金で政令で定めるもの

▽〔所税令〕→二九八

① デット・アサンプション取引に基づく金員の支払が内国法人である銀行のケイマン支店の支払口座から行われた事案で、ケイマン支店に営業の実態・機能がなかったことを理由に、国内において「支払」がなされたものと認定された事案（東京高判平17・12・21訟月五四・二・四七二）→二一三条③・二一二条①

（内国法人に係る所得税の税率）

第一七五条　内国法人に対して課する所得税の額は、次の各号の区分に応じ当該各号に掲げる金額とする。

一　前条第一号に掲げる利子等又は同条第三号から第八号までに掲げる給付補てん金、利息、利益若しくは差益　その金額に百分の十五の税率を乗じて計算した金額

二　前条第二号に掲げる配当等又は同条第九号に掲げる利益の分配　その金額に百分の二十の税率を乗じて計算した金額

三　前条第十号に掲げる賞金　その金額から政令で定める金額を控除した残額に百分の十の税率を乗じて計算した金額

▽〔所税令〕→二九九

（信託財産に係る利子等の課税の特例）

第一七六条①　第七条第一項第四号（内国法人の課税所得の範囲）及び前二条の規定は、内国法人である信託会社（金融機関の信託業務の兼営等に関する法律により同法第一条第一項（兼営の認可）に規定する信託業務を営む同項に規定する金融機関を含む。次項において「内国信託会社」という。）が、その引き受けた証券投資信託（国内にある営業所に信託されたものに限る。）の信託財産に属する公社債、合同運用信託、投資信託若しくは特定受益証券発行信託の受益権、社債的受益権、株式又は出資（以下この項において「公社債等」という。）につき国内において第二十三条第一項（利子所得）に規定する利子等（以下この条において「利子等」という。）又は第二十四条第一項（配当所得）に規定する配当等（以下この条において「配当等」という。）の支払をする者の備え付ける帳簿に、当該公社債等が当該信託財産に属する旨その他財務省令で定める事項の登載を受けている場合には、当該公社債等についてその登載を受けている期間内に支払われる当該利子等又は配当等については、適用しない。

②　第七条第一項第四号及び前二条の規定は、内国信託会社が、その引き受けた第十二条第三項第二号（信託財産に属する資産及び負債並びに信託財産に帰せられる収益及び費用の帰属）に規定する退職年金等信託（国内にある営業所に信託されたものに限

る。）の信託財産に属する公社債、合同運用信託、投資信託若しくは特定受益証券発行信託の受益権、社債的受益権、株式、出資又は匿名組合契約に基づく権利（以下この項において「公社債等」という。）につき国内において利子等、配当等又は第百七十四条第九号（内国法人に係る所得税の課税標準）に掲げる利益の分配の支払をする者の備え付ける帳簿に、当該公社債等が当該信託財産に属する旨その他財務省令で定める事項の登載を受けている場合には、当該公社債等についてその登載を受けている期間内に支払われる当該利子等、配当等又は利益の分配については、適用しない。

③　内国法人がその引き受けた第十三条第三項第一号に規定する集団投資信託（国内にある営業所に信託されたものに限る。以下この条において「集団投資信託」という。）の信託財産について納付した所得税（当該所得税の課せられた収益を分配するとしたならば当該収益の分配につき第百八十一条（源泉徴収義務）又は第二百十二条（源泉徴収義務）の規定により所得税を徴収されるべきこととなるものに対応する部分（第九条第一項第十一号（非課税所得）に掲げるもののみに対応する部分を除く。）に限り、外国の法令により課される所得税に相当する税で政令で定めるものを含む。次項において同じ。）の額は、政令で定めるところにより、当該集団投資信託の収益の分配に係る所得税の額から控除する。

④　前項の規定により控除すべき集団投資信託の信託財産について納付した所得税の額は、当該集団投資信託の収益の分配の額の計算上、当該収益の分配の額に加算する。

⑤　前項に定めるもののほか、第三項の内国法人が集団投資信託の収益の分配の支払を受ける者に行う通知に関する事項、その者が第百二十条第一項（確定所得申告）の規定による申告書に記載する同項第三号に掲げる所得税の額から控除する同項第四号に規定する源泉徴収税額に関する事項その他第三項の規定の適用に関し必要な事項は、政令で定める。

▽〔所税令〕→三〇〇

第一七七条　削除

第二節　外国法人の納税義務

（外国法人に係る所得税の課税標準）

第一七八条　外国法人に対して課する所得税の課税標準は、その外国法人が支払を受けるべき第百六十一条第一項第四号から第十一号まで及び第十三号から第十六号まで（国内源泉所得）に掲げる国内源泉所得（政令で定めるものを除く。）の金額（第百六十九条第一号、第二号、第四号及び第五号（分離課税に係る所得税の課税標準）に掲げる国内源泉所得については、これらの規定に定める金額）とする。

▽〔所税令〕→三〇三の二

1　新日米租税条約の適用開始時期に関する規定にいう「〔平成一六年〕七月一日以後に租税を課される額」とは同日以降に源泉所得税の課税要件が充足される金額を意味するところ、同要件が充足されるのは内国法人が米国法人である親会社に対してロイヤルティを支払うべき契約上の支払の時であって、現実の支払の時ではないと解されるから、同法人が支払った同年一月分ないし五月分のロイヤルティについては旧日米租税条約が適用される。（東京高判平23・5・18税資二六一順号一一六八九）

（外国法人に係る所得税の税率）

第一七九条　外国法人に対して課する所得税の額は、次の各号の区分に応じ当該各号に定める金額とする。

一　前条に規定する国内源泉所得（次号及び第三号に掲げるものを除く。）　その金額（第百六十九条第二号、第四号及び第五号（分離課税に係る所得税の課税標準）に掲げる国内源泉所得については、これらの規定に定める金額）に百分の二十の税率を乗じて計算した金額

二　第百六十一条第一項第五号（国内源泉所得）に掲げる国内源泉所得　その金額に百分の十の税率を乗じて計算した金額

三　第百六十一条第一項第八号及び第十五号に掲げる国内源泉所得　その金額（第百六十九条第一号に掲げる国内源泉所得については、同号に定める金額）に百分の十五の税率を乗じて計算した金額

（恒久的施設を有する外国法人の受ける国内源泉所得に係る課税の特例）

第一八〇条①　第七条第一項第五号（外国法人の課税所得の範囲）及び前二条の規定は、恒久的施設を有する外国法人で政令で定める要件を備えているもののうち第百六十一条第一項第四号から第七号まで、第十号、第十一号、第十三号又は第十四号（国内源泉所得）に掲げる国内源泉所得（同項第五号に規定する対価にあつては、第十三条第一項ただし書（信託財産に属する資産及び負債並びに信託財産に帰せられる収益及び費用の帰属）に規定する信託で国内にある営業所に信託されたものの信託財産に帰せられるものに係るものに限る。）でその外国法人の恒久的施設に帰せられるもの（第百六十一条第一項第四号に掲げる国内源泉所得にあつては、同号に規定する事業に係る恒久的施設以外の恒久的施設に帰せられるものに限る。以下この項において「対象国内源泉所得」という。）の支払を受けるものが、政令で定めるところにより、当該支払を受けるものが当該要件を備えていること及びその支払を受けることとなる国内源泉所得が対象国内源泉所得に該当することにつきその法人税の納税地の所轄税務署長（以下この条において「所轄税務署長」という。）の証明書の交付を受け、その証明書を当該国内源泉所得の支払をする者に提示した場合には、その証明書が効力を有している間に支払を受ける当該国内源泉所得については、適用しない。

②　前項に規定する外国法人で同項に規定する証明書の交付を受けたものが、その交付を受けた後、同項

に規定する要件に該当しないこととなり、又は恒久的施設を有しないこととなつた場合には、その該当しないこととなつた日又は有しないこととなつた日以後遅滞なく、政令で定めるところにより、その旨を所轄税務署長に届け出るとともに、その証明書の提示先にその旨を通知しなければならない。

③　所轄税務署長は、第一項に規定する外国法人で同項に規定する証明書の交付を受けたものが、その交付を受けた後、同項に規定する要件に該当しないこととなり、又は恒久的施設を有しないこととなつたと認める場合には、当該証明書の交付を受けたものに対し、書面によりその旨を通知するものとする。

④　前項の場合において、同項に規定する通知を受けた者は、当該通知を受けた日以後遅滞なく、第一項に規定する証明書の提示先に当該通知を受けた旨を通知しなければならない。

⑤　所轄税務署長は、第二項の規定による届出があつた場合又は第三項の規定により通知をした場合には、財務省令で定めるところにより、当該届出をした者又は当該通知を受けた者の名称その他の財務省令で定める事項を公示するものとする。

⑥　第一項に規定する証明書は、次に掲げる場合には、その効力を失う。

一　当該証明書につき所轄税務署長が定めた有効期限を経過したとき。

二　前項の規定による公示があつたとき。

▽〔所税令〕→三〇四―三〇六

（信託財産に係る利子等の課税の特例）

第一八〇条の二①　第七条第一項第五号（外国法人の課税所得の範囲）、第百七十八条（外国法人に係る所得税の課税標準）及び第百七十九条（外国法人に係る所得税の税率）の規定は、外国法人である信託会社（金融機関の信託業務の兼営等に関する法律により同法第一条第一項（兼営の認可）に規定する信託業務を営む同項に規定する金融機関を含む。次項において「外国信託会社」という。）が、その引き受けた第百七十六条第一項（信託財産に係る利子等の課税の特例）に規定する証券投資信託の信託財産に属する同項に規定する公社債等につき第百六十一条第一項第八号（同号ハを除く。）又は第九号（国内源泉所得）に掲げる国内源泉所得の支払をする者の備え付ける帳簿に、当該公社債等が当該信託財産に属する旨その他財務省令で定める事項の登載を受けている場合には、当該公社債等についてその登載を受けている期間内に支払われる当該国内源泉所得については、適用しない。

②　第七条第一項第五号、第百七十八条及び第百七十九条の規定は、外国信託会社が、その引き受けた第百七十六条第二項に規定する退職年金等信託の信託財産に属する同項に規定する公社債等につき第百六十一条第一項第八号（同号ハを除く。）、第九号又は第十六号に掲げる国内源泉所得の支払をする者の備え付ける帳簿に、当該公社債等が当該信託財産に属する旨その他財務省令で定める事項の登載を受けている場合には、当該公社債等についてその登載を受けている期間内に支払われる当該国内源泉所得については、適用しない。

③　外国法人がその引き受けた集団投資信託（第百七十六条第三項に規定する集団投資信託をいう。以下この条において同じ。）の信託財産について納付した所得税（当該所得税の課せられた収益を分配するとしたならば当該収益の分配につき次条又は第二百十二条（源泉徴収義務）の規定により所得税を徴収されるべきこととなるものに対応する部分（第九条第一項第十一号（非課税所得）に掲げるもののみに対応する部分を除く。）に限り、第百七十六条第三項に規定する外国の法令により課される所得税に相当する税で政令で定めるものを含む。次項において同じ。）の額は、政令で定めるところにより、当該集団投資信託の収益の分配に係る所得税の額から控除する。

④　前項の規定により控除すべき集団投資信託の信託財産について納付した所得税の額は、当該集団投資信託の収益の分配の額の計算上、当該収益の分配の額に加算する。

⑤　前項に定めるもののほか、第三項の外国法人が集団投資信託の収益の分配の支払を受ける者に行う通知に関する事項、その者が第百二十条第一項（確定所得申告）の規定による申告書に記載する同項第三号に掲げる所得税の額から控除する同項第四号に規定する源泉徴収税額に関する事項その他第三項の規定の適用に関し必要な事項は、政令で定める。

▽〔所税令〕→三〇六の二

第四編　源泉徴収（抄）

第一章　利子所得及び配当所得に係る源泉徴収

（源泉徴収義務）

第一八一条①　居住者に対し国内において第二十三条第一項（利子所得）に規定する利子等（以下この章において「利子等」という。）又は第二十四条第一項（配当所得）に規定する配当等（以下この章において「配当等」という。）の支払をする者は、その支払の際、その利子等又は配当等について所得税を徴収し、その徴収の日の属する月の翌月十日までに、これを国に納付しなければならない。

②　配当等（投資信託（公社債投資信託及び公募公社債等運用投資信託を除く。）又は特定受益証券発行信託の収益の分配を除く。）については、支払の確定した日から一年を経過した日までにその支払がされない場合には、その一年を経過した日においてその支払があつたものとみなして、前項の規定を適用する。

（徴収税額）

第一八二条　前条の規定により徴収すべき所得税の額は、次の各号の区分に応じ当該各号に掲げる金額とする。

一　利子等　その金額に百分の十五の税率を乗じて計算した金額

二　配当等　その金額に百分の二十の税率を乗じて計算した金額

第二章　給与所得に係る源泉徴収

第一節　源泉徴収義務及び徴収税額

（源泉徴収義務）

第一八三条① 居住者に対し国内において第二十八条第一項（給与所得）に規定する給与等（以下この章において「給与等」という。）の支払をする者は、その支払の際、その給与等について所得税を徴収し、その徴収の日の属する月の翌月十日までに、これを国に納付しなければならない。

② 法人の法人税法第二条第十五号（定義）に規定する役員に対する賞与については、支払の確定した日から一年を経過した日までにその支払がされない場合には、その一年を経過した日においてその支払があつたものとみなして、前項の規定を適用する。

1 源泉徴収制度は憲法二九条・一四条・一八条に違反しない。（最大判昭37・2・28刑集一六・二・二一二、租税百選［七版］一一三）→税総◆【Ⅱ】3

2 社会福祉法人の元理事長が同法人から横領によって取得した金員も同理事長の給与所得を構成するから、所得の受給者が源泉徴収義務者から不法に利得した場合であっても、同法人は源泉徴収義務者として納税義務を負う。（大阪高判平15・8・27税資二五三順号九四一六）

3 給与等の支払をする者は、その支払を命ずる判決に基づく強制執行によりその回収を受ける場合であっても、本条一項所定の源泉徴収義務を負う。（最判平23・3・22民集六五・二・七三五、租税百選［七版］一一七）

4 「支払をする者」とは、当該支払に係る経済的出捐の効果の帰属主体をいうとした例（大阪高判平23・3・24訟月五八・七・二八〇二）

5 税務署長が本件納税告知によりX社に対して納税義務の履行として実際に請求した金額は、納税義務が客観的に成立し税額が自動的に確定した源泉所得税の金額に包含されるものである上、納税告知書に記載された所得の種類にも食い違いはみられず、本件納税告知及び本件賦課決定は、X社が本件支払利息を支払った年月及びその額が一致する限度で適法である。（最判平16・9・7判時一八七四・五二、租税百選［四版］一〇九）→税通三六条2

6 証券会社の従業員が株式報酬制度に基づいて取得した外国法人であるその親会社の株式の支払について、同証券会社によって源泉徴収されるべき所得税の額があるとはいえないとされた事例（東京地判平27・5・28税資二六五順号一二六七一……控訴審・東京高判平27・12・2税資二六五順号一二七六三で維持）

7 給与所得に係る源泉徴収所得税の納税告知処分につき、法定納期限が経過したという一事をもって、錯誤無効を主張してその適否を争うことができなくなるものではない。（最判平30・9・25民集七二・四・三一七、租税百選［七版］一一六……結論は経済的成果喪失要件が未充足のため錯誤無効を認めず。申告納税に関する国税通則法二三条22は申告納期限後の錯誤無効の主張の適否について明記してない。改正民法（平二九法四四）では錯誤は取消原因）→二八条8、税総◆【Ⅲ】35、税通三六条3

（源泉徴収を要しない給与等の支払者）

第一八四条 常時二人以下の家事使用人のみに対し給与等の支払をする者は、前条の規定にかかわらず、その給与等について所得税を徴収して納付することを要しない。

（賞与以外の給与等に係る徴収税額）

第一八五条① 次条に規定する賞与以外の給与等について第百八十三条第一項（源泉徴収義務）の規定により徴収すべき所得税の額は、次の各号に掲げる給与等の区分に応じ当該各号に定める税額とする。

一　給与所得者の扶養控除等申告書を提出した居住者に対し、その提出の際に経由した給与等の支払者が支払う給与等　次に掲げる場合の区分に応じ、その給与等の金額（ロ、ハ、ニ又はヘに掲げる場合にあつては、それぞれ当該金額の二倍に相当する金額、当該金額の三倍に相当する金額、給与等の月割額又は給与等の日割額）並びに当該申告書に記載された源泉控除対象配偶者及び控除対象扶養親族（二以上の給与等の支払者から給与等の支払を受ける場合には第百九十四条第一項第六号（給与所得者の扶養控除等申告書）に規定する源泉控除対象配偶者及び控除対象扶養親族とし、当該申告書に記載された源泉控除対象配偶者又は控除対象扶養親族が同条第四項に規定する国外居住親族（第百八十七条（障害者控除等の適用を受ける者に係る徴収税額）及び第百九十条第二号ハ（年末調整）において「国外居住親族」という。）である場合には第百九十四条第四項に規定する書類の提出又は提示がされた源泉控除対象配偶者及び控除対象扶養親族に限る。次条において「主たる給与等に係る源泉控除対象配偶者及び控除対象扶養親族」という。）の有無及びその数に応ずる次に定める税額

イ　給与等の支給期が毎月と定められている場合　別表第二の甲欄に掲げる税額

ロ　給与等の支給期が毎半月と定められている場合　別表第二の甲欄に掲げる税額の二分の一に相当する税額

ハ　給与等の支給期が毎旬と定められている場合　別表第二の甲欄に掲げる税額の三分の一に相当する税額

ニ　給与等の支給期が月の整数倍の期間ごとと定められている場合　別表第二の甲欄に掲げる税額に当該倍数を乗じて計算した金額に相当する税額

ホ　給与等の支給期が毎日と定められている場合　別表第三の甲欄に掲げる税額

へ　イからホまでに掲げる場合以外の場合　別表第三の甲欄に掲げる税額にその支給日数を乗じて計算した金額に相当する税額

二　前号及び次号に掲げる給与等以外の給与等　次に掲げる場合の区分に応じ、その給与等の金額（ロ、ハ、ニ又はヘに掲げる場合にあつては、それぞれ当該金額の二倍に相当する金額、当該金額の三倍に相当する金額、給与等の月割額又は給与等の日割額）、従たる給与についての扶養控除等申告書の提出の有無並びに当該申告書に記載された第百九十五条第一項第三号（従たる給与についての扶養控除等申告書）に規定する源泉控除対象配偶者及び控除対象扶養親族（当該源泉控除対象配偶者又は控除対象扶養親族が同条第四項の記載がされた者である場合には、同項に規定する書類の提出又は提示がされた源泉控除対象配偶者及び控除対象扶養親族に限る。）の数に応ずる次に定める税額

イ　給与等の支給期が毎月と定められている場合　別表第二の乙欄に掲げる税額

ロ　給与等の支給期が毎半月と定められている場合　別表第二の乙欄に掲げる税額の二分の一に相当する税額

ハ　給与等の支給期が毎旬と定められている場合　別表第二の乙欄に掲げる税額の三分の一に相当する税額

ニ　給与等の支給期が月の整数倍の期間ごとと定められている場合　別表第二の乙欄に掲げる税額に当該倍数を乗じて計算した金額に相当する税額

ホ　給与等の支給期が毎日と定められている場合　別表第三の乙欄に掲げる税額

ヘ　イからホまでに掲げる場合以外の場合　別表第三の乙欄に掲げる税額にその支給日数を乗じて計算した金額に相当する税額

三　労働した日又は時間によつて算定され、かつ、労働した日ごとに支払を受ける給与等で政令で定めるもの　その給与等の金額に応じ、別表第三の丙欄に掲げる税額

② 前項第一号及び第二号に規定する月割額又は日割額の意義その他同項の規定の適用に関し必要な事項は、政令で定める。

▽〔所税令〕→三〇八・三〇九

（賞与に係る徴収税額）

第一八六条① 賞与（賞与の性質を有する給与を含む。以下この条において同じ。）について第百八十三条第一項（源泉徴収義務）の規定により徴収すべき所得税の額は、次項の規定の適用がある場合を除き、次の各号に掲げる賞与の区分に応じ当該各号に定める税額とする。

一　給与所得者の扶養控除等申告書を提出した居住者に対し、その提出の際に経由した給与等の支払者が支払う賞与　次に掲げる場合の区分に応じそれぞれ次に定める税額

イ　その賞与の支払者がその支払を受ける居住者に対し前月中に支払つた又は支払うべきその他の給与等（以下この条において「通常の給与等」という。）がある場合（その賞与の支払者が支払う通常の給与等の支給期が月の整数倍の期間ごとと定められている場合にあつては、前月中に通常の給与等の支払がされない場合を含む。）　前月中に支払つた又は支払うべき通常の給与等の金額（その賞与の支払者が支払う通常の給与等の支給期が月の整数倍の期間ごとと定められている場合には、その賞与の支払の直前に支払つた又は支払うべきその通常の給与等の前条第一項第一号に規定する月割額。次号イ及び次項において同じ。）、給与所得者の扶養控除等申告書に記載された主たる給与等に係る源泉控除対象配偶者及び控除対象扶養親族の有無及びその数に応じ別表第四の甲欄により求めた率をその賞与の金額に乗じて計算した金額に相当する税額

ロ　イに掲げる場合以外の場合　その賞与の金額の六分の一（当該金額の計算の基礎となつた期間が六月を超える場合には、十二分の一。次号ロ及び次項において同じ。）に相当する金額並びに給与所得者の扶養控除等申告書に記載された主たる給与等に係る源泉控除対象配偶者及び控除対象扶養親族の有無及びその数に応ずる別表第二の甲欄に掲げる税額に六（当該賞与の金額の計算の基礎となつた期間が六月を超える場合には、十二。次号ロ及び次項において同じ。）を乗じて計算した金額に相当する税額

二　前号に掲げる賞与以外の賞与　次に掲げる場合の区分に応じそれぞれ次に定める税額

イ　その賞与の支払者がその支払を受ける居住者に対し前月中に支払つた又は支払うべき通常の給与等がある場合　前月中に支払つた又は支払うべき通常の給与等の金額に応じ別表第四の乙欄により求めた率をその賞与の金額に乗じて計算した金額に相当する税額

ロ　イに掲げる場合以外の場合　その賞与の金額の六分の一に相当する金額に応ずる別表第二の乙欄に掲げる税額に六を乗じて計算した金額に相当する税額

② 賞与の支払者がその支払を受ける居住者に対し前月中に支払つた又は支払うべき通常の給与等がある場合において、その賞与の金額が前月中に支払つた又は支払うべき通常の給与等の金額の十倍に相当する金額を超えるときは、当該賞与について第百八十三条第一項の規定により徴収すべき所得税の額は、次の各号に掲げる賞与の区分に応じ当該各号に定める税額とする。

一　給与所得者の扶養控除等申告書を提出した居住者に対し、その提出の際に経由した給与等の支払者が支払う賞与　その賞与の金額の六分の一に相当する金額と当該通常の給与等の金額との合計額並びに給与所得者の扶養控除等申告書に記載された主たる給与等に係る源泉控除対象配偶者及び控

除対象扶養親族の有無及びその数に応ずる別表第二の甲欄に掲げる税額と当該通常の給与等の金額並びに当該申告書に記載された主たる給与等に係る源泉控除対象配偶者及び控除対象扶養親族の有無及びその数に応ずる別表第二の甲欄に掲げる税額との差額に六を乗じて計算した金額に相当する税額

二　前号に掲げる賞与以外の賞与　その賞与の金額の六分の一に相当する金額と当該通常の給与等の金額との合計額に応ずる別表第二の乙欄に掲げる税額と当該通常の給与等の金額に応ずる別表第二の乙欄に掲げる税額との差額に六を乗じて計算した金額に相当する税額

③　給与所得者の扶養控除等申告書を提出した居住者に対し、その年最後に支払う給与等が第百九十条（年末調整）の規定の適用を受ける通常の給与等であり、かつ、当該通常の給与等の支払をする日の属する月に賞与を支払う場合において、当該賞与を支払う日の現況によりその年中にその居住者に対し支払うべきことが確定する給与等（その居住者がその年において他の給与等の支払者を経由して他の給与所得者の扶養控除等申告書を提出したことがある場合には、当該他の給与等の支払者がその年中にその居住者に対し支払うべきことが確定した給与等で政令で定めるものを含む。）につき同条の規定を適用した場合に同条に規定する不足額が生ずると見込まれるときは、当該賞与について第百八十三条第一項の規定により徴収すべき所得税の額は、第一項第一号又は前項第一号の規定にかかわらず、これらの規定による税額と当該不足額に相当する税額との合計額とすることができる。

▽〔所税令〕→三一〇

（源泉控除対象配偶者に係る控除の適用）

第一八六条の二　給与所得者の扶養控除等申告書又は従たる給与についての扶養控除等申告書を提出した居住者（以下この条において「対象居住者」という。）のこれらの申告書に源泉控除対象配偶者である旨の記載がされた配偶者（以下この条において「対象配偶者」という。）が、当該対象居住者を、当該対象配偶者の提出した給与所得者の扶養控除等申告書若しくは従たる給与についての扶養控除等申告書又は公的年金等の受給者の扶養親族等申告書に記載された源泉控除対象配偶者として第百八十五条第一項第一号若しくは第二号（賞与以外の給与等に係る徴収税額）若しくは前条第一項第一号若しくは第二項第一号又は第二百三条の三第一号から第三号まで（徴収税額）の規定の適用を受ける場合には、当該対象配偶者は当該対象居住者の提出した給与所得者の扶養控除等申告書又は従たる給与についての扶養控除等申告書に源泉控除対象配偶者である旨の記載がされていないものとして、第百八十五条第一項第一号及び第二項第一号の規定並びに前条第一項第一号及び第二項第一号の規定を適用する。

（障害者控除等の適用を受ける者に係る徴収税額）

第一八七条　給与所得者の扶養控除等申告書を提出した居住者で、当該申告書にその者が障害者、寡婦、ひとり親又は勤労学生に該当する旨の記載があるもの（当該勤労学生が第二条第一項第三十二号ロ又はハ（定義）に掲げる者に該当する場合には、当該申告書に勤労学生に該当する旨の記載があるほか、第百九十四条第三項（給与所得者の扶養控除等申告書）に規定する書類の提出又は提示があつたもの）である場合には、これらの一に該当するごとに控除対象扶養親族が一人あると記載されているものとし、当該申告書に同一生計配偶者又は扶養親族のうちに障害者又は同居特別障害者（当該障害者又は同居特別障害者が国外居住親族である場合には、同条第四項に規定する書類の提出又は提示がされた障害者又は同居特別障害者に限る。）がある旨の記載があるものである場合には、これらの一に該当するごとに控除対象扶養親族が他に一人あると記載されているものとして、第百八十五条第一項第一号（賞与以外の給与等に係る徴収税額）並びに第百八十六条第一項第一号及び第二項第一号（賞与に係る徴収税額）の規定を適用する。

（給与等から控除される社会保険料等がある場合の徴収税額の計算）

第一八八条　給与等の支払の際控除される第七十四条第二項（社会保険料控除）に規定する社会保険料又は第七十五条第二項（小規模企業共済等掛金控除）に規定する小規模企業共済等掛金がある場合には、第百八十五条（賞与以外の給与等に係る徴収税額）又は第百八十六条（賞与に係る徴収税額）の規定の適用については、その給与等の金額に相当する金額から当該社会保険料の金額と当該小規模企業共済等掛金の額との合計額を控除した残額に相当する金額の給与等の支払があつたものとみなし、その残額がないときは、その給与等の支払がなかつたものとみなす。

（主たる給与等に係る徴収税額の特例）

第一八九条①　給与所得者の扶養控除等申告書を提出した居住者に対し、その提出の際に経由した給与等の支払者がその支払う給与等について第百八十五条第一項第一号イからニまで（賞与以外の給与等に係る徴収税額）並びに第百八十六条第一項第一号ロ及び第二項第一号（賞与に係る徴収税額）の規定を適用する場合において、その給与等の支払額に関する計算を事務機械によつて処理しているときは、これらの規定に規定する別表第二の甲欄に掲げる税額は、当該税額が算定された方法に準ずるものとして財務大臣が定める方法によつて計算した金額をもつて代えることができる。

②　財務大臣は、前項の定めをしたときは、これを告示する。

第二節　年末調整

（年末調整）

第一九〇条　給与所得者の扶養控除等申告書を提出した居住者で、第一号に規定するその年中に支払うべきことが確定した給与等の金額が二千万円以下であるものに対し、その提出の際に経由した給与等の支払者がその年最後に給与等の支払をする場合（その居住者がその後その年十二月三十一日までの間に当該支払者以外の者に当該申告書を提出すると見込まれる場合を除く。）において、同号に掲げる所得税の額の合計額がその年最後に給与等の支払をする時の現況により計算した第二号に掲げる税額に比し過不足があるときは、その超過額は、その年最後に給与等の支払をする際徴収すべき所得税に充当し、その不足額は、その年最後に給与等の支払をする際徴収してその徴収の日の属する月の翌月十日までに国に納付しなければならない。

一　その年中にその居住者に対し支払うべきことが確定した給与等（その居住者がその年において他の給与等の支払者を経由して他の給与所得者の扶養控除等申告書を提出したことがある場合には、当該他の給与等の支払者がその年中にその居住者に対し支払うべきことが確定した給与等で政令で定めるものを含む。次号において同じ。）につき第百八十三条第一項（源泉徴収義務）の規定により徴収された又は徴収されるべき所得税の額の合計額

二　別表第五により、その年中にその居住者に対し支払うべきことが確定した給与等の金額に応じて求めた同表の給与所得控除後の給与等の金額から次に掲げる金額の合計額を控除した金額（当該金額に千円未満の端数があるとき、又は当該金額の全額が千円未満であるときは、その端数金額又はその全額を切り捨てた金額）を課税総所得金額とみなして第八十九条第一項（税率）の規定を適用して計算した場合の税額

イ　その給与等から控除される第七十四条第二項（社会保険料控除）に規定する社会保険料（ロにおいて「社会保険料」という。）の金額及び第七十五条第二項（小規模企業共済等掛金控除）に規定する小規模企業共済等掛金（ロにおいて「小規模企業共済等掛金」という。）の額

ロ　その年中に支払つた社会保険料の金額及び小規模企業共済等掛金の額（それぞれイに掲げるものを除くものとし、その居住者がその年において提出した給与所得者の保険料控除申告書に記載されたもの（第百九十六条第二項（保険料等の支払を証する書類の提出等）に規定する社会保険料の金額及び小規模企業共済等掛金の額にあつては、同項に規定する書類の提出又は提示のあつたものに限る。）に限る。）並びに第七十六条第一項（生命保険料控除）に規定する新生命保険料の金額及び旧生命保険料の金額、同条第二項に規定する介護医療保険料の金額、同条第三項に規定する新個人年金保険料の金額及び旧個人年金保険料の金額並びに第七十七条第一項（地震保険料控除）に規定する地震保険料の金額（これらの金額のうち当該申告書に記載され、かつ、第百九十六条第二項に規定する書類の提出又は提示のあつたものに限る。）につき第七十四条から第七十七条までの規定の適用があるものとした場合に控除されるべき金額

ハ　当該給与所得者の扶養控除等申告書に記載された同居特別障害者若しくはその他の特別障害者又は特別障害者以外の障害者（当該同居特別障害者若しくはその他の特別障害者又は特別障害者以外の障害者が国外居住親族である場合には、第百九十四条第四項及び第六項（給与所得者の扶養控除等申告書）に規定する書類の提出又は提示がされた同居特別障害者若しくはその他の特別障害者又は特別障害者以外の障害者に限る。）の有無及びその数並びに当該申告書にその居住者が特別障害者若しくはその他の障害者、寡婦、ひとり親又は勤労学生に該当する旨の記載があるかどうか（当該勤労学生が第二条第一項第三十二号ロ又はハ（定義）に掲げる者に該当する場合には、当該申告書に勤労学生に該当する旨の記載があるかどうかのほか、第百九十四条第三項に規定する書類の提出又は提示があつたかどうか）並びに当該申告書に記載された控除対象扶養親族（二以上の給与等の支払者から給与等の支払を受ける場合には同条第一項第六号に規定する控除対象扶養親族とし、当該申告書に記載された控除対象扶養親族が国外居住親族である場合には同条第四項及び第六項に規定する書類の提出又は提示がされた控除対象扶養親族に限る。）の有無、その控除対象扶養親族の数その他の事項に応じ、第七十九条から第八十二条まで（障害者控除等）及び第八十四条（扶養控除）の規定に準じて計算した障害者控除の額、寡婦控除の額、ひとり親控除の額、勤労学生控除の額及び扶養控除の額に相当する金額

ニ　給与所得者の配偶者控除等申告書に記載されたその居住者の第二条第一項第三十号に規定する合計所得金額（以下この号において「合計所得金額」という。）の見積額、当該申告書に記載された控除対象配偶者又は第八十三条の二第一項（配偶者特別控除）に規定する生計を一にする配偶者（当該控除対象配偶者又は配偶者が第百九十四条第四項又は第百九十五条の二第二項（給与所得者の配偶者控除等申告書）の記載がされた者である場合には、これらの規定に規定する書類の提出又は提示がされた控除対象配偶者又は配偶者に限る。）の有無、その控除対象配偶者が老人控除対象配偶者に該当するかどうか、その控除対象配偶者又は配偶者がこの条に規定する居住者として当該申告書を提出しているかどうか、その控除対象配偶者又は配偶者が第二百三条の六第一項（公的年金等の受給者の扶養親族等申告書）に規定する居住者として同項第三号に掲げる事項を記載した公的年金等の受給者の扶養親族等申告書を提出しているかどうか及びその控除対象配偶者又は配偶者の合計所得金額又はその見積額に応じ、第八十三条（配偶者控除）又は第八十三条の二の規定に準

じて計算した配偶者控除の額又は配偶者特別控除の額に相当する金額

ホ　給与所得者の基礎控除申告書に記載されたその居住者の合計所得金額の見積額に応じ、第八十六条（基礎控除）の規定に準じて計算した基礎控除の額に相当する金額

▽〔所税令〕→三一一

（過納額の還付）

第一九一条　前条の場合において、同条に規定する超過額をその年最後に給与等の支払をする際徴収すべき所得税に充当し、なお充当しきれない超過額（当該超過額のうちにまだ徴収されていないものがあるときは、その徴収されていない部分の金額に相当する金額を控除した金額。以下この条において「過納額」という。）があるときは、前条の給与等の支払者は、その過納額を還付する。

▽〔所税令〕→三一二・三一三

（不足額の徴収）

第一九二条①　第百九十条（年末調整）の場合において、同条に規定する不足額をその年最後に給与等の支払をする際徴収し、なお徴収しきれない不足額があるときは、同条の給与等の支払者は、その翌年において給与等の支払をする際順次これを徴収し、その徴収の日の属する月の翌月十日までに、これを国に納付しなければならない。

②　第百九十条に規定する不足額があり、かつ、第一号に掲げる金額が第二号に掲げる金額に比して著しく少ないと認められる場合において、同条の居住者が、同条の給与等の支払者からその年最後に支払を受ける給与等に係る所得税の第十七条（源泉徴収に係る所得税の納税地）の規定による納税地（第十八条第二項（納税地の指定）の規定による指定があつた場合には、その指定をされた納税地）の所轄税務署長の承認を受けたときは、当該支払者は、第百九十条及び前項の規定にかかわらず、その承認に係る金額を当該不足額から控除した残額をその年最後に給与等の支払をする際徴収し、その承認に係る金額の二分の一に相当する金額をその翌年一月及び二月に給与等の支払をする際それぞれ徴収し、なお不足額があるときは、その翌年三月以後給与等の支払をする際順次徴収し、その徴収の日の属する月の翌月十日までに、これを国に納付しなければならない。ただし、その年最後に給与等の支払をした後においてその居住者に対し第三十条第一項（退職所得）に規定する退職手当等の支払をすることとなつた場合は、その承認に係る金額のうち当該退職手当等の支払の時までにまだ徴収していない金額に相当する金額を当該支払の際徴収し、その徴収の日の属する月の翌月十日までに、これを国に納付しなければならない。

一　第百九十条の給与等の支払者からその年最後に給与等の支払を受ける日の属する月中に当該支払者から支払を受ける給与等の金額の総額から、その給与等につき第百八十三条第一項（源泉徴収義務）及び第百九十条の規定により徴収された又は徴収されるべき所得税の額を控除した残額に相当する金額

二　その年一月から前号に規定する月の前月までの間に第百九十条の給与等の支払者から支払を受けた給与等の金額の総額から、その給与等につき第百八十三条第一項の規定により徴収された又は徴収されるべき所得税の額の合計額を控除した残額の月割額として政令で定めるところにより計算した金額

▽〔所税令〕→三一五・三一六

（年末調整の細目）

第一九三条　第百九十一条（過納額の還付）に規定する過納額の還付の手続、前条第二項に規定する承認の手続その他これらの規定の適用に関し必要な事項は、政令で定める。

第三節　給与所得者の源泉徴収に関する申告

（給与所得者の扶養控除等申告書）

第一九四条①　国内において給与等の支払を受ける居住者は、その給与等の支払者（その支払者が二以上ある場合には、主たる給与等の支払者）から毎年最初に給与等の支払を受ける日の前日までに、次に掲げる事項を記載した申告書を、当該給与等の支払者を経由して、その給与等に係る所得税の第十七条（源泉徴収に係る所得税の納税地）の規定による納税地（第十八条第二項（納税地の指定）の規定による指定があつた場合には、その指定をされた納税地。以下この節において同じ。）の所轄税務署長に提出しなければならない。

一　当該給与等の支払者の氏名又は名称

二　その居住者が、特別障害者若しくはその他の障害者又は勤労学生に該当する場合にはその旨及びその該当する事実並びに寡婦又はひとり親に該当する場合にはその旨

三　同一生計配偶者又は扶養親族のうちに同居特別障害者若しくはその他の特別障害者又は特別障害者以外の障害者がある場合には、その旨、その数、その者の氏名及び個人番号（個人番号を有しない者にあつては、氏名）並びにその該当する事実

四　源泉控除対象配偶者の氏名及び個人番号（個人番号を有しない者にあつては、氏名）

五　控除対象扶養親族の氏名及び個人番号（個人番号を有しない者にあつては、氏名）並びに控除対象扶養親族のうちに特定扶養親族又は老人扶養親族がある場合には、その旨及びその該当する事実

六　二以上の給与等の支払者から給与等の支払を受ける場合には、源泉控除対象配偶者又は控除対象扶養親族のうち、主たる給与等の支払者から支払を受ける給与等について第百八十三条第一項（源泉徴収義務）の規定により徴収される所得税の額の計算の基礎としようとするものの氏名

七　第三号の同居特別障害者若しくはその他の特別障害者若しくは特別障害者以外の障害者又は第四号の源泉控除対象配偶者（前号に規定する場合に

該当するときは、同号に規定する源泉控除対象配偶者に限る。）が非居住者である親族である場合にはその旨並びに第五号の控除対象扶養親族（前号に規定する場合に該当するときは、同号に規定する控除対象扶養親族に限る。）が非居住者である親族である場合にはその旨及び控除対象扶養親族に該当する事実

★令和二法八（令和五・一・一施行）による改正前
七　第三号の同居特別障害者若しくはその他の特別障害者若しくは特別障害者以外の障害者又は第四号の源泉控除対象配偶者若しくは第五号の控除対象扶養親族（前号に規定する場合に該当するときは、同号に規定する源泉控除対象配偶者又は控除対象扶養親族に限る。）が非居住者である親族である場合には、その旨

八　その他財務省令で定める事項

② 前項の規定による申告書を提出した居住者は、その年の中途において当該申告書に記載した事項について異動を生じた場合には、同項の給与等の支払者からその異動を生じた日後最初に給与等の支払を受ける日の前日までに、その異動の内容その他財務省令で定める事項を記載した申告書を、当該支払者を経由して、その給与等に係る所得税の第十七条の規定による納税地の所轄税務署長に提出しなければならない。

③ 前二項の規定による申告書に勤労学生に該当する旨の記載をした居住者で第二条第一項第三十二号ロ又はハ（定義）に掲げる者に該当するものは、政令で定めるところにより、これらの者に該当する旨を証する書類を提出し、又は提示しなければならない。

④ 第一項又は第二項の規定による申告書に第一項第七号に掲げる事項の記載をした居住者は、政令で定めるところにより、当該記載がされた者（以下第六項までにおいて「国外居住親族」という。）が当該居住者の親族に該当する旨を証する書類（当該国外居住親族が同号に規定する控除対象扶養親族であり、かつ、同号に掲げる控除対象扶養親族に該当する事実が第二条第一項第三十四号の二ロ(1)に掲げる者に該当することである場合には、当該書類及び同号ロ(1)に掲げる者に該当する旨を証する書類）を提出し、又は提示しなければならない。

★令和二法八（令和五・一・一施行）による改正前
④ 第一項又は第二項の規定による申告書に第一項第七号に掲げる事項の記載をした居住者は、政令で定めるところにより、当該記載がされた者（次項において「国外居住親族」という。）が当該居住者の親族に該当する旨を証する書類を提出し、又は提示しなければならない。

⑤ 前項に規定する居住者は、第百九十条（年末調整）に規定する過不足の額の計算上、国外居住親族に係る同条第二号ハに掲げる障害者控除の額又は扶養控除の額に相当する金額の控除を受けようとする場合には、第一項に規定する給与等の支払者からその年最後に給与等の支払を受ける日の前日までに、当該国外居住親族が当該居住者と生計を一にする事実（当該国外居住親族が第二条第一項第三十四号の二ロ(3)に掲げる者に該当するものとして扶養控除の額に相当する金額の控除を受けようとする場合には、当該国外居住親族が同号ロ(3)に掲げる者に該当する事実）その他財務省令で定める事項を記載した申告書を、当該支払者を経由して、その給与等に係る所得税の第十七条の規定による納税地の所轄税務署長に提出しなければならない。

★令和二法八（令和五・一・一施行）による改正前
⑤ 前項に規定する居住者は、第百九十条（年末調整）に規定する過不足の額の計算上、国外居住親族に係る同条第二号ハに掲げる障害者控除の額又は扶養控除の額に相当する金額の控除を受けようとする場合には、第一項に規定する給与等の支払者からその年最後に給与等の支払を受ける日の前日までに、当該国外居住親族が当該居住者と生計を一にする事実その他財務省令で定める事項を記載した申告書を、当該支払者を経由して、その給与等に係る所得税の第十七条の規定による納税地の所轄税務署長に提出しなければならない。

⑥ 前項の規定による申告書を提出する居住者は、政令で定めるところにより、同項の国外居住親族が当該居住者と生計を一にすることを明らかにする書類（当該国外居住親族が第二条第一項第三十四号の二ロ(3)に掲げる者に該当するものとして扶養控除の額に相当する金額の控除を受けようとする場合には、当該国外居住親族が同号ロ(3)に掲げる者に該当することを明らかにする書類）を提出し、又は提示しなければならない。

★令和二法八（令和五・一・一施行）による改正前
⑥ 前項の規定による申告書を提出する居住者は、政令で定めるところにより、同項の国外居住親族が当該居住者と生計を一にすることを明らかにする書類を提出し、又は提示しなければならない。

⑦ 第一項、第二項又は第五項の規定による申告書は、給与所得者の扶養控除等申告書という。

▽〔所税令〕→三一六の二

（従たる給与についての扶養控除等申告書）

第一九五条① 国内において二以上の給与等の支払者から給与等の支払を受ける居住者は、主たる給与等の支払者から支払を受けるその年中の給与等の金額の見積額につき第二十八条第二項（給与所得の金額）及び第百八十八条（給与等から控除される社会保険料等がある場合の徴収税額の計算）の規定に準じて計算した金額として政令で定めるところにより計算した金額が障害者控除の額、寡婦控除の額、ひとり親控除の額、勤労学生控除の額、源泉控除対象配偶者について控除を受ける配偶者控除の額又は配偶者特別控除の額、扶養控除の額及び基礎控除の額の合計額に満たないと見込まれる場合には、その年において、次に掲げる事項を記載した申告書を、主たる給与等の支払者以外の給与等の支払者（以下この項において「従たる給与等の支払者」という。）を経由して、当該従たる給与等の支払者から支払を受ける給与等に係る所得税の第十七条（源泉徴収に

係る所得税の納税地）の規定による納税地の所轄税務署長に提出することができる。

一　当該従たる給与等の支払者の氏名又は名称

二　源泉控除対象配偶者又は控除対象扶養親族の氏名及び個人番号（個人番号を有しない者にあつては、氏名）

三　源泉控除対象配偶者又は控除対象扶養親族のうち、当該従たる給与等の支払者から支払を受ける給与等について第百八十三条第一項（源泉徴収義務）の規定により徴収される所得税の額の計算の基礎としようとするものの氏名

四　前号に規定する源泉控除対象配偶者が非居住者である場合にはその旨並びに同号に規定する控除対象扶養親族が非居住者である親族である場合にはその旨及び控除対象扶養親族に該当する事実

★令和二法八（令和五・一・一施行）**による改正前**
四　前号に規定する源泉控除対象配偶者又は控除対象扶養親族が非居住者である親族である場合には、その旨

五　その他財務省令で定める事項

②　前項の規定による申告書を提出した居住者は、その年の中途において当該申告書に記載した事項について異動を生じた場合には、同項の給与等の支払者からその異動を生じた日後最初に給与等の支払を受ける日の前日までに、その異動の内容その他財務省令で定める事項を記載した申告書を、当該支払者を経由して、その給与等に係る所得税の第十七条の規定による納税地の所轄税務署長に提出しなければならない。

③　前項に定めるもののほか、第一項の規定による申告書を提出した居住者が、その年において提出した給与所得者の扶養控除等申告書に記載した前条第一項第六号に規定する源泉控除対象配偶者又は控除対象扶養親族を第一項第三号に規定する源泉控除対象配偶者又は控除対象扶養親族として同項の規定による申告書に追加して記載する必要が生じた場合の申告その他同項の規定の適用に関し必要な事項は、政令で定める。

④　第一項又は第二項の規定による申告書に第一項第四号に掲げる事項の記載をした居住者は、政令で定めるところにより、当該記載がされた者が当該居住者の親族に該当する旨を証する書類（当該記載がされた者が同号の控除対象扶養親族であり、かつ、同号に掲げる控除対象扶養親族に該当する事実が第二条第一項第三十四号の二ロ⑴（定義）に掲げる者に該当することである場合には、当該書類及び同号ロ⑴に掲げる者に該当する旨を証する書類）を提出し、又は提示しなければならない。

★令和二法八（令和五・一・一施行）**による改正前**
④　第一項又は第二項の規定による申告書に第一項第四号に掲げる事項の記載をした居住者は、政令で定めるところにより、当該記載がされた者が当該居住者の親族に該当する旨を証する書類を提出し、又は提示しなければならない。

⑤　第一項又は第二項の規定による申告書は、従たる給与についての扶養控除等申告書という。

▽〔所税令〕→三一七―三一八の二

（給与所得者の配偶者控除等申告書）

第一九五条の二①　国内において給与等の支払を受ける居住者は、第百九十条（年末調整）に規定する過不足の額の計算上、同条第二号ニに掲げる配偶者控除の額又は配偶者特別控除の額に相当する金額の控除を受けようとする場合には、その給与等の支払者（二以上の給与等の支払者から給与等の支払を受ける場合には、主たる給与等の支払者）からその年最後に給与等の支払を受ける日の前日までに、次に掲げる事項を記載した申告書を、当該給与等の支払者を経由して、その給与等に係る所得税の第十七条（源泉徴収に係る所得税の納税地）の規定による納税地の所轄税務署長に提出しなければならない。

一　当該給与等の支払者の氏名又は名称

二　その居住者のその年の第二条第一項第三十号（定義）に規定する合計所得金額（次号及び次条第一項第二号において「合計所得金額」という。）の見積額

三　控除対象配偶者又は第八十三条の二第一項（配偶者特別控除）に規定する生計を一にする配偶者の氏名、個人番号及びその者のその年の合計所得金額又はその見積額並びにその者が老人控除対象配偶者又は非居住者である場合にはその旨

四　その他財務省令で定める事項

②　前項の規定による申告書に控除対象配偶者又は同項第三号に規定する配偶者が非居住者である旨の記載をした居住者は、政令で定めるところにより、当該記載がされた者が当該居住者の配偶者に該当する旨を証する書類及び当該記載がされた者が当該居住者と生計を一にすることを明らかにする書類を提出し、又は提示しなければならない。

③　第一項の規定による申告書は、給与所得者の配偶者控除等申告書という。

▽〔所税令〕→三一八の三

（給与所得者の基礎控除申告書）

第一九五条の三①　国内において給与等の支払を受ける居住者は、第百九十条（年末調整）に規定する過不足の額の計算上、同条第二号ホに掲げる基礎控除の額に相当する金額の控除を受けようとする場合には、その給与等の支払者（二以上の給与等の支払者から給与等の支払を受ける場合には、主たる給与等の支払者）からその年最後に給与等の支払を受ける日の前日までに、次に掲げる事項を記載した申告書を、当該給与等の支払者を経由して、その給与等に係る所得税の第十七条（源泉徴収に係る所得税の納税地）の規定による納税地の所轄税務署長に提出しなければならない。

一　当該給与等の支払者の氏名又は名称

二　その居住者のその年の合計所得金額の見積額

三　その他財務省令で定める事項

②　前項の規定による申告書は、給与所得者の基礎控

除申告書という。

（給与所得者の保険料控除申告書）

第一九六条①　国内において給与等の支払を受ける居住者は、第百九十条（年末調整）に規定する過不足の額の計算上、同条第二号ロに規定する社会保険料、小規模企業共済等掛金、新生命保険料、旧生命保険料、介護医療保険料、新個人年金保険料、旧個人年金保険料又は地震保険料に係る控除を受けようとする場合には、その給与等の支払者（二以上の給与等の支払者から給与等の支払を受ける場合には、主たる給与等の支払者）からその年最後に給与等の支払を受ける日の前日までに、次に掲げる事項を記載した申告書を、当該給与等の支払者を経由して、その給与等に係る所得税の第十七条（源泉徴収に係る所得税の納税地）の規定による納税地の所轄税務署長に提出しなければならない。

一　当該給与等の支払者の氏名又は名称

二　その年中に支払つた第七十四条第二項（社会保険料控除）に規定する社会保険料（給与等から控除されるものを除く。）の金額及び第七十五条第二項（小規模企業共済等掛金控除）に規定する小規模企業共済等掛金（給与等から控除されるものを除く。）の額

三　その年中に支払つた第七十六条第一項（生命保険料控除）に規定する新生命保険料の金額及び旧生命保険料の金額、同条第二項に規定する介護医療保険料の金額、同条第三項に規定する新個人年金保険料の金額及び旧個人年金保険料の金額並びに第七十七条第一項（地震保険料控除）に規定する地震保険料の金額につきこれらの規定の適用があるものとした場合に控除されるべき金額

四　その他財務省令で定める事項

②　前項の規定による申告書を提出する居住者は、政令で定めるところにより、その年において支払つた同項第二号に規定する社会保険料（第七十四条第二項第五号に掲げるものに限る。）の金額若しくは前項第二号に規定する小規模企業共済等掛金の額又は同項第三号に規定する新生命保険料の金額、旧生命保険料の金額、介護医療保険料の金額、新個人年金保険料の金額、旧個人年金保険料の金額若しくは地震保険料の金額につき、これらの支払をした旨を証する書類を提出し、又は提示しなければならない。

③　第一項の規定による申告書は、給与所得者の保険料控除申告書という。

▽〔所税令〕→三一九

（給与所得者の源泉徴収に関する申告から除外される給与等）

第一九七条　次に掲げる給与等は、第百九十四条から前条まで（給与所得者の源泉徴収に関する申告書）に規定する給与等に含まれないものとする。

一　第百八十四条（源泉徴収を要しない給与等の支払者）の規定によりその所得税を徴収して納付することを要しないものとされる給与等

二　第百八十五条第一項第三号（労働した日ごとに支払われる給与等）に掲げる給与等

（給与所得者の源泉徴収に関する申告書の提出時期等の特例）

第一九八条①　第百九十四条から第百九十六条まで（給与所得者の源泉徴収に関する申告書）の場合において、これらの規定による申告書がその提出の際に経由すべき給与等の支払者に受理されたときは、その申告書は、その受理された日にこれらの規定に規定する税務署長に提出されたものとみなす。

②　第百九十四条から第百九十六条までに規定する給与等の支払を受ける居住者は、これらの規定による申告書の提出の際に経由すべき給与等の支払者が電磁的方法（電子情報処理組織を使用する方法その他の情報通信の技術を利用する方法であつて財務省令で定めるものをいう。以下この項及び第五項において同じ。）による当該申告書に記載すべき事項（以下この項において「記載事項」という。）の提供を適正に受けることができる措置を講じていることその他の政令で定める要件を満たす場合には、当該申告書の提出に代えて、当該給与等の支払者に対し、当該記載事項を電磁的方法により提供することができる。この場合において、当該給与等の支払を受ける居住者は、その者の氏名を明らかにする措置であつて財務省令で定めるものを講じなければならない。

③　前項の規定の適用がある場合における第一項の規定の適用については、同項中「申告書が」とあるのは「申告書に記載すべき事項を」と、「支払者に受理されたとき」とあるのは「支払者が提供を受けたとき」と、「受理された日」とあるのは「提供を受けた日」とする。

④　給与所得者の扶養控除等申告書、従たる給与についての扶養控除等申告書又は給与所得者の配偶者控除等申告書（以下この項において「扶養控除等申告書」という。）の提出を受ける給与等の支払者が、財務省令で定めるところにより、当該扶養控除等申告書に記載されるべき源泉控除対象配偶者、控除対象配偶者、第八十三条の二第一項（配偶者特別控除）に規定する生計を一にする配偶者、控除対象扶養親族その他財務省令で定める者（以下この項において「源泉控除対象配偶者等」という。）の氏名及び個人番号その他の事項を記載した帳簿（当該扶養控除等申告書の提出の前に、当該源泉控除対象配偶者等に係る給与等の支払を受ける居住者から次に掲げる申告書の提出を受けて作成されたものに限る。）を備えているときは、その給与等の支払を受ける者は、第百九十四条第一項、第百九十五条第一項及び第百九十五条の二第一項の規定にかかわらず、当該給与等の支払者に提出する扶養控除等申告書には、当該帳簿に記載されている個人番号の記載を要しないものとする。ただし、当該扶養控除等申告書に記載されるべき氏名又は個人番号が当該帳簿に記載されている源泉控除対象配偶者等の氏名又は個人番号と異なるときは、この限りでない。

一　扶養控除等申告書

二　退職所得の受給に関する申告書

三　公的年金等の受給者の扶養親族等申告書

⑤　第百九十六条第一項に規定する給与等の支払を受ける居住者は、第二項の規定により給与所得者の保険料控除申告書に記載すべき事項を電磁的方法により提供する場合には、同条第二項に規定する新生命保険料の金額、旧生命保険料の金額、介護医療保険料の金額、新個人年金保険料の金額、旧個人年金保険料の金額又は地震保険料の金額の支払をした旨を証する書類の同項の規定による提出又は提示に代えて、政令で定めるところにより、当該申告書の提出の際に経由すべき給与等の支払者に対し、当該書類に記載されるべき事項を電磁的方法により提供することができる。この場合において、当該給与等の支払を受ける居住者は、当該書類を提出し、又は提示したものとみなす。

▽〔所税令〕→三一九の二

第三章　退職所得に係る源泉徴収

（源泉徴収義務）

第一九九条　居住者に対し国内において第三十条第一項（退職所得）に規定する退職手当等（以下この章において「退職手当等」という。）の支払をする者は、その支払の際、その退職手当等について所得税を徴収し、その徴収の日の属する月の翌月十日までに、これを国に納付しなければならない。

1　破産管財人は、破産債権である本条所定の退職手当等の債権に対する配当の際にその退職手当等について所得税を徴収し、これを国に納付する義務を負うものではない。（最判平23・1・14民集六五・一・一、租税百選〔七版〕一一八）→二〇四条1

（源泉徴収を要しない退職手当等の支払者）

第二〇〇条　常時二人以下の家事使用人のみに対し第二十八条第一項（給与所得）に規定する給与等の支払をする者は、前条の規定にかかわらず、その支払う退職手当等について所得税を徴収して納付することを要しない。

（徴収税額）

第二〇一条①　第百九十九条（源泉徴収義務）の規定により徴収すべき所得税の額は、次の各号に掲げる場合の区分に応じ当該各号に定める税額とする。

一　退職手当等の支払を受ける居住者が提出した退職所得の受給に関する申告書に、その支払うべきことが確定した年において支払うべきことが確定した他の退職手当等で既に支払がされたもの（次号において「支払済みの他の退職手当等」という。）がない旨の記載がある場合　次に掲げる場合の区分に応じそれぞれ次に定める金額を課税退職所得金額とみなして第八十九条第一項（税率）の規定を適用して計算した場合の税額

イ　その支払う退職手当等が一般退職手当等（第三十条第七項（退職所得）に規定する一般退職手当等をいう。次号イ及び第二百三条第一項第二号（退職所得の受給に関する申告書）において同じ。）に該当する場合　その支払う退職手当等の金額から退職所得控除額を控除した残額の二分の一に相当する金額（当該金額に千円未満の端数があるとき、又は当該金額の全額が千円未満であるときは、その端数金額又はその全額を切り捨てた金額。次号イにおいて同じ。）

ロ　その支払う退職手当等が短期退職手当等（第三十条第四項に規定する短期退職手当等をいう。次号ロ及び第二百三条第一項第二号において同じ。）に該当する場合　次に掲げる場合の区分に応じそれぞれ次に定める金額（当該金額に千円未満の端数があるとき、又は当該金額の全額が千円未満であるときは、その端数金額又はその全額を切り捨てた金額）

(1)　その支払う退職手当等の金額から退職所得控除額を控除した残額が三百万円以下である場合　当該残額の二分の一に相当する金額

(2)　(1)に掲げる場合以外の場合　百五十万円とその支払う退職手当等の金額から三百万円に退職所得控除額を加算した金額を控除した残額との合計額

ハ　その支払う退職手当等が特定役員退職手当等（第三十条第五項に規定する特定役員退職手当等をいう。次号ハ及び第二百三条第一項第二号において同じ。）に該当する場合　その支払う退職手当等の金額から退職所得控除額を控除した残額に相当する金額（当該金額に千円未満の端数があるとき、又は当該金額の全額が千円未満であるときは、その端数金額又はその全額を切り捨てた金額。次号ハにおいて同じ。）

二　退職手当等の支払を受ける居住者が提出した退職所得の受給に関する申告書に、支払済みの他の退職手当等がある旨の記載がある場合　次に掲げる場合の区分に応じそれぞれ次に定める金額を課税退職所得金額とみなして第八十九条第一項の規定を適用して計算した場合の税額から、その支払済みの他の退職手当等につき第百九十九条の規定により徴収された又は徴収されるべき所得税の額を控除した残額に相当する税額

イ　その支払う退職手当等とその支払済みの他の退職手当等がいずれも一般退職手当等に該当する場合　その支払う退職手当等の金額とその支払済みの他の退職手当等の金額との合計額から退職所得控除額を控除した残額の二分の一に相当する金額

ロ　その支払う退職手当等とその支払済みの他の退職手当等がいずれも短期退職手当等に該当する場合　次に掲げる場合の区分に応じそれぞれ次に定める金額（当該金額に千円未満の端数があるとき、又は当該金額の全額が千円未満であるときは、その端数金額又はその全額を切り捨てた金額）

(1)　その支払う退職手当等の金額とその支払済みの他の退職手当等の金額との合計額から退職所得控除額を控除した残額が三百万円以下

である場合　当該残額の二分の一に相当する金額

(2) (1)に掲げる場合以外の場合　その支払う退職手当等の金額とその支払済みの他の退職手当等の金額との合計額から三百万円に退職所得控除額を加算した金額を控除した残額と百五十万円との合計額

ハ　その支払う退職手当等とその支払済みの他の退職手当等がいずれも特定役員退職手当等に該当する場合　その支払う退職手当等の金額とその支払済みの他の退職手当等の金額との合計額から退職所得控除額を控除した残額に相当する金額

ニ　イからハまでに掲げる場合以外の場合　政令で定めるところにより計算した金額

② 前項各号に規定する退職所得控除額は、同項の規定による所得税を徴収すべき退職手当等を支払うべきことが確定した時の状況における第三十条第三項第一号に規定する勤続年数に準ずる勤続年数及び同条第六項第三号に掲げる場合に該当するかどうかに応ずる別表第六に掲げる退職所得控除額（同項第一号に掲げる場合に該当するときは、同項の規定に準じて計算した金額）による。

③ 退職手当等の支払を受ける居住者がその支払を受ける時までに退職所得の受給に関する申告書を提出していないときは、第百九十九条の規定により徴収すべき所得税の額は、その支払う退職手当等の金額に百分の二十の税率を乗じて計算した金額に相当する税額とする。

▽〔所税令〕→三一九の三

（退職所得とみなされる退職一時金に係る源泉徴収）

第二〇二条　第三十一条第三号（退職手当等とみなす一時金）の規定により退職手当等とみなされる一時金の支払をする場合において、同号に規定する規約に基づいて拠出された掛金のうちに同号に規定する加入者の負担した金額があるとき（これに類する場合として政令で定める場合を含む。）は、前条の規定の適用については、その退職一時金の額からその負担した金額（政令で定めるものを含む。）を控除した金額に相当する退職手当等の支払があつたものとみなす。

▽〔所税令〕→三一九の三の二

（退職所得の受給に関する申告書）

第二〇三条① 国内において退職手当等の支払を受ける居住者は、その支払を受ける時までに、次に掲げる事項を記載した申告書を、その退職手当等の支払者を経由して、その退職手当等に係る所得税の第十七条（源泉徴収に係る所得税の納税地）の規定による納税地（第十八条第二項（納税地の指定）の規定による指定があつた場合には、その指定をされた納税地）の所轄税務署長に提出しなければならない。この場合において、第二号に規定する支払済みの他の退職手当等がある旨を記載した申告書を提出するときは、当該申告書に当該支払済みの他の退職手当等につき第二百二十六条第二項（源泉徴収票）の規定により交付される源泉徴収票を添付しなければならない。

一　その退職手当等の支払者の氏名又は名称

二　第二百一条第一項第一号（徴収税額）に規定する支払済みの他の退職手当等があるかどうか並びに当該支払済みの他の退職手当等があるときは当該支払済みの他の退職手当等が一般退職手当等、短期退職手当等又は特定役員退職手当等のいずれに該当するかの別及びその金額

三　第二百一条第二項に規定する退職所得控除額の計算の基礎となる勤続年数

四　その居住者が第三十条第六項第三号（退職所得）に掲げる場合に該当するかどうか及びこれに該当するときはその該当する事実

五　その他財務省令で定める事項

② 第二百条（源泉徴収を要しない退職手当等の支払者）の規定によりその所得税を徴収して納付することを要しないものとされる退職手当等は、前項に規定する退職手当等に含まれないものとする。

③ 第一項の場合において、同項の規定による申告書がその提出の際に経由すべき退職手当等の支払者に受理されたときは、その申告書は、その受理された時に同項に規定する税務署長に提出されたものとみなす。

④ 第一項の退職手当等の支払を受ける居住者は、同項の規定による申告書の提出の際に経由すべき退職手当等の支払者が電磁的方法（第百九十八条第二項（給与所得者の源泉徴収に関する申告書の提出時期等の特例）に規定する電磁的方法をいう。以下この項において同じ。）による当該申告書に記載すべき事項（以下この項において「記載事項」という。）の提供を適正に受けることができる措置を講じていることその他の政令で定める要件を満たす場合には、当該申告書の提出に代えて、当該退職手当等の支払者に対し、当該記載事項を電磁的方法により提供することができる。この場合においては、同条第二項後段の規定を準用する。

⑤ 前項の規定の適用がある場合における第三項の規定の適用については、同項中「申告書が」とあるのは「申告書に記載すべき事項を」と、「支払者に受理されたとき」とあるのは「支払者が提供を受けたとき」と、「受理された時」とあるのは「提供を受けた時」とする。

⑥ 第一項の規定による申告書は、退職所得の受給に関する申告書という。

▽〔所税令〕→三一九の四

第三章の二　公的年金等に係る源泉徴収　（抄）

（源泉徴収義務）

第二〇三条の二　居住者に対し国内において第三十五条第三項（公的年金等の定義）に規定する公的年金

等（以下この章において「公的年金等」という。）の支払をする者は、その支払の際、その公的年金等について所得税を徴収し、その徴収の日の属する月の翌月十日までに、これを国に納付しなければならない。

（徴収税額）

第二〇三条の三　前条の規定により徴収すべき所得税の額は、公的年金等の金額から、次の各号に掲げる公的年金等の区分に応じ当該各号に定める金額を控除した残額に百分の五（第三号又は第六号に掲げる公的年金等の当該残額が十六万二千五百円に当該公的年金等の金額に係る月数を乗じて計算した金額を超える場合におけるその超える部分の金額及び第七号に掲げる公的年金等の当該残額については、百分の十）の税率を乗じて計算した金額とする。

一　公的年金等の受給者の扶養親族等申告書を提出した居住者に対し、その提出の際に経由した公的年金等の支払者が支払う公的年金等（次号及び第三号に掲げるものを除く。）　次に掲げる金額の合計額に当該公的年金等の金額に係る月数を乗じて計算した金額

イ　当該公的年金等の月割額として政令で定める金額の百分の二十五に相当する金額に六万五千円を加算した金額と九万円とのいずれか多い金額

ロ　当該申告書に当該公的年金等の受給者が障害者である旨の記載がある場合には、二万二千五百円（当該公的年金等の受給者が特別障害者である旨の記載がある場合には、三万五千円）

ハ　当該申告書に当該公的年金等の受給者が寡婦である旨の記載がある場合には、二万二千五百円

ニ　当該申告書に当該公的年金等の受給者がひとり親である旨の記載がある場合には、三万円

ホ　当該申告書に源泉控除対象配偶者（当該源泉控除対象配偶者が第二百三条の六第三項（公的年金等の受給者の扶養親族等申告書）に規定する記載がされた者（ヘ及びトにおいて「国外居住親族」という。）である場合には、同項に規定する書類の提出又は提示がされた源泉控除対象配偶者に限る。）がある旨の記載がある場合には、三万二千五百円（当該源泉控除対象配偶者が老人控除対象配偶者である旨の記載がある場合には、四万円）

ヘ　当該申告書に控除対象扶養親族（当該控除対象扶養親族が国外居住親族である場合には、第二百三条の六第三項に規定する書類の提出又は提示がされた控除対象扶養親族に限る。）がある旨の記載がある場合には、三万二千五百円（当該控除対象扶養親族のうちに特定扶養親族又は老人扶養親族がある旨の記載がある場合には、その特定扶養親族については五万二千五百円とし、老人扶養親族については四万円とする。）にその控除対象扶養親族の数を乗じて計算した金額

ト　当該申告書に同一生計配偶者又は扶養親族のうちに障害者（当該障害者が国外居住親族である場合には、第二百三条の六第三項に規定する書類の提出又は提示がされた障害者に限る。）がある旨の記載がある場合には、二万二千五百円（当該同一生計配偶者又は扶養親族のうちに同居特別障害者（当該同居特別障害者又はその他の特別障害者が国外居住親族である場合には、同項に規定する書類の提出又は提示がされた同居特別障害者又はその他の特別障害者に限る。）がある旨の記載がある場合には、その同居特別障害者については六万二千五百円とし、その他の特別障害者については三万五千円とする。）にその障害者の数を乗じて計算した金額

二　独立行政法人農業者年金基金法第十八条第一号（給付の種類）に掲げる農業者老齢年金その他の政令で定める公的年金等（以下この号及び第五号において「農業者老齢年金等」という。）の支払を受ける居住者で当該農業者老齢年金等について公的年金等の受給者の扶養親族等申告書を提出したものに対し、その提出の際に経由した当該農業者老齢年金等の支払者が支払う当該農業者老齢年金等　当該農業者老齢年金等を前号に掲げる公的年金等とした場合における同号に定める金額から政令で定める金額を控除した金額

三　国家公務員共済組合法第七十四条第一号（退職等年金給付の種類）に掲げる退職年金その他の政令で定める公的年金等（以下この号及び第六号において「退職年金等」という。）の支払を受ける居住者で当該退職年金等について公的年金等の受給者の扶養親族等申告書を提出したものに対し、その提出の際に経由した当該退職年金等の支払者が支払う当該退職年金等　当該退職年金等を第一号に掲げる公的年金等とした場合における同号に定める金額から政令で定める金額を控除した金額

四　前三号及び次号から第七号までに掲げる公的年金等以外の公的年金等　その公的年金等の月割額として政令で定める金額の百分の二十五に相当する金額に六万五千円を加算した金額と九万円とのいずれか多い金額に、当該公的年金等の金額に係る月数を乗じて計算した金額

五　農業者老齢年金等の支払を受ける居住者で当該農業者老齢年金等について公的年金等の受給者の扶養親族等申告書を提出していないものに対し、当該農業者老齢年金等の支払者が支払う当該農業者老齢年金等　当該農業者老齢年金等を前号に掲げる公的年金等とした場合における同号に定める金額から政令で定める金額を控除した金額

六　退職年金等の支払を受ける居住者で当該退職年金等について公的年金等の受給者の扶養親族等申告書を提出していないものに対し、当該退職年金等の支払者が支払う当該退職年金等　当該退職年金等を第四号に掲げる公的年金等とした場合における同号に定める金額から政令で定める金額を控除した金額

七　第三十五条第三項第三号（雑所得）に掲げる年金その他政令で定めるもの（第二百三条の六第一項において「確定給付企業年金等」という。）　その公的年金等の金額の百分の二十五に相当する金額

▽〔所税令〕→三一九の五―三一九の七

第二百三条の四から第二百三条の六まで　（略）

（源泉徴収を要しない公的年金等）

第二百三条の七　居住者が前条第一項に規定する公的年金等の支払を受ける場合において、その年中に支払を受けるべき当該公的年金等の額がその年最初に当該公的年金等の支払を受けるべき日の前日の現況において政令で定める金額に満たないときは、当該公的年金等については、第二百三条の二（源泉徴収義務）の規定による所得税の徴収及び納付は、要しないものとする。

▽〔所税令〕→三一九の一二

第四章　報酬、料金等に係る源泉徴収

第一節　報酬、料金、契約金又は賞金に係る源泉徴収

（源泉徴収義務）

第二百四条①　居住者に対し国内において次に掲げる報酬若しくは料金、契約金又は賞金の支払をする者は、その支払の際、その報酬若しくは料金、契約金又は賞金について所得税を徴収し、その徴収の日の属する月の翌月十日までに、これを国に納付しなければならない。

一　原稿、さし絵、作曲、レコード吹込み又はデザインの報酬、放送謝金、著作権（著作隣接権を含む。）又は工業所有権の使用料及び講演料並びにこれらに類するもので政令で定める報酬又は料金

二　弁護士（外国法事務弁護士を含む。）、司法書士、土地家屋調査士、公認会計士、税理士、社会保険労務士、弁理士、海事代理士、測量士、建築士、不動産鑑定士、技術士その他これらに類する者で政令で定めるものの業務に関する報酬又は料金

三　社会保険診療報酬支払基金法（昭和二十三年法律第百二十九号）の規定により支払われる診療報酬

四　職業野球の選手、職業拳《けん》闘家、競馬の騎手、モデル、外交員、集金人、電力量計の検針人その他これらに類する者で政令で定めるものの業務に関する報酬又は料金

五　映画、演劇その他政令で定める芸能又はラジオ放送若しくはテレビジョン放送に係る出演若しくは演出（指揮、監督その他政令で定めるものを含む。）又は企画の報酬又は料金その他政令で定める芸能人の役務の提供を内容とする事業に係る当該役務の提供に関する報酬又は料金（これらのうち不特定多数の者から受けるものを除く。）

六　キャバレー、ナイトクラブ、バーその他これらに類する施設でフロアにおいて客にダンスをさせ又は客に接待をして遊興若しくは飲食をさせるものにおいて客に侍してその接待をすることを業務とするホステスその他の者（以下この条において「ホステス等」という。）のその業務に関する報酬又は料金

七　役務の提供を約することにより一時に取得する契約金で政令で定めるもの

八　広告宣伝のための賞金又は馬主が受ける競馬の賞金で政令で定めるもの

②　前項の規定は、次に掲げるものについては、適用しない。

一　前項に規定する報酬若しくは料金、契約金又は賞金のうち、第二十八条第一項（給与所得）に規定する給与等（次号において「給与等」という。）又は第三十条第一項（退職所得）に規定する退職手当等に該当するもの

二　前項第一号から第五号まで並びに第七号及び第八号に掲げる報酬若しくは料金、契約金又は賞金のうち、第百八十三条第一項（給与所得に係る源泉徴収義務）の規定により給与等につき所得税を徴収して納付すべき個人以外の個人から支払われるもの

三　前項第六号に掲げる報酬又は料金のうち、同号に規定する施設の経営者（以下この条において「バー等の経営者」という。）以外の者から支払われるもの（バー等の経営者を通じて支払われるものを除く。）

③　第一項第六号に掲げる報酬又は料金のうちに、客からバー等の経営者を通じてホステス等に支払われるものがある場合には、当該報酬又は料金については、当該バー等の経営者を当該報酬又は料金に係る同項に規定する支払をする者とみなし、当該報酬又は料金をホステス等に交付した時にその支払があつたものとみなして、同項の規定を適用する。

▽〔所税令〕→三二〇　〔租特〕→四一の二〇

1　弁護士である破産管財人は、本条一項二号の規定に基づき、自らの報酬の支払の際にその報酬について所得税を徴収し、これを国に納付する義務を負う。この源泉所得税の債権は、旧破産法（平成一六法七五による廃止前のもの）四七条二号ただし書にいう「破産財団ニ関シテ生シタル」請求権に当たる。（最判平23・1・14民集六五・一・一、租税百選〔七版〕一一八）→一九九条1

2　無資格者に対して支払った報酬が本条一項二号所定の報酬に該当するとした事例（東京地判平30・12・20税資二六八順号一三二二一）

（徴収税額）

第二百五条　前条第一項の規定により徴収すべき所得税の額は、次の各号の区分に応じ当該各号に掲げる金額とする。

一　前条第一項第一号、第二号、第四号若しくは第五号又は第七号に掲げる報酬若しくは料金又は契約金（次号に掲げる報酬及び料金を除く。）　その金額に百分の十（同一人に対し一回に支払われる金額が百万円を超える場合には、その超える部

分の金額については、百分の二十）の税率を乗じて計算した金額

二　前条第一項第二号に掲げる司法書士、土地家屋調査士若しくは海事代理士の業務に関する報酬若しくは料金、同項第三号に掲げる診療報酬、同項第四号に掲げる職業拳闘家、外交員、集金人若しくは電力量計の検針人の業務に関する報酬若しくは料金、同項第六号に掲げる報酬若しくは料金又は同項第八号に掲げる賞金　その金額（当該賞金が金銭以外のもので支払われる場合には、その支払の時における価額として政令で定めるところにより計算した金額）から政令で定める金額を控除した残額に百分の十の税率を乗じて計算した金額

▽〔所税令〕→三二一・三二二

1　パブクラブ経営者がホステスに半月ごとに支払う報酬に係る源泉所得税の計算において、ホステスの実際の稼働日数×五千円（所税令三二二条）しか控除できないのではなく、一回に支払われる金額の計算期間は半月であるとして報酬額から半月の全日数×五千円を控除することができる。（最判平22・3・2民集六四・二・四二〇〈ホステス報酬計算期間事件〉租税百選〔七版〕一三）→税総◆【Ⅲ】⑰

（源泉徴収を要しない報酬又は料金）

第二〇六条①　第二百四条第一項第五号に規定する事業を営む居住者で、自ら主催して演劇の公演を行なつていることその他の政令で定める要件を備えているものが、政令で定めるところにより当該要件を備えていることにつき納税地の所轄税務署長の証明書の交付を受け、その証明書が効力を有している間にこれを同号に掲げる人的役務の提供に関する報酬又は料金の支払をする者に提示してその支払を受ける場合には、その支払をする者は、当該報酬又は料金については、第二百四条第一項の規定にかかわらず、所得税を徴収して納付することを要しない。

② 前項の証明書の交付を受けた居住者がその交付を受けた後同項に規定する要件に該当しないこととなつた場合には、その該当しないこととなつた日後遅滞なく、政令で定めるところにより、その旨を納税地の所轄税務署長に届け出なければならない。

③ 第一項に規定する証明書は、次に掲げる場合には、その効力を失う。

一　納税地の所轄税務署長が当該証明書につき有効期限を定めた場合において、その有効期限を経過したとき。

二　前項の規定による届出があつたとき。

三　納税地の所轄税務署長において、当該証明書の交付を受けた居住者がその交付を受けた後第一項に規定する要件に該当しないこととなつたものと認めて、その者にその旨を通知したとき。

▽〔所税令〕→三二三―三二五

第二節　生命保険契約等に基づく年金に係る源泉徴収

（源泉徴収義務）

第二〇七条　居住者に対し国内において次に掲げる契約その他政令で定める年金に係る契約に基づく年金の支払をする者は、その支払の際、その年金について所得税を徴収し、その徴収の日の属する月の翌月十日までに、これを国に納付しなければならない。

一　第七十六条第六項第一号から第四号まで（生命保険料控除）に掲げる契約

二　第七十七条第二項各号（地震保険料控除）に掲げる契約

三　前二号に掲げる契約に類する契約で政令で定めるもの

▽〔所税令〕→三二六

1　本条所定の生命保険契約等に基づく年金の支払をする者は、当該年金が所得税法九条所定の非課税所得となるか否かにかかわらず、その支払の際に、源泉徴収に係る所得税を徴収し、国に納付する義務を負う。（最判平22・7・6民集六四・五・一二七七、租税百選〔七版〕三四）→九条③・一二〇条

（徴収税額）

第二〇八条　前条の規定により徴収すべき所得税の額は、同条に規定する契約に基づいて支払われる年金の額から当該契約に基づいて払い込まれた保険料又は掛金の額のうちその支払われる年金の額に対応するものとして政令で定めるところにより計算した金額を控除した金額に百分の十の税率を乗じて計算した金額とする。

▽〔所税令〕→三二六

（源泉徴収を要しない年金）

第二〇九条　次に掲げる年金については、第二百七条（源泉徴収義務）の規定にかかわらず、所得税を徴収して納付することを要しない。

一　第二百七条に規定する契約に基づく年金の年額から当該契約に基づいて払い込まれた保険料又は掛金の額のうち当該年金に対応するものとして政令で定めるところにより計算した金額を控除した金額が政令で定める金額に満たない場合における当該年金

二　第二百七条に規定する契約に基づく年金のうち当該年金の支払を受ける者と当該契約に係る保険法（平成二十年法律第五十六号）第二条第三号（定義）に規定する保険契約者とが異なる契約その他の政令で定める契約に基づく年金

▽〔所税令〕→三二六

第三節　定期積金の給付補填金等に係る源泉徴収

（源泉徴収義務）

第二〇九条の二　居住者に対し国内において第百七十

四条第三号から第八号まで（内国法人に係る所得税の課税標準）に掲げる給付補てん金、利息、利益又は差益の支払をする者は、その支払の際、その給付補てん金、利息、利益又は差益について所得税を徴収し、その徴収の日の属する月の翌月十日までに、これを国に納付しなければならない。

（徴収税額）
第二〇九条の三　前条の規定により徴収すべき所得税の額は、同条に規定する給付補てん金、利息、利益又は差益の額に百分の十五の税率を乗じて計算した金額とする。

第四節　匿名組合契約等の利益の分配に係る源泉徴収

（源泉徴収義務）
第二一〇条　居住者に対し国内において匿名組合契約（これに準ずる契約として政令で定めるものを含む。）に基づく利益の分配につき支払をする者は、その支払の際、その利益の分配について所得税を徴収し、その徴収の日の属する月の翌月十日までに、これを国に納付しなければならない。
▽〔所税令〕→三二七

1　匿名組合契約に基づく利益の分配に係る源泉徴収義務は、営業者の粉飾決算に基づくものであって真実は出資の払い戻しというべきものであったとしても、適用される。（東京地判平28・7・19訟月六三・八・二〇〇一……東京高判平29・1・19訟月六三・八・二〇五九で維持）→三六条4

（徴収税額）
第二一一条　前条の規定により徴収すべき所得税の額は、同条に規定する契約に基づき支払われる利益の分配の額に百分の二十の税率を乗じて計算した金額とする。

第五章　非居住者又は法人の所得に係る源泉徴収

（源泉徴収義務）
第二一二条①　非居住者に対し国内において第百六十一条第一項第四号から第十六号まで（国内源泉所得）に掲げる国内源泉所得（政令で定めるものを除く。）の支払をする者又は外国法人に対し国内において同項第四号から第十一号まで若しくは第十三号から第十六号までに掲げる国内源泉所得（第百八十条第一項（恒久的施設を有する外国法人の受ける国内源泉所得に係る課税の特例）又は第百八十条の二第一項若しくは第二項（信託財産に係る利子等の課税の特例）の規定に該当するもの及び政令で定めるものを除く。）の支払をする者は、その支払の際、これらの国内源泉所得について所得税を徴収し、その徴収の日の属する月の翌月十日までに、これを国に納付しなければならない。

② 前項に規定する国内源泉所得の支払が国外において行われる場合において、その支払をする者が国内に住所若しくは居所を有し、又は国内に事務所、事業所その他これらに準ずるものを有するときは、その者が当該国内源泉所得を国内において支払うものとみなして、同項の規定を適用する。この場合において、同項中「翌月十日まで」とあるのは、「翌月末日まで」とする。

③ 内国法人に対し国内において第百七十四条各号（内国法人に係る所得税の課税標準）に掲げる利子等、配当等、給付補塡金、利息、利益、差益、利益の分配又は賞金（これらのうち第百七十六条第一項又は第二項（信託財産に係る利子等の課税の特例）の規定に該当するものを除く。）の支払をする者は、その支払の際、当該利子等、配当等、給付補塡金、利息、利益、差益、利益の分配又は賞金について所得税を徴収し、その徴収の日の属する月の翌月十日までに、これを国に納付しなければならない。

④ 第百八十一条第二項（配当等の支払があつたものとみなす場合）の規定は第一項又は前項の規定を適用する場合について、第百八十三条第二項（賞与の支払があつたものとみなす場合）の規定は第一項の規定を適用する場合についてそれぞれ準用する。

⑤ 第百六十一条第一項第四号に規定する配分を受ける同号に掲げる国内源泉所得については、同号に規定する組合契約を締結している組合員（これに類する者で政令で定めるものを含む。）である非居住者又は外国法人が当該組合契約に定める計算期間その他これに類する期間（これらの期間が一年を超える場合は、これらの期間をその開始の日以後一年ごとに区分した各期間（最後に一年未満の期間を生じたときは、その一年未満の期間）。以下この項において「計算期間」という。）において生じた当該国内源泉所得につき金銭その他の資産（以下この項において「金銭等」という。）の交付を受ける場合には、当該配分をする者を当該国内源泉所得の支払をする者とみなし、当該金銭等の交付をした日（当該計算期間の末日の翌日から二月を経過する日までに当該国内源泉所得に係る金銭等の交付がされない場合には、同日）においてその支払があつたものとみなして、この法律の規定を適用する。
▽〔所税令〕→三二八、三二八の二

1　デット・アサンプション取引に基づく金員の支払につき、支払金額のうち受入金額を超える部分が「預貯金の利子」に該当するとして、本条三項に基づく源泉徴収義務の成立を認めた事案（東京高判平18・8・17訟月五四・二・五二三、租税百選〔七版〕三六……同種事案として東京高判平17・12・21訟月五四・二・四七二）→二三条3・一七四条1

2　非居住者から不動産を購入した原告が、譲渡対価が国内源泉所得に該当するために本条に基づく源泉徴収義務を負うとして納税告知処分等を受けた事案において、非居住者及び外国法人から国内の不動産の譲渡を受けた者が源泉徴収義務を負う本条の規定が憲法二九条一項、三項、一三条に違反するとの原告主張が排斥された事案（東京地判平23・3・4税資二六一順号一一六三五、租税百選〔六版〕六八……控訴審・東京高判平23・8・3税資二六一順号一一七二七で維持）→二条⑥

③ 匿名組合契約の営業者からアイルランドの法令に基づき設立された匿名組合員に対する当該匿名組合契約に基づく利益の分配に際し、日愛租税条約には租税条約の濫用を理由として租税条約の適用を否定する規定は定められていないから、日愛租税条約二三条の規定が適用されて源泉徴収義務を負わないとされた事例（東京高判平26・10・29税資二六四順号一二五五五……BEPS行動一五による多国間条約前の事案）

（徴収税額）

第二一三条① 前条第一項の規定により徴収すべき所得税の額は、次の各号の区分に応じ当該各号に定める金額とする。

一 前条第一項に規定する国内源泉所得（次号及び第三号に掲げるものを除く。） その金額（次に掲げる国内源泉所得については、それぞれ次に定める金額）に百分の二十の税率を乗じて計算した金額

イ 第百六十一条第一項第十二号ロ（国内源泉所得）に掲げる年金 その支払われる年金の額から五万円にその支払われる年金の額に係る月数を乗じて計算した金額を控除した残額

ロ 第百六十一条第一項第十三号に掲げる賞金 その金額（金銭以外のもので支払われる場合には、その支払の時における価額として政令で定めるところにより計算した金額）から五十万円を控除した残額

ハ 第百六十一条第一項第十四号に掲げる年金 同号に規定する契約に基づいて支払われる年金の額から当該契約に基づいて払い込まれた保険料又は掛金の額のうちその支払われる年金の額に対応するものとして政令で定めるところにより計算した金額を控除した残額

二 第百六十一条第一項第五号に掲げる国内源泉所得 その金額に百分の十の税率を乗じて計算した金額

三 第百六十一条第一項第八号及び第十五号に掲げる国内源泉所得 その金額に百分の十五の税率を乗じて計算した金額

② 前条第三項の規定により徴収すべき所得税の額は、次の各号の区分に応じ当該各号に定める金額とする。

一 前条第三項に規定する利子等、給付補塡金、利息、利益又は差益 その金額に百分の十五の税率を乗じて計算した金額

二 前条第三項に規定する配当等又は利益の分配 その金額に百分の二十の税率を乗じて計算した金額

三 前条第三項に規定する賞金 その金額（金銭以外のもので支払われる場合には、その支払の時における価額として政令で定めるところにより計算した金額）から政令で定める金額を控除した残額に百分の十の税率を乗じて計算した金額

▽〔所税令〕→三三九

（源泉徴収を要しない非居住者の国内源泉所得）

第二一四条① 恒久的施設を有する非居住者で政令で定める要件を備えているもののうち第百六十一条第一項第四号、第六号、第七号、第十号、第十一号、第十二号イ（給与に係る部分を除く。）又は第十四号（国内源泉所得）に掲げる国内源泉所得（政令で定めるものを除く。）でその非居住者の恒久的施設に帰せられるもの（同項第四号に掲げる国内源泉所得にあつては、同号に規定する事業に係る恒久的施設以外の恒久的施設に帰せられるものに限る。以下この項において「対象国内源泉所得」という。）の支払を受けるものが、政令で定めるところにより、当該支払を受けるものが当該要件を備えていること及びその支払を受けることとなる国内源泉所得が対象国内源泉所得に該当することにつき納税地の所轄税務署長の証明書の交付を受け、その証明書を当該国内源泉所得の支払をする者に提示した場合には、その支払をする者は、その証明書が効力を有している間にその証明書を提示した者に対して支払う当該国内源泉所得については、第二百十二条第一項（源泉徴収義務）の規定にかかわらず、所得税を徴収して納付することを要しない。

② 前項に規定する非居住者で同項に規定する証明書の交付を受けたものが、その交付を受けた後、同項に規定する要件に該当しないこととなり、又は恒久的施設を有しないこととなつた場合には、その該当しないこととなつた日又は有しないこととなつた日以後遅滞なく、政令で定めるところにより、その旨を納税地の所轄税務署長に届け出るとともに、その証明書の提示先にその旨を通知しなければならない。

③ 納税地の所轄税務署長は、第一項に規定する非居住者で同項に規定する証明書の交付を受けたものが、その交付を受けた後、同項に規定する要件に該当しないこととなり、又は恒久的施設を有しないこととなつたと認める場合には、当該証明書の交付を受けたものに対し、書面によりその旨を通知するものとする。

④ 前項の場合において、同項に規定する通知を受けた者は、当該通知を受けた日以後遅滞なく、第一項に規定する証明書の提示先に当該通知を受けた旨を通知しなければならない。

⑤ 納税地の所轄税務署長は、第二項の規定による届出があつた場合又は第三項の規定により通知をした場合には、財務省令で定めるところにより、当該届出をした者又は当該通知を受けた者の氏名その他財務省令で定める事項を公示するものとする。

⑥ 第一項に規定する証明書は、次に掲げる場合には、その効力を失う。

一 当該証明書につき納税地の所轄税務署長が定めた有効期限を経過したとき。

二　前項の規定による公示があつたとき。

▽〔所税令〕→三三〇—三三三

（非居住者の人的役務の提供による給与等に係る源泉徴収の特例）

第二一五条　国内において第百六十一条第一項第六号（国内源泉所得）に規定する事業を行う非居住者又は外国法人が同号に掲げる対価につき第二百十二条第一項（源泉徴収義務）の規定により所得税を徴収された場合には、政令で定めるところにより、当該非居住者又は外国法人が当該所得税を徴収された対価のうちから当該事業のために人的役務の提供をする非居住者に対してその人的役務の提供につき支払う第百六十一条第一項第十二号イ又はハに掲げる給与又は報酬について、その支払の際、第二百十二条第一項の規定による所得税の徴収が行われたものとみなす。

▽〔所税令〕→三三四

第六章　源泉徴収に係る所得税の納期の特例

（源泉徴収に係る所得税の納期の特例）

第二一六条　居住者に対し国内において第二十八条第一項（給与所得）に規定する給与等（以下この章において「給与等」という。）又は第三十条第一項（退職所得）に規定する退職手当等（以下この章において「退職手当等」という。）の支払をする者（第百八十四条（源泉徴収を要しない給与等の支払者）に規定する者を除く。）は、当該支払をする者の事務所、事業所その他これらに準ずるものでその支払事務を取り扱うもの（給与等の支払を受ける者が常時十人未満であるものに限る。以下この章において「事務所等」という。）につき、当該事務所等の所在地の所轄税務署長の承認を受けた場合には、一月から六月まで及び七月から十二月までの各期間（当該各期間のうちその承認を受けた日の属する期間については、その日の属する月から当該期間の最終月までの期間とする。以下この条において同じ。）に当該事務所等において支払つた給与等及び退職手当等（非居住者に対して支払つた給与等及び退職手当等並びに第二百四条第一項第二号（源泉徴収をされる報酬又は料金）に掲げる報酬又は料金を含む。以下この条において同じ。）について第二章から前章まで（給与所得等に係る源泉徴収）の規定により徴収した所得税の額を、これらの規定にかかわらず、一月から六月までの期間に係る給与等及び退職手当等について徴収した所得税の額にあつては当該期間の属する年の七月十日までに、七月から十二月までの期間に係る給与等及び退職手当等について徴収した所得税の額にあつては当該期間の属する年の翌年一月二十日までに国に納付することができる。

（納期の特例に関する承認の申請等）

第二一七条①　前条の承認の申請をしようとする者は、その承認を受けようとする事務所等の所在地、当該事務所等において給与等の支払を受ける者の数その他財務省令で定める事項を記載した申請書を同条に規定する税務署長に提出しなければならない。

②　税務署長は、前項の申請書の提出があつた場合において、その申請書を提出した者につき次の各号の一に該当する事実があるときは、その申請を却下することができる。

一　その承認を受けようとする事務所等において給与等の支払を受ける者が常時十人未満であると認められないこと。

二　次項の規定による取消し（その者について前号に該当する事実が生じたことのみを理由としてされたものを除く。）の通知を受けた日以後一年以内にその申請書を提出したこと。

三　その者につき現に国税の滞納があり、かつ、その滞納税額の徴収が著しく困難であることその他その申請を認める場合には前条に規定する所得税の納付に支障が生ずるおそれがあると認められる相当の理由があること。

③　税務署長は、前条の承認を受けた者について前項第一号又は第三号に該当する事実が生じたと認めるときは、その承認を取り消すことができる。

④　税務署長は、第一項の申請書の提出があつた場合において、その申請につき承認若しくは却下の処分をするとき、又は前項の規定による承認の取消しの処分をする場合には、その申請をした者又は承認を受けていた者に対し、書面によりその旨を通知する。

⑤　第一項の申請書の提出があつた場合において、その申請書の提出があつた日の属する月の翌月末日までにその申請につき承認又は却下の処分がなかつたときは、同日においてその承認があつたものとみなす。

（納期の特例の要件を欠いた場合の届出）

第二一八条　第二百十六条（源泉徴収に係る所得税の納期の特例）の承認を受けた者は、その承認に係る事務所等において給与等の支払を受ける者が常時十人未満でなくなつた場合には、遅滞なく、その旨その他財務省令で定める事項を記載した届出書を当該事務所等の所在地の所轄税務署長に提出しなければならない。この場合において、その届出書の提出があつたときは、その提出の日の属する同条に規定する期間以後の期間については、その承認は、その効力を失うものとする。

（承認の取消し等があつた場合の納期の特例）

第二一九条　第二百十七条第三項（納期の特例に関する承認の取消し）の規定による承認の取消し又は前条の届出書の提出があつた場合には、その取消し又は提出の日の属する第二百十六条（源泉徴収に係る所得税の納期の特例）に規定する期間に係る同条に規定する所得税のうち同日の属する月分以前の各月分に係るものについては、同日の属する月の翌月十日をその納期限とする。

第七章　源泉徴収に係る所得税の納付及び徴収（抄）

（源泉徴収に係る所得税の納付手続）

第二二〇条　第一章から前章まで（源泉徴収）の規定により所得税を徴収して納付する者は、その納付の際、国税通則法第三十四条第一項（納付の手続）に規定する納付書に財務省令で定める計算書を添附しなければならない。

（源泉徴収に係る所得税の徴収）

第二二一条①　第一章から前章まで（源泉徴収）の規定により所得税を徴収して納付すべき者がその所得税を納付しなかつたときは、税務署長は、その所得税をその者から徴収する。

②—⑦（略）

（不徴収税額の支払金額からの控除及び支払請求等）

第二二二条　前条の規定により所得税を徴収された者がその徴収された所得税の額の全部又は一部につき第一章から第五章まで（源泉徴収）の規定による徴収をしていなかつた場合又はこれらの規定により所得税を徴収して納付すべき者がその徴収をしないでその所得税をその納付の期限後に納付した場合には、これらの者は、その徴収をしていなかつた所得税の額に相当する金額を、その徴収をされるべき者に対して同条の規定による徴収の時以後若しくは当該納付をした時以後に支払うべき金額から控除し、又は当該徴収をされるべき者に対し当該所得税の額に相当する金額の支払を請求することができる。この場合において、その控除された金額又はその請求に基づき支払われた金額は、当該徴収をされるべき者については、第一章から第五章までの規定により徴収された所得税とみなす。

1　源泉徴収所得税額は法令の定めに従い自動的に確定するので、納税の告知は税額を確定させる課税処分ではなく税額の確定した国税債権につき納期限を指定して納税義務者等に履行を請求する徴収処分と解され、支払者がこれと意見を異にする場合には不服申立てや抗告訴訟をなし得る反面、受給者の源泉納税義務の存否・範囲にはいかなる影響も及ぼし得るものではない。また、源泉徴収所得税の納税義務者は支払者であって受給者ではないから、法定納期限に納付する義務を怠った場合の附帯税を負担すべき者は支払者自身であって、受給者には請求し得ない。（最判昭45・12・24民集二四・一三・二二四三、租税百選〔七版〕一一四）

→税通三六条1

2　給与等の支払者として源泉徴収所得税の納税義務を負う会社が、給与受領者たる取締役に対し、不当利得返還請求として源泉徴収所得税額相当額の支払を求めたところ、会社が当該源泉徴収税額を納付してない段階で不当利得返還請求権は生じないとした事例（東京地判平28・5・31【平二六ワ一〇五七四】）

（源泉徴収に係る所得税について納付があつたものとみなす場合）

第二二三条　第一章から第五章まで（源泉徴収）の規定による徴収をされるべき者に対する所得税の還付又は充当については、これらの規定により所得税を徴収して納付すべき者がその所得税を国に納付すべき日（徴収の日がその納付すべき日後である場合には、その徴収の日）においてその納付があつたものとみなす。

第五編　雑則（抄）

第一章　支払調書の提出等の義務（抄）

第二二四条から第二二五条まで　（略）

（源泉徴収票）

第二二六条①　居住者に対し国内において第二十八条第一項（給与所得）に規定する給与等（第百八十四条（源泉徴収を要しない給与等の支払者）の規定によりその所得税を徴収して納付することを要しないものとされる給与等を除く。以下この章において「給与等」という。）の支払をする者は、財務省令で定めるところにより、その年において支払の確定した給与等について、その給与等の支払を受ける者の各人別に源泉徴収票二通を作成し、その年の翌年一月三十一日まで（年の中途において退職した居住者については、その退職の日以後一月以内）に、一通を税務署長に提出し、他の一通を給与等の支払を受ける者に交付しなければならない。ただし、財務省令で定めるところにより当該税務署長の承認を受けた場合は、この限りでない。

②　居住者に対し国内において第三十条第一項（退職所得）に規定する退職手当等（第二百条（源泉徴収を要しない退職手当等の支払者）の規定によりその所得税を徴収して納付することを要しないものとされる退職手当等を除く。以下この章において「退職手当等」という。）の支払をする者は、財務省令で定めるところにより、その年において支払の確定した退職手当等について、その退職手当等の支払を受ける者の各人別に源泉徴収票二通を作成し、その退職の日以後一月以内に、一通を税務署長に提出し、他の一通を退職手当等の支払を受ける者に交付しなければならない。この場合においては、前項ただし書の規定を準用する。

③　居住者に対し国内において第三十五条第三項（公的年金等の定義）に規定する公的年金等（以下この章において「公的年金等」という。）の支払をする者は、財務省令で定めるところにより、その年において支払の確定した公的年金等について、その公的年金等の支払を受ける者の各人別に源泉徴収票二通を作成し、その年の翌年一月三十一日までに、一通を税務署長に提出し、他の一通を公的年金等の支払を受ける者に交付しなければならない。この場合においては、第一項ただし書の規定を準用する。

④　第一項の給与等、第二項の退職手当等又は前項の公的年金等の支払をする者は、これらの規定による源泉徴収票の交付に代えて、政令で定めるところにより、当該給与等、退職手当等又は公的年金等の支払を受ける者の承諾を得て、当該源泉徴収票に記載

すべき事項を電磁的方法により提供することができる。ただし、当該給与等、退職手当等又は公的年金等の支払を受ける者の請求があるときは、当該源泉徴収票を当該給与等、退職手当等又は公的年金等の支払を受ける者に交付しなければならない。

⑤　前項本文の場合において、同項の給与等、退職手当等又は公的年金等の支払をする者は、第一項から第三項までの源泉徴収票を交付したものとみなす。

▽〔所税令〕→三五三

第二二七条から第二三一条まで　（略）

第二章　その他の雑則（抄）

第二三二条及び第二三三条　（略）

◆【質問検査権】

→税通　◆【質問検査権】〔七章の二名の後〕を見よ

第二三四条から第二三六条まで　削除

（附加税の禁止）

第二三七条　地方公共団体は、所得税の附加税を課することができない。

第六編　罰則

第二三八条①　偽りその他不正の行為により、第百二十条第一項第三号（確定所得申告）（第百六十六条（申告、納付及び還付）において準用する場合を含む。）に規定する所得税の額（第九十五条（外国税額控除）又は第百六十五条の六（非居住者に係る外国税額の控除）の規定により控除をされるべき金額がある場合には、同号の規定による計算をこれらの規定を適用しないでした所得税の額）若しくは第百七十二条第一項第一号若しくは第二項第一号（給与等につき源泉徴収を受けない場合の申告）に規定する所得税の額につき所得税を免れ、又は第百四十二条第二項（純損失の繰戻しによる還付）（第百六十六条において準用する場合を含む。）の規定による所得税の還付を受けた者は、十年以下の懲役若しくは千万円以下の罰金に処し、又はこれを併科する。

②　前項の免れた所得税の額又は同項の還付を受けた所得税の額が千万円を超えるときは、情状により、同項の罰金は、千万円を超えその免れた所得税の額又は還付を受けた所得税の額に相当する金額以下とすることができる。

③　第一項に規定するもののほか、第百二十条第一項、第百二十五条第一項（年の中途で死亡した場合の確定申告）、第百二十七条第一項（年の中途で出国をする場合の確定申告）、第百五十一条の四第一項若しくは第二項（相続により取得した有価証券等の取得費の額に変更があった場合等の修正申告の特例）、第百五十一条の五第一項（遺産分割等があった場合の期限後申告等の特例）若しくは第百五十一条の六第一項（遺産分割等があった場合の修正申告の特例）（これらの規定を第百六十六条において準用する場合を含む。）又は第百七十二条第一項の規定による申告書をその提出期限までに提出しないことにより、第百二十条第一項第三号（第百六十六条において準用する場合を含む。）に規定する所得税の額（第九十五条又は第百六十五条の六の規定により控除をされるべき金額がある場合には、同号の規定による計算をこれらの規定を適用しないでした所得税の額）又は第百七十二条第一項第一号若しくは第二項第一号に規定する所得税の額につき所得税を免れた者は、五年以下の懲役若しくは五百万円以下の罰金に処し、又はこれを併科する。

④　前項の免れた所得税の額が五百万円を超えるときは、情状により、同項の罰金は、五百万円を超えその免れた所得税の額に相当する金額以下とすることができる。

第二三九条①　偽りその他不正の行為により、第百八十一条（利子所得及び配当所得に係る源泉徴収義務）、第百八十三条（給与所得に係る源泉徴収義務）、第百九十条（年末調整に係る源泉徴収義務）、第百九十二条（年末調整に係る不足額の源泉徴収義務）、第百九十九条（退職所得に係る源泉徴収義務）、第二百三条の二（公的年金等に係る源泉徴収義務）、第二百四条第一項（報酬、料金等に係る源泉徴収義務）、第二百七条（生命保険契約等に基づく年金に係る源泉徴収義務）、第二百九条の二（定期積金の給付補てん金等に係る源泉徴収義務）、第二百十条（匿名組合契約等の利益の分配に係る源泉徴収義務）又は第二百十二条（非居住者又は法人の所得に係る源泉徴収義務）の規定により徴収されるべき所得税を免れた者は、十年以下の懲役若しくは百万円以下の罰金に処し、又はこれを併科する。

②　前項の免れた所得税の額が百万円を超えるときは、情状により、同項の罰金は、百万円を超えその免れた所得税の額に相当する金額以下とすることができる。

③　第二百三条第一項（退職所得の受給に関する申告書）の規定による申告書を提出しないで第百九十九条及び第二百一条第一項（退職所得に係る源泉徴収税額）の規定により徴収されるべき所得税を免れた者は、一年以下の懲役若しくは五十万円以下の罰金に処し、又はこれを併科する。

④　前項の免れた所得税の額が五十万円を超えるときは、情状により、同項の罰金は、五十万円を超えその免れた所得税の額に相当する金額以下とすることができる。

第二四〇条①　第百八十一条（利子所得及び配当所得に係る源泉徴収義務）、第百八十三条（給与所得に係る源泉徴収義務）、第百九十条（年末調整に係る源泉徴収義務）、第百九十二条（年末調整に係る不足額の源泉徴収義務）、第百九十九条（退職所得に係る源泉徴収義務）、第二百三条の二（公的年金等に係る源泉徴収義務）、第二百四条第一項（報酬、料金等に係る源泉徴収義務）、第二百七条（生命保険契約等に基づく年金に係る源泉徴収義務）、第二百九条の二（定期積金の給付補てん金等に係る源泉徴収義務）、第二百十条（匿名組合契約等の利益の分配に係る源泉徴収義務）、第二百十二条（非居住者又は法人の所得に係る源泉徴収義務）又は第二百十六条（源泉徴収に係る所得税の納期の特例）の規定により徴収して納付すべき所得税を納付しなかつた者は、十年以下の懲役若しくは二百万円以下の罰金に処し、又はこれを併科する。

② 前項の納付しなかつた所得税の額が二百万円を超えるときは、情状により、同項の罰金は、二百万円を超えその納付しなかつた所得税の額に相当する金額以下とすることができる。

③ 第百八十一条、第百八十三条、第百九十条、第百九十二条、第百九十九条、第二百三条の二、第二百四条第一項、第二百七条、第二百九条の二、第二百十条又は第二百十二条に規定する支払をした場合において、支払を受けた者ごとの支払金額を知ることができないときは、その金額の総額に対し百分の五十の割合を乗じて計算した金額を、徴収して納付すべき所得税の額とみなして、前二項の規定を適用する。

第二四一条 正当な理由がなくて第百二十条第一項（確定所得申告）、第百二十五条第一項（年の中途で死亡した場合の確定申告）、第百二十七条第一項（年の中途で出国をする場合の確定申告）、第百五十一条の四第一項若しくは第二項（相続により取得した有価証券等の取得費の額に変更があつた場合等の修正申告の特例）、第百五十一条の五第一項（遺産分割等があつた場合の期限後申告等の特例）若しくは第百五十一条の六第一項（遺産分割等があつた場合の修正申告の特例）（これらの規定を第百六十六条（申告、納付及び還付）において準用する場合を含む。）又は第百七十二条第一項（給与等につき源泉徴収を受けない場合の申告）の規定による申告書をその提出期限までに提出しなかつた者は、一年以下の懲役又は五十万円以下の罰金に処する。ただし、情状により、その刑を免除することができる。

第二四二条 次の各号のいずれかに該当する者は、一年以下の懲役又は五十万円以下の罰金に処する。ただし、第三号の規定に該当する者が同号に規定する所得税について第二百四十条（源泉徴収に係る所得税を納付しない罪）の規定に該当するに至つたときは、同条の例による。

一 第百十二条第一項（予定納税額の減額の承認の申請手続）（第百六十六条（非居住者に対する準用）において準用する場合を含む。）に規定する申請書又は第百十二条第二項（第百六十六条において準用する場合を含む。）に規定する書類に偽りの記載をして提出し税務署長の承認を受けた者

二 第百八十条第一項（恒久的施設を有する外国法人の受ける国内源泉所得に係る課税の特例）、第二百六条第一項（源泉徴収を要しない報酬又は料金）又は第二百十四条第一項（源泉徴収を要しない非居住者の国内源泉所得）に規定する要件に該当しないのに偽りの申請をしてこれらの規定に規定する証明書の交付を受けた者、第百八十条第二項、第二百六条第二項又は第二百十四条第二項の規定による届出又は通知をしなかつた者及び第百八十条第四項又は第二百十四条第四項の規定による通知をしなかつた者

三 第百八十一条（利子所得及び配当所得に係る源泉徴収義務）、第百八十三条（給与所得に係る源泉徴収義務）、第百九十条（年末調整に係る源泉徴収義務）、第百九十二条（年末調整に係る不足額の源泉徴収義務）、第百九十九条（退職所得に係る源泉徴収義務）、第二百三条の二（公的年金等に係る源泉徴収義務）、第二百四条第一項（報酬、料金等に係る源泉徴収義務）、第二百七条（生命保険契約等に基づく年金に係る源泉徴収義務）、第二百九条の二（定期積金の給付補塡金等に係る源泉徴収義務）、第二百十条（匿名組合契約等の利益の分配に係る源泉徴収義務）又は第二百十二条（非居住者又は法人の所得に係る源泉徴収義務）の規定により徴収すべき所得税を徴収しなかつた者

四 第二百二十四条第二項（利子、配当等の受領者の告知）に規定する告知書に偽りの記載をして同項に規定する支払の取扱者に提出した者及び同条第三項の規定に違反して告知書を提出させないで支払をした者並びに第二百二十四条の二（譲渡性預金の譲渡等に関する告知）に規定する告知書に偽りの記載をして同条に規定する金融機関の営業所又は事務所に提出した者

五 第二百二十五条第一項（支払調書）に規定する調書、第二百二十六条第一項から第三項まで（源泉徴収票）に規定する源泉徴収票又は第二百二十七条から第二百二十八条の三の二まで（信託の計算書等）に規定する計算書若しくは調書をこれらの書類の提出期限までに税務署長に提出せず、又はこれらの書類に偽りの記載若しくは記録をして税務署長に提出した者

六 第二百二十五条第二項に規定する通知書若しくは第二百二十六条第一項から第三項までに規定する源泉徴収票をこれらの書類の交付の期限までにこれらの規定に規定する支払を受ける者に交付せず、若しくはこれらの書類に偽りの記載をして当該支払を受ける者に交付した者又は第二百二十六条第四項の規定による電磁的方法により偽りの事項を提供した者

七 第二百三十一条第一項（給与等、退職手当等又は公的年金等の支払明細書）に規定する支払明細書を同項に規定する支払を受ける者に同項の規定による交付をせず、若しくはこれに偽りの記載をして当該支払を受ける者に交付した者又は同条第二項の規定による電磁的方法により偽りの事項を提供した者

八 正当な理由がないのに第二百二十五条第三項ただし書、第二百二十六条第四項ただし書若しくは第二百三十一条第二項ただし書の規定による請求を拒み、又は第二百二十五条第三項ただし書に規定する通知書、第二百二十六条第四項ただし書に規定する源泉徴収票若しくは第二百三十一条第二項ただし書に規定する支払明細書に偽りの記載をしてこれらの規定に規定する支払を受ける者に交

付した者

第二四三条① 法人の代表者（人格のない社団等の管理人を含む。）又は法人若しくは人の代理人、使用人その他の従業者が、その法人又は人の業務又は財産に関して第二百三十八条から前条まで（所得税を免れる等の罪・源泉徴収に係る所得税を納付しない罪・確定所得申告書を提出しない等の罪・偽りの記載をした予定納税額減額承認申請書を提出する等の罪）の違反行為をしたときは、その行為者を罰するほか、その法人又は人に対して当該各条の罰金刑を科する。

② 前項の規定により第二百三十八条第一項若しくは第三項、第二百三十九条第一項又は第二百四十条第一項の違反行為につき法人又は人に罰金刑を科する場合における時効の期間は、これらの規定の罪についての時効の期間による。

③ 人格のない社団等について第一項の規定の適用がある場合には、その代表者又は管理人がその訴訟行為につきその人格のない社団等を代表するほか、法人を被告人又は被疑者とする場合の刑事訴訟に関する法律の規定を準用する。

1 本条一項にいう「使用人その他の従業者」は、所得の計算や所得税確定申告書の作成などの申告納税に関する事務を担当する従業者に限定されない。（最決平9・7・9刑集五一・六・四五三、租税百選［四版］一二四……所得税逋［ほ］脱犯の共同正犯の成立を認めた例）

別表（略）

附 則（平成三一・三・二九法六）（抜粋）

（施行期日）

第一条 この法律は、平成三十一年四月一日から施行する。ただし、次の各号に掲げる規定は、当該各号に定める日から施行する。

十三 第一条中所得税法第四十五条第一項第三号の次に一号を加える改正規定（中略） 森林環境税及び森林環境譲与税に関する法律（平成三十一年法律第三号）附則第一条ただし書に規定する規定の施行の日（令和六・一・一）

附 則（令和二・三・三一法八）（抜粋）

（施行期日）

第一条 この法律は、令和二年四月一日から施行する。ただし、次の各号に掲げる規定は、当該各号に定める日から施行する。

四 次に掲げる規定 令和四年一月一日

イ 第一条中所得税法第六十七条（見出しを含む。）の改正規定、同法第百二十条第四項第二号の改正規定、同条第六項の改正規定、同法第百六十六条の改正規定及び同法第二百三十二条の改正規定並びに附則第五条、第七条第二項及び第三項並びに第十一条の規定

五 次に掲げる規定 令和四年四月一日

イ 第二条の規定及び附則第十三条の規定

六 第一条中所得税法第二条第一項第三十四号の二の改正規定、同法第百二十条第三項の改正規定、同法第百九十四条の改正規定（同条第一項第二号に係る部分を除く。）、同法第百九十五条第一項第四号の改正規定、同条第四項の改正規定、同法第二百三条の六第一項第六号の改正規定及び同条第三項の改正規定並びに附則第三条、第七条第一項、第八条第八項（中略）の規定 令和五年一月一日

（控除対象扶養親族の定義及び扶養控除に関する経過措置）

第三条 新所得税法第二条第一項（第三十四号の二に係る部分に限る。）並びに第四編第二章第一節、第百九十条（中略）並びに第二百三条の三（同条第一号ホに規定する国外居住親族に係る部分に限る。）並びに所得税法第八十四条の規定は、令和五年分以後の所得税又は同年一月一日以後に支払を受けるべき同法第百八十三条第一項に規定する給与等（以下附則第十三条までにおいて「給与等」という。）若しくは同法第二百三条の二に規定する公的年金等（以下この条及び附則第九条において「公的年金等」という。）について適用し、令和四年分以前の所得税又は同日前に支払を受けるべき給与等若しくは公的年金等については、なお従前の例による。

（小規模事業者等の収入及び費用の帰属時期に関する経過措置）

第五条 新所得税法第六十七条第二項及び第三項の規定は、令和四年分以後の所得税について適用する。

（確定申告書の添付書類に関する経過措置）

第七条① 新所得税法第百二十条第三項（所得税法第百二十二条第三項、第百二十三条第三項、第百二十五条第四項及び第百二十七条第四項（これらの規定を新所得税法第百六十六条において準用する場合を含む。）並びに新所得税法第百六十六条において準用する場合を含む。）の規定は、令和五年分以後の所得税に係る確定申告書を提出する場合について適用し、令和四年分以前の所得税に係る確定申告書を提出した場合については、なお従前の例による。

② 新所得税法第百二十条第四項（所得税法第百二十二条第三項、第百二十三条第三項、第百二十五条第四項及び第百二十七条第四項において準用する場合を含む。）の規定は、令和四年一月一日以後に令和三年分以後の所得税に係る確定申告書を提出する場合について適用し、同日前に確定申告書を提出した場合及び同日以後に令和二年分以前の所得税に係る確定申告書を提出する場合については、なお従前の例による。

③ 新所得税法第百二十条第六項（所得税法第百二十二条第三項、第百二十三条第三項、第百二十五条第四項及び第百二十七条第四項（これらの規定を新所得税法第百六十六条において準用する場合を含む。）並びに新所得税法第百六十六条において準用する場合を含む。）の規定は、令和四年分以後の所得税に係る確定申告書を提出する場合について適用し、令和三年分以前の所得税に係る確定申告書を提出した場合については、なお従前の例による。

（給与所得に係る源泉徴収に関する経過措置）

第八条①―⑦　（略）

⑧　新所得税法第百九十四条及び第百九十五条（控除対象扶養親族に係る部分に限る。）の規定は、令和五年一月一日以後に支払を受けるべき給与等について提出する新所得税法第百九十四条第七項に規定する給与所得者の扶養控除等申告書及び新所得税法第百九十五条第五項に規定する従たる給与についての扶養控除等申告書について適用し、同日前に支払を受けるべき給与等について提出した旧所得税法第百九十四条第七項に規定する給与所得者の扶養控除等申告書及び旧所得税法第百九十五条第五項に規定する従たる給与についての扶養控除等申告書については、なお従前の例による。

（事業所得等を有する者の帳簿書類の備付け等に関する経過措置）

第一一条　新所得税法第二百三十二条第二項及び第三項の規定は、令和四年分以後の所得税について適用し、令和三年分以前の所得税については、なお従前の例による。

（源泉徴収に係る所得税の徴収に関する経過措置）

第一三条　第二条の規定による改正後の所得税法第二百二十一条第二項の規定は、令和四年四月一日以後に支払うべき給与等、退職手当等、報酬等又は国内源泉所得について適用し、同日前に支払うべき給与等、退職手当等、報酬等又は国内源泉所得については、なお従前の例による。

附　則（令和三・三・三一法一一）（抜粋）

（施行期日）

第一条　この法律は、令和三年四月一日から施行する。ただし、次の各号に掲げる規定は、当該各号に定める日から施行する。

五　次に掲げる規定　令和四年一月一日

イ　第一条の規定（同条中所得税法第九条の改正規定、同法第十条の改正規定、同法第十一条の改正規定、同法第四十五条第一項の改正規定、同法第七十八条第二項第三号の改正規定、同法第百九十六条第一項の改正規定、同法第百九十八条の改正規定、同法第二百三条の改正規定（同条第一項第二号及び第四号に係る部分を除く。）及び同法第二百三条の六の改正規定を除く。）並びに附則第五条、第七条、第九条（中略）の規定

（非課税所得に関する経過措置）

第二条　第一条の規定による改正後の所得税法（以下「新所得税法」という。）第九条第一項第十六号の規定は、令和三年分以後の所得税について適用する。

（公共法人等及び公益信託等に係る非課税に関する経過措置）

第四条　新所得税法第十一条第四項の規定は、施行日以後に同条第三項に規定する支払者に対して行う同条第四項に規定する電磁的方法による同条第三項の申告書に記載すべき事項の提供について適用する。

（退職所得に関する経過措置）

第五条　新所得税法第三十条の規定は、令和四年分以後の所得税について適用し、令和三年分以前の所得税については、なお従前の例による。

（寄附金控除に関する経過措置）

第六条　新所得税法第七十八条第二項第三号の規定は、個人が施行日以後に支出する同条第一項に規定する特定寄附金について適用し、個人が施行日前に支出した旧所得税法第七十八条第一項に規定する特定寄附金については、なお従前の例による。

（確定所得申告等に関する経過措置）

第七条　新所得税法第百二十条、第百二十二条から第百二十七条まで、第百五十九条及び第百六十条（これらの規定を新所得税法第百六十六条及び第百六十八条において準用する場合を含む。）の規定は、旧所得税法第二条第一項第四十一号に規定する確定申告期限が令和四年一月一日以後となる所得税の確定申告書について適用し、当該確定申告期限が同日前となる所得税の確定申告書については、なお従前の例による。

（給与所得者の源泉徴収に関する申告書の提出時期等の特例等に関する経過措置）

第八条①　新所得税法第百九十八条の規定は、施行日以後に行う同条第二項に規定する電磁的方法による同項に規定する記載事項の提供について適用し、施行日前に行った旧所得税法第百九十八条第二項に規定する電磁的方法による同項に規定する申告書に記載すべき事項の提供については、なお従前の例による。

②　新所得税法第二百三条（第一項に係る部分を除く。）の規定は、施行日以後に行う同条第四項に規定する電磁的方法による同項に規定する記載事項の提供について適用し、施行日前に行った旧所得税法第二百三条第四項の電磁的方法による同項に規定する申告書に記載すべき事項の提供については、なお従前の例による。

③　（略）

（退職所得に係る源泉徴収に関する経過措置）

第九条①　新所得税法第二百一条の規定は、令和四年一月一日以後に支払うべき退職手当等（所得税法第百九十九条に規定する退職手当等をいう。以下この条において同じ。）について適用し、同日前に支払うべき退職手当等については、なお従前の例による。

②　新所得税法第二百三条第一項の規定は、令和四年一月一日以後に支払を受けるべき退職手当等について提出する同項の規定による申告書について適用し、同日前に支払を受けるべき退職手当等について提出した旧所得税法第二百三条第一項の規定による申告書については、なお従前の例による。

（罰則に関する経過措置）

第一三一条　この法律（附則第一条各号に掲げる規定にあっては、当該規定。以下この条において同じ。）の施行前にした行為並びにこの附則の規定によりなお従前の例によることとされる場合（中略）におけるこの法律の施行後にした行為に対する罰則の適用については、なお従前の例による。

（政令への委任）

第一三二条　この附則に規定するもののほか、この法律の施行に関し必要な経過措置は、政令で定める。

附　則（平成三〇・五・一九法三七）（抜粋）

（施行期日）

第一条　この法律は、令和三年九月一日から施行する。ただし、次の各号に掲げる規定は、当該各号に定める日から施行する。

七　（前略）附則（中略）第二十八条（所得税法の一部改正）（中略）の規定　公布の日から起算して二年を超えない範囲内において、各規定につき、政令で定める日

〇所得税法施行令（抜粋）

（昭和四〇・三・三一）
（政　九　六）

最終改正　令和三政一一三

第一編　総則

第一章　通則

（恒久的施設の範囲）

第一条の二　（略。法人税法施行令第四条の四と同旨）

（変動所得の範囲）

第七条の二　法第二条第一項第二十三号（変動所得の意義）に規定する政令で定める所得は、漁獲若しくははのりの採取から生ずる所得、はまち、まだい、ひらめ、かき、うなぎ、ほたて貝若しくは真珠（真珠貝を含む。）の養殖から生ずる所得、原稿若しくは作曲の報酬に係る所得又は著作権の使用料に係る所得とする。

（臨時所得の範囲）

第八条　法第二条第一項第二十四号（臨時所得の意義）に規定する政令で定める所得は、次に掲げる所得その他これらに類する所得とする。

一　職業野球の選手その他一定の者に専属して役務の提供をする者が、三年以上の期間、当該一定の者のために役務を提供し、又はそれ以外の者のために役務を提供しないことを約することにより一時に受ける契約金で、その金額がその契約による役務の提供に対する報酬の年額の二倍に相当する金額以上であるものに係る所得

二　不動産、不動産の上に存する権利、船舶、航空機、採石権、鉱業権、漁業権又は工業所有権その他の技術に関する権利若しくは特別の技術による生産方式若しくはこれらに準ずるものを有する者が、三年以上の期間、他人（その者が非居住者である場合の法第百六十一条第一項第一号（国内源泉所得）に規定する事業場等を含む。）にこれらの資産を使用させること（地上権、租鉱権その他の当該資産に係る権利を設定することを含む。）を約することにより一時に受ける権利金、頭金その他の対価で、その金額が当該契約によるこれらの資産の使用料の年額の二倍に相当する金額以上であるものに係る所得（譲渡所得に該当するものを除く。）

三　一定の場所における業務の全部又は一部を休止し、転換し又は廃止することとなつた者が、当該休止、転換又は廃止により当該業務に係る三年以上の期間の不動産所得、事業所得又は雑所得の補償として受ける補償金に係る所得

四　前号に掲げるもののほか、業務の用に供する資産の全部又は一部につき鉱害その他の災害により被害を受けた者が、当該被害を受けたことにより、当該業務に係る三年以上の期間の不動産所得、事業所得又は雑所得の補償として受ける補償金に係る所得

（災害の範囲）

第九条　法第二条第一項第二十七号（災害の意義）に規定する政令で定める災害は、冷害、雪害、干害、落雷、噴火その他の自然現象の異変による災害及び鉱害、火薬類の爆発その他の人為による異常な災害並びに害虫、害獣その他の生物による異常な災害とする。

第二章　課税所得の範囲

第二節　非課税所得

（非課税とされる通勤手当）

第二〇条の二　法第九条第一項第五号（非課税所得）に規定する政令で定めるものは、次の各号に掲げる通勤手当（これに類するものを含む。）の区分に応じ当該各号に定める金額に相当する部分とする。

一　通勤のため交通機関又は有料の道路を利用し、かつ、その運賃又は料金（以下この条において「運賃等」という。）を負担することを常例とする者（第四号に規定する者を除く。）が受ける通勤手当（これに類する手当を含む。以下この条において同じ。）　その者の通勤に係る運賃、時間、距離等の事情に照らし最も経済的かつ合理的と認められる通常の通勤の経路及び方法による運賃等の額（一月当たりの金額が十五万円を超えるときは、一月当たり十五万円）

二―四　（略）

（非課税とされる職務上必要な給付）

第二一条　法第九条第一項第六号（非課税所得）に規定する政令で定めるものは、次に掲げるものとする。

一　船員法第八十条第一項（食料の支給）の規定により支給される食料その他法令の規定により無料で支給される食料

二　給与所得を有する者でその職務の性質上制服を着用すべき者がその使用者から支給される制服その他の身回品

三　前号に規定する者がその使用者から同号に規定する制服その他の身回品の貸与を受けることによる利益

四　国家公務員宿舎法（昭和二十四年法律第百十七号）第十二条（無料宿舎）の規定により無料で宿舎の貸与を受けることによる利益その他給与所得を有する者でその職務の遂行上やむを得ない必要に基づき使用者から指定された場所に居住すべきものがその指定する場所に居住するために家屋の貸与を受けることによる利益

（譲渡所得について非課税とされる生活用動産の範囲）

第二五条　法第九条第一項第九号（非課税所得）に規定する政令で定める資産は、生活に通常必要な動産のうち、次に掲げるもの（一個又は一組の価額が三十万円を超えるものに限る。）以外のものとする。

一　貴石、半貴石、貴金属、真珠及びこれらの製品、べつこう製品、さんご製品、こはく製品、ぞうげ製品並びに七宝製品

二　書画、こつとう及び美術工芸品

（非課税とされる資力喪失による譲渡所得）

第二六条　法第九条第一項第十号（非課税所得）に規定する政令で定める所得は、資力を喪失して債務を弁済することが著しく困難であり、かつ、国税通則法（昭和三十七年法律第六十六号）第二条第十号（定義）に規定する強制換価手続の執行が避けられないと認められる場合における資産の譲渡による所得で、その譲渡に係る対価が当該債務の弁済に充てられたものとする。

（非課税とされる保険金、損害賠償金等）

第三〇条　法第九条第一項第十八号（非課税所得）に規定する政令で定める保険金及び損害賠償金（これらに類するものを含む。）は、次に掲げるものその他これらに類するもの（これらのものの額のうちに同号の損害を受けた者の各種所得の金額の計算上必要経費に算入される金額を補塡するための金額が含まれている場合には、当該金額を控除した金額に相当する部分）とする。

一　**損害保険契約**（保険業法（平成七年法律第百五号）第二条第四項（定義）に規定する損害保険会社若しくは同条第九項に規定する外国損害保険会社等の締結した保険契約又は同条第十八項に規定する少額短期保険業者（以下この号において「少額短期保険業者」という。）の締結したこれに類する保険契約をいう。以下この条において同じ。）**に基づく保険金、生命保険契約**（同法第二条第三項に規定する生命保険会社若しくは同条第八項に規定する外国生命保険会社等の締結した保険契約又は少額短期保険業者の締結したこれに類する保険契約をいう。以下この号において同じ。）**又は旧簡易生命保険契約**（郵政民営化法等の施行に伴う関係法律の整備等に関する法律（平成十七年法律第百二号）第二条（法律の廃止）の規定による廃止前の簡易生命保険法（昭和二十四年法律第六十八号）第三条（政府保証）に規定する簡易生命保険契約をいう。）**に基づく給付金及び損害保険契約又は生命保険契約に類する共済に係る契約に基づく共済金で、身体の傷害に基因して支払を受けるもの並びに心身に加えられた損害につき支払を受ける慰謝料その他の損害賠償金**（その損害に基因して勤務又は業務に従事することができなかつたことによる給与又は収益の補償として受けるものを含む。）

二　**損害保険契約に基づく保険金及び損害保険契約に類する共済に係る契約に基づく共済金**（前号に該当するもの及び第百八十四条第四項（損害保険契約等に基づく年金に係る雑所得の金額の計算上控除する保険料等）に規定する満期返戻金等その他これに類するものを除く。）**で資産の損害に基因して支払を受けるもの並びに不法行為その他突発的な事故により資産に加えられた損害につき支払を受ける損害賠償金**（これらのうち第九十四条（事業所得の収入金額とされる保険金等）の規定に該当するものを除く。）

三　**心身又は資産に加えられた損害につき支払を受ける相当の見舞金**（第九十四条の規定に該当するものその他役務の対価たる性質を有するものを除く。）

第三章　所得の帰属に関する通則

（信託財産に属する資産及び負債並びに信託財産に帰せられる収益及び費用の帰属）

第五二条①　法第十三条第二項（信託財産に属する資産及び負債並びに信託財産に帰せられる収益及び費用の帰属）に規定する政令で定める権限は、信託の目的に反しないことが明らかである場合に限り信託の変更をすることができる権限とする。

②　法第十三条第二項に規定する信託の変更をする権限には、他の者との合意により信託の変更をすることができる権限を含むものとする。

③　停止条件が付された信託財産の給付を受ける権利を有する者は、法第十三条第二項に規定する信託財産の給付を受けることとされている者に該当するものとする。

④　法第十三条第一項に規定する受益者（同条第二項の規定により同条第一項に規定する受益者とみなされる者を含む。以下この項において同じ。）が二以上ある場合における同条第一項の規定の適用については、同項の信託の信託財産に属する資産及び負債の全部をそれぞれの受益者がその有する権利の内容に応じて有するものとし、当該信託財産に帰せられる収益及び費用の全部がそれぞれの受益者にその有する権利の内容に応じて帰せられるものとする。

⑤　（略）

第二編　居住者の納税義務

第一章　課税標準の計算

第一節　各種所得の金額の計算

第二款　事業所得

（事業の範囲）

第六三条　法第二十七条第一項（事業所得）に規定する政令で定める事業は、次に掲げる事業（不動産の貸付業又は船舶若しくは航空機の貸付業に該当するものを除く。）とする。

一　農業
二　林業及び狩猟業
三　漁業及び水産養殖業
四　鉱業（土石採取業を含む。）
五　建設業
六　製造業
七　卸売業及び小売業（飲食店業及び料理店業を含む。）
八　金融業及び保険業
九　不動産業
十　運輸通信業（倉庫業を含む。）
十一　医療保健業、著述業その他のサービス業
十二　前各号に掲げるもののほか、対価を得て継続的に行なう事業

第六款　譲渡所得

（資産の譲渡とみなされる行為）

第七九条①　法第三十三条第一項（譲渡所得）に規定する政令で定める行為は、建物若しくは構築物の所有を目的とする地上権若しくは賃借権（以下この条において「借地権」という。）又は地役権（特別高圧架空電線の架設、特別高圧地中電線若しくはガス事業法第二条第十二項（定義）に規定するガス事業者が供給する高圧のガスを通ずる導管の敷設、飛行場の設置、懸垂式鉄道若しくは跨座式鉄道の敷設又は砂防法（明治三十年法律第二十九号）第一条（定義）に規定する砂防設備である導流堤その他財務省令で定めるこれに類するもの（第一号において「導流堤等」という。）の設置、都市計画法（昭和四十三年法律第百号）第四条第十四項（定義）に規定する公共施設の設置若しくは同法第八条第一項第四号（地域地区）の特定街区内における建築物の建築のために設定されたもので、建造物の設置を制限するものに限る。以下この条において同じ。）の設定（借地権に係る土地の転貸その他他人に当該土地を使用させる行為を含む。以下この条において同じ。）のうち、その対価として支払を受ける金額が次の各号に掲げる場合の区分に応じ当該各号に定める金額の十分の五に相当する金額を超えるものとする。

一　当該設定が建物若しくは構築物の全部の所有を目的とする借地権又は地役権の設定である場合（第三号に掲げる場合を除く。）　その土地（借地権者にあつては、借地権。次号において同じ。）の価額（当該設定が、地下若しくは空間について上下の範囲を定めた借地権若しくは地役権の設定である場合又は導流堤等若しくは河川法（昭和三十九年法律第百六十七号）第六条第一項第三号（河川区域）に規定する遊水地その他財務省令で定めるこれに類するものの設置を目的とした地役権の設定である場合には、当該価額の二分の一に相当する金額）

二　当該設定が建物又は構築物の一部の所有を目的とする借地権の設定である場合　その土地の価額に、その建物又は構築物の床面積（当該対価の額が、当該建物又は構築物の階その他利用の効用の異なる部分ごとにその異なる効用に係る適正な割合を勘案して算定されているときは、当該割合による調整後の床面積。以下この号において同じ。）のうちに当該借地権に係る建物又は構築物の一部の床面積の占める割合を乗じて計算した金額

三　当該設定が施設又は工作物（大深度地下の公共的使用に関する特別措置法（平成十二年法律第八十七号）第十六条（使用の認可の要件）の規定により使用の認可を受けた事業（以下この号において「認可事業」という。）と一体的に施行される事業として当該認可事業に係る同法第十四条第二項第二号（使用認可申請書）の事業計画書に記載されたものにより設置されるもののうち財務省令で定めるものに限る。）の全部の所有を目的とする地下について上下の範囲を定めた借地権の設定である場合　その土地（借地権者にあつては、借地権）の価額の二分の一に相当する金額に、その土地（借地権者にあつては、借地権に係る土地）における地表から同法第二条第一項各号（定義）に掲げる深さのうちいずれか深い方の深さ（以下この号において「大深度」という。）までの距離のうちに当該借地権の設定される範囲のうち最も浅い部分の深さから当該大深度（当該借地権の設定される範囲より深い地下であつて当該大深度よりも浅い地下において既に地下について上下の範囲を定めた他の借地権が設定されている場合には、当該他の借地権の範囲のうち最も浅い部分の深さ）までの距離の占める割合を乗じて計算した金額

②　借地権に係る土地を他人に使用させる場合において、その土地の使用により、その使用の直前におけるその土地の利用状況に比し、その土地の所有者及びその借地権者がともにその土地の利用を制限されることとなるときは、これらの者については、これらの者が使用の対価として支払を受ける金額の合計額を前項に規定する支払を受ける金額とみなして、同項の規定を適用する。

③　第一項の規定の適用については、借地権又は地役権の設定の対価として支払を受ける金額が当該設定により支払を受ける地代の年額の二十倍に相当する金額以下である場合には、当該設定は、同項の行為に該当しないものと推定する。

（譲渡所得の基因とされないたな卸資産に準ずる資産）

第八一条　法第三十三条第二項第一号（譲渡所得に含まれない所得）に規定する政令で定めるものは、次に掲げる資産とする。

一　不動産所得、山林所得又は雑所得を生ずべき業務に係る第三条各号（たな卸資産の範囲）に掲げる資産に準ずる資産

二　減価償却資産で第百三十八条（少額の減価償却資産の取得価額の必要経費算入）の規定に該当するもの（同条に規定する取得価額が十万円未満であるもののうち、その者の業務の性質上基本的に重要なものを除く。）

三　減価償却資産で第百三十九条第一項（一括償却資産の必要経費算入）の規定の適用を受けたもの（その者の業務の性質上基本的に重要なものを除く。）

（短期譲渡所得の範囲）

第八二条　法第三十三条第三項第一号（短期譲渡所得）に規定する政令で定める所得は、次に掲げる所得とする。

一　自己の研究の成果である特許権、実用新案権その他の工業所有権、自己の育成の成果である育成者権、自己の著作に係る著作権及び自己の探鉱により発見した鉱床に係る採掘権の譲渡による所得

二　法第六十条第一項第一号（贈与等により取得した資産の取得費等）に掲げる相続又は遺贈により取得した同条第三項第一号に掲げる配偶者居住権

の消滅（当該配偶者居住権を取得した時に当該配偶者居住権の目的となつている建物を譲渡したとしたならば同条第一項の規定により当該建物を取得した日とされる日以後五年を経過する日後の消滅に限る。）による所得

三　法第六十条第一項第一号に掲げる相続又は遺贈により取得した同条第三項第二号に掲げる配偶者居住権の目的となつている建物の敷地の用に供される土地（土地の上に存する権利を含む。以下この号において同じ。）を当該配偶者居住権に基づき使用する権利の消滅（当該権利を取得した時に当該土地を譲渡したとしたならば同条第一項の規定により当該土地を取得した日とされる日以後五年を経過する日後の消滅に限る。）による所得

第二節　所得金額の計算の通則

（譲渡制限付株式の価額等）

第八四条①　**個人が法人に対して役務の提供をした場合において、当該役務の提供の対価として譲渡制限付株式であつて次に掲げる要件に該当するもの**（以下この項において「特定譲渡制限付株式」という。）**が当該個人に交付されたとき**（合併又は前条第五項第三号に規定する分割型分割に際し当該合併又は分割型分割に係る同項第二号に規定する被合併法人又は同項第四号に規定する分割法人の当該特定譲渡制限付株式を有する者に対し交付される当該合併又は分割型分割に係る同項第一号に規定する合併法人又は同項第五号に規定する分割承継法人の譲渡制限付株式その他の財務省令で定める譲渡制限付株式（以下この項において「承継譲渡制限付株式」という。）が当該個人に交付されたときを含む。）**における当該特定譲渡制限付株式又は承継譲渡制限付株式に係る法第三十六条第二項**（収入金額）**の価額は、当該特定譲渡制限付株式又は承継譲渡制限付株式の譲渡**（担保権の設定その他の処分を含む。次項第一号において同じ。）**についての制限が解除された日**（同日前に当該個人が死亡した場合において、当該個人の死亡の時に次項第二号に規定する事由に該当しないことが確定している当該特定譲渡制限付株式又は承継譲渡制限付株式については、当該個人の死亡の日）**における価額とする。**

一　**当該譲渡制限付株式が当該役務の提供の対価として当該個人に生ずる債権の給付と引換えに当該個人に交付されるものであること。**

二　**前号に掲げるもののほか、当該譲渡制限付株式が実質的に当該役務の提供の対価と認められるものであること。**

②③（略）

第三節　収入金額の計算

（事業所得の収入金額とされる保険金等）

第九四条①　**不動産所得、事業所得、山林所得又は雑所得を生ずべき業務を行なう居住者が受ける次に掲げるもので、その業務の遂行により生ずべきこれらの所得に係る収入金額に代わる性質を有するものは、これらの所得に係る収入金額とする。**

一　**当該業務に係るたな卸資産**（第八十一条各号（譲渡所得の基因とされないたな卸資産に準ずる資産）に掲げる資産を含む。）、**山林、工業所有権その他の技術に関する権利、特別の技術による生産方式若しくはこれらに準ずるもの又は著作権**（出版権及び著作隣接権その他これに準ずるものを含む。）**につき損失を受けたことにより取得する保険金、損害賠償金、見舞金その他これらに類するもの**（山林につき法第五十一条第三項（山林損失の必要経費算入）の規定に該当する損失を受けたことにより取得するものについては、その損失の金額をこえる場合におけるそのこえる金額に相当する部分に限る。）

二　**当該業務の全部又は一部の休止、転換又は廃止その他の事由により当該業務の収益の補償として取得する補償金その他これに類するもの**

②　**第七十九条第一項**（資産の譲渡とみなされる行為）**の規定に該当する同項の行為に係る対価で法第三十三条第二項第一号**（譲渡所得）**の規定により譲渡所得の収入金額に含まれないものは、事業所得又は雑所得に係る収入金額とし、当該対価につき第百七十四条から第百七十七条まで**（借地権の設定をした場合の譲渡所得に係る取得費等）**の規定に準じて計算した金額は、当該事業所得又は雑所得に係る必要経費に算入する。**

第四節　必要経費等の計算

第一款　必要経費に算入されないもの

（家事関連費）

第九六条　**法第四十五条第一項第一号**（必要経費とされない家事関連費）**に規定する政令で定める経費は、次に掲げる経費以外の経費とする。**

一　**家事上の経費に関連する経費の主たる部分が不動産所得、事業所得、山林所得又は雑所得を生ずべき業務の遂行上必要であり、かつ、その必要である部分を明らかに区分することができる場合における当該部分に相当する経費**

二　**前号に掲げるもののほか、青色申告書を提出することにつき税務署長の承認を受けている居住者に係る家事上の経費に関連する経費のうち、取引の記録等に基づいて、不動産所得、事業所得又は山林所得を生ずべき業務の遂行上直接必要であつたことが明らかにされる部分の金額に相当する経費**

（必要経費に算入されない貨物割に係る延滞税等の範囲）

第九八条①（略）

②　**法第四十五条第一項第八号に規定する政令で定める損害賠償金**（これに類するものを含む。）**は、同項第一号に掲げる経費に該当する損害賠償金**（これに類するものを含む。以下この項において同じ。）**のほか、不動産所得、事業所得、山林所得又は雑所得を生ずべき業務に関連して、故意又は重大な過失によつて他人の権利を侵害したことにより支払う損害賠償金とする。**

第七款　資産損失

（必要経費に算入される損失の生ずる事由）

第一四一条　法第五十一条第二項（資産損失の必要経費算入）に規定する政令で定める事由は、次に掲げる事由で不動産所得、事業所得又は山林所得を生ずべき事業の遂行上生じたものとする。

一　販売した商品の返戻又は値引き（これらに類する行為を含む。）により収入金額が減少することとなつたこと。

二　保証債務の履行に伴う求償権の全部又は一部を行使することができないこととなつたこと。

三　不動産所得の金額、事業所得の金額若しくは山林所得の金額の計算の基礎となつた事実のうちに含まれていた無効な行為により生じた経済的成果がその行為の無効であることに基因して失われ、又はその事実のうちに含まれていた取り消すことのできる行為が取り消されたこと。

（必要経費に算入される資産損失の金額）

第一四二条　次の各号に掲げる資産について生じた法第五十一条第一項、第三項又は第四項（資産損失の必要経費算入）に規定する損失の金額の計算の基礎となるその資産の価額は、当該各号に掲げる金額とする。

一　固定資産　当該損失の生じた日にその資産の譲渡があつたものとみなして法第三十八条第一項又は第二項（譲渡所得の金額の計算上控除する取得費）の規定を適用した場合にその資産の取得費とされる金額に相当する金額

二　山林　当該損失の生じた日までに支出したその山林の植林費、取得に要した費用、管理費その他その山林の育成に要した費用の額

三　繰延資産　その繰延資産の額からその償却費として法第五十条（繰延資産の償却費の計算及びその償却の方法）の規定により当該損失の生じた日の属する年分以前の各年分の不動産所得の金額、事業所得の金額、山林所得の金額又は雑所得の金額の計算上必要経費に算入される金額の累積額を控除した金額

第十一款　給与所得者の特定支出

（給与所得者の特定支出の範囲）

第一六七条の三①　法第五十七条の二第二項第一号（給与所得者の特定支出の控除の特例）に規定する政令で定める支出は、次の各号に掲げる場合の区分に応じ当該各号に定める金額に相当する支出（航空機の利用に係るものを除く。）とする。

一　交通機関を利用する場合（第三号に掲げる場合に該当する場合を除く。）　その年中の運賃及び料金（特別車両料金その他の客室の特別の設備の利用についての料金として財務省令で定めるもの（以下この号において「特別車両料金等」という。）を除く。）の額の合計額（当該合計額が法第五十七条の二第二項第一号の証明がされた経路及び方法による一月当たりの定期乗車券又は定期乗船券の価額（特別車両料金等に係る部分を除く。）の合計額を超えるときは、当該合計額）

二　自動車その他の交通用具を使用する場合（次号に掲げる場合に該当する場合を除く。）　法第五十七条の二第二項第一号の証明がされた経路及び方法により交通用具を使用するために支出する燃料費及び有料の道路の料金の額並びに当該交通用具の修理のための支出（第百八十一条各号（資本的支出）に掲げる金額に相当する部分及びその者の故意又は重大な過失により生じた事故に係るものを除く。次項第三号において同じ。）でその者の通勤に係る部分の額のその年中の合計額

三　交通機関を利用するほか、併せて自動車その他の交通用具を使用する場合　前二号の規定に準じて計算した金額

②　（略）

③　法第五十七条の二第二項第三号に規定する政令で定める支出は、転任の事実が生じた日以後一年以内にする同項に規定する転居のための自己又はその配偶者その他の親族に係る支出で次に掲げる金額に相当するものとする。

一　当該転居のための旅行に通常必要であると認められる運賃及び料金の額

二　当該転居のために自動車を使用することにより支出する燃料費及び有料の道路の料金の額

三　当該転居に伴う宿泊費の額（通常必要であると認められる額を著しく超える部分を除く。）

四　当該転居のための生活の用に供する家具その他の資産の運送に要した費用（これに付随するものを含む。）の額

④—⑦　（略）

第五節　資産の譲渡に関する総収入金額並びに必要経費及び取得費の計算の特例

（交換による取得資産の取得価額等の計算）

第一六八条　法第五十八条第一項（固定資産の交換の場合の譲渡所得の特例）の規定の適用を受けた居住者が同項に規定する取得資産（以下この条において「取得資産」という。）について行なうべき法第四十九条第一項（減価償却資産の償却費の計算及びその償却の方法）に規定する償却費の額の計算及びその者が取得資産を譲渡した場合における譲渡所得の金額の計算については、その者がその取得資産を次の各号に掲げる場合の区分に応じ当該各号に掲げる金額をもつて取得したものとみなす。この場合において、その譲渡による所得が法第三十三条第三項各号（譲渡所得の金額）に掲げる所得のいずれに該当するかの判定については、その者がその取得資産を法第五十八条第一項に規定する譲渡資産（以下この条において「譲渡資産」という。）を取得した時から引き続き所有していたものとみなす。

一　取得資産とともに交換差金等（法第五十八条第一項に規定する交換の時における取得資産の価額と譲渡資産の価額とが等しくない場合にその差額を補うために交付される金銭その他の資産をいう。以下この条において同じ。）を取得した場合

譲渡資産の法第三十八条第一項又は第二項（譲渡所得の金額の計算上控除する取得費）の規定による取得費（その譲渡資産が法第六十一条第二項又は第三項（昭和二十七年十二月三十一日以前に取得した資産の取得費等）の規定に該当するものである場合には、これらの規定による取得費とし、その譲渡資産の譲渡に要した費用がある場合には、これらの取得費にその費用の額を加算した金額とする。以下この条において「取得費」という。）に、その取得資産の価額とその交換差金等の額との合計額のうちにその取得資産の価額の占める割合を乗じて計算した金額

二　譲渡資産とともに交換差金等を交付して取得資産を取得した場合　譲渡資産の取得費にその交換差金等の額を加算した金額

三　取得資産を取得するために要した経費の額がある場合　譲渡資産の取得費（前二号の規定の適用がある場合には、これらの号に掲げる金額）にその経費の額を加算した金額

（時価による譲渡とみなす低額譲渡の範囲）

第一六九条　法第五十九条第一項第二号（贈与等の場合の譲渡所得等の特例）に規定する政令で定める額は、同項に規定する山林又は譲渡所得の基因となる資産の譲渡の時における価額の二分の一に満たない金額とする。

（国外転出をする場合の譲渡所得等の特例）

第一七〇条①　法第六十条の二第一項（国外転出をする場合の譲渡所得等の特例）に規定する政令で定める有価証券は、次に掲げる有価証券で法第百六十一条第一項第十二号（国内源泉所得）に掲げる所得を生ずべきものとする。

一　第八十四条第一項（譲渡制限付株式の価額等）に規定する特定譲渡制限付株式又は承継譲渡制限付株式で、同項に規定する譲渡についての制限が解除されていないもの

二　第八十四条第三項各号に掲げる権利で当該権利の行使をしたならば同項の規定の適用のあるものを表示する有価証券

②―⑨　（略）

（昭和二十七年十二月三十一日以前に取得した資産の取得費）

第一七二条①　法第六十一条第二項又は第三項（昭和二十七年十二月三十一日以前に取得した資産の取得費）に規定する資産の昭和二十八年一月一日における価額として政令で定めるところにより計算した金額は、同日におけるその資産の現況に応じ、同日においてその資産につき相続税及び贈与税の課税標準の計算に用いるべきものとして国税庁長官が定めて公表した方法により計算した価額とする。

②　前項に規定する資産が資産再評価法（昭和二十五年法律第百十号）第八条第一項（個人の減価償却資産の再評価）（同法第十条第一項（非事業用資産を事業の用に供した場合の再評価）において準用する場合を含む。）又は第十六条（死亡の場合の再評価の承継）の規定により再評価を行なつているものである場合において、その資産につき前項の規定により計算した価額が当該再評価に係る同法第二条第三項（定義）に規定する再評価額に満たないときは、その資産の法第六十一条第二項又は第三項に規定する昭和二十八年一月一日における価額として政令で定めるところにより計算した金額は、前項の規定にかかわらず、当該再評価額とする。

③　法第六十一条第三項に規定する資産の取得に要した金額と昭和二十八年一月一日前に支出した設備費及び改良費の額との合計額を基礎として政令で定めるところにより計算した同日におけるその資産の価額は、同日においてその資産の譲渡があつたものとみなして法第三十八条第二項（譲渡所得の金額の計算上控除する取得費）の規定を適用した場合に同項の規定によりその資産の取得費とされる金額に相当する金額とする。

（生活に通常必要でない資産の災害による損失額の計算等）

第一七八条①　法第六十二条第一項（生活に通常必要でない資産の災害による損失）に規定する政令で定めるものは、次に掲げる資産とする。

一　競走馬（その規模、収益の状況その他の事情に照らし事業と認められるものの用に供されるものを除く。）その他射こう的行為の手段となる動産

二　通常自己及び自己と生計を一にする親族が居住の用に供しない家屋で主として趣味、娯楽又は保養の用に供する目的で所有するものその他主として趣味、娯楽、保養又は鑑賞の目的で所有する資産（前号又は次号に掲げる動産を除く。）

三　生活の用に供する動産で第二十五条（譲渡所得について非課税とされる生活用動産の範囲）の規定に該当しないもの

②③　（略）

第六節　その他の収入金額及び必要経費の計算の特例等

第二款　資本的支出

（資本的支出）

第一八一条　不動産所得、事業所得、山林所得又は雑所得を生ずべき業務を行なう居住者が、修理、改良その他いずれの名義をもつてするかを問わず、その業務の用に供する固定資産について支出する金額で次に掲げる金額に該当するもの（そのいずれにも該当する場合には、いずれか多い金額）は、その者のその支出する日の属する年分の不動産所得の金額、事業所得の金額、山林所得の金額又は雑所得の金額の計算上、必要経費に算入しない。

一　当該支出する金額のうち、その支出により、当該資産の取得の時において当該資産につき通常の管理又は修理をするものとした場合に予測される当該資産の使用可能期間を延長させる部分に対応する金額

二　当該支出する金額のうち、その支出により、当該資産の取得の時において当該資産につき通常の管理又は修理をするものとした場合に予測されるその支出の時における当該資産の価額を増加させ

る部分に対応する金額

第八節　損益通算及び損失の繰越控除

（損益通算の順序）

第一九八条　法第六十九条第一項（損益通算）の政令で定める順序による控除は、次に定めるところによる。

一　不動産所得の金額又は事業所得の金額の計算上生じた損失の金額があるときは、これをまず他の利子所得の金額、配当所得の金額、不動産所得の金額、事業所得の金額、給与所得の金額及び雑所得の金額（以下この条において「経常所得の金額」という。）から控除する。

二　譲渡所得の金額の計算上生じた損失の金額があるときは、これをまず一時所得の金額から控除する。

三　第一号の場合において、同号の規定による控除をしてもなお控除しきれない損失の金額があるときは、これを譲渡所得の金額及び一時所得の金額（前号の規定による控除が行なわれる場合には、同号の規定による控除後の金額）から順次控除する。この場合において、当該譲渡所得の金額のうちに、法第三十三条第三項第一号（譲渡所得の金額）に掲げる所得に係る部分と同項第二号に掲げる所得に係る部分とがあるときは、同項第一号に掲げる所得に係る部分の譲渡所得の金額からまず控除する。

四　第二号の場合において、同号の規定による控除をしてもなお控除しきれない損失の金額があるときは、これを経常所得の金額（第一号の規定による控除が行なわれる場合には、同号の規定による控除後の金額）から控除する。

五　第一号又は第二号の場合において、前各号の規定による控除をしてもなお控除しきれない損失の金額があるときは、これをまず山林所得の金額から控除し、なお控除しきれない損失の金額があるときは、退職所得の金額から控除する。

六　山林所得の金額の計算上生じた損失の金額があるときは、これをまず経常所得の金額（第一号又は第四号の規定による控除が行なわれる場合には、これらの規定による控除後の金額）から控除し、なお控除しきれない損失の金額があるときは、譲渡所得の金額及び一時所得の金額（第二号又は第三号の規定による控除が行なわれる場合には、これらの規定による控除後の金額）から順次控除し、なお控除しきれない損失の金額があるときは、退職所得の金額（前号の規定による控除が行なわれる場合には、同号の規定による控除後の金額）から控除する。この場合においては、第三号後段の規定を準用する。

（損益通算の対象とならない損失の控除）

第二〇〇条①　法第六十九条第二項（損益通算の対象とならない損失）に規定する政令で定める損失の金額は、第百七十八条第一項第一号（生活に通常必要でない資産の災害による損失額の計算等）に規定する競走馬の譲渡に係る譲渡所得の金額の計算上生じた損失の金額とする。

②　譲渡所得の金額の計算上生じた損失の金額のうちに前項に規定する競走馬の譲渡に係る損失の金額がある場合には、当該損失の金額は、当該競走馬の保有に係る雑所得の金額から控除する。

第二章　所得控除

（雑損控除の適用を認められる親族の範囲）

第二〇五条①　法第七十二条第一項（雑損控除）に規定する政令で定める親族は、居住者の配偶者その他の親族でその年分の総所得金額、退職所得金額及び山林所得金額の合計額が四十八万円以下であるものとする。

②　前項に規定する親族と生計を一にする居住者が二人以上ある場合における法第七十二条第一項の規定の適用については、当該親族は、これらの居住者のうちいずれか一の居住者の親族にのみ該当するものとし、その親族がいずれの居住者の親族に該当するかについては、次に定めるところによる。

一　その親族が同一生計配偶者又は扶養親族に該当する場合には、その者を自己の同一生計配偶者又は扶養親族としている居住者の親族とする。

二　その親族が同一生計配偶者又は扶養親族に該当しない場合には、次に定めるところによる。

イ　その親族が配偶者に該当する場合には、その夫又は妻である居住者の親族とする。

ロ　その親族が配偶者以外の親族に該当する場合には、これらの居住者のうち総所得金額、退職所得金額及び山林所得金額の合計額が最も大きい居住者の親族とする。

（雑損控除の対象となる雑損失の範囲等）

第二〇六条①　法第七十二条第一項（雑損控除）に規定する政令で定めるやむを得ない支出は、次に掲げる支出とする。

一　災害により法第七十二条第一項に規定する資産（以下この項において「住宅家財等」という。）が滅失し、損壊し、又はその価値が減少したことによる当該住宅家財等の取壊し又は除去のための支出その他の付随する支出

二　災害により住宅家財等が損壊し、又はその価値が減少した場合その他災害により当該住宅家財等を使用することが困難となつた場合において、その災害のやんだ日の翌日から一年を経過した日（大規模な災害の場合その他やむを得ない事情がある場合には、三年を経過した日）の前日までにした次に掲げる支出その他これらに類する支出

イ　災害により生じた土砂その他の障害物を除去するための支出

ロ　当該住宅家財等の原状回復のための支出（当該災害により生じた当該住宅家財等の第三項に規定する損失の金額に相当する部分の支出を除く。第四号において同じ。）

ハ　当該住宅家財等の損壊又はその価値の減少を防止するための支出

三　災害により住宅家財等につき現に被害が生じ、

又はまさに被害が生ずるおそれがあると見込まれる場合において、当該住宅家財等に係る被害の拡大又は発生を防止するため緊急に必要な措置を講ずるための支出

四　盗難又は横領による損失が生じた住宅家財等の原状回復のための支出その他これに類する支出

②　法第七十二条第一項第一号に規定する政令で定める金額は、その年においてした前項第一号から第三号までに掲げる支出の金額（保険金、損害賠償金その他これらに類するものにより補塡される部分の金額を除く。）とする。

③　法第七十二条第一項の規定を適用する場合において、同項に規定する資産について受けた損失の金額は、当該損失を生じた時の直前におけるその資産の価額（その資産が次の各号に掲げる資産である場合には、当該価額又は当該各号に掲げる資産の区分に応じ当該各号に定める金額）を基礎として計算するものとする。

一　法第三十八条第二項（譲渡所得の金額の計算上控除する取得費）に規定する資産（次号及び第三号に掲げるものを除く。）　当該損失の生じた日にその資産の譲渡があつたものとみなして同項の規定（その資産が次に掲げる資産である場合には、次に掲げる資産の区分に応じそれぞれ次に定める規定）を適用した場合にその資産の取得費とされる金額に相当する金額

イ　昭和二十七年十二月三十一日以前から引き続き所有していた資産　法第六十一条第三項（昭和二十七年十二月三十一日以前に取得した資産の取得費等）の規定

ロ　法第六十条第一項第一号（贈与等により取得した資産の取得費等）に掲げる相続又は遺贈により取得した配偶者居住権の目的となつている建物　同条第二項の規定

ハ　法第六十条第一項第一号に掲げる相続又は遺贈により取得した配偶者居住権を有する居住者がその後において取得した当該配偶者居住権の目的となつている建物　第百六十九条の二第七項（贈与等により取得した資産の取得費等）の規定

二　法第六十条第一項第一号に掲げる相続又は遺贈により取得した配偶者居住権　当該損失の生じた日に当該配偶者居住権の消滅があつたものとみなして同条第三項の規定を適用した場合に当該配偶者居住権の取得費とされる金額に相当する金額

三　法第六十条第一項第一号に掲げる相続又は遺贈により取得した配偶者居住権の目的となつている建物の敷地の用に供される土地（土地の上に存する権利を含む。）を当該配偶者居住権に基づき使用する権利　当該損失の生じた日に当該権利の消滅があつたものとみなして同条第三項の規定を適用した場合に当該権利の取得費とされる金額に相当する金額

（医療費の範囲）

第二〇七条　法第七十三条第二項（医療費の範囲）に規定する政令で定める対価は、次に掲げるものの対価のうち、その病状その他財務省令で定める状況に応じて一般的に支出される水準を著しく超えない部分の金額とする。

一　医師又は歯科医師による診療又は治療

二　治療又は療養に必要な医薬品の購入

三　病院、診療所（これに準ずるものとして財務省令で定めるものを含む。）又は助産所へ収容されるための人的役務の提供

四　あん摩マツサージ指圧師、はり師、きゆう師等に関する法律（昭和二十二年法律第二百十七号）第三条の二（名簿）に規定する施術者（同法第十二条の二第一項（医業類似行為を業とすることができる者）の規定に該当する者を含む。）又は柔道整復師法（昭和四十五年法律第十九号）第二条第一項（定義）に規定する柔道整復師による施術

五　保健師、看護師又は准看護師による療養上の世話

六　助産師による分べんの介助

七　介護福祉士による社会福祉士及び介護福祉士法（昭和六十二年法律第三十号）第二条第二項（定義）に規定する喀痰《かくたん》吸引等又は同法附則第三条第一項（認定特定行為業務従事者に係る特例）に規定する認定特定行為業務従事者による同項に規定する特定行為

（公益の増進に著しく寄与する法人の範囲）

第二一七条　法第七十八条第二項第三号（寄附金控除）に規定する政令で定める法人は、次に掲げる法人とする。

一　独立行政法人

一の二　地方独立行政法人法（平成十五年法律第百十八号）第二条第一項（定義）に規定する地方独立行政法人で同法第二十一条第一号又は第三号から第六号まで（業務の範囲）に掲げる業務（同条第三号に掲げる業務にあつては同号チに掲げる事業の経営に、同条第六号に掲げる業務にあつては地方独立行政法人法施行令（平成十五年政令第四百八十六号）第六条第一号又は第三号（公共的な施設の範囲）に掲げる施設の設置及び管理に、それぞれ限るものとする。）を主たる目的とするもの

二　自動車安全運転センター、日本司法支援センター、日本私立学校振興・共済事業団及び日本赤十字社

三　公益社団法人及び公益財団法人

四　私立学校法（昭和二十四年法律第二百七十号）第三条（定義）に規定する学校法人で学校（学校教育法第一条（定義）に規定する学校及び就学前の子どもに関する教育、保育等の総合的な提供の推進に関する法律（平成十八年法律第七十七号）第二条第七項（定義）に規定する幼保連携型認定こども園をいう。以下この号において同じ。）の設置若しくは学校及び専修学校（学校教育法第百二十四条（専修学校）に規定する専修学校で財務省令で定めるものをいう。以下この号において同じ。）若しくは各種学校（学校教育法第百三十四

条第一項（各種学校）に規定する各種学校で財務省令で定めるものをいう。以下この号において同じ。）の設置を主たる目的とするもの又は私立学校法第六十四条第四項（私立専修学校等）の規定により設立された法人で専修学校若しくは各種学校の設置を主たる目的とするもの

五　社会福祉法人

六　更生保護法人

（特定公益信託の要件等）

第二一七条の二①　法第七十八条第三項（特定公益信託）に規定する政令で定める要件は、次に掲げる事項が信託行為において明らかであり、かつ、受託者が信託会社（金融機関の信託業務の兼営等に関する法律により同法第一条第一項（兼営の認可）に規定する信託業務を営む同項に規定する金融機関を含む。）であることとする。

一　当該公益信託の終了（信託の併合による終了を除く。次号において同じ。）の場合において、その信託財産が国若しくは地方公共団体に帰属し、又は当該公益信託が類似の目的のための公益信託として継続するものであること。

二　当該公益信託は、合意による終了ができないものであること。

三　当該公益信託の受託者がその信託財産として受け入れる資産は、金銭に限られるものであること。

四　当該公益信託の信託財産の運用は、次に掲げる方法に限られるものであること。

イ　預金又は貯金

ロ　国債、地方債、特別の法律により法人の発行する債券又は貸付信託の受益権の取得

ハ　イ又はロに準ずるものとして財務省令で定める方法

五　当該公益信託につき信託管理人が指定されるものであること。

六　当該公益信託の受託者がその信託財産の処分を行う場合には、当該受託者は、当該公益信託の目的に関し学識経験を有する者の意見を聴かなければならないものであること。

七　当該公益信託の信託管理人及び前号に規定する学識経験を有する者に対してその信託財産から支払われる報酬の額は、その任務の遂行のために通常必要な費用の額を超えないものであること。

八　当該公益信託の受託者がその信託財産から受ける報酬の額は、当該公益信託の信託事務の処理に要する経費として通常必要な額を超えないものであること。

②　法第七十八条第三項に規定する政令で定めるところにより証明がされた公益信託は、同項に定める要件を満たす公益信託であることにつき当該公益信託に係る主務大臣（当該公益信託が次項第二号に掲げるものを目的とする公益信託である場合を除き、公益信託ニ関スル法律（大正十一年法律第六十二号）第十一条（主務官庁の権限に属する事務の処理）その他の法令の規定により当該公益信託に係る主務官庁の権限に属する事務を行うこととされた都道府県の知事その他の執行機関を含む。以下この条において同じ。）の証明を受けたものとする。

③　法第七十八条第三項に規定する政令で定める特定公益信託は、次に掲げるものの一又は二以上のものをその目的とする同項に規定する特定公益信託で、その目的に関し相当と認められる業績が持続できることにつき当該特定公益信託に係る主務大臣の認定を受けたもの（その認定を受けた日の翌日から五年を経過していないものに限る。）とする。

一　科学技術（自然科学に係るものに限る。）に関する試験研究を行う者に対する助成金の支給

二　人文科学の諸領域について、優れた研究を行う者に対する助成金の支給

三　学校教育法第一条（定義）に規定する学校における教育に対する助成

四　学生又は生徒に対する学資の支給又は貸与

五　芸術の普及向上に関する業務（助成金の支給に限る。）を行うこと。

六　文化財保護法（昭和二十五年法律第二百十四号）第二条第一項（定義）に規定する文化財の保存及び活用に関する業務（助成金の支給に限る。）を行うこと。

七　開発途上にある海外の地域に対する経済協力（技術協力を含む。）に資する資金の贈与

八　自然環境の保全のため野生動植物の保護繁殖に関する業務を行うことを主たる目的とする法人で当該業務に関し国又は地方公共団体の委託を受けているもの（これに準ずるものとして財務省令で定めるものを含む。）に対する助成金の支給

九　すぐれた自然環境の保全のためその自然環境の保存及び活用に関する業務（助成金の支給に限る。）を行うこと。

十　国土の緑化事業の推進（助成金の支給に限る。）

十一　社会福祉を目的とする事業に対する助成

十二　就学前の子どもに関する教育、保育等の総合的な提供の推進に関する法律第二条第七項（定義）に規定する幼保連携型認定こども園における教育及び保育に対する助成

④　当該公益信託に係る主務大臣は、第二項の証明又は前項の認定をしようとするとき（当該証明がされた公益信託の第一項各号に掲げる事項に関する信託の変更を当該公益信託の主務官庁が命じ、又は許可するときを含む。）は、財務大臣に協議しなければならない。

⑤　第二項又は第三項の規定により都道府県が処理することとされている事務は、地方自治法第二条第九項第一号（法定受託事務）に規定する第一号法定受託事務とする。

第三章　税額控除

（国外所得金額）

第二二一条の二　（略。法人税法施行令第一四一条の二と同旨）

（国外事業所等帰属所得に係る所得の金額の計算）

第二二一条の三　（略。法人税法施行令第一四一条の三と

同旨）

（国外事業所等に帰せられるべき純資産に対応する負債の利子）

第二二一条の四　（略。法人税法施行令第一四一条の四と同旨）

（特定の内部取引に係る国外事業所等帰属所得に係る所得の金額の計算）

第二二一条の五　（略。法人税法施行令第一四一条の七と同旨）

（その他の国外源泉所得に係る所得の金額の計算）

第二二一条の六　（略。法人税法施行令第一四一条の八と同旨）

（国外事業所等に帰せられるべき所得）

第二二五条の二　（略。法人税法施行令第一四五条の二と同旨）

（国外にある資産の運用又は保有により生ずる所得）

第二二五条の三　（略。法人税法施行令第一四五条の三と同旨）

（国外にある資産の譲渡により生ずる所得）

第二二五条の四　（略。法人税法施行令第一四五条の四と同旨）

（人的役務の提供を主たる内容とする事業の範囲）

第二二五条の五　（略。法人税法施行令第一四五条の五と同旨）

（国外業務に係る貸付金の利子）

第二二五条の六　（略。法人税法施行令第一四五条の六と同旨）

（国外業務に係る使用料等）

第二二五条の七　（略。法人税法施行令第一四五条の七と同旨）

（国外に源泉がある給与又は報酬の範囲）

第二二五条の八①　法第九十五条第四項第十号イ（外国税額控除）に規定する政令で定める人的役務の提供は、次に掲げる勤務その他の人的役務の提供とする。

一　内国法人の役員としての勤務で国外において行うもの（当該役員としての勤務を行う者が同時にその内国法人の使用人として常時勤務を行う場合の当該役員としての勤務を除く。）

二　居住者又は内国法人が運航する船舶又は航空機において行う勤務その他の人的役務の提供（国外における寄航地において行われる一時的な人的役務の提供を除く。）

②　法第九十五条第四項第十号ハに規定する政令で定める人的役務の提供は、前項各号に掲げる勤務その他の人的役務の提供で当該勤務その他の人的役務の提供を行う者が非居住者であつた期間に行つたものとする。

（事業の広告宣伝のための賞金）

第二二五条の九　（略。法人税法施行令第一四五条の八とおおむね同旨。所得税法施行令第二八六条を参照）

（年金に係る契約の範囲）

第二二五条の一〇　（略。法人税法施行令第一四五条の九と同旨）

（匿名組合契約に準ずる契約の範囲）

第二二五条の一一　（略。法人税法施行令第一四五条の一〇と同旨）

（国際運輸業所得）

第二二五条の一二　（略。法人税法施行令第一四五条の一一と同旨）

（相手国等において租税を課することができることとされる所得）

第二二五条の一三　（略。法人税法施行令第一四五条の一二と同旨）

（国外に源泉がある所得）

第二二五条の一四　法第九十五条第四項第十七号（外国税額控除）に規定する政令で定める所得は、次に掲げる所得とする。

一　国外において行う業務又は国外にある資産に関し受ける保険金、補償金又は損害賠償金（これらに類するものを含む。）に係る所得

二　国外にある資産の法人からの贈与により取得する所得

三　国外において発見された埋蔵物又は国外において拾得された遺失物に係る所得

四　国外において行う懸賞募集に基づいて懸賞として受ける金品その他の経済的な利益（旅行その他の役務の提供を内容とするもので、金品との選択ができないものとされているものを除く。）に係る所得

五　前三号に掲げるもののほか、国外においてした行為に伴い取得する一時所得

六　前各号に掲げるもののほか、国外において行う業務又は国外にある資産に関し供与を受ける経済的な利益に係る所得

（債務の保証等に類する取引）

第二二五条の一五　（略。法人税法施行令第一四五条の一四と同旨）

（内部取引に含まれない事実の範囲等）

第二二五条の一六①　（略。法人税法施行令第一四五条の一五第一項と同旨）

②　（略。法人税法施行令第一四五条の一五第三項と同旨）

第七章　更正の請求の特例

（更正の請求の特例の対象となる事実）

第二七四条　法第百五十二条（各種所得の金額に異動を生じた場合の更正の請求の特例）に規定する政令で定める事実は、次に掲げる事実とする。

一　確定申告書を提出し、又は決定を受けた居住者の当該申告書又は決定に係る年分の各種所得の金額（事業所得の金額並びに事業から生じた不動産所得の金額及び山林所得の金額を除く。次号において同じ。）の計算の基礎となつた事実のうちに含まれていた無効な行為により生じた経済的成果がその行為の無効であることに基因して失われたこと。

二　前号に掲げる者の当該年分の各種所得の金額の計算の基礎となつた事実のうちに含まれていた取り消すことのできる行為が取り消されたこと。

第八章　更正及び決定

（同族関係者の範囲）

第二七五条　法第百五十七条第一項（同族会社等の行為又は計算の否認等）に規定する株主等と政令で定める特殊の関係のある居住者は、次に掲げる者とする。

一　当該株主等の親族

二　当該株主等と婚姻の届出をしていないが事実上婚姻関係と同様の事情にある者

三　当該株主等の使用人

四　前三号に掲げる者以外の者で当該株主等から受ける金銭その他の資産によつて生計を維持しているもの

五　前三号に掲げる者と生計を一にするこれらの者の親族

第三編　非居住者及び法人の納税義務

第一章　国内源泉所得

（恒久的施設に係る内部取引の相手方である事業場等の範囲）

第二七九条　（略。法人税法施行令第一七六条と同旨）

（国内にある資産の運用又は保有により生ずる所得）

第二八〇条　（略。法人税法施行令第一七七条と同旨）

（国内にある資産の譲渡により生ずる所得）

第二八一条　（略。法人税法施行令第一七八条と同旨）

（恒久的施設を通じて行う組合事業から生ずる利益）

第二八一条の二①　法第百六十一条第一項第四号（国内源泉所得）に規定する政令で定める契約は、次に掲げる契約とする。

一　投資事業有限責任組合契約に関する法律第三条第一項（投資事業有限責任組合契約）に規定する投資事業有限責任組合契約

二　有限責任事業組合契約に関する法律第三条第一項（有限責任事業組合契約）に規定する有限責任事業組合契約

三　外国における次に掲げる契約に類する契約

イ　民法第六百六十七条第一項（組合契約）に規定する組合契約

ロ　前二号に掲げる契約

②　法第百六十一条第一項第四号に規定する政令で定める利益は、同号に規定する組合契約（以下この項において「組合契約」という。）に基づいて恒久的施設を通じて行う事業から生ずる収入から当該収入に係る費用（同条第一項第五号から第十六号までに掲げる国内源泉所得につき法第二百十二条第一項（源泉徴収義務）の規定により徴収された所得税を含む。）を控除したものについて当該組合契約を締結している組合員（当該組合契約を締結していた組合員並びに前項第三号に掲げる契約を締結している者及び当該契約を締結していた者を含む。）が当該組合契約に基づいて配分を受けるものとする。

（国内にある土地等の譲渡による対価）

第二八一条の三　法第百六十一条第一項第五号（国内源泉所得）に規定する政令で定める対価は、土地等（国内にある土地若しくは土地の上に存する権利又は建物及びその附属設備若しくは構築物をいう。以下この条において同じ。）の譲渡による対価（その金額が一億円を超えるものを除く。）で、当該土地等を自己又はその親族の居住の用に供するために譲り受けた個人から支払われるものとする。

（人的役務の提供を主たる内容とする事業の範囲）

第二八二条　（略。法人税法施行令第一七九条と同旨）

（国内業務に係る貸付金の利子）

第二八三条①　法第百六十一条第一項第十号（国内源泉所得）に規定する政令で定める利子は、次に掲げる債権のうち、その発生の日からその債務を履行すべき日までの期間（期間の更新その他の方法（以下この項において「期間の更新等」という。）により当該期間が実質的に延長されることが予定されているものについては、その延長された当該期間。以下この項において「履行期間」という。）が六月を超えないもの（その成立の際の履行期間が六月を超えなかつた当該債権について期間の更新等によりその履行期間が六月を超えることとなる場合のその期間の更新等が行われる前の履行期間における当該債権を含む。）の利子とする。

一　国内において業務を行う者に対してする資産の譲渡又は役務の提供の対価に係る債権

二　前号に規定する対価の決済に関し、金融機関が国内において業務を行う者に対して有する債権

②　法第百六十一条第一項第十号の規定の適用については、居住者又は内国法人の業務の用に供される船舶又は航空機の購入のためにその居住者又は内国法人に対して提供された貸付金は、同号の規定に該当する貸付金とし、非居住者又は外国法人の業務の用に供される船舶又は航空機の購入のためにその非居住者又は外国法人に対して提供された貸付金は、同号の規定に該当する貸付金以外の貸付金とする。

③　法第百六十一条第一項第十号に規定する債券の買戻又は売戻条件付売買取引として政令で定めるものは、債券をあらかじめ約定した期日にあらかじめ約定した価格で（あらかじめ期日及び価格を約定することに代えて、その開始以後期日及び価格の約定をすることができる場合にあつては、その開始以後約定した期日に約定した価格で）買い戻し、又は売り戻すことを約定して譲渡し、又は購入し、かつ、当該約定に基づき当該債券と同種及び同量の債券を買い戻し、又は売り戻す取引（次項において「債券現先取引」という。）とする。

④　法百六十一条第一項第十号に規定する差益として政令で定めるものは、国内において業務を行う者との間で行う債券現先取引で当該業務に係るものにおいて、債券を購入する際の当該購入に係る対価の額を当該債券と同種及び同量の債券を売り戻す際の当該売戻しに係る対価の額が上回る場合における当該売戻しに係る対価の額から当該購入に係る対価の額を控除した金額に相当する差益とする。

（国内業務に係る使用料等）

第二八四条①　法第百六十一条第一項第十一号ハ（国内源泉所得）に規定する政令で定める用具は、車両及び運搬具、工具並びに器具及び備品とする。

②　法第百六十一条第一項第十一号の規定の適用については、同号ロ又はハに規定する資産で居住者又は内国法人の業務の用に供される船舶又は航空機において使用されるものの使用料は、同号の規定に該当する使用料とし、当該資産で非居住者又は外国法人の業務の用に供される船舶又は航空機において使用されるものの使用料は、同号の規定に該当する使用料以外の使用料とする。

（国内に源泉がある給与、報酬又は年金の範囲）

第二八五条①　法第百六十一条第一項第十二号イ（国内源泉所得）に規定する政令で定める人的役務の提供は、次に掲げる勤務その他の人的役務の提供とする。

一　内国法人の役員としての勤務で国外において行うもの（当該役員としての勤務を行う者が同時にその内国法人の使用人として常時勤務を行う場合の当該役員としての勤務を除く。）

二　居住者又は内国法人が運航する船舶又は航空機において行う勤務その他の人的役務の提供（国外における寄航地において行われる一時的な人的役務の提供を除く。）

②　法第百六十一条第一項第十二号ロに規定する政令で定める公的年金等は、第七十二条第三項第八号（退職手当等とみなす一時金）に規定する制度に基づいて支給される年金（これに類する給付を含む。）とする。

③　法第百六十一条第一項第十二号ハに規定する政令で定める人的役務の提供は、第一項各号に掲げる勤務その他の人的役務の提供で当該勤務その他の人的役務の提供を行う者が非居住者であつた期間に行つたものとする。

（事業の広告宣伝のための賞金）

第二八六条　法第百六十一条第一項第十三号（国内源泉所得）に規定する政令で定める賞金は、国内において事業を行う者から当該事業の広告宣伝のために賞として支払を受ける金品その他の経済的な利益（旅行その他の役務の提供を内容とするもので、金品との選択をすることができないものとされているものを除く。）とする。

（年金に係る契約の範囲）

第二八七条　法第百六十一条第一項第十四号（国内源泉所得）に規定する政令で定める契約は、第百八十三条第三項（生命保険契約等の意義）に規定する生命保険契約等又は第百八十四条第一項（損害保険年金等に係る雑所得の金額の計算上控除する保険料等）に規定する損害保険契約等であつて、年金を給付する定めのあるものとする。

（匿名組合契約に準ずる契約の範囲）

第二八八条　法第百六十一条第一項第十六号（国内源泉所得）に規定する政令で定める契約は、当事者の一方が相手方の事業のために出資をし、相手方がその事業から生ずる利益を分配することを約する契約とする。

（国内に源泉がある所得）

第二八九条　法第百六十一条第一項第十七号（国内源泉所得）に規定する政令で定める所得は、次に掲げる所得とする。

一　国内において行う業務又は国内にある資産に関し受ける保険金、補償金又は損害賠償金（これらに類するものを含む。）に係る所得

二　国内にある資産の法人からの贈与により取得する所得

三　国内において発見された埋蔵物又は国内において拾得された遺失物に係る所得

四　国内において行う懸賞募集に基づいて懸賞として受ける金品その他の経済的な利益（旅行その他の役務の提供を内容とするもので、金品との選択ができないものとされているものを除く。）に係る所得

五　前三号に掲げるもののほか、国内においてした行為に伴い取得する一時所得

六　前各号に掲げるもののほか、国内において行う業務又は国内にある資産に関し供与を受ける経済的な利益に係る所得

（債務の保証等に類する取引）

第二九〇条　（略。法人税法施行令第一八一条と同旨）

（国際運輸業所得）

第二九一条　（略。法人税法施行令第一八二条と同旨）

（租税条約に異なる定めがある場合の国内源泉所得）

第二九一条の二　（略。法人税法施行令第一八三条第一項第三項と同旨）

第二章　非居住者の納税義務

第一節　非居住者に対する所得税の総合課税

第一款　課税標準、税額等の計算

（略。法人税法施行令第三編第二章が本款と同様の定めを置く）

◉法人税法（抄）

（昭和四〇・三・三一 法 三 四）

施行 昭和四〇・四・一（附則）
最終改正 令和三法一一

目次

第一編　総則（抄）

第一章　通則（抄）

（趣旨）

第一条　この法律は、法人税について、納税義務者、課税所得等の範囲、税額の計算の方法、申告、納付及び還付の手続並びにその納税義務の適正な履行を確保するため必要な事項を定めるものとする。

（定義）

第二条　この法律において、次の各号に掲げる用語の意義は、当該各号に定めるところによる。

一　国内　この法律の施行地をいう。

二　国外　この法律の施行地外の地域をいう。

三　内国法人　国内に本店又は主たる事務所を有する法人をいう。

四　外国法人　内国法人以外の法人をいう。

五　公共法人　別表第一に掲げる法人をいう。

六　公益法人等　別表第二に掲げる法人をいう。

七　協同組合等　別表第三に掲げる法人をいう。

八　人格のない社団等　法人でない社団又は財団で代表者又は管理人の定めがあるものをいう。

九　普通法人　第五号から第七号までに掲げる法人以外の法人をいい、人格のない社団等を含まない。

九の二　非営利型法人　一般社団法人又は一般財団法人（公益社団法人又は公益財団法人を除く。）のうち、次に掲げるものをいう。

イ　その行う事業により利益を得ること又はその得た利益を分配することを目的としない法人であつてその事業を運営するための組織が適正であるものとして政令で定めるもの

ロ　その会員から受け入れる会費により当該会員に共通する利益を図るための事業を行う法人であつてその事業を運営するための組織が適正であるものとして政令で定めるもの

十　同族会社　会社（投資法人を含む。以下この号において同じ。）の株主等（その会社が自己の株式（投資信託及び投資法人に関する法律（昭和二十六年法律第百九十八号）第二条第十四項（定義）に規定する投資口を含む。以下同じ。）又は出資を有する場合のその会社を除く。）の三人以下並びにこれらと政令で定める特殊の関係のある個人及び法人がその会社の発行済株式又は出資（その会社が有する自己の株式又は出資を除く。）の総数又は総額の百分の五十を超える数又は金額の株式又は出資を有する場合その他政令で定める場合におけるその会社をいう。

十一　被合併法人　合併によりその有する資産及び負債の移転を行つた法人をいう。

十二　合併法人　合併により被合併法人から資産及び負債の移転を受けた法人をいう。

十二の二　分割法人　分割によりその有する資産又は負債の移転を行つた法人をいう。

十二の三　分割承継法人　分割により分割法人から資産又は負債の移転を受けた法人をいう。

十二の四　現物出資法人　現物出資によりその有する資産の移転を行い、又はこれと併せてその有する負債の移転を行つた法人をいう。

十二の五　被現物出資法人　現物出資により現物出資法人から資産の移転を受け、又はこれと併せて負債の移転を受けた法人をいう。

十二の五の二　現物分配法人　現物分配（法人（公益法人等及び人格のない社団等を除く。）がその株主等に対し当該法人の次に掲げる事由により金銭以外の資産の交付をすることをいう。以下この条において同じ。）によりその有する資産の移転を行つた法人をいう。

イ　剰余金の配当（株式又は出資に係るものに限るものとし、分割型分割によるものを除く。）若しくは利益の配当（分割型分割によるものを除く。）又は剰余金の分配（出資に係るものに限る。）

ロ　解散による残余財産の分配

ハ　第二十四条第一項第五号から第七号まで（配

当等の額とみなす金額）に掲げる事由

十二の五の三　被現物分配法人　現物分配により現物分配法人から資産の移転を受けた法人をいう。

十二の六　株式交換完全子法人　株式交換によりその株主の有する株式を他の法人に取得させた当該株式を発行した法人をいう。

十二の六の二　株式交換等完全子法人　株式交換完全子法人及び株式交換等（株式交換を除く。）に係る第十二号の十六に規定する対象法人をいう。

十二の六の三　株式交換完全親法人　株式交換により他の法人の株式を取得したことによつて当該法人の発行済株式の全部を有することとなつた法人をいう。

十二の六の四　株式交換等完全親法人　株式交換完全親法人並びに株式交換等（株式交換を除く。）に係る第十二号の十六イ及びロに規定する最大株主等である法人並びに同号ハの一の株主等である法人をいう。

十二の六の五　株式移転完全子法人　株式移転によりその株主の有する株式を当該株式移転により設立された法人に取得させた当該株式を発行した法人をいう。

十二の六の六　株式移転完全親法人　株式移転により他の法人の発行済株式の全部を取得した当該株式移転により設立された法人をいう。

十二の六の七　通算親法人　第六十四条の九第一項（通算承認）に規定する親法人であつて同項の規定による承認を受けたものをいう。

十二の七　通算子法人　第六十四条の九第二項に規定する他の内国法人であつて同条第一項の規定による承認を受けたものをいう。

十二の七の二　通算法人　通算親法人及び通算子法人をいう。

十二の七の三　投資法人　投資信託及び投資法人に関する法律第二条第十二項に規定する投資法人をいう。

十二の七の四　特定目的会社　資産の流動化に関する法律（平成十年法律第百五号）第二条第三項（定義）に規定する特定目的会社をいう。

十二の七の五　支配関係　一の者が法人の発行済株式若しくは出資（当該法人が有する自己の株式又は出資を除く。以下この条において「発行済株式等」という。）の総数若しくは総額の百分の五十を超える数若しくは金額の株式若しくは出資を直接若しくは間接に保有する関係として政令で定める関係（以下この号において「当事者間の支配の関係」という。）又は一の者との間に当事者間の支配の関係がある法人相互の関係をいう。

十二の七の六　完全支配関係　一の者が法人の発行済株式等の全部を直接若しくは間接に保有する関係として政令で定める関係（以下この号において「当事者間の完全支配の関係」という。）又は一の者との間に当事者間の完全支配の関係がある法人相互の関係をいう。

十二の七の七　通算完全支配関係　通算親法人と通算子法人との間の完全支配関係（第六十四条の九第一項に規定する政令で定める関係に限る。以下この号において同じ。）又は通算親法人との間に完全支配関係がある通算子法人相互の関係をいう。

十二の八　適格合併　次のいずれかに該当する合併で被合併法人の株主等に合併法人又は合併親法人（合併法人との間に当該合併法人の発行済株式等の全部を直接又は間接に保有する関係として政令で定める関係がある法人をいう。）のうちいずれか一の法人の株式又は出資以外の資産（当該株主等に対する剰余金の配当等（株式又は出資に係る剰余金の配当、利益の配当又は剰余金の分配をいう。）として交付される金銭その他の資産、合併に反対する当該株主等に対するその買取請求に基づく対価として交付される金銭その他の資産及び合併の直前において合併法人が被合併法人の発行済株式等の総数又は総額の三分の二以上に相当する数又は金額の株式又は出資を有する場合における当該合併法人以外の株主等に交付される金銭その他の資産を除く。）が交付されないものをいう。

イ　その合併に係る被合併法人と合併法人（当該合併が法人を設立する合併（以下この号において「新設合併」という。）である場合にあつては、当該被合併法人と他の被合併法人）との間にいずれか一方の法人による完全支配関係その他の政令で定める関係がある場合の当該合併

ロ　その合併に係る被合併法人と合併法人（当該合併が新設合併である場合にあつては、当該被合併法人と他の被合併法人）との間にいずれか一方の法人による支配関係その他の政令で定める関係がある場合の当該合併のうち、次に掲げる要件の全てに該当するもの

(1)　当該合併に係る被合併法人の当該合併の直前の従業者のうち、その総数のおおむね百分の八十以上に相当する数の者が当該合併後に当該合併に係る合併法人の業務（当該合併に係る合併法人との間に完全支配関係がある法人の業務並びに当該合併後に行われる適格合併により当該被合併法人の当該合併前に行う主要な事業が当該適格合併に係る合併法人に移転することが見込まれている場合における当該適格合併に係る合併法人及び当該適格合併に係る合併法人との間に完全支配関係がある法人の業務を含む。）に従事することが見込まれていること。

(2)　当該合併に係る被合併法人の当該合併前に行う主要な事業が当該合併後に当該合併に係る合併法人（当該合併に係る合併法人との間に完全支配関係がある法人並びに当該合併後に行われる適格合併により当該主要な事業が当該適格合併に係る合併法人に移転することが見込まれている場合における当該適格合併に係る合併法人及び当該適格合併に係る合併法人との間に完全支配関係がある法人を含む。）において引き続き行われることが見込

まれていること。

ハ　その合併に係る被合併法人と合併法人（当該合併が新設合併である場合にあつては、当該被合併法人と他の被合併法人）とが共同で事業を行うための合併として政令で定めるもの

十二の九　分割型分割　次に掲げる分割をいう。

イ　分割により分割法人が交付を受ける分割対価資産（分割により分割承継法人によつて交付される当該分割承継法人の株式（出資を含む。以下第十二号の十七までにおいて同じ。）その他の資産をいう。以下第十二号の十一までにおいて同じ。）の全てが当該分割の日において当該分割法人の株主等に交付される場合又は分割により分割対価資産の全てが分割法人の株主等に直接に交付される場合のこれらの分割

ロ　分割対価資産がない分割（以下この号及び次号において「無対価分割」という。）で、その分割の直前において、分割承継法人が分割法人の発行済株式等の全部を保有している場合又は分割法人が分割承継法人の株式を保有していない場合の当該無対価分割

十二の十　分社型分割　次に掲げる分割をいう。

イ　分割により分割法人が交付を受ける分割対価資産が当該分割の日において当該分割法人の株主等に交付されない場合の当該分割（無対価分割を除く。）

ロ　無対価分割で、その分割の直前において分割法人が分割承継法人の株式を保有している場合（分割承継法人が分割法人の発行済株式等の全部を保有している場合を除く。）の当該無対価分割

十二の十一　適格分割　次のいずれかに該当する分割で分割対価資産として分割承継法人又は分割承継親法人（分割承継法人との間に当該分割承継法人の発行済株式等の全部を直接又は間接に保有する関係として政令で定める関係がある法人をいう。）のうちいずれか一の法人の株式以外の資産が交付されないもの（当該株式が交付される分割型分割にあつては、当該株式が分割法人の発行済株式等の総数又は総額のうちに占める当該分割法人の各株主等の有する当該分割法人の株式の数（出資にあつては、金額）の割合に応じて交付されるものに限る。）をいう。

イ　その分割に係る分割法人と分割承継法人との間にいずれか一方の法人による完全支配関係その他の政令で定める関係がある場合の当該分割

ロ　その分割に係る分割法人と分割承継法人との間にいずれか一方の法人による支配関係その他の政令で定める関係がある場合の当該分割のうち、次に掲げる要件の全てに該当するもの

(1)　当該分割により分割事業（分割法人の分割前に行う事業のうち、当該分割により分割承継法人において行われることとなるものをいう。ロにおいて同じ。）に係る主要な資産及び負債が当該分割承継法人に移転していること。

(2)　当該分割の直前の分割事業に係る従業者のうち、その総数のおおむね百分の八十以上に相当する数の者が当該分割後に当該分割承継法人の業務（当該分割承継法人との間に完全支配関係がある法人の業務並びに当該分割後に行われる適格合併により当該分割事業が当該適格合併に係る合併法人に移転することが見込まれている場合における当該合併法人及び当該合併法人との間に完全支配関係がある法人の業務を含む。）に従事することが見込まれていること。

(3)　当該分割に係る分割事業が当該分割後に当該分割承継法人（当該分割承継法人との間に完全支配関係がある法人並びに当該分割後に行われる適格合併により当該分割事業が当該適格合併に係る合併法人に移転することが見込まれている場合における当該合併法人及び当該合併法人との間に完全支配関係がある法人を含む。）において引き続き行われることが見込まれていること。

ハ　その分割に係る分割法人と分割承継法人（当該分割が法人を設立する分割である場合にあつては、当該分割法人と他の分割法人）とが共同で事業を行うための分割として政令で定めるもの

ニ　その分割（一の法人のみが分割法人となる分割型分割に限る。）に係る分割法人の当該分割前に行う事業を当該分割により新たに設立する分割承継法人において独立して行うための分割として政令で定めるもの

十二の十二　適格分割型分割　分割型分割のうち適格分割に該当するものをいう。

十二の十三　適格分社型分割　分社型分割のうち適格分割に該当するものをいう。

十二の十四　適格現物出資　次のいずれかに該当する現物出資（外国法人に国内にある資産又は負債として政令で定める資産又は負債（以下この号において「国内資産等」という。）の移転を行うもの（当該国内資産等の全部が当該外国法人の恒久的施設に属するものとして政令で定めるものを除く。）、外国法人が内国法人又は他の外国法人に国外にある資産又は負債として政令で定める資産又は負債（以下この号において「国外資産等」という。）の移転を行うもの（当該他の外国法人に国外資産等の移転を行うものにあつては、当該国外資産等が当該他の外国法人の恒久的施設に属するものとして政令で定めるものに限る。）及び内国法人が外国法人に国外資産等の移転を行うもので当該国外資産等の全部又は一部が当該外国法人の恒久的施設に属しないもの（国内資産等の移転を行うものに準ずるものとして政令で定めるものに限る。）並びに新株予約権付社債に付された新株予約権の行使に伴う当該新株予約権付社債についての社債の給付を除き、現物出資法人に被現物出資法人の株式のみが交付されるものに限る。）を

いう。

イ　その現物出資に係る現物出資法人と被現物出資法人との間にいずれか一方の法人による完全支配関係その他の政令で定める関係がある場合の当該現物出資

ロ　その現物出資に係る現物出資法人と被現物出資法人との間にいずれか一方の法人による支配関係その他の政令で定める関係がある場合の当該現物出資のうち、次に掲げる要件の全てに該当するもの

(1)　当該現物出資により現物出資事業（現物出資法人の現物出資前に行う事業のうち、当該現物出資により被現物出資法人において行われることとなるものをいう。ロにおいて同じ。）に係る主要な資産及び負債が当該被現物出資法人に移転していること。

(2)　当該現物出資の直前の現物出資事業に係る従業者のうち、その総数のおおむね百分の八十以上に相当する数の者が当該現物出資後に当該被現物出資法人の業務（当該被現物出資法人との間に完全支配関係がある法人の業務並びに当該現物出資後に行われる適格合併により当該現物出資事業が当該適格合併に係る合併法人に移転することが見込まれている場合における当該合併法人及び当該合併法人との間に完全支配関係がある法人の業務を含む。）に従事することが見込まれていること。

(3)　当該現物出資に係る現物出資事業が当該現物出資後に当該被現物出資法人（当該被現物出資法人との間に完全支配関係がある法人並びに当該現物出資後に行われる適格合併により当該現物出資事業が当該適格合併に係る合併法人に移転することが見込まれている場合における当該合併法人及び当該合併法人との間に完全支配関係がある法人を含む。）において引き続き行われることが見込まれていること。

ハ　その現物出資に係る現物出資法人と被現物出資法人（当該現物出資が法人を設立する現物出資である場合にあつては、当該現物出資法人と他の現物出資法人）とが共同で事業を行うための現物出資として政令で定めるもの

十二の十五　適格現物分配　内国法人を現物分配法人とする現物分配のうち、その現物分配により資産の移転を受ける者がその現物分配の直前において当該内国法人との間に完全支配関係がある内国法人（普通法人又は協同組合等に限る。）のみであるものをいう。

十二の十五の二　株式分配　現物分配（剰余金の配当又は利益の配当に限る。）のうち、その現物分配の直前において現物分配法人により発行済株式等の全部を保有されていた法人（次号において「完全子法人」という。）の当該発行済株式等の全部が移転するもの（その現物分配により当該発行済株式等の移転を受ける者がその現物分配の直前において当該現物分配法人との間に完全支配関係がある者のみである場合における当該現物分配を除く。）をいう。

十二の十五の三　適格株式分配　完全子法人の株式のみが移転する株式分配のうち、完全子法人と現物分配法人とが独立して事業を行うための株式分配として政令で定めるもの（当該株式分配に係る現物分配法人の発行済株式等の総数又は総額のうちに占める当該現物分配法人の各株主等の有する当該現物分配法人の株式の数（出資にあつては、金額）の割合に応じて交付されるものに限る。）をいう。

十二の十六　株式交換等　株式交換及びイからハまでに掲げる行為により対象法人（それぞれイからハまでに規定する法人をいう。）がそれぞれイ若しくはロに規定する最大株主等である法人又はハの一の株主等である法人との間にこれらの法人による完全支配関係を有することとなることをいう。

イ　全部取得条項付種類株式（ある種類の株式について、これを発行した法人が株主総会その他これに類するものの決議（イにおいて「取得決議」という。）によつてその全部の取得をする旨の定めがある場合の当該種類の株式をいう。）に係る取得決議によりその取得の対価として当該法人の最大株主等（当該法人以外の当該法人の株主等のうちその有する当該法人の株式の数が最も多い者をいう。）以外の全ての株主等（当該法人及び当該最大株主等との間に完全支配関係がある者を除く。）に一に満たない端数の株式以外の当該法人の株式が交付されないこととなる場合の当該取得決議

ロ　株式の併合で、その併合をした法人の最大株主等（当該法人以外の当該法人の株主等のうちその有する当該法人の株式の数が最も多い者をいう。）以外の全ての株主等（当該法人及び当該最大株主等との間に完全支配関係がある者を除く。）の有することとなる当該法人の株式の数が一に満たない端数となるもの

ハ　株式売渡請求（法人の一の株主等が当該法人の承認を得て当該法人の他の株主等（当該法人及び当該一の株主等との間に完全支配関係がある者を除く。）の全てに対して法令（外国の法令を含む。ハにおいて同じ。）の規定に基づいて行う当該法人の株式の全部を売り渡すことの請求をいう。）に係る当該承認により法令の規定に基づき当該法人の発行済株式等（当該一の株主等又は当該一の株主等との間に完全支配関係がある者が有するものを除く。）の全部が当該一の株主等に取得されることとなる場合の当該承認

十二の十七　適格株式交換等　次のいずれかに該当する株式交換等で株式交換等完全子法人の株主等に株式交換等完全親法人又は株式交換完全支配親法人（株式交換等完全親法人との間に当該株式交換完全親法人の発行済株式等の全部を直接又は間接に保有する関係として政令で定める関係がある法

人をいう。）のうちいずれか一の法人の株式以外の資産（当該株主等に対する剰余金の配当として交付される金銭その他の資産、株式交換等に反対する当該株主等に対するその買取請求に基づく対価として交付される金銭その他の資産、株式交換の直前において株式交換完全親法人が株式交換完全子法人の発行済株式（当該株式交換完全子法人が有する自己の株式を除く。）の総数の三分の二以上に相当する数の株式を有する場合における当該株式交換完全親法人以外の株主に交付される金銭その他の資産、前号イの取得の価格の決定の申立てに基づいて交付される金銭その他の資産、同号イに掲げる行為に係る同号イの一に満たない端数の株式又は同号ロに掲げる行為により生ずる同号ロに規定する法人の一に満たない端数の株式の取得の対価として交付される金銭その他の資産及び同号ハの取得の対価として交付される金銭その他の資産を除く。）が交付されないものをいう。

イ　その株式交換に係る株式交換完全子法人と株式交換完全親法人との間に当該株式交換完全親法人による完全支配関係その他の政令で定める関係がある場合の当該株式交換

ロ　その株式交換等に係る株式交換等完全子法人と株式交換等完全親法人との間にいずれか一方の法人による支配関係その他の政令で定める関係がある場合の当該株式交換等のうち、次に掲げる要件の全てに該当するもの

(1)　当該株式交換等完全子法人の当該株式交換等の直前の従業者のうち、その総数のおおむね百分の八十以上に相当する数の者が当該株式交換等完全子法人の業務（当該株式交換等完全子法人との間に完全支配関係がある法人の業務並びに当該株式交換等後に行われる適格合併又は当該株式交換等完全子法人を分割法人若しくは現物出資法人とする適格分割若しくは適格現物出資（ロにおいて「適格合併等」という。）により当該株式交換等完全子法人の当該株式交換等前に行う主要な事業が当該適格合併等に係る合併法人、分割承継法人又は被現物出資法人（ロにおいて「合併法人等」という。）に移転することが見込まれている場合における当該合併法人等及び当該合併法人等との間に完全支配関係がある法人の業務を含む。）に引き続き従事することが見込まれていること。

(2)　当該株式交換等完全子法人の当該株式交換等前に行う主要な事業が当該株式交換等完全子法人（当該株式交換等完全子法人との間に完全支配関係がある法人並びに当該株式交換等後に行われる適格合併等により当該主要な事業が当該適格合併等に係る合併法人等に移転することが見込まれている場合における当該合併法人等及び当該合併法人等との間に完全支配関係がある法人を含む。）において引き続き行われることが見込まれていること。

ハ　その株式交換に係る株式交換完全子法人と株式交換完全親法人とが共同で事業を行うための株式交換として政令で定めるもの

十二の十八　適格株式移転　次のいずれかに該当する株式移転で株式移転完全子法人の株主に株式移転完全親法人の株式以外の資産（株式移転に反対する当該株主に対するその買取請求に基づく対価として交付される金銭その他の資産を除く。）が交付されないものをいう。

イ　その株式移転に係る株式移転完全子法人と当該株式移転に係る他の株式移転完全子法人（以下この号において「他の株式移転完全子法人」という。）との間に同一の者による完全支配関係その他の政令で定める関係がある場合の当該株式移転又は一の法人のみがその株式移転完全子法人となる株式移転で政令で定めるもの

ロ　その株式移転に係る株式移転完全子法人と他の株式移転完全子法人との間にいずれか一方の法人による支配関係その他の政令で定める関係がある場合の当該株式移転のうち、次に掲げる要件の全てに該当するもの

(1)　当該株式移転に係る各株式移転完全子法人の当該株式移転の直前の従業者のうち、その総数のおおむね百分の八十以上に相当する数の者が当該株式移転完全子法人の業務（当該株式移転完全子法人との間に完全支配関係がある法人の業務並びに当該株式移転後に行われる適格合併又は当該株式移転完全子法人を分割法人若しくは現物出資法人とする適格分割若しくは適格現物出資（ロにおいて「適格合併等」という。）により当該株式移転完全子法人の当該株式移転前に行う主要な事業が当該適格合併等に係る合併法人、分割承継法人又は被現物出資法人（ロにおいて「合併法人等」という。）に移転することが見込まれている場合における当該合併法人等及び当該合併法人等との間に完全支配関係がある法人の業務を含む。）に引き続き従事することが見込まれていること。

(2)　当該株式移転に係る各株式移転完全子法人の当該株式移転前に行う主要な事業が当該株式移転完全子法人（当該株式移転完全子法人との間に完全支配関係がある法人並びに当該株式移転後に行われる適格合併等により当該主要な事業が当該適格合併等に係る合併法人等に移転することが見込まれている場合における当該合併法人等及び当該合併法人等との間に完全支配関係がある法人を含む。）において引き続き行われることが見込まれていること。

ハ　その株式移転に係る株式移転完全子法人と他の株式移転完全子法人とが共同で事業を行うための株式移転として政令で定めるもの

十二の十九　恒久的施設　次に掲げるものをいう。ただし、我が国が締結した所得に対する租税に関する二重課税の回避又は脱税の防止のための条約

において次に掲げるものと異なる定めがある場合には、その条約の適用を受ける外国法人については、その条約において恒久的施設と定められたもの（国内にあるものに限る。）とする。

イ　外国法人の国内にある支店、工場その他事業を行う一定の場所で政令で定めるもの

ロ　外国法人の国内にある建設若しくは据付けの工事又はこれらの指揮監督の役務の提供を行う場所その他これに準ずるものとして政令で定めるもの

ハ　外国法人が国内に置く自己のために契約を締結する権限のある者その他これに準ずる者で政令で定めるもの

十三　収益事業　販売業、製造業その他の政令で定める事業で、継続して事業場を設けて行われるものをいう。

十四　株主等　株主又は合名会社、合資会社若しくは合同会社の社員その他法人の出資者をいう。

十五　役員　法人の取締役、執行役、会計参与、監査役、理事、監事及び清算人並びにこれら以外の者で法人の経営に従事している者のうち政令で定めるものをいう。

十六　資本金等の額　法人が株主等から出資を受けた金額として政令で定める金額をいう。

十七　削除

十八　利益積立金額　法人の所得の金額で留保している金額として政令で定める金額をいう。

十九　欠損金額　各事業年度の所得の金額の計算上当該事業年度の損金の額が当該事業年度の益金の額を超える場合におけるその超える部分の金額をいう。

二十　棚卸資産　商品、製品、半製品、仕掛品、原材料その他の資産で棚卸しをすべきものとして政令で定めるもの（有価証券及び第六十一条第一項（短期売買商品等の譲渡損益及び時価評価損益）に規定する短期売買商品等を除く。）をいう。

二十一　有価証券　金融商品取引法（昭和二十三年法律第二十五号）第二条第一項（定義）に規定する有価証券その他これに準ずるもので政令で定めるもの（自己が有する自己の株式又は出資及び第六十一条の五第一項（デリバティブ取引に係る利益相当額又は損失相当額の益金又は損金算入等）に規定するデリバティブ取引に係るものを除く。）をいう。

二十二　固定資産　土地（土地の上に存する権利を含む。）、減価償却資産、電話加入権その他の資産で政令で定めるものをいう。

二十三　減価償却資産　建物、構築物、機械及び装置、船舶、車両及び運搬具、工具、器具及び備品、鉱業権その他の資産で償却をすべきものとして政令で定めるものをいう。

二十四　繰延資産　法人が支出する費用のうち支出の効果がその支出の日以後一年以上に及ぶもので政令で定めるものをいう。

二十五　損金経理　法人がその確定した決算において費用又は損失として経理することをいう。

二十六　合同運用信託　信託会社（金融機関の信託業務の兼営等に関する法律（昭和十八年法律第四十三号）により同法第一条第一項（兼営の認可）に規定する信託業務を営む同項に規定する金融機関を含む。）が引き受けた金銭信託で、共同しない多数の委託者の信託財産を合同して運用するもの（投資信託及び投資法人に関する法律第二条第二項に規定する委託者非指図型投資信託及びこれに類する外国投資信託（同条第二十四項に規定する外国投資信託をいう。次号及び第二十九号ロにおいて同じ。）並びに委託者が実質的に多数でないものとして政令で定める信託を除く。）をいう。

二十七　証券投資信託　投資信託及び投資法人に関する法律第二条第四項に規定する証券投資信託及びこれに類する外国投資信託をいう。

二十八　公社債投資信託　証券投資信託のうち、その信託財産を公債又は社債（会社以外の法人が特別の法律により発行する債券を含む。）に対する投資として運用することを目的とするもので、株式又は出資に対する投資として運用しないものをいう。

二十九　集団投資信託　次に掲げる信託をいう。

イ　合同運用信託

ロ　投資信託及び投資法人に関する法律第二条第三項に規定する投資信託（次に掲げるものに限る。）及び外国投資信託

(1)　投資信託及び投資法人に関する法律第二条第四項に規定する証券投資信託

(2)　その受託者（投資信託及び投資法人に関する法律第二条第一項に規定する委託者指図型投資信託にあっては、委託者）による受益権の募集が、同条第八項に規定する公募により行われ、かつ、主として国内において行われるものとして政令で定めるもの

ハ　特定受益証券発行信託（信託法（平成十八年法律第百八号）第百八十五条第三項（受益証券の発行に関する信託行為の定め）に規定する受益証券発行信託のうち、次に掲げる要件の全てに該当するもの（イに掲げる信託及び次号ハに掲げる信託を除く。）をいう。）

(1)　信託事務の実施につき政令で定める要件に該当するものであることについて政令で定めるところにより税務署長の承認を受けた法人（(1)において「承認受託者」という。）が引き受けたものであること（その計算期間開始の日の前日までに、当該承認受託者（当該受益証券発行信託の受託者に就任したことによりその信託事務の引継ぎを受けた承認受託者を含む。）がその承認を取り消された場合及び当該受益証券発行信託の受託者に承認受託者以外の者が就任した場合を除く。）。

(2)　各計算期間終了の時における未分配利益の額として政令で定めるところにより計算した金額のその時における元本の総額に対する割合（(3)において「利益留保割合」という。）

が政令で定める割合を超えない旨の信託行為における定めがあること。

(3) 各計算期間開始の時において、その時までに到来した利益留保割合の算定の時期として政令で定めるもののいずれにおいてもその算定された利益留保割合が(2)に規定する政令で定める割合を超えていないこと。

(4) その計算期間が一年を超えないこと。

(5) 受益者（受益者としての権利を現に有するものに限る。）が存しない信託に該当したことがないこと。

二十九の二　法人課税信託　次に掲げる信託（集団投資信託並びに第十二条第四項第一号（信託財産に属する資産及び負債並びに信託財産に帰せられる収益及び費用の帰属）に規定する退職年金等信託及び同項第二号に規定する特定公益信託等を除く。）をいう。

イ　受益権を表示する証券を発行する旨の定めのある信託

ロ　第十二条第一項に規定する受益者（同条第二項の規定により同条第一項に規定する受益者とみなされる者を含む。）が存しない信託

ハ　法人（公共法人及び公益法人等を除く。）が委託者となる信託（信託財産に属する資産のみを信託するものを除く。）で、次に掲げる要件のいずれかに該当するもの

(1) 当該法人の事業の全部又は重要な一部（その譲渡につき当該法人の会社法（平成十七年法律第八十六号）第四百六十七条第一項（第一号又は第二号に係る部分に限る。）（事業譲渡等の承認等）の株主総会の決議（これに準ずるものを含む。）を要するものに限る。）を信託し、かつ、その信託の効力が生じた時において、当該法人の株主等が取得する受益権のその信託に係る全ての受益権に対する割合が百分の五十を超えるものとして政令で定めるものに該当することが見込まれていたこと（その信託財産に属する金銭以外の資産の種類がおおむね同一である場合として政令で定める場合を除く。）。

(2) その信託の効力が生じた時又はその存続期間（その信託行為において定められた存続期間をいう。(2)において同じ。）の定めの変更の効力が生じた時（(2)において「効力発生時等」という。）において当該法人又は当該法人との間に政令で定める特殊の関係のある者（(2)及び(3)において「特殊関係者」という。）が受託者であり、かつ、当該効力発生時等において当該効力発生時等以後のその存続期間が二十年を超えるものとされていたこと（当該法人又は当該法人の特殊関係者のいずれもがその受託者でなかつた場合において当該法人又は当該法人の特殊関係者がその受託者に就任することとなり、かつ、その就任の時においてその時以後のその存続期間が二十年を超えるものとされていたときを含むものとし、その信託財産の性質上その信託財産の管理又は処分に長期間を要する場合として政令で定める場合を除く。）。

(3) その信託の効力が生じた時において当該法人又は当該法人の特殊関係者をその受託者と、当該法人の特殊関係者をその受益者とし、かつ、その時において当該特殊関係者に対する収益の分配の割合の変更が可能である場合として政令で定める場合に該当したこと。

ニ　投資信託及び投資法人に関する法律第二条第三項に規定する投資信託

ホ　資産の流動化に関する法律第二条第十三項に規定する特定目的信託

三十─四十四（略）

▽〔法税令〕→一─一四の五　〔租特〕→二・二の二①・六八の二・六八の二の三

一　「国内」の意義

1 一定の目的・範囲に限定された主権的権利であっても、一定の地域で行使することができ、かつ、課税権も右の権利の範疇〔はんちゅう〕に包摂される限りにおいては、国内的に課税権の根拠となり、その要件・効果等を定める租税法令がその地域に適用される。（東京高判昭59・3・14行裁三五・三・二三一〈オデコ大陸棚事件〉租税百選〔七版〕七〇……日本の領海外にある日本国沿岸の大陸棚が法人税法の「施行地」に含まれるとした事例）

二　「外国法人」の意義

2 外国法に基づいて設立された組織体が外国法人に該当するか否かは、当該組織体が日本法上の法人との対比において我が国の租税法上の納税義務者としての適格性を基礎付ける属性を備えているか否かとの観点から判断することが予定され、その属性の有無に即して、当該組織体が権利義務の帰属主体とされているか否かを基準として判断することが相当である。（最判平27・7・17民集六九・五・一二五三、租税百選〔七版〕二三……米国デラウェア州法上のLPS（リミテッド・パートナーシップ）が日本の租税法上「法人」に当たるとした例）

3 バミューダ諸島の法律に基づいて設立されたLPSが日本の租税法上「法人」に当たらないとした例（東京高判平26・2・5判時二二三五・三）

4 ワシントン州法に基づいて設立されたLPSが日本の租税法上「法人」に当たるとした例（東京地判平28・4・27税資二六六順号一二八五〇、東京地判平28・12・22税資二六六順号一二九四九）

5 米国ニューヨーク州法に基づいて設立されたLLC（リミテッド・ライアビリティ・カンパニー）が、わが国の租税法上の外国法人に当たるとした例（東京高判平19・10・10訟月五四・一〇・二五一六、租税百選〔五版〕二三）

三　「人格のない社団」の意義

6 税法上、人格なき社団として課税の客体となり

得るか否かは、その社団性が肯認されることが前提であり、その判断においては、法的安定性の点からも社団性の概念は民事実体法と一義的に解釈され、最判昭39・10・15（民集一八・八・一六七一）に示された要件が前提となる。（福岡高判平2・7・18判時一三九五・三四〈熊本鼠［ねずみ］講事件〉租税百選［五版］一二）

7 最判昭39・10・15（民集一八・八・一六七一）に示された要件を充足する場合には必ず権利能力なき社団であると解すべきではなく、ある従業員持株会が、権利能力なき社団、または民法上の組合のいずれであるかは、当該従業員持株会の運営実態等から当事者の意思を合理的に解釈して決するのが相当である。（大阪高判平24・2・16訟月五八・一一・三八七六……持株会の設立の経緯等から「人格のない社団」に当たらないとした事例）→所税二五条2

四 「収益事業」の意義

8 収益事業該当性は、事業に伴う財貨の移転が役務等の対価の支払として行われる性質のものか、それとも喜捨等の性格を有するものか、また、当該事業が宗教法人以外の法人の一般的に行う事業と競合するものか否か等の観点を踏まえた上で、当該事業の目的、内容、態様等の諸事情を社会通念に照らして総合的に検討して判断する。（最判平20・9・12判時二〇二二・一一〈ペット葬祭業事件〉租税百選［七版］五一……宗教法人の行うペット葬祭業を収益事業に当たるとした事例）

9 宗教法人が使用者との間で永代使用権を設定する事業のうち、墓石及びカロートの販売は物品の販売に当たり、法人税法施行令五条一項一号に規定する物品販売業に該当すると判断された事例（東京高判平25・4・25税資二六三順号一二二〇九）

10 社会福祉法人が運営する有料老人ホームの運営事業について、その事業の内容及び態様から、社会通念上、下宿営業に該当するものと認められ、法人税法施行令五条一項所定の旅館業に該当するとされた事例（福岡高判令元・7・31【平31行コ一一】）

五 適格現物出資の範囲

11 医薬品用化合物の共同開発等を行うジョイントベンチャー（JV）契約の下で、英国領ケイマン諸島において特例有限責任パートナーシップを設立し、そのパートナーシップ持分を保有していたが、その後当該JVの枠組みの変更に伴い、当該パートナーシップ持分全部を英国完全子会社に対して現物出資により移転した事案について、当該現物出資は、法人税法施行令四条の三第九項［現一〇項］に規定する「国内にある事業所に属する資産」に該当しないから、本件現物出資は適格現物出資に該当するとした事例（東京地判令2・3・11判タ一四八二・一五四、重判令2租税一……控訴審・東京高判令3・4・14【令2行コ八九】も同旨）

第二章 納税義務者

（人格のない社団等に対するこの法律の適用）

第三条 人格のない社団等は、法人とみなして、この法律（第七十五条の四（電子情報処理組織による申告）及び別表第二を除く。）の規定を適用する。

第四条① 内国法人は、この法律により、法人税を納める義務がある。ただし、公益法人等又は人格のない社団等については、収益事業を行う場合、法人課税信託の引受けを行う場合又は第八十四条第一項（退職年金等積立金の額の計算）に規定する退職年金業務等を行う場合に限る。

② 公共法人は、前項の規定にかかわらず、法人税を納める義務がない。

③ 外国法人は、第百三十八条第一項（国内源泉所得）に規定する国内源泉所得を有するとき（人格のない社団等にあつては、当該国内源泉所得で収益事業から生ずるものを有するときに限る。）、法人課税信託の引受けを行うとき又は第百四十五条の三（外国法人に係る退職年金等積立金の額の計算）に規定する退職年金業務等を行うときは、この法律により、法人税を納める義務がある。

④ 個人は、法人課税信託の引受けを行うときは、この法律により、法人税を納める義務がある。

第二章の二 法人課税信託（抄）

（法人課税信託の受託者に関するこの法律の適用）

第四条の二① 法人課税信託の受託者は、各法人課税信託の信託資産等（信託財産に属する資産及び負債並びに当該信託財産に帰せられる収益及び費用をいう。以下この章において同じ。）及び固有資産等（法人課税信託の信託資産等以外の資産及び負債並びに収益及び費用をいう。次項において同じ。）ごとに、それぞれ別の者とみなして、この法律（第二条第二十九号の二（定義）、前条及び第十二条（信託財産に属する資産及び負債並びに信託財産に帰せられる収益及び費用の帰属）並びに第六章（納税地）並びに第五編（罰則）を除く。以下この章において同じ。）の規定を適用する。

② 前項の場合において、各法人課税信託の信託資産等及び固有資産等は、同項の規定によりみなされた各別の者にそれぞれ帰属するものとする。

▽〔租特〕→二の二

第四条の三及び第四条の四 （略）

第三章 課税所得等の範囲等（抄）

第一節 課税所得等の範囲（抄）

（内国法人の課税所得の範囲）

第五条 内国法人に対しては、各事業年度の所得について、各事業年度の所得に対する法人税を課する。

（内国公益法人等の非収益事業所得等の非課税）

第六条 内国法人である公益法人等又は人格のない社団等の各事業年度の所得のうち収益事業から生じた所得以外の所得については、前条の規定にかかわらず、各事業年度の所得に対する法人税を課さない。

▽〔法税令〕→五、六

第七条　（略）

（外国法人の課税所得の範囲）

第八条①　外国法人に対しては、第百四十一条各号（課税標準）に掲げる外国法人の区分に応じ当該各号に定める国内源泉所得に係る所得について、各事業年度の所得に対する法人税を課する。

②　外国法人（人格のない社団等に限る。）の前項に規定する国内源泉所得に係る所得のうち収益事業から生じた所得以外の所得については、同項の規定にかかわらず、各事業年度の所得に対する法人税を課さない。

第九条　（略）

第二節　課税所得の範囲の変更等

（第一〇条）（略）

第四章　所得の帰属に関する通則

（実質所得者課税の原則）

第一一条　資産又は事業から生ずる収益の法律上帰属するとみられる者が単なる名義人であつて、その収益を享受せず、その者以外の法人がその収益を享受する場合には、その収益は、これを享受する法人に帰属するものとして、この法律の規定を適用する。

[1]　法人は、法律により、損益の帰属すべき主体として設立が認められるものであり、その事業として行われた活動に係る損益は、特殊な事情がない限り、法律上その法人に帰属するものと認めるべきものである。（最判平19・9・28民集六一・六・二四八六〈双輝汽船事件〉租税百選［七版］二九……古田裁判官補足意見）

[2]　役員の個人事業に帰属すると主張された売上金額について、法人の事業と区別された役員の事業が認められないこと、当該法人において当該役員が重要な地位を有していること、簿外預金口座が全て当該法人に帰属すると認められること、当該売上金額に係る請求書が全て法人により発行されたものであること等の事情を考慮して、当該法人に帰属するとした例（高松地判平19・6・13税資二五七順号一〇七二七）

[3]　租税特別措置法六五条の二所定の特別控除を利用するため、実質的に法人と一体の経営実態にある他社を介在させて土地の売却をした場合に、その土地売却は実際は当該法人が他社の名義を借用したものにすぎず、両社間の通謀虚偽表示に当たり無効というべきであるから、当該法人に当該売却益が帰属するとした例（名古屋高判平19・7・26税資二五七順号一〇七五七）

[4]　従業員が関係業者から受領したリベートについて、当該従業員の個人としての地位で受け取ったものであり、法人に帰属するとは認められないとした例（仙台地判平24・2・29税資二六二順号一一八九七）

（信託財産に属する資産及び負債並びに信託財産に帰せられる収益及び費用の帰属）

第一二条①　信託の受益者（受益者としての権利を現に有するものに限る。）は当該信託の信託財産に属する資産及び負債を有するものとみなし、かつ、当該信託財産に帰せられる収益及び費用は当該受益者の収益及び費用とみなして、この法律の規定を適用する。ただし、集団投資信託、退職年金等信託、特定公益信託等又は法人課税信託の信託財産に属する資産及び負債並びに当該信託財産に帰せられる収益及び費用については、この限りでない。

②　信託の変更をする権限（軽微な変更をする権限として政令で定めるものを除く。）を現に有し、かつ、当該信託の信託財産の給付を受けることとされている者（受益者を除く。）は、前項に規定する受益者とみなして、同項の規定を適用する。

③　法人が受託者となる集団投資信託、退職年金等信託又は特定公益信託等の信託財産に属する資産及び負債並びに当該信託財産に帰せられる収益及び費用は、当該法人の各事業年度の所得の金額の計算上、当該法人の資産及び負債並びに収益及び費用でないものとみなして、この法律の規定を適用する。

④　この条において、次の各号に掲げる用語の意義は、当該各号に定めるところによる。

一　退職年金等信託　第八十四条第一項（退職年金等積立金の額の計算）に規定する確定給付年金資産管理運用契約、確定給付年金基金資産運用契約、確定拠出年金資産管理契約、勤労者財産形成給付契約若しくは勤労者財産形成基金給付契約、国民年金基金若しくは国民年金基金連合会の締結した国民年金法（昭和三十四年法律第百四十一号）第百二十八条第三項（基金の業務）若しくは第百三十七条の十五第四項（連合会の業務）に規定する契約又はこれらに類する退職年金に関する契約で政令で定めるものに係る信託をいう。

二　特定公益信託等　第三十七条第六項（寄附金の損金不算入）に規定する特定公益信託及び社債、株式等の振替に関する法律（平成十三年法律第七十五号）第二条第十一項（定義）に規定する加入者保護信託をいう。

⑤　受益者が二以上ある場合における第一項の規定の適用、第二項に規定する信託財産の給付を受けることとされている者に該当するかどうかの判定その他第一項から第三項までの規定の適用に関し必要な事項は、政令で定める。

▽［法税令］→一五

第五章　事業年度等（抄）

（事業年度の意義）

第一三条①　この法律において「事業年度」とは、法人の財産及び損益の計算の単位となる期間（以下この章において「会計期間」という。）で、法令で定めるもの又は法人の定款、寄附行為、規則、規約その他これらに準ずるもの（以下この章において「定款等」という。）に定めるものをいい、法令又は定款等に会計期間の定めがない場合には、次項の規定により納税地の所轄税務署長に届け出た会計期間又は第三項の規定により納税地の所轄税務署長が指定した会計期間若しくは第四項に規定する期間をいう。ただし、これらの期間が一年を超える場合は、当該期間をその開始の日以後一年ごとに区分した各期間（最後に一年未満の期間を生じたときは、その一年未満の期間）をいう。

② 法令及び定款等に会計期間の定めがない法人は、次の各号に掲げる法人の区分に応じ当該各号に定める日以後二月以内に、会計期間を定めてこれを納税地の所轄税務署長に届け出なければならない。

一 内国法人 設立の日（公益法人等又は人格のない社団等については収益事業を開始した日とし、公益法人等（収益事業を行つていないものに限る。）に該当していた普通法人又は協同組合等については当該普通法人又は協同組合等に該当することとなつた日とする。）

二 外国法人 恒久的施設を有する外国法人になつた日又は恒久的施設を有しないで第百三十八条第一項第四号（国内源泉所得）に規定する事業を国内において開始し、若しくは第百四十一条第二号（課税標準）に定める国内源泉所得で同項第四号に掲げる対価以外のものを有することとなつた日（人格のない社団等については、同条各号に掲げる外国法人の区分に応じ当該各号に定める国内源泉所得のうち収益事業から生ずるものを有することとなつた日）

③④ （略）

（事業年度の特例）

第一四条① 次の各号に掲げる事実が生じた場合には、その事実が生じた法人の事業年度は、前条第一項の規定にかかわらず、当該各号に定める日に終了し、これに続く事業年度は、第二号又は第五号に掲げる事実が生じた場合を除き、同日の翌日から開始するものとする。

一 内国法人が事業年度の中途において解散（合併による解散を除く。）をしたこと その解散の日

二 法人が事業年度の中途において合併により解散したこと その合併の日の前日

三 内国法人である公益法人等又は人格のない社団等が事業年度の中途において新たに収益事業を開始したこと（人格のない社団等にあつては、前条第四項に規定する場合に該当する場合を除く。） その開始した日の前日

四 公益法人等が事業年度の中途において普通法人若しくは協同組合等に該当することとなつたこと又は普通法人若しくは協同組合等が事業年度の中途において公益法人等に該当することとなつたこと その事実が生じた日の前日

五 清算中の法人の残余財産が事業年度の中途において確定したこと その残余財産の確定の日

六 清算中の内国法人が事業年度の中途において継続したこと その継続の日の前日

七 恒久的施設を有しない外国法人が事業年度の中途において恒久的施設を有することとなつたこと その有することとなつた日の前日

八 恒久的施設を有する外国法人が事業年度の中途において恒久的施設を有しないこととなつたこと その有しないこととなつた日

九 恒久的施設を有しない外国法人が、事業年度の中途において、国内において新たに第百三十八条第一項第四号（国内源泉所得）に規定する事業を開始し、又は当該事業を廃止したこと 当該事業の開始の日の前日又は当該事業の廃止の日

②―⑧ （略）

第一五条 （略）

第六章 納税地（抄）

（内国法人の納税地）

第一六条 内国法人の法人税の納税地は、その本店又は主たる事務所の所在地とする。

（外国法人の納税地）

第一七条 外国法人の法人税の納税地は、次の各号に掲げる外国法人の区分に応じ当該各号に定める場所とする。

一 恒久的施設を有する外国法人 その外国法人が恒久的施設を通じて行う事業に係る事務所、事業所その他これらに準ずるものの所在地（これらが二以上ある場合には、主たるものの所在地）

二 恒久的施設を有しない外国法人で、第百三十八条第一項第五号（国内源泉所得）に掲げる対価（船舶又は航空機の貸付けによるものを除く。）を受けるもの 当該対価に係る資産の所在地（その資産が二以上ある場合には、主たる資産の所在地）

三 前二号に該当しない外国法人 政令で定める場所

第一七条の二から第二〇条まで （略）

▽〔法税令〕→一六

第二編 内国法人の法人税（抄）

第一章 各事業年度の所得に対する法人税（抄）

第一節 課税標準及びその計算（抄）

第一款 課税標準

（各事業年度の所得に対する法人税の課税標準）

第二一条 内国法人に対して課する各事業年度の所得に対する法人税の課税標準は、各事業年度の所得の金額とする。

第二款 各事業年度の所得の金額の計算の通則

第二二条① 内国法人の各事業年度の所得の金額は、当該事業年度の益金の額から当該事業年度の損金の額を控除した金額とする。

② 内国法人の各事業年度の所得の金額の計算上当該事業年度の益金の額に算入すべき金額は、別段の定めがあるものを除き、資産の販売、有償又は無償による資産の譲渡又は役務の提供、無償による資産の

譲受けその他の取引で資本等取引以外のものに係る当該事業年度の収益の額とする。

③　内国法人の各事業年度の所得の金額の計算上当該事業年度の損金の額に算入すべき金額は、別段の定めがあるものを除き、次に掲げる額とする。

一　当該事業年度の収益に係る売上原価、完成工事原価その他これらに準ずる原価の額

二　前号に掲げるもののほか、当該事業年度の販売費、一般管理費その他の費用（償却費以外の費用で当該事業年度終了の日までに債務の確定しないものを除く。）の額

三　当該事業年度の損失の額で資本等取引以外の取引に係るもの

④　第二項に規定する当該事業年度の収益の額及び前項各号に掲げる額は、別段の定めがあるものを除き、一般に公正妥当と認められる会計処理の基準に従つて計算されるものとする。

⑤　第二項又は第三項に規定する資本等取引とは、法人の資本金等の額の増加又は減少を生ずる取引並びに法人が行う利益又は剰余金の分配（資産の流動化に関する法律第百十五条第一項（中間配当）に規定する金銭の分配を含む。）及び残余財産の分配又は引渡しをいう。

▽〔租特〕→四二の六―五三・五五―五七の八（準備金）・五七の九（中小企業等の貸倒引当金の特例）・五八―六一の三・**六一の四**（交際費等の損金不算入）・**六二**（使途秘匿金の支出がある場合の課税の特例）・六四―六五の一〇（資産の譲渡の場合の課税の特例）・六六・六六の二・**六六の四**・**六六の四の二**（移転価格課税）・**六六の五**（国外支配株主等に係る負債の利子等の課税の特例）・**六六の五の二**・六六の五の三（関連者等に係る純支払利子等の課税の特例）・**六六の六―六六の九**（外国子会社合算税制）・**六六の九の二―六六の九の五**・六六の一〇―六六の一一の四・六六の一三・六七・六七の三―六七の五・六七の六―六七の八・**六七の一二―六七の一七**・六八の二―六八の三の三

一　益金の額

1　収益の計上時期→法税二二条の二

1　ある収益をどの事業年度に計上すべきかは、一般に公正妥当と認められる会計処理の基準に従うべきであり、これによれば、収益は、その実現があった時、すなわち、その収入すべき権利が確定したときの属する年度の益金に計上すべきである。（最判平5・11・25民集四七・九・五二七八〈大竹貿易株式会社事件〉租税百選〔七版〕六五……船荷証券が発行される輸出取引について、船積時点において売買契約による代金請求権が確定したと判断した事例）→30

2　ろ過装置のプラント輸出について、性能値達成を確認する契約上の義務を負う場合には、その特質及び各契約内容に照らし、検収時を収益計上時期とすることには合理性がある。（大阪地判昭61・9・25判タ六三二・一三〇）

3　給付が段階的に複数回に分けて行われ、外見上は引渡しがいつ行われたか必ずしも明らかでない不動産の取引については、契約上買主に所有権がいつ移転するものとされているかということだけではなく、当該不動産の現実の支配がいつ移転したかを判断し、右現実の支配が移転した時期をもって当該不動産の引渡しがあったものと判断するのが相当である。（東京高判平10・7・1判タ九八七・一八三）

4　企業会計上は、発生主義によって損益を認識すべきものとされている（企業会計原則第二損益計算書原則一）が、請負代金債権については、その支払時期が到来して初めて現実に収入しうるところ、その支払時期は、物の引渡しを要するときは仕事の目的物の引渡しと同時であり、物の引渡しを要しないときは仕事の終了の時である（民法六三三条）以上、物の引渡しを要する請負においては、請負人が仕事を完成して目的物を引き渡した時、物の引渡しを要しない請負においては、請負人が仕事を完成した時に、それぞれ請負代金債権が発生し、その収益の額は、当該日時が帰属する事業年度の益金の額に算入される。（東京地判平元・9・22税資一七三・七八四）

5　電力会社による電気料金等の請求が正当であるとの認識の下でその支払を完了し、その間、納税者及び電力会社ともに、過大に電気料金等を徴収している事実を発見することはできなかった場合には、新たな事実の発生を受けて、返還すべき金額について合意が成立したことによって、電力会社に対する過収電気料金等の返還請求権が確定したものである。（最判平4・10・29判時一四八九・九〇、租税百選〔七版〕六八）

6　横領行為によって法人が損害を被った場合、右損害を生じた事業年度における損金を構成するとともに、横領者に対して法人がその被った損害に相当する金額の損害賠償請求権を取得し、それが法人の資産を増加させたものとして、同じ事業年度における益金を構成する。（最判昭43・10・17訟月一四・一二・一四三七）→税通六五条7

7　不法行為による損害賠償請求権については、直ちには権利行使（権利の実現）を期待できない場合には、当該事業年度の益金に計上すべきとはいえない。ただし、この判断は、通常人を基準にして、権利（損害賠償請求権）行使が期待できないような客観的状況にあったかどうかという観点から判断すべきであり、不法行為が行われた時点ないし納税申告時に納税者がどういう認識でいたかは問題とならない。（東京高判平21・2・18訟月五六・五・一六四四、租税百選〔七版〕六九）

8　利息制限法所定の制限を超過する利息・損害金については、約定の履行期が到来しても、なお未収である限り、旧法人税法九条にいう「益金」に該当しない。（最判昭46・11・16刑集二五・八・九三八）

9　商品引換券やプリペイドカードが発行された場合、事実上給付義務を免れることとなる部分が一定の確率で必ず発生すると考えられるから、発行

法税

代金相当額を預り金として処理し、現実に所持者が商品等と引換えをした時点で収益計上する方法は妥当でない。（名古屋地判平13・7・16判タ一〇九四・一二五）

⑩ 冠婚葬祭互助会が、払込み中断後五年を経過した長期中断払込済掛金につき、益金の額に算入しないことは、本条四項に定める一般に公正妥当と認められる会計処理基準に反するものとして、許されない。（大阪高判平16・5・11税資二五四順号九六四五）

⑪ 有料老人ホームの入居一時金について、返済保証期間の経過後に解約されたときは、その全額の返還を要しない契約内容となっている場合には、返済保証期間の経過により、権利として確定するものと解するのが相当である。（東京高判平23・3・30税資二六一順号一一六五七）

⑫ 内国法人が有利な発行価額で新株予約権を取得した場合、その払込みに係る期日における時価がその取得価額となり（法人税法施行令一一九条一項三号）、時価と払込金額（発行価額）との差額については当該法人の受贈益として益金に計上されるとした事例（名古屋高判平22・3・5税資二六〇順号一一三九三）

⑬ 株式の消却において、平成一七年改正前の商法二一三条一項及び三七五条一項による払戻限度超過額を超過する額を含む当該株式消却時における消却株式の時価を「譲渡対価の額」（法人税法六一条の二第一項一号）に該当すると認めた事例（東京高判平26・6・12訟月六一・二・三九四、重判平26租税四）→三七条④

⑭ 過去の事業年度において益金の額に算入されていた制限超過利息について、更生手続において過払金返還請求権に係る債権が更生債権として確定したことに伴い、その支払が利息等の債務の弁済として私法上は無効なものであったというべきことを前提とする取扱いをすることが確定したとしても、過去の事業年度の法人税の確定申告に係る課税標準等又は税額等の計算には遡及的に影響を及ぼさない。（東京高判平26・4・23金法二〇〇四・一〇七）→税通二三条⑥

2 無償取引に係る収益

⑮ 未計上の資産の社外流出は、その流出の限度において隠れていた資産価値を表現することであるから、反対給付を伴うと否とにかかわらず、右社外流出に当たって、これに適正な価額を付して同社の資産に計上し、流出すべき資産価値の存在とその価額とを確定することが必要である。（最判昭41・6・24民集二〇・五・一一四六〈相互タクシー事件〉租税百選［三版］三八……平成三〇法七による法税二二条の二第四項創設前の事案）

⑯ 資産の低額譲渡の場合に益金の額に算入すべき収益の額には、当該資産の譲渡の対価の額のほか、これと右資産の譲渡時における適正な価額との差額も含まれる。（最判平7・12・19民集四九・一〇・三一二一〈南西通商事件〉租税百選［七版］五二……平成三〇法七による法税二二条の二第四項創設前の事案）

⑰ 無利息の約定で他に金銭を貸し付けた場合には、対価的意義を有する経済的利益の供与を受けているか、あるいは、他に果実相当額の利益を手離すことを首肯するに足りる何らかの合理的な経済目的その他の事情が存する場合でない限り、当該貸付がなされる場合にその当事者間で通常あり得べき利率による金銭相当額が当該法人の収益として認識される。（大阪高判昭53・3・30高民三一・一・六三〈清水惣事件〉租税百選［七版］五三……平成三〇法七による法税二二条の二第四項創設前の事案）

⑱ A社の唯一の株主であるX社が、A社にその新株を著しく有利な価額でB社に割り当てる発行をさせて、X社の保有するA社株式に表章された資産価値をB社に移転させたことは、X社において意図し、かつ、B社において了解したところが実現したものということができるから、本条二項にいう取引に当たる。（最判平18・1・24判時一九二三・二〇〈オウブンシャホールディング事件〉租税百選［七版］五四）

⑲ 時価に比して低額である所定の譲渡価額により他の会社へ直ちに転売すべき旨の特約の付された売買契約に基づき同族会社から土地の低額譲渡を受け、かつ右特約に従って土地を転売した場合には、法に特別の規定がない限り、その契約の全内容、つまり特約をも含めた全契約内容に従って収益の額を定める。（大阪高判昭59・6・29行裁三五・六・八二二〈ＰＬ農場事件〉）→三七条③

3 無償による資産の譲受け

⑳ 法人の債権者がその有する債権を当該法人に対し現物出資した場合、混同による債務の消滅自体は資本等取引には該当せず、損益取引に該当する。（東京高判平22・9・15税資二六〇順号一一五一一）

㉑ 新株の発行を適正な価額より低い価額で引き受けた場合においても、その取得価額と適正な価額との差額については、無償による資産の譲受けに係るものとして、収益の額を構成する。（東京高判平22・12・15税資二六〇順号一一五七一……なお、「株主等に損害を及ぼすおそれがないと認められる場合」（法税令一一九条一項四号）に該当しないと判断した事例（東京高判平28・3・24税資二六六順号一二八三二〈神鋼商事事件〉）

二 損金の額

1 債務確定基準

㉒ 当該事業年度終了の日までに債務が具体的に確定しているとは、当該事業年度終了の日までに①当該費用にかかる債務が成立しており、②当該債務に基づいて具体的な給付をすべき原因となる事実が発生しており、③当該債務の金額を合理的に算定することができるものであることの各要件を全て充足する場合をいう。（岡山地判昭54・7・18行裁三〇・七・一三一五）

㉓ 退職給与未払金について、債務が確定したとは

いえず、当該事業年度の損金の額に算入すべき費用に当たらないとした事例（大阪地判昭48・8・27税資七〇・九四〇）

24 営業成績上位の従業員を対象とする旅行費用について、最終的な旅行招待者や旅行日程等が未確定の段階ではいまだ債務が確定したとは認められないとした事例（福岡高判平13・11・15税資二五一順号九〇二三）

25 事業年度の末日において、近い将来に費用（原価）を支出することが相当程度の確実性をもって見込まれており、かつ、同日の現況によりその金額を適正に見積もることが可能であったとみることができる場合には、その見積金額を「当該事業年度の収益に係る売上原価」の額として当該事業年度の損金の額に算入することができる。（最判平16・10・29刑集五八・七・六九七〈牛久市売上原価見積事件〉租税百選［七版］五六）

2 損失の意義

26 金銭債権の貸倒損失を本条三項三号にいう「当該事業年度の損失の額」として当該事業年度の損金の額に算入するためには、回収不能であることが客観的に明らかでなければならないが、そのことは、債務者側の事情のみならず、債権者側の事情、経済的環境等も踏まえ、社会通念に従って総合的に判断される。（最判平16・12・24民集五八・九・二六三七〈興銀貸倒事件〉租税百選［七版］五八）

27 遺贈を受けた後に法定相続人から遺留分減殺請求を受けた場合、受遺者は目的物を返還するか、価額弁償によりこれを免れるかを選択することができ、仮に価額弁償によることになった場合でも、遺留分減殺請求の時点では価額弁償の額も未確定であるのが通例であるから、遺留分減殺請求の時点ではなく、その支払が確定した時点で当該事業年度の損金に算入することとするのが相当である。（東京高判平3・2・5行裁四二・二・一九九……平成三〇法七二（民法・相続関係）改正前の事案）

28 売買契約の解除によって当該売買契約に基づく代金債権及びこれに付随する利息債権が消滅しても、それは当該解除をした事業年度の損金に計上すべきである。（横浜地判昭60・7・3行裁三六・七＝八・一〇八二）

29 火力発電設の廃止について、電気事業会計規則にいう固定資産の除却の要件を満たすとした事例（東京地判平19・1・31税資二五七順号一〇六二三）

三 本条四項の意義

30 本条四項の規定は、現に法人のした利益計算が公平な所得計算という要請に反するものでない限り、課税所得の計算上も是認するのが相当であるとの見地から定められたものであり、取引の経済的実態からみて合理的な収益計上の基準の中から、法人が特定の基準を選択し、継続してその基準によって収益を計上している場合には、法人税法上もその会計処理が正当なものと認められる。（最判平5・11・25前出1）

31 架空の経費を計上する会計処理に協力した対価として支出された手数料は、公正処理基準に反する処理により法人税を免れるための費用というべきであるから、このような支出を費用又は損失として損金の額に算入する会計処理もまた、公正処理基準に従ったものということはできない。（最決平6・9・16刑集四八・六・三五七〈株式会社エス・ヴイ・シー事件〉租税百選［七版］五五……平成一八法一〇による法税五五条改正前の事件）→五五条一項

32 電気事業会計規則について、電気事業者が従うべき「一般に公正妥当と認められる会計処理の基準」に該当するとした事例（東京地判平19・1・31前出29）

33 不動産流動化実務指針一三項第二文に基づく処理について、「一般に公正妥当と認められる会計処理の基準」に該当しないとされた事例（東京高判平25・7・19訟月六〇・五・一〇八九、租税百選［七版］五九）

34 保有する劣後受益権について、金融商品会計実務指針一〇五項と同様の会計処理を選択して収益を計上した処理が法人税法上認められた事例（東京高判平26・8・29税資二六四順号一二五二三、重判平27租税一）

35 利息制限法所定の制限利率を超える利息等に係る収益の額を益金算入して法人税の確定申告をしていたところ、更生手続において過払金返還請求権に係る債権が更生債権と確定したため、これに対応する制限利率を超える約定利息に係る部分について、過年度所得の更正をすべき旨の請求を認めなかった事例（東京高判平26・4・23金法二〇〇四・一〇七）

36 法人税においては、事業年度ごとに収益等の額を計算することが原則であるから、制限超過利息を収受した法人が、後に利息制限法所定の制限利率を超えていることを理由に不当利得として返還すべきことが確定した場合においても、当該事由の生じた日の属する事業年度の損失とする処理、すなわち前期損益修正によることが公正処理基準に合致する。このことは、上記不当利得返還請求権に係る破産債権について現に配当がされ、また、当該法人が現に遡って決算を修正する処理をしたとしても異なるものではない。（最判令2・7・2民集七四・四・一〇三〇〈クラヴィス事件〉租税百選［七版］六六）

第三款　益金の額の計算（抄）

第一目　収益の額

第二二条の二① 内国法人の資産の販売若しくは譲渡又は役務の提供（以下この条において「資産の販売等」という。）に係る収益の額は、別段の定め（前条第四項を除く。）があるものを除き、その資産の販売等に係る目的物の引渡し又は役務の提供の日の属する事業年度の所得の金額の計算上、益金の額に算入する。

② 内国法人が、資産の販売等に係る収益の額につき一般に公正妥当と認められる会計処理の基準に従っ

て当該資産の販売等に係る契約の効力が生ずる日その他の前項に規定する日に近接する日の属する事業年度の確定した決算において収益として経理した場合には、同項の規定にかかわらず、当該資産の販売等に係る収益の額は、別段の定め（前条第四項を除く。）があるものを除き、当該事業年度の所得の金額の計算上、益金の額に算入する。

③　内国法人が資産の販売等を行つた場合（当該資産の販売等に係る収益の額につき一般に公正妥当と認められる会計処理の基準に従つて第一項に規定する日又は前項に規定する近接する日の属する事業年度の確定した決算において収益として経理した場合を除く。）において、当該資産の販売等に係る同項に規定する近接する日の属する事業年度の確定申告書に当該資産の販売等に係る収益の額の益金算入に関する申告の記載があるときは、その額につき当該事業年度の確定した決算において収益として経理したものとみなして、同項の規定を適用する。

④　内国法人の各事業年度の資産の販売等に係る収益の額として第一項又は第二項の規定により当該事業年度の所得の金額の計算上益金の額に算入する金額は、別段の定め（前条第四項を除く。）があるものを除き、その販売若しくは譲渡をした資産の引渡しの時における価額又はその提供をした役務につき通常得べき対価の額に相当する金額とする。

⑤　前項の引渡しの時における価額又は通常得べき対価の額は、同項の資産の販売等につき次に掲げる事実が生ずる可能性がある場合においても、その可能性がないものとした場合における価額とする。

一　当該資産の販売等の対価の額に係る金銭債権の貸倒れ

二　当該資産の販売等（資産の販売又は譲渡に限る。）に係る資産の買戻し

⑥　前各項及び前条第二項の場合には、無償による資産の譲渡に係る収益の額は、金銭以外の資産による利益又は剰余金の分配及び残余財産の分配又は引渡しその他これらに類する行為としての資産の譲渡に係る収益の額を含むものとする。

⑦　前二項に定めるもののほか、資産の販売等に係る収益の額につき修正の経理をした場合の処理その他第一項から第四項までの規定の適用に関し必要な事項は、政令で定める。

▽〔法税令〕→一八の二

第一目の二　受取配当等（抄）

（受取配当等の益金不算入）

第二三条①　内国法人が次に掲げる金額（第一号に掲げる金額にあつては、外国法人若しくは公益法人等又は人格のない社団等から受けるもの及び適格現物分配に係るものを除く。以下この条において「配当等の額」という。）を受けるときは、その配当等の額（関連法人株式等に係る配当等の額にあつては当該配当等の額から当該配当等の額に係る利子の額に相当するものとして政令で定めるところにより計算した金額を控除した金額とし、完全子法人株式等、関連法人株式等及び非支配目的株式等のいずれにも該当しない株式等（株式又は出資をいう。以下この条において同じ。）に係る配当等の額にあつては当該配当等の額の百分の五十に相当する金額とし、非支配目的株式等に係る配当等の額にあつては当該配当等の額の百分の二十に相当する金額とする。）は、その内国法人の各事業年度の所得の金額の計算上、益金の額に算入しない。

一　剰余金の配当（株式等に係るものに限るものとし、資本剰余金の額の減少に伴うもの並びに分割型分割によるもの及び株式分配を除く。）若しくは利益の配当（分割型分割によるもの及び株式分配を除く。）又は剰余金の分配（出資に係るものに限る。）の額

二　投資信託及び投資法人に関する法律第百三十七条（金銭の分配）の金銭の分配（出資総額等の減少に伴う金銭の分配として財務省令で定めるもの（第二十四条第一項第四号（配当等の額とみなす金額）において「出資等減少分配」という。）を除く。）の額

三　資産の流動化に関する法律第百十五条第一項（中間配当）に規定する金銭の分配の額

②　前項の規定は、内国法人がその受ける配当等の額（第二十四条第一項の規定により、その内国法人が受ける配当等の額とみなされる金額を除く。以下この項において同じ。）の元本である株式等をその配当等の額に係る基準日等（次の各号に掲げる配当等の額の区分に応じ当該各号に定める日をいう。以下この項において同じ。）以前一月以内に取得し、かつ、当該株式等又は当該株式等と銘柄を同じくする株式等を当該基準日等後二月以内に譲渡した場合におけるその譲渡した株式等のうち政令で定めるものの配当等の額については、適用しない。

一　株式会社がする前項第一号に規定する剰余金の配当で当該剰余金の配当を受ける者を定めるための会社法第百二十四条第一項（基準日）に規定する基準日（以下この項において「基準日」という。）の定めがあるものの額　当該基準日

二　株式会社以外の法人がする前項第一号に規定する剰余金の配当若しくは利益の配当若しくは剰余金の分配、同項第二号に規定する金銭の分配又は同項第三号に規定する金銭の分配（以下この号及び次号において「配当等」という。）で、当該配当等を受ける者を定めるための基準日に準ずる日の定めがあるものの額　同日

三　配当等で当該配当等を受ける者を定めるための基準日又は基準日に準ずる日の定めがないものの額　当該配当等がその効力を生ずる日（その効力を生ずる日の定めがない場合には、当該配当等がされる日）

③　第一項の規定は、内国法人がその受ける配当等の額（第二十四条第一項（第五号に係る部分に限る。）の規定により、その内国法人が受ける配当等の額とみなされる金額に限る。以下この項において同じ。）の元本である株式等でその配当等の額の生ずる基因

となる同号に掲げる事由が生ずることが予定されているものの取得（適格合併又は適格分割型分割による引継ぎを含む。）をした場合におけるその取得をした株式等に係る配当等の額（その予定されていた事由（第六十一条の二第十七項（有価証券の譲渡益又は譲渡損の益金又は損金算入）の規定の適用があるものを除く。）に基因するものとして政令で定めるものに限る。）については、適用しない。

④　第一項に規定する関連法人株式等とは、内国法人（当該内国法人との間に完全支配関係がある他の法人を含む。）が他の内国法人（公益法人等及び人格のない社団等を除く。）の発行済株式又は出資（当該他の内国法人が有する自己の株式等を除く。）の総数又は総額の三分の一を超える数又は金額の株式等を有する場合として政令で定める場合における当該他の内国法人の株式等（次項に規定する完全子法人株式等を除く。）をいう。

⑤　第一項に規定する完全子法人株式等とは、配当等の額の計算期間を通じて内国法人との間に完全支配関係がある他の内国法人（公益法人等及び人格のない社団等を除く。）の株式等として政令で定めるものをいう。

⑥　第一項に規定する非支配目的株式等とは、内国法人（当該内国法人との間に完全支配関係がある他の法人を含む。）が他の内国法人（公益法人等及び人格のない社団等を除く。）の発行済株式又は出資（当該他の内国法人が有する自己の株式等を除く。）の総数又は総額の百分の五以下に相当する数又は金額の株式等を有する場合として政令で定める場合における当該他の内国法人の株式等（前項に規定する完全子法人株式等を除く。）をいう。

⑦⑧　（略）

▽〔法税令〕→一九―二二の三　〔租特〕→六七の六・六七の七

1　法人税法施行令二二条三項の期末関係法人株式等とは、当該事業年度における配当等の支払の有無にかかわらず、法人の保有する全ての関係法人株式等をいう。（東京高判平21・9・24税資二五九順号一一二七五……平成二七年度改正前の事案）

（外国子会社から受ける配当等の益金不算入）

第二三条の二①　内国法人が外国子会社（当該内国法人が保有しているその株式又は出資の数又は金額がその発行済株式又は出資（その有する自己の株式又は出資を除く。）の総数又は総額の百分の二十五以上に相当する数又は金額となつていることその他の政令で定める要件を備えている外国法人をいう。以下この条において同じ。）から受ける前条第一項第一号に掲げる金額（以下この条において「剰余金の配当等の額」という。）がある場合には、当該剰余金の配当等の額から当該剰余金の配当等の額に係る費用の額に相当するものとして政令で定めるところにより計算した金額を控除した金額は、その内国法人の各事業年度の所得の金額の計算上、益金の額に算入しない。

②　前項の規定は、次に掲げる剰余金の配当等の額については、適用しない。

一　内国法人が外国子会社から受ける剰余金の配当等の額で、その剰余金の配当等の額の全部又は一部が当該外国子会社の本店又は主たる事務所の所在する国又は地域の法令において当該外国子会社の所得の金額の計算上損金の額に算入することとされている剰余金の配当等の額に該当する場合におけるその剰余金の配当等の額

二　内国法人が外国子会社から受ける剰余金の配当等の額（次条第一項（第五号に係る部分に限る。）の規定により、その内国法人が受ける剰余金の配当等の額とみなされる金額に限る。以下この号において同じ。）の元本である株式又は出資で、その剰余金の配当等の額の生ずる基因となる同項第五号に掲げる事由が生ずることが予定されているものの取得（適格合併又は適格分割型分割による引継ぎを含む。）をした場合におけるその取得をした株式又は出資に係る剰余金の配当等の額（その予定されていた事由に基因するものとして政令で定めるものに限る。）

③　内国法人が外国子会社から受ける剰余金の配当等の額で、その剰余金の配当等の額の一部が当該外国子会社の所得の金額の計算上損金の額に算入されたものである場合には、前項（第一号に係る部分に限る。）の規定にかかわらず、その受ける剰余金の配当等の額のうちその損金の額に算入された部分の金額として政令で定める金額（次項及び第七項において「損金算入対応受取配当等の額」という。）をもつて、同号に掲げる剰余金の配当等の額とすることができる。

④―⑧　（略）

▽〔法税令〕→二二の四

（配当等の額とみなす金額）

第二四条①　法人（公益法人等及び人格のない社団等を除く。以下この条において同じ。）の株主等である内国法人が当該法人の次に掲げる事由により金銭その他の資産の交付を受けた場合において、その金銭の額及び金銭以外の資産の価額（適格現物分配に係る資産にあつては、当該法人のその交付の直前の当該資産の帳簿価額に相当する金額）の合計額が当該法人の資本金等の額のうちその交付の基因となつた当該法人の株式又は出資に対応する部分の金額を超えるときは、この法律の規定の適用については、その超える部分の金額は、第二十三条第一項第一号又は第二号（受取配当等の益金不算入）に掲げる金額とみなす。

一　合併（適格合併を除く。）

二　分割型分割（適格分割型分割を除く。）

三　株式分配（適格株式分配を除く。）

四　資本の払戻し（剰余金の配当（資本剰余金の額の減少に伴うものに限る。）のうち分割型分割によるもの及び株式分配以外のもの並びに出資等減

少分配をいう。）又は解散による残余財産の分配

五　**自己の株式又は出資の取得**（金融商品取引法第二条第十六項（定義）に規定する金融商品取引所の開設する市場における購入による取得その他の政令で定める取得及び第六十一条の二第十四項第一号から第三号まで（有価証券の譲渡益又は譲渡損の益金又は損金算入）に掲げる株式又は出資の同項に規定する場合に該当する場合における取得を除く。）

六　**出資の消却**（取得した出資について行うものを除く。）、**出資の払戻し、社員その他法人の出資者の退社又は脱退による持分の払戻しその他株式又は出資をその発行した法人が取得することなく消滅させること。**

七　**組織変更**（当該組織変更に際して当該組織変更をした法人の株式又は出資以外の資産を交付したものに限る。）

②　**合併法人が抱合株式**（当該合併法人が合併の直前に有していた被合併法人の株式（出資を含む。以下この項及び次項において同じ。）又は被合併法人が当該合併の直前に有していた他の被合併法人の株式をいう。）**に対し当該合併による株式その他の資産の交付をしなかつた場合においても、政令で定めるところにより当該合併法人が当該株式その他の資産の交付を受けたものとみなして、前項の規定を適用する。**

③　**合併法人又は分割法人が被合併法人の株主等又は当該分割法人の株主等に対し合併又は分割型分割により株式その他の資産の交付をしなかつた場合においても、当該合併又は分割型分割が合併法人又は分割承継法人の株式の交付が省略されたと認められる合併又は分割型分割として政令で定めるものに該当するときは、政令で定めるところによりこれらの株主等が当該合併法人又は分割承継法人の株式の交付を受けたものとみなして、第一項の規定を適用する。**

④　**第一項に規定する株式又は出資に対応する部分の金額の計算の方法その他前三項の規定の適用に関し必要な事項は、政令で定める。**

▽〔法税令〕→二三

一　「金融商品取引所の開設する市場」の意義——適用除外の趣旨

[1]　自己株式立会外買付取引（いわゆるToSTNeT-3）を利用した譲渡について、「金融商品取引所の開設する市場における購入による取得」に該当すると認められた例（国税不服審判所裁決平24・5・25〈ゼンショーホールディングス事件〉）

二　「資本の払戻し」の範囲

[2]　利益剰余金と資本剰余金の双方を原資として行われた剰余金の配当は、その全体が本条一項三号［現四号］に規定する資本の払戻しに該当する。

（最判令3・3・11裁時一七六三・四）

[3]　株式対応部分金額の計算方法について定める法人税法施行令二三条一項三号の規定のうち、資本の払戻しがされた場合の直前払戻等対応資本金額等の計算方法を定める部分は、利益剰余金及び資本剰余金の双方を原資として行われた剰余金の配当につき、当該剰余金の配当による減少資本剰余金額を超える直前払戻等対応資本金額等が算出される結果となる限度において、法人税法の委任の範囲を逸脱した違法なものとして無効である。

（最判令3・3・11前出[2]）

第二目　資産の評価益（抄）

第二五条①　内国法人がその有する資産の評価換えをしてその帳簿価額を増額した場合には、その増額した部分の金額は、その内国法人の各事業年度の所得の金額の計算上、益金の額に算入しない。

②　内国法人がその有する資産につき更生計画認可の決定があつたことにより会社更生法（平成十四年法律第百五十四号）又は金融機関等の更生手続の特例等に関する法律（平成八年法律第九十五号）の規定に従つて行う評価換えその他政令で定める評価換えをしてその帳簿価額を増額した場合には、その増額した部分の金額は、前項の規定にかかわらず、これらの評価換えをした日の属する事業年度の所得の金額の計算上、益金の額に算入する。

③　内国法人について再生計画認可の決定があつたことその他これに準ずる政令で定める事実が生じた場合において、その内国法人がその有する資産の価額につき政令で定める評定を行つているときは、その資産（評価益の計上に適しないものとして政令で定めるものを除く。）の評価益の額として政令で定める金額は、第一項の規定にかかわらず、これらの事実が生じた日の属する事業年度の所得の金額の計算上、益金の額に算入する。

④　前二項の内国法人が通算法人である場合におけるこれらの内国法人が有する他の通算法人（第六十四条の五（損益通算）の規定の適用を受けない法人として政令で定める法人及び通算親法人を除く。）の株式又は出資については、前二項の規定は、適用しない。

⑤　第一項の規定の適用があつた場合において、同項の評価換えにより増額された金額を益金の額に算入されなかつた資産については、その評価換えをした日の属する事業年度以後の各事業年度の所得の金額の計算上、当該資産の帳簿価額は、その増額がされなかつたものとみなす。

⑥—⑧（略）

▽〔法税令〕→二四—二四の三

第三目　受贈益

第二五条の二①　内国法人が各事業年度において当該内国法人との間に完全支配関係（法人による完全支配関係に限る。）がある他の内国法人から受けた受贈益の額（第三十七条（寄附金の損金不算入）の規定の適用がないものとした場合に当該他の内国法人

の各事業年度の所得の金額の計算上損金の額に算入される同条第七項に規定する寄附金の額に対応するものに限る。）は、当該内国法人の各事業年度の所得の金額の計算上、益金の額に算入しない。

② 前項に規定する受贈益の額は、寄附金、拠出金、見舞金その他いずれの名義をもつてされるかを問わず、内国法人が金銭その他の資産又は経済的な利益の贈与又は無償の供与（広告宣伝及び見本品の費用その他これらに類する費用並びに交際費、接待費及び福利厚生費とされるべきものを除く。次項において同じ。）を受けた場合における当該金銭の額若しくは金銭以外の資産のその贈与の時における価額又は当該経済的な利益のその供与の時における価額によるものとする。

③ 内国法人が資産の譲渡又は経済的な利益の供与を受けた場合において、その譲渡又は供与の対価の額が当該資産のその譲渡の時における価額又は当該経済的な利益のその供与の時における価額に比して低いときは、当該対価の額と当該価額との差額のうち実質的に贈与又は無償の供与を受けたと認められる金額は、前項の受贈益の額に含まれるものとする。

第四目　還付金等（抄）

（還付金等の益金不算入）

第二六条①　内国法人が次に掲げるものの還付を受け、又はその還付を受けるべき金額を未納の国税若しくは地方税に充当される場合には、その還付を受け又は充当される金額は、その内国法人の各事業年度の所得の金額の計算上、益金の額に算入しない。

一　第三十八条第一項又は第二項（法人税額等の損金不算入）の規定により各事業年度の所得の金額の計算上損金の額に算入されないもの

二　第五十五条第三項（不正行為等に係る費用等）の規定により各事業年度の所得の金額の計算上損金の額に算入されないもの

三　第七十八条（所得税額等の還付）若しくは第百三十三条（更正等による所得税額等の還付）又は地方法人税法（平成二十六年法律第十一号）第二十二条（外国税額の還付）若しくは第二十七条の二（更正等による外国税額の還付）の規定による還付金

四　第八十条（欠損金の繰戻しによる還付）又は地方法人税法第二十三条（欠損金の繰戻しによる法人税の還付があつた場合の還付）の規定による還付金

② 内国法人が第三十九条の二（外国子会社から受ける配当等に係る外国源泉税等の損金不算入）の規定により各事業年度の所得の金額の計算上損金の額に算入されない同条に規定する外国源泉税等の額が減額された場合には、その減額された金額は、その内国法人の各事業年度の所得の金額の計算上、益金の額に算入しない。

③④（略）

⑤ 内国法人が第五十五条第四項の規定により各事業年度の所得の金額の計算上損金の額に算入されないものの還付を受ける場合には、その還付を受ける金額は、その内国法人の各事業年度の所得の金額の計算上、益金の額に算入しない。

▽〔法税令〕→二五・二六

第二七条（略）

第二八条　削除

第四款　損金の額の計算（抄）

第一目　資産の評価及び償却費（抄）

（棚卸資産の売上原価等の計算及びその評価の方法）

第二九条①　内国法人の棚卸資産につき第二十二条第三項（各事業年度の損金の額に算入する金額）の規定により各事業年度の損金の額に算入する金額を算定する場合におけるその算定の基礎となる当該事業年度終了の時において有する棚卸資産（以下この項において「期末棚卸資産」という。）の価額は、棚卸資産の取得価額の平均額をもつて事業年度終了の時において有する棚卸資産の評価額とする方法その他の政令で定める評価の方法のうちからその内国法人が当該期末棚卸資産について選定した評価の方法により評価した金額（評価の方法を選定しなかつた場合又は選定した評価の方法により評価しなかつた場合には、評価の方法のうち政令で定める方法により評価した金額）とする。

② 前項の選定をすることができる評価の方法の特例、評価の方法の選定の手続、棚卸資産の評価額の計算の基礎となる棚卸資産の取得価額その他棚卸資産の評価に関し必要な事項は、政令で定める。

▽〔法税令〕→二八―三三

第三〇条　削除

（減価償却資産の償却費の計算及びその償却の方法）

第三一条①　内国法人の各事業年度終了の時において有する減価償却資産につきその償却費として第二十二条第三項（各事業年度の所得の金額の計算の通則）の規定により当該事業年度の所得の金額の計算上損金の額に算入する金額は、その内国法人が当該事業年度においてその償却費として損金経理をした金額（以下この条において「損金経理額」という。）のうち、その取得をした日及びその種類の区分に応じ、償却費が毎年同一となる償却の方法、償却費が毎年一定の割合で逓減する償却の方法その他の政令で定める償却の方法の中からその内国法人が当該資産について選定した償却の方法（償却の方法を選定しなかつた場合には、償却の方法のうち政令で定める方法）に基づき政令で定めるところにより計算した金額（次項において「償却限度額」という。）に達するまでの金額とする。

②―⑥（略）

▽〔法税令〕→四八―六三の二・一三二―一三三の二
〔租特〕→四二の五―五三

1　税務当局は、法人が損金経理を行った減価償却費について課税所得の計算上損金に算入すべき減価償却費の額を判定すれば足り、法人が損金経理しないのに減価償却費相当額を損金の額に算入することは認められない。（東京高判昭51・9・27行裁二七・九・一六二四）

2　映画に投資を行う名目で結成された民法上の組合が、当該映画の購入契約と同時に配給契約を締結した場合において、実質的には、本件映画についての使用収益権限及び処分権限を失い、また、本件映画の配給事業自体がもたらす収益について出資額に相応する関心が認められないときには、当該映画は、当該組合の事業の用に供しているものということはできない。（最判平18・1・24民集六〇・一・二五二〈パラツィーナ事件〉租税百選［七版］二〇）

3　減価償却費を計上するには、減価償却資産の所有権等を法律上取得するか、又はこれと同視できる事情が認められることが必要であり、当該事業年度において引渡しの完了していない減価償却資産に係る減価償却費を損金に算入することは認められない。（東京高判平30・9・5税資二六八順号一三一八二……同旨、名古屋高判平4・10・29行集四三・一〇・一三八五）

（繰延資産の償却費の計算及びその償却の方法）

第三二条①　内国法人の各事業年度終了の時の繰延資産につきその償却費として第二十二条第三項（各事業年度の所得の金額の計算の通則）の規定により当該事業年度の所得の金額の計算上損金の額に算入する金額は、その内国法人が当該事業年度においてその償却費として損金経理をした金額（以下この条において「損金経理額」という。）のうち、その繰延資産に係る支出の効果の及ぶ期間を基礎として政令で定めるところにより計算した金額（次項において「償却限度額」という。）に達するまでの金額とする。

②―⑧　（略）

▽［法税令］→六四―六七、一三四　［租特］→五三

第二目　資産の評価損（抄）

第三三条①　内国法人がその有する資産の評価換えをしてその帳簿価額を減額した場合には、その減額した部分の金額は、その内国法人の各事業年度の所得の金額の計算上、損金の額に算入しない。

②　内国法人の有する資産につき、災害による著しい損傷により当該資産の価額がその帳簿価額を下回ることとなつたことその他の政令で定める事実が生じた場合において、その内国法人が当該資産の評価換えをして損金経理によりその帳簿価額を減額したときは、その減額した部分の金額のうち、その評価換えの直前の当該資産の帳簿価額とその評価換えをした日の属する事業年度終了の時における当該資産の価額との差額に達するまでの金額は、前項の規定にかかわらず、その評価換えをした日の属する事業年度の所得の金額の計算上、損金の額に算入する。

③　内国法人がその有する資産につき更生計画認可の決定があつたことにより会社更生法又は金融機関等の更生手続の特例等に関する法律の規定に従つて行う評価換えをしてその帳簿価額を減額した場合には、その減額した部分の金額は、第一項の規定にかかわらず、その評価換えをした日の属する事業年度の所得の金額の計算上、損金の額に算入する。

④　内国法人について再生計画認可の決定があつたことその他これに準ずる政令で定める事実が生じた場合において、その内国法人がその有する資産の価額につき政令で定める評定を行つているときは、その資産（評価損の計上に適しないものとして政令で定めるものを除く。）の評価損の額として政令で定める金額は、第一項の規定にかかわらず、これらの事実が生じた日の属する事業年度の所得の金額の計算上、損金の額に算入する。

⑤　前三項の内国法人がこれらの内国法人との間に完全支配関係がある他の内国法人で政令で定めるものの株式又は出資を有する場合における当該株式又は出資及びこれらの規定の内国法人が通算法人である場合におけるこれらの規定の内国法人が有する他の通算法人（第六十四条の五（損益通算）の規定の適用を受けない法人として政令で定める法人及び通算親法人を除く。）の株式又は出資については、前三項の規定は、適用しない。

⑥　第一項の規定の適用があつた場合において、同項の評価換えにより減額された金額を損金の額に算入されなかつた資産については、その評価換えをした日の属する事業年度以後の各事業年度の所得の金額の計算上、当該資産の帳簿価額は、その減額がされなかつたものとみなす。

⑦―⑨　（略）

▽［法税令］→六八―六八の三

1　本条二項にいう「政令で定める事実」とは、災害による著しい損傷と同程度ないしはそれに準ずる程度に資産損失を生じさせるような事態であり、しかも、それによる資産価値の減少は通常の予想を超えたものであつて、その減少状態は、固定的で回復の見込みのない状態ないしはそれに準ずるような状態である。（東京高判平3・6・26行裁四二・六＝七・一〇三三〈ケンウッド事件〉……原審判決（東京地判平元・9・25行裁四〇・九・一二〇五）につき、租税百選［四版］五七）

参　上場有価証券の評価損に関するQ&A（平成二一年四月）（国税庁ウェブサイト）

第三目　役員の給与等

（役員給与の損金不算入）

第三四条①　内国法人がその役員に対して支給する給与（退職給与で業績連動給与に該当しないもの、使用人としての職務を有する役員に対して支給する当

該職務に対するもの及び第三項の規定の適用があるものを除く。以下この項において同じ。）のうち次に掲げる給与のいずれにも該当しないものの額は、その内国法人の各事業年度の所得の金額の計算上、損金の額に算入しない。

一　その支給時期が一月以下の一定の期間ごとである給与（次号イにおいて「定期給与」という。）で当該事業年度の各支給時期における支給額が同額であるものその他これに準ずるものとして政令で定める給与（同号において「定期同額給与」という。）

二　その役員の職務につき所定の時期に、確定した額の金銭又は確定した数の株式（出資を含む。以下この項及び第五項において同じ。）若しくは新株予約権若しくは確定した額の金銭債権に係る第五十四条第一項（譲渡制限付株式を対価とする費用の帰属事業年度の特例）に規定する特定譲渡制限付株式若しくは第五十四条の二第一項（新株予約権を対価とする費用の帰属事業年度の特例等）に規定する特定新株予約権を交付する旨の定めに基づいて支給する給与で、定期同額給与及び業績連動給与のいずれにも該当しないもの（当該株式若しくは当該特定譲渡制限付株式又は当該第五十四条第一項に規定する承継譲渡制限付株式又は当該新株予約権若しくは当該特定新株予約権に係る第五十四条の二第一項に規定する承継新株予約権による給与を含むものとし、次に掲げる場合に該当する場合にはそれぞれ次に定める要件を満たすものに限る。）

イ　その給与が定期給与を支給しない役員に対して支給する給与（同族会社に該当しない内国法人が支給する給与で金銭によるものに限る。）以外の給与（株式又は新株予約権による給与で、将来の役務の提供に係るものとして政令で定めるものを除く。）である場合　政令で定めるところにより納税地の所轄税務署長にその定めの内容に関する届出をしていること。

ロ　株式を交付する場合　当該株式が市場価格のある株式又は市場価格のある株式と交換される株式（当該内国法人又は関係法人が発行したものに限る。次号において「適格株式」という。）であること。

ハ　新株予約権を交付する場合　当該新株予約権がその行使により市場価格のある株式が交付される新株予約権（当該内国法人又は関係法人が発行したものに限る。次号において「適格新株予約権」という。）であること。

三　内国法人（同族会社にあつては、同族会社以外の法人との間に当該法人による完全支配関係があるものに限る。）がその業務執行役員（業務を執行する役員として政令で定めるものをいう。以下この号において同じ。）に対して支給する業績連動給与（金銭以外の資産が交付されるものにあつては、適格株式又は適格新株予約権が交付されるものに限る。）で、次に掲げる要件を満たすもの（他の業務執行役員の全てに対して次に掲げる要件を満たす業績連動給与を支給する場合に限る。）

イ　交付される金銭の額若しくは株式若しくは新株予約権の数又は交付される新株予約権の数のうち無償で取得され、若しくは消滅する数の算定方法が、その給与に係る職務を執行する期間の開始の日（イにおいて「職務執行期間開始日」という。）以後に終了する事業年度の利益の状況を示す指標（利益の額、利益の額に有価証券報告書（金融商品取引法第二十四条第一項（有価証券報告書の提出）に規定する有価証券報告書をいう。イにおいて同じ。）に記載されるべき事項による調整を加えた指標その他の利益に関する指標として政令で定めるもので、有価証券報告書に記載されるものに限る。イにおいて同じ。）、職務執行期間開始日の属する事業年度開始の日以後の所定の期間若しくは職務執行期間開始日以後の所定の日における株式の市場価格の状況を示す指標（当該内国法人又は当該内国法人との間に完全支配関係がある法人の株式の市場価格又はその平均値その他の株式の市場価格に関する指標として政令で定めるものに限る。イにおいて同じ。）又は職務執行期間開始日以後に終了する事業年度の売上高の状況を示す指標（売上高、売上高に有価証券報告書に記載されるべき事項による調整を加えた指標その他の売上高に関する指標として政令で定めるもののうち、利益の状況を示す指標又は株式の市場価格の状況を示す指標と同時に用いられるもので、有価証券報告書に記載されるものに限る。）を基礎とした客観的なもの（次に掲げる要件を満たすものに限る。）であること。

(1)　金銭による給与にあつては確定した額を、株式又は新株予約権による給与にあつては確定した数を、それぞれ限度としているものであり、かつ、他の業務執行役員に対して支給する業績連動給与に係る算定方法と同様のものであること。

(2)　政令で定める日までに、会社法第四百四条第三項（指名委員会等の権限等）の報酬委員会（その委員の過半数が当該内国法人の同法第二条第十五号（定義）に規定する社外取締役のうち職務の独立性が確保された者として政令で定める者（(2)において「独立社外取締役」という。）であるものに限るものとし、当該内国法人の業務執行役員と政令で定める特殊の関係のある者がその委員であるものを除く。）が決定（当該報酬委員会の委員である独立社外取締役の全員が当該決定に係る当該報酬委員会の決議に賛成している場合における当該決定に限る。）をしていることその他の政令で定める適正な手続を経ていること。

(3)　その内容が、(2)の政令で定める適正な手続の終了の日以後遅滞なく、有価証券報告書に記載されていることその他財務省令で定める方法により開示されていること。

ロ その他政令で定める要件

② 内国法人がその役員に対して支給する給与(前項又は次項の規定の適用があるものを除く。)の額のうち不相当に高額な部分の金額として政令で定める金額は、その内国法人の各事業年度の所得の金額の計算上、損金の額に算入しない。

③ 内国法人が、事実を隠蔽し、又は仮装して経理をすることによりその役員に対して支給する給与の額は、その内国法人の各事業年度の所得の金額の計算上、損金の額に算入しない。

④ 前三項に規定する給与には、債務の免除による利益その他の経済的な利益を含むものとする。

⑤ 第一項に規定する業績連動給与とは、利益の状況を示す指標、株式の市場価格の状況を示す指標その他の同項の内国法人又は当該内国法人との間に支配関係がある法人の業績を示す指標を基礎として算定される額又は数の金銭又は株式若しくは新株予約権による給与及び第五十四条第一項に規定する特定譲渡制限付株式若しくは承継譲渡制限付株式又は第五十四条の二第一項に規定する特定新株予約権若しくは承継新株予約権による給与で無償で取得され、又は消滅する株式又は新株予約権の数が役務の提供期間以外の事由により変動するものをいう。

⑥ 第一項に規定する使用人としての職務を有する役員とは、役員(社長、理事長その他政令で定めるものを除く。)のうち、部長、課長その他法人の使用人としての職制上の地位を有し、かつ、常時使用人としての職務に従事するものをいう。

⑦ 第一項第二号ロ及びハに規定する関係法人とは、同項の内国法人との間に支配関係がある法人として政令で定める法人をいう。

⑧ 第四項から前項までに定めるもののほか、第一項から第三項までの規定の適用に関し必要な事項は、政令で定める。

▽〔法税令〕→六九―七一の三、七二の三

1 事前確定届出給与(現本条一項二号イ)の該当性を判断するにあたっては、特別の事情がない限り、職務執行期間の全期間を一個の単位として判定すべきであり、その職務執行期間に係る事業年度における支給中に一回でも事前の定めと異なるものがあるときには、当該役員給与の支給は全体として事前の定めのとおりにされなかったこととなる。(東京高判平25・3・14訟月五九・一二・三二一七、重判平25租税三)

2 法人税法施行令六九条一号〔現七〇条一号〕に定める類似法人における役員報酬額は、単に他に認定の方法がない場合の一応の参考というわけではない。(岐阜地判昭56・7・1訟月二七・一二・二三三七)

3 本条二項の委任を受け、法人税法施行令七〇条一号イが規定する「不相当に高額な部分」の金額について、売上を得るために代表者が果たした職責及び達成した業績が相当高い水準にあったことに鑑み、類似法人の役員給与の最高額を超える部分がこれに当たると認めた事例(東京地判令2・1・30【平29行ウ三七二】)

4 AがX社の代表取締役を辞任した後も、BにX社の経営を任せず、従前と同様に、又はそれに近い程度に、自ら経営の中心となっていた場合には、Aの地位又は職務の内容が激変し、AがX社を実質的に退職したのと同様の事情にあると認めることができないから、Aの退職慰労金は賞与として扱われる。〔平成一八法一〇による改正前の事件〕(東京高判平17・9・29訟月五二・八・二六〇二)

5 代表取締役の地位にあった者が、同日付けで原告の代表取締役を辞任して、原告の非常勤取締役となった場合に、代表権を失い、その給与も半額以下となっていることに照らせば、その者は実質的に原告を退職したと同様の事情にあるということができるとした事例(東京地判平27・2・26税資二六五順号一二六一三……なお、法人税基本通達九―二―二八参照)

6 退職給与の額の相当性について、いわゆる平均功績倍率法の合理性を認めた例(大分地判平21・2・26税資二五九順号一一一四七)

7 課税庁側の調査による平均功績倍率の数にその半数を加えた数を超えない数の功績倍率により算定された役員退職給与の額は、当該法人における当該役員の具体的な功績等に照らしその額が明らかに過大であると解すべき特段の事情がある場合でない限り、相当性が認められると判断した事例(東京地判平29・10・13税資二六七順号一三〇七六……控訴審・東京高判平30・4・25訟月六五・二・一三三では否定)

8 退職給与の額の相当性について、いわゆる最高功績倍率法の合理性を認めた例(東京地判昭55・5・26行裁三一・五・一一九四)

9 退職給与の額の相当性について、いわゆる平均額法の合理性を認めた例(札幌地判昭58・5・27行裁三四・五・九三〇)

10 EB債の発行の仕組みを利用して計上された支払利息について、取引の実体に即した適正利率の範囲内では正当なものとして損金算入することが許されるが、それを超える部分については、真実の受取人である役員らに対する利益の供与に当たるとした例(東京地判平17・7・28税資二五五順号一〇〇九一)

参 役員給与に関するQ&A(平成二〇年一二月)(平成二四年四月改訂)(国税庁ウェブサイト)

第三五条 削除

(過大な使用人給与の損金不算入)

第三六条 内国法人がその役員と政令で定める特殊の関係のある使用人に対して支給する給与(債務の免除による利益その他の経済的な利益を含む。)の額のうち不相当に高額な部分の金額として政令で定める金額は、その内国法人の各事業年度の所得の金額の計算上、損金の額に算入しない。

▽〔法税令〕→七二―七二の三

第四目 寄附金（抄）

（寄附金の損金不算入）

第三七条① 内国法人が各事業年度において支出した寄附金の額（次項の規定の適用を受ける寄附金の額を除く。）の合計額のうち、その内国法人の当該事業年度終了の時の資本金の額及び資本準備金の額の合計額若しくは出資金の額又は当該事業年度の所得の金額を基礎として政令で定めるところにより計算した金額を超える部分の金額は、当該内国法人の各事業年度の所得の金額の計算上、損金の額に算入しない。

② 内国法人が各事業年度において当該内国法人との間に完全支配関係（法人による完全支配関係に限る。）がある他の内国法人に対して支出した寄附金の額（第二十五条の二（受贈益）の規定の適用がないものとした場合に当該他の内国法人の各事業年度の所得の金額の計算上益金の額に算入される同条第二項に規定する受贈益の額に対応するものに限る。）は、当該内国法人の各事業年度の所得の金額の計算上、損金の額に算入しない。

③ 第一項の場合において、同項に規定する寄附金の額のうちに次の各号に掲げる寄附金の額があるときは、当該各号に掲げる寄附金の額の合計額は、同項に規定する寄附金の額の合計額に算入しない。

一 国又は地方公共団体（港湾法（昭和二十五年法律第二百十八号）の規定による港務局を含む。）に対する寄附金（その寄附をした者がその寄附によつて設けられた設備を専属的に利用することその他特別の利益がその寄附をした者に及ぶと認められるものを除く。）の額

二 公益社団法人、公益財団法人その他公益を目的とする事業を行う法人又は団体に対する寄附金（当該法人の設立のためにされる寄附金その他の当該法人の設立前においてされる寄附金で政令で定めるものを含む。）のうち、次に掲げる要件を満たすと認められるものとして政令で定めるところにより財務大臣が指定したものの額

イ 広く一般に募集されること。

ロ 教育又は科学の振興、文化の向上、社会福祉への貢献その他公益の増進に寄与するための支出で緊急を要するものに充てられることが確実であること。

④ 第一項の場合において、同項に規定する寄附金の額のうちに、公共法人、公益法人等（別表第二に掲げる一般社団法人及び一般財団法人を除く。以下この項及び次項において同じ。）その他特別の法律により設立された法人のうち、教育又は科学の振興、文化の向上、社会福祉への貢献その他公益の増進に著しく寄与するものとして政令で定めるものに対する当該法人の主たる目的である業務に関連する寄附金（出資に関する業務に充てられることが明らかなもの及び前項各号に規定する寄附金に該当するものを除く。）の額があるときは、当該寄附金の額の合計額（当該合計額が当該事業年度終了の時の資本金の額及び資本準備金の額の合計額若しくは出資金の額又は当該事業年度の所得の金額を基礎として政令で定めるところにより計算した金額を超える場合には、当該計算した金額に相当する金額）は、第一項に規定する寄附金の額の合計額に算入しない。ただし、公益法人等が支出した寄附金の額については、この限りでない。

⑤ 公益法人等がその収益事業に属する資産のうちからその収益事業以外の事業のために支出した金額（公益社団法人又は公益財団法人にあつては、その収益事業に属する資産のうちからその収益事業以外の事業で公益に関する事業として政令で定める事業に該当するもののために支出した金額）は、その収益事業に係る寄附金の額とみなして、第一項の規定を適用する。ただし、事実を隠蔽し、又は仮装して経理をすることにより支出した金額については、この限りでない。

⑥ 内国法人が特定公益信託（公益信託ニ関スル法律（大正十一年法律第六十二号）第一条（公益信託）に規定する公益信託で信託の終了の時における信託財産がその信託財産に係る信託の委託者に帰属しないこと及びその信託事務の実施につき政令で定める要件を満たすものであることについて政令で定めるところにより証明がされたものをいう。）の信託財産とするために支出した金銭の額は、寄附金の額とみなして第一項、第四項、第九項及び第十項の規定を適用する。この場合において、第四項中「）の額」とあるのは、「）の額（第六項に規定する特定公益信託のうち、その目的が教育又は科学の振興、文化の向上、社会福祉への貢献その他公益の増進に著しく寄与するものとして政令で定めるものの信託財産とするために支出した金銭の額を含む。）」とするほか、この項の規定の適用を受けるための手続に関し必要な事項は、政令で定める。

⑦ 前各項に規定する寄附金の額は、寄附金、拠出金、見舞金その他いずれの名義をもつてするかを問わず、内国法人が金銭その他の資産又は経済的な利益の贈与又は無償の供与（広告宣伝及び見本品の費用その他これらに類する費用並びに交際費、接待費及び福利厚生費とされるべきものを除く。次項において同じ。）をした場合における当該金銭の額若しくは金銭以外の資産のその贈与の時における価額又は当該経済的な利益のその供与の時における価額によるものとする。

⑧ 内国法人が資産の譲渡又は経済的な利益の供与をした場合において、その譲渡又は供与の対価の額が当該資産のその譲渡の時における価額又は当該経済的な利益のその供与の時における価額に比して低いときは、当該対価の額と当該価額との差額のうち実質的に贈与又は無償の供与をしたと認められる金額は、前項の寄附金の額に含まれるものとする。

⑨⑩ （略）

⑪ 財務大臣は、第三項第二号の指定をしたときは、これを告示する。

⑫（略）

▽〔法税令〕→七三―七八〔租特〕→六六の四③・六六の一二の三、六六の一二の四

[1] 経済的利益の供与につき経済取引として十分首肯し得る合理的理由がある場合には、実質的にみると、これによって相手方に経済的利益を無償で供与したものとはいえず、寄付金として扱うことは相当でない。（東京高判平4・9・24行裁四三・八＝九・一一八一〈太洋物産売上値引事件〉）

[2] 「実質的に贈与したと認められる」ためには、当該取引に伴う経済的な効果が贈与と同視しうるものであれば足り、かならずしも譲渡者が贈与の意思を有していたことを必要とせず、時価との差額を認識していたことも必要としない。（大阪高判昭56・2・5行裁三二・二・一九四〈ミキ観光事件〉）

[3] 実際の譲渡価額よりも高額に譲渡できる利益、権利、地位を有していなかったときは、より高額に譲渡しなかったからといって本条八項を適用することはできない。（大阪高判昭59・6・29行裁三五・六・八二二〈PL農場事件〉）→二二条⑲

[4] 子会社が行った減資に伴う払戻し額が時価純資産額よりも低い金額であった場合において、旧商法の払戻限度額の規制を遵守しつつ対価なく経済的利益を移転させない取引方法があるにもかかわらず、あえて適正な価額による払戻額が払戻限度額を下回ることとなる内容で本件株式消却を伴う減資を行うことを選択することにより、払戻限度超過額に係る経済的利益を移転させたと評価された例（東京高判平26・6・12訟月六一・二・三九四、重判平26租税四）→二二条⑬

[5] 法人が新たな仕入先を利用することはなく、かつ右新仕入先の開拓によって何らかの利益を得ることもない場合に、企業グループの仕入先の開発のために拠出する金員は寄附金に該当する。（大阪高判昭60・7・30行裁三六・七＝八・一一九二）

[6] 子会社に委託した外国の市場動向及び国民の需要度調査について、親会社が現実に便益を享受したとは認められなかった例（福岡高判平14・12・20税資二五二順号九二五二）

[7] 債務超過の会社に対する増資払込金について、企業グループを支配する個人の相続税債務を返済するための取引であり、その額面超過部分について経済取引として十分に首肯し得る合理性は認められないとした例（福井地判平13・1・17訟月四八・六・一五六〇）

[8] 法人税基本通達九―四―一は、債権放棄等に経済的合理性の観点から特段の必要性があるか否かを判断する基準として相当なものであるということができるが、その判断に当たっては、証拠に基づいて認められる客観的な事実に即して判断すべきであり、当該法人の主観的な動機や目的のみによってこれを判断するのは相当ではない。（東京地判平29・1・19判タ一四六五・一五一、重判平29租税二）

[9] 本条七項に定める「寄附金」は、法人が、現実に金銭その他の資産又は経済的利益を給付又は供与した場合に損金算入の可否が問題となる。（東京高判平22・3・25税資二六〇順号一一四〇五……租税特別措置法六六条の四第三項）

[10] 役員が支配する別会社への資金提供について、その実質は、当該別会社に対して金銭を対価なく移転するものであり、かつ、その行為について通常の経済取引として是認できる合理的理由は存在しないとした例（東京高判平22・3・25前出⑨）

[11] 本条三項の規定は、繰延資産の範囲を定めるものではなく、また、その解釈によって繰延資産の範囲を画定することもできない。（福岡高判平19・12・19税資二五七順号一〇八五二）

[12] 法人の支出が当該法人の広告の費用（広告宣伝費）であると認められるためには、その支出の対価として提供された役務が、客観的にみて、その受け手である不特定多数の者に対し当該法人の事業活動の存在又は当該法人の商品、サービス等の優越性を訴える宣伝的効果を意図して行われたものであると認められることが必要である。（東京地判平24・1・31訟月五八・八・二九七〇）

[13] 交際費との区別（東京高判平15・9・9判時一八三四・二八〈萬有製薬事件〉租税百選〔七版〕六二）→租特六一条の四①

第五目　租税公課等（抄）

（法人税額等の損金不算入）

第三八条① 内国法人が納付する法人税（延滞税、過少申告加算税、無申告加算税及び重加算税を除く。以下この項において同じ。）の額及び地方法人税（延滞税、過少申告加算税、無申告加算税及び重加算税を除く。以下この項において同じ。）の額は、第一号から第三号までに掲げる法人税の額及び第四号から第六号までに掲げる地方法人税の額を除き、その内国法人の各事業年度の所得の金額の計算上、損金の額に算入しない。

一 退職年金等積立金に対する法人税

二 国税通則法第三十五条第二項（申告納税方式による国税等の納付）の規定により納付すべき金額のうち同法第十九条第四項第三号ハ（修正申告）又は第二十八条第二項第三号ハ（更正又は決定の手続）に掲げる金額に相当する法人税

三 第七十五条第七項（確定申告書の提出期限の延長）（第七十五条の二第八項又は第十項（確定申告書の提出期限の延長の特例）において準用する場合を含む。）の規定による利子税

四 第一号に掲げる法人税に係る地方法人税

五 国税通則法第三十五条第二項の規定により納付すべき金額のうち同法第十九条第四項第三号ハ又は第二十八条第二項第三号ハに掲げる金額に相当する地方法人税

六 地方法人税法第十九条第四項（確定申告）において準用する第七十五条第七項（第七十五条の二

第八項又は第十項において準用する場合を含む。）の規定による利子税

② 内国法人が納付する次に掲げるものの額は、その内国法人の各事業年度の所得の金額の計算上、損金の額に算入しない。

一 相続税法（昭和二十五年法律第七十三号）第九条の四（受益者等が存しない信託等の特例）、第六十六条（人格のない社団又は財団等に対する課税）又は第六十六条の二（特定の一般社団法人等に対する課税）の規定による贈与税及び相続税

二 地方税法の規定による道府県民税及び市町村民税（都民税を含むものとし、退職年金等積立金に対する法人税に係るものを除く。）

③ 内国法人が他の内国法人に当該内国法人の通算税効果額（第二十六条第四項（還付金等の益金不算入）に規定する通算税効果額をいう。）を支払う場合には、その支払う金額は、当該内国法人の各事業年度の所得の金額の計算上、損金の額に算入しない。

第三九条　（略）

（外国子会社から受ける配当等に係る外国源泉税等の損金不算入）

第三九条の二　内国法人が第二十三条の二第一項（外国子会社から受ける配当等の益金不算入）に規定する外国子会社から受ける同項に規定する剰余金の配当等の額（以下この条において「剰余金の配当等の額」という。）につき同項の規定の適用を受ける場合（剰余金の配当等の額の計算の基礎とされる金額に対して外国法人税（第六十九条第一項（外国税額の控除）に規定する外国法人税をいう。以下この条において同じ。）が課される場合として政令で定める場合を含む。）には、当該剰余金の配当等の額（第二十三条の二第二項の規定の適用を受ける部分の金額を除く。）に係る外国源泉税等の額（剰余金の配当等の額を課税標準として所得税法第二条第一項第四十五号（定義）に規定する源泉徴収の方法に類する方法により課される外国法人税の額及び剰余金の配当等の額の計算の基礎とされる金額を課税標準として課されるものとして政令で定める外国法人税の額をいう。）は、その内国法人の各事業年度の所得の金額の計算上、損金の額に算入しない。

▽〔法税令〕→七八の三

（法人税額から控除する所得税額の損金不算入）

第四〇条　内国法人が第六十八条第一項（所得税額の控除）に規定する所得税の額につき同項又は第七十八条第一項（所得税額等の還付）若しくは第百三十三条第一項（更正等による所得税額等の還付）の規定の適用を受ける場合には、これらの規定による控除又は還付をされる金額に相当する金額は、その内国法人の各事業年度の所得の金額の計算上、損金の額に算入しない。

（法人税額から控除する外国税額の損金不算入）

第四一条①　内国法人（通算法人を除く。）が控除対象外国法人税の額（第六十九条第一項（外国税額の控除）に規定する控除対象外国法人税の額をいう。以下この条において同じ。）につき第六十九条又は第七十八条第一項（所得税額等の還付）若しくは第百三十三条第一項（更正等による所得税額等の還付）の規定の適用を受ける場合には、当該控除対象外国法人税の額は、その内国法人の各事業年度の所得の金額の計算上、損金の額に算入しない。

② 通算法人又は当該通算法人の各事業年度（当該通算法人に係る通算親法人の事業年度終了の日に終了するものに限る。）終了の日において当該通算法人との間に通算完全支配関係がある他の通算法人が、控除対象外国法人税の額につき第六十九条又は第七十八条第一項若しくは第百三十三条第一項の規定の適用を受ける場合には、当該通算法人が納付することとなる控除対象外国法人税の額は、当該通算法人の各事業年度の所得の金額の計算上、損金の額に算入しない。

第四一条の二　（略）

第六目　圧縮記帳（抄）

（国庫補助金等で取得した固定資産等の圧縮額の損金算入）

第四二条①　内国法人（清算中のものを除く。以下この条において同じ。）が、各事業年度において固定資産の取得又は改良に充てるための国又は地方公共団体の補助金又は給付金その他政令で定めるこれらに準ずるもの（第四十四条までにおいて「国庫補助金等」という。）の交付を受け、当該事業年度においてその国庫補助金等をもつてその交付の目的に適合した固定資産の取得又は改良をした場合（その国庫補助金等の返還を要しないことが当該事業年度終了の時までに確定した場合に限る。）において、その固定資産につき、その取得又は改良に充てた国庫補助金等の額に相当する金額（以下この項において「圧縮限度額」という。）の範囲内でその帳簿価額を損金経理により減額し、又はその圧縮限度額以下の金額を当該事業年度の確定した決算において積立金として積み立てる方法（政令で定める方法を含む。）により経理したときは、その減額し又は経理した金額に相当する金額は、当該事業年度の所得の金額の計算上、損金の額に算入する。

② 内国法人が、各事業年度において国庫補助金等の交付に代わるべきものとして交付を受ける固定資産を取得した場合において、その固定資産につき、その固定資産の価額に相当する金額（以下この項において「圧縮限度額」という。）の範囲内でその帳簿価額を損金経理により減額し、又はその圧縮限度額以下の金額を当該事業年度の確定した決算において積立金として積み立てる方法（政令で定める方法を含む。）により経理したときは、その減額し又は経理した金額に相当する金額は、当該事業年度の所得の金額の計算上、損金の額に算入する。

③―⑧　（略）

▽〔法税令〕→七九―八〇の二・九三

（国庫補助金等に係る特別勘定の金額の損金算入）

第四三条①　内国法人（清算中のものを除く。以下こ

の条において同じ。）が、各事業年度（被合併法人の合併（適格合併を除く。次項及び第三項において「非適格合併」という。）の日の前日の属する事業年度を除く。）において固定資産の取得又は改良に充てるための国庫補助金等の交付を受ける場合（その国庫補助金等の返還を要しないことが当該事業年度終了の時までに確定していない場合に限る。）において、その国庫補助金等の額に相当する金額以下の金額を当該事業年度の確定した決算において特別勘定を設ける方法（政令で定める方法を含む。）により経理したときは、その経理した金額に相当する金額は、当該事業年度の所得の金額の計算上、損金の額に算入する。

②―⑪　（略）

▽〔法税令〕→八〇・八一

（特別勘定を設けた場合の国庫補助金等で取得した固定資産等の圧縮額の損金算入）

第四四条①　前条第一項の特別勘定の金額（既に取り崩すべきこととなつたものを除く。）を有する内国法人が国庫補助金等をもつてその交付の目的に適合した固定資産の取得又は改良（同条第八項の規定により被合併法人、分割法人、現物出資法人又は現物分配法人（以下この項及び第六項において「被合併法人等」という。）から当該特別勘定の金額の引継ぎを受けている場合（以下この項において「引継ぎがある場合」という。）には、当該被合併法人等が国庫補助金等をもつて行つたその取得又は改良を含む。以下この項及び第四項において同じ。）をし、かつ、その取得又は改良をした日（引継ぎがある場合には、同条第八項に規定する適格組織再編成（第六項において「適格組織再編成」という。）の日）の属する事業年度以後の事業年度においてその取得又は改良に充てた国庫補助金等の全部又は一部の返還を要しないことが確定した場合において、その固定資産につき、その確定した日における当該特別勘定の金額のうちその返還を要しないことが確定した国庫補助金等に係るものとして政令で定めるところにより計算した金額（以下この項及び第四項において「圧縮限度額」という。）の範囲内でその帳簿価額を損金経理により減額し、又はその圧縮限度額以下の金額を当該事業年度の確定した決算において積立金として積み立てる方法（政令で定める方法を含む。）により経理したときは、その減額し又は経理した金額に相当する金額は当該事業年度の所得の金額の計算上、損金の額に算入する。

②―⑥　（略）

▽〔法税令〕→八〇・八二・八二の二・九三

（工事負担金で取得した固定資産等の圧縮額の損金算入）

第四五条①　次に掲げる事業を営む内国法人（清算中のものを除く。以下この条において同じ。）が、各事業年度において当該事業に必要な施設を設けるため電気、ガス若しくは水の需要者又は鉄道若しくは軌道の利用者その他その施設によつて便益を受ける者（以下この条において「受益者」という。）から金銭又は資材の交付を受け、当該事業年度においてその金銭又は資材をもつてその施設を構成する固定資産を取得した場合において、その固定資産につき、その交付を受けた金銭の額又は資材の価額に相当する金額（以下この項において「圧縮限度額」という。）の範囲内でその帳簿価額を損金経理により減額し、又はその圧縮限度額以下の金額を当該事業年度の確定した決算において積立金として積み立てる方法（政令で定める方法を含む。）により経理したときは、その減額し又は経理した金額に相当する金額は、当該事業年度の所得の金額の計算上、損金の額に算入する。

一　電気事業法（昭和三十九年法律第百七十号）第二条第一項第八号（定義）に規定する一般送配電事業、同項第十号に規定する送電事業、同項第十一号の二に規定する配電事業又は同項第十四号に規定する発電事業

二　ガス事業法（昭和二十九年法律第五十一号）第二条第五項（定義）に規定する一般ガス導管事業

三　水道法（昭和三十二年法律第百七十七号）第三条第二項（用語の定義）に規定する水道事業

四　鉄道事業法（昭和六十一年法律第九十二号）第二条第一項（定義）に規定する鉄道事業

五　軌道法（大正十年法律第七十六号）第一条第一項（軌道法の適用対象）に規定する軌道を敷設して行う運輸事業

六　前各号に掲げる事業に類する事業で政令で定めるもの

②―⑧　（略）

▽〔法税令〕→八三―八三の三・九三

第四六条　（略）

（保険金等で取得した固定資産等の圧縮額の損金算入）

第四七条①　内国法人（清算中のものを除く。以下この条において同じ。）が、各事業年度においてその有する固定資産（当該内国法人を合併法人、分割承継法人、被現物出資法人又は被現物分配法人（第八項において「合併法人等」という。）とする適格合併、適格分割、適格現物出資又は適格現物分配（以下この項及び第八項において「適格組織再編成」という。）が行われている場合には、当該適格組織再編成に係る被合併法人、分割法人、現物出資法人又は現物分配法人（第八項において「被合併法人等」という。）の有していたものを含む。以下この条において「所有固定資産」という。）の滅失又は損壊により保険金、共済金又は損害賠償金で政令で定めるもの（以下第四十九条までにおいて「保険金等」という。）の支払を受け、当該事業年度においてその保険金等をもつてその滅失をした所有固定資産に代替する同一種類の固定資産（以下この条において「代替資産」という。）の取得（第六十四条の二第三項（リース取引に係る所得の金額の計算）に規定するリース取引のうち所有権が移転しないものとし

て政令で定めるものによる取得を除く。以下この項及び第五項において同じ。）をし、又はその損壊をした所有固定資産若しくは代替資産となるべき資産の改良をした場合において、これらの固定資産につき、その取得又は改良に充てた保険金等に係る差益金の額として政令で定めるところにより計算した金額（以下この項において「圧縮限度額」という。）の範囲内でその帳簿価額を損金経理により減額し、又はその圧縮限度額以下の金額を当該事業年度の確定した決算において積立金として積み立てる方法（政令で定める方法を含む。）により経理したときは、その減額し又は経理した金額に相当する金額は、当該事業年度の所得の金額の計算上、損金の額に算入する。

②―⑧　（略）

▽〔法税令〕→八四―八七の二・八九・九三

（保険差益等に係る特別勘定の金額の損金算入）

第四八条①　保険金等の支払を受ける内国法人（清算中のものを除く。以下この条において同じ。）が、その支払を受ける事業年度（被合併法人の合併（適格合併を除く。次項及び第三項において「非適格合併」という。）の日の前日の属する事業年度を除く。）終了の日の翌日から二年を経過した日の前日（災害その他やむを得ない事由により同日までに前条第一項に規定する代替資産の同項に規定する取得をすることが困難である場合には、政令で定めるところにより納税地の所轄税務署長が指定した日（第六項及び第八項において「指定日」という。）とする。）までの期間内にその保険金等をもつて同条第一項に規定する取得又は改良をしようとする場合（当該内国法人が被合併法人となる適格合併を行い、かつ、当該適格合併に係る合併法人が当該取得又は改良をしようとする場合その他の政令で定める場合を含む。）において、当該取得又は改良に充てようとする保険金等に係る差益金の額として政令で定めるところにより計算した金額以下の金額を当該事業年度の確定した決算において特別勘定を設ける方法（政令で定める方法を含む。）により経理したときは、その経理した金額に相当する金額は、当該事業年度の所得の金額の計算上、損金の額に算入する。

②―⑪　（略）

▽〔法税令〕→八六・八八・八九・九〇

第四九条　（略）

（交換により取得した資産の圧縮額の損金算入）

第五〇条①　内国法人（清算中のものを除く。以下この条において同じ。）が、各事業年度において、一年以上有していた固定資産（当該内国法人が適格合併、適格分割、適格現物出資又は適格現物分配（以下この項及び第七項において「適格組織再編成」という。）により被合併法人、分割法人、現物出資法人又は現物分配法人（以下この項及び第七項において「被合併法人等」という。）から移転を受けたもので、当該被合併法人等と当該内国法人の有していた期間の合計が一年以上であるものを含む。）で次の各号に掲げるものをそれぞれ他の者が一年以上有していた固定資産（当該他の者が適格組織再編成により被合併法人等から移転を受けたもので、当該被合併法人等と当該他の者の有していた期間の合計が一年以上であるものを含む。）で当該各号に掲げるもの（交換のために取得したと認められるものを除く。）と交換し、その交換により取得した当該各号に掲げる資産（以下この条において「取得資産」という。）をその交換により譲渡した当該各号に掲げる資産（以下この条において「譲渡資産」という。）の譲渡の直前の用途と同一の用途に供した場合において、その取得資産につき、その交換により生じた差益金の額として政令で定めるところにより計算した金額の範囲内でその帳簿価額を損金経理により減額したときは、その減額した金額に相当する金額は、当該事業年度の所得の金額の計算上、損金の額に算入する。

一　土地（建物又は構築物の所有を目的とする地上権及び賃借権並びに農地法（昭和二十七年法律第二百二十九号）第二条第一項（定義）に規定する農地（同法第四十三条第一項（農作物栽培高度化施設に関する特例）の規定により農作物の栽培を耕作に該当するものとみなして適用する同法第二条第一項に規定する農地を含む。）の上に存する耕作（同法第四十三条第一項の規定により耕作に該当するものとみなされる農作物の栽培を含む。）に関する権利を含む。）

二　建物（これに附属する設備及び構築物を含む。）

三　機械及び装置

四　船舶

五　鉱業権（租鉱権及び採石権その他土石を採掘し、又は採取する権利を含む。）

②　前項及び第五項の規定は、これらの規定の交換の時における取得資産の価額と譲渡資産の価額との差額がこれらの価額のうちいずれか多い価額の百分の二十に相当する金額を超える場合には、適用しない。

③　第一項の規定は、確定申告書に同項に規定する減額した金額に相当する金額の損金算入に関する明細の記載がある場合に限り、適用する。

④　税務署長は、前項の記載がない確定申告書の提出があつた場合においても、その記載がなかつたことについてやむを得ない事情があると認めるときは、第一項の規定を適用することができる。

⑤―⑦　（略）

▽〔法税令〕→九二―九三　〔租特〕→六四―六五の二・六五の三―六五の五・六五の五の二・六五の六・六五の七―六六の二

第五一条　削除

第七目　貸倒引当金（抄）

第五二条①　次に掲げる内国法人が、その有する金銭債権（債券に表示されるべきものを除く。以下この項及び次項において同じ。）のうち、更生計画認可の決定に基づいて弁済を猶予され、又は賦払により弁済されることその他の政令で定める事実が生じていることによりその一部につき貸倒れその他これに類する事由による損失が見込まれるもの（当該金銭債権に係る債務者に対する他の金銭債権がある場合には、当該他の金銭債権を含む。以下この条において「個別評価金銭債権」という。）のその損失の見込額として、各事業年度（被合併法人の適格合併に該当しない合併の日の前日の属する事業年度及び残余財産の確定（その残余財産の分配が適格現物分配に該当しないものに限る。次項において同じ。）の日の属する事業年度を除く。）において損金経理により貸倒引当金勘定に繰り入れた金額については、当該繰り入れた金額のうち、当該事業年度終了の時において当該個別評価金銭債権の取立て又は弁済の見込みがないと認められる部分の金額を基礎として政令で定めるところにより計算した金額（第五項において「個別貸倒引当金繰入限度額」という。）に達するまでの金額は、当該事業年度の所得の金額の計算上、損金の額に算入する。

一　当該事業年度終了の時において次に掲げる法人に該当する内国法人

イ　普通法人（投資法人及び特定目的会社を除く。）のうち、資本金の額若しくは出資金の額が一億円以下であるもの（第六十六条第五項第二号又は第三号（各事業年度の所得に対する法人税の税率）に掲げる法人に該当するもの及び同条第六項に規定する大通算法人を除く。）又は資本若しくは出資を有しないもの（同項に規定する大通算法人を除く。）

ロ　公益法人等又は協同組合等

ハ　人格のない社団等

二　次に掲げる内国法人

イ　銀行法（昭和五十六年法律第五十九号）第二条第一項（定義等）に規定する銀行

ロ　保険業法（平成七年法律第百五号）第二条第二項（定義）に規定する保険会社

ハ　イ又はロに掲げるものに準ずるものとして政令で定める内国法人

三　第六十四条の二第一項（リース取引に係る所得の金額の計算）の規定により売買があつたものとされる同項に規定するリース資産の対価の額に係る金銭債権を有する内国法人その他の金融に関する取引に係る金銭債権を有する内国法人として政令で定める内国法人（前二号に掲げる内国法人を除く。）

② 前項各号に掲げる内国法人が、その有する売掛金、貸付金その他これらに準ずる金銭債権（個別評価金銭債権を除く。以下この条において「一括評価金銭債権」という。）の貸倒れによる損失の見込額として、各事業年度（被合併法人の適格合併に該当しない合併の日の前日の属する事業年度及び残余財産の確定の日の属する事業年度を除く。）において損金経理により貸倒引当金勘定に繰り入れた金額については、当該繰り入れた金額のうち、当該事業年度終了の時において有する一括評価金銭債権の額及び最近における売掛金、貸付金その他これらに準ずる金銭債権の貸倒れによる損失の額を基礎として政令で定めるところにより計算した金額（第六項において「一括貸倒引当金繰入限度額」という。）に達するまでの金額は、当該事業年度の所得の金額の計算上、損金の額に算入する。

③―⑨（略）

⑩ 第一項又は第二項の規定により各事業年度の所得の金額の計算上損金の額に算入されたこれらの規定に規定する貸倒引当金勘定の金額は、当該事業年度の翌事業年度の所得の金額の計算上、益金の額に算入する。

⑪―⑬（略）

▽〔法税令〕→九六―九八　〔租特〕→五七の九

第五三条　削除

第七目の二　譲渡制限付株式を対価とする費用等

（譲渡制限付株式を対価とする費用の帰属事業年度の特例）

第五四条① 内国法人が個人から役務の提供を受ける場合において、当該役務の提供に係る費用の額につき譲渡制限付株式（譲渡についての制限その他の条件が付されている株式（出資を含む。）として政令で定めるものをいう。以下この項において同じ。）であつて次に掲げる要件に該当するもの（以下この項及び第三項において「特定譲渡制限付株式」という。）が交付されたとき（合併又は分割型分割に際し当該合併又は分割型分割に係る被合併法人又は分割法人の当該特定譲渡制限付株式を有する者に対し交付される当該合併又は分割型分割に係る合併法人又は分割承継法人の譲渡制限付株式その他の政令で定める譲渡制限付株式（第三項において「承継譲渡制限付株式」という。）が交付されたときを含む。）は、当該個人において当該役務の提供につき所得税法その他所得税に関する法令の規定により当該個人の同法に規定する給与所得その他の政令で定める所得の金額に係る収入金額とすべき金額又は総収入金額に算入すべき金額（次項及び第三項において「給与等課税額」という。）が生ずることが確定した日において当該役務の提供を受けたものとして、この法律の規定を適用する。

一　当該譲渡制限付株式が当該役務の提供の対価として当該個人に生ずる債権の給付と引換えに当該個人に交付されるものであること。

二　前号に掲げるもののほか、当該譲渡制限付株式が実質的に当該役務の提供の対価と認められるものであること。

② 前項に規定する場合において、同項の個人において同項の役務の提供につき給与等課税額が生じないときは、当該役務の提供を受ける内国法人の当該役務の提供を受けたことによる費用の額又は当該役務

の全部若しくは一部の提供を受けられなかつたことによる損失の額は、当該内国法人の各事業年度の所得の金額の計算上、損金の額に算入しない。

③　第一項の個人から役務の提供を受ける内国法人は、特定譲渡制限付株式の一株当たりの交付の時の価額、交付数、その事業年度において給与等課税額が生ずること又は生じないことが確定した数その他当該特定譲渡制限付株式又は承継譲渡制限付株式の状況に関する明細書を当該事業年度の確定申告書に添付しなければならない。

④　前項に定めるもののほか、第一項又は第二項の規定の適用に関し必要な事項は、政令で定める。

▽〔法税令〕→一一一の二

（新株予約権を対価とする費用の帰属事業年度の特例等）

第五四条の二①　内国法人が個人から役務の提供を受ける場合において、当該役務の提供に係る費用の額につき譲渡制限付新株予約権（譲渡についての制限その他の条件が付されている新株予約権として政令で定めるものをいう。以下この項において同じ。）であつて次に掲げる要件に該当するもの（以下この条において「特定新株予約権」という。）が交付されたとき（合併、分割、株式交換又は株式移転（以下この項において「合併等」という。）に際し当該合併等に係る被合併法人、分割法人、株式交換完全子法人又は株式移転完全子法人の当該特定新株予約権を有する者に対し交付される当該合併等に係る合併法人、分割承継法人、株式交換完全親法人又は株式移転完全親法人の譲渡制限付新株予約権（第三項及び第四項において「承継新株予約権」という。）が交付されたときを含む。）は、当該個人において当該役務の提供につき所得税法その他所得税に関する法令の規定により当該個人の同法に規定する給与所得その他の政令で定める所得の金額に係る収入金額とすべき金額又は総収入金額に算入すべき金額を生ずべき事由（次項において「給与等課税事由」という。）が生じた日において当該役務の提供を受けたものとして、この法律の規定を適用する。

一　当該譲渡制限付新株予約権と引換えにする払込みに代えて当該役務の提供の対価として当該個人に生ずる債権をもつて相殺されること。

二　前号に掲げるもののほか、当該譲渡制限付新株予約権が実質的に当該役務の提供の対価と認められるものであること。

②　前項に規定する場合において、同項の個人において同項の役務の提供につき給与等課税事由が生じないときは、当該役務の提供を受ける内国法人の当該役務の提供を受けたことによる費用の額又は当該役務の全部若しくは一部の提供を受けられなかつたことによる損失の額は、当該内国法人の各事業年度の所得の金額の計算上、損金の額に算入しない。

③　前項に規定する場合において、特定新株予約権（承継新株予約権を含む。）が消滅をしたときは、当該消滅による利益の額は、これらの新株予約権を発行した法人の各事業年度の所得の金額の計算上、益金の額に算入しない。

④　第一項の個人から役務の提供を受ける内国法人は、特定新株予約権の一個当たりの交付の時の価額、交付数、その事業年度において行使された数その他当該特定新株予約権又は承継新株予約権の状況に関する明細書を当該事業年度の確定申告書に添付しなければならない。

⑤　内国法人が新株予約権（投資信託及び投資法人に関する法律第二条第十七項（定義）に規定する新投資口予約権を含む。以下この項において同じ。）を発行する場合において、その新株予約権と引換えに払い込まれる金銭の額（金銭の払込みに代えて給付される金銭以外の資産の価額及び相殺される債権の額を含む。以下この項において同じ。）がその新株予約権のその発行の時の価額に満たないとき（その新株予約権を無償で発行したときを含む。）、又はその新株予約権と引換えに払い込まれる金銭の額がその新株予約権のその発行の時の価額を超えるときは、その満たない部分の金額（その新株予約権を無償で発行した場合には、その発行の時の価額）又はその超える部分の金額に相当する金額は、その内国法人の各事業年度の所得の金額の計算上、損金の額又は益金の額に算入しない。

⑥　第四項に定めるもののほか、第一項から第三項まで又は前項の規定の適用に関し必要な事項は、政令で定める。

▽〔法税令〕→一一一の三

第七目の三　不正行為等に係る費用等

第五五条①　内国法人が、その所得の金額若しくは欠損金額又は法人税の額の計算の基礎となるべき事実の全部又は一部を隠蔽し、又は仮装すること（以下この項及び次項において「隠蔽仮装行為」という。）によりその法人税の負担を減少させ、又は減少させようとする場合には、当該隠蔽仮装行為に要する費用の額又は当該隠蔽仮装行為により生ずる損失の額は、その内国法人の各事業年度の所得の金額の計算上、損金の額に算入しない。

②　前項の規定は、内国法人が隠蔽仮装行為によりその納付すべき法人税以外の租税の負担を減少させ、又は減少させようとする場合について準用する。

③　内国法人が納付する次に掲げるものの額は、その内国法人の各事業年度の所得の金額の計算上、損金の額に算入しない。

一　国税に係る延滞税、過少申告加算税、無申告加算税、不納付加算税及び重加算税並びに印紙税法（昭和四十二年法律第二十三号）の規定による過怠税

二　地方税法の規定による延滞金（同法第六十五条（法人の道府県民税に係る納期限の延長の場合の延滞金）、第七十二条の四十五の二（法人の事業税に係る納期限の延長の場合の延滞金）又は第三百二十七条（法人の市町村民税に係る納期限の延長の場合の延滞金）の規定により徴収されるもの

を除く。）、過少申告加算金、不申告加算金及び重加算金

三　前二号に掲げるものに準ずるものとして政令で定めるもの

④　内国法人が納付する次に掲げるものの額は、その内国法人の各事業年度の所得の金額の計算上、損金の額に算入しない。

一　罰金及び科料（通告処分による罰金又は科料に相当するもの及び外国又はその地方公共団体が課する罰金又は科料に相当するものを含む。）並びに過料

二　国民生活安定緊急措置法（昭和四十八年法律第百二十一号）の規定による課徴金及び延滞金

三　私的独占の禁止及び公正取引の確保に関する法律（昭和二十二年法律第五十四号）の規定による課徴金及び延滞金（外国若しくはその地方公共団体又は国際機関が納付を命ずるこれらに類するものを含む。）

四　金融商品取引法第六章の二（課徴金）の規定による課徴金及び延滞金

五　公認会計士法（昭和二十三年法律第百三号）の規定による課徴金及び延滞金

六　不当景品類及び不当表示防止法（昭和三十七年法律第百三十四号）の規定による課徴金及び延滞金

七　医薬品、医療機器等の品質、有効性及び安全性の確保等に関する法律（昭和三十五年法律第百四十五号）の規定による課徴金及び延滞金

⑤　内国法人が供与をする刑法（明治四十年法律第四十五号）第百九十八条（贈賄）に規定する賄賂又は不正競争防止法（平成五年法律第四十七号）第十八条第一項（外国公務員等に対する不正の利益の供与等の禁止）に規定する金銭その他の利益に当たるべき金銭の額及び金銭以外の資産の価額並びに経済的な利益の額の合計額に相当する費用又は損失の額（その供与に要する費用の額又はその供与により生ずる損失の額を含む。）は、その内国法人の各事業年度の所得の金額の計算上、損金の額に算入しない。

▽〔法税令〕→一一一の四

第五六条　削除

第八目　繰越欠損金（抄）

（欠損金の繰越し）

第五七条①　内国法人の各事業年度開始の日前十年以内に開始した事業年度において生じた欠損金額（この項の規定により当該各事業年度前の事業年度の所得の金額の計算上損金の額に算入されたもの及び第八十条（欠損金の繰戻しによる還付）の規定により還付を受けるべき金額の計算の基礎となつたものを除く。）がある場合には、当該欠損金額に相当する金額は、当該各事業年度の所得の金額の計算上、損金の額に算入する。ただし、当該欠損金額に相当する金額が損金算入限度額（本文の規定を適用せず、かつ、第五十九条第三項及び第四項（会社更生等による債務免除等があつた場合の欠損金の損金算入）並びに第六十二条の五第五項（現物分配による資産の譲渡）の規定を適用しないものとして計算した場合における当該各事業年度の所得の金額の百分の五十に相当する金額をいう。）から当該欠損金額の生じた事業年度前の事業年度において生じた欠損金額に相当する金額で本文の規定により当該各事業年度の所得の金額の計算上損金の額に算入される金額を控除した金額を超える場合は、その超える部分の金額については、この限りでない。

②　前項の内国法人を合併法人とする適格合併が行われた場合又は当該内国法人との間に完全支配関係（当該内国法人による完全支配関係又は第二条第十二号の七の六（定義）に規定する相互の関係に限る。）がある他の内国法人で当該内国法人が発行済株式若しくは出資の全部若しくは一部を有するものの残余財産が確定した場合において、当該適格合併に係る被合併法人又は当該他の内国法人（以下この項において「被合併法人等」という。）の当該適格合併の日前十年以内に開始し、又は当該残余財産の確定の日の翌日前十年以内に開始した各事業年度（以下この項、次項及び第七項第一号において「前十年内事業年度」という。）において生じた欠損金額（当該被合併法人等が当該欠損金額（この項の規定により当該被合併法人等の欠損金額とみなされたものを含み、第四項から第六項まで、第八項若しくは第九項又は第五十八条第一項（青色申告書を提出しなかつた事業年度の欠損金の特例）の規定によりないものとされたものを除く。次項において同じ。）の生じた前十年内事業年度について確定申告書を提出していることその他の政令で定める要件を満たしている場合における当該欠損金額に限るものとし、前項の規定により当該被合併法人等の前十年内事業年度の所得の金額の計算上損金の額に算入されたもの及び第八十条の規定により還付を受けるべき金額の計算の基礎となつたものを除く。以下この項において「未処理欠損金額」という。）があるときは、当該内国法人の当該適格合併の日の属する事業年度又は当該残余財産の確定の日の翌日の属する事業年度（以下この項において「合併等事業年度」という。）以後の各事業年度における前項の規定の適用については、当該前十年内事業年度において生じた未処理欠損金額（当該他の内国法人に株主等が二以上ある場合には、当該未処理欠損金額を当該他の内国法人の発行済株式又は出資（当該他の内国法人が有する自己の株式又は出資を除く。）の総数又は総額で除し、これに当該内国法人の有する当該他の内国法人の株式又は出資の数又は金額を乗じて計算した金額）は、それぞれ当該未処理欠損金額の生じた前十年内事業年度開始の日の属する当該内国法人の各事業年度（当該内国法人の合併等事業年度開始の日以後に開始した当該被合併法人等の当該前十年内事業年度にあつては、当該合併等事業年度の前事業年度）において生じた欠損金額とみなす。

③　前項の適格合併に係る被合併法人（同項の内国法人（当該内国法人が当該適格合併により設立された法人である場合にあつては、当該適格合併に係る他の被合併法人。以下この項において同じ。）との間に支配関係があるものに限る。）又は前項の残余財産が確定した他の内国法人（以下この項において「被合併法人等」という。）の前項に規定する未処理欠損金額には、当該適格合併が共同で事業を行うための合併として政令で定めるものに該当する場合又は当該被合併法人等と同項の内国法人との間に当該内国法人の当該適格合併の日の属する事業年度開始の日（当該適格合併が法人を設立するものである場合には、当該適格合併の日）の五年前の日若しくは当該残余財産の確定の日の翌日の属する事業年度開始の日の五年前の日、当該被合併法人等の設立の日若しくは当該内国法人の設立の日のうち最も遅い日から継続して支配関係がある場合として政令で定める場合のいずれにも該当しない場合には、次に掲げる欠損金額を含まないものとする。

一　当該被合併法人等の支配関係事業年度（当該被合併法人等が当該内国法人との間に最後に支配関係を有することとなつた日の属する事業年度をいう。次号において同じ。）前の各事業年度で前十年内事業年度に該当する事業年度において生じた欠損金額（当該被合併法人等において第一項の規定により前十年内事業年度の所得の金額の計算上損金の額に算入されたもの及び第八十条の規定により還付を受けるべき金額の計算の基礎となつたものを除く。次号において同じ。）

二　当該被合併法人等の支配関係事業年度以後の各事業年度で前十年内事業年度に該当する事業年度において生じた欠損金額のうち第六十二条の七第二項（特定資産に係る譲渡等損失額の損金不算入）に規定する特定資産譲渡等損失額に相当する金額から成る部分の金額として政令で定める金額

④　第一項の内国法人と支配関係法人（当該内国法人との間に支配関係がある法人をいう。以下この項において同じ。）との間で当該内国法人を合併法人、分割承継法人、被現物出資法人又は被現物分配法人とする適格合併若しくは適格合併に該当しない合併で第六十一条の十一第一項（完全支配関係がある法人の間の取引の損益）の規定の適用があるもの、適格分割、適格現物出資又は適格現物分配（以下この項において「適格組織再編成等」という。）が行われた場合（当該内国法人の当該適格組織再編成等の日（当該適格組織再編成等が残余財産の全部の分配である場合には、その残余財産の確定の日の翌日）の属する事業年度（以下この項において「組織再編成事業年度」という。）開始の日の五年前の日、当該内国法人の設立の日又は当該支配関係法人の設立の日のうち最も遅い日から継続して当該内国法人と当該支配関係法人との間に支配関係がある場合として政令で定める場合を除く。）において、当該適格組織再編成等が共同で事業を行うための適格組織再編成等として政令で定めるものに該当しないときは、当該内国法人の当該組織再編成事業年度以後の各事業年度における第一項の規定の適用については、当該内国法人の同項に規定する欠損金額（第二項の規定により当該内国法人の欠損金額とみなされたものを含み、この項から第六項まで、第八項若しくは第九項又は第五十八条第一項の規定によりないものとされたものを除く。以下この項及び次項において同じ。）のうち次に掲げる欠損金額は、ないものとする。

一　当該内国法人の支配関係事業年度（当該内国法人が当該支配関係法人との間に最後に支配関係を有することとなつた日の属する事業年度をいう。次号において同じ。）前の各事業年度で前十年内事業年度（当該組織再編成事業年度開始の日前十年以内に開始した各事業年度をいう。以下この項において同じ。）に該当する事業年度において生じた欠損金額（第一項の規定により前十年内事業年度の所得の金額の計算上損金の額に算入されたもの及び第八十条の規定により還付を受けるべき金額の計算の基礎となつたものを除く。次号において同じ。）

二　当該内国法人の支配関係事業年度以後の各事業年度で前十年内事業年度に該当する事業年度において生じた欠損金額のうち第六十二条の七第二項に規定する特定資産譲渡等損失額に相当する金額から成る部分の金額として政令で定める金額

⑤　第一項の内国法人が第五十九条第一項、第二項又は第四項の規定の適用を受ける場合には、当該内国法人のこれらの規定に規定する適用年度（以下この項において「適用年度」という。）以後の各事業年度（同条第四項の規定の適用を受ける場合にあつては、適用年度後の各事業年度）における第一項の規定の適用については、同項に規定する欠損金額のうち同条第一項、第二項又は第四項の規定により適用年度の所得の金額の計算上損金の額に算入される金額から成る部分の金額として政令で定める金額は、ないものとする。

⑥　通算法人が第六十四条の十一第一項各号（通算制度の開始に伴う資産の時価評価損益）又は第六十四条の十二第一項各号（通算制度への加入に伴う資産の時価評価損益）に掲げる法人（次項第一号及び第八項において「時価評価除外法人」という。）に該当しない場合（当該通算法人が通算子法人である場合において、当該通算法人について第六十四条の九第一項（通算承認）の規定による承認（以下この条において「通算承認」という。）の効力が生じた日から同日の属する当該通算法人に係る通算親法人の事業年度終了の日までの間に第六十四条の十第五項又は第六項（通算制度の取りやめ等）の規定により当該通算承認が効力を失つたとき（当該通算法人を被合併法人とする合併で他の通算法人を合併法人とするものが行われたこと又は当該通算法人の残余財産が確定したことに基因してその効力を失つた場合を除く。）を除く。）には、当該通算法人（当該通算法人であつた内国法人を含む。）の通算承認の効力が生じた日以後に開始する各事業年度における第一

法税

項の規定の適用については、同日前に開始した各事業年度において生じた欠損金額（同日前に開始した各事業年度において第二項の規定により当該各事業年度前の事業年度において生じた欠損金額とみなされたものを含む。）は、ないものとする。

⑦　通算法人を合併法人とする合併で当該通算法人との間に通算完全支配関係（これに準ずる関係として政令で定める関係を含む。以下この項において同じ。）がある他の内国法人を被合併法人とするものが行われた場合又は通算法人との間に通算完全支配関係（当該通算法人による完全支配関係又は第二条第十二号の七の六に規定する相互の関係に限る。）がある他の内国法人で当該通算法人が発行済株式若しくは出資の全部若しくは一部を有するものの残余財産が確定した場合には、次に掲げる欠損金額については、第二項の規定は、適用しない。

一　これらの他の内国法人が時価評価除外法人に該当しない場合（当該合併（適格合併に限る。）の日の前日又は当該残余財産の確定した日がこれらの他の内国法人が通算親法人との間に通算完全支配関係を有することとなつた日の前日から当該有することとなつた日の属する当該通算親法人の事業年度終了の日までの期間内の日であることその他の政令で定める要件に該当する場合に限る。）におけるこれらの他の内国法人の前十年内事業年度において生じた欠損金額（第二項の規定によりこれらの他の内国法人の欠損金額とみなされたものを含む。）

二　これらの他の内国法人の第六十四条の八（通算法人の合併等があつた場合の欠損金の損金算入）の規定の適用がある欠損金額

⑧　通算法人で時価評価除外法人に該当するものが通算承認の効力が生じた日の五年前の日又は当該通算法人の設立の日のうちいずれか遅い日から当該通算承認の効力が生じた日まで継続して当該通算法人に係る通算親法人（当該通算法人が通算親法人である場合には、他の通算法人のいずれか）との間に支配関係がある場合として政令で定める場合に該当しない場合（当該通算法人が通算子法人である場合において、同日から同日の属する当該通算法人に係る通算親法人の事業年度終了の日までの間に第六十四条の十第五項又は第六項の規定により当該通算承認が効力を失つたとき（当該通算法人を被合併法人とする合併で他の通算法人を合併法人とするものが行われたこと又は当該通算法人の残余財産が確定したことに基因してその効力を失つた場合を除く。）を除く。）で、かつ、当該通算法人について通算承認の効力が生じた後に当該通算法人と他の通算法人とが共同で事業を行う場合として政令で定める場合に該当しない場合において、当該通算法人が当該通算法人に係る通算親法人との間に最後に支配関係を有することとなつた日（当該通算法人が通算親法人である場合には、他の通算法人のうち当該通算法人との間に最後に支配関係を有することとなつた日が最も早いものとの間に最後に支配関係を有することとなつた日。第一号において「支配関係発生日」という。）以後に新たな事業を開始したときは、当該通算法人（当該通算法人であつた内国法人を含む。）の当該通算承認の効力が生じた日以後に開始する各事業年度（同日の属する事業年度終了の日後に当該事業を開始した場合には、その開始した日以後に終了する各事業年度）における第一項の規定の適用については、次に掲げる欠損金額は、ないものとする。

一　当該通算法人の支配関係事業年度（支配関係発生日の属する事業年度をいう。次号において同じ。）前の各事業年度で通算前十年内事業年度（当該通算承認の効力が生じた日前十年以内に開始した各事業年度をいう。以下この号及び次号において同じ。）に該当する事業年度において生じた欠損金額（第二項の規定により当該通算法人の欠損金額とみなされたものを含み、第一項の規定により通算前十年内事業年度の所得の金額の計算上損金の額に算入されたもの、第四項から第六項まで、この項若しくは次項又は第五十八条第一項の規定によりないものとされたもの及び第八十条の規定により還付を受けるべき金額の計算の基礎となつたものを除く。次号において同じ。）

二　当該通算法人の支配関係事業年度以後の各事業年度で通算前十年内事業年度に該当する事業年度において生じた欠損金額のうち第六十四条の十四第二項（特定資産に係る譲渡等損失額の損金不算入）に規定する特定資産譲渡等損失額に相当する金額から成る部分の金額として政令で定める金額

⑨　通算法人について、第六十四条の十第五項の規定により通算承認が効力を失う場合には、その効力を失う日以後に開始する当該通算法人であつた内国法人の各事業年度における第一項の規定の適用については、同日前に開始した各事業年度において生じた欠損金額（同日前に開始した各事業年度において第二項の規定により当該各事業年度前の事業年度において生じた欠損金額とみなされたものを含む。）は、ないものとする。

⑩　第一項の規定は、同項の内国法人が欠損金額（第二項の規定により当該内国法人の欠損金額とみなされたものを除く。）の生じた事業年度について確定申告書を提出し、かつ、その後において連続して確定申告書を提出している場合（第二項の規定により当該内国法人の欠損金額とみなされたものにつき第一項の規定を適用する場合にあつては、第二項の合併等事業年度について確定申告書を提出し、かつ、その後において連続して確定申告書を提出している場合）であつて欠損金額の生じた事業年度に係る帳簿書類を財務省令で定めるところにより保存している場合に限り、適用する。

⑪　次の各号に掲げる内国法人の当該各号に定める各事業年度の所得に係る第一項ただし書の規定の適用については、同項ただし書中「所得の金額の百分の五十に相当する金額」とあるのは、「所得の金額」とする。

一　第一項の各事業年度終了の時において次に掲げる法人（次号及び第三号において「中小法人等」

という。）**に該当する内国法人**　**当該各事業年度**

イ　普通法人（投資法人、特定目的会社及び第四条の三（受託法人等に関するこの法律の適用）に規定する受託法人を除く。第三号において同じ。）**のうち、資本金の額若しくは出資金の額が一億円以下であるもの**（第六十六条第五項第二号又は第三号（各事業年度の所得に対する法人税の税率）に掲げる法人に該当するもの及び同条第六項に規定する大通算法人を除く。）**又は資本若しくは出資を有しないもの**（保険業法に規定する相互会社及び同項に規定する大通算法人を除く。）

ロ　公益法人等又は協同組合等

ハ　人格のない社団等

二　第一項の各事業年度が内国法人について生じた次に掲げる事実の区分に応じそれぞれ次に定める事業年度である場合における当該内国法人（当該各事業年度終了の時において中小法人等に該当するものを除く。）　**当該各事業年度**（当該事実が生じた日以後に当該内国法人の発行する株式が金融商品取引法第二条第十六項（定義）に規定する金融商品取引所に上場されたことその他の当該内国法人の事業の再生が図られたと認められる事由として政令で定める事由のいずれかが生じた場合には、その上場された日その他の当該事由が生じた日として政令で定める日のうち最も早い日以後に終了する事業年度を除く。）

イ　更生手続開始の決定があつたこと　**当該更生手続開始の決定の日から当該更生手続開始の決定に係る更生計画認可の決定の日以後七年を経過する日までの期間**（同日前において当該更生手続開始の決定を取り消す決定の確定その他の政令で定める事実が生じた場合には、当該更生手続開始の決定の日から当該事実が生じた日までの期間）**内の日の属する事業年度**

ロ　再生手続開始の決定があつたこと　**当該再生手続開始の決定の日から当該再生手続開始の決定に係る再生計画認可の決定の日以後七年を経過する日までの期間**（同日前において当該再生手続開始の決定を取り消す決定の確定その他の政令で定める事実が生じた場合には、当該再生手続開始の決定の日から当該事実が生じた日までの期間）**内の日の属する事業年度**

ハ　第五十九条第二項に規定する政令で定める事実（ロに掲げるものを除く。）　**当該事実が生じた日から同日の翌日以後七年を経過する日までの期間内の日の属する事業年度**

ニ　イからハまでに掲げる事実に準ずるものとして政令で定める事実　**当該事実が生じた日から同日の翌日以後七年を経過する日までの期間内の日の属する事業年度**

三　第一項の各事業年度が内国法人の設立の日として政令で定める日から同日以後七年を経過する日までの期間内の日の属する事業年度である場合における当該内国法人（普通法人に限り、当該各事業年度終了の時において中小法人等又は第六十六条第五項第二号若しくは第三号に掲げる法人に該当するもの及び当該内国法人が通算法人である場合において他の通算法人のいずれかの当該各事業年度終了の日の属する事業年度が当該他の通算法人の設立の日として政令で定める日から同日以後七年を経過する日までの期間内の日の属する事業年度でないときにおける当該内国法人並びに株式移転完全親法人を除く。）　**当該各事業年度**（当該内国法人の発行する株式が金融商品取引法第二条第十六項に規定する金融商品取引所に上場されたことその他の政令で定める事由のいずれかが生じた場合には、その上場された日その他の当該事由が生じた日として政令で定める日のうち最も早い日以後に終了する事業年度を除く。）

⑫―⑭（略）

▽〔法税令〕→一一二―一一三　〔租特〕→六六の一二

1　欠損金の繰越控除は、各事業年度間の所得の金額と欠損金額を平準化することによってその緩和を図り、事業年度ごとの所得の金額の変動の大小にかかわらず法人の税負担をできるだけ均等化して公平な課税を行うという趣旨、目的から設けられた制度である。（最判昭43・5・2民集二二・五・一〇六七〈行田電線事件〉租税百選〔三版〕四四）

2　合併による欠損金額の引継ぎ、その繰越控除の特典の承継のごときは、立法政策上の問題であり、それを合理化するような条件を定めて制定された特別な立法があってはじめて認められる。（最判昭43・5・2前出1）

（特定株主等によつて支配された欠損等法人の欠損金の繰越しの不適用）

第五七条の二①　**内国法人で他の者との間に当該他の者による特定支配関係**（当該他の者が当該内国法人の発行済株式又は出資（自己が有する自己の株式又は出資を除く。）の総数又は総額の百分の五十を超える数又は金額の株式又は出資を直接又は間接に保有する関係その他の政令で定める関係をいい、政令で定める事由によつて生じたものを除く。以下この項において同じ。）**を有することとなつたもののうち、当該特定支配関係を有することとなつた日**（以下この項及び次項第一号において「支配日」という。）**の属する事業年度**（以下この項において「特定支配事業年度」という。）**において当該特定支配事業年度前の各事業年度において生じた欠損金額**（前条第二項の規定により当該内国法人の欠損金額とみなされたものを含むものとし、同条第一項の規定の適用があるものに限る。以下この条において同じ。）**又は評価損資産**（当該内国法人が当該特定支配事業年度開始の日において有する資産のうち同日における価額がその帳簿価額に満たないものとして政令で定めるものをいう。）**を有するもの**（以下この条において「欠損等法人」という。）**が、当該支配日以後五年を経過した日の前日まで**（当該特定支配関係を有しなくなつた場合として政令で定める場合に該当したこと、当該欠損等法人の債務につき政令で定める債務の免除その他の行為（第三号において「債務免除等」という。）があつたことその他政令で定める事実が生じた場合には、これらの事実が生じた日まで）に次に掲げる事由に該当する場合には、その該当することとなつた日（第四号に掲げる事由（同号に規定する適格合併に係る部分に限る。）に該当する場合にあつては、当該適格合併の日の前日。次項及び第三項において「該当日」という。）の属する事業年度（以下この条において「適用事業年度」という。）以後の各事業年度においては、当該適用事業年度前の各事業年度において生じた欠損金額については、前条第一項の規定は、適用しない。

一　当該欠損等法人が当該支配日の直前において事業を営んでいない場合（清算中の場合を含む。）において、当該支配日以後に事業を開始すること（清算中の当該欠損等法人が継続することを含む。）。

二　当該欠損等法人が当該支配日の直前において営む事業（以下この項において「旧事業」という。）の全てを当該支配日以後に廃止し、又は廃止することが見込まれている場合において、当該旧事業の当該支配日の直前における事業規模（売上金額、収入金額その他の事業の種類に応じて政令で定めるものをいう。次号及び第五号において同じ。）のおおむね五倍を超える資金の借入れ又は出資による金銭その他の資産の受入れ（合併又は分割による資産の受入れを含む。次号において「資金借入れ等」という。）を行うこと。

三　当該他の者又は当該他の者との間に政令で定める関係がある者（以下この号において「関連者」という。）が当該他の者及び関連者以外の者から当該欠損等法人に対する債権で政令で定めるもの（以下この号において「特定債権」という。）を取得している場合（当該支配日前に特定債権を取得している場合を含むものとし、当該特定債権につき当該支配日以後に債務免除等を行うことが見込まれている場合その他の政令で定める場合を除く。次号において「特定債権が取得されている場合」という。）において、当該欠損等法人が旧事業の当該支配日の直前における事業規模のおおむね五倍を超える資金借入れ等を行うこと。

四　第一号若しくは第二号に規定する場合又は前号の特定債権が取得されている場合において、当該欠損等法人が自己を被合併法人とする適格合併を行い、又は当該欠損等法人（他の内国法人との間に当該他の内国法人による完全支配関係があるものに限る。）の残余財産が確定すること。

五　当該欠損等法人が当該特定支配関係を有することとなつたことに基因して、当該欠損等法人の当該支配日の直前の役員（社長その他政令で定めるものに限る。）の全てが退任（業務を執行しないものとなることを含む。）をし、かつ、当該支配日の直前において当該欠損等法人の業務に従事する使用人（以下この号において「旧使用人」という。）の総数のおおむね百分の二十以上に相当する数の者が当該欠損等法人の使用人でなくなつた場合において、当該欠損等法人の非従事事業（当該旧使用人が当該支配日以後その業務に実質的に従事しない事業をいう。）の事業規模が旧事業の当該支配日の直前における事業規模のおおむね五倍を超えることとなること（政令で定める場合を除く。）。

六　前各号に掲げる事由に類するものとして政令で定める事由

②　欠損等法人と他の法人との間で当該欠損等法人の該当日以後に合併、分割、現物出資又は第二条第十二号の五の二（定義）に規定する現物分配が行われる場合には、次の各号に掲げる欠損金額については、当該各号に定める規定は、適用しない。

一　欠損等法人を合併法人とする適格合併が行われる場合における当該適格合併に係る被合併法人の当該適格合併の日の前日の属する事業年度以前の各事業年度において生じた欠損金額（当該適格合併が当該欠損等法人の適用事業年度開始の日以後三年を経過する日（その経過する日が支配日以後五年を経過する日後となる場合にあつては、同日。次項において「三年経過日」という。）後に行われるものである場合には、当該欠損金額のうちその生じた事業年度開始の日が当該適用事業年度開始の日前であるものに限る。）　前条第二項及び第三項

二　欠損等法人を合併法人、分割承継法人、被現物出資法人又は被現物分配法人とする前条第四項に規定する適格組織再編成等が行われる場合における当該欠損等法人の適用事業年度前の各事業年度において生じた欠損金額　同項

③　欠損等法人の該当日以後に当該欠損等法人との間に前条第二項に規定する完全支配関係がある内国法人で当該欠損等法人が発行済株式又は出資の全部又は一部を有するものの残余財産が確定する場合における当該内国法人の当該残余財産の確定の日の属する事業年度以前の各事業年度において生じた欠損金額（当該残余財産の確定の日が当該欠損等法人の三年経過日以後である場合には、当該欠損金額のうちその生じた事業年度開始の日が当該欠損等法人の適用事業年度開始の日前であるものに限る。）については、同項及び同条第三項の規定は、当該欠損等法人については、適用しない。

④　内国法人と欠損等法人との間で当該内国法人を合併法人とする適格合併が行われる場合又は内国法人との間に前条第二項に規定する完全支配関係がある他の内国法人である欠損等法人の残余財産が確定する場合には、これらの欠損等法人の適用事業年度前の各事業年度において生じた欠損金額については、同項及び同条第三項の規定は、適用しない。

⑤　前各項の規定の適用に関し必要な事項は、政令で定める。

▽〔法税令〕→一一三の三、一五五の二一

（青色申告書を提出しなかつた事業年度の欠損金の特例）

第五八条① 内国法人の各事業年度開始の日前十年以内に開始した事業年度のうち青色申告書を提出する事業年度でない事業年度において生じた欠損金額に係る第五十七条第一項（欠損金の繰越し）の規定の適用については、当該欠損金額のうち、棚卸資産、固定資産又は政令で定める繰延資産について震災、風水害、火災その他政令で定める災害により生じた損失の額で政令で定めるもの（次項及び第三項において「災害損失金額」という。）を超える部分の金額は、ないものとする。

② 内国法人の各事業年度開始の日前十年以内に開始した事業年度のうち青色申告書を提出する事業年度でない事業年度において生じた欠損金額に係る第五十七条第一項の規定の適用については、当該欠損金額のうち、災害損失金額に達するまでの金額については、同条第三項及び第四項並びに前条の規定は、適用しない。

③ 欠損金額の生じた事業年度の確定申告書、修正申告書又は更正請求書に災害損失金額の計算に関する明細を記載した書類の添付がない場合には、当該事業年度の災害損失金額はないものとして、前二項の規定を適用する。

④ 前三項の規定の適用に関し必要な事項は、政令で定める。

▽〔法税令〕→一一四―一一六

（会社更生等による債務免除等があつた場合の欠損金の損金算入）

第五九条① 内国法人について更生手続開始の決定があつた場合において、その内国法人が次の各号に掲げる場合に該当するときは、その該当することとなつた日の属する事業年度（以下この項において「適用年度」という。）前の各事業年度において生じた欠損金額で政令で定めるものに相当する金額のうち当該各号に定める金額の合計額に達するまでの金額は、当該適用年度の所得の金額の計算上、損金の額に算入する。

一 **当該更生手続開始の決定があつた時においてその内国法人に対し政令で定める債権を有する者**（当該内国法人が通算法人である場合（当該適用年度終了の日が当該内国法人に係る通算親法人の事業年度終了の日である場合に限る。）には、他の通算法人で当該適用年度終了の日にその事業年度が終了するものを除く。）**から当該債権につき債務の免除を受けた場合**（当該債権が債務の免除以外の事由により消滅した場合でその消滅した債務に係る利益の額が生ずるときを含む。） **その債務の免除を受けた金額**（当該利益の額を含む。）

二 **当該更生手続開始の決定があつたことに伴いその内国法人の役員等**（役員若しくは株主等である者又はこれらであつた者をいい、当該内国法人が通算法人である場合（当該適用年度終了の日が当該内国法人に係る通算親法人の事業年度終了の日である場合に限る。）には他の通算法人で当該適用年度終了の日にその事業年度が終了するものを除く。）**から金銭その他の資産の贈与を受けた場合　その贈与を受けた金銭の額及び金銭以外の資産の価額**

三 **第二十五条第二項**（会社更生法又は金融機関等の更生手続の特例等に関する法律の規定に従つて行う評価換えに係る部分に限る。以下この号において同じ。）（資産の評価益）**に規定する評価換えをした場合　同項の規定により当該適用年度の所得の金額の計算上益金の額に算入される金額**（第三十三条第三項（資産の評価損）の規定により当該適用年度の所得の金額の計算上損金の額に算入される金額がある場合には、当該益金の額に算入される金額から当該損金の額に算入される金額を控除した金額）

② **内国法人について再生手続開始の決定があり、又は内国法人に第二十五条第三項若しくは第三十三条第四項に規定する政令で定める事実が生じた場合において、その内国法人が第二十五条第三項又は第三十三条第四項の規定の適用を受けるときは、その適用を受ける事業年度**（以下この項において「適用年度」という。）**前の各事業年度において生じた欠損金額で政令で定めるものに相当する金額のうち次に掲げる金額の合計額**（当該合計額が第五十七条第一項（欠損金の繰越し）、この項及び第六十二条の五第五項（現物分配による資産の譲渡）の規定を適用しないものとして計算した場合における当該適用年度の所得の金額を超える場合には、その超える部分の金額を控除した金額）**に達するまでの金額は、当該適用年度の所得の金額の計算上、損金の額に算入する。**

一 **当該再生手続開始の決定があつた時又は当該政令で定める事実が生じた時においてその内国法人に対し政令で定める債権を有する者**（当該内国法人が通算法人である場合（当該適用年度終了の日が当該内国法人に係る通算親法人の事業年度終了の日である場合に限る。）には、他の通算法人で当該適用年度終了の日にその事業年度が終了するものを除く。）**から当該債権につき債務の免除を受けた場合**（当該債権が債務の免除以外の事由により消滅した場合でその消滅した債務に係る利益の額が生ずるときを含む。）**におけるその債務の免除を受けた金額**（当該利益の額を含む。）

二 **当該再生手続開始の決定があつたこと又は当該政令で定める事実が生じたことに伴いその内国法人の役員等**（役員若しくは株主等である者又はこれらであつた者をいい、当該内国法人が通算法人である場合（当該適用年度終了の日が当該内国法人に係る通算親法人の事業年度終了の日である場合に限る。）には他の通算法人で当該適用年度終了の日にその事業年度が終了するものを除く。）**から金銭その他の資産の贈与を受けた場合におけるその贈与を受けた金銭の額及び金銭以外の資産の価額**

三 **第二十五条第三項の規定により当該適用年度の**

所得の金額の計算上益金の額に算入される金額から第三十三条第四項の規定により当該適用年度の所得の金額の計算上損金の額に算入される金額を減算した金額

③　内国法人について再生手続開始の決定があつたことその他これに準ずる政令で定める事実が生じた場合（第二十五条第三項又は第三十三条第四項の規定の適用を受ける場合を除く。）において、その内国法人が次の各号に掲げる場合に該当するときは、その該当することとなつた日の属する事業年度（以下この項において「適用年度」という。）前の各事業年度において生じた欠損金額で政令で定めるものに相当する金額のうち当該各号に定める金額の合計額（当該合計額がこの項及び第六十二条の五第五項の規定を適用しないものとして計算した場合における当該適用年度の所得の金額を超える場合には、その超える部分の金額を控除した金額）に達するまでの金額は、当該適用年度の所得の金額の計算上、損金の額に算入する。

一　当該再生手続開始の決定があつた時又は当該政令で定める事実が生じた時においてその内国法人に対し政令で定める債権を有する者（当該内国法人が通算法人である場合（当該適用年度終了の日が当該内国法人に係る通算親法人の事業年度終了の日である場合に限る。）には、他の通算法人で当該適用年度終了の日にその事業年度が終了するものを除く。）から当該債権につき債務の免除を受けた場合（当該債権が債務の免除以外の事由により消滅した場合でその消滅した債務に係る利益の額が生ずるときを含む。）　その債務の免除を受けた金額（当該利益の額を含む。）

二　当該再生手続開始の決定があつたこと又は当該政令で定める事実が生じたことに伴いその内国法人の役員等（役員若しくは株主等である者又はこれらであつた者をいい、当該内国法人が通算法人である場合（当該適用年度終了の日が当該内国法人に係る通算親法人の事業年度終了の日である場合に限る。）には他の通算法人で当該適用年度終了の日にその事業年度が終了するものを除く。）から金銭その他の資産の贈与を受けた場合　その贈与を受けた金銭の額及び金銭以外の資産の価額

④　内国法人が解散した場合において、残余財産がないと見込まれるときは、その清算中に終了する事業年度（前三項の規定の適用を受ける事業年度を除く。以下この項において「適用年度」という。）前の各事業年度において生じた欠損金額を基礎として政令で定めるところにより計算した金額に相当する金額（当該相当する金額がこの項及び第六十二条の五第五項の規定を適用しないものとして計算した場合における当該適用年度の所得の金額を超える場合には、その超える部分の金額を控除した金額）は、当該適用年度の所得の金額の計算上、損金の額に算入する。

⑤―⑦　（略）

▽〔法税令〕→一一六の二―一一八

第九目　契約者配当等（抄）

（保険会社の契約者配当の損金算入）

第六〇条①　保険業法に規定する保険会社が各事業年度において保険契約に基づき保険契約者に対して分配する金額は、当該事業年度の所得の金額の計算上、損金の額に算入する。ただし、当該分配する金額が政令で定める金額を超える場合は、その超える部分の金額については、この限りでない。

②　前項の保険会社は、確定申告書に同項の規定により損金の額に算入される金額の計算に関する明細を記載した書類を添付しなければならない。

▽〔法税令〕→一一八の二

第六〇条の二　（略）

第十目　特定株主等によつて支配された欠損等法人の資産の譲渡等損失額

第六〇条の三①　第五十七条の二第一項（特定株主等によつて支配された欠損等法人の欠損金の繰越しの不適用）に規定する欠損等法人（以下この項及び次項において「欠損等法人」という。）の同条第一項に規定する適用事業年度（以下この項において「適用事業年度」という。）開始の日から同日以後三年を経過する日（その経過する日が同条第一項に規定する支配日以後五年を経過する日後となる場合にあつては、同日）までの期間（当該期間に終了する各事業年度において、第六十二条の九第一項（非適格株式交換等に係る株式交換完全子法人等の有する資産の時価評価損益）、第六十四条の十一第一項（通算制度の開始に伴う資産の時価評価損益）、第六十四条の十二第一項（通算制度への加入に伴う資産の時価評価損益）又は第六十四条の十三第一項（第一号に係る部分に限る。）（通算制度からの離脱等に伴う資産の時価評価損益）の規定の適用を受ける場合には、当該適用事業年度開始の日からその適用を受ける事業年度終了の日までの期間。以下この項及び次項において「適用期間」という。）において生ずる特定資産（当該欠損等法人が当該支配日の属する事業年度開始の日において有する資産及び当該欠損等法人が当該適用事業年度開始の日以後に行われる第五十七条の二第一項に規定する他の者を分割法人若しくは現物出資法人とする適格分割若しくは適格現物出資又は同項第三号に規定する関連者を被合併法人、分割法人、現物出資法人若しくは現物分配法人とする適格組織再編成等（適格合併若しくは適格合併に該当しない合併で第六十一条の十一第一項（完全支配関係がある法人の間の取引の損益）の規定の適用があるもの、適格分割、適格現物出資又は適格現物分配をいう。以下この条において同じ。）により移転を受けた資産のうち、政令で定めるものをいう。以下この条において同じ。）の譲渡、評価換え、貸倒れ、除却その他の事由（以下この項において「譲渡等特定事由」という。）による損失の額として政令で定める金額（当該譲渡等特定事由が生じた日の属する事業年度の適用期間において生ずる

特定資産の譲渡、評価換えその他の事由による利益の額として政令で定める金額がある場合には、当該金額を控除した金額。第三項において「譲渡等損失額」という。）は、当該欠損等法人の各事業年度の所得の金額の計算上、損金の額に算入しない。

② 欠損等法人がその適用期間内に自己を被合併法人、分割法人、現物出資法人又は現物分配法人とする適格組織再編成等によりその有する特定資産（第五十七条の二第一項に規定する評価損資産に該当するものに限る。）を当該適格組織再編成等に係る合併法人、分割承継法人、被現物出資法人又は被現物分配法人（以下この条において「合併法人等」という。）に移転した場合には、当該合併法人等を前項の規定の適用を受ける欠損等法人とみなして、この条の規定を適用する。

③ 前項の合併法人等が適格組織再編成等により移転を受けた特定資産に係る譲渡等損失額の計算その他第一項の規定の適用に関し必要な事項は、政令で定める。

▽〔法税令〕→一一八の三

第五款　利益の額又は損失の額の計算（抄）

第一目　短期売買商品等の譲渡損益及び時価評価損益（抄）

第六一条① 内国法人が短期売買商品等（短期的な価格の変動を利用して利益を得る目的で取得した資産として政令で定めるもの（有価証券を除く。）及び資金決済に関する法律（平成二十一年法律第五十九号）第二条第五項（定義）に規定する暗号資産（以下この条において「暗号資産」という。）をいう。以下この条において同じ。）**の譲渡をした場合には、その譲渡に係る譲渡利益額**（第一号に掲げる金額が第二号に掲げる金額を超える場合におけるその超える部分の金額をいう。）**又は譲渡損失額**（同号に掲げる金額が第一号に掲げる金額を超える場合におけるその超える部分の金額をいう。）**は、**第六十二条から第六十二条の五まで（合併等による資産の譲渡）**の規定の適用がある場合を除き、その譲渡に係る契約をした日**（その譲渡が剰余金の配当その他の財務省令で定める事由によるものである場合には、当該剰余金の配当の効力が生ずる日その他の財務省令で定める日）**の属する事業年度の所得の金額の計算上、益金の額又は損金の額に算入する。**

一　**その短期売買商品等の譲渡の時における有償によるその短期売買商品等の譲渡により通常得べき対価の額**

二　**その短期売買商品等の譲渡に係る原価の額**（その短期売買商品等についてその内国法人が選定した一単位当たりの帳簿価額の算出の方法により算出した金額（算出の方法を選定しなかつた場合又は選定した方法により算出しなかつた場合には、算出の方法のうち政令で定める方法により算出した金額）にその譲渡をした短期売買商品等の数量を乗じて計算した金額をいう。）

② **内国法人が事業年度終了の時において有する短期売買商品等**（暗号資産にあつては、活発な市場が存在する暗号資産として政令で定めるものに限る。以下第四項までにおいて同じ。）**については、時価法**（事業年度終了の時において有する短期売買商品等をその種類又は銘柄（以下この項において「種類等」という。）の異なるごとに区別し、その種類等の同じものについて、その時における価額として政令で定めるところにより計算した金額をもつて当該短期売買商品等のその時における評価額とする方法をいう。）**により評価した金額**（次項において「時価評価金額」という。）**をもつて、その時における評価額とする。**

③ **内国法人が事業年度終了の時において短期売買商品等を有する場合**（暗号資産にあつては、自己の計算において有する場合に限る。）**には、当該短期売買商品等に係る評価益**（当該短期売買商品等のその時における時価評価金額が当該短期売買商品等のその時における帳簿価額（以下この項において「期末帳簿価額」という。）を超える場合におけるその超える部分の金額をいう。次項において同じ。）**又は評価損**（当該短期売買商品等の期末帳簿価額が当該短期売買商品等のその時における時価評価金額を超える場合におけるその超える部分の金額をいう。次項において同じ。）**は、**第二十五条第一項（資産の評価益の益金不算入等）**又は**第三十三条第一項（資産の評価損の損金不算入等）**の規定にかかわらず、当該事業年度の所得の金額の計算上、益金の額又は損金の額に算入する。**

④
⑤　（略）

⑥ **内国法人が事業年度終了の時において第二項に規定する政令で定めるものに該当しない暗号資産**（当該事業年度の期間内のいずれかの時において同項に規定する政令で定めるものに該当していたものに限る。）**を自己の計算において有する場合には、政令で定めるところにより、その暗号資産を譲渡し、かつ、その暗号資産を取得したものとみなして、その内国法人の各事業年度の所得の金額を計算する。**

⑦ **内国法人が暗号資産信用取引**（資金決済に関する法律第二条第七項に規定する暗号資産交換業を行う者から信用の供与を受けて行う暗号資産の売買をいう。以下この条において同じ。）**を行つた場合において、当該暗号資産信用取引のうち事業年度終了の時において決済されていないものがあるときは、その時において当該暗号資産信用取引を決済したものとみなして財務省令で定めるところにより算出した利益の額又は損失の額に相当する金額**（次項において「みなし決済損益額」という。）**は、当該事業年度の所得の金額の計算上、益金の額又は損金の額に算入する。**

⑧―⑩　（略）

▽〔法税令〕→一一八の四―一一八の一一

第一目の二　有価証券の譲渡損益及び時価評価損益（抄）

（有価証券の譲渡益又は譲渡損の益金又は損金算

入）

第六十一条の二① 内国法人が有価証券の譲渡をした場合には、その譲渡に係る譲渡利益額（第一号に掲げる金額が第二号に掲げる金額を超える場合におけるその超える部分の金額をいう。）又は譲渡損失額（同号に掲げる金額が第一号に掲げる金額を超える場合におけるその超える部分の金額をいう。）は、第六十二条から第六十二条の五まで（合併等による資産の譲渡）の規定の適用がある場合を除き、その譲渡に係る契約をした日（その譲渡が剰余金の配当その他の財務省令で定める事由によるものである場合には、当該剰余金の配当の効力が生ずる日その他の財務省令で定める日）の属する事業年度の所得の金額の計算上、益金の額又は損金の額に算入する。

一 その有価証券の譲渡の時における有償によるその有価証券の譲渡により通常得べき対価の額（第二十四条第一項（配当等の額とみなす金額）の規定により第二十三条第一項第一号又は第二号（受取配当等の益金不算入）に掲げる金額とみなされる金額がある場合には、そのみなされる金額に相当する金額を控除した金額）

二 その有価証券の譲渡に係る原価の額（その有価証券についてその内国法人が選定した一単位当たりの帳簿価額の算出の方法により算出した金額（算出の方法を選定しなかつた場合又は選定した方法により算出しなかつた場合には、算出の方法のうち政令で定める方法により算出した金額）にその譲渡をした有価証券の数を乗じて計算した金額をいう。）

② 内国法人が、旧株（当該内国法人が有していた株式（出資を含む。以下この条において同じ。）をいう。以下この項において同じ。）を発行した法人の合併（当該法人の株主等に合併法人又は合併法人との間に当該合併法人の発行済株式若しくは出資（自己が有する自己の株式を除く。以下この条において「発行済株式等」という。）の全部を直接若しくは間接に保有する関係として政令で定める関係がある法人のうちいずれか一の法人の株式以外の資産（当該株主等に対する第二条第十二号の八（定義）に規定する剰余金の配当等として交付された金銭その他の資産及び合併に反対する当該株主等に対するその買取請求に基づく対価として交付される金銭その他の資産を除く。）が交付されなかつたものに限る。以下この項及び第六項において「金銭等不交付合併」という。）により当該株式の交付を受けた場合又は旧株を発行した法人の特定無対価合併（当該法人の株主等に合併法人の株式その他の資産が交付されなかつた合併で、当該法人の株主等に対する合併法人の株式の交付が省略されたと認められる合併として政令で定めるものをいう。以下この項において同じ。）により当該旧株を有しないこととなつた場合における前項の規定の適用については、同項第一号に掲げる金額は、これらの旧株の当該金銭等不交付合併又は特定無対価合併の直前の帳簿価額に相当する金額とする。

③ 合併法人の第二十四条第二項に規定する抱合株式（前項の規定の適用があるものを除く。）に係る第一項の規定の適用については、同項第一号に掲げる金額は、当該抱合株式の合併の直前の帳簿価額に相当する金額とする。

④ 内国法人が所有株式（当該内国法人が有する株式をいう。以下この項において同じ。）を発行した法人の行つた分割型分割により分割承継法人の株式その他の資産の交付を受けた場合には、当該所有株式のうち当該分割型分割により当該分割承継法人に移転した資産及び負債に対応する部分の譲渡を行つたものとみなして、第一項の規定を適用する。この場合において、その分割型分割（第二条第十二号の九イに規定する分割対価資産として分割承継法人又は分割承継法人との間に当該分割承継法人の発行済株式等の全部を直接若しくは間接に保有する関係として政令で定める関係がある法人（以下この項において「親法人」という。）のうちいずれか一の法人の株式以外の資産が交付されなかつたもの（当該株式が分割法人の発行済株式等の総数又は総額のうちに占める当該分割法人の各株主等の有する当該分割法人の株式の数又は金額の割合に応じて交付されたものに限る。以下この項において「金銭等不交付分割型分割」という。）を除く。）により分割承継法人の株式その他の資産の交付を受けたときにおける第一項の規定の適用については、同項第二号に掲げる金額は、その所有株式の当該分割型分割の直前の帳簿価額を基礎として政令で定めるところにより計算した金額（以下この項において「分割純資産対応帳簿価額」という。）とし、その分割型分割（金銭等不交付分割型分割に限る。）により分割承継法人又は親法人の株式の交付を受けたときにおける第一項の規定の適用については、同項各号に掲げる金額は、いずれもその所有株式の当該分割型分割の直前の分割純資産対応帳簿価額とする。

⑤ 内国法人が自己を分割法人とする適格分割型分割により当該適格分割型分割に係る分割承継法人又は第二条第十二号の十一に規定する分割承継親法人（第七項において「分割承継親法人」という。）の株式を当該内国法人の株主等に交付した場合における第一項の規定の適用については、同項各号に掲げる金額は、いずれも第六十二条の二第三項（適格合併及び適格分割型分割による資産等の帳簿価額による引継ぎ）に規定する政令で定める金額に相当する金額とする。

⑥ 内国法人が自己を合併法人とする適格合併（金銭等不交付合併に限る。）により第二条第十二号の八に規定する合併親法人の株式を交付した場合における第一項の規定の適用については、同項第一号に掲げる金額は、当該合併親法人の株式の当該適格合併の直前の帳簿価額に相当する金額とする。

⑦ 内国法人が自己を分割承継法人とする適格分割により分割承継親法人の株式を交付した場合における第一項の規定の適用については、同項第一号に掲げる金額は、当該分割承継親法人の株式の当該適格分割の直前の帳簿価額に相当する金額とする。

⑧　内国法人が所有株式（当該内国法人が有する株式をいう。以下この項において同じ。）を発行した法人の行つた株式分配により第二条第十二号の十五の二に規定する完全子法人（以下この項において「完全子法人」という。）の株式その他の資産の交付を受けた場合には、当該所有株式のうち当該完全子法人の株式に対応する部分の譲渡を行つたものとみなして、第一項の規定を適用する。この場合において、その株式分配（完全子法人の株式以外の資産が交付されなかつたもの（当該株式が現物分配法人の発行済株式等の総数又は総額のうちに占める当該現物分配法人の各株主等の有する当該現物分配法人の株式の数又は金額の割合に応じて交付されたものに限る。以下この項において「金銭等不交付株式分配」という。）を除く。）により完全子法人の株式その他の資産の交付を受けたときにおける第一項の規定の適用については、同項第二号に掲げる金額は、その所有株式の当該株式分配の直前の帳簿価額を基礎として政令で定めるところにより計算した金額（以下この項において「完全子法人株式対応帳簿価額」という。）とし、その株式分配（金銭等不交付株式分配に限る。）により完全子法人の株式の交付を受けたときにおける第一項の規定の適用については、同項各号に掲げる金額は、いずれもその所有株式の当該株式分配の直前の完全子法人株式対応帳簿価額とする。

⑨　内国法人が、旧株（当該内国法人が有していた株式をいう。以下この項において同じ。）を発行した法人の行つた株式交換（当該法人の株主に株式交換完全親法人又は株式交換完全親法人との間に当該株式交換完全親法人の発行済株式等の全部を直接若しくは間接に保有する関係として政令で定める関係がある法人のうちいずれか一の法人の株式以外の資産（当該株主に対する剰余金の配当として交付された金銭その他の資産及び株式交換に反対する当該株主に対するその買取請求に基づく対価として交付される金銭その他の資産を除く。）が交付されなかつたものに限る。以下この項及び次項において「金銭等不交付株式交換」という。）により当該株式の交付を受けた場合又は旧株を発行した法人の行つた特定無対価株式交換（当該法人の株主に株式交換完全親法人の株式その他の資産が交付されなかつた株式交換で、当該法人の株主に対する株式交換完全親法人の株式の交付が省略されたと認められる株式交換として政令で定めるものをいう。以下この項において同じ。）により当該旧株を有しないこととなつた場合における第一項の規定の適用については、同項第一号に掲げる金額は、これらの旧株の当該金銭等不交付株式交換又は特定無対価株式交換の直前の帳簿価額に相当する金額とする。

⑩　内国法人が自己を株式交換完全親法人とする適格株式交換等（金銭等不交付株式交換に限る。）により第二条第十二号の十七に規定する株式交換完全支配親法人の株式を交付した場合における第一項の規定の適用については、同項第一号に掲げる金額は、当該株式交換完全支配親法人の株式の当該適格株式交換等の直前の帳簿価額に相当する金額とする。

⑪　内国法人が旧株（当該内国法人が有していた株式をいう。）を発行した法人の行つた株式移転（当該法人の株主に株式移転完全親法人の株式以外の資産（株式移転に反対する当該株主に対するその買取請求に基づく対価として交付される金銭その他の資産を除く。）が交付されなかつたものに限る。）により当該株式の交付を受けた場合における第一項の規定の適用については、同項第一号に掲げる金額は、当該旧株の当該株式移転の直前の帳簿価額に相当する金額とする。

⑫　内国法人がその有する新株予約権（新株予約権付社債を含む。以下この項において「旧新株予約権等」という。）を発行した法人を被合併法人、分割法人、株式交換完全子法人又は株式移転完全子法人とする合併、分割、株式交換又は株式移転（以下この項において「合併等」という。）により当該旧新株予約権等に代えて当該合併等に係る合併法人、分割承継法人、株式交換完全親法人又は株式移転完全親法人の新株予約権（新株予約権付社債を含む。）のみの交付を受けた場合における第一項の規定の適用については、同項第一号に掲げる金額は、当該旧新株予約権等の当該合併等の直前の帳簿価額に相当する金額とする。

⑬　内国法人が旧株（当該内国法人が有していた株式をいう。）を発行した法人の行つた組織変更（当該法人の株主等に当該法人の株式のみが交付されたものに限る。）に際して当該法人の株式の交付を受けた場合における第一項の規定の適用については、同項第一号に掲げる金額は、当該旧株の当該組織変更の直前の帳簿価額に相当する金額とする。

⑭　内国法人が次の各号に掲げる有価証券を当該各号に定める事由により譲渡をし、かつ、当該事由により当該各号に規定する取得をする法人の株式又は新株予約権の交付を受けた場合（当該交付を受けた株式又は新株予約権の価額が当該譲渡をした有価証券の価額とおおむね同額となつていないと認められる場合を除く。）における第一項の規定の適用については、同項第一号に掲げる金額は、当該各号に掲げる有価証券の当該譲渡の直前の帳簿価額（第四号に掲げる有価証券にあつては、同号の新株予約権付社債の当該譲渡の直前の帳簿価額）に相当する金額とする。

一　取得請求権付株式（法人がその発行する全部又は一部の株式の内容として株主等が当該法人に対して当該株式の取得を請求することができる旨の定めを設けている場合の当該株式をいう。）　当該取得請求権付株式に係る請求権の行使によりその取得の対価として当該取得をする法人の株式のみが交付される場合の当該請求権の行使

二　取得条項付株式（法人がその発行する全部又は一部の株式の内容として当該法人が一定の事由（以下この号において「取得事由」という。）が発生したことを条件として当該株式の取得をすることができる旨の定めを設けている場合の当該株

法税

式をいう。）　当該取得条項付株式に係る取得事由の発生によりその取得の対価として当該取得をされる株主等に当該取得をする法人の株式のみが交付される場合（その取得の対象となつた種類の株式の全てが取得をされる場合には、その取得の対価として当該取得をされる株主等に当該取得をする法人の株式及び新株予約権のみが交付される場合を含む。）の当該取得事由の発生

三　全部取得条項付種類株式（ある種類の株式について、これを発行した法人が株主総会その他これに類するものの決議（以下この号において「取得決議」という。）によつてその全部の取得をする旨の定めがある場合の当該種類の株式をいう。）　当該全部取得条項付種類株式に係る取得決議によりその取得の対価として当該取得をされる株主等に当該取得をする法人の株式（当該株式と併せて交付される当該取得をする法人の新株予約権を含む。）以外の資産（当該取得の価格の決定の申立てに基づいて交付される金銭その他の資産を除く。）が交付されない場合の当該取得決議

四　新株予約権付社債についての社債　当該新株予約権付社債に付された新株予約権の行使によりその取得の対価として当該取得をする法人の株式が交付される場合の当該新株予約権の行使

五　取得条項付新株予約権（新株予約権について、これを発行した法人が一定の事由（以下この号において「取得事由」という。）が発生したことを条件としてこれを取得することができる旨の定めがある場合の当該新株予約権をいう。以下この号において同じ。）又は取得条項付新株予約権が付された新株予約権付社債　これらの取得条項付新株予約権に係る取得事由の発生によりその取得の対価として当該取得をされる新株予約権者に当該取得をする法人の株式のみが交付される場合の当該取得事由の発生

⑮　内国法人が旧受益権（当該内国法人が有していた集団投資信託の受益権をいう。）に係る信託の併合（当該集団投資信託の受益者に当該信託の併合に係る新たな信託の受益権以外の資産（信託の併合に反対する当該受益者に対するその買取請求に基づく対価として交付される金銭その他の資産を除く。）が交付されなかつたものに限る。）により当該受益権の交付を受けた場合における第一項の規定の適用については、同項第一号に掲げる金額は、当該旧受益権の当該信託の併合の直前の帳簿価額に相当する金額とする。

⑯　内国法人が旧受益権（当該内国法人が有していた集団投資信託の受益権をいう。以下この項において同じ。）に係る信託の分割により承継信託（信託の分割により受託者を同一とする他の信託からその信託財産の一部の移転を受ける信託をいう。以下この項において同じ。）の受益権その他の資産の交付を受けた場合には、当該旧受益権のうち当該信託の分割により当該承継信託に移転した資産及び負債に対応する部分の譲渡を行つたものとみなして、第一項の規定を適用する。この場合において、その信託の分割（分割信託（信託の分割によりその信託財産の一部を受託者を同一とする他の信託又は新たな信託の信託財産として移転する信託をいう。）の受益者に承継信託の受益権以外の資産（信託の分割に反対する当該受益者に対するその買取請求に基づく対価として交付される金銭その他の資産を除く。）が交付されたもの（以下この項において「金銭等交付分割」という。）に限る。）により承継信託の受益権その他の資産の交付を受けたときにおける第一項の規定の適用については、同項第二号に掲げる金額は、その旧受益権の当該信託の分割の直前の帳簿価額を基礎として政令で定めるところにより計算した金額（以下この項において「分割純資産対応帳簿価額」という。）とし、その信託の分割（金銭等交付分割を除く。）により承継信託の受益権の交付を受けたときにおける第一項の規定の適用については、同項各号に掲げる金額は、いずれもその旧受益権の当該信託の分割の直前の分割純資産対応帳簿価額とする。

⑰　内国法人が、所有株式（当該内国法人が有していた株式をいう。）を発行した他の内国法人（当該内国法人との間に完全支配関係があるものに限る。）の第二十四条第一項各号に掲げる事由（第二項の規定の適用がある合併、第四項に規定する金銭等不交付分割型分割及び第八項に規定する金銭等不交付株式分配を除く。）により金銭その他の資産の交付を受けた場合（当該他の内国法人の同条第一項第二号に掲げる分割型分割、同項第三号に掲げる株式分配、同項第四号に規定する資本の払戻し若しくは解散による残余財産の一部の分配又は口数の定めがない出資についての出資の払戻しに係るものである場合にあつては、その交付を受けた時において当該所有株式を有する場合に限る。）又は当該事由により当該他の内国法人の株式を有しないこととなつた場合（当該他の内国法人の残余財産の分配を受けないことが確定した場合を含む。）における第一項の規定の適用については、同項第一号に掲げる金額は、同項第二号に掲げる金額（第四項、第八項、次項又は第十九項の規定の適用がある場合には、これらの規定により同号に掲げる金額とされる金額）に相当する金額とする。

⑱　内国法人が所有株式（当該内国法人が有する株式をいう。）を発行した法人の第二十四条第一項第四号に規定する資本の払戻し又は解散による残余財産の一部の分配（以下この項において「払戻し等」という。）として金銭その他の資産の交付を受けた場合における第一項の規定の適用については、同項第二号に掲げる金額は、当該所有株式の払戻し等の直前の帳簿価額を基礎として政令で定めるところにより計算した金額とする。

⑲―㉔（略）

▽〔法税令〕→一一九―一一九の一一の二

①　市場から有償で取得した自己株式に対し、適格株式移転により株式移転完全親法人の株式が割り

当てられた場合において、その割り当てられた株式移転完全親法人の株式の取得価額は零円であるとされた例（東京高判平24・6・20訟月五九・四・一一一九）

（売買目的有価証券の評価益又は評価損の益金又は損金算入等）

第六一条の三① 内国法人が事業年度終了の時において有する有価証券については、次の各号に掲げる有価証券の区分に応じ当該各号に定める金額をもつて、その時における評価額とする。

一 売買目的有価証券（短期的な価格の変動を利用して利益を得る目的で取得した有価証券として政令で定めるものをいう。以下第三項までにおいて同じ。） 当該売買目的有価証券を時価法（事業年度終了の時において有する有価証券を銘柄の異なるごとに区別し、その銘柄の同じものについて、その時における価額として政令で定めるところにより計算した金額をもつて当該有価証券のその時における評価額とする方法をいう。）により評価した金額（次項において「時価評価金額」という。）

二 売買目的外有価証券（売買目的有価証券以外の有価証券をいう。） 当該売買目的外有価証券を原価法（事業年度終了の時において有する有価証券（以下この号において「期末保有有価証券」という。）について、その時における帳簿価額（償還期限及び償還金額の定めのある有価証券にあつては、政令で定めるところにより当該帳簿価額と当該償還金額との差額のうち当該事業年度に配分すべき金額を加算し、又は減算した金額）をもつて当該期末保有有価証券のその時における評価額とする方法をいう。）により評価した金額

② 内国法人が事業年度終了の時において売買目的有価証券を有する場合には、当該売買目的有価証券に係る評価益（当該売買目的有価証券の時価評価金額が当該売買目的有価証券のその時における帳簿価額（以下この項において「期末帳簿価額」という。）を超える場合におけるその超える部分の金額をいう。次項において同じ。）又は評価損（当該売買目的有価証券の期末帳簿価額が当該売買目的有価証券の時価評価金額を超える場合におけるその超える部分の金額をいう。次項において同じ。）は、第二十五条第一項（資産の評価益の益金不算入）又は第三十三条第一項（資産の評価損の損金不算入）の規定にかかわらず、当該事業年度の所得の金額の計算上、益金の額又は損金の額に算入する。

③④（略）

▽〔法税令〕→一一九の一一・一一九の一二―一一九の一五

（有価証券の空売り等に係る利益相当額又は損失相当額の益金又は損金算入等）

第六一条の四① 内国法人が第六十一条の二第二十項（有価証券の譲渡益又は譲渡損の益金又は損金算入）に規定する有価証券の空売り（次項において「有価証券の空売り」という。）、同条第二十一項に規定する信用取引（次項及び第三項において「信用取引」という。）、同条第二十一項に規定する発行日取引（次項及び第三項において「発行日取引」という。）又は有価証券の引受け（新たに発行される有価証券の取得の申込みの勧誘又は既に発行された有価証券の売付けの申込み若しくはその買付けの申込みの勧誘に際し、これらの有価証券を取得させることを目的としてこれらの有価証券の全部若しくは一部を取得すること又はこれらの有価証券の全部若しくは一部につき他にこれを取得する者がない場合にその残部を取得することを内容とする契約をすることをいい、前条第一項第二号に規定する売買目的外有価証券の取得を目的とするものを除く。次項において同じ。）を行つた場合において、これらの取引のうち事業年度終了の時において決済されていないものがあるときは、その時においてこれらの取引を決済したものとみなして財務省令で定めるところにより算出した利益の額又は損失の額に相当する金額（次項において「みなし決済損益額」という。）は、当該事業年度の所得の金額の計算上、益金の額又は損金の額に算入する。

②（略）

③ 内国法人が信用取引等（信用取引（買付けに限る。）及び発行日取引（買付けに限る。）をいう。以下この項において同じ。）に係る契約に基づき有価証券を取得した場合（第六十一条の六第一項（繰延ヘッジ処理による利益額又は損失額の繰延べ）の規定の適用を受ける信用取引等に係る契約に基づき当該有価証券を取得した場合を除く。）には、その取得の時における当該有価証券の価額とその取得の基因となつた信用取引等に係る契約に基づき当該有価証券の取得の対価として支払つた金額との差額は、当該取得の日の属する事業年度の所得の金額の計算上、益金の額又は損金の額に算入する。

④ 第一項に規定するみなし決済損益額の翌事業年度における処理その他前三項の規定の適用に関し必要な事項は、政令で定める。

▽〔法税令〕→一一九の一六

第二目　デリバティブ取引に係る利益相当額又は損失相当額（抄）

（デリバティブ取引に係る利益相当額又は損失相当額の益金又は損金算入等）

第六一条の五① 内国法人がデリバティブ取引（金利、通貨の価格、商品の価格その他の指標の数値としてあらかじめ当事者間で約定された数値と将来の一定の時期における現実の当該指標の数値との差に基づいて算出される金銭の授受を約する取引又はこれに類似する取引であつて、財務省令で定めるものをいう。以下この条において同じ。）を行つた場合において、当該デリバティブ取引のうち事業年度終了の時において決済されていないもの（第六十一条

の八第二項（先物外国為替契約等により円換算額を確定させた外貨建取引の換算）の規定の適用を受ける場合における同項に規定する先物外国為替契約等に基づくものその他財務省令で定める取引（次項において「為替予約取引等」という。）を除く。以下この項において「未決済デリバティブ取引」という。）があるときは、その時において当該未決済デリバティブ取引を決済したものとみなして財務省令で定めるところにより算出した利益の額又は損失の額に相当する金額（次項において「みなし決済損益額」という。）は、当該事業年度の所得の金額の計算上、益金の額又は損金の額に算入する。

②（略）

③　内国法人がデリバティブ取引に係る契約に基づき金銭以外の資産を取得した場合（次条第一項の規定の適用を受けるデリバティブ取引に係る契約に基づき当該資産を取得した場合を除く。）には、その取得の時における当該資産の価額とその取得の基因となつたデリバティブ取引に係る契約に基づき当該資産の取得の対価として支払つた金額との差額は、当該取得の日の属する事業年度の所得の金額の計算上、益金の額又は損金の額に算入する。

④　第一項に規定するみなし決済損益額の翌事業年度における処理その他前三項の規定の適用に関し必要な事項は、政令で定める。

▽〔法税令〕→一二〇

第三目　ヘッジ処理による利益額又は損失額の計上時期等（抄）

（繰延ヘッジ処理による利益額又は損失額の繰延べ）

第六一条の六①　内国法人が次に掲げる損失の額（以下この条において「ヘッジ対象資産等損失額」という。）を減少させるためにデリバティブ取引等を行つた場合（次条第一項の規定の適用がある場合を除くものとし、当該デリバティブ取引等が当該ヘッジ対象資産等損失額を減少させるために行つたものである旨その他財務省令で定める事項を財務省令で定めるところにより帳簿書類に記載した場合に限る。次項において同じ。）において、当該デリバティブ取引等を行つた時から事業年度終了の時までの間において当該ヘッジ対象資産等損失額を減少させようとする第一号に規定する資産若しくは負債又は第二号に規定する金銭につき譲渡若しくは消滅又は受取若しくは支払がなく、かつ、当該デリバティブ取引等が当該ヘッジ対象資産等損失額を減少させるために有効であると認められる場合として政令で定める場合に該当するときは、当該デリバティブ取引等に係る利益額又は損失額（当該デリバティブ取引等の決済によつて生じた利益の額又は損失の額（第五項において「決済損益額」という。）、第六十一条第七項（短期売買商品等の譲渡損益及び時価評価損益）に規定するみなし決済損益額、第六十一条の四第一項（有価証券の空売り等に係る利益相当額又は損失相当額の益金又は損金算入等）に規定するみなし決済損益額、前条第一項に規定するみなし決済損益額及び第六十一条の九第二項（外貨建資産等の期末換算差益又は期末換算差損の益金又は損金算入等）に規定する為替換算差額をいう。）のうち当該ヘッジ対象資産等損失額を減少させるために有効である部分の金額として政令で定めるところにより計算した金額（次項において「有効決済損益額」という。）は、第六十一条第七項、第六十一条の四第一項、前条第一項及び第六十一条の九第二項の規定にかかわらず、当該事業年度の所得の金額の計算上、益金の額又は損金の額に算入しない。

一　資産（第六十一条第二項に規定する短期売買商品等及び第六十一条の三第一項第一号（売買目的有価証券の評価益又は評価損の益金又は損金算入等）に規定する売買目的有価証券を除く。次号において同じ。）又は負債の価額の変動（第六十一条の九第一項第一号ロに規定する期末時換算法により第六十一条の八第一項（外貨建取引の換算）に規定する円換算額への換算をする第六十一条の九第一項各号に掲げる資産又は負債（次号において「期末時換算資産等」という。）の価額の外国為替の売買相場の変動に基因する変動を除く。）に伴つて生ずるおそれのある損失

二　資産の取得若しくは譲渡、負債の発生若しくは消滅、金利の受取若しくは支払その他これらに準ずるものに係る決済により受け取ることとなり、又は支払うこととなる金銭の額の変動（期末時換算資産等に係る外国為替の売買相場の変動に基因する変動を除く。）に伴つて生ずるおそれのある損失

②③（略）

④　前三項に規定するデリバティブ取引等とは、次に掲げる取引（第六十一条の八第二項の規定の適用を受ける場合における同項に規定する先物外国為替契約等に基づくもの及び前条第一項に規定する財務省令で定める取引を除く。）をいう。

一　前条第一項に規定するデリバティブ取引

二　第六十一条第七項に規定する暗号資産信用取引

三　第六十一条の二第二十項（有価証券の譲渡益又は譲渡損の益金又は損金算入）に規定する有価証券の空売り並びに同条第二十一項に規定する信用取引及び発行日取引

四　第六十一条の九第二項に規定する外貨建資産等を取得し、又は発生させる取引

⑤　決済損益額のうち第一項に規定する有効決済損益額の翌事業年度以後の各事業年度における処理その他前各項の規定の適用に関し必要な事項は、政令で定める。

▽〔法税令〕→一二一―一二一の五

（時価ヘッジ処理による売買目的外有価証券の評価益又は評価損の計上）

第六一条の七①　内国法人がその有する売買目的外有価証券（第六十一条の三第一項第二号（売買目的外有価証券の評価益又は評価損の益金又は損金算入等）

に規定する売買目的外有価証券をいう。以下この条において同じ。）の価額の変動（第六十一条の九第一項第一号ロ（外貨建資産等の期末換算差益又は期末換算差損の益金又は損金算入等）に規定する期末時換算法により次条第一項に規定する円換算額（以下この項において「円換算額」という。）への換算をする第六十一条の九第一項第二号ロに掲げる有価証券の価額の外国為替の売買相場の変動に基因する変動を除く。）により生ずるおそれのある損失の額（以下この条において「ヘッジ対象有価証券損失額」という。）を減少させるためにデリバティブ取引等（前条第四項に規定するデリバティブ取引等をいう。以下この条において同じ。）を行つた場合（当該売買目的外有価証券を政令で定めるところにより評価し、又は円換算額に換算する旨その他財務省令で定める事項を財務省令で定めるところにより帳簿書類に記載した場合に限る。次項において同じ。）において、当該デリバティブ取引等を行つた時から事業年度終了の時までの間に当該売買目的外有価証券の譲渡がなく、かつ、当該デリバティブ取引等が当該ヘッジ対象有価証券損失額を減少させるために有効であると認められる場合として政令で定める場合に該当するときは、当該売買目的外有価証券の価額と帳簿価額との差額のうち当該デリバティブ取引等に係る前条第一項に規定する利益額又は損失額に対応する部分の金額として政令で定めるところにより計算した金額（次項において「ヘッジ対象有価証券評価差額」という。）は、当該事業年度の所得の金額の計算上、損金の額又は益金の額に算入する。

②―④（略）

▽〔法税令〕→一二一の六―一二一の一一

第四目　外貨建取引の換算等（抄）

（外貨建取引の換算）

第六一条の八① 内国法人が外貨建取引（外国通貨で支払が行われる資産の販売及び購入、役務の提供、金銭の貸付け及び借入れ、剰余金の配当その他の取引をいう。以下この目において同じ。）を行つた場合には、当該外貨建取引の金額の円換算額（外国通貨で表示された金額を本邦通貨表示の金額に換算した金額をいう。以下この目において同じ。）は、当該外貨建取引を行つた時における外国為替の売買相場により換算した金額とする。

② 内国法人が先物外国為替契約等（外貨建取引によつて取得し、又は発生する資産又は負債の金額の円換算額を確定させる契約として財務省令で定めるものをいう。以下この目において同じ。）により外貨建取引（第六十一条第二項（短期売買商品等の譲渡損益及び時価評価損益）に規定する短期売買商品等又は第六十一条の三第一項第一号（売買目的有価証券の評価益又は評価損の益金又は損金算入等）に規定する売買目的有価証券の取得及び譲渡を除く。次項において同じ。）によつて取得し、又は発生する資産又は負債の金額の円換算額を確定させた場合において、当該先物外国為替契約等の締結の日においてその旨を財務省令で定めるところにより帳簿書類に記載したときは、当該資産又は負債については、当該円換算額をもつて、前項の規定により換算した金額とする。

③ 内国法人が、適格合併等により被合併法人等から外貨建取引によつて取得し、又は発生する資産又は負債の金額の円換算額を確定させるために当該被合併法人等が行つた先物外国為替契約等の移転を受け、かつ、当該適格合併等により当該外貨建取引（当該先物外国為替契約等によりその金額の円換算額を確定させようとする当該資産又は負債の取得又は発生の基因となるものに限る。）を当該内国法人が行うこととなつた場合において、当該被合併法人等が当該先物外国為替契約等につきその締結の日において前項に規定する旨を同項に規定する財務省令で定めるところにより帳簿書類に記載していたときは、当該適格合併等の日の属する事業年度以後の各事業年度におけるこの条の規定の適用については、当該内国法人が当該資産又は負債の金額の円換算額を確定させるために当該先物外国為替契約等を締結し、かつ、当該記載をしていたものとみなす。

④ 前三項の規定の適用に関し必要な事項は、政令で定める。

▽〔法税令〕→一二二

（外貨建資産等の期末換算差益又は期末換算差損の益金又は損金算入等）

第六一条の九① 内国法人が事業年度終了の時において次に掲げる資産及び負債（以下この目において「外貨建資産等」という。）を有する場合には、その時における当該外貨建資産等の金額の円換算額は、当該外貨建資産等の次の各号に掲げる区分に応じ当該各号に定める方法（第一号、第二号ロ及び第三号に掲げる外貨建資産等にあつては、これらの規定に定める方法のうち当該内国法人が選定した方法とし、当該内国法人がその方法を選定しなかつた場合には、これらの規定に定める方法のうち政令で定める方法とする。）により換算した金額とする。

一 外貨建債権（外国通貨で支払を受けるべきこととされている金銭債権をいう。）及び外貨建債務（外国通貨で支払を行うべきこととされている金銭債務をいう。）　イ又はロに掲げる方法

イ 発生時換算法（事業年度終了の時（以下この号において「期末時」という。）において有する外貨建資産等について、前条第一項の規定により当該外貨建資産等の取得又は発生の基因となつた外貨建取引の金額の円換算額への換算に用いた外国為替の売買相場により換算した金額（当該外貨建資産等のうち、その取得又は発生の基因となつた外貨建取引の金額の円換算額への換算に当たつて同条第二項の規定の適用を受けたものについては、先物外国為替契約等により確定させた円換算額）をもつて当該外貨建資産等の当該期末時における円換算額とする方法をいう。次号及び第三号において同じ。）

ロ　期末時換算法（期末時において有する外貨建資産等について、当該期末時における外国為替の売買相場により換算した金額（当該外貨建資産等のうち、その取得又は発生の基因となつた外貨建取引の金額の円換算額への換算に当たつて前条第二項の規定の適用を受けたものについては、先物外国為替契約等により確定させた円換算額）をもつて当該外貨建資産等の当該期末時における円換算額とする方法をいう。以下この条において同じ。）

二　**外貨建有価証券**（償還、払戻しその他これらに準ずるものが外国通貨で行われる有価証券として財務省令で定めるものをいう。）　次に掲げる有価証券の区分に応じそれぞれ次に定める方法

イ　第六十一条の三第一項第一号（売買目的有価証券の評価益又は評価損の益金又は損金算入等）に規定する売買目的有価証券　期末時換算法

ロ　第六十一条の三第一項第二号に規定する売買目的外有価証券（償還期限及び償還金額の定めのあるものに限る。）　発生時換算法又は期末時換算法

ハ　イ及びロに掲げる有価証券以外の有価証券　発生時換算法

三　外貨預金　発生時換算法又は期末時換算法

四　外国通貨　期末時換算法

②　内国法人が事業年度終了の時において外貨建資産等（期末時換算法によりその金額の円換算額への換算をするものに限る。以下この項において同じ。）を有する場合には、当該外貨建資産等の金額を期末時換算法により換算した金額と当該外貨建資産等のその時の帳簿価額との差額に相当する金額（次項において「為替換算差額」という。）は、当該事業年度の所得の金額の計算上、益金の額又は損金の額に算入する。

③④　（略）

▽〔法税令〕→一二二の二―一二二の八

1　政令（法人税法施行令一二二条一項）が規定しない方法（基礎商品比較法）に基づく有効性判定を理由とする更正処分を取り消した例（東京地判平24・12・7判時二一九〇・三……平成二七年度税制改正により法人税法施行令一二一条の三の二創設）

第六一条の一〇　（略）

第五目　完全支配関係がある法人の間の取引の損益（抄）

第六一条の一一①　内国法人（普通法人又は協同組合等に限る。）がその有する譲渡損益調整資産（固定資産、土地（土地の上に存する権利を含み、固定資産に該当するものを除く。）、有価証券、金銭債権及び繰延資産で政令で定めるもの以外のものをいう。以下この条において同じ。）を他の内国法人（当該内国法人との間に完全支配関係がある普通法人又は協同組合等に限る。）に譲渡した場合には、当該譲渡損益調整資産に係る譲渡利益額（その譲渡に係る収益の額が原価の額を超える場合におけるその超える部分の金額をいう。以下この条において同じ。）又は譲渡損失額（その譲渡に係る原価の額が収益の額を超える場合におけるその超える部分の金額をいう。以下この条において同じ。）に相当する金額は、その譲渡した事業年度（その譲渡が適格合併に該当しない合併による合併法人への移転である場合には、次条第二項に規定する最後事業年度）の所得の金額の計算上、損金の額又は益金の額に算入する。

②　内国法人が譲渡損益調整資産に係る譲渡利益額又は譲渡損失額につき前項の規定の適用を受けた場合において、その譲渡を受けた法人（以下この条において「譲受法人」という。）において当該譲渡損益調整資産の譲渡、償却、評価換え、貸倒れ、除却その他の政令で定める事由が生じたときは、当該譲渡損益調整資産に係る譲渡利益額又は譲渡損失額に相当する金額は、政令で定めるところにより、当該内国法人の各事業年度（当該譲渡利益額又は譲渡損失額につき次項又は第四項の規定の適用を受ける事業年度以後の事業年度を除く。）の所得の金額の計算上、益金の額又は損金の額に算入する。

③―⑦　（略）

⑧　通算法人が譲渡損益調整資産に係る譲渡利益額又は譲渡損失額につき第一項の規定の適用を受けた場合において、当該譲渡損益調整資産の譲渡が他の通算法人（第六十四条の五（損益通算）の規定の適用を受けない法人として政令で定める法人及び通算親法人を除く。）の株式又は出資の当該他の通算法人以外の通算法人に対する譲渡であるときは、当該譲渡損益調整資産については、第二項から前項までの規定は、適用しない。

⑨　（略）

▽〔法税令〕→一二二の一二

第六款　組織再編成に係る所得の金額の計算（抄）

（合併及び分割による資産等の時価による譲渡）

第六二条①　内国法人が合併又は分割により合併法人又は分割承継法人にその有する資産又は負債の移転をしたときは、当該合併法人又は分割承継法人に当該移転をした資産及び負債の当該移転の時の価額による譲渡をしたものとして、当該内国法人の各事業年度の所得の金額を計算する。この場合においては、当該合併又は当該分割（第二条第十二号の九イ（定義）に規定する分割対価資産（以下この項において「分割対価資産」という。）の全てが分割法人の株主等に直接に交付される分割型分割及び同号ロに規定する無対価分割に該当する分割型分割で分割法人の株主等に対する分割承継法人の株式（出資を含む。以下この項及び次条第三項において同じ。）の交付が省略されたと認められる分割型分割として政令で定めるものに限る。以下この項にお

いて「特定分割型分割」という。）により当該資産又は負債の移転をした当該内国法人（資本又は出資を有しないものを除く。）は、当該合併法人又は当該特定分割型分割に係る分割承継法人から新株等（当該合併法人が当該合併により交付した当該合併法人の株式その他の資産（第二十四条第二項（配当等の額とみなす金額）に規定する場合において同項の規定により交付を受けたものとみなされる当該合併法人の株式その他の資産及び同条第三項に規定する場合において同項の規定により交付を受けたものとみなされる当該合併法人の株式を含む。）をいう。）又は当該特定分割型分割に係る分割対価資産（第二十四条第三項に規定する場合において同項の規定により交付を受けたものとみなされる分割承継法人の株式を含む。）をその時の価額により取得し、直ちに当該新株等又は当該分割対価資産を当該内国法人の株主等に交付したものとする。

② 合併により合併法人に移転をした資産及び負債の当該移転による譲渡に係る譲渡利益額（当該合併の時の価額が当該譲渡に係る原価の額を超える場合におけるその超える部分の金額をいう。）又は譲渡損失額（当該譲渡に係る原価の額が当該合併の時の価額を超える場合におけるその超える部分の金額をいう。）は、当該合併に係る最後事業年度（被合併法人の合併の日の前日の属する事業年度をいう。次条第一項において同じ。）の所得の金額の計算上、益金の額又は損金の額に算入する。

③ 前項に規定する原価の額の計算その他前二項の規定の適用に関し必要な事項は、政令で定める。

▽〔法税令〕→一二二の一三・一二三・一二三の二

（適格合併及び適格分割型分割による資産等の帳簿価額による引継ぎ）

第六二条の二① 内国法人が適格合併により合併法人にその有する資産及び負債の移転をしたときは、前条第一項及び第二項の規定にかかわらず、当該合併法人に当該移転をした資産及び負債の当該適格合併に係る最後事業年度終了の時の帳簿価額として政令で定める金額による引継ぎをしたものとして、当該内国法人の各事業年度の所得の金額を計算する。

② 内国法人が適格分割型分割により分割承継法人にその有する資産又は負債の移転をしたときは、前条第一項の規定にかかわらず、当該分割承継法人に当該移転をした資産及び負債の当該適格分割型分割の直前の帳簿価額による引継ぎをしたものとして、当該内国法人の各事業年度の所得の金額を計算する。

③ 前項の場合においては、同項の内国法人が同項の分割承継法人から交付を受けた当該分割承継法人又は第二条第十二号の十一（定義）に規定する分割承継親法人の株式の当該交付の時の価額は、同項の適格分割型分割により移転をした資産及び負債の帳簿価額を基礎として政令で定める金額とする。

④ 合併法人又は分割承継法人が引継ぎを受ける資産及び負債の価額その他前三項の規定の適用に関し必要な事項は、政令で定める。

▽〔法税令〕→一二三の三

（適格分社型分割による資産等の帳簿価額による譲渡）

第六二条の三① 内国法人が適格分社型分割により分割承継法人にその有する資産又は負債の移転をしたときは、第六十二条第一項（合併及び分割による資産等の時価による譲渡）の規定にかかわらず、当該分割承継法人に当該移転をした資産及び負債の当該適格分社型分割の直前の帳簿価額による譲渡をしたものとして、当該内国法人の各事業年度の所得の金額を計算する。

② 分割承継法人の資産及び負債の取得価額その他前項の規定の適用に関し必要な事項は、政令で定める。

▽〔法税令〕→一二三の四

（適格現物出資による資産等の帳簿価額による譲渡）

第六二条の四① 内国法人が適格現物出資により被現物出資法人にその有する資産の移転をし、又はこれと併せてその有する負債の移転をしたときは、当該被現物出資法人に当該移転をした資産及び負債の当該適格現物出資の直前の帳簿価額による譲渡をしたものとして、当該内国法人の各事業年度の所得の金額を計算する。

② 被現物出資法人の資産及び負債の取得価額その他前項の規定の適用に関し必要な事項は、政令で定める。

▽〔法税令〕→一二三の五

（現物分配による資産の譲渡）

第六二条の五① 内国法人が残余財産の全部の分配又は引渡し（適格現物分配を除く。次項において同じ。）により被現物分配法人その他の者にその有する資産の移転をするときは、当該被現物分配法人その他の者に当該移転をする資産の当該残余財産の確定の時の価額による譲渡をしたものとして、当該内国法人の各事業年度の所得の金額を計算する。

② 残余財産の全部の分配又は引渡しにより被現物分配法人その他の者に移転をする資産の当該移転による譲渡に係る譲渡利益額（当該残余財産の確定の時の価額が当該譲渡に係る原価の額を超える場合におけるその超える部分の金額をいう。）又は譲渡損失額（当該譲渡に係る原価の額が当該残余財産の確定の時の価額を超える場合におけるその超える部分の金額をいう。）は、その残余財産の確定の日の属する事業年度の所得の金額の計算上、益金の額又は損金の額に算入する。

③ 内国法人が適格現物分配又は適格株式分配により被現物分配法人その他の株主等にその有する資産の移転をしたときは、当該被現物分配法人その他の株主等に当該移転をした資産の当該適格現物分配又は適格株式分配の直前の帳簿価額（当該適格現物分配が残余財産の全部の分配である場合には、その残余財産の確定の時の帳簿価額）による譲渡をしたものとして、当該内国法人の各事業年度の所得の金額を

計算する。

④　内国法人が適格現物分配により資産の移転を受けたことにより生ずる収益の額は、その内国法人の各事業年度の所得の金額の計算上、益金の額に算入しない。

⑤　内国法人の残余財産の確定の日の属する事業年度に係る地方税法の規定による事業税の額及び特別法人事業税及び特別法人事業譲与税に関する法律（平成三十一年法律第四号）の規定による特別法人事業税の額は、当該内国法人の当該事業年度の所得の金額の計算上、損金の額に算入する。

⑥　被現物分配法人の資産の取得価額その他前各項の規定の適用に関し必要な事項は、政令で定める。

▽〔法税令〕→一二三の六

（株式等を分割法人と分割法人の株主等とに交付する分割）

第六二条の六①　分割法人が分割により交付を受ける第二条第十二号の九イ（定義）に規定する分割対価資産（次項において「分割対価資産」という。）の一部のみを当該分割法人の株主等に交付をする分割（二以上の法人を分割法人とする分割で法人を設立するものを除く。）が行われたときは、分割型分割と分社型分割の双方が行われたものとみなす。

②　二以上の法人を分割法人とする分割で法人を設立するものが行われた場合において、分割法人のうちに、次の各号のうち二以上の号に掲げる法人があるとき、又は第三号に掲げる法人があるときは、当該各号に掲げる法人を分割法人とする当該各号に定める分割がそれぞれ行われたものとみなす。

一　当該分割により交付を受けた分割対価資産の全部をその株主等に交付した法人　分割型分割

二　当該分割により交付を受けた分割対価資産をその株主等に交付しなかつた法人　分社型分割

三　当該分割により交付を受けた分割対価資産の一部のみをその株主等に交付した法人　分割型分割及び分社型分割の双方

③　前二項の規定の適用に関し必要な事項は、政令で定める。

▽〔法税令〕→一二三の七

（特定資産に係る譲渡等損失額の損金不算入）

第六二条の七①　内国法人と支配関係法人（当該内国法人との間に支配関係がある法人をいう。）との間で当該内国法人を合併法人、分割承継法人、被現物出資法人又は被現物分配法人とする特定適格組織再編成等（適格合併若しくは適格合併に該当しない合併で第六十一条の十一第一項（完全支配関係がある法人の間の取引の損益）の規定の適用があるもの、適格分割、適格現物出資又は適格現物分配のうち、第五十七条第四項（欠損金の繰越し）に規定する共同で事業を行うための適格組織再編成等として政令で定めるものに該当しないものをいう。以下この条において同じ。）**が行われた場合**（当該内国法人の当該特定適格組織再編成等の日（当該特定適格組織再編成等が残余財産の全部の分配である場合には、その残余財産の確定の日の翌日）の属する事業年度（以下この項において「特定組織再編成事業年度」という。）開始の日の五年前の日、当該内国法人の設立の日又は当該支配関係法人の設立の日のうち最も遅い日から継続して当該内国法人と当該支配関係法人との間に支配関係がある場合として政令で定める場合を除く。）**には、当該内国法人の当該特定組織再編成事業年度開始の日から同日以後三年を経過する日**（その経過する日が当該内国法人が当該支配関係法人との間に最後に支配関係を有することとなつた日以後五年を経過する日後となる場合にあつては、その五年を経過する日）**までの期間**（当該期間に終了する各事業年度において第六十二条の九第一項（非適格株式交換等に係る株式交換完全子法人等の有する資産の時価評価損益）、第六十四条の十一第一項（通算制度の開始に伴う資産の時価評価損益）、第六十四条の十二第一項（通算制度への加入に伴う資産の時価評価損益）又は第六十四条の十三第一項（第一号に係る部分に限る。）（通算制度からの離脱等に伴う資産の時価評価損益）の規定の適用を受ける場合には、当該特定組織再編成事業年度開始の日からその適用を受ける事業年度終了の日までの期間。第六項において「対象期間」という。）**において生ずる特定資産譲渡等損失額は、当該内国法人の各事業年度の所得の金額の計算上、損金の額に算入しない。**

②　**前項に規定する特定資産譲渡等損失額とは、次に掲げる金額の合計額をいう。**

一　**前項の内国法人が同項の支配関係法人から特定適格組織再編成等により移転を受けた資産**（棚卸資産、当該特定適格組織再編成等の日における帳簿価額が少額であるものその他の政令で定めるものを除く。）**で当該支配関係法人が当該内国法人との間に最後に支配関係を有することとなつた日**（次号において「支配関係発生日」という。）**の属する事業年度開始の日前から有していたもの**（これに準ずるものとして政令で定めるものを含む。以下この号において「特定引継資産」という。）**の譲渡、評価換え、貸倒れ、除却その他の事由による損失の額として政令で定める金額の合計額から特定引継資産の譲渡、評価換えその他の事由による利益の額として政令で定める金額の合計額を控除した金額**

二　**前項の内国法人が有する資産**（棚卸資産、特定適格組織再編成等の日の属する事業年度開始の日における帳簿価額が少額であるものその他の政令で定めるものを除く。）**で支配関係発生日の属する事業年度開始の日前から有していたもの**（これに準ずるものとして政令で定めるものを含む。以下この号において「特定保有資産」という。）**の譲渡、評価換え、貸倒れ、除却その他の事由による損失の額として政令で定める金額の合計額から特定保有資産の譲渡、評価換えその他の事由による利益の額として政令で定める金額の合計額を控除した金額**

③　前二項の規定は、支配関係がある被合併法人等（被合併法人、分割法人及び現物出資法人をいう。以下この項において同じ。）と他の被合併法人等との間で法人を設立する特定適格組織再編成等が行われた場合（当該特定適格組織再編成等の日の五年前の日、当該被合併法人等の設立の日又は当該他の被合併法人等の設立の日のうち最も遅い日から継続して当該被合併法人等と当該他の被合併法人等との間に支配関係がある場合として政令で定める場合を除く。）について準用する。この場合において、第一項中「には、当該内国法人」とあるのは「には、当該特定適格組織再編成等により設立された内国法人」と、「当該内国法人が当該支配関係法人」とあるのは「第三項に規定する被合併法人等が他の被合併法人等」と、前項第一号中「同項の支配関係法人から特定適格組織再編成等」とあるのは「特定適格組織再編成等に係る次項に規定する被合併法人等（次号に規定する他の被合併法人等を除く。）から当該特定適格組織再編成等」と、「当該支配関係法人が当該内国法人」とあるのは「当該被合併法人等が当該他の被合併法人等」と、同項第二号中「有する資産（棚卸資産、」とあるのは「特定適格組織再編成等に係る次項に規定する他の被合併法人等から当該特定適格組織再編成等により移転を受けた資産（棚卸資産、当該」と、「の属する事業年度開始の日における」とあるのは「における」と、「支配関係発生日」とあるのは「当該他の被合併法人等が支配関係発生日」と読み替えるものとする。

④　第一項に規定する支配関係法人又は前項に規定する被合併法人等が特定適格組織再編成等の直前において第六十条の三第一項（特定株主等によつて支配された欠損等法人の資産の譲渡等損失額）に規定する欠損等法人（次項及び第六項において「欠損等法人」という。）であり、かつ、当該特定適格組織再編成等が同条第一項に規定する適用期間内に行われるものであるときは、第一項の内国法人が当該支配関係法人又は当該被合併法人等から当該特定適格組織再編成等により移転を受けた資産については、当該特定適格組織再編成等に係る同項（前項において準用する場合を含む。第六項において同じ。）の規定は、適用しない。

⑤　第一項の内国法人が欠損等法人であり、かつ、特定適格組織再編成等が第六十条の三第一項に規定する適用期間内に行われるものであるときは、当該内国法人が有する資産については、当該特定適格組織再編成等に係る第一項の規定は、適用しない。

⑥　第一項の内国法人が特定適格組織再編成等後に欠損等法人となり、かつ、第六十条の三第一項に規定する適用期間が開始したときは、対象期間は、同項に規定する適用期間開始の日の前日に終了するものとする。

⑦⑧　（略）

▽〔法税令〕→一二三の八；一二三の九

（非適格合併等により移転を受ける資産等に係る調整勘定の損金算入等）

第六二条の八①　内国法人が非適格合併等（適格合併に該当しない合併又は適格分割に該当しない分割、適格現物出資に該当しない現物出資若しくは事業の譲受けのうち、政令で定めるものをいう。以下この条において同じ。）により当該非適格合併等に係る被合併法人、分割法人、現物出資法人その他政令で定める法人（以下この条において「被合併法人等」という。）から資産又は負債の移転を受けた場合において、当該内国法人が当該非適格合併等により交付した金銭の額及び金銭以外の資産（適格合併に該当しない合併にあつては、第六十二条第一項（合併及び分割による資産等の時価による譲渡）に規定する新株等）の価額の合計額（当該非適格合併等において当該被合併法人等から支出を受けた第三十七条第七項（寄附金の損金不算入）に規定する寄附金の額に相当する金額を含み、当該被合併法人等に対して支出をした同項に規定する寄附金の額に相当する金額を除く。第三項において「非適格合併等対価額」という。）が当該移転を受けた資産及び負債の時価純資産価額（当該資産（営業権にあつては、政令で定めるものに限る。以下この項において同じ。）の取得価額（第六十一条の十一第七項（完全支配関係がある法人の間の取引の損益）の規定の適用がある場合には、同項の規定の適用がないものとした場合の取得価額。以下この項において同じ。）の合計額から当該負債の額（次項に規定する負債調整勘定の金額を含む。以下この項において同じ。）の合計額を控除した金額をいう。第三項において同じ。）を超えるときは、その超える部分の金額（当該資産の取得価額の合計額が当該負債の額の合計額に満たない場合には、その満たない部分の金額を加算した金額）のうち政令で定める部分の金額は、資産調整勘定の金額とする。

②　内国法人が非適格合併等により当該非適格合併等に係る被合併法人等から資産又は負債の移転を受けた場合において、次の各号に掲げる場合に該当するときは、当該各号に掲げる場合の区分に応じ当該各号に定める金額を負債調整勘定の金額とする。

一　当該内国法人が当該非適格合併等に伴い当該被合併法人等から引継ぎを受けた従業者につき退職給与債務引受け（非適格合併等後の退職その他の事由により当該非適格合併等に伴い引継ぎを受けた従業者に支給する退職給与の額につき、非適格合併等前における在職期間その他の勤務実績等を勘案して算定する旨を約し、かつ、これに伴う負担の引受けをすることをいう。以下この条において同じ。）をした場合　当該退職給与債務引受けに係る金額として政令で定める金額（第六項第一号において「退職給与債務引受額」という。）

二　当該内国法人が当該非適格合併等により当該被合併法人等から移転を受けた事業に係る将来の債務（当該事業の利益に重大な影響を与えるものに限るものとし、前号の退職給与債務引受けに係るもの及び既にその履行をすべきことが確定しているものを除く。）で、その履行が当該非適格合併等の日からおおむね三年以内に見込まれるものについて、当該内国法人がその履行に係る負担の引受けをした場合　当該債務の額に相当する金額として政令で定める金額（第六項第二号において「短期重要債務見込額」という。）

③　内国法人が非適格合併等により当該非適格合併等に係る被合併法人等から資産又は負債の移転を受けた場合において、当該非適格合併等に係る非適格合併等対価額が当該被合併法人等から移転を受けた資産及び負債の時価純資産価額に満たないときは、その満たない部分の金額は、負債調整勘定の金額とする。

④　**第一項の資産調整勘定の金額を有する内国法人は、各資産調整勘定の金額に係る当初計上額**（非適格合併等の時に同項の規定により当該資産調整勘定の金額とするものとされた金額をいう。）**を六十で除して計算した金額に当該事業年度の月数**（当該事業年度が当該資産調整勘定の金額に係る非適格合併等の日の属する事業年度である場合には、同日から当該事業年度終了の日までの期間の月数）**を乗じて計算した金額**（当該内国法人が自己を被合併法人とする合併（適格合併を除く。）を行う場合又は当該内国法人の残余財産が確定した場合にあつては、当該合併の日の前日又は当該残余財産の確定の日の属する事業年度終了の時の金額）**に相当する金額を、当該事業年度**（当該内国法人が当該合併を行う場合又は当該内国法人の残余財産が確定した場合にあつては、当該合併の日の前日又は当該残余財産の確定の日の属する事業年度）**において減額しなければならない。**

⑤　前項の規定により減額すべきこととなつた資産調整勘定の金額に相当する金額は、その減額すべきこととなつた日の属する事業年度の所得の金額の計算上、損金の額に算入する。

⑥―⑫　（略）

▽〔法税令〕→一二三の一〇

（非適格株式交換等に係る株式交換完全子法人等の有する資産の時価評価損益）

第六二条の九①　内国法人が自己を株式交換完全子法人又は株式移転完全子法人とする株式交換等又は株式移転（適格株式交換等及び適格株式移転並びに株式交換又は株式移転の直前に当該内国法人と当該株式交換に係る株式交換完全親法人又は当該株式移転に係る他の株式移転完全子法人との間に完全支配関係があつた場合における当該株式交換及び株式移転を除く。以下この項において「非適格株式交換等」という。）**を行つた場合には、当該内国法人が当該非適格株式交換等の直前の時において有する時価評価資産**（固定資産、土地（土地の上に存する権利を含み、固定資産に該当するものを除く。）、有価証券、金銭債権及び繰延資産で政令で定めるもの以外のものをいう。）**の評価益の額**（当該非適格株式交換等の直前の時の価額がその時の帳簿価額を超える場合のその超える部分の金額をいう。）**又は評価損の額**（当該非適格株式交換等の直前の時の帳簿価額がその時の価額を超える場合のその超える部分の金額をいう。）**は、当該非適格株式交換等の日の属する事業年度の所得の金額の計算上、益金の額又は損金の額に算入する。**

②　前項の規定の適用に関し必要な事項は、政令で定める。

▽〔法税令〕→一二三の一一

第七款　収益及び費用の帰属事業年度の特例（抄）

（リース譲渡に係る収益及び費用の帰属事業年度）

第六三条①　内国法人が、第六十四条の二第三項（リース取引に係る所得の金額の計算）に規定するリース取引による同条第一項に規定するリース資産の引渡し（以下この条において「リース譲渡」という。）を行つた場合において、そのリース譲渡に係る収益の額及び費用の額につき、そのリース譲渡の日の属する事業年度以後の各事業年度の確定した決算において政令で定める延払基準の方法により経理したとき（当該リース譲渡につき次項の規定の適用を受ける場合を除く。）は、その経理した収益の額及び費用の額は、当該各事業年度の所得の金額の計算上、益金の額及び損金の額に算入する。ただし、当該リース譲渡に係る収益の額及び費用の額につき、同日の属する事業年度後のいずれかの事業年度の確定した決算において当該延払基準の方法により経理しなかつた場合又は第三項若しくは第四項の規定の適用を受けた場合は、その経理しなかつた決算に係る事業年度後又はこれらの規定の適用を受けた事業年度後の事業年度については、この限りでない。

②　内国法人がリース譲渡を行つた場合には、その対価の額を政令で定めるところにより利息に相当する部分とそれ以外の部分とに区分した場合における当該リース譲渡の日の属する事業年度以後の各事業年度の収益の額及び費用の額として政令で定める金額は、当該各事業年度の所得の金額の計算上、益金の額及び損金の額に算入する。ただし、当該リース譲渡に係る収益の額及び費用の額につき、当該リース譲渡の日の属する事業年度後のいずれかの事業年度において次項又は第四項の規定の適用を受けた場合は、これらの規定の適用を受けた事業年度後の事業年度については、この限りでない。

③―⑧　（略）

▽〔法税令〕→一二四―一二八

（工事の請負に係る収益及び費用の帰属事業年度）

第六四条①　内国法人が、長期大規模工事（工事（製造及びソフトウエアの開発を含む。以下この条において同じ。）のうち、その着手の日から当該工事に係る契約において定められている目的物の引渡しの期日までの期間が一年以上であること、政令で定める大規模な工事であることその他政令で定める要件に該当するものをいう。以下この条において同じ。）

の請負をしたときは、その着手の日の属する事業年度からその目的物の引渡しの日の属する事業年度の前事業年度までの各事業年度の所得の金額の計算上、その長期大規模工事の請負に係る収益の額及び費用の額のうち、当該各事業年度の収益の額及び費用の額として政令で定める工事進行基準の方法により計算した金額を、益金の額及び損金の額に算入する。

② 内国法人が、工事(その着手の日の属する事業年度(以下この項において「着工事業年度」という。)中にその目的物の引渡しが行われないものに限るものとし、長期大規模工事に該当するものを除く。以下この条において同じ。)の請負をした場合において、その工事の請負に係る収益の額及び費用の額につき、着工事業年度からその工事の目的物の引渡しの日の属する事業年度の前事業年度までの各事業年度の確定した決算において政令で定める工事進行基準の方法により経理したときは、その経理した収益の額及び費用の額は、当該各事業年度の所得の金額の計算上、益金の額及び損金の額に算入する。ただし、その工事の請負に係る収益の額及び費用の額につき、着工事業年度後のいずれかの事業年度の確定した決算において当該工事進行基準の方法により経理しなかつた場合には、その経理しなかつた決算に係る事業年度の翌事業年度以後の事業年度については、この限りでない。

③ 適格合併、適格分割又は適格現物出資が行われた場合における長期大規模工事又は工事の請負に係る収益の額及び費用の額の処理の特例その他前二項の規定の適用に関し必要な事項は、政令で定める。

▽〔法税令〕→一二九—一三一

第八款 リース取引

(リース取引に係る所得の金額の計算)

第六四条の二① 内国法人がリース取引を行つた場合には、そのリース取引の目的となる資産(以下この項において「リース資産」という。)の賃貸人から賃借人への引渡しの時に当該リース資産の売買があつたものとして、当該賃貸人又は賃借人である内国法人の各事業年度の所得の金額を計算する。

② 内国法人が譲受人から譲渡人に対する賃貸(リース取引に該当するものに限る。)を条件に資産の売買を行つた場合において、当該資産の種類、当該売買及び賃貸に至るまでの事情その他の状況に照らし、これら一連の取引が実質的に金銭の貸借であると認められるときは、当該資産の売買はなかつたものとし、かつ、当該譲受人から当該譲渡人に対する金銭の貸付けがあつたものとして、当該譲受人又は譲渡人である内国法人の各事業年度の所得の金額を計算する。

③ 前二項に規定するリース取引とは、資産の賃貸借(所有権が移転しない土地の賃貸借その他の政令で定めるものを除く。)で、次に掲げる要件に該当するものをいう。

一 当該賃貸借に係る契約が、賃貸借期間の中途においてその解除をすることができないものであること又はこれに準ずるものであること。

二 当該賃貸借に係る賃借人が当該賃貸借に係る資産からもたらされる経済的な利益を実質的に享受することができ、かつ、当該資産の使用に伴つて生ずる費用を実質的に負担すべきこととされているものであること。

④ 前項第二号の資産の使用に伴つて生ずる費用を実質的に負担すべきこととされているかどうかの判定その他前三項の規定の適用に関し必要な事項は、政令で定める。

▽〔法税令〕→一三一の二

[1] 「賃貸借期間の中途においてその解除をすることができない」(本条三項一号前段)とは、賃貸借契約において中途解約禁止の合意がされていることをいい、「準ずるもの」(同号後段)とは、中途解約禁止の合意がされていない場合であっても、当該賃貸借契約の実態に照らし、事実上解約不能であると認められるものをいう。(松山地判平27・6・9判タ一四二二・一九九)

第九款 法人課税信託に係る所得の金額の計算 及び 第十款 公益法人等が普通法人等に移行する場合の所得の金額の計算

(第六四条の三及び第六四条の四)(略)

第十一款 完全支配関係がある法人の間の損益通算及び欠損金の通算(抄)

第一目 損益通算及び欠損金の通算

(抄)

(損益通算)

第六四条の五① 通算法人の所得事業年度(通算前所得金額(第五十七条第一項(欠損金の繰越し)、第五十九条第三項及び第四項(会社更生等による債務免除等があつた場合の欠損金の損金算入)、第六十二条の五第五項(現物分配による資産の譲渡)、この条並びに第六十四条の七第六項(欠損金の通算)の規定を適用しないものとして計算した場合における所得の金額をいう。以下この条において同じ。)の生ずる事業年度(当該通算法人に係る通算親法人の事業年度終了の日に終了するものに限る。)をいう。以下この条において同じ。)終了の日(以下この項及び次項において「基準日」という。)において当該通算法人との間に通算完全支配関係がある他の通算法人の基準日に終了する事業年度において通算前欠損金額(第五十九条第三項及び第四項、第六十二条の五第五項、この条並びに第六十四条の七第六項の規定を適用しないものとして計算した場合における欠損金額をいう。以下この条において同じ。)が生ずる場合には、当該通算法人の当該所得事業年度の通算対象欠損金額は、当該所得事業年度の所得の金額の計算上、損金の額に算入する。

② 前項に規定する通算対象欠損金額とは、第一号に掲げる金額に第二号に掲げる金額が第三号に掲げる金額のうちに占める割合を乗じて計算した金額をいう。
一 前項に規定する他の通算法人の基準日に終了する事業年度において生ずる通算前欠損金額の合計額（当該合計額が第三号に掲げる金額を超える場合には、その超える部分の金額を控除した金額）
二 前項の通算法人の所得事業年度の通算前所得金額
三 前項の通算法人の所得事業年度及び同項に規定する他の通算法人の基準日に終了する事業年度の通算前所得金額の合計額
③ 通算法人の欠損事業年度（通算前欠損金額の生ずる事業年度（当該通算法人に係る通算親法人の事業年度終了の日に終了するものに限る。）をいう。以下この条において同じ。）終了の日（以下この項及び次項において「基準日」という。）において当該通算法人との間に通算完全支配関係がある他の通算法人の基準日に終了する事業年度において通算前所得金額が生ずる場合には、当該通算法人の当該欠損事業年度の通算対象所得金額は、当該欠損事業年度の所得の金額の計算上、益金の額に算入する。
④ 前項に規定する通算対象所得金額とは、第一号に掲げる金額に第二号に掲げる金額が第三号に掲げる金額のうちに占める割合を乗じて計算した金額をいう。
一 前項に規定する他の通算法人の基準日に終了する事業年度の通算前所得金額の合計額（当該合計額が第三号に掲げる金額を超える場合には、その超える部分の金額を控除した金額）
二 前項の通算法人の欠損事業年度において生ずる通算前欠損金額
三 前項の通算法人の欠損事業年度及び同項に規定する他の通算法人の基準日に終了する事業年度において生ずる通算前欠損金額の合計額
⑤ 第一項又は第三項の規定を適用する場合において、第一項の通算法人の所得事業年度若しくは同項に規定する他の通算法人の同項に規定する基準日に終了する事業年度又は第三項の通算法人の欠損事業年度若しくは同項に規定する他の通算法人の同項に規定する基準日に終了する事業年度（以下第七項までにおいて「通算事業年度」という。）の通算前所得金額又は通算前欠損金額が当該通算事業年度の第七十四条第一項（確定申告）の規定による申告書に添付された書類に通算前所得金額又は通算前欠損金額として記載された金額（以下この項においてそれぞれ「当初申告通算前所得金額」又は「当初申告通算前欠損金額」という。）と異なるときは、当初申告通算前所得金額を通算前所得金額と、当初申告通算前欠損金額を通算前欠損金額と、それぞれみなす。
⑥ 通算事業年度（第七十四条第一項の規定による申告書を提出した事業年度に限る。以下この項及び次項において同じ。）のいずれかについて修正申告書の提出又は更正がされる場合において、次に掲げる要件の全てに該当するときは、第一項の通算法人の所得事業年度又は第三項の通算法人の欠損事業年度については、前項の規定は、適用しない。
一 通算事業年度の全てについて、第七十四条第一項の規定による申告書に当該通算事業年度の所得の金額として記載された金額が零であること又は同項の規定による申告書に当該通算事業年度の欠損金額として記載された金額があること。
二 通算事業年度のいずれかについて、第七十四条第一項の規定による申告書に添付された書類に当該通算事業年度の通算前所得金額として記載された金額が過少であり、又は同項の規定による申告書に添付された書類に当該通算事業年度の通算前欠損金額として記載された金額が過大であること。
三 通算事業年度のいずれかについて、この項及び第六十四条の七第八項の規定その他政令で定める規定を適用しないものとして計算した場合における当該通算事業年度の所得の金額が零を超えること。
⑦ 通算事業年度について前項の規定を適用して修正申告書の提出又は更正がされた後における前二項の規定の適用については、当該修正申告書若しくは当該更正に係る国税通則法第二十八条第二項（更正又は決定の手続）に規定する更正通知書又はこれらの書類に添付された書類に次の各号に掲げる金額として記載された金額を第七十四条第一項の規定による申告書又は当該申告書に添付された書類に当該各号に掲げる金額として記載された金額とみなす。
一 当該通算事業年度の通算前所得金額又は通算前欠損金額
二 当該通算事業年度の所得の金額又は欠損金額
⑧ 税務署長は、通算法人の各事業年度の所得の金額若しくは欠損金額又は法人税の額の計算につき第五項、第六十四条の七第四項から第七項まで又は第六十九条第十五項若しくは第十九項（外国税額の控除）の規定その他政令で定める規定を適用したならば次に掲げる事実その他の事実が生じ、当該通算法人又は他の通算法人の当該各事業年度終了の日以後に終了する事業年度の所得に対する法人税の負担を不当に減少させる結果となると認めるときは、当該各事業年度及び他の通算法人の当該各事業年度終了の日に終了する事業年度については、第五項の規定を適用しないことができる。
一 当該通算法人が当該各事業年度前十年以内に開始した事業年度において生じた欠損金額（第六十四条の七第四項の規定を適用したならば当該各事業年度において第五十七条第一項の規定により損金の額に算入されるものに限る。）を有する場合において、当該各事業年度において欠損金額が生ずること。
二 当該通算法人又は当該他の通算法人のうちに第六十四条の十第六項（通算制度の取りやめ等）の規定により第六十四条の九第一項（通算承認）の規定による承認（以下この目において「通算承認」

という。）の効力を失うことが見込まれるものがある場合において、当該通算法人又は当該他の通算法人に第五十七条第一項の規定の適用がある欠損金額があること。

⑨　第五項から前項までに定めるもののほか、第一項から第四項までの規定の適用に関し必要な事項は、政令で定める。

▽〔法税令〕→一三一の七

（損益通算の対象となる欠損金額の特例）

第六四条の六①　通算法人（第六十四条の十一第一項各号（通算制度の開始に伴う資産の時価評価損益）又は第六十四条の十二第一項各号（通算制度への加入に伴う資産の時価評価損益）に掲げる法人に限る。以下この項において同じ。）が、通算承認の効力が生じた日の五年前の日又は当該通算法人の設立の日のうちいずれか遅い日から当該通算承認の効力が生じた日まで継続して当該通算法人に係る通算親法人（当該通算法人が通算親法人である場合には、他の通算法人のいずれか）との間に支配関係がある場合として政令で定める場合に該当しない場合において、当該通算承認の効力が生じた後に当該通算法人と他の通算法人とが共同で事業を行う場合として政令で定める場合に該当しないときは、当該通算法人の当該事業年度（第六十四条の十四第一項（特定資産に係る譲渡等損失額の損金不算入）の規定の適用がある事業年度を除く。）において生ずる前条第一項に規定する通算前欠損金額（第四項の規定の適用がある場合には、同項の規定によりないものとされる金額を控除した金額）のうち当該事業年度の適用期間（当該通算承認の効力が生じた日から同日以後三年を経過する日と当該通算法人が当該通算法人に係る通算親法人との間に最後に支配関係を有することとなつた日（当該通算法人が通算親法人である場合には、他の通算法人のうち当該通算法人との間に最後に支配関係を有することとなつた日が最も早いものとの間に最後に支配関係を有することとなつた日。次項第一号において「支配関係発生日」という。）以後五年を経過する日とのうちいずれか早い日までの期間をいう。）において生ずる特定資産譲渡等損失額に達するまでの金額は、同条の規定の適用については、ないものとする。

②　前項に規定する特定資産譲渡等損失額とは、第一号に掲げる金額から第二号に掲げる金額を控除した金額をいう。

一　通算法人が有する資産（棚卸資産、帳簿価額が少額であるものその他の政令で定めるものを除く。）で支配関係発生日の属する事業年度開始の日前から有していたもの（これに準ずるものとして政令で定めるものを含む。次号において「特定資産」という。）の譲渡、評価換え、貸倒れ、除却その他の事由による損失の額として政令で定める金額の合計額

二　特定資産の譲渡、評価換えその他の事由による利益の額として政令で定める金額の合計額

③　第一項の通算法人の多額の償却費の額が生ずる事業年度として政令で定める事業年度における同項の規定の適用については、同項中「当該事業年度（第六十四条の十四第一項（特定資産に係る譲渡等損失額の損金不算入）の規定の適用がある事業年度を除く。）において生ずる前条第一項に規定する通算前欠損金額（第四項の規定の適用がある場合には、同項の規定によりないものとされる金額を控除した金額）のうち当該事業年度の適用期間」と、「において生ずる特定資産譲渡等損失額に達するまでの金額」とあるのは「内の日の属する第三項に規定する政令で定める事業年度において生ずる前条第一項に規定する通算前欠損金額」とする。

④　通算法人の各事業年度において第六十四条の八（通算法人の合併等があつた場合の欠損金の損金算入）の規定により損金の額に算入される金額がある場合において、同条の他の内国法人の同条の規定の適用がある欠損金額の生じた事業年度につきこの条の規定を適用したならばないものとされる金額（当該他の内国法人が残余財産が確定した内国法人である場合において、当該他の内国法人に株主等が二以上あるときは、当該ないものとされる金額に相当する金額を当該他の内国法人の発行済株式又は出資（当該他の内国法人が有する自己の株式又は出資を除く。）の総数又は総額で除し、これに当該通算法人の有する当該他の内国法人の株式又は出資の数又は金額を乗じて計算した金額。以下この項において「制限対象額」という。）があるときは、当該通算法人の当該各事業年度において生ずる前条第一項に規定する通算前欠損金額のうち制限対象額に達するまでの金額は、同条の規定の適用については、ないものとする。

⑤　第一項に規定する特定資産譲渡等損失額から控除することができる金額その他前各項の規定の適用に関し必要な事項は、政令で定める。

▽〔法税令〕→一三一の八

（欠損金の通算）

第六四条の七①　通算法人及び通算法人であつた内国法人に係る第五十七条第一項（欠損金の繰越し）の規定の適用については、次の各号（通算法人であつた内国法人にあつては、第四号）に定めるところによる。

一　通算子法人の第五十七条第一項の規定の適用を受ける事業年度（以下この条において「適用事業年度」という。）開始の日前十年以内に開始した各事業年度の開始の日又は終了の日のいずれかが当該適用事業年度終了の日に終了する当該通算子法人に係る通算親法人の事業年度開始の日（以下第三号までにおいて「開始日」という。）前十年以内に開始した当該通算親法人の各事業年度（当該通算親法人が開始日から起算して十年前の日以後に設立された法人である場合には、当該各事業年度に相当する期間として政令で定める期間。以下この号において「親法人十年内事業年度等」と

法税

いう。）の開始の日又は終了の日と異なる場合には、親法人十年内事業年度等の期間を当該通算子法人の適用事業年度開始の日前十年以内に開始した各事業年度とする。

二　通算法人の適用事業年度（当該通算法人が通算子法人である場合には、当該通算法人に係る通算親法人の事業年度終了の日に終了するものに限る。以下この条において同じ。）開始の日前十年以内に開始した各事業年度（当該通算法人が前号の規定の適用がある通算子法人である場合には、同号の規定を適用した場合における開始日前十年以内に開始した各事業年度。以下この条において「十年内事業年度」という。）において生じた欠損金額は、イ及びロに掲げる金額の合計額（ハに掲げる金額がある場合には当該金額を加算した金額とし、ニに掲げる金額がある場合には当該金額を控除した金額とする。）とする。

イ　当該十年内事業年度に係る当該通算法人の対応事業年度（当該通算法人の事業年度（前号の規定の適用がある場合には、その適用がないものとした場合における事業年度。イにおいて同じ。）で当該十年内事業年度の期間内にその開始の日がある事業年度（当該十年内事業年度終了の日の翌日が開始日である場合には、当該終了の日後に開始した事業年度を含む。）をいう。以下この条において同じ。）において生じた欠損金額（第五十七条第二項の規定によりその事業年度の欠損金額とみなされたものを含み、次に掲げるものを除く。以下この条において同じ。）のうち特定欠損金額

(1)　第五十七条第一項の規定により適用事業年度前の各事業年度の所得の金額の計算上損金の額に算入された金額（当該各事業年度においてこの条の規定の適用を受けた場合には、第四号の規定により当該各事業年度の所得の金額の計算上損金の額に算入された金額とされる金額）の合計額

(2)　第五十七条第四項から第六項まで、第八項若しくは第九項又は第五十八条第一項（青色申告書を提出しなかつた事業年度の欠損金の特例）の規定によりないものとされたもの

(3)　第五十七条の二第一項（特定株主等によつて支配された欠損等法人の欠損金の繰越しの不適用）の規定により第五十七条第一項の規定を適用しないものとされたもの

(4)　第八十条（欠損金の繰戻しによる還付）の規定により還付を受けるべき金額の計算の基礎となつたもの

ロ　当該十年内事業年度に係る当該通算法人の対応事業年度において生じた欠損金額のうち特定欠損金額以外の金額

ハ　(1)に掲げる金額に(2)に掲げる金額が(2)及び(3)に掲げる金額の合計額（ハ及びニにおいて「所得合計額」という。）のうちに占める割合を乗じて計算した金額（ニにおいて「非特定欠損金配賦額」という。）がロに掲げる金額を超える場合におけるその超える部分の金額（所得合計額が零である場合には、零）

(1)　当該通算法人及び他の通算法人（当該通算法人の適用事業年度終了の日において当該通算法人との間に通算完全支配関係があるもので、同日にその事業年度が終了するものに限る。以下この項、第四項及び第五項において同じ。）の事業年度（前号の規定の適用がある場合には、その適用がないものとした場合における事業年度。(1)において同じ。）で当該十年内事業年度の期間内にその開始の日がある事業年度（当該十年内事業年度終了の日の翌日が開始日である場合には、当該終了の日後に開始した事業年度を含む。）において生じた欠損金額のうち特定欠損金額以外の金額の合計額

(2)　当該通算法人の適用事業年度の損金算入限度額（第五十七条第一項ただし書（同条第十一項の規定により読み替えて適用する場合を含む。）に規定する損金算入限度額をいう。以下この条において同じ。）から次に掲げる金額の合計額を控除した金額

(i)　この号の規定により当該十年内事業年度前の各十年内事業年度において生じた欠損金額とされた金額で第五十七条第一項の規定により適用事業年度の所得の金額の計算上損金の額に算入される金額の合計額

(ii)　当該十年内事業年度に係る当該通算法人の対応事業年度において生じた特定欠損金額で第五十七条第一項の規定により適用事業年度の所得の金額の計算上損金の額に算入される金額

(3)　当該通算法人の適用事業年度終了の日に終了する他の通算法人の事業年度の損金算入限度額から次に掲げる金額の合計額を控除した金額の合計額

(i)　この号の規定により当該十年内事業年度開始の日前に開始した当該他の通算法人の各事業年度において生じた欠損金額とされた金額で第五十七条第一項の規定により適用事業年度終了の日に終了する当該他の通算法人の事業年度の所得の金額の計算上損金の額に算入される金額の合計額

(ii)　当該十年内事業年度の期間内にその開始の日がある当該他の通算法人の事業年度（当該十年内事業年度終了の日の翌日が開始日である場合には、当該終了の日後に開始した事業年度を含む。）において生じた特定欠損金額で第五十七条第一項の規定により適用事業年度終了の日に終了する当該他の通算法人の事業年度の所得の金額の計算上損金の額に算入される金額

ニ　非特定欠損金配賦額がロに掲げる金額に満たない場合におけるその満たない部分の金額（所得合計額が零である場合には、零）

三　前号の規定により通算法人の十年内事業年度において生じた欠損金額とされた金額のうち第五十七条第一項ただし書に規定する超える部分の金額は、次に掲げる金額の合計額とする。

イ　当該十年内事業年度に係る当該通算法人の対応事業年度において生じた特定欠損金額が、当該特定欠損金額のうち当該十年内事業年度に係る欠損控除前所得金額（第五十七条第一項本文の規定を適用せず、かつ、第五十九条第三項及び第四項（会社更生等による債務免除等があつた場合の欠損金の損金算入）並びに第六十二条の五第五項（現物分配による資産の譲渡）の規定を適用しないものとして計算した場合における適用事業年度の所得の金額から前号ハ(2)(i)に掲げる金額を控除した金額をいう。(2)において同じ。）に達するまでの金額に、(1)に掲げる金額が(2)及び(3)に掲げる金額の合計額のうちに占める割合（当該合計額が零である場合には零とし、当該割合が一を超える場合には一とする。）を乗じて計算した金額（以下この条において「特定損金算入限度額」という。）を超える場合におけるその超える部分の金額

(1)　当該通算法人の適用事業年度の損金算入限度額及び当該適用事業年度終了の日に終了する他の通算法人の事業年度の損金算入限度額の合計額から前号ハ(2)(i)及び(3)(i)に掲げる金額の合計額を控除した金額

(2)　当該十年内事業年度に係る当該通算法人の対応事業年度において生じた特定欠損金額のうち当該十年内事業年度に係る欠損控除前所得金額に達するまでの金額

(3)　当該十年内事業年度の期間内にその開始の日がある当該他の通算法人の事業年度（当該十年内事業年度終了の日の翌日が開始日である場合には、当該終了の日後に開始した事業年度を含む。）において生じた当該十年内事業年度に係る特定欠損金額のうち当該十年内事業年度に係る他の欠損控除前所得金額（第五十七条第一項本文の規定を適用せず、かつ、第五十九条第三項及び第四項並びに第六十二条の五第五項の規定を適用しないものとして計算した場合における適用事業年度終了の日に終了する当該他の通算法人の事業年度の所得の金額から前号ハ(3)(i)に掲げる金額を控除した金額をいう。第四項及び第九項第四号において同じ。）に達するまでの金額の合計額

ロ　前号の規定により当該通算法人の当該十年内事業年度において生じた欠損金額とされた金額（同号イに掲げる金額を除く。ロにおいて「非特定欠損金額」という。）が、当該非特定欠損金額に(1)に掲げる金額が(2)に掲げる金額のうちに占める割合（(2)に掲げる金額が零である場合には零とし、当該割合が一を超える場合には一とする。次号ロ及び第五項において「非特定損金算入割合」という。）を乗じて計算した金額（第五項及び第九項第七号において「非特定損金算入限度額」という。）を超える場合におけるその超える部分の金額

(1)　当該通算法人の適用事業年度の損金算入限度額及び当該適用事業年度終了の日に終了する他の通算法人の事業年度の損金算入限度額の合計額から前号ハ(2)(i)及び並びに(3)(i)及び(ii)に掲げる金額の合計額を控除した金額

(2)　当該十年内事業年度に係る前号ハ(1)に掲げる金額

四　適用事業年度後の事業年度における第五十七条第一項の規定の適用については、各事業年度（第一号の規定の適用がある場合には、その適用がないものとした場合における事業年度。以下この号において同じ。）において生じた欠損金額で同項の規定により当該適用事業年度の所得の金額の計算上損金の額に算入された金額（第十一項において「損金算入欠損金額」という。）は、次に掲げる金額の合計額とする。

イ　当該各事業年度において生じた特定欠損金額のうち当該各事業年度に係る十年内事業年度に係る特定損金算入限度額に達するまでの金額

ロ　当該各事業年度において生じた欠損金額に係る非特定欠損金額（特定欠損金額を除く。）に当該欠損金額に係る非特定損金算入割合を乗じて計算した金額

②　前項第二号から第四号までに規定する特定欠損金額とは、次に掲げる金額をいう。

一　通算法人（第六十四条の十一第一項各号（通算制度の開始に伴う資産の時価評価損益）又は第六十四条の十二第一項各号（通算制度への加入に伴う資産の時価評価損益）に掲げる法人に限る。）の最初通算事業年度（通算承認の効力が生じた日以後最初に終了する事業年度（通算子法人の事業年度にあつては、当該通算子法人に係る通算親法人の事業年度終了の日に終了するものに限る。）をいう。次号及び次項において同じ。）開始の日前十年以内に開始した各事業年度において生じた欠損金額

二　通算法人を合併法人とする適格合併（被合併法人が当該通算法人との間に通算完全支配関係がない法人（他の通算法人で最初通算事業年度が終了していないものを含む。）であるものに限る。）が行われたこと又は通算法人との間に完全支配関係（当該通算法人による完全支配関係又は第二条第十二号の七の六（定義）に規定する相互の関係に限る。）がある他の内国法人で当該通算法人が発行済株式若しくは出資の全部若しくは一部を有するもの（当該通算法人との間に通算完全支配関係がないもの（他の通算法人で最初通算事業年度が終了していないものを含む。）に限る。）の残余財産が確定したことに基因して第五十七条第二項の規定によりこれらの通算法人の欠損金額とみなされた金額

三　通算法人に該当する事業年度において生じた欠損金額のうち前条の規定によりないものとされたもの

③ 通算法人を合併法人とする適格合併（被合併法人が他の通算法人（最初通算事業年度が終了していないものを除く。）であるものに限る。）が行われたこと又は通算法人との間に通算完全支配関係（当該通算法人による通算完全支配関係又は第二条第十二号の七の六に規定する相互の関係に限る。）がある他の通算法人で当該通算法人が発行済株式若しくは出資の全部若しくは一部を有するもの（最初通算事業年度が終了していないものを除く。）の残余財産が確定したことに基因して第五十七条第二項の規定によりこれらの通算法人の欠損金額とみなされた金額のうち当該被合併法人又は他の通算法人の前項に規定する特定欠損金額（以下この条において「特定欠損金額」という。）に達するまでの金額は、これらの通算法人の特定欠損金額とみなす。

④—⑪ （略）

▽〔法税令〕→一三一の九

第六四条の八 （略）

第二目 損益通算及び欠損金の通算のための承認（抄）

（通算承認）

第六四条の九① 内国法人が前目の規定の適用を受けようとする場合には、当該内国法人及び当該内国法人との間に完全支配関係がある他の内国法人の全て（親法人（内国法人である普通法人又は協同組合等のうち、第一号から第七号までに掲げる法人及び第六号又は第七号に掲げる法人に類する法人として政令で定める法人のいずれにも該当しない法人をいう。以下この項において同じ。）及び当該親法人との間に当該親法人による完全支配関係（第三号から第十号までに掲げる法人及び外国法人が介在しないものとして政令で定める関係に限る。以下この目において同じ。）がある他の内国法人（第三号から第十号までに掲げる法人を除く。次項において同じ。）に限る。）が、国税庁長官の承認を受けなければならない。

一 清算中の法人

二 普通法人（外国法人を除く。）又は協同組合等との間に当該普通法人又は協同組合等による完全支配関係がある法人

三 次条第一項の承認を受けた法人でその承認を受けた日の属する事業年度終了の日の翌日から同日以後五年を経過する日の属する事業年度終了の日までの期間を経過していないもの

四 第百二十七条第二項（青色申告の承認の取消し）の規定による通知を受けた法人でその通知を受けた日から同日以後五年を経過する日の属する事業年度終了の日までの期間を経過していないもの

五 第百二十八条（青色申告の取りやめ）に規定する届出書の提出をした法人でその届出書を提出した日から同日以後一年を経過する日の属する事業年度終了の日までの期間を経過していないもの

六 投資法人

七 特定目的会社

八 普通法人以外の法人

九 破産手続開始の決定を受けた法人

十 その他政令で定める法人

② 内国法人（前項に規定する親法人及び当該親法人との間に当該親法人による完全支配関係がある他の内国法人に限る。）は、同項の規定による承認（以下この目及び次目において「通算承認」という。）を受けようとする場合には、当該親法人の前目の規定の適用を受けようとする最初の事業年度開始の日の三月前の日までに、当該親法人及び他の内国法人の全ての連名で、当該開始の日その他財務省令で定める事項を記載した申請書を当該親法人の納税地の所轄税務署長を経由して、国税庁長官に提出しなければならない。

③ 国税庁長官は、前項の申請書の提出があつた場合において、次の各号のいずれかに該当する事実があるときは、その申請を却下することができる。

一 通算予定法人（第一項に規定する親法人又は前項に規定する他の内国法人をいう。以下この項において同じ。）のいずれかがその申請を行つていないこと。

二 その申請を行つている法人以外の法人が含まれていること。

三 その申請を行つている通算予定法人につき次のいずれかに該当する事実があること。

イ 所得の金額又は欠損金額及び法人税の額の計算が適正に行われ難いと認められること。

ロ 前目の規定の適用を受けようとする事業年度において、帳簿書類の備付け、記録又は保存が第百二十六条第一項（青色申告法人の帳簿書類）に規定する財務省令で定めるところに従つて行われることが見込まれないこと。

ハ その備え付ける帳簿書類に取引の全部又は一部を隠蔽し、又は仮装して記載し、又は記録していることその他不実の記載又は記録があると認められる相当の理由があること。

ニ 法人税の負担を不当に減少させる結果となると認められること。

④ （略）

⑤ 第二項の申請書の提出があつた場合（第七項の規定の適用を受けて当該申請書の提出があつた場合を除く。）において、第二項に規定する最初の事業年度開始の日の前日までにその申請につき通算承認又は却下の処分がなかつたときは、第一項に規定する親法人及び第二項に規定する他の内国法人の全てにつき、その開始の日においてその通算承認があつたものとみなす。

⑥ 前二項の場合において、通算承認は、第一項に規定する親法人及び第二項に規定する他の内国法人の全てにつき、同項に規定する最初の事業年度開始の日から、その効力を生ずる。

⑦—⑬ （略）

▽〔法税令〕→一三一の一一—一三一の一三

（通算制度の取りやめ等）

第六四条の一〇①　通算法人は、やむを得ない事情があるときは、国税庁長官の承認を受けて前目の規定の適用を受けることをやめることができる。

②　通算法人は、前項の承認を受けようとするときは、通算法人の全ての連名で、その理由その他財務省令で定める事項を記載した申請書を通算親法人の納税地の所轄税務署長を経由して、国税庁長官に提出しなければならない。

③　国税庁長官は、前項の申請書の提出があつた場合において、前目の規定の適用を受けることをやめることにつきやむを得ない事情がないと認めるときは、その申請を却下する。

④　通算法人が第一項の承認を受けた場合には、通算承認は、その承認を受けた日の属する事業年度終了の日の翌日から、その効力を失うものとする。

⑤　通算法人が第百二十七条第二項（青色申告の承認の取消し）の規定による通知を受けた場合には、当該通算法人については、通算承認は、その通知を受けた日から、その効力を失うものとする。

⑥　次の各号に掲げる事実が生じた場合には、通算法人（第一号から第四号までにあつてはこれらの号に規定する通算親法人及び他の通算法人の全てとし、第五号及び第六号にあつてはこれらの号に規定する通算子法人とし、第七号にあつては同号に規定する通算親法人とする。）については、通算承認は、当該各号に定める日から、その効力を失うものとする。

一　通算親法人の解散　その解散の日の翌日（合併による解散の場合には、その合併の日）

二　通算親法人が公益法人等に該当することとなつたこと　その該当することとなつた日

三　通算親法人と内国法人（普通法人又は協同組合等に限る。）との間に当該内国法人による完全支配関係が生じたこと　その生じた日

四　通算親法人と内国法人（公益法人等に限る。）との間に当該内国法人による完全支配関係がある場合において、当該内国法人が普通法人又は協同組合等に該当することとなつたこと　その該当することとなつた日

五　通算子法人の解散（合併又は破産手続開始の決定による解散に限る。）又は残余財産の確定　その解散の日の翌日（合併による解散の場合には、その合併の日）又はその残余財産の確定の日の翌日

六　通算子法人が通算親法人との間に当該通算親法人による通算完全支配関係を有しなくなつたこと（前各号に掲げる事実に基因するものを除く。）　その有しなくなつた日

七　前二号に掲げる事実又は通算子法人について前項の規定により通算承認が効力を失つたことに基因して通算法人が通算親法人のみとなつたこと　そのなつた日

⑦　第一項の承認の手続その他前各項の規定の適用に関し必要な事項は、政令で定める。

▽〔法税令〕→一三一の一四

第三目　資産の時価評価等

（通算制度の開始に伴う資産の時価評価損益）

第六四条の一一①　通算承認を受ける内国法人（第六十四条の九第一項（通算承認）に規定する親法人（以下この項及び次項において「親法人」という。）及び当該親法人の最初通算事業年度（当該通算承認の効力が生ずる日以後最初に終了する事業年度をいう。以下この項において同じ。）開始の時に当該親法人との間に当該親法人による完全支配関係（同条第一項に規定する政令で定める関係に限る。以下この項及び次条において同じ。）があるものに限るものとし、次に掲げるものを除く。）が通算開始直前事業年度（当該最初通算事業年度開始の日の前日（当該内国法人が第六十四条の九第十項第一号に規定する時価評価法人である場合には、当該最初通算事業年度終了の日）の属する当該内国法人の事業年度をいう。以下この項及び次項において同じ。）終了の時に有する時価評価資産（固定資産、土地（土地の上に存する権利を含み、固定資産に該当するものを除く。）、有価証券、金銭債権及び繰延資産（これらの資産のうち評価損益の計上に適しないものとして政令で定めるものを除く。）をいう。）の評価益の額（その時の価額がその時の帳簿価額を超える場合のその超える部分の金額をいう。）又は評価損の額（その時の帳簿価額がその時の価額を超える場合のその超える部分の金額をいう。）は、当該通算開始直前事業年度の所得の金額の計算上、益金の額又は損金の額に算入する。

一　当該親法人と第六十四条の九第二項に規定する他の内国法人（当該最初通算事業年度開始の時に当該親法人との間に当該親法人による完全支配関係があるものに限る。）のいずれかとの間に完全支配関係が継続することが見込まれている場合として政令で定める場合に該当する場合における当該親法人

二　当該親法人と第六十四条の九第二項に規定する他の内国法人との間に当該親法人による完全支配関係が継続することが見込まれている場合として政令で定める場合に該当する場合における当該他の内国法人

②　前項に規定する内国法人（第六十四条の五（損益通算）の規定の適用を受けない法人として政令で定める法人及び親法人を除く。）の通算開始直前事業年度終了の時において当該内国法人の株式又は出資を有する内国法人（以下この項において「株式等保有法人」という。）の当該株式又は出資（当該株式等保有法人について前項の規定の適用がある場合には、同項に規定する時価評価資産に該当するものを除く。）の評価益の額（その時の価額がその時の帳簿価額を超える場合のその超える部分の金額をいう。）又は評価損の額（その時の帳簿価額がその時の価額を超える場合のその超える部分の金額をいう。）は、当該通算開始直前事業年度終了の日の属

する当該株式等保有法人の事業年度の所得の金額の計算上、益金の額又は損金の額に算入する。

③　前二項の規定によりこれらの規定に規定する評価益の額又は評価損の額を益金の額又は損金の額に算入された資産の帳簿価額その他これらの規定の適用に関し必要な事項は、政令で定める。

▽〔法税令〕→一三一の一五

（通算制度への加入に伴う資産の時価評価損益）

第六四条の一二①　第六十四条の九第十一項又は第十二項（通算承認）の規定の適用を受けるこれらの規定に規定する他の内国法人（次に掲げるものを除く。）が**通算加入直前事業年度**（当該他の内国法人について通算承認の効力が生ずる日の前日の属する当該他の内国法人の事業年度をいう。以下この項において同じ。）**終了の時に有する時価評価資産**（固定資産、土地（土地の上に存する権利を含み、固定資産に該当するものを除く。）、有価証券、金銭債権及び繰延資産（これらの資産のうち評価損益の計上に適しないものとして政令で定めるものを除く。）をいう。）の**評価益の額**（その時の価額がその時の帳簿価額を超える場合のその超える部分の金額をいう。）**又は評価損の額**（その時の帳簿価額がその時の価額を超える場合のその超える部分の金額をいう。）**は、当該通算加入直前事業年度の所得の金額の計算上、益金の額又は損金の額に算入する。**

一　通算法人が当該通算法人に係る通算親法人による完全支配関係がある法人を設立した場合における当該法人

二　通算法人を株式交換等完全親法人とする適格株式交換等に係る株式交換等完全子法人

三　通算親法人が法人との間に当該通算親法人による完全支配関係を有することとなつた場合（その有することとなつた時の直前において当該通算親法人と当該法人との間に当該通算親法人による支配関係がある場合に限る。）で、かつ、次に掲げる要件の全てに該当する場合における当該法人（当該通算親法人との間に当該通算親法人による完全支配関係が継続することが見込まれている場合として政令で定める場合に該当するものに限るものとし、第二条第十二号の十七イからハまでのいずれにも該当しない株式交換等により完全支配関係を有することとなつた当該株式交換等完全子法人を除く。）

イ　当該法人の当該完全支配関係を有することとなる時の直前の従業者のうち、その総数のおおむね百分の八十以上に相当する数の者が当該法人の業務（当該法人との間に完全支配関係がある法人の業務を含む。）に引き続き従事することが見込まれていること。

ロ　当該法人の当該完全支配関係を有することとなる前に行う主要な事業が当該法人（当該法人との間に完全支配関係がある法人を含む。）において引き続き行われることが見込まれていること。

四　通算親法人が法人との間に当該通算親法人による完全支配関係を有することとなつた場合で、かつ、当該通算親法人又は他の通算法人と当該法人とが共同で事業を行う場合として政令で定める場合に該当する場合における当該法人（当該通算親法人との間に当該通算親法人による完全支配関係が継続することが見込まれている場合として政令で定める場合に該当するものに限るものとし、第二条第十二号の十七イからハまでのいずれにも該当しない株式交換等により完全支配関係を有することとなつた当該株式交換等に係る株式交換等完全子法人を除く。）

②　**前項に規定する他の内国法人**（通算親法人との間に当該通算親法人による完全支配関係が継続することが見込まれている場合として政令で定める場合に該当するもの及び第六十四条の五（損益通算）の規定の適用を受けない法人として政令で定める法人を除く。）**について通算承認の効力が生じた日において当該他の内国法人の株式又は出資を有する内国法人**（以下この項において「株式等保有法人」という。）**の当該株式又は出資**（同日の前日の属する当該株式等保有法人の事業年度において前項の規定の適用がある場合には、同項に規定する時価評価資産に該当するものを除く。）**の評価益の額**（その時の価額がその時の帳簿価額を超える場合のその超える部分の金額をいう。）**又は評価損の額**（その時の帳簿価額がその時の価額を超える場合のその超える部分の金額をいう。）**は、当該前日の属する当該株式等保有法人の事業年度の所得の金額の計算上、益金の額又は損金の額に算入する。**

③　前二項の規定によりこれらの規定に規定する評価益の額又は評価損の額を益金の額又は損金の額に算入された資産の帳簿価額その他これらの規定の適用に関し必要な事項は、政令で定める。

（通算制度からの離脱等に伴う資産の時価評価損益）

第六四条の一三①　**通算法人**（第六十四条の十第四項から第六項まで（通算制度の取りやめ等）の規定により通算承認の効力を失うもの（当該通算法人が通算子法人である場合には、第六十四条の五（損益通算）の規定の適用を受けない法人として政令で定める法人及び他の通算法人を合併法人とする合併が行われたこと又は当該通算法人の残余財産が確定したことに基因して同項の規定により当該通算承認の効力を失うものを除く。）に限る。）**が次に掲げる要件のいずれかに該当する場合には、当該通算法人の通算終了直前事業年度**（その効力を失う日の前日の属する事業年度をいう。以下この項において同じ。）**終了の時に有する時価評価資産**（次の各号に掲げる要件のいずれに該当するかに応じ当該各号に定める資産をいう。）**の評価益の額**（その時の価額がその時の帳簿価額を超える場合のその超える部分の金額をいう。）**又は評価損の額**（その時の帳簿価額がその時の価額を超える場合のその超える部分の金額をいう。）**は、当該通算終了直前事業年度の所得の金額の計算上、益金の額又は損金の額に算入する。**

一　当該通算法人の当該通算終了直前事業年度終了の時前に行う主要な事業が当該通算法人であつた内国法人（当該内国法人との間に完全支配関係がある法人並びにその時後に行われる適格合併又は当該内国法人を分割法人若しくは現物出資法人とする適格分割若しくは適格現物出資（以下この号において「適格合併等」という。）により当該主要な事業が当該適格合併等に係る合併法人、分割承継法人又は被現物出資法人（以下この号において「合併法人等」という。）に移転することが見込まれている場合における当該合併法人等及び当該合併法人等との間に完全支配関係がある法人を含む。）において引き続き行われることが見込まれていないこと（その時に有する資産の価額がその時に有する資産の帳簿価額を超える場合として政令で定める場合を除く。）　固定資産、土地（土地の上に存する権利を含み、固定資産に該当するものを除く。）、有価証券、金銭債権及び繰延資産（これらの資産のうち評価損益の計上に適しないものとして政令で定めるものを除く。）

二　当該通算法人の株式又は出資を有する他の通算法人において当該通算終了直前事業年度終了の時後に当該株式又は出資の譲渡又は評価換えによる損失の額として政令で定める金額が生ずることが見込まれていること（前号に掲げる要件に該当する場合を除く。）　当該通算法人が当該通算終了直前事業年度終了の時に有する同号に定める資産（その時における帳簿価額として政令で定める金額が十億円を超えるものに限る。）のうちその時後に譲渡、評価換え、貸倒れ、除却その他の政令で定める事由が生ずること（その事由が生ずることにより損金の額に算入される金額がない場合又はその事由が生ずることにより損金の額に算入される金額がその事由が生ずることにより益金の額に算入される金額以下である場合を除く。）が見込まれているもの

②　前項の規定により同項に規定する評価益の額又は評価損の額を益金の額又は損金の額に算入された資産の帳簿価額その他同項の規定の適用に関し必要な事項は、政令で定める。

（特定資産に係る譲渡等損失額の損金不算入）

第六四条の一四①　通算法人（第六十四条の十一第一項各号（通算制度の開始に伴う資産の時価評価損益）又は第六十四条の十二第一項各号（通算制度への加入に伴う資産の時価評価損益）に掲げる法人に限る。以下この項において同じ。）が通算承認の効力が生じた日の五年前の日又は当該通算法人の設立の日のうちいずれか遅い日から当該通算承認の効力が生じた日まで継続して当該通算法人に係る通算親法人（当該通算法人が通算親法人である場合には、他の通算法人のいずれか）との間に支配関係がある場合として政令で定める場合に該当しない場合（当該通算法人が通算子法人である場合において、当該通算法人について通算承認の効力が生じた日から同日の属する当該通算法人に係る通算親法人の事業年度終了の日までの間に第六十四条の十第五項又は第六項（通算制度の取りやめ等）の規定により当該通算承認が効力を失つたとき（当該通算法人を被合併法人とする合併で他の通算法人を合併法人とするものが行われたこと又は当該通算法人の残余財産が確定したことに基因してその効力を失つた場合を除く。）を除く。）で、かつ、当該通算法人について通算承認の効力が生じた後に当該通算法人と他の通算法人とが共同で事業を行う場合として政令で定める場合に該当しない場合において、当該通算法人が当該通算法人に係る通算親法人との間に最後に支配関係を有することとなつた日（当該通算法人が通算親法人である場合には、他の通算法人のうち当該通算法人との間に最後に支配関係を有することとなつた日が最も早いものとの間に最後に支配関係を有することとなつた日。以下この項及び次項第一号において「支配関係発生日」という。）以後に新たな事業を開始したときは、当該通算法人の適用期間（当該通算承認の効力が生じた日と当該事業を開始した日の属する事業年度開始の日とのうちいずれか遅い日からその効力が生じた日以後三年を経過する日と当該支配関係発生日以後五年を経過する日とのうちいずれか早い日までの期間をいう。）において生ずる特定資産譲渡等損失額は、当該通算法人の各事業年度の所得の金額の計算上、損金の額に算入しない。

②　前項に規定する特定資産譲渡等損失額とは、第一号に掲げる金額から第二号に掲げる金額を控除した金額をいう。

一　通算法人が有する資産（棚卸資産、帳簿価額が少額であるものその他の政令で定めるものを除く。）で支配関係発生日の属する事業年度開始の日前から有していたもの（これに準ずるものとして政令で定めるものを含む。次号において「特定資産」という。）の譲渡、評価換え、貸倒れ、除却その他の事由による損失の額として政令で定める金額の合計額

二　特定資産の譲渡、評価換えその他の事由による利益の額として政令で定める金額の合計額

③　第一項に規定する通算法人が第六十条の三第一項（特定株主等によつて支配された欠損等法人の資産の譲渡等損失額）に規定する欠損等法人（次項において「欠損等法人」という。）であり、かつ、同条第一項に規定する適用期間内に通算承認の効力が生じたときは、当該通算法人が有する資産については、当該通算承認に係る第一項の規定は、適用しない。

④　第一項に規定する通算法人が通算承認の効力が生じた日以後に欠損等法人となり、かつ、第六十条の三第一項に規定する適用期間が開始したときは、第一項に規定する適用期間は、同条第一項に規定する適用期間開始の日の前日に終了するものとする。

⑤　第一項に規定する通算法人について通算承認の効力が生じた日以後に当該通算法人と支配関係法人（当該通算法人との間に支配関係がある法人をいう。）との間で当該通算法人を合併法人、分割承継法人、被現物出資法人又は被現物分配法人とする第

六十二条の七第一項（特定資産に係る譲渡等損失額の損金不算入）に規定する特定適格組織再編成等が行われ、かつ、同項に規定する対象期間が開始したときは、第一項に規定する適用期間は、同条第一項に規定する対象期間開始の日の前日に終了するものとする。

⑥　第一項に規定する特定資産譲渡等損失額から控除することができる金額その他前各項の規定の適用に関し必要な事項は、政令で定める。

第十二款　各事業年度の所得の金額の計算の細目

（各事業年度の所得の金額の計算の細目）

第六五条　第二款から前款まで（所得の金額の計算）に定めるもののほか、各事業年度の所得の金額の計算に関し必要な事項は、政令で定める。

▽〔法税令〕→六、一三二―一三九の五

1　PHS事業者が事業の用に供するエントランス回線利用権は、エントランス回線が一回線あれば、当該基地局のエリア内のPHS端末と固定電話又は携帯電話との間の通話等が可能であることから、エントランス回線一回線に係る権利一つをもって、一つの減価償却資産とみるのが相当である。（最判平20・9・16民集六二・八・二〇八九、租税百選〔七版〕五七……法人税法施行令一三三条の適用の有無が争われた事例）

2　使用人賞与の損金算入時期について定める法人税法施行令七二条の三は、その支給実態に鑑み、必要な技術的細目的事項を定めたものである。（大阪高判平21・10・16判タ一三一九・七九）

第二節　税額の計算（抄）

第一款　税率（抄）

（各事業年度の所得に対する法人税の税率）

第六六条①　内国法人である普通法人、一般社団法人等（別表第二に掲げる一般社団法人及び一般財団法人並びに公益社団法人及び公益財団法人をいう。次項及び第三項において同じ。）又は人格のない社団等に対して課する各事業年度の所得に対する法人税の額は、各事業年度の所得の金額に百分の二十三・二の税率を乗じて計算した金額とする。

②　前項の場合において、普通法人（通算法人を除く。）のうち各事業年度終了の時において資本金の額若しくは出資金の額が一億円以下であるもの若しくは資本若しくは出資を有しないもの、一般社団法人等又は人格のない社団等の各事業年度の所得の金額のうち年八百万円以下の金額については、同項の規定にかかわらず、百分の十九の税率による。

③　公益法人等（一般社団法人等を除く。）又は協同組合等に対して課する各事業年度の所得に対する法人税の額は、各事業年度の所得の金額に百分の十九の税率を乗じて計算した金額とする。

④　事業年度が一年に満たない法人に対する第二項の規定の適用については、同項中「年八百万円」とあるのは、「八百万円を十二で除し、これに当該事業年度の月数を乗じて計算した金額」とする。

⑤　内国法人である普通法人のうち各事業年度終了の時において次に掲げる法人に該当するものについては、第二項の規定は、適用しない。

一　保険業法に規定する相互会社（次号ロにおいて「相互会社」という。）

二　大法人（次に掲げる法人をいう。以下この号及び次号において同じ。）との間に当該大法人による完全支配関係がある普通法人

イ　資本金の額又は出資金の額が五億円以上である法人

ロ　相互会社（これに準ずるものとして政令で定めるものを含む。）

ハ　第四条の三（受託法人等に関するこの法律の適用）に規定する受託法人（第六号において「受託法人」という。）

三　普通法人との間に完全支配関係がある全ての大法人が有する株式及び出資の全部を当該全ての大法人のうちいずれか一の法人が有するものとみなした場合において当該いずれか一の法人と当該普通法人との間に当該いずれか一の法人による完全支配関係があることとなるときの当該普通法人（前号に掲げる法人を除く。）

四　投資法人

五　特定目的会社

六　受託法人

⑥　第一項の場合において、中小通算法人（大通算法人（通算法人である普通法人又は当該普通法人の各事業年度終了の日において当該普通法人との間に通算完全支配関係がある他の通算法人のうち、いずれかの法人が次に掲げる法人に該当する場合における当該普通法人をいう。）以外の普通法人である通算法人をいう。以下この条において同じ。）の当該各事業年度の所得の金額のうち軽減対象所得金額以下の金額については、同項の規定にかかわらず、百分の十九の税率による。

一　当該各事業年度終了の時における資本金の額又は出資金の額が一億円を超える法人

二　当該各事業年度終了の時において前項第一号から第三号まで又は第六号に掲げる法人に該当する法人

⑦―⑫　（略）

▽〔法税令〕→一三九の六、〔租特〕→四二の三の二、六二、六二の三、六三、六七の二、六八

（特定同族会社の特別税率）

第六七条①　内国法人である特定同族会社（被支配会社で、被支配会社であることについての判定の基礎となつた株主等のうちに被支配会社でない法人がある場合には、当該法人をその判定の基礎となる株主等から除外して判定するものとした場合においても被支配会社となるもの（資本金の額又は出資金の額が一億円以下であるものにあつては、前条第五項第

二号から第五号までに掲げるもの及び同条第六項に規定する大通算法人に限る。）をいい、清算中のものを除く。以下この条において同じ。）の各事業年度の留保金額が留保控除額を超える場合には、その特定同族会社に対して課する各事業年度の所得に対する法人税の額は、前条第一項、第二項及び第六項並びに第六十九条第十八項（外国税額の控除）（同条第二十一項において準用する場合を含む。第三項において同じ。）の規定にかかわらず、これらの規定により計算した法人税の額に、その超える部分の留保金額を次の各号に掲げる金額に区分してそれぞれの金額に当該各号に定める割合を乗じて計算した金額の合計額を加算した金額とする。

一　年三千万円以下の金額　百分の十

二　年三千万円を超え、年一億円以下の金額　百分の十五

三　年一億円を超える金額　百分の二十

② 前項に規定する被支配会社とは、会社（投資法人を含む。以下この項及び第八項において同じ。）の株主等（その会社が自己の株式又は出資を有する場合のその会社を除く。）の一人並びにこれと政令で定める特殊の関係のある個人及び法人がその会社の発行済株式又は出資（その会社が有する自己の株式又は出資を除く。）の総数又は総額の百分の五十を超える数又は金額の株式又は出資を有する場合その他政令で定める場合におけるその会社をいう。

③―⑨　（略）

▽〔法税令〕→一三九の七―一四〇　〔租特〕→四二の四―四二の一三、六二―六二の三、六三

第二款　税額控除（抄）

（所得税額の控除）

第六八条①　内国法人が各事業年度において所得税法第百七十四条各号（内国法人に係る所得税の課税標準）に規定する利子等、配当等、給付補填金、利息、利益、差益、利益の分配又は賞金（次項において「利子及び配当等」という。）の支払を受ける場合には、これらにつき同法の規定により課される所得税の額（当該所得税の額に係る第六十九条の二第一項（分配時調整外国税相当額の控除）に規定する分配時調整外国税相当額を除く。）は、政令で定めるところにより、当該事業年度の所得に対する法人税の額から控除する。

② 前項の規定は、内国法人である公益法人等又は人格のない社団等が支払を受ける利子及び配当等で収益事業以外の事業又はこれに属する資産から生ずるものにつき課される同項の所得税の額については、適用しない。

③ 第一項の事業年度において第七十二条第一項各号（仮決算をした場合の中間申告書の記載事項等）に掲げる事項を記載した中間申告書の提出により第七十八条第一項（所得税額等の還付）又は第百三十三条第一項（更正等による所得税額等の還付）の規定による還付金がある場合の第一項の所得税の額には、当該還付金の額を含まないものとする。

④ 第一項の規定は、確定申告書、修正申告書又は更正請求書に同項の規定による控除を受けるべき金額及びその計算に関する明細を記載した書類の添付がある場合に限り、適用する。この場合において、同項の規定による控除をされるべき金額は、当該金額として記載された金額を限度とする。

▽〔法税令〕→一四〇の二　〔租特〕→八の三、四一の一二

[1] 法人税の確定申告において、本条一項に基づき配当等に係る所得税額を控除するに当たり、計算を誤ったために控除を受けるべき金額を過少に記載したとしてされた更正の請求は、本条三項の趣旨に反するということはできず、国税通則法二三条一項一号所定の要件を満たす。（最判平21・7・10民集六三・六・一〇九二、租税百選〔七版〕一〇六……平成二三年度税制改正により当初申告要件は廃止された）→税通二三条[1]

（外国税額の控除）

第六九条①　内国法人が各事業年度において外国法人税（外国の法令により課される法人税に相当する税で政令で定めるものをいう。以下この項及び第十二項において同じ。）を納付することとなる場合には、当該事業年度の所得の金額につき第六十六条第一項から第三項まで（各事業年度の所得に対する法人税の税率）の規定を適用して計算した金額のうち当該事業年度の国外所得金額（国外源泉所得に係る所得のみについて各事業年度の所得に対する法人税を課するものとした場合に課税標準となるべき当該事業年度の所得の金額に相当するものとして政令で定める金額をいう。第十四項において同じ。）に対応するものとして政令で定めるところにより計算した金額（以下この条において「控除限度額」という。）を限度として、その外国法人税の額（その所得に対する負担が高率な部分として政令で定める外国法人税の額、内国法人の通常行われる取引と認められないものとして政令で定める取引に基因して生じた所得に対して課される外国法人税の額、内国法人の法人税に関する法令の規定により法人税が課されないこととなる金額を課税標準として外国法人税に関する法令により課されるものとして政令で定める外国法人税の額その他政令で定める外国法人税の額を除く。以下この条において「控除対象外国法人税の額」という。）を当該事業年度の所得に対する法人税の額から控除する。

② 内国法人が各事業年度において納付することとなる控除対象外国法人税の額が当該事業年度の控除限度額、地方法人税法第十二条第一項（外国税額の控除）に規定する地方法人税控除限度額及び地方税控除限度額として政令で定める金額の合計額を超える場合において、前三年内事業年度（当該事業年度開始の日前三年以内に開始した各事業年度をいう。以下この条において同じ。）の控除限度額のうち当該

事業年度に繰り越される部分として政令で定める金額（以下この項及び第二十四項において「繰越控除限度額」という。）があるときは、政令で定めるところにより、その繰越控除限度額を限度として、その超える部分の金額を当該事業年度の所得に対する法人税の額から控除する。

③ 内国法人が各事業年度において納付することとなる控除対象外国法人税の額が当該事業年度の控除限度額に満たない場合において、その前三年内事業年度において納付することとなつた控除対象外国法人税の額のうち当該事業年度に繰り越される部分として政令で定める金額（以下この項及び第二十四項において「繰越控除対象外国法人税額」という。）があるときは、政令で定めるところにより、当該控除限度額から当該事業年度において納付することとなる控除対象外国法人税の額を控除した残額を限度として、その繰越控除対象外国法人税額を当該事業年度の所得に対する法人税の額から控除する。

④―⑬ （略）

⑭ 通算法人の第一項の各事業年度（当該通算法人に係る通算親法人の事業年度終了の日に終了するものに限る。以下この項において「通算事業年度」という。）の第一項の控除限度額は、当該通算法人の当該通算事業年度の所得の金額につき第六十六条第一項、第三項及び第六項の規定を適用して計算した金額並びに当該通算事業年度終了の日において当該通算法人との間に通算完全支配関係がある他の通算法人の当該終了の日に終了する各事業年度の所得の金額につき同条第一項、第三項及び第六項の規定を適用して計算した金額の合計額のうち、当該通算法人の当該通算事業年度の国外所得金額に対応するものとして政令で定めるところにより計算した金額とする。

⑮ 第一項から第三項までの規定を適用する場合において、通算法人の第一項から第三項までの各事業年度（当該通算法人に係る通算親法人の事業年度終了の日に終了するものに限るものとし、被合併法人の合併の日の前日の属する事業年度及び公益法人等に該当することとなつた日の前日の属する事業年度を除く。以下この項及び次項において「適用事業年度」という。）の税額控除額（当該適用事業年度における第一項から第三項までの規定による控除をされるべき金額をいう。以下この条において同じ。）が、当初申告税額控除額（当該適用事業年度の第七十四条第一項（確定申告）の規定による申告書に添付された書類に当該適用事業年度の税額控除額として記載された金額をいう。以下この項において同じ。）と異なるときは、当初申告税額控除額を税額控除額とみなす。

⑯ 前項の通算法人の適用事業年度について、次に掲げる場合のいずれかに該当する場合には、当該適用事業年度については、同項の規定は、適用しない。

一 通算法人又は当該通算法人の適用事業年度終了の日において当該通算法人との間に通算完全支配関係がある他の通算法人が、適用事業年度における税額控除額の計算の基礎となる事実の全部又は一部を隠蔽し、又は仮装して税額控除額を増加させることによりその法人税の負担を減少させ、又は減少させようとする場合

二 第六十四条の五第八項（損益通算）の規定の適用がある場合

三 地方法人税法第十二条第六項（第一号に係る部分に限る。）の規定の適用がある場合

⑰―㉒ （略）

㉓ 第一項の規定は、確定申告書、修正申告書又は更正請求書（次項、第二十五項及び第二十九項において「申告書等」という。）に第一項の規定による控除を受けるべき金額及びその計算に関する明細を記載した書類並びに控除対象外国法人税の額の計算に関する明細その他の財務省令で定める事項を記載した書類（以下この項において「明細書」という。）の添付があり、かつ、控除対象外国法人税の額を課されたことを証する書類その他の財務省令で定める書類を保存している場合に限り、適用する。この場合において、第一項の規定による控除をされるべき金額の計算の基礎となる控除対象外国法人税の額その他の財務省令で定める金額は、税務署長において特別の事情があると認める場合を除くほか、当該明細書に当該金額として記載された金額を限度とする。

㉔―㉚ （略）

▽〔法税令〕→一四一―一四八 〔租特〕→六六の七、六六の九の三、六七の一八

① **一 外国税額控除制度の趣旨** 本条の定める外国税額控除の制度は、同一の所得に対する国際的二重課税を排斥し、かつ、事業活動に対する税制の中立性を確保しようとする政策目的に基づく制度である。（最判平17・12・19民集五九・一〇・二九六四〈外国税額控除余裕枠大和銀行事件〉租税百選〔七版〕一九）→税総◆【Ⅲ】㊻

② **二 外国法人税の意義** 租税法律主義にかんがみると、外国法人税に該当するか否かの判断は、飽くまでも法人税法施行令一四一条三項各号の規定に照らして行うべきであって、規定から離れて一般的抽象的に検討し、我が国の基準に照らして法人税に相当する税とはいえないとしてその外国法人税該当性を否定することは許されない。（最判平21・12・3民集六三・一〇・二二八三〈ガーンジー島事件〉重判平23租税一……旧租特法六六条の六第一項にいう「特定外国子会社等」に該当するか否かの判定に当たって外国法人税の意義が争われた事例）→税総◆【Ⅰ】③

③ **三 納税者の申告誤りと外国税額控除制度の適用** 本条一三項［現二四項］後段の控除限度要件規定は国税通則法の規定と整合性を保つよう解釈されるべきであるから、基本的には確定申告書に記載された額を意味するが、外国税額控除制度の適用を受けることを選択した範囲を限度として誤りを是正した上で算定される金額を限度とする趣旨

と解すべきである。（福岡高判平19・5・9税資二五七順号一〇七〇八……平成二三年度税制改正により当初申告要件は廃止された）→税通二三条[2]

第六九条の二及び第七〇条 （略）

（税額控除の順序）

第七〇条の二 この款の規定による法人税の額からの控除については、まず第六十九条の二（分配時調整外国税相当額の控除）の規定による控除をし、次に前条の規定による控除をした後において、第六十八条（所得税額の控除）及び第六十九条（外国税額の控除）の規定による控除をするものとする。

▽〔租特〕→四二の四―四二の一三

第三節 申告、納付及び還付等（抄）

第一款 中間申告（抄）

（中間申告）

第七一条① **内国法人である普通法人**（清算中のものにあつては、通算子法人に限る。次条及び第七十二条第一項（仮決算をした場合の中間申告書の記載事項等）において同じ。）**は、その事業年度**（新たに設立された内国法人である普通法人のうち適格合併（被合併法人の全てが収益事業を行つていない公益法人等であるものを除く。次項及び第三項において同じ。）により設立されたもの以外のものの設立後最初の事業年度、公益法人等（収益事業を行つていないものに限る。）が普通法人に該当することとなつた場合のその該当することとなつた日の属する事業年度及び当該普通法人が通算子法人である場合において第六十四条の九第一項（通算承認）の規定による承認の効力が生じた日が同日の属する当該普通法人に係る通算親法人の事業年度（以下この項において「通算親法人事業年度」という。）開始の日以後六月を経過した日以後であるときのその効力が生じた日の属する事業年度を除く。第七十二条第一項において同じ。）**が六月を超える場合**（当該普通法人が通算子法人である場合には、当該事業年度開始の日の属する通算親法人事業年度が六月を超え、かつ、当該通算親法人事業年度開始の日以後六月を経過した日において当該通算親法人との間に通算完全支配関係がある場合）**には、当該事業年度**（当該普通法人が通算子法人である場合には、当該事業年度開始の日の属する通算親法人事業年度）**開始の日以後六月を経過した日**（以下この条において「六月経過日」という。）**から二月以内に、税務署長に対し、次に掲げる事項を記載した申告書を提出しなければならない。ただし、第一号に掲げる金額が十万円以下である場合若しくは当該金額がない場合又は当該普通法人と通算親法人である協同組合等との間に通算完全支配関係がある場合は、当該申告書を提出することを要しない。**

一 当該事業年度の前事業年度の法人税額（確定申告書に記載すべき第七十四条第一項第二号（確定申告）に掲げる金額（第六十九条第十八項（外国税額の控除）の規定により加算された金額がある場合には、当該金額を控除した金額）をいう。次項第一号及び第五項において同じ。）で六月経過日の前日までに確定したものを当該前事業年度の月数で除し、これに当該事業年度開始の日から当該前日までの期間（次項第一号及び第三項において「中間期間」という。）の月数を乗じて計算した金額

二 前号に掲げる金額の計算の基礎その他財務省令で定める事項

②―⑤ （略）

第七一条の二から第七三条まで （略）

第二款 確定申告（抄）

（確定申告）

第七四条① 内国法人は、各事業年度終了の日の翌日から二月以内に、税務署長に対し、確定した決算に基づき次に掲げる事項を記載した申告書を提出しなければならない。

一 当該事業年度の課税標準である所得の金額又は欠損金額

二 前号に掲げる所得の金額につき前節（税額の計算）の規定を適用して計算した法人税の額

三 第六十八条及び第六十九条（所得税額等の控除）の規定による控除をされるべき金額で前号に掲げる法人税の額の計算上控除しきれなかつたものがある場合には、その控除しきれなかつた金額

四 その内国法人が当該事業年度につき中間申告書を提出した法人である場合には、第二号に掲げる法人税の額から当該申告書に係る中間納付額を控除した金額

五 前号に規定する中間納付額で同号に掲げる金額の計算上控除しきれなかつたものがある場合には、その控除しきれなかつた金額

六 前各号に掲げる金額の計算の基礎その他財務省令で定める事項

② 清算中の内国法人につきその残余財産が確定した場合には、当該内国法人の当該残余財産の確定の日の属する事業年度に係る前項の規定の適用については、同項中「二月以内」とあるのは、「一月以内（当該翌日から一月以内に残余財産の最後の分配又は引渡しが行われる場合には、その行われる日の前日まで）」とする。

③ 第一項の規定による申告書には、当該事業年度の貸借対照表、損益計算書その他の財務省令で定める書類を添付しなければならない。

▽〔法税令〕→一五一・一五三

[1] 税務調査により帳簿類を押収され決算の確定ができないため、「概算に基づく申告で将来修正申告等が予想される」旨の書面を添付して「仮申告書」と題する書面を提出した行為が、法人税の有効な確定申告であるとされた例（大阪高判昭53・6・29行裁二九・六・一二三〇）

[2] 会社が、事業年度末において、総勘定元帳の各勘定の閉鎖後の残高を基に決算を行って決算書類

を作成し、これに基づいて確定申告をした場合には、当該決算書類につき株主総会又は社員総会の承認が得られていなくても、当該確定申告は有効であるとされた例（福岡高判平19・6・19訟月五三・九・二七二八、租税百選〔六版〕五七）

3 株式会社の業務全般を統括していた代表取締役の了承が得られていた場合に、有効な確定申告であるとされた例（東京地判昭54・9・19判タ四一四・一三八）

4 確定申告が会社の意思に基づき委任を受けた税理士によってなされた場合に、有効な確定申告であるとされた例（福岡高判平17・6・8税資二五五順号一〇〇五〇）

第七五条 （略）

（確定申告書の提出期限の延長の特例）

第七五条の二① 第七十四条第一項（確定申告）の規定による申告書を提出すべき内国法人が、定款、寄附行為、規則、規約その他これらに準ずるもの（以下この条において「定款等」という。）の定めにより、又は当該内国法人に特別の事情があることにより、当該事業年度以後の各事業年度終了の日の翌日から二月以内に当該各事業年度の決算についての定時総会が招集されない常況にあると認められる場合には、納税地の所轄税務署長は、当該内国法人の申請に基づき、当該事業年度以後の各事業年度（残余財産の確定の日の属する事業年度を除く。以下この項及び次項において同じ。）の当該申告書の提出期限を一月間（次の各号に掲げる場合に該当する場合には、当該各号に定める期間）延長することができる。

一 当該内国法人が会計監査人を置いている場合で、かつ、当該定款等の定めにより当該事業年度以後の各事業年度終了の日の翌日から三月以内に当該各事業年度の決算についての定時総会が招集されない常況にあると認められる場合（次号に掲げる場合を除く。） 当該定めの内容を勘案して四月を超えない範囲内において税務署長が指定する月数の期間

二 当該特別の事情があることにより当該事業年度以後の各事業年度終了の日の翌日から三月以内に当該各事業年度の決算についての定時総会が招集されない常況にあることその他やむを得ない事情があると認められる場合 税務署長が指定する月数の期間

②―⑩ （略）

⑪ 通算法人に係る前各項の規定の適用については、次に定めるところによる。

一 第一項中「内国法人が、」とあるのは「通算法人又は他の通算法人が、」と、「又は当該内国法人」とあるのは「若しくは当該通算法人若しくは他の通算法人」と、「あると認められる場合には」とあるのは「あり、又は通算法人が多数に上ることその他これに類する理由により第一節第十一款第一目（損益通算及び欠損金の通算）の規定その他通算法人に適用される規定による所得の金額若しくは欠損金額及び法人税の額の計算を了することができないために当該事業年度以後の各事業年度の当該申告書を同項に規定する提出期限までに提出することができない常況にあると認められる場合には」と、「内国法人の申請に基づき、」とあるのは「通算法人の申請に基づき、当該通算法人の」と、「当該申告書」とあるのは「第七十四条第一項の規定による申告書」と、「一月」とあるのは「二月」と、同項第一号中「内国法人」とあるのは「通算法人又は他の通算法人」と、「三月」とあるのは「四月」と、同項第二号中「三月」とあるのは「四月」と、「その他」とあるのは「、当該通算法人又は他の通算法人に特別の事情があることにより当該事業年度以後の各事業年度終了の日の翌日から四月以内に第一節第十一款第一目の規定その他通算法人に適用される規定による所得の金額又は欠損金額及び法人税の額の計算を了することができない常況にあることその他」と、第二項中「内国法人が」とあるのは「通算法人又は他の通算法人が」と、「内国法人の」とあるのは「通算法人の」と、第三項中「終了の日まで」とあるのは「終了の日の翌日から四十五日以内」と、「又は同項の特別の事情の内容」とあるのは「若しくは同項の特別の事情の内容又は第一節第十一款第一目の規定その他通算法人に適用される規定による所得の金額若しくは欠損金額及び法人税の額の計算を了することができない理由」と、第四項中「又は」とあるのは「若しくは」と、「内国法人」とあるのは「通算法人又は他の通算法人」と、第五項中「内国法人」とあるのは「通算法人又は他の通算法人」と、第八項中「二月以内に同項」とあるのは「十五日以内に次条第一項」とあるのは「に同項」とあるのは「に次条第一項」と、「一月」とあるのは「二月」と、第九項中「内国法人」とあるのは「通算法人又は他の通算法人」と、前項中「内国法人が」とあるのは「通算法人が」と、「決算」とあるのは「、当該通算法人若しくは他の通算法人の決算」と、「ため」とあるのは「ため、又は第一節第十一款第一目の規定その他通算法人に適用される規定による所得の金額若しくは欠損金額及び法人税の額の計算を了することができないため」とする。

二―六 （略）

▽〔租特〕→六六の三、九三、九六

第七五条の三 （略）

第二款の二 電子情報処理組織による申告の特例（抄）

（電子情報処理組織による申告）

第七五条の四① 特定法人である内国法人は、第七十一条（中間申告）、第七十二条（仮決算をした場合の中間申告書の記載事項等）若しくは第七十四条（確定申告）又は国税通則法第十八条（期限後申告）

若しくは第十九条（修正申告）の規定により、中間申告書若しくは確定申告書若しくはこれらの申告書に係る修正申告書（以下この条及び次条第一項において「納税申告書」という。）により行うこととされ、又はこれにこの法律（これに基づく命令を含む。）若しくは国税通則法第十八条第三項若しくは第十九条第四項の規定により納税申告書に添付すべきものとされている書類（以下この項及び第三項において「添付書類」という。）を添付して行うこととされている各事業年度の所得に対する法人税の申告については、これらの規定にかかわらず、財務省令で定めるところにより、納税申告書に記載すべきものとされている事項（第三項において「申告書記載事項」という。）又は添付書類に記載すべきものとされ、若しくは記載されている事項（以下この項及び第三項において「添付書類記載事項」という。）を、財務省令で定めるところによりあらかじめ税務署長に届け出て行う電子情報処理組織（国税庁の使用に係る電子計算機（入出力装置を含む。以下この項及び第四項において同じ。）とその申告をする内国法人の使用に係る電子計算機とを電気通信回線で接続した電子情報処理組織をいう。）を使用する方法として財務省令で定める方法により提供することにより、行わなければならない。ただし、当該申告のうち添付書類に係る部分については、添付書類記載事項を記録した光ディスク、磁気テープその他の財務省令で定める記録用の媒体を提出する方法により、行うことができる。

②—⑤（略）

▽〔法税令〕→一五〇の四

第七五条の五　（略）

第三款　納付（抄）

第七六条　（略）

（確定申告による納付）

第七七条　第七十四条第一項（確定申告）の規定による申告書を提出した内国法人は、当該申告書に記載した同項第二号に掲げる金額（同項第四号の規定に該当する場合には、同号に掲げる金額）があるときは、当該申告書の提出期限までに、当該金額に相当する法人税を国に納付しなければならない。

第四款　還付（抄）

（所得税額等の還付）

第七八条①　中間申告書（第七十二条第一項各号（仮決算をした場合の中間申告書の記載事項等）に掲げる事項を記載したものに限る。）の提出があつた場合又は確定申告書の提出があつた場合において、これらの申告書に同条第四項第一号又は第七十四条第一項第三号（確定申告）に掲げる金額の記載があるときは、税務署長は、これらの申告書を提出した内国法人に対し、当該金額に相当する税額を還付する。

②—④（略）

▽〔法税令〕→一五一—一五二・一五四

第七九条　（略）

（欠損金の繰戻しによる還付）

第八〇条①　内国法人の青色申告書である確定申告書を提出する事業年度において生じた欠損金額がある場合（第四項の規定に該当する場合を除く。）には、その内国法人は、当該確定申告書の提出と同時に、納税地の所轄税務署長に対し、当該欠損金額に係る事業年度（以下この項及び第三項において「欠損事業年度」という。）開始の日前一年以内に開始したいずれかの事業年度の所得に対する法人税の額（附帯税の額を除くものとし、第六十八条（所得税額の控除）、第六十九条第一項から第三項まで若しくは第十七項（外国税額の控除）又は第七十条（仮装経理に基づく過大申告の場合の更正に伴う法人税額の控除）の規定により控除された金額がある場合には当該金額を加算した金額とし、第六十九条第十八項の規定により加算された金額がある場合には当該金額を控除した金額とする。以下この条において同じ。）に、当該いずれかの事業年度（以下この条において「還付所得事業年度」という。）の所得の金額のうちに占める欠損事業年度の欠損金額（第五項において準用するこの項の規定により当該還付所得事業年度の所得に対する法人税の額につき還付を受ける金額の計算の基礎とするもの及びこの条の規定により他の還付所得事業年度の所得に対する法人税の額につき還付を受ける金額の計算の基礎とするものを除く。第四項において同じ。）に相当する金額の割合を乗じて計算した金額に相当する法人税の還付を請求することができる。

②（略）

③　第一項の規定は、同項の内国法人が還付所得事業年度から欠損事業年度の前事業年度までの各事業年度について連続して青色申告書である確定申告書を提出している場合であつて、欠損事業年度の青色申告書である確定申告書（期限後申告書を除く。）をその提出期限までに提出した場合（税務署長においてやむを得ない事情があると認める場合には、欠損事業年度の青色申告書である確定申告書をその提出期限後に提出した場合を含む。）に限り、適用する。

④—⑬（略）

▽〔法税令〕→一五四の三　〔租特〕→六六の一二

第八一条　削除

第五款　更正の請求の特例

第八二条　内国法人が、確定申告書に記載すべき第七十四条第一項第一号から第五号まで（確定申告）に掲げる金額又は地方法人税法第二条第十五号（定義）に規定する地方法人税確定申告書に記載すべき同法第十九条第一項第一号から第五号まで（確定申告）に掲げる金額につき、修正申告書を提出し、又は更正若しくは決定を受け、その修正申告書の提出又は更正若しくは決定に伴い次の各号に掲げる場合に該当することとなるときは、当該内国法人は、その修正申告書を提出した日又はその更正若しくは決定の通知を受けた日の翌日から二月以内に限り、税務署長に対し、当該各号に規定する金額につき国税通則法第二十三条第一項（更正の請求）の規定による更正の請求をすることができる。この場合においては、更正請求書には、同条第三項に規定する事項のほか、その修正申告書を提出した日又はその更正若しくは決定の通知を受けた日を記載しなければならない。

一　その修正申告書又は更正若しくは決定に係る事業年度後の各事業年度で決定を受けた事業年度に係る第七十四条第一項第二号又は第四号に掲げる金額（当該金額につき修正申告書の提出又は更正があつた場合には、その申告又は更正後の金額）が過大となる場合

二　その修正申告書又は更正若しくは決定に係る事業年度後の各事業年度で決定を受けた事業年度に係る第七十四条第一項第五号に掲げる金額（当該金額につき修正申告書の提出又は更正があつた場合には、その申告又は更正後の金額）が過少となる場合

第二章　退職年金等積立金に対する法人税（抄）

第一節　課税標準及びその計算（抄）

（内国法人に対して課する退職年金等積立金に対する法人税の課税標準）

第八三条　内国法人に対して課する退職年金等積立金に対する法人税の課税標準は、各事業年度の退職年金等積立金の額とする。

第八四条から第八六条まで　（略）

第二節　税額の計算　及び　第三節　申告及び納付

（第八七条から第一二〇条まで）（略）

第三章　青色申告（抄）

（青色申告）

第一二一条①　内国法人は、納税地の所轄税務署長の承認を受けた場合には、次に掲げる申告書及びこれらの申告書に係る修正申告書を青色の申告書により提出することができる。

一　中間申告書

二　確定申告書

②　（略）

（青色申告の承認の申請）

第一二二条①　当該事業年度以後の各事業年度の前条第一項各号に掲げる申告書を青色の申告書により提出することについて同項の承認を受けようとする内国法人は、当該事業年度開始の日の前日までに、当該事業年度開始の日その他財務省令で定める事項を記載した申請書を納税地の所轄税務署長に提出しなければならない。

②　（略）

（青色申告の承認申請の却下）

第一二三条　税務署長は、前条第一項の申請書の提出があつた場合において、その申請書を提出した内国法人につき次の各号のいずれかに該当する事実があるときは、その申請を却下することができる。

一　前条第一項に規定する当該事業年度に係る帳簿書類の備付け、記録又は保存が第百二十六条第一項（青色申告法人の帳簿書類）に規定する財務省令で定めるところに従つて行われていないこと。

二　その備え付ける帳簿書類に取引の全部又は一部を隠蔽し又は仮装して記載し又は記録していることその他不実の記載又は記録があると認められる相当の理由があること。

三　第百二十七条第二項（青色申告の承認の取消し）の規定による通知を受け、又は第百二十八条（青色申告の取りやめ）に規定する届出書の提出をした日以後一年以内にその申請書を提出したこと。

第一二四条　（略）

（青色申告の承認があつたものとみなす場合）

第一二五条①　第百二十二条第一項（青色申告の承認の申請）の申請書の提出があつた場合において、同項に規定する当該事業年度終了の日（当該事業年度について中間申告書を提出すべき法人（当該法人以外の法人で当該事業年度について第七十二条第一項各号（仮決算をした場合の中間申告書の記載事項等）に掲げる事項を記載した中間申告書を提出できるものを含む。）については、当該事業年度開始の日以後六月を経過する日）までにその申請につき承認又は却下の処分がなかつたときは、その日においてその承認があつたものとみなす。

②　（略）

（青色申告法人の帳簿書類）

第一二六条①　第百二十一条第一項（青色申告）の承認を受けている内国法人は、財務省令で定めるところにより、帳簿書類を備え付けてこれにその取引を記録し、かつ、当該帳簿書類を保存しなければならない。

②　納税地の所轄税務署長は、必要があると認めるときは、第百二十一条第一項の承認を受けている内国法人に対し、前項に規定する帳簿書類について必要な指示をすることができる。

③　前項に定めるもののほか、国税庁長官又は通算法人の納税地の所轄国税局長若しくは所轄税務署長は、必要があると認めるときは、当該通算法人及び他の通算法人に対し、第一項に規定する帳簿書類について必要な指示をすることができる。

（青色申告の承認の取消し）

第一二七条①　第百二十一条第一項（青色申告）の承認を受けた内国法人につき次の各号のいずれかに該当する事実がある場合には、納税地の所轄税務署長は、当該各号に定める事業年度まで遡つて、その承認を取り消すことができる。この場合において、その取消しがあつたときは、当該事業年度開始の日以後その内国法人が提出したその承認に係る青色申告書（納付すべき義務が同日前に成立した法人税に係るものを除く。）は、青色申告書以外の申告書とみ

なす。

一　その事業年度に係る帳簿書類の備付け、記録又は保存が前条第一項に規定する財務省令で定めるところに従つて行われていないこと　当該事業年度

二　その事業年度に係る帳簿書類について前条第二項の規定による税務署長の指示に従わなかつたこと　当該事業年度

三　その事業年度に係る帳簿書類に取引の全部又は一部を隠蔽し又は仮装して記載し又は記録し、その他その記載又は記録をした事項の全体についてその真実性を疑うに足りる相当の理由があること　当該事業年度

四　第七十四条第一項（確定申告）の規定による申告書をその提出期限までに提出しなかつたこと　当該申告書に係る事業年度

② 税務署長は、前項の規定による取消しの処分をする場合には、同項の内国法人に対し、書面によりその旨を通知する。この場合において、その書面には、その取消しの処分の基因となつた事実が同項各号のいずれに該当するかを付記しなければならない。

③④（略）

1 旧法人税法二五条九項［現本条二項］による青色申告書提出承認取消処分の通知書には、取消しの基因となった事実をも処分の相手方において具体的に知り得る程度に特定して摘示しなければならず、同処分における附記理由不備の瑕疵［かし］は、同処分に対する再調査決定又は審査決定において処分の具体的根拠が示されたとしても、治癒されない。（最判昭49・4・25民集二八・三・四〇五、租税百選［三版］七〇）

2 青色申告の承認を受けた法人が、法人税法一二六条一項に規定する帳簿書類を税務職員による検査に当たって適時に提示することが可能なように態勢を整えて保存していなかった場合は、本条一項一号所定の青色申告の承認の取消事由に該当する。（最判平17・3・10民集五九・二・三七九、租税百選［七版］一一〇）

3 青色申告書による法人税の申告に対する更正処分の取消訴訟において、一般的に青色申告書による申告に対する更正処分の取消訴訟において更正の理由とは異なるいかなる事実をも主張できると解すべきかどうかはともかく、課税庁に更正の理由とは異なる追加主張の提出を許すことが、具体的な事案の下で被処分者たる原告に格別の不利益を与えるものではないから、本件追加主張の提出は妨げられないとされた例（最判昭56・7・14民集三五・五・九〇一、租税百選［七版］一二〇）

（青色申告の取りやめ）

第一二八条　第百二十一条第一項（青色申告）の承認を受けている内国法人（通算法人を除く。）は、当該事業年度以後の各事業年度の同項各号に掲げる申告書を青色の申告書により提出することをやめようとするときは、当該事業年度終了の日の翌日から二月以内に、当該事業年度開始の日その他財務省令で定める事項を記載した届出書を納税地の所轄税務署長に提出しなければならない。この場合において、その届出書の提出があつたときは、当該事業年度以後の各事業年度については、その承認は、その効力を失うものとする。

第四章　更正及び決定（抄）

（更正に関する特例）

第一二九条① 内国法人の提出した確定申告書に記載された各事業年度の所得の金額が当該事業年度の課税標準とされるべき所得の金額を超えている場合において、その超える金額のうちに事実を仮装して経理したところに基づくものがあるときは、税務署長は、当該事業年度の所得に対する法人税につき、その内国法人が当該事業年度後の各事業年度において当該事実に係る修正の経理をし、かつ、当該修正の経理をした事業年度の確定申告書を提出するまでの間は、更正をしないことができる。

②（略）

（青色申告書に係る更正）

第一三〇条① 税務署長は、内国法人の提出した青色申告書に係る法人税の課税標準又は欠損金額の更正をする場合には、その内国法人の帳簿書類を調査し、その調査により当該青色申告書に係る法人税の課税標準又は欠損金額の計算に誤りがあると認められる場合に限り、これをすることができる。ただし、当該青色申告書及びこれに添付された書類に記載された事項によつて、当該課税標準又は欠損金額の計算がこの法律の規定に従つていないことその他その計算に誤りがあることが明らかである場合は、その帳簿書類を調査しないでその更正をすることを妨げない。

② 税務署長は、内国法人の提出した青色申告書に係る法人税の課税標準又は欠損金額の更正をする場合には、その更正に係る国税通則法第二十八条第二項（更正又は決定の手続）に規定する更正通知書にその更正の理由を付記しなければならない。

1 青色申告に係る法人税の更正処分の理由附記は、帳簿書類の記載自体を否認して更正をする場合は更正の根拠を帳簿記載以上に信憑［しんぴょう］力のある資料を摘示することによって具体的に明示することを要するが、そうでない場合には、更正処分庁の恣意抑制及び不服申立ての便宜という理由付記制度の趣旨目的を充足する程度に具体的に明示するものであれば足りる。（最判昭60・4・23民集三九・三・八五〇、租税百選［七版］一〇九）

（推計による更正又は決定）

第一三一条　税務署長は、内国法人に係る法人税につき更正又は決定をする場合には、内国法人の提出し

た青色申告書に係る法人税（その内国法人が通算法人（通算法人であつた内国法人を含む。以下この条において同じ。）である場合には、第百二十七条第三項又は第四項（青色申告の承認の取消し）の規定により読み替えられた同条第一項各号に定める事業年度から当該事業年度後の事業年度のうち最初に青色申告書以外の申告書を提出する事業年度の前事業年度までの各事業年度に係る法人税を除く。）の課税標準又は欠損金額の更正をする場合を除き、その内国法人（その内国法人が通算法人である場合には、他の通算法人を含む。）の財産若しくは債務の増減の状況、収入若しくは支出の状況又は生産量、販売量その他の取扱量、従業員数その他事業の規模によりその内国法人に係る法人税の課税標準（更正をする場合にあつては、課税標準又は欠損金額）を推計して、これをすることができる。

⑩ 推計課税における実額反証の意義→所税一五六条

第一三二条（同族会社等の行為又は計算の否認）① 税務署長は、次に掲げる法人に係る法人税につき更正又は決定をする場合において、その法人の行為又は計算で、これを容認した場合には法人税の負担を不当に減少させる結果となると認められるものがあるときは、その行為又は計算にかかわらず、税務署長の認めるところにより、その法人に係る法人税の課税標準若しくは欠損金額又は法人税の額を計算することができる。

一 内国法人である同族会社

二 イからハまでのいずれにも該当する内国法人

イ 三以上の支店、工場その他の事業所を有すること。

ロ その事業所の二分の一以上に当たる事業所につき、その事業所の所長、主任その他のその事業所に係る事業の主宰者又は当該主宰者の親族その他の当該主宰者と政令で定める特殊の関係のある個人（以下この号において「所長等」という。）が前に当該事業所において個人として事業を営んでいた事実があること。

ハ ロに規定する事実がある事業所の所長等の有するその内国法人の株式又は出資の数又は金額の合計額がその内国法人の発行済株式又は出資（その内国法人が有する自己の株式又は出資を除く。）の総数又は総額の三分の二以上に相当すること。

② 前項の場合において、内国法人が同項各号に掲げる法人に該当するかどうかの判定は、同項に規定する行為又は計算の事実のあつた時の現況によるものとする。

③ 第一項の規定は、同項に規定する更正又は決定をする場合において、同項各号に掲げる法人の行為又は計算につき、所得税法第百五十七条第一項（同族会社等の行為又は計算の否認等）若しくは相続税法第六十四条第一項（同族会社等の行為又は計算の否認等）又は地価税法（平成三年法律第六十九号）第三十二条第一項（同族会社等の行為又は計算の否認等）の規定の適用があつたときについて準用する。

▽〔法税令〕→一七三

1 本条に基づく同族会社等の行為計算の否認は、当該法人税の関係においてのみ、否認された行為計算に代えて課税庁の適正と認めるところに従い課税を行うというものであって、現実の行為計算自体に実体的変動を生ぜしめるものではなく、所得税の課税関係にも何ら影響を及ぼすものではないから、同更正処分の取消しによって所得税法上の源泉徴収義務の範囲が左右されるいわれはなく、同取消しは所得税の徴収処分の効力に影響しない。（最判昭48・12・14訟月二〇・六・一四六……なお、対応的調整につき、本条三項（平成一八法一〇により追加）を参照）

2 同族会社の行為計算が不合理、不自然なものと認められるかどうかは、もっぱら、取引当事者が当該取引行為によって達成しようとした経済的目的に照らして判定されるべきであり、その取引形態が単に民法、商法の見地からは異常、不自然、不合理なものであるということだけで、ただちに、租税回避行為に当たるとすることはできない。（東京高判昭49・6・17税資七五・八〇二）

3 「法人税の負担を不当に減少させる結果になると認められる」か否かは、専ら経済的、実質的見地において当該行為計算が純粋経済人の行為として不合理、不自然なものと認められるか否かを基準として判定すべきものと解される。（札幌高判昭51・1・13訟月二二・三・七五六……最判昭53・4・21訟月二四・八・一六九四により上告棄却）

4 中間持株会社への持分譲渡後、当該持分を発行法人に対して一部譲渡し、みなし配当規定の適用によって譲渡損を計上した行為について、その一連の行為を一体として評価することは困難であり、本条の適用を認めなかった事案（東京高判平27・3・25判時二二六七・二四〈ＩＢＭ事件〉……平成二二年度改正前の事案）

5 グループ法人の組織再編の一環として行われた借入れの不当性要件該当性について、①当該借入れを伴う企業再編等が、通常は想定されない企業再編等の手順や方法に基づいたり、実態とは乖離した形式を作出したりするなど、不自然なものであるかどうか、②税負担の減少以外にそのような借入れを伴う企業再編等を行うことの合理的な理由となる事業目的その他の事由が存在するかどうか等の事情も考慮した上で、当該借入れが経済的合理性を欠くか否かを判断すべきとされた事例（東京高判令2・6・24【令元行コ一二三】〈ユニバーサルミュージック事件〉租税百選［七版］六三）

第一三二条の二（組織再編成に係る行為又は計算の否認） 税務署長は、合併、分割、現物出資若しくは現物分配（第二条第十二号の五の二（定義）に規定する現物分配をいう。）又は株式交換等若しくは株式移転（以下この条において「合併等」という。）に係る次に掲げる法人の法人税につき更正又は決定をする場合において、その法人の行為又は計算で、これを容認した場合には、合併等により移転する資産及び負債の譲渡に係る利益の額の減少又は損失の額の増加、法人税の額から控除する金額の増加、第一号又は第二号に掲げる法人の株式（出資を含む。第二号において同じ。）の譲渡に係る利益の額の減少又は損失の額の増加、みなし配当金額（第二十四条第一項（配当等の額とみなす金額）の規定により第二十三条第一項第一号又は第二号（受取配当等の益金不算入）に掲げる金額とみなされる金額をいう。）の減少その他の事由により法人税の負担を不当に減少させる結果となると認められるものがあるときは、その行為又は計算にかかわらず、税務署長の認めるところにより、その法人に係る法人税の課税標準若しくは欠損金額又は法人税の額を計算することができる。

一 合併等をした法人又は合併等により資産及び負債の移転を受けた法人

二 合併等により交付された株式を発行した法人（前号に掲げる法人を除く。）

三 前二号に掲げる法人の株主等である法人（前二号に掲げる法人を除く。）

① 本条にいう「法人税の負担を不当に減少させる結果となると認められるもの」とは、法人の行為又は計算が組織再編成に関する税制に係る各規定を租税回避の手段として濫用することにより法人税の負担を減少させるものであることをいい、その濫用の有無の判断に当たっては、①当該法人の行為又は計算が、通常は想定されない組織再編成の手順や方法に基づいたり、実態とは乖離した形式を作出したりするなど、不自然なものであるかどうか、②税負担の減少以外にそのような行為又は計算を行うことの合理的な理由となる事業目的その他の事由が存在するかどうか等の事情を考慮した上で、当該行為又は計算が、組織再編成を利用して税負担を減少させることを意図したものであって、組織再編税制に係る各規定の本来の趣旨及び目的から逸脱する態様でその適用を受けるもの又は免れるものと認められるか否かという観点から判断するのが相当である。（最判平28・2・29民集七〇・二・二四二〈ヤフー事件〉租税百選〔七版〕六四）

② 完全支配関係がある子会社との間で行われた特定資本関係五年超要件を充たす合併について、完全支配関係がある法人間の適格合併においても、被合併法人から移転した事業が継続することを要するものと解し、被合併法人が有していた未処理欠損金額の引継ぎを認めなかった事例（東京高判令元・12・11金判一五九五・八）

（通算法人に係る行為又は計算の否認）

第一三二条の三 税務署長は、通算法人の各事業年度の所得に対する法人税につき更正又は決定をする場合において、当該通算法人又は他の通算法人の行為又は計算で、これを容認した場合には、当該各事業年度の所得の金額から控除する金額の増加、法人税の額から控除する金額の増加、他の通算法人に対する資産の譲渡に係る利益の額の減少又は損失の額の増加その他の事由により法人税の負担を不当に減少させる結果となると認められるものがあるときは、その行為又は計算にかかわらず、税務署長の認めるところにより、当該通算法人に係る法人税の課税標準若しくは欠損金額又は法人税の額を計算することができる。

第一三三条及び第一三四条 （略）

（仮装経理に基づく過大申告の場合の更正に伴う法人税額の還付の特例）

第一三五条① 内国法人の提出した確定申告書に記載された各事業年度の所得の金額が当該事業年度の課税標準とされるべき所得の金額を超え、かつ、その超える金額のうちに事実を仮装して経理したところに基づくものがある場合において、税務署長が当該事業年度の所得に対する法人税につき更正をしたとき（当該内国法人につき当該事業年度終了の日から当該更正の日の前日までの間に第三項各号又は第四項各号に掲げる事実が生じたとき及び当該内国法人を被合併法人とする適格合併に係る合併法人につき当該適格合併の日から当該更正の日の前日までの間に当該事実が生じたときを除く。）は、当該事業年度の所得に対する法人税として納付された金額で政令で定めるもののうち当該更正により減少する部分の金額でその仮装して経理した金額に係るもの（以下この条において「仮装経理法人税額」という。）は、次項、第三項又は第七項の規定の適用がある場合のこれらの規定による還付金の額を除き、還付しない。

② 前項に規定する場合において、同項の内国法人（当該内国法人が同項の更正の日の前日までに適格合併により解散をした場合には、当該適格合併に係る合併法人。以下この項において同じ。）の前項の更正の日の属する事業年度開始の日前一年以内に開始する各事業年度の所得に対する法人税の額（附帯税の額を除く。）で当該更正の日の前日において確定しているもの（以下この項において「確定法人税額」という。）があるときは、税務署長は、その内国法人に対し、当該更正に係る仮装経理法人税額のうち当該確定法人税額（既にこの項の規定により還付をすべき金額の計算の基礎となつたものを除く。）に達するまでの金額を還付する。

③―⑨ （略）

▽〔法税令〕→一七五

第一三六条及び第一三七条 削除

第三編　外国法人の法人税（抄）

第一章　国内源泉所得

（国内源泉所得）

第一三八条①　この編において「国内源泉所得」とは、次に掲げるものをいう。

一　外国法人が恒久的施設を通じて事業を行う場合において、当該恒久的施設が当該外国法人から独立して事業を行う事業者であるとしたならば、当該恒久的施設が果たす機能、当該恒久的施設において使用する資産、当該恒久的施設と当該外国法人の本店等（当該外国法人の本店、支店、工場その他これらに準ずるものとして政令で定めるものであつて当該恒久的施設以外のものをいう。次項及び次条第二項において同じ。）との間の内部取引その他の状況を勘案して、当該恒久的施設に帰せられるべき所得（当該恒久的施設の譲渡により生ずる所得を含む。）

二　国内にある資産の運用又は保有により生ずる所得（所得税法第百六十一条第一項第八号から第十一号まで及び第十三号から第十六号まで（国内源泉所得）に該当するものを除く。）

三　国内にある資産の譲渡により生ずる所得として政令で定めるもの

四　国内において人的役務の提供を主たる内容とする事業で政令で定めるものを行う法人が受ける当該人的役務の提供に係る対価

五　国内にある不動産、国内にある不動産の上に存する権利若しくは採石法（昭和二十五年法律第二百九十一号）の規定による採石権の貸付け（地上権又は採石権の設定その他他人に不動産、不動産の上に存する権利又は採石権を使用させる一切の行為を含む。）、鉱業法（昭和二十五年法律第二百八十九号）の規定による租鉱権の設定又は所得税法第二条第一項第三号（定義）に規定する居住者若しくは内国法人に対する船舶若しくは航空機の貸付けによる対価

六　前各号に掲げるもののほかその源泉が国内にある所得として政令で定めるもの

②　前項第一号に規定する内部取引とは、外国法人の恒久的施設と本店等との間で行われた資産の移転、役務の提供その他の事実で、独立の事業者の間で同様の事実があつたとしたならば、これらの事業者の間で、資産の販売、資産の購入、役務の提供その他の取引（資金の借入れに係る債務の保証、保険契約に係る保険責任についての再保険の引受けその他これらに類する取引として政令で定めるものを除く。）が行われたと認められるものをいう。

③　恒久的施設を有する外国法人が国内及び国外にわたつて船舶又は航空機による運送の事業を行う場合には、当該事業から生ずる所得のうち国内において行う業務につき生ずべき所得として政令で定めるものをもつて、第一項第一号に掲げる所得とする。

▽〔法税令〕→一七六―一八二〔租特〕→六六の四の三

（租税条約に異なる定めがある場合の国内源泉所得）

第一三九条①　租税条約（第二条第十二号の十九ただし書（定義）に規定する条約をいう。以下この条において同じ。）において国内源泉所得につき前条の規定と異なる定めがある場合には、その租税条約の適用を受ける外国法人については、同条の規定にかかわらず、国内源泉所得は、その異なる定めがある限りにおいて、その租税条約に定めるところによる。この場合において、その租税条約が同条第一項第四号又は第五号の規定に代わつて国内源泉所得を定めているときは、この法律中これらの号に規定する事項に関する部分の適用については、その租税条約により国内源泉所得とされたものをもつてこれに対応するこれらの号に掲げる国内源泉所得とみなす。

②　恒久的施設を有する外国法人の前条第一項第一号に掲げる所得を算定する場合において、租税条約（当該外国法人の同号に掲げる所得に対して租税を課することができる旨の定めのあるものに限るものとし、当該外国法人の恒久的施設と本店等との間の同号に規定する内部取引から所得が生ずる旨の定めのあるものを除く。）の適用があるときは、同号に規定する内部取引には、当該外国法人の恒久的施設と本店等との間の利子（これに準ずるものとして政令で定めるものを含む。以下この項において同じ。）の支払に相当する事実（政令で定める金融機関に該当する外国法人の恒久的施設と本店等との間の利子の支払に相当する事実を除く。）その他政令で定める事実は、含まれないものとする。

▽〔法税令〕→一八三

1　旧日蘭租税条約二三条（平成二三年以前）の「その他所得」条項が適用され、匿名組合の利益分配金に対する日本の源泉課税権が否定された事案（東京高判平19・6・28判時一九八五・二三〈ガイダント事件〉租税百選〔五版〕七一）→法税一六一条

2　米国法人が日本国内の港湾埠頭の専用利用権を獲得する手段として引き受けた埠頭公団の債券から生ずる利子が、旧日米租税条約五条の「船舶の運用によって取得する所得」に該当しないとされた事案（東京地判昭57・6・11行裁三三・六・一二八三、租税百選〔四版〕六八）

（国内源泉所得の範囲の細目）

第一四〇条　前二条に定めるもののほか、国内源泉所得の範囲に関し必要な事項は、政令で定める。

▽〔法税令〕→一七六―一八三

第二章　各事業年度の所得に対する法人税（抄）

第一節　課税標準及びその計算（抄）

第一款　課税標準

第一四一条　外国法人に対して課する各事業年度の所得に対する法人税の課税標準は、次の各号に掲げる

外国法人の区分に応じ当該各号に定める国内源泉所得に係る所得の金額とする。

一　恒久的施設を有する外国法人　各事業年度の次に掲げる国内源泉所得

イ　第百三十八条第一項第一号（国内源泉所得）に掲げる国内源泉所得

ロ　第百三十八条第一項第二号から第六号までに掲げる国内源泉所得（同項第一号に掲げる国内源泉所得に該当するものを除く。）

二　恒久的施設を有しない外国法人　各事業年度の第百三十八条第一項第二号から第六号までに掲げる国内源泉所得

▽〔租特〕→六六の四の三

第二款　恒久的施設帰属所得に係る所得の金額の計算（抄）

（恒久的施設帰属所得に係る所得の金額の計算）

第一四二条①　外国法人の各事業年度の前条第一号イに掲げる国内源泉所得（以下この款において「恒久的施設帰属所得」という。）に係る所得の金額は、外国法人の当該事業年度の恒久的施設を通じて行う事業に係る益金の額から当該事業年度の当該事業に係る損金の額を控除した金額とする。

②　外国法人の各事業年度の恒久的施設帰属所得に係る所得の金額の計算上当該事業年度の益金の額又は損金の額に算入すべき金額は、別段の定めがあるものを除き、外国法人の恒久的施設を通じて行う事業につき、前編第一章第一節第二款から第九款まで（内国法人の各事業年度の所得の金額の計算）（第二十三条の二（外国子会社から受ける配当等の益金不算入）、第二十五条の二から第二十七条まで（受贈益等）、第三十三条第五項（資産の評価損）、第三十七条第二項（寄附金の損金不算入）、第三十九条の二（外国子会社から受ける配当等に係る外国源泉税等の損金不算入）、第四十一条（法人税額から控除する外国税額の損金不算入）、第四十一条の二（分配時調整外国税相当額の損金不算入）、第四十六条（非出資組合が賦課金で取得した固定資産等の圧縮額の損金算入）、第五十七条第二項（欠損金の繰越し）（残余財産の確定に係る部分に限る。）、第六十条の二（協同組合等の事業分量配当等の損金算入）、第六十一条の二第十七項（有価証券の譲渡益又は譲渡損の益金又は損金算入）及び第五款第五目（完全支配関係がある法人の間の取引の損益）を除く。）及び第十二款（各事業年度の所得の金額の計算の細目）の規定に準じて計算した場合に益金の額となる金額又は損金の額となる金額とする。

③　外国法人の各事業年度の恒久的施設帰属所得に係る所得の金額につき、前項の規定により第二十二条（各事業年度の所得の金額の計算の通則）の規定に準じて計算する場合には、次に定めるところによる。

一　第二十二条第三項第二号に規定する販売費、一般管理費その他の費用のうち第百三十八条第一項第一号（国内源泉所得）に規定する内部取引に係るものについては、債務の確定しないものを含むものとする。

二　第二十二条第三項第二号に規定する販売費、一般管理費その他の費用には、外国法人の恒久的施設を通じて行う事業及びそれ以外の事業に共通するこれらの費用のうち、当該恒久的施設を通じて行う事業に係るものとして政令で定めるところにより配分した金額を含むものとする。

三　第二十二条第五項に規定する資本等取引には、恒久的施設を開設するための外国法人の本店等（第百三十八条第一項第一号に規定する本店等をいう。以下この号において同じ。）から恒久的施設への資金の供与又は恒久的施設から本店等への剰余金の送金その他これらに類する事実を含むものとする。

④　前項に定めるもののほか、第二項の規定の適用に関し必要な事項は、政令で定める。

▽〔法税令〕→一八四

第一四二条の二から第一四二条の三まで　（略）

（恒久的施設に帰せられるべき資本に対応する負債の利子の損金不算入）

第一四二条の四①　外国法人の各事業年度の恒久的施設に係る自己資本の額（当該恒久的施設に係る純資産の額として政令で定めるところにより計算した金額をいう。）が、当該外国法人の資本に相当する額のうち当該恒久的施設に帰せられるべき金額として政令で定めるところにより計算した金額に満たない場合には、当該外国法人の当該事業年度の恒久的施設を通じて行う事業に係る負債の利子（これに準ずるものとして政令で定めるものを含む。）の額として政令で定める金額のうち、その満たない金額に対応する部分の金額として政令で定めるところにより計算した金額は、当該外国法人の当該事業年度の恒久的施設帰属所得に係る所得の金額の計算上、損金の額に算入しない。

②　外国法人の資本に相当する額が著しく低い場合の恒久的施設に帰せられるべき資本に相当する額の計算その他前項の規定の適用に関し必要な事項は、政令で定める。

▽〔法税令〕→一八八

（外国銀行等の資本に係る負債の利子の損金算入）

第一四二条の五①　銀行法第四十七条第二項（外国銀行の免許等）に規定する外国銀行支店に係る同法第十条第二項第八号（業務の範囲）に規定する外国銀行又は金融商品取引法第二条第九項（定義）に規定する金融商品取引業者（同法第二十八条第一項（通則）に規定する第一種金融商品取引業を行う外国法人に限る。）である外国法人の各事業年度において、その有する資本に相当するものに係る負債につき支払う負債の利子（これに準ずるものとして政令で定めるものを含む。）がある場合には、当該利子の額のうち当該外国法人の前条第一項に規定する恒久的施設に帰せられるべき金額として政令で定めるところにより計算した金額に対応するものとして政令で定めるところにより計算した金額は、当該外国法人の当該事業年度の恒久的施設帰属所得に係る所得の金額の計算上、損金の額に算入する。

② 前項の規定は、確定申告書、修正申告書又は更正請求書に同項の規定により損金の額に算入される金額及びその計算に関する明細を記載した書類の添付があり、かつ、その計算に関する書類を保存している場合に限り、適用する。この場合において、同項の規定により損金の額に算入される金額は、当該金額として記載された金額を限度とする。

③ 税務署長は、第一項の規定により損金の額に算入されることとなる金額の全部又は一部につき前項の書類の保存がない場合においても、当該書類の保存がなかつたことについてやむを得ない事情があると認めるときは、当該書類の提出があつた場合に限り、当該書類の保存がなかつた金額につき第一項の規定を適用することができる。

④ 第一項に規定する資本に相当するものに係る負債の範囲その他同項の規定の適用に関し必要な事項は、政令で定める。

▽〔法税令〕→一八九

第一四二条の六及び第一四二条の六の二 （略）

（本店配賦経費に関する書類の保存がない場合における本店配賦経費の損金不算入）

第一四二条の七① 外国法人が第百四十二条第三項第二号（恒久的施設帰属所得に係る所得の金額の計算）の規定の適用を受ける場合において、同号に規定する政令で定めるところにより配分した金額（以下この条において「本店配賦経費」という。）につき、その配分に関する計算の基礎となる書類その他の財務省令で定める書類の保存がないときは、その書類の保存がなかつた本店配賦経費については、その外国法人の各事業年度の恒久的施設帰属所得に係る所得の金額の計算上、損金の額に算入しない。

② 税務署長は、本店配賦経費の全部又は一部につき前項の書類の保存がない場合においても、その保存がなかつたことについてやむを得ない事情があると認めるときは、当該書類の提出があつた場合に限り、その書類の保存がなかつた本店配賦経費につき同項の規定を適用しないことができる。

（恒久的施設の閉鎖に伴う資産の時価評価損益）

第一四二条の八① 恒久的施設を有する外国法人が恒久的施設を有しないこととなつた場合（恒久的施設の他の者への譲渡その他の政令で定める事由により恒久的施設を有しないこととなつた場合を除く。）には、恒久的施設閉鎖事業年度（恒久的施設を有しない外国法人になつた日の属する事業年度をいう。以下この項において同じ。）終了の時に恒久的施設に帰せられる資産（第六十一条の三第一項第一号（売買目的有価証券の評価益又は評価損の益金又は損金算入等）に規定する売買目的有価証券その他の政令で定める資産を除く。）の評価益（当該終了の時の価額がその時の帳簿価額を超える場合のその超える部分の金額をいう。）又は評価損（当該終了の時の帳簿価額がその時の価額を超える場合のその超える部分の金額をいう。）は、当該外国法人の当該恒久的施設閉鎖事業年度の恒久的施設帰属所得に係る所得の金額の計算上、益金の額又は損金の額に算入する。

② 前項の規定により同項に規定する評価益又は評価損が益金の額又は損金の額に算入された資産の帳簿価額その他同項の規定の適用に関し必要な事項は、政令で定める。

▽〔法税令〕→一九〇

第一四二条の九 （略）

第三款 その他の国内源泉所得に係る所得の金額の計算

第一四二条の一〇 外国法人の各事業年度の第百四十一条第一号ロ及び第二号（課税標準）に定める国内源泉所得に係る所得の金額は、これらの規定に規定する国内源泉所得につき政令で定めるところにより第百四十二条から第百四十二条の二の二まで（恒久的施設帰属所得に係る所得の金額の計算）の規定に準じて計算した金額とする。

▽〔法税令〕→一九一

第二節 税額の計算（抄）

（外国法人に係る各事業年度の所得に対する法人税の税率）

第一四三条① 外国法人に対して課する各事業年度の所得に対する法人税の額は、次に掲げる国内源泉所得の区分ごとに、これらの国内源泉所得に係る所得の金額に百分の二十三・二の税率を乗じて計算した金額とする。

一 第百四十一条第一号イ（課税標準）に掲げる国内源泉所得

二 第百四十一条第一号ロに掲げる国内源泉所得

三 第百四十一条第二号に定める国内源泉所得

②―⑤ （略）

▽〔法税令〕→一九二 〔租特〕→四二の三の二、六二、六二の二、六二の三、六三

第一四四条から第一四四条の二の三まで （略）

第三節 申告、納付及び還付等（抄）

第一款 中間申告

（第一四四条の三から第一四四条の五まで）
（略）

第二款 確定申告（抄）

（確定申告）

第一四四条の六① 恒久的施設を有する外国法人は、各事業年度終了の日の翌日から二月以内（当該外国法人が国税通則法第百十七条第二項（納税管理人）の規定による納税管理人の届出をしないで恒久的施設を有しないこととなる場合には、当該事業年度終了の日の翌日から二月を経過した日の前日とその有しないこととなる日とのうちいずれか早い日まで）

に、税務署長に対し、確定した決算に基づき次に掲げる事項を記載した申告書を提出しなければならない。ただし、第一号及び第二号に規定する国内源泉所得に係る所得の金額の全部につき租税条約（第二条第十二号の十九ただし書（定義）に規定する条約をいう。次項において同じ。）の規定その他政令で定める規定により法人税を課さないこととされる場合は、当該申告書を提出することを要しない。

一 当該事業年度の課税標準である第百四十一条第一号イ（課税標準）に掲げる国内源泉所得に係る所得の金額又は欠損金額

二 当該事業年度の課税標準である第百四十一条第一号ロに掲げる国内源泉所得に係る所得の金額又は欠損金額

三 第一号に掲げる国内源泉所得に係る所得の金額につき前節（税額の計算）の規定を適用して計算した法人税の額

四 第二号に掲げる国内源泉所得に係る所得の金額につき前節の規定を適用して計算した法人税の額

五 第百四十四条（外国法人に係る所得税額の控除）において準用する第六十八条（所得税額の控除）の規定及び第百四十四条の二（外国法人に係る外国税額の控除）の規定による控除をされるべき金額で第三号に掲げる法人税の額の計算上控除しきれなかつたものがある場合には、その控除しきれなかつた金額

六 第百四十四条において準用する第六十八条の規定による控除をされるべき金額で第四号に掲げる法人税の額の計算上控除しきれなかつたものがある場合には、その控除しきれなかつた金額

七 第三号に掲げる法人税の額（前号の規定に該当する場合には、同号に掲げる金額を控除した残額）及び第四号に掲げる法人税の額（第五号の規定に該当する場合には、同号に掲げる金額を控除した残額）の合計額

八 第五号に掲げる金額で前号に掲げる合計額の計算上控除しきれなかつたものがある場合には、その控除しきれなかつた金額

九 第六号に掲げる金額で第七号に掲げる合計額の計算上控除しきれなかつたものがある場合には、その控除しきれなかつた金額

十 その外国法人が当該事業年度につき中間申告書を提出した法人である場合には、第七号に掲げる合計額から当該申告書に係る中間納付額を控除した金額

十一 前号に規定する中間納付額で同号に掲げる金額の計算上控除しきれなかつたものがある場合には、その控除しきれなかつた金額

十二 前各号に掲げる金額の計算の基礎その他財務省令で定める事項

② 恒久的施設を有しない外国法人は、各事業年度終了の日の翌日から二月以内（当該外国法人が第百三十八条第一項第四号（国内源泉所得）に規定する事業で国内において行うものを廃止する場合には、当該事業年度終了の日の翌日から二月を経過した日の前日とその廃止の日とのうちいずれか早い日まで）に、税務署長に対し、確定した決算に基づき次に掲げる事項を記載した申告書を提出しなければならない。ただし、第百四十一条第二号に定める国内源泉所得を有しない場合又は第一号に規定する国内源泉所得に係る所得の金額の全部につき租税条約の規定その他政令で定める規定により法人税を課さないこととされる場合は、当該申告書を提出することを要しない。

一 当該事業年度の課税標準である第百四十一条第二号に定める国内源泉所得に係る所得の金額又は欠損金額

二 前号に掲げる国内源泉所得に係る所得の金額につき前節の規定を適用して計算した法人税の額

三 第百四十四条において準用する第六十八条の規定による控除をされるべき金額で前号に掲げる法人税の額の計算上控除しきれなかつたものがある場合には、その控除しきれなかつた金額

四 その外国法人が当該事業年度につき中間申告書を提出した法人である場合には、第二号に掲げる法人税の額から当該申告書に係る中間納付額を控除した金額

五 前号に規定する中間納付額で同号に掲げる金額の計算上控除しきれなかつたものがある場合には、その控除しきれなかつた金額

六 前各号に掲げる金額の計算の基礎その他財務省令で定める事項

③ 前二項の規定による申告書には、当該事業年度の貸借対照表、損益計算書その他の財務省令で定める書類を添付しなければならない。

▽〔法税令〕→二〇三

第一四四条の七及び第一四四条の八 （略）

第三款 納付（抄）

第一四四条の九 （略）

（確定申告による納付）

第一四四条の一〇 第百四十四条の六第一項又は第二項（確定申告）の規定による申告書を提出した外国法人は、同条第一項の規定による申告書に記載した同項第七号に掲げる金額（同項第十号の規定に該当する場合には、同号に掲げる金額）又は同条第二項の規定による申告書に記載した同項第二号に掲げる金額（同項第四号の規定に該当する場合には、同号に掲げる金額）があるときは、これらの申告書の提出期限までに、これらの金額に相当する法人税を国に納付しなければならない。

第四款 還付 及び 第五款 更正の請求の特例

（第一四四条の一一から第一四五条まで）

（略）

第三章 退職年金等積立金に対する法人税

（第一四五条の二から第一四五条の五まで）（略）

第四章　青色申告

（第一四六条）（略）

第五章　恒久的施設に係る取引に係る文書化

第一四六条の二① 恒久的施設を有する外国法人は、第百三十八条第一項第一号（国内源泉所得）に掲げる国内源泉所得（以下この条において「恒久的施設帰属所得」という。）を有する場合において、当該外国法人が他の者との間で行つた取引のうち、当該外国法人の各事業年度の恒久的施設帰属所得に係る所得の金額の計算上、当該取引から生ずる所得が当該外国法人の恒久的施設に帰せられるものについては、財務省令で定めるところにより、当該恒久的施設に帰せられる取引に係る明細を記載した書類その他の財務省令で定める書類を作成しなければならない。

② 恒久的施設を有する外国法人は、恒久的施設帰属所得を有する場合において、当該外国法人の第百三十八条第一項第一号に規定する本店等と恒久的施設との間の資産の移転、役務の提供その他の事実が同号に規定する内部取引に該当するときは、財務省令で定めるところにより、当該事実に係る明細を記載した書類その他の財務省令で定める書類を作成しなければならない。

第六章　更正及び決定（抄）

（更正及び決定）

第一四七条　第百三十条から第百三十二条の二まで（内国法人に係る更正及び決定）の規定は、外国法人の各事業年度の所得に対する法人税及び外国法人の退職年金等積立金に対する法人税に係る更正又は決定について準用する。

▽〔法税令〕→二〇八

（外国法人の恒久的施設帰属所得に係る行為又は計算の否認）

第一四七条の二　税務署長は、外国法人の各事業年度の第百四十一条第一号イ（課税標準）に掲げる国内源泉所得（以下この条において「恒久的施設帰属所得」という。）に係る所得に対する法人税につき更正又は決定をする場合において、その外国法人の行為又は計算で、これを容認した場合には、当該各事業年度の恒久的施設帰属所得に係る所得の金額から控除する金額の増加、当該各事業年度の恒久的施設帰属所得に係る所得に対する法人税の額から控除する金額の増加、第百三十八条第一項第一号（国内源泉所得）に規定する内部取引に係る利益の額の減少又は損失の額の増加その他の事由により法人税の負担を不当に減少させる結果となると認められるものがあるときは、その行為又は計算にかかわらず、税務署長の認めるところにより、その外国法人の当該各事業年度の恒久的施設帰属所得に係る所得に対する法人税の課税標準若しくは欠損金額又は恒久的施設帰属所得に係る所得に対する法人税の額を計算することができる。

第一四七条の三及び第一四七条の四　（略）

第四編　雑則（抄）

第一四八条から第一五〇条の三まで　（略）

第一五一条　削除

（連帯納付の責任）

第一五二条① 通算法人は、他の通算法人の各事業年度の所得に対する法人税（当該通算法人と当該他の通算法人との間に通算完全支配関係がある期間内に納税義務が成立したものに限る。）について、連帯納付の責めに任ずる。

②―④　（略）

第一五三条から第一五七条まで　削除

（附加税の禁止）

第一五八条　地方公共団体は、法人税の附加税を課することができない。

第五編　罰則

（第一五九条から第一六三条まで）（略）

別表　（略）

附　則（平成三〇・三・三一法七）（抜粋）

（施行期日）

第一条　この法律は、平成三十年四月一日から施行する。（後略）

（法人の返品調整引当金に関する経過措置）

第二五条① この法律の施行の際現に旧法人税法（第二条の規定による改正前の法人税法）第五十三条第一項に規定する対象事業（以下この項及び第四項において「対象事業」という。）を営む法人（人格のない社団等を含む）（この法律の施行の際現に営まれている対象事業につき施行日以後に移転を受ける法人を含む。以下この項及び第四項において「経過措置法人」という。）の施行日以後に終了する事業年度（令和十二年三月三十一日以前に開始する事業年度に限る。）の所得の金額（経過措置法人以外の法人で施行日の属する事業年度の施行日前の期間内に対象事業を移転する同条第四項に規定する適格分割等を行つたものの当該事業年度の所得の金額を含む。）の計算については、同条（旧法人税法第百四十二条第二項の規定により準じて計算する場合を含む。次項から第四項までにおいて同じ。）の規定は、なおその効力を有する。この場合において、旧法人税法第五十三条第一項中「政令で定めるところにより計算した金額」とあるのは、令和三年四月一日から令和四年三月三十一日までの間に開始する事業年度については「政令で定めるところにより計算した金額の十分の九に相当する金額」と、同年四月一日から令和五年三月三十一日までの間に開始する事業年度については「政令で定めるところにより計算した金額の十分の八に相当する金額」と、同年四月一日から令和六年三月三十一日までの間に開始する事業年度については「政令で定めるところにより計算した金額の十分の七に相当する金額」と、同年四月一日から令和七年三月三十一日までの間に開始する事業年度については「政令で定めるところにより計算した金額の十分の六に相当する金額」と、同年四月一日から令和八年三月三十一日までの間に開始する事業年度については「政令で定めるところにより計算した金額の十分の五に相当する金額」と、同年四月一日から令和九年三月三十一日までの間に開始する事業年度については「政令で定めるところにより計算した金額の十分の四に相当する金額」と、同年四月一日から令和十年三月三十一日までの間に開始する事業年度については「政令で定めるところにより計算した金額の十分の三に相当する金額」と、同年四月一日から令和十一年三月三十一日までの間に開始する事業年度については「政令で定めるところにより計算した金額の十分の二に相当する金額」と、同年四月一日から令和十二年三月三十一日までの間に開始する事業年度については「政令で定めるところにより計算した金額の十分の一に相当する金額」と、同条第九項中「第十条の三第一項（課税所得の範囲の変更等）に規定する特定普通法人等」とあるのは「普通法人又は協同組合等」と、「当該特定普通法人等」とあるのは「当該普通法人又は協同組合等」とする。

② 前項の規定によりなおその効力を有するものとされる旧法人税法第五十三条第一項の規定により法人の令和十二年四月一日以後最初に開始する事業年度の前事業年度の所得の金額の計算上損金の額に算入された同項に規定する返品調整引当金勘定の金額は、当該最初に開始する事業年度の所得の金額の計算上、益金の額に算入する。

③ 第一項の規定によりなおその効力を有するものとされる旧法人税法第五十三条第六項に規定する合併法人等の令和十二年四月一日以後に開始する事業年度において当該合併法人等が同項の規定により引継ぎを受けた返品調整引当金勘定の金額又は同条第四項に規定する期中返品調整引当金勘定の金額は、当該事業年度の所得の金額の計算上、益金の額に算入する。

④ 旧法人税法第五十三条第一項の規定により施行日前に対象事業を営んでいた法人（経過措置法人を除く。）の施行日の属する事業年度の前事業年度の所得の金額の計算上損金の額に算入された同項に規定する返品調整引当金勘定の金額その他これに準ずるものとして政令で定める金額は、施行日の属する事業年度の所得の金額の計算上、益金の額に算入する。

⑤ 前各項の規定の適用に関し必要な事項は、政令で定める。

（長期割賦販売等に係る収益及び費用の帰属事業年度に関する経過措置）

第二八条① 施行日前に旧法人税法第六十三条第六項に規定する長期割賦販売等（以下この条において「長期割賦販売等」という。）に該当する旧法人税法第六十三条第一項に規定する資産の販売等（法人税法第六十三条第一項に規定するリース譲渡を除く。以下この条において「特定資産の販売等」という。）を行った法人（施行日前に行われた長期割賦販売等に該当する特定資産の販売等に係る契約の移転を受けた法人を含む。）の施行日以後に終了する事業年度（令和五年三月三十一日以前に開始する事業年度に限る。次項第一号において「経過措置事業年度」という。）の所得の金額の計算については、旧法人税法第六十三条第一項、第四項から第六項まで及び第九項（特定資産の販売等に係る部分に限るものとし、旧法人税法第百四十二条第二項の規定により準じて計算する場合を含む。）の規定は、なおその効力を有する。この場合において、旧法人税法第六十三条第四項中「連結事業年度」とあるのは「連結事業年度（所得税法等の一部を改正する法律（令和二年法律第八号）第三条の規定による改正前の法人税法第十五条の二第一項（連結事業年度の意義）に規定する連結事業年度をいう。）」と、「連結所得」とあるのは「連結所得（所得税法等の一部を改正する法律（令和二年法律第八号）第三条の規定による改正前の法人税法第二条第十八号の四（定義）に規定する連結所得をいう。）」と、同条第五項中「第六十一条の十三第一項」とあるのは「第六十一条の十一第一項」とする。

② 前項の規定によりなおその効力を有するものとされる旧法人税法（以下この条において「旧効力法人税法」という。）第六十三条第一項本文（旧法人税法第百四十二条第二項の規定により準じて計算する場合を含む。次項において同じ。）の規定の適用を受ける法人の長期割賦販売等に該当する特定資産の販売等に係る収益の額及び費用の額が次の各号に掲げる場合に該当する場合には、当該収益の額及び費用の額（当該各号に定める事業年度開始の日前に開始した各事業年度の所得の金額又は同日前に開始した各連結事業年度（所得税法等の一部を改正する法律（令和二年法律第八号）第三条の規定による改正前の法人税法第十五条の二第一項に規定する連結事業年度をいう。以下この条において同じ。）の連結所得（所得税法等の一部を改正する法律（令和二年法律第八号）第三条の規定による改正前の法人税法第二条第十八号の四に規定する連結所得をいう。以下この条において同じ。）の金額の計算上益金の額及び損金の額に算入されるものを除く。次項においてそれぞれ「未計上収益額」及び「未計上費用額」という。）は、当該各号に定める事業年度（次項及び第四項において「基準事業年度」という。）の所得の金額の計算上、益金の額及び損金の額に算入する。

一 当該特定資産の販売等に係る収益の額及び費用の額につき経過措置事業年度の確定した決算（法人税法第七十二条第一項又は第百四十四条の四第一項若しくは第二項に規定する期間（通算子法人にあっては、同法第七十二条第五項第一号に規定する期間）について同法第七十二条第一項各号若しくは第百四十四条の四第一項各号若しくは第二項各号に掲げる事項を記載した中間申告書を提出する場合には、その期間に係る決算）において旧効力

法人税法第六十三条第一項に規定する延払基準の方法により経理しなかった場合　その経理しなかった決算に係る事業年度

二　当該特定資産の販売等に係る収益の額及び費用の額のうち、令和五年三月三十一日以前に開始した各事業年度の所得の金額又は同日以前に開始した各連結事業年度の連結所得の金額の計算上益金の額及び損金の額に算入されなかったものがある場合　同日後最初に開始する事業年度

③　旧効力法人税法第六十三条第一項本文の規定の適用を受ける法人の長期割賦販売等に該当する特定資産の販売等に係る収益の額及び費用の額が前項各号に掲げる場合に該当する場合において、当該特定資産の販売等に係る未計上収益額が当該特定資産の販売等に係る未計上費用額を超えるときは、同項の規定にかかわらず、第一号に掲げる金額（解散若しくは事業の全部の廃止若しくは譲渡（適格分割による分割承継法人への譲渡その他の政令で定めるものを除く。）の日の属する事業年度、清算中の事業年度又は被合併法人の合併（適格合併を除く。）の日の前日の属する事業年度、普通法人又は協同組合等が公益法人等に該当することとなる場合におけるその該当することとなる日の前日の属する事業年度及び同号に掲げる金額が第二号に掲げる金額を超える事業年度にあっては、同号に掲げる金額）を、基準事業年度以後の各事業年度の所得の金額の計算上、益金の額及び損金の額に算入する。

一　当該未計上収益額及び未計上費用額を百二十で除し、これに当該事業年度の月数を乗じて計算した金額

二　イに掲げる金額からロに掲げる金額を控除した金額

イ　当該未計上収益額及び未計上費用額

ロ　イに掲げる金額のうち当該事業年度前の各事業年度の所得の金額又は当該事業年度前の各連結事業年度の連結所得の金額の計算上益金の額及び損金の額に算入された金額

④―⑧　（略）

附　則（令和二・三・三一法八）（抜粋）

（施行期日）

第一条　この法律は、令和二年四月一日から施行する。ただし、次の各号に掲げる規定は、当該各号に定める日から施行する。

五　次に掲げる規定　令和四年四月一日

ロ　第三条の規定（同条中法人税法第五十二条第一項の改正規定（同項第一号に係る部分を除く。）及び同法第五十四条第一項の改正規定を除く。）（中略）の規定

ネ　第三十条中所得税法等の一部を改正する法律（平成三十年法律第七号）附則第二十八条の改正規定（同条第一項中「平成三十五年三月三十一日」を「令和五年三月三十一日」に改める部分及び同条第二項第二号に係る部分を除く。）（中略）の規定

附　則（令和三・三・三一法一一）（抜粋）

（施行期日）

第一条　この法律は、令和三年四月一日から施行する。ただし、次の各号に掲げる規定は、当該各号に定める日から施行する。

七　次に掲げる規定　令和四年四月一日

イ　第二条中法人税法第四十五条第一項第一号の改正規定

九　次に掲げる規定　医薬品、医療機器等の品質、有効性及び安全性の確保等に関する法律等の一部を改正する法律（令和元年法律第六十三号）附則第一条第二号に掲げる規定の施行の日

ロ　第二条中法人税法第五十五条第四項の改正規定

（法人税法の一部改正に伴う経過措置）

第一〇条①　第二条の規定による改正後の法人税法（以下「新法人税法」という。）第三十七条第四項の規定は、法人（人格のない社団等を含む。以下この項において同じ。）が施行日以後に支出する同条第四項に規定する寄附金の額について適用し、法人が施行日前に支出した第二条の規定による改正前の法人税法（以下「旧法人税法」という。）第三十七条第四項に規定する寄附金の額については、なお従前の例による。

②　新法人税法第三十七条第五項ただし書の規定は、同条第四項に規定する公益法人等が施行日以後に支出する金額について適用する。

（政令への委任）

第一三二条　この附則に規定するもののほか、この法律の施行に関し必要な経過措置は、政令で定める。

○法人税法施行令（抜粋）

（昭和四〇・三・三一 政 九七）

最終改正 令和三政一一四

第一編 総則

第一章 通則

（非営利型法人の範囲）

第三条① 法第二条第九号の二イ（定義）に規定する政令で定める法人は、次の各号に掲げる要件の全てに該当する一般社団法人又は一般財団法人（清算中に当該各号に掲げる要件の全てに該当することとなつたものを除く。）とする。

一 その定款に剰余金の分配を行わない旨の定めがあること。

二 その定款に解散したときはその残余財産が国若しくは地方公共団体又は次に掲げる法人に帰属する旨の定めがあること。

イ 公益社団法人又は公益財団法人

ロ 公益社団法人及び公益財団法人の認定等に関する法律（平成十八年法律第四十九号）第五条第十七号イからトまで（公益認定の基準）に掲げる法人

三 前二号の定款の定めに反する行為（前二号及び次号に掲げる要件の全てに該当していた期間において、剰余金の分配又は残余財産の分配若しくは引渡し以外の方法（合併による資産の移転を含む。）により特定の個人又は団体に特別の利益を与えることを含む。）を行うことを決定し、又は行つたことがないこと。

四 各理事（清算人を含む。以下この号及び次項第七号において同じ。）について、当該理事及び当該理事の配偶者又は三親等以内の親族その他の当該理事と財務省令で定める特殊の関係のある者である理事の合計数の理事の総数のうちに占める割合が、三分の一以下であること。

② 法第二条第九号の二ロに規定する政令で定める法人は、次の各号に掲げる要件の全てに該当する一般社団法人又は一般財団法人（清算中に当該各号に掲げる要件の全てに該当することとなつたものを除く。）とする。

一 その会員の相互の支援、交流、連絡その他の当該会員に共通する利益を図る活動を行うことをその主たる目的としていること。

二 その定款（定款に基づく約款その他これに準ずるものを含む。）に、その会員が会費として負担すべき金銭の額の定め又は当該金銭の額を社員総会若しくは評議員会の決議により定める旨の定めがあること。

三 その主たる事業として収益事業を行つていないこと。

四 その定款に特定の個人又は団体に剰余金の分配を受ける権利を与える旨の定めがないこと。

五 その定款に解散したときはその残余財産が特定の個人又は団体（国若しくは地方公共団体、前項第二号イ若しくはロに掲げる法人又はその目的と類似の目的を有する他の一般社団法人若しくは一般財団法人を除く。）に帰属する旨の定めがないこと。

六 前各号及び次号に掲げる要件の全てに該当していた期間において、特定の個人又は団体に剰余金の分配その他の方法（合併による資産の移転を含む。）により特別の利益を与えることを決定し、又は与えたことがないこと。

七 各理事について、当該理事及び当該理事の配偶者又は三親等以内の親族その他の当該理事と財務省令で定める特殊の関係のある者である理事の合計数の理事の総数のうちに占める割合が、三分の一以下であること。

③―⑤ （略）

（同族関係者の範囲）

第四条① 法第二条第十号（同族会社の意義）に規定する政令で定める特殊の関係のある個人は、次に掲げる者とする。

一 株主等の親族

二 株主等と婚姻の届出をしていないが事実上婚姻関係と同様の事情にある者

三 株主等（個人である株主等に限る。次号において同じ。）の使用人

四 前三号に掲げる者以外の者で株主等から受ける金銭その他の資産によつて生計を維持しているもの

五 前三号に掲げる者と生計を一にするこれらの者の親族

②―⑥ （略）

（支配関係及び完全支配関係）

第四条の二① 法第二条第十二号の七の五（定義）に規定する政令で定める関係は、一の者（その者が個人である場合には、その者及びこれと前条第一項に規定する特殊の関係のある個人）が法人の発行済株式等（同号に規定する発行済株式等をいう。以下この条において同じ。）の総数又は総額の百分の五十を超える数又は金額の株式又は出資を保有する場合における当該一の者と法人との間の関係（以下この項において「直接支配関係」という。）とする。この場合において、当該一の者及びこれとの間に直接支配関係がある一若しくは二以上の法人又は当該一の者との間に直接支配関係がある一若しくは二以上の法人が他の法人の発行済株式等の総数又は総額の百分の五十を超える数又は金額の株式又は出資を保有するときは、当該一の者は当該他の法人の発行済株式等の総数又は総額の百分の五十を超える数又は金額の株式又は出資を保有するものとみなす。

② 法第二条第十二号の七の六に規定する政令で定める関係は、一の者（その者が個人である場合には、その者及びこれと前条第一項に規定する特殊の関係のある個人）が法人の発行済株式等（発行済株式（自己が有する自己の株式を除く。）の総数のうち

に次に掲げる株式の数を合計した数の占める割合が百分の五に満たない場合の当該株式を除く。以下この項において同じ。）の全部を保有する場合における当該一の者と当該法人との間の関係（以下この項において「直接完全支配関係」という。）とする。この場合において、当該一の者及びこれとの間に直接完全支配関係がある一若しくは二以上の法人又は当該一の者との間に直接完全支配関係がある一若しくは二以上の法人が他の法人の発行済株式等の全部を保有するときは、当該一の者は当該他の法人の発行済株式等の全部を保有するものとみなす。

一・二　（略）

（適格組織再編成における株式の保有関係等）

第四条の三①―③　（略）

④　**法第二条第十二号の八ハに規定する政令で定めるものは、同号イ又はロに該当する合併以外の合併**（無対価合併にあつては、第二項第二号ロに掲げる関係があるもの又は当該無対価合併に係る被合併法人の全て若しくは合併法人が資本若しくは出資を有しない法人であるものに限る。）**のうち、次に掲げる要件**（当該合併の直前に当該合併に係る被合併法人の全てについて他の者との間に当該他の者による支配関係がない場合又は当該合併に係る合併法人が資本若しくは出資を有しない法人である場合には、第一号から第四号までに掲げる要件）**の全てに該当するものとする。**

一　**合併に係る被合併法人の被合併事業**（当該被合併法人の当該合併前に行う主要な事業のうちのいずれかの事業をいう。以下この項において同じ。）**と当該合併に係る合併法人の合併事業**（当該合併法人の当該合併前に行う事業のうちのいずれかの事業をいい、当該合併が新設合併である場合にあつては、他の被合併法人の被合併事業をいう。次号及び第四号において同じ。）**とが相互に関連するものであること。**

二　**合併に係る被合併法人の被合併事業と当該合併に係る合併法人の合併事業**（当該被合併事業と関連する事業に限る。）**のそれぞれの売上金額、当該被合併事業と合併事業のそれぞれの従業者の数、当該被合併法人と合併法人**（当該合併が新設合併である場合にあつては、当該被合併法人と他の被合併法人）**のそれぞれの資本金の額若しくは出資金の額若しくはこれらに準ずるものの規模の割合がおおむね五倍を超えないこと又は当該合併前の当該被合併法人の特定役員**（社長、副社長、代表取締役、代表執行役、専務取締役若しくは常務取締役又はこれらに準ずる者で法人の経営に従事している者をいう。以下この条において同じ。）**のいずれかと当該合併法人**（当該合併が新設合併である場合にあつては、他の被合併法人）**の特定役員のいずれかとが当該合併後に当該合併に係る合併法人の特定役員となることが見込まれていること。**

三　**合併に係る被合併法人の当該合併の直前の従業者のうち、その総数のおおむね百分の八十以上に相当する数の者が当該合併後に当該合併に係る合併法人の業務**（当該合併に係る合併法人との間に完全支配関係がある法人の業務並びに当該合併後に行われる適格合併により当該被合併法人の被合併事業が当該適格合併に係る合併法人に移転することが見込まれている場合における当該適格合併に係る合併法人及び当該適格合併に係る合併法人との間に完全支配関係がある法人の業務を含む。）**に従事することが見込まれていること。**

四　**合併に係る被合併法人の被合併事業**（当該合併に係る合併法人の合併事業と関連する事業に限る。）**が当該合併後に当該合併に係る合併法人**（当該合併に係る合併法人との間に完全支配関係がある法人並びに当該合併後に行われる適格合併により当該被合併事業が当該適格合併に係る合併法人に移転することが見込まれている場合における当該適格合併に係る合併法人及び当該適格合併に係る合併法人との間に完全支配関係がある法人を含む。）**において引き続き行われることが見込まれていること。**

五　**合併により交付される当該合併に係る合併法人又は法第二条第十二号の八に規定する合併親法人のうちいずれか一の法人の株式**（議決権のないものを除く。）**であつて支配株主**（当該合併の直前に当該合併に係る被合併法人と他の者との間に当該他の者による支配関係がある場合における当該他の者及び当該他の者による支配関係があるもの（当該合併に係る合併法人を除く。）をいう。以下この号において同じ。）**に交付されるもの**（当該合併が無対価合併である場合にあつては、支配株主が当該合併の直後に保有する当該合併に係る合併法人の株式の数に支配株主が当該合併の直後に保有する当該合併に係る合併法人の株式の帳簿価額として財務省令で定める金額のうちに支配株主が当該合併の直前に保有していた当該合併に係る被合併法人の株式の帳簿価額の占める割合を乗じて計算した数の当該合併に係る合併法人の株式。以下この号において「対価株式」という。）**の全部が支配株主**（当該合併後に行われる適格合併により当該対価株式が当該適格合併に係る合併法人に移転することが見込まれている場合には、当該適格合併に係る合併法人を含む。以下この号において同じ。）**により継続して保有されることが見込まれていること**（当該合併後に当該いずれか一の法人を被合併法人とする適格合併を行うことが見込まれている場合には、当該合併の時から当該適格合併の直前の時まで当該対価株式の全部が支配株主により継続して保有されることが見込まれていること。）。

⑤―⑧　（略）

⑨　**法第二条第十二号の十一に規定する政令で定めるものは、分割型分割に該当する分割で単独新設分割であるもの**（法第六十二条の六第一項に規定する分割を除く。）**のうち、次に掲げる要件の全てに該当するものとする。**

一　**分割の直前に当該分割に係る分割法人と他の者**

（中略）との間に当該他の者による支配関係がなく、かつ、当該分割後に当該分割に係る分割承継法人と他の者との間に当該他の者による支配関係があることとなることが見込まれていないこと。

イ―ハ　（略）

二　分割前の当該分割に係る分割法人の役員等（当該分割法人の重要な使用人（当該分割法人の分割事業に係る業務に従事している者に限る。）を含む。）のいずれかが当該分割後に当該分割に係る分割承継法人の特定役員となることが見込まれていること。

三　分割により当該分割に係る分割法人の分割事業に係る主要な資産及び負債が当該分割に係る分割承継法人に移転していること。

四　分割に係る分割法人の当該分割の直前の分割事業に係る従業者のうち、その総数のおおむね百分の八十以上に相当する数の者が当該分割後に当該分割に係る分割承継法人の業務に従事することが見込まれていること。

五　分割に係る分割法人の分割事業が当該分割後に当該分割に係る分割承継法人において引き続き行われることが見込まれていること。

⑩　法第二条第十二号の十四に規定する国内にある資産又は負債として政令で定める資産又は負債は、国内にある不動産、国内にある不動産の上に存する権利、鉱業法（昭和二十五年法律第二百八十九号）の規定による鉱業権及び採石法（昭和二十五年法律第二百九十一号）の規定による採石権その他国内にある事業所に属する資産（外国法人の発行済株式等の総数の百分の二十五以上の数の株式を有する場合におけるその外国法人の株式を除く。）又は負債とし、同条第十二号の十四に規定する当該外国法人の恒久的施設に属するものとして政令で定めるものは、外国法人に同号に規定する国内資産等の移転を行う現物出資のうち当該国内資産等の全部が当該移転により当該外国法人の恒久的施設を通じて行う事業に係るものとなる現物出資（当該国内資産等に法第百三十八条第一項第三号又は第五号（国内源泉所得）に掲げる国内源泉所得を生ずべき資産が含まれている場合には、当該資産につき当該移転後に当該恒久的施設による譲渡に相当する同項第一号に規定する内部取引がないことが見込まれているものに限る。）とする。

⑪―⑮　（略）

⑯　法第二条第十二号の十五の三に規定する政令で定めるものは、次に掲げる要件の全てに該当する株式分配とする。

一　株式分配の直前に当該株式分配に係る現物分配法人と他の者（その者（その者が個人である場合には、その個人との間に第四条第一項に規定する特殊の関係のある者を含む。イにおいて同じ。）が締結している組合契約（第九項第一号に規定する組合契約をいう。以下この号において同じ。）及び次に掲げる組合契約に係る他の組合員である者を含む。以下この号において同じ。）との間に当該他の者による支配関係がなく、かつ、当該株式分配後に当該株式分配に係る完全子法人と他の者との間に当該他の者による支配関係があることとなることが見込まれていないこと。

イ―ハ　（略）

二　株式分配前の当該株式分配に係る完全子法人の特定役員の全てが当該株式分配に伴つて退任をするものでないこと。

三　株式分配に係る完全子法人の当該株式分配の直前の従業者のうち、その総数のおおむね百分の八十以上に相当する数の者が当該完全子法人の業務に引き続き従事することが見込まれていること。

四　株式分配に係る完全子法人の当該株式分配前に行う主要な事業が当該完全子法人において引き続き行われることが見込まれていること。

⑰⑱　（略）

⑲　法第二条第十二号の十七ロに規定するその他の政令で定める関係は、次に掲げるいずれかの関係（前項に規定する関係に該当するものを除く。）とする。

一　株式交換等前に当該株式交換等に係る株式交換等完全子法人と株式交換等完全親法人との間にいずれか一方の法人による支配関係（当該株式交換等が無対価株式交換である場合にあつては、株主均等割合保有関係がある場合における当該支配関係に限る。）があり、かつ、当該株式交換等後に当該株式交換等完全子法人と株式交換等完全親法人との間に当該いずれか一方の法人による支配関係が継続すること（当該株式交換等後に次に掲げる適格合併を行うことが見込まれている場合には、それぞれ次に定める要件に該当すること。）が見込まれている場合における当該株式交換等完全子法人と株式交換等完全親法人との間の関係（次号に掲げる関係に該当するものを除く。）

イ　当該株式交換等完全親法人を被合併法人とする適格合併（以下この号において「特定適格合併」という。）　当該株式交換等の時から当該特定適格合併の直前の時まで当該株式交換等完全子法人と株式交換等完全親法人との間に当該株式交換等完全親法人による完全支配関係が継続し、当該特定適格合併後に当該株式交換等完全子法人と当該特定適格合併に係る合併法人との間に当該合併法人による完全支配関係が継続すること（当該株式交換等後にロに掲げる適格合併を行うことが見込まれている場合には、ロに定める要件に該当すること。）。

ロ　当該株式交換等完全親法人（特定適格合併に係る合併法人を含む。ロにおいて同じ。）又は株式交換等完全子法人を被合併法人とする適格合併（当該株式交換等完全親法人を被合併法人とする適格合併にあつては、当該株式交換等完全子法人を合併法人とするものに限る。）　当該株式交換等の時から当該適格合併の直前の時まで当該株式交換等完全子法人と株式交換等完全親法人との間に当該株式交換等完全親法人による完全支配関係が継続すること。

二　株式交換等前に当該株式交換等に係る株式交換

等完全子法人と株式交換等完全親法人との間に同一の者による支配関係（当該株式交換等が無対価株式交換である場合にあつては、株主均等割合保有関係がある場合における当該支配関係に限る。）があり、かつ、次に掲げる要件の全てに該当することが見込まれている場合における当該株式交換等完全子法人と株式交換等完全親法人との間の関係

イ　当該株式交換等後に当該同一の者と当該株式交換等完全親法人との間に当該同一の者による支配関係が継続すること（当該株式交換等後に当該株式交換等完全親法人又は株式交換等完全子法人を被合併法人とする適格合併を行うことが見込まれている場合には、当該株式交換等の時から当該適格合併の直前の時まで当該支配関係が継続すること）。

ロ　当該株式交換等後に当該同一の者と当該株式交換等完全子法人との間に当該同一の者による支配関係が継続すること（当該株式交換等後にイに規定する適格合併（当該株式交換等完全子法人を合併法人とするものを除く。）を行うことが見込まれている場合には、当該株式交換等の時から当該適格合併の直前の時まで当該支配関係が継続すること）。

ハ　当該株式交換等後に次に掲げる適格合併を行うことが見込まれている場合には、それぞれ次に定める要件に該当すること。

(1)　当該同一の者を被合併法人とする適格合併　当該株式交換等の時から当該適格合併の直前の時まで当該株式交換等完全子法人と株式交換等完全親法人との間に当該株式交換等完全親法人による完全支配関係が継続すること（当該株式交換等後に(2)又は(3)に掲げる適格合併を行うことが見込まれている場合には、それぞれ(2)又は(3)に定める要件に該当すること。）。

(2)　当該株式交換等完全親法人を被合併法人とする適格合併（ハにおいて「特定適格合併」という。）　当該株式交換等の時から当該特定適格合併の直前の時まで当該株式交換等完全子法人と株式交換等完全親法人との間に当該株式交換等完全親法人による完全支配関係が継続し、当該特定適格合併後に当該特定適格合併に係る合併法人と当該株式交換等完全子法人との間に当該合併法人による完全支配関係が継続すること（当該株式交換等後に(3)に掲げる適格合併を行うことが見込まれている場合には、(3)に定める要件に該当すること。）。

(3)　当該株式交換等完全親法人（特定適格合併に係る合併法人を含む。(3)において同じ。）又は株式交換等完全子法人を被合併法人とする適格合併（当該株式交換等完全親法人を被合併法人とする適格合併にあつては、当該株式交換等完全子法人を合併法人とするものに限る。）　当該株式交換等の時から当該適格合併の直前の時まで当該株式交換等完全子法人と株式交換等完全親法人との間に当該株式交換等完全親法人による完全支配関係が継続すること。

⑳―㉖　（略）

（恒久的施設の範囲）

第四条の四①　法第二条第十二号の十九イ（定義）に規定する政令で定める場所は、国内にある次に掲げる場所とする。

一　事業の管理を行う場所、支店、事務所、工場又は作業場

二　鉱山、石油又は天然ガスの坑井、採石場その他の天然資源を採取する場所

三　その他事業を行う一定の場所

②　法第二条第十二号の十九ロに規定する政令で定めるものは、外国法人の国内にある長期建設工事現場等（外国法人が国内において長期建設工事等（建設若しくは据付けの工事又はこれらの指揮監督の役務の提供で一年を超えて行われるものをいう。以下この項及び第六項において同じ。）を行う場所をいい、外国法人の国内における長期建設工事等を含む。同項において同じ。）とする。

③　前項の場合において、二以上に分割をして建設若しくは据付けの工事又はこれらの指揮監督の役務の提供（以下この項及び第五項において「建設工事等」という。）に係る契約が締結されたことにより前項の外国法人の国内における当該分割後の契約に係る建設工事等（以下この項において「契約分割後建設工事等」という。）が一年を超えて行われないこととなつたとき（当該契約分割後建設工事等を行う場所（当該契約分割後建設工事等を含む。）を前項に規定する長期建設工事現場等に該当しないこととすることが当該分割の主たる目的の一つであつたと認められるときに限る。）における当該契約分割後建設工事等が一年を超えて行われるものであるかどうかの判定は、当該契約分割後建設工事等の期間に国内における当該分割後の他の契約に係る建設工事等の期間（当該契約分割後建設工事等の期間と重複する期間を除く。）を加算した期間により行うものとする。ただし、正当な理由に基づいて契約を分割したときは、この限りでない。

④　外国法人の国内における次の各号に掲げる活動の区分に応じ当該各号に定める場所（当該各号に掲げる活動を含む。）は、第一項に規定する政令で定める場所及び第二項に規定する政令で定めるものに含まれないものとする。ただし、当該各号に掲げる活動（第六号に掲げる活動にあつては、同号の場所における活動の全体）が、当該外国法人の事業の遂行にとつて準備的又は補助的な性格のものである場合に限るものとする。

一　当該外国法人に属する物品又は商品の保管、展示又は引渡しのためにのみ施設を使用すること　当該施設

二　当該外国法人に属する物品又は商品の在庫を保管、展示又は引渡しのためにのみ保有すること

当該保有することのみを行う場所

三　当該外国法人に属する物品又は商品の在庫を事業を行う他の者による加工のためにのみ保有すること　当該保有することのみを行う場所

四　その事業のために物品若しくは商品を購入し、又は情報を収集することのみを目的として、第一項各号に掲げる場所を保有すること　当該場所

五　その事業のために前各号に掲げる活動以外の活動を行うことのみを目的として、第一項各号に掲げる場所を保有すること　当該場所

六　第一号から第四号までに掲げる活動及び当該活動以外の活動を組み合わせた活動を行うことのみを目的として、第一項各号に掲げる場所を保有すること　当該場所

⑤　前項の規定は、次に掲げる場所については、適用しない。

一　第一項各号に掲げる場所（国内にあるものに限る。以下この項において「事業を行う一定の場所」という。）を使用し、又は保有する前項の外国法人が当該事業を行う一定の場所において事業上の活動を行う場合において、次に掲げる要件のいずれかに該当するとき（当該外国法人が当該事業を行う一定の場所において行う事業上の活動及び当該外国法人（国内において当該外国法人に代わつて活動をする場合における当該活動をする者を含む。）が当該事業を行う一定の場所以外の場所（国内にあるものに限る。イ及び第三号において「他の場所」という。）において行う事業上の活動（ロにおいて「細分化活動」という。）が一体的な業務の一部として補完的な機能を果たすときに限る。）における当該事業を行う一定の場所

イ　当該他の場所（当該他の場所において当該外国法人が行う建設工事等及び当該活動をする者を含む。）が当該外国法人の恒久的施設に該当すること。

ロ　当該細分化活動の組合せによる活動の全体がその事業の遂行にとつて準備的又は補助的な性格のものでないこと。

二　事業を行う一定の場所を使用し、又は保有する前項の外国法人と特殊の関係にある者（国内において当該者に代わつて活動をする場合における当該活動をする者（イ及び次号イにおいて「代理人」という。）を含む。以下この項において「関連者」という。）が当該事業を行う一定の場所において事業上の活動を行う場合において、次に掲げる要件のいずれかに該当するとき（当該外国法人及び当該関連者が当該事業を行う一定の場所において行う事業上の活動（ロにおいて「細分化活動」という。）がこれらの者による一体的な業務の一部として補完的な機能を果たすときに限る。）における当該事業を行う一定の場所

イ　当該事業を行う一定の場所（当該事業を行う一定の場所において当該関連者（代理人を除く。イにおいて同じ。）が行う建設工事等及び当該関連者に係る代理人を含む。）が当該関連者の恒久的施設（当該関連者が内国法人又は個人である場合にあつては、恒久的施設に相当するもの）に該当すること。

ロ　当該細分化活動の組合せによる活動の全体が当該外国法人の事業の遂行にとつて準備的又は補助的な性格のものでないこと。

三　事業を行う一定の場所を使用し、又は保有する前項の外国法人が当該事業を行う一定の場所において事業上の活動を行う場合で、かつ、当該外国法人に係る関連者が他の場所において事業上の活動を行う場合において、次に掲げる要件のいずれかに該当するとき（当該外国法人が当該事業を行う一定の場所において行う事業上の活動及び当該関連者が当該他の場所において行う事業上の活動（ロにおいて「細分化活動」という。）がこれらの者による一体的な業務の一部として補完的な機能を果たすときに限る。）における当該事業を行う一定の場所

イ　当該他の場所（当該他の場所において当該関連者（代理人を除く。イにおいて同じ。）が行う建設工事等及び当該関連者に係る代理人を含む。）が当該関連者の恒久的施設（当該関連者が内国法人又は個人である場合にあつては、恒久的施設に相当するもの）に該当すること。

ロ　当該細分化活動の組合せによる活動の全体が当該外国法人の事業の遂行にとつて準備的又は補助的な性格のものでないこと。

⑥　外国法人が長期建設工事現場等を有する場合には、当該長期建設工事現場等は第四項第四号から第六号までに規定する第一項各号に掲げる場所と、当該長期建設工事現場等に係る長期建設工事等を行う場所（当該長期建設工事等を含む。）は前項各号に規定する事業を行う一定の場所と、当該長期建設工事現場等を有する外国法人は同項各号に規定する事業を行う一定の場所を使用し、又は保有する第四項の外国法人と、当該長期建設工事等を行う場所において事業上の活動を行う場合（当該長期建設工事等を行う場合を含む。）は前項各号に規定する事業を行う一定の場所において事業上の活動を行う場合と、当該長期建設工事等を行う場所において行う事業上の活動（当該長期建設工事等を含む。）は同項各号に規定する事業を行う一定の場所において行う事業上の活動とそれぞれみなして、前二項の規定を適用する。

⑦　法第二条第十二号の十九ハに規定する政令で定める者は、国内において外国法人に代わつて、その事業に関し、反復して次に掲げる契約を締結し、又は当該外国法人によつて重要な修正が行われることなく日常的に締結される次に掲げる契約の締結のために反復して主要な役割を果たす者（当該者の国内における当該外国法人に代わつて行う活動（当該活動が複数の活動を組み合わせたものである場合にあつては、その組合せによる活動の全体）が、当該外国法人の事業の遂行にとつて準備的又は補助的な性格のもの（当該外国法人に代わつて行う活動を第五項

各号の外国法人が同項各号の事業を行う一定の場所において行う事業上の活動とみなして同項の規定を適用した場合に同項の規定により当該事業を行う一定の場所につき第四項の規定を適用しないこととされるときにおける当該活動を除く。）のみである場合における当該者を除く。次項において「契約締結代理人等」という。）とする。

一　当該外国法人の名において締結される契約

二　当該外国法人が所有し、又は使用の権利を有する財産について、所有権を移転し、又は使用の権利を与えるための契約

三　当該外国法人による役務の提供のための契約

⑧　国内において外国法人に代わって行動する者が、その事業に係る業務を、当該外国法人に対し独立して行い、かつ、通常の方法により行う場合には、当該者は、契約締結代理人等に含まれないものとする。ただし、当該者が、専ら又は主として一又は二以上の自己と特殊の関係にある者に代わって行動する場合は、この限りでない。

⑨　第五項第二号及び前項ただし書に規定する特殊の関係とは、一方の者が他方の法人の発行済株式又は出資（当該他方の法人が有する自己の株式又は出資を除く。）の総数又は総額の百分の五十を超える数又は金額の株式又は出資を直接又は間接に保有する関係その他の財務省令で定める特殊の関係をいう。

（収益事業の範囲）

第五条①　法第二条第十三号（定義）に規定する政令で定める事業は、次に掲げる事業（その性質上その事業に付随して行われる行為を含む。）とする。

一　物品販売業（動植物その他通常物品といわないものの販売業を含むものとし、国立研究開発法人農業・食品産業技術総合研究機構が国立研究開発法人農業・食品産業技術総合研究機構法（平成十一年法律第百九十二号）第十四条第一項第四号（業務の範囲）に掲げる業務として行うものを除く。）

二―三十四　（略）

②　次に掲げる事業は、前項に規定する事業に含まれないものとする。

一　公益社団法人又は公益財団法人が行う前項各号に掲げる事業のうち、公益社団法人及び公益財団法人の認定等に関する法律第二条第四号（定義）に規定する公益目的事業に該当するもの

二　公益法人等が行う前項各号に掲げる事業のうち、その事業に従事する次に掲げる者がその事業に従事する者の総数の半数以上を占め、かつ、その事業がこれらの者の生活の保護に寄与しているもの

イ―ヘ　（略）

三・四　（略）

（役員の範囲）

第七条　法第二条第十五号（役員の意義）に規定する政令で定める者は、次に掲げる者とする。

一　法人の使用人（職制上使用人としての地位のみを有する者に限る。次号において同じ。）以外の者でその法人の経営に従事しているもの

二　同族会社の使用人のうち、第七十一条第一項第五号イからハまで（使用人兼務役員とされない役員）の規定中「役員」とあるのを「使用人」と読み替えた場合に同号イからハまでに掲げる要件のすべてを満たしている者で、その会社の経営に従事しているもの

（資本金等の額）

第八条①　法第二条第十六号（定義）に規定する政令で定める金額は、同号に規定する法人の資本金の額又は出資金の額と、当該事業年度前の各事業年度（以下この項において「過去事業年度」という。）の第一号から第十二号までに掲げる金額の合計額から当該法人の過去事業年度の第十三号から第二十二号までに掲げる金額の合計額を減算した金額に、当該法人の当該事業年度開始の日以後の第一号から第十二号までに掲げる金額を加算し、これから当該法人の同日以後の第十三号から第二十二号までに掲げる金額を減算した金額との合計額とする。

一　株式（出資を含む。以下第十号までにおいて同じ。）の発行又は自己の株式の譲渡をした場合（次に掲げる場合を除く。）に払い込まれた金銭の額及び給付を受けた金銭以外の資産の価額その他の対価の額に相当する金額からその発行により増加した資本金の額又は出資金の額（法人の設立による株式の発行にあっては、その設立の時における資本金の額又は出資金の額）を減算した金額

イ―ヌ　（略）

一の二―二十二　（略）

②―⑦　（略）

（利益積立金額）

第九条　法第二条第十八号（定義）に規定する政令で定める金額は、同号に規定する法人の当該事業年度前の各事業年度（以下この条において「過去事業年度」という。）の第一号から第七号までに掲げる金額の合計額から当該法人の過去事業年度の第八号から第十四号までに掲げる金額の合計額を減算した金額に、当該法人の当該事業年度開始の日以後の第一号から第七号までに掲げる金額を加算し、これから当該法人の同日以後の第八号から第十四号までに掲げる金額を減算した金額とする。

一　イからヲまでに掲げる金額の合計額からワからネまでに掲げる金額の合計額を減算した金額（当該金額のうちに当該法人が留保していない金額がある場合には当該留保していない金額を減算した金額とし、公益法人等又は人格のない社団等にあっては収益事業から生じたものに限る。）

イ　所得の金額

ロ―ネ　（略）

二―十四　（略）

（棚卸資産の範囲）

第一〇条　法第二条第二十号（棚卸資産の意義）に規定する政令で定める資産は、次に掲げる資産とする。

一　商品又は製品（副産物及び作業くずを含む。）

二　半製品

三　仕掛品（半成工事を含む。）
四　主要原材料
五　補助原材料
六　消耗品で貯蔵中のもの
七　前各号に掲げる資産に準ずるもの

（固定資産の範囲）
第一二条　法第二条第二十二号（定義）に規定する政令で定める資産は、棚卸資産、有価証券、資金決済に関する法律（平成二十一年法律第五十九号）第二条第五項（定義）に規定する暗号資産及び繰延資産以外の資産のうち次に掲げるものとする。
一　土地（土地の上に存する権利を含む。）
二　次条各号に掲げる資産
三　電話加入権
四　前三号に掲げる資産に準ずるもの

（減価償却資産の範囲）
第一三条　法第二条第二十三号（定義）に規定する政令で定める資産は、棚卸資産、有価証券及び繰延資産以外の資産のうち次に掲げるもの（事業の用に供していないもの及び時の経過によりその価値の減少しないものを除く。）とする。
一　建物及びその附属設備（暖冷房設備、照明設備、通風設備、昇降機その他建物に附属する設備をいう。）
二　構築物（ドック、橋、岸壁、桟橋、軌道、貯水池、坑道、煙突その他土地に定着する土木設備又は工作物をいう。）
三　機械及び装置
四　船舶
五　航空機
六　車両及び運搬具
七　工具、器具及び備品（観賞用、興行用その他これらに準ずる用に供する生物を含む。）
八　次に掲げる無形固定資産
イ　鉱業権（租鉱権及び採石権その他土石を採掘し又は採取する権利を含む。）
ロ　漁業権（入漁権を含む。）
ハ　ダム使用権
ニ　水利権
ホ　特許権
ヘ　実用新案権
ト　意匠権
チ　商標権
リ　ソフトウエア
ヌ　育成者権
ル　公共施設等運営権
ヲ　樹木採取権
ワ　営業権
カ―ソ　（略）
ツ　電気通信施設利用権（電気通信事業法（昭和五十九年法律第八十六号）第九条第一号（電気通信事業の登録）に規定する電気通信回線設備を設置する同法第二条第五号（定義）に規定する電気通信事業者に対して同条第四号に規定する電気通信事業の用に供する同条第二号に規定する電気通信設備の設置に要する費用を負担し、その設備を利用して同条第三号に規定する電気通信役務の提供を受ける権利（電話加入権及びこれに準ずる権利を除く。）をいう。）
九　次に掲げる生物（第七号に掲げるものに該当するものを除く。）
イ　牛、馬、豚、綿羊及びやぎ
ロ　かんきつ樹、りんご樹、ぶどう樹、梨樹、桃樹、桜桃樹、びわ樹、くり樹、梅樹、柿樹、あんず樹、すもも樹、いちじく樹、キウイフルーツ樹、ブルーベリー樹及びパイナップル
ハ　茶樹、オリーブ樹、つばき樹、桑樹、こりやなぎ、みつまた、こうぞ、もう宗竹、アスパラガス、ラミー、まおらん及びホップ

（繰延資産の範囲）
第一四条①　法第二条第二十四号（繰延資産の意義）に規定する政令で定める費用は、法人が支出する費用（資産の取得に要した金額とされるべき費用及び前払費用を除く。）のうち次に掲げるものとする。
一　創立費（発起人に支払う報酬、設立登記のために支出する登録免許税その他法人の設立のために支出する費用で、当該法人の負担に帰すべきものをいう。）
二　開業費（法人の設立後事業を開始するまでの間に開業準備のために特別に支出する費用をいう。）
三　開発費（新たな技術若しくは新たな経営組織の採用、資源の開発又は市場の開拓のために特別に支出する費用をいう。）
四　株式交付費（株券等の印刷費、資本金の増加の登記についての登録免許税その他自己の株式（出資を含む。）の交付のために支出する費用をいう。）
五　社債等発行費（社債券等の印刷費その他債券（新株予約権を含む。）の発行のために支出する費用をいう。）
六　前各号に掲げるもののほか、次に掲げる費用で支出の効果がその支出の日以後一年以上に及ぶもの
イ　自己が便益を受ける公共的施設又は共同的施設の設置又は改良のために支出する費用
ロ　資産を賃借し又は使用するために支出する権利金、立ちのき料その他の費用
ハ　役務の提供を受けるために支出する権利金その他の費用
ニ　製品等の広告宣伝の用に供する資産を贈与したことにより生ずる費用
ホ　イからニまでに掲げる費用のほか、自己が便益を受けるために支出する費用
② 前項に規定する前払費用とは、法人が一定の契約に基づき継続的に役務の提供を受けるために支出する費用のうち、その支出する日の属する事業年度終了の日においてまだ提供を受けていない役務に対応するものをいう。

第二編　内国法人の法人税
第一章　各事業年度の所得に対する法人税
第一節　各事業年度の所得の金額の計算
第一款　益金の額の計算
第一目の二　受取配当等

（所有株式に対応する資本金等の額の計算方法等）

第二三条①　法第二十四条第一項（配当等の額とみなす金額）に規定する株式又は出資に対応する部分の金額は、同項に規定する事由の次の各号に掲げる区分に応じ当該各号に定める金額とする。

一　法第二十四条第一項第一号に掲げる合併　当該合併に係る被合併法人の当該合併の日の前日の属する事業年度終了の時の資本金等の額を当該被合併法人のその時の発行済株式又は出資（その有する自己の株式又は出資を除く。以下この条において「発行済株式等」という。）の総数（出資にあっては、総額。以下この条において同じ。）で除し、これに同項に規定する内国法人が当該合併の直前に有していた当該被合併法人の株式（出資を含む。以下この条において同じ。）の数（出資にあっては、金額。以下この条において同じ。）を乗じて計算した金額

二―六　（略）

②　法第二十四条第一項第一号に掲げる合併又は同項第二号に掲げる分割型分割に際して当該合併又は分割型分割に係る被合併法人又は分割法人の株主等に対する法第二条第十二号の八に規定する剰余金の配当等として交付された金銭その他の資産（同条第十二号の九イに規定する分割対価資産を除く。）及び合併に反対する当該株主等に対するその買取請求に基づく対価として交付される金銭その他の資産は、同項の金銭その他の資産には含まれないものとする。

③　法第二十四条第一項第五号に規定する政令で定める取得は、次に掲げる事由による取得とする。

一　金融商品取引法第二条第十六項（定義）に規定する**金融商品取引所**（これに類するもので外国の法令に基づき設立されたものを含む。）**の開設する市場における購入**

二　**店頭売買登録銘柄**（株式で、金融商品取引法第二条第十三項に規定する認可金融商品取引業協会が、その定める規則に従い、その店頭売買につき、その売買価格を発表し、かつ、当該株式の発行法人に関する資料を公開するものとして登録したものをいう。）**として登録された株式のその店頭売買による購入**

三　**金融商品取引法第二条第八項に規定する金融商品取引業のうち同項第十号に掲げる行為を行う者が同号の有価証券の売買の媒介、取次ぎ又は代理をする場合におけるその売買**（同号ニに掲げる方法により売買価格が決定されるものを除く。）

四　**事業の全部の譲受け**

五　**合併又は分割若しくは現物出資**（適格分割若しくは適格現物出資又は事業を移転し、かつ、当該事業に係る資産に当該分割若しくは現物出資に係る分割承継法人若しくは被現物出資法人の株式が含まれている場合の当該分割若しくは現物出資に限る。）**による被合併法人又は分割法人若しくは現物出資法人からの移転**

六　**適格分社型分割**（法第二条第十二号の十一に規定する分割承継親法人の株式が交付されるものに限る。）**による分割承継法人からの交付**

七　**法第六十一条の二第九項**（有価証券の譲渡益又は譲渡損の益金又は損金算入）**に規定する金銭等不交付株式交換**（同項に規定する政令で定める関係がある法人の株式が交付されるものに限る。）**による株式交換完全親法人からの交付**

八　**合併に反対する当該合併に係る被合併法人の株主等の買取請求に基づく買取り**

九　**会社法第百八十二条の四第一項**（反対株主の株式買取請求）（資産の流動化に関する法律第三十八条（特定出資についての会社法の準用）又は第五十条第一項（優先出資についての会社法の準用）において準用する場合を含む。）、**第百九十二条第一項**（単元未満株式の買取りの請求）**又は第二百三十四条第四項**（一に満たない端数の処理）（会社法第二百三十五条第二項（一に満たない端数の処理）又は他の法律において準用する場合を含む。）**の規定による買取り**

十　**法第六十一条の二第十四項第三号に規定する全部取得条項付種類株式を発行する旨の定めを設ける法第十三条第一項**（事業年度の意義）**に規定する定款等の変更に反対する株主等の買取請求に基づく買取り**（その買取請求の時において、当該全部取得条項付種類株式の同号に定める取得決議に係る取得対価の割当てに関する事項（当該株主等に交付する当該買取りをする法人の株式の数が一に満たない端数となるものに限る。）が当該株主等に明らかにされている場合（法第六十一条の二第十四項に規定する場合に該当する場合に限る。）における当該買取りに限る。）

十一　**法第六十一条の二第十四項第三号に規定する全部取得条項付種類株式に係る同号に定める取得決議**（当該取得決議に係る取得の価格の決定の申立てをした者でその申立てをしないとしたならば当該取得の対価として交付されることとなる当該取得をする法人の株式の数が一に満たない端数となるものからの取得（同項に規定する場合に該当する場合における当該取得に限る。）に係る部分に限る。）

十二　**会社法第百六十七条第三項**（効力の発生）**若しくは第二百八十三条**（一に満たない端数の処理）**に規定する一株に満たない端数**（これに準ずるものを含む。）**又は投資信託及び投資法人に関する法律第八十八条の十九**（一に満たない端数の処理）**に規定する一口に満たない端数に相当する部分の対価としての金銭の交付**

④―⑦　（略）

第二款　損金の額の計算

第一目　棚卸資産の評価の方法

（棚卸資産の評価の方法）

第二八条①　法第二十九条第一項（棚卸資産の売上原価等の計算及びその評価の方法）の規定による当該事業年度終了の時において有する棚卸資産の評価額の計算上選定をすることができる同項に規定する政令で定める評価の方法は、次に掲げる方法とする。

一　**原価法**（当該事業年度終了の時において有する棚卸資産（以下この項において「期末棚卸資産」という。）につき次に掲げる方法のうちいずれかの方法によつてその取得価額を算出し、その算出した取得価額をもつて当該期末棚卸資産の評価額とする方法をいう。）

イ―ヘ　（略）

二　**低価法**（期末棚卸資産をその種類等（前号ヘに掲げる売価還元法により算出した取得価額を基礎とする原価法により計算した価額を基礎とするものにあつては、種類等又は通常の差益の率。以下この号において同じ。）の異なるごとに区別し、その種類等の同じものについて、前号に掲げる方法のうちいずれかの方法により算出した取得価額による原価法により評価した価額と当該事業年度終了の時における価額とのうちいずれか低い価額をもつてその評価額とする方法をいう。）

② 前項第一号イに掲げる個別法により算出した取得価額による原価法（当該原価法により評価した価額を基礎とする同項第二号に掲げる低価法を含む。）は、棚卸資産のうち通常一の取引によつて大量に取得され、かつ、規格に応じて価額が定められているものについては、同項の規定にかかわらず、選定することができない。

③ （略）

（棚卸資産の評価の方法の選定）

第二九条①　第二十八条第一項（棚卸資産の評価の方法）に規定する棚卸資産の評価の方法は、内国法人の行う事業の種類ごとに、かつ、商品又は製品（副産物及び作業くずを除く。）、半製品、仕掛品（半成工事を含む。）、主要原材料及び補助原材料その他の棚卸資産の区分ごとに選定しなければならない。

② （略）

第二目　棚卸資産の取得価額

（棚卸資産の取得価額）

第三二条①　第二十八条第一項（棚卸資産の評価の方法）又は第二十八条の二第一項（棚卸資産の特別な評価の方法）の規定による棚卸資産の評価額の計算の基礎となる棚卸資産の取得価額は、別段の定めがあるものを除き、次の各号に掲げる資産の区分に応じ当該各号に定める金額とする。

一　購入した棚卸資産（法第六十一条の五第三項（デリバティブ取引に係る利益相当額又は損失相当額の益金又は損金算入等）の規定の適用があるものを除く。）　次に掲げる金額の合計額

イ　当該資産の購入の代価（引取運賃、荷役費、運送保険料、購入手数料、関税（関税法（昭和二十九年法律第六十一号）第二条第一項第四号の二（定義）に規定する附帯税を除く。）その他当該資産の購入のために要した費用がある場合には、その費用の額を加算した金額）

ロ　当該資産を消費し、又は販売の用に供するために直接要した費用の額

二　自己の製造、採掘、採取、栽培、養殖その他これらに準ずる行為（以下この項及び次項において「製造等」という。）に係る棚卸資産　次に掲げる金額の合計額

イ　当該資産の製造等のために要した原材料費、労務費及び経費の額

ロ　当該資産を消費し、又は販売の用に供するために直接要した費用の額

三　前二号に規定する方法以外の方法により取得（適格分社型分割、適格現物出資又は適格現物分配による分割法人、現物出資法人又は現物分配法人からの取得を除く。以下この号において同じ。）をした棚卸資産　次に掲げる金額の合計額

イ　その取得の時における当該資産の取得のために通常要する価額

ロ　当該資産を消費し、又は販売の用に供するために直接要した費用の額

② 内国法人が前項第二号に掲げる棚卸資産につき算定した製造等の原価の額が同号イ及びロに掲げる金額の合計額と異なる場合において、その原価の額が適正な原価計算に基づいて算定されているときは、その原価の額に相当する金額をもつて当該資産の同号の規定による取得価額とみなす。

③④ （略）

第五目　減価償却資産の償却の方法

（減価償却資産の償却の方法）

第四八条①　平成十九年三月三十一日以前に取得をされた減価償却資産（第六号に掲げる減価償却資産にあつては、当該減価償却資産についての同号に規定する改正前リース取引に係る契約が平成二十年三月三十一日までに締結されたもの）の償却限度額（法第三十一条第一項（減価償却資産の償却費の計算及びその償却の方法）の規定による減価償却資産の償却費として損金の額に算入する金額の限度額をいう。以下第七目までにおいて同じ。）の計算上選定をすることができる同項に規定する政令で定める償却の方法は、次の各号に掲げる資産の区分に応じ当該各号に定める方法とする。

一　建物（第三号に掲げるものを除く。）　次に掲げる区分に応じそれぞれ次に定める方法

イ　平成十年三月三十一日以前に取得をされた建物　次に掲げる方法

(1) 旧定額法（当該減価償却資産の取得価額からその残存価額を控除した金額にその償却費が毎年同一となるように当該資産の耐用年数に応じた償却率を乗じて計算した金額を各事業年度の償却限度額として償却する方法をい

う。以下この目及び第七目（減価償却資産の償却限度額等）において同じ。）

(2) 旧定率法（当該減価償却資産の取得価額（既にした償却の額で各事業年度の所得の金額の計算上損金の額に算入された金額がある場合には、当該金額を控除した金額）にその償却費が毎年一定の割合で逓減するように当該資産の耐用年数に応じた償却率を乗じて計算した金額を各事業年度の償却限度額として償却する方法をいう。以下この目及び第七目において同じ。）

ロ イに掲げる建物以外の建物　旧定額法

二 第十三条第一号（減価償却資産の範囲）に掲げる建物の附属設備及び同条第二号から第七号までに掲げる減価償却資産（次号及び第六号に掲げるものを除く。）　次に掲げる方法

イ 旧定額法

ロ 旧定率法

三 鉱業用減価償却資産（第五号及び第六号に掲げるものを除く。）　次に掲げる方法

イ 旧定額法

ロ 旧定率法

ハ 旧生産高比例法（当該鉱業用減価償却資産の取得価額からその残存価額を控除した金額を当該資産の耐用年数（当該資産の属する鉱区の採掘予定年数がその耐用年数より短い場合には、当該鉱区の採掘予定年数）の期間内における当該資産の属する鉱区の採掘予定数量で除して計算した一定単位当たりの金額に各事業年度における当該鉱区の採掘数量を乗じて計算した金額を当該事業年度の償却限度額として償却する方法をいう。以下この目及び第七目において同じ。）

四 第十三条第八号に掲げる無形固定資産（次号に掲げる鉱業権を除く。）及び同条第九号に掲げる生物　旧定額法

五 第十三条第八号イに掲げる鉱業権　次に掲げる方法

イ 旧定額法

ロ 旧生産高比例法

六 （略）

②―⑥ （略）

第四八条の二① 平成十九年四月一日以後に取得をされた減価償却資産（第六号に掲げる減価償却資産にあつては、当該減価償却資産についての所有権移転外リース取引に係る契約が平成二十年四月一日以後に締結されたもの）の償却限度額の計算上選定をすることができる法第三十一条第一項（減価償却資産の償却費の計算及びその償却の方法）に規定する政令で定める償却の方法は、次の各号に掲げる資産の区分に応じ当該各号に定める方法とする。

一 第十三条第一号及び第二号（減価償却資産の範囲）に掲げる減価償却資産（第三号及び第六号に掲げるものを除く。）　次に掲げる区分に応じそれぞれ次に定める方法

イ 平成二十八年三月三十一日以前に取得をされた減価償却資産（建物を除く。）　次に掲げる方法

(1) 定額法（当該減価償却資産の取得価額にその償却費が毎年同一となるように当該資産の耐用年数に応じた償却率（(2)において「定額法償却率」という。）を乗じて計算した金額を各事業年度の償却限度額として償却する方法をいう。以下この目及び第七目（減価償却資産の償却限度額等）において同じ。）

(2) 定率法（当該減価償却資産の取得価額（既にした償却の額で各事業年度の所得の金額の計算上損金の額に算入された金額がある場合には、当該金額を控除した金額）にその償却費が毎年一から定額法償却率に二（平成二十四年三月三十一日以前に取得をされた減価償却資産にあつては、二・五）を乗じて計算した割合を控除した割合で逓減するように当該資産の耐用年数に応じた償却率を乗じて計算した金額（当該計算した金額が償却保証額に満たない場合には、改定取得価額にその償却費がその後毎年同一となるように当該資産の耐用年数に応じた改定償却率を乗じて計算した金額）を各事業年度の償却限度額として償却する方法をいう。以下第七目までにおいて同じ。）

ロ イに掲げる減価償却資産以外の減価償却資産　定額法

二 第十三条第三号から第七号までに掲げる減価償却資産（次号及び第六号に掲げるものを除く。）　次に掲げる方法

イ 定額法

ロ 定率法

三 鉱業用減価償却資産（第五号及び第六号に掲げるものを除く。）　次に掲げる区分に応じそれぞれ次に定める方法

イ 平成二十八年四月一日以後に取得をされた第十三条第一号及び第二号に掲げる減価償却資産　次に掲げる方法

(1) 定額法

(2) 生産高比例法（当該鉱業用減価償却資産の取得価額を当該資産の耐用年数（当該資産の属する鉱区の採掘予定年数がその耐用年数より短い場合には、当該鉱区の採掘予定年数）の期間内における当該資産の属する鉱区の採掘予定数量で除して計算した一定単位当たりの金額に当該事業年度における当該鉱区の採掘数量を乗じて計算した金額を各事業年度の償却限度額として償却する方法をいう。以下この目及び第七目において同じ。）

ロ イに掲げる減価償却資産以外の減価償却資産　次に掲げる方法

(1) 定額法

(2) 定率法

(3) 生産高比例法

四 第十三条第八号に掲げる無形固定資産（次号及

び第六号に掲げるものを除く。）及び同条第九号に掲げる生物　定額法
五　第十三条第八号イに掲げる鉱業権　次に掲げる方法
イ　定額法
ロ　生産高比例法
六　リース資産　リース期間定額法（当該リース資産の取得価額（当該取得価額に残価保証額に相当する金額が含まれている場合には、当該取得価額から当該残価保証額を控除した金額）を当該リース資産のリース期間（当該リース資産がリース期間の中途において適格合併、適格分割又は適格現物出資以外の事由により移転を受けたものである場合には、当該移転の日以後の期間に限る。）の月数で除して計算した金額に当該事業年度における当該リース期間の月数を乗じて計算した金額を各事業年度の償却限度額として償却する方法をいう。第七目において同じ。）
②—④（略）
⑤　この条において、次の各号に掲げる用語の意義は、当該各号に定めるところによる。
一　償却保証額　減価償却資産の取得価額に当該資産の耐用年数に応じた保証率を乗じて計算した金額をいう。
二　改定取得価額　次に掲げる場合の区分に応じそれぞれ次に定める金額をいう。
イ　減価償却資産の第一項第一号イ(2)に規定する取得価額に同号イ(2)に規定する耐用年数に応じた償却率を乗じて計算した金額（以下この号において「調整前償却額」という。）が償却保証額に満たない場合（当該事業年度の前事業年度における調整前償却額が償却保証額以上である場合に限る。）　当該減価償却資産の当該取得価額
ロ　連続する二以上の事業年度において減価償却資産の調整前償却額がいずれも償却保証額に満たない場合　当該連続する二以上の事業年度のうち最も古い事業年度における第一項第一号イ(2)に規定する取得価額（当該連続する二以上の事業年度のうちいずれかの事業年度において評価換え等が行われたことによりその帳簿価額が増額された場合には、当該評価換え等が行われた事業年度後の各事業年度（当該評価換え等が期中評価換え等である場合には、当該期中評価換え等が行われた事業年度以後の各事業年度）においては、当該取得価額に当該帳簿価額が増額された金額を加算した金額）
三　鉱業用減価償却資産　前条第五項第一号に規定する鉱業用減価償却資産をいう。
四　リース資産　所有権移転外リース取引に係る賃借人が取得したものとされる減価償却資産をいう。
五　所有権移転外リース取引　法第六十四条の二第三項（リース取引に係る所得の金額の計算）に規定するリース取引（以下この号及び第七号において「リース取引」という。）のうち、次のいずれかに該当するもの（これらに準ずるものを含む。）以外のものをいう。
イ　リース期間終了の時又はリース期間の中途において、当該リース取引に係る契約において定められている当該リース取引の目的とされている資産（以下この号において「目的資産」という。）が無償又は名目的な対価の額で当該リース取引に係る賃借人に譲渡されるものであること。
ロ　当該リース取引に係る賃借人に対し、リース期間終了の時又はリース期間の中途において目的資産を著しく有利な価額で買い取る権利が与えられているものであること。
ハ　目的資産の種類、用途、設置の状況等に照らし、当該目的資産がその使用可能期間中当該リース取引に係る賃借人によつてのみ使用されると見込まれるものであること又は当該目的資産の識別が困難であると認められるものであること。
ニ　リース期間が目的資産の第五十六条（減価償却資産の耐用年数、償却率等）に規定する財務省令で定める耐用年数に比して相当短いもの（当該リース取引に係る賃借人の法人税の負担を著しく軽減することになると認められるものに限る。）であること。
六　残価保証額　リース期間終了の時にリース資産の処分価額が所有権移転外リース取引に係る契約において定められている保証額に満たない場合にその満たない部分の金額を当該所有権移転外リース取引に係る賃借人がその賃貸人に支払うこととされている場合における当該保証額をいう。
七　リース期間　リース取引に係る契約において定められているリース資産の賃貸借の期間をいう。
八　評価換え等　前条第五項第三号に規定する評価換え等をいう。
九　期中評価換え等　前条第五項第四号に規定する期中評価換え等をいう。
⑥（略）

第六目　減価償却資産の取得価額等

（減価償却資産の取得価額）
第五四条①　減価償却資産の第四十八条から第五十条まで（減価償却資産の償却の方法）に規定する取得価額は、次の各号に掲げる資産の区分に応じ当該各号に定める金額とする。
一　購入した減価償却資産　次に掲げる金額の合計額
イ　当該資産の購入の代価（引取運賃、荷役費、運送保険料、購入手数料、関税（関税法第二条第一項第四号の二（定義）に規定する附帯税を除く。）その他当該資産の購入のために要した費用がある場合には、その費用の額を加算した金額）
ロ　当該資産を事業の用に供するために直接要した費用の額

二　自己の建設、製作又は製造（以下この項及び次項において「建設等」という。）に係る減価償却資産　次に掲げる金額の合計額

イ　当該資産の建設等のために要した原材料費、労務費及び経費の額

ロ　当該資産を事業の用に供するために直接要した費用の額

三―六　（略）

②―⑥　（略）

第八目　繰延資産の償却

（繰延資産の償却限度額）

第六四条①　法第三十二条第一項（繰延資産の償却費の計算及びその償却の方法）に規定する政令で定めるところにより計算した金額は、次の各号に掲げる繰延資産の区分に応じ当該各号に定める金額とする。

一　第十四条第一項第一号から第五号まで（繰延資産の範囲）に掲げる繰延資産　その繰延資産の額（既にした償却の額で各事業年度の所得の金額の計算上損金の額に算入されたもの（当該繰延資産が適格合併、適格分割、適格現物出資又は適格現物分配により被合併法人、分割法人、現物出資法人又は現物分配法人から引継ぎを受けたものである場合にあつては、これらの法人の各事業年度の所得の金額の計算上損金の額に算入されたものを含む。）がある場合には、当該金額を控除した金額）

二　第十四条第一項第六号に掲げる繰延資産　その繰延資産の額（当該繰延資産が適格合併、適格分割、適格現物出資又は適格現物分配（以下この号及び第三項において「適格組織再編成」という。）により被合併法人、分割法人、現物出資法人又は現物分配法人（以下この号及び第三項において「被合併法人等」という。）から引継ぎを受けたものである場合にあつては、当該被合併法人等における繰延資産の額）をその繰延資産となる費用の支出の効果の及ぶ期間の月数で除して計算した金額に当該事業年度の月数（当該事業年度がその繰延資産となる費用の支出をする日の属する事業年度である場合にあつては同日から当該事業年度終了の日までの期間の月数とし、適格組織再編成により被合併法人等から引継ぎを受けた日の属する事業年度である場合にあつては当該適格組織再編成の日から当該事業年度終了の日までの期間の月数とする。）を乗じて計算した金額

②―④　（略）

第九目　資産の評価損

（資産の評価損の計上ができる事実）

第六八条①　法第三十三条第二項（資産の評価損の損金不算入等）に規定する政令で定める事実は、物損等の事実（次の各号に掲げる資産の区分に応じ当該各号に定める事実であつて、当該事実が生じたことにより当該資産の価額がその帳簿価額を下回ることとなつたものをいう。）及び法的整理の事実（更生手続における評定が行われることに準ずる特別の事実をいう。）とする。

一　棚卸資産　次に掲げる事実

イ　当該資産が災害により著しく損傷したこと。

ロ　当該資産が著しく陳腐化したこと。

ハ　イ又はロに準ずる特別の事実

二　有価証券　次に掲げる事実（法第六十一条の三第一項第一号（売買目的有価証券の評価益又は評価損の益金又は損金算入等）に規定する売買目的有価証券にあつては、ロ又はハに掲げる事実）

イ　第百十九条の十三第一項第一号から第四号まで（売買目的有価証券の時価評価金額）に掲げる有価証券（第百十九条の二第二項第二号（有価証券の一単位当たりの帳簿価額の算出の方法）に掲げる株式又は出資に該当するものを除く。）の価額が著しく低下したこと。

ロ　イに規定する有価証券以外の有価証券について、その有価証券を発行する法人の資産状態が著しく悪化したため、その価額が著しく低下したこと。

ハ　ロに準ずる特別の事実

三　固定資産　次に掲げる事実

イ　当該資産が災害により著しく損傷したこと。

ロ　当該資産が一年以上にわたり遊休状態にあること。

ハ　当該資産がその本来の用途に使用することができないため他の用途に使用されたこと。

ニ　当該資産の所在する場所の状況が著しく変化したこと。

ホ　イからニまでに準ずる特別の事実

四　繰延資産（第十四条第一項第六号（繰延資産の範囲）に掲げるもののうち他の者の有する固定資産を利用するために支出されたものに限る。）　次に掲げる事実

イ　その繰延資産となる費用の支出の対象となつた固定資産につき前号イからニまでに掲げる事実が生じたこと。

ロ　イに準ずる特別の事実

②　（略）

第十目　役員の給与等

（定期同額給与の範囲等）

第六九条①　法第三十四条第一項第一号（役員給与の損金不算入）に規定する政令で定める給与は、次に掲げる給与とする。

一　法第三十四条第一項第一号に規定する定期給与（以下第六項までにおいて「定期給与」という。）で、次に掲げる改定（以下この号において「給与改定」という。）がされた場合における当該事業年度開始の日又は給与改定前の最後の支給時期の翌日から給与改定後の最初の支給時期の前日又は当該事業年度終了の日までの間の各支給時期における支給額が同額であるもの

イ　当該事業年度開始の日の属する会計期間（法第十三条第一項（事業年度の意義）に規定する

会計期間をいう。以下この条において同じ。）開始の日から三月（次に掲げる法人にあつては、それぞれ次に定める月数）を経過する日（イにおいて「三月経過日等」という。）まで（定期給与の額の改定（継続して毎年所定の時期にされるものに限る。）が三月経過日等後にされることについて特別の事情があると認められる場合にあつては、当該改定の時期）にされた定期給与の額の改定

(1) 法第七十五条の二第一項（確定申告書の提出期限の延長の特例）の規定の適用を受けている通算法人（(2)に掲げる法人を除く。）のうち同項に規定する定款等の定めにより各事業年度終了の日の翌日から三月以内に当該通算法人（会計監査人を置いているものに限る。）の当該各事業年度の決算についての定時総会が招集されない常況にあると認められる場合その他の財務省令で定める場合に該当するもの　四月

(2) 法第七十五条の二第一項各号の指定を受けている内国法人　その指定に係る月数に二を加えた月数

ロ　当該事業年度において当該内国法人の役員の職制上の地位の変更、その役員の職務の内容の重大な変更その他これらに類するやむを得ない事情（第四項第二号及び第五項第一号において「臨時改定事由」という。）によりされたこれらの役員に係る定期給与の額の改定（イに掲げる改定を除く。）

ハ　当該事業年度において当該内国法人の経営の状況が著しく悪化したことその他これに類する理由（第五項第二号において「業績悪化改定事由」という。）によりされた定期給与の額の改定（その定期給与の額を減額した改定に限り、イ及びロに掲げる改定を除く。）

二　継続的に供与される経済的な利益のうち、その供与される利益の額が毎月おおむね一定であるもの

② 法第三十四条第一項第一号及び前項第一号の規定の適用については、定期給与の各支給時期における支給額から源泉税等の額（当該定期給与について所得税法第二条第一項第四十五号（定義）に規定する源泉徴収をされる所得税の額、当該定期給与について地方税法第一条第一項第九号（用語）に規定する特別徴収をされる同項第四号に規定する地方税の額、健康保険法第百六十七条第一項（保険料の源泉控除）その他の法令の規定により当該定期給与の額から控除される社会保険料（所得税法第七十四条第二項（社会保険料控除）に規定する社会保険料をいう。）の額その他これらに類するものの額の合計額をいう。）を控除した金額が同額である場合には、当該定期給与の当該各支給時期における支給額は、同額であるものとみなす。

③ 法第三十四条第一項第二号イに規定する政令で定めるものは、次に掲げるものとする。

一　法第三十四条第一項第二号の役員の職務につき株主総会、社員総会その他これらに準ずるもの（次項第一号及び第五項第二号において「株主総会等」という。）の決議（当該職務の執行の開始の日から一月を経過する日までにされるものに限る。）により同条第一項第二号の定め（当該決議の日から一月を経過する日までに、特定譲渡制限付株式（法第五十四条第一項（譲渡制限付株式を対価とする費用の帰属事業年度の特例）に規定する特定譲渡制限付株式をいう。以下この項及び第八項において同じ。）又は特定新株予約権（法第五十四条の二第一項（新株予約権を対価とする費用の帰属事業年度の特例等）に規定する特定新株予約権をいう。以下この条において同じ。）を交付する旨の定めに限る。）をした場合における当該定めに基づいて交付される特定譲渡制限付株式又は特定新株予約権による給与

二　特定譲渡制限付株式による給与が前号に掲げる要件を満たす給与に該当する場合における当該特定譲渡制限付株式に係る承継譲渡制限付株式（法第五十四条第一項に規定する承継譲渡制限付株式をいう。）による給与

三　特定新株予約権による給与が第一号に掲げる要件を満たす給与又は法第三十四条第一項第二号イに定める要件を満たす給与に該当する場合における当該特定新株予約権に係る承継新株予約権（法第五十四条の二第一項に規定する承継新株予約権をいう。第十九項第一号ロ及び第二十一項において同じ。）による給与

④ 法第三十四条第一項第二号イに規定する届出は、第一号に掲げる日（第二号に規定する臨時改定事由が生じた場合における同号の役員の職務についてした同号の定めの内容に関する届出については、次に掲げる日のうちいずれか遅い日。第七項において「届出期限」という。）までに、財務省令で定める事項を記載した書類をもつてしなければならない。

一　株主総会等の決議により法第三十四条第一項第二号の役員の職務につき同号の定めをした場合における当該決議をした日（同日がその職務の執行の開始の日後である場合にあつては、当該開始の日）から一月を経過する日（同日が当該開始の日の属する会計期間開始の日から四月（第一項第一号イ(1)に掲げる法人にあつては五月とし、同号イ(2)に掲げる法人にあつてはその指定に係る月数に三を加えた月数とする。）を経過する日（以下この号において「四月経過日等」という。）後である場合には当該四月経過日等とし、新たに設立した内国法人がその役員のその設立の時に開始する職務につき同条第一項第二号の定めをした場合にはその設立の日以後二月を経過する日とする。）

二　臨時改定事由（当該臨時改定事由により当該臨時改定事由に係る役員の職務につき法第三十四条第一項第二号の定めをした場合（当該役員の当該臨時改定事由が生ずる直前の職務につき同号の定めがあつた場合を除く。）における当該臨時改定

事由に限る。）が生じた日から一月を経過する日

⑤―⑬　（略）

⑭　法第三十四条第一項第三号イ⑵に規定する政令で定める者は、会社法第二条第十五号（定義）に規定する社外取締役である独立職務執行者とする。

⑮　法第三十四条第一項第三号イ⑵に規定する政令で定める特殊の関係のある者は、次に掲げる者とする。

一　法第三十四条第一項第三号に規定する業務執行役員（以下第十七項までにおいて「業務執行役員」という。）の親族

二　業務執行役員と婚姻の届出をしていないが事実上婚姻関係と同様の事情にある者

三　業務執行役員（個人である業務執行役員に限る。次号において同じ。）の使用人

四　前三号に掲げる者以外の者で業務執行役員から受ける金銭その他の資産によつて生計を維持しているもの

五　前三号に掲げる者と生計を一にするこれらの者の親族

⑯⑰　（略）

⑱　第十四項、第十六項第三号イ及び前項第二号イに規定する独立職務執行者とは、報酬委員会又は第十六項第三号若しくは前項第二号に規定する報酬諮問委員会を置く法人（以下この項において「設置法人」という。）の取締役又は監査役のうち、次に掲げる者のいずれにも該当しないものをいう。

一　法第三十四条第一項第三号イの算定方法についての第十六項各号又は前項各号に掲げる手続の終了の日の属する同条第一項第三号に規定する内国法人の会計期間開始の日の一年前の日から当該手続の終了の日までの期間内のいずれかの時において次に掲げる者に該当する者

イ　当該設置法人の主要な取引先である者又はその者の業務執行者（業務を執行する者として財務省令で定めるものをいう。以下この項において同じ。）

ロ　当該設置法人を主要な取引先とする者又はその者の業務執行者

二　前号に規定する期間内のいずれかの時において次に掲げる者に該当する者の配偶者又は二親等以内の親族（ハ又はホに掲げる者に該当する者の配偶者又は二親等以内の親族にあつては、同号に規定する終了の日において当該設置法人の監査役であるものに限る。）

イ　前号イ又はロに掲げる者（業務執行者にあつては、財務省令で定めるものを除く。）

ロ　当該設置法人の業務執行者（イに規定する財務省令で定めるものを除く。ニにおいて同じ。）

ハ　当該設置法人の業務執行者以外の取締役又は会計参与（会計参与が法人である場合には、その職務を行うべき社員。ホにおいて同じ。）

ニ　当該設置法人による支配関係がある法人の業務執行者

ホ　当該設置法人による支配関係がある法人の業務執行者以外の取締役又は会計参与

三　法第三十四条第一項第三号イの算定方法についての第十六項各号又は前項各号に掲げる手続の終了の日の属する同条第一項第三号に規定する内国法人の会計期間開始の日の十年前の日から当該手続の終了の日までの期間内のいずれかの時において次に掲げる者に該当する者（ロに掲げる者に該当する者にあつては、同日において当該設置法人の監査役であるものに限る。）

イ　当該設置法人と当該設置法人以外の法人との間に当該法人による支配関係がある場合の当該法人（ロ及びハにおいて「親法人」という。）の業務執行者又は業務執行者以外の取締役

ロ　親法人の監査役

ハ　当該設置法人との間に支配関係がある法人（親法人及び当該設置法人による支配関係がある法人を除く。）の業務執行者

四　前号に規定する期間内のいずれかの時において次に掲げる者に該当する者の配偶者又は二親等以内の親族（ロに掲げる者に該当する者の配偶者又は二親等以内の親族にあつては、同号に規定する終了の日において当該設置法人の監査役であるものに限る。）

イ　前号イ又はハに掲げる者（業務執行者にあつては、第二号イに規定する財務省令で定めるものを除く。）

ロ　前号ロに掲げる者

⑲　法第三十四条第一項第三号ロに規定する政令で定める要件は、次に掲げる要件とする。

一　次に掲げる給与の区分に応じそれぞれ次に定める要件

イ　ロに掲げる給与以外の給与　次に掲げる給与の区分に応じそれぞれ次に定める日（次に掲げる給与で二以上のもの（その給与に係る職務を執行する期間が同一であるものに限る。）が合わせて支給される場合には、それぞれの給与に係る次に定める日のうち最も遅い日）までに交付され、又は交付される見込みであること。

⑴　金銭による給与　当該金銭の額の算定の基礎とした法第三十四条第一項第三号イに規定する利益の状況を示す指標、株式の市場価格の状況を示す指標又は売上高の状況を示す指標（⑵において「業績連動指標」という。）の数値が確定した日の翌日から一月を経過する日

⑵　株式又は新株予約権による給与　当該株式又は新株予約権の数の算定の基礎とした業績連動指標の数値が確定した日の翌日から二月を経過する日

ロ　特定新株予約権又は承継新株予約権による給与で、無償で取得され、又は消滅する新株予約権の数が役務の提供期間以外の事由により変動するもの　当該特定新株予約権又は当該承継新株予約権に係る特定新株予約権が第十六項各号又は第十七項各号に掲げる手続の終了の日の翌日から一月を経過する日までに交付されるこ

と。

二　損金経理をしていること（法第三十四条第一項第三号の給与の見込額として損金経理により引当金勘定に繰り入れた金額を取り崩す方法により経理していることを含む。）。

⑳㉑（略）

（過大な役員給与の額）

第七〇条　法第三十四条第二項（役員給与の損金不算入）に規定する政令で定める金額は、次に掲げる金額の合計額とする。

一　次に掲げる金額のうちいずれか多い金額

イ　内国法人が各事業年度においてその役員に対して支給した給与（法第三十四条第二項に規定する給与のうち、退職給与以外のものをいう。以下この号において同じ。）の額（第三号に掲げる金額に相当する金額を除く。）が、当該役員の職務の内容、その内国法人の収益及びその使用人に対する給与の支給の状況、その内国法人と同種の事業を営む法人でその事業規模が類似するものの役員に対する給与の支給の状況等に照らし、当該役員の職務に対する対価として相当であると認められる金額を超える場合におけるその超える部分の金額（その役員の数が二以上である場合には、これらの役員に係る当該超える部分の金額の合計額）

ロ　定款の規定又は株主総会、社員総会若しくはこれらに準ずるものの決議により、役員に対する給与として支給することができる金銭その他の資産について、金銭の額の限度額若しくは算定方法、その内国法人の株式若しくは新株予約権の数の上限又は金銭以外の資産（ロにおいて「支給対象資産」という。）の内容（ロにおいて「限度額等」という。）を定めている内国法人が、各事業年度においてその役員（当該限度額等が定められた給与の支給の対象となるものに限る。ロにおいて同じ。）に対して支給した給与の額（法第三十四条第六項に規定する使用人としての職務を有する役員（第三号において「使用人兼務役員」という。）に対して支給する給与のうちその使用人としての職務に対するものを含めないで当該限度額等を定めている内国法人については、当該事業年度において当該職務に対する給与として支給した金額（同号に掲げる金額に相当する金額を除く。）のうち、その内国法人の他の使用人に対する給与の支給の状況等に照らし、当該職務に対する給与として相当であると認められる金額を除く。）の合計額が当該事業年度に係る当該限度額及び当該算定方法により算定された金額、当該株式又は新株予約権（当該事業年度に支給されたものに限る。）の当該上限及びその支給の時（第七十一条の三第一項（確定した数の株式を交付する旨の定めに基づいて支給する給与に係る費用の額等）に規定する確定数給与（ロにおいて「確定数給与」という。）にあつては、同項の定めをした日）における一単位当たりの価額により算定された金額並びに当該支給対象資産（当該事業年度に支給されたものに限る。）の支給の時における価額（確定数給与にあつては、同項に規定する交付決議時価額）に相当する金額の合計額を超える場合におけるその超える部分の金額（同号に掲げる金額がある場合には、当該超える部分の金額から同号に掲げる金額に相当する金額を控除した金額）

二　内国法人が各事業年度においてその退職した役員に対して支給した退職給与（法第三十四条第一項又は第三項の規定の適用があるものを除く。以下この号において同じ。）の額が、当該役員のその内国法人の業務に従事した期間、その退職の事情、その内国法人と同種の事業を営む法人でその事業規模が類似するものの役員に対する退職給与の支給の状況等に照らし、その退職した役員に対する退職給与として相当であると認められる金額を超える場合におけるその超える部分の金額

三　使用人兼務役員の使用人としての職務に対する賞与で、他の使用人に対する賞与の支給時期と異なる時期に支給したものの額

第十一目　寄附金

（一般寄附金の損金算入限度額）

第七三条①　法第三十七条第一項（寄附金の損金不算入）に規定する政令で定めるところにより計算した金額は、次の各号に掲げる内国法人の区分に応じ当該各号に定める金額とする。

一　普通法人、協同組合等及び人格のない社団等（次号に掲げるものを除く。）　次に掲げる金額の合計額の四分の一に相当する金額

イ　当該事業年度終了の時における資本金の額及び資本準備金の額の合計額又は出資金の額を十二で除し、これに当該事業年度の月数を乗じて計算した金額の千分の二・五に相当する金額

ロ　当該事業年度の所得の金額の百分の二・五に相当する金額

二・三　（略）

②―⑥　（略）

第十四目　繰越欠損金

（適格合併等による欠損金の引継ぎ等）

第一一二条①②　（略）

③　法第五十七条第三項に規定する政令で定めるものは、適格合併のうち、第一号から第四号までに掲げる要件又は第一号及び第五号に掲げる要件に該当するものとする。

一　適格合併に係る被合併法人の被合併事業（当該被合併法人の当該適格合併の前に行う主要な事業のうちのいずれかの事業をいう。以下第三号までにおいて同じ。）と当該適格合併に係る合併法人（当該合併法人が当該適格合併により設立された法人である場合にあつては、当該適格合併に係る他の被合併法人。以下この項において同じ。）の合併事業（当該合併法人の当該適格合併の前に行

う事業（当該合併法人が当該適格合併により設立された法人である場合にあつては、当該適格合併に係る他の被合併法人の被合併事業）のうちのいずれかの事業をいう。次号及び第四号において同じ。）とが相互に関連するものであること。

二　被合併事業と合併事業（当該被合併事業と関連する事業に限る。以下この号及び第四号において同じ。）のそれぞれの売上金額、当該被合併事業と当該合併事業のそれぞれの従業者の数、適格合併に係る被合併法人と合併法人のそれぞれの資本金の額若しくは出資金の額又はこれらに準ずるものの規模の割合がおおむね五倍を超えないこと。

三　被合併事業が当該適格合併に係る被合併法人が合併法人との間に最後に支配関係を有することとなつた時（当該被合併法人がその時から当該適格合併の直前の時までの間に当該被合併法人を合併法人、分割承継法人又は被現物出資法人（次号において「合併法人等」という。）とする適格合併、適格分割又は適格現物出資（以下この号及び次号において「適格合併等」という。）により被合併事業の全部又は一部の移転を受けている場合には、当該適格合併等の時。以下この号において「被合併法人支配関係発生時」という。）から当該適格合併の直前の時まで継続して行われており、かつ、当該被合併法人支配関係発生時と当該適格合併の直前の時における当該被合併事業の規模（前号に規定する規模の割合の計算の基礎とした指標に係るものに限る。）の割合がおおむね二倍を超えないこと。

四　合併事業が当該適格合併に係る合併法人が被合併法人との間に最後に支配関係を有することとなつた時（当該合併法人がその時から当該適格合併の直前の時までの間に当該合併法人を合併法人等とする適格合併等により合併事業の全部又は一部の移転を受けている場合には、当該適格合併等の時。以下この号において「合併法人支配関係発生時」という。）から当該適格合併の直前の時まで継続して行われており、かつ、当該合併法人支配関係発生時と当該適格合併の直前の時における当該合併事業の規模（第二号に規定する規模の割合の計算の基礎とした指標に係るものに限る。）の割合がおおむね二倍を超えないこと。

五　適格合併に係る被合併法人の当該適格合併の前における特定役員（社長、副社長、代表取締役、代表執行役、専務取締役若しくは常務取締役又はこれらに準ずる者で法人の経営に従事している者をいう。以下この号において同じ。）である者のいずれかの者（当該被合併法人が当該適格合併に係る合併法人との間に最後に支配関係を有することとなつた日前（当該支配関係が当該被合併法人となる法人又は当該合併法人となる法人の設立により生じたものである場合には、同日。以下この号において同じ。）において当該被合併法人の役員又は当該これらに準ずる者（同日において当該被合併法人の経営に従事していた者に限る。）であつた者に限る。）と当該合併法人の当該適格合併の前における特定役員である者のいずれかの者（当該最後に支配関係を有することとなつた日前において当該合併法人の役員又は当該これらに準ずる者（同日において当該合併法人の経営に従事していた者に限る。）であつた者に限る。）とが当該適格合併の後に当該合併法人（当該適格合併が法人を設立するものである場合には、当該適格合併により設立された法人）の特定役員となることが見込まれていること。

④—⑬　（略）

第二款の二　利益の額又は損失の額の計算

第一目　短期売買商品等の一単位当たりの帳簿価額及び時価評価金額

（時価評価をする暗号資産の範囲）

第一一八条の七　法第六十一条第二項（短期売買商品等の譲渡損益及び時価評価損益）に規定する政令で定めるものは、内国法人が有する暗号資産のうち次に掲げる要件の全てに該当するものとする。

一　継続的に売買の価格（他の暗号資産との交換の比率（次条第一項第四号において「交換比率」という。）を含む。以下この条及び同項第三号において「売買価格等」という。）の公表がされ、かつ、その公表がされる売買価格等がその暗号資産の売買の価格又は交換の比率の決定に重要な影響を与えているものであること。

二　継続的に前号の売買価格等の公表がされるために十分な数量及び頻度で取引が行われていること。

三　次に掲げる要件のいずれかに該当すること。

イ　第一号の売買価格等の公表が当該内国法人以外の者によりされていること。

ロ　前号の取引が主として当該内国法人により自己の計算において行われた取引でないこと。

第一目の二　有価証券の一単位当たりの帳簿価額及び時価評価金額

（有価証券の取得価額）

第一一九条①　内国法人が有価証券の取得をした場合には、その取得価額は、次の各号に掲げる有価証券の区分に応じ当該各号に定める金額とする。

一　購入した有価証券（法第六十一条の四第三項（有価証券の空売り等に係る利益相当額又は損失相当額の益金又は損金算入等）又は第六十一条の五第三項（デリバティブ取引に係る利益相当額又は損失相当額の益金又は損金算入等）の規定の適用があるものを除く。）　その購入の代価（購入手数料その他その有価証券の購入のために要した費用がある場合には、その費用の額を加算した金額）

二　金銭の払込み又は金銭以外の資産の給付により取得をした有価証券（第四号又は第二十号に掲げる有価証券に該当するもの及び適格現物出資により取得をしたものを除く。）　その払込みをした金銭の額及び給付をした金銭以外の資産の価額の合計額（新株予約権の行使により取得をした有価証券にあつては当該新株予約権の当該行使の直前の帳簿価額を含み、その払込み又は給付による取得のために要した費用がある場合にはその費用の額を加算した金額とする。）

三　株式等無償交付（法人がその株主等に対して新たに金銭の払込み又は金銭以外の資産の給付をさせないで当該法人の株式（出資を含む。以下第九号までにおいて同じ。）又は新株予約権を交付することをいう。次号において同じ。）により取得をした株式又は新株予約権（同号に掲げる有価証券に該当するもの及び新株予約権付社債に付された新株予約権を除く。）　零

四　有価証券と引換えに払込みをした金銭の額及び給付をした金銭以外の資産の価額の合計額が払い込むべき金銭の額又は給付すべき金銭以外の資産の価額を定める時におけるその有価証券の取得のために通常要する価額に比して有利な金額である場合における当該払込み又は当該給付（以下この号において「払込み等」という。）により取得をした有価証券（新たな払込み等をせずに取得をした有価証券を含むものとし、法人の株主等が当該株主等として金銭その他の資産の払込み等又は株式等無償交付により取得をした当該法人の株式又は新株予約権（当該法人の他の株主等に損害を及ぼすおそれがないと認められる場合における当該株式又は新株予約権に限る。）、第二十号に掲げる有価証券に該当するもの及び適格現物出資により取得をしたものを除く。）　その取得の時におけるその有価証券の取得のために通常要する価額

五　合併（法第六十一条の二第二項（有価証券の譲渡益又は譲渡損の益金又は損金算入）に規定する金銭等不交付合併に限る。）により交付を受けた当該合併に係る合併法人又は同項に規定する政令で定める関係がある法人（以下この号において「親法人」という。）の株式　当該合併に係る被合併法人の株式の当該合併の直前の帳簿価額に相当する金額（法第二十四条第一項第一号（配当等の額とみなす金額）の規定により法第二十三条第一項第一号又は第二号（受取配当等の益金不算入）に掲げる金額とみなされた金額がある場合には当該金額を、当該合併法人又は親法人の株式の交付を受けるために要した費用がある場合にはその費用の額を、それぞれ加算した金額とする。）

六―八　（略）

九　株式交換（法第六十一条の二第九項に規定する金銭等不交付株式交換に限る。）により交付を受けた当該株式交換に係る株式交換完全親法人又は同項に規定する政令で定める関係がある法人（以下この号において「親法人」という。）の株式　当該株式交換に係る株式交換完全子法人の株式の当該株式交換の直前の帳簿価額に相当する金額（当該株式交換完全親法人又は親法人の株式の交付を受けるために要した費用がある場合には、その費用の額を加算した金額）

十　適格株式交換等（法第六十一条の二第九項に規定する金銭等不交付株式交換に限るものとし、適格株式交換等に該当しない前号に規定する株式交換（第四条の三第十八項第一号（適格組織再編成における株式の保有関係等）に規定する無対価株式交換にあつては、同項第二号に規定する株主均等割合保有関係があるものに限る。）で当該株式交換の直前に当該株式交換に係る株式交換完全親法人と株式交換完全子法人との間に完全支配関係があつた場合における当該株式交換を含む。以下この号において同じ。）により取得をした当該適格株式交換等に係る株式交換完全子法人の株式　次に掲げる場合の区分に応じそれぞれ次に定める金額

イ　当該適格株式交換等の直前において株主の数が五十人未満である株式交換完全子法人の株式の取得をした場合　当該株式交換完全子法人の株主が有していた当該株式交換完全子法人の株式の当該適格株式交換等の直前の帳簿価額（当該株主が公益法人等又は人格のない社団等であり、かつ、当該株式交換完全子法人の株式がその収益事業以外の事業に属するものであつた場合には当該株式交換完全子法人の株式の価額として当該内国法人の帳簿に記載された金額とし、当該株主が個人である場合には当該個人が有していた当該株式交換完全子法人の株式の当該適格株式交換等の直前の取得価額とする。）に相当する金額の合計額（当該株式交換完全子法人の株式の取得をするために要した費用がある場合には、その費用の額をそれぞれ加算した金額）

ロ　当該適格株式交換等の直前において株主の数が五十人以上である株式交換完全子法人の株式の取得をした場合　当該株式交換完全子法人の当該適格株式交換等の日の属する事業年度の前事業年度（当該適格株式交換等の日以前六月以内に法第七十二条第一項（仮決算をした場合の中間申告書の記載事項等）に規定する期間（通算子法人にあつては、同条第五項第一号に規定する期間。ロにおいて同じ。）について同条第一項各号に掲げる事項を記載した中間申告書を提出し、かつ、その提出の日から当該適格株式交換等の日までの間に確定申告書を提出していなかつた場合には、当該中間申告書に係る同項に規定する期間）終了の時の資産の帳簿価額から負債の帳簿価額を減算した金額（当該終了の時から当該適格株式交換等の直前の時までの間に資本金等の額又は利益積立金額（第九条第一号及び第六号（利益積立金額）に掲げる金額を除く。）が増加し、又は減少した場合には、その増加した金額を加算し、又はその減少した金額を減算した金額）に相当する金額（当該適格株式交換等の直前に当該株式交換完全子法人の株式を有していた場合には当該相当する金額に当該株式交換完全子法人の当該適格株式交換等の直前の発行済株式の総数のうちに当該適格株

式交換等により取得をした当該株式交換完全子法人の株式の数の占める割合を乗ずる方法その他財務省令で定める方法により計算した金額とし、当該株式交換完全子法人の株式の取得をするために要した費用がある場合にはその費用の額を加算した金額とする。）

十一―二十七　（略）

②③　（略）

（売買目的有価証券の範囲）

第一一九条の一二　法第六十一条の三第一項第一号（売買目的有価証券の評価益又は評価損の益金又は損金算入等）**に規定する政令で定めるものは、次に掲げる有価証券**（第百十九条の二第二項第二号（有価証券の一単位当たりの帳簿価額の算出の方法）に掲げる株式及び出資に該当するものを除く。）**とする。**

一　**内国法人が取得した有価証券**（次号から第四号までに掲げる有価証券に該当するものを除く。）**のうち、短期的な価格の変動を利用して利益を得る目的**（以下この号及び次号において「短期売買目的」という。）**で行う取引に専ら従事する者が短期売買目的でその取得の取引を行つたもの**（以下この号において「専担者売買有価証券」という。）**及びその取得の日において短期売買目的で取得したものである旨を財務省令で定めるところにより帳簿書類に記載したもの**（専担者売買有価証券を除く。）

二―四　（略）

第三款　収益及び費用の帰属事業年度の特例

第一目　リース譲渡

（延払基準の方法）

第一二四条①　法第六十三条第一項（リース譲渡に係る収益及び費用の帰属事業年度）**に規定する政令で定める延払基準の方法は、次に掲げる方法とする。**

一　法第六十三条第一項に規定する**リース譲渡**（以下この目において「リース譲渡」という。）**の対価の額及びその原価の額**（そのリース譲渡に要した手数料の額を含む。）**にそのリース譲渡に係る賦払金割合を乗じて計算した金額を当該事業年度の収益の額及び費用の額とする方法**

二　**リース譲渡に係るイ及びロに掲げる金額の合計額を当該事業年度の収益の額とし、ハに掲げる金額を当該事業年度の費用の額とする方法**

イ　**当該リース譲渡の対価の額から利息相当額**（当該リース譲渡の対価の額のうちに含まれる利息に相当する金額をいう。ロにおいて同じ。）**を控除した金額**（ロにおいて「元本相当額」という。）**をリース資産**（法第六十三条第一項に規定するリース資産をいう。）**のリース期間**（同項に規定するリース取引に係る契約において定められた当該リース資産の賃貸借の期間をいう。以下この号及び第四項において同じ。）**の月数で除し、これに当該事業年度における当該リース期間の月数を乗じて計算した金額**

ロ　**当該リース譲渡の利息相当額がその元本相当額のうちその支払の期日が到来していないものの金額に応じて生ずるものとした場合に当該事業年度における当該リース期間に帰せられる利息相当額**

ハ　**当該リース譲渡の原価の額をリース期間の月数で除し、これに当該事業年度における当該リース期間の月数を乗じて計算した金額**

②　**前項第一号に規定する賦払金割合とは、リース譲渡の対価の額のうちに、当該対価の額に係る賦払金であつて当該事業年度**（適格分割又は適格現物出資（以下この項において「適格分割等」という。）により分割承継法人又は被現物出資法人にその契約の移転をするリース譲渡（以下この項において「移転リース譲渡」という。）にあつては、当該適格分割等の日の属する事業年度開始の日から当該適格分割等の日の前日までの期間。以下この項において同じ。）**においてその支払の期日が到来するものの合計額**（当該賦払金につき既に当該事業年度開始の日前に支払を受けている金額がある場合には、当該金額を除くものとし、翌事業年度（移転リース譲渡にあつては、当該適格分割等の日）以後において支払の期日が到来する賦払金につき当該事業年度中に支払を受けた金額がある場合には、当該金額を含む。）**の占める割合をいう。**

③　**法第六十三条第二項の対価の額のうち利息に相当する部分の金額は、リース譲渡の対価の額からその原価の額を控除した金額の百分の二十に相当する金額**（次項において「利息相当額」という。）**とする。**

④　**法第六十三条第二項に規定する収益の額として政令で定める金額は、第一号及び第二号に掲げる金額の合計額とし、同項に規定する費用の額として政令で定める金額は、第三号に掲げる金額とする。**

一　**リース譲渡の対価の額から利息相当額を控除した金額**（次号において「元本相当額」という。）**をリース期間の月数で除し、これに当該事業年度における当該リース期間の月数を乗じて計算した金額**

二　**リース譲渡に係る賦払金の支払を、支払期間をリース期間と、支払日を当該リース譲渡に係る対価の支払の期日と、各支払日の支払額を当該リース譲渡に係る対価の各支払日の支払額と、利息の総額を利息相当額と、元本の総額を元本相当額とし、利率を当該支払期間、支払日、各支払日の支払額、利息の総額及び元本の総額を基礎とした複利法により求められる一定の率として賦払の方法により行うものとした場合に当該事業年度におけるリース期間に帰せられる利息の額に相当する金額**

三　**リース譲渡の原価の額をリース期間の月数で除し、これに当該事業年度における当該リース期間の月数を乗じて計算した金額**

⑤　**第一項第二号及び前項の月数は、暦に従つて計算し、一月に満たない端数を生じたときは、これを一月とする。**

第二目　工事の請負

（工事の請負）

第一二九条① 法第六十四条第一項（工事の請負に係る収益及び費用の帰属事業年度）に規定する政令で定める大規模な工事は、その請負の対価の額（その支払が外国通貨で行われるべきこととされている工事（製造及びソフトウエアの開発を含む。以下この目において同じ。）については、その工事に係る契約の時における外国為替の売買相場による円換算額とする。）が十億円以上の工事とする。

②―⑪（略）

第三款の二　リース取引

（リース取引の範囲）

第一三一条の二① 法第六十四条の二第三項（リース取引に係る所得の金額の計算）に規定する政令で定める資産の賃貸借は、土地の賃貸借のうち、第百三十八条（借地権の設定等により地価が著しく低下する場合の土地等の帳簿価額の一部の損金算入）の規定の適用のあるもの及び次に掲げる要件（これらに準ずるものを含む。）のいずれにも該当しないものとする。

一　当該土地の賃貸借に係る契約において定められている当該賃貸借の期間（以下この項及び次項において「賃貸借期間」という。）の終了の時又は当該賃貸借期間の中途において、当該土地が無償又は名目的な対価の額で当該賃貸借に係る賃借人に譲渡されるものであること。

二　当該土地の賃貸借に係る賃借人に対し、賃貸借期間終了の時又は賃貸借期間の中途において当該土地を著しく有利な価額で買い取る権利が与えられているものであること。

②　資産の賃貸借につき、その賃貸借期間（当該資産の賃貸借に係る契約の解除をすることができないものとされている期間に限る。）において賃借人が支払う賃借料の金額の合計額がその資産の取得のために通常要する価額（当該資産を事業の用に供するために要する費用の額を含む。）のおおむね百分の九十に相当する金額を超える場合には、当該資産の賃貸借は、法第六十四条の二第三項第二号の資産の使用に伴つて生ずる費用を実質的に負担すべきこととされているものであることに該当するものとする。

③　法第六十四条の二第一項の規定により売買があつたものとされた同項に規定するリース資産につき同項の賃借人が賃借料として損金経理をした金額又は同条第二項の規定により金銭の貸付けがあつたものとされた場合の同項に規定する賃貸に係る資産につき同項の譲渡人が賃借料として損金経理をした金額は、償却費として損金経理をした金額に含まれるものとする。

第三款の五　完全支配関係がある法人の間の損益通算及び欠損金の通算

第二目　損益通算及び欠損金の通算のための承認

（時価評価資産等の範囲）

第一三一条の一三① 法第六十四条の九第七項（通算承認）に規定する政令で定めるものは、次に掲げるものとする。

一　法第六十四条の十一第一項（通算制度の開始に伴う資産の時価評価損益）に規定する時価評価資産

二　法第六十一条の十一第四項（完全支配関係がある法人の間の取引の損益）に規定する譲渡損益調整額（次項第二号及び第三項第二号において「譲渡損益調整額」という。）のうち千万円以上のもの

三　法第六十三条第一項（リース譲渡に係る収益及び費用の帰属事業年度）に規定するリース譲渡に係る契約のうち繰延長期割賦損益額（イに掲げる金額からロに掲げる金額を控除した金額（ロに掲げる金額がイに掲げる金額を超える場合には、ロに掲げる金額からイに掲げる金額を控除した金額）をいう。次項第三号イ及び第三項第三号イにおいて同じ。）が千万円以上のもの

イ　当該リース譲渡に係る収益の額（当該事業年度前の各事業年度の所得の金額の計算上益金の額に算入されるもの及び法第六十三条第一項又は第二項の規定により当該事業年度の所得の金額の計算上益金の額に算入されるものを除く。）

ロ　当該リース譲渡に係る費用の額（当該事業年度前の各事業年度の所得の金額の計算上損金の額に算入されるもの及び法第六十三条第一項又は第二項の規定により当該事業年度の所得の金額の計算上損金の額に算入されるものを除く。）

四　租税特別措置法第六十四条の二第四項第一号（収用等に伴い特別勘定を設けた場合の課税の特例）（同法第六十五条第三項（換地処分等に伴い資産を取得した場合の課税の特例）において準用する場合を含む。）、第六十五条の八第四項第一号（特定の資産の譲渡に伴い特別勘定を設けた場合の課税の特例）又は第六十六条の十三第二項第一号（特別新事業開拓事業者に対し特定事業活動として出資をした場合の課税の特例）に規定する特別勘定の金額（次項第四号及び第三項第四号において「特別勘定の金額」という。）のうち千万円以上のもの

②　法第六十四条の九第十項第一号に規定する政令で定めるものは、次に掲げるものとする。

一　法第六十四条の十一第一項に規定する時価評価資産

二　譲渡損益調整額のうち次に掲げるもの以外のもの

イ　千万円に満たないもの

ロ　法第六十四条の九第二項に規定する他の内国法人（ロにおいて「他の内国法人」という。）で同条第一項に規定する親法人（当該他の内国法人との間に完全支配関係（同項に規定する政令で定める関係に限る。ロ及び次項第二号ロにおいて同じ。）があるものに限る。）の法第二編

第一章第一節第十一款第一目（損益通算及び欠損金の通算）の規定の適用を受けようとする最初の事業年度（ロにおいて「最初通算事業年度」という。）終了の日までに当該親法人との間に当該親法人による完全支配関係を有しなくなるもの（当該最初通算事業年度開始の日以後二月以内に法第六十四条の十第六項第五号又は第六号（通算制度の取りやめ等）に掲げる事実が生ずることにより当該完全支配関係を有しなくなるものに限るものとし、当該親法人若しくは当該親法人との間に完全支配関係がある他の内国法人を合併法人とする合併又は残余財産の確定により当該親法人による完全支配関係を有しなくなるものを除く。次号ロ及び第四号ロにおいて「初年度離脱開始子法人」という。）の有する譲渡損益調整額

三 法第六十三条第一項に規定するリース譲渡に係る契約（以下この号及び次項第三号において「リース譲渡契約」という。）のうち次に掲げるもの以外のもの
イ 繰延長期割賦損益額が千万円に満たないもの
ロ 初年度離脱開始子法人の有するリース譲渡契約

四 特別勘定の金額のうち次に掲げるもの以外のもの
イ 千万円に満たないもの
ロ 初年度離脱開始子法人の有する特別勘定の金額

③ 法第六十四条の九第十二項第一号に規定する政令で定めるものは、次に掲げるものとする。
一 法第六十四条の十二第一項（通算制度への加入に伴う資産の時価評価損益）に規定する時価評価資産
二 譲渡損益調整額のうち次に掲げるもの以外のもの
イ 千万円に満たないもの
ロ 法第六十四条の九第一項に規定する親法人との間に完全支配関係を有することとなつた同条第二項に規定する他の内国法人で当該親法人による完全支配関係を有することとなつた日（法第十四条第八項（第一号に係る部分に限る。）（事業年度の特例）の規定の適用を受ける場合には、同項に規定する特例決算期間の末日の翌日。ロにおいて「関係発生日」という。）の属する当該親法人の事業年度終了の日までに当該完全支配関係を有しなくなるもの（当該関係発生日以後二月以内に法第六十四条の十第六項第五号又は第六号に掲げる事実が生ずることにより当該完全支配関係を有しなくなるものに限るものとし、当該親法人若しくは当該親法人との間に完全支配関係がある法第六十四条の九第二項に規定する他の内国法人を合併法人とする合併又は残余財産の確定により当該親法人による完全支配関係を有しなくなるものを除く。次号ロ及び第四号ロにおいて「初年度離脱加入子法人」という。）の有する譲渡損益調整額

三 リース譲渡契約のうち次に掲げるもの以外のもの
イ 繰延長期割賦損益額が千万円に満たないもの
ロ 初年度離脱加入子法人の有するリース譲渡契約

四 特別勘定の金額のうち次に掲げるもの以外のもの
イ 千万円に満たないもの
ロ 初年度離脱加入子法人の有する特別勘定の金額

第四款 各事業年度の所得の金額の計算の細目

第二目 少額の減価償却資産等

（少額の減価償却資産の取得価額の損金算入）

第一三三条 内国法人がその事業の用に供した減価償却資産（第四十八条第一項第六号及び第四十八条の二第一項第六号（減価償却資産の償却の方法）に掲げるものを除く。）で、前条第一号に規定する使用可能期間が一年未満であるもの又は取得価額（第五十四条第一項各号（減価償却資産の取得価額）の規定により計算した価額をいう。次条第一項において同じ。）が十万円未満であるものを有する場合において、その内国法人が当該資産の当該取得価額に相当する金額につきその事業の用に供した日の属する事業年度において損金経理をしたときは、その損金経理をした金額は、当該事業年度の所得の金額の計算上、損金の額に算入する。

第四目 借地権等

（借地権の設定等により地価が著しく低下する場合の土地等の帳簿価額の一部の損金算入）

第一三八条① 内国法人が借地権（建物又は構築物の所有を目的とする地上権又は土地の賃借権をいう。以下この条において同じ。）又は地役権（特別高圧架空電線の架設、特別高圧地中電線若しくはガス事業法第二条第十二項（定義）に規定するガス事業者が供給する高圧のガスを通ずる導管の敷設、飛行場の設置、懸垂式鉄道若しくは跨座式鉄道の敷設又は砂防法（明治三十年法律第二十九号）第一条（定義）に規定する砂防設備である導流堤その他財務省令で定めるこれに類するもの（第一号イにおいて「導流堤等」という。）の設置、都市計画法（昭和四十三年法律第百号）第四条第十四項（定義）に規定する公共施設の設置若しくは同法第八条第一項第四号（地域地区）の特定街区内における建築物の建築のために設定されたもので、建造物の設置を制限するものに限る。以下この条において同じ。）の設定（借地権に係る土地の転貸その他他人に当該土地を使用させる行為を含む。以下この条において同じ。）により他人に土地を使用させる場合において、その借地権又は地役権の設定により、次の各号に掲げる場合の区分に応じ当該各号に定める割合が十分の五以上となるときは、その設定の直前におけるその土地

（借地権者にあつては、借地権）の帳簿価額に、その設定の直前におけるその土地（借地権者にあつては、借地権）の価額のうちに借地権（他人に借地権に係る土地を使用させる場合にあつては、当該使用に係る権利）又は地役権の価額の占める割合を乗じて計算した金額は、その設定があつた日の属する事業年度の所得の金額の計算上、損金の額に算入する。

一—四 （略）

②—④ （略）

第二節 税額の計算

第二款 税額控除

（外国法人税の範囲）

第一四一条① 法第六十九条第一項（外国税額の控除）に規定する外国の法令により課される法人税に相当する税で政令で定めるものは、外国の法令に基づき外国又はその地方公共団体により法人の所得を課税標準として課される税（以下この款において「外国法人税」という。）とする。

② 外国又はその地方公共団体により課される次に掲げる税は、外国法人税に含まれるものとする。

一 超過利潤税その他法人の所得の特定の部分を課税標準として課される税

二 法人の所得又はその特定の部分を課税標準として課される税の附加税

三 法人の所得を課税標準として課される税と同一の税目に属する税で、法人の特定の所得につき、徴税上の便宜のため、所得に代えて収入金額その他これに準ずるものを課税標準として課されるもの

四 法人の特定の所得につき、所得を課税標準とする税に代え、法人の収入金額その他これに準ずるものを課税標準として課される税

③ 外国又はその地方公共団体により課される次に掲げる税は、外国法人税に含まれないものとする。

一 税を納付する者が、当該税の納付後、任意にその金額の全部又は一部の還付を請求することができる税

二 税の納付が猶予される期間を、その税の納付をすることとなる者が任意に定めることができる税

三 複数の税率の中から税の納付をすることとなる者と外国若しくはその地方公共団体又はこれらの者により税率の合意をする権限を付与された者との合意により税率が決定された税（当該複数の税率のうち最も低い税率（当該最も低い税率が当該合意がないものとした場合に適用されるべき税率を上回る場合には当該適用されるべき税率）を上回る部分に限る。）

四 外国法人税に附帯して課される附帯税に相当する税その他これに類する税

（国外所得金額）

第一四一条の二 法第六十九条第一項（外国税額の控除）に規定する政令で定める金額は、内国法人の各事業年度の次に掲げる国外源泉所得（同項に規定する国外源泉所得をいう。以下この款において同じ。）に係る所得の金額の合計額（当該合計額が零を下回る場合には、零）とする。

一 法第六十九条第四項第一号に掲げる国外源泉所得

二 法第六十九条第四項第二号から第十六号までに掲げる国外源泉所得（同項第二号から第十三号まで、第十五号及び第十六号に掲げる国外源泉所得にあつては、同項第一号に掲げる国外源泉所得に該当するものを除く。）

（国外事業所等帰属所得に係る所得の金額の計算）

第一四一条の三① 内国法人の各事業年度の前条第一号に掲げる国外源泉所得（以下第百四十一条の七（特定の内部取引に係る国外事業所等帰属所得に係る所得の金額の計算）までにおいて「国外事業所等帰属所得」という。）に係る所得の金額は、内国法人の当該事業年度の国外事業所等（法第六十九条第四項第一号（外国税額の控除）に規定する国外事業所等をいう。以下第百四十一条の七までにおいて同じ。）を通じて行う事業に係る益金の額から当該事業年度の当該事業に係る損金の額を減算した金額とする。

② 内国法人の各事業年度の国外事業所等帰属所得に係る所得の金額の計算上当該事業年度の益金の額又は損金の額に算入すべき金額は、別段の定めがあるものを除き、内国法人の国外事業所等を通じて行う事業につき、内国法人の各事業年度の所得の金額の計算に関する法人税に関する法令の規定に準じて計算した場合に益金の額となる金額又は損金の額となる金額とする。

③ 内国法人の各事業年度の国外事業所等帰属所得に係る所得の金額につき、前項の規定により法第二十二条（各事業年度の所得の金額の計算の通則）の規定に準じて計算する場合には、次に定めるところによる。

一 法第二十二条第三項第二号に規定する販売費、一般管理費その他の費用のうち内部取引（法第六十九条第四項第一号に規定する内部取引をいう。以下この条、次条第二項第二号及び第百四十一条の七において同じ。）に係るものについては、債務の確定しないものを含むものとする。

二 法第二十二条第五項に規定する資本等取引には、国外事業所等を開設するための内国法人の本店等（法第六十九条第四項第一号に規定する本店等をいう。以下この条、次条第二項第二号及び第百四十一条の七において同じ。）から国外事業所等への資金の供与又は国外事業所等から本店等への剰余金の送金その他これらに類する事実を含むものとする。

④ 内国法人の各事業年度の国外事業所等帰属所得に係る所得の金額につき、第二項の規定により法第五十二条（貸倒引当金）の規定に準じて計算する場合には、同条第一項及び第二項に規定する金銭債権には、当該内国法人の国外事業所等と本店等との間の内部取引に係る金銭債権に相当するものは、含まれないものとする。

⑤　内国法人の国外事業所等と本店等との間で当該国外事業所等における資産の購入その他資産の取得に相当する内部取引がある場合には、その内部取引の時にその内部取引に係る資産を取得したものとして、第二項の規定により準じて計算することとされる内国法人の各事業年度の所得の金額の計算に関する法人税に関する法令の規定を適用する。

⑥　第一項の規定を適用する場合において、内国法人の当該事業年度の所得の金額の計算上損金の額に算入された金額のうちに法第二十二条第三項第二号に規定する販売費、一般管理費その他の費用で国外事業所等帰属所得に係る所得を生ずべき業務とそれ以外の業務の双方に関連して生じたものの額（以下この項及び次項において「共通費用の額」という。）があるときは、当該共通費用の額は、これらの業務に係る収入金額、資産の価額、使用人の数その他の基準のうちこれらの業務の内容及び費用の性質に照らして合理的と認められる基準により国外事業所等帰属所得に係る所得の金額の計算上の損金の額として配分するものとする。

⑦　前項の規定による共通費用の額の配分を行つた内国法人は、当該配分の計算の基礎となる事項を記載した書類その他の財務省令で定める書類を作成しなければならない。

⑧　法第六十九条第一項から第三項まで又は第十七項（同条第二十一項又は第二十二項において準用する場合を含む。）の規定の適用を受ける内国法人は、確定申告書、修正申告書又は更正請求書に当該事業年度の国外事業所等帰属所得に係る所得の金額の計算に関する明細を記載した書類を添付しなければならない。

（国外事業所等に帰せられるべき資本に対応する負債の利子）

第一四一条の四①　内国法人の各事業年度の国外事業所等を通じて行う事業に係る負債の利子（手形の割引料、第百三十六条の二第一項（金銭債務の償還差損益）に規定する満たない部分の金額その他経済的な性質が利子に準ずるものを含む。次項において同じ。）の額のうち、当該国外事業所等に係る自己資本の額（当該事業年度の当該国外事業所等に係る資産の帳簿価額の平均的な残高として合理的な方法により計算した金額から当該事業年度の当該国外事業所等に係る負債の帳簿価額の平均的な残高として合理的な方法により計算した金額を控除した残額をいう。）が当該国外事業所等に帰せられるべき資本の額に満たない場合におけるその満たない金額に対応する部分の金額は、当該内国法人の当該事業年度の国外事業所等帰属所得に係る所得の金額の計算上、損金の額に算入しない。

②　前項に規定する負債の利子の額は、第一号から第三号までに掲げる金額の合計額から第四号に掲げる金額を控除した残額とする。

一　国外事業所等を通じて行う事業に係る負債の利子の額（次号及び第三号に掲げる金額を除く。）

二　内部取引において内国法人の国外事業所等から当該内国法人の本店等に対して支払う利子に該当することとなるものの金額

三　前条第六項に規定する共通費用の額のうち同項の規定により国外事業所等帰属所得に係る所得の金額の計算上の損金の額として配分した金額に含まれる負債の利子の額（次号に掲げる金額を含む。）

四　次条第一項の規定により内国法人の各事業年度の国外事業所等帰属所得に係る所得の金額の計算上損金の額に算入される金額

③　第一項に規定する国外事業所等に帰せられるべき資本の額は、次に掲げるいずれかの方法により計算した金額とする。

一　資本配賦法（次に掲げる内国法人の区分に応じそれぞれ次に定める方法により計算した金額をもつて国外事業所等に帰せられるべき資本の額とする方法をいう。）

イ・ロ　（略）

二　同業法人比準法（次に掲げる内国法人の区分に応じそれぞれ次に定める方法により計算した金額をもつて国外事業所等に帰せられるべき資本の額とする方法をいう。）

イ・ロ　（略）

④―⑨　（略）

⑩　第一項の規定は、確定申告書、修正申告書又は更正請求書に同項の規定により損金の額に算入されない金額及びその計算に関する明細を記載した書類の添付があり、かつ、国外事業所等に帰せられるべき資本の額の計算の基礎となる事項を記載した書類その他の財務省令で定める書類の保存がある場合に限り、適用する。

⑪⑫　（略）

（銀行等の資本に係る負債の利子）

第一四一条の五　（略）

（保険会社の投資資産及び投資収益）

第一四一条の六　（略）

（特定の内部取引に係る国外事業所等帰属所得に係る所得の金額の計算）

第一四一条の七①　内国法人の国外事業所等と本店等との間で資産（法第六十九条第四項第三号又は第五号（外国税額の控除）に掲げる国外源泉所得を生ずべき資産に限る。以下この条において同じ。）の当該国外事業所等による取得又は譲渡に相当する内部取引があつた場合には、当該内部取引は当該資産の当該内部取引の直前の帳簿価額に相当する金額により行われたものとして、当該内国法人の各事業年度の国外事業所等帰属所得に係る所得の金額を計算する。

②③　（略）

（その他の国外源泉所得に係る所得の金額の計算）

第一四一条の八①　第百四十一条の二第二号（国外所得金額）に掲げる国外源泉所得に係る所得の金額は、同号に掲げる国外源泉所得に係る所得のみについて各事業年度の所得に対する法人税を課するものとした場合に課税標準となるべき当該事業年度の所得の金額に相当する金額とする。

②―④（略）

（外国税額控除の対象とならない外国法人税の額）

第一四二条の二① 法第六十九条第一項（外国税額の控除）に規定するその所得に対する負担が高率な部分として政令で定める外国法人税の額（次項及び第三項において「所得に対する負担が高率な部分の金額」という。）は、同条第一項に規定する内国法人が納付することとなる外国法人税の額のうち当該外国法人税を課す国又は地域において当該外国法人税の課税標準とされる金額に百分の三十五を乗じて計算した金額を超える部分の金額とする。

② 次の各号に掲げる内国法人が納付することとなる法第六十九条第四項第六号及び第八号に掲げる国外源泉所得（以下この項において「利子等」という。）の収入金額を課税標準として所得税法第二条第一項第四十五号（定義）に規定する源泉徴収の方法に類する方法により課される外国法人税（当該外国法人税が課される国又は地域において、当該外国法人税以外の外国法人税の額から控除されるものを除く。）については、前項の規定にかかわらず、当該外国法人税の額のうち当該利子等の収入金額の百分の十に相当する金額を超える部分の金額が所得に対する負担が高率な部分の金額に該当するものとする。ただし、当該内国法人の所得率（次の各号に掲げる内国法人の区分に応じ、当該各号に定める割合をいう。以下この項において同じ。）が百分の十を超え百分の二十以下であるときは、当該外国法人税の額のうち当該利子等の収入金額の百分の十五に相当する金額を超える部分の金額が所得に対する負担が高率な部分の金額に該当するものとし、当該所得率が百分の二十を超えるときは、当該外国法人税の額のうち所得に対する負担が高率な部分の金額はないものとする。

一―四（略）

③④（略）

⑤ 法第六十九条第一項に規定する政令で定める取引は、次に掲げる取引とする。

一 内国法人が、当該内国法人が金銭の借入れをしている者又は預入を受けている者と特殊の関係のある者に対し、その借り入れられ、又は預入を受けた金銭の額に相当する額の金銭の貸付けをする取引（当該貸付けに係る利率その他の条件が、その借入れ又は預入に係る利率その他の条件に比し、特に有利な条件であると認められる場合に限る。）

二 貸付債権その他これに類する債権を譲り受けた内国法人が、当該債権に係る債務者（当該内国法人に対し当該債権を譲渡した者（以下この号において「譲渡者」という。）と特殊の関係のある者に限る。）から当該債権に係る利子の支払を受ける取引（当該内国法人が、譲渡者に対し、当該債権から生ずる利子の額のうち譲渡者が当該債権を所有していた期間に対応する部分の金額を支払う場合において、その支払う金額が、次に掲げる額の合計額に相当する額であるときに限る。）

イ 当該債権から生ずる利子の額から当該債務者が住所又は本店若しくは主たる事務所を有する国又は地域において当該内国法人が当該利子につき納付した外国法人税の額を控除した額のうち、譲渡者が当該債権を所有していた期間に対応する部分の額

ロ 当該利子に係る外国法人税の額（第三項に規定するみなし納付外国法人税の額を含む。）のうち、譲渡者が当該債権を所有していた期間に対応する部分の額の全部又は一部に相当する額

⑥ 前項に規定する特殊の関係のある者とは、次に掲げる者をいう。

一 第四条（同族関係者の範囲）に規定する個人又は法人

二 次に掲げる事実その他これに類する事実が存在することにより二の者のいずれか一方の者が他方の者の事業の方針の全部又は一部につき実質的に決定できる関係にある者

イ 当該他方の者の役員の二分の一以上又は代表する権限を有する役員が、当該一方の者の役員若しくは使用人を兼務している者又は当該一方の者の役員若しくは使用人であつた者であること。

ロ 当該他方の者がその事業活動の相当部分を当該一方の者との取引に依存して行つていること。

ハ 当該他方の者がその事業活動に必要とされる資金の相当部分を当該一方の者からの借入れにより、又は当該一方の者の保証を受けて調達していること。

三 その者の前項に規定する内国法人に対する債務の弁済につき、同項第一号に規定する内国法人が金銭の借入れをしている者若しくは預入を受けている者が保証をしている者又は同項第二号に規定する譲渡者が保証をしている者

⑦ 法第六十九条第一項に規定する内国法人の法人税に関する法令の規定により法人税が課されないこととなる金額を課税標準として外国法人税に関する法令により課されるものとして政令で定める外国法人税の額は、次に掲げる外国法人税の額とする。

一 法第二十四条第一項各号（配当等の額とみなす金額）に掲げる事由により交付を受ける金銭の額及び金銭以外の資産の価額に対して課される外国法人税の額（当該交付の基因となつた同項に規定する法人の株式又は出資の取得価額を超える部分の金額に対して課される部分を除く。）

二 法人の所得の金額が租税条約等の実施に伴う所得税法、法人税法及び地方税法の特例等に関する法律（昭和四十四年法律第四十六号）第七条第一項（租税条約に基づく合意があつた場合の更正の特例）（外国居住者等の所得に対する相互主義による所得税等の非課税等に関する法律（昭和三十七年法律第百四十四号）第三十二条第二項（国税庁長官の確認があつた場合の更正の請求の特例等）において準用する場合を含む。）の規定により減額される場合において、租税条約等の実施に

伴う所得税法、法人税法及び地方税法の特例等に関する法律第七条第三項に規定する相手国居住者等に支払われない金額又は外国居住者等の所得に対する相互主義による所得税等の非課税等に関する法律第三十二条第四項に規定する外国居住者等に支払われない金額に対し、これらを法第二十三条第一項第一号に掲げる金額に相当する金銭の支払とみなして課される外国法人税の額

三　法第二十三条の二第一項に規定する外国子会社から受ける同項に規定する剰余金の配当等の額（以下この号において「剰余金の配当等の額」といい、同条第二項の規定の適用を受ける部分の金額を除く。）に係る外国法人税の額（剰余金の配当等の額を課税標準として課される外国法人税の額に限るものとし、剰余金の配当等の額（同条第二項の規定の適用を受ける部分の金額を除く。）の計算の基礎となつた同条第一項に規定する外国子会社の所得のうち内国法人に帰せられるものとして計算される金額を課税標準として当該内国法人に対して課される外国法人税の額を含む。）

四　国外事業所等（法第六十九条第四項第一号に規定する国外事業所等をいう。以下この号及び第六号において同じ。）から本店等（同項第一号に規定する本店等をいう。第六号において同じ。）への支払につき当該国外事業所等の所在する国又は地域において当該支払に係る金額を課税標準として課される外国法人税の額

五　内国法人が有する株式又は出資を発行した外国法人の本店又は主たる事務所の所在する国又は地域の法令に基づき、当該外国法人に係る租税の課税標準等（国税通則法第二条第六号イからハまで（定義）に掲げる事項をいう。）又は税額等（同号ニからヘまでに掲げる事項をいう。）につき更正又は決定（同法第二十五条（決定）の規定による決定をいう。）に相当する処分（当該内国法人との間の取引に係るものを除く。）があつた場合において、当該処分が行われたことにより増額された当該外国法人の所得の金額に相当する金額に対し、これを法第二十三条第一項第一号に掲げる金額に相当する金銭の支払とみなして課される外国法人税の額その他の他の者の所得の金額に相当する金額に対し、これを内国法人（当該内国法人と当該他の者との間に当該内国法人が当該他の者（法人に限る。）の株式又は出資を直接又は間接に保有する関係その他の財務省令で定める関係がある場合における当該内国法人に限る。）の所得の金額とみなして課される外国法人税の額

六　内国法人の国外事業所等の所在する国又は地域（以下この号において「国外事業所等所在地国」という。）において課される外国法人税（当該国外事業所等所在地国において当該内国法人の国外事業所等（当該国外事業所等所在地国に所在するものに限る。以下この号において同じ。）を通じて行う事業から生ずる所得に対して課される他の外国法人税の課税標準となる所得の金額に相当する金額に、当該内国法人の国外事業所等から当該内国法人と他の者との間に当該他の者が当該内国法人の議決権の総数の百分の二十五以上の数を有する関係その他の財務省令で定める関係がある場合における当該他の者（当該国外事業所等所在地国に住所若しくは居所、本店若しくは主たる事務所その他これらに類するもの又は当該国外事業所等所在地国の国籍その他これに類するものを有するものを除く。）及び当該内国法人の本店等（当該国外事業所等所在地国に所在するものを除く。）（以下この号において「関連者等」という。）への支払に係る金額並びに当該内国法人の国外事業所等が当該内国法人の関連者等から取得した資産に係る償却費の額のうち当該他の外国法人税の課税標準となる所得の金額の計算上損金の額に算入される金額を加算することその他これらの金額に関する調整を加えて計算される所得の金額につき課されるものに限る。）の額（当該他の外国法人税の課税標準となる所得の金額に相当する金額に係る部分を除く。）

⑧　（略）

（国外事業所等に帰せられるべき所得）

第一四五条の二①　法第六十九条第四項第一号（外国税額の控除）に規定する国外にある恒久的施設に相当するものその他の政令で定めるものは、我が国が租税条約（法第二条第十二号の十九ただし書（定義）に規定する条約をいい、その条約の我が国以外の締約国又は締約者（以下この項において「条約相手国等」という。）内にある恒久的施設に相当するものに帰せられる所得に対して租税を課することができる旨の定めのあるものに限る。以下この項において同じ。）を締結している条約相手国等については当該租税条約の条約相手国等内にある当該租税条約に定める恒久的施設に相当するものとし、外国（外国居住者等の所得に対する相互主義による所得税等の非課税等に関する法律第二条第三号（定義）に規定する外国をいい、同法第五条各号（相互主義）のいずれかに該当しない場合における当該外国を除く。以下この項において同じ。）については当該外国にある外国居住者等の所得に対する相互主義による所得税等の非課税等に関する法律第二条第六号に規定する国内事業所等に相当するものとし、その他の国又は地域については当該国又は地域にある恒久的施設に相当するものとする。

②　法第六十九条第四項第一号に規定する本店、支店、工場その他これらに準ずるものとして政令で定めるものは、次に掲げるものとする。

一　法第二条第十二号の十九イに規定する事業を行う一定の場所に相当するもの

二　法第二条第十二号の十九ロに規定する建設若しくは据付けの工事又はこれらの指揮監督の役務の提供を行う場所に相当するもの

三　法第二条第十二号の十九ハに規定する自己のために契約を締結する権限のある者に相当する者

四　前三号に掲げるものに準ずるもの

（国外にある資産の運用又は保有により生ずる所

得）

第一四五条の三　次に掲げる資産の運用又は保有により生ずる所得は、法第六十九条第四項第二号（外国税額の控除）に規定する国外にある資産の運用又は保有により生ずる所得とする。

一　外国の国債若しくは地方債若しくは外国法人の発行する債券又は外国法人の発行する金融商品取引法第二条第一項第十五号（定義）に掲げる約束手形に相当するもの

二　所得税法第二条第一項第五号（定義）に規定する非居住者（以下この款において「非居住者」という。）に対する貸付金に係る債権で当該非居住者の行う業務に係るもの以外のもの

三　国外にある営業所、事務所その他これらに準ずるもの又は国外において契約の締結の代理をする者を通じて締結した保険契約（保険業法第二条第六項（定義）に規定する外国保険業者、同条第三項に規定する生命保険会社、同条第四項に規定する損害保険会社又は同条第十八項に規定する少額短期保険業者の締結した保険契約をいう。）その他これに類する契約に基づく保険金の支払又は剰余金の分配（これらに準ずるものを含む。）を受ける権利

（国外にある資産の譲渡により生ずる所得）

第一四五条の四①　法第六十九条第四項第三号（外国税額の控除）に規定する国外にある資産の譲渡により生ずる所得として政令で定めるものは、次に掲げる資産の譲渡（第三号に掲げる資産については、伐採又は譲渡）により生ずる所得とする。

一　国外にある不動産

二　国外にある不動産の上に存する権利、国外における鉱業権又は国外における採石権

三　国外にある山林

四　外国法人の発行する株式又は外国法人の出資者の持分で、その外国法人の発行済株式又は出資の総数又は総額の一定割合以上に相当する数又は金額の株式又は出資を所有する場合にその外国法人の本店又は主たる事務所の所在する国又は地域においてその譲渡による所得に対して外国法人税が課されるもの

五　不動産関連法人の株式（出資を含む。次号及び次項において同じ。）

六　国外にあるゴルフ場の所有又は経営に係る法人の株式を所有することがそのゴルフ場を一般の利用者に比して有利な条件で継続的に利用する権利を有する者となるための要件とされている場合における当該株式

七　国外にあるゴルフ場その他の施設の利用に関する権利

②　前項第五号に規定する不動産関連法人とは、その有する資産の価額の総額のうちに次に掲げる資産の価額の合計額の占める割合が百分の五十以上である法人をいう。

一　国外にある土地等（土地若しくは土地の上に存する権利又は建物及びその附属設備若しくは構築物をいう。以下この項において同じ。）

二　その有する資産の価額の総額のうちに国外にある土地等の価額の合計額の占める割合が百分の五十以上である法人の株式

三　前号又は次号に掲げる株式を有する法人（その有する資産の価額の総額のうちに国外にある土地等並びに前号、この号及び次号に掲げる株式の価額の合計額の占める割合が百分の五十以上であるものに限る。）の株式（前号に掲げる株式に該当するものを除く。）

四　前号に掲げる株式を有する法人（その有する資産の価額の総額のうちに国外にある土地等並びに前二号及びこの号に掲げる株式の価額の合計額の占める割合が百分の五十以上であるものに限る。）の株式（前二号に掲げる株式に該当するものを除く。）

（人的役務の提供を主たる内容とする事業の範囲）

第一四五条の五　法第六十九条第四項第四号（外国税額の控除）に規定する政令で定める事業は、次に掲げる事業とする。

一　映画若しくは演劇の俳優、音楽家その他の芸能人又は職業運動家の役務の提供を主たる内容とする事業

二　弁護士、公認会計士、建築士その他の自由職業者の役務の提供を主たる内容とする事業

三　科学技術、経営管理その他の分野に関する専門的知識又は特別の技能を有する者の当該知識又は技能を活用して行う役務の提供を主たる内容とする事業（機械設備の販売その他事業を行う者の主たる業務に付随して行われる場合における当該事業及び法第二条第十二号の十九ロ（定義）に規定する建設又は据付けの工事の指揮監督の役務の提供を主たる内容とする事業を除く。）

（国外業務に係る貸付金の利子）

第一四五条の六①　法第六十九条第四項第八号（外国税額の控除）に規定する債券の買戻又は売戻条件付売買取引として政令で定めるものは、債券をあらかじめ約定した期日にあらかじめ約定した価格で（あらかじめ期日及び価格を約定することに代えて、その開始以後期日及び価格の約定をすることができる場合にあっては、その開始以後約定した期日に約定した価格で）買い戻し、又は売り戻すことを約定して譲渡し、又は購入し、かつ、当該約定に基づき当該債券と同種及び同量の債券を買い戻し、又は売り戻す取引（次項において「債券現先取引」という。）とする。

②　法第六十九条第四項第八号に規定する差益として政令で定めるものは、国外において業務を行う者との間で行う債券現先取引で当該業務に係るものにおいて、債券を購入する際の当該購入に係る対価の額を当該債券と同種及び同量の債券を売り戻す際の当該売戻しに係る対価の額が上回る場合における当該売戻しに係る対価の額から当該購入に係る対価の額を控除した金額に相当する差益とする。

③　法第六十九条第四項第八号の規定の適用については、外国法人又は非居住者の業務の用に供される船

船又は航空機の購入のためにその外国法人又は非居住者に対して提供された貸付金は、同号の規定に該当する貸付金とし、内国法人又は所得税法第二条第一項第三号（定義）に規定する居住者（以下この款において「居住者」という。）の業務の用に供される船舶又は航空機の購入のためにその内国法人又は居住者に対して提供された貸付金は、法第六十九条第四項第八号の規定に該当する貸付金以外の貸付金とする。

（国外業務に係る使用料等）

第一四五条の七①　法第六十九条第四項第九号ハ（外国税額の控除）に規定する政令で定める用具は、車両及び運搬具、工具並びに器具及び備品とする。

②　法第六十九条第四項第九号の規定の適用については、同号ロ又はハに規定する資産で外国法人又は非居住者の業務の用に供される船舶又は航空機において使用されるものの使用料は、同号の規定に該当する使用料とし、当該資産で内国法人又は居住者の業務の用に供される船舶又は航空機において使用されるものの使用料は、同号の規定に該当する使用料以外の使用料とする。

（事業の広告宣伝のための賞金）

第一四五条の八　法第六十九条第四項第十号（外国税額の控除）に規定する政令で定める賞金は、国外において事業を行う者から当該事業の広告宣伝のために賞として支払を受ける金品その他の経済的な利益とする。

（年金に係る契約の範囲）

第一四五条の九　法第六十九条第四項第十一号（外国税額の控除）に規定する政令で定める契約は、保険業法第二条第六項（定義）に規定する外国保険業者、同条第三項に規定する生命保険会社若しくは同条第四項に規定する損害保険会社の締結する保険契約又はこれに類する共済に係る契約であつて、年金を給付する定めのあるものとする。

（匿名組合契約に準ずる契約の範囲）

第一四五条の一〇　法第六十九条第四項第十三号（外国税額の控除）に規定する政令で定める契約は、当事者の一方が相手方の事業のために出資をし、相手方がその事業から生ずる利益を分配することを約する契約とする。

（国際運輸業所得）

第一四五条の一一　法第六十九条第四項第十四号（外国税額の控除）に規定する政令で定める所得は、内国法人が国内及び国外にわたつて船舶又は航空機による運送の事業を行うことにより生ずる所得のうち、船舶による運送の事業にあつては国外において乗船し又は船積みをした旅客又は貨物に係る収入金額を基準とし、航空機による運送の事業にあつてはその国外業務（国外において行う業務をいう。以下この条において同じ。）に係る収入金額又は経費、その国外業務の用に供する固定資産の価額その他その国外業務が当該運送の事業に係る所得の発生に寄与した程度を推測するに足りる要因を基準として判定したその内国法人の国外業務につき生ずべき所得とする。

（相手国等において租税を課することができることとされる所得）

第一四五条の一二　法第六十九条第四項第十五号（外国税額の控除）に規定する政令で定めるものは、同号に規定する相手国等において外国法人税が課される所得とする。

（国外に源泉がある所得）

第一四五条の一三　法第六十九条第四項第十六号（外国税額の控除）に規定する政令で定める所得は、次に掲げる所得とする。

一　国外において行う業務又は国外にある資産に関し受ける保険金、補償金又は損害賠償金（これらに類するものを含む。）に係る所得
二　国外にある資産の贈与を受けたことによる所得
三　国外において発見された埋蔵物又は国外において拾得された遺失物に係る所得
四　国外において行う懸賞募集に基づいて懸賞として受ける金品その他の経済的な利益に係る所得
五　前各号に掲げるもののほか、国外において行う業務又は国外にある資産に関し供与を受ける経済的な利益に係る所得

（債務の保証等に類する取引）

第一四五条の一四　法第六十九条第五項（外国税額の控除）に規定する政令で定める取引は、資金の借入れその他の取引に係る債務の保証（債務を負担する行為であつて債務の保証に準ずるものを含む。）とする。

（内部取引に含まれない事実の範囲等）

第一四五条の一五①　法第六十九条第七項（外国税額の控除）に規定する利子に準ずるものとして政令で定めるものは、手形の割引料、第百三十六条の二第一項（金銭債務に係る債務者の償還差益又は償還差損の益金又は損金算入）に規定する満たない部分の金額その他経済的な性質が利子に準ずるものとする。

②　（略）

③　法第六十九条第七項に規定する政令で定める事実は、次に掲げる事実とする。

一　次に掲げるものの使用料の支払に相当する事実
　イ　工業所有権その他の技術に関する権利、特別の技術による生産方式又はこれらに準ずるもの
　ロ　著作権（出版権及び著作隣接権その他これに準ずるものを含む。）
　ハ　第十三条第八号イからツまで（減価償却資産の範囲）に掲げる無形固定資産（国外における同号カからツまでに掲げるものに相当するものを含む。）
二　前号イからハまでに掲げるものの譲渡又は取得に相当する事実

第三編　外国法人の法人税

第一章　国内源泉所得

（恒久的施設に係る内部取引の相手方である本店等の範囲）

第一七六条　法第百三十八条第一項第一号（国内源泉

所得）に規定する政令で定めるものは、次に掲げるものとする。

一　法第二条第十二号の十九イ（定義）に規定する事業を行う一定の場所に相当するもの

二　法第二条第十二号の十九ロに規定する建設若しくは据付けの工事又はこれらの指揮監督の役務の提供を行う場所に相当するもの

三　法第二条第十二号の十九ハに規定する自己のために契約を締結する権限のある者に相当する者

四　前三号に掲げるものに準ずるもの

（国内にある資産の運用又は保有により生ずる所得）

第一七七条①　次に掲げる資産の運用又は保有により生ずる所得（所得税法第百六十一条第一項第八号から第十一号まで及び第十三号から第十六号まで（国内源泉所得）に該当するものを除く。）は、法第百三十八条第一項第二号（国内源泉所得）に掲げる国内源泉所得に含まれるものとする。

一　所得税法第二条第一項第九号（定義）に規定する公社債のうち日本国の国債若しくは地方債若しくは内国法人の発行する債券又は金融商品取引法第二条第一項第十五号（定義）に掲げる約束手形

二　所得税法第二条第一項第三号に規定する居住者（以下この章において「居住者」という。）に対する貸付金に係る債権で当該居住者の行う業務に係るもの以外のもの

三　国内にある営業所、事務所その他これらに準ずるもの又は国内において契約の締結の代理をする者を通じて締結した生命保険契約（保険業法第二条第三項（定義）に規定する生命保険会社若しくは同条第八項に規定する外国生命保険会社等の締結した保険契約又は同条第十八項に規定する少額短期保険業者（以下この号において「少額短期保険業者」という。）の締結したこれに類する保険契約をいう。）、所得税法施行令第三十条第一号（非課税とされる保険金、損害賠償金等）に規定する旧簡易生命保険契約、損害保険契約（同法第二条第四項に規定する損害保険会社若しくは同条第九項に規定する外国損害保険会社等の締結した保険契約又は少額短期保険業者の締結したこれに類する保険契約をいう。）その他これらに類する契約に基づく保険金の支払又は剰余金の分配（これらに準ずるものを含む。）を受ける権利

②　所得税法施行令第二百八十三条第一項（国内業務に係る貸付金の利子）に規定する利子は、法第百三十八条第一項第二号に掲げる国内源泉所得に含まれないものとする。

（国内にある資産の譲渡により生ずる所得）

第一七八条①　法第百三十八条第一項第三号（国内源泉所得）に規定する政令で定める所得は、次に掲げる所得とする。

一　国内にある不動産の譲渡による所得

二　国内にある不動産の上に存する権利、鉱業法の規定による鉱業権又は採石法の規定による採石権の譲渡による所得

三　国内にある山林の伐採又は譲渡による所得

四　内国法人の発行する株式（社債的受益権（資産の流動化に関する法律第二百三十条第一項第二号（特定目的信託契約）に規定する社債的受益権をいう。以下この条において同じ。）を除く。次号において同じ。）（株主となる権利、株式の割当てを受ける権利、新株予約権及び新株予約権の割当てを受ける権利を含む。）その他内国法人の出資者の持分（会社法の施行に伴う関係法律の整備等に関する法律第二百三十条第一項（特定目的会社による特定資産の流動化に関する法律等の一部を改正する法律の一部改正に伴う経過措置等）に規定する特例旧特定目的会社の出資者の持分及び社債的受益権を除く。以下この項及び第四項において「株式等」という。）の譲渡による所得で次に掲げるもの

イ　同一銘柄の内国法人の株式等の買集めをし、その所有者である地位を利用して、当該株式等をその内国法人若しくはその特殊関係者に対し、又はこれらの者若しくはその依頼する者のあっせんにより譲渡をすることによる所得

ロ　内国法人の特殊関係株主等である外国法人が行うその内国法人の株式等の譲渡による所得

五　法人（不動産関連法人に限る。）の株式（出資（社債的受益権を除く。）を含む。第八項及び第十項において同じ。）の譲渡による所得

六　国内にあるゴルフ場の所有又は経営に係る法人の株式又は出資を所有することがそのゴルフ場を一般の利用者に比して有利な条件で継続的に利用する権利を有する者となるための要件とされている場合における当該株式又は出資の譲渡による所得

七　国内にあるゴルフ場その他の施設の利用に関する権利の譲渡による所得

②③　（略）

④　第一項第四号ロに規定する特殊関係株主等とは、次に掲げる者をいう。

一　第一項第四号ロの内国法人の一の株主等

二　前号の一の株主等と第四条（同族関係者の範囲）に規定する特殊の関係その他これに準ずる関係のある者

三　第一号の一の株主等が締結している組合契約（次に掲げるものを含む。）に係る組合財産である第一項第四号ロの内国法人の株式等につき、その株主等に該当することとなる者（前二号に掲げる者を除く。）

イ　当該一の株主等が締結している組合契約による組合（これに類するものを含む。以下この号において同じ。）が締結している組合契約

ロ　イ又はハに掲げる組合契約による組合が締結している組合契約

ハ　ロに掲げる組合契約による組合が締結している組合契約

⑤　（略）

⑥　第一項第四号ロに規定する株式等の譲渡は、次の各号に掲げる要件を満たす場合の同項第四号ロの外

国法人の当該譲渡の日の属する事業年度（以下この項及び第九項において「譲渡事業年度」という。）における第二号に規定する株式又は出資の譲渡に限るものとする。

一　譲渡事業年度終了の日以前三年内のいずれかの時において、第一項第四号ロの内国法人の特殊関係株主等がその内国法人の発行済株式又は出資（社債的受益権を除く。次号及び次項において「発行済株式等」という。）の総数又は総額の百分の二十五以上に相当する数又は金額の株式又は出資（社債的受益権を除き、当該特殊関係株主等が第四項第三号に掲げる者である場合には、同号の組合財産であるものに限る。次号及び次項において同じ。）を所有していたこと。

二　譲渡事業年度において、第一項第四号ロの外国法人を含む同号ロの内国法人の特殊関係株主等が最初にその内国法人の株式又は出資の譲渡をする直前のその内国法人の発行済株式等の総数又は総額の百分の五（当該譲渡事業年度が一年に満たない場合には、百分の五に当該譲渡事業年度の月数を乗じたものを十二で除して計算した割合）以上に相当する数又は金額の株式又は出資の譲渡をしたこと。

⑦（略）

⑧　第一項第五号に規定する不動産関連法人とは、その株式の譲渡の日から起算して三百六十五日前の日から当該譲渡の直前の時までの間のいずれかの時において、その有する資産の価額の総額のうちに次に掲げる資産の価額の合計額の占める割合が百分の五十以上である法人をいう。

一　国内にある土地等（土地若しくは土地の上に存する権利又は建物及びその附属設備若しくは構築物をいう。以下この項において同じ。）

二　その有する資産の価額の総額のうちに国内にある土地等の価額の合計額の占める割合が百分の五十以上である法人の株式

三　前号又は次号に掲げる株式を有する法人（その有する資産の価額の総額のうちに国内にある土地等並びに前号、この号及び次号に掲げる株式の価額の合計額の占める割合が百分の五十以上であるものに限る。）の株式（前号に掲げる株式に該当するものを除く。）

四　前号に掲げる株式を有する法人（その有する資産の価額の総額のうちに国内にある土地等並びに前二号及びこの号に掲げる株式の価額の合計額の占める割合が百分の五十以上であるものに限る。）の株式（前二号に掲げる株式に該当するものを除く。）

⑨―⑪（略）

（人的役務の提供を主たる内容とする事業の範囲）

第一七九条　法第百三十八条第一項第四号（国内源泉所得）に規定する政令で定める事業は、次に掲げる事業とする。

一　映画若しくは演劇の俳優、音楽家その他の芸能人又は職業運動家の役務の提供を主たる内容とする事業

二　弁護士、公認会計士、建築士その他の自由職業者の役務の提供を主たる内容とする事業

三　科学技術、経営管理その他の分野に関する専門的知識又は特別の技能を有する者の当該知識又は技能を活用して行う役務の提供を主たる内容とする事業（機械設備の販売その他事業を行う者の主たる業務に付随して行われる場合における当該事業及び法第二条第十二号の十九ロ（定義）に規定する建設又は据付けの工事の指揮監督の役務の提供を主たる内容とする事業を除く。）

（国内に源泉がある所得）

第一八〇条　法第百三十八条第一項第六号（国内源泉所得）に規定する政令で定める所得は、次に掲げる所得とする。

一　国内において行う業務又は国内にある資産に関し受ける保険金、補償金又は損害賠償金（これらに類するものを含む。）に係る所得

二　国内にある資産の贈与を受けたことによる所得

三　国内において発見された埋蔵物又は国内において拾得された遺失物に係る所得

四　国内において行う懸賞募集に基づいて懸賞として受ける金品その他の経済的な利益に係る所得

五　前各号に掲げるもののほか、国内において行う業務又は国内にある資産に関し供与を受ける経済的な利益に係る所得

（債務の保証等に類する取引）

第一八一条　法第百三十八条第二項（国内源泉所得）に規定する政令で定める取引は、資金の借入れその他の取引に係る債務の保証（債務を負担する行為であつて債務の保証に準ずるものを含む。）とする。

（国際運輸業所得）

第一八二条　法第百三十八条第三項（国内源泉所得）に規定する政令で定める所得は、外国法人が国内及び国外にわたつて船舶又は航空機による運送の事業を行うことにより生ずる所得のうち、船舶による運送の事業にあつては国内において乗船し又は船積みをした旅客又は貨物に係る収入金額を基準とし、航空機による運送の事業にあつてはその国内業務（国内において行う業務をいう。以下この条において同じ。）に係る収入金額又は経費、その国内業務の用に供する固定資産の価額その他その国内業務が当該運送の事業に係る所得の発生に寄与した程度を推測するに足りる要因を基準として判定したその外国法人の国内業務につき生ずべき所得とする。

（租税条約に異なる定めがある場合の国内源泉所得）

第一八三条①②　（略）

③　法第百三十九条第二項に規定する政令で定める事実は、次に掲げる事実とする。

一　次に掲げるものの使用料の支払に相当する事実

イ　工業所有権その他の技術に関する権利、特別の技術による生産方式又はこれらに準ずるもの

ロ　著作権（出版権及び著作隣接権その他これに準ずるものを含む。）

ハ　第十三条第八号イからツまで（減価償却資産

の範囲）に掲げる無形固定資産（国外における同号カからツまでに掲げるものに相当するものを含む。）
二　前号イからハまでに掲げるものの譲渡又は取得に相当する事実

第二章　各事業年度の所得に対する法人税

第一節　恒久的施設帰属所得に係る所得の金額の計算

（恒久的施設帰属所得に係る所得の金額の計算）

第一八四条①　外国法人の各事業年度の法第百四十一条第一号イ（課税標準）に掲げる国内源泉所得（以下この条及び第百八十六条（控除対象外国法人税の額が減額された部分のうち益金の額に算入するもの等）において「恒久的施設帰属所得」という。）に係る所得の金額の計算上当該事業年度の益金の額又は損金の額に算入すべき金額につき、法第百四十二条第二項（恒久的施設帰属所得に係る所得の金額の計算）の規定により次の各号に掲げる法の規定に準じて計算する場合には、当該各号に定めるところによる。
一　法第二十二条（各事業年度の所得の金額の計算の通則）　同条第二項に規定する当該事業年度の収益の額及び同条第三項各号に掲げる額は、外国法人の恒久的施設を通じて行う事業に係るものに限るものとする。
二―六　（略）
七　法第三十四条（役員給与の損金不算入）　同条第一項に規定する使用人は、外国法人の使用人のうちその外国法人が恒久的施設を通じて行う事業のために常時勤務する者に限るものとする。
八　法第三十七条（寄附金の損金不算入）　同条第一項に規定する資本金の額及び資本準備金の額の合計額又は出資金の額は、外国法人の資本金の額及び資本準備金の額の合計額又は出資金の額にその外国法人の貸借対照表に計上されている総資産の帳簿価額のうちにその外国法人の恒久的施設を通じて行う事業に係る資産の帳簿価額の占める割合を乗じて計算した金額とし、同項に規定する所得の金額は、恒久的施設帰属所得に係る所得の金額とする。
九―十二　（略）
十三　法第五十二条（貸倒引当金）　次に定めるところによる。
イ　法第五十二条第一項及び第二項に規定する金銭債権は、外国法人の恒久的施設を通じて行う事業に係る当該金銭債権に限るものとし、恒久的施設と本店等との間の内部取引（法第百三十八条第一項第一号に規定する内部取引をいう。第六項において同じ。）に係る金銭債権に相当するものは当該金銭債権に含まれないものとする。
ロ　法第五十二条第一項及び第二項に規定する各事業年度には、恒久的施設を有する外国法人が恒久的施設を有しないこととなつた場合におけるその有しないこととなつた日の属する事業年度（第十九号において「国内事業終了年度」という。）は、含まれないものとする。
十四―二十　（略）
②　法第百四十二条第三項第二号に規定する政令で定めるところにより配分した金額は、外国法人の当該事業年度の同号に規定する費用につき、当該外国法人の恒久的施設を通じて行う事業及びそれ以外の事業に係る収入金額、資産の価額、使用人の数その他の基準のうち、これらの事業の内容及び当該費用の性質に照らして合理的と認められる基準を用いて当該外国法人の恒久的施設を通じて行う事業に配分した金額とする。
③　恒久的施設を有する外国法人が恒久的施設管理外国株式の全部又は一部につきその交付の時に当該外国法人の本店等に移管する行為その他当該恒久的施設を通じて行う事業に係る資産として管理しなくなる行為を行つた場合には、その行為に係る恒久的施設管理外国株式について、その交付の時に当該恒久的施設において管理した後、直ちに当該外国法人の恒久的施設と本店等との間で移転が行われたものとみなして、法第百三十八条第一項第一号の規定を適用する。
④　（略）
⑤　外国法人の各事業年度の恒久的施設帰属所得に係る所得の金額の計算上当該事業年度の益金の額又は損金の額に算入すべき金額につき、法第百四十二条第二項の規定により前編第一章第一節（内国法人の各事業年度の所得の金額の計算）の規定に準じて計算する場合には、次の表の上欄に掲げる規定中同表の中欄に掲げる字句は、それぞれ同表の下欄に掲げる字句に読み替えるものとする。

（略）		
第二十九条第二項第一号	新たに設立した内国法人	恒久的施設を有することとなつた外国法人
	設立の日	恒久的施設を有することとなつた日
（略）		
第五十一条第二項第一号	新たに設立した内国法人	恒久的施設を有することとなつた外国法人
	設立の日	恒久的施設を有することとなつた日
（略）		

⑥　（略）

（恒久的施設に帰せられるべき資本に対応する負債の利子の損金不算入）

第一八八条①　法第百四十二条の四第一項（恒久的施設に帰せられるべき資本に対応する負債の利子の損金不算入）に規定する恒久的施設に係る純資産の額として政令で定めるところにより計算した金額は、第一号に掲げる金額から第二号に掲げる金額を控除した残額とする。

一　当該外国法人の当該事業年度の恒久的施設に係る資産の帳簿価額の平均的な残高として合理的な方法により計算した金額

二　当該外国法人の当該事業年度の恒久的施設に係る負債の帳簿価額の平均的な残高として合理的な方法により計算した金額

②　法第百四十二条の四第一項に規定する外国法人の資本に相当する額のうち恒久的施設に帰せられるべき金額として政令で定めるところにより計算した金額（以下この条において「恒久的施設帰属資本相当額」という。）は、次に掲げるいずれかの方法により計算した金額とする。

一　資本配賦法（次に掲げる外国法人の区分に応じそれぞれ次に定める方法により計算した金額をもつて恒久的施設帰属資本相当額とする方法をいう。）

イ・ロ　（略）

二　同業法人比準法（次に掲げる外国法人の区分に応じそれぞれ次に定める方法により計算した金額をもつて恒久的施設帰属資本相当額とする方法をいう。）

イ・ロ　（略）

③―⑧　（略）

⑨　当該事業年度の前事業年度の恒久的施設帰属資本相当額を資本配賦法等（第二項第一号、第三項第一号若しくは第四項各号に掲げる方法又は第五項に規定する方法をいう。以下この項において同じ。）により計算した外国法人が当該事業年度の恒久的施設帰属資本相当額を計算する場合には、第四項及び第六項の規定により資本配賦法等により計算することができない場合又は当該外国法人の恒久的施設を通じて行う事業の種類の変更その他これに類する事情がある場合に限り同業法人比準法等（第二項第二号又は第三項第二号に掲げる方法をいう。以下この項において同じ。）により計算することができるものとし、当該事業年度の前事業年度の恒久的施設帰属資本相当額を同業法人比準法等により計算した外国法人が当該事業年度の恒久的施設帰属資本相当額を計算する場合には、当該外国法人の恒久的施設を通じて行う事業の種類の変更その他これに類する事情がある場合に限り資本配賦法等により計算することができるものとする。

⑩　（略）

⑪　法第百四十二条の四第一項に規定する政令で定める金額は、第一号から第三号までに掲げる金額の合計額から第四号に掲げる金額を控除した残額とする。

一　恒久的施設を通じて行う事業に係る負債の利子（法第百四十二条の四第一項に規定する利子をいう。以下この条において同じ。）の額（次号及び第三号に掲げる金額を除く。）

二　法第百三十八条第一項第一号（国内源泉所得）に規定する内部取引において外国法人の恒久的施設から当該外国法人の同号に規定する本店等に対して支払う利子に該当することとなるものの金額

三　法第百四十二条第三項第二号（恒久的施設帰属所得に係る所得の金額の計算）に規定する恒久的施設を通じて行う事業に係るものとして政令で定めるところにより配分した金額に含まれる負債の利子の額（次号に掲げる金額を含む。）

四　法第百四十二条の五第一項（外国銀行等の資本に係る負債の利子の損金算入）の規定により外国法人の当該事業年度の法第百四十一条第一号イ（課税標準）に掲げる国内源泉所得に係る所得の金額の計算上損金の額に算入される金額

⑫　法第百四十二条の四第一項に規定するその満たない金額に対応する部分の金額として政令で定めるところにより計算した金額は、外国法人の当該事業年度の同項に規定する政令で定める金額に、当該外国法人の当該事業年度の恒久的施設帰属資本相当額から第一号に掲げる金額を控除した残額（当該残額が第二号に掲げる金額を超える場合には、同号に掲げる金額）の第二号に掲げる金額に対する割合を乗じて計算した金額とする。

一　当該外国法人の当該事業年度の恒久的施設に係る法第百四十二条の四第一項に規定する自己資本の額

二　当該外国法人の当該事業年度の恒久的施設に帰せられる負債（利子の支払の基因となるものその他資金の調達に係るものに限る。）の帳簿価額の平均的な残高として合理的な方法により計算した金額

⑬―⑮　（略）

（外国銀行等の資本に係る負債の利子の損金算入）

第一八九条　（略）

（恒久的施設の閉鎖に伴う資産の時価評価損益）

第一九〇条①　法第百四十二条の八第一項（恒久的施設の閉鎖に伴う資産の時価評価損益）に規定する政令で定める事由は、恒久的施設の他の者への譲渡又は恒久的施設を有する外国法人を被合併法人若しくは分割法人とする適格合併若しくは適格分割型分割とする。

②　（略）

③　外国法人の法第百四十二条の八第一項に規定する恒久的施設閉鎖事業年度においては、当該恒久的施設閉鎖事業年度終了の時に同項に規定する恒久的施設に帰せられる資産については、法第百四十二条第二項（恒久的施設帰属所得に係る所得の金額の計算）の規定により法第二十五条（資産の評価益）の規定に準じて計算する場合の同条第一項の規定及び法第百四十二条第二項の規定により法第三十三条（資産の評価損）の規定に準じて計算する場合の同条第一項の規定は、適用しない。

④　法第百四十二条の八第一項の規定の適用を受けた場合において、同項に規定する評価益又は評価損が益金の額又は損金の額に算入された資産については、同項の規定の適用を受けた事業年度以後の各事業年度の法第百四十一条第二号（課税標準）に定める国内源泉所得に係る所得の金額の計算上、当該資産の帳簿価額は、別段の定めがあるものを除き、当

該適用を受けた事業年度終了の時において、当該益金の額に算入された金額に相当する金額の増額がされ、又は当該損金の額に算入された金額に相当する金額の減額がされたものとする。

⑤―⑦（略）

（特定の内部取引に係る恒久的施設帰属所得に係る所得の金額の計算）

第一九〇条の二①　法第百四十二条の九第一項（特定の内部取引に係る恒久的施設帰属所得に係る所得の金額の計算）に規定する政令で定める金額は、外国法人の恒久的施設と本店等（同項に規定する本店等をいう。次項において同じ。）との間の内部取引（同条第一項に規定する内部取引をいう。以下この条において同じ。）が次の各号に掲げる内部取引のいずれに該当するかに応じ、当該各号に定める金額とする。

一　恒久的施設による資産（法第百四十二条の九第一項に規定する資産に限る。以下この条において同じ。）の取得に相当する内部取引　当該内部取引の時に当該内部取引に係る資産の他の者への譲渡があつたものとみなして当該資産の譲渡により生ずべき当該外国法人の各事業年度の法第百四十一条第一号ロ（課税標準）に掲げる国内源泉所得に係る所得の金額を計算するとした場合に当該資産の譲渡に係る原価の額とされる金額に相当する金額

二　恒久的施設による資産の譲渡に相当する内部取引　当該内部取引の時に当該内部取引に係る資産の他の者への譲渡があつたものとみなして当該資産の譲渡により生ずべき当該外国法人の各事業年度の法第百四十一条第一号イに掲げる国内源泉所得に係る所得の金額を計算するとした場合に当該資産の譲渡に係る原価の額とされる金額に相当する金額

②（略）

第三節　税額の計算

（国外所得金額）

第一九三条①　法第百四十四条の二第一項（外国法人に係る外国税額の控除）に規定する政令で定める金額は、法第百四十一条第一号イ（課税標準）に掲げる国内源泉所得（次項において「恒久的施設帰属所得」という。）に係る所得の金額のうち国外源泉所得（法第百四十四条の二第一項に規定する国外源泉所得をいう。次項並びに次条第三項及び第四項において同じ。）に係る所得の金額とする。

②―④（略）

（外国税額控除の対象とならない外国法人税の額）

第一九五条①②　（略。第一四二条の二第一項・第二項と同旨）

③―⑤（略）

附　則（令和二・六・二六政二〇七）（抜粋）

（施行期日）

第一条　この政令は、令和四年四月一日から施行する。

●相続税法（抄）（昭和二五・三・三一 法 七 三）

施行 昭和二五・四・一（附則参照）
最終改正 令和三法二四

目次

第一章 総則

第一節 通則

（趣旨）

第一条 この法律は、相続税及び贈与税について、納税義務者、課税財産の範囲、税額の計算の方法、申告、納付及び還付の手続並びにその納税義務の適正な履行を確保するため必要な事項を定めるものとする。

（定義）

第一条の二 この法律において、次の各号に掲げる用語の意義は、当該各号に定めるところによる。

一 扶養義務者 配偶者及び民法（明治二十九年法律第八十九号）第八百七十七条（扶養義務者）に規定する親族をいう。

二 期限内申告書 第五十条第二項の場合を除き、第二十七条第一項及び第二項、第二十八条第一項及び第二項並びに第二十九条の規定による申告書をいう。

三 期限後申告書 国税通則法（昭和三十七年法律第六十六号）第十八条第二項（期限後申告書）に規定する期限後申告書をいう。

四 修正申告書 国税通則法第十九条第三項（修正申告書）に規定する修正申告書をいう。

五 更正 国税通則法第二十四条（更正）又は第二十六条（再更正）の規定による更正をいう。

六 決定 第三十三条の二の場合を除き、国税通則法第二十五条（決定）の規定による決定をいう。

（相続税の納税義務者）

第一条の三① 次の各号のいずれかに掲げる者は、この法律により、相続税を納める義務がある。

一 相続又は遺贈（贈与をした者の死亡により効力を生ずる贈与を含む。以下同じ。）により財産を取得した次に掲げる者であつて、当該財産を取得した時においてこの法律の施行地に住所を有するもの

イ 一時居住者でない個人

ロ 一時居住者である個人（当該相続又は遺贈に係る被相続人（遺贈をした者を含む。以下同じ。）が外国人被相続人又は非居住被相続人である場合を除く。）

二 相続又は遺贈により財産を取得した次に掲げる者であつて、当該財産を取得した時においてこの法律の施行地に住所を有しないもの

イ 日本国籍を有する個人であつて次に掲げるもの

(1) 当該相続又は遺贈に係る相続の開始前十年以内のいずれかの時においてこの法律の施行地に住所を有していたことがあるもの

(2) 当該相続又は遺贈に係る相続の開始前十年以内のいずれの時においてもこの法律の施行地に住所を有していたことがないもの（当該相続又は遺贈に係る被相続人が外国人被相続人又は非居住被相続人である場合を除く。）

ロ 日本国籍を有しない個人（当該相続又は遺贈に係る被相続人が外国人被相続人又は非居住被相続人である場合を除く。）

三 相続又は遺贈によりこの法律の施行地にある財産を取得した個人で当該財産を取得した時においてこの法律の施行地に住所を有するもの（第一号に掲げる者を除く。）

四 相続又は遺贈によりこの法律の施行地にある財産を取得した個人で当該財産を取得した時においてこの法律の施行地に住所を有しないもの（第二号に掲げる者を除く。）

五 贈与（贈与をした者の死亡により効力を生ずる贈与を除く。以下同じ。）により第二十一条の九第三項の規定の適用を受ける財産を取得した個人（前各号に掲げる者を除く。）

② 所得税法（昭和四十年法律第三十三号）第百三十七条の二（国外転出をする場合の譲渡所得等の特例の適用がある場合の納税猶予）又は第百三十七条の三（贈与等により非居住者に資産が移転した場合の譲渡所得等の特例の適用がある場合の納税猶予）の規定の適用がある場合における前項第一号ロ又は第二号イ(2)若しくはロの規定の適用については、次に定めるところによる。

一 所得税法第百三十七条の二第一項（同条第二項の規定により適用する場合を含む。次条第二項第一号において同じ。）の規定の適用を受ける個人が死亡した場合には、当該個人の死亡に係る相続税の前項第一号ロ又は第二号イ(2)若しくはロの規定の適用については、当該個人は、当該個人の死亡に係る相続の開始前十年以内のいずれかの時に

おいてこの法律の施行地に住所を有していたものとみなす。

二　所得税法第百三十七条の三第一項（同条第三項の規定により適用する場合を含む。以下この号及び次条第二項第二号において同じ。）の規定の適用を受ける者から同法第百三十七条の三第一項の規定の適用に係る贈与により財産を取得した者（以下この号において「受贈者」という。）が死亡した場合には、当該受贈者の死亡に係る相続税の前項第一号ロ又は第二号イ⑵若しくはロの規定の適用については、当該受贈者は、当該受贈者の死亡に係る相続の開始前十年以内のいずれかの時においてこの法律の施行地に住所を有していたものとみなす。ただし、当該受贈者が同条第一項の規定の適用に係る贈与前十年以内のいずれの時においてもこの法律の施行地に住所を有していたことがない場合は、この限りでない。

三　所得税法第百三十七条の三第二項（同条第三項の規定により適用する場合を含む。以下この号及び次条第二項第三号において同じ。）の規定の適用を受ける相続人（包括受遺者を含む。以下この号及び次条第二項第三号において同じ。）が死亡（以下この号において「二次相続」という。）をした場合には、当該二次相続に係る相続税の前項第一号ロ又は第二号イ⑵若しくはロの規定の適用については、当該相続人は、当該二次相続の開始前十年以内のいずれかの時においてこの法律の施行地に住所を有していたものとみなす。ただし、当該相続人が所得税法第百三十七条の三第二項の規定の適用に係る相続の開始前十年以内のいずれの時においてもこの法律の施行地に住所を有していたことがない場合は、この限りでない。

③　第一項において、次の各号に掲げる用語の意義は、当該各号に定めるところによる。

一　一時居住者　相続開始の時において在留資格（出入国管理及び難民認定法（昭和二十六年政令第三百十九号）別表第一（在留資格）の上欄の在留資格をいう。次号及び次条第三項において同じ。）を有する者であつて当該相続の開始前十五年以内においてこの法律の施行地に住所を有していた期間の合計が十年以下であるものをいう。

二　外国人被相続人　相続開始の時において、在留資格を有し、かつ、この法律の施行地に住所を有していた当該相続に係る被相続人をいう。

三　非居住被相続人　相続開始の時においてこの法律の施行地に住所を有していなかつた当該相続に係る被相続人であつて、当該相続の開始前十年以内のいずれかの時においてこの法律の施行地に住所を有していたことがあるもののうちそのいずれの時においても日本国籍を有していなかつたもの又は当該相続の開始前十年以内のいずれの時においてもこの法律の施行地に住所を有していたことがないものをいう。

一　納税義務の発生

1　遺産分割が行われていなくてもよい。（東京高判昭46・2・26訟月一七・六・一〇二一）

二　特別縁故者として財産分与を受けたことによる相続税の納税義務の成立時期

2　財産分与による財産の取得時期は、民法上の取得時期いかんにかかわらず、相続税法上は遺贈の場合と同様相続開始時であると解すべきであり、その課税については、この時に施行されていた相続税法が適用される。（神戸地判昭58・11・14行裁三四・一一・一九四七）

◇→税通一五条

（贈与税の納税義務者）

第一条の四①　次の各号のいずれかに掲げる者は、この法律により、贈与税を納める義務がある。

一　贈与により財産を取得した次に掲げる者であつて、当該財産を取得した時においてこの法律の施行地に住所を有するもの

イ　一時居住者でない個人

ロ　一時居住者である個人（当該贈与をした者が外国人贈与者又は非居住贈与者である場合を除く。）

二　贈与により財産を取得した次に掲げる者であつて、当該財産を取得した時においてこの法律の施行地に住所を有しないもの

イ　日本国籍を有する個人であつて次に掲げるもの

⑴　当該贈与前十年以内のいずれかの時においてこの法律の施行地に住所を有していたことがあるもの

⑵　当該贈与前十年以内のいずれの時においてもこの法律の施行地に住所を有していたことがないもの（当該贈与をした者が外国人贈与者又は非居住贈与者である場合を除く。）

ロ　日本国籍を有しない個人（当該贈与をした者が外国人贈与者又は非居住贈与者である場合を除く。）

三　贈与によりこの法律の施行地にある財産を取得した個人で当該財産を取得した時においてこの法律の施行地に住所を有するもの（第一号に掲げる者を除く。）

四　贈与によりこの法律の施行地にある財産を取得した個人で当該財産を取得した時においてこの法律の施行地に住所を有しないもの（第二号に掲げる者を除く。）

②　所得税法第百三十七条の二（国外転出をする場合の譲渡所得等の特例の適用がある場合の納税猶予）又は第百三十七条の三（贈与等により非居住者に資産が移転した場合の譲渡所得等の特例の適用がある場合の納税猶予）の規定の適用がある場合における前項第一号ロ又は第二号イ⑵若しくはロの規定の適用については、次に定めるところによる。

一　所得税法第百三十七条の二第一項の規定の適用を受ける個人が財産の贈与をした場合には、当該贈与に係る贈与税の前項第一号ロ又は第二号イ⑵

若しくはロの規定の適用については、当該個人は、当該贈与前十年以内のいずれかの時においてこの法律の施行地に住所を有していたものとみなす。

二　所得税法第百三十七条の三第一項の規定の適用を受ける者から同項の規定の適用に係る贈与により財産を取得した者（以下この号において「受贈者」という。）が財産の贈与（以下この号において「二次贈与」という。）をした場合には、当該二次贈与に係る贈与税の前項第一号ロ又は第二号イ⑵若しくはロの規定の適用については、当該受贈者は、当該二次贈与前十年以内のいずれかの時においてこの法律の施行地に住所を有していたものとみなす。ただし、当該受贈者が同条第一項の規定の適用に係る贈与前十年以内のいずれの時においてもこの法律の施行地に住所を有していたことがない場合は、この限りでない。

三　所得税法第百三十七条の三第二項の規定の適用を受ける相続人が財産の贈与をした場合には、当該贈与に係る贈与税の前項第一号ロ又は第二号イ⑵若しくはロの規定の適用については、当該相続人は、当該贈与前十年以内のいずれかの時においてこの法律の施行地に住所を有していたものとみなす。ただし、当該相続人が同条第二項の規定の適用に係る相続の開始前十年以内のいずれの時においてもこの法律の施行地に住所を有していたことがない場合は、この限りでない。

③　第一項において、次の各号に掲げる用語の意義は、当該各号に定めるところによる。

一　一時居住者　贈与の時において在留資格を有する者であつて当該贈与前十五年以内においてこの法律の施行地に住所を有していた期間の合計が十年以下であるものをいう。

二　外国人贈与者　贈与の時において、在留資格を有し、かつ、この法律の施行地に住所を有していた当該贈与をした者をいう。

三　非居住贈与者　贈与の時においてこの法律の施行地に住所を有していなかつた当該贈与をした者であつて、当該贈与前十年以内のいずれかの時においてこの法律の施行地に住所を有していたことがあるもののうちそのいずれの時においても日本国籍を有していなかつたもの又は当該贈与前十年以内のいずれの時においてもこの法律の施行地に住所を有していたことがないものをいう。

一　「住所」の意義

1　相続税法（平成一五法八による改正前のもの）一条の二第一号［現本条一項一号に相当］にいう「住所とは、反対の解釈をすべき特段の事由はない以上、生活の本拠、すなわち、その者の生活に最も関係の深い一般的生活、全生活の中心を指すものであり、一定の場所がある者の住所であるか否かは、客観的に生活の本拠たる実体を具備しているか否かにより決すべきものと解するのが相当である」という一般論に基づき、香港に赴任しつつ国内にも相応の日数滞在していた者が国内における住所を有していたとはいえないとされた事例（最判平23・2・18判時二一一一・三〈武富士贈与事件〉租税百選［七版］一四）

二　共同相続人以外の者が相続分権を譲り受けた場合

2　「贈与……に因り財産を取得した個人」［平成一五法八による改正前の一条の二第一号。現本条一項一号に相当］に該当する。（東京高判平17・11・10訟月五二・八・二六四三）

（相続税の課税財産の範囲）

第二条①　第一条の三第一項第一号又は第二号の規定に該当する者については、その者が相続又は遺贈により取得した財産の全部に対し、相続税を課する。

②　第一条の三第一項第三号又は第四号の規定に該当する者については、その者が相続又は遺贈により取得した財産でこの法律の施行地にあるものに対し、相続税を課する。

一　被相続人に係る所得税の還付金

1　『被相続人が所得税更正処分及び過少申告加算税賦課決定処分に基づき所得税、過少申告加算税及び延滞税を納付するとともに上記各処分の取消訴訟を提起していたところ、その係属中に被相続人が死亡したため相続人が同訴訟を承継し、上記各処分の取消判決が確定するに至ったときは、上記所得税等に係る過納金の還付請求権は、被相続人の相続財産を構成し、相続税の課税財産となると解するのが相当である。』（最判平22・10・15民集六四・七・一七六四、租税百選［七版］一〇三）→税通五六条③

二　売買契約締結後履行完了前の売主死亡

2　土地の所有権は売主にとどまっているが「もはやその実質は売買代金債権を確保するための機能を有するにすぎない」ので、売買残代金債権が相続税の課税財産になる。（最判昭61・12・5訟月三三・八・二一四九、租税百選［七版］八〇……土地が相続財産であるとしつつそれを売買残代金債権と同額と評価した原審の判断が結論において是認された）

三　売買契約締結後履行完了前の買主死亡

3　農地の引渡しは完了しており、農地法三条の許可が下りないうちに買主が死亡したという事案では、相続税の課税財産は農地の売買契約に基づき買主たる被相続人が売主に対して取得した当該農地の所有権移転請求権等の債権的権利と解すべきである。（最判昭61・12・5判時一二二五・五六）

四　先物取引

4　トウモロコシの現物先物取引の売り注文に係る未決済の建玉は相続税の課税財産となり、その評価額は実際の決済益である。（釧路地判平13・12・18訟月四九・四・一三三四）

五　合資会社の無限責任社員の死亡退社による出資持分払戻金

5　本件払戻請求権は、被相続人の出資持分がその死亡によって持分払戻請求権に転化し、一旦被相続人に帰属した後に、被相続人の遺産として相続人に承継されたものであるとして、みなし配当課税（所得税法二五条）の対象となった後に相続税の課税の対象となると判断された例（神戸地判平4・12・25税資一九三・一一八九……みなし配当課税の是非が争点となった事案）→所税二五条[3]

六 事業協同組合の組合員の死亡による脱退に伴う持分の払戻請求権

[6] 組合員の死亡による脱退に伴う持分の払戻請求権は、死亡した組合員に対して発生するのであって、その相続人に対して発生することはない。（東京高判平20・11・27訟月五六・二・一三〇）→法税二五条[5]

（贈与税の課税財産の範囲）

第二条の二① 第一条の四第一項第一号又は第二号の規定に該当する者については、その者が贈与により取得した財産の全部に対し、贈与税を課する。

② 第一条の四第一項第三号又は第四号の規定に該当する者については、その者が贈与により取得した財産でこの法律の施行地にあるものに対し、贈与税を課する。

贈与の時点

[1] 口頭での「贈与」―履行が終わるまでは受贈者の地位が不確実であるという書面によらない贈与の性質に鑑みれば、相続税法一条の二［平成一五法八による改正後の一条の四に相当］にいう「贈与により財産を取得した時」とは、書面によらない贈与の場合においては贈与の履行の終わった時を意味するものと解するのが相当である。したがって、書面によらない贈与の受贈者は、贈与の履行の終わった時に、贈与税の納税義務を負担するに至る。（横浜地判昭52・4・13判タ三六五・三五二）

[2] 公正証書を利用した贈与―（公正証書作成時頃ではなく）登記の時点で贈与に基づき不動産を取得したと認定された。（名古屋高判平10・12・25訟月四六・六・三〇四一、租税百選［七版］八二）

第二節 相続若しくは遺贈又は贈与により取得したものとみなす場合

（相続又は遺贈により取得したものとみなす場合）

第三条① 次の各号のいずれかに該当する場合においては、当該各号に掲げる者が、当該各号に掲げる財産を相続又は遺贈により取得したものとみなす。この場合において、その者が相続人（相続を放棄した者及び相続権を失つた者を含まない。第十五条、第十六条、第十九条の二第一項、第十九条の三第一項、第十九条の四第一項及び第六十三条の場合並びに「第十五条第二項に規定する相続人の数」という場合を除き、以下同じ。）であるときは当該財産を相続により取得したものとみなし、その者が相続人以外の者であるときは当該財産を遺贈により取得したものとみなす。

一 被相続人の死亡により相続人その他の者が生命保険契約（保険業法（平成七年法律第百五号）第二条第三項（定義）に規定する生命保険会社と締結した保険契約（これに類する共済に係る契約を含む。以下同じ。）その他の政令で定める契約をいう。以下同じ。）の保険金（共済金を含む。以下同じ。）又は損害保険契約（同条第四項に規定する損害保険会社と締結した保険契約その他の政令で定める契約をいう。以下同じ。）の保険金（偶然な事故に基因する死亡に伴い支払われるものに限る。）を取得した場合においては、当該保険金受取人（共済金受取人を含む。以下同じ。）について、当該保険金（次号に掲げる給与及び第五号又は第六号に掲げる権利に該当するものを除く。）のうち被相続人が負担した保険料（共済掛金を含む。以下同じ。）の金額の当該契約に係る保険料で被相続人の死亡の時までに払い込まれたものの全額に対する割合に相当する部分

二 被相続人の死亡により相続人その他の者が当該被相続人に支給されるべきであつた退職手当金、功労金その他これらに準ずる給与（政令で定める給付を含む。）で被相続人の死亡後三年以内に支給が確定したものの支給を受けた場合においては、当該給与の支給を受けた者について、当該給与

三 相続開始の時において、まだ保険事故（共済事故を含む。以下同じ。）が発生していない生命保険契約（一定期間内に保険事故が発生しなかつた場合において返還金その他これに準ずるものの支払がない生命保険契約を除く。）で被相続人が保険料の全部又は一部を負担し、かつ、被相続人以外の者が当該生命保険契約の契約者であるものがある場合においては、当該生命保険契約の契約者について、当該契約に関する権利のうち被相続人が負担した保険料の金額の当該契約に係る保険料で当該相続開始の時までに払い込まれたものの全額に対する割合に相当する部分

四 相続開始の時において、まだ定期金給付事由が発生していない定期金給付契約（生命保険契約を除く。）で被相続人が掛金又は保険料の全部又は一部を負担し、かつ、被相続人以外の者が当該定期金給付契約の契約者であるものがある場合においては、当該定期金給付契約の契約者について、当該契約に関する権利のうち被相続人が負担した掛金又は保険料の金額の当該契約に係る掛金又は保険料で当該相続開始の時までに払い込まれたものの全額に対する割合に相当する部分

五 定期金給付契約で定期金受取人に対しその生存中又は一定期間にわたり定期金を給付し、かつ、その者が死亡したときはその死亡後遺族その他の者に対して定期金又は一時金を給付するものに基づいて定期金受取人たる被相続人の死亡後相続人その他の者が定期金受取人又は一時金受取人とな

つた場合においては、当該定期金受取人又は一時金受取人となつた者について、当該定期金給付契約に関する権利のうち被相続人が負担した掛金又は保険料の金額の当該契約に係る掛金又は保険料で当該相続開始の時までに払い込まれたものの全額に対する割合に相当する部分

六　被相続人の死亡により相続人その他の者が定期金（これに係る一時金を含む。）に関する権利で契約に基づくもの以外のもの（恩給法（大正十二年法律第四十八号）の規定による扶助料に関する権利を除く。）を取得した場合においては、当該定期金に関する権利を取得した者について、当該定期金に関する権利（第二号に掲げる給与に該当するものを除く。）

② 前項第一号又は第三号から第五号までの規定の適用については、被相続人の被相続人が負担した保険料又は掛金は、被相続人が負担した保険料又は掛金とみなす。ただし、同項第三号又は第四号の規定により当該各号に掲げる者が当該被相続人の被相続人から当該各号に掲げる財産を相続又は遺贈により取得したものとみなされた場合においては、当該被相続人の被相続人が負担した保険料又は掛金については、この限りでない。

③ 第一項第三号又は第四号の規定の適用については、被相続人の遺言により払い込まれた保険料又は掛金は、被相続人が負担した保険料又は掛金とみなす。

[1] 生命保険金―被相続人が保険料を負担した保険契約によりその死後十年間相続人が受ける年金につき、死亡時の現在価値に引き直した年金受給権が相続税の課税対象となる。（最判平22・7・6民集六四・五・一二七七、租税百選［七版］三四）→二四条、所税九条

[2] 退職金等―相続人の一時所得に該当し、本条には該当しない。（最判昭47・12・26民集二六・一〇・二〇一三、租税百選［三版］三五）

[3] 仮換地に伴う余剰金請求権―余剰金請求権の発生が被相続人死亡後だったため、遺族の一時所得とされ、本条には該当しないとされた例（名古屋地判平4・9・16判時一四七〇・六五）→所税三四条[8]

[4] 売却した株式―同族会社の創業者の妻である被相続人が同社の株式を総務部長に額面額で売却する旨の売買契約が有効とされ、同株式が相続財産に含まれることを前提としてなされた相続税の更正処分が取り消された事例（東京地判平20・10・24金判一三〇七・五五）

第四条（遺贈により取得したものとみなす場合）

第四条① 民法第九百五十八条の三第一項（特別縁故者に対する相続財産の分与）の規定により同項に規定する相続財産の全部又は一部を与えられた場合においては、その与えられた者が、その与えられた時における当該財産の時価（当該財産の評価について第三章に特別の定めがある場合には、その規定により評価した価額）に相当する金額を当該財産に係る被相続人から遺贈により取得したものとみなす。

★令和三法二四（令和五・四・二七までに施行）**による改正**
第一項中「第九百五十八条の三第一項」を「第九百五十八条の二第一項」に改める。（本文未織込み）

② 特別寄与者が支払を受けるべき特別寄与料の額が確定した場合においては、当該特別寄与者が、当該特別寄与料の額に相当する金額を当該特別寄与者による特別の寄与を受けた被相続人から遺贈により取得したものとみなす。

第五条（贈与により取得したものとみなす場合）

第五条① 生命保険契約の保険事故（傷害、疾病その他これらに類する保険事故で死亡を伴わないものを除く。）又は損害保険契約の保険事故（偶然な事故に基因する保険事故で死亡を伴うものに限る。）が発生した場合において、これらの契約に係る保険料の全部又は一部が保険金受取人以外の者によつて負担されたものであるときは、これらの保険事故が発生した時において、保険金受取人が、その取得した保険金（当該損害保険契約の保険金については、政令で定めるものに限る。）のうち当該保険金受取人以外の者が負担した保険料の金額のこれらの契約に係る保険料でこれらの保険事故が発生した時までに払い込まれたものの全額に対する割合に相当する部分を当該保険料を負担した者から贈与により取得したものとみなす。

② 前項の規定は、生命保険契約又は損害保険契約（傷害を保険事故とする損害保険契約で政令で定めるものに限る。）について返還金その他これに準ずるものの取得があつた場合について準用する。

③ 前二項の規定の適用については、第一項（前項において準用する場合を含む。）に規定する保険料を負担した者の被相続人が負担した保険料は、その者が負担した保険料とみなす。ただし、第三条第一項第三号の規定により前二項に規定する保険金受取人又は返還金その他これに準ずるものの取得者が当該被相続人から同号に掲げる財産を相続又は遺贈により取得したものとみなされた場合においては、当該被相続人が負担した保険料については、この限りでない。

④ 第一項の規定は、第三条第一項第一号又は第二号の規定により第一項に規定する保険金受取人が同条第一項第一号に掲げる保険金又は同項第二号に掲げる給与を相続又は遺贈により取得したものとみなされる場合においては、当該保険金又は給与に相当する部分については、適用しない。

[1] **「保険金受取人」の判定方法**　保険契約上殊に保険証券等の文書上に受取人として記載された者即ち名義人が常に本条一項の受取人に該当するものと解することはできないとして実質的に判定した例（大阪高判昭39・12・21行裁一五・一二・二三三一、租税百選［初版］六一）

第六条① 定期金給付契約（生命保険契約を除く。次項において同じ。）の定期金給付事由が発生した場合において、当該契約に係る掛金又は保険料の全部又は一部が定期金受取人以外の者によつて負担されたものであるときは、当該定期金給付事由が発生した時において、定期金受取人が、その取得した定期金給付契約に関する権利のうち当該定期金受取人以外の者が負担した掛金又は保険料の金額の当該契約に係る掛金又は保険料で当該定期金給付事由が発生した時までに払い込まれたものの全額に対する割合に相当する部分を当該掛金又は保険料を負担した者から贈与により取得したものとみなす。

② 前項の規定は、定期金給付契約について返還金その他これに準ずるものの取得があつた場合について準用する。

③ 第三条第一項第五号の規定に該当する場合において、同号に規定する定期金給付契約に係る掛金又は保険料の全部又は一部が同号に規定する定期金受取人又は一時金受取人及び被相続人以外の第三者によつて負担されたものであるときは、相続の開始があつた時において、当該定期金受取人又は一時金受取人が、その取得した定期金給付契約に関する権利のうち当該第三者が負担した掛金又は保険料の金額の当該契約に係る掛金又は保険料で当該相続開始の時までに払い込まれたものの全額に対する割合に相当する部分を当該第三者から贈与により取得したものとみなす。

④ 前三項の規定の適用については、第一項（第二項において準用する場合を含む。）又は前項に規定する掛金又は保険料を負担した者の被相続人が負担した掛金又は保険料は、その者が負担した掛金又は保険料とみなす。ただし、第三条第一項第四号の規定により前三項に規定する定期金受取人若しくは一時金受取人又は返還金その他これに準ずるものの取得者が当該被相続人から同号に掲げる財産を相続又は遺贈により取得したものとみなされた場合においては、当該被相続人が負担した掛金又は保険料については、この限りでない。

（贈与又は遺贈により取得したものとみなす場合）

第七条 著しく低い価額の対価で財産の譲渡を受けた場合においては、当該財産の譲渡があつた時において、当該財産の譲渡を受けた者が、当該対価と当該譲渡があつた時における当該財産の時価（当該財産の評価について第三章に特別の定めがある場合には、その規定により評価した価額）との差額に相当する金額を当該財産を譲渡した者から贈与（当該財産の譲渡が遺言によりなされた場合には、遺贈）により取得したものとみなす。ただし、当該財産の譲渡が、その譲渡を受ける者が資力を喪失して債務を弁済することが困難である場合において、その者の扶養義務者から当該債務の弁済に充てるためになされたものであるときは、その贈与又は遺贈により取得したものとみなされた金額のうちその債務を弁済することが困難である部分の金額については、この限りでない。

一 「著しく低い価額の対価」の意義

1 一般論

[1] 著しく低い価額の対価の意義については、所得税法五九条一項二号に係る同法施行令一六九条のような規定がないが、本条は、著しく低い価額の対価で財産の譲渡を受けた場合には、法律的には贈与といえないとしても、実質的には贈与と同視することができるため、課税の公平負担の見地から、対価と時価との差額について贈与があったものとみなして贈与を課することとしているから、この趣旨に鑑みると、本条にいう著しく低い価額の対価に該当するか否かは、当該財産の譲受けの事情、当該譲受けの対価、当該譲受けに係る財産の市場価額、当該財産の相続税評価額などを勘案して社会通念に従い判断すべきものである。（横浜地判昭57・7・28判タ四八〇・一四〇）

2 相続税評価額との関係

[2] 相続税評価額と同水準の価額かそれ以上の価額を対価として土地の譲渡が行われた場合は、原則として「著しく低い価額」の対価による譲渡ということはできず、例外として、何らかの事情により当該土地の相続税評価額が時価の八〇パーセントよりも低くなっており、それが明らかであると認められる場合に限って、「著しく低い価額」の対価による譲渡になり得ると解すべきである。もっとも、その例外の場合でも、さらに、当該対価と時価との開差が著しいか否かを個別に検討する必要がある。（東京地判平19・8・23判タ一二六四・一八四、租税百選［五版］七九）

二 具体的事例

[3] 非親族からの低額譲受けにつき、本条の適用があるとされた事例（仙台地判平3・11・12判時一四四三・四六）

第八条 対価を支払わないで、又は著しく低い価額の対価で債務の免除、引受け又は第三者のためにする債務の弁済による利益を受けた場合においては、当該債務の免除、引受け又は弁済があつた時において、当該債務の免除、引受け又は弁済による利益を受けた者が、当該債務の免除、引受け又は弁済に係る債務の金額に相当する金額（対価の支払があつた場合には、その価額を控除した金額）を当該債務の免除、引受け又は弁済をした者から贈与（当該債務の免除、引受け又は弁済が遺言によりなされた場合には、遺贈）により取得したものとみなす。ただし、当該債務の免除、引受け又は弁済が次の各号のいずれかに該当する場合においては、その贈与又は遺贈により取得したものとみなされた金額のうちその債務を弁済することが困難である部分の金額については、この限りでない。

一 債務者が資力を喪失して債務を弁済することが困難である場合において、当該債務の全部又は一部の免除を受けたとき。

二　債務者が資力を喪失して債務を弁済することが困難である場合において、その債務者の扶養義務者によつて当該債務の全部又は一部の引受け又は弁済がなされたとき。

第九条　第五条から前条まで及び次節に規定する場合を除くほか、対価を支払わないで、又は著しく低い価額の対価で利益を受けた場合においては、当該利益を受けた時において、当該利益を受けた者が、当該利益を受けた時における当該利益の価額に相当する金額（対価の支払があつた場合には、その価額を控除した金額）を当該利益を受けさせた者から贈与（当該行為が遺言によりなされた場合には、遺贈）により取得したものとみなす。ただし、当該行為が、当該利益を受ける者が資力を喪失して債務を弁済することが困難である場合において、その者の扶養義務者から当該債務の弁済に充てるためになされたものであるときは、その贈与又は遺贈により取得したものとみなされた金額のうちその債務を弁済することが困難である部分の金額については、この限りでない。

[1] **一　所得税法九条との関係での本条の適用範囲**
本条にいう「対価を支払わないで……利益を受けた場合」というためには、贈与と同様の経済的利益の移転があったこと、すなわち、一方当事者が経済的利益を失うことによって、他方当事者が何らの対価を支払わないで当該経済的利益を享受したことを要すると解するのが相当である。（大阪高判平26・6・18税資二六四順号一二四八八、租税百選［七版］八二……死亡共済金の受給について本条は適用されず、所得税法九条一項一五号の非課税所得に当たらないとされた事例）

[2] **二　跛行**［はこう］**増資**
一般に、含み資産を有する会社が増資をすれば、旧株式の価額は増資額との割合に応じて希釈され、新株式の価額が逆に増加することとなるため増資に当たり増資前の株式の割合に応じて新株の引受けがなされなかったときは、右新株の全部又は一部を引き受けなかった者の財産が、旧株式の価額の希釈に伴いそれだけ減少する反面、右割合を超えて新株を引き受けた者の財産は、それだけ増加するから、後者は前者からその差額分の利益を取得したことと評価し得る。したがって、右利益を無償で取得すれば、本条所定の「みなし贈与」に該当する。（神戸地判昭55・5・2訟月二六・八・一四二四）

[3] **三　ジョイント・テナンシー**
妻が夫と共にジョイント・テナンシーを創設して不動産を購入した場合、ジョイント・テナンシーにおいては、各自の持分が均等であるとされているのであるから、妻はジョイント・テナンシー又はテナンシー・イン・コモンの共同所有形態により当該不動産の権利の二分の一を取得したものと認められる。その購入代金を全て夫が負担した場合には、妻は、購入代金を負担することなく当該不動産の持分二分の一を取得したものであるから、本条により、当該不動産の持分二分の一の価額に相当する金額を夫から贈与により取得したものとみなされる。（東京高判平19・10・10税資二五七号順号一〇七九七）

第三節　信託に関する特例

（贈与又は遺贈により取得したものとみなす信託に関する権利）

第九条の二①　信託（退職年金の支給を目的とする信託その他の信託で政令で定めるものを除く。以下同じ。）の効力が生じた場合において、適正な対価を負担せずに当該信託の受益者等（受益者としての権利を現に有する者及び特定委託者をいう。以下この節において同じ。）となる者があるときは、当該信託の効力が生じた時において、当該信託の受益者等となる者は、当該信託に関する権利を当該信託の委託者から贈与（当該委託者の死亡に基因して当該信託の効力が生じた場合には、遺贈）により取得したものとみなす。

②　受益者等の存する信託について、適正な対価を負担せずに新たに当該信託の受益者等が存するに至つた場合（第四項の規定の適用がある場合を除く。）には、当該受益者等が存するに至つた時において、当該信託の受益者等となる者は、当該信託に関する権利を当該信託の受益者等であつた者から贈与（当該受益者等であつた者の死亡に基因して受益者等が存するに至つた場合には、遺贈）により取得したものとみなす。

③　受益者等の存する信託について、当該信託の一部の受益者等が存しなくなつた場合において、適正な対価を負担せずに既に当該信託の受益者等である者が当該信託に関する権利について新たに利益を受けることとなるときは、当該信託の一部の受益者等が存しなくなつた時において、当該利益を受ける者は、当該利益を当該信託の一部の受益者等であつた者から贈与（当該受益者等であつた者の死亡に基因して当該利益を受けた場合には、遺贈）により取得したものとみなす。

④　受益者等の存する信託が終了した場合において、適正な対価を負担せずに当該信託の残余財産の給付を受けるべき、又は帰属すべき者となる者があるときは、当該給付を受けるべき、又は帰属すべき者となつた時において、当該信託の残余財産の給付を受けるべき、又は帰属すべき者となつた者は、当該信託の残余財産（当該信託の終了の直前においてその者が当該信託の受益者等であつた場合には、当該受益者等として有していた当該信託に関する権利に相当するものを除く。）を当該信託の受益者等から贈与（当該受益者等の死亡に基因して当該信託が終了した場合には、遺贈）により取得したものとみなす。

⑤　第一項の「特定委託者」とは、信託の変更をする権限（軽微な変更をする権限として政令で定めるも

のを除く。）を現に有し、かつ、当該信託の信託財産の給付を受けることとされている者（受益者を除く。）をいう。

⑥ 第一項から第三項までの規定により贈与又は遺贈により取得したものとみなされる信託に関する権利又は利益を取得した者は、当該信託の信託財産に属する資産及び負債を取得し、又は承継したものとみなして、この法律（第四十一条第二項を除く。）の規定を適用する。ただし、法人税法（昭和四十年法律第三十四号）第二条第二十九号（定義）に規定する集団投資信託、同条第二十九号の二に規定する法人課税信託又は同法第十二条第四項第一号（信託財産に属する資産及び負債並びに信託財産に帰せられる収益及び費用の帰属）に規定する退職年金等信託の信託財産に属する資産及び負債については、この限りでない。

本条の意義

[1] 相続税法四条一項〔平成一九法六による改正後の本条一項に対応〕は、いわゆる他益信託の場合において、受益権（信託受給権及び信託監督的権能）を有する者に対し、信託行為があった時において、当該受益者が、その受益権を当該委託者から贈与により取得したものとみなして、課税する旨の規定であると解され、現実に信託の利益の配分を受けなくても（例えば、期限付受益権の設定）課税される。（名古屋高判平25・4・3訟月六〇・三・六一八……委託者の、米国籍のみを有する孫（幼児）を受益者とする信託が米国ニュージャージー州法に準拠して設定された場合に、孫に対する贈与税の課税処分が適法とされた事例。原審（名古屋地判平23・3・24訟月六〇・三・六五五）は、孫は同項の「受益者」に当たらず、課税処分は違法であると判断していた）

（受益者連続型信託の特例）

第九条の三① 受益者連続型信託（信託法（平成十八年法律第百八号）第九十一条（受益者の死亡により他の者が新たに受益権を取得する旨の定めのある信託の特例）に規定する信託、同法第八十九条第一項（受益者指定権等）に規定する受益者指定権等を有する者の定めのある信託その他これらの信託に類するものとして政令で定めるものをいう。以下この項において同じ。）に関する権利を受益者（受益者が存しない場合にあつては、前条第五項に規定する特定委託者）が適正な対価を負担せずに取得した場合において、当該受益者連続型信託に関する権利（異なる受益者が性質の異なる受益者連続型信託に係る権利（当該権利のいずれかに収益に関する権利が含まれるものに限る。）をそれぞれ有している場合にあつては、収益に関する権利が含まれるものに限る。）で当該受益者連続型信託の利益を受ける期間の制限その他の当該受益者連続型信託に関する権利の価値に作用する要因としての制約が付されているものについては、当該制約は、付されていないものとみなす。ただし、当該受益者連続型信託に関する権利を有する者が法人（代表者又は管理者の定めのある人格のない社団又は財団を含む。以下第六十四条までにおいて同じ。）である場合は、この限りでない。

② 前項の「受益者」とは、受益者としての権利を現に有する者をいう。

（受益者等が存しない信託等の特例）

第九条の四① 受益者等が存しない信託の効力が生ずる場合において、当該信託の受益者等となる者が当該信託の委託者の親族として政令で定める者（以下この条及び次条において「親族」という。）であるとき（当該信託の受益者等となる者が明らかでない場合にあつては、当該信託が終了した場合に当該委託者の親族が当該信託の残余財産の給付を受けることとなるとき）は、当該信託の効力が生ずる時において、当該信託の受託者は、当該委託者から当該信託に関する権利を贈与（当該委託者の死亡に基因して当該信託の効力が生ずる場合にあつては、遺贈）により取得したものとみなす。

② 受益者等の存する信託について、当該信託の受益者等が存しないこととなつた場合（以下この項において「受益者等が不存在となつた場合」という。）において、当該受益者等の次に受益者等となる者が当該信託の効力が生じた時の委託者又は当該次に受益者等となる者の前の受益者等の親族であるとき（当該次に受益者等となる者が明らかでない場合にあつては、当該信託が終了した場合に当該委託者又は当該次に受益者等となる者の前の受益者等の親族が当該信託の残余財産の給付を受けることとなるとき）は、当該受益者等が不存在となつた場合に該当することとなつた時において、当該信託の受託者は、当該次に受益者等となる者の前の受益者等から当該信託に関する権利を贈与（当該次に受益者等となる者の前の受益者等の死亡に基因して当該次に受益者等となる者の前の受益者等が存しないこととなつた場合にあつては、遺贈）により取得したものとみなす。

③ 前二項の規定の適用がある場合において、これらの信託の受託者が個人以外であるときは、当該受託者を個人とみなして、この法律その他相続税又は贈与税に関する法令の規定を適用する。

④ 前三項の規定の適用がある場合において、これらの規定により第一項又は第二項の受託者に課される贈与税又は相続税の額については、政令で定めるところにより、当該受託者に課されるべき法人税その他の税の額に相当する額を控除する。

第九条の五 受益者等が存しない信託について、当該信託の契約が締結された時その他の時として政令で定める時（以下この条において「契約締結時等」という。）において存しない者が当該信託の受益者等となる場合において、当該信託の受益者等となる者が当該信託の契約締結時等における委託者の親族であるときは、当該存しない者が当該信託の受益者等となる時において、当該信託の受益者等となる者は、当該信託に関する権利を個人から贈与により取得したものとみなす。

（政令への委任）

第九条の六　受益者等の有する信託に関する権利が当該信託に関する権利の全部でない場合における第九条の二第一項の規定の適用、同条第五項に規定する信託財産の給付を受けることとされている者に該当するか否かの判定その他この節の規定の適用に関し必要な事項は、政令で定める。

第四節　財産の所在

第一〇条①　次の各号に掲げる財産の所在については、当該各号に規定する場所による。

一　動産若しくは不動産又は不動産の上に存する権利については、その動産又は不動産の所在。ただし、船舶又は航空機については、船籍又は航空機の登録をした機関の所在

二　鉱業権若しくは租鉱権又は採石権については、鉱区又は採石場の所在

三　漁業権又は入漁権については、漁場に最も近い沿岸の属する市町村又はこれに相当する行政区画

四　金融機関に対する預金、貯金、積金又は寄託金で政令で定めるものについては、その預金、貯金、積金又は寄託金の受入れをした営業所又は事業所の所在

五　保険金については、その保険（共済を含む。）の契約に係る保険会社等（保険業又は共済事業を行う者をいう。第五十九条第一項及び第二項において同じ。）の本店又は主たる事務所（この法律の施行地に本店又は主たる事務所がない場合において、この法律の施行地に当該保険の契約に係る事務を行う営業所、事務所その他これらに準ずるものを有するときにあつては、当該営業所、事務所その他これらに準ずるもの。次号において同じ。）の所在

六　退職手当金、功労金その他これらに準ずる給与（政令で定める給付を含む。）については、当該給与を支払つた者の住所又は本店若しくは主たる事務所の所在

七　貸付金債権については、その債務者（債務者が二以上ある場合においては、主たる債務者とし、主たる債務者がないときは政令で定める一の債務者）の住所又は本店若しくは主たる事務所の所在

八　社債（特別の法律により法人の発行する債券及び外国法人の発行する債券を含む。）若しくは株式、法人に対する出資又は政令で定める有価証券については、当該社債若しくは株式の発行法人、当該出資のされている法人又は当該有価証券に係る政令で定める法人の本店又は主たる事務所の所在

九　法人税法第二条第二十九号（定義）に規定する集団投資信託又は同条第二十九号の二に規定する法人課税信託に関する権利については、これらの信託の引受けをした営業所、事務所その他これらに準ずるものの所在

十　特許権、実用新案権、意匠権若しくはこれらの実施権で登録されているもの、商標権又は回路配置利用権、育成者権若しくはこれらの利用権で登録されているものについては、その登録をした機関の所在

十一　著作権、出版権又は著作隣接権でこれらの権利の目的物が発行されているものについては、これを発行する営業所又は事業所の所在

十二　第七条の規定により贈与又は遺贈により取得したものとみなされる金銭については、そのみなされる基因となつた財産の種類に応じ、この条に規定する場所

十三　前各号に掲げる財産を除くほか、営業所又は事業所を有する者の当該営業所又は事業所に係る営業上又は事業上の権利については、その営業所又は事業所の所在

②　国債又は地方債は、この法律の施行地にあるものとし、外国又は外国の地方公共団体その他これに準ずるものの発行する公債は、当該外国にあるものとする。

③　第一項各号に掲げる財産及び前項に規定する財産以外の財産の所在については、当該財産の権利者であつた被相続人又は贈与をした者の住所の所在による。

④　前三項の規定による財産の所在の判定は、当該財産を相続、遺贈又は贈与により取得した時の現況による。

銀行送金

1　国外への送金に先だって当事者間で贈与契約が成立し、その履行のために送金手続がとられたと認定された。（東京高判平14・9・18判時一八一一・五八）

第二章　課税価格、税率及び控除

第一節　相続税

（相続税の課税）

第一一条　相続税は、この節及び第三節に定めるところにより、相続又は遺贈により財産を取得した者の被相続人からこれらの事由により財産を取得したすべての者に係る相続税の総額（以下この節及び第三節において「相続税の総額」という。）を計算し、当該相続税の総額を基礎としてそれぞれこれらの事由により財産を取得した者に係る相続税額として計算した金額により、課する。

（相続税の課税価格）

第一一条の二①　相続又は遺贈により財産を取得した者が第一条の三第一項第一号又は第二号の規定に該当する者である場合においては、その者については、当該相続又は遺贈により取得した財産の価額の合計額をもつて、相続税の課税価格とする。

②　相続又は遺贈により財産を取得した者が第一条の三第一項第三号又は第四号の規定に該当する者である場合においては、その者については、当該相続又は遺贈により取得した財産でこの法律の施行地にあ

るものの価額の合計額をもつて、相続税の課税価格とする。

（相続税の非課税財産）
第一二条① 次に掲げる財産の価額は、相続税の課税価格に算入しない。
一 皇室経済法（昭和二十二年法律第四号）第七条（皇位に伴う由緒ある物）の規定により皇位とともに皇嗣が受けた物
二 墓所、霊びよう及び祭具並びにこれらに準ずるもの
三 宗教、慈善、学術その他公益を目的とする事業を行う者で政令で定めるものが相続又は遺贈により取得した財産で当該公益を目的とする事業の用に供することが確実なもの
四 条例の規定により地方公共団体が精神又は身体に障害のある者に関して実施する共済制度で政令で定めるものに基づいて支給される給付金を受ける権利
五 相続人の取得した第三条第一項第一号に掲げる保険金（前号に掲げるものを除く。以下この号において同じ。）については、イ又はロに掲げる場合の区分に応じ、イ又はロに定める金額に相当する部分
イ 第三条第一項第一号の被相続人のすべての相続人が取得した同号に掲げる保険金の合計額が五百万円に当該被相続人の第十五条第二項に規定する相続人の数を乗じて算出した金額（ロにおいて「保険金の非課税限度額」という。）以下である場合 当該相続人の取得した保険金の金額
ロ イに規定する合計額が当該保険金の非課税限度額を超える場合 当該保険金の非課税限度額に当該合計額のうちに当該相続人の取得した保険金の合計額の占める割合を乗じて算出した金額
六 相続人の取得した第三条第一項第二号に掲げる給与（以下この号において「退職手当金等」という。）については、イ又はロに掲げる場合の区分に応じ、イ又はロに定める金額に相当する部分
イ 第三条第一項第二号の被相続人のすべての相続人が取得した退職手当金等の合計額が五百万円に当該被相続人の第十五条第二項に規定する相続人の数を乗じて算出した金額（ロにおいて「退職手当金等の非課税限度額」という。）以下である場合 当該相続人の取得した退職手当金等の金額
ロ イに規定する合計額が当該退職手当金等の非課税限度額を超える場合 当該退職手当金等の非課税限度額に当該合計額のうちに当該相続人の取得した退職手当金等の合計額の占める割合を乗じて算出した金額
② 前項第三号に掲げる財産を取得した者がその財産を取得した日から二年を経過した日において、なお当該財産を当該公益を目的とする事業の用に供していない場合においては、当該財産の価額は、課税価格に算入する。

本条一項二号の「これらに準ずるもの」の意義
1 庭内神し、神たな、神体、神具、仏壇、位はい、仏像、仏具、古墳等で日常礼拝の用に供しているものであって、商品、骨とう品又は投資の対象として所有するもの以外のものが含まれる。（東京地判平24・6・21判時二二三一・二〇……弁財天及び稲荷を祀った祠［ほこら］の敷地が「これらに準ずるもの」に当たるとされた）

（債務控除）
第一三条① 相続又は遺贈（包括遺贈及び被相続人からの相続人に対する遺贈に限る。以下この条において同じ。）により財産を取得した者が第一条の三第一項第一号又は第二号の規定に該当する者である場合においては、当該相続又は遺贈により取得した財産については、課税価格に算入すべき価額は、当該財産の価額から次に掲げるものの金額のうちその者の負担に属する部分の金額を控除した金額による。
一 被相続人の債務で相続開始の際現に存するもの（公租公課を含む。）
二 被相続人に係る葬式費用
② 相続又は遺贈により財産を取得した者が第一条の三第一項第三号又は第四号の規定に該当する者である場合においては、当該相続又は遺贈により取得した財産でこの法律の施行地にあるものについては、課税価格に算入すべき価額は、当該財産の価額から被相続人の債務で次に掲げるものの金額のうちその者の負担に属する部分の金額を控除した金額による。
一 その財産に係る公租公課
二 その財産を目的とする留置権、特別の先取特権、質権又は抵当権で担保される債務
三 前二号に掲げる債務を除くほか、その財産の取得、維持又は管理のために生じた債務
四 その財産に関する贈与の義務
五 前各号に掲げる債務を除くほか、被相続人が死亡の際この法律の施行地に営業所又は事業所を有していた場合においては、当該営業所又は事業所に係る営業上又は事業上の債務
③ 前条第一項第二号又は第三号に掲げる財産の取得、維持又は管理のために生じた債務の金額は、前二項の規定による控除金額に算入しない。ただし、同条第二項の規定により同号に掲げる財産の価額を課税価格に算入した場合においては、この限りでない。
④ 特別寄与者が支払を受けるべき特別寄与料の額が当該特別寄与者に係る課税価格に算入される場合においては、当該特別寄与料を支払うべき相続人が相続又は遺贈により取得した財産については、当該相続人に係る課税価格に算入すべき価額は、当該財産の価額から当該特別寄与料の額のうちその者の負担に属する部分の金額を控除した金額による。

一 書面によらない贈与の履行義務

1 書面によらない贈与であるというだけで、債務控除の対象にならないと解すべきではなく、書面によらない贈与であっても、相続時点において、相続人によって取消権が行使されずに履行されることが確実と認定できるか否かが問題である。（東京高判平4・2・6行裁四三・二・一二三）

二 控除すべき債務に当たらないとされた例

2 財産分与の審判費用（大阪高判昭59・7・6行裁三五・七・八四一）

3 相続税の制限納税義務者の債務控除の範囲を定める本条二項各号は限定列挙であり、一般債務を被保全債権とする仮差押えが国内財産に対してされていても当該一般債務は同項二号・三号・五号に該当しない。（東京高判平22・12・16訟月五七・四・八六四）

第一四条① 前条の規定によりその金額を控除すべき債務は、確実と認められるものに限る。

② 前条の規定によりその金額を控除すべき公租公課の金額は、被相続人の死亡の際債務の確定しているものの金額のほか、被相続人に係る所得税、相続税、贈与税、地価税、再評価税、登録免許税、自動車重量税、消費税、酒税、たばこ税、揮発油税、地方揮発油税、石油ガス税、航空機燃料税、石油石炭税及び印紙税その他の公租公課の額で政令で定めるものを含むものとする。

③ 前項の債務の確定している公租公課の金額には、被相続人が、所得税法第百三十七条の二第一項（国外転出をする場合の譲渡所得等の特例の適用がある場合の納税猶予）（同条第二項の規定により適用する場合を含む。第三十二条第一項第九号イにおいて同じ。）の規定の適用を受けていた場合における同法第百三十七条の二第一項に規定する納税猶予分の所得税額並びに同法第百三十七条の三第一項及び第二項（贈与等により非居住者に資産が移転した場合の譲渡所得等の特例の適用がある場合の納税猶予）（これらの規定を同条第三項の規定により適用する場合を含む。）の規定の適用を受けていた場合における同条第四項に規定する納税猶予分の所得税額を含まない。ただし、同法第百三十七条の二第十三項の規定により当該被相続人の納付の義務を承継した当該被相続人の相続人（包括受遺者を含む。以下この項及び同号において同じ。）が納付することとなつた同条第一項に規定する納税猶予分の所得税額及び当該納税猶予分の所得税額に係る利子税の額（当該納税猶予分の所得税額に係る所得税の同法第百二十八条（確定申告による納付）又は第百二十九条（死亡の場合の確定申告による納付）の規定による納付の期限の翌日から当該被相続人の死亡の日までの間に係るものに限る。）並びに同法第百三十七条の三第十五項の規定により当該被相続人の納付の義務を承継した当該被相続人の相続人が納付することとなつた同条第四項に規定する納税猶予分の所得税額及び当該納税猶予分の所得税額に係る利子税の額（当該納税猶予分の所得税額に係る所得税の同法第二編第五章第二節第三款（納付）の規定による納付の期限の翌日から当該被相続人の死亡の日までの間に係るものに限る。）については、この限りでない。

一 「確実と認められる」債務の意義

1 連帯保証債務及び物上保証債務は、原則として、本条一項に規定する「確実と認められる」債務には該当しない。しかし、相続開始時において、主債務者が弁済不能の状態にある場合には、保証人において保証債務の履行をしなければならないことが確実である上、履行後に主債務者に対し求償権を行使して損失の塡補を受けることが不可能であるから、このような場合には、例外的に、連帯保証債務及び物上保証債務も確実な債務に該当する。（東京高判平12・1・26判タ一〇五五・一三〇）

二 贈与税の連帯納付義務

2 相続開始時において受贈者が無資力の状況にあって求償権を行使しても納付した税額に相当する金員の返済を受ける見込みが全くないなどの特別の事情があるのなら格別、贈与者に連帯納付義務があるというだけでは、本条一項に定める「確実と認められる債務」には該当しない。（静岡地判平元・6・9行裁四〇・六・五七三）

◇→二二条（債務の評価）

（遺産に係る基礎控除）

第一五条① 相続税の総額を計算する場合においては、同一の被相続人から相続又は遺贈により財産を取得した全ての者に係る相続税の課税価格（第十九条の規定の適用がある場合には、同条の規定により相続税の課税価格とみなされた金額。次条から第十八条まで及び第十九条の二において同じ。）の合計額から、三千万円と六百万円に当該被相続人の相続人の数を乗じて算出した金額との合計額（以下「遺産に係る基礎控除額」という。）を控除する。

② 前項の相続人の数は、同項に規定する被相続人の民法第五編第二章（相続人）の規定による相続人の数（当該被相続人に養子がある場合の当該相続人の数に算入する当該被相続人の養子の数は、次の各号に掲げる場合の区分に応じ当該各号に定める養子の数に限るものとし、相続の放棄があつた場合には、その放棄がなかつたものとした場合における相続人の数とする。）とする。

一 当該被相続人に実子がある場合又は当該被相続人に実子がなく、養子の数が一人である場合 一人

二 当該被相続人に実子がなく、養子の数が二人以上である場合 二人

③ 前項の規定の適用については、次に掲げる者は実子とみなす。

一 民法第八百十七条の二第一項（特別養子縁組の成立）に規定する特別養子縁組による養子となつた者、当該被相続人の配偶者の実子で当該被相続

人の養子となつた者その他これらに準ずる者として政令で定める者

二 実子若しくは養子又はその直系卑属が相続開始以前に死亡し、又は相続権を失つたため民法第五編第二章の規定による相続人（相続の放棄があつた場合には、その放棄がなかつたものとした場合における相続人）となつたその者の直系卑属

① 遺産に係る基礎控除額を増額させるという動機に基づく養子縁組の民法上の効力（最判平29・1・31民集七一・一・四八、租税百選［七版］一六）↓税総❖【Ⅲ】㊱

（相続税の総額）

第一六条 相続税の総額は、同一の被相続人から相続又は遺贈により財産を取得した全ての者に係る相続税の課税価格に相当する金額の合計額からその遺産に係る基礎控除額を控除した残額を当該被相続人の前条第二項に規定する相続人の数に応じた相続人が民法第九百条（法定相続分）及び第九百一条（代襲相続人の相続分）の規定による相続分に応じて取得したものとした場合におけるその各取得金額（当該相続人が、一人である場合又はない場合には、当該控除した残額）につきそれぞれその金額を次の表の上欄に掲げる金額に区分してそれぞれの金額に同表の下欄に掲げる税率を乗じて計算した金額を合計した金額とする。

千万円以下の金額	百分の十
千万円を超え三千万円以下の金額	百分の十五
三千万円を超え五千万円以下の金額	百分の二十
五千万円を超え一億円以下の金額	百分の三十
一億円を超え二億円以下の金額	百分の四十
二億円を超え三億円以下の金額	百分の四十五
三億円を超え六億円以下の金額	百分の五十
六億円を超える金額	百分の五十五

（各相続人等の相続税額）

第一七条 相続又は遺贈により財産を取得した者に係る相続税額は、その被相続人から相続又は遺贈により財産を取得したすべての者に係る相続税の総額に、それぞれこれらの事由により財産を取得した者に係る相続税の課税価格が当該財産を取得したすべての者に係る課税価格の合計額のうちに占める割合を乗じて算出した金額とする。

（相続税額の加算）

第一八条① 相続又は遺贈により財産を取得した者が当該相続又は遺贈に係る被相続人の一親等の血族（当該被相続人の直系卑属が相続開始以前に死亡し、又は相続権を失つたため、代襲して相続人となつた当該被相続人の直系卑属を含む。）及び配偶者以外の者である場合においては、その者に係る相続税額は、前条の規定にかかわらず、同条の規定により算出した金額にその百分の二十に相当する金額を加算した金額とする。

② 前項の一親等の血族には、同項の被相続人の直系卑属が当該被相続人の養子となつている場合を含まないものとする。ただし、当該被相続人の直系卑属が相続開始以前に死亡し、又は相続権を失つたため、代襲して相続人となつている場合は、この限りでない。

（相続開始前三年以内に贈与があつた場合の相続税額）

第一九条① 相続又は遺贈により財産を取得した者が当該相続の開始前三年以内に当該相続に係る被相続人から贈与により財産を取得したことがある場合においては、その者については、当該贈与により取得した財産（第二十一条の二第一項から第三項まで、第二十一条の三及び第二十一条の四の規定により当該取得の日の属する年分の贈与税の課税価格計算の基礎に算入されるもの（特定贈与財産を除く。）に限る。以下この条及び第五十一条第二項において同じ。）の価額を相続税の課税価格に加算した価額を相続税の課税価格とみなし、第十五条から前条までの規定を適用して算出した金額（当該贈与により取得した財産の取得につき課せられた贈与税があるときは、当該金額から当該財産に係る贈与税の税額（第二十一条の八の規定による控除前の税額とし、延滞税、利子税、過少申告加算税、無申告加算税及び重加算税に相当する税額を除く。）として政令の定めるところにより計算した金額を控除した金額）をもつて、その納付すべき相続税額とする。

② 前項に規定する特定贈与財産とは、第二十一条の六第一項に規定する婚姻期間が二十年以上である配偶者に該当する被相続人からの贈与により当該被相続人の配偶者が取得した同項に規定する居住用不動産又は金銭で次の各号に掲げる場合の区分に応じ、当該各号に定める部分をいう。

一 当該贈与が当該相続の開始の年の前年以前にされた場合で、当該被相続人の配偶者が当該贈与による取得の日の属する年分の贈与税につき第二十一条の六第一項の規定の適用を受けているとき。 同項の規定により控除された金額に相当する部分

二 当該贈与が当該相続の開始の年においてされた場合で、当該被相続人の配偶者が当該被相続人からの贈与について既に第二十一条の六第一項の規定の適用を受けた者でないとき（政令で定める場合に限る。）。 同項の規定の適用があるものとした場合に、同項の規定により控除されることとなる金額に相当する部分

① **贈与の時点** 相続の場合に当該相続の開始前三年以内に贈与により取得した財産の価額を相続税の課税価格に加算することを定めた本条の規定は、右三年の期間を計算する基準として相続税法一条の四と同じように「贈与により財産を取得した」との文言を用いていることからすると、書面によらない贈与

の場合に右加算すべき贈与に当たるか否かは履行終了の時が三年以内か否かによって決すべきものであり、特段の事情の主張立証のない場合においては、贈与に係る株式の名義書換日に贈与の履行が終了したと認めるのが相当である。（東京地判昭55・5・20行裁三一・五・一一五四）

（配偶者に対する相続税額の軽減）

第一九条の二① 被相続人の配偶者が当該被相続人からの相続又は遺贈により財産を取得した場合には、当該配偶者については、第一号に掲げる金額から第二号に掲げる金額を控除した残額があるときは、当該残額をもつてその納付すべき相続税額とし、第一号に掲げる金額が第二号に掲げる金額以下であるときは、その納付すべき相続税額は、ないものとする。

一 当該配偶者につき第十五条から第十七条まで及び前条の規定により算出した金額

二 当該相続又は遺贈により財産を取得した全ての者に係る相続税の総額に、次に掲げる金額のうちいずれか少ない金額が当該相続又は遺贈により財産を取得した全ての者に係る相続税の課税価格の合計額のうちに占める割合を乗じて算出した金額

イ 当該相続又は遺贈により財産を取得した全ての者に係る相続税の課税価格の合計額に民法第九百条（法定相続分）の規定による当該配偶者の相続分（相続の放棄があつた場合には、その放棄がなかつたものとした場合における相続分）を乗じて算出した金額（当該被相続人の相続人（相続の放棄があつた場合には、その放棄がなかつたものとした場合における相続人）が当該配偶者のみである場合には、当該合計額）に相当する金額（当該金額が一億六千万円に満たない場合には、一億六千万円）

ロ 当該相続又は遺贈により財産を取得した配偶者に係る相続税の課税価格に相当する金額

② 前項の相続又は遺贈に係る第二十七条の規定による申告書の提出期限（以下この項において「申告期限」という。）までに、当該相続又は遺贈により取得した財産の全部又は一部が共同相続人又は包括受遺者によつてまだ分割されていない場合における前項の規定の適用については、その分割されていない財産は、同項第二号ロの課税価格の計算の基礎とされる財産に含まれないものとする。ただし、その分割されていない財産が申告期限から三年以内（当該期間が経過するまでの間に当該財産が分割されなかつたことにつき、当該相続又は遺贈に関し訴えの提起がされたことその他の政令で定めるやむを得ない事情がある場合において、政令で定めるところにより納税地の所轄税務署長の承認を受けたときは、当該財産の分割ができることとなつた日として政令で定める日の翌日から四月以内）に分割された場合には、その分割された財産については、この限りでない。

③ 第一項の規定は、第二十七条の規定による申告書（当該申告書に係る期限後申告書及びこれらの申告書に係る修正申告書を含む。第五項において同じ。）又は国税通則法第二十三条第三項（更正の請求）に規定する更正請求書に、第一項の規定の適用を受ける旨及び同項各号に掲げる金額の計算に関する明細の記載をした書類その他の財務省令で定める書類の添付がある場合に限り、適用する。

④ 税務署長は、前項の財務省令で定める書類の添付がない同項の申告書又は更正請求書の提出があつた場合においても、その添付がなかつたことについてやむを得ない事情があると認めるときは、当該書類の提出があつた場合に限り、第一項の規定を適用することができる。

⑤ 第一項の相続又は遺贈により財産を取得した者が、隠蔽仮装行為に基づき、第二十七条の規定による申告書を提出しており、又はこれを提出していなかつた場合において、当該相続又は遺贈に係る相続税についての調査があつたことにより当該相続税について更正又は決定があるべきことを予知して期限後申告書又は修正申告書を提出するときは、当該期限後申告書又は修正申告書に係る相続税額に係る同項の規定の適用については、同項第二号中「相続税の総額」とあるのは「相続税の総額で当該相続に係る被相続人の配偶者が行つた第六項に規定する隠蔽仮装行為による事実に基づく金額に相当する金額を当該財産を取得した全ての者に係る相続税の課税価格に含まないものとして計算したもの」と、「課税価格の合計額のうち」とあるのは「課税価格の合計額から当該相当する金額を控除した残額のうち」と、同号イ中「課税価格の合計額」とあるのは「課税価格の合計額から第六項に規定する隠蔽仮装行為による事実に基づく金額に相当する金額（当該配偶者に係る相続税の課税価格に算入すべきものに限る。）を控除した残額」と、同号ロ中「課税価格」とあるのは「課税価格から第六項に規定する隠蔽仮装行為による事実に基づく金額に相当する金額（当該配偶者に係る相続税の課税価格に算入すべきものに限る。）を控除した残額」とする。

⑥ 前項の「隠蔽仮装行為」とは、相続又は遺贈により財産を取得した者が行う行為で当該財産を取得した者に係る相続税の課税価格の計算の基礎となるべき事実の全部又は一部を隠蔽し、又は仮装することをいう。

（未成年者控除）

第一九条の三① 相続又は遺贈により財産を取得した者（第一条の三第一項第三号又は第四号の規定に該当する者を除く。）が当該相続又は遺贈に係る被相続人の民法第五編第二章（相続人）の規定による相続人（相続の放棄があつた場合には、その放棄がなかつたものとした場合における相続人）に該当し、かつ、十八歳未満の者である場合においては、その者については、第十五条から前条までの規定により算出した金額から十万円にその者が十八歳に達するまでの年数（当該年数が一年未満であるとき、又はこれに一年未満の端数があるときは、これを一年とする。）を乗じて算出した金額を控除した金額をも

つて、その納付すべき相続税額とする。

② 前項の規定により控除を受けることができる金額がその控除を受ける者について第十五条から前条までの規定により算出した金額を超える場合においては、その超える部分の金額は、政令で定めるところにより、その控除を受ける者の扶養義務者が同項の被相続人から相続又は遺贈により取得した財産の価額について第十五条から前条までの規定により算出した金額から控除し、その控除後の金額をもつて、当該扶養義務者の納付すべき相続税額とする。

③ 第一項の規定に該当する者がその者又はその扶養義務者について既に前二項の規定による控除を受けたことがある者である場合においては、その者又はその扶養義務者がこれらの規定による控除を受けることができる金額は、既に控除を受けた金額の合計額が第一項の規定による控除を受けることができる金額（二回以上これらの規定による控除を受けた場合には、最初に相続又は遺贈により財産を取得した際に同項の規定による控除を受けることができる金額）に満たなかつた場合におけるその満たなかつた部分の金額の範囲内に限る。

（障害者控除）

第一九条の四① 相続又は遺贈により財産を取得した者（第一条の三第一項第二号から第四号までの規定に該当する者を除く。）が当該相続又は遺贈に係る被相続人の前条第一項に規定する相続人に該当し、かつ、障害者である場合には、その者については、第十五条から前条までの規定により算出した金額から十万円（その者が特別障害者である場合には、二十万円）にその者が八十五歳に達するまでの年数（当該年数が一年未満であるとき、又はこれに一年未満の端数があるときは、これを一年とする。）を乗じて算出した金額を控除した金額をもつて、その納付すべき相続税額とする。

② 前項に規定する障害者とは、精神上の障害により事理を弁識する能力を欠く常況にある者、失明者その他の精神又は身体に障害がある者で政令で定めるものをいい、同項に規定する特別障害者とは、同項の障害者のうち精神又は身体に重度の障害がある者で政令で定めるものをいう。

③ 前条第二項及び第三項の規定は、第一項の規定を適用する場合について準用する。この場合において、同条第二項中「前条」とあるのは、「第十九条の三」と読み替えるものとする。

（相次相続控除）

第二〇条 相続（被相続人からの相続人に対する遺贈を含む。以下この条において同じ。）により財産を取得した場合において、当該相続（以下この条において「第二次相続」という。）に係る被相続人が第二次相続の開始前十年以内に開始した相続（以下この条において「第一次相続」という。）により財産（当該第一次相続に係る被相続人からの贈与により取得した第二十一条の九第三項の規定の適用を受けた財産を含む。）を取得したことがあるときは、当該被相続人から相続により財産を取得した者については、第十五条から前条までの規定により算出した金額から、当該被相続人が第一次相続により取得した財産（当該第一次相続に係る被相続人からの贈与により取得した第二十一条の九第三項の規定の適用を受けた財産を含む。）につき課せられた相続税額（延滞税、利子税、過少申告加算税、無申告加算税及び重加算税に相当する相続税額を除く。第一号において同じ。）に相当する金額に次の各号に掲げる割合を順次乗じて算出した金額を控除した金額をもつて、その納付すべき相続税額とする。

一 第二次相続に係る被相続人から相続又は遺贈（被相続人からの相続人に対する遺贈を除く。次号において同じ。）により財産を取得したすべての者がこれらの事由により取得した財産の価額（相続税の課税価格に算入される部分に限る。）の合計額の当該被相続人が第一次相続により取得した財産（当該第一次相続に係る被相続人からの贈与により取得した第二十一条の九第三項の規定の適用を受けた財産を含む。）の価額（相続税の課税価格計算の基礎に算入された部分に限る。）から当該財産に係る相続税額を控除した金額に対する割合（当該割合が百分の百を超える場合には、百分の百の割合）

二 第二次相続に係る被相続人から相続により取得した財産の価額（相続税の課税価格に算入される部分に限る。）の第二次相続に係る被相続人から相続又は遺贈により財産を取得したすべての者がこれらの事由により取得した財産の価額（相続税の課税価格に算入される部分に限る。）の合計額に対する割合

三 第一次相続開始の時から第二次相続開始の時までの期間に相当する年数を十年から控除した年数（当該年数が一年未満であるとき又はこれに一年未満の端数があるときは、これを一年とする。）の十年に対する割合

（在外財産に対する相続税額の控除）

第二〇条の二 相続又は遺贈（第二十一条の二第四項に規定する贈与を含む。以下この条において同じ。）によりこの法律の施行地外にある財産を取得した場合において、当該財産についてその地の法令により相続税に相当する税が課せられたときは、当該財産を取得した者については、第十五条から前条までの規定により算出した金額からその課せられた税額に相当する金額を控除した金額をもつて、その納付すべき相続税額とする。ただし、その控除すべき金額が、その者についてこれらの規定により算出した金額に当該財産の価額が当該相続又は遺贈により取得した財産の価額のうち課税価格計算の基礎に算入された部分のうちに占める割合を乗じて算出した金額を超える場合においては、その超える部分の金額については、当該控除をしない。

第二節 贈与税

（贈与税の課税）

第二一条 贈与税は、この節及び次節に定めるところにより、贈与により財産を取得した者に係る贈与税

額として計算した金額により、課する。

（贈与税の課税価格）

第二一条の二① 贈与により財産を取得した者がその年中における贈与による財産の取得について第一条の四第一項第一号又は第二号の規定に該当する者である場合においては、その者については、その年中において贈与により取得した財産の価額の合計額をもつて、贈与税の課税価格とする。

② 贈与により財産を取得した者がその年中における贈与による財産の取得について第一条の四第一項第三号又は第四号の規定に該当する者である場合においては、その者については、その年中において贈与により取得した財産でこの法律の施行地にあるものの価額の合計額をもつて、贈与税の課税価格とする。

③ 贈与により財産を取得した者がその年中における贈与による財産の取得について第一条の四第一項第一号の規定に該当し、かつ、同項第三号若しくは第四号の規定に該当する者又は同項第二号の規定に該当し、かつ、同項第三号若しくは第四号の規定に該当する者である場合においては、その者については、その者がこの法律の施行地に住所を有していた期間内に贈与により取得した財産で政令で定めるものの価額及びこの法律の施行地に住所を有していなかつた期間内に贈与により取得した財産で政令で定めるものの価額の合計額をもつて、贈与税の課税価格とする。

④ 相続又は遺贈により財産を取得した者が相続開始の年において当該相続に係る被相続人から受けた贈与により取得した財産の価額で第十九条の規定により相続税の課税価格に加算されるものは、前三項の規定にかかわらず、贈与税の課税価格に算入しない。

（贈与税の非課税財産）

第二一条の三① 次に掲げる財産の価額は、贈与税の課税価格に算入しない。

一　法人からの贈与により取得した財産

二　扶養義務者相互間において生活費又は教育費に充てるためにした贈与により取得した財産のうち通常必要と認められるもの

三　宗教、慈善、学術その他公益を目的とする事業を行う者で政令で定めるものが贈与により取得した財産で当該公益を目的とする事業の用に供することが確実なもの

四　所得税法第七十八条第三項（寄附金控除）に規定する特定公益信託（以下この号において「特定公益信託」という。）で学術に関する顕著な貢献を表彰するものとして、若しくは顕著な価値がある学術に関する研究を奨励するものとして財務大臣の指定するものから交付される金品で財務大臣の指定するもの又は学生若しくは生徒に対する学資の支給を行うことを目的とする特定公益信託から交付される金品

五　条例の規定により地方公共団体が精神又は身体に障害のある者に関して実施する共済制度で政令で定めるものに基づいて支給される給付金を受ける権利

六　公職選挙法（昭和二十五年法律第百号）の適用を受ける選挙における公職の候補者が選挙運動に関し贈与により取得した金銭、物品その他の財産上の利益で同法第百八十九条（選挙運動に関する収入及び支出の報告書の提出）の規定による報告がなされたもの

② 第十二条第二項の規定は、前項第三号に掲げる財産について準用する。

（特定障害者に対する贈与税の非課税）

第二一条の四① 特定障害者（第十九条の四第二項に規定する特別障害者（第一条の四第一項第二号から第四号までの規定に該当する者を除く。以下この項において「特別障害者」という。）及び第十九条の四第二項に規定する障害者（特別障害者を除く。）のうち精神上の障害により事理を弁識する能力を欠く常況にある者その他の精神に障害がある者として政令で定めるもの（第一条の四第一項第二号から第四号までの規定に該当する者を除く。）をいう。以下この項及び次項において同じ。）が、信託会社その他の者で政令で定めるもの（以下この条において「受託者」という。）の営業所、事務所その他これらに準ずるものでこの法律の施行地にあるもの（第三項において「受託者の営業所等」という。）において当該特定障害者を受益者とする特定障害者扶養信託契約に基づいて当該特定障害者扶養信託契約に係る財産の信託がされることによりその信託の利益を受ける権利（以下この条において「信託受益権」という。）を有することとなる場合において、政令で定めるところにより、その信託の際、当該信託受益権につきこの項の規定の適用を受けようとする旨その他必要な事項を記載した申告書（以下この条において「障害者非課税信託申告書」という。）を納税地の所轄税務署長に提出したときは、当該信託受益権でその価額のうち六千万円（特定障害者のうち特別障害者以外の者にあつては、三千万円）までの金額（既に他の信託受益権について障害者非課税信託申告書を提出している場合には、当該他の信託受益権でその価額のうちこの項の規定の適用を受けた部分の価額を控除した残額）に相当する部分の価額については、贈与税の課税価格に算入しない。

② 前項に規定する特定障害者扶養信託契約とは、個人が受託者と締結した金銭、有価証券その他の財産で政令で定めるものの信託に関する契約で、当該個人以外の一人の特定障害者を信託の利益の全部についての受益者とするもののうち、当該契約に基づく信託が当該特定障害者の死亡の日に終了することとされていることその他の政令で定める要件を備えたものをいう。

③ 障害者非課税信託申告書には、受託者の営業所等のうちいずれか一のものに限り記載することができるものとし、一の障害者非課税信託申告書を提出した場合には、当該障害者非課税信託申告書に記載された受託者の営業所等において新たに特定障害者扶養信託契約に基づき信託される財産に係る信託受益

権につき第一項の規定の適用を受けようとする場合その他の場合で政令で定める場合を除き、他の障害者非課税信託申告書は、提出することができないものとする。

④　前三項に定めるもののほか、障害者非課税信託申告書の提出及び当該障害者非課税信託申告書に記載した事項を変更した場合における申告に関する事項その他第一項の規定の適用に関し必要な事項は、政令で定める。

（贈与税の基礎控除）

第二一条の五　贈与税については、課税価格から六十万円を控除する。

▽【特例→租特七〇の二の四

（贈与税の配偶者控除）

第二一条の六①　その年において贈与によりその者との婚姻期間が二十年以上である配偶者から専ら居住の用に供する土地若しくは土地の上に存する権利若しくは家屋でこの法律の施行地にあるもの（以下この条において「居住用不動産」という。）又は金銭を取得した者（その年の前年以前のいずれかの年において贈与により当該配偶者から取得した財産に係る贈与税につきこの条の規定の適用を受けた者を除く。）が、当該取得の日の属する年の翌年三月十五日までに当該居住用不動産をその者の居住の用に供し、かつ、その後引き続き居住の用に供する見込みである場合又は同日までに当該金銭をもつて居住用不動産を取得して、これをその者の居住の用に供し、かつ、その後引き続き居住の用に供する見込みである場合においては、その年分の贈与税については、課税価格から二千万円（当該贈与により取得した居住用不動産の価額に相当する金額と当該贈与により取得した金銭のうち居住用不動産の取得に充てられた部分の金額との合計額が二千万円に満たない場合には、当該合計額）を控除する。

②　前項の規定は、第二十八条第一項に規定する申告書（当該申告書に係る期限後申告書及びこれらの申告書に係る修正申告書を含む。）又は国税通則法第二十三条第三項（更正の請求）に規定する更正請求書に、前項の規定により控除を受ける金額その他その控除に関する事項及びその控除を受けようとする年の前年以前の各年分の贈与税につき同項の規定の適用を受けていない旨を記載した書類その他の財務省令で定める書類の添付がある場合に限り、適用する。

③　税務署長は、前項の財務省令で定める書類の添付がない同項の申告書又は更正請求書の提出があつた場合においても、その添付がなかつたことについてやむを得ない事情があると認めるときは、当該書類の提出があつた場合に限り、第一項の規定を適用することができる。

④　前三項に定めるもののほか、贈与をした者が第一項に規定する婚姻期間が二十年以上である配偶者に該当するか否かの判定その他同項の規定の適用に関し必要な事項は、政令で定める。

（贈与税の税率）

第二一条の七　贈与税の額は、前二条の規定による控除後の課税価格を次の表の上欄に掲げる金額に区分してそれぞれの金額に同表の下欄に掲げる税率を乗じて計算した金額を合計した金額とする。

二百万円以下の金額	百分の十
二百万円を超え三百万円以下の金額	百分の十五
三百万円を超え四百万円以下の金額	百分の二十
四百万円を超え六百万円以下の金額	百分の三十
六百万円を超え千万円以下の金額	百分の四十
千万円を超え千五百万円以下の金額	百分の四十五
千五百万円を超え三千万円以下の金額	百分の五十
三千万円を超える金額	百分の五十五

（在外財産に対する贈与税額の控除）

第二一条の八　贈与によりこの法律の施行地外にある財産を取得した場合において、当該財産についてその地の法令により贈与税に相当する税が課せられたときは、当該財産を取得した者については、前条又は第二十一条の十三の規定により計算した金額からその課せられた税額に相当する金額を控除した残額をもつて、その納付すべき贈与税額とする。ただし、その控除すべき金額が、その者についてこれらの規定により計算した金額に当該財産の価額が当該財産を取得した日の属する年分の贈与税の課税価格に算入された財産の価額のうちに占める割合を乗じて計算した金額を超える場合においては、その超える部分の金額については、当該控除をしない。

第三節　相続時精算課税

（相続時精算課税の選択）

第二一条の九①　贈与により財産を取得した者がその贈与をした者の推定相続人（その贈与をした者の直系卑属である者のうちその年一月一日において十八歳以上であるものに限る。）であり、かつ、その贈与をした者が同日において六十歳以上の者である場合には、その贈与により財産を取得した者は、その贈与に係る財産について、この節の規定の適用を受けることができる。

②　前項の規定の適用を受けようとする者は、政令で定めるところにより、第二十八条第一項の期間内に前項に規定する贈与をした者からのその年中における贈与により取得した財産について同項の規定の適用を受けようとする旨その他財務省令で定める事項を記載した届出書を納税地の所轄税務署長に提出しなければならない。

③　前項の届出書に係る贈与をした者からの贈与により取得する財産については、当該届出書に係る年分以後、前節及びこの節の規定により、贈与税額を計算する。

④　その年一月一日において十八歳以上の者が同日において六十歳以上の者からの贈与により財産を取得した場合にその年の中途においてその者の養子となつたことその他の事由によりその者の推定相続人となつたとき（配偶者となつたときを除く。）には、

推定相続人となつた時前にその者からの贈与により取得した財産については、第一項の規定の適用はないものとする。

⑤　第二項の届出書を提出した者（以下「相続時精算課税適用者」という。）が、その届出書に係る第一項の贈与をした者（以下「特定贈与者」という。）の推定相続人でなくなつた場合においても、当該特定贈与者からの贈与により取得した財産については、第三項の規定の適用があるものとする。

⑥　相続時精算課税適用者は、第二項の届出書を撤回することができない。

（相続時精算課税に係る贈与税の課税価格）

第二一条の一〇　相続時精算課税適用者が特定贈与者からの贈与により取得した財産については、特定贈与者ごとにその年中において贈与により取得した財産の価額を合計し、それぞれの合計額をもつて、贈与税の課税価格とする。

（適用除外）

第二一条の一一　相続時精算課税適用者が特定贈与者からの贈与により取得した財産については、第二十一条の五から第二十一条の七までの規定は、適用しない。

（相続時精算課税に係る贈与税の特別控除）

第二一条の一二①　相続時精算課税適用者がその年中において特定贈与者からの贈与により取得した財産に係るその年分の贈与税については、特定贈与者ごとの贈与税の課税価格からそれぞれ次に掲げる金額のうちいずれか低い金額を控除する。

一　二千五百万円（既にこの条の規定の適用を受けて控除した金額がある場合には、その金額の合計額を控除した残額）

二　特定贈与者ごとの贈与税の課税価格

②　前項の規定は、期限内申告書に同項の規定により控除を受ける金額、既に同項の規定の適用を受けて控除した金額がある場合の控除した金額その他財務省令で定める事項の記載がある場合に限り、適用する。

③　税務署長は、第一項の財産について前項の記載がない期限内申告書の提出があつた場合において、その記載がなかつたことについてやむを得ない事情があると認めるときは、その記載をした書類の提出があつた場合に限り、第一項の規定を適用することができる。

（相続時精算課税に係る贈与税の税率）

第二一条の一三　相続時精算課税適用者がその年中において特定贈与者からの贈与により取得した財産に係るその年分の贈与税の額は、特定贈与者ごとに、第二十一条の十の規定により計算された贈与税の課税価格（前条第一項の規定の適用がある場合には、同項の規定による控除後の金額）にそれぞれ百分の二十の税率を乗じて計算した金額とする。

（相続時精算課税に係る相続税額）

第二一条の一四　特定贈与者から相続又は遺贈により財産を取得した者及び当該特定贈与者に係る相続時精算課税適用者の相続税の計算についての第十五条の規定の適用については、同条第一項中「（第十九条」とあるのは「（第十九条、第二十一条の十五又は第二十一条の十六」と、「同条」とあるのは「これら」とする。

第二一条の一五①　特定贈与者から相続又は遺贈により財産を取得した相続時精算課税適用者については、当該特定贈与者からの贈与により取得した財産で第二十一条の九第三項の規定の適用を受けるもの（第二十一条の二第一項から第三項まで、第二十一条の三、第二十一条の四及び第二十一条の十の規定により当該取得の日の属する年分の贈与税の課税価格計算の基礎に算入されるものに限る。）の価額を相続税の課税価格に加算した価額をもつて、相続税の課税価格とする。

②　特定贈与者から相続又は遺贈により財産を取得した相続時精算課税適用者及び他の者に係る相続税の計算についての第十三条、第十八条、第十九条、第十九条の三及び第二十条の規定の適用については、第十三条第一項中「取得した財産」とあるのは「取得した財産及び被相続人が第二十一条の九第五項に規定する特定贈与者である場合の当該被相続人からの贈与により取得した同条第三項の規定の適用を受ける財産」と、同条第二項中「あるもの」とあるのは「あるもの及び被相続人が第二十一条の九第五項に規定する特定贈与者である場合の当該被相続人からの贈与により取得した同条第三項の規定の適用を受ける財産」と、同条第四項中「取得した財産」とあるのは「取得した財産及び被相続人が第二十一条の九第五項に規定する特定贈与者である場合の当該被相続人からの贈与により取得した同条第三項の規定の適用を受ける財産」と、第十八条第一項中「とする」とあるのは「とする。ただし、贈与により財産を取得した時において当該被相続人の当該一親等の血族であつた場合には、当該被相続人から取得した当該財産に対応する相続税額として政令で定めるものについては、この限りでない」と、第十九条第一項中「特定贈与財産」とあるのは「特定贈与財産及び第二十一条の九第三項の規定の適用を受ける財産」と、第十九条の三第三項中「財産」とあるのは「財産（当該相続に係る被相続人からの贈与により取得した財産で第二十一条の九第三項の規定の適用を受けるものを含む。）」と、第二十条第一号中「事由により取得した財産」とあるのは「事由により取得した財産（当該被相続人からの贈与により取得した財産で第二十一条の九第三項の規定の適用を受けるものを含む。）」と、同条第二号中「財産の価額」とあるのは「財産（当該被相続人からの贈与により取得した財産で第二十一条の九第三項の規定の適用を受けるものを含む。）の価額」とする。

③　第一項の場合において、第二十一条の九第三項の規定の適用を受ける財産につき課せられた贈与税があるときは、相続税額から当該贈与税の税額（第二十一条の八の規定による控除前の税額とし、延滞税、利子税、過少申告加算税、無申告加算税及び重加算税に相当する税額を除く。）に相当する金額を控除した金額をもつて、その納付すべき相続税額と

する。

第二一条の一六① 特定贈与者から相続又は遺贈により財産を取得しなかつた相続時精算課税適用者については、当該特定贈与者からの贈与により取得した財産で第二十一条の九第三項の規定の適用を受けるものを当該特定贈与者から相続（当該相続時精算課税適用者が当該特定贈与者の相続人以外の者である場合には、遺贈）により取得したものとみなして第一節の規定を適用する。

② 前項の場合において、特定贈与者から相続又は遺贈により財産を取得しなかつた相続時精算課税適用者及び当該特定贈与者から相続又は遺贈により財産を取得した者に係る相続税の計算についての第十八条、第十九条、第十九条の三及び第十九条の四の規定の適用については、第十八条第一項中「とする」とあるのは「とする。ただし、贈与により財産を取得した時において当該被相続人の当該一親等の血族であつた場合には、当該被相続人から取得した当該財産に対応する相続税額として政令で定めるものについては、この限りでない」と、第十九条第一項中「特定贈与財産」とあるのは「特定贈与財産及び第二十一条の九第三項の規定の適用を受ける財産」と、第十九条の三第三項中「財産」とあるのは「財産（当該相続に係る被相続人からの贈与により取得した財産で第二十一条の九第三項の規定の適用を受けるものを含む。）」と、第十九条の四第一項中「該当する者」とあるのは「該当する者及び同項第五号の規定に該当する者（当該相続に係る被相続人の相続開始の時においてこの法律の施行地に住所を有しない者に限る。）」とする。

③ 第一項の規定により特定贈与者から相続又は遺贈により取得したものとみなされて相続税の課税価格に算入される財産の価額は、同項の贈与の時における価額による。

④ 第一項の場合において、第二十一条の九第三項の規定の適用を受ける財産につき課せられた贈与税があるときは、相続税額から当該贈与税の税額（第二十一条の八の規定による控除前の税額とし、延滞税、利子税、過少申告加算税、無申告加算税及び重加算税に相当する税額を除く。）に相当する金額を控除した金額をもつて、その納付すべき相続税額とする。

（相続時精算課税に係る相続税の納付義務の承継等）

第二一条の一七① 特定贈与者の死亡以前に当該特定贈与者に係る相続時精算課税適用者が死亡した場合には、当該相続時精算課税適用者の相続人（包括受遺者を含む。以下この条及び次条において同じ。）は、当該相続時精算課税適用者が有していたこの節の規定の適用を受けていたことに伴う納税に係る権利又は義務を承継する。ただし、当該相続人のうちに当該特定贈与者がある場合には、当該特定贈与者は、当該納税に係る権利又は義務については、これを承継しない。

② 前項本文の場合において、相続時精算課税適用者の相続人が限定承認をしたときは、当該相続人は、相続により取得した財産（当該相続時精算課税適用者からの遺贈又は贈与により取得した財産を含む。）の限度においてのみ同項の納税に係る権利又は義務を承継する。

③ 国税通則法第五条第二項及び第三項（相続による国税の納付義務の承継）の規定は、この条の規定により相続時精算課税適用者の相続人が有することとなる第一項の納税に係る権利又は義務について、準用する。

④ 前三項の規定は、第一項の権利又は義務を承継した者が死亡した場合について、準用する。

第二一条の一八① 贈与により財産を取得した者（以下この条において「被相続人」という。）が第二十一条の九第一項の規定の適用を受けることができる場合に、当該被相続人が同条第二項の規定による同項の届出書の提出期限前に当該届出書を提出しないで死亡したときは、当該被相続人の相続人（当該贈与をした者を除く。以下この条において同じ。）は、その相続の開始があつたことを知つた日の翌日から十月以内（相続人が国税通則法第百十七条第二項（納税管理人）の規定による納税管理人の届出をしないで当該期間内にこの法律の施行地に住所及び居所を有しないこととなるときは、当該住所及び居所を有しないこととなる日まで）に、政令で定めるところにより、当該届出書を当該被相続人の納税地の所轄税務署長に共同して提出することができる。

② 前項の規定により第二十一条の九第二項の届出書を提出した相続人は、被相続人が有することとなる同条第一項の規定の適用を受けることに伴う納税に係る権利又は義務を承継する。この場合において、前条第二項及び第三項の規定を準用する。

③ 第一項の規定により第二十一条の九第二項の届出書を提出することができる被相続人の相続人が当該届出書を提出しないで死亡した場合には、前二項の規定を準用する。

第三章 財産の評価

（評価の原則）

第二二条 この章で特別の定めのあるものを除くほか、相続、遺贈又は贈与により取得した財産の価額は、当該財産の取得の時における時価により、当該財産の価額から控除すべき債務の金額は、その時の現況による。

一 「取得の時」

[1] 相続税の課税価格算定のタイミングは、遺産分割時ではなく相続開始時である。（東京高判平18・9・14判時一九六四・四〇）

二 「時価」

[2] **1 土地所有権移転請求権の評価**→二条[2][3] 土地の所有権移転請求権の価額については、相続開始時の時価で評価するが、右時価とは、不特定多数の当事者間で自由な取引が行われる場合に通常成立する価額をいうから、相続開始時の約三週間前という極めて近接した時期に土地売買契約

が締結され、相続当時その履行途上にあった事案においては、土地の仲介手数料を含めた取得価額が一般的な取引実勢から外れた価額であるなどの特段の事情がない限り、いわば時価が顕在化しているものとして、右取引価額をもって土地所有権移転請求権の時価と評価することが合理的である。（名古屋地判平3・5・29税資一八三・八三七）

3 農地の所有権移転請求権の評価につき、農地の所有権と同一の財産的価値を有しているものとされた例（東京地判昭62・10・26行裁三八・一〇・一四三一）

2 時価の意義

4 本条に規定される時価とは、課税時期において、それぞれの財産の現況に応じ、不特定多数の当事者間で自由な取引が行われた場合に通常成立する価額をいう。（東京地判平7・7・20行裁四六・六＝七・七〇一）

5 本条にいう時価とは当該財産の客観的な交換価値をいうものと解される。（最判平22・7・16判時二〇九七・二八）→26

3 財産評価通達の意義

6 租税平等主義という観点からして、財産評価通達に定められた評価方式が合理的なものである限り、これが形式的にすべての納税者に適用されることによって租税負担の実質的な公平をも実現することができるものと解されるから、特定の納税者あるいは特定の相続財産についてのみ右通達に定める方式以外の方法によってその評価を行うことは、たとえその方法による評価額がそれ自体としては本条の定める時価として許容できる範囲内のものであったとしても、納税者間の実質的負担の公平を欠くことになり、許されない。しかし、右の評価方式を画一的に適用するという形式的な平等を貫くことによって、かえって実質的な租税負担の公平を著しく害することが明らかな場合には、別の評価方式によることが許される。（東京地判平4・3・11判時一四一六・七三）→税総◆【Ⅱ】19

7 財産評価通達によりあらかじめ定められた評価方法によって、画一的な評価を行う課税実務上の取扱いは、納税者間の公平、納税者の便宜、徴税費用の節減という見地からみて合理的であり、一般的には、これを形式的にすべての納税者に適用して財産の評価を行うことは、租税負担の実質的公平をも実現することができ、租税平等主義にかなうものであるというべきである。（東京地判平7・7・20前出4）

4 評価方法の合理性に関する立証責任

8 評価通達に定められた評価方式が時価を算定するための手法として合理的なものであることについては、国側においてこれを立証すべきである。（東京地判平24・3・2判時二一八〇・一八……控訴審・東京高判平25・2・28税資二六三順号一二一五七、租税百選［七版］八七）

9 贈与時に集合住宅の建替えが実現する蓋然性が高かったため贈与時において集合住宅の建替えの実現性に不透明な部分があったということはできず、評価通達が定める評価方法によっては適正な時価を適切に算定することができない特別の事情が存在したということはできない。このため、評価通達の定める評価方法による不動産の評価額が贈与時における不動産の客観的な交換価値としての適正な時価を上回らないとの推認を覆すに足りない。（東京高判平27・12・17判時二二八二・二二、租税百選［七版］八六）

5 評価方法の合理性

10 平成九年の独禁法改正により持株会社が解禁されたこと等を考慮すると、平成一六年時点において、評価通達一八九の(2)の定めのうち、大会社につき株式保有割合が二五％以上である評価会社を一律に株式保有特定会社としてその株式の価額を同通達一八九―三の定めにより評価すべきものとする部分には合理性が認められない。（東京地判平24・3・2前出8……控訴審・東京高判平25・2・28も同旨）

6 評価通達によらない評価

11 財産評価通達による評価方法を形式的、画一的に適用することによって、かえって実質的な租税負担の公平を著しく害し、また、相続税法の趣旨や財産評価通達自体の趣旨に反するような結果を招来させるような場合には、財産評価通達に定める評価方法以外の他の合理的な方法によることが許されるものと解すべきである。（東京地判平7・7・20前出4）

12 『被相続人が相続開始直前に借り入れた資金で不動産を購入し、相続開始直後に右不動産が相続人によってやはり当時の市場価格で他に売却され、その売却金によって右借入金が返済されているため、相続の前後を通じてことがらの実質を見ると当該不動産がいわば一種の商品のような形で一時的に相続人及び被相続人の所有に帰属することとなったに過ぎないとも考えられるような場合についても、画一的に評価通達に基づいてその不動産の価額を評価すべきものとすると、他方で右のような取引の経過から客観的に明らかになっているその不動産の市場における現実の交換価格によってその価額を評価した場合に比べて相続税の課税価格に著しい差を生じ、実質的な租税負担の公平という観点からして看過し難い事態を招来することとなる場合があるものというべきであり、そのような場合には、前記の評価通達によらないことが相当と認められる特別の事情がある場合に該当するものとして、右相続不動産を右の市場における現実の交換価格によって評価することが許されるとするのが相当である。』（東京地判平4・3・11前出6）

13 経済的合理性なくして、相続人によって相続開始直前に借り入れた資金で不動産を購入するという行為が行われた場合についても、画一的に評価基本通達に基づいてその不動産の価額を評価すべきものとすると、右の購入行為をしなかった場合に比べて相続税の課税価格に著しい差を生じ、当該不動産以外に多額の財産を保有している被相続人の場合には、結果としてその他の相続財産の課税価格が大幅に圧縮されることになる。このような事態は、他に多額の財産を保有していないため、右のような方法によって相続税負担の軽減という効果を享受する余地のない他の納税者との間での実質的な租税負担の公平を著しく害し、富の再分配機能を通じて経済的平等を実現するという相続税の目的に反する。したがって、このような不動産については、その相続財産としての評価を評価基本通達によらないことが相当と認められる特別の事情がある場合に該当するものとして、右相続不動産を右の市場における客観的な交換価格によって評価することが許される。(東京地判平5・2・16判タ八四五・二四〇)

三　土地の評価

1　基本通達

参　土地の評価上の区分(基通七)

参　評価単位(基通七—二)

参　評価の方式(基通七—一一)

2　宅地の評価

イ　算定方法

⑭　本件土地の価格算定に際しては、取引事例比較法による比準価格は無視できないものの、これが収益還元法による収益価格を上回る規範性を有しているとは認め難く、双方を同等に用いるべきものと考えられる。そして、規準価格については、評価に直接反映させるべきでないことについて当事者間に争いがない上、公示地の公示価格が激しく変動している状況からすると、これを規準として用いることは相当でない。そうすると、本件土地についての更地価格は、適切に算定された比準価格と収益価格を単純平均して求めるのが相当である。(東京地判平15・2・26判時一八八八・七二)

ロ　市街化区域の宅地

参　路線価方式—「路線価方式とは、その宅地の面する路線に付された路線価を基とし、一五(奥行価格補正)から二〇—五(容積率の異なる二以上の地域にわたる宅地の評価)までの定めにより計算した金額によって評価する方式をいう。」(基通一三)

⑮　客観的時価の二割程度の減価という評価上の利益は、課税当局が全国に大量に存在する相続財産たる土地の評価を画一的に行うに当たり評価の安全性等を考慮して路線価を低めに定めていることによって得られる事実上の利益にしかすぎず、法律上保護された利益ないし法的保護に値する利益ということはできない。(東京高判平11・8・30訟月四七・六・一六一六……「八割評価」の位置づけ)

ハ　市街化区域以外の宅地

参　倍率方式—「倍率方式とは、固定資産税評価額(中略)に国税局長が一定の地域ごとにその地域の実情に即するように定める倍率を乗じて計算した金額によって評価する方式をいう。」(基通二一)

⑯　『大字単位に評価倍率を定める方法が著しく合理性を欠くとか、他に全国的にも通用しうる簡易かつ適正な方法を採りうるといった特段の事情が存しない限り、大字を地域の単位とする右方法は、合理的な評価方法として一応是認することができる。』(千葉地判平7・4・24税資二〇九・一五五)

ニ　宅地の上に存する権利の評価

参　借地権—「借地権の価額は、その借地権の目的となっている宅地の自用地としての価額に、当該価額に対する借地権の売買実例価額、精通者意見価格、地代の額等を基として評定した借地権の価額の割合(中略)がおおむね同一と認められる地域ごとに国税局長の定める割合を乗じて計算した金額によって評価する。ただし、借地権の設定に際しその設定の対価として通常権利金その他の一時金を支払うなど借地権の取引慣行があると認められる地域以外の地域にある借地権の価額は評価しない。」(基通二七)

ホ　私道供用宅地

⑰　私道の用に供されている宅地については、それが第三者の通行の用に供され、所有者が自己の意思によって自由に使用、収益又は処分をすることに制約が存在することにより、その客観的交換価値が低下する場合に、そのような制約のない宅地と比較して、相続税に係る財産の評価において減額される。相続税に係る財産の評価において、私道の用に供されている宅地につき客観的交換価値が低下するものとして減額されるべき場合を、建築基準法等の法令によって建築制限や私道の変更等の制限などの制約が課されている場合に限定する理由はなく、そのような宅地の相続税に係る財産の評価における減額の要否及び程度は、私道としての利用に関する建築基準法等の法令上の制約の有無のみならず、当該宅地の位置関係、形状等や道路としての利用状況、これらを踏まえた道路以外の用途への転用の難易等に照らし、当該宅地の客観的交換価値に低下が認められるか否か、また、その低下がどの程度かを考慮して決定する必要がある。(最判平29・2・28民集七一・二・二九六、重判平29租税五)

四　家屋の評価

参　「家屋の価額は、その家屋の固定資産税評価額(地方税法第三八一条(固定資産課税台帳の登録事項)の規定により家屋課税台帳若しくは家屋補充課税台帳に登録された基準年度の価格又は比準価格をいう。(中略))に別表一に定める倍率を乗じて計算した金額によって評価する。」(基通八九……別表一に定める倍率は一・〇倍)

五　株式の評価

1　上場株式の評価

イ　区分

参　「上場株式の評価は、次に掲げる区分に従い、それぞれ次に掲げるところによる。

①　②に該当しない上場株式の価額は、その株式が上場されている金融商品取引所(国内の二以上の金融商品取引所に上場されている株式について

は、納税義務者が選択した金融商品取引所とする。②において同じ。）の公表する課税時期の最終価格によって評価する。ただし、その最終価格が課税時期の属する月以前三か月間の毎日の最終価格の各月ごとの平均額（以下「最終価格の月平均額」という。）のうち最も低い価額を超える場合には、その最も低い価額によって評価する。

② 負担付贈与又は個人間の対価を伴う取引により取得した上場株式の価額は、その株式が上場されている金融商品取引所の公表する課税時期の最終価格によって評価する。」（基通一六九）

ロ　通達による評価方法の合理性

⑱ 上場株式につき証券取引所の公表する課税時期（相続開始日）の最終価格又は課税時期（相続開始日）の属する月以前三か月間の毎日の最終価格の各月ごとの平均額のうち最も低い価格に評価することとしている基本通達一六九に定める株式評価の方法は、株式の実質的な価値と一時的な需給関係による価格の変動を調整し、実勢価額を加味するものであって、合理的なものである。（大阪地判昭59・4・25行裁三五・四・五三二、租税百選〔七版〕八五）

2　気配相場等のある株式の評価

参 基通一七四以下

3　取引相場のない株式の評価

イ　基本通達

参 区分（大会社・中会社・小会社）と原則的評価方法（基通一七八・一七九）

参 類似業種比準価額（基通一八〇）

参 純資産価額（基通一八五）

参 同族株主以外の株主等が取得した株式（基通一八八……配当還元方式（基通一八八―二等））

参 特定の評価会社の株式（基通一八九）

⑲ 加重平均によった事例（大阪地判昭53・5・11行裁二九・五・九四三）

⑳ 『評価通達が、同族株主以外の株主の有する取引相場のない株式の評価に際して配当還元方式を採用しているのは、通常、少数株主が株式を保有する経済的実益は主として配当金の取得にあることを考慮したものであるところ、本件株式については、同族株主以外の株主がその売却を希望する場合には、時価による価額の実現が保障されており、本件株式に対する配当の額と比較して本件株式を売却する場合に保障される売却代金（時価）が著しく高額であることからすると、本件株式を保有する経済的実益は、配当金の取得にあるのではなく、将来純資産価額相当額の売却金を取得する点に主眼があると認められる。そうすると、同族株主以外の株主の保有する株式の評価について配当還元方式を採用する評価通達の趣旨は、本件株式には当てはまらないというべきである。』（東京地判平11・3・25訟月四七・五・一一六三……同族株主以外の株主の保有する株式につき純資産価額による買取りが保証されている場合）

㉑ 評価通達における例外的評価方法たる配当還元方式は、評価会社の経営に関して実効支配力のない同族株主以外の株主の保有する株式に限って例外的に適用されるものであって、評価会社の経営に対して実効支配力を有する同族株主の保有する株式について適用されるべきものではない。（東京高判平17・1・19訟月五一・一〇・二六二九、租税百選〔五版〕八二……有限会社の保有する取引相場のない大会社の株式の評価に当たり、同族持分割合が四八パーセントであったが類似業種比準方式が適当とされた例）

㉒ 法人税額等相当額を控除することの趣旨につき、評価基本通達一八五、一八六―二の定めは、あくまで個人が株式の所有を通じて会社の資産を間接的に所有している場合と、個人事業主が直接に事業用資産を所有する場合との評価の均衡を図ろうとする趣旨に出たものであって、そのような評価の均衡を図る必要性と関係なく、純資産価額方式による評価の際に、理論上当然に法人税額等相当額を控除するよう配慮をすべきものとする趣旨ではないとした例（東京高判平13・5・23判タ一一二六・一一四……いわゆるA社B社方式による節税策について法人税額相当額の控除を否定した）

㉓ 土地保有特定会社の株式について評価通達が純資産価額方式を採用した趣旨は、土地保有特定会社の保有する資産の大部分が土地であることから、当該会社の資産性に着目し、その保有する土地等の価値を株価に反映させることにある。評価会社の資産の大部分が土地である場合には、当該評価会社はいわば、「土地の固まり」、すなわち土地そのものであるとみなすことができ、また、しばしば、その会社の所有する土地の価格に着目して会社の身売り（株式の売買）が行われるなど租税回避行為に利用されるという実情があることにかんがみれば、右のような会社の株式の評価に当たって、当該会社の資産性すなわち土地保有の状況に着目して純資産価額方式を適用するものとした右評価通達の定めを不合理なものということはできない。（東京地判平10・5・29判タ一〇〇二・一四四）

㉔ 株式保有特定会社について、評価通達においては純資産価額方式又は評価会社の資産を株式及び出資の合計額とその他の資産の額に二分し、前者に純資産価額方式を適用し、後者に一般の評価会社の株式評価方式（大会社にあっては、類似業種比準方式）を適用して評価会社の一株当たりの価額を算定する方法（「S_1+S_2方式」）によって（評価通達一八九―三）評価するとされていたところ、その方式による評価に違法はないとされた事例（東京地判平8・12・13訟月四四・三・三九〇、租税百選〔四版〕八〇）

㉕ 株式保有割合が二五・九％の大会社が株式保有特定会社に該当しないとされた事例（東京地判平24・3・2前出⑧……控訴審・東京高判平25・2・28も同旨）

㉖ 医療法人の出資の評価につき、相続税法九条該当性判断の前提としての、法人の財産全体（基本

財産と運用財産）を基礎とする評価に合理性があるとされた事例（最判平22・7・16前出⑤）

㉗ 企業組合の持分の評価につき、純資産価額方式による評価（評価通達一九六）が合理的であるとされた事例（名古屋地判平15・9・18判タ一一六〇・一三一）

六 債務の評価

1 弁済期未到来の債務

㉘ 『弁済すべき金額が確定し、かつ、相続開始の当時まだ弁済期の到来しない金銭債務を評価するときは、右留保される毎年の経済的利益について通常の利率により弁済期までの中間利息を控除して得られたその現在価額（なお、右中間利息は複利によって計算するのが経済の実情に合致する。）を元本金額から差し引いた金額をもって相続開始の時における控除債務の額とするのが、相当である。』（最判昭49・9・20民集二八・六・一一七八、租税百選［三版］五五）

2 負担付贈与と贈与税の課税価格

㉙ 贈与税の課税価格は贈与を受けた土地の時価から債務負担額を控除した残額である。（最判昭56・6・26判時一〇一四・五三、租税百選［三版］五二）

3 弁済期が五〇年後の保証金債務の評価

㉚ 本件保証金を通常の方法で長期運用して得られるべき運用益を算定する際に適用すべき「通常の利率」は、本件相続の開始時を基準として、そこから過去一〇年間にわたる長期国債の応募者利回りと長期プライムレートの平均値を下回ることはないものと推認することができる。（大阪地判平19・11・14判タ一二八二・一一一）

（地上権及び永小作権の評価）

第二三条 地上権（借地借家法（平成三年法律第九十号）に規定する借地権又は民法第二百六十九条の二第一項（地下又は空間を目的とする地上権）の地上権に該当するものを除く。以下同じ。）及び永小作権の価額は、その残存期間に応じ、その目的となつている土地のこれらの権利を取得した時におけるこれらの権利が設定されていない場合の時価に、次に定める割合を乗じて算出した金額による。

残存期間が十年以下のもの　百分の五
残存期間が十年を超え十五年以下のもの　百分の十
残存期間が十五年を超え二十年以下のもの　百分の二十
残存期間が二十年を超え二十五年以下のもの　百分の三十
残存期間が二十五年を超え三十年以下のもの及び地上権で存続期間の定めのないもの　百分の四十
残存期間が三十年を超え三十五年以下のもの　百分の五十
残存期間が三十五年を超え四十年以下のもの　百分の六十
残存期間が四十年を超え四十五年以下のもの　百分の七十
残存期間が四十五年を超え五十年以下のもの　百分の八十
残存期間が五十年を超えるもの　百分の九十

相続税法による評価（二三条―二六条）

① 区分地上権（民法二六九条の二）は相続税法二三条に規定する地上権に含まれない。（東京地判昭58・3・7行裁三四・三・四〇二）

（配偶者居住権等の評価）

第二三条の二① 配偶者居住権の価額は、第一号に掲げる価額から同号に掲げる価額に第二号に掲げる数及び第三号に掲げる割合を乗じて得た金額を控除した残額とする。

一 当該配偶者居住権の目的となつている建物の相続開始の時における当該配偶者居住権が設定されていないものとした場合の時価（当該建物の一部が賃貸の用に供されている場合又は被相続人が当該相続開始の直前において当該建物をその配偶者と共有していた場合には、当該建物のうち当該賃貸の用に供されていない部分又は当該被相続人の持分の割合に応ずる部分の価額として政令で定めるところにより計算した金額）

二 当該配偶者居住権が設定された時におけるイに掲げる年数をロに掲げる年数で除して得た数（イ又はロに掲げる年数が零以下である場合には、零）

イ 当該配偶者居住権の目的となつている建物の耐用年数（所得税法の規定に基づいて定められている耐用年数に準ずるものとして政令で定める年数をいう。ロにおいて同じ。）から建築後の経過年数（六月以上の端数は一年とし、六月に満たない端数は切り捨てる。ロにおいて同じ。）及び当該配偶者居住権の存続年数（当該配偶者居住権が存続する年数として政令で定める年数をいう。次号において同じ。）を控除した年数

ロ イの建物の耐用年数から建築後の経過年数を控除した年数

三 当該配偶者居住権の存続年数に応じ、法定利率による複利の計算で現価を算出するための割合として財務省令で定めるもの

② 配偶者居住権の目的となつている建物の価額は、当該建物の相続開始の時における当該配偶者居住権が設定されていないものとした場合の時価から前項の規定により計算した当該配偶者居住権の価額を控除した残額とする。

③ 配偶者居住権の目的となつている建物の敷地の用に供される土地（土地の上に存する権利を含む。以下この条において同じ。）を当該配偶者居住権に基づき使用する権利の価額は、第一号に掲げる価額から第二号に掲げる金額を控除した残額とする。

一 当該土地の相続開始の時における当該配偶者居

住権が設定されていないものとした場合の時価（当該建物の一部が賃貸の用に供されている場合又は被相続人が当該相続開始の直前において当該土地を他の者と共有し、若しくは当該建物をその配偶者と共有していた場合には、当該建物のうち当該賃貸の用に供されていない部分に応ずる部分又は当該被相続人の持分の割合に応ずる部分の価額として政令で定めるところにより計算した金額）

二　前号に掲げる価額に第一項第三号に掲げる割合を乗じて得た金額

④　配偶者居住権の目的となつている建物の敷地の用に供される土地の価額は、当該土地の相続開始の時における当該配偶者居住権が設定されていないものとした場合の時価から前項の規定により計算した権利の価額を控除した残額とする。

（定期金に関する権利の評価）

第二四条①　定期金給付契約で当該契約に関する権利を取得した時において定期金給付事由が発生しているものに関する権利の価額は、次の各号に掲げる定期金又は一時金の区分に応じ、当該各号に定める金額による。

一　有期定期金　次に掲げる金額のうちいずれか多い金額

イ　当該契約に関する権利を取得した時において当該契約を解約するとしたならば支払われるべき解約返戻金の金額

ロ　定期金に代えて一時金の給付を受けることができる場合には、当該契約に関する権利を取得した時において当該一時金の給付を受けるとしたならば給付されるべき当該一時金の金額

ハ　当該契約に関する権利を取得した時における当該契約に基づき定期金の給付を受けるべき残りの期間に応じ、当該契約に基づき給付を受けるべき金額の一年当たりの平均額に、当該契約に係る予定利率による複利年金現価率（複利の計算で年金現価を算出するための割合として財務省令で定めるものをいう。第三号ハにおいて同じ。）を乗じて得た金額

二　無期定期金　次に掲げる金額のうちいずれか多い金額

イ　当該契約に関する権利を取得した時において当該契約を解約するとしたならば支払われるべき解約返戻金の金額

ロ　定期金に代えて一時金の給付を受けることができる場合には、当該契約に関する権利を取得した時において当該一時金の給付を受けるとしたならば給付されるべき当該一時金の金額

ハ　当該契約に関する権利を取得した時における、当該契約に基づき給付を受けるべき金額の一年当たりの平均額を、当該契約に係る予定利率で除して得た金額

三　終身定期金　次に掲げる金額のうちいずれか多い金額

イ　当該契約に関する権利を取得した時において当該契約を解約するとしたならば支払われるべき解約返戻金の金額

ロ　定期金に代えて一時金の給付を受けることができる場合には、当該契約に関する権利を取得した時において当該一時金の給付を受けるとしたならば給付されるべき当該一時金の金額

ハ　当該契約に関する権利を取得した時におけるその目的とされた者に係る余命年数として政令で定めるものに応じ、当該契約に基づき給付を受けるべき金額の一年当たりの平均額に、当該契約に係る予定利率による複利年金現価率を乗じて得た金額

四　第三条第一項第五号に規定する一時金　その給付金額

②　前項に規定する定期金給付契約に関する権利で同項第三号の規定の適用を受けるものにつき、その目的とされた者が当該契約に関する権利を取得した時後第二十七条第一項又は第二十八条第一項に規定する申告書の提出期限までに死亡し、その死亡によりその給付が終了した場合においては、当該定期金給付契約に関する権利の価額は、同号の規定にかかわらず、その権利者が当該契約に関する権利を取得した時後給付を受け、又は受けるべき金額（当該権利者の遺族その他の第三者が当該権利者の死亡により給付を受ける場合には、その給付を受け、又は受けるべき金額を含む。）による。

③　第一項に規定する定期金給付契約に関する権利で、その権利者に対し、一定期間、かつ、その目的とされた者の生存中、定期金を給付する契約に基づくものの価額は、同項第一号に規定する有期定期金として算出した金額又は同項第三号に規定する終身定期金として算出した金額のいずれか少ない金額による。

④　第一項に規定する定期金給付契約に関する権利で、その目的とされた者の生存中定期金を給付し、かつ、その者が死亡したときはその権利者又はその遺族その他の第三者に対し継続して定期金を給付する契約に基づくものの価額は、同項第一号に規定する有期定期金として算出した金額又は同項第三号に規定する終身定期金として算出した金額のいずれか多い金額による。

⑤　前各項の規定は、第三条第一項第六号に規定する定期金に関する権利で契約に基づくもの以外のものの価額の評価について準用する。

1　「定期金給付契約……に関する権利」の意義

「定期金給付契約……に関する権利」とは、契約によりある期間定期的に金銭その他の給付を受けることを目的とする債権をいい、毎期に受ける支分債権ではなく、基本債権をいう。（東京高判平26・9・11判時二二四二・五六……年金払特約付変額個人年金保険に係る死亡給付金支払請求権が、保険金受取人の選択により年金払いとなったとしても、「定期金給付契約……に関する権利」に当たるとされた事例（平成二二法六による改正前の事案））

第二五条　定期金給付契約（生命保険契約を除く。）で当該契約に関する権利を取得した時において定期金給付事由が発生していないものに関する権利の価額は、次の各号に掲げる場合の区分に応じ、当該各号に定める金額による。

一　当該契約に解約返戻金を支払う旨の定めがない場合　次に掲げる場合の区分に応じ、それぞれ次に定める金額に、百分の九十を乗じて得た金額

イ　当該契約に係る掛金又は保険料が一時に払い込まれた場合　当該掛金又は保険料の払込開始の時から当該契約に関する権利を取得した時までの期間（ロにおいて「経過期間」という。）につき、当該掛金又は保険料の払込金額に対し、当該契約に係る予定利率の複利による計算をして得た元利合計額

ロ　イに掲げる場合以外の場合　経過期間に応じ、当該経過期間に払い込まれた掛金又は保険料の金額の一年当たりの平均額に、当該契約に係る予定利率による複利年金終価率（複利の計算で年金終価を算出するための割合として財務省令で定めるものをいう。）を乗じて得た金額

二　前号に掲げる場合以外の場合　当該契約に関する権利を取得した時において当該契約を解約するとしたならば支払われるべき解約返戻金の金額

（立木の評価）

第二六条　相続又は遺贈（包括遺贈及び被相続人からの相続人に対する遺贈に限る。）により取得した立木の価額は、当該立木を取得した時における立木の時価に百分の八十五の割合を乗じて算出した金額による。

（土地評価審議会）

第二六条の二①　国税局ごとに、土地評価審議会を置く。

②　土地評価審議会は、土地の評価に関する事項で国税局長がその意見を求めたものについて調査審議する。

③　土地評価審議会は、委員二十人以内で組織する。

④　委員は、関係行政機関の職員、地方公共団体の職員及び土地の評価について学識経験を有する者のうちから、国税局長が任命する。

⑤　前二項に定めるもののほか、土地評価審議会の組織及び運営に関し必要な事項は、政令で定める。

第四章　申告、納付及び還付

（相続税の申告書）

第二七条①　相続又は遺贈（当該相続に係る被相続人からの贈与により取得した財産で第二十一条の九第三項の規定の適用を受けるものに係る贈与を含む。以下この条において同じ。）により財産を取得した者及び当該被相続人に係る相続時精算課税適用者は、当該被相続人からこれらの事由により財産を取得したすべての者に係る相続税の課税価格（第十九条又は第二十一条の十四から第二十一条の十八までの規定の適用がある場合には、これらの規定により相続税の課税価格とみなされた金額）の合計額がその遺産に係る基礎控除額を超える場合において、その者に係る相続税の課税価格（第十九条又は第二十一条の十四から第二十一条の十八までの規定の適用がある場合には、これらの規定により相続税の課税価格とみなされた金額）に係る第十五条から第十九条まで、第十九条の三から第二十条の二まで及び第二十一条の十四から第二十一条の十八までの規定による相続税額があるときは、その相続の開始があつたことを知つた日の翌日から十月以内（その者が国税通則法第百十七条第二項（納税管理人）の規定による納税管理人の届出をしないで当該期間内にこの法律の施行地に住所及び居所を有しないこととなるときは、当該住所及び居所を有しないこととなる日まで）に課税価格、相続税額その他財務省令で定める事項を記載した申告書を納税地の所轄税務署長に提出しなければならない。

②　前項の規定により申告書を提出すべき者が当該申告書の提出期限前に当該申告書を提出しないで死亡した場合には、その者の相続人（包括受遺者を含む。第五項において同じ。）は、その相続の開始があつたことを知つた日の翌日から十月以内（その者が国税通則法第百十七条第二項の規定による納税管理人の届出をしないで当該期間内にこの法律の施行地に住所及び居所を有しないこととなるときは、当該住所及び居所を有しないこととなる日まで）に、政令で定めるところにより、その死亡した者に係る前項の申告書をその死亡した者の納税地の所轄税務署長に提出しなければならない。

③　相続時精算課税適用者は、第一項の規定により申告書を提出すべき場合のほか、第三十三条の二第一項の規定による還付を受けるため、第二十一条の九第三項の規定の適用を受ける財産に係る相続税の課税価格、還付を受ける税額その他財務省令で定める事項を記載した申告書を納税地の所轄税務署長に提出することができる。

④　前三項の規定により申告書を提出する場合には、当該申告書に被相続人の死亡の時における財産及び債務、当該被相続人から相続又は遺贈により財産を取得したすべての者がこれらの事由により取得した財産又は承継した債務の各人ごとの明細その他財務省令で定める事項を記載した明細書その他財務省令で定める書類を添付しなければならない。

⑤　同一の被相続人から相続又は遺贈により財産を取得した者又はその者の相続人で第一項、第二項（次条第二項において準用する場合を含む。）又は第三項の規定により申告書を提出すべきもの又は提出することができるものが二人以上ある場合において、当該申告書の提出先の税務署長が同一であるときは、これらの者は、政令で定めるところにより、当該申告書を共同して提出することができる。

⑥　第一項から第三項までの規定は、これらの項に規定する申告書の提出期限前に相続税について決定があつた場合には、適用しない。

一　**「相続の開始があったことを知った日」**

① 現実に相続により取得した財産が確定しないことを理由に相続税の納付を免がれることを防止し、もって国家の財源を迅速確実に確保するという相続税法五五条の趣旨は、本条一項に係る遺産の内容につき調査したがその明細を確認できなかった場合にも妥当し、同項による相続税の額を知ることができなければ申告義務を負わないとすると、自ら調査し申告して納税した者との間で著しい不公平が生じ、迅速確実な国家の財源の確保という国家的要請からみて、許容することができない。したがって、納税者が相続の事実自体を知る以上、相続財産の内容を自ら調査して申告をし、具体的な租税義務を確定させることが要求され、結果としてこれができなかった場合には、正当な理由があると認められる場合を除き、行政上の制裁である無申告加算税を賦課されることもやむを得ない。（仙台地判昭63・6・29訟月三五・三・五三九）

二　意思無能力者の申告義務

② 本条一項の「その相続の開始があったことを知った日」とは、自己のために相続の開始があったことを知った日を意味し、意思無能力者については、法定代理人がその相続の開始のあったことを知った日がこれに当たり、相続開始の時に法定代理人がないときは後見人の選任された日がこれに当たると解すべきであるが、意思無能力者であっても、納付すべき相続税額がある以上、法定代理人又は後見人の有無にかかわらず、申告書の提出義務は発生しているというべきであって、法定代理人又は後見人がないときは、その期限が到来しないというにすぎない。（最判平18・7・14判時一九四六・四五）

（贈与税の申告書）

第二八条① 贈与により財産を取得した者は、その年分の贈与税の課税価格に係る第二十一条の五、第二十一条の七及び第二十一条の八の規定による贈与税額があるとき、又は当該財産が第二十一条の九第三項の規定の適用を受けるものであるときは、その年の翌年二月一日から三月十五日まで（同年一月一日から三月十五日までに国税通則法第百十七条第二項（納税管理人）の規定による納税管理人の届出をしないでこの法律の施行地に住所及び居所を有しないこととなるときは、当該住所及び居所を有しないこととなる日まで）に、課税価格、贈与税額その他財務省令で定める事項を記載した申告書を納税地の所轄税務署長に提出しなければならない。

② 前条第二項の規定は、次に掲げる場合について準用する。

一　年の中途において死亡した者がその年一月一日から死亡の日までに贈与により取得した財産の価額のうち贈与税の課税価格に算入される部分の合計額につき第二十一条の五、第二十一条の七及び第二十一条の八の規定を適用した場合において、贈与税額があることとなるとき。

二　相続時精算課税適用者が年の中途において死亡した場合において、その年一月一日から死亡の日までに第二十一条の九第三項の規定の適用を受ける財産を贈与により取得したとき。

三　前項の規定により申告書を提出すべき者が当該申告書の提出期限前に当該申告書を提出しないで死亡した場合

③ 前条第六項の規定は、第一項の規定又は前項において準用する同条第二項の規定により提出すべき申告書について準用する。

④ 特定贈与者からの贈与により第二十一条の九第三項の規定の適用を受ける財産を相続時精算課税適用者が取得した場合において、当該特定贈与者が当該贈与をした年の中途において死亡したときは、当該贈与により取得した財産については、第一項の規定は、適用しない。

（相続財産法人に係る財産を与えられた者等に係る相続税の申告書）

第二九条① 第四条第一項又は第二項に規定する事由が生じたため新たに第二十七条第一項に規定する申告書を提出すべき要件に該当することとなつた者は、同項の規定にかかわらず、当該事由が生じたことを知つた日の翌日から十月以内（その者が国税通則法第百十七条第二項（納税管理人）の規定による納税管理人の届出をしないで当該期間内にこの法律の施行地に住所及び居所を有しないこととなるときは、当該住所及び居所を有しないこととなる日まで）に課税価格、相続税額その他財務省令で定める事項を記載した申告書を納税地の所轄税務署長に提出しなければならない。

② 第二十七条第二項及び第四項から第六項までの規定は、前項の場合について準用する。

（期限後申告の特則）

第三〇条① 第二十七条第一項の規定による申告書の提出期限後において第三十二条第一項第一号から第六号までに規定する事由が生じたため新たに第二十七条第一項に規定する申告書を提出すべき要件に該当することとなつた者は、期限後申告書を提出することができる。

② 第二十八条第一項の規定による申告書の提出期限後において第三十二条第一項第一号から第六号までに規定する事由が生じたことにより相続又は遺贈による財産の取得をしないこととなつたため新たに第二十八条第一項に規定する申告書を提出すべき要件に該当することとなつた者は、期限後申告書を提出することができる。

（修正申告の特則）

第三一条① 第二十七条若しくは第二十九条の規定による申告書又はこれらの申告書に係る期限後申告書を提出した者（相続税について決定を受けた者を含む。）は、次条第一項第一号から第六号までに規定する事由が生じたため既に確定した相続税額に不足を生じた場合には、修正申告書を提出することができる。

② 前項に規定する者は、第四条第一項又は第二項に規定する事由が生じたため既に確定した相続税額に不足を生じた場合には、当該事由が生じたことを知つた日の翌日から十月以内（その者が国税通則法第百十七条第二項（納税管理人）の規定による納税管理人の届出をしないで当該期間内にこの法律の施行地に住所及び居所を有しないこととなるときは、当該住所及び居所を有しないこととなる日まで）に修正申告書を納税地の所轄税務署長に提出しなければならない。

③ 前項の規定は、同項に規定する修正申告書の提出期限前に第三十五条第二項第五号の規定による更正があつた場合には、適用しない。

④ 第二十八条の規定による申告書又は当該申告書に係る期限後申告書を提出した者（贈与税について決定を受けた者を含む。）は、次条第一項第一号から第六号までに規定する事由が生じたことにより相続又は遺贈による財産の取得をしないこととなつたため既に確定した贈与税額に不足を生じた場合には、修正申告書を提出することができる。

（更正の請求の特則）

第三二条① 相続税又は贈与税について申告書を提出した者又は決定を受けた者は、次の各号のいずれかに該当する事由により当該申告又は決定に係る課税価格及び相続税額又は贈与税額（当該申告書を提出した後又は当該決定を受けた後修正申告書の提出又は更正があつた場合には、当該修正申告又は更正に係る課税価格及び相続税額又は贈与税額）が過大となつたときは、当該各号に規定する事由が生じたことを知つた日の翌日から四月以内に限り、納税地の所轄税務署長に対し、その課税価格及び相続税額又は贈与税額につき更正の請求（国税通則法第二十三条第一項（更正の請求）の規定による更正の請求をいう。第三十三条の二において同じ。）をすることができる。

一 第五十五条の規定により分割されていない財産について民法（第九百四条の二（寄与分）を除く。）の規定による相続分又は包括遺贈の割合に従つて課税価格が計算されていた場合において、その後当該財産の分割が行われ、共同相続人又は包括受遺者が当該分割により取得した財産に係る課税価格が当該相続分又は包括遺贈の割合に従つて計算された課税価格と異なることとなつたこと。

二 民法第七百八十七条（認知の訴え）又は第八百九十二条から第八百九十四条まで（推定相続人の廃除等）の規定による認知、相続人の廃除又はその取消しに関する裁判の確定、同法第八百八十四条（相続回復請求権）に規定する相続の回復、同法第九百十九条第二項（相続の承認及び放棄の撤回及び取消し）の規定による相続の放棄の取消しその他の事由により相続人に異動を生じたこと。

三 遺留分侵害額の請求に基づき支払うべき金銭の額が確定したこと。

四 遺贈に係る遺言書が発見され、又は遺贈の放棄があつたこと。

五 第四十二条第三十項（第四十五条第二項において準用する場合を含む。）の規定により条件を付して物納の許可がされた場合（第四十八条第二項の規定により当該許可が取り消され、又は取り消されることとなる場合に限る。）において、当該条件に係る物納に充てた財産の性質その他の事情に関し政令で定めるものが生じたこと。

六 前各号に規定する事由に準ずるものとして政令で定める事由が生じたこと。

七 第四条第一項又は第二項に規定する事由が生じたこと。

八 第十九条の二第二項ただし書の規定に該当したことにより、同項の分割が行われた時以後において同条第一項の規定を適用して計算した相続税額がその時前において同項の規定を適用して計算した相続税額と異なることとなつたこと（第一号に該当する場合を除く。）。

九 次に掲げる事由が生じたこと。

イ 所得税法第百三十七条の二第十三項（国外転出をする場合の譲渡所得等の特例の適用がある場合の納税猶予）の規定により同条第一項の規定の適用を受ける同項に規定する国外転出をした者に係る同項に規定する納税猶予分の所得税額に係る納付の義務を承継したその者の相続人が当該納税猶予分の所得税額に相当する所得税を納付することとなつたこと。

ロ 所得税法第百三十七条の三第十五項（贈与等により非居住者に資産が移転した場合の譲渡所得等の特例の適用がある場合の納税猶予）の規定により同条第七項に規定する適用贈与者等に係る同条第四項に規定する納税猶予分の所得税額に係る納付の義務を承継した当該適用贈与者等の相続人が当該納税猶予分の所得税額に相当する所得税を納付することとなつたこと。

ハ イ及びロに類する事由として政令で定める事由

十 贈与税の課税価格計算の基礎に算入した財産のうちに第二十一条の二第四項の規定に該当するものがあつたこと。

② 贈与税について申告書を提出した者に対する国税通則法第二十三条の規定の適用については、同条第一項中「五年」とあるのは、「六年」とする。

[1] 相続財産を構成する土地の親族による時効取得につき、更正の請求はできないとされた事例（大阪高判平14・7・25判タ一一〇六・九七、租税百選〔六版〕一〇六）→税通二三条⑯

[2] 遺産分割の合意に基づく相続税の申告者は、法定申告期限後は、課税庁に対し、原則として、課税負担の錯誤を理由として当該遺産分割が無効であることを主張することはできないが、分割内容自体の錯誤との権衡等にも照らし、①申告者が、更正請求期間内に、かつ、課税庁の調査時の指摘、修正申告の勧奨、更正処分等を受ける前に、自ら誤信に気付いて、更正の請求をし、②更正請求期

間内に、新たな遺産分割の合意による分割内容の変更をして、当初の遺産分割の経済的成果を完全に消失させており、かつ、③その分割内容の変更がやむを得ない事情により誤信の内容を是正する一回的なものであると認められる場合のように、更正請求期間内にされた更正の請求においてその主張を認めても右の弊害が生ずるおそれがなく、申告納税制度の趣旨・構造及び租税法上の信義則に反するとはいえないと認めるべき「特段の事情」がある場合には、例外的に錯誤無効の主張が許される。（東京地判平21・2・27判タ一三五五・一二三……「特段の事情」がある場合に該当し、Xらは更正の請求において当初の遺産分割の一部の錯誤無効を更正事由として主張できるとされた例）

（納付）

第三三条　期限内申告書又は第三十一条第二項の規定による修正申告書を提出した者は、これらの申告書の提出期限までに、これらの申告書に記載した相続税額又は贈与税額に相当する相続税又は贈与税を国に納付しなければならない。

（相続時精算課税に係る贈与税額の還付）

第三三条の二①　税務署長は、第二十一条の十五から第二十一条の十八までの規定により相続税額から控除される第二十一条の九第三項の規定の適用を受ける財産に係る贈与税の税額（第二十一条の八の規定による控除前の税額とし、延滞税、利子税、過少申告加算税、無申告加算税及び重加算税に相当する税額を除く。）に相当する金額がある場合において、当該金額を当該相続税額から控除してもなお控除しきれなかつた金額があるときは、第二十七条第三項の申告書に記載されたその控除しきれなかつた金額（第二十一条の九第三項の規定の適用を受ける財産に係る贈与税について第二十一条の八の規定の適用を受けた場合にあつては、当該金額から同条の規定により控除した金額を控除した残額）に相当する税額を還付する。

② 前項の規定による還付金について還付加算金を計算する場合には、その計算の基礎となる国税通則法第五十八条第一項（還付加算金）の期間は、次の各号に掲げる場合の区分に応じ当該各号に定める日の翌日からその還付のための支払決定をする日又はその還付金につき充当をする日（同日前に充当をするのに適することとなつた日がある場合には、その適することとなつた日）までの期間とする。

一　前項の申告書が基準日までに提出された場合　その基準日

二　前項の申告書が基準日後に提出された場合　その提出の日

③ 前項の「基準日」とは、第一項の申告書に係る被相続人についての相続の開始があつた日の翌日から十月を経過する日をいう。

④ 第一項の規定は、第二十七条第三項の申告書が提出された場合に限り、適用する。

⑤ 相続時精算課税適用者が贈与により取得した財産で第二十一条の九第三項の規定の適用を受けるものに係る相続税につき国税通則法第二十五条（決定）の規定による決定があつた場合において、その決定に係る第一項に規定する控除しきれなかつた金額があるときは、税務署長は、当該相続時精算課税適用者に対し、当該金額に相当する税額を還付する。

⑥ 相続時精算課税適用者が贈与により取得した財産で第二十一条の九第三項の規定の適用を受けるものに係る相続税につき更正（当該相続税についての処分等（更正の請求に対する処分又は国税通則法第二十五条の規定による決定をいう。）に係る不服申立て又は訴えについての決定若しくは裁決又は判決を含む。以下この項及び次項において「更正等」という。）があつた場合において、その更正等により第一項に規定する控除しきれなかつた金額が増加したときは、税務署長は、当該相続時精算課税適用者に対し、その増加した部分の金額に相当する税額を還付する。

⑦ 前二項の規定による還付金について還付加算金を計算する場合には、その計算の基礎となる国税通則法第五十八条第一項の期間は、次の各号に掲げる還付金の区分に応じ当該各号に定める日の翌日からその還付のための支払決定をする日又はその還付金につき充当をする日（同日前に充当をするのに適することとなつた日がある場合には、その適することとなつた日）までの期間とする。

一　第五項の規定による還付金　同項の決定があつた日

二　前項の規定による還付金　同項の更正等があつた日の翌日以後一月を経過する日（当該更正等が次に掲げるものである場合には、それぞれ次に定める日）

イ　更正の請求に基づく更正（当該請求に対する処分に係る不服申立て又は訴えについての決定若しくは裁決又は判決を含む。イにおいて同じ。）　当該請求があつた日の翌日以後三月を経過する日と当該更正があつた日の翌日以後一月を経過する日とのいずれか早い日

ロ　国税通則法第二十五条の規定による決定に係る更正（当該決定に係る不服申立て又は訴えについての決定若しくは裁決又は判決を含み、更正の請求に基づく更正及び相続税の課税価格の計算の基礎となつた事実のうちに含まれていた無効な行為により生じた経済的成果がその行為の無効であることに基因して失われたこと、当該事実のうちに含まれていた取り消しうべき行為が取り消されたことその他これらに準ずる政令で定める理由に基づき行われた更正を除く。）　当該決定があつた日

⑧ 前各項に定めるもののほか、第一項、第五項又は第六項の規定による還付金（これに係る還付加算金を含む。）につき充当をする場合の方法その他これらの規定の適用に関し必要な事項は、政令で定める。

（連帯納付の義務等）

第三四条① 同一の被相続人から相続又は遺贈（第二十一条の九第三項の規定の適用を受ける財産に係る贈与を含む。以下この項及び次項において同じ。）により財産を取得した全ての者は、その相続又は遺贈により取得した財産に係る相続税について、当該相続又は遺贈により受けた利益の価額に相当する金額を限度として、互いに連帯納付の責めに任ずる。ただし、次の各号に掲げる者の区分に応じ、当該各号に定める相続税については、この限りでない。

一　納税義務者の第三十三条又は国税通則法第三十五条第二項若しくは第三項（申告納税方式による国税等の納付）の規定により納付すべき相続税額に係る相続税について、第二十七条第一項の規定による申告書の提出期限（当該相続税が期限後申告書若しくは修正申告書を提出したことにより納付すべき相続税額、更正若しくは決定に係る相続税額又は同法第三十二条第五項（賦課決定）に規定する賦課決定に係る相続税額に係るものである場合には、当該期限後申告書若しくは修正申告書の提出があつた日、当該更正若しくは決定に係る同法第二十八条第一項（更正又は決定の手続）に規定する更正通知書若しくは決定通知書を発した日又は当該賦課決定に係る同法第三十二条第三項に規定する賦課決定通知書を発した日とする。）から五年を経過する日までに税務署長（同法第四十三条第三項（国税の徴収の所轄庁）の規定により国税局長が徴収の引継ぎを受けた場合には、当該国税局長。以下この条において同じ。）がこの項本文の規定により当該相続税について連帯納付の責めに任ずる者（当該納税義務者を除く。以下この条及び第五十一条の二において「連帯納付義務者」という。）に対し第六項の規定による通知を発していない場合における当該連帯納付義務者　当該納付すべき相続税額に係る相続税

二　納税義務者が第三十八条第一項（第四十四条第二項において準用する場合を含む。）又は第四十七条第一項の規定による延納の許可を受けた場合における当該納税義務者に係る連帯納付義務者　当該延納の許可を受けた相続税額に係る相続税

三　納税義務者の相続税について納税の猶予がされた場合として政令で定める場合における当該納税義務者に係る連帯納付義務者　その納税の猶予がされた相続税額に係る相続税

② 同一の被相続人から相続又は遺贈により財産を取得した全ての者は、当該被相続人に係る相続税又は贈与税について、その相続又は遺贈により受けた利益の価額に相当する金額を限度として、互いに連帯納付の責めに任ずる。

③ 相続税又は贈与税の課税価格計算の基礎となつた財産につき贈与、遺贈若しくは寄附行為による移転があつた場合においては、当該贈与若しくは遺贈により財産を取得した者又は当該寄附行為により設立された法人は、当該贈与、遺贈若しくは寄附行為をした者の当該財産を課税価格計算の基礎に算入した相続税額に当該財産の価額が当該相続税の課税価格に算入された財産の価額のうちに占める割合を乗じて算出した金額に相当する相続税又は当該財産を課税価格計算の基礎に算入した年分の贈与税額に当該財産の価額が当該贈与税の課税価格に算入された財産の価額のうちに占める割合を乗じて算出した金額に相当する贈与税について、その受けた利益の価額に相当する金額を限度として、連帯納付の責めに任ずる。

④ 財産を贈与した者は、当該贈与により財産を取得した者の当該財産を取得した年分の贈与税額に当該財産の価額が当該贈与税の課税価格に算入された財産の価額のうちに占める割合を乗じて算出した金額として政令で定める金額に相当する贈与税について、当該財産の価額に相当する金額を限度として、連帯納付の責めに任ずる。

⑤ 税務署長は、納税義務者の相続税につき当該納税義務者に対し国税通則法第三十七条（督促）の規定による督促をした場合において当該相続税が当該督促に係る督促状を発した日から一月を経過する日までに完納されないときは、同条の規定にかかわらず、当該相続税に係る連帯納付義務者に対し、当該相続税が完納されていない旨その他の財務省令で定める事項を通知するものとする。

⑥ 税務署長は、前項の規定による通知をした場合において第一項本文の規定により相続税を連帯納付義務者から徴収しようとするときは、当該連帯納付義務者に対し、納付すべき金額、納付場所その他必要な事項を記載した納付通知書による通知をしなければならない。

⑦ 税務署長は、前項の規定による通知を発した日の翌日から二月を経過する日までに当該通知に係る相続税が完納されない場合には、当該通知を受けた連帯納付義務者に対し、国税通則法第三十七条の規定による督促をしなければならない。

⑧ 税務署長は、前三項の規定にかかわらず、連帯納付義務者に国税通則法第三十八条第一項各号（繰上請求）のいずれかに該当する事実があり、かつ、相続税の徴収に支障があると認められる場合には、当該連帯納付義務者に対し、同法第三十七条の規定による督促をしなければならない。

一　個別の確定手続の必要性

[1] 本条に定める連帯納付義務は、相続税法が相続税徴収の確保を図るため、相互に各相続人等に課した特別の責任であって、その義務履行の前提条件をなす連帯納付義務の確定は、各相続人等の固有の相続税の納税義務の確定という事実に照応して、法律上当然に生ずるものであり、連帯納付義務につき格別の確定手続を要するものではないと解される。したがって、相続人等の固有の相続税の納税義務が確定すれば、国税の徴収にあたる所轄庁は、連帯納付義務者に対して徴収手続を行うことが許される。（最判昭55・7・1民集三四・四・五三五、租税百選［七版］七九）

二　本来の納税義務者に対する徴収手続と連帯納付義務の関係

2 「国税当局において本来の納税義務者に対する滞納処分等の徴収手続を適正に行っていれば、本来の納税義務者から滞納に係る相続税を徴収することが可能であったにもかかわらず、国税当局がその徴収手続を怠った結果、本来の納税義務者から右相続税を徴収することができなくなったという事実があったとしても、右事実は、法三四条一項により各相続人等に課されている連帯納付義務の存否又はその範囲に影響を及ぼすものではなく、国税当局が各相続人に対し右連帯納付義務の履行を求めて徴収手続を進めたとしても、これをもって国税徴収権の濫用と評価することはできないものというべきである。」（東京地判平10・5・28判タ一〇一六・一二一）

三　本来の納税義務者への延納許可と連帯納付義務

3 本来の納税義務者に対する延納許可によって連帯納付義務が消滅するわけではない。（大阪地判平13・5・25訟月四八・八・二〇三五）

四　連帯納付義務の合憲性

4 贈与税の徴収確保という立法目的は合理的であり、規制内容も立法目的との関連で著しく合理性を欠くとは言えないから合憲である。（東京高判平19・6・28判タ一二六五・一八三）

五　遺留分減殺請求をして価額弁償を受けた者の連帯納付義務

5 本条の「互いに連帯納付の責に任ずる」とは、Aに固有の相続税納付義務がある場合にはBに連帯納付責任があり、Bに固有の相続税納付義務がある場合にはAに連帯納付責任があるとの趣旨であり、たまたま一方に固有の相続税納付義務がないため結果として一方的保証になる場合も包含する。（金沢地判平15・9・8判タ一一八〇・二〇二）

六　連帯納付義務者に対する督促の性質

6 「督促状に記載された国税債権の額が当該督促の時点において存在する国税債権の額と著しくかい離しているような場合については、当該督促が徴収権の濫用として違法となると解する余地もなくはない」。（大阪地判平19・10・31判タ一二七九・一六五……本件では、徴収権の濫用に当たらないとされた）

第五章　更正及び決定

（更正及び決定の特則）

第三五条① 税務署長は、第三十一条第二項の規定に該当する者が同項の規定による修正申告書を提出しなかつた場合においては、その課税価格又は相続税額を更正する。

② 税務署長は、次の各号のいずれかに該当する場合においては、申告書の提出期限前においても、その課税価格又は相続税額若しくは贈与税額の更正又は決定をすることができる。

一　第二十七条第一項又は第二項に規定する事由に該当する場合において、同条第一項に規定する者の被相続人が死亡した日の翌日から十月を経過したとき。

二　第二十八条第二項第一号に掲げる場合において、同号に規定する者が死亡した日の翌日から十月を経過したとき。

三　第二十八条第二項第二号に掲げる場合において、同号に規定する者が死亡した日の翌日から十月を経過したとき。

四　第二十八条第二項第三号に掲げる場合において、同号に規定する申告書の提出期限を経過したとき。

五　第二十九条第一項若しくは同条第二項において準用する第二十七条第二項又は第三十一条第二項に規定する事由に該当する場合において、第四条第一項又は第二項に規定する事由が生じた日の翌日から十月を経過したとき。

③ 税務署長は、第三十二条第一項第一号から第六号までの規定による更正の請求に基づき更正をした場合において、当該請求をした者の被相続人から相続又は遺贈により財産を取得した他の者（当該被相続人から第二十一条の九第三項の規定の適用を受ける財産を贈与により取得した者を含む。以下この項において同じ。）につき次に掲げる事由があるときは、当該事由に基づき、その者に係る課税価格又は相続税額の更正又は決定をする。ただし、当該請求があつた日から一年を経過した日と国税通則法第七十条（国税の更正、決定等の期間制限）の規定により更正又は決定をすることができないこととなる日とのいずれか遅い日以後においては、この限りでない。

一　当該他の者が第二十七条若しくは第二十九条の規定による申告書（これらの申告書に係る期限後申告書及び修正申告書を含む。）を提出し、又は相続税について決定を受けた者である場合において、当該申告又は決定に係る課税価格又は相続税額（当該申告又は決定があつた後修正申告書の提出又は更正があつた場合には、当該修正申告又は更正に係る課税価格又は相続税額）が当該請求に基づく更正の基因となつた事実を基礎として計算した場合におけるその者に係る課税価格又は相続税額と異なることとなること。

二　当該他の者が前号に規定する者以外の者である場合において、その者につき同号に規定する事実を基礎としてその課税価格及び相続税額を計算することにより、その者が新たに相続税を納付すべきこととなること。

④ 税務署長は、次に掲げる事由により第一号若しくは第三号の申告書を提出した者若しくは第二号の決定若しくは第四号若しくは第五号の更正を受けた者又はこれらの者の被相続人から相続若しくは遺贈により財産を取得した他の者（当該被相続人から第二十一条の九第三項の規定の適用を受ける財産を贈与により取得した者を含む。）の相続税の課税価格又は相続税額が過大又は過少となつた場合（前項の規定の適用がある場合を除く。）には、これらの者に係る相続税の課税価格又は相続税額の更正又は決定

をする。ただし、次に掲げる事由が生じた日から一年を経過した日と国税通則法第七十条の規定により更正又は決定をすることができないこととなる日とのいずれか遅い日以後においては、この限りでない。

一　所得税法第百五十一条の五第一項から第三項まで（遺産分割等があつた場合の期限後申告等の特例）（これらの規定を同法第百六十六条（申告、納付及び還付）において準用する場合を含む。）の規定による申告書の提出があつたこと。

二　所得税法第百五十一条の五第四項の規定による決定があつたこと。

三　所得税法第百五十一条の六第一項（遺産分割等があつた場合の修正申告の特例）（同法第百六十六条において準用する場合を含む。）の規定による修正申告書の提出があつたこと。

四　所得税法第百五十一条の六第二項の規定による更正があつたこと。

五　所得税法第百五十三条の五（遺産分割等があつた場合の更正の請求の特例）（同法第百六十七条（更正の請求の特例）において準用する場合を含む。）の規定による更正の請求に基づく更正があつたこと。

⑤　税務署長は、第二十一条の二第四項の規定の適用を受けていた者が、第三十二条第一項第一号から第六号までに規定する事由が生じたことにより相続又は遺贈による財産の取得をしないこととなつたため新たに第二十八条第一項に規定する申告書を提出すべき要件に該当することとなつた場合又は既に確定した贈与税額に不足を生じた場合には、その者に係る贈与税の課税価格又は贈与税額の更正又は決定をする。ただし、これらの事由が生じた日から一年を経過した日と次条の規定により更正又は決定をすることができないこととなる日とのいずれか遅い日以後においては、この限りでない。

（贈与税についての更正、決定等の期間制限の特則）

第三十六条①　税務署長は、贈与税について、国税通則法第七十条（国税の更正、決定等の期間制限）の規定にかかわらず、次の各号に掲げる更正若しくは決定（以下この項及び第四項において「更正決定」という。）又は賦課決定（同法第三十二条第五項（賦課決定）に規定する賦課決定をいう。以下この条において同じ。）を当該各号に定める期限又は日から六年を経過する日まで、することができる。この場合において、同法第七十一条第一項（国税の更正、決定等の期間制限の特例）の規定の適用については、同項中「日が前条」とあるのは「日が前条及び相続税法第三十六条第一項から第四項まで（贈与税についての更正、決定等の期間制限の特則）」と、「同条」とあるのは「前条及び同法第三十六条第一項から第四項まで」とする。

一　贈与税についての更正決定　その更正決定に係る贈与税の第二十八条第一項又は第二項の規定による申告書の提出期限

二　前号に掲げる更正決定に伴い国税通則法第十九条第一項（修正申告）に規定する課税標準等又は税額等に異動を生ずべき贈与税に係る更正決定　その更正決定に係る贈与税の第二十八条第一項又は第二項の規定による申告書の提出期限

三　前二号に掲げる更正決定若しくは期限後申告書若しくは修正申告書の提出又はこれらの更正決定若しくは提出に伴い異動を生ずべき贈与税に係る更正決定若しくは期限後申告書若しくは修正申告書の提出に伴いこれらの贈与税に係る国税通則法第六十九条（加算税の税目）に規定する加算税（次項及び第四項において「加算税」という。）についてする賦課決定　その納税義務の成立の日

②　前項の規定により更正をすることができないこととなる日前六月以内にされた国税通則法第二十三条第一項（更正の請求）の規定による更正の請求に係る更正又は当該更正に伴い贈与税に係る加算税についてする賦課決定は、前項の規定にかかわらず、当該更正の請求があつた日から六月を経過する日まで、することができる。この場合において、同法第七十二条第一項（国税の徴収権の消滅時効）の規定の適用については、同項中「第七十条第三項（国税の更正、決定等の期間制限）」とあるのは「相続税法第三十六条第二項（贈与税についての更正、決定等の期間制限の特則）」と、「、第七十条第三項」とあるのは「、同法第三十六条第二項」とする。

③　第一項の規定により賦課決定をすることができないこととなる日前三月以内にされた国税通則法第二条第六号（定義）に規定する納税申告書の提出に伴い贈与税に係る無申告加算税（同法第六十六条第六項（無申告加算税）の規定の適用があるものに限る。）についてする賦課決定は、第一項の規定にかかわらず、当該納税申告書の提出があつた日から三月を経過する日まで、することができる。この場合において、同法第七十二条第一項の規定の適用については、同項中「同条第四項」とあり、及び「第七十条第四項」とあるのは、「相続税法第三十六条第三項（贈与税についての更正、決定等の期間制限の特則）」とする。

④　偽りその他不正の行為によりその全部若しくは一部の税額を免れ、若しくはその全部若しくは一部の税額の還付を受けた贈与税（その贈与税に係る加算税を含む。）についての更正決定若しくは賦課決定又は偽りその他不正の行為により国税通則法第二条第九号に規定する課税期間において生じた同条第六号ハに規定する純損失等の金額が過大にあるものとする同号に規定する納税申告書を提出していた場合における当該納税申告書に記載された当該純損失等の金額（当該金額に関し更正があつた場合には、当該更正後の金額）についての更正は、前三項の規定にかかわらず、次の各号に掲げる更正決定又は賦課決定の区分に応じ、当該各号に定める期限又は日から七年を経過する日まで、することができる。

一　贈与税に係る更正決定　その更正決定に係る贈与税の第二十八条第一項又は第二項の規定による申告書の提出期限

二　贈与税に係る加算税についてする賦課決定　その納税義務の成立の日

⑤　第一項の場合において、贈与税に係る国税通則法第七十二条第一項に規定する国税の徴収権の時効は、同法第七十三条第三項（時効の完成猶予及び更新）の規定の適用がある場合を除き、当該贈与税の第二十八条第一項又は第二項の規定による申告書の提出期限から一年間は、進行しない。

⑥　前項の場合においては、国税通則法第七十三条第三項ただし書の規定を準用する。この場合において、同項ただし書中「二年」とあるのは、「一年」と読み替えるものとする。

第三七条　削除

第六章　延納及び物納（抄）

（延納の要件）

第三八条①　税務署長は、第三十三条又は国税通則法第三十五条第二項（申告納税方式による国税等の納付）の規定により納付すべき相続税額が十万円を超え、かつ、納税義務者について納期限までに、又は納付すべき日に金銭で納付することを困難とする事由がある場合においては、納税義務者の申請により、その納付を困難とする金額として政令で定める額を限度として、五年以内（相続又は遺贈により取得した財産で当該相続税額の計算の基礎となつたものの価額の合計額（以下「課税相続財産の価額」という。）のうちに不動産、立木その他政令で定める財産の価額の合計額（以下「不動産等の価額」という。）が占める割合が十分の五以上であるときは、不動産等の価額に対応する相続税額として政令で定める部分の相続税額については十五年以内とし、その他の部分の相続税額については十年以内とする。）の年賦延納の許可をすることができる。この場合において、延納税額が五十万円（課税相続財産の価額のうちに不動産等の価額が占める割合が十分の五以上である場合には、百五十万円）未満であるときは、当該延納の許可をすることができる期間は、延納税額を十万円で除して得た数（その数に一未満の端数があるときは、これを一とする。）に相当する年数を超えることができない。

②　前項の規定により延納の許可をする場合においては、延納年割額は、延納税額を延納期間に相当する年数で除して計算した金額（課税相続財産の価額のうちに不動産等の価額が占める割合が十分の五以上である場合には、延納税額を不動産等の価額に対応するものとして政令で定める部分の税額（以下「不動産等に係る延納相続税額」という。）とその他の部分の税額（以下「動産等に係る延納相続税額」という。）とに区分し、これらの税額をそれぞれの延納期間に相当する年数で除して計算した金額）とする。

③　税務署長は、第三十三条又は国税通則法第三十五条第二項の規定により納付すべき贈与税額が十万円を超え、かつ、納税義務者について納期限までに、又は納付すべき日に金銭で納付することを困難とする事由がある場合においては、納税義務者の申請により、その納付を困難とする金額として政令で定める額を限度として、五年以内の年賦延納の許可をすることができる。

④　税務署長は、第一項又は前項の規定による延納の許可をする場合には、その延納税額に相当する担保を徴さなければならない。ただし、その延納税額が百万円以下で、かつ、その延納期間が三年以下である場合は、この限りでない。

第三九条及び第四〇条　（略）

（物納の要件）

第四一条①　税務署長は、納税義務者について第三十三条又は国税通則法第三十五条第二項（申告納税方式による国税等の納付）の規定により納付すべき相続税額を延納によつても金銭で納付することを困難とする事由がある場合においては、納税義務者の申請により、その納付を困難とする金額として政令で定める額を限度として、物納の許可をすることができる。この場合において、物納に充てる財産（以下「物納財産」という。）の性質、形状その他の特徴により当該政令で定める額を超える価額の物納財産を収納することについて、税務署長においてやむを得ない事情があると認めるときは、当該政令で定める額を超えて物納の許可をすることができる。

②　前項の規定による物納に充てることができる財産は、納税義務者の課税価格計算の基礎となつた財産（当該財産により取得した財産を含み、第二十一条の九第三項の規定の適用を受ける財産を除く。）でこの法律の施行地にあるもののうち次に掲げるもの（管理又は処分をするのに不適格なものとして政令で定めるもの（第四十五条第一項において「管理処分不適格財産」という。）を除く。）とする。

一　不動産及び船舶

二　次に掲げる有価証券（その権利の帰属が社債、株式等の振替に関する法律（平成十三年法律第七十五号）の規定により振替口座簿の記載又は記録により定まるもの及び登録国債を含む。）

イ　国債証券及び地方債証券

ロ　社債券（特別の法律により法人の発行する債券を含み、短期社債等に係る有価証券を除く。）

ハ　株券（特別の法律により法人の発行する出資証券を含む。）

ニ　投資信託及び投資法人に関する法律（昭和二十六年法律第百九十八号）第二条第四項（定義）に規定する証券投資信託の受益証券

ホ　貸付信託法（昭和二十七年法律第百九十五号）第二条第一項（定義）に規定する貸付信託の受益証券

ヘ　金融商品取引所（金融商品取引法（昭和二十三年法律第二十五号）第二条第十六項（定義）に規定する金融商品取引所をいう。第五項において同じ。）に上場されている有価証券で次に掲げるもの

(1)　新株予約権証券

(2)　投資信託及び投資法人に関する法律第二条第三項に規定する投資信託（ニに規定する証

券投資信託を除く。）の受益証券
(3) 投資信託及び投資法人に関する法律第二条第十五項に規定する投資証券（トにおいて「投資証券」という。）
(4) 資産の流動化に関する法律（平成十年法律第百五号）第二条第十三項（定義）に規定する特定目的信託の受益証券
(5) 信託法第百八十五条第三項（受益証券の発行に関する信託行為の定め）に規定する受益証券発行信託の受益証券
ト　投資信託及び投資法人に関する法律第二条第十二項に規定する投資法人（その規約に同条第十六項に規定する投資主の請求により投資口（同条第十四項に規定する投資口をいう。）の払戻しをする旨が定められているものに限る。）の投資証券で財務省令で定めるもの
三　動産
③ 前項第二号ロに規定する短期社債等とは、次に掲げるものをいう。
一　社債、株式等の振替に関する法律第六十六条第一号（権利の帰属）に規定する短期社債
二　投資信託及び投資法人に関する法律第百三十九条の十二第一項（短期投資法人債に係る特例）に規定する短期投資法人債
三　信用金庫法（昭和二十六年法律第二百三十八号）第五十四条の四第一項（短期債の発行）に規定する短期債
四　保険業法第六十一条の十第一項（短期社債に係る特例）に規定する短期社債
五　資産の流動化に関する法律第二条第八項に規定する特定短期社債
六　農林中央金庫法（平成十三年法律第九十三号）第六十二条の二第一項（短期農林債の発行）に規定する短期農林債
④ 第二項各号に掲げる財産のうち物納劣後財産（物納財産ではあるが他の財産に対して物納の順位が後れるものとして政令で定めるものをいう。以下この項及び第四十五条第一項において同じ。）を物納に充てることができる場合は、税務署長において特別の事情があると認める場合を除くほか、それぞれ第二項各号に掲げる財産のうち物納劣後財産に該当しないもので納税義務者が物納の許可の申請の際現に有するもののうちに適当な価額のものがない場合に限る。
⑤ 第二項第二号ロからホまでに掲げる財産（金融商品取引所に上場されているものその他の換価の容易なものとして財務省令で定めるものを除く。以下この項において同じ。）又は第二項第三号に掲げる財産を物納に充てることができる場合は、税務署長において特別の事情があると認める場合を除くほか、同項第二号ロからホまでに掲げる財産については同項第一号に掲げる財産及び同項第二号に掲げる財産のうち換価の容易なものとして財務省令で定めるもの、同項第三号に掲げる財産については同項第一号及び第二号に掲げる財産で、納税義務者が物納の許可の申請の際現に有するもののうちに適当な価額のものがない場合に限る。

第四二条から第四八条の三まで　（略）

第七章　雑則（抄）

（相続時精算課税等に係る贈与税の申告内容の開示等）

第四九条①　相続又は遺贈（当該相続に係る被相続人からの贈与により取得した財産で第二十一条の九第三項の規定の適用を受けるものに係る贈与を含む。）により財産を取得した者は、当該相続又は遺贈により財産を取得した他の者（以下この項において「他の共同相続人等」という。）がある場合には、当該被相続人に係る相続税の期限内申告書、期限後申告書若しくは修正申告書の提出又は国税通則法第二十三条第一項（更正の請求）の規定による更正の請求に必要となるときに限り、他の共同相続人等が当該被相続人から当該相続の開始前三年以内に取得した財産又は他の共同相続人等が当該被相続人から取得した第二十一条の九第三項の規定の適用を受けた財産に係る贈与税の申告書に記載された贈与税の課税価格（当該贈与税について修正申告書の提出又は更正若しくは決定があつた場合には、当該修正申告書に記載された課税価格又は当該更正若しくは決定後の贈与税の課税価格）の合計額について、政令で定めるところにより、当該相続に係る被相続人の死亡の時における住所地その他の政令で定める場所の所轄税務署長に開示の請求をすることができる。
② 前項の請求があつた場合には、税務署長は、当該請求をした者に対し、当該請求後二月以内に同項の開示をしなければならない。

（修正申告等に対する国税通則法の適用に関する特則）

第五〇条①　第三十条の規定による期限後申告書若しくは第三十一条第一項若しくは第四項の規定による修正申告書の提出又は第三十五条第三項から第五項までの規定による更正若しくは決定があつた場合におけるこれらの申告書の提出又は当該更正若しくは決定により納付すべき相続税又は贈与税の徴収を目的とする国の権利については、これらの申告書の提出又は当該更正若しくは決定があつた日から五年間行使しないことによつて、時効により消滅する。
② 第三十一条第二項の規定による修正申告書及び第三十五条第一項の更正に対する国税通則法の規定の適用については、次に定めるところによる。
一　当該修正申告書で第三十一条第二項に規定する提出期限内に提出されたものについては、国税通則法第二十条（修正申告の効力）の規定を適用する場合を除き、これを同法第十七条第二項（期限内申告）に規定する期限内申告書とみなす。
二　当該修正申告書で第三十一条第二項に規定する提出期限後に提出されたもの及び当該更正については、国税通則法第二章から第七章まで（国税の納付義務の確定等）の規定中「法定申告期限」とあり、及び「法定納期限」とあるのは「相続税法第三十一条第二項に規定する修正申告書の提出期

限」と、同法第六十一条第一項第一号（延滞税の額の計算の基礎となる期間の特例）中「期限内申告書」とあるのは「相続税法第二十七条若しくは第二十九条の規定による申告書又はこれらの申告書に係る期限後申告書」と、同条第二項中「期限内申告書又は期限後申告書」とあるのは「相続税法第三十一条第二項の規定による修正申告書」と、同法第六十五条第一項、第三項第二号及び第四項第二号（過少申告加算税）中「期限内申告書」とあるのは「相続税法第二十七条若しくは第二十九条の規定による申告書又はこれらの申告書に係る期限後申告書」とする。

三　国税通則法第六十一条第一項第二号及び第六十六条（無申告加算税）の規定は、前号に規定する修正申告書及び更正（第三十一条第一項に規定する決定を受けた場合における当該修正申告書及び更正を除く。）には、適用しない。

（延滞税の特則）

第五一条①　延納の許可があつた場合における相続税及び贈与税に係る延滞税については、その相続税額又は贈与税額のうち当該延納の許可を受けたものとその他のものとに区分し、さらに当該延納の許可を受けたものを各分納税額ごとに区分して、それぞれの税額ごとに国税通則法の延滞税に関する規定を適用する。この場合においては、当該延納の許可を受けた税額のうちに同法第三十五条第二項（申告納税方式による国税等の納付）の規定により納付すべきものがあるときは、当該納付すべき税額に係る延滞税のうち第三十三条の規定による納期限の翌日から同項の規定による納期限又は納付すべき日までの期間に対応するものとその他のものとに区分し、さらに当該その他のものについては各分納税額ごとに区分するものとする。

②　次の各号に掲げる相続税額については、当該各号に定める期間は、国税通則法第六十条第二項（延滞税）の規定による延滞税の計算の基礎となる期間に算入しない。

一　相続又は遺贈により財産を取得した者が、次に掲げる事由による期限後申告書又は修正申告書を提出したことにより納付すべき相続税額　第三十三条の規定による納期限の翌日からこれらの申告書の提出があつた日までの期間

イ　期限内申告書の提出期限後に、その被相続人から相続又は遺贈（当該被相続人からの贈与により取得した財産で第二十一条の九第三項の規定の適用を受けるものに係る贈与を含む。次号イにおいて同じ。）により財産を取得した他の者が当該被相続人から贈与により取得した財産で相続税額の計算の基礎とされていなかつたものがあることを知つたこと。

ロ　期限内申告書の提出期限後に支給が確定した第三条第一項第二号に掲げる給与の支給を受けたこと。

ハ　第三十二条第一項第一号から第六号までに規定する事由が生じたこと。

二　相続又は遺贈により財産を取得した者について、次に掲げる事由により更正又は決定があつた場合における当該更正又は決定により納付すべき相続税額　第三十三条の規定による納期限の翌日から当該更正又は決定に係る国税通則法第二十八条第一項（更正又は決定の手続）に規定する更正通知書又は決定通知書を発した日（ハに掲げる事由による更正又は決定の場合にあつては、これらの通知書を発した日と当該事由の生じた日の翌日から起算して四月を経過する日とのいずれか早い日。第五十二条第一項第一号及び第五十三条第一項において同じ。）までの期間

イ　その被相続人から相続又は遺贈により財産を取得した他の者が当該被相続人から贈与により取得した財産で相続税額の計算の基礎とされていないものがあつたこと。

ロ　期限内申告書の提出期限後に支給が確定した第三条第一項第二号に掲げる給与の支給を受けたこと。

ハ　第三十二条第一項第一号から第六号までに規定する事由が生じたこと。

三　第三十九条第二十二項の規定の適用を受けた同条第一項の延納の許可の申請をした者が当該申請を取り下げた場合におけるその取り下げられた申請に係る相続税額　同条第二十二項第一号の規定により読み替えて適用する同条第八項ただし書に規定する災害等延長期間又は同条第二十二項第二号に規定する政令で定める期間

四　第四十二条第二十八項の規定の適用を受けた同条第一項の物納の許可の申請をした者が当該申請を取り下げた場合におけるその取り下げられた申請に係る相続税額　同条第二十八項第一号の規定により読み替えて適用する同条第六項ただし書に規定する災害等延長期間又は同条第二十八項第二号に規定する政令で定める期間

③　次の各号に掲げる贈与税額については、当該各号に定める期間は、国税通則法第六十条第二項の規定による延滞税の計算の基礎となる期間に算入しない。

一　第二十一条の二第四項の規定の適用を受けていた者が、第三十二条第一項第一号から第六号までに規定する事由が生じたことにより相続又は遺贈による財産の取得をしないこととなつたため期限後申告書又は修正申告書を提出したことにより納付すべき贈与税額　第三十三条の規定による納期限の翌日からこれらの申告書の提出があつた日までの期間

二　第二十一条の二第四項の規定の適用を受けていた者について、第三十二条第一項第一号から第六号までに規定する事由が生じたことにより相続又は遺贈による財産の取得をしないこととなつたため更正又は決定があつた場合における当該更正又は決定により納付すべき贈与税額　第三十三条の規定による納期限の翌日から当該更正又は決定に係る国税通則法第二十八条第一項に規定する更正通知書又は決定通知書を発した日と当該事由の生

じた日の翌日から起算して四月を経過する日とのいずれか早い日までの期間

三　第三十九条第二十九項において準用する同条第二十二項の規定の適用を受けた同条第一項の延納の許可の申請をした者が当該申請を取り下げた場合におけるその取り下げられた申請に係る贈与税額　同条第二十九項において準用する同条第二十二項第一号の規定により読み替えて適用する同条第八項ただし書に規定する災害等延長期間又は同条第二十二項第二号に規定する政令で定める期間

④　国税通則法第三十五条第二項の規定により納付すべき相続税額又は贈与税額につき延納の許可を受けた者は、当該延納税額に係る延滞税で第三十三条の規定による納期限の翌日から同項の規定による納期限又は納付すべき日までの期間に対応するものを、当該延納に係る第一回に納付すべき分納税額に併せて納付しなければならない。

第五一条の二①　連帯納付義務者が第三十四条第一項本文の規定により相続税を納付する場合における当該相続税に併せて納付すべき延滞税については、当該連帯納付義務者がその延滞税の負担を不当に減少させる行為をした場合を除き、次に定めるところによる。

一　連帯納付義務者は、納付基準日（第三十四条第六項の納付通知書が発せられた日の翌日から二月を経過する日又は同条第八項の督促に係る督促状が発せられた日のいずれか早い日をいう。以下この項において同じ。）までに同条第一項本文の規定により相続税を納付する場合には、当該相続税の第三十三条の規定による納期限の翌日から納付基準日又は当該相続税を完納する日のいずれか早い日までの期間（次条第四項又は第五十三条の規定により利子税を納付すべき期間を除く。）に対応する部分の延滞税に代え、当該期間に対応する部分の利子税を併せて納付しなければならない。

二　前号の規定により納付すべき利子税の額は、納税義務者の未納の相続税額を基礎とし、同号の期間に、年七・三パーセントの割合を乗じて算出した金額とする。

三　連帯納付義務者は、納付基準日後に第三十四条第一項本文の規定により相続税を納付する場合には、第一号の規定による利子税に加え、納税義務者の未納の相続税額を基礎とし、当該納付基準日の翌日から当該相続税を完納する日までの期間に応じ、年十四・六パーセント（当該納付基準日の翌日から二月を経過する日までの期間については、年七・三パーセント）の割合を乗じて算出した金額に相当する延滞税を併せて納付しなければならない。

②　連帯納付義務者が前項第一号の規定による利子税又は同項第三号の規定による延滞税を納付した場合には、納税義務者の相続税に係る延滞税の額のうち当該連帯納付義務者が納付した当該利子税又は延滞税の額に相当する額については、その納付があつたものとみなす。

③　連帯納付義務者が第一項の規定により納付する利子税については、国税通則法第六十四条第二項及び第三項（利子税）の規定を準用する。

第五二条及び第五三条　（略）

第五四条　削除

（未分割遺産に対する課税）

第五五条　相続若しくは包括遺贈により取得した財産に係る相続税について申告書を提出する場合又は当該財産に係る相続税について更正若しくは決定をする場合において、当該相続又は包括遺贈により取得した財産の全部又は一部が共同相続人又は包括受遺者によつてまだ分割されていないときは、その分割されていない財産については、各共同相続人又は包括受遺者が民法（第九百四条の二（寄与分）を除く。）の規定による相続分又は包括遺贈の割合に従つて当該財産を取得したものとしてその課税価格を計算するものとする。ただし、その後において当該財産の分割があり、当該共同相続人又は包括受遺者が当該分割により取得した財産に係る課税価格が当該相続分又は包括遺贈の割合に従つて計算された課税価格と異なることとなつた場合においては、当該分割により取得した財産に係る課税価格を基礎として、納税義務者において申告書を提出し、若しくは第三十二条第一項に規定する更正の請求をし、又は税務署長において更正若しくは決定をすることを妨げない。

1　**一　遺産分割が行われない場合の相続税の課税の趣旨**

相続税法は、相続税は相続又は遺贈により取得した財産を基礎として課税すべきこととしているが、当該相続税の申告期限までに遺産分割が行われていない場合においては、便宜、各相続人らの法定相続分に応じて遺産を相続したものとして当該課税価格及び相続税額を算出し、相続税を課することとし、その後において遺産分割により各相続人らの取得する財産が確定したときは、その際にこれを基礎として相続税額を改算し、それに基づいて更正の請求又は修正申告をなし、あるいは更正決定がなされることを建前としているものと解するを相当とするので、相続税は、本来、相続等によって現実に取得した財産につき課せられるべきものであり、右のような遺産分割が行われない場合の措置は、長期間にわたって遺産分割を行わないことにより相続税の納付義務を免れるというような不都合を防止するためのものである。（東京地判昭45・3・4行裁二一・三・四二三）

2　**二　「相続分」**

本条にいう「相続分」は、共同相続人間で譲渡された相続分を含む。（最判平5・5・28判時一四六〇・六〇）

第五六条及び第五七条　削除

（市町村長等の通知）

第五八条①　市町村長その他戸籍に関する事務をつか

さどる者は、死亡又は失踪《そう》に関する届書を受理したときは、当該届書に記載された事項を、当該届書を受理した日の属する月の翌月末日までにその事務所の所在地の所轄税務署長に通知しなければならない。

② 前項の規定により市町村が処理することとされている事務は、地方自治法（昭和二十二年法律第六十七号）第二条第九項第一号（法定受託事務）に規定する第一号法定受託事務とする。

（調書の提出）

第五九条① 次の各号に掲げる者でこの法律の施行地に営業所、事務所その他これらに準ずるもの（以下この項及び次項において「営業所等」という。）を有するものは、その月中に支払つた生命保険契約の保険金若しくは損害保険契約の保険金のうち政令で定めるもの又は支給した退職手当金等（第三条第一項第二号に掲げる給与をいう。以下この項において同じ。）について、翌月十五日までに、財務省令で定めるところにより作成した当該各号に定める調書を当該調書を作成した営業所等の所在地の所轄税務署長に提出しなければならない。ただし、保険金額又は退職手当金等の金額が財務省令で定める額以下である場合は、この限りでない。

一　保険会社等　支払つた保険金（退職手当金等に該当するものを除く。）に関する受取人別の調書

二　退職手当金等を支給した者　支給した退職手当金等に関する受給者別の調書

② 保険会社等でこの法律の施行地に営業所等を有するものは、生命保険契約又は損害保険契約の契約者が死亡したことに伴いこれらの契約の契約者の変更の手続を行つた場合には、当該変更の効力が生じた日の属する年の翌年一月三十一日までに、財務省令で定めるところにより作成した調書を当該調書を作成した営業所等の所在地の所轄税務署長に提出しなければならない。ただし、当該変更の手続を行つた生命保険契約又は損害保険契約が、解約返戻金に相当する金額が一定金額以下のものである場合その他の財務省令で定めるものである場合は、この限りでない。

③ 信託の受託者でこの法律の施行地に当該信託の事務を行う営業所、事務所、住所、居所その他これらに準ずるもの（以下この項において「営業所等」という。）を有するものは、次に掲げる事由が生じた場合には、当該事由が生じた日の属する月の翌月末日までに、財務省令で定める様式に従つて作成した受益者別（受益者としての権利を現に有する者の存しない信託にあつては、委託者別）の調書を当該営業所等の所在地の所轄税務署長に提出しなければならない。ただし、信託に関する権利又は信託財産の価額が一定金額以下であることその他の財務省令で定める事由に該当する場合は、この限りでない。

一　信託の効力が生じたこと（当該信託が遺言によりされた場合にあつては、当該信託の引受けがあつたこと。）。

二　第九条の二第一項に規定する受益者等が変更されたこと（同項に規定する受益者等が存するに至つた場合又は存しなくなつた場合を含む。）。

三　信託が終了したこと（信託に関する権利の放棄があつた場合その他政令で定める場合を含む。）。

四　信託に関する権利の内容に変更があつたこと。

④ この法律の施行地に営業所又は事務所を有する法人は、相続税又は贈与税の納税義務者又は納税義務があると認められる者について税務署長の請求があつた場合には、これらの者の財産又は債務について当該請求に係る調書を作成して提出しなければならない。

⑤ 第一項各号、第二項又は第三項に定める調書（以下この条において単に「調書」という。）のうち、当該調書の提出期限の属する年の前々年の一月一日から十二月三十一日までの間に提出すべきであつた当該調書の枚数として財務省令で定めるところにより算出した数が百以上であるものについては、当該調書を提出すべき者は、第一項から第三項までの規定にかかわらず、当該調書に記載すべきものとされるこれらの規定に規定する事項（以下この条において「記載事項」という。）を次に掲げる方法のいずれかによりこれらの規定に規定する所轄税務署長に提供しなければならない。

一　財務省令で定めるところによりあらかじめ税務署長に届け出て行う電子情報処理組織（情報通信技術を活用した行政の推進等に関する法律（平成十四年法律第百五十一号）第六条第一項（電子情報処理組織による申請等）に規定する電子情報処理組織をいう。）を使用する方法として財務省令で定める方法

二　当該記載事項を記録した光ディスク、磁気テープその他の財務省令で定める記録用の媒体（以下この条において「光ディスク等」という。）を提出する方法

⑥ 調書を提出すべき者（前項の規定に該当する者を除く。）は、政令で定めるところにより第一項から第三項までの規定に規定する所轄税務署長（次項において「所轄税務署長」という。）の承認を受けた場合又はこれらの規定により提出すべき調書の提出期限の属する年以前の各年のいずれかの年において前項の規定に基づき記載事項を記録した光ディスク等を提出した場合には、その者が提出すべき調書の記載事項を記録した光ディスク等の提出をもつて当該調書の提出に代えることができる。

⑦ 調書を提出すべき者が、政令で定めるところにより所轄税務署長の承認を受けた場合には、その者は、第一項から第三項までの規定及び第五項の規定にかかわらず、同項各号に掲げる方法のいずれかの方法により、当該調書の記載事項を財務省令で定める税務署長に提供することができる。

⑧ 第五項又は前項の規定により行われた記載事項の提供及び第六項の規定により行われた光ディスク等の提出については、第一項から第三項までの規定による調書の提出とみなして、これらの規定及び第七十条の規定並びに国税通則法第七章の二（国税の調査）及び第百二十八条（罰則）の規定を適用する。

第六〇条　削除

（相続財産等の調査）

第六一条　相続の開始があつた場合においては、当該相続の開始地の所轄税務署長は、当該相続開始の時における被相続人の財産の価額及び債務の金額並びに当該財産及び債務の帰属の状況等を調査し、これを当該被相続人から相続又は遺贈（当該被相続人からの贈与により取得した財産で第二十一条の九第三項の規定の適用を受けるものに係る贈与を含む。）により財産を取得した者（当該被相続人に係る相続時精算課税適用者を含む。）の納税地の所轄税務署長に通知しなければならない。

（納税地）

第六二条①　相続税及び贈与税は、第一条の三第一項第一号、第三号若しくは第五号又は第一条の四第一項第一号若しくは第三号の規定に該当する者については、この法律の施行地にある住所地（この法律の施行地に住所を有しないこととなつた場合には、居所地）をもつて、その納税地とする。

②　第一条の三第一項第二号若しくは第四号又は第一条の四第一項第二号若しくは第四号の規定に該当する者及び第一条の三第一項第一号、第三号若しくは第五号又は第一条の四第一項第一号若しくは第三号の規定に該当する者でこの法律の施行地に住所及び居所を有しないこととなるものは、納税地を定めて、納税地の所轄税務署長に申告しなければならない。その申告がないときは、国税庁長官がその納税地を指定し、これを通知する。

③　納税義務者が死亡した場合においては、その者に係る相続税又は贈与税（第二十七条第二項（第二十八条第二項及び第二十九条第二項において準用する場合を含む。）の規定に該当する場合の相続税又は贈与税を含む。）については、その死亡した者の死亡当時の納税地をもつて、その納税地とする。

（相続人の数に算入される養子の数の否認）

第六三条　第十五条第二項各号に掲げる場合において当該各号に定める養子の数を同項の相続人の数に算入することが、相続税の負担を不当に減少させる結果となると認められる場合においては、税務署長は、相続税についての更正又は決定に際し、税務署長の認めるところにより、当該養子の数を当該相続人の数に算入しないで相続税の課税価格（第十九条又は第二十一条の十四から第二十一条の十八までの規定の適用がある場合には、これらの規定により相続税の課税価格とみなされた金額）及び相続税額を計算することができる。

（同族会社等の行為又は計算の否認等）

第六四条①　同族会社等の行為又は計算で、これを容認した場合においてはその株主若しくは社員又はその親族その他これらの者と政令で定める特別の関係がある者の相続税又は贈与税の負担を不当に減少させる結果となると認められるものがあるときは、税務署長は、相続税又は贈与税についての更正又は決定に際し、その行為又は計算にかかわらず、その認めるところにより、課税価格を計算することができる。

②　前項の規定は、同族会社等の行為又は計算につき、法人税法第百三十二条第一項（同族会社等の行為又は計算の否認）若しくは所得税法第百五十七条第一項（同族会社等の行為又は計算の否認等）又は地価税法（平成三年法律第六十九号）第三十二条第一項（同族会社等の行為又は計算の否認等）の規定の適用があつた場合における当該同族会社等の株主若しくは社員又はその親族その他これらの者と前項に規定する特別の関係がある者の相続税又は贈与税に係る更正又は決定について準用する。

③　前二項の「同族会社等」とは、法人税法第二条第十号（定義）に規定する同族会社又は所得税法第百五十七条第一項第二号に掲げる法人をいう。

④　合併、分割、現物出資若しくは法人税法第二条第十二号の五の二に規定する現物分配若しくは同条第十二号の十六に規定する株式交換等若しくは株式移転（以下この項において「合併等」という。）をした法人又は合併等により資産及び負債の移転を受けた法人（当該合併等により交付された株式又は出資を発行した法人を含む。以下この項において同じ。）の行為又は計算で、これを容認した場合においては当該合併等をした法人若しくは当該合併等により資産及び負債の移転を受けた法人の株主若しくは社員又はこれらの者と政令で定める特別の関係がある者の相続税又は贈与税の負担を不当に減少させる結果となると認められるものがあるときは、税務署長は、相続税又は贈与税についての更正又は決定に際し、その行為又は計算にかかわらず、その認めるところにより、課税価格を計算することができる。

⑤　法人課税信託（法人税法第二条第二十九号の二に規定する法人課税信託をいう。以下この項において同じ。）の受託者又は第九条の二第一項に規定する受益者等について、前各項の規定を適用する場合には、次に定めるところによる。

一　法人課税信託の受託者については、法人税法第四条の二（法人課税信託の受託者に関するこの法律の適用）の規定により、各法人課税信託の同条第一項に規定する信託資産等及び同項に規定する固有資産等ごとに、それぞれ別の者とみなす。

二　法人税法第四条の三（受託法人等に関するこの法律の適用）の規定を準用する。

三　前二号に定めるもののほか、法人課税信託の受託者又は第九条の二第一項に規定する受益者等についての前各項の規定の適用に関し必要な事項は、政令で定める。

一　被相続人の単独行為

1　本条一項にいう「同族会社の行為」に同族会社の特殊関係人の単独行為は含まれない。（浦和地判昭56・2・25行裁三二・二・二八〇）

二　本条の趣旨

2　『同族会社を一方当事者とする取引が、経済的な観点からみて、通常の経済人であれば採らないであろうと考えられるような不自然、不合理なものであり、そのような取引の結果、当該同族会社の株主等の相続税又は贈与税の負担を不当に減少させる結果となると認められるものがある場合には、税務署長は、当該取引行為又はその計算を否認し、通常の経済人であれば採ったであろうと認められる行為又は計算に基づいて相続税又は贈与税を課することができるものと解するのが相当である。』（大阪地判平12・5・12訟月四七・一〇・三一〇六、租税百選［七版］八四）

（特別の法人から受ける利益に対する課税）

第六五条① 持分の定めのない法人（持分の定めのある法人で持分を有する者がないものを含む。次条において同じ。）で、その施設の利用、余裕金の運用、解散した場合における財産の帰属等について設立者、社員、理事、監事若しくは評議員、当該法人に対し贈与若しくは遺贈をした者又はこれらの者の親族その他これらの者と前条第一項に規定する特別の関係がある者に対し特別の利益を与えるものに対して財産の贈与又は遺贈があつた場合においては、次条第四項の規定の適用がある場合を除くほか、当該法人から特別の利益を受ける者が、当該財産の贈与又は遺贈があつた時において、当該財産（第十二条第一項第三号又は第二十一条の三第一項第三号に掲げる財産を除く。）の贈与又は遺贈により受ける利益の価額に相当する金額を当該財産の贈与又は遺贈をした者から贈与又は遺贈により取得したものとみなす。

② 第十二条第二項の規定は、前項に規定する持分の定めのない法人が取得した同条第一項第三号又は第二十一条の三第一項第三号に掲げる財産について第十二条第二項に規定する事由がある場合について準用する。

③ 前二項の規定は、第一項に規定する持分の定めのない法人の設立があつた場合において、同項の法人から特別の利益を受ける者が当該法人の設立により受ける利益について準用する。

④ 第一項の法人から特別の利益を受ける者の範囲、法人から受ける特別の利益の内容その他同項の規定の適用に関し必要な事項は、政令で定める。

（人格のない社団又は財団等に対する課税）

第六六条① 代表者又は管理者の定めのある人格のない社団又は財団に対し財産の贈与又は遺贈があつた場合においては、当該社団又は財団を個人とみなして、これに贈与税又は相続税を課する。この場合においては、贈与により取得した財産について、当該贈与をした者の異なるごとに、当該贈与をした者の各一人のみから財産を取得したものとみなして算出した場合の贈与税額の合計額をもつて当該社団又は財団の納付すべき贈与税額とする。

② 前項の規定は、同項に規定する社団又は財団を設立するために財産の提供があつた場合について準用する。

③ 前二項の場合において、第一条の三又は第一条の四の規定の適用については、第一項に規定する社団又は財団の住所は、その主たる営業所又は事務所の所在地にあるものとみなす。

④ 前三項の規定は、持分の定めのない法人に対し財産の贈与又は遺贈があつた場合において、当該贈与又は遺贈により当該贈与又は遺贈をした者の親族その他これらの者と第六十四条第一項に規定する特別の関係がある者の相続税又は贈与税の負担が不当に減少する結果となると認められるときについて準用する。この場合において、第一項中「代表者又は管理者の定めのある人格のない社団又は財団」とあるのは「持分の定めのない法人」と、「当該社団又は財団」とあるのは「当該法人」と、第二項及び第三項中「社団又は財団」とあるのは「持分の定めのない法人」と読み替えるものとする。

⑤ 第一項（第二項において準用する場合を含む。）又は前項の規定の適用がある場合において、これらの規定により第一項若しくは第二項の社団若しくは財団又は前項の持分の定めのない法人に課される贈与税又は相続税の額については、政令で定めるところにより、これらの社団若しくは財団又は持分の定めのない法人に課されるべき法人税その他の税の額に相当する額を控除する。

⑥ 第四項の相続税又は贈与税の負担が不当に減少する結果となると認められるか否かの判定その他同項の規定の適用に関し必要な事項は、政令で定める。

本条四項の立法趣旨

1 個人がその財産を個人に無償で取得させた場合には相続税又は贈与税を課し得るけれども、公益法人等に対しなされた場合には贈与税等を課し得ないとされているところから、本条四項は、当該財産の使用収益から生ずる利益が、直接又は間接に当該財産の提供者又は贈与者、その相続人その他の同族関係者などが受けることができるような仕組み（いわゆる私的支配）を有する公益法人等に財産を譲渡するときは、当該法人を通じて実質的には当該贈与者等又は同族関係者が当該財産を私的に支配し、その利益を享受するのと同様であって、結局贈与税等の課税の回避に等しいこととなるので、租税負担公平の原則の立場から、このような場合は、譲渡を受けた当該公益法人等を個人とみなしてこれに課税しようとするものである。（東京高判昭50・9・25行裁二六・九・一〇二三）

（特定の一般社団法人等に対する課税）

第六六条の二① 一般社団法人等の理事である者（当該一般社団法人等の理事でなくなつた日から五年を経過していない者を含む。）が死亡した場合において、当該一般社団法人等が特定一般社団法人等に該当するときは、当該特定一般社団法人等はその死亡した者（以下この条において「被相続人」という。）の相続開始の時における当該特定一般社団法人等の純資産額（その有する財産の価額の合計額からその有する債務の価額の合計額を控除した金額として政令で定める金額をいう。）をその時における当該特

相税

定一般社団法人等の同族理事の数に一を加えた数（当該被相続人と同時に死亡した者がある場合においては、その死亡した者がその死亡の直前において同族理事である者又は当該特定一般社団法人等の理事でなくなつた日から五年を経過していない者であつて当該被相続人と政令で定める特殊の関係のあるものであるときは、その死亡した者の数を加えるものとする。）で除して計算した金額に相当する金額を当該被相続人から遺贈により取得したものと、当該特定一般社団法人等は個人とそれぞれみなして、当該特定一般社団法人等に相続税を課する。

② この条において、次の各号に掲げる用語の意義は、当該各号に定めるところによる。

一　一般社団法人等　一般社団法人又は一般財団法人（被相続人の相続開始の時において公益社団法人又は公益財団法人、法人税法第二条第九号の二（定義）に規定する非営利型法人その他の政令で定める一般社団法人又は一般財団法人に該当するものを除く。）をいう。

二　同族理事　一般社団法人等の理事のうち、被相続人又はその配偶者、三親等内の親族その他の当該被相続人と政令で定める特殊の関係のある者をいう。

三　特定一般社団法人等　一般社団法人等であつて次に掲げる要件のいずれかを満たすものをいう。

イ　被相続人の相続開始の直前における当該被相続人に係る同族理事の数の理事の総数のうちに占める割合が二分の一を超えること。

ロ　被相続人の相続の開始前五年以内において当該被相続人に係る同族理事の数の理事の総数のうちに占める割合が二分の一を超える期間の合計が三年以上であること。

③ 第一項の規定により特定一般社団法人等に相続税が課される場合には、当該特定一般社団法人等の相続税の額については、政令で定めるところにより、前条第四項において準用する同条第一項又は第二項の規定により当該特定一般社団法人等に課された贈与税及び相続税の税額を控除する。

④ 第一項の規定の適用がある場合における第一条の三の規定の適用については、同項の特定一般社団法人等の住所は、その主たる事務所の所在地にあるものとする。

⑤ 第一項の規定の適用がある場合において、同項の特定一般社団法人等が被相続人に係る相続の開始前三年以内に当該被相続人から贈与により取得した財産の価額については、第十九条第一項の規定は、適用しない。

⑥ 第一項の規定により特定一般社団法人等に相続税が課される場合における第二十七条第一項の規定による申告書の提出期限その他第一項の規定の適用に関し必要な事項は、政令で定める。

（付加税の禁止）

第六七条　地方公共団体は、相続税又は贈与税の付加税を課することができない。

（政令への委任）

第六七条の二　この法律に定めるもののほか、相続時精算課税に係る納税に係る権利又は義務の承継その他相続税及び贈与税の適用に関し必要な事項は、政令で定める。

第八章　罰則

第六八条①　偽りその他不正の行為により相続税又は贈与税を免れた者は、十年以下の懲役若しくは千万円以下の罰金に処し、又はこれを併科する。

② 前項の免れた相続税額又は贈与税額が千万円を超えるときは、情状により、同項の罰金は、千万円を超えその免れた相続税額又は贈与税額に相当する金額以下とすることができる。

③ 第一項に規定するもののほか、期限内申告書又は第三十一条第二項の規定による修正申告書をこれらの申告書の提出期限までに提出しないことにより相続税又は贈与税を免れた者は、五年以下の懲役若しくは五百万円以下の罰金に処し、又はこれを併科する。

④ 前項の免れた相続税額又は贈与税額が五百万円を超えるときは、情状により、同項の罰金は、五百万円を超えその免れた相続税額又は贈与税額に相当する金額以下とすることができる。

第六九条　正当な理由がなくて期限内申告書又は第三十一条第二項の規定による修正申告書をこれらの申告書の提出期限までに提出しなかつた者は、一年以下の懲役又は五十万円以下の罰金に処する。ただし、情状により、その刑を免除することができる。

第七〇条　第五十九条の規定による調書を提出せず、又はその調書に虚偽の記載若しくは記録をして提出した者は、一年以下の懲役又は五十万円以下の罰金に処する。

第七一条①　法人（第六十六条第一項に規定する人格のない社団又は財団を含む。以下この項及び次項において同じ。）の代表者（当該社団又は財団の代表者又は管理者を含む。）又は法人若しくは人の代理人、使用人その他の従業者が、その法人又は人の業務又は財産に関して第六十八条第一項若しくは第三項、第六十九条又は前条の違反行為をしたときは、その行為者を罰するほか、その法人又は人に対し、当該各条の罰金刑を科する。

② 前項の規定により第六十八条第一項又は第三項の違反行為につき法人又は人に罰金刑を科する場合における時効の期間は、これらの規定の罪についての時効の期間による。

③ 第一項に規定する社団又は財団について同項の規定の適用がある場合には、その代表者又は管理者がその訴訟行為につきその社団又は財団を代表するほか、法人を被告人又は被疑者とする場合の刑事訴訟に関する法律の規定を準用する。

附　則（抜粋）

① この法律は、昭和二十五年四月一日から施行する。但し、第四十五条第七項の規定は、同年七月一日から施行する。

② この法律は、本州、北海道、四国、九州及びその附属の島（政令で定める地域を除く。）に、施行す

る。

③　相続又は遺贈により財産を取得した者（当該相続に係る被相続人から第二十一条の九第三項の規定の適用を受ける財産を贈与により取得した者を含む。以下この項において同じ。）の当該被相続人の死亡の時における住所がこの法律の施行地にある場合においては、当該財産を取得した者については、当分の間、第二十七条第一項若しくは第三項又は第二十九条第一項の規定により申告すべき相続税に係る納税地は、第六十二条第一項及び第二項の規定にかかわらず、被相続人の死亡の時における住所地とする。ただし、当該納税地の所轄税務署長又は国税局長がした当該相続税に係る処分は、その者の住所地の所轄税務署長又は国税局長がしたものとみなして、当該住所地の所轄税務署長又は国税局長に対し再調査の請求をし、又は訴えを提起することを妨げない。

㉔　公益信託ニ関スル法律（大正十一年法律第六十二号）第一条（公益信託）に規定する公益信託の委託者（その相続人その他の一般承継人を含む。）は、第九条の二第五項に規定する特定委託者に該当するものとみなして、この法律の規定を適用する。

附　則（平成三一・三・二九法六）（抄）

（施行期日）

第一条　この法律は、平成三十一年四月一日から施行する。ただし、次の各号に掲げる規定は、当該各号に定める日から施行する。

十一　次に掲げる規定　令和四年四月一日

イ　第三条中相続税法第十九条の三第一項並びに第二十一条の九第一項及び第四項の改正規定並びに附則第二十三条第一項から第三項までの規定

（相続税法の一部改正に伴う経過措置）

第二十三条①　第三条の規定による改正後の相続税法（以下この条において「新相続税法」という。）第十九条の三の規定は、令和四年四月一日以後に相続又は遺贈（贈与をした者の死亡により効力を生ずる贈与を含む。以下同じ。）により取得する財産に係る相続税について適用し、同日前に相続又は遺贈により取得した財産に係る相続税については、なお従前の例による。

②　新相続税法第十九条の三第一項の規定に該当する者が、その者又は同条第二項に規定する扶養義務者の令和四年四月一日前に相続又は遺贈により取得した財産に係る相続税について第三条の規定による改正前の相続税法（以下この条において「旧相続税法」という。）又は所得税法等の一部を改正する法律（平成二十五年法律第五号）第三条の規定による改正前の相続税法（以下この項において「旧法」と総称する。）第十九条の三第一項又は第二項の規定の適用を受けたことがある者である場合には、その者又はその扶養義務者が新相続税法第十九条の三第一項又は第二項の規定による控除を受けることができる金額は、同条第三項の規定にかかわらず、当該相続税について同条第一項の規定を適用するとしたならば控除を受けることができる金額（二回以上旧法第十九条の三第一項又は第二項の規定による控除を受けた場合には、最初に相続又は遺贈により財産を取得した際に新相続税法第十九条の三第一項の規定を適用するとしたならば控除を受けることができる金額）から既に旧法第十九条の三第一項若しくは第二項又は新相続税法第十九条の三第一項若しくは第二項の規定による控除を受けた金額の合計額を控除した金額に達するまでの金額とする。

③　新相続税法第二十一条の九第一項及び第四項の規定は、令和四年四月一日以後に贈与（贈与をした者の死亡により効力を生ずる贈与を除く。以下この項及び附則第七十九条において同じ。）により取得する財産に係る贈与税について適用し、同日前に贈与により取得した財産に係る贈与税については、なお従前の例による。

④　（略）

附　則（令和二・三・三一法八）（抄）

（施行期日）

第一条　この法律は、令和二年四月一日から施行する。ただし、次の各号に掲げる規定は、当該各号に定める日から施行する。

五　次に掲げる規定　令和四年四月一日

ニ　第五条中相続税法第六十四条第五項の改正規定

附　則（令和三・三・三一法一一）（抄）

（施行期日）

第一条　この法律は、令和三年四月一日から施行する。（後略）

（相続税法の一部改正に伴う経過措置）

第一一条①　第三条の規定による改正後の相続税法第一条の三及び第一条の四の規定は、施行日以後に相続若しくは遺贈（贈与をした者の死亡により効力を生ずる贈与を含む。以下この項において同じ。）又は贈与（贈与をした者の死亡により効力を生ずる贈与を除く。以下同じ。）により取得する財産に係る相続税又は贈与税について適用し、施行日前に相続若しくは遺贈又は贈与により取得した財産に係る相続税又は贈与税については、なお従前の例による。

②　施行日前に第三条の規定による改正前の相続税法第二十八条第五項に規定する短期非居住贈与者から贈与により財産を取得した者に係る同条第一項の規定による贈与税の申告書の提出については、なお従前の例による。

（政令への委任）

第一三二条　この附則に規定するもののほか、この法律の施行に関し必要な経過措置は、政令で定める。

附　則（令和三・四・二八法二四）（抄）

（施行期日）

第一条　この法律は、公布の日から起算して二年を超えない範囲内において政令で定める日から施行する。（後略）

（相続税法及び租税特別措置法の一部改正に伴う経過措置）

第一四条　施行日前に旧民法第九百五十二条第一項の規定により相続財産の管理人が選任された場合にお

ける前条の規定による改正後の相続税法第四条第一項（中略）の規定の適用については、これらの規定中「民法第九百五十八条の二第一項」とあるのは、「民法等の一部を改正する法律（令和三年法律第二十四号）附則第四条第五項の規定によりなお従前の例によることとされる場合における同法第一条の規定による改正前の民法第九百五十八条の三第一項」とする。

（その他の経過措置の政令等への委任）

第三四条①　この附則に定めるもののほか、この法律の施行に関し必要な経過措置は、政令で定める。

②　（略）

●消費税法（抄）（昭和六三・一二・三〇 法 一 〇 八）

施行 昭和六三・一二・三〇（附則参照）
最終改正 令和三法一一

平成二八法一五による改正中、施行が令和五年一〇月一日となる改正規定は、別表の改正を除き、改正の概要を本法末尾に示すにとどめた。

目次

第一章 総則（抄）

（趣旨等）

第一条① この法律は、消費税について、課税の対象、納税義務者、税額の計算の方法、申告、納付及び還付の手続並びにその納税義務の適正な履行を確保するため必要な事項を定めるものとする。

② 消費税の収入については、地方交付税法（昭和二十五年法律第二百十一号）に定めるところによるほか、毎年度、制度として確立された年金、医療及び介護の社会保障給付並びに少子化に対処するための施策に要する経費に充てるものとする。

（定義）

第二条① この法律において、次の各号に掲げる用語の意義は、当該各号に定めるところによる。

一 国内 この法律の施行地をいう。

二 保税地域 関税法（昭和二十九年法律第六十一号）第二十九条（保税地域の種類）に規定する保税地域をいう。

三 個人事業者 事業を行う個人をいう。

四 事業者 個人事業者及び法人をいう。

四の二 国外事業者 所得税法（昭和四十年法律第三十三号）第二条第一項第五号（定義）に規定する非居住者である個人事業者及び法人税法（昭和四十年法律第三十四号）第二条第四号（定義）に規定する外国法人をいう。

五 合併法人 合併後存続する法人又は合併により設立された法人をいう。

五の二 被合併法人 合併により消滅した法人をいう。

六 分割法人 分割をした法人をいう。

六の二 分割承継法人 分割により分割法人の事業を承継した法人をいう。

七 人格のない社団等 法人でない社団又は財団で代表者又は管理人の定めがあるものをいう。

八 資産の譲渡等 事業として対価を得て行われる資産の譲渡及び貸付け並びに役務の提供（代物弁済による資産の譲渡その他対価を得て行われる資産の譲渡若しくは貸付け又は役務の提供に類する行為として政令で定めるものを含む。）をいう。

八の二 特定資産の譲渡等 事業者向け電気通信利用役務の提供及び特定役務の提供をいう。

八の三 電気通信利用役務の提供 資産の譲渡等のうち、電気通信回線を介して行われる著作物（著作権法（昭和四十五年法律第四十八号）第二条第一項第一号（定義）に規定する著作物をいう。）の提供（当該著作物の利用の許諾に係る取引を含む。）その他の電気通信回線を介して行われる役務の提供（電話、電信その他の通信設備を用いて他人の通信を媒介する役務の提供を除く。）であつて、他の資産の譲渡等の結果の通知その他の他の資産の譲渡等に付随して行われる役務の提供以外のものをいう。

八の四 事業者向け電気通信利用役務の提供 国外事業者が行う電気通信利用役務の提供のうち、当該電気通信利用役務の提供に係る役務の性質又は当該役務の提供に係る取引条件等から当該役務の提供を受ける者が通常事業者に限られるものをいう。

八の五 特定役務の提供 資産の譲渡等のうち、国外事業者が行う演劇その他の政令で定める役務の提供（電気通信利用役務の提供に該当するものを除く。）をいう。

九 課税資産の譲渡等 資産の譲渡等のうち、第六条第一項の規定により消費税を課さないこととされるもの以外のものをいう。

十 外国貨物 関税法第二条第一項第三号（定義）に規定する外国貨物（同法第七十三条の二（輸出を許可された貨物とみなすもの）の規定により輸出を許可された貨物とみなされるものを含む。）をいう。

十一 課税貨物 保税地域から引き取られる外国貨物（関税法第三条（課税物件）に規定する信書を除く。第四条において同じ。）のうち、第六条第二項の規定により消費税を課さないこととされるもの以外のものをいう。

十二 課税仕入れ 事業者が、事業として他の者から資産を譲り受け、若しくは借り受け、又は役務の提供（所得税法第二十八条第一項（給与所得）に規定する給与等を対価とする役務の提供を除く。）を受けること（当該他の者が事業として当該資産を譲り渡し、若しくは貸し付け、又は当該役務の提供をしたとした場合に課税資産の譲渡等に該当することとなるもので、第七条第一項各号に掲げる資産の譲渡等に該当するもの及び第八条第一項その他の法律又は条約の規定により消費税が免除されるもの以外のものに限る。）をいう。

十三 事業年度 法人税法第十三条及び第十四条（事業年度）に規定する事業年度（国、地方公共団体その他これらの条の規定の適用を受けない法人については、政令で定める一定の期間）をいう。

十四　基準期間　個人事業者についてはその年の前々年をいい、法人についてはその事業年度の前々事業年度（当該前々事業年度が一年未満である法人については、その事業年度開始の日の二年前の日の前日から同日以後一年を経過する日までの間に開始した各事業年度を合わせた期間）をいう。

十五　棚卸資産　商品、製品、半製品、仕掛品、原材料その他の資産で政令で定めるものをいう。

十六　調整対象固定資産　建物、構築物、機械及び装置、船舶、航空機、車両及び運搬具、工具、器具及び備品、鉱業権その他の資産でその価額が少額でないものとして政令で定めるものをいう。

十七　確定申告書等　第四十五条第一項の規定による申告書（当該申告書に係る国税通則法（昭和三十七年法律第六十六号）第十八条第二項（期限後申告）に規定する期限後申告書を含む。）及び第四十六条第一項の規定による申告書をいう。

十八　特例申告書　第四十七条第一項の規定による申告書（同条第三項の場合に限るものとし、当該申告書に係る国税通則法第十八条第二項に規定する期限後申告書を含む。）をいう。

十九　附帯税　国税通則法第二条第四号（定義）に規定する附帯税をいう。

二十　中間納付額　第四十八条の規定により納付すべき消費税の額（その額につき国税通則法第十九条第三項（修正申告）に規定する修正申告書の提出又は同法第二十四条（更正）若しくは第二十六条（再更正）の規定による更正があつた場合には、その申告又は更正後の消費税の額）をいう。

② この法律において「資産の貸付け」には、資産に係る権利の設定その他他の者に資産を使用させる一切の行為（当該行為のうち、電気通信利用役務の提供に該当するものを除く。）を含むものとする。

③ この法律において「資産の借受け」には、資産に係る権利の設定その他他の者の資産を使用する一切の行為（当該行為のうち、他の者から受ける電気通信利用役務の提供に該当するものを除く。）を含むものとする。

④ この法律において「相続」には包括遺贈を含むものとし、「相続人」には包括受遺者を含むものとし、「被相続人」には包括遺贈者を含むものとする。

1 消費税の趣旨・目的に照らすと、消費税法の「事業」の意義内容は、所得税法上の「事業」概念と異なり、その規模を問わず、「反復・継続・独立して行われる」ものである。（名古屋高金沢支判平15・11・26税資二五三順号九四七三）

2 法律相談センター等に対して弁護士が支払う受任事件負担金について、「資産の譲渡等」に当たるとした例（大阪高判平24・3・16訟月五八・一二・四一六三）

3 区分所有建物の賃貸事業等を行っている事業者が管理組合に支払った管理費について、「資産の譲渡等」に当たらないとされた例（大阪高判平25・4・11訟月六〇・二・四七二）

（人格のない社団等に対するこの法律の適用）

第三条　人格のない社団等は、法人とみなして、この法律（第十二条の二及び第四十六条の二並びに別表第三を除く。）の規定を適用する。

（課税の対象）

第四条①　国内において事業者が行つた資産の譲渡等（特定資産の譲渡等に該当するものを除く。第三項において同じ。）及び特定仕入れ（事業として他の者から受けた特定資産の譲渡等をいう。以下この章において同じ。）には、この法律により、消費税を課する。

② 保税地域から引き取られる外国貨物には、この法律により、消費税を課する。

③ 資産の譲渡等が国内において行われたかどうかの判定は、次の各号に掲げる場合の区分に応じ当該各号に定める場所が国内にあるかどうかにより行うものとする。ただし、第三号に掲げる場合において、同号に定める場所がないときは、当該資産の譲渡等は国内以外の地域で行われたものとする。

一　資産の譲渡又は貸付けである場合　当該譲渡又は貸付けが行われる時において当該資産が所在していた場所（当該資産が船舶、航空機、鉱業権、特許権、著作権、国債証券、株券その他の資産でその所在していた場所が明らかでないものとして政令で定めるものである場合には、政令で定める場所）

二　役務の提供である場合（次号に掲げる場合を除く。）　当該役務の提供が行われた場所（当該役務の提供が国際運輸、国際通信その他の役務の提供で当該役務の提供が行われた場所が明らかでないものとして政令で定めるものである場合には、政令で定める場所）

三　電気通信利用役務の提供である場合　当該電気通信利用役務の提供を受ける者の住所若しくは居所（現在まで引き続いて一年以上居住する場所をいう。）又は本店若しくは主たる事務所の所在地

④ 特定仕入れが国内において行われたかどうかの判定は、当該特定仕入れを行つた事業者が、当該特定仕入れとして他の者から受けた役務の提供につき、前項第二号又は第三号に定める場所が国内にあるかどうかにより行うものとする。ただし、国外事業者が恒久的施設（所得税法第二条第一項第八号の四（定義）又は法人税法第二条第十二号の十九（定義）に規定する恒久的施設をいう。）で行う特定仕入れ（他の者から受けた事業者向け電気通信利用役務の提供に該当するものに限る。以下この項において同じ。）のうち、国内において行う資産の譲渡等に要するものは、国内で行われたものとし、事業者（国外事業者を除く。）が国外事業所等（所得税法第九十五条第四項第一号（外国税額控除）又は法人税法第六十九条第四項第一号（外国税額の控除）に規定する国外事業所等をいう。）で行う特定仕入れのうち、国内以外の地域において行う資産の譲渡等にのみ要するものは、国内以外の地域で行われたものとする。

する。

⑤　次に掲げる行為は、事業として対価を得て行われた資産の譲渡とみなす。

一　個人事業者が棚卸資産又は棚卸資産以外の資産で事業の用に供していたものを家事のために消費し、又は使用した場合における当該消費又は使用

二　法人が資産をその役員（法人税法第二条第十五号に規定する役員をいう。）に対して贈与した場合における当該贈与

⑥　保税地域において外国貨物が消費され、又は使用された場合には、その消費又は使用をした者がその消費又は使用の時に当該外国貨物をその保税地域から引き取るものとみなす。ただし、当該外国貨物が課税貨物の原料又は材料として消費され、又は使用された場合その他政令で定める場合は、この限りでない。

⑦　第三項から前項までに定めるもののほか、課税の対象の細目に関し必要な事項は、政令で定める。

1　カーレースへの参戦及びその企画運営を行う法人がスポンサー契約において負担する役務の提供は、その全体が各年の契約金を対価とし、その対価の額が国内の役務に対応するものと国内以外の地域の役務に対応するものとに合理的に区別されていない場合には、「国内及び国内以外の地域にわたって行われる」役務の提供（消費税法施行令六条二項七号［現六号］）に当たる。（東京地判平22・10・13訟月五七・二・五四九、租税百選［七版］八八）

（納税義務者）

第五条①　事業者は、国内において行つた課税資産の譲渡等（特定資産の譲渡等に該当するものを除く。第三十条第二項及び第三十二条を除き、以下同じ。）及び特定課税仕入れ（課税仕入れのうち特定仕入れに該当するものをいう。以下同じ。）につき、この法律により、消費税を納める義務がある。

②　外国貨物を保税地域から引き取る者は、課税貨物につき、この法律により、消費税を納める義務がある。

（非課税）

第六条①　国内において行われる資産の譲渡等のうち、別表第一に掲げるものには、消費税を課さない。

②　保税地域から引き取られる外国貨物のうち、別表第二に掲げるものには、消費税を課さない。

（輸出免税等）

第七条①　事業者（第九条第一項本文の規定により消費税を納める義務が免除される事業者を除く。）が国内において行う課税資産の譲渡等のうち、次に掲げるものに該当するものについては、消費税を免除する。

一　本邦からの輸出として行われる資産の譲渡又は貸付け

二　外国貨物の譲渡又は貸付け（前号に掲げる資産の譲渡又は貸付けに該当するもの及び輸入品に対する内国消費税の徴収等に関する法律（昭和三十年法律第三十七号）第八条第一項第三号（公売又は売却等の場合における内国消費税の徴収）に掲げる場合に該当することとなつた外国貨物の譲渡を除く。）

三　国内及び国内以外の地域にわたつて行われる旅客若しくは貨物の輸送又は通信

四　専ら前号に規定する輸送の用に供される船舶又は航空機の譲渡若しくは貸付け又は修理で政令で定めるもの

五　前各号に掲げる資産の譲渡等に類するものとして政令で定めるもの

②　前項の規定は、その課税資産の譲渡等が同項各号に掲げる資産の譲渡等に該当するものであることにつき、財務省令で定めるところにより証明がされたものでない場合には、適用しない。

1　本条一項一号にいう「本邦からの輸出として行われる資産の譲渡又は貸付け」とは、資産を譲渡し又は貸し付ける取引のうち、当該資産を外国に仕向けられた船舶又は航空機に積み込むことによって当該資産の引渡しが行われるものをいう。（東京地判平18・11・9税資二五六順号一〇五六九……短期滞在のロシア人が日本で買い取った中古自動車を船舶に積み込んで本国に持ち帰ることを目的とした取引について、買主が当該中古自動車を自己の占有する携帯品又は別送品として輸出することを前提とする旅具通関扱いによって輸出許可の手続が行われていたことが明らかであるとして、輸出免税が認められなかった事例）

2　訪日ツアーを主催する海外の会社との間で、その訪日ツアーのうち国内の旅行に係る部分についてした取引について、本条一項の規定による免除は認められないとした事例（東京地判平28・2・24判時二三〇八・四三）

3　免除されることが例外であること、本条一項各号所定の輸出免税取引に該当すれば、当該取引に係る消費税が免除され、納税者がその利益を享受するものであることから、輸出免税取引該当性が問題となっている更正処分の取消訴訟において、納税者が行った取引が輸出免税取引に該当することについては、納税者である原告が主張・立証責任を負担する。（名古屋高判平21・11・20税資二五九順号一一三三〇）

第八条　（略）

（小規模事業者に係る納税義務の免除）

第九条①　事業者のうち、その課税期間に係る基準期間における課税売上高が千万円以下である者については、第五条第一項の規定にかかわらず、その課税期間中に国内において行つた課税資産の譲渡等及び特定課税仕入れにつき、消費税を納める義務を免除する。ただし、この法律に別段の定めがある場合は、この限りでない。

②　前項に規定する基準期間における課税売上高とは、次の各号に掲げる事業者の区分に応じ当該各号

に定める金額をいう。

一　個人事業者及び基準期間が一年である法人　基準期間中に国内において行つた課税資産の譲渡等の対価の額（第二十八条第一項に規定する対価の額をいう。以下この項、次条第二項、第十一条第四項及び第十二条の三第一項において同じ。）の合計額から、イに掲げる金額からロに掲げる金額を控除した金額の合計額（以下この項及び第十一条第四項において「売上げに係る税抜対価の返還等の金額の合計額」という。）を控除した残額

イ　基準期間中に行つた第三十八条第一項に規定する売上げに係る対価の返還等の金額

ロ　基準期間中に行つた第三十八条第一項に規定する売上げに係る対価の返還等の金額に係る消費税額に七十八分の百を乗じて算出した金額

二　基準期間が一年でない法人　基準期間中に国内において行つた課税資産の譲渡等の対価の額の合計額から当該基準期間における売上げに係る税抜対価の返還等の金額の合計額を控除した残額を当該法人の当該基準期間に含まれる事業年度の月数の合計数で除し、これに十二を乗じて計算した金額

③　前項第二号の月数は、暦に従つて計算し、一月に満たない端数を生じたときは、これを一月とする。

④　第一項本文の規定により消費税を納める義務が免除されることとなる事業者が、その基準期間における課税売上高（同項に規定する基準期間における課税売上高をいう。第十一条第四項及び第十二条第三項を除き、以下この章において同じ。）が千万円以下である課税期間につき、第一項本文の規定の適用を受けない旨を記載した届出書をその納税地を所轄する税務署長に提出した場合には、当該提出をした日の属する課税期間の翌課税期間（当該提出をした日の属する課税期間が事業を開始した日の属する課税期間その他の政令で定める課税期間である場合には、当該課税期間）以後の課税期間（その基準期間における課税売上高が千万円を超える課税期間を除く。）中に国内において行う課税資産の譲渡等及び特定課税仕入れについては、同項本文の規定は、適用しない。

⑤　前項の規定による届出書を提出した事業者は、同項の規定の適用を受けることをやめようとするとき、又は事業を廃止したときは、その旨を記載した届出書をその納税地を所轄する税務署長に提出しなければならない。

⑥　前項の場合において、第四項の規定による届出書を提出した事業者は、事業を廃止した場合を除き、同項に規定する翌課税期間の初日から二年を経過する日の属する課税期間の初日以後でなければ、同項の規定の適用を受けることをやめようとする旨を記載した届出書を提出することができない。

⑦　第五項の場合において、第四項の規定による届出書を提出した事業者は、同項に規定する翌課税期間の初日から同日以後二年を経過する日までの間に開始した各課税期間（第三十七条第一項の規定の適用を受ける課税期間を除く。）中に国内における調整対象固定資産の課税仕入れ又は調整対象固定資産に該当する課税貨物（他の法律又は条約の規定により消費税が免除されるものを除く。第九項、第十二条の二第三項及び第十二条の四において同じ。）の保税地域からの引取り（以下この項、第十二条の二第二項及び第十二条の三第三項において「調整対象固定資産の仕入れ等」という。）を行つた場合（第四項に規定する政令で定める課税期間において当該届出書の提出前に当該調整対象固定資産の仕入れ等を行つた場合を含む。）には、前項の規定にかかわらず、事業を廃止した場合を除き、当該調整対象固定資産の仕入れ等の日（当該調整対象固定資産の仕入れ等に係る第三十条第一項各号に掲げる場合の区分に応じ当該各号に定める日をいう。以下この項及び第十二条の二第二項において同じ。）の属する課税期間の初日から三年を経過する日の属する課税期間の初日以後でなければ、第四項の規定の適用を受けることをやめようとする旨を記載した届出書を提出することができない。この場合において、当該調整対象固定資産の仕入れ等の日の属する課税期間の初日から当該調整対象固定資産の仕入れ等の日までの間に同項の規定の適用を受けることをやめようとする旨を記載した届出書をその納税地を所轄する税務署長に提出しているときは、次項の規定の適用については、その届出書の提出は、なかつたものとみなす。

⑧　第五項の規定による届出書の提出があつたときは、その提出があつた日の属する課税期間の末日の翌日以後は、第四項の規定による届出は、その効力を失う。

⑨　やむを得ない事情があるため第四項又は第五項の規定による届出書を第四項の規定の適用を受けようとし、又は受けることをやめようとする課税期間の初日の前日までに提出できなかつた場合における同項又は前項の規定の適用の特例及び第七項に規定する調整対象固定資産の仕入れ等が特例申告書の提出に係る課税貨物の保税地域からの引取りである場合その他の場合における同項の規定の適用に関し必要な事項は、政令で定める。

1　本条二項に規定する「基準期間における課税売上高」を算定するに当たり、課税資産の譲渡等の対価の額に含まないものとされる「課されるべき消費税額に相当する額」（二八条一項）とは、基準期間に当たる課税期間について事業者に現実に課されることとなる消費税の額をいい、事業者が本条一項に該当するとして納税義務を免除される消費税の額を含まない。（最判平17・2・1民集五九・二・二四五、租税百選［七版］九〇）

2　本来消費税が免除されている小規模事業者が、自ら消費税課税事業者選択届出書を提出し、有効な還付申告がなされている場合には、その還付申告書が虚偽であることが明らかになった後も、国税通則法二条五号の「納税者」として更正処分の対象となる。（大阪高判平16・9・29判タ一一八五・

（一七六）

（前年又は前事業年度等における課税売上高による納税義務の免除の特例）

第九条の二① 個人事業者のその年又は法人のその事業年度の基準期間における課税売上高が千万円以下である場合において、当該個人事業者又は法人（前条第四項の規定による届出書の提出により消費税を納める義務が免除されないものを除く。）のうち、当該個人事業者のその年又は法人のその事業年度に係る特定期間における課税売上高が千万円を超えるときは、当該個人事業者のその年又は法人のその事業年度における課税資産の譲渡等及び特定課税仕入れについては、同条第一項本文の規定は、適用しない。

② 前項に規定する特定期間における課税売上高とは、当該特定期間中に国内において行つた課税資産の譲渡等の対価の額の合計額から、第一号に掲げる金額から第二号に掲げる金額を控除した金額の合計額を控除した残額をいう。

一 特定期間中に行つた第三十八条第一項に規定する売上げに係る対価の返還等の金額

二 特定期間中に行つた第三十八条第一項に規定する売上げに係る対価の返還等の金額に係る消費税額に七十八分の百を乗じて算出した金額

③ 第一項の規定を適用する場合においては、前項の規定にかかわらず、第一項の個人事業者又は法人が同項の特定期間中に支払つた所得税法第二百三十一条第一項（給与等、退職手当等又は公的年金等の支払明細書）に規定する支払明細書に記載すべき同項の給与等の金額に相当するものとして財務省令で定めるものの合計額をもつて、第一項の特定期間における課税売上高とすることができる。

④ 前三項に規定する特定期間とは、次の各号に掲げる事業者の区分に応じ当該各号に定める期間をいう。

一 個人事業者　その年の前年一月一日から六月三十日までの期間

二 その事業年度の前事業年度（七月以下であるものその他の政令で定めるもの（次号において「短期事業年度」という。）を除く。）がある法人　当該前事業年度開始の日以後六月の期間

三 その事業年度の前事業年度が短期事業年度である法人　その事業年度の前々事業年度（その事業年度の基準期間に含まれるものその他の政令で定めるものを除く。）開始の日以後六月の期間（当該前々事業年度が六月以下の場合には、当該前々事業年度開始の日からその終了の日までの期間）

⑤ 前項第二号又は第三号に規定する六月の期間の末日がその月の末日でない場合における当該期間の特例その他前各項の規定の適用に関し必要な事項は、政令で定める。

第一〇条から第一二条の四まで　（略）

（資産の譲渡等又は特定仕入れを行つた者の実質判定）

第一三条① 法律上資産の譲渡等を行つたとみられる者が単なる名義人であつて、その資産の譲渡等に係る対価を享受せず、その者以外の者がその資産の譲渡等に係る対価を享受する場合には、当該資産の譲渡等は、当該対価を享受する者が行つたものとして、この法律の規定を適用する。

② 法律上特定仕入れを行つたとみられる者が単なる名義人であつて、その特定仕入れに係る対価の支払をせず、その者以外の者がその特定仕入れに係る対価を支払うべき者である場合には、当該特定仕入れは、当該対価を支払うべき者が行つたものとして、この法律の規定を適用する。

1 資産の譲渡等を行った者の判定はその法的実質によるべきものであり、商法上の問屋であったとしても、売買代金回収のリスクを負うといった事情がある場合には、単なる名義人ということはできない。（大阪地判平25・6・18税資二六三順号一二

（二三五）

（信託財産に係る資産の譲渡等の帰属）

第一四条① 信託の受益者（受益者としての権利を現に有するものに限る。）は当該信託の信託財産に属する資産を有するものとみなし、かつ、当該信託財産に係る資産等取引（資産の譲渡等、課税仕入れ及び課税貨物の保税地域からの引取りをいう。以下この項及び次条第一項において同じ。）は当該受益者の資産等取引とみなして、この法律の規定を適用する。ただし、法人税法第二条第二十九号（定義）に規定する集団投資信託、同条第二十九号の二に規定する法人課税信託又は同法第十二条第四項第一号（信託財産に属する資産及び負債並びに信託財産に帰せられる収益及び費用の帰属）に規定する退職年金等信託若しくは同項第二号に規定する特定公益信託等の信託財産に属する資産及び当該信託財産に係る資産等取引については、この限りでない。

② 信託の変更をする権限（軽微な変更をする権限として政令で定めるものを除く。）を現に有し、かつ、当該信託の信託財産の給付を受けることとされている者（受益者を除く。）は、前項に規定する受益者とみなして、同項の規定を適用する。

③ 受益者が二以上ある場合における第一項の規定の適用、前項に規定する信託財産の給付を受けることとされている者に該当するかどうかの判定その他前二項の規定の適用に関し必要な事項は、政令で定める。

第一五条　（略）

（リース譲渡に係る資産の譲渡等の時期の特例）

第一六条① 事業者が所得税法第六十五条第一項（リース譲渡に係る収入及び費用の帰属時期）又は法人税法第六十三条第一項（リース譲渡に係る収益及び費用の帰属事業年度）に規定するリース譲渡に該当する資産の譲渡等（以下この条において「リース譲渡」という。）を行つた場合において、当該事

業者がこれらの規定の適用を受けるため当該リース譲渡に係る対価の額につきこれらの規定に規定する延払基準の方法により経理することとしているときは、当該リース譲渡のうち当該リース譲渡に係る賦払金の額で当該リース譲渡をした日の属する課税期間においてその支払の期日が到来しないもの（当該課税期間において支払を受けたものを除く。）に係る部分については、当該事業者が当該課税期間において資産の譲渡等を行わなかつたものとみなして、当該部分に係る対価の額を当該課税期間における当該リース譲渡に係る対価の額から控除することができる。

② 前項の規定によりリース譲渡をした日の属する課税期間において資産の譲渡等を行わなかつたものとみなされた部分は、政令で定めるところにより、当該事業者が当該リース譲渡に係る賦払金の支払の期日の属する各課税期間においてそれぞれ当該賦払金に係る部分の資産の譲渡等を行つたものとみなす。ただし、所得税法第六十五条第一項ただし書又は法人税法第六十三条第一項ただし書に規定する場合に該当することとなつた場合は、所得税法第六十五条第一項ただし書に規定する経理しなかつた年の十二月三十一日の属する課税期間以後の課税期間又は法人税法第六十三条第一項ただし書に規定する経理しなかつた決算に係る事業年度終了の日の属する課税期間以後の課税期間若しくは同条第三項若しくは第四項の規定の適用を受けた事業年度終了の日の属する課税期間以後の課税期間については、この限りでない。

③ 第一項又は前項本文の規定の適用を受けようとする事業者は、第四十五条第一項の規定による申告書（当該申告書に係る国税通則法第十八条第二項（期限後申告）に規定する期限後申告書を含む。次条第四項及び第十八条第二項において同じ。）にその旨を付記するものとする。

④ 前項に定めるもののほか、第一項の規定の適用を受ける個人事業者が死亡した場合、同項の規定の適用を受ける法人が合併により消滅した場合若しくは同項の規定の適用を受ける法人が分割によりリース譲渡に係る事業を分割承継法人に承継させた場合又は同項の規定の適用を受ける事業者が第九条第一項本文の規定の適用を受けることとなつた場合におけるリース譲渡に係る資産の譲渡等の時期の特例その他第一項又は第二項の規定の適用に関し必要な事項は、政令で定める。

⑤ 個人事業者が、所得税法第百三十二条第一項（延払条件付譲渡に係る所得税額の延納）に規定する山林所得又は譲渡所得の基因となる資産の延払条件付譲渡をした場合その他の場合の資産の譲渡等の時期の特例については、前各項の規定に準じて、政令で定める。

（工事の請負に係る資産の譲渡等の時期の特例）

第一七条① 事業者が所得税法第六十六条第一項（工事の請負に係る収入及び費用の帰属時期）又は法人税法第六十四条第一項（工事の請負に係る収益及び費用の帰属事業年度）に規定する長期大規模工事（以下この条において「長期大規模工事」という。）の請負に係る契約に基づき資産の譲渡等を行う場合には、当該長期大規模工事の目的物のうちこれらの規定に規定する工事進行基準の方法により計算した収入金額又は収益の額に係る部分については、当該事業者は、これらの規定によりその収入金額が総収入金額に算入されたそれぞれの年の十二月三十一日の属する課税期間又はその収益の額が益金の額に算入されたそれぞれの事業年度終了の日の属する課税期間において、資産の譲渡等を行つたものとすることができる。

② 事業者が所得税法第六十六条第二項又は法人税法第六十四条第二項に規定する工事（以下この条において「工事」という。）の請負に係る契約に基づき資産の譲渡等を行う場合において、当該事業者がこれらの規定の適用を受けるためその工事の請負に係る対価の額につきこれらの規定に規定する工事進行基準の方法により経理することとしているときは、当該工事の目的物のうち当該方法により経理した収入金額又は収益の額に係る部分については、当該事業者は、これらの規定によりその収入金額が総収入金額に算入されたそれぞれの年の十二月三十一日の属する課税期間又はその収益の額が益金の額に算入されたそれぞれの事業年度終了の日の属する課税期間において、資産の譲渡等を行つたものとすることができる。ただし、所得税法第六十六条第二項ただし書又は法人税法第六十四条第二項ただし書に規定する場合に該当することとなつた場合は、所得税法第六十六条第二項ただし書に規定する経理しなかつた年の十二月三十一日の属する課税期間以後の課税期間又は法人税法第六十四条第二項ただし書に規定する経理しなかつた決算に係る事業年度終了の日の属する課税期間以後の課税期間については、この限りでない。

③ 第一項又は前項本文の規定の適用を受けた事業者が第一項の長期大規模工事又は前項の工事の目的物の引渡しを行つた場合には、当該長期大規模工事又は工事の請負に係る資産の譲渡等のうち、その着手の日の属する課税期間から当該引渡しの日の属する課税期間の直前の課税期間までの各課税期間においてこれらの規定により資産の譲渡等を行つたものとされた部分については、同日の属する課税期間においては資産の譲渡等がなかつたものとして、当該部分に係る対価の額の合計額を当該長期大規模工事又は工事の請負に係る対価の額から控除する。

④ 前三項の規定の適用を受けようとする事業者は、第四十五条第一項の規定による申告書にその旨を付記するものとする。

⑤ 前項に定めるもののほか、第一項若しくは第二項の規定の適用を受ける個人事業者が死亡した場合、これらの規定の適用を受ける法人が合併により消滅した場合又はこれらの規定の適用を受ける法人が分割により長期大規模工事若しくは工事に係る事業を分割承継法人に承継させた場合における長期大規模工事又は工事に係る資産の譲渡等の時期の特例その

他第一項から第三項までの規定の適用に関し必要な事項は、政令で定める。

第一八条　（略）

（課税期間）

第一九条①　この法律において「課税期間」とは、次の各号に掲げる事業者の区分に応じ当該各号に定める期間とする。

一　個人事業者（第三号又は第三号の二に掲げる個人事業者を除く。）　一月一日から十二月三十一日までの期間

二　法人（第四号又は第四号の二に掲げる法人を除く。）　事業年度

三　第一号に定める期間を三月ごとの期間に短縮すること又は次号に定める各期間を三月ごとの期間に変更することについてその納税地を所轄する税務署長に届出書を提出した個人事業者　一月一日から三月三十一日まで、四月一日から六月三十日まで、七月一日から九月三十日まで及び十月一日から十二月三十一日までの各期間

三の二　第一号に定める期間を一月ごとの期間に短縮すること又は前号に定める各期間を一月ごとの期間に変更することについてその納税地を所轄する税務署長に届出書を提出した個人事業者　一月一日以後一月ごとに区分した各期間

四　その事業年度が三月を超える法人で第二号に定める期間を三月ごとの期間に短縮すること又は次号に定める各期間を三月ごとの期間に変更することについてその納税地を所轄する税務署長に届出書を提出したもの　その事業年度をその開始の日以後三月ごとに区分した各期間（最後に三月未満の期間を生じたときは、その三月未満の期間）

四の二　その事業年度が一月を超える法人で第二号に定める期間を一月ごとの期間に短縮すること又は前号に定める各期間を一月ごとの期間に変更することについてその納税地を所轄する税務署長に届出書を提出したもの　その事業年度をその開始の日以後一月ごとに区分した各期間（最後に一月未満の期間を生じたときは、その一月未満の期間）

②　前項第三号から第四号の二までの規定による届出の効力は、これらの規定による届出書の提出があつた日（以下この項において「提出日」という。）の属するこれらの規定に定める期間の翌期間（当該提出日の属する期間が事業を開始した日の属する期間その他の政令で定める期間である場合には、当該期間）の初日以後に生ずるものとする。この場合において、次の各号に掲げる場合の区分に応じ当該各号に定める期間をそれぞれ一の課税期間とみなす。

一　前項第三号又は第三号の二の規定の適用を受けていない個人事業者が、これらの規定による届出書を提出した場合　提出日の属する年の一月一日から届出の効力の生じた日の前日までの期間

二　前項第四号又は第四号の二の規定の適用を受けていない法人が、これらの規定による届出書を提出した場合　提出日の属する事業年度開始の日から届出の効力の生じた日の前日までの期間

三　前項第三号の規定の適用を受けている個人事業者が、同項第三号の二の規定による届出書を提出した場合　提出日の属する同項第三号に定める期間開始の日から届出の効力の生じた日の前日までの期間

四　前項第四号の規定の適用を受けている法人が、同項第四号の二の規定による届出書を提出した場合　提出日の属する同項第四号に定める期間開始の日から届出の効力の生じた日の前日までの期間

③　第一項第三号から第四号の二までの規定による届出書を提出した事業者は、これらの規定の適用を受けることをやめようとするとき又は事業を廃止したときは、その旨を記載した届出書をその納税地を所轄する税務署長に提出しなければならない。

④　前項の規定による届出書の提出があつたときは、その提出があつた日の属する課税期間の末日の翌日以後は、第一項第三号から第四号の二までの規定による届出は、その効力を失う。この場合において、次の各号に掲げる場合の区分に応じ当該各号に定める期間をそれぞれ一の課税期間とみなす。

一　第一項第三号の規定による届出書の提出をしている個人事業者がその年の一月一日から九月三十日までの間に前項の規定による届出書の提出をした場合又は第一項第三号の二の規定による届出書の提出をしている個人事業者がその年の一月一日から十一月三十日までの間に前項の規定による届出書の提出をした場合　当該翌日から当該提出があつた日の属する年の十二月三十一日までの期間

二　第一項第四号の規定による届出書の提出をしている法人がその事業年度開始の日からその事業年度の三月ごとに区分された期間のうち最後の期間の直前の期間の末日までの間に前項の規定による届出書の提出をした場合又は第一項第四号の二の規定による届出書の提出をしている法人がその事業年度開始の日からその事業年度の一月ごとに区分された期間のうち最後の期間の直前の期間の末日までの間に前項の規定による届出書の提出をした場合　当該翌日から当該提出があつた日の属する事業年度終了の日までの期間

⑤　第一項第三号から第四号の二までの規定による届出書を提出した事業者は、事業を廃止した場合を除き、これらの規定による届出の効力が生ずる日から二年を経過する日の属するこれらの規定に定める期間の初日（同項第三号又は第四号の規定による届出書を提出した事業者が同項第三号の二又は第四号の二の規定の適用を受けようとする場合その他の政令で定める場合には、政令で定める日）以後でなければ、同項第三号から第四号の二までの規定による届出書（変更に係るものに限る。）又は第三項の届出書を提出することができない。

（個人事業者の納税地）

第二〇条　個人事業者の資産の譲渡等及び特定仕入れに係る消費税の納税地は、その個人事業者が次の各号に掲げる場合のいずれに該当するかに応じ当該各号に定める場所とする。

一　国内に住所を有する場合　その住所地
二　国内に住所を有せず、居所を有する場合　その居所地
三　国内に住所及び居所を有しない者で、国内にその行う事業に係る事務所、事業所その他これらに準ずるもの（以下この条から第二十二条までにおいて「事務所等」という。）を有する者である場合　その事務所等の所在地（その事務所等が二以上ある場合には、主たるものの所在地）
四　前三号に掲げる場合以外の場合　政令で定める場所

第二一条　（略）

（法人の納税地）
第二二条　法人の資産の譲渡等及び特定仕入れに係る消費税の納税地は、その法人が次の各号に掲げる場合のいずれに該当するかに応じ当該各号に定める場所とする。
一　国内に本店又は主たる事務所を有する法人（次号において「内国法人」という。）である場合　その本店又は主たる事務所の所在地
二　内国法人以外の法人で国内に事務所等を有する法人である場合　その事務所等の所在地（その事務所等が二以上ある場合には、主たるものの所在地）
三　前二号に掲げる場合以外の場合　政令で定める場所

第二三条から第二五条まで　（略）

（外国貨物に係る納税地）
第二六条　保税地域から引き取られる外国貨物に係る消費税の納税地は、当該保税地域の所在地とする。

第二七条　（略）

第二章　課税標準及び税率

（課税標準）
第二八条①　課税資産の譲渡等に係る消費税の課税標準は、課税資産の譲渡等の対価の額（対価として収受し、又は収受すべき一切の金銭又は金銭以外の物若しくは権利その他経済的な利益の額とし、課税資産の譲渡等につき課されるべき消費税額及び当該消費税額を課税標準として課されるべき地方消費税額に相当する額を含まないものとする。以下この項及び第三項において同じ。）とする。ただし、法人が資産を第四条第五項第二号に規定する役員に譲渡した場合において、その対価の額が当該譲渡の時における当該資産の価額に比し著しく低いときは、その価額に相当する金額をその対価の額とみなす。
②　特定課税仕入れに係る消費税の課税標準は、特定課税仕入れに係る支払対価の額（対価として支払い、又は支払うべき一切の金銭又は金銭以外の物若しくは権利その他経済的な利益の額をいう。）とする。
③　第四条第五項各号に掲げる行為に該当するものについては、次の各号に掲げる行為の区分に応じ当該各号に定める金額をその対価の額とみなす。
一　第四条第五項第一号に掲げる消費又は使用　当該消費又は使用の時における当該消費し、又は使用した資産の価額に相当する金額
二　第四条第五項第二号に掲げる贈与　当該贈与の時における当該贈与をした資産の価額に相当する金額
④　保税地域から引き取られる課税貨物に係る消費税の課税標準は、当該課税貨物につき関税定率法（明治四十三年法律第五十四号）第四条から第四条の九まで（課税価格の計算方法）の規定に準じて算出した価格に当該課税貨物の保税地域からの引取りに係る消費税以外の消費税等（国税通則法第二条第三号（定義）に規定する消費税等をいう。）の額（附帯税の額に相当する額を除く。）及び関税の額（関税法第二条第一項第四号の二に規定する附帯税の額に相当する額を除く。）に相当する金額を加算した金額とする。
⑤　第三項に定めるもののほか、第一項、第二項又は前項に規定する課税標準の額の計算の細目に関し必要な事項は、政令で定める。

（税率）
第二九条　消費税の税率は、百分の七・八とする。

第三章　税額控除等（抄）

（仕入れに係る消費税額の控除）
第三〇条①　事業者（第九条第一項本文の規定により消費税を納める義務が免除される事業者を除く。）が、国内において行う課税仕入れ（特定課税仕入れに該当するものを除く。以下この条及び第三十二条から第三十六条までにおいて同じ。）若しくは特定課税仕入れ又は保税地域から引き取る課税貨物については、次の各号に掲げる場合の区分に応じ当該各号に定める日の属する課税期間の第四十五条第一項第二号に掲げる課税標準額に対する消費税額（以下この章において「課税標準額に対する消費税額」という。）から、当該課税期間中に国内において行つた課税仕入れに係る消費税額（当該課税仕入れに係る支払対価の額に百十分の七・八を乗じて算出した金額をいう。以下この章において同じ。）、当該課税期間中に国内において行つた特定課税仕入れに係る消費税額（当該特定課税仕入れに係る支払対価の額に百分の七・八を乗じて算出した金額をいう。以下この章において同じ。）及び当該課税期間における保税地域からの引取りに係る課税貨物（他の法律又は条約の規定により消費税が免除されるものを除く。以下この章において同じ。）につき課された又は課されるべき消費税額（附帯税の額に相当する額を除く。次項において同じ。）の合計額を控除する。
一　国内において課税仕入れを行つた場合　当該課税仕入れを行つた日
二　国内において特定課税仕入れを行つた場合　当該特定課税仕入れを行つた日
三　保税地域から引き取る課税貨物につき第四十七条第一項の規定による申告書（同条第三項の場合を除く。）又は同条第二項の規定による申告書を提出した場合　当該申告に係る課税貨物（第六項において「一般申告課税貨物」という。）を引き

取つた日

四　保税地域から引き取る課税貨物につき特例申告書を提出した場合（当該特例申告書に記載すべき第四十七条第一項第一号又は第二号に掲げる金額につき決定（国税通則法第二十五条（決定）の規定による決定をいう。以下この号において同じ。）があつた場合を含む。以下同じ。）　当該特例申告書を提出した日又は当該申告に係る決定（以下「特例申告に関する決定」という。）の通知を受けた日

②　前項の場合において、同項に規定する課税期間における課税売上高が五億円を超えるとき、又は当該課税期間における課税売上割合が百分の九十五に満たないときは、同項の規定により控除する課税仕入れに係る消費税額、特定課税仕入れに係る消費税額及び同項に規定する保税地域からの引取りに係る課税貨物につき課された又は課されるべき消費税額（以下この章において「課税仕入れ等の税額」という。）の合計額は、同項の規定にかかわらず、次の各号に掲げる場合の区分に応じ当該各号に定める方法により計算した金額とする。

一　当該課税期間中に国内において行つた課税仕入れ及び特定課税仕入れ並びに当該課税期間における前項に規定する保税地域からの引取りに係る課税貨物につき、課税資産の譲渡等にのみ要するもの、課税資産の譲渡等以外の資産の譲渡等（以下この号において「その他の資産の譲渡等」という。）にのみ要するもの及び課税資産の譲渡等とその他の資産の譲渡等に共通して要するものにその区分が明らかにされている場合　イに掲げる金額にロに掲げる金額を加算する方法

イ　課税資産の譲渡等にのみ要する課税仕入れ、特定課税仕入れ及び課税貨物に係る課税仕入れ等の税額の合計額

ロ　課税資産の譲渡等とその他の資産の譲渡等に共通して要する課税仕入れ、特定課税仕入れ及び課税貨物に係る課税仕入れ等の税額の合計額に課税売上割合を乗じて計算した金額

二　前号に掲げる場合以外の場合　当該課税期間における課税仕入れ等の税額の合計額に課税売上割合を乗じて計算する方法

③　前項第一号に掲げる場合において、同号ロに掲げる金額の計算の基礎となる同号ロに規定する課税売上割合に準ずる割合（当該割合が当該事業者の営む事業の種類の異なるごと又は当該事業に係る販売費、一般管理費その他の費用の種類の異なるごとに区分して算出したものである場合には、当該区分して算出したそれぞれの割合。以下この項において同じ。）で次に掲げる要件の全てに該当するものがあるときは、当該事業者が第二号に規定する承認を受けた日の属する課税期間以後の課税期間については、前項第一号の規定にかかわらず、同号ロに掲げる金額は、当該課税売上割合に代えて、当該割合を用いて計算した金額とする。ただし、当該割合を用いて計算することをやめようとする旨を記載した届出書を提出した日の属する課税期間以後の課税期間については、この限りでない。

一　当該割合が当該事業者の営む事業の種類又は当該事業に係る販売費、一般管理費その他の費用の種類に応じ合理的に算定されるものであること。

二　当該割合を用いて前項第一号ロに掲げる金額を計算することにつき、その納税地を所轄する税務署長の承認を受けたものであること。

④　第二項第一号に掲げる場合に該当する事業者は、同項の規定にかかわらず、当該課税期間中に国内において行つた課税仕入れ及び特定課税仕入れ並びに当該課税期間における第一項に規定する保税地域からの引取りに係る課税貨物につき、同号に定める方法に代え、第二項第二号に定める方法により第一項の規定により控除される課税仕入れ等の税額の合計額を計算することができる。

⑤　第二項又は前項の場合において、第二項第二号に定める方法により計算することとした事業者は、当該方法により計算することとした課税期間の初日から同日以後二年を経過する日までの間に開始する各課税期間において当該方法を継続して適用した後の課税期間でなければ、同項第一号に定める方法により計算することは、できないものとする。

⑥　第一項に規定する課税仕入れに係る支払対価の額とは、課税仕入れの対価の額（対価として支払い、又は支払うべき一切の金銭又は金銭以外の物若しくは権利その他経済的な利益の額とし、当該課税仕入れに係る資産を譲り渡し、若しくは貸し付け、又は当該課税仕入れに係る役務を提供する事業者に課されるべき消費税額及び当該消費税額を課税標準として課されるべき地方消費税額（これらの税額に係る附帯税の額に相当する額を除く。第九項第一号において同じ。）に相当する額がある場合には、当該相当する額を含む。）をいい、第一項に規定する特定課税仕入れに係る支払対価の額とは、特定課税仕入れの対価の額（対価として支払い、又は支払うべき一切の金銭又は金銭以外の物若しくは権利その他経済的な利益の額をいう。）をいい、同項に規定する保税地域からの引取りに係る課税貨物とは、保税地域から引き取つた一般申告課税貨物又は特例申告書の提出若しくは特例申告に関する決定に係る課税貨物をいい、第二項に規定する課税期間における課税売上高とは、当該事業者が当該課税期間中に国内において行つた課税資産の譲渡等の対価の額（第二十八条第一項に規定する対価の額をいう。以下この項及び第九項第一号において同じ。）の合計額から当該課税期間における売上げに係る税抜対価の返還等の金額（当該課税期間中に行つた第三十八条第一項に規定する売上げに係る対価の返還等の金額から同項に規定する売上げに係る対価の返還等の金額に係る消費税額に七十八分の百を乗じて算出した金額を控除した金額をいう。）の合計額を控除した残額（当該課税期間が一年に満たない場合には、当該残額を当該課税期間の月数（当該月数は、暦に従つて計算し、一月に満たない端数を生じたときは、これを一月とする。）で除し、これに十二を乗じて計算した

金額）をいい、第二項に規定する課税売上割合とは、当該事業者が当該課税期間中に国内において行つた資産の譲渡等（特定資産の譲渡等に該当するものを除く。）の対価の額の合計額のうちに当該事業者が当該課税期間中に国内において行つた課税資産の譲渡等の対価の額の合計額の占める割合として政令で定めるところにより計算した割合をいう。

⑦　第一項の規定は、事業者が当該課税期間の課税仕入れ等の税額の控除に係る帳簿及び請求書等（同項に規定する課税仕入れに係る支払対価の額の合計額が少額である場合、特定課税仕入れに係るものである場合その他の政令で定める場合における当該課税仕入れ等の税額については、帳簿）を保存しない場合には、当該保存がない課税仕入れ、特定課税仕入れ又は課税貨物に係る課税仕入れ等の税額については、適用しない。ただし、災害その他やむを得ない事情により、当該保存をすることができなかつたことを当該事業者において証明した場合は、この限りでない。

⑧　前項に規定する帳簿とは、次に掲げる帳簿をいう。

一　課税仕入れ等の税額が課税仕入れに係るものである場合には、次に掲げる事項が記載されているもの
イ　課税仕入れの相手方の氏名又は名称
ロ　課税仕入れを行つた年月日
ハ　課税仕入れに係る資産又は役務の内容
ニ　第一項に規定する課税仕入れに係る支払対価の額

二　課税仕入れ等の税額が特定課税仕入れに係るものである場合には、次に掲げる事項が記載されているもの
イ　特定課税仕入れの相手方の氏名又は名称
ロ　特定課税仕入れを行つた年月日
ハ　特定課税仕入れの内容
ニ　第一項に規定する特定課税仕入れに係る支払対価の額
ホ　特定課税仕入れに係るものである旨

三　課税仕入れ等の税額が第一項に規定する保税地域からの引取りに係る課税貨物に係るものである場合には、次に掲げる事項が記載されているもの
イ　課税貨物を保税地域から引き取つた年月日（課税貨物につき特例申告書を提出した場合には、保税地域から引き取つた年月日及び特例申告書を提出した日又は特例申告に関する決定の通知を受けた日）
ロ　課税貨物の内容
ハ　課税貨物の引取りに係る消費税額及び地方消費税額（これらの税額に係る附帯税の額に相当する額を除く。次項第三号において同じ。）又はその合計額

⑨　第七項に規定する請求書等とは、次に掲げる書類をいう。

一　事業者に対し課税資産の譲渡等（第七条第一項、第八条第一項その他の法律又は条約の規定により消費税が免除されるものを除く。以下この号において同じ。）を行う他の事業者（当該課税資産の譲渡等が卸売市場においてせり売又は入札の方法により行われるものその他の媒介又は取次ぎに係る業務を行う者を介して行われるものである場合には、当該媒介又は取次ぎに係る業務を行う者）が、当該課税資産の譲渡等につき当該事業者に交付する請求書、納品書その他これらに類する書類で次に掲げる事項（当該課税資産の譲渡等が小売業その他の政令で定める事業に係るものである場合には、イからニまでに掲げる事項）が記載されているもの
イ　書類の作成者の氏名又は名称
ロ　課税資産の譲渡等を行つた年月日（課税期間の範囲内で一定の期間内に行つた課税資産の譲渡等につきまとめて当該書類を作成する場合には、当該一定の期間）
ハ　課税資産の譲渡等に係る資産又は役務の内容
ニ　課税資産の譲渡等の対価の額（当該課税資産の譲渡等に係る消費税額及び地方消費税額に相当する額がある場合には、当該相当する額を含む。）
ホ　書類の交付を受ける当該事業者の氏名又は名称

二　事業者がその行つた課税仕入れにつき作成する仕入明細書、仕入計算書その他これらに類する書類で次に掲げる事項が記載されているもの（当該書類に記載されている事項につき、当該課税仕入れの相手方の確認を受けたものに限る。）
イ　書類の作成者の氏名又は名称
ロ　課税仕入れの相手方の氏名又は名称
ハ　課税仕入れを行つた年月日（課税期間の範囲内で一定の期間内に行つた課税仕入れにつきまとめて当該書類を作成する場合には、当該一定の期間）
ニ　課税仕入れに係る資産又は役務の内容
ホ　第一項に規定する課税仕入れに係る支払対価の額

三　課税貨物を保税地域から引き取る事業者が税関長から交付を受ける当該課税貨物の輸入の許可（関税法第六十七条（輸出又は輸入の許可）に規定する輸入の許可をいう。）があつたことを証する書類その他の政令で定める書類で次に掲げる事項が記載されているもの
イ　納税地を所轄する税関長
ロ　課税貨物を保税地域から引き取ることができることとなつた年月日（課税貨物につき特例申告書を提出した場合には、保税地域から引き取ることができることとなつた年月日及び特例申告書を提出した日又は特例申告に関する決定の通知を受けた日）
ハ　課税貨物の内容
ニ　課税貨物に係る消費税の課税標準である金額並びに引取りに係る消費税額及び地方消費税額
ホ　書類の交付を受ける事業者の氏名又は名称

⑩　第一項の規定は、事業者が国内において行う別表

第一第十三号に掲げる住宅の貸付けの用に供しないことが明らかな建物（その附属設備を含む。以下この項において同じ。）以外の建物（第十二条の四第一項に規定する高額特定資産又は同条第二項に規定する調整対象自己建設高額資産に該当するものに限る。第三十五条の二において「居住用賃貸建物」という。）に係る課税仕入れ等の税額については、適用しない。

⑪　第一項の規定は、事業者が課税仕入れ（当該課税仕入れに係る資産が金又は白金の地金である場合に限る。）の相手方の本人確認書類（住民票の写しその他の財務省令で定めるものをいう。）を保存しない場合には、当該保存がない課税仕入れに係る消費税額については、適用しない。ただし、災害その他やむを得ない事情により、当該保存をすることができなかつたことを当該事業者において証明した場合は、この限りでない。

⑫　第一項の規定は、その課税仕入れの際に、当該課税仕入れに係る資産が納付すべき消費税を納付しないで保税地域から引き取られた課税貨物に係るものである場合（当該課税仕入れを行う事業者が、当該消費税が納付されていないことを知つていた場合に限る。）には、当該課税仕入れに係る消費税額については、適用しない。

⑬　第七項に規定する帳簿の記載事項の特例、当該帳簿及び同項に規定する請求書等の保存に関する事項その他前各項の規定の適用に関し必要な事項は、政令で定める。

[1]　仕入税額控除の制度は、取引段階の進展に伴う税負担の累積を防止するために、仕入れに含まれている消費税等の額を控除するものであるところ、消費税法二条一項一二号は、「課税仕入れ」の定義を、事業者が資産の譲受け等をした場合のうち、相手方がそれを事業として行ったとすれば課税資産の譲渡等に該当するものに限定していることからすると、課税仕入れと仕入れの相手方による資産の譲渡は課税上表裏の関係にあり、本条一項一号にいう「課税仕入れを行った日」とは、仕入れの相手方において当該資産の譲渡を行った日と時点を同じくするものと解するのが相当である。（東京高判令元・9・26訟月六六・四・四七一、租税百選［七版］九一）

[2]　将来の転売を目的として購入した収益不動産（中古の賃貸マンション）について、当該収益不動産を賃貸して得られる賃料収入は、当該収益不動産の販売を行うための手段としての賃貸から不可避的に生じる副産物として位置付けられるから、当該収益不動産の仕入れは本条二項一号にいう「課税資産の譲渡のみに要するもの」に該当し、その仕入れに係る消費税額は、その全額が控除対象仕入税額になると判断した事例（東京地判令2・9・3【平30行ウ五五九】重判令2租税六……令和二年度税制改正による本条一〇項創設前の事例。東京地判令元・10・11【平29行ウ五九〇】、控訴審・東京高判令3・4・21【令元行コ二八二】は消極）

[3]　非課税売上げに要した課税仕入れに係る消費税額については、仕入控除税額の計算方法につき個別対応方式を選択した場合には、これを仕入税額控除することができない。（大阪高判平14・12・20税資二五二順号九二五二……住宅貸付けのために要した補修費用に係る消費税額について、仕入税額控除を認めなかった事例）

[4]　事業者が、消費税法施行令五〇条一項の定めるとおり、本条七項（平成六法一〇九による改正前のもの）に規定する帳簿又は請求書等を整理し、これらを所定の期間及び場所において、消費税法六二条に基づく税務職員による検査に当たって適時にこれを提示することが可能なように態勢を整えて保存していなかった場合は、本条七項にいう「事業者が当該課税期間の課税仕入れ等の税額の控除に係る帳簿又は請求書等を保存しない場合」に当たり、事業者が災害その他やむを得ない事情により当該保存をすることができなかったことを証明しない限り（同項ただし書）、当該保存がない課税仕入れに係る課税仕入れ等の税額については、仕入税額控除は認められない。（最判平16・12・16民集五八・九・二四五八、租税百選［七版］九四）

第三一条から第三六条まで　（略）

（中小事業者の仕入れに係る消費税額の控除の特例）

第三七条①　事業者（第九条第一項本文の規定により消費税を納める義務が免除される事業者を除く。）が、その納税地を所轄する税務署長にその基準期間における課税売上高（同項に規定する基準期間における課税売上高をいう。以下この項及び次条第一項において同じ。）が五千万円以下である課税期間（第十二条第一項に規定する分割等に係る同項の新設分割親法人又は新設分割子法人の政令で定める課税期間（以下この項及び次条第一項において「分割等に係る課税期間」という。）を除く。）についてこの項の規定の適用を受ける旨を記載した届出書を提出した場合には、当該届出書を提出した日の属する課税期間の翌課税期間（当該届出書を提出した日の属する課税期間が事業を開始した日の属する課税期間その他の政令で定める課税期間である場合には、当該課税期間）以後の課税期間（その基準期間における課税売上高が五千万円を超える課税期間及び分割等に係る課税期間を除く。）については、第三十条から前条までの規定により課税標準額に対する消費税額から控除することができる課税仕入れ等の税額の合計額は、これらの規定にかかわらず、次に掲げる金額の合計額とする。この場合において、当該金額の合計額は、当該課税期間における仕入れに係る消費税額とみなす。

一　当該事業者の当該課税期間の課税資産の譲渡等（第七条第一項、第八条第一項その他の法律又は条約の規定により消費税が免除されるものを除く。）に係る課税標準である金額の合計額に対する消費税額から当該課税期間における第三十八条第一項に規定する売上げに係る対価の返還等の金額に係る消費税額の合計額を控除した残額の百分の六十に相当する金額（卸売業その他の政令で定める事業を営む事業者にあつては、当該残額に、政令で定めるところにより当該事業の種類ごとに当該事業における課税資産の譲渡等に係る消費税額のうちに課税仕入れ等の税額の通常占める割合を勘案して政令で定める率を乗じて計算した金額）

二　当該事業者の当該課税期間の特定課税仕入れに係る課税標準である金額の合計額に対する消費税額から当該課税期間における第三十八条の二第一項に規定する特定課税仕入れに係る対価の返還等を受けた金額に係る消費税額の合計額を控除した残額

②　前項第二号の規定により、当該課税期間の特定課税仕入れに係る課税標準である金額の合計額に対する消費税額から当該課税期間における第三十八条の二第一項に規定する特定課税仕入れに係る対価の返還等を受けた金額に係る消費税額の合計額を控除して控除しきれない金額があり、かつ、当該控除しきれない金額を前項第一号に掲げる金額から控除してなお控除しきれない金額（以下この項において「控除未済金額」という。）があるときは、当該控除未済金額を課税資産の譲渡等に係る消費税額とみなして当該課税期間の課税標準額に対する消費税額に加算する。

③　第一項の規定の適用を受けようとする事業者は、次の各号に掲げる場合に該当するときは、当該各号に定める期間は、同項の規定による届出書を提出することができない。ただし、当該事業者が事業を開始した日の属する課税期間その他の政令で定める課税期間から同項の規定の適用を受けようとする場合に当該届出書を提出するときは、この限りでない。

一　当該事業者が第九条第七項の規定の適用を受ける者である場合　同項に規定する調整対象固定資産の仕入れ等の日の属する課税期間の初日から同日以後三年を経過する日の属する課税期間の初日の前日までの期間

二　当該事業者が第十二条の二第二項の新設法人である場合又は第十二条の三第三項の特定新規設立法人である場合において第十二条の二第二項（第十二条の三第三項において準用する場合を含む。以下この号において同じ。）に規定する場合に該当するとき　第十二条の二第二項に規定する調整対象固定資産の仕入れ等の日の属する課税期間の初日から同日以後三年を経過する日の属する課税期間の初日の前日までの期間

三　当該事業者が第十二条の四第一項に規定する場合に該当するとき（前二号に掲げる場合に該当する場合を除く。）　高額特定資産（同項に規定する高額特定資産をいう。以下この号及び次号において同じ。）に係る同項に規定する高額特定資産の仕入れ等の日の属する課税期間の初日から同日（当該高額特定資産が同項に規定する自己建設高額特定資産である場合にあつては、当該自己建設高額特定資産の建設等（同項に規定する建設等をいう。同号において同じ。）が完了した日の属する課税期間の初日）以後三年を経過する日の属する課税期間の初日の前日までの期間

四　当該事業者が第十二条の四第二項に規定する場合に該当するとき（前三号に掲げる場合に該当する場合を除く。）　高額特定資産である棚卸資産若しくは課税貨物又は同項に規定する調整対象自己建設高額資産について前条第一項又は第三項の規定の適用を受けた課税期間の初日から同日（当該調整対象自己建設高額資産の建設等が調整適用日（これらの規定に規定する場合に該当することとなつた日をいう。）の前日までに完了していない場合にあつては、当該建設等が完了した日の属する課税期間の初日）以後三年を経過する日の属する課税期間の初日の前日までの期間

④　前項各号に規定する事業者が当該各号に掲げる場合に該当することとなつた場合において、同項第一号若しくは第二号に規定する調整対象固定資産の仕入れ等の日、同項第三号に規定する高額特定資産の仕入れ等の日又は同項第四号に規定する調整適用日の属する課税期間の初日から同項各号に掲げる場合に該当することとなつた日までの間に第一項の規定による届出書をその納税地を所轄する税務署長に提出しているときは、同項の規定の適用については、その届出書の提出は、なかつたものとみなす。

⑤　第一項の規定による届出書を提出した事業者は、同項の規定の適用を受けることをやめようとするとき、又は事業を廃止したときは、その旨を記載した届出書をその納税地を所轄する税務署長に提出しなければならない。

⑥　前項の場合において、第一項の規定による届出書を提出した事業者は、事業を廃止した場合を除き、同項に規定する翌課税期間の初日から二年を経過する日の属する課税期間の初日以後でなければ、同項の規定の適用を受けることをやめようとする旨の届出書を提出することができない。

⑦　第五項の規定による届出書の提出があつたときは、その提出があつた日の属する課税期間の末日の翌日以後は、第一項の規定による届出は、その効力を失う。

⑧　やむを得ない事情があるため第一項又は第五項の規定による届出書を第一項の規定の適用を受けようとし、又は受けることをやめようとする課税期間の初日の前日までに提出できなかつた場合における同項又は前項の規定の適用の特例については、政令で定める。

[1]　簡易課税制度における事業の範囲の判定に当たり、日本標準産業分類によることの合理性は否定できない。（名古屋高判平18・2・9訟月五三・九・二六四五）

[2]　簡易課税制度選択届出をした事業者には、販売により生じた原価割れの額について消費税法三八

条、三九条を援用することは予定されていない。（東京高判平15・9・16税資二五三順号九四三五）

第三七条の二から第三九条まで　（略）

第四〇条　削除

（税額控除の計算の細目）

第四一条　この章に定めるもののほか、税額控除の計算の細目に関し必要な事項は、政令で定める。

第四章　申告、納付、還付等（抄）

第四二条から第四四条まで　（略）

（課税資産の譲渡等及び特定課税仕入れについての確定申告）

第四五条①　事業者（第九条第一項本文の規定により消費税を納める義務が免除される事業者を除く。）は、課税期間ごとに、当該課税期間の末日の翌日から二月以内に、次に掲げる事項を記載した申告書を税務署長に提出しなければならない。ただし、国内における課税資産の譲渡等（第七条第一項、第八条第一項その他の法律又は条約の規定により消費税が免除されるものを除く。）及び特定課税仕入れがなく、かつ、第四号に掲げる消費税額がない課税期間については、この限りでない。

一　その課税期間中に国内において行つた課税資産の譲渡等（第七条第一項、第八条第一項その他の法律又は条約の規定により消費税が免除されるものを除く。）に係る課税標準である金額の合計額及びその課税期間中に国内において行つた特定課税仕入れに係る課税標準である金額の合計額並びにそれらの合計額（次号において「課税標準額」という。）

二　課税標準額に対する消費税額

三　前章の規定によりその課税期間において前号に掲げる消費税額から控除をされるべき次に掲げる消費税額の合計額

イ　第三十二条第一項第一号に規定する仕入れに係る消費税額

ロ　第三十八条第一項に規定する売上げに係る対価の返還等の金額に係る消費税額

ハ　第三十八条の二第一項に規定する特定課税仕入れに係る対価の返還等を受けた金額に係る消費税額

ニ　第三十九条第一項に規定する領収をすることができなくなつた課税資産の譲渡等の税込価額に係る消費税額

四　第二号に掲げる消費税額から前号に掲げる消費税額の合計額を控除した残額に相当する消費税額

五　第二号に掲げる消費税額から第三号に掲げる消費税額の合計額を控除してなお不足額があるときは、当該不足額

六　その事業者が当該課税期間につき中間申告書を提出した事業者である場合には、第四号に掲げる消費税額から当該申告書に係る中間納付額を控除した残額に相当する消費税額

七　第四号に掲げる消費税額から中間納付額を控除してなお不足額があるときは、当該不足額

八　前各号に掲げる金額の計算の基礎その他財務省令で定める事項

②　前項の規定による申告書を提出すべき個人事業者がその課税期間の末日の翌日から当該申告書の提出期限までの間に当該申告書を提出しないで死亡した場合には、その相続人は、政令で定めるところにより、その相続の開始があつたことを知つた日の翌日から四月を経過した日の前日までに、税務署長に当該申告書を提出しなければならない。

③　個人事業者が課税期間の中途において死亡した場合において、その者の当該課税期間分の消費税について第一項の規定による申告書を提出しなければならない場合に該当するときは、その相続人は、政令で定めるところにより、その相続の開始があつたことを知つた日の翌日から四月を経過した日の前日までに、税務署長に当該消費税について当該申告書を提出しなければならない。

④　清算中の法人につきその残余財産が確定した場合には、当該法人の当該残余財産の確定の日の属する課税期間に係る第一項の規定の適用については、同項中「二月以内」とあるのは、「一月以内（当該翌日から一月以内に残余財産の最後の分配又は引渡しが行われる場合には、その行われる日の前日まで）」とする。

⑤　第一項の規定による申告書には、財務省令で定めるところにより、当該課税期間中の資産の譲渡等の対価の額及び課税仕入れ等の税額の明細その他の事項を記載した書類を添付しなければならない。

第四五条の二　（略）

（還付を受けるための申告）

第四六条①　事業者（第九条第一項本文の規定により消費税を納める義務が免除される事業者を除く。）は、その課税期間分の消費税につき第四十五条第一項第五号又は第七号に掲げる金額がある場合には、同項ただし書の規定により申告書を提出すべき義務がない場合においても、第五十二条第一項又は第五十三条第一項の規定による還付を受けるため、第四十五条第一項各号に掲げる事項を記載した申告書を税務署長に提出することができる。

②③　（略）

第四六条の二及び第四六条の三　（略）

（引取りに係る課税貨物についての課税標準額及び税額の申告等）

第四七条①　関税法第六条の二第一項第一号（税額の確定の方式）に規定する申告納税方式が適用される課税貨物を保税地域から引き取ろうとする者は、他の法律又は条約の規定により当該引取りに係る消費税を免除されるべき場合を除き、次に掲げる事項を記載した申告書を税関長に提出しなければならない。

一　当該引取りに係る課税貨物の品名並びに品名ごとの数量及び課税標準である金額（次号において「課税標準額」という。）

二　課税標準額に対する消費税額及び当該消費税額

の合計額

三　前二号に掲げる金額の計算の基礎その他財務省令で定める事項

②　関税法第六条の二第一項第二号に規定する賦課課税方式が適用される課税貨物を保税地域から引き取ろうとする者は、他の法律又は条約の規定により当該引取りに係る消費税を免除されるべき場合を除き、その引き取る課税貨物に係る前項第一号に掲げる事項その他財務省令で定める事項を記載した申告書を税関長に提出しなければならない。

③　第一項に規定する者がその引取りに係る課税貨物につき関税法第七条の二第二項（特例申告）に規定する特例申告を行う場合には、当該課税貨物に係る第一項の申告書の提出期限は、当該課税貨物の引取りの日の属する月の翌月末日とする。

第四八条　（略）

（課税資産の譲渡等及び特定課税仕入れについての確定申告による納付）

第四九条　第四十五条第一項の規定による申告書を提出した者は、当該申告書に記載した同項第四号に掲げる消費税額（同項第六号の規定に該当する場合には、同号に掲げる消費税額）があるときは、当該申告書の提出期限までに、当該消費税額に相当する消費税を国に納付しなければならない。

（引取りに係る課税貨物についての消費税の納付等）

第五〇条①　第四十七条第一項の規定による申告書を提出した者は、当該申告に係る課税貨物を保税地域から引き取る時（同条第三項の場合にあつては、当該申告書の提出期限）までに、当該申告書に記載した同条第一項第二号に掲げる消費税額の合計額に相当する消費税を国に納付しなければならない。

②　保税地域から引き取られる第四十七条第二項に規定する課税貨物に係る消費税は、同項の税関長が当該引取りの際徴収する。

第五一条　（略）

（仕入れに係る消費税額の控除不足額の還付）

第五二条①　第四十五条第一項又は第四十六条第一項の規定による申告書の提出があつた場合において、これらの申告書に第四十五条第一項第五号に掲げる不足額の記載があるときは、税務署長は、これらの申告書を提出した者に対し、当該不足額に相当する消費税を還付する。

②　前項の規定による還付金について還付加算金（国税通則法第五十八条第一項（還付加算金）に規定する還付加算金をいう。以下この章において同じ。）を計算する場合には、その計算の基礎となる同項の期間は、当該還付に係る申告書が次の各号に掲げる申告書のいずれに該当するかに応じ、当該各号に定める期限又は日の翌日からその還付のための支払決定をする日又はその還付金につき充当（同法第五十七条第一項（充当）の規定による充当をいう。以下この章において同じ。）をする日（同日前に充当をするのに適することとなつた日がある場合には、その適することとなつた日）までの期間とする。

一　第四十五条第一項の規定による申告書（当該申告書の提出期限内に提出されたものに限る。）　当該申告書の提出期限

二　第四十五条第一項の規定による申告書（当該申告書の提出期限内に提出されたものを除く。）　当該申告書の提出があつた日の属する月の末日

三　第四十六条第一項の規定による申告書　当該申告書の提出があつた日の属する月の末日（当該申告書が当該申告書に係る課税期間の末日の翌日から二月を経過する日前に提出された場合には、当該二月を経過する日）

③　第一項の規定による還付金を同項に規定する申告書に係る課税期間の消費税で未納のものに充当する場合には、その還付金のうちその充当する金額については、還付加算金を付さないものとし、その充当される部分の消費税については、延滞税及び利子税を免除するものとする。

④　前二項に定めるもののほか、第一項の還付の手続、同項の規定による還付金（これに係る還付加算金を含む。）につき充当をする場合の方法その他同項の規定の適用に関し必要な事項は、政令で定める。

第五三条から第五六条まで　（略）

第五章　雑則（抄）

第五七条　（略）

（帳簿の備付け等）

第五八条　事業者（第九条第一項本文の規定により消費税を納める義務が免除される事業者を除く。）又は特例輸入者は、政令で定めるところにより、帳簿を備え付けてこれにその行つた資産の譲渡等又は課税仕入れ若しくは課税貨物（他の法律又は条約の規定により消費税が免除されるものを除く。第六十条において同じ。）の保税地域からの引取りに関する事項を記録し、かつ、当該帳簿を保存しなければならない。

第五九条及び第五九条の二　（略）

（国、地方公共団体等に対する特例）

第六〇条①　国若しくは地方公共団体が一般会計に係る業務として行う事業又は国若しくは地方公共団体が特別会計を設けて行う事業については、一般会計又は特別会計ごとに一の法人が行う事業とみなして、この法律の規定を適用する。ただし、国又は地方公共団体が特別会計を設けて行う事業のうち政令で定める特別会計を設けて行う事業については、一般会計に係る業務として行う事業とみなす。

②　国又は地方公共団体が行つた資産の譲渡等、課税仕入れ及び課税貨物の保税地域からの引取りは、政令で定めるところにより、その資産の譲渡等の対価を収納すべき会計年度並びにその課税仕入れ及び課税貨物の保税地域からの引取りの費用の支払をすべき会計年度の末日に行われたものとすることができる。

③　別表第三に掲げる法人のうち国又は地方公共団体に準ずる法人として政令で定めるものの資産の譲渡等、課税仕入れ及び課税貨物の保税地域からの引取

りを行つた時期については、前項の規定に準じて、政令で定める。

④ 国若しくは地方公共団体（特別会計を設けて事業を行う場合に限る。）、別表第三に掲げる法人又は人格のない社団等（第九条第一項本文の規定により消費税を納める義務が免除される者を除く。）が課税仕入れを行い、又は課税貨物を保税地域から引き取る場合において、当該課税仕入れの日又は課税貨物の保税地域からの引取りの日（当該課税貨物につき特例申告書を提出した場合には、当該特例申告書を提出した日又は特例申告に関する決定の通知を受けた日）の属する課税期間において資産の譲渡等の対価以外の収入（政令で定める収入を除く。以下この項において「特定収入」という。）があり、かつ、当該特定収入の合計額が当該課税期間における資産の譲渡等の対価の額（第二十八条第一項に規定する対価の額をいう。）の合計額に当該特定収入の合計額を加算した金額に比し僅少でない場合として政令で定める場合に該当するときは、第三十七条の規定の適用を受ける場合を除き、当該課税期間の課税標準額に対する消費税額（第四十五条第一項第二号に掲げる課税標準額に対する消費税額をいう。次項及び第六項において同じ。）から控除することができる課税仕入れ等の税額（第三十条第二項に規定する課税仕入れ等の税額をいう。以下この項及び次項において同じ。）の合計額は、第三十条から第三十六条までの規定にかかわらず、これらの規定により計算した場合における当該課税仕入れ等の税額の合計額から特定収入に係る課税仕入れ等の税額として政令で定めるところにより計算した金額を控除した残額に相当する金額とする。この場合において、当該金額は、当該課税期間における第三十二条第一項第一号に規定する仕入れに係る消費税額とみなす。

⑤ 前項の場合において、同項に規定する課税仕入れ等の税額から同項に規定する政令で定めるところにより計算した金額を控除して控除しきれない金額があるときは、当該控除しきれない金額を課税資産の譲渡等に係る消費税額とみなして同項の課税期間の課税標準額に対する消費税額に加算する。

⑥ 第一項の規定により一の法人が行う事業とみなされる国又は地方公共団体の一般会計に係る業務として行う事業については、第三十条から第三十九条までの規定によりその課税期間の課税標準額に対する消費税額から控除することができる消費税額の合計額は、これらの規定にかかわらず、当該課税標準額に対する消費税額と同額とみなす。

⑦ 国又は地方公共団体が一般会計に係る業務として事業を行う場合には、第九条、第四十二条、第四十五条、第五十七条及び第五十八条の規定は、適用しない。

⑧ 前各項に定めるもののほか、国若しくは地方公共団体（特別会計を設けて行う事業に限る。）又は別表第三に掲げる法人のうち政令で定めるものの第四十二条第一項、第四項若しくは第六項又は第四十五条第一項の規定による申告書の提出期限の特例、その他国若しくは地方公共団体、別表第三に掲げる法人又は人格のない社団等に対するこの法律の適用に関し必要な事項は、政令で定める。

第六一条及び第六二条　（略）

（価格の表示）

第六三条　事業者（第九条第一項本文の規定により消費税を納める義務が免除される事業者を除く。）は、不特定かつ多数の者に課税資産の譲渡等（第七条第一項、第八条第一項その他の法律又は条約の規定により消費税が免除されるものを除く。以下この条において同じ。）を行う場合（専ら他の事業者に課税資産の譲渡等を行う場合を除く。）において、あらかじめ課税資産の譲渡等に係る資産又は役務の価格を表示するときは、当該資産又は役務に係る消費税額及び地方消費税額の合計額に相当する額を含めた価格を表示しなければならない。

第六章　罰則（第六四条から第六七条まで）（略）

附　則（抜粋）

（施行期日等）

第一条① この法律は、公布の日から施行し、平成元年四月一日以後に国内において事業者が行う資産の譲渡等及び同日以後に国内において事業者が行う課税仕入れ並びに同日以後に保税地域から引き取られる外国貨物に係る消費税について適用する。

② 前項の規定にかかわらず、この法律のうち次の各号に掲げる規定は、当該各号に定める日から施行する。

一 （略）

二 附則第二十条（中略）の規定　平成元年四月一日

（砂糖消費税法等の廃止）

第二〇条 次に掲げる法律は、廃止する。

一 砂糖消費税法（昭和三十年法律第三十八号）

二 物品税法

三 トランプ類税法（昭和三十二年法律第百七十三号）

四 入場税法（昭和二十九年法律第九十六号）

五 通行税法（昭和十五年法律第四十三号）

別表第一（第六条、第十二条の二、第十二条の三、第三十条、第三十五条の二関係）

一 土地（土地の上に存する権利を含む。）の譲渡及び貸付け（一時的に使用させる場合その他の政令で定める場合を除く。）

二 金融商品取引法（昭和二十三年法律第二十五号）第二条第一項（定義）に規定する有価証券その他これに類するものとして政令で定めるもの（ゴルフ場その他の施設の利用に関する権利に係るものとして政令で定めるものを除く。）及び外国為替及び外国貿易法第六条第一項第七号（定義）に規定する支払手段（収集品その他の政令で定めるものを除く。）その他これに類するものとして政令で定めるもの（別表第二において「有価

証券等」という。）の譲渡

三　利子を対価とする貸付金その他の政令で定める資産の貸付け、信用の保証としての役務の提供、所得税法第二条第一項第十一号（定義）に規定する合同運用信託、同項第十五号に規定する公社債投資信託又は同項第十五号の二に規定する公社債等運用投資信託に係る信託報酬を対価とする役務の提供及び保険料を対価とする役務の提供（当該保険料が当該役務の提供に係る事務に要する費用の額とその他の部分とに区分して支払われることとされている契約で政令で定めるものに係る保険料（当該費用の額に相当する部分の金額に限る。）を対価とする役務の提供を除く。）その他これらに類するものとして政令で定めるもの

四　次に掲げる資産の譲渡

イ　日本郵便株式会社が行う郵便切手類販売所等に関する法律（昭和二十四年法律第九十一号）第一条（定義）に規定する郵便切手その他郵便に関する料金を表す証票（以下この号及び別表第二において「郵便切手類」という。）の譲渡及び簡易郵便局法（昭和二十四年法律第二百十三号）第七条第一項（簡易郵便局の設置及び受託者の呼称）に規定する委託業務を行う施設若しくは郵便切手類販売所等に関する法律第三条（郵便切手類販売所等の設置）に規定する郵便切手類販売所（同法第四条第三項（郵便切手類の販売等）の規定による承認に係る場所（以下この号において「承認販売所」という。）を含む。）における郵便切手類又は印紙をもつてする歳入金納付に関する法律（昭和二十三年法律第百四十二号）第三条第一項各号（印紙の売渡し場所）に定める所（承認販売所を含む。）若しくは同法第四条第一項（自動車検査登録印紙の売渡し場所）に規定する所における同法第三条第一項各号に掲げる印紙若しくは同法第四条第一項に規定する自動車検査登録印紙（同表において「印紙」と総称する。）の譲渡

ロ　地方公共団体又は売りさばき人（地方自治法（昭和二十二年法律第六十七号）第二百三十一条の二第一項（証紙による収入の方法等）（同法第二百九十二条（都道府県及び市町村に関する規定の準用）において準用する場合を含む。以下この号において同じ。）並びに地方税法（昭和二十五年法律第二百二十六号）第百六十二条第四項（環境性能割の納付の方法）、第百七十七条の十一第六項（種別割の徴収の方法）、第二百九十条第三項（道府県法定外普通税の証紙徴収の手続）、第四百五十六条第四項（環境性能割の納付の方法）、第四百六十三条の十八第六項（種別割の徴収の方法）、第六百九十八条第三項（市町村法定外普通税の証紙徴収の手続）、第七百条の六十九第三項（狩猟税の証紙徴収の手続）及び第七百三十三条の二十七第三項（法定外目的税の証紙徴収の手続）（これらの規定を同法第一条第二項（用語）において準用する場合を含む。）に規定する条例に基づき指定された者をいう。）が行う証紙（地方自治法第二百三十一条の二第一項に規定する使用料又は手数料の徴収に係る証紙並びに地方税法第一条第一項第十三号に規定する証紙徴収に係る証紙並びに同法第百六十二条第一項及び第四百五十六条第一項（これらの規定を同法第一条第二項において準用する場合を含む。）に規定する証紙をいう。別表第二において同じ。）の譲渡

ハ　物品切手（商品券その他名称のいかんを問わず、物品の給付請求権を表彰する証書をいい、郵便切手類に該当するものを除く。）その他これに類するものとして政令で定めるもの（別表第二において「物品切手等」という。）の譲渡

五　次に掲げる役務の提供

イ　国、地方公共団体、別表第三に掲げる法人その他法令に基づき国若しくは地方公共団体の委託若しくは指定を受けた者が、法令に基づき行う次に掲げる事務に係る役務の提供で、その手数料、特許料、申立料その他の料金の徴収が法令に基づくもの（政令で定めるものを除く。）

(1)　登記、登録、特許、免許、許可、認可、承認、認定、確認及び指定

(2)　検査、検定、試験、審査、証明及び講習

(3)　公文書の交付（再交付及び書換交付を含む。）、更新、訂正、閲覧及び謄写

(4)　裁判その他の紛争の処理

ロ　イに掲げる役務の提供に類するものとして政令で定めるもの

ハ　裁判所法（昭和二十二年法律第五十九号）第六十二条第四項（執行官）又は公証人法（明治四十一年法律第五十三号）第七条第一項（手数料等）の手数料を対価とする役務の提供

ニ　外国為替及び外国貿易法第五十五条の七（外国為替業務に関する事項の報告）に規定する外国為替業務（銀行法（昭和五十六年法律第五十九号）第十条第二項第五号（業務の範囲）に規定する譲渡性預金証書の非居住者からの取得に係る媒介、取次ぎ又は代理に係る業務その他の政令で定める業務を除く。）に係る役務の提供

六　次に掲げる療養若しくは医療又はこれらに類するものとしての資産の譲渡等（これらのうち特別の病室の提供その他の財務大臣の定めるものにあつては、財務大臣の定める金額に相当する部分に限る。）

イ　健康保険法（大正十一年法律第七十号）、国民健康保険法（昭和三十三年法律第百九十二号）、船員保険法（昭和十四年法律第七十三号）、国家公務員共済組合法（昭和三十三年法律第百二十八号）（防衛省の職員の給与等に関する法律（昭和二十七年法律第二百六十六号）第二十二条第一項（療養等）においてその例によるものとされる場合を含む。）、地方公務員等共済組合法（昭和三十七年法律第百五十二号）又は私立学校教職員共済法（昭和二十八年法律第二百

四十五号）の規定に基づく療養の給付及び入院時食事療養費、入院時生活療養費、保険外併用療養費、療養費、家族療養費又は特別療養費の支給に係る療養並びに訪問看護療養費又は家族訪問看護療養費の支給に係る指定訪問看護

ロ　高齢者の医療の確保に関する法律（昭和五十七年法律第八十号）の規定に基づく療養の給付及び入院時食事療養費、入院時生活療養費、保険外併用療養費、療養費又は特別療養費の支給に係る療養並びに訪問看護療養費の支給に係る指定訪問看護

ハ　精神保健及び精神障害者福祉に関する法律（昭和二十五年法律第百二十三号）の規定に基づく医療、生活保護法（昭和二十五年法律第百四十四号）の規定に基づく医療扶助のための医療の給付及び医療扶助のための金銭給付に係る医療、原子爆弾被爆者に対する援護に関する法律（平成六年法律第百十七号）の規定に基づく医療の給付及び医療費又は一般疾病医療費の支給に係る医療並びに障害者の日常生活及び社会生活を総合的に支援するための法律（平成十七年法律第百二十三号）の規定に基づく自立支援医療費、療養介護医療費又は基準該当療養介護医療費の支給に係る医療

ニ　公害健康被害の補償等に関する法律（昭和四十八年法律第百十一号）の規定に基づく療養の給付及び療養費の支給に係る療養

ホ　労働者災害補償保険法（昭和二十二年法律第五十号）の規定に基づく療養の給付及び療養の費用の支給に係る療養並びに同法の規定による社会復帰促進等事業として行われる医療の措置及び医療に要する費用の支給に係る医療

ヘ　自動車損害賠償保障法（昭和三十年法律第九十七号）の規定による損害賠償額の支払（同法第七十二条第一項（定義）の規定による損害をてん補するための支払を含む。）を受けるべき被害者に対する当該支払に係る療養

ト　イからヘまでに掲げる療養又は医療に類するものとして政令で定めるもの

七　次に掲げる資産の譲渡等（前号の規定に該当するものを除く。）

イ　介護保険法（平成九年法律第百二十三号）の規定に基づく居宅介護サービス費の支給に係る居宅サービス（訪問介護、訪問入浴介護その他の政令で定めるものに限る。）、施設介護サービス費の支給に係る施設サービス（政令で定めるものを除く。）その他これらに類するものとして政令で定めるもの

ロ　社会福祉法第二条（定義）に規定する社会福祉事業及び更生保護事業法（平成七年法律第八十六号）第二条第一項（定義）に規定する更生保護事業として行われる資産の譲渡等（社会福祉法第二条第二項第四号若しくは第七号に規定する障害者支援施設若しくは授産施設を経営する事業、同条第三項第一号の二に規定する認定生活困窮者就労訓練事業、同項第四号の二に規定する地域活動支援センターを経営する事業又は同号に規定する障害福祉サービス事業（障害者の日常生活及び社会生活を総合的に支援するための法律第五条第七項、第十三項又は第十四項（定義）に規定する生活介護、就労移行支援又は就労継続支援を行う事業に限る。）において生産活動としての作業に基づき行われるもの及び政令で定めるものを除く。）

ハ　ロに掲げる資産の譲渡等に類するものとして政令で定めるもの

八　医師、助産師その他医療に関する施設の開設者による助産に係る資産の譲渡等（第六号並びに前号イ及びロの規定に該当するものを除く。）

九　墓地、埋葬等に関する法律（昭和二十三年法律第四十八号）第二条第一項（定義）に規定する埋葬に係る埋葬料又は同条第二項に規定する火葬に係る火葬料を対価とする役務の提供

十　身体障害者の使用に供するための特殊な性状、構造又は機能を有する物品として政令で定めるもの（別表第二において「身体障害者用物品」という。）の譲渡、貸付けその他の政令で定める資産の譲渡等

十一　次に掲げる教育に関する役務の提供（授業料、入学金、施設設備費その他の政令で定める料金を対価として行われる部分に限る。）

イ　学校教育法（昭和二十二年法律第二十六号）第一条（学校の範囲）に規定する学校を設置する者が当該学校における教育として行う役務の提供

ロ　学校教育法第百二十四条（専修学校）に規定する専修学校を設置する者が当該専修学校の同法第百二十五条第一項（課程）に規定する高等課程、専門課程又は一般課程における教育として行う役務の提供

ハ　学校教育法第百三十四条第一項（各種学校）に規定する各種学校を設置する者が当該各種学校における教育（修業期間が一年以上であることその他政令で定める要件に該当するものに限る。）として行う役務の提供

ニ　イからハまでに掲げる教育に関する役務の提供に類するものとして政令で定めるもの

十二　学校教育法第三十四条第一項（小学校の教科用図書）（同法第四十九条（中学校）、第四十九条の八（義務教育学校）、第六十二条（高等学校）、第七十条第一項（中等教育学校）及び第八十二条（特別支援学校）において準用する場合を含む。）に規定する教科用図書（別表第二において「教科用図書」という。）の譲渡

十三　住宅（人の居住の用に供する家屋又は家屋のうち人の居住の用に供する部分をいう。）の貸付け（当該貸付けに係る契約において人の居住の用に供することが明らかにされている場合（当該契約において当該貸付けに係る用途が明らかにされていない場合に当該貸付け等の状況からみて人の居住の用に供されていることが明らかな場合を含

む。）に限るものとし、一時的に使用させる場合その他の政令で定める場合を除く。）

別表第二（第六条関係）

一　**有価証券等**（外国為替及び外国貿易法第六条第一項第七号に規定する支払手段のうち同号ハに掲げるものが入力されている財務省令で定める媒体を含む。）

二　**郵便切手類**

三　**印紙**

四　**証紙**

五　**物品切手等**

六　**身体障害者用物品**

七　**教科用図書**

★平成二八法一五（令和五・一〇・一施行）**による改正後（略は変更のないことを示す）**

別表第一（第二条関係）

一　**飲食料品**（食品表示法（平成二十五年法律第七十号）第二条第一項（定義）に規定する食品（酒税法（昭和二十八年法律第六号）第二条第一項（酒類の定義及び種類）に規定する酒類を除く。以下この号において単に「食品」という。）をいい、食品と食品以外の資産が一の資産を形成し、又は構成しているもののうち政令で定める資産を含む。以下この号及び別表第一の二において同じ。）**の譲渡**（次に掲げる課税資産の譲渡等は、含まないものとする。）

イ　**飲食店業その他の政令で定める事業を営む者が行う食事の提供**（テーブル、椅子、カウンターその他の飲食に用いられる設備のある場所において飲食料品を飲食させる役務の提供をいい、当該飲食料品を持帰りのための容器に入れ、又は包装を施して行う譲渡は、含まないものとする。）

ロ　**課税資産の譲渡等の相手方が指定した場所において行う加熱、調理又は給仕等の役務を伴う飲食料品の提供**（老人福祉法（昭和三十八年法律第百三十三号）第二十九条第一項（届出等）に規定する有料老人ホームその他の人が生活を営む場所として政令で定める施設において行う政令で定める飲食料品の提供を除く。）

二　**一定の題号を用い、政治、経済、社会、文化等に関する一般社会的事実を掲載する新聞**（一週に二回以上発行する新聞に限る。）**の定期購読契約**（当該新聞を購読しようとする者に対して、当該新聞を定期的に継続して供給することを約する契約をいう。）**に基づく譲渡**

別表第一の二（第二条関係）

（改正により追加）

飲食料品

（改正により追加）

別表第二（第六条、第十二条の二、第十二条の三、第三十条、第三十五条の二関係）

一　（略）

二　**金融商品取引法**（昭和二十三年法律第二十五号）**第二条第一項**（定義）**に規定する有価証券その他これに類するものとして政令で定めるもの**（ゴルフ場その他の施設の利用に関する権利に係るものとして政令で定めるものを除く。）**及び外国為替及び外国貿易法第六条第一項第七号**（定義）**に規定する支払手段**（収集品その他の政令で定めるものを除く。）**その他これに類するものとして政令で定めるもの**（別表第二の二において「有価証券等」という。）**の譲渡**

三　（略）

四　（柱書略）

イ　**日本郵便株式会社が行う郵便切手類販売所等に関する法律**（昭和二十四年法律第九十一号）**第一条**（定義）**に規定する郵便切手その他郵便に関する料金を表す証票**（以下この号及び別表第二の二において「郵便切手類」という。）**の譲渡及び簡易郵便局法**（昭和二十四年法律第二百十三号）**第七条第一項**（簡易郵便局の設置及び受託者の呼称）**に規定する委託業務を行う施設若しくは郵便切手類販売所等に関する法律第三条**（郵便切手類販売所等の設置）**に規定する郵便切手類販売所**（同法第四条第三項（郵便切手類の販売等）の規定による承認に係る場所（以下この号において「承認販売所」という。）を含む。）**における郵便切手類又は印紙をもつてする歳入金納付に関する法律**（昭和二十三年法律第百四十二号）**第三条第一項各号**（印紙の売渡し場所）**に定める所**（承認販売所を含む。）**若しくは同法第四条第一項**（自動車検査登録印紙の売渡し場所）**に規定する所における同法第三条第一項各号に掲げる印紙若しくは同法第四条第一項に規定する自動車検査登録印紙**（同表において「印紙」と総称する。）**の譲渡**

ロ　**地方公共団体又は売りさばき人**（地方自治法（昭和二十二年法律第六十七号）第二百三十一条の二第一項（証紙による収入の方法等）（同法第二百九十二条（都道府県及び市町村に関する規定の準用）において準用する場合を含む。以下この号において同じ。）並びに地方税法（昭和二十五年法律第二百二十六号）第百六十二条第四項（環境性能割の納付の方法）、第百七十七条の十一第六項（種別割の徴収の方法）、第二百九十条第三項（道府県法定外普通税の証紙徴収の手続）、第四百五十六条第四項（環境性能割の納付の方法）、第四百六十三条の十八第六項（種別割の徴収の方法）、第六百九十八条第三項（市町村法定外普通税の証紙徴収の手続）、第七百条の六十九第三項（狩猟税の証紙徴収の手続）及び第七百三十三条の二十七第三項（法定外目的税の証紙徴収の手続）（これらの規定を同法第一条第二項（用語）において準用する場合を含む。）に規定する条例に基づき指定された者をいう。）**が行う証紙**（地方自治法第二百三十一条の二第一項に規定する使用料又は手数料の徴収に係る証紙並びに地方税法第一条第一項第十三号に規定する証紙徴収に係る証紙並びに同法第百六十二条第一項及び第四百五十六条第一項（これらの規定を同法第一条第二項において準用する場合を含む。）に規定する証紙をいう。別表第二の二において同じ。）**の譲渡**

ハ　**物品切手**（商品券その他名称のいかんを問わず、物品の給付請求権を表彰する証書をいい、郵便切手類に該当するものを除く。）**その他これに類するものとして政令で定めるもの**（別表第二の二において「物品切手等」という。）**の譲渡**

五―九　（略）

十　**身体障害者の使用に供するための特殊な性状、構造又は機能を有する物品として政令で定めるもの**（別表第二の二において「身体障害者用物品」という。）**の譲渡、貸付けその他の政令で定める資産の譲渡等**

十一　（略）
十二　学校教育法第三十四条第一項（小学校の教科用図書）（同法第四十九条（中学校）、第四十九条の八（義務教育学校）、第六十二条（高等学校）、第七十条第一項（中等教育学校）及び第八十二条（特別支援学校）において準用する場合を含む。）に規定する教科用図書（別表第二の二において「教科用図書」という。）の譲渡
十三　（略）

（改正前の別表第一）
別表第二の二　（略、改正前の別表第二）

別表第三　（略）

附　則（平成二七・三・三一法九）（抜粋）

（施行期日）
第一条　この法律は、平成二十七年四月一日から施行する。（後略）

（国外事業者から受けた電気通信利用役務の提供に係る税額控除に関する経過措置）
第三八条①　事業者が、新消費税法適用日以後に国内において行った課税仕入れのうち国外事業者（新消費税法第二条第一項第四号の二に規定する国外事業者をいう。以下附則第四十条までにおいて同じ。）から受けた電気通信利用役務の提供（同項第八号の三に規定する電気通信利用役務の提供をいい、同項第八号の四に規定する事業者向け電気通信利用役務の提供に該当するものを除く。以下この条及び次条において同じ。）に係るものについては、当分の間、新消費税法第三十条から第三十六条までの規定は、適用しない。ただし、当該国外事業者のうち登録国外事業者（次条第一項の規定により登録を受けた事業者をいう。以下附則第四十条までにおいて同じ。）に該当する者から受けた電気通信利用役務の提供については、この限りでない。
②　前項ただし書の規定の適用を受ける場合における新消費税法第三十条の規定の適用については、同条第八項第一号イ中「氏名又は名称」とあるのは「氏名又は名称及び所得税法等の一部を改正する法律（平成二十七年法律第九号）附則第三十九条第四項に規定する登録番号」と、同条第九項第一号イ中「氏名又は名称」とあるのは「氏名又は名称及び所得税法等の一部を改正する法律（平成二十七年法律第九号）附則第三十九条第四項に規定する登録番号」と、同号ニ中「含む。）」とあるのは「含む。）及び当該課税資産の譲渡等を行つた者が第五条第一項の規定に基づき消費税を納める義務がある旨」とする。
③　第一項ただし書の規定の適用を受ける場合における新消費税法第三十条第七項に規定する請求書等の保存は、財務省令で定めるところにより、前項の規定により読み替えられた同条第九項第一号イからホまでに掲げる事項に係る電磁的記録（電子的方式、磁気的方式その他の人の知覚によっては認識することができない方式で作られる記録であって、電子計算機による情報処理の用に供されるものをいう。）の保存をもって代えることができる。
④　国内において電気通信利用役務の提供を行った登録国外事業者は、当該電気通信利用役務の提供を受ける他の事業者の求めに応じ、当該電気通信利用役務の提供に係る新消費税法第三十条第七項に規定する請求書等（第二項の規定により読み替えられた同条第九項第一号イからホまでに掲げる事項が記載されているものに限る。次項及び次条第六項第七号において同じ。）を交付するものとする。
⑤　前項に規定する請求書等を交付した登録国外事業者は、当該請求書等の記載事項に誤りがあった場合には、当該請求書等を交付した他の事業者に対して修正した請求書等を交付しなければならない。
⑥　前各項に定めるもののほか、この条の規定の適用に関し必要な事項は、政令で定める。

（国外事業者の登録等）
第三九条①　電気通信利用役務の提供を行い、又は行おうとする国外事業者（新消費税法第九条第一項本文の規定により消費税を納める義務が免除される事業者を除く。第五項において同じ。）は、国税庁長官の登録を受けることができる。
②　前項の登録を受けようとする者は、財務省令で定める事項を記載した申請書に財務省令で定める書類を添付して、その納税地を所轄する税務署長を経由して、国税庁長官に提出しなければならない。
③　国税庁長官は、前項の規定による申請書の提出を受けた場合には、遅滞なく、これを審査し、第五項の規定により登録を拒否する場合を除き、第一項の登録をしなければならない。
④　第一項の登録は、国外事業者登録簿に氏名又は名称その他の政令で定める事項並びに登録番号及び登録年月日を登載してするものとする。この場合において、国税庁長官は、政令で定めるところにより、当該国外事業者登録簿に登載された事項を速やかに公表しなければならない。
⑤　国税庁長官は、第一項の登録を受けようとする国外事業者が、次の各号のいずれかに該当すると認めるときは、当該登録を拒否することができる。
一　国内において行う電気通信利用役務の提供に係る事務所、事業所その他これらに準ずるもの（次項第二号において「消費税に係る事務所等」という。）を国内に有しないこと又は消費税に関する税務代理（税理士法第二条第一項第一号に掲げる税務代理をいう。次項第三号において同じ。）の権限を有する税務代理人（国税通則法第七十四条の九第三項第二号に規定する税務代理人をいう。）がないこと。
二　当該国外事業者（国税通則法第百十七条第一項の規定の適用を受ける者に限る。）が、同項の規定による納税管理人を定めていないこと。
三　現に国税の滞納があり、かつ、その滞納額の徴収が著しく困難であること。
四　当該国外事業者が、次項の規定により登録を取り消され（同項第五号から第七号までのいずれかに該当した場合に限る。）、その取消しの日から一年を経過しない者であること。

⑥―⑮　（略）

附　則（平成二八・三・三一法一五）（抜粋）

（施行期日）

第一条　この法律は、平成二十八年四月一日から施行する。ただし、次の各号に掲げる規定は、当該各号に定める日から施行する。

九　次に掲げる規定　令和五年十月一日

イ　第五条の規定（同条中消費税法第二条第四項の改正規定、同法第四条の改正規定、同法第八条の改正規定、同法第九条第五項の改正規定、同条第七項の改正規定、同法第十二条の三の次に一条を加える改正規定、同法第十五条第六項の改正規定（「第十二条の三」を「第十二条の四」に改める部分に限る。）、同条第七項の改正規定、同条第十一項の改正規定（「第五十七条」の下に「から第五十七条の三まで」を加える部分を除く。）、同法第三十七条の改正規定、同法第三十七条の二の改正規定、同法第五十七条第一項の改正規定、同法第六十二条の改正規定、同法別表第一第四号イの改正規定（「（別表第二」を「（同表」に改める部分に限る。）及び同表第十二号の改正規定（「別表第二」を「別表第二の二」に改める部分を除く。）（附則第四十四条第一項、第五十二条第一項（中略）において「五年改正規定」という。）並びに附則第四十六条から第五十三条まで（中略）の規定

ニ　第十八条中所得税法等の一部を改正する法律（平成二十七年法律第九号）附則第三十五条の改正規定、同法附則第三十六条第一項の改正規定及び同法附則第三十八条から第四十条までの改正規定並びに附則第百五十三条の規定

（元年軽減対象資産の譲渡等に係る税率等に関する経過措置）

第三四条①　事業者（消費税法第二条第一項第四号に規定する事業者をいう。以下附則第五三条までにおいて同じ。）が、令和元年十月一日（以下附則第四十条までにおいて「元年適用日」という。）から五年施行日（附則第一条第九号に定める日）の前日までの間に国内において行う課税資産の譲渡等（消費税法第二条第一項第九号に規定する課税資産の譲渡等をいい、同項第八号の二に規定する特定資産の譲渡等に該当するものを除く。以下附則第五十二条までにおいて同じ。）のうち次に掲げるもの（以下附則第三十九条までにおいて「元年軽減対象資産の譲渡等」という。）及び保税地域（同項第二号に規定する保税地域をいう。以下附則第四十六条までにおいて同じ。）から引き取られる課税貨物（同項第十一号に規定する課税貨物をいう。以下同条までにおいて同じ。）のうち第一号に規定する飲食料品に該当するものに係る消費税の税率は、同法第二十九条の規定にかかわらず、百分の六・二四とする。

一　飲食料品（食品表示法（平成二十五年法律第七十号）第二条第一項に規定する食品（酒税法（昭和二十八年法律第六号）第二条第一項に規定する酒類を除く。以下この号において単に「食品」という。）をいい、食品と食品以外の資産が一の資産を形成し、又は構成しているもののうち政令で定める資産を含む。以下この号において同じ。）の譲渡（次に掲げる課税資産の譲渡等は、含まないものとする。）

イ　**飲食店業その他の政令で定める事業を営む者が行う食事の提供**（テーブル、椅子、カウンターその他の飲食に用いられる設備のある場所において飲食料品を飲食させる役務の提供をいい、当該飲食料品を持帰りのための容器に入れ、又は包装を施して行う譲渡は、含まないものとする。）

ロ　**課税資産の譲渡等の相手方が指定した場所において行う加熱、調理又は給仕等の役務を伴う飲食料品の提供**（老人福祉法（昭和三十八年法律第百三十三号）第二十九条第一項に規定する有料老人ホームその他の人が生活を営む場所として政令で定める施設において行う政令で定める飲食料品の提供を除く。）

二　**一定の題号を用い、政治、経済、社会、文化等に関する一般社会的事実を掲載する新聞**（一週に二回以上発行する新聞に限る。）の定期購読契約（当該新聞を購読しようとする者に対して、当該新聞を定期的に継続して供給することを約する契約をいう。）に基づく譲渡

②　**元年適用日から五年施行日の前日までの間における消費税法第三十条、第三十二条、第三十六条、第三十八条、第三十九条、第四十三条、第四十五条及び第四十七条の規定の適用については、次の表の上欄に掲げる同法の規定中同表の中欄に掲げる字句は、それぞれ同表の下欄に掲げる字句とする。この場合において、読み替えられたこれらの規定は、この附則に別段の定めがあるものを除き、元年適用日以後に国内において事業者が行う資産の譲渡等**（同法第二条第一項第八号に規定する資産の譲渡等をいう。以下附則第五十条までにおいて同じ。）**及び元年適用日以後に国内において事業者が行う課税仕入れ**（同項第十二号に規定する課税仕入れをいう。以下附則第五十三条までにおいて同じ。）**並びに元年適用日以後に保税地域から引き取られる課税貨物に係る消費税について適用し、元年適用日前に国内において事業者が行った資産の譲渡等及び元年適用日前に国内において事業者が行った課税仕入れ並びに元年適用日前に保税地域から引き取った課税貨物に係る消費税については、なお従前の例による。**

第三十条第一項	百十分の七・八	百十分の七・八（当該課税仕入れが他の者から受けた元年軽減対象資産の譲渡等（所得税法等の一部を改正する法律（平成二十八年法律第十五号）附則第三十四条第一項に規定する元年軽減対象資産の譲渡等をいう。以下この章において同

		じ。）に係るものである場合には、百八分の六・二四）
第三十条第八項第一号ハ	内容	内容（当該課税仕入れが他の者から受けた元年軽減対象資産の譲渡等に係るものである場合には、資産の内容及び元年軽減対象資産の譲渡等に係るものである旨）
第三十条第九項第一号ハ	内容	内容（当該課税資産の譲渡等が元年軽減対象資産の譲渡等である場合には、資産の内容及び元年軽減対象資産の譲渡等である旨）
第三十条第九項第一号ニ	課税資産の譲渡等の	税率の異なるごとに区分して合計した課税資産の譲渡等の
第三十条第九項第二号ニ	内容	内容（当該課税仕入れが他の者から受けた元年軽減対象資産の譲渡等に係るものである場合には、資産の内容及び元年軽減対象資産の譲渡等に係るものである旨）
第三十条第九項第二号ホ	第一項	税率の異なるごとに区分して合計した第一項
第三十二条第一項第一号	百十分の七・八	百十分の七・八（当該仕入れに係る対価の返還等が他の者から受けた元年軽減対象資産の譲渡等に係るものである場合には、百八分の六・二四）
第三十六条第一項	百十分の七・八	百十分の七・八（当該課税仕入れに係る棚卸資産が他の者から受けた元年軽減対象資産の譲渡等に係るものである場合又は当該課税貨物が所得税法等の一部を改正する法律（平成二十八年法律第十五号）附則第三十四条第一項第一号に規定する飲食料品に該当するものである場合には、百八分の六・二四）
第三十八条第一項	百分の十	百分の十（当該課税資産の譲渡等が元年軽減対象資産の譲渡等である場合には、百分の八）
	百十分の七・八	百十分の七・八（当該売上げに係る対価の返還等が元年軽減対象資産の譲渡等に係るものである場合には、百八分の六・二四）
第三十九条第一項	百十分の七・八	百十分の七・八（当該税込価額が元年軽減対象資産の譲渡等に係るものである場合には、百八分の六・二四）
第四十三条第一項第一号	課税資産の譲渡等に係る	課税資産の譲渡等に係る税率の異なるごとに区分した
第四十三条第一項第二号	課税標準額	税率の異なるごとに区分した課税標準額
第四十五条第一項第一号	）に係る	）に係る税率の異なるごとに区分した
第四十五条第一項第二号	課税標準額	税率の異なるごとに区分した課税標準額
第四十七条第一項第一	数量及び いう。）	数量、 いう。）及び税率

③　前項前段の規定の適用がある場合における消費税法第三十条第七項の規定の適用については、前項前段の規定による読替え前の同法第三十条第九項第一号に掲げる書類の交付を受けた事業者が、当該書類に係る課税資産の譲渡等の事実に基づき次に掲げる記載事項に係る追記をした当該書類を保存するときは、消費税法第三十条第七項に規定する請求書等の保存があるものとみなして、同項の規定を適用する。

一　消費税法第三十条第九項第一号ハに掲げる記載事項（当該記載事項のうち、課税資産の譲渡等が元年軽減対象資産の譲渡等である旨に限る。）

二　消費税法第三十条第九項第一号ニに掲げる記載事項

④　第一項の規定の適用を受ける元年軽減対象資産の譲渡等に係る課税仕入れ等の税額（消費税法第三十条第二項に規定する課税仕入れ等の税額をいう。）の計算方法その他前三項の規定の適用に関し必要な事項は、政令で定める。

（適格請求書発行事業者の登録等に関する経過措置）

第四四条①　五年施行日から令和六年三月三十一日までの間のいずれかの日に五年改正規定による改正後の消費税法（以下附則第五十三条までにおいて「新消費税法」という。）第五十七条の二第一項の登録を受けようとする事業者は、五年施行日前においても、同条第二項の規定の例により、同項の申請書を提出することができる。ただし、五年施行日に同条第一項の登録を受けようとする事業者は、五年施行日の六月前の日（消費税法第九条の二第一項の規定により同法第九条第一項本文の規定の適用を受けないこととなる事業者にあっては、五年施行日の三月前の日）までに、当該申請書をその納税地を所轄する税務署長に提出しなければならない。

② 前項の規定により新消費税法第五十七条の二第二項の申請書を提出した事業者（次項の規定により同条第三項の規定による登録に係る同条第七項の通知を受けた事業者に限る。）は、当該申請書に記載した事項に変更があったときは、五年施行日前においても、同条第八項の規定の例により、同項の届出書を提出しなければならない。

③ 税務署長は、第一項の規定により新消費税法第五十七条の二第二項の申請書の提出を受けた場合又は前項の規定により同条第八項の届出書の提出を受けた場合には、五年施行日前においても、同条第三項から第七項まで及び第九項の規定の例により、同条第三項の規定による登録、同条第四項の規定による公表、同条第五項の規定による登録の拒否、同条第六項の規定による登録の取消し、同条第七項の規定による通知及び同条第九項の規定による登録の変更（以下この項において「登録等」という。）をすることができる。この場合において、これらの規定の例によりされた登録等は、五年施行日（同条第一項の登録がされた日（以下この項及び次項において「登録開始日」という。）が五年施行日の翌日以後である場合には、当該登録開始日）においてこれらの規定により行われたものとみなす。

④ 新消費税法第五十七条の二第二項の申請書を提出した事業者（登録開始日が五年施行日の属する課税期間中である事業者に限る。）の当該課税期間（その基準期間における課税売上高が千万円を超える課税期間、消費税法第九条第四項の規定による届出書の提出により、又は同法第九条の二第一項、第十条第二項、第十一条第二項から第四項まで、第十二条の二第一項から第四項まで若しくは第六項、第十二条の三第一項若しくは第三項若しくは第十二条の四第一項若しくは第二項の規定により消費税を納める義務が免除されないこととなる課税期間及び当該登録開始日の前日までに同法第十条第一項の相続、同法第十一条第一項の合併又は同法第十二条第五項の吸収分割があったことにより消費税を納める義務が免除されないこととなる課税期間を除く。）のうち当該登録開始日から当該課税期間の末日までの間における課税資産の譲渡等及び特定課税仕入れについては、消費税法第九条第一項本文の規定は、適用しない。

⑤ 前各項に定めるもののほか、この条の規定の適用に関し必要な事項は、政令で定める。

（五年施行日前に登録国外事業者であった者に関する経過措置）

第四五条① 前条の規定にかかわらず、令和五年九月一日において登録国外事業者（所得税法等の一部を改正する法律（平成二十七年法律第九号。以下この条において「二十七年改正法」という。）附則第三十八条第一項ただし書に規定する登録国外事業者をいう。次項及び第四項において同じ。）である者であって、二十七年改正法附則第三十九条第十一項の規定による届出書を提出していない者は、五年施行日において新消費税法第五十七条の二第一項の登録を受けたものとみなして、この附則及び新消費税法の規定を適用する。この場合において、その納税地を所轄する税務署長は、適格請求書発行事業者登録簿（同条第四項に規定する適格請求書発行事業者登録簿をいう。次項において同じ。）に氏名又は名称、同条第四項の登録番号（第三項において「新登録番号」という。）その他の政令で定める事項を登載するものとする。

② 税務署長は、前項の規定の適用を受ける登録国外事業者に対し、書面によりその旨を通知する。この場合において、税務署長は、政令で定めるところにより、適格請求書発行事業者登録簿に登載された事項を速やかに公表しなければならない。

③ 第一項の規定により適格請求書発行事業者（新消費税法第二条第一項第七号の二に規定する適格請求書発行事業者をいう。）となった事業者が、新消費税法第五十七条の四第一項から第三項までの規定により交付する同条第一項の適格請求書、同条第二項の適格簡易請求書若しくは同条第三項の適格返還請求書に新登録番号を記載することにつき困難な事情があるとき、又は同条第五項の規定により提供する同項の電磁的記録に新登録番号を記録することにつき困難な事情があるときは、五年施行日から令和六年三月三十一日までの間に交付するこれらの書類に記載する新登録番号又は提供する当該電磁的記録に記録する新登録番号に代えて、第十八条の規定（同条中二十七年改正法附則第三十五条の改正規定、二十七年改正法附則第三十六条第一項の改正規定及び二十七年改正法附則第三十八条から第四十条までの改正規定に限る。）による改正前の二十七年改正法附則第三十九条第四項の登録番号を記載し、又は記録することができる。

④ 第一項の規定の適用を受ける登録国外事業者が、五年施行日の前日までに二十七年改正法附則第三十九条第十一項の規定による届出書をその納税地を所轄する税務署長を経由して国税庁長官へ提出したときは、五年施行日に新消費税法第五十七条の二第十項第一号の規定による届出書を当該税務署長に提出したものとみなす。

（五年改正規定の施行に伴う消費税法の一部改正に伴う経過措置の原則）

第四六条① この附則に別段の定めがあるものを除き、新消費税法の規定は、五年施行日以後に国内において事業者が行う資産の譲渡等及び五年施行日以後に国内において事業者が行う課税仕入れ並びに五年施行日以後に保税地域から引き取られる課税貨物に係る消費税について適用し、五年施行日前に国内において事業者が行った資産の譲渡等及び五年施行日前に国内において事業者が行った課税仕入れ並びに五年施行日前に保税地域から引き取った課税貨物に係る消費税については、なお従前の例による。

② 新消費税法第九条第一項の規定は、五年施行日後に開始する課税期間について適用し、五年施行日以前に開始した課税期間については、なお従前の例による。

（適格請求書発行事業者以外の者から行った課税仕入れに係る税額控除に関する経過措置）

第五二条①　事業者（新消費税法第九条第一項本文の規定により消費税を納める義務が免除される事業者を除く。以下この条及び次条において同じ。）が、五年施行日から五年施行日以後三年を経過する日（同条第一項において「適用期限」という。）までの間に国内において行った課税仕入れ（新消費税法第三十条第一項の規定の適用を受けるものを除く。次条第一項において同じ。）のうち、五年改正規定による改正前の消費税法（以下この条及び次条において「旧消費税法」という。）第三十条の規定がなお効力を有するものとしたならば同条第一項の規定の適用を受けるものについては、同条第九項に規定する請求書等を新消費税法第三十条第九項に規定する請求書等とみなし、かつ、当該課税仕入れに係る支払対価の額（同条第八項第一号ニに規定する課税仕入れに係る支払対価の額をいう。次条第一項において同じ。）に百十分の七・八（当該課税仕入れが他の者から受けた軽減対象課税資産の譲渡等（新消費税法第二条第一項第九号の二に規定する軽減対象課税資産の譲渡等をいい、消費税法第七条第一項、第五条の規定による改正後の同法第八条第一項その他の法律又は条約の規定により消費税が免除されるものを除く。第三項及び次条第一項において同じ。）に係るものである場合には、百八分の六・二四）を乗じて算出した金額に百分の八十を乗じて算出した金額を新消費税法第三十条第一項に規定する課税仕入れに係る消費税額とみなして、同条の規定を適用する。この場合において、同条第八項第一号ハ中「である旨）」とあるのは、「である旨）及び所得税法等の一部を改正する法律（平成二十八年法律第十五号）附則第五十二条第一項の規定の適用を受ける課税仕入れである旨」とする。

②　前項の規定により新消費税法第三十条第九項に規定する請求書等とみなされる書類に係る旧消費税法第三十条第九項の規定の適用については、同項第一号ハ中「内容」とあるのは「内容（当該課税資産の譲渡等が軽減対象課税資産の譲渡等である場合には、資産の内容及び軽減対象課税資産の譲渡等である旨）」と、同号ニ中「課税資産の譲渡等の」とあるのは「税率の異なるごとに区分して合計した課税資産の譲渡等の」と、同項第二号ニ中「内容」とあるのは「内容（当該課税仕入れが他の者から受けた軽減対象課税資産の譲渡等に係るものである場合には、資産の内容及び軽減対象課税資産の譲渡等に係るものである旨）」と、同号ホ中「第一項」とあるのは「税率の異なるごとに区分して合計した第一項」とする。

③　第一項の規定により新消費税法第三十条第九項に規定する請求書等とみなされる書類に係る前項の規定により読み替えて適用する旧消費税法第三十条第九項の規定の適用については、当該書類の交付を受けた事業者が、当該書類に係る課税資産の譲渡等の事実に基づき同項第一号ハに掲げる記載事項（当該記載事項のうち、課税資産の譲渡等が軽減対象課税資産の譲渡等である旨に限る。）又は同号ニに掲げる記載事項に係る追記をした書類を含むものとする。

④　事業者が、第一項の規定の適用を受ける課税仕入れを行った場合における新消費税法第三十二条及び第三十六条の規定の適用については、新消費税法第三十二条第一項第一号中「金額及び」とあるのは「金額（当該仕入れに係る対価の返還等が所得税法等の一部を改正する法律（平成二十八年法律第十五号）附則第五十二条第一項の規定の適用を受ける課税仕入れに係るものである場合には、当該金額に百分の八十を乗じて算出した金額）及び」と、新消費税法第三十六条第一項中「算出した金額」とあるのは「算出した金額（当該課税仕入れに係る棚卸資産が所得税法等の一部を改正する法律（平成二十八年法律第十五号）附則第五十二条第一項の規定の適用を受けるものである場合には、当該金額に百分の八十を乗じて算出した金額）」とする。

（消費税の軽減税率制度の円滑な導入・運用等に向けた措置）

第一七一条①　政府は、消費税の軽減税率制度の導入に当たり混乱が生じないよう万全の準備を進めるために必要な体制を整備し、消費税の軽減税率制度の周知及び事業者の準備に係る相談対応を行うとともに、事業者の準備状況及び政府における取組の状況を検証しつつ、必要に応じて、消費税の軽減税率制度の円滑な導入及び運用に資するための必要な措置を講ずるものとする。

②　政府は、消費税の軽減税率制度の円滑な運用及び適正な課税を確保する観点から、中小事業者の経営の高度化を促進しつつ、消費税の軽減税率制度の導入後三年以内を目途に、適格請求書等保存方式の導入に係る事業者の準備状況及び事業者取引への影響の可能性、消費税の軽減税率制度の導入による簡易課税制度への影響並びに消費税の軽減税率制度の導入に伴う経過措置の適用状況などを検証し、必要があると認めるときは、その結果に基づいて法制上の措置その他の必要な措置を講ずるものとする。

★平成二八法一五中、令和五・一〇・一施行の改正の概要

1　適格請求書等保存方式導入後の軽減税率制度について、元年軽減対象資産の譲渡等〔三四条参照〕及び元年軽減対象課税貨物の範囲を消費税法本則に位置付け、それぞれ「軽減対象課税資産の譲渡等」及び「軽減対象課税貨物」とするとともに、軽減税率（六・二四パーセント）についても消費税法本則に位置付けることとした。（消費税法第二条・第二九条改正、別表第一・別表第一の二追加）

2　適格請求書等保存方式を次のとおり導入することとした。

㈠　適格請求書発行事業者登録制度（消費税法第九条改正、第五七条の二追加）

(1)　免税事業者以外の事業者であって、左記㈡(1)の適格請求書を交付しようとする事業者は、納税地を所轄する税務署長に申請書を提出して税務署長の登録を受けることができる。

(2) 税務署長は、右記(1)の登録を受けた事業者（以下「適格請求書発行事業者」という。）の氏名又は名称及び登録番号等の一定の事項を登録後速やかに公表しなければならない。

(3) 適格請求書発行事業者が登録の取消しを求める届出書を納税地を所轄する税務署長に提出した場合には、当該登録は、その効力を失う。

(4) 適格請求書発行事業者については、小規模事業者の納税義務の免除の特例を適用しない。

(二) 適格請求書発行事業者の義務等（消費税法第五七条の四追加）

(1) 適格請求書発行事業者は、国内において課税資産の譲渡等を行った場合において、他の事業者（免税事業者を除く。）から求められたときは、次に掲げる事項を記載した請求書、納品書その他これらに類する書類（以下「適格請求書」という。）を交付しなければならない。ただし、事業の性質上、適格請求書を交付することが困難な課税資産の譲渡等として一定のものを行う場合は、この限りでない。

イ 適格請求書発行事業者の氏名又は名称及び登録番号

ロ 課税資産の譲渡等を行った年月日

ハ 課税資産の譲渡等に係る資産又は役務の内容（当該課税資産の譲渡等が軽減対象課税資産の譲渡等である場合には、資産の内容及び軽減対象課税資産の譲渡等である旨）

ニ 課税資産の譲渡等に係る税抜価額又は税込価額を税率の異なるごとに区分して合計した金額及び適用税率

ホ 消費税額等

ヘ 書類の交付を受ける事業者の氏名又は名称

(2) 適格請求書発行事業者が行う課税資産の譲渡等が小売業等の一定の事業に係るものであるときは、適格請求書に代えて、次に掲げる事項を記載した請求書、納品書その他これらに類する書類（以下「適格簡易請求書」という。）を交付することができる。

イ 右記(1)イからハまでに掲げる事項

ロ 課税資産の譲渡等に係る税抜価額又は税込価額を税率の異なるごとに区分して合計した金額

ハ 消費税額等又は適用税率

(3) 適格請求書発行事業者が、あらかじめ、課税資産の譲渡等を受ける他の事業者（免税事業者を除く。）の承諾を得たときは、適格請求書の交付に代えて適格請求書の記載事項に係る電磁的記録の提供をすることができる。

(4) 適格請求書若しくは適格簡易請求書を交付し、又は適格請求書の記載事項に係る電磁的記録を提供した適格請求書発行事業者は、これらの書類の写し又は当該電磁的記録を保存しなければならない。

(三) 仕入税額控除の要件等の見直し（消費税法第三〇条改正）

(1) 適格請求書発行事業者から交付を受けた適格請求書又は適格簡易請求書の記載事項を基礎として計算した消費税額等を、課税仕入れに係る消費税額として仕入税額控除の対象とする。

(2) 一定の帳簿及び次に掲げるものの保存を課税仕入れに係る仕入税額控除の要件とする。

イ 適格請求書

ロ 適格簡易請求書

ハ 適格請求書の記載事項に係る電磁的記録

ニ 事業者が課税仕入れについて作成する仕入明細書等の書類で、適格請求書の記載事項が記載されているもの（適格請求書発行事業者の確認を受けたものに限る。）

ホ 媒介又は取次ぎに係る業務を行う者から交付を受ける一定の書類

(3) 課税仕入れが軽減対象課税資産の譲渡等に係るものである場合には、帳簿に記載すべき事項として「軽減対象課税資産の譲渡等に係るものである旨」を加える。

(四) 課税資産の譲渡等に係る税額の計算方法（消費税法第四三条・第四五条改正）

(1) 課税標準額に対する消費税額は、税率の異なるごとに区分した課税標準である金額の合計額にそれぞれ税率を乗じて計算する。

(2) 適格請求書発行事業者が、課税資産の譲渡等につき交付した適格請求書又は適格簡易請求書の写しを保存している場合（適格請求書の記載事項に係る電磁的記録を保存している場合を含む。）には、当該適格請求書に記載した消費税額等を基礎として一定の計算をした金額を、当該課税資産の譲渡等に係る課税標準額に対する消費税額とすることができる。

(五) 適格請求書類似書類等の交付の禁止（消費税法第五七条の五追加）

適格請求書又は適格簡易請求書に類似する書類及び当該書類の記載事項に係る電磁的記録（以下「適格請求書類似書類等」という。）の交付及び提供を禁止する。

(六) 任意組合等の組合員による適格請求書等の交付の禁止（消費税法第五七条の六追加）

民法上の組合、投資事業有限責任組合、有限責任事業組合等の組合員である適格請求書発行事業者は、これらの組合等の事業として国内において行った課税資産の譲渡等につき、その組合員の全てが適格請求書発行事業者であることについてその旨の届出書を税務署長に提出した場合に限り、適格請求書若しくは適格簡易請求書を交付し、又は適格請求書の記載事項に係る電磁的記録を提供することができる。

(七) 罰則の適用対象に、適格請求書類似書類等を交付し、又は提供した者を加える。（消費税法第六五条改正）

(八) 適格請求書発行事業者以外の者から行った課税仕入れに係る税額控除に関する経過措置（附則第五二条・第五三条）

(1) 事業者が令和五年一〇月一日から同日以後三年を経過する日までの間に国内において適格請求書発行事業者以外の者から行った課税仕入れについて一定の事項が記載された帳簿及び請求書等を保存している場合には、当該課税仕入れに係る支払対価の額に係る消費税相当額に八〇パーセントを乗じて算出した額を、課税仕入れに係る消費税額として仕入税額控除の対象とする。

(2) 事業者が令和八年一〇月一日から同日以後三年を経過する日までの間に国内において適格請求書発行事業者以外の者から行った課税仕入れについて一定の事項が記載された帳簿及び請求書等を保存している場合には、当該課税仕入れに係る支払対価の額に係る消費税相当額に五〇パーセントを乗じて算出した額を、課税仕入れに係る消費税額として仕入税額控除の対象とする。

3 消費税に係る適格請求書類似書類等の交付又は提供に関する調査に係る質問検査権の規定を整備することとする。（国税通則法第七四条の二改正）

●租税特別措置法（抜粋）

（昭和三二・三・三一
法　　　　　二　六）

最終改正　令和三法四六

第二章　所得税法の特例

第一節　利子所得及び配当所得

（利子所得の分離課税等）

第三条①　居住者又は恒久的施設を有する非居住者が平成二十八年一月一日以後に国内において支払を受けるべき所得税法第二十三条第一項に規定する利子等で次に掲げるもの以外のもの（同法第二条第一項第四十五号に規定する源泉徴収を行わないものとして政令で定めるもの（次条において「不適用利子」という。）を除く。以下この条において「一般利子等」という。）については、同法第二十二条及び第八十九条並びに第百六十五条の規定にかかわらず、他の所得と区分し、その支払を受けるべき金額に対し百分の十五の税率を適用して所得税を課する。

一　特定公社債（第三十七条の十第二項第七号に掲げる公社債のうち第三十七条の十一第二項第一号又は第五号から第十四号までに掲げるものをいう。第四号において同じ。）の利子

二　公社債投資信託で、その設定に係る受益権の募集が公募（金融商品取引法（昭和二十三年法律第二十五号）第二条第三項に規定する取得勧誘のうち同項第一号に掲げる場合に該当するものとして政令で定めるものをいう。）により行われたもの又はその受益権が第三十七条の十一第二項第一号に掲げる株式等に該当するものの収益の分配

三　公募公社債等運用投資信託の収益の分配

四　特定公社債以外の公社債の利子で、その支払の確定した日（無記名の公社債の利子については、その支払をした日）においてその者（以下この号において「対象者」という。）又は当該対象者と政令で定める特殊の関係のある法人を判定の基礎となる株主として選定した場合に当該公社債の利子の支払をした法人が法人税法第二条第十号に規定する同族会社に該当することとなるときにおける当該対象者その他の政令で定める者が支払を受けるもの

②―④（略）

（財産形成非課税申込書等の提出の特例）

第四条の三の二①　第四条の二第一項に規定する勤労者（以下この項及び第五項において「勤労者」という。）は、次の各号に掲げる書類の提出（以下第三項までにおいて「財産形成非課税申込書等の提出」という。）の際に経由すべき同条第一項又は前条第一項に規定する勤務先（以下第三項まで及び第五項において「勤務先」という。）が電磁的方法（電子情報処理組織を使用する方法その他の情報通信の技術を利用する方法であつて財務省令で定めるものをいう。以下この条において同じ。）による当該各号に規定する書類（以下第三項までにおいて「財産形成非課税申込書等」という。）に記載すべき事項（以下この条において「記載事項」という。）の提供を適正に受けることができる措置を講じていることその他の政令で定める要件を満たす場合には、当該勤務先に対し、当該記載事項を電磁的方法により提供することができる。この場合において、当該勤労者は、その者の氏名を明らかにする措置であつて財務省令で定めるものを講じなければならないものとし、当該措置を講じているときは、その財産形成非課税申込書等を当該勤務先に提出したものとみなす。

一　第四条の二第一項の規定による同項に規定する財産形成非課税住宅貯蓄申込書の提出

二　第四条の二第四項の規定による同項に規定する財産形成非課税住宅貯蓄申告書の提出

三　第四条の二第五項の規定による同項に規定する財産形成非課税住宅貯蓄限度額変更申告書の提出

四　前条第一項の規定による同項に規定する財産形成非課税年金貯蓄申込書の提出

五　前条第四項の規定による同項に規定する財産形成非課税年金貯蓄申告書の提出

六　前条第五項の規定による同項に規定する財産形成非課税年金貯蓄限度額変更申告書の提出

②　次の各号に掲げる勤務先（以下この項、次項及び第六項において「委託勤務先」という。）の長は、当該各号の委託に係る事務代行団体（第四条の二第一項又は前条第一項に規定する事務代行団体をいう。以下この項において同じ。）の事務所その他これに準ずるもので当該各号の事務を行うもの（以下この項、次項及び第六項において「事務代行先」という。）が電磁的方法による記載事項の提供を適正に受けることができる措置を講じていることその他の政令で定める要件を満たす場合には、財産形成非課税申込書等の提出（当該各号に掲げる勤務先の区分に応じ当該各号に定める書類の提出に限る。）に代えて、当該各号の委託に係る事務代行先に対し、当該記載事項を電磁的方法により提供することができる。この場合において、当該委託勤務先の長は、当該委託勤務先の名称を明らかにする措置であつて財務省令で定めるものを講じなければならないものとし、当該措置を講じているときは、その財産形成非課税申込書等を当該事務代行先に提出したものとみなす。

一　前項第一号から第三号までに規定する書類を受理した勤務先であつて、当該勤務先に係る第四条の二第一項に規定する特定賃金支払者が同項に規定する勤労者財産形成住宅貯蓄契約に係る事務を事務代行団体に委託をしている場合における当該勤務先　前項第一号から第三号までに規定する書類

二　前項第四号から第六号までに規定する書類を受理した勤務先であつて、当該勤務先に係る前条第一項に規定する特定賃金支払者が同項に規定する勤労者財産形成年金貯蓄契約に係る事務を事務代行

行団体に委託をしている場合における当該勤務先

③　前項第四号から第六号までに規定する書類財産形成非課税申込書等を受理した勤務先（委託勤務先を除く。以下この項及び第六項において「事務実施勤務先」という。）の長又は財産形成非課税申込書等を受理した事務代行先の長は、当該財産形成非課税申込書等を提出すべき又は当該財産形成非課税申込書等を提出する際に経由すべき第四条の二第一項に規定する金融機関の営業所等が電磁的方法による記載事項の提供を適正に受けることができる措置を講じていることその他の政令で定める要件を満たす場合には、財産形成非課税申込書等の提出に代えて、当該金融機関の営業所等に対し、当該記載事項を電磁的方法により提供することができる。この場合において、当該事務実施勤務先の長又は事務代行先の長は、当該事務実施勤務先又は事務代行先の名称を明らかにする措置であつて財務省令で定めるものを講じなければならないものとし、当該措置を講じているときは、その財産形成非課税申込書等を当該金融機関の営業所等に提出したものとみなす。

④　前項の規定の適用がある場合における第四条の二第六項及び前条第六項の規定の適用については、これらの規定中「又は」とあるのは「に記載すべき事項又は」と、「がこれらの」とあるのは「に記載すべき事項をこれらの」と、「に受理されたとき」とあるのは「が提供を受けたとき」と、「受理された日」とあるのは「提供を受けた日」とする。

⑤　勤務者は、第一項（第二号又は第五号に係る部分に限る。）の規定により記載事項を電磁的方法により提供する場合には、第四条の二第四項に規定する同項第四号に掲げる事項を証する書類又は前条第四項に規定する同項第四号に掲げる事項を証する書類の第四条の二第四項又は前条第四項の規定による提出に代えて、政令で定めるところにより、その勤務先に対し、これらの書類に記載されるべき事項を電磁的方法により提供することができる。この場合において、当該勤務者は、これらの規定により第四条の二第四項に規定する財産形成非課税住宅貯蓄申告書又は前条第四項に規定する財産形成非課税年金貯蓄申告書にこれらの書類を添付して、提出したものとみなす。

⑥　前項の規定は、委託勤務先の長が第二項（第一項第二号又は第五号に掲げる書類の提出に係る部分に限る。）の規定により記載事項を電磁的方法により提供する場合又は事務実施勤務先の長若しくは事務代行先の長が第三項（第一項第二号又は第五号に掲げる書類の提出に係る部分に限る。）の規定により記載事項を電磁的方法により提供する場合について準用する。

⑦　前三項に定めるもののほか、記載事項を電磁的方法により提供する場合における前二条の規定及び第一項から第三項までの規定の適用に関し必要な事項は、政令で定める。

（上場株式等に係る配当所得等の課税の特例）

第八条の四①　居住者又は恒久的施設を有する非居住者が、平成二十八年一月一日以後に支払を受けるべき所得税法第二十三条第一項に規定する利子等（第三条第一項に規定する一般利子等、第三条の三第一項に規定する国外一般公社債等の利子等その他政令で定めるものを除く。以下この項及び第五項において「利子等」という。）又は同法第二十四条第一項に規定する配当等（第八条の二第一項に規定する私募公社債等運用投資信託等の収益の分配に係る配当等、前条第一項に規定する国外私募公社債等運用投資信託等の配当等その他政令で定めるものを除く。以下この項、第四項及び第五項において「配当等」という。）で次に掲げるもの（以下この項、次項及び第四項において「上場株式等の配当等」という。）を有する場合には、当該上場株式等の配当等に係る利子所得及び配当所得については、同法第二十二条及び第八十九条並びに第百六十五条の規定にかかわらず、他の所得と区分し、その年中の当該上場株式等の配当等に係る利子所得の金額及び配当所得の金額として政令で定めるところにより計算した金額（以下この項において「上場株式等に係る配当所得等の金額」という。）に対し、上場株式等に係る課税配当所得等の金額（上場株式等に係る配当所得等の金額（第三項第三号の規定により読み替えられた同法第七十二条から第八十七条までの規定の適用がある場合には、その適用後の金額）をいう。）の百分の十五に相当する金額に相当する所得税を課する。この場合において、当該上場株式等の配当等に係る配当所得については、同法第九十二条第一項の規定は、適用しない。

一　第三十七条の十一第二項第一号に掲げる株式等の利子等又は配当等で、内国法人から支払がされる当該配当等の支払に係る基準日（当該配当等が所得税法第二十五条第一項の規定により剰余金の配当、利益の配当、剰余金の分配又は金銭の分配とみなされるものに係る配当等である場合には、政令で定める日）においてその内国法人の発行済株式（投資法人（投資信託及び投資法人に関する法律第二条第十二項に規定する投資法人をいう。第三号、第九条の三第三号及び第九条の三の二第三項第三号において同じ。）にあつては、発行済みの投資口（投資信託及び投資法人に関する法律第二条第十四項に規定する投資口をいう。以下この項、次条第一項第四号、第九条の三第三号並びに第九条の三の二第一項第三号及び第三項第三号において同じ。）。第九条の三第一号において同じ。）又は出資の総数又は総額の百分の三以上に相当する数又は金額の株式（投資口を含む。以下この章において同じ。）又は出資を有する者が当該内国法人から支払を受ける配当等以外のもの

二　投資信託でその設定に係る受益権の募集が公募（金融商品取引法第二条第三項に規定する取得勧誘のうち同項第一号に掲げる場合に該当するものとして政令で定めるものをいう。）により行われたもの（特定株式投資信託を除く。）の収益の分配

三　特定投資法人（その規約に投資信託及び投資法人に関する法律第二条第十六項に規定する投資主の請求により投資口の払戻しをする旨が定められており、かつ、その設立の際の投資口の金融商品取引法第二条第三項に規定する有価証券の募集が同項に規定する取得勧誘であつて同項第一号に掲げる場合に該当するものとして政令で定めるものにより行われた投資法人をいう。）の投資口の配当等

四　特定受益証券発行信託（その信託法（平成十八年法律第百八号）第三条第一号に規定する信託契約（次条第一項第五号、第九条の三第四号、第九条の三の二第一項第四号及び第三十七条の十一第二項第三号の二において「信託契約」という。）の締結時において委託者が取得する受益権の募集が公募（金融商品取引法第二条第三項に規定する取得勧誘のうち同項第一号に掲げる場合に該当するものとして政令で定めるものをいう。）により行われたものに限る。）の収益の分配

五　特定目的信託（その信託契約の締結時において原委託者が有する社債的受益権の募集が第八条の二第一項第二号に規定する公募により行われたものに限る。）の社債的受益権の剰余金の配当

六　第三条第一項第一号に規定する特定公社債の利子

②―⑧（略）

（確定申告を要しない配当所得等）

第八条の五①　平成二十八年一月一日以後に支払を受けるべき所得税法第二十三条第一項に規定する利子等（第三条第一項に規定する一般利子等その他の政令で定めるものを除く。以下この条において「利子等」という。）又は同法第二十四条第一項に規定する配当等（第八条の二第一項各号に掲げる受益権の収益の分配その他の政令で定めるものを除く。以下この条において「配当等」という。）で次に掲げるものを有する居住者又は恒久的施設を有する非居住者は、同年以後の各年分の所得税については、同法第百二十条、第百二十三条若しくは第百二十七条（これらの規定を同法第百六十六条において準用する場合を含む。）に規定する総所得金額、配当控除の額若しくは純損失の金額若しくは同法第百二十一条第一項（同法第百六十六条において準用する場合を含む。）に規定する給与所得及び退職所得以外の所得金額若しくは同法第百二十一条第三項（同法第百六十六条において準用する場合を含む。）に規定する公的年金等に係る雑所得以外の所得金額又は前条第一項に規定する上場株式等に係る配当所得等の金額の計算上当該利子等に係る利子所得の金額又は配当等に係る配当所得の金額を除外し、かつ、同法第九十三条第一項又は第百六十五条の五の三第一項に規定する分配時調整外国税相当額（以下この項及び次項において「分配時調整外国税相当額」という。）の計算上当該利子等又は配当等に係る分配時調整外国税相当額を除外したところにより、同法第九十三条第一項、第百二十条から第百二十七条まで（これらの規定を同法第百六十六条において準用する場合を含む。）及び第百六十五条の五の三第一項の規定並びに第三十七条の十二の二第九項（第三十七条の十三の二第十項において準用する場合を含む。）において準用する同法第百二十三条第一項（同法第百六十六条において準用する場合を含む。）の規定を適用することができる。

一　内国法人から支払を受ける配当等（次号から第六号までに掲げるものを除く。）で、当該内国法人から一回に支払を受けるべき金額が、十万円に配当計算期間（当該配当等の直前に当該内国法人から支払がされた配当等の支払に係る基準日の翌日から当該内国法人から支払がされる当該配当等の支払に係る基準日までの期間をいう。）の月数を乗じてこれを十二で除して計算した金額以下であるもの

二　国若しくは地方公共団体又はその他の内国法人（第七号において「内国法人等」という。）から支払を受ける前条第一項第一号に掲げる利子等又は配当等

三　内国法人から支払を受ける投資信託でその設定に係る受益権の募集が前条第一項第二号に規定する公募により行われたもの（特定株式投資信託を除く。）の収益の分配

四　特定投資法人（前条第一項第三号に規定する特定投資法人をいう。）から支払を受ける投資口の配当等

五　特定受益証券発行信託（その信託契約の締結時において委託者が取得する受益権の募集が前条第一項第四号に規定する公募により行われたものに限る。）の収益の分配

六　内国法人から支払を受ける特定目的信託（その信託契約の締結時において原委託者が有する社債的受益権の募集が第八条の二第一項第二号に規定する公募により行われたものに限る。）の社債的受益権の剰余金の配当

七　内国法人等から支払を受ける第三条第一項第一号に規定する特定公社債の利子

②―⑤（略）

第二節　不動産所得及び事業所得

第一款　特別税額控除及び減価償却の特例

（事業適応設備を取得した場合等の特別償却又は所得税額の特別控除）

第一〇条の五の六①　青色申告書を提出する個人で産業競争力強化法（平成二十五年法律第九十八号）第二十一条の二十八第二項に規定する認定事業適応事業者（第五項を除き、以下この条において「認定事業適応事業者」という。）であるものが、産業競争力強化法等の一部を改正する等の法律（令和三年法律第七十号）の施行の日から令和五年三月三十一日までの期間（以下この条において「指定期間」という。）内に、産業競争力強化法第二十一条の十六第二項に規定する認定事業適応計画に従つて実施される同法第二十一条の二十八第二項に規定する情報技術事業適応（以下この条において「情報技術事業適

応」という。）の用に供するために特定ソフトウエア（政令で定めるソフトウエアをいう。以下この項及び第七項において同じ。）の新設若しくは増設をし、又は情報技術事業適応を実施するために利用するソフトウエアのその利用に係る費用（繰延資産となるものに限る。以下この条において同じ。）を支出する場合において、当該新設若しくは増設に係る特定ソフトウエア並びに当該特定ソフトウエア若しくはその利用するソフトウエアとともに情報技術事業適応の用に供する機械及び装置並びに器具及び備品（主として産業試験研究（第十条第八項第一号イ(1)に規定する試験研究又は同号イ(2)に規定する政令で定める試験研究をいう。）の用に供されるものとして財務省令で定めるもの（第七項において「産業試験研究用資産」という。）を除く。以下この項及び次項において「情報技術事業適応設備」という。）でその製作の後事業の用に供されたことのないものを取得し、又は情報技術事業適応設備を製作して、これを国内にある当該個人の事業の用に供したとき（貸付けの用に供した場合を除く。第五項、第七項及び第九項において同じ。）は、その事業の用に供した日の属する年（事業を廃止した日の属する年を除く。以下この条において「供用年」という。）の年分における当該個人の事業所得の金額の計算上、当該情報技術事業適応設備の償却費として必要経費に算入する金額は、所得税法第四十九条第一項の規定にかかわらず、当該情報技術事業適応設備について同項の規定により計算した償却費の額と特別償却限度額（当該情報技術事業適応設備の取得価額（情報技術事業適応の用に供するために取得又は製作をする特定ソフトウエア並びに当該特定ソフトウエア又は情報技術事業適応を実施するために利用してその利用に係る費用を支出するソフトウエアとともに情報技術事業適応の用に供する機械及び装置並びに器具及び備品の取得価額並びに情報技術事業適応を実施するために利用するソフトウエアのその利用に係る費用の額の合計額（以下この条において「対象資産合計額」という。）が三百億円を超える場合には、三百億円に当該情報技術事業適応設備の取得価額が当該対象資産合計額のうちに占める割合を乗じて計算した金額）の百分の三十に相当する金額をいう。）との合計額（次項において「合計償却限度額」という。）以下の金額で当該個人が必要経費として計算した金額とする。ただし、当該情報技術事業適応設備の償却費として同法第四十九条第一項の規定により必要経費に算入される金額を下ることはできない。

② 前項の規定により当該情報技術事業適応設備の償却費として必要経費に算入した金額がその合計償却限度額に満たない場合には、当該情報技術事業適応設備を事業の用に供した年の翌年分の事業所得の金額の計算上、当該情報技術事業適応設備の償却費として必要経費に算入する金額は、所得税法第四十九条第一項の規定にかかわらず、当該情報技術事業適応設備の償却費として同項の規定により必要経費に算入する金額とその満たない金額以下の金額で当該個人が必要経費として計算した金額との合計額に相当する金額とすることができる。

③ 青色申告書を提出する個人で認定事業適応事業者であるものが、指定期間内に、情報技術事業適応を実施するために利用するソフトウエアのその利用に係る費用を支出した場合には、その支出した日の属する年（事業を廃止した日の属する年を除く。第八項において「支出年」という。）の年分における当該個人の事業所得の金額の計算上、その支出した費用に係る繰延資産（以下この項及び次項において「事業適応繰延資産」という。）の償却費として必要経費に算入する金額は、所得税法第五十条第一項の規定にかかわらず、当該事業適応繰延資産について同項の規定により計算した償却費の額と特別償却限度額（当該事業適応繰延資産の額（対象資産合計額が三百億円を超える場合には、三百億円に当該事業適応繰延資産の額が当該対象資産合計額のうちに占める割合を乗じて計算した金額）の百分の三十に相当する金額をいう。）との合計額（次項において「合計償却限度額」という。）以下の金額で当該個人が必要経費として計算した金額とする。ただし、当該事業適応繰延資産の償却費として同条第一項の規定により必要経費に算入される金額を下ることはできない。

④ 前項の規定により当該事業適応繰延資産の償却費として必要経費に算入した金額がその合計償却限度額に満たない場合には、当該事業適応繰延資産を事業の用に供した年の翌年分の事業所得の金額の計算上、当該事業適応繰延資産の償却費として必要経費に算入する金額は、所得税法第五十条第一項の規定にかかわらず、当該事業適応繰延資産の償却費として同項の規定により必要経費に算入する金額とその満たない金額以下の金額で当該個人が必要経費として計算した金額との合計額に相当する金額とすることができる。

⑤ 青色申告書を提出する個人で産業競争力強化法第二十一条の十六第一項に規定する認定事業適応事業者（その同条第二項に規定する認定事業適応計画（同法第二十一条の十三第二項第三号に規定するエネルギー利用環境負荷低減事業適応に関するものに限る。以下この項及び第九項において「認定エネルギー利用環境負荷低減事業適応計画」という。）に当該認定エネルギー利用環境負荷低減事業適応計画に従つて行う同号に規定するエネルギー利用環境負荷低減事業適応（以下この項において「エネルギー利用環境負荷低減事業適応」という。）のための措置として同法第二条第十三項に規定する生産工程効率化等設備又は同条第十四項に規定する需要開拓商品生産設備（以下この条において「生産工程効率化等設備等」という。）を導入する旨の記載があるものに限る。第九項において「認定エネルギー利用環境負荷低減事業適応事業者」という。）であるものが、産業競争力強化法等の一部を改正する等の法律（令和三年法律第七十号）の施行の日から令和六年三月三十一日までの間に、その認定エネルギー利用

環境負荷低減事業適応計画に記載された生産工程効率化等設備等でその製作若しくは建設の後事業の用に供されたことのないものを取得し、又はその認定エネルギー利用環境負荷低減事業適応計画に記載された生産工程効率化等設備等を製作し、若しくは建設して、これを国内にある当該個人の事業の用に供した場合において、当該生産工程効率化等設備等につき第一項の規定の適用を受けないときは、供用年の年分における当該個人の事業所得の金額の計算上、当該生産工程効率化等設備等の償却費として必要経費に算入する金額は、所得税法第四十九条第一項の規定にかかわらず、当該生産工程効率化等設備等について同項の規定により計算した償却費の額と特別償却限度額（当該生産工程効率化等設備等の取得価額（その認定エネルギー利用環境負荷低減事業適応計画に従つて行うエネルギー利用環境負荷低減事業適応のための措置として取得又は製作若しくは建設をする生産工程効率化等設備等の取得価額の合計額が五百億円を超える場合には、五百億円にその事業の用に供した生産工程効率化等設備等の取得価額が当該合計額のうちに占める割合を乗じて計算した金額。第九項において「基準取得価額」という。）の百分の五十に相当する金額をいう。）との合計額（次項において「合計償却限度額」という。）以下の金額で当該個人が必要経費として計算した金額とする。ただし、当該生産工程効率化等設備等の償却費として同条第一項の規定により必要経費に算入される金額を下ることはできない。

⑥　前項の規定により当該生産工程効率化等設備等の償却費として必要経費に算入した金額がその合計償却限度額に満たない場合には、当該生産工程効率化等設備等を事業の用に供した年の翌年分の事業所得の金額の計算上、当該生産工程効率化等設備等の償却費として必要経費に算入する金額は、所得税法第四十九条第一項の規定にかかわらず、当該生産工程効率化等設備等の償却費として同項の規定により必要経費に算入する金額とその満たない金額以下の金額で当該個人が必要経費として計算した金額との合計額に相当する金額とすることができる。

⑦　青色申告書を提出する個人で認定事業適応事業者であるものが、指定期間内に、情報技術事業適応の用に供するために特定ソフトウエアの新設若しくは増設をし、又は情報技術事業適応を実施するために利用するソフトウエアのその利用に係る費用を支出する場合において、当該新設若しくは増設に係る特定ソフトウエア並びに当該特定ソフトウエア若しくはその利用するソフトウエアとともに情報技術事業適応の用に供する機械及び装置並びに器具及び備品（産業試験研究用資産を除く。以下この項において「情報技術事業適応設備」という。）でその製作の後事業の用に供されたことのないものを取得し、又は情報技術事業適応設備を製作して、これを国内にある当該個人の事業の用に供したときは、当該情報技術事業適応設備につき第一項又は第五項の規定の適用を受ける場合を除き、供用年の年分の総所得金額に係る所得税の額から、政令で定めるところにより、その事業の用に供した当該情報技術事業適応設備の取得価額（対象資産合計額が三百億円を超える場合には、三百億円に当該情報技術事業適応設備の取得価額が当該対象資産合計額のうちに占める割合を乗じて計算した金額）の百分の三（情報技術事業適応のうち産業競争力強化法第二条第一項に規定する産業競争力の強化に著しく資するものとして政令で定めるものの用に供する情報技術事業適応設備については、百分の五）に相当する金額の合計額（以下この項において「税額控除限度額」という。）を控除する。この場合において、当該個人の供用年における税額控除限度額が、当該個人の当該供用年の年分の調整前事業所得税額（第十条第八項第四号に規定する調整前事業所得税額をいう。次項及び第九項において同じ。）の百分の二十に相当する金額を超えるときは、その控除を受ける金額は、当該百分の二十に相当する金額を限度とする。

⑧　青色申告書を提出する個人で認定事業適応事業者であるものが、指定期間内に、情報技術事業適応を実施するために利用するソフトウエアのその利用に係る費用を支出した場合において、その支出した費用に係る繰延資産（以下この項において「事業適応繰延資産」という。）につき第三項の規定の適用を受けないときは、支出年の年分の総所得金額に係る所得税の額から、政令で定めるところにより、当該事業適応繰延資産の額（対象資産合計額が三百億円を超える場合には、三百億円に当該事業適応繰延資産の額が当該対象資産合計額のうちに占める割合を乗じて計算した金額）の百分の三（情報技術事業適応のうち産業競争力強化法第二条第一項に規定する産業競争力の強化に著しく資するものとして政令で定めるものを実施するために利用するソフトウエアのその利用に係る費用に係る事業適応繰延資産については、百分の五）に相当する金額の合計額（以下この項において「繰延資産税額控除限度額」という。）を控除する。この場合において、当該個人の支出年における繰延資産税額控除限度額が、当該個人の当該支出年の年分の調整前事業所得税額の百分の二十に相当する金額（前項の規定により当該支出年の年分の総所得金額に係る所得税の額から控除される金額がある場合には、当該金額を控除した金額）を超えるときは、その控除を受ける金額は、当該百分の二十に相当する金額を限度とする。

⑨　青色申告書を提出する個人で認定エネルギー利用環境負荷低減事業適応事業者であるものが、産業競争力強化法等の一部を改正する等の法律（令和三年法律第七十号）の施行の日から令和六年三月三十一日までの間に、その認定エネルギー利用環境負荷低減事業適応計画に記載された生産工程効率化等設備等でその製作若しくは建設の後事業の用に供されたことのないものを取得し、又はその認定エネルギー利用環境負荷低減事業適応計画に記載された生産工程効率化等設備等を製作し、若しくは建設して、これを国内にある当該個人の事業の用に供した場合において、当該生産工程効率化等設備等につき第一

項、第五項又は第七項の規定の適用を受けないときは、供用年の年分の総所得金額に係る所得税の額から、政令で定めるところにより、その事業の用に供した当該生産工程効率化等設備等の基準取得価額の百分の五（当該生産工程効率化等設備等のうちエネルギーの利用による環境への負荷の低減に著しく資するものとして政令で定めるものについては、百分の十）に相当する金額の合計額（以下この項において「生産工程効率化等設備等税額控除限度額」という。）を控除する。この場合において、当該個人の供用年における生産工程効率化等設備等税額控除限度額が、当該個人の当該供用年の年分の調整前事業所得税額の百分の二十に相当する金額（前二項の規定により当該供用年の年分の総所得金額に係る所得税の額から控除される金額がある場合には、当該金額を控除した金額）を超えるときは、その控除を受ける金額は、当該百分の二十に相当する金額を限度とする。

⑩　第一項及び第五項の規定は、個人が所有権移転外リース取引により取得した第一項に規定する情報技術事業適応設備及び生産工程効率化等設備等については、適用しない。

⑪　第一項から第六項までの規定は、確定申告書に、これらの規定により必要経費に算入される金額についてのその算入に関する記載があり、かつ、第一項に規定する情報技術事業適応設備、第三項に規定する事業適応繰延資産又は生産工程効率化等設備等の償却費の額の計算に関する明細書その他の財務省令で定める書類の添付がある場合に限り、適用する。

⑫　第七項から第九項までの規定は、確定申告書（これらの規定により控除を受ける金額を増加させる修正申告書又は更正請求書を提出する場合には、当該修正申告書又は更正請求書を含む。）にこれらの規定による控除の対象となる第七項に規定する情報技術事業適応設備の取得価額、第八項に規定する事業適応繰延資産の額又は生産工程効率化等設備等の取得価額、控除を受ける金額及び当該金額の計算に関する明細を記載した書類その他財務省令で定める書類の添付がある場合に限り、適用する。この場合において、第七項から第九項までの規定により控除される金額の計算の基礎となる第七項に規定する情報技術事業適応設備の取得価額、第八項に規定する事業適応繰延資産の額又は生産工程効率化等設備等の取得価額は、確定申告書に添付された書類に記載された第七項に規定する情報技術事業適応設備の取得価額、第八項に規定する事業適応繰延資産の額又は生産工程効率化等設備等の取得価額を限度とする。

⑬　その年分の所得税について第七項から第九項までの規定の適用を受ける場合における所得税法第百二十条第一項第三号に掲げる所得税の額の計算については、同号中「第三章（税額の計算）」とあるのは、「第三章（税額の計算）及び租税特別措置法第十条の五の六第七項から第九項まで（事業適応設備を取得した場合等の所得税額の特別控除）」とする。

⑭　第十項から前項までに定めるもののほか、第一項から第九項までの規定の適用に関し必要な事項は、政令で定める。

第五款　その他の特例

（青色申告特別控除）

第二五条の二①　青色申告書を提出することにつき税務署長の承認を受けている個人のその承認を受けている年分（第三項の規定の適用を受ける年分を除く。）の不動産所得の金額、事業所得の金額又は山林所得の金額は、所得税法第二十六条第二項、第二十七条第二項又は第三十二条第三項の規定により計算した不動産所得の金額、事業所得の金額又は山林所得の金額から次に掲げる金額のうちいずれか低い金額を控除した金額とする。

一　十万円

二　所得税法第二十六条第二項、第二十七条第二項又は第三十二条第三項の規定により計算した不動産所得の金額、事業所得の金額（次条第一項の規定の適用がある場合には、同項に規定する社会保険診療につき支払を受けるべき金額に対応する部分の金額を除く。第三項第二号において同じ。）又は山林所得の金額の合計額

②―⑥　（略）

（有限責任事業組合の事業に係る組合員の事業所得等の所得計算の特例）

第二七条の二①　有限責任事業組合契約に関する法律（平成十七年法律第四十号）第三条第一項に規定する有限責任事業組合契約（以下この条において「組合契約」という。）を締結している組合員である個人が、各年において、当該組合契約に基づいて営まれる事業（以下この条において「組合事業」という。）から生ずる不動産所得、事業所得又は山林所得を有する場合において当該組合事業によるこれらの所得の損失の金額として政令で定める金額があるときは、当該損失の金額のうち当該組合事業に係る当該個人の出資の価額を基礎として政令で定めるところにより計算した金額を超える部分の金額に相当する金額は、その年分の不動産所得の金額、事業所得の金額又は山林所得の金額の計算上、必要経費に算入しない。

②―④　（略）

第三節　給与所得及び退職所得等

（特定の取締役等が受ける新株予約権の行使による株式の取得に係る経済的利益の非課税等）

第二九条の二①　会社法（平成十七年法律第八十六号）第二百三十八条第二項の決議（同法第二百三十九条第一項の決議による委任に基づく同項に規定する募集事項の決定及び同法第二百四十条第一項の規定による取締役会の決議を含む。）により新株予約権（政令で定めるものに限る。以下この項において「新株予約権」という。）を与えられる者とされた当該決議（以下この条において「付与決議」という。）のあつた株式会社若しくは当該株式会社がその発行済株式（議決権のあるものに限る。）若しくは出資の総数若しくは総額の百分の五十を超える数

若しくは金額の株式（議決権のあるものに限る。）若しくは出資を直接若しくは間接に保有する関係その他の政令で定める関係にある法人の取締役、執行役若しくは使用人である個人（当該付与決議のあつた日において当該株式会社の政令で定める数の株式を有していた個人（以下この項及び次項において「大口株主」という。）及び同日において当該株式会社の大口株主に該当する者の配偶者その他の当該大口株主に該当する者と政令で定める特別の関係があつた個人（以下この項及び次項において「大口株主の特別関係者」という。）を除く。以下この項、次項及び第六項において「取締役等」という。）若しくは当該取締役等の相続人（政令で定めるものに限る。以下この項、次項及び第六項において「権利承継相続人」という。）又は当該株式会社若しくは当該法人の取締役、執行役及び使用人である個人以外の個人（大口株主及び大口株主の特別関係者を除き、中小企業等経営強化法第十三条に規定する認定新規中小企業者等に該当する当該株式会社が同法第九条第二項に規定する認定社外高度人材活用新事業分野開拓計画（当該新株予約権の行使の日以前に同項の規定による認定の取消しがあつたものを除く。）に従つて行う同法第二条第八項に規定する社外高度人材活用新事業分野開拓に従事する同項に規定する社外高度人材（当該認定社外高度人材活用新事業分野開拓計画に従つて当該新株予約権を与えられる者に限る。以下この項において同じ。）で、当該認定社外高度人材活用新事業分野開拓計画の同法第八条第二項第二号に掲げる実施時期の開始の日（当該認定社外高度人材活用新事業分野開拓計画の変更により新たに当該社外高度人材活用新事業分野開拓に従事することとなつた社外高度人材にあつては、当該変更について受けた同法第九条第一項の規定による認定の日。次項第二号において「実施時期の開始等の日」という。）から当該新株予約権の行使の日まで引き続き居住者である者に限る。以下この条において「特定従事者」という。）が、当該付与決議に基づき当該株式会社と当該取締役等又は当該特定従事者との間に締結された契約により与えられた当該新株予約権（当該新株予約権に係る契約において、次に掲げる要件（当該新株予約権が当該取締役等に対して与えられたものである場合には、第一号から第六号までに掲げる要件）が定められているものに限る。以下この条において「特定新株予約権」という。）を当該契約に従つて行使することにより当該特定新株予約権に係る株式の取得をした場合には、当該株式の取得に係る経済的利益については、所得税を課さない。ただし、当該取締役等若しくは権利承継相続人又は当該特定従事者（以下この項及び次項において「権利者」という。）が、当該特定新株予約権の行使をすることにより、その年における当該行使に際し払い込むべき額（以下この項及び次項において「権利行使価額」という。）と当該権利者がその年において既にした当該特定新株予約権及び他の特定新株予約権の行使に係る権利行使価額との合計額が、千二百万円を超えることとなる場合には、当該千二百万円を超えることとなる特定新株予約権の行使による株式の取得に係る経済的利益については、この限りでない。

一―八 （略）

②―⑬ （略）

↓所税一六一条⑧を見よ。

第四節　山林所得及び譲渡所得等

第二款　長期譲渡所得の課税の特例

（長期譲渡所得の課税の特例）

第三一条① 個人が、その有する土地若しくは土地の上に存する権利（以下第三十二条までにおいて「土地等」という。）又は建物及びその附属設備若しくは構築物（以下同条までにおいて「建物等」という。）で、その年一月一日において所有期間が五年を超えるものの譲渡（建物又は構築物の所有を目的とする地上権又は賃借権の設定その他契約により他人（当該個人が非居住者である場合の所得税法第百六十一条第一項第一号に規定する事業場等を含む。）に土地を長期間使用させる行為で政令で定めるもの（第三十三条から第三十七条の六まで、第三十七条の八及び第三十七条の九において「譲渡所得の基因となる不動産等の貸付け」という。）を含む。以下第三十二条までにおいて同じ。）をした場合には、当該譲渡による譲渡所得については、同法第二十二条及び第八十九条並びに第百六十五条の規定にかかわらず、他の所得と区分し、その年中の当該譲渡に係る譲渡所得の金額（同法第三十三条第三項に規定する譲渡所得の特別控除額の控除をしないで計算した金額とし、第三十二条第一項に規定する短期譲渡所得の金額の計算上生じた損失の金額があるときは、同項後段の規定にかかわらず、当該計算した金額を限度として当該損失の金額を控除した後の金額とする。以下この項及び第三十一条の四において「長期譲渡所得の金額」という。）に対し、長期譲渡所得の金額（第三項第三号の規定により読み替えられた同法第七十二条から第八十七条までの規定の適用がある場合には、その適用後の金額。以下第三十一条の三までにおいて「課税長期譲渡所得金額」という。）の百分の十五に相当する金額に相当する所得税を課する。この場合において、長期譲渡所得の金額の計算上生じた損失の金額があるときは、同法その他所得税に関する法令の規定の適用については、当該損失の金額は生じなかつたものとみなす。

②③ （略）

（長期譲渡所得の概算取得費控除）

第三一条の四① 個人が昭和二十七年十二月三十一日以前から引き続き所有していた土地等又は建物等を譲渡した場合における長期譲渡所得の金額の計算上収入金額から控除する取得費は、所得税法第三十八条及び第六十一条の規定にかかわらず、当該収入金額の百分の五に相当する金額とする。ただし、当該金額がそれぞれ次の各号に掲げる金額に満たないことが証明された場合には、当該各号に掲げる金額とする。
一 その土地等の取得に要した金額と改良費の額との合計額
二 その建物等の取得に要した金額と設備費及び改良費の額との合計額につき所得税法第三十八条第二項の規定を適用した場合に同項の規定により取得費とされる金額
② 第三十条第二項の規定は、前項の規定を適用する場合について準用する。この場合において、同条第二項本文中「山林」とあるのは「第三十一条の四第一項に規定する土地等又は建物等（以下この項において「土地建物等」という。）」と、同項ただし書中「山林」とあるのは「土地建物等」と読み替えるものとする。

第三款 短期譲渡所得の課税の特例

（短期譲渡所得の課税の特例）
第三二条① 個人が、その有する土地等又は建物等で、その年一月一日において第三十一条第二項に規定する所有期間が五年以下であるもの（その年中に取得をした土地等又は建物等で政令で定めるものを含む。）の譲渡をした場合には、当該譲渡による譲渡所得については、所得税法第二十二条及び第八十九条並びに第百六十五条の規定にかかわらず、他の所得と区分し、その年中の当該譲渡に係る譲渡所得の金額（同法第三十三条第三項に規定する譲渡所得の特別控除額の控除をしないで計算した金額とし、第三十一条第一項に規定する長期譲渡所得の金額の計算上生じた損失の金額があるときは、同項後段の規定にかかわらず、当該計算した金額を限度として当該損失の金額を控除した後の金額とする。以下この項において「短期譲渡所得の金額」という。）に対し、課税短期譲渡所得金額（短期譲渡所得の金額（第四項において準用する第三十一条第三項第三号の規定により読み替えられた同法第七十二条から第八十七条までの規定の適用がある場合には、その適用後の金額）をいう。）の百分の三十に相当する金額に相当する所得税を課する。この場合において、短期譲渡所得の金額の計算上生じた損失の金額があるときは、同法その他所得税に関する法令の規定の適用については、当該損失の金額は生じなかつたものとみなす。
② 前項の規定は、個人が、その有する資産が主として土地等である法人の発行する株式又は出資（当該株式又は出資のうち次に掲げる出資、投資口又は受益権に該当するものを除く。以下この項において「株式等」という。）の譲渡で、その年一月一日において前項に規定する所有期間が五年以下である土地等の譲渡に類するものとして政令で定めるものをした場合において、当該譲渡による所得が、事業又はその用に供する資産の譲渡に類するものとして政令で定める株式等の譲渡による所得に該当するときについて準用する。
一 資産の流動化に関する法律第二条第三項に規定する特定目的会社であつて第六十七条の十四第一項第一号ロ(1)若しくは(2)に掲げるもの又は同号ロ(3)若しくは(4)に掲げるもの（同項第二号ニに規定する同族会社に該当するものを除く。）に該当するものの同法第二条第五項に規定する優先出資及び同条第六項に規定する特定出資
二 投資信託及び投資法人に関する法律第二条第十二項に規定する投資法人であつて、第六十七条の十五第一項第一号ロ(1)又は(2)に掲げるもの（同項第二号ニに規定する同族会社に該当するものを除く。）に該当するものの同法第二条第十四項に規定する投資口
三 法人課税信託のうち特定目的信託であつて、第六十八条の三の二第一項第一号ロに掲げる要件に該当するもの（同項第二号イに規定する同族会社に該当するものを除く。）の受益権
四 法人課税信託のうち法人税法第二条第二十九号の二ニに掲げる投資信託であつて、第六十八条の三の三第一項第一号ロに掲げる要件に該当するもの（同項第二号イに規定する同族会社に該当するものを除く。）の受益権
③④ （略）

第四款 収用等の場合の譲渡所得の特別控除等

（収用交換等の場合の譲渡所得等の特別控除）
第三三条の四① 個人の有する資産で第三十三条第一項各号又は第三十三条の二第一項各号に規定するものがこれらの規定に該当することとなつた場合（第三十三条第三項の規定により同項第一号に規定する土地等、同項第二号若しくは第三号に規定する土地の上にある資産若しくはその土地の上にある建物に係る配偶者居住権又は同項第四号に規定する権利につき収用等による譲渡があつたものとみなされた場合、前条第三項の規定により旧資産又は旧資産のうち同項の政令で定める部分につき収用等による譲渡があつたものとみなされた場合及び同条第五項の規定により防災旧資産のうち同項の政令で定める部分につき収用等による譲渡があつたものとみなされた場合を含む。）において、その者がその年中にその該当することとなつた資産のいずれについても第三十三条又は第三十三条の二の規定の適用を受けないとき（同条の規定の適用を受けず、かつ、第三十三条の規定の適用を受けた場合において、次条第一項の規定による修正申告書を提出したことにより第三十三条の規定の適用を受けないこととなるときを含む。）は、これらの全部の資産の収用等又は交換処分等（以下この款において「収用交換等」という。）による譲渡に対する第三十一条若しくは第三十二条又は所得税法第三十二条若しくは第三十三条の規定の適用については、次に定めるところによる。
一 第三十一条第一項中「長期譲渡所得の金額（」とあるのは、「長期譲渡所得の金額から五千万円（長期譲渡所得の金額のうち第三十三条の四第一項の規定に該当する資産の譲渡に係る部分の金額

が五千万円に満たない場合には、当該資産の譲渡に係る部分の金額）を控除した金額（」とする。

二　第三十二条第一項中「短期譲渡所得の金額から五千万円」とあるのは、「短期譲渡所得の金額（短期譲渡所得の金額のうち第三十三条の四第一項の規定に該当する資産の譲渡に係る部分の金額が五千万円に満たない場合には、当該資産の譲渡に係る部分の金額）を控除した金額（」とする。

三　所得税法第三十二条第三項の山林所得に係る収入金額から必要経費を控除した残額は、当該資産の譲渡に係る当該残額に相当する金額から五千万円（当該残額に相当する金額が五千万円に満たない場合には、当該残額に相当する金額）を控除した金額とする。

四　所得税法第三十三条第三項の譲渡所得に係る収入金額から当該所得の基因となつた資産の取得費及びその資産の譲渡に要した費用の額の合計額を控除した残額は、当該資産の譲渡に係る当該残額に相当する金額から五千万円（当該残額に相当する金額が五千万円に満たない場合には、当該残額に相当する金額）を控除した金額とする。

②　前項の場合において、当該個人のその年中の収用交換等による資産の譲渡について同項各号のうち二以上の号の規定の適用があるときは、同項各号の規定により控除すべき金額は、通じて五千万円の範囲内において、政令で定めるところにより計算した金額とする。

③　第一項の規定は、次の各号に掲げる場合に該当する場合には、当該各号に定める資産については、適用しない。

一　第一項に規定する資産の収用交換等による譲渡が、当該資産の買取り、消滅、交換、取壊し、除去又は使用（以下この条において「買取り等」という。）の申出をする者（以下この条において「公共事業施行者」という。）から当該資産につき最初に当該申出のあつた日から六月を経過した日（当該資産の当該譲渡につき、土地収用法第十五条の七第一項の規定による仲裁の申請（同日以前にされたものに限る。）に基づき同法第十五条の十一第一項に規定する仲裁判断があつた場合、同法第四十六条の二第一項の規定による補償金の支払の請求があつた場合又は農地法（昭和二十七年法律第二百二十九号）第三条第一項若しくは第五条第一項の規定による許可を受けなければならない場合若しくは同項第七号の規定による届出をする場合には、同日から政令で定める期間を経過した日）までにされなかつた場合　当該資産

二・三　（略）

④—⑦　（略）

1　本条三項一号〔平成二三法八二による改正前〕の趣旨は公共事業の遂行を円滑かつ容易にすることであるから、札幌市の買取申出（約七四六三万円）に応じず収用裁決により補償金約一億八七四四万円を受領した納税者には本条一項の控除は認められないとした事例（東京地判平27・10・14税資二六六順号一二九一七）

第九款　有価証券の譲渡による所得の課税の特例等

（一般株式等に係る譲渡所得等の課税の特例）

第三十七条の一〇①　居住者又は恒久的施設を有する非居住者が、平成二十八年一月一日以後に一般株式等（株式等のうち次条第二項に規定する上場株式等以外のものをいう。以下この条において同じ。）の譲渡（金融商品取引法第二十八条第八項第三号イに掲げる取引（第三十七条の十一の二第二項において「有価証券先物取引」という。）の方法により行うもの並びに法人の自己の株式又は出資の第三項第五号に規定する取得及び公社債の買入れの方法による償還に係るものを除く。以下この項及び次条第一項において同じ。）をした場合には、当該一般株式等の譲渡による事業所得、譲渡所得及び雑所得（所得税法第四十一条の二の規定に該当する事業所得及び雑所得並びに第三十二条第二項の規定に該当する譲渡所得を除く。第三項及び第四項において「一般株式等に係る譲渡所得等」という。）については、同法第二十二条及び第八十九条並びに第百六十五条の規定にかかわらず、他の所得と区分し、その年中の当該一般株式等の譲渡に係る事業所得の金額、譲渡所得の金額及び雑所得の金額として政令で定めるところにより計算した金額（以下この項において「一般株式等に係る譲渡所得等の金額」という。）に対し、一般株式等に係る課税譲渡所得等の金額（一般株式等に係る譲渡所得等の金額（第六項第五号の規定により読み替えられた同法第七十二条から第八十七条までの規定の適用がある場合には、その適用後の金額）をいう。）の百分の十五に相当する金額に相当する所得税を課する。この場合において、一般株式等に係る譲渡所得等の金額の計算上生じた損失の金額があるときは、同法その他所得税に関する法令の規定の適用については、当該損失の金額は生じなかつたものとみなす。

②　この条において「株式等」とは、次に掲げるもの（外国法人に係るものを含むものとし、ゴルフ場その他の施設の利用に関する権利に類するものとして政令で定める株式又は出資者の持分を除く。）をいう。

一　株式（株主又は投資主（投資信託及び投資法人に関する法律第二条第十六項に規定する投資主をいう。）となる権利、株式の割当てを受ける権利、新株予約権（同条第十七項に規定する新投資口予約権を含む。以下この号において同じ。）及び新株予約権の割当てを受ける権利を含む。）

二　特別の法律により設立された法人の出資者の持分、合名会社、合資会社又は合同会社の社員の持分、法人税法第二条第七号に規定する協同組合等の組合員又は会員の持分その他法人の出資者の持分（出資者、社員、組合員又は会員となる権利及び出資の割当てを受ける権利を含むものとし、次

号に掲げるものを除く。）
三　協同組織金融機関の優先出資に関する法律（平成五年法律第四十四号）に規定する優先出資（優先出資者（同法第十三条第一項の優先出資者をいう。）となる権利及び優先出資の割当てを受ける権利を含む。）及び資産の流動化に関する法律第二条第五項に規定する優先出資（優先出資社員（同法第二十六条に規定する優先出資社員をいう。）となる権利及び同法第五条第一項第二号ニ(2)に規定する引受権を含む。）
四　投資信託の受益権
五　特定受益証券発行信託の受益権
六　社債的受益権
七　公社債（預金保険法（昭和四十六年法律第三十四号）第二条第二項第五号に規定する長期信用銀行債等その他政令で定めるものを除く。以下この款において同じ。）

③―⑥（略）

（上場株式等に係る譲渡所得等の課税の特例）

第三七条の一一①　居住者又は恒久的施設を有する非居住者が、平成二十八年一月一日以後に上場株式等の譲渡をした場合には、当該上場株式等の譲渡による事業所得、譲渡所得及び雑所得（所得税法第四十一条の二の規定に該当する事業所得及び雑所得並びに第三十二条第二項の規定に該当する譲渡所得を除く。第三項及び第四項において「上場株式等に係る譲渡所得等」という。）については、同法第二十二条及び第八十九条並びに第百六十五条の規定にかかわらず、他の所得と区分し、その年中の当該上場株式等の譲渡に係る事業所得の金額、譲渡所得の金額及び雑所得の金額として政令で定めるところにより計算した金額（以下この項において「上場株式等に係る譲渡所得等の金額」という。）に対し、上場株式等に係る課税譲渡所得等の金額（上場株式等に係る譲渡所得等の金額（第六項において準用する前条第六項第五号の規定により読み替えられた同法第七十二条から第八十七条までの規定の適用がある場合には、その適用後の金額）をいう。）の百分の十五に相当する金額に相当する所得税を課する。この場合において、上場株式等に係る譲渡所得等の金額の計算上生じた損失の金額があるときは、同法その他所得税に関する法令の規定の適用については、当該損失の金額は生じなかつたものとみなす。

②　この条において「上場株式等」とは、株式等（前条第二項に規定する株式等をいう。第一号において同じ。）のうち次に掲げるものをいう。
一　株式等で金融商品取引所に上場されているものその他これに類するものとして政令で定めるもの
二　投資信託でその設定に係る受益権の募集が第八条の四第一項第二号に規定する公募により行われたもの（第三条の二に規定する特定株式投資信託を除く。）の受益権
三　第八条の四第一項第三号に規定する特定投資法人の投資信託及び投資法人に関する法律第二条第十四項に規定する投資口
三の二　特定受益証券発行信託（その信託契約の締結時において委託者が取得する受益権の募集が第八条の四第一項第四号に規定する公募により行われたものに限る。）の受益権
四　特定目的信託（その信託契約の締結時において原委託者が取得する社債的受益権の募集が第八条の二第一項第二号に規定する公募により行われたものに限る。）の社債的受益権
五　国債及び地方債
六　外国又はその地方公共団体が発行し、又は保証する債券
七　会社以外の法人が特別の法律により発行する債券（外国法人に係るもの並びに投資信託及び投資法人に関する法律第二条第十九項に規定する投資法人債、同法第百三十九条の十二第一項に規定する短期投資法人債、資産の流動化に関する法律第二条第七項に規定する特定社債及び同条第八項に規定する特定短期社債を除く。）
八　公社債でその発行の際の金融商品取引法第二条第三項に規定する有価証券の募集が同項に規定する取得勧誘であつて同項第一号に掲げる場合に該当するものとして政令で定めるものにより行われたもの
九　社債のうち、その発行の日前九月以内（外国法人にあつては、十二月以内）に金融商品取引法第五条第一項に規定する有価証券届出書、同法第二十四条第一項に規定する有価証券報告書その他政令で定める書類（第十一号ロにおいて「有価証券報告書等」という。）を内閣総理大臣に提出している法人が発行するもの
十　金融商品取引所（これに類するもので外国の法令に基づき設立されたものを含む。以下この号において同じ。）において当該金融商品取引所の規則に基づき公表された公社債情報（一定の期間内に発行する公社債の種類及び総額、その公社債の発行者の財務状況及び事業の内容その他当該公社債及び当該発行者に関して明らかにされるべき基本的な情報をいう。以下この号において同じ。）に基づき発行する公社債で、その発行の際に作成される目論見書に、当該公社債が当該公社債情報に基づき発行されるものである旨の記載のあるもの
十一　国外において発行された公社債で、次に掲げるもの
イ　金融商品取引法第二条第四項に規定する有価証券の売出し（同項に規定する売付け勧誘等であつて同項第一号に掲げる場合に該当するものとして政令で定める場合に該当するものに限る。）に応じて取得した公社債（ロにおいて「売出し公社債」という。）で、当該取得の時から引き続き当該有価証券の売出しをした金融商品取引業者等（第三十七条の十一の三第三項第一号に規定する金融商品取引業者等をいう。ロにおいて同じ。）の営業所（同号に規定する営業所をいう。ロにおいて同じ。）において保管の委託がされているもの

ロ　金融商品取引法第二条第四項に規定する売付け勧誘等に応じて取得した公社債（売出し公社債を除く。）で、当該取得の日前九月以内（外国法人にあつては、十二月以内）に有価証券報告書等を提出している会社が発行したもの（当該取得の時から引き続き当該売付け勧誘等をした金融商品取引業者等の営業所において保管の委託がされているものに限る。）

十二　外国法人が発行し、又は保証する債券で政令で定めるもの

十三　銀行業若しくは金融商品取引法第二十八条第一項に規定する第一種金融商品取引業を行う者（同法第二十九条の四の二第九項に規定する第一種少額電子募集取扱業者を除く。）若しくは外国の法令に準拠して当該国において銀行業若しくは同法第二条第八項に規定する金融商品取引業を行う法人（以下この号において「銀行等」という。）又は次に掲げる者が発行した社債（その取得をした者が実質的に多数でないものとして政令で定めるものを除く。）

イ　銀行等がその発行済株式又は出資の全部を直接又は間接に保有する関係として政令で定める関係（ロにおいて「完全支配の関係」という。）にある法人

ロ　親法人（銀行等の発行済株式又は出資の全部を直接又は間接に保有する関係として政令で定める関係のある法人をいう。）が完全支配の関係にある当該銀行等以外の法人

十四　平成二十七年十二月三十一日以前に発行された公社債（その発行の時において法人税法第二条第十号に規定する同族会社に該当する会社が発行したものを除く。）

③―⑥　（略）

第十款　その他の特例

（相続財産に係る譲渡所得の課税の特例）

第三九条①　相続又は遺贈（贈与者の死亡により効力を生ずる贈与を含む。以下この条において同じ。）による財産の取得（相続税法又は第七十条の五、第七十条の六の九、第七十条の七の三若しくは第七十条の七の七の規定により相続又は遺贈による財産の取得とみなされるものを含む。第六項において同じ。）をした個人で当該相続又は遺贈につき同法の規定による相続税額があるものが、当該相続の開始があつた日の翌日から当該相続に係る同法第二十七条第一項又は第二十九条第一項の規定による申告書（これらの申告書の提出後において同法第四条第一項に規定する事由が生じたことにより取得した資産については、当該取得に係る同法第三十一条第二項の規定による申告書。第四項第一号において「相続税申告書」という。）の提出期限（同号において「相続税申告期限」という。）の翌日以後三年を経過する日までの間に当該相続税額に係る課税価格（同法第十九条又は第二十一条の十四から第二十一条の十八までの規定の適用がある場合には、これらの規定により当該課税価格とみなされた金額）の計算の基礎に算入された資産の譲渡（第三十一条第一項に規定する譲渡所得の基因となる不動産等の貸付けを含む。以下この項、第四項及び第八項において同じ。）をした場合における譲渡所得に係る所得税法第三十三条第三項の規定の適用については、同項に規定する取得費は、当該取得費に相当する金額に当該相続税額のうち当該譲渡をした資産に対応する部分として政令で定めるところにより計算した金額を加算した金額とする。

②―⑩　（略）

（国等に対して財産を寄附した場合の譲渡所得等の非課税）

第四〇条①　国又は地方公共団体に対し財産の贈与又は遺贈があつた場合には、所得税法第五十九条第一項第一号の規定の適用については、当該財産の贈与又は遺贈がなかつたものとみなす。公益社団法人、公益財団法人、特定一般法人（法人税法別表第二に掲げる一般社団法人及び一般財団法人で、同法第二条第九号の二イに掲げるものをいう。）その他の公益を目的とする事業（以下この項から第三項まで及び第五項において「公益目的事業」という。）を行う法人（外国法人に該当するものを除く。以下この条において「公益法人等」という。）に対する財産（国外にある土地その他の政令で定めるものを除く。以下この条において同じ。）の贈与又は遺贈（当該公益法人等を設立するためにする財産の提供を含む。以下この条において同じ。）で、当該贈与又は遺贈が教育又は科学の振興、文化の向上、社会福祉への貢献その他公益の増進に著しく寄与すること、当該贈与又は遺贈に係る財産（当該財産につき第三十三条第一項に規定する収用等があつたことその他の政令で定める理由により当該財産の譲渡をした場合において、当該譲渡による収入金額の全部に相当する金額をもつて取得した当該財産に代わるべき資産として政令で定めるものを取得したときは、当該資産（次項、第三項及び第十六項において「代替資産」という。））が、当該贈与又は遺贈があつた日から二年を経過する日までの期間（当該期間内に当該公益法人等の当該公益目的事業の用に直接供することが困難である場合として政令で定める事情があるときは、政令で定める期間。次項において同じ。）内に、当該公益法人等の当該公益目的事業の用に直接供され、又は供される見込みであることその他の政令で定める要件を満たすものとして国税庁長官の承認を受けたものについても、また同様とする。

②―⑳　（略）

第四節の三　居住者の外国関係会社に係る所得等の課税の特例

第一款　居住者の外国関係会社に係る所得の課税の特例

第四〇条の四　（略。第六六条の六と同旨）

↓六六条の六[2][15]を見よ。

第六節　その他の特例

（所得金額調整控除）

第四一条の三の三① その年中の給与等の収入金額が八百五十万円を超える居住者で、特別障害者に該当するもの又は年齢二十三歳未満の扶養親族を有するもの若しくは特別障害者である同一生計配偶者若しくは扶養親族を有するものに係る総所得金額を計算する場合には、その年中の給与等の収入金額（当該給与等の収入金額が千万円を超える場合には、千万円）から八百五十万円を控除した金額の百分の十に相当する金額を、その年分の給与所得の金額から控除する。

② その年分の給与所得控除後の給与等の金額及び公的年金等に係る雑所得の金額がある居住者で、当該給与所得控除後の給与等の金額及び当該公的年金等に係る雑所得の金額の合計額が十万円を超えるものに係る総所得金額を計算する場合には、当該給与所得控除後の給与等の金額（当該給与所得控除後の給与等の金額が十万円を超える場合には、十万円）及び当該公的年金等に係る雑所得の金額（当該公的年金等に係る雑所得の金額が十万円を超える場合には、十万円）の合計額から十万円を控除した残額を、その年分の給与所得の金額（前項の規定の適用がある場合には、同項の規定による控除をした残額）から控除する。

③―⑦（略）

（不動産所得に係る損益通算の特例）

第四一条の四① 個人の平成四年分以後の各年分の不動産所得の金額の計算上生じた損失の金額がある場合において、当該年分の不動産所得の金額の計算上必要経費に算入した金額のうちに不動産所得を生ずべき業務の用に供する土地又は土地の上に存する権利（次項において「土地等」という。）を取得するために要した負債の利子の額があるときは、当該損失の金額のうち当該負債の利子の額に相当する部分の金額として政令で定めるところにより計算した金額は、所得税法第六十九条第一項の規定その他の所得税に関する法令の規定の適用については、生じなかつたものとみなす。

②（略）

（特定組合員等の不動産所得に係る損益通算等の特例）

第四一条の四の二① 特定組合員（組合契約を締結している組合員（これに類する者で政令で定めるものを含む。以下この項において同じ。）のうち、組合事業に係る重要な財産の処分若しくは譲受け又は組合事業に係る多額の借財に関する業務の執行の決定に関与し、かつ、当該業務のうち契約を締結するための交渉その他の重要な部分を自ら執行する組合員以外のものをいう。）又は特定受益者（信託の所得税法第十三条第一項に規定する受益者（同条第二項の規定により同条第一項に規定する受益者とみなされる者を含む。）をいう。）に該当する個人が、平成十八年以後の各年において、組合事業又は信託から生ずる不動産所得を有する場合においてその年分の不動産所得の金額の計算上当該組合事業又は信託による不動産所得の損失の金額として政令で定める金額があるときは、当該損失の金額に相当する金額は、同法第二十六条第二項及び第六十九条第一項の規定その他の所得税に関する法令の規定の適用については、生じなかつたものとみなす。

② この条において、次の各号に掲げる用語の意義は、当該各号に定めるところによる。

一　組合契約　民法第六百六十七条第一項に規定する組合契約及び投資事業有限責任組合契約に関する法律第三条第一項に規定する投資事業有限責任組合契約並びに外国におけるこれらに類する契約（政令で定めるものを含む。）をいう。

二　組合事業　各組合契約に基づいて営まれる事業をいう。

③ 前項に定めるもののほか、第一項の規定の適用に関し必要な事項は、政令で定める。

（国外中古建物の不動産所得に係る損益通算等の特例）

第四一条の四の三① 個人が、令和三年以後の各年において、国外中古建物から生ずる不動産所得を有する場合においてその年分の不動産所得の金額の計算上国外不動産所得の損失の金額があるときは、当該国外不動産所得の損失の金額に相当する金額は、所得税法第二十六条第二項及び第六十九条第一項の規定その他の所得税に関する法令の規定の適用については、生じなかつたものとみなす。

② この条において、次の各号に掲げる用語の意義は、当該各号に定めるところによる。

一　国外中古建物　個人において使用され、又は法人（所得税法第二条第一項第八号に規定する人格のない社団等を含む。）において事業の用に供された国外にある建物であつて、個人が取得をしてこれを当該個人の不動産所得を生ずべき業務の用に供したもの（当該不動産所得の金額の計算上当該建物の償却費として同法第三十七条の規定により必要経費に算入する金額を計算する際に同法の規定により定められている耐用年数を財務省令で定めるところにより算定しているものに限る。）をいう。

二　国外不動産所得の損失の金額　個人の不動産所得の金額の計算上国外中古建物の貸付け（他人（当該個人が非居住者である場合の所得税法第百六十一条第一項第一号に規定する事業場等を含む。以下この号において同じ。）に国外中古建物を使用させることを含む。）による損失の金額（当該国外中古建物以外の国外にある不動産、不動産の上に存する権利、船舶又は航空機（以下この号において「国外不動産等」という。）の貸付け（他人に国外不動産等を使用させることを含む。）による不動産所得の金額がある場合には、当該損失の金額を当該国外不動産等の貸付けによる不動産所得の金額の計算上控除してもなお控除しきれない金額）のうち当該国外中古建物の償却費の額に相当する部分の金額として政令で定めるところにより計算した金額をいう。

③　第一項の規定の適用を受けた国外中古建物を譲渡した場合において、当該譲渡による譲渡所得の金額の計算上控除する資産の取得費を計算するときにおける所得税法第三十八条の規定の適用については、同条第二項第一号中「累積額」とあるのは、「累積額からその資産につき租税特別措置法第四十一条の四の三第一項（国外中古建物の不動産所得に係る損益通算等の特例）の規定により生じなかつたものとみなされた損失の金額に相当する金額の合計額を控除した金額」とする。

④　前二項に定めるもののほか、第一項の規定の適用に関し必要な事項は、政令で定める。

（認定特定非営利活動法人等に寄附をした場合の寄附金控除の特例又は所得税額の特別控除）

第四一条の一八の二①　個人が、認定特定非営利活動法人等（特定非営利活動促進法（平成十年法律第七号）第二条第三項に規定する認定特定非営利活動法人及び同条第四項に規定する特例認定特定非営利活動法人をいう。以下この条において同じ。）に対し、当該認定特定非営利活動法人等の行う同法第二条第一項に規定する特定非営利活動（次項において「特定非営利活動」という。）に係る事業に関連する寄附（その寄附をした者に特別の利益が及ぶと認められるもの及び出資に関する業務に充てられることが明らかなものを除く。以下この項及び次項において同じ。）をした場合（当該寄附に係る支出金を支出した年分の所得税につき次項の規定の適用を受ける場合を除く。）には、当該寄附に係る支出金は、所得税法第七十八条第二項に規定する特定寄附金とみなして、同法の規定を適用する。

②　個人が認定特定非営利活動法人等に対して支出した当該認定特定非営利活動法人等の行う特定非営利活動に係る事業に関連する寄附に係る支出金（以下この項において「特定非営利活動に関する寄附金」という。）については、その年中に支出した当該特定非営利活動に関する寄附金の額の合計額（当該合計額にその年中に支出した特定寄附金等の金額（所得税法第七十八条第二項に規定する特定寄附金の額及び同条第三項の規定又は前条第一項の規定により当該特定寄附金とみなされたものの額並びに第四十一条の十九第一項に規定する控除対象特定新規株式の取得に要した金額として同項に規定する政令で定める金額の合計額をいう。以下この項において同じ。）を加算した金額が、当該個人のその年分の総所得金額、退職所得金額及び山林所得金額の合計額の百分の四十に相当する金額を超える場合には、当該百分の四十に相当する金額から当該特定寄附金等の金額を控除した残額）が二千円（その年中に支出した当該特定寄附金等の金額がある場合には、二千円から当該特定寄附金等の金額を控除した残額）を超える場合には、その年分の所得税の額から、その超える金額の百分の四十に相当する金額（当該金額に百円未満の端数があるときは、これを切り捨てる。）を控除する。この場合において、当該控除する金額が、当該個人のその年分の所得税の額の百分の二十五に相当する金額（次条第一項の規定の適用がある場合には、当該百分の二十五に相当する金額から同項の規定により控除する金額を控除した残額。以下この項において同じ。）を超えるときは、当該控除する金額は、当該百分の二十五に相当する金額（当該金額に百円未満の端数があるときは、これを切り捨てる。）を限度とする。

③―⑥　（略）

（公益社団法人等に寄附をした場合の所得税額の特別控除）

第四一条の一八の三①　個人が支出した所得税法第七十八条第二項に規定する特定寄附金のうち、次に掲げるもの（同条第一項の規定の適用を受けるものを除く。以下この項において「税額控除対象寄附金」という。）については、その年中に支出した税額控除対象寄附金の額の合計額（その年中に支出した特定寄附金等の金額（同条第二項に規定する特定寄附金の額及び同条第三項の規定又は第四十一条の十八第一項若しくは前条第一項の規定により当該特定寄附金とみなされたものの額並びに次条第一項に規定する控除対象特定新規株式の取得に要した金額として同項に規定する政令で定める金額の合計額をいう。以下この項において同じ。）が、当該個人のその年分の総所得金額、退職所得金額及び山林所得金額の合計額の百分の四十に相当する金額を超える場合には、当該百分の四十に相当する金額から所得控除対象寄附金の額（当該特定寄附金等の金額から税額控除対象寄附金の額の合計額を控除した残額をいう。以下この項において同じ。）を控除した残額）が二千円（その年中に支出した当該所得控除対象寄附金の額がある場合には、二千円から当該所得控除対象寄附金の額を控除した残額）を超える場合には、その年分の所得税の額から、その超える金額の百分の四十に相当する金額（当該金額に百円未満の端数があるときは、これを切り捨てる。）を控除する。この場合において、当該控除する金額が、当該個人のその年分の所得税の額の百分の二十五に相当する金額を超えるときは、当該控除する金額は、当該百分の二十五に相当する金額（当該金額に百円未満の端数があるときは、これを切り捨てる。）を限度とする。

一　次に掲げる法人（その運営組織及び事業活動が適正であること並びに市民から支援を受けていることにつき政令で定める要件を満たすものに限る。）に対する寄附金

イ　公益社団法人及び公益財団法人

ロ　私立学校法（昭和二十四年法律第二百七十号）第三条に規定する学校法人及び同法第六十四条第四項の規定により設立された法人

ハ　社会福祉法人

ニ　更生保護法人

二　次に掲げる法人（その運営組織及び事業活動が適正であること並びに市民から支援を受けている

ことにつき政令で定める要件を満たすものに限る。）に対する寄附金のうち、学生等に対する修学の支援のための事業に充てられることが確実であるものとして政令で定めるもの

イ　国立大学法人

ロ　公立大学法人

ハ　独立行政法人国立高等専門学校機構及び独立行政法人日本学生支援機構

三　次に掲げる法人（その運営組織及び事業活動が適正であること並びに市民から支援を受けていることにつき政令で定める要件を満たすものに限る。）に対する寄附金のうち、学生又は不安定な雇用状態にある研究者に対するこれらの者が行う研究への助成又は研究者としての能力の向上のための事業に充てられることが確実であるものとして政令で定めるもの

イ　国立大学法人及び大学共同利用機関法人

ロ　公立大学法人

ハ　独立行政法人国立高等専門学校機構

②―⑤　（略）

第三章　法人税法の特例

第一節　中小企業者等の法人税率の特例

第四二条の三の二①　次の表の第一欄に掲げる法人又は人格のない社団等（普通法人のうち各事業年度終了の時において法人税法第六十六条第五項各号若しくは第百四十三条第五項各号に掲げる法人、同法第六十六条第六項に規定する大通算法人又は次条第十九項第八号に規定する適用除外事業者（以下この項において「適用除外事業者」という。）に該当するもの（通算法人である普通法人の各事業年度終了の日において当該普通法人との間に通算完全支配関係がある他の通算法人のうちいずれかの法人が適用除外事業者に該当する場合における当該普通法人を含む。）を除く。）の平成二十四年四月一日から令和五年三月三十一日までの間に開始する各事業年度の所得に係る同法その他法人税に関する法令の規定の適用については、同欄に掲げる法人又は人格のない社団等の区分に応じ同表の第二欄に掲げる規定中同表の第三欄に掲げる税率は、同表の第四欄に掲げる税率とする。

第一欄	第二欄	第三欄	第四欄
一　普通法人のうち当該各事業年度終了の時において資本金の額若しくは出資金の額が一億円以下であるもの若しくは資本若しくは出資を有しないもの（第四号に掲げる法人を除く。）又は人格のない社団等	法人税法第六十六条第二項及び第六項並びに第百四十三条第二項	百分の十九	百分の十五
二　一般社団法人等（法人税法別表第二に掲げる一般社団法人及び一般財団法人並びに公益社団法人及び公益財団法人をいう。）又は同法以外の法律によつて公益法人等とみなされているもので政令で定めるもの	法人税法第六十六条第二項	百分の十九	百分の十五
三　公益法人等（前号に掲げる法人を除く。）又は協同組合等（第六十八条第一項に規定する協同組合等を除く。）	法人税法第六十六条第三項	百分の十九	百分の十九（各事業年度の所得の金額のうち年八百万円以下の金額については、百分の十五）
四　第六十七条の二第一項の規定による承認を受けている同項に規定する医療法人	同項	百分の十九	百分の十九（各事業年度の所得の金額のうち年八百万円以下の金額については、百分の十五）

②―⑥　（略）

第四節の二　交際費等の課税の特例

（交際費等の損金不算入）

第六一条の四①　法人が平成二十六年四月一日から令和四年三月三十一日までの間に開始する各事業年度において支出する交際費等の額（当該事業年度終了の日における資本金の額又は出資金の額（資本又は出資を有しない法人その他政令で定める法人にあつては、政令で定める金額。次項において同じ。）が百億円以下である法人については、当該交際費等の額のうち接待飲食費の額の百分の五十に相当する金

額を超える部分の金額）は、当該事業年度の所得の金額の計算上、損金の額に算入しない。
② 前項の場合において、法人（投資信託及び投資法人に関する法律第二条第十二項に規定する投資法人及び資産の流動化に関する法律第二条第三項に規定する特定目的会社を除く。）のうち当該事業年度終了の日における資本金の額又は出資金の額が一億円以下であるもの（普通法人のうち当該事業年度終了の日において法人税法第六十六条第六項第二号又は第三号に掲げる法人に該当するものを除く。）については、次の各号に掲げる場合の区分に応じ当該各号に定める金額をもつて、前項に規定する超える部分の金額とすることができる。
一 前項の交際費等の額が八百万円に当該事業年度の月数を乗じてこれを十二で除して計算した金額（次号において「定額控除限度額」という。）以下である場合 零
二 前項の交際費等の額が定額控除限度額を超える場合 その超える部分の金額
③ 前項の月数は、暦に従つて計算し、一月に満たない端数を生じたときは、これを一月とする。
④ 第一項に規定する交際費等とは、交際費、接待費、機密費その他の費用で、法人が、その得意先、仕入先その他事業に関係のある者等に対する接待、供応、慰安、贈答その他これらに類する行為（以下この項において「接待等」という。）のために支出するもの（次に掲げる費用のいずれかに該当するものを除く。）をいい、第一項に規定する接待飲食費とは、同項の交際費等のうち飲食その他これに類する行為のために要する費用（専ら当該法人の法人税法第二条第十五号に規定する役員若しくは従業員又はこれらの親族に対する接待等のために支出するものを除く。第二号において「飲食費」という。）であつて、その旨につき財務省令で定めるところにより明らかにされているものをいう。
一 専ら従業員の慰安のために行われる運動会、演芸会、旅行等のために通常要する費用
二 飲食費であつて、その支出する金額を基礎として政令で定めるところにより計算した金額が政令で定める金額以下の費用
三 前二号に掲げる費用のほか政令で定める費用
⑤ 第二項の規定は、確定申告書等、修正申告書又は更正請求書に同項第一号に規定する定額控除限度額の計算に関する明細書の添付がある場合に限り、適用する。
⑥ 第四項第二号の規定は、財務省令で定める書類を保存している場合に限り、適用する。

1 支出が「交際費等」に該当するというためには、①「支出の相手方」が事業に関係ある者等であり、②「支出の目的」が事業関係者等との間の親睦の度を密にして取引関係の円滑な進行を図ることであるとともに、③「行為の形態」が接待、供応、慰安、贈答その他これらに類する行為であること、の三要件を満たすことが必要である。（東京高判平15・9・9判時一八三四・二八〈萬有製薬事件〉租税百選［七版］六二）

2 「交際費等」に該当するというための要件は、第一に支出の相手方が事業に関係のある者であること、第二に支出の目的がかかる相手方に対する接待、供応、慰安、贈答その他これらに類する行為のためであること、にある。（東京高判平5・6・28行裁四四・六=七・五〇六〈オートオークション事件〉租税百選［五版］六四）

3 法人が従業員等の慰安のために忘年会等の費用を負担した場合、社員の福利厚生のために法人が費用全額を負担するのが相当であるものとして通常一般的に行われている程度のものである限りその費用は交際費等に該当しないが、その程度を超えている場合にはその費用は交際費等に該当する。（東京地判昭55・4・21行裁三一・五・一〇八七）

4 従業員全員を対象として大型リゾートホテルの宴会場で開催された行事について、①酒食等の提供を主としてなされる慰安行事と②移動や宿泊等を伴う旅行を主としてなされる慰安行事の両要素を含むものと認定した上で、「日帰り慰安旅行」に係る費用額と比較して通常要する程度だと判断した事例（福岡地判平29・4・25税資二六七順号一三〇一五）

5 法人が無償交付した優待入場券について、現に使用されて遊園施設への入場等がされたときに、その者に対し、当該法人の提供する役務に係る原価のうちその者に対応する分につき費用の支出があったものと認めた例（東京高判平22・3・24訟月五八・二・三四六）

第五節 使途秘匿金の支出がある場合の課税の特例

第六二条① 法人（法人税法第二条第五号に規定する公共法人を除く。以下この項において同じ。）は、その使途秘匿金の支出について法人税を納める義務があるものとし、法人が平成六年四月一日以後に使途秘匿金の支出をした場合には、当該法人に対して課する各事業年度の所得に対する法人税の額は、同法第六十六条第一項から第三項まで及び第六項、第六十九条第十八項（同条第二十一項又は第二十二項において準用する場合を含む。）並びに第百四十三条第一項及び第二項の規定、第四十二条の四第八項第六号ロ及び第七号（これらの規定を同条第十八項において準用する場合を含む。）、第四十二条の十四第一項及び第四項、第六十二条の三第一項及び第九項、第六十三条第一項、第六十七条の二第一項並びに第六十八条第一項の規定その他法人税に関する法令の規定にかかわらず、これらの規定により計算した法人税の額に、当該使途秘匿金の支出の額に百分の四十の割合を乗じて計算した金額を加算した金額とする。
② 前項に規定する使途秘匿金の支出とは、法人がした金銭の支出（贈与、供与その他これらに類する目

的のためにする金銭以外の資産の引渡しを含む。以下この条において同じ。）のうち、相当の理由がなく、その相手方の氏名又は名称及び住所又は所在地並びにその事由（以下この条において「相手方の氏名等」という。）を当該法人の帳簿書類に記載していないもの（資産の譲受けその他の取引の対価の支払としてされたもの（当該支出に係る金銭又は金銭以外の資産が当該取引の対価として相当であると認められるものに限る。）であることが明らかなものを除く。）をいう。

③―⑨（略）

[1] 法人が交際接待費の名義で支出しているからといって直ちに法人税法上損金として認められるわけではなく、損金として認められるためには、その費途が明らかであって、その費途が法人の業務の遂行に関連のあるものであることを要する。（東京地判昭51・7・20訟月二二・一一・二六二一……平成六年度税制改正により交際費の損金算入否定が明文化された）

第六節の二　株式等を対価とする株式の譲渡に係る所得の計算の特例

第六六条の二の二① 法人が、その有する株式（以下この項において「所有株式」という。）を発行した他の法人を会社法第七百七十四条の三第一項第一号に規定する株式交付子会社とする株式交付により当該所有株式を譲渡し、当該株式交付に係る株式交付親会社（同号に規定する株式交付親会社をいう。以下この条において同じ。）の株式の交付を受けた場合（当該株式交付により交付を受けた当該株式交付親会社の株式の価額が当該株式交付により交付を受けた金銭の額及び金銭以外の資産の価額の合計額のうちに占める割合が百分の八十に満たない場合を除く。）における法人税法第六十一条の二第一項の規定の適用については、同項第一号に掲げる金額は、当該所有株式の当該株式交付の直前の帳簿価額に相当する金額に株式交付割合（当該株式交付により交付を受けた当該株式交付親会社の株式の価額が当該株式交付により交付を受けた金銭の額及び金銭以外の資産の価額の合計額（剰余金の配当として交付を受けた金銭の額及び金銭以外の資産の価額の合計額を除く。）のうちに占める割合をいう。）を乗じて計算した金額と当該株式交付により交付を受けた金銭の額及び金銭以外の資産の価額の合計額（当該株式交付親会社の株式の価額並びに剰余金の配当として交付を受けた金銭の額及び金銭以外の資産の価額の合計額を除く。）とを合計した金額とする。

② 前項の法人が外国法人である場合における同項の規定の適用に関する事項、同項の交付を受けた株式交付親会社の株式の取得価額その他同項の規定の適用がある場合における法人税に関する法令の規定の適用に関し必要な事項は、政令で定める。

第七節の二　国外関連者との取引に係る課税の特例等

（国外関連者との取引に係る課税の特例）

第六六条の四① 法人が、昭和六十一年四月一日以後に開始する各事業年度において、当該法人に係る国外関連者（外国法人で、当該法人との間にいずれか一方の法人が他方の法人の発行済株式又は出資（当該他方の法人が有する自己の株式又は出資を除く。）の総数又は総額の百分の五十以上の数又は金額の株式又は出資を直接又は間接に保有する関係その他の政令で定める特殊の関係（次項、第五項及び第十項において「特殊の関係」という。）のあるものをいう。以下この条において同じ。）との間で資産の販売、資産の購入、役務の提供その他の取引を行つた場合に、当該取引（当該国外関連者が恒久的施設を有する外国法人である場合には、当該国外関連者の法人税法第百四十一条第一号イに掲げる国内源泉所得に係る取引として政令で定めるものを除く。以下この条において「国外関連取引」という。）につき、当該法人が当該国外関連者から支払を受ける対価の額が独立企業間価格に満たないとき、又は当該法人が当該国外関連者に支払う対価の額が独立企業間価格を超えるときは、当該法人の当該事業年度の所得に係る同法その他法人税に関する法令の規定の適用については、当該国外関連取引は、独立企業間価格で行われたものとみなす。

② 前項に規定する独立企業間価格とは、国外関連取引が次の各号に掲げる取引のいずれに該当するかに応じ当該各号に定める方法のうち、当該国外関連取引の内容及び当該国外関連取引の当事者が果たす機能その他の事情を勘案して、当該国外関連取引が独立の事業者の間で通常の取引の条件に従つて行われるとした場合に当該国外関連取引につき支払われるべき対価の額を算定するための最も適切な方法により算定した金額をいう。

一　棚卸資産の販売又は購入　次に掲げる方法

イ　独立価格比準法（特殊の関係にない売手と買手が、国外関連取引に係る棚卸資産と同種の棚卸資産を当該国外関連取引と取引段階、取引数量その他が同様の状況の下で売買した取引の対価の額（当該同種の棚卸資産を当該国外関連取引と取引段階、取引数量その他に差異のある状況の下で売買した取引がある場合において、その差異により生ずる対価の額の差を調整できるときは、その調整を行つた後の対価の額を含む。）に相当する金額をもつて当該国外関連取引の対価の額とする方法をいう。）

ロ　再販売価格基準法（国外関連取引に係る棚卸資産の買手が特殊の関係にない者に対して当該棚卸資産を販売した対価の額（以下この項において「再販売価格」という。）から通常の利潤の額（当該再販売価格に政令で定める通常の利益率を乗じて計算した金額をいう。）を控除して計算した金額をもつて当該国外関連取引の対価の額とする方法をいう。）

ハ　原価基準法（国外関連取引に係る棚卸資産の売手の購入、製造その他の行為による取得の原価の額に通常の利潤の額（当該原価の額に政令で定める通常の利益率を乗じて計算した金額をいう。）を加算して計算した金額をもつて当該国外関連取引の対価の額とする方法をいう。）

ニ　イからハまでに掲げる方法に準ずる方法その他政令で定める方法

二　前号に掲げる取引以外の取引　同号イからニまでに掲げる方法と同等の方法

③　法人が各事業年度において支出した寄附金の額（法人税法第三十七条第七項に規定する寄附金の額をいう。以下この項及び次項において同じ。）のうち当該法人に係る国外関連者に対するもの（恒久的施設を有する外国法人である国外関連者に対する寄附金の額で当該国外関連者の各事業年度の同法第百四十一条第一号イに掲げる国内源泉所得に係る所得の金額の計算上益金の額に算入されるものを除く。）は、当該法人の各事業年度の所得の金額の計算上、損金の額に算入しない。この場合において、当該法人に対する同法第三十七条の規定の適用については、同条第一項中「次項」とあるのは、「次項又は租税特別措置法第六十六条の四第三項（国外関連者との取引に係る課税の特例）」とする。

④　第一項の規定の適用がある場合における国外関連取引の対価の額と当該国外関連取引に係る同項に規定する独立企業間価格との差額（寄附金の額に該当するものを除く。）は、法人の各事業年度の所得の金額の計算上、損金の額に算入しない。

⑤　法人が当該法人に係る国外関連者との取引を他の者（当該法人に係る他の国外関連者及び当該国外関連者と特殊の関係のある内国法人を除く。以下この項において「非関連者」という。）を通じて行う場合として政令で定める場合における当該法人と当該非関連者との取引は、当該法人の国外関連取引とみなして、第一項の規定を適用する。

⑥　法人が、当該事業年度において、当該法人に係る国外関連者との間で国外関連取引を行つた場合には、当該国外関連取引に係る第一項に規定する独立企業間価格を算定するために必要と認められる書類として財務省令で定める書類（その作成に代えて電磁的記録（電子的方式、磁気的方式その他の人の知覚によつては認識することができない方式で作られる記録であつて、電子計算機による情報処理の用に供されるものをいう。以下この条において同じ。）の作成がされている場合における当該電磁的記録を含む。）を、当該事業年度の法人税法第七十四条第一項又は第百四十四条の六第一項若しくは第二項の規定による申告書の提出期限までに作成し、又は取得し、財務省令で定めるところにより保存しなければならない。

⑦　法人が当該事業年度の前事業年度において当該法人に係る一の国外関連者との間で行つた国外関連取引（前事業年度がない場合その他の政令で定める場合には、当該事業年度において当該法人と当該一の国外関連者との間で行つた国外関連取引）が次のいずれにも該当する場合又は当該法人が前事業年度において当該一の国外関連者との間で行つた国外関連取引がない場合として政令で定める場合には、当該法人が当該事業年度において当該一の国外関連者との間で行つた国外関連取引に係る第一項に規定する独立企業間価格を算定するために必要と認められる書類については、前項の規定は、適用しない。

一　一の国外関連者との間で行つた国外関連取引につき、当該一の国外関連者から支払を受ける対価の額及び当該一の国外関連者に支払う対価の額の合計額が五十億円未満であること。

二　一の国外関連者との間で行つた国外関連取引（無形資産（有形資産及び金融資産以外の資産として政令で定めるものをいう。以下この号及び次項において同じ。）の譲渡若しくは貸付け（無形資産に係る権利の設定その他他の者に無形資産を使用させる一切の行為を含む。）又はこれらに類似する取引に限る。）につき、当該一の国外関連者から支払を受ける対価の額及び当該一の国外関連者に支払う対価の額の合計額が三億円未満であること。

⑧　法人が各事業年度において当該法人に係る国外関連者との間で行つた特定無形資産国外関連取引（国外関連取引のうち、特定無形資産（国外関連取引を行つた時において評価することが困難な無形資産として政令で定めるものをいう。以下この項において同じ。）の譲渡若しくは貸付け（特定無形資産に係る権利の設定その他他の者に特定無形資産を使用させる一切の行為を含む。）又はこれらに類似する取引をいう。以下この項において同じ。）について、当該特定無形資産国外関連取引の対価の額を算定するための前提となつた事項（当該特定無形資産国外関連取引を行つた時に当該法人が予測したものに限る。）についてその内容と相違する事実が判明した場合には、税務署長は、第二項各号に掲げる取引のいずれに該当するかに応じ当該各号に定める方法のうち、当該特定無形資産国外関連取引の内容及び当該特定無形資産国外関連取引の当事者が果たす機能その他の事情（当該相違する事実及びその相違することとなつた事由の発生の可能性（当該特定無形資産国外関連取引を行つた時における客観的な事実に基づいて計算されたものであることその他の政令で定める要件を満たすものに限る。）を含む。）を勘案して、当該特定無形資産国外関連取引が独立の事業者の間で通常の取引の条件に従つて行われるとした場合に当該特定無形資産国外関連取引につき支払われるべき対価の額を算定するための最も適切な方法により算定した金額を第一項に規定する独立企業間価格とみなして、当該法人の当該事業年度の所得の金額又は欠損金額につき法人税法第二条第三十九号に規定する更正（以下この条において「更正」という。）又は同法第二条第四十号に規定する決定（第十二項、第十四項及び第二十七項において「決定」という。）をすることができる。ただし、当該特定

無形資産国外関連取引の対価の額とこの項本文の規定を適用したならば第一項に規定する独立企業間価格とみなされる金額とが著しく相違しない場合として政令で定める場合に該当するときは、この限りでない。

⑨　前項本文の規定は、法人が同項の特定無形資産国外関連取引（第二十五項の規定により各事業年度において法人が当該法人に係る国外関連者との間で取引を行つた場合に当該事業年度の確定申告書（法人税法第二条第三十一号に規定する確定申告書をいう。同項において同じ。）に添付すべき書類に、当該特定無形資産国外関連取引に係る同項に規定する事項の記載があるものに限る。以下この項及び次項において同じ。）に係る次に掲げる事項の全てを記載した書類（その作成に代えて電磁的記録の作成がされている場合における当該電磁的記録を含む。）を作成し、又は取得している場合には、適用しない。

一　当該特定無形資産国外関連取引の対価の額を算定するための前提となつた事項（当該特定無形資産国外関連取引を行つた時に当該法人が予測したものに限る。次号において同じ。）の内容として財務省令で定める事項

二　当該特定無形資産国外関連取引の対価の額を算定するための前提となつた事項についてその内容と相違する事実が判明した場合におけるその相違することとなつた事由（以下この号において「相違事由」という。）が災害その他これに類するものであるために当該特定無形資産国外関連取引を行つた時に当該法人がその発生を予測することが困難であつたこと、又は相違事由の発生の可能性（当該特定無形資産国外関連取引を行つた時における客観的な事実に基づいて計算されたものであることその他の政令で定める要件を満たすものに限る。）を勘案して当該法人が当該特定無形資産国外関連取引の対価の額を算定していたこと。

⑩　第八項本文の規定は、法人に係る特定無形資産国外関連取引に係る判定期間（当該法人と特殊の関係にない者又は当該法人との間で当該特定無形資産国外関連取引を行つた国外関連者と特殊の関係にない者から受ける同項の特定無形資産の使用その他の行為による収入が最初に生じた日（その日が当該特定無形資産国外関連取引が行われた日前である場合には、当該特定無形資産国外関連取引が行われた日）を含む事業年度開始の日から五年を経過する日までの期間をいう。以下この項において同じ。）に当該特定無形資産の使用その他の行為により生ずることが予測された利益の額と当該判定期間に当該特定無形資産の使用その他の行為により生じた利益の額とが著しく相違しない場合として政令で定める場合に該当するときは、当該判定期間を経過する日後において、当該特定無形資産国外関連取引については、適用しない。

⑪　国税庁の当該職員又は法人の納税地の所轄税務署若しくは所轄国税局の当該職員が法人に前二項の規定の適用があることを明らかにする書類（その作成又は保存に代えて電磁的記録の作成又は保存がされている場合における当該電磁的記録を含む。以下この項において同じ。）又はその写しの提示又は提出を求めた場合において、その提示又は提出を求めた日から六十日（その求めた書類又はその写しが同時文書化対象国外関連取引（第七項の規定の適用がある国外関連取引以外の国外関連取引をいう。次項及び第十七項において同じ。）に係る第六項に規定する財務省令で定める書類（その作成又は保存に代えて電磁的記録の作成又は保存がされている場合における当該電磁的記録を含む。次項及び第十七項において同じ。）又はその写しに該当する場合には、その提示又は提出を求めた日から四十五日）を超えない範囲内においてその求めた書類又はその写しの提示又は提出の準備に通常要する日数を勘案して当該職員が指定する日までにこれらの提示又は提出がなかつたときは、前二項の規定の適用はないものとする。

⑫　国税庁の当該職員又は法人の納税地の所轄税務署若しくは所轄国税局の当該職員が、法人に各事業年度における同時文書化対象国外関連取引に係る第六項に規定する財務省令で定める書類若しくはその写しの提示若しくは提出を求めた場合においてその提示若しくは提出を求めた日から四十五日を超えない範囲内においてその求めた書類若しくはその写しの提示若しくは提出の準備に通常要する日数を勘案して当該職員が指定する日までにこれらの提示若しくは提出がなかつたとき、又は法人に各事業年度における同時文書化対象国外関連取引に係る第一項に規定する独立企業間価格（第八項本文の規定により当該独立企業間価格とみなされる金額を含む。）を算定するために重要と認められる書類として財務省令で定める書類（その作成又は保存に代えて電磁的記録の作成又は保存がされている場合における当該電磁的記録を含む。以下この項及び第十七項において同じ。）若しくはその写しの提示若しくは提出を求めた場合においてその提示若しくは提出を求めた日から六十日を超えない範囲内においてその求めた書類若しくはその写しの提示若しくは提出の準備に通常要する日数を勘案して当該職員が指定する日までにこれらの提示若しくは提出がなかつたときは、税務署長は、次の各号に掲げる方法（第二号に掲げる方法は、第一号に掲げる方法を用いることができない場合に限り、用いることができる。）により算定した金額を第一項に規定する独立企業間価格と推定して、当該法人の当該事業年度の所得の金額又は欠損金額につき更正又は決定をすることができる。ただし、当該事業年度において、当該同時文書化対象国外関連取引につき第八項又は第九項の規定の適用がある場合は、この限りでない。

一　当該法人の当該国外関連取引に係る事業と同種の事業を営む法人で事業規模その他の事業の内容が類似するものの当該事業に係る売上総利益率又はこれに準ずる割合として政令で定める割合を基礎とした第二項第一号ロ若しくはハに掲げる方法（同項第一号ロ又は

ハに掲げる方法と同等の方法に限る。）

二　第二項第一号ニに規定する政令で定める方法又は同項第二号に定める方法（当該政令で定める方法と同等の方法に限る。）に類するものとして政令で定める方法

⑬　前項本文の規定は、同項の同時文書化対象国外関連取引につき第十項の規定の適用がある場合には、同項に規定する経過する日後は、適用しない。

⑭　国税庁の当該職員又は法人の納税地の所轄税務署若しくは所轄国税局の当該職員が、法人に各事業年度における同時文書化免除国外関連取引（第七項の規定の適用がある国外関連取引をいう。以下この項及び第十八項において同じ。）に係る第一項に規定する独立企業間価格（第八項本文の規定により当該独立企業間価格とみなされる金額を含む。）を算定するために重要と認められる書類として財務省令で定める書類（その作成又は保存に代えて電磁的記録の作成又は保存がされている場合における当該電磁的記録を含む。以下この項及び第十八項において同じ。）又はその写しの提示又は提出を求めた場合において、その提示又は提出を求めた日から六十日を超えない範囲内においてその求めた書類又はその写しの提示又は提出の準備に通常要する日数を勘案して当該職員が指定する日までにこれらの提示又は提出がなかつたときは、税務署長は、第十二項各号に掲げる方法（同項第二号に掲げる方法は、同項第一号に掲げる方法を用いることができない場合に限り、用いることができる。）により算定した金額を第一項に規定する独立企業間価格と推定して、当該法人の当該事業年度の所得の金額又は欠損金額につき更正又は決定をすることができる。ただし、当該事業年度において、当該同時文書化免除国外関連取引につき第八項又は第九項の規定の適用がある場合は、この限りでない。

⑮　前項本文の規定は、同項の同時文書化免除国外関連取引につき第十項の規定の適用がある場合には、同項に規定する経過する日後は、適用しない。

⑯　国税庁の当該職員又は法人の納税地の所轄税務署若しくは所轄国税局の当該職員は、法人と当該法人に係る国外関連者との間の取引に関する調査について必要があるときは、当該法人に対し、当該国外関連者が保存する帳簿書類（その作成又は保存に代えて電磁的記録の作成又は保存がされている場合における当該電磁的記録を含む。以下この条において同じ。）又はその写しの提示又は提出を求めることができる。

⑰　国税庁の当該職員又は法人の納税地の所轄税務署若しくは所轄国税局の当該職員は、法人に各事業年度における同時文書化対象国外関連取引に係る第六項に規定する財務省令で定める書類若しくはその写しの提示若しくは提出を求めた場合においてその提示若しくは提出を求めた日から四十五日を超えない範囲内においてその求めた書類若しくはその写しの提示若しくは提出の準備に通常要する日数を勘案して当該職員が指定する日までにこれらの提示若しくは提出がなかつたとき、又は法人に各事業年度における同時文書化対象国外関連取引に係る第十二項に規定する独立企業間価格を算定するために重要と認められる書類として財務省令で定める書類若しくはその写しの提示若しくは提出を求めた場合においてその提示若しくは提出を求めた日から六十日を超えない範囲内においてその求めた書類若しくはその写しの提示若しくは提出の準備に通常要する日数を勘案して当該職員が指定する日までにこれらの提示若しくは提出がなかつたときに、当該法人の各事業年度における同時文書化対象国外関連取引に係る第一項に規定する独立企業間価格を算定するために必要があるときは、その必要と認められる範囲内において、当該法人の当該同時文書化対象国外関連取引に係る事業と同種の事業を営む者に質問し、当該事業に関する帳簿書類を検査し、又は当該帳簿書類（その写しを含む。）の提示若しくは提出を求めることができる。

⑱　国税庁の当該職員又は法人の納税地の所轄税務署若しくは所轄国税局の当該職員は、法人に各事業年度における同時文書化免除国外関連取引に係る第十四項に規定する財務省令で定める書類又はその写しの提示又は提出を求めた場合において、その提示又は提出を求めた日から六十日を超えない範囲内においてその求めた書類又はその写しの提示又は提出の準備に通常要する日数を勘案して当該職員が指定する日までにこれらの提示又は提出がなかつたときに、当該法人の各事業年度における同時文書化免除国外関連取引に係る第一項に規定する独立企業間価格を算定するために必要があるときは、その必要と認められる範囲内において、当該法人の当該同時文書化免除国外関連取引に係る事業と同種の事業を営む者に質問し、当該事業に関する帳簿書類を検査し、又は当該帳簿書類（その写しを含む。）の提示若しくは提出を求めることができる。

⑲　国税庁の当該職員又は法人の納税地の所轄税務署若しくは所轄国税局の当該職員は、法人の国外関連取引に係る第一項に規定する独立企業間価格を算定するために必要があるときは、前二項の規定に基づき提出された帳簿書類（その写しを含む。）を留め置くことができる。

⑳　前三項の規定による当該職員の権限は、犯罪捜査のために認められたものと解してはならない。

㉑―㉛　（略）

㉜　外国法人が国外関連者に該当するかどうかの判定に関する事項その他第一項から第十五項まで及び第十九項の規定の適用に関し必要な事項は、政令で定める。

一　独立企業間価格の算定方法

1　本条二項二号ロ［平成二三法八二による改正前］の「基本三法［同項一号イからハまでに掲げる方法］に準ずる方法と同等の方法」とは、棚卸資産の販売又は購入以外の取引において、それぞれの取引の類型に応じ、取引内容に適合し、かつ、基本三法の考え方から乖離しない合理的な方法をいう。

（東京高判平20・10・30税資二五八順号一一〇六一〈アドビシステムズ事件〉租税百選〔六版〕七一……課税庁が用いた「再販売価格基準法に準ずる方法と同等の方法」が、本件国外関連取引において原告が果たす機能及び負担するリスクにおいて比較対象取引におけるそれと同一又は類似とは言えず、合理性を欠くとされた事案）

2 独立価格比準法を採用した上で、独立企業間価格に「幅」を認めるべきであるとの原告主張を排斥し、具体的事案において比較対象取引を一つに絞り込むことができると認定した事案（高松高判平18・10・13訟月五四・四・八七五〈今治造船事件〉……平成二三年の移転価格事務運営指針の改正により、現在の実務上は独立企業間価格幅（レンジ）を容認した取扱いが行われている）

3 タイ子会社に対する金銭貸付けの利息につき独立価格比準法に「準ずる方法」と「同等の方法」によって利息金額を求めた例（東京地判平18・10・26訟月五四・四・九二二〈タイバーツ貸付金利子事件〉）

4 圧着端子の販売価格につき原価基準法によった例（大阪地判平20・7・11判タ一二八九・一五五〈日本圧着端子製造事件〉）

5 グローバル・トレーディングについて、比較対象取引が存在しないことを理由に、利益分割法によった例（国税不服審判所裁決平20・7・2裁決事例集未登載……利益の分割要因についての検討が行われている）

6 無形資産取引について比較対象取引が把握できないことから残余利益分割法によった例（国税不服審判所裁決平22・1・27裁決事例集未登載〈TDK事件〉）

7 国外関連者との間でエクアドル産バナナの輸入取引を行う原告会社に対する移転価格税制の適用が問題となった事案において、エクアドル政府による最低価格規制の存在を考慮して再販売価格基準法が適用できない場面であると認定し、寄与度利益分割法の適用を適法とした事例（東京地判平24・4・27訟月五九・七・一九三七）

8 自動車の製造及び販売を主たる事業とする内国法人である原告が、その間接子会社である外国法人であり、ブラジル連邦共和国アマゾナス州に設置されたマナウス自由貿易地域で自動二輪車の製造及び販売事業を行っている国外関連者との間で、自動二輪車の部品等の販売及び技術支援の役務提供を内容とする国外関連取引を行ったことにより支払を受けた対価の額につき、マナウス税恩典利益を享受していないブラジル企業を比較対象として差異調整も行わずに残余利益分割法を適用してした独立企業間価格の算定が違法であるとされた事例（東京高判平27・5・13税資二六五順号一二六五九〈ホンダ移転価格税制事件〉租税百選〔七版〕七七）

9 ディズニー・キャラクター等を使用した幼児向け英語教材を訪問販売で再販売する取引（DWE取引）において、英語教材の仕入価格の独立企業間価格の算定に際し再販売価格基準法を適用した事案で、比較対象取引と使用キャラクター（無形資産）の知名度や顧客訴求力の差異があるため、売上総利益率の差について適切な差異調整がなされていないとされた事例（東京地判平29・4・11税資二六七順号一三〇〇五〈ワールド・ファミリー事件〉）

10 めっき薬品の製造・販売技術やノウハウ等の無形資産の使用許諾及び役務提供の取引につき、残余利益分割法と同等の方法の適用を認めた事例（東京地判平29・11・24訟月六五・一二・一六六五、東京高判令元・7・9【平29行コ三八二】で維持）

二 「寄附金」の意義

11 本条三項にいう「寄附金」に該当するものとして損金算入の可否が問題となるのは、法人が、現実に金銭その他の資産又は経済的利益を給付又は供与した場合に係るものであり、担保提供のみではこれに当たらない。（東京高判平22・3・25判時二〇五五・四七）→法税三七条

三 手続的側面

12 独立企業間価格を算定するために必要と認められる帳簿書類が原処分庁の要求後遅滞なく提出されていない事実関係の下で、本条七項〔現一二項〕の推定規定に基づいて行われた移転価格課税処分が適法とされた事案（国税不服審判所裁決平18・9・4裁決事例集七二・四二四〈モーター輸入販売事件〉）

13 本条二項二号柱書〔平成二三法八二による改正前〕所定の基本三法〔同項一号イからハまでに掲げる方法〕と同等の方法を用いることができない場合に当たることについても、国側が主張立証責任を負うが、課税庁が合理的な調査を尽くしたにもかかわらず、基本三法と同等の方法を用いることができないことについて国が主張立証をした場合には、基本三法と同等の方法を用いることができないことが事実上推定され、納税者側において、基本三法と同等の方法を用いることができることについて、具体的に主張立証する必要がある。（東京高判平20・10・30前出1）

14 移転価格税制が申告調整型の制度であることからすれば、本条七項〔現一二項〕にいう独立企業間価格の算定に必要な書類とは、納税者が現に所持したり、作成したりしている書類に限られるものではなく、提示を求められた書類が納税者の現に所持していないものであったとしても、当該納税者において新たに作成し又は入手した上で提出することも不可能ではなく、その書類が独立企業間価格の算定に必要と認められる以上は、特段の事情がない限り、その書類が提出されない場合には、同項の推定課税の要件は満たされるとされた事例（東京地判平23・12・1訟月六〇・一・九四、租税百選〔六版〕七三）

四 その他の論点

15 内国法人が米国の移転価格税制の適用により追徴課税を受け、相互協議の結果、日本において納付済みの法人税を還付することとされた（租税条約実施特例法に基づく法人税の減額更正処分）事

実関係の下で、地方税（法人住民税・事業税）についても減額更正処分が行われ還付が行われたことが住民訴訟で争われ、適法とされた事案（東京高判平8・3・28判時一五七四・五七、租税百選〔四版〕七二）

⑯ 本条七項〔現一二項〕による推定課税に対する仮の差止めの訴えが却下された事件（東京地決平17・12・20税資二五五順号一〇二四六）

参 移転価格事務運営要領の制定について（事務運営指針）（平成13・6・1付査調七―一）

参 相互協議の手続について（事務運営指針）（平成13・6・25付官協一―三九）

（国外関連者との取引に係る課税の特例に係る納税の猶予）

第六六条の四の二① 法人が租税条約の規定に基づき国税庁長官又は当該租税条約の条約相手国等の権限ある当局に対し当該租税条約に規定する申立てをした場合には、税務署長等（国税通則法第四十六条第一項に規定する税務署長等をいう。以下この条において同じ。）は、当該申立てに係る前条第二十七項第一号に掲げる更正決定により納付すべき法人税の額及び同項第三号に掲げる更正決定により納付すべき地方法人税の額（当該申立てに係る条約相手国等との間の租税条約に規定する協議の対象となるものに限る。）並びに当該法人税の額及び地方法人税の額に係る同法第六十九条に規定する加算税の額として政令で定めるところにより計算した金額を限度として、当該申立てをした者の申請に基づき、その納期限（同法第三十七条第一項に規定する納期限をいい、当該申請が当該納期限後であるときは当該申請の日とする。）から当該条約相手国等の権限ある当局との間の合意に基づく同法第二十六条の規定による更正があつた日（当該合意がない場合その他の政令で定める場合にあつては、政令で定める日）の翌日から一月を経過する日までの期間（第七項において「納税の猶予期間」という。）に限り、その納税を猶予することができる。ただし、当該申請を行う者につき当該申請の時において当該法人税の額及び地方法人税の額以外の国税の滞納がある場合は、この限りでない。

②―⑧ （略）

（外国法人の内部取引に係る課税の特例）

第六六条の四の三① 恒久的施設を有する外国法人の平成二十八年四月一日以後に開始する各事業年度において、当該外国法人の本店等（法人税法第百三十八条第一項第一号に規定する本店等をいう。第三項において同じ。）と恒久的施設との間の同号に規定する内部取引（以下この条において「内部取引」という。）の対価の額とした額が独立企業間価格と異なることにより、当該外国法人の当該事業年度の同法第百四十一条第一号イに掲げる国内源泉所得に係る所得の金額の計算上益金の額に算入すべき金額が過少となるとき、又は損金の額に算入すべき金額が過大となるときは、当該外国法人の当該事業年度の同号イに掲げる国内源泉所得に係る所得に係る同法その他法人税に関する法令の規定の適用については、当該内部取引は、独立企業間価格によるものとする。

② 前項に規定する独立企業間価格とは、内部取引が次の各号に掲げる取引のいずれに該当するかに応じ当該各号に定める方法のうち、当該内部取引の内容及び当該内部取引の当事者が果たす機能その他の事情を勘案して、当該内部取引が独立の事業者の間で通常の取引の条件に従つて行われるとした場合に当該内部取引の対価の額とされるべき額を算定するための最も適切な方法により算定した金額をいう。

一 棚卸資産の販売又は購入 次に掲げる方法

イ 独立価格比準法（特殊の関係（第六十六条の四第一項に規定する特殊の関係をいう。ロにおいて同じ。）にない売手と買手が、内部取引に係る棚卸資産と同種の棚卸資産を当該内部取引と取引段階、取引数量その他が同様の状況の下で売買した取引の対価の額（当該同種の棚卸資産を当該内部取引と取引段階、取引数量その他に差異のある状況の下で売買した取引がある場合において、その差異により生ずる対価の額の差を調整できるときは、その調整を行つた後の対価の額を含む。）に相当する金額をもつて当該内部取引の対価の額とされるべき額とする方法をいう。）

ロ 再販売価格基準法（内部取引に係る棚卸資産の買手が特殊の関係にない者に対して当該棚卸資産を販売した対価の額（ロにおいて「再販売価格」という。）から通常の利潤の額（当該再販売価格に政令で定める通常の利益率を乗じて計算した金額をいう。）を控除して計算した金額をもつて当該内部取引の対価の額とされるべき額とする方法をいう。）

ハ 原価基準法（内部取引に係る棚卸資産の売手の購入、製造その他の行為による取得の原価の額に通常の利潤の額（当該原価の額に政令で定める通常の利益率を乗じて計算した金額をいう。）を加算して計算した金額をもつて当該内部取引の対価の額とされるべき額とする方法をいう。）

ニ イからハまでに掲げる方法に準ずる方法その他政令で定める方法

二 前号に掲げる取引以外の取引 同号イからニまでに掲げる方法と同等の方法

③―⑮ （略）

第七節の三 支払利子等に係る課税の特例

第一款 国外支配株主等に係る負債の利子等の課税の特例

第六六条の五① 内国法人が、平成四年四月一日以後に開始する各事業年度において、当該内国法人に係る国外支配株主等又は資金供与者等に負債の利子等を支払う場合において、当該事業年度の当該内国法人に係る国外支配株主等及び資金供与者等に対する負債に係る平均負債残高が当該事業年度の当該内国法人に係る国外支配株主等の資本持分の三倍に相当する金額を超えるときは、当該内国法人が当該事業年度において当該国外支配株主等及び資金供与者等に支払う負債の利子等の額のうち、その超える部分に対応するものとして政令で定めるところにより計算した金額は、当該内国法人の当該事業年度の所得の金額の計算上、損金の額に算入しない。ただし、当該内国法人の当該事業年度の総負債（負債の利子等の支払の基因となるものその他資金の調達に係るものに限る。次項及び第三項において同じ。）に係る平均負債残高が当該内国法人の自己資本の額の三倍に相当する金額以下となる場合は、この限りでない。

② （略）

③ 第一項の規定を適用する場合において、当該内国法人は、当該内国法人に係る国外支配株主等の資本持分及び当該内国法人の自己資本の額に係る各倍数に代えて、当該内国法人と同種の事業を営む内国法人で事業規模その他の状況が類似するものの総負債の額の純資産の額に対する比率として政令で定める比率に照らし妥当と認められる倍数を用いることができる。

④ 第一項の規定は、当該内国法人の当該事業年度に係る同項（第二項の規定により読み替えて適用する場合を含む。）に規定する超える部分に対応するものとして政令で定めるところにより計算した金額が当該内国法人の当該事業年度に係る次条第一項に規定する超える部分の金額を下回る場合には、適用しない。ただし、同条第三項の規定の適用がある場合には、この限りでない。

⑤ この条において、次の各号に掲げる用語の意義は、当該各号に定めるところによる。

一 国外支配株主等　第二条第一項第一号の二に規定する非居住者（第九号において「非居住者」という。）又は外国法人で、内国法人との間に、当該非居住者又は外国法人が当該内国法人の発行済株式又は出資（当該内国法人が有する自己の株式又は出資を除く。）の総数又は総額の百分の五十以上の数又は金額の株式又は出資を直接又は間接に保有する関係その他の政令で定める特殊の関係のあるものをいう。

二 資金供与者等　内国法人に資金を供与する者及び当該資金の供与に関係のある者として政令で定める者をいう。

三 負債の利子等　負債の利子（これに準ずるものとして政令で定めるものを含む。以下この号において同じ。）その他政令で定める費用（当該負債の利子その他政令で定める費用で、これらの支払を受ける者の課税対象所得に含まれるものその他政令で定めるものを除く。）をいう。

四 国外支配株主等及び資金供与者等に対する負債　国外支配株主等に対する負債（負債の利子等の支払の基因となるものその他資金の調達に係るものに限る。）及び資金供与者等に対する政令で定める負債（負債の利子等の支払の基因となるものその他資金の調達に係るものに限る。）をいう。

五 平均負債残高　負債の額の平均額として政令で定めるところにより計算した金額をいう。

六 国外支配株主等の資本持分　各事業年度の国外支配株主等の内国法人の純資産に対する持分として政令で定めるところにより計算した金額をいう。

七 自己資本の額　各事業年度の純資産の額として政令で定めるところにより計算した金額をいう。

八 特定債券現先取引等　債券現先取引（第四十二条の二第一項に規定する債券現先取引をいう。）及び現金担保付債券貸借取引（現金を担保として債券の借入れ又は貸付けを行う取引をいう。）で、政令で定めるものをいう。

九 課税対象所得　第二条第一項第一号の二に規定する居住者にあつては各年分の各種所得（所得税法第二条第一項第二十一号に規定する各種所得をいう。）をいい、内国法人にあつては各事業年度の所得をいい、非居住者又は外国法人にあつては同法第百六十四条第一項第一号イ又は法人税法第百四十一条第一号イに掲げる国内源泉所得のうち政令で定めるものをいう。

⑥—⑩ （略）

1 **過少資本税制における国外支配株主**
内国法人が非居住者から合計一六四億円の借入れを行った事例において、同社は「その事業活動に必要とされる資金の相当部分を当該非居住者等からの借入れにより、調達している」（租特法施行令三九条の一三第一一項三号ロ）との要件を充足し、当該非居住者が本条にいう同社の「国外支配株主等」に該当するとされた事例（東京地判令2・9・3判時二四七三・一八）

第二款　対象純支払利子等に係る課税の特例

第六六条の五の二① 法人の平成二十五年四月一日以後に開始する各事業年度において、当該法人の当該事業年度の対象支払利子等の額の合計額（以下この項、次項第六号及び第三項第一号において「対象支払利子等合計額」という。）から当該事業年度の控除対象受取利子等合計額を控除した残額（以下この項及び第三項において「対象純支払利子等の額」という。）が当該法人の当該事業年度の調整所得金額（当該対象純支払利子等の額と比較するための基準とすべき所得の金額として政令で定める金額をいう。）の百分の二十に相当する金額を超える場合には、当該法人の当該事業年度の対象支払利子等合計額のうちその超える部分の金額に相当する金額は、当該法人の当該事業年度の所得の金額の計算上、損金の額に算入しない。

② この条において、次の各号に掲げる用語の意義は、当該各号に定めるところによる。

一　対象支払利子等の額　支払利子等の額のうち対象外支払利子等の額以外の金額をいう。
二　支払利子等　法人が支払う負債の利子（これに準ずるものとして政令で定めるものを含む。）その他政令で定める費用又は損失をいう。
三　対象外支払利子等の額　次に掲げる支払利子等（法人に係る関連者が非関連者を通じて当該法人に資金を供与したと認められる場合として政令で定める場合における当該非関連者に対する支払利子等その他政令で定める支払利子等を除く。）の区分に応じそれぞれ次に定める金額をいう。
イ　支払利子等を受ける者の課税対象所得（当該者が個人又は法人のいずれに該当するかに応じ、それぞれ当該者の所得税又は法人税の課税標準となるべき所得として政令で定めるものをいう。イ及びホ(1)において同じ。）に含まれる支払利子等（ニ及びホに掲げる支払利子等を除く。イにおいて同じ。）　当該課税対象所得に含まれる支払利子等の額
ロ　法人税法第二条第五号に規定する公共法人のうち政令で定めるものに対する支払利子等（ニ及びホに掲げる支払利子等を除く。ロにおいて同じ。）　当該政令で定める公共法人に対する支払利子等の額
ハ　特定債券現先取引等（前条第五項第八号に規定する特定債券現先取引等をいう。）に係るものとして政令で定める支払利子等（ロ及びホに掲げる支払利子等を除く。ハにおいて同じ。）　当該政令で定める支払利子等の額のうち政令で定める金額
ニ　保険業法第二条第三項に規定する生命保険会社の締結した保険契約及び同条第四項に規定する損害保険会社の締結した保険契約に係る支払利子等のうち政令で定めるもの　当該支払利子等の額のうち政令で定める金額
ホ　法人が発行した債券（その取得をした者が実質的に多数でないものとして政令で定めるものを除く。）に係る支払利子等で非関連者に対するもの（(1)において「特定債券利子等」という。）　債券の銘柄ごとに次に掲げるいずれかの金額
(1)　その支払若しくは交付の際、その特定債券利子等について所得税法その他所得税に関する法令の規定により所得税の徴収が行われ、又は特定債券利子等を受ける者の課税対象所得に含まれる特定債券利子等の額とロに規定する政令で定める公共法人に対する特定債券利子等（その支払又は交付の際、所得税法その他所得税に関する法令の規定により所得税の徴収が行われるものを除く。）の額との合計額
(2)　(1)に掲げる金額に相当する金額として政令で定めるところにより計算した金額
四　関連者　法人との間にいずれか一方の法人が他方の法人の発行済株式若しくは出資（自己が有する自己の株式又は出資を除く。以下この号及び次項第二号において「発行済株式等」という。）の総数若しくは総額の百分の五十以上の数若しくは金額の株式若しくは出資を直接若しくは間接に保有する関係その他の政令で定める特殊の関係又は個人が法人の発行済株式等の総数若しくは総額の百分の五十以上の数若しくは金額の株式若しくは出資を直接若しくは間接に保有する関係その他の政令で定める特殊の関係のあるものをいう。
五　非関連者　法人に係る関連者以外の者をいう。
六　控除対象受取利子等合計額　当該事業年度の受取利子等の額の合計額を当該事業年度の対象支払利子等合計額の当該事業年度の支払利子等の額の合計額に対する割合で按《あん》分した金額として政令で定める金額をいう。
七　受取利子等　法人が支払を受ける利子（これに準ずるものとして政令で定めるものを含む。）をいう。
③　第一項の規定は、次のいずれかに該当する場合には、適用しない。
一　法人の当該事業年度の対象純支払利子等の額（当該法人が通算法人である場合には、当該通算法人及び当該通算法人の当該事業年度（当該通算法人に係る通算親法人の事業年度終了の日に終了するものに限る。）終了の日において当該通算法人との間に通算完全支配関係がある他の通算法人の当該事業年度及び当該終了の日に終了する事業年度に係る対象純支払利子等の額の合計額から対象純受取利子等の額（控除対象受取利子等合計額から対象支払利子等合計額を控除した残額をいう。次号イにおいて同じ。）の合計額を控除した残額）が二千万円以下であるとき。
二　内国法人及び当該内国法人との間に特定資本関係（一の内国法人が他の内国法人の発行済株式等の総数若しくは総額の百分の五十を超える数若しくは金額の株式若しくは出資を直接若しくは間接に保有する関係として政令で定める関係（以下この号において「当事者間の特定資本関係」という。）又は一の内国法人との間に当事者間の特定資本関係がある内国法人相互の関係をいう。）のある他の内国法人（その事業年度開始の日及び終了の日がそれぞれ当該開始の日を含む当該内国法人の事業年度開始の日及び終了の日であるものに限る。）の当該事業年度に係るイに掲げる金額が当該内国法人及び当該他の内国法人の当該事業年度に係るロに掲げる金額の百分の二十に相当する金額を超えないとき。
イ　対象純支払利子等の額の合計額から対象純受取利子等の額の合計額を控除した残額
ロ　イに掲げる金額と比較するための基準とすべき所得の金額として政令で定める金額
④　前項の規定は、確定申告書等に同項の規定の適用がある旨を記載した書面及びその計算に関する明細書の添付があり、かつ、その計算に関する書類を保存している場合に限り、適用する。
⑤　税務署長は、前項の書面若しくは明細書の添付の

ない確定申告書等の提出があり、又は同項の書類を保存していなかつた場合においても、その添付又は保存がなかつたことについてやむを得ない事情があると認めるときは、当該書面及び明細書並びに書類の提出があつた場合に限り、第三項の規定を適用することができる。

⑥　内国法人の当該事業年度に係る第一項に規定する超える部分の金額が当該内国法人の当該事業年度に係る前条第一項（同条第二項の規定により読み替えて適用する場合を含む。）に規定する超える部分に対応するものとして政令で定めるところにより計算した金額以下となる場合には、第一項の規定は、適用しない。

⑦　内国法人の当該事業年度の第一項に規定する超える部分の金額のうちに当該内国法人に係る第六十六条の六第二項第一号に規定する外国関係会社又は第六十六条の九の二第一項に規定する外国関係法人に係るものとして政令で定める金額（以下この項において「調整対象金額」という。）がある場合において、当該内国法人の当該事業年度に当該外国関係会社に係る第六十六条の六第一項に規定する課税対象金額、同条第六項に規定する部分課税対象金額若しくは同条第八項に規定する金融子会社等部分課税対象金額（当該課税対象金額に係る同条第一項に規定する適用対象金額、当該部分課税対象金額に係る同条第六項に規定する部分適用対象金額又は当該金融子会社等部分課税対象金額に係る同条第八項に規定する金融子会社等部分適用対象金額の計算上、当該調整対象金額に係る対象支払利子等の額が含まれるものに限る。）があるとき、又は当該外国関係法人に係る第六十六条の九の二第一項に規定する課税対象金額、同条第六項に規定する部分課税対象金額若しくは同条第八項に規定する金融関係法人部分課税対象金額（当該課税対象金額に係る同条第一項に規定する適用対象金額、当該部分課税対象金額に係る同条第六項に規定する部分適用対象金額又は当該金融関係法人部分課税対象金額に係る同条第八項に規定する金融関係法人部分適用対象金額の計算上、当該調整対象金額に係る対象支払利子等の額が含まれるものに限る。）があるときの当該内国法人の当該事業年度における第一項の規定の適用については、同項中「部分の金額」とあるのは、「部分の金額から第七項に規定する調整対象金額のうち政令で定める金額を控除した残額」とする。

⑧　外国法人に係る第一項、第二項及び第三項（第一号に係る部分に限る。）の規定の適用については、次に定めるところによる。

一　第一項の対象支払利子等の額は、当該外国法人の恒久的施設を通じて行う事業に係るものに限るものとし、イに掲げる金額を含み、ロに掲げる金額を除くものとする。

イ　法人税法第百三十八条第一項第一号に規定する内部取引において当該外国法人の当該恒久的施設から当該外国法人の同号に規定する本店等に対する支払利子等に該当することとなる金額

ロ　法人税法第百四十二条の五第一項の規定により当該外国法人の当該事業年度の同法第百四十一条第一号イに掲げる国内源泉所得に係る所得の金額の計算上損金の額に算入されるもののうち、当該外国法人の対象支払利子等の額に相当するものとして政令で定める金額

二　第一項の控除対象受取利子等合計額及び第三項第一号の対象純支払利子等の額は、当該外国法人の恒久的施設を通じて行う事業に係るものに限るものとする。

三　第一項の調整所得金額は、当該外国法人の法人税法第百四十一条第一号イに掲げる国内源泉所得に係る所得の金額に係るものに限るものとする。

四　第二項第三号ニ中「第二条第三項」とあるのは「第二条第八項」と、「生命保険会社」とあるのは「外国生命保険会社等」と、「同条第四項」とあるのは「同条第九項」と、「損害保険会社」とあるのは「外国損害保険会社等」とする。

⑨　外国法人の当該事業年度に係る第一項に規定する超える部分の金額が当該外国法人の当該事業年度に係る法人税法第百四十二条の四第一項に規定する満たない金額に対応する部分の金額として政令で定めるところにより計算した金額以下となる場合には、第一項の規定は、適用しない。

⑩　外国法人の当該事業年度に係る第一項に規定する超える部分の金額が当該外国法人の当該事業年度に係る法人税法第百四十二条の四第一項に規定する満たない金額に対応する部分の金額として政令で定めるところにより計算した金額を超える場合（第三項（第一号に係る部分に限る。）の規定の適用がある場合を除く。）には、同条第一項の規定は、適用しない。

⑪　第一項の規定により損金の額に算入されない金額に係る法人税法の規定の適用その他同項から第三項まで及び第六項から前項までの規定の適用に関し必要な事項は、政令で定める。

第六六条の五の三①　法人の各事業年度開始の日前七年以内に開始した事業年度において前条第一項（同条第七項の規定により読み替えて適用する場合を含む。）の規定により損金の額に算入されなかつた金額（この項及び次項の規定により当該各事業年度前の事業年度の所得の金額の計算上損金の額に算入されたものを除く。以下この条において「超過利子額」という。）がある場合には、当該超過利子額（次項の規定により当該各事業年度の所得の金額の計算上損金の額に算入されるものを除く。）に相当する金額は、当該法人の当該各事業年度の前条第一項に規定する調整所得金額の百分の二十に相当する金額から同項に規定する対象純支払利子等の額を控除した残額に相当する金額を限度として、当該法人の当該各事業年度の所得の金額の計算上、損金の額に算入する。

②　法人の各事業年度開始の日前七年以内に開始した事業年度において生じた超過利子額のうちに当該法人に係る次条第二項第一号に規定する外国関係会社又は第六十六条の九の二第一項に規定する外国関係

法人に係るものとして政令で定める金額（以下この項において「調整対象超過利子額」という。）がある場合において、当該法人の当該各事業年度に当該外国関係会社に係る次条第一項に規定する課税対象金額、同条第六項に規定する部分課税対象金額若しくは同条第八項に規定する金融子会社等部分課税対象金額（当該課税対象金額に係る同条第一項に規定する適用対象金額、当該部分課税対象金額に係る同条第六項に規定する部分適用対象金額又は当該金融子会社等部分課税対象金額に係る同条第八項に規定する金融子会社等部分適用対象金額の計算上、当該調整対象超過利子額に係る対象支払利子等の額（前条第二項第一号に規定する対象支払利子等の額をいう。以下この項において同じ。）が含まれるものに限る。）があるとき、又は当該外国関係法人に係る第六十六条の九の二第一項に規定する課税対象金額、同条第六項に規定する部分課税対象金額若しくは同条第八項に規定する金融関係法人部分課税対象金額（当該課税対象金額に係る同条第一項に規定する適用対象金額、当該部分課税対象金額に係る同条第六項に規定する部分適用対象金額又は当該金融関係法人部分課税対象金額に係る同条第八項に規定する金融関係法人部分適用対象金額の計算上、当該調整対象超過利子額に係る対象支払利子等の額が含まれるものに限る。）があるときは、当該調整対象超過利子額に相当する金額は、政令で定めるところにより計算した金額を限度として、当該法人の当該各事業年度の所得の金額の計算上、損金の額に算入する。

③―⑥（略）

第七節の四　内国法人の外国関係会社に係る所得等の課税の特例

第一款　内国法人の外国関係会社に係る所得の課税の特例

第六六条の六①　次に掲げる内国法人に係る外国関係会社のうち、特定外国関係会社又は対象外国関係会社に該当するものが、昭和五十三年四月一日以後に開始する各事業年度において適用対象金額を有する場合には、その適用対象金額のうちその内国法人が直接及び間接に有する当該特定外国関係会社又は対象外国関係会社の株式等（株式又は出資をいう。以下この条において同じ。）の数又は金額につきその請求権（剰余金の配当等（法人税法第二十三条第一項第一号に規定する剰余金の配当、利益の配当又は剰余金の分配をいう。以下この項及び次項において同じ。）を請求する権利をいう。以下この条において同じ。）の内容を勘案した数又は金額並びにその内国法人と当該特定外国関係会社又は対象外国関係会社との間の実質支配関係の状況を勘案して政令で定めるところにより計算した金額（次条及び第六十六条の八において「課税対象金額」という。）に相当する金額は、その内国法人の収益の額とみなして当該各事業年度終了の日の翌日から二月を経過する日を含むその内国法人の各事業年度の所得の金額の計算上、益金の額に算入する。

一　内国法人の外国関係会社に係る次に掲げる割合のいずれかが百分の十以上である場合における当該内国法人

イ　その有する外国関係会社の株式等の数又は金額（当該外国関係会社と居住者（第二条第一項第一号の二に規定する居住者をいう。以下この項及び次項において同じ。）又は内国法人との間に実質支配関係がある場合には、零）及び他の外国法人を通じて間接に有するものとして政令で定める当該外国関係会社の株式等の数又は金額の合計数又は合計額が当該外国関係会社の発行済株式又は出資（自己が有する自己の株式等を除く。同項、第六項及び第八項において「発行済株式等」という。）の総数又は総額のうちに占める割合

ロ　その有する外国関係会社の議決権（剰余金の配当等に関する決議に係るものに限る。ロ及び次項第一号イ⑵において同じ。）の数（当該外国関係会社と居住者又は内国法人との間に実質支配関係がある場合には、零）及び他の外国法人を通じて間接に有するものとして政令で定める当該外国関係会社の議決権の数の合計数が当該外国関係会社の議決権の総数のうちに占める割合

ハ　その有する外国関係会社の株式等の請求権に基づき受けることができる剰余金の配当等の額（当該外国関係会社と居住者又は内国法人との間に実質支配関係がある場合には、零）及び他の外国法人を通じて間接に有する当該外国関係会社の株式等の請求権に基づき受けることができる剰余金の配当等の額として政令で定めるものの合計額が当該外国関係会社の株式等の請求権に基づき受けることができる剰余金の配当等の総額のうちに占める割合

二　外国関係会社との間に実質支配関係がある内国法人

三　外国関係会社（内国法人との間に実質支配関係があるものに限る。）の他の外国関係会社に係る第一号イからハまでに掲げる割合のいずれかが百分の十以上である場合における当該内国法人（同号に掲げる内国法人を除く。）

四　外国関係会社に係る第一号イからハまでに掲げる割合のいずれかが百分の十以上である一の同族株主グループ（外国関係会社の株式等を直接又は間接に有する者及び当該株式等を直接又は間接に有する者との間に実質支配関係がある者（当該株式等を直接又は間接に有する者を除く。）のうち、一の居住者又は内国法人、当該一の居住者又は内国法人との間に実質支配関係がある者及び当該一の居住者又は内国法人と政令で定める特殊の関係のある者（外国法人を除く。）をいう。）に属する内国法人（外国関係会社に係る同号イからハまでに掲げる割合又は他の外国関係会社（内国法人との間に実質支配関係があるものに限る。）の当該外国関係会社に係る同号イからハまでに掲げる割

合のいずれかが零を超えるものに限るものとし、同号及び前号に掲げる内国法人を除く。）

② この条において、次の各号に掲げる用語の意義は、当該各号に定めるところによる。

一 外国関係会社　次に掲げる外国法人をいう。

イ 居住者及び内国法人並びに特殊関係非居住者（居住者又は内国法人と政令で定める特殊の関係のある第二条第一項第一号の二に規定する非居住者をいう。）及びロに掲げる外国法人（イにおいて「居住者等株主等」という。）の外国法人に係る次に掲げる割合のいずれかが百分の五十を超える場合における当該外国法人

(1) 居住者等株主等の外国法人（ロに掲げる外国法人を除く。）に係る直接保有株式等保有割合（居住者等株主等の有する当該外国法人の株式等の数又は金額がその発行済株式等の総数又は総額のうちに占める割合をいう。）及び居住者等株主等の当該外国法人に係る間接保有株式等保有割合（居住者等株主等の他の外国法人を通じて間接に有する当該外国法人の株式等の数又は金額がその発行済株式等の総数又は総額のうちに占める割合として政令で定める割合をいう。）を合計した割合

(2) 居住者等株主等の外国法人（ロに掲げる外国法人を除く。）に係る直接保有議決権保有割合（居住者等株主等の有する当該外国法人の議決権の数がその総数のうちに占める割合をいう。）及び居住者等株主等の当該外国法人に係る間接保有議決権保有割合（居住者等株主等の他の外国法人を通じて間接に有する当該外国法人の議決権の数がその総数のうちに占める割合として政令で定める割合をいう。）を合計した割合

(3) 居住者等株主等の外国法人（ロに掲げる外国法人を除く。）に係る直接保有請求権保有割合（居住者等株主等の有する当該外国法人の株式等の請求権に基づき受けることができる剰余金の配当等の額がその総額のうちに占める割合をいう。）及び居住者等株主等の当該外国法人に係る間接保有請求権保有割合（居住者等株主等の他の外国法人を通じて間接に有する当該外国法人の株式等の請求権に基づき受けることができる剰余金の配当等の額がその総額のうちに占める割合として政令で定める割合をいう。）を合計した割合

ロ 居住者又は内国法人との間に実質支配関係がある外国法人

ハ 第六号中「外国関係会社（特定外国関係会社に該当するものを除く。）」とあるのを「外国法人」として同号及び第七号の規定を適用した場合に同号に規定する外国金融機関に該当することとなる外国法人で、同号に規定する外国金融機関に準ずるものとして政令で定める部分対象外国関係会社との間に、当該部分対象外国関係会社が当該外国法人の経営管理を行っている関係その他の特殊の関係がある外国法人として政令で定める外国法人

二 特定外国関係会社　次に掲げる外国関係会社をいう。

イ 次のいずれにも該当しない外国関係会社

(1) その主たる事業を行うに必要と認められる事務所、店舗、工場その他の固定施設を有している外国関係会社（これらを有している外国関係会社と同様の状況にあるものとして政令で定める外国関係会社を含む。）

(2) その本店又は主たる事務所の所在する国又は地域（以下この項、第六項及び第八項において「本店所在地国」という。）においてその事業の管理、支配及び運営を自ら行っている外国関係会社（これらを自ら行っている外国関係会社と同様の状況にあるものとして政令で定める外国関係会社を含む。）

(3) 外国子会社（当該外国関係会社とその本店所在地国を同じくする外国法人で、当該外国関係会社の有する当該外国法人の株式等の数又は金額のその発行済株式等の総数又は総額のうちに占める割合が百分の二十五以上であることその他の政令で定める要件に該当するものをいう。）の株式等の保有を主たる事業とする外国関係会社で、その収入金額のうちに占める当該株式等に係る剰余金の配当等の額の割合が著しく高いことその他の政令で定める要件に該当するもの

(4) 特定子会社（前項各号に掲げる内国法人に係る他の外国関係会社で、部分対象外国関係会社に該当するものその他の政令で定めるものをいう。）の株式等の保有を主たる事業とする外国関係会社で、その本店所在地国を同じくする管理支配会社（当該内国法人に係る他の外国関係会社のうち、部分対象外国関係会社に該当するもので、その本店所在地国において、その役員（法人税法第二条第十五号に規定する役員をいう。次号及び第七号並びに第六項において同じ。）又は使用人がその主たる事業を的確に遂行するために通常必要と認められる業務の全てに従事しているものをいう。(4)及び(5)において同じ。）によつてその事業の管理、支配及び運営が行われていること、当該管理支配会社がその本店所在地国で行う事業の遂行上欠くことのできない機能を果たしていること、その収入金額のうちに占める当該株式等に係る剰余金の配当等の額及び当該株式等の譲渡に係る対価の額の割合が著しく高いことその他の政令で定める要件に該当するもの

(5) その本店所在地国にある不動産の保有、その本店所在地国における石油その他の天然資源の探鉱、開発若しくは採取又はその本店所在地国の社会資本の整備に関する事業の遂行上欠くことのできない機能を果たしている外国関係会社で、その本店所在地国を同じくす

る管理支配会社によつてその事業の管理、支配及び運営が行われていることその他の政令で定める要件に該当するもの

ロ　その総資産の額として政令で定める金額（ロにおいて「総資産額」という。）に対する第六項第一号から第七号まで及び第八号から第十号までに掲げる金額に相当する金額の合計額の割合（第六号中「外国関係会社（特定外国関係会社に該当するものを除く。）」とあるのを「外国関係会社」として同号及び第七号の規定を適用した場合に外国金融子会社等に該当することとなる外国関係会社にあつては総資産額に対する第八項第一号に掲げる金額に相当する金額又は同項第二号から第四号までに掲げる金額に相当する金額の合計額のうちいずれか多い金額の割合とし、第六号中「外国関係会社（特定外国関係会社に該当するものを除く。）」とあるのを「外国関係会社」として同号及び第六項の規定を適用した場合に同項に規定する清算外国金融子会社等に該当することとなる外国関係会社の同項に規定する特定清算事業年度にあつては総資産額に対する同項に規定する特定金融所得金額がないものとした場合の同項第一号から第七号まで及び第八号から第十号までに掲げる金額に相当する金額の合計額の割合とする。）が百分の三十を超える外国関係会社（総資産額に対する有価証券（法人税法第二条第二十一号に規定する有価証券をいう。同項において同じ。）、貸付金その他政令で定める資産の額の合計額として政令で定める金額の割合が百分の五十を超える外国関係会社に限る。）

ハ　次に掲げる要件のいずれにも該当する外国関係会社

(1)　各事業年度の非関連者等収入保険料（関連者（当該外国関係会社に係る第四十条の四第一項各号に掲げる居住者、前項各号に掲げる内国法人その他これらの者に準ずる者として政令で定めるものをいう。(2)において同じ。）以外の者から収入するものとして政令で定める収入保険料をいう。(2)において同じ。）の合計額の収入保険料の合計額に対する割合として政令で定めるところにより計算した割合が百分の十未満であること。

(2)　各事業年度の非関連者等支払再保険料合計額（関連者以外の者に支払う再保険料の合計額を関連者等収入保険料（非関連者等収入保険料以外の収入保険料をいう。(2)において同じ。）の合計額の収入保険料の合計額に対する割合で按分した金額として政令で定める金額をいう。）の関連者等収入保険料の合計額に対する割合として政令で定めるところにより計算した割合が百分の五十未満であること。

ニ　租税に関する情報の交換に関する国際的な取組への協力が著しく不十分な国又は地域として財務大臣が指定する国又は地域に本店又は主たる事務所を有する外国関係会社

三　対象外国関係会社　次に掲げる要件のいずれかに該当しない外国関係会社（特定外国関係会社に該当するものを除く。）をいう。

イ　株式等若しくは債券の保有、工業所有権その他の技術に関する権利、特別の技術による生産方式若しくはこれらに準ずるもの（これらの権利に関する使用権を含む。）若しくは著作権（出版権及び著作隣接権その他これに準ずるものを含む。）の提供又は船舶若しくは航空機の貸付けを主たる事業とするもの（次に掲げるものを除く。）でないこと。

(1)　株式等の保有を主たる事業とする外国関係会社のうち当該外国関係会社が他の法人の事業活動の総合的な管理及び調整を通じてその収益性の向上に資する業務として政令で定めるもの（ロにおいて「統括業務」という。）を行う場合における当該他の法人として政令で定めるものの株式等の保有を行うものとして政令で定めるもの

(2)　株式等の保有を主たる事業とする外国関係会社のうち第七号中「部分対象外国関係会社」とあるのを「外国関係会社」として同号の規定を適用した場合に外国金融子会社等に該当することとなるもの（同号に規定する外国金融機関に該当することとなるもの及び(1)に掲げるものを除く。）

(3)　航空機の貸付けを主たる事業とする外国関係会社のうちその役員又は使用人がその本店所在地国において航空機の貸付けを的確に遂行するために通常必要と認められる業務の全てに従事していることその他の政令で定める要件を満たすもの

ロ　その本店所在地国においてその主たる事業（イ(1)に掲げる外国関係会社にあつては統括業務とし、イ(2)に掲げる外国関係会社にあつては政令で定める経営管理とする。ハにおいて同じ。）を行うに必要と認められる事務所、店舗、工場その他の固定施設を有していること（これらを有していることと同様の状況にあるものとして政令で定める状況にあることを含む。）並びにその本店所在地国においてその事業の管理、支配及び運営を自ら行つていること（これらを自ら行つていることと同様の状況にあるものとして政令で定める状況にあることを含む。）のいずれにも該当すること。

ハ　各事業年度においてその行う主たる事業が次に掲げる事業のいずれに該当するかに応じそれぞれ次に定める場合に該当すること。

(1)　卸売業、銀行業、信託業、金融商品取引業、保険業、水運業、航空運送業又は物品賃貸業（航空機の貸付けを主たる事業とするものに限る。）　その事業を主として当該外国関係会社に係る第四十条の四第一項各号に掲げる居住者、前項各号に掲げる内国法人その他これ

らの者に準ずる者として政令で定めるもの以外の者との間で行つている場合として政令で定める場合

(2)　(1)に掲げる事業以外の事業　その事業を主としてその本店所在地国（当該本店所在地国に係る水域で政令で定めるものを含む。）において行つている場合として政令で定める場合

四　適用対象金額　特定外国関係会社又は対象外国関係会社の各事業年度の決算に基づく所得の金額につき法人税法及びこの法律による各事業年度の所得の金額の計算に準ずるものとして政令で定める基準により計算した金額（以下この号において「基準所得金額」という。）を基礎として、政令で定めるところにより、当該各事業年度開始の日前七年以内に開始した各事業年度において生じた欠損の金額及び当該基準所得金額に係る税額に関する調整を加えた金額をいう。

五　実質支配関係　居住者又は内国法人が外国法人の残余財産のおおむね全部を請求する権利を有している場合における当該居住者又は内国法人と当該外国法人との間の関係その他の政令で定める関係をいう。

六　部分対象外国関係会社　第三号イからハまでに掲げる要件の全てに該当する外国関係会社（特定外国関係会社に該当するものを除く。）をいう。

七　外国金融子会社等　その本店所在地国の法令に準拠して銀行業、金融商品取引業（金融商品取引法第二十八条第一項に規定する第一種金融商品取引業と同種類の業務に限る。）又は保険業を行う部分対象外国関係会社（これらの事業を行う部分対象外国関係会社と同様の状況にあるものとして政令で定める部分対象外国関係会社を含む。）でその本店所在地国においてその役員又は使用人がこれらの事業を的確に遂行するために通常必要と認められる業務の全てに従事しているもの（その本店所在地国においてその役員又は使用人が当該業務の全てに従事している部分対象外国関係会社と同様の状況にあるものとして政令で定めるものを含む。）（以下この号において「外国金融機関」という。）及び外国金融機関に準ずるものとして政令で定める部分対象外国関係会社をいう。

③　国税庁の当該職員又は内国法人の納税地の所轄税務署若しくは所轄国税局の当該職員は、内国法人に係る外国関係会社が前項第二号イ(1)から(5)までのいずれかに該当するかどうかを判定するために必要があるときは、当該内国法人に対し、期間を定めて、当該外国関係会社が同号イ(1)から(5)までに該当することを明らかにする書類その他の資料の提示又は提出を求めることができる。この場合において、当該書類その他の資料の提示又は提出がないときは、同項（同号イに係る部分に限る。）の規定の適用については、当該外国関係会社は同号イ(1)から(5)までに該当しないものと推定する。

④　国税庁の当該職員又は内国法人の納税地の所轄税務署若しくは所轄国税局の当該職員は、内国法人に係る外国関係会社が第二項第三号イからハまでに掲げる要件に該当するかどうかを判定するために必要があるときは、当該内国法人に対し、期間を定めて、当該外国関係会社が同号イからハまでに掲げる要件に該当することを明らかにする書類その他の資料の提示又は提出を求めることができる。この場合において、当該書類その他の資料の提示又は提出がないときは、同項（同号又は第六号に係る部分に限る。）の規定の適用については、当該外国関係会社は同項第三号イからハまでに掲げる要件に該当しないものと推定する。

⑤　第一項の規定は、同項各号に掲げる内国法人に係る次の各号に掲げる外国関係会社につき当該各号に定める場合に該当する事実があるときは、当該各号に掲げる外国関係会社のその該当する事業年度に係る適用対象金額については、適用しない。

一　特定外国関係会社　特定外国関係会社の各事業年度の租税負担割合（外国関係会社の各事業年度の所得に対して課される租税の額の当該所得の金額に対する割合として政令で定めるところにより計算した割合をいう。次号、第十項及び第十一項において同じ。）が百分の三十以上である場合

二　対象外国関係会社　対象外国関係会社の各事業年度の租税負担割合が百分の二十以上である場合

⑥　第一項各号に掲げる内国法人に係る部分対象外国関係会社（外国金融子会社等に該当するものを除く。以下この項及び次項において同じ。）が、平成二十二年四月一日以後に開始する各事業年度において、当該各事業年度に係る次に掲げる金額（解散により外国金融子会社等に該当しないこととなつた部分対象外国関係会社（以下この項及び次項において「清算外国金融子会社等」という。）のその該当しないこととなつた日から同日以後三年を経過する日（当該清算外国金融子会社等の残余財産の確定の日が当該三年を経過する日前である場合には当該残余財産の確定の日とし、その本店所在地国の法令又は慣行その他やむを得ない理由により当該残余財産確定の日が当該三年を経過する日後である場合には政令で定める日とする。）までの期間内の日を含む事業年度（次項において「特定清算事業年度」という。）にあつては、第一号から第七号の二までに掲げる金額のうち政令で定める金額（次項において「特定金融所得金額」という。）がないものとした場合の次に掲げる金額。以下この項において「特定所得の金額」という。）を有する場合には、当該各事業年度の特定所得の金額に係る部分適用対象金額のうちその内国法人が直接及び間接に有する当該部分対象外国関係会社の株式等の数又は金額につきその請求権の内容を勘案した数又は金額並びにその内国法人と当該部分対象外国関係会社との間の実質支配関係の状況を勘案して政令で定めるところにより計算した金額（次条及び第六十六条の八において「部分課税対象金額」という。）に相当する金額は、その内国法人の収益の額とみなして当該各事業年度終了の日の翌日から二月を経過する日を含むその内

国法人の各事業年度の所得の金額の計算上、益金の額に算入する。

一　**剰余金の配当等**（第一項に規定する剰余金の配当等をいい、法人税法第二十三条第一項第二号に規定する金銭の分配を含む。以下この号及び第十一号イにおいて同じ。）**の額**（次に掲げる法人から受ける剰余金の配当等の額（当該法人の所得の金額の計算上損金の額に算入することとされている剰余金の配当等の額として政令で定める剰余金の配当等の額を除く。）を除く。以下この号において同じ。）**の合計額から当該剰余金の配当等の額を得るために直接要した費用の額の合計額及び当該剰余金の配当等の額に係る費用の額として政令で定めるところにより計算した金額を控除した残額**

イ　当該部分対象外国関係会社の有する他の法人の株式等の数又は金額のその発行済株式等の総数又は総額のうちに占める割合が百分の二十五以上であることその他の政令で定める要件に該当する場合における当該他の法人（ロに掲げる外国法人を除く。）

ロ　当該部分対象外国関係会社の有する他の外国法人（原油、石油ガス、可燃性天然ガス又は石炭（ロにおいて「化石燃料」という。）を採取する事業（自ら採取した化石燃料に密接に関連する事業を含む。）を主たる事業とする外国法人のうち政令で定めるものに限る。）の株式等の数又は金額のその発行済株式等の総数又は総額のうちに占める割合が百分の十以上であることその他の政令で定める要件に該当する場合における当該他の外国法人

二　**受取利子等**（その支払を受ける利子（これに準ずるものとして政令で定めるものを含む。以下この号において同じ。）をいう。以下この号及び第十一号ロにおいて同じ。）**の額**（その行う事業に係る業務の通常の過程において生ずる預金又は貯金（所得税法第二条第一項第十号に規定する政令で定めるものに相当するものを含む。）の利子の額、金銭の貸付けを主たる事業とする部分対象外国関係会社（金銭の貸付けを業として行うことにつきその本店所在地国の法令の規定によりその本店所在地国において免許又は登録その他これらに類する処分を受けているものに限る。）でその本店所在地国においてその役員又は使用人がその行う金銭の貸付けの事業を的確に遂行するために通常必要と認められる業務の全てに従事しているものが行う金銭の貸付けに係る利子の額その他政令で定める利子の額を除く。以下この号において同じ。）**の合計額から当該受取利子等の額を得るために直接要した費用の額の合計額を控除した残額**

三　**有価証券の貸付けによる対価の額の合計額から当該対価の額を得るために直接要した費用の額の合計額を控除した残額**

四　**有価証券の譲渡に係る対価の額**（当該部分対象外国関係会社の有する他の法人の株式等の数又は金額のその発行済株式等の総数又は総額のうちに占める割合が、当該譲渡の直前において、百分の二十五以上である場合における当該他の法人の株式等の譲渡に係る対価の額を除く。以下この号において同じ。）**の合計額から当該有価証券の譲渡に係る原価の額として政令で定めるところにより計算した金額の合計額及び当該対価の額を得るために直接要した費用の額の合計額を減算した金額**

五　**デリバティブ取引**（法人税法第六十一条の五第一項に規定するデリバティブ取引をいう。以下この号及び第十一号ホにおいて同じ。）**に係る利益の額又は損失の額として財務省令で定めるところにより計算した金額**（同法第六十一条の六第一項各号に掲げる損失を減少させるために行つたデリバティブ取引として財務省令で定めるデリバティブ取引に係る利益の額又は損失の額、その本店所在地国の法令に準拠して商品先物取引法第二条第二十二項各号に掲げる行為に相当する行為を業として行う部分対象外国関係会社（その本店所在地国においてその役員又は使用人がその行う当該行為に係る事業を的確に遂行するために通常必要と認められる業務の全てに従事しているものに限る。）が行う財務省令で定めるデリバティブ取引に係る利益の額又は損失の額その他財務省令で定めるデリバティブ取引に係る利益の額又は損失の額を除く。）

六　**その行う取引又はその有する資産若しくは負債につき外国為替の売買相場の変動に伴つて生ずる利益の額又は損失の額として財務省令で定めるところにより計算した金額**（その行う事業（政令で定める取引を行う事業を除く。）に係る業務の通常の過程において生ずる利益の額又は損失の額を除く。）

七　**前各号に掲げる金額に係る利益の額又は損失の額**（これらに類する利益の額又は損失の額を含む。）**を生じさせる資産の運用、保有、譲渡、貸付けその他の行為により生ずる利益の額又は損失の額**（当該各号に掲げる金額に係る利益の額又は損失の額及び法人税法第六十一条の六第一項各号に掲げる損失を減少させるために行つた取引として財務省令で定める取引に係る利益の額又は損失の額を除く。）

七の二　**イに掲げる金額からロに掲げる金額を減算した金額**

イ　収入保険料の合計額から支払つた再保険料の合計額を控除した残額に相当するものとして政令で定める金額

ロ　支払保険金の額の合計額から収入した再保険金の額の合計額を控除した残額に相当するものとして政令で定める金額

八　**固定資産**（政令で定めるものを除く。以下この号及び第十一号リにおいて同じ。）**の貸付け**（不動産又は不動産の上に存する権利を使用させる行為を含む。）**による対価の額**（主としてその本店所在地国において使用に供される固定資産（不動産及び不動産の上に存する権利を除く。）の貸付

けによる対価の額、その本店所在地国にある不動産又は不動産の上に存する権利の貸付け（これらを使用させる行為を含む。）による対価の額及びその本店所在地国においてその役員又は使用人が固定資産の貸付け（不動産又は不動産の上に存する権利を使用させる行為を含む。以下この号及び第十一号リにおいて同じ。）を的確に遂行するために通常必要と認められる業務の全てに従事していることその他の政令で定める要件に該当する部分対象外国関係会社が行う固定資産の貸付けによる対価の額を除く。以下この号において同じ。）の合計額から当該対価の額を得るために直接要した費用の額（その有する固定資産に係る償却費の額として政令で定めるところにより計算した金額を含む。）の合計額を控除した残額

九　工業所有権その他の技術に関する権利、特別の技術による生産方式若しくはこれらに準ずるもの（これらの権利に関する使用権を含む。）又は著作権（出版権及び著作隣接権その他これに準ずるものを含む。）（以下この項において「無形資産等」という。）の使用料（自ら行つた研究開発の成果に係る無形資産等の使用料その他の政令で定めるものを除く。以下この号において同じ。）の合計額から当該使用料を得るために直接要した費用の額（その有する無形資産等に係る償却費の額として政令で定めるところにより計算した金額を含む。）の合計額を控除した残額

十　無形資産等の譲渡に係る対価の額（自ら行つた研究開発の成果に係る無形資産等の譲渡に係る対価の額その他の政令で定める対価の額を除く。以下この号において同じ。）の合計額から当該無形資産等の譲渡に係る原価の額の合計額及び当該対価の額を得るために直接要した費用の額の合計額を減算した金額

十一　イからルまでに掲げる金額がないものとした場合の当該部分対象外国関係会社の各事業年度の所得の金額として政令で定める金額から当該各事業年度に係るヲに掲げる金額を控除した残額

イ　支払を受けるヲに掲げる剰余金の配当等の額

ロ　受取利子等の額

ハ　有価証券の貸付けによる対価の額

ニ　当該有価証券の譲渡に係る対価の額の合計額から当該有価証券の譲渡に係る原価の額として政令で定めるところにより計算した金額の合計額を減算した金額

ホ　デリバティブ取引に係る利益の額又は損失の額として財務省令で定めるところにより計算した金額

ヘ　その行う取引又はその有する資産若しくは負債につき外国為替の売買相場の変動に伴つて生ずる利益の額又は損失の額として財務省令で定めるところにより計算した金額

ト　第一号から第六号までに掲げる金額に係る利益の額又は損失の額（これらに類する利益の額又は損失の額を含む。）を生じさせる資産の運用、保有、譲渡、貸付けその他の行為により生ずる利益の額又は損失の額（当該各号に掲げる金額に係る利益の額又は損失の額を除く。）

チ　第七号の二に掲げる金額

リ　固定資産の貸付けによる対価の額

ヌ　支払を受ける無形資産等の使用料

ル　無形資産等の譲渡に係る対価の額の合計額から当該無形資産等の譲渡に係る原価の額の合計額を減算した金額

ヲ　総資産の額として政令で定める金額に人件費その他の政令で定める費用の額を加算した金額に百分の五十を乗じて計算した金額

⑦　前項に規定する部分適用対象金額とは、部分対象外国関係会社の各事業年度の同項第一号から第三号まで、第八号、第九号及び第十一号に掲げる金額の合計額（清算外国金融子会社等の特定清算事業年度にあつては、特定金融所得金額がないものとした場合の当該各号に掲げる金額の合計額）と、当該各事業年度の同項第四号から第七号の二まで及び第十号に掲げる金額の合計額（当該合計額が零を下回る場合には零とし、清算外国金融子会社等の特定清算事業年度にあつては特定金融所得金額がないものとした場合の当該各号に掲げる金額の合計額（当該合計額が零を下回る場合には、零）とする。）を基礎として当該各事業年度開始の日前七年以内に開始した各事業年度において生じた同項第四号から第七号の二まで及び第十号に掲げる金額の合計額（当該各事業年度のうち特定清算事業年度に該当する事業年度にあつては、特定金融所得金額がないものとした場合の当該各号に掲げる金額の合計額）が零を下回る部分の金額につき政令で定めるところにより調整を加えた金額とを合計した金額をいう。

⑧　第一項各号に掲げる内国法人に係る部分対象外国関係会社（外国金融子会社等に該当するものに限る。以下この項及び次項において同じ。）が、平成二十二年四月一日以後に開始する各事業年度において、当該各事業年度に係る次に掲げる金額（以下この項において「特定所得の金額」という。）を有する場合には、当該各事業年度の特定所得の金額に係る金融子会社等部分適用対象金額のうちその内国法人が直接及び間接に有する当該部分対象外国関係会社の株式等の数又は金額につきその請求権の内容を勘案した数又は金額並びにその内国法人と当該部分対象外国関係会社との間の実質支配関係の状況を勘案して政令で定めるところにより計算した金額（次条及び第六十六条の八において「金融子会社等部分課税対象金額」という。）に相当する金額は、その内国法人の収益の額とみなして当該各事業年度終了の日の翌日から二月を経過する日を含むその内国法人の各事業年度の所得の金額の計算上、益金の額に算入する。

一　一の内国法人及び当該一の内国法人との間に特定資本関係（いずれか一方の法人が他方の法人の発行済株式等の全部を直接又は間接に保有する関係その他の政令で定める関係をいう。）のある内国法人によつてその発行済株式等の全部を直接又

は間接に保有されている部分対象外国関係会社で政令で定める要件を満たすもの（その純資産につき剰余金その他に関する調整を加えた金額として政令で定める金額（以下この号において「親会社等資本持分相当額」という。）の総資産の額として政令で定める金額に対する割合が百分の七十を超えるものに限る。）の親会社等資本持分相当額がその本店所在地国の法令に基づき下回ることができない資本の額を勘案して政令で定める金額を超える場合におけるその超える部分に相当する資本に係る利益の額として政令で定めるところにより計算した金額

二　部分対象外国関係会社について第六項第八号の規定に準じて計算した場合に算出される同号に掲げる金額に相当する金額

三　部分対象外国関係会社について第六項第九号の規定に準じて計算した場合に算出される同号に掲げる金額に相当する金額

四　部分対象外国関係会社について第六項第十号の規定に準じて計算した場合に算出される同号に掲げる金額に相当する金額

五　部分対象外国関係会社について第六項第十一号の規定に準じて計算した場合に算出される同号に掲げる金額に相当する金額

⑨　前項に規定する金融子会社等部分適用対象金額とは、部分対象外国関係会社の各事業年度の次に掲げる金額のうちいずれか多い金額をいう。

一　前項第一号に掲げる金額

二　前項第二号、第三号及び第五号に掲げる金額の合計額と、同項第四号に掲げる金額（当該金額が零を下回る場合には、零）を基礎として当該各事業年度開始の日前七年以内に開始した各事業年度において生じた同号に掲げる金額が零を下回る部分の金額につき政令で定めるところにより調整を加えた金額とを合計した金額

⑩　第六項及び第八項の規定は、第一項各号に掲げる内国法人に係る部分対象外国関係会社につき次のいずれかに該当する事実がある場合には、当該部分対象外国関係会社のその該当する事業年度に係る部分適用対象金額（第七項に規定する部分適用対象金額をいう。以下この項において同じ。）又は金融子会社等部分適用対象金額（前項に規定する金融子会社等部分適用対象金額をいう。以下この項において同じ。）については、適用しない。

一　各事業年度の租税負担割合が百分の二十以上であること。

二　各事業年度における部分適用対象金額又は金融子会社等部分適用対象金額が二千万円以下であること。

三　各事業年度の決算に基づく所得の金額に相当する金額として政令で定める金額のうちに当該各事業年度における部分適用対象金額又は金融子会社等部分適用対象金額の占める割合が百分の五以下であること。

⑪　第一項各号に掲げる内国法人は、当該内国法人に係る次に掲げる外国関係会社の各事業年度の貸借対照表及び損益計算書その他の財務省令で定める書類を当該各事業年度終了の日の翌日から二月を経過する日を含む各事業年度の法人税法第二条第三十一号に規定する確定申告書に添付しなければならない。

一　当該各事業年度の租税負担割合が百分の二十未満である外国関係会社（特定外国関係会社を除く。）

二　当該各事業年度の租税負担割合が百分の三十未満である特定外国関係会社

⑫　内国法人が外国信託（投資信託及び投資法人に関する法律第二条第二十四項に規定する外国投資信託のうち第六十八条の三の三第一項に規定する特定投資信託に類するものをいう。以下この項において同じ。）の受益権を直接又は間接に有する場合（当該内国法人に係る第二項第一号ロに掲げる外国法人を通じて間接に有する場合を含む。）及び当該外国信託との間に実質支配関係がある場合には、当該外国信託の受託者は、当該外国信託の信託資産等（信託財産に属する資産及び負債並びに当該信託財産に帰せられる収益及び費用をいう。以下この項において同じ。）及び固有資産等（外国信託の信託資産等以外の資産及び負債並びに収益及び費用をいう。）ごとに、それぞれ別の者とみなして、この条から第六十六条の九までの規定を適用する。

⑬　法人税法第四条の二第二項及び第四条の三の規定は、前項の規定を適用する場合について準用する。

⑭　財務大臣は、第二項第二号ニの規定により国又は地域を指定したときは、これを告示する。

一　タックスヘイブン対策税制の趣旨・性質

1　我が国のタックスヘイブン対策税制は、全体として合理性のある制度ということができ、シンガポールの課税権や同国との間の国際取引を不当に阻害し、ひいては日星租税条約の趣旨目的に反するものではない。（最判平21・10・29民集六三・八・一八八一〈グラクソ事件〉租税百選［七版］七四）→税総◆【Ⅲ】⑩

2　居住者に係る特定外国子会社に関する同様の規定（租特法四〇条の四）につき、同様の論理で租税条約に違反しないとした事案（最判平21・12・4判時二〇六八・三四）→四〇条の四

3　内国法人の所得を計算するに当たり、（平成二九改正前の）本条一項所定の特定外国子会社等の所得について生じた欠損の金額を損金の額に算入することはできない。（最判平19・9・28民集六一・六・二四八六〈双輝汽船事件〉租税百選［七版］二九）

4　タックスヘイブン対策税制の適用は専ら法令の要件に従って形式的に判断されるべきであり、いわゆる租税回避行為がある場合に限定されるものではない。（岡山地判平26・7・16訟月六一・三・七〇二）→⑭

5　本条二項の外国関係会社該当性の要件たる内国法人の当該外国法人に対する支配関係の有無は形式上又は名目上のものではなく、当該外国法人の収益や資産を実質的に支配し得る地位の有無とい

う観点から判定されなければならず、同項における発行済株式等とは、当該外国法人を支配し得る単位化された物的持分としての法的地位を指すものと解するのが相当であり、内国法人がこうした法的地位を取得しているかどうかは、その外国法人の設立準拠法のほか、当該発行済株式等に係る権利の取得者等について具体的事情を個別的に考慮して判断すべきである。（国税不服審判所裁決平20・2・6裁決事例集七五・四四七……平成二九年改正により、「実質的支配」を明確に要件として加えた（一項二号））

⑥ 本条の規定の文理解釈によれば特定外国子会社が得た国内源泉所得が本条二項二号〔平成二〇法二三による改正前〕の「適用対象留保金額」（現在の「適用対象金額」に相当）を構成することは明らかであり、外国子会社合算税制の趣旨解釈によって国内源泉所得のみを除外することはできない。（東京高判平27・2・25訟月六一・八・一六二七〈シティグループ事件〉）

⑦ 租特法四〇条の四第一項〔平成一八法一〇による改正前〕所定の特定外国子会社等の適用対象留保金額の算定の基礎となる同条二項二号所定の未処分所得の金額の計算について、租特令〔平成一八政一三五による改正前〕二五条の二〇第一項に規定する同施行令三九条の一五第一項一号に掲げる金額の算定に関する減価償却費の算出につき、当該特定外国子会社等がその決算において作成した損益計算書を基礎として行うべきものであり、居住者が事後に任意の金額に修正した損益計算書を基礎として行うことができないとされた事例（東京地判平29・1・31訟月六四・二・一六八……控訴審・東京高判平29・9・6【平29行コ五六】で維持）

二　適用除外要件（平成二九改正前本条三項）

注　平成二九法四により、外国子会社合算税制が抜本的に改正されたことに伴って、適用除外要件の仕組みも大幅に改められた。

⑧ 香港に本店を有する特定外国子会社が中国本土所在の工場で製品の製造を行っていた事実関係の下で、当該子会社の主たる事業が卸売業ではなく製造業であると認定され、平成二九改正前本条三項二号、租特法施行令三九条の一七第五項〔平成二九改正前一二項〕三号で定める適用除外事由（所在地国基準）を満たさないとして、タックスヘイブン対策税制の適用が肯定された事案（東京高判平23・8・30訟月五九・一・一〈船井電機(I)事件〉……いわゆる「来料加工」の事案。来料加工関連の判決として他に大阪高判平24・7・20税資二六二順号一二〇〇六、名古屋高判平25・10・30税資二六三順号一二三二五、東京地判平24・7・20訟月五九・九・二五三六、租税百選〔六版〕七〇、東京地判平28・9・28税資二六六順号一二九〇六〈船井電機(II)事件〉）

⑨ 平成二九改正前本条三項に規定する適用除外要件の一つである管理支配基準は、当該特定外国子会社の株主総会及び取締役会の開催、役員の職務執行、会計帳簿の作成保管等が本店所在地国で行われているかどうか、業務遂行上の重要事項を当該子会社等が自らの意思で決定しているかどうかなどの諸事情を総合的に考慮し、当該外国子会社等がその本店所在地国において親会社から独立した企業としての実体を備えて活動しているといえるかどうかによって判断すべきである。（東京高判平3・5・27行裁四二・五・七二七、租税百選〔四版〕七〇……具体的事実関係の下では同基準は充足されていないと認定された）

⑩ 管理支配基準の充足の有無が争われた裁判例（熊本地判平12・7・27訟月四七・一一・三四三二〈ニコニコ堂事件〉）

⑪ 特定外国子会社の主たる事業目的が株式の保有と認定され、本条三項の適用除外要件を満たさないとされた事例（静岡地判平7・11・9訟月四二・一二・三〇四二〈ヤオハン・ファイナンス事件〉）

⑫ 外国子会社合算税制の適用除外要件の充足の有無については、国が立証責任を負う（具体的事案の下で適用除外要件（実体基準）を満たしていないとは言えない、と認定）。（東京高判平25・5・29税資二六三順号一二二二〇、重判平25租税五）

⑬ 内国法人に係る特定外国子会社等の行う地域統括業務が本条三項〔平成二一法一三による改正前〕にいう株式の保有に係る事業に含まれるとはいえず、地域統括業務が本条三項及び四項にいう主たる事業であるとされた事例（最判平29・10・24民集七一・八・一五二二〈デンソー事件〉租税百選〔七版〕七五）

⑭ 平成二九改正前本条七項は適用除外規定の適用要件を定めたものである。（岡山地判平26・7・16前出④）

⑮ 非居住者であった個人がデンマーク法人を設立し、その後に日本の居住者となりデンマークで出国税を課されたなどの事情があっても、租特法四〇条の四〔平成二一法一三による改正前〕の適用に際し、法人設立時に個人が日本居住者であったことは要件ではなく、出国税との二重課税の調整の根拠となる条文もないとして、外国子会社合算税制の適用が認められた事例（東京地判平28・5・13税資二六六・一二八五四……控訴審・東京高判平29・5・25訟月六三・一一・二三六八で維持）→四〇条の四

第六六条の七① 前条第一項各号に掲げる内国法人（資産の流動化に関する法律第二条第三項に規定する特定目的会社、投資信託及び投資法人に関する法律第二条第十二項に規定する投資法人、法人税法第二条第二十九号の二ホに掲げる特定目的信託に係る同法第四条の三に規定する受託法人又は特定投資信託（投資信託及び投資法人に関する法律第二条第三項に規定する投資信託のうち、法人課税信託に該当するものをいう。）に係る法人税法第四条の三に規定する受託法人（第三項において「特定目的会社等」という。）を除く。以下この項及び次項において同じ。）が、前条第一項、第六項又は第八項の規定の

適用を受ける場合には、当該内国法人に係る外国関係会社（同条第二項第一号に規定する外国関係会社をいう。以下この条において同じ。）の所得に対して課される外国法人税（同法第六十九条第一項に規定する外国法人税をいう。以下この項及び第三項において同じ。）の額（政令で定める金額）のうち、当該外国関係会社の課税対象金額に対応するものとして政令で定めるところにより計算した金額（当該金額が当該課税対象金額を超える場合には、当該課税対象金額に相当する金額）、当該外国関係会社の部分課税対象金額に対応するものとして政令で定めるところにより計算した金額（当該金額が当該部分課税対象金額を超える場合には、当該部分課税対象金額に相当する金額）又は当該外国関係会社の金融子会社等部分課税対象金額に対応するものとして政令で定めるところにより計算した金額（当該金額が当該金融子会社等部分課税対象金額を超える場合には、当該金融子会社等部分課税対象金額に相当する金額）は、政令で定めるところにより、当該内国法人が納付する控除対象外国法人税の額（同法第六十九条第一項に規定する控除対象外国法人税の額をいう。次項において同じ。）とみなして、同法第六十九条及び地方法人税法第十二条の規定を適用する。この場合において、法人税法第六十九条第十二項中「外国法人税の額につき」とあるのは、「外国法人税の額（租税特別措置法第六十六条の七第一項（内国法人の外国関係会社に係る所得の課税の特例）に規定する外国関係会社の所得に対して課される外国法人税の額のうち同項の規定により当該内国法人が納付するものとみなされる部分の金額を含む。以下この項において同じ。）につき」とする。

② 前条第一項各号に掲げる内国法人が、同項の規定の適用に係る外国関係会社の課税対象金額に相当する金額につき同項の規定の適用を受ける場合、同条第六項の規定の適用に係る外国関係会社の部分課税対象金額に相当する金額につき同項の規定の適用を受ける場合又は同条第八項の規定の適用に係る外国関係会社の金融子会社等部分課税対象金額に相当する金額につき同項の規定の適用を受ける場合において、前項の規定により法人税法第六十九条第一項から第三項まで又は第十七項（同条第二十一項又は第二十二項において準用する場合を含む。第四項において同じ。）の規定の適用を受けるときは、前項の規定により控除対象外国法人税の額とみなされた金額は、当該内国法人の政令で定める事業年度の所得の金額の計算上、益金の額に算入する。

③ 前条第一項各号に掲げる内国法人（特定目的会社等に限る。以下この項において同じ。）が、同条第一項又は第六項の規定の適用を受ける場合には、当該内国法人に係る外国関係会社の所得に対して課される外国法人税の額（第一項に規定する政令で定める外国法人税にあつては、政令で定める金額）のうち、当該外国関係会社の課税対象金額に対応するものとして政令で定めるところにより計算した金額（当該金額が当該課税対象金額を超える場合には、当該課税対象金額に相当する金額）又は当該外国関係会社の部分課税対象金額に対応するものとして政令で定めるところにより計算した金額（当該金額が当該部分課税対象金額を超える場合には、当該部分課税対象金額に相当する金額）は、政令で定めるところにより、当該内国法人が納付した外国法人税の額（第九条の三の二第三項第二号又は第九条の六第一項に規定する外国法人税の額をいう。）とみなして、第九条の三の二及び第九条の六から第九条の六の四までの規定を適用する。

④ 前条第一項各号に掲げる内国法人が、同項又は同条第六項若しくは第八項の規定の適用を受ける場合には、次に掲げる金額の合計額（次項及び第十一項において「所得税等の額」という。）のうち、当該内国法人に係る外国関係会社の課税対象金額に対応するものとして政令で定めるところにより計算した金額に相当する金額、当該外国関係会社の部分課税対象金額に対応するものとして政令で定めるところにより計算した金額又は当該外国関係会社の金融子会社等部分課税対象金額に対応するものとして政令で定めるところにより計算した金額に相当する金額（第六項及び第十項において「控除対象所得税額等相当額」という。）は、当該内国法人の政令で定める事業年度の所得に対する法人税の額（この項並びに法人税法第六十八条、第六十九条第一項から第三項まで及び第十七項並びに第七十条の規定を適用しないで計算した場合の法人税の額とし、附帯税（国税通則法第二条第四号に規定する附帯税をいう。第一号において同じ。）の額を除く。第十項において同じ。）から控除する。

一 当該外国関係会社に対して課される所得税の額（附帯税の額を除く。）、法人税（退職年金等積立金に対する法人税を除く。）の額（附帯税の額を除く。）及び地方法人税（地方法人税法第六条第三号に定める基準法人税額に対する地方法人税を除く。）の額（附帯税の額を除く。）

二 当該外国関係会社に対して課される地方税法第二十三条第一項第三号に掲げる法人税割（同法第一条第二項において準用する同法第四条第二項（第一号に係る部分に限る。）又は同法第七百三十四条第二項（第二号に係る部分に限る。）の規定により都が課するものを含むものとし、退職年金等積立金に対する法人税に係るものを除く。）の額及び同法第二百九十二条第一項第三号に掲げる法人税割（同法第七百三十四条第二項（第二号に係る部分に限る。）の規定により都が課するものを含むものとし、退職年金等積立金に対する法人税に係るものを除く。）の額

⑤ 前項の規定は、確定申告書等、修正申告書又は更正請求書に同項の規定による控除の対象となる所得税等の額、控除を受ける金額及び当該金額の計算に関する明細を記載した書類の添付がある場合に限り、適用する。この場合において、同項の規定により控除される金額の計算の基礎となる所得税等の額は、当該書類に当該所得税等の額として記載された

金額を限度とする。

⑥　前条第一項各号に掲げる内国法人が、同項の規定の適用に係る外国関係会社の課税対象金額に相当する金額につき同項の規定の適用を受ける場合、同条第六項の規定の適用に係る外国関係会社の部分課税対象金額に相当する金額につき同項の規定の適用を受ける場合又は同条第八項の規定の適用に係る外国関係会社の金融子会社等部分課税対象金額に相当する金額につき同項の規定の適用を受ける場合において、第四項の規定の適用を受けるときは、当該内国法人に係る外国関係会社に係る控除対象所得税額等相当額は、当該内国法人の政令で定める事業年度の所得の金額の計算上、益金の額に算入する。

⑦―⑬　（略）

1　本条にいう「外国法人税」は、関連規定の文言上はわが国の法人税を含んでいないが、外国法人税額の控除の制度の趣旨に照らし、外国子会社合算税制の適用を受ける特定外国子会社に国内源泉所得が生じ、我が国の法人税が課されることとなるという例外的な場合にも、当然、その法人税額について外国法人税額と同様に扱うことをその内容とするものと解すべきである（当然解釈）。（東京高判平27・2・25訟月六一・八・一六二七〈シティグループ事件〉……ただし原告が法人税法六九条一六項［現二四項］の書類添付を行っていなかった事実関係の下では外国税額控除の適用は受けられないとして、原判決を維持）

第六六条の八①　内国法人が外国法人（法人税法第二十三条の二第一項に規定する外国子会社に該当するものを除く。以下この項において同じ。）から受ける同法第二十三条第一項第一号に掲げる金額（以下この条において「剰余金の配当等の額」という。）がある場合には、当該剰余金の配当等の額のうち当該外国法人に係る特定課税対象金額に達するまでの金額は、当該内国法人の各事業年度の所得の金額の計算上、益金の額に算入しない。

②　内国法人が外国法人から受ける剰余金の配当等の額（法人税法第二十三条の二第一項の規定の適用を受ける部分の金額に限る。以下この項において同じ。）がある場合には、当該剰余金の配当等の額のうち当該外国法人に係る特定課税対象金額に達するまでの金額についての同条第一項の規定の適用については、同項中「剰余金の配当等の額に係る費用の額に相当するものとして政令で定めるところにより計算した金額を控除した金額」とあるのは、「剰余金の配当等の額」とする。

③　内国法人が外国法人から受ける剰余金の配当等の額（法人税法第二十三条の二第二項の規定の適用を受ける部分の金額に限る。以下この項において同じ。）がある場合には、当該剰余金の配当等の額のうち当該外国法人に係る特定課税対象金額に達するまでの金額は、当該内国法人の各事業年度の所得の金額の計算上、益金の額に算入しない。

④　前三項に規定する特定課税対象金額とは、次に掲げる金額の合計額をいう。

一　外国法人に係る課税対象金額、部分課税対象金額又は金融子会社等部分課税対象金額で、内国法人が当該外国法人から剰余金の配当等の額を受ける日を含む事業年度において第六十六条の六第一項、第六項又は第八項の規定により当該事業年度の所得の金額の計算上益金の額に算入されるもののうち、当該内国法人の有する当該外国法人の直接保有の株式等の数（内国法人が有する外国法人の株式の数又は出資の金額をいう。次号、次項及び第十項において同じ。）及び当該内国法人と当該外国法人との間の実質支配関係（同条第二項第五号に規定する実質支配関係をいう。次号及び第十項第二号において同じ。）の状況を勘案して政令で定めるところにより計算した金額

二　外国法人に係る課税対象金額、部分課税対象金額又は金融子会社等部分課税対象金額で、内国法人が当該外国法人から剰余金の配当等の額を受ける日を含む事業年度開始の日前十年以内に開始した各事業年度（以下この条において「前十年以内の各事業年度」という。）において第六十六条の六第一項、第六項又は第八項の規定により前十年以内の各事業年度の所得の金額の計算上益金の額に算入されたもののうち、当該内国法人の有する当該外国法人の直接保有の株式等の数及び当該内国法人と当該外国法人との間の実質支配関係の状況を勘案して政令で定めるところにより計算した金額（前十年以内の各事業年度において当該外国法人から受けた剰余金の配当等の額（前三項の規定の適用を受けた部分の金額に限る。以下この号において同じ。）がある場合には、当該剰余金の配当等の額に相当する金額を控除した残額。以下この条において「課税済金額」という。）

⑤⑥　（略）

⑦　内国法人が外国法人（法人税法第二十三条の二第一項に規定する外国子会社に該当するものを除く。以下この項において同じ。）から受ける剰余金の配当等の額（第一項の規定の適用を受ける部分の金額を除く。）のうち当該外国法人に係る間接特定課税対象金額に達するまでの金額は、当該内国法人の各事業年度の所得の金額の計算上、益金の額に算入しない。

⑧　内国法人が外国法人から受ける剰余金の配当等の額（法人税法第二十三条の二第一項の規定の適用を受ける部分の金額に限る。以下この項において同じ。）がある場合には、当該剰余金の配当等の額（第二項の規定の適用を受ける部分の金額を除く。）のうち当該外国法人に係る間接特定課税対象金額に達するまでの金額についての同条第一項の規定の適用については、同項中「剰余金の配当等の額に係る費用の額に相当するものとして政令で定めるところにより計算した金額を控除した金額」とあるのは、「剰余金の配当等の額」

とする。

⑨ 内国法人が外国法人から受ける剰余金の配当等の額（法人税法第二十三条の二第二項の規定の適用を受ける部分の金額に限る。以下この項において同じ。）がある場合には、当該剰余金の配当等の額（第三項の規定の適用を受ける部分の金額を除く。）のうち当該外国法人に係る間接特定課税対象金額に達するまでの金額は、当該内国法人の各事業年度の所得の金額の計算上、益金の額に算入しない。

⑩ 前三項に規定する間接特定課税対象金額とは、次に掲げる金額のうちいずれか少ない金額をいう。

一 内国法人が外国法人から剰余金の配当等の額を受ける日を含む当該内国法人の事業年度（以下この項において「配当事業年度」という。）開始の日前二年以内に開始した各事業年度（以下この項において「前二年以内の各事業年度」という。）のうち最も古い事業年度開始の日から配当事業年度終了の日までの期間において、当該外国法人が他の外国法人から受けた剰余金の配当等の額（当該他の外国法人の第六十六条の六第一項、第六項又は第八項の規定の適用に係る事業年度開始の日前に受けた剰余金の配当等の額として政令で定めるものを除く。）のうち、当該内国法人の有する当該外国法人の直接保有の株式等の数に対応する部分の金額として政令で定める金額（前二年以内の各事業年度において当該外国法人から受けた剰余金の配当等の額（前三項の規定の適用を受けた金額のうち、当該外国法人が当該他の外国法人から受けた剰余金の配当等の額に対応する部分の金額に限る。以下この号において同じ。）がある場合には、当該剰余金の配当等の額に相当する金額を控除した残額。第十二項において「間接配当等」という。）

二 次に掲げる金額の合計額

イ 前号の他の外国法人に係る課税対象金額、部分課税対象金額又は金融子会社等部分課税対象金額で、配当事業年度において第六十六条の六第一項、第六項又は第八項の規定により配当事業年度の所得の金額の計算上益金の額に算入されるもののうち、同号の内国法人の有する当該他の外国法人の間接保有の株式等の数（内国法人が外国法人を通じて間接に有するものとして政令で定める他の外国法人の株式の数又は出資の金額をいう。ロにおいて同じ。）及び当該内国法人と当該他の外国法人との間の実質支配関係の状況を勘案して政令で定めるところにより計算した金額

ロ 前号の他の外国法人に係る課税対象金額、部分課税対象金額又は金融子会社等部分課税対象金額で、前二年以内の各事業年度において第六十六条の六第一項、第六項又は第八項の規定により前二年以内の各事業年度の所得の金額の計算上益金の額に算入されたもののうち、同号の内国法人の有する当該他の外国法人の間接保有の株式等の数及び当該内国法人と当該他の外国法人との間の実質支配関係の状況を勘案して政令で定めるところにより計算した金額（前二年以内の各事業年度において同号の外国法人から受けた剰余金の配当等の額（前三項の規定の適用を受けた金額のうち、当該外国法人が当該他の外国法人から受けた剰余金の配当等の額に対応する部分の金額に限る。以下この号において同じ。）がある場合には、当該剰余金の配当等の額に相当する金額を控除した残額。第十二項において「間接課税済金額」という。）

⑪―⑭ （略）

第六六条の九 内国法人が第六十六条の六第一項各号に掲げる法人に該当するかどうかの判定に関する事項その他前三条の規定の適用に関し必要な事項は、政令で定める。

第二款 特殊関係株主等である内国法人に係る外国関係法人に係る所得の課税の特例

第六六条の九の二① 特殊関係株主等（特定株主等に該当する者並びにこれらの者と政令で定める特殊の関係のある個人及び法人をいう。以下この款において同じ。）と特殊関係内国法人との間に当該特殊関係株主等が当該特殊関係内国法人の発行済株式又は出資（自己が有する自己の株式又は出資を除く。以下この条において「発行済株式等」という。）の総数又は総額の百分の八十以上の数又は金額の株式等（株式又は出資をいう。以下この条において同じ。）を間接に有する関係として政令で定める関係（次項において「特定関係」という。）がある場合において、当該特殊関係株主等と特殊関係内国法人との間に発行済株式等の保有を通じて介在するものとして政令で定める外国法人（以下この条において「外国関係法人」という。）のうち、特定外国関係法人又は対象外国関係法人に該当するものが、平成十九年十月一日以後に開始する各事業年度において適用対象金額を有するときは、その適用対象金額のうち当該特殊関係株主等である内国法人の有する当該特定外国関係法人又は対象外国関係法人の直接及び間接保有の株式等の数に対応するものとしてその株式等の請求権（剰余金の配当等（法人税法第二十三条第一項第一号に規定する剰余金の配当、利益の配当又は剰余金の分配をいう。次項第三号イにおいて同じ。）を請求する権利をいう。第六項及び第八項において同じ。）の内容を勘案して政令で定めるところにより計算した金額（次条及び第六十六条の九の四において「課税対象金額」という。）に相当する金額は、当該特殊関係株主等である内国法人の収益の額とみなして当該各事業年度終了の日の翌日から二月を経過する日を含む当該内国法人の各事業年度の所得の金額の計算上、益金の額に算入する。

② この款において、次の各号に掲げる用語の意義は、当該各号に定めるところによる。

一 特定株主等 特定関係が生ずることとなる直前に特定内国法人（当該直前に株主等（法人税法第二条第十四号に規定する株主等をいう。）の五人

以下並びにこれらと政令で定める特殊の関係のある個人及び法人によつて発行済株式等の総数又は総額の百分の八十以上の数又は金額の株式等を保有される内国法人をいう。次号において同じ。）の株式等を有する個人及び法人をいう。

二　特殊関係内国法人　特定内国法人又は特定内国法人からその資産及び負債の大部分の移転を受けたものとして政令で定める内国法人をいう。

三　特定外国関係法人　次に掲げる外国関係法人をいう。

イ　次のいずれにも該当しない外国関係法人

(1)　その主たる事業を行うに必要と認められる事務所、店舗、工場その他の固定施設を有している外国関係法人

(2)　その本店又は主たる事務所の所在する国又は地域（以下この項、第六項及び第八項において「本店所在地国」という。）においてその事業の管理、支配及び運営を自ら行つている外国関係法人

(3)　外国子法人（当該外国関係法人とその本店所在地国を同じくする外国法人で、当該外国関係法人の有する当該外国法人の株式等の数又は金額のその発行済株式等の総数又は総額のうちに占める割合が百分の二十五以上であることその他の政令で定める要件に該当するものをいう。）の株式等の保有を主たる事業とする外国関係法人で、その収入金額のうちに占める当該株式等に係る剰余金の配当等の額の割合が著しく高いことその他の政令で定める要件に該当するもの

(4)　特定子法人（特殊関係株主等である内国法人に係る他の外国関係法人で、部分対象外国関係法人に該当するものその他の政令で定めるものをいう。）の株式等の保有を主たる事業とする外国関係法人で、その本店所在地国を同じくする管理支配法人（当該内国法人に係る他の外国関係法人のうち、部分対象外国関係法人に該当するもので、その本店所在地国において、その役員（法人税法第二条第十五号に規定する役員をいう。第八号及び第六項において同じ。）又は使用人がその主たる事業を的確に遂行するために通常必要と認められる業務の全てに従事しているものをいう。(4)及び(5)において同じ。）によつてその事業の管理、支配及び運営が行われていること、当該管理支配法人がその本店所在地国で行う事業の遂行上欠くことのできない機能を果たしていること、その収入金額のうちに占める当該株式等に係る剰余金の配当等の額及び当該株式等の譲渡に係る対価の額の割合が著しく高いことその他の政令で定める要件に該当するもの

(5)　その本店所在地国にある不動産の保有、その本店所在地国における石油その他の天然資源の探鉱、開発若しくは採取又はその本店所在地国の社会資本の整備に関する事業の遂行上欠くことのできない機能を果たしている外国関係法人で、その本店所在地国を同じくする管理支配法人によつてその事業の管理、支配及び運営が行われていることその他の政令で定める要件に該当するもの

ロ　その総資産の額として政令で定める金額（ロにおいて「総資産額」という。）に対する第六項第一号から第七号まで及び第八号から第十号までに掲げる金額に相当する金額の合計額の割合（第七号中「外国関係法人（特定外国関係法人に該当するものを除く。）」とあるのを「外国関係法人」として同号及び第八号の規定を適用した場合に外国金融関係法人に該当することとなる外国関係法人にあつては総資産額に対する第八項第一号に掲げる金額に相当する金額又は同項第二号から第四号までに掲げる金額に相当する金額の合計額のうちいずれか多い金額の割合とし、第七号中「外国関係法人（特定外国関係法人に該当するものを除く。）」とあるのを「外国関係法人」として同号及び第六項の規定を適用した場合に同項に規定する清算外国金融関係法人に該当することとなる外国関係法人の同項に規定する特定清算事業年度にあつては総資産額がないものとした場合の同項第一号から第七号まで及び第八号から第十号までに掲げる金額に相当する金額の合計額の割合とする。）が百分の三十を超える外国関係法人（総資産額に対する有価証券（法人税法第二条第二十一号に規定する有価証券をいう。同項において同じ。）、貸付金その他政令で定める資産の額の合計額として政令で定める金額の割合が百分の五十を超える外国関係法人に限る。）

ハ　次に掲げる要件のいずれにも該当する外国関係法人

(1)　各事業年度の非関連者等収入保険料（関連者（当該外国関係法人に係る特殊関係内国法人、特殊関係株主等その他これらの者に準ずる者として政令で定めるものをいう。(2)において同じ。）以外の者から収入するものとして政令で定める収入保険料をいう。(2)において同じ。）の合計額の収入保険料の合計額に対する割合として政令で定めるところにより計算した割合が百分の十未満であること。

(2)　各事業年度の非関連者等支払再保険料合計額（関連者以外の者に支払う再保険料の合計額を関連者等収入保険料（非関連者等収入保険料以外の収入保険料をいう。(2)において同じ。）の合計額の収入保険料の合計額に対する割合で按《あん》分した金額として政令で定める金額をいう。）の関連者等収入保険料の合計額に対する割合として政令で定めるところにより計算した割合が百分の五十未満であること。

ニ　租税に関する情報の交換に関する国際的な取

組への協力が著しく不十分な国又は地域として財務大臣が指定する国又は地域に本店又は主たる事務所を有する外国関係法人

四　対象外国関係法人　次に掲げる要件のいずれかに該当しない外国関係法人（特定外国関係法人に該当するものを除く。）をいう。

イ　株式等若しくは債券の保有、工業所有権その他の技術に関する権利、特別の技術による生産方式若しくはこれらに準ずるもの（これらの権利に関する使用権を含む。）若しくは著作権（出版権及び著作隣接権その他これに準ずるものを含む。）の提供又は船舶若しくは航空機の貸付けを主たる事業とするもの（株式等の保有を主たる事業とする外国関係法人のうち第八号中「部分対象外国関係法人」とあるのを「外国関係法人」として同号の規定を適用した場合に外国金融関係法人に該当することとなるもの（同号に規定する外国金融機関に該当することとなるものを除く。ロにおいて「特定外国金融持株会社」という。）を除く。）でないこと。

ロ　その本店所在地国においてその主たる事業（特定外国金融持株会社にあつては、政令で定める経営管理。ハにおいて同じ。）を行うに必要と認められる事務所、店舗、工場その他の固定施設を有していること並びにその本店所在地国においてその事業の管理、支配及び運営を自ら行つていることのいずれにも該当すること。

ハ　各事業年度においてその行う主たる事業が次に掲げる事業のいずれに該当するかに応じそれぞれ次に定める場合に該当すること。

(1)　卸売業、銀行業、信託業、金融商品取引業、保険業、水運業又は航空運送業　その事業を主として当該外国関係法人に係る特殊関係内国法人、特殊関係株主等その他これらの者に準ずる者として政令で定めるもの以外の者との間で行つている場合として政令で定める場合

(2)　(1)に掲げる事業以外の事業　その事業を主としてその本店所在地国（当該本店所在地国に係る水域で第六十六条の六第二項第三号ハ(2)に規定する政令で定めるものを含む。）において行つている場合として政令で定める場合

五　適用対象金額　特定外国関係法人又は対象外国関係法人の各事業年度の決算に基づく所得の金額につき法人税法及びこの法律による各事業年度の所得の金額の計算に準ずるものとして政令で定める基準により計算した金額（以下この号において「基準所得金額」という。）を基礎として、政令で定めるところにより、当該各事業年度開始の日前七年以内に開始した各事業年度において生じた欠損の金額及び当該基準所得金額に係る税額に関する調整を加えた金額をいう。

六　直接及び間接保有の株式等の数　第二条第一項第一号の二に規定する居住者又は内国法人が直接に有する外国法人の株式等の数又は金額及び他の外国法人を通じて間接に有するものとして政令で定める当該外国法人の株式等の数又は金額の合計数又は合計額をいう。

七　部分対象外国関係法人　第四号イからハまでに掲げる要件の全てに該当する外国関係法人（特定外国関係法人に該当するものを除く。）をいう。

八　外国金融関係法人　その本店所在地国の法令に準拠して銀行業、金融商品取引業（金融商品取引法第二十八条第一項に規定する第一種金融商品取引業と同種類の業務に限る。）又は保険業を行う部分対象外国関係法人でその本店所在地国においてその役員又は使用人がこれらの事業を的確に遂行するために通常必要と認められる業務の全てに従事しているもの（以下この号において「外国金融機関」という。）及び外国金融機関に準ずるものとして政令で定める部分対象外国関係法人をいう。

③―⑮（略。第六六条の六第三項以下に同旨の規定がある）

第八節　その他の特例

（組合事業等による損失がある場合の課税の特例）

第六七条の一二①　**法人が特定組合員**（組合契約に係る組合員（これに類する者で政令で定めるものを含むものとし、匿名組合契約等にあつては、匿名組合契約等に基づいて出資をする者及びその者の当該匿名組合契約等に係る地位の承継をする者とする。以下この項及び第四項において同じ。）のうち、組合事業に係る重要な財産の処分若しくは譲受け又は組合事業に係る多額の借財に関する業務の執行の決定に関与し、かつ、当該業務のうち契約を締結するための交渉その他の重要な部分を自ら執行する組合員その他の政令で定める組合員以外のものをいう。第四項において同じ。）**又は特定受益者**（信託（法人税法第二条第二十九号に規定する集団投資信託及び法人課税信託を除く。以下この条において同じ。）の同法第十二条第一項に規定する受益者（同条第二項の規定により同条第一項に規定する受益者とみなされる者を含む。）をいう。第四項において同じ。）**に該当する場合で、かつ、その組合契約に係る組合事業又は当該信託につきその債務を弁済する責任の限度が実質的に組合財産**（匿名組合契約等にあつては、組合事業に係る財産）**又は信託財産の価額とされている場合その他の政令で定める場合には、当該法人の当該事業年度の組合等損失額**（当該法人の当該組合事業又は当該信託による損失の額として政令で定める金額をいう。以下この項において同じ。）**のうち当該法人の当該組合事業に係る出資の価額又は当該信託の信託財産の帳簿価額を基礎として政令で定めるところにより計算した金額を超える部分の金額**（当該組合事業又は当該信託財産に帰せられる損益が実質的に欠損とならないと見込まれるものとして政令で定める場合に該当する場合には、当該組合等損失額）**に相当する金額**（第三項第四号において「組合等損失超過額」という。）**は、当該事業年

度の所得の金額の計算上、損金の額に算入しない。

②―④　（略）

第四章　相続税法の特例

（小規模宅地等についての相続税の課税価格の計算の特例）

第六九条の四①　個人が相続又は遺贈により取得した財産のうちに、当該相続の開始の直前において、当該相続若しくは遺贈に係る被相続人又は当該被相続人と生計を一にしていた当該被相続人の親族（第三項において「被相続人等」という。）の事業（事業に準ずるものとして政令で定めるものを含む。同項において同じ。）の用又は居住の用（居住の用に供することができない事由として政令で定める事由により相続の開始の直前において当該被相続人の居住の用に供されていなかつた場合（政令で定める用途に供されている場合を除く。）における当該事由により居住の用に供されなくなる直前の当該被相続人の居住の用を含む。同項第二号において同じ。）に供されていた宅地等（土地又は土地の上に存する権利をいう。同項及び次条第五項において同じ。）で財務省令で定める建物又は構築物の敷地の用に供されているもののうち政令で定めるもの（特定事業用宅地等、特定居住用宅地等、特定同族会社事業用宅地等及び貸付事業用宅地等に限る。以下この条において「特例対象宅地等」という。）がある場合には、当該相続又は遺贈により財産を取得した者に係る全ての特例対象宅地等のうち、当該個人が取得をした特例対象宅地等又はその一部でこの項の規定の適用を受けるものとして政令で定めるところにより選択をしたもの（以下この項及び次項において「選択特例対象宅地等」という。）については、限度面積要件を満たす場合の当該選択特例対象宅地等（以下この項において「小規模宅地等」という。）に限り、相続税法第十一条の二に規定する相続税の課税価格に算入すべき価額は、当該小規模宅地等の価額に次の各号に掲げる小規模宅地等の区分に応じ当該各号に定める割合を乗じて計算した金額とする。

一　特定事業用宅地等である小規模宅地等、特定居住用宅地等である小規模宅地等及び特定同族会社事業用宅地等である小規模宅地等　百分の二十

二　貸付事業用宅地等である小規模宅地等　百分の五十

②―⑩　（略）

一　「事業の用に供されていた宅地」

1　信託契約により委託者が受託者に財産の管理、運用、処分等を委ねることそれ自体によっては、それが一定の事業の用に供する目的でされたとしても、当該財産が本件特例にいう事業の用に供されることになるものではなく、受託者が、当該財産（信託財産）を事業の用に供して初めて、本件特例にいう事業用財産になるのであり、したがって、本件特例の適用があるか否かは、受託者によって、当該財産が、相続開始の直前において、現実に事業の用に供されているか否かによって判断すべきものである。（東京高判平6・12・22行裁四五・一二・二〇六三）

二　「居住の用に供されていた宅地」

2　仮換地指定により土地の使用収益が禁止された結果、やむを得ず元の土地も仮換地も更地のままで居住の用に供されていなかった場合には、相続開始ないし相続税申告の時点において、仮換地を居住の用に供する予定がなかったと認めるに足りる特段の事情のない限り、元の土地は、本条にいう相続の開始の直前において居住の用に供されていた宅地に当たる。（最判平19・1・23判時一九六一・四二、租税百選［七版］八三）

◆【いわゆる「三年しばり」】

1　（被相続人が相続開始前三年以内に取得した土地建物等について、その相続税の課税価格に算入すべき価額は、被相続人の居住の用に供されていた土地建物等を除いて、右取得価額とする特別措置につき）租特法六九条の四、租特法施行令四〇条の二第三項の計算特例が廃止された際に設けられた、相続税負担額の上限を設定する経過措置は合憲であると判断した事例（大阪高判平10・4・14判時一六七四・四〇……原審（大阪地判平7・10・17行裁四六・一〇＝一一・九四二）は、地価下落の状況下において、租特法六九条の四（当時）を適用することで取得した不動産の価値以上の相続税を支払わなくてはならない場合には適用違憲の疑いが極めて強いとした）

（国等に対して相続財産を贈与した場合等の相続税の非課税等）

第七〇条①　相続又は遺贈により財産を取得した者が、当該取得した財産をその取得後当該相続又は遺贈に係る相続税法第二十七条第一項又は第二十九条第一項の規定による申告書（これらの申告書の提出後において同法第四条第一項又は第二項に規定する事由が生じたことにより取得した財産については、当該取得に係る同法第三十一条第二項の規定による申告書）の提出期限までに国若しくは地方公共団体又は公益社団法人若しくは公益財団法人その他の公益を目的とする事業を行う法人のうち、教育若しくは科学の振興、文化の向上、社会福祉への貢献その他公益の増進に著しく寄与するものとして政令で定めるものに贈与をした場合には、当該贈与により当該贈与をした者又はその親族その他これらの者と同法第六十四条第一項に規定する特別の関係がある者の相続税又は贈与税の負担が不当に減少する結果となると認められる場合を除き、当該贈与をした財産の価額は、当該相続又は遺贈に係る相続税の課税価格の計算の基礎に算入しない。

②　前項に規定する政令で定める法人で同項の贈与を受けたものが、当該贈与があつた日から二年を経過した日までに同項に規定する政令で定める法人に該当しないこととなつた場合又は当該贈与により取得

した財産を同日においてなおその公益を目的とする事業の用に供していない場合には、同項の規定にかかわらず、当該財産の価額は、当該相続又は遺贈に係る相続税の課税価格の計算の基礎に算入する。
③―⑩　（略）

「公益を目的とする事業の用に供していない場合」

1　本条二項にいう「公益を目的とする事業の用に供していない場合」とは、租税回避行為のほか、当該贈与の対象となった財産をその性格に従って当該事業の用に供するために実際に使用収益処分していない場合をいう。（大阪高判平13・11・1判時一七九四・三九……佐川財団の事例。当該事業の用に供していると認定された）

（**贈与税の基礎控除の特例**）
第七〇条の二の四①　平成十三年一月一日以後に贈与により財産を取得した者に係る贈与税については、相続税法第二十一条の五の規定にかかわらず、課税価格から百十万円を控除する。この場合において、同法第二十一条の十一の規定の適用については、同条中「第二十一条の七まで」とあるのは、「第二十一条の七まで及び租税特別措置法第七十条の二の四（贈与税の基礎控除の特例）」とする。
②　前項の規定により控除された額は、相続税法その他贈与税に関する法令の規定の適用については、相続税法第二十一条の五の規定により控除されたものとみなす。

附　則　（令和二・三・三一法八）（抜粋）

（**施行期日**）
第一条　この法律は、令和二年四月一日から施行する。ただし、次の各号に掲げる規定は、当該各号に定める日から施行する。
五　次に掲げる規定　令和四年四月一日
リ　第十六条（租税特別措置法の一部改正）の規定（後略）

判例索引

本書収録のすべての判例を年月日順に掲げ，掲載箇所を法令名略語，条数，判例番号で示した。

同一法令の条数は（．）で，異なる法令の間では（，）で区切った。

事項索引

引用条文の範囲は本書収録法令とし，掲載箇所を法令名略語，条数で示した。
同一法令の条数は（．）で，異なる法令条数の間は（，）で区切った。

さ　行

た　行

な　行

は　行

ま　行

や　行

ら　行

略　称　解

法令名略語

ゴシック体の略語の法令は，その右に掲げた頁に掲載してあることを示す。

印税	印紙税法	
会更	会社更生法	
関税	関税法	
企業担保	企業担保法	
行審	行政不服審査法	
行訴	行政事件訴訟法	
刑	刑法	
刑訴	刑事訴訟法	
憲	日本国憲法	
自税	自動車重量税法	
酒税	酒税法	
消税	消費税法	373
所税	所得税法	115
所税令	所得税法施行令	217
税総	租税法総論	1
税徴	国税徴収法	76
税徴令	国税徴収法施行令	
税通	国税通則法	9
税通則	国税通則法施行規則	
税通令	国税通則法施行令	
相税	相続税法	333
租特	租税特別措置法	398
地税	地方税法	
登税	登録免許税法	
不登	不動産登記法	
法税	法人税法	229
法税令	法人税法施行令	302
民	民法	
民執	民事執行法	
民訴	民事訴訟法	

判例・通達略称解

最	最高裁判所
最大	最高裁判所大法廷
高	高等裁判所
地	地方裁判所
支	支部
判	判決
決	決定
基通	基本通達
民集	最高裁判所民事判例集
刑集	最高裁判所刑事判例集
高民	高等裁判所民事判例集
高刑裁特	高等裁判所刑事裁判特報
行裁	行政事件裁判例集
税資	税務訴訟資料
訟月	訟務月報
家月	家庭裁判月報
判時	判例時報
判タ	判例タイムズ
金判	金融・商事判例
金法	金融法務事情
判自	判例地方自治

判例評釈

租税百選［初版］［二版］［三版］［四版］［五版］［六版］［七版］	租税判例百選（昭43）［第二版］（昭58）［第三版］（平4）［第四版］（平17）［第五版］（平23）［第六版］（平28）［第七版］（令3）
行政百選Ⅰ・Ⅱ［七版］	行政判例百選Ⅰ・Ⅱ［第七版］（平29）
重判	重要判例解説（ジュリスト臨時増刊）（昭44～）

租税法判例六法（第５版）
Tax Law: Principal Statutes, Regulations, and Cases

2013年７月30日　初　版第１刷発行
2015年７月30日　第２版第１刷発行
2017年７月30日　第３版第１刷発行
2019年７月30日　第４版第１刷発行
2021年８月５日　第５版第１刷発行
2022年10月20日　第５版第２刷発行

編　者　中　里　　　実
　　　　増　井　良　啓
　　　　渕　　　圭　吾

発行者　江　草　貞　治
発行所　株式会社　有《ゆう》斐《ひ》閣《かく》
〔101-0051〕東京都千代田区神田神保町 2-17
http://www.yuhikaku.co.jp/

印刷所　共同印刷株式会社
製本所　共同印刷株式会社

ISBN 978-4-641-00157-2